Hans-Jörg Uther
Handbuch zu den „Kinder- und Hausmärchen" der Brüder Grimm

Hans-Jörg Uther

Handbuch zu den „Kinder- und Hausmärchen" der Brüder Grimm

Entstehung – Wirkung – Interpretation

3., durchgesehene und ergänzte Auflage

DE GRUYTER

Sämtliche Abbildungen: Bildarchiv Uther, Göttingen

ISBN 978-3-11-074663-1
e-ISBN (PDF) 978-3-11-074758-4
e-ISBN (EPUB) 978-3-11-074777-5

Library of Congress Control Number: 2021942114

Bibliografische Information der Deutschen Nationalbibliothek
Die Deutsche Nationalbibliothek verzeichnet diese Publikation in der Deutschen Nationalbibliografie; detaillierte bibliografische Daten sind im Internet über http://dnb.dnb.de abrufbar.

© 2021 Walter de Gruyter GmbH, Berlin/Boston
Einbandabbildung: Aschenputtel, Illustration von A. Zick (1896); Bildarchiv Uther, Göttingen
Satz: bsix information exchange GmbH, Braunschweig
Druck und Bindung: CPI books GmbH, Leck

www.degruyter.com

Vorwort

Vor mehr als 150 Jahren erschien die siebte sogenannte *Große Ausgabe* der *Kinder- und Hausmärchen*, die den Abschluß aller zu Lebzeiten der Brüder Grimm veröffentlichten Gesamtausgaben bildet. Erst nach dem Tode von Wilhelm (1859) und Jacob (1863) besorgte Herman Grimm eine neue *Große Ausgabe*, die 1864 erschien. Deren „Correctur" sei ihm zugefallen, wie er im knappen Vorwort anmerkte, und fügte hinzu, sie „stimmt mit der siebenten durchaus überein" (KHM 1864, XX).

Seit jener Zeit haben die von den Brüdern Jacob und Wilhelm Grimm gesammelten Texte in der ganzen Welt einen kaum voraussehbaren Bekanntheitsgrad erreicht. Viele Sammler und Herausgeber von Volkserzählungen nahmen sich ein Vorbild an der Anlage der Sammlung und schufen für ihre Länder vergleichbare Ausgaben. Unstreitig sind die *Kinder- und Hausmärchen* (KHM) neben der Luther-Bibel das bekannteste Werk der deutschen Kulturgeschichte. Bis heute liegen Übersetzungen in über 170 Sprachen vor. Die hohe Wertschätzung der Sammlung geht auch daraus hervor, daß die in Kassel aufbewahrten Handexemplare der Brüder Grimm mit zahlreichen handschriftlichen Ergänzungen, Korrekturen und Literaturhinweisen am 17. Juni 2005 in das Weltdokumentenerbe der UNESCO aufgenommen wurden. Was lag also näher, als der Forschung und einer interessierten Öffentlichkeit ein Handbuch zu präsentieren, in dem alle innerhalb der KHM-Ausgaben erschienenen Märchen dokumentiert sind. Die Kommentierung erfolgt auf der Basis der Ausgabe von 1857.

Zu den Märchen der Brüder Grimm gehören auch die im Verlauf der Druckgeschichte ausgeschiedenen Stücke, von denen manche – wie *Der gestiefelte Kater* oder *Blaubart* – aus der öffentlichen Wahrnehmung bis heute nicht wegzudenken sind. Quellen, Vorlagen, Beiträgerinnen und Beiträger sind in diesem Handbuch nachgewiesen. Die Ersterscheinungsjahre der Texte (auch für die sogenannte *Kleine Ausgabe* mit der Rundzahl von 50 Stücken) sind jeweils vermerkt, größere Umarbeitungen während der Editionsgeschichte aufgeführt. Oft ist außerdem eine Strukturanalyse beigegeben, wichtige Einzelzüge sind erläutert. Deutsche und internationale Varianten, soweit nicht schon in den Kommentaren exemplarisch herangezogen, lassen sich außerdem aus den weiterführenden Literaturangaben erschließen. Die bibliographischen Hinweise sind so gestaltet, daß anstelle langer Listen nur zusammenfassende Darstellungen aufgenommen wurden: Statt einer Bibliographie mit mehreren tausend Titeln sind aus der Literatur über die Märchen der Brüder Grimm nur jene Werke und Beiträge herausgefiltert, die nach heutigem Stand die ältere Literatur aufgearbeitet und entweder Neues oder Weiterführendes zu einzelnen Erzählungen oder zum gesamten Werk erbracht haben. Ältere Literatur ist berücksichtigt, wenn sie für die Forschungs- und Entstehungsgeschichte und die Themen-, Stoff- und Motivforschung unerläßlich ist.

Nachgezeichnet wird die Entstehungsgeschichte jedes einzelnen Märchens, seine Bedeutung beziehungsweise seine thematische Vernetzung innerhalb der Sammlung, aber auch innerhalb des Gesamtwerks der Brüder Grimm. Jahrzehntelang verbreitete Auffassungen über die Anlage der Sammlung werden kritisch hinterfragt und Irrtümer in bezug auf Mündlichkeit oder vermeintlich unverfälschte Darbietung von Volkserzählungsgut aufgedeckt. Die im Verlauf der Druckgeschichte sich wandelnden Bearbeitungsphasen – unter anderem charakterisiert durch die Tendenz zur Entsexualisierung und Ausschmückung der Texte bis hin zur Einbringung humoristischer Züge – sind ebenso dokumentiert wie die konstant betriebene Verchristlichung der Inhalte und die bewußte Stilisierung der Sammlung zu einem Erziehungsbuch in der Nachfolge der Hausväterliteratur. Daß daneben auch den zur Unterhaltung gedachten Stücken eine große Bedeutung zukam, machen die Ausführungen zu den vielen eingestreuten Schwänken und Schwankmärchen oder zu den ausschließlich für Kinder gedachten Neckerzählungen und Kettenmärchen deutlich. Alle diese Aspekte sind darüber hinaus zusammenfassend in einem abschließenden Beitrag zur Geschichte der *Kinder- und Hausmärchen* festgehalten.

Die Kommentare und Literaturhinweise ermöglichen es, den Veränderungen der Märchen innerhalb Deutschlands und anderer Länder weiter nachzuspüren, das Weiterleben von Stoffen und Motiven und die Rezeption der *Kinder- und Hausmärchen* in Lese-, Kinder- und Bilderbüchern zu verfolgen. Aussagen über bevorzugte Bildquellen und -zeugnisse lassen Rückschlüsse auf die Verbreitung und auf die Tradierung dominanter Bildmotive zu. Beleuchtet wird die unterschiedlich verlaufende Vermittlung der Grimmschen Märchen im Vergleich zu anderen Sammlungen und ihre Entwicklung innerhalb der frühen Massenmedien des 19. Jahrhunderts wie den Bilderbogen bis hin zu den audiovisuellen Medien unserer Tage. Die Dokumentation enthält außerdem Hinweise auf die Fülle von Interpretationsansätzen, in denen (bestimmte) Märchen der Brüder Grimm prototypisch als Erklärungsmuster für Deutungen unterschiedlicher ideologischer Richtungen herangezogen werden: Psychologen beziehungsweise Psychoanalytiker und Anthroposophen beispielsweise interessieren sich nicht für historisch-philologisch begründete Textanalysen. Statt dessen betrachten sie die Handlungsträger und Handlungsträgerinnen der Märchen – wie Literatur und Kunst überhaupt – als Vertreter bestimmter Werte und Vorstellungen, eindeutig erkennbar in leicht dechiffrierbaren Bildern und Symbolen, und Märchen allgemein als ein Ausdrucks- und Kommunikationsmittel für modellhaft ablaufende menschliche Konflikte beziehungsweise als Archetypen von Situationen und Figuren.

Das vorliegende Handbuch umfaßt mehrere Register. Ein umfangreiches Namen-, Werk- und Sachregister bietet einen Überblick über zentrale Stoffe und Motive, die im Handbuch abgehandelt werden. Weitere Verzeichnisse vermitteln einen Überblick über die literarischen Vorlagen und die Informanten mündlich überlieferten Erzählgutes. Ein anderes Verzeichnis schlüsselt die *Kinder- und Hausmärchen* in typologischer Hinsicht auf. Durch diese Konkordanz der Erzähltypen und -motive ist es möglich, die Stoffe, Themen und Einzelelemente im internationalen Erzählungsgut zu verorten und weiterzuverfolgen. Eine alphabetische Aufstellung der Märchentitel dient der raschen Orientierung. Die beigegebenen Illustrationsbeispiele mögen einen Eindruck von der Vielfalt künstlerischer Gestaltungen vermitteln und verdeutlichen, daß in den Stücken selbst häufig eine einzige Szene die Künstler und Künstlerinnen so sehr angesprochen hat, daß sie zur Leitbildillustration der betreffenden Erzählung geworden ist.

Das Handbuch ist aus meiner textkritischen und kommentierten Ausgabe der *Kinder- und Hausmärchen* (1996) hervorgegangen. Die Kommentare wurden jedoch beträchtlich erweitert, verbessert und auf den neuesten Forschungsstand gebracht. Außerdem sind erstmals die rund 50 ausgeschiedenen Märchentexte der Brüder Grimm einbezogen.

Während der jahrelangen Recherchen habe ich von vielen Seiten Unterstützung erfahren. Hervorheben möchte ich besonders Helmut Fischer (Hennef), Ines Köhler-Zülch (Göttingen), Jurjen van der Kooi (Groningen), Therese Mode (Halle), Siegfried Neumann (Rostock), Lutz Röhrich (†) (Freiburg im Breisgau) und Christine Shojaei Kawan (Göttingen), denen ich für ihre stete Bereitschaft zur Diskussion offener Fragen danke. In verschiedenen Phasen vorbereitender Arbeiten hatte ich in Rita Boemke (Niestetal) und Axel Füllgrabe (Göttingen) eine große Hilfe. Die gut bestückte Spezialbibliothek der „Enzyklopädie des Märchens", einer Arbeitsstelle der Akademie der Wissenschaften zu Göttingen, ersparte manche Fernleihe; gleiches gilt für die Staats- und Universitätsbibliothek Göttingen.

Göttingen, 7. November 2007

Zur zweiten Auflage

Die zweite Auflage des Handbuchs liegt nunmehr in einer erweiterten und verbesserten Ausgabe vor. Eingearbeitet sind in den letzten Jahren erschienene Studien sowie weitere Informationen zur Geschichte der Märchensammlung der Brüder Grimm und zur Überlieferungs- und Textgeschichte einzelner Märchen.

Göttingen, 13. Januar 2013

Zur dritten Auflage

Die in den letzten Jahren erschienenen Studien zu den *Kinder- und Hausmärchen* der Brüder Grimm haben zu einer Reihe neuer Erkenntnisse geführt, die in dieser ergänzten und überarbeiteten dritten Auflage berücksichtigt worden sind. Zusätzlich zu den internationalen Erzähltypen und -motiven (ATU; Mot.) finden sich nun nach Vorliegen des deutschen Typenkatalogs (DMK/Uther) auch die betreffenden Angaben zu Erzähltypen der früheren und heutigen deutschsprachigen Gebiete. Daraus geht auch hervor, in welchem hohen Maße die Brüder Grimm nachfolgende Sammler und Herausgeber von Volkserzählungen beeinflußt haben. Nicht wenige Stücke der Brüder Grimm wirken als Leitfassungen nach und haben ältere und zeitgenössische Überlieferungen verdrängt.

Göttingen, 20. Juli 2021

Inhaltsverzeichnis

Vorwort —— V
Zur zweiten Auflage —— VIII
Zur dritten Auflage —— VIII

Nachweise und Kommentare —— 1
1. Der Froschkönig oder der eiserne Heinrich —— 1
2. Katze und Maus in Gesellschaft —— 5
3. Marienkind —— 6
4. Märchen von einem, der auszog, das Fürchten zu lernen —— 8
5. Der Wolf und die sieben jungen Geißlein —— 11
6. Der treue Johannes —— 16
7. Der gute Handel —— 18
8. Der wunderliche Spielmann —— 20
9. Die zwölf Brüder —— 20
10. Das Lumpengesindel —— 21
11. Brüderchen und Schwesterchen —— 23
12. Rapunzel —— 26
13. Die drei Männlein im Walde —— 31
14. Die drei Spinnerinnen —— 32
15. Hänsel und Gretel —— 34
16. Die drei Schlangenblätter —— 38
17. Die weiße Schlange —— 39
18. Strohhalm, Kohle und Bohne —— 41
19. Von dem Fischer un syner Fru —— 42
20. Das tapfere Schneiderlein —— 47
21. Aschenputtel —— 50
22. Das Rätsel —— 56
23. Von dem Mäuschen, Vögelchen und der Bratwurst —— 57
24. Frau Holle —— 58
25. Die sieben Raben —— 61
26. Rotkäppchen —— 63
27. Die Bremer Stadtmusikanten —— 68
28. Der singende Knochen —— 74
29. Der Teufel mit den drei goldenen Haaren —— 76
30. Läuschen und Flöhchen —— 78
31. Das Mädchen ohne Hände —— 79
32. Der gescheite Hans —— 81

33. Die drei Sprachen —— 82
34. Die kluge Else —— 84
35. Der Schneider im Himmel —— 86
36. Tischchendeckdich, Goldesel und Knüppel aus dem Sack —— 87
37. Daumesdick —— 91
38. Die Hochzeit der Frau Füchsin —— 93
39. Die Wichtelmänner —— 95
40. Der Räuberbräutigam —— 98
41. Herr Korbes —— 99
42. Der Herr Gevatter —— 100
43. Frau Trude —— 102
44. Der Gevatter Tod —— 103
45. Daumerlings Wanderschaft —— 107
46. Fitchers Vogel —— 107
47. Von dem Machandelboom —— 109
48. Der alte Sultan —— 112
49. Die sechs Schwäne —— 113
50. Dornröschen —— 115
51. Fundevogel —— 119
52. König Drosselbart —— 121
53. Sneewittchen —— 122
54. Der Ranzen, das Hütlein und das Hörnlein —— 130
55. Rumpelstilzchen —— 132
56. Der Liebste Roland —— 136
57. Der goldene Vogel —— 137
58. Der Hund und der Sperling —— 140
59. Der Frieder und das Katherlieschen —— 141
60. Die zwei Brüder —— 143
61. Das Bürle —— 146
62. Die Bienenkönigin —— 147
63. Die drei Federn —— 149
64. Die goldene Gans —— 151
65. Allerleirauh —— 153
66. Häsichenbraut —— 155
67. Die zwölf Jäger —— 156
68. De Gaudeif un sien Meester —— 157
69. Jorinde und Joringel —— 158
70. Die drei Glückskinder —— 162
71. Sechse kommen durch die ganze Welt —— 163
72. Der Wolf und der Mensch —— 165

73. Der Wolf und der Fuchs —— 166
74. Der Fuchs und die Frau Gevatterin —— 168
75. Der Fuchs und die Katze —— 168
76. Die Nelke —— 169
77. Das kluge Gretel —— 172
78. Der alte Großvater und der Enkel —— 174
79. Die Wassernixe —— 176
80. Von dem Tode des Hühnchens —— 177
81. Bruder Lustig —— 178
82. De Spielhansl —— 182
83. Hans im Glück —— 183
84. Hans heiratet —— 188
85. Die Goldkinder —— 189
86. Der Fuchs und die Gänse —— 189
87. Der Arme und der Reiche —— 191
88. Das singende springende Löweneckerchen —— 193
89. Die Gänsemagd —— 195
90. Der junge Riese —— 199
91. Dat Erdmänneken —— 201
92. Der König vom goldenen Berge —— 204
93. Die Rabe —— 206
94. Die kluge Bauerntochter —— 208
95. Der alte Hildebrand —— 209
96. De drei Vügelkens —— 211
97. Das Wasser des Lebens —— 213
98. Doktor Allwissend —— 215
99. Der Geist im Glas —— 216
100. Des Teufels rußiger Bruder —— 219
101. Der Bärenhäuter —— 221
102. Der Zaunkönig und der Bär —— 223
103. Der süße Brei —— 224
104. Die klugen Leute —— 225
105. Märchen von der Unke —— 227
106. Der arme Müllerbursch und das Kätzchen —— 229
107. Die beiden Wanderer —— 231
108. Hans mein Igel —— 234
109. Das Totenhemdchen —— 236
110. Der Jude im Dorn —— 239
111. Der gelernte Jäger —— 243
112. Der Dreschflegel vom Himmel —— 244

113. De beiden Künigeskinner — **245**
114. Vom klugen Schneiderlein — **246**
115. Die klare Sonne bringt's an den Tag — **248**
116. Das blaue Licht — **249**
117. Das eigensinnige Kind — **252**
118. Die drei Feldscherer — **253**
119. Die sieben Schwaben — **254**
120. Die drei Handwerksburschen — **257**
121. Der Königssohn, der sich vor nichts fürchtet — **259**
122. Der Krautesel — **260**
123. Die Alte im Wald — **261**
124. Die drei Brüder — **262**
125. Der Teufel und seine Großmutter — **265**
126. Ferenand getrü un Ferenand ungetrü — **266**
127. Der Eisenofen — **267**
128. Die faule Spinnerin — **268**
129. Die vier kunstreichen Brüder — **269**
130. Einäuglein, Zweiäuglein und Dreiäuglein — **271**
131. Die schöne Katrinelje und Pif Paf Poltrie — **272**
132. Der Fuchs und das Pferd — **273**
133. Die zertanzten Schuhe — **274**
134. Die sechs Diener — **275**
135. Die weiße und die schwarze Braut — **276**
136. Der Eisenhans — **278**
137. De drei schwatten Prinzessinnen — **281**
138. Knoist un sine dre Sühne — **282**
139. Dat Mäken von Brakel — **283**
140. Das Hausgesinde — **286**
141. Das Lämmchen und Fischchen — **286**
142. Simeliberg — **288**
143. Up Reisen gohn — **289**
144. Das Eselein — **291**
145. Der undankbare Sohn — **292**
146. Die Rübe — **295**
147. Das junggeglühte Männlein — **297**
148. Des Herrn und des Teufels Getier — **298**
149. Der Hahnenbalken — **299**
150. Die alte Bettelfrau — **301**
151. Die drei Faulen — **302**
152. Das Hirtenbüblein — **305**

153. Die Sterntaler —— 306
154. Der gestohlene Heller —— 310
155. Die Brautschau —— 311
156. Die Schlickerlinge —— 312
157. Der Sperling und seine vier Kinder —— 313
158. Das Märchen vom Schlauraffenland —— 315
159. Das dithmarsische Lügenmärchen —— 317
160. Rätselmärchen —— 318
161. Schneeweißchen und Rosenrot —— 319
162. Der kluge Knecht —— 322
163. Der gläserne Sarg —— 325
164. Der faule Heinz —— 327
165. Der Vogel Greif —— 328
166. Der starke Hans —— 332
167. Das Bürle im Himmel —— 333
168. Die hagere Liese —— 334
169. Das Waldhaus —— 336
170. Lieb und Leid teilen —— 337
171. Der Zaunkönig —— 338
172. Die Scholle —— 342
173. Rohrdommel und Wiedehopf —— 344
174. Die Eule —— 345
175. Der Mond —— 347
176. Die Lebenszeit —— 348
177. Die Boten des Todes —— 350
178. Meister Pfriem —— 351
179. Die Gänsehirtin am Brunnen —— 353
180. Die ungleichen Kinder Evas —— 355
181. Die Nixe im Teich —— 357
182. Die Geschenke des kleinen Volkes —— 359
183. Der Riese und der Schneider —— 361
184. Der Nagel —— 362
185. Der arme Junge im Grab —— 363
186. Die wahre Braut —— 365
187. Der Hase und der Igel —— 367
188. Spindel, Weberschiffchen und Nadel —— 370
189. Der Bauer und der Teufel —— 371
190. Die Brosamen auf dem Tisch —— 371
191. Das Meerhäschen —— 372
192. Der Meisterdieb —— 374

193. Der Trommler —— 378
194. Die Kornähre —— 380
195. Der Grabhügel —— 381
196. Oll Rinkrank —— 383
197. Die Kristallkugel —— 383
198. Jungfrau Maleen —— 385
199. Der Stiefel von Büffelleder —— 387
200. Der goldene Schlüssel —— 389

Kinderlegenden —— 390
1. Der heilige Joseph im Walde —— 390
2. Die zwölf Apostel —— 391
3. Die Rose —— 393
4. Armut und Demut führen zum Himmel —— 393
5. Gottes Speise —— 394
6. Die drei grünen Zweige —— 396
7. Muttergottesgläschen —— 397
8. Das alte Mütterchen —— 398
9. Die himmlische Hochzeit —— 400
10. Die Haselrute —— 400

Ausgeschiedene Texte —— 402
6. Von der Nachtigall und der Blindschleiche —— 402
8. Die Hand mit dem Messer —— 403
13. Der Froschprinz —— 405
16. Herr Fix und Fertig —— 405
22. (I) und (II): Wie Kinder Schlachtens mit einander gespielt haben —— 406
27. Der Tod und der Gänshirt —— 408
32. (II) Der gescheidte Hans —— 410
33. Der gestiefelte Kater —— 411
33. Der Faule und der Fleißige —— 417
36. Die lange Nase —— 419
36. (II) Von dem Tischgen deck dich, dem Goldesel und dem Knüppel in dem Sack —— 419
43. Die wunderliche Gasterei —— 420
43. Der Löwe und der Frosch —— 421
44. Der Soldat und der Schreiner —— 422
54. Hans Dumm —— 423
57. Die Kinder in Hungersnoth —— 425
59. Prinz Schwan —— 426

60.	Das Goldei —— 427	
61.	Von dem Schneider, der bald reich wurde —— 428	
62.	Blaubart —— 428	
64.	Von dem Dummling.	
	(I): Die weiße Taube —— 434	
66.	Hurleburlebutz —— 435	
66.	Die heilige Frau Kummerniß —— 437	
68.	Von dem Sommer- und Wintergarten —— 438	
70.	Der Okerlo —— 439	
71.	Prinzessin Mäusehaut —— 440	
72.	Das Birnli will nit fallen —— 441	
73.	Das Mordschloß —— 442	
74.	Von Johannes-Wassersprung und Caspar-Wassersprung —— 444	
75.	Vogel Phönix —— 445	
77.	Vom Schreiner und Drechsler —— 445	
81.	Der Schmidt und der Teufel —— 446	
82.	Die drei Schwestern —— 447	
84.	Die Schwiegermutter —— 448	
85.	Fragmente.	
	(a) Schneeblume —— 449	
85.	Fragmente.	
	(b) Prinzessin mit der Laus —— 450	
85.	Fragmente (c) Vom Prinz Johannes —— 451	
85.	Fragmente.	
	(d) Das gute Pflaster —— 451	
104.	Die treuen Tiere —— 452	
107.	Die Krähen —— 453	
136.	De wilde Mann —— 454	
175.	Das Unglück —— 455	
182.	Die Erbsenprobe —— 456	
191.	Der Räuber und seine Söhne —— 459	

Zur Geschichte der Kinder- und Hausmärchen —— 462
Zur Frühgeschichte der Kinder- und Hausmärchen —— 462
Auf der Suche nach Texten —— 463
Die Brüder Grimm und ihre Konkurrenten —— 469
Zur Textgeschichte —— 471
Zur Anordnung der Texte —— 477
Zur Gattungsproblematik —— 478
Bearbeitungstendenzen —— 483

Sittenlehre und Erziehungsbuch —— 491
Illustrationen —— 496
Nachwirkungen —— 501

Bibliographie —— 506
Ausgaben der KHM —— 506
Literatur —— 506

Typen- und Motivkonkordanz —— 558

Verzeichnis der Quellen, Beiträger und Vermittler —— 563

Titelverzeichnis —— 566

Verzeichnis der Namen, Sachen, Werke und Örtlichkeiten —— 570

Nachweise und Kommentare

KHM = Kinder- und Hausmärchen
KL = Kinderlegende

1. Der Froschkönig oder der eiserne Heinrich. – DMK/Uther, ATU 440: Froschkönig. – KHM-Veröff.: 1812; Kleine Ausg.: 1825 (Nr. 1). – In der Urfassung der Märchensammlung von 1810 (Grimm/Rölleke 1975, Nr. 25) liegt das Zaubermärchen in der Handschrift Wilhelm Grimms vor. Wer diese erste Rohfassung beigesteuert hat, ist nicht eindeutig zu klären (Familie Wild); die für den Druck wesentlich erweiterte Fassung besorgte Wilhelm Grimm; vgl. auch den ausgeschiedenen Text KHM 13 (1815): *Der Froschprinz*.

Für die Brüder Grimm stellte sich das Zaubermärchen als „eins der allerältesten und schönsten Märchen" dar, wie es im Anhang (S. III) zur Ausgabe der KHM 1812 heißt. Diese Annahme gründete auf verschiedenen Anspielungen in Texten des Spätmittelalters und der Frühen Neuzeit, die auf eine allgemeine Bekanntheit schließen ließen. Dieser Eindruck muß sich verstärkt haben, als Jacob Grimm das Grundmuster des Zaubermärchens (Begegnung des Mädchens mit dem Tierhelfer, Einfordern der versprochenen Belohnung, Entzauberung des Frosches in einen Prinzen) im Kommentar zu einer Neuausgabe der *Complayant of Scotlande* (1548) des Schotten John Bellenden fand. Dort gab der Herausgeber John Leyden (1801, 234 f.) im Anschluß an eine Brunnengeschichte (*the tayl of the volfe [i. e. well] of the warldis end*) die Geschichte inhaltlich in groben Zügen wieder, einschließlich der formelhaften gereimten Klage des Frosches (deutlich ein „frog lover"), das Mädchen möge ihn doch endlich einlassen. Seinem Bruder Wilhelm schrieb Jacob am 2.7.1812 (Grimm/Schoof 1960, 100): „Das Volksmärchen vom Froschprinz habe ich in einem schottischen Buch heut Nachmittag gefunden", und äußerte sich lobend über schottische Märchen im allgemeinen: „ich glaube, kein Volk steckt so voll mündl. Tradition als dieses". Bereits im Kommentar zur Erstveröffentlichung in den KHM 1812 vermerkten die Brüder Grimm (Anhang, IV):

> „Leydens Worte lauten nun: according to the popular tale a lady is sent by her stepmother to draw water from the well of the worlds end. She arrives at the well, after encountering many dangers: but soon perceives that her adventures have not reached a conclusion. A frog emerges from the well, and, before it suffers her to draw water, obliges her to betrothe herself to the monster, under the penalty of being torn to pieces. The lady returns safe: but at midnight the frog lover appears at the door and demands entrance, according to promise to the great consternation of the lady and her nurse.

> ‚open the door, my hinny, my hart,
> open the door, mine ain wee thing;
> and mind the words that you and I spak
> down in the meadow, at the well-spring!'

the frog is admitted and addresses her:

> ‚take me up on your knee, my dearie,
> take me up on your knee, my dearie,
> and mind the words that you and I spak
> at the cauld well sae weary.'

the frog is finally disenchanted and appears as a prince in his original form."

Der Name Heinrich für einen Diener habe „etwas volksmäßiges", hieß es in der von den Brüdern Grimm verantworteten Ausgabe des *Armen Heinrichs* von Hartmann von Aue (1815, 213–216). Die Verknüpfung gefühlsmäßiger Ausdrücke mit einem eisernen Band begegnet in Georg Rollenhagens *Froschmeuseler* von 1595 (Vorrede), aber auch in älteren literarischen Zeugnissen. Aus Rollenhagens umfangreichem Tierepos ist auch der Name Froschkönig (Kapitelüberschrift 1,1,2: *Von Bröseldieb, des meusekönigs sons, kundtschaft mit dem froschkönig*) entlehnt. Die in Verse gefaßte Bitte des Froschkönigs um Einlaß („Königstochter jüngste/Mach mir auf! [...]") kannte schon Friedrich David Gräter (*Bragur* 3 [1794] 241 f.).

Die erste handschriftliche Fassung (vermutlich über die Familie Wild, Kassel) ist sehr moralisch gehalten und stellt die patriarchalische Rolle des Vaters gegenüber dem ungehorsamen Kind, das sein Versprechen nicht einhalten will, heraus, während das Zusammentreffen mit dem häßlichen Frosch weniger im Vordergrund steht. Der Handlungsabschnitt, der die Begegnung zwischen Tierbräutigam und Königstochter schildert, scheint mit Rücksicht auf den Kinder-Benutzerkreis entsexualisiert worden zu sein. Spätere Fassungen aus mündlicher Überlieferung (und Illustratoren) hingegen betonen die sexuelle Komponente (Angst vor der intimen Begegnung) stärker, die Kindlichkeit der Königstochter dagegen weniger. Die berühmte Eingangsformel „In den alten Zeiten, wo das Wünschen noch geholfen hat" ist zuerst 1833 in die *Kleine Ausgabe* eingefügt und 1837 in die *Große Ausgabe* übernommen worden. Eine ähnliche Formel leitet auch seit 1815 KHM 127: *Der Eisenofen* ein. Eine solche unpräzise Zeitangabe ist typisch für Märchen. Im deutschsprachigen Gebiet sind etwa drei Dutzend Fassungen (nicht selten Grimm-abhängig) bekannt.

Das von Lutz Röhrich (1987a) in seinen Facetten untersuchte Märchen ist durch eine klare Handlungsstruktur mit binären Oppositionen wie Verwünschung/Erlösung oder Versprechen/Einhaltung des Versprechens charakterisiert. Die Einlösung des Versprechens fordert der König apodiktisch mit der Sentenz: „was du versprochen hast, das mußt du auch halten", und bei erneuter Weigerung der Königstochter mahnt er: „wer dir geholfen hat, als du in der Noth warst, den sollst du hernach nicht verachten."

Bildliche Darstellungen finden sich relativ spät (*Münchener Bilderbogen* Nr. 193 von Otto Speckter, 1856/57), danach allerdings kontinuierlich. Seit den 1870er Jahren erscheint das Märchen auch in Bilderbuchausgaben aus Großbritannien (Walter Crane, 1876) und Deutschland. Daß ein Kuß den Erlösungsvorgang einleitet, ist erst seit Ende des 19. Jahrhunderts in Variationen des *Froschkönig*-Motivs zu finden. Eine Vorform bietet Wilhelm Buschs Bildergeschichte *Die beiden Schwestern* aus der Bilderposse *Stippstoerchen für Aeuglein und Oehrchen* (1880), in die gleich zwei weitere Märchen-/Sagenmotive einbezogen sind: Am Beispiel einer faulen und guten Schwester wird zum einen auf die *Frau Holle*-Thematik (vgl. KHM 24) angespielt, zum andern auf das Sagenmotiv des Wassergeists, der einen Menschen für immer in sein unterirdisches Reich mitnimmt (vgl. auch KHM 181: *Die Nixe im Teich*). Nach der geglückten Erlösung durch einen Kuß verwandelt sich der Frosch in einen Prinzen, danach folgt eine mißlungene Erlösung: Aus dem am Wasser sitzenden und musizierenden Knaben wird nach dem Kuß durch die faule Schwester ein froschähnliches Halbwesen:

> Kaum küßt sie ihn,
> so wird er grün,
> so wird er struppig,
> eiskalt und schuppig.
> Und ist, o Schreck!
> der alte kalte Wasserneck.
> „Ha! – lacht er – diese
> hätten wir!!"
> Und fährt bis auf den Grund
> mit ihr.
> Da sitzt sie nun bei Wasserratzen,
> muß Wassernickels Glatze kratzen,
> trägt einen Rock von rauhen Binsen,
> kriegt jeden Mittag Wasserlinsen;
> und wenn sie etwas trinken muß,
> ist Wasser da im Überfluß.

Heute gehört das *Froschkönig*-Märchen zu den gut zwei Dutzend Lieblingsmärchen. Es begegnet häufig in rationalisierter Form – als „Schwundstufe" (Kurt Ranke) – in der Werbung, im Comic und in Witzzeichnungen und dient häufig als Vorlage für Parodien (z. B. Fetscher 1979, 130–138; Garner 1995, 74–77; Mieder 2019). Eine neuere literarische Adaptation legte Kathrin Schmidt vor: *Der Fretschenquetscher oder der eiserne Heinrich* (vgl. *Die Horen* 52 [2007] 30–34).

KHM 1: Der Froschkönig oder der eiserne Heinrich. Illustration von Hans Baluschek (1870–1925)

Vor allem die Umkehrung der Erlösungsszene – wenn z. B. aus dem Frosch Prinz Charles mit grotesk abstehenden Ohren wird und die Prinzessin schreiend davonläuft – hat Parodisten inspiriert.

Interpreten widmen sich bevorzugt dem *Froschkönig*-Märchen, sehen es sehr oft im Zusammenhang mit der Schilderung von Reifungsvorgängen (unter anderem B. Bettelheim 1980, Reg.; Wittgenstein 1973, 83–95). Die Figur des Vaters wird psychoanalytisch aus den verdrängten Wunschvorstellungen der Königstochter als deren Über-Ich gesehen (Scherf 1995). Besonders die Kugel gilt als Symbol für ein geschlossenes Weltbild des Kindes, ein Gleichgewicht der Kräfte (z. B. Szonn 1989, 77–84; Stumpfe 1978, 58 f.). Der Verlust der Kugel bedeute, daß der Königstochter die kindliche Welt und der Lebenssinn entglitten seien, anstelle von Harmonie träten Spaltung und Zerrissenheit. Die Suche nach der Kugel bedeute das Bemühen um Erkenntnis. Die Tochter werde unter dem Druck der Forderungen des Frosches zum ersten Mal aktiv und leiste die Auseinandersetzung mit der Welt und ihrem Gegenüber. Indem sie sich gegen das Gebot des Vaters auflehnt, ermöglicht sie die Verwandlung des Gegenübers (Szonn 1989, 83).

Lit.: BP 1 (1913) 1–9; Ranke 1955 ff., Bd. 2, 54–57 (Varianten); Doderer 1969, 143 f. (zum Gehorsam der Königstochter); Grimm/Rölleke 1975, 365–367; EM 4 (1984) 410–424 (L. Röhrich); Röhrich 1987a; Grätz 1988, 118 f. (zu Friedrich David Gräters Märchenversen); Mieder 1990, bes. 161 f.; Röhrich 1990; Tatar 1990, 30 f.; Röhrich 1993a, 33 f.; Kotaka 1992 (zur Heinrich-Episode); Bluhm 1995 (zu den Versen); Scherf 1995, 356–361; Sahr 1995 (zur Didaktik); Bluhm/Rölleke 1997, 38 f. (zu Redensarten, Formeln, usw.); Solms 1999, bes. 196–200; Busch/Ries 2002, Bd. 3, 220–238, 1055–1060 (zur Bilderposse); Köhler-Zülch 2003 (zur Verwünschung); Takehara 2006, 20–87; Diederichs 2006, 115–118; zum Begriff Schwundstufe vgl. EM 12 (2007) 447–450 (R. W. Brednich); Diederichsen 2008 (zur Rechtsproblematik), Shojaei Kawan 2009, 426–428 (Verse); Gorgulla 2011, 250–268; Messerli 2019 (Raum als erzählerische Ökonomie); Mieder 2019 (populäre Medien).

2. Katze und Maus in Gesellschaft. – DMK/Uther, ATU 15: Gevatter stehen. – KHM-Veröff.: 1812 (verändert 1819). – Das Tiermärchen schrieb Wilhelm Grimm 1808 nach mündlicher Überlieferung von Margarete Marianne Wild (1787–1819) nieder. Teile der Handlung begegnen bereits in späteren Ergänzungen zum Tierepos *Roman de Renart*. Im Mittelpunkt von KHM 15 stehen Konflikte zwischen einem schwächeren und einem stärkeren Tier. Sie ergeben sich aus dem Zusammenleben in einem gemeinsamen Haushalt und bilden die Grundlage einer Feindschaft der Tiere (sprichwörtlich: ‚Die Katze läßt das Mausen nicht').

Die Katze gilt als Inbegriff der Falschheit, Hinterlist und Treulosigkeit, die Maus als treu und gutmütig. Das Tiermärchen schließt (seit der Ausg. 1850) mit der realistischen, aber fatalistischen Feststellung: „Siehst du, so geht's in der Welt." (s. auch KHM 5). Es ist in einer eher schwankhaften Umgestaltung im 19./20. Jahrhundert weltweit verbreitet, endet jedoch oft nicht mit der Tötung des unterlegenen Tieres, sondern mit abgemildertem Schluß. Beteiligte Tiere sind meist Wolf und Fuchs und im Mittelpunkt steht die Täuschung des Gegenspielers. Dieser Zug läßt sich durch die Kombination mit weiteren Tierschwänken noch steigern.

Öfter begegnen skatologische Züge. So betrügt der Listige seinen Partner dadurch, daß er in das leere Fett-/Butter-/Honigfaß scheißt und sich amüsiert, wenn der andere nichtsahnend die Exkremente frißt. Charakteristisch für die meisten Erzählungen ist die zweiepisodische Form: Als der Wolf den Nahrungsdiebstahl bemerkt, zeigt der Fuchs eine weitere Probe seiner Listigkeit. Er überredet den Wolf zu einer Aktion, um den Honigdieb festzustellen: Beide Tiere sollten sich in die Sonne legen. Dann werde dem Übeltäter durch die Hitze der Honig aus dem Maul triefen. Der Fuchs wartet, bis der Wolf eingeschlafen ist, beschmiert ihn mit Honig und beschuldigt ihn des Diebstahls.

Lit.: BP 1 (1913) 9–13; EM 5 (1987) 1217–1224 (C. Lindahl); Kooi/Schuster 1993, Nr. 204 (Varianten); Bluhm/Rölleke 1997, 39–41 (zu Redensarten, Formeln, usw.); Hubrich-Messow 2000 ff., Bd. 4, 15–18 (Varianten); Haase 2008, 390–392 (W. Mieder); Borgards 2017 (Gewalt und Macht im Tiermärchen).

3. Marienkind. – DMK/Uther, ATU 710: Marienkind. – KHM-Veröff.: 1812 (verändert 1843); Kleine Ausg.: 1825 (Nr. 2). – Das Zaubermärchen wurde von Jacob Grimm handschriftlich notiert und im April/Mai 1808 an seinen Lehrer und Förderer Friedrich Carl von Savigny (1779–1861) geschickt. Es geht auf Margarete Marianne Wild zurück; die Urfassung von 1810 enthält als Nr. 34 eine Abschrift (Handschrift Wilhelms) von Jacobs Text – nahezu ohne Änderungen (Grimm/Rölleke 1975, 371, 373, 381).

Im Mittelpunkt der recht dramatischen Handlung steht die einer jungen Frau von der Jungfrau Maria auferlegte Gehorsams- und Geduldsprüfung, die Überschreitung des Gebots, Verstocktheit (= Schweigen) und daraus resultierende Strafen. In der konsequenten Mißachtung von Geboten erweisen sich der Starrsinn beziehungsweise Ungehorsam der Frau nicht als tragisch – wie in Mythen und Sagen, sondern als retardierendes Moment, das stufenweise zur Einsicht (= vollkommene Reue) und zum ‚Glück' der Heldin führt. Die christlich bestimmte Haltung von Buße und Reue findet ihren Ausdruck in Marias Schlußwort: „Wer seine Sünde bereut und eingesteht, dem ist sie vergeben." Die Jungfrau Maria erscheint in der Rolle der unnachsichtig Strafenden mit „Zügen eines Ungetüms" (Tatar 1990, 27), die der jungen Mutter die neugeborenen Kinder wegnimmt, weil sie Maria nicht die Überschreitung des Gebots gesteht; eine solche drastische Bestrafung sei mit dem Christentum eigentlich nicht vergleichbar (Seifert 1953). Erst nach der Zwangsadoption des dritten Kindes zeigt die Frau Reue und gesteht ihre Verfehlung. Maria bewahrt sie durch Aufhebung ihrer Sprachlosigkeit zu guter Letzt vor dem sicheren Feuertod.

Manche Forscher machen auf Vorläufer des Stoffs in der klassischen Antike (Krösus-Gyges-Sage) aufmerksam. Friedrich Panzer (Karlinger 1973, 101) bezeichnete KHM 3 wie auch KHM 87: *Der Arme und der Reiche* als eine Märchenlegende, denn „so stark hat auch hier die sittliche Grundhaltung der Legende eingewirkt". Doch hat sich der Begriff nicht durchgesetzt. Dietz-Rüdiger Moser betrachtet den Stoff als eine sogenannte Missionserzählung: eine typisch gegenreformatorische Beispielerzählung zur Erläuterung der katholischen Lehre von der vollkommenen Reue, welche die Bußsakramentenlehre thematisiert, die auf dem Tridentinum (14. Sitzung 1551) festgelegt und später in den *Catechismus Romanus* (1566) aufgenommen worden sei. Die Frau habe nicht ihr Leben vor dem Scheiterhaufen retten wollen, sondern „sie lenkt den Blick auf sich selber und bekennt ihr Vergehen." (Moser 1981, 128).

Zwar bestehen motivische und strukturelle Ähnlichkeiten zu Basiles Novelle (1,8: *Das Ziegengesicht*), aber die märchenhafte Schilderung ist in der Tat christlich überformt und romantisch ausgestaltet. Das Motiv des verbotenen Zimmers (Mot. C 611) wie auch das sichtbare Zeichen des goldenen Fingers als Tabuüberschreitung (Mot. C 911) erinnern an KHM 46: *Fitchers Vogel* oder an KHM 136: *Der Eisenhans*. Ein Baum als Asylort findet sich häufig; Jacob Grimm mit seiner Neigung zu mytho-poetischer Ausdeutung brachte das Versteck in Zusammenhang mit den Nornen: „es ist ein allgemeiner Zug der Kindermärchen, daß die unglückliche Jungfrau im hohlen Baum sitzt, an ihrer Erlösung spinnend und nähend" (*Altdeutsche Wälder* 3 [1816] 47). Diese Baum-Szene bewegte Ludwig Emil Grimm (1790–1863) zur Darstellung des Märchens (1825; vgl. Gorgulla 2011, 120–122); andere bildliche Gestaltungen (beliebtes Einzelmotiv: Frau auf brennendem Scheiterhaufen) existieren seit den 1880er Jahren.

Das Märchen inspirierte zahlreiche neuere Interpreten in der Deutung der unnachsichtig strafenden Maria (vgl. zuletzt verschiedene Beiträge in Altmann-Glaser 2007). Nach Auffassung Walter Scherfs z. B. sei die dramatische Auseinandersetzung als Mutter-Tochter-Konflikt zu begreifen, der Hinauswurf der Frau aus dem Himmel eine Analogie zur Vertreibung aus dem Paradies und eine Strafe für Ungehorsam, Lügerei und Verstocktheit (1995, Bd. 2, 847–853). Udo Reinhardt (2012, 225) urteilt zusammenfassend: „In der Erlösung der sündigen Seele fallen märchen- und legendenspezifisches *happy-end* zusammen."

Lit.: BP 1 (1913) 13–21; Seifert 1953; Ranke 1955ff., Bd. 3, 68–76 (Varianten); Schmitz 1972; Moser 1977, 76–82; Moser 1982, 99–103; Bottigheimer 1987, Reg.; Ginschel 1989, 228–230; Bottigheimer 1990a; Tatar 1990, 27f. und Liebs 1993 (zur Figur der Maria); McGlathery 1993, 79; Scherf 1995, 847–853; Nicolaisen 1995, 174–180; Hansen 1996 (sieht Parallelen zur Krösus-Gyges-Sage); Solms 1999, bes. 178–180, 201f.; EM 9 (1999) 336–342 (D. Drascek); Martin 2006, 99–107, 283–302; Gobrecht 2007 (internationale Fassssungen); Gorgulla 2011, 353–379; Neumann 2011, 237–240 (Rolle des Königs in den KHM); Reinhardt 2012, 221–225; zum Motiv des verbotenen Zimmers vgl. EM 13 (2013) 1358–1362 (B. Rieken).

4. Märchen von einem, der auszog, das Fürchten zu lernen. – DMK/Uther, ATU 326: Fürchtenlernen – KHM-Veröff.: 1812 (verändert 1819); Kleine Ausg.: 1825 (Nr. 3). – Unter der Überschrift *Gut Kegel und Kartenspiel* findet sich in der KHM-Ausgabe 1812 (Nr. 4) eine kürzere Schilderung des Schwankmärchens, allerdings ohne das wichtige Motiv des Fürchtenlernens; im Anhang blieb das Stück unkommentiert. Das Resümee von 1812 weist einige wenige strukturelle Ähnlichkeiten mit einer von Philippine Engelhard (1756–1831) unter dem Titel *Spückemährchen* (datiert 1779) veröffentlichten Ballade auf (Engelhard 1782, 170–177; ein Exemplar der Gedichte befand sich in der Bibliothek der Brüder Grimm [Denecke/Teitge 1989, Nr. 3135]). Doch wäre es verfehlt, hier von einer literarischen Vorlage sprechen zu wollen, auch wenn es abschließend heißt: „Er war, und das Fräulein auch;/ Daß sie ihn genommen;/ Daß er sie bekommen;/ Ist ja der Mährchenbrauch." 1818 brachte Wilhelm Grimm das vollständig ausformulierte Schwankmärchen (mit sehr vielen Redensarten) in der Zeitschrift *Wünschelruthe* (4 [12. Jan. 1818] [13]–16 = Abdruck bei Grimm/Rölleke 1987, Nr. 2A) unter dem damals gängigen Untertitel „Aus mündlicher Ueberlieferung mitgetheilt" heraus, die 1819 auch die bisherige Fassung ersetzte. Der von August von Haxthausen mitbegründeten Zeitschrift *Wünschelruthe* „war auf dem literarischen Zeitschriftenmarkt kein langes Leben vergönnt", urteilte Peter Heßelmann (1992, 34) über die mit rund 300 Exemplaren 1818 sechs Monate zumeist im Umkreis von Göttingen vertriebene Zeitschrift. Wilhelm Grimm hatte zunächst das Journal gefördert und neben KHM 4 auch KHM 35: *Der Bauer im Himmel* zum Vorabdruck zur Verfügung gestellt. Das der *Wünschelruthe* von Friedrich August Eberhard Wernicke (1794–1819) eingesandte Stück *Hans Wohlgemuth* integrierte er als KHM 83: *Hans im Glück* 1819 in die KHM, hielt aber nach der Einstellung der Zeitschrift bei Achim von Arnim mit Kritik nicht hinter dem Berge: „Die Wünschelruthe war nach wenigen Blättern schon den ächten Göttingern widerwärtig anzusehen, es fehlte ihr fast ganz etwas anregendes, frisches und der Gegenwart gemäßes, sie wollten darin nur ihre sorgfältig bearbeiteten Sachen ans Licht schaffen" (Brief vom 9.10.1818; Arnim/Steig 1904, 425).

Das humorvolle und von Heinz Rölleke eingehend untersuchte Schwankmärchen stellt ein „umfangreiches Konglomerat mit breiten Umweltschilderungen" dar, das vermutlich mit einer von dem Theologen Ferdinand Siebert (1791–1847) eingesandten Erzählung aus Treysa (Schwalm), einer „mekelnburgischen" sowie einer „aus Zwehrn" kombiniert ist (s. KHM 4 [1822], 9).

Zahlreiche Mutproben leistet der Held ohne Blessuren ab – die sogenannten Qualnächte oder Probenächte (hier in einer Parodie) stehen auch im Zentrum von KHM 90, 92, 93, 121, 137; das Motiv (Tubach, Nr. 3477) ist bereits in der Exempelliteratur vorgeprägt: Dort muß ein räuberischer Ritter zur Buße eine Nacht allein in der Kirche verbringen und widersteht allen Anfeindungen, wenn ihn Jenseitige bedrängen und ihr Auftreten in unterschiedlicher Gestalt erfolgt.

Breit ausgestaltet sind die schwankhaften Abenteuer mit dem Küster, der hier mehr zufällig Opfer des Geschehens wird und zumeist als Handlungsträger keine herausragende Rolle spielt, und die Szene unter dem Galgen (s. auch KHM 192: *Der Meisterdieb*). Der burschikose Umgang mit Toten (auch zeitweilige Totenerweckungen), mit Geistern/Gespenstern, deren Bart festgeklemmt wird, und dämonischen Tieren, deren Krallen beschnitten werden sollen und die daher eingeklemmt werden, sind Schwankelemente, die auch in Sagen (Grimm/Uther DS 336: *Gäste vom Galgen*) und anderen Märchen wiederkehren (KHM 8, 81, 91, 99, 114, 161, 196; vgl. EM 3, 1261–1271).

In der dritten Auflage der KHM von 1837 wurde der farblose Begriff „Mann" für den jenseitigen Schädiger durch „Unhold" ersetzt: „,Dich will ich schon packen' sprach der Unhold." Der märchentypische Begriff Unhold (Kellner 1994, 340) hat sonst keinen Eingang in die KHM gefunden, statt dessen ist immer nur von Geistern oder (seltener) Gespenstern die Rede, wenn böse und den Menschen feindliche Wesen in der Handlung begegnen. Eine Episode mit einem gespenstischen Barbier findet sich schon in den anonym erschienenen *Unterredungen von dem Reiche der Geister* (Leipzig/Berlin 1731, Bd. 1, 286–293) Otto von Grabens zum Stein, einer Sammlung von Geschichten über Geistwesen, die maßgeblich die spätere Geister- und Sagenliteratur beeinflußt habe (M. Grätz in EM 6, 66).

Der Wunsch nach dem Kennenlernen von Ereignissen, die das Gefühl der Furcht hervorrufen, dynamisiert die Erzählung und führt den Helden von Station zu Station zu Erlebnissen mit dem Tod in verschiedenen Erscheinungsformen. Doch die eigentliche Furcht in Verbindung mit dem Tod kann nur der Tod selbst sein, den der Held jedoch gattungstypisch nicht erleidet. So endet das Schwankmärchen folgerichtig mit der überraschenden Auflösung, daß dem ‚Furchtlosen' während des Schlafs aus einem Eimer glitschige Fische ins Bett geschüttet werden, die ihn das Gruseln lehren. Ein „gewisser Humor" sei es, der den Umgang des jungen Mannes mit Geistern und Gespenstern ausmache, urteilten die Brüder Grimm, so daß er „durch nichts Schreckhaftes, zuletzt aber durch ein natürliches Mittel zur Erkenntniß gelangt" (KHM 1819, XXV).

Die Abenteuer des furchtlosen Helden, die ihn unbewußt, auch ohne es zu wollen, immer wieder in Gefahr bringen, haben zahlreiche literarische Vorbilder. In seiner Tumbheit und Furchtlosigkeit erinnert der Held an Siegfried oder Parzival. Im *Parzival*-Zyklus begegnet bereits das magisch umherrollende Bett im Zusammenhang mit Gawein (z. B. Wolfram von Eschenbach, *Parzival*, Buch 11, 567,14 – 11, 568,2). Eine wichtige ältere Fassung aus dem 16. Jahrhundert mit der Suche nach dem Tod findet sich bei dem italienischen Novellisten Straparola (*Piacevoli notti* 4,5); sie wurde bereits früh ins Deutsche übersetzt (Lolivetta, C. [Pseud.]: *Das teutsche Gespenst*. Leipzig 1684, 219–237). Eine andere frühe Fassung des Schwankmärchens in Groninger Mundart geht auf die Erzählerin Trijntje Soldaats, das ist Trijntje Alberts (1744–1814), zurück. Gerrit A. Arends, eins ihrer Kinder, schrieb 1804 in niederländischer Hochsprache 17 der von seiner Mutter dargebotenen Volkserzählungen in einem kleinen Heftchen nieder, darunter *Hooidaif en haalfmaal* (Kooi 2003, Nr. 112), das einige Motive (Aufenthalt im Spukhaus; Gruseln lernen; Schlußepisode mit den Fischen) enthält. Zu den vielen Anfang des 19. Jahrhunderts bekannten Gespenstergeschichten gehört auch die *Merkwürdige Gespenstergeschichte* (1809) in Johann Peter Hebels *Schatzkästlein des rheinischen Hausfreundes*, in welcher ein Furchtloser einen Aufenthalt in einem Schloß übersteht. *Märchen von einem, der auszog, das Fürchten zu lernen* gehört mit KHM 105, 158–160 zu den wenigen KHM, in denen im Titel das Wort Märchen auftaucht.

Die Nachwirkung von KHM 4 ist unter anderem aus Hans Christian Andersens Märchen *Der kleine und der große Klaus* (1835) und aus Ludwig Bechsteins 1845 erstmals veröffentlichter Erzählung *Das Gruseln* zu ersehen, die den Abschluß des *Deutschen Märchenbuchs* (Bechstein/Uther 1997a, 364–375) bildet.

In Anthologien ist KHM 4 wie viele andere Schwankmärchen erst seit ca. 1900 häufiger vertreten. Umarbeitungen und literarische Adaptationen (unter anderem Franz Fühmann, Peter O. Chotjewitz, Rainer Kirsch, Karl Hoche) halten das Interesse am Stoff lebendig wie die nicht unbeträchtliche Zahl neuerer Interpretationen im Zusammenhang mit Angst und ihrer Bewältigung (z. B. Zillinger 1963; Kast 1982, 16–38), der „gewundene Pfad zum eigenen Selbst", so Gerhard Szonn (1989, 103–116). Nach Auffassung Ottokar Graf Wittgensteins habe der junge Mann zwar die gefahrvollen Situationen gemeistert, dabei seine eigene Kraft und Geschlechtlichkeit entdeckt, doch wirkliche Erfahrung habe er erst durch eine liebende und erfahrene Frau gemacht (Wittgenstein 1973, 65–82).

Eine frühe Beurteilung des Märchens findet sich bei Goethe. Er empfahl 1827 Caroline von Bose, einer Hofdame aus Mecklenburg-Schwerin, das Märchen ausdrücklich, um „auf viele Jahre die kleine Nachkommenschaft glücklich zu machen", lobte die Schilderung des „naturfeste[n] Bauerjunge[n], der [...] die gespensterhaftesten Abenteuer mit realistischer Gemüthsruhe besteht", und folgerte: „Der Gegensatz von Äußerem und Innerem, von Einbildungskraft und Derbheit, von unverwüstlichem, gesundem Sinn gegen alle Ansprüche der Phantasie kann nicht besser dargestellt werden. Ja daß er zuletzt nur auf eine ganz reale Weise zu beruhigen ist, finden wir meisterhaft erfunden, und so platt die Auflösung scheinen mag, getrauen wir uns doch, sie als höchst geistreich anzurühmen" (EM 5, 587, 591; Zitate nach EM 5, 1343).

Bildliche Gestaltungen (oft nach der Bechstein-Fassung) finden sich auf zahlreichen Bilderbogen des 19. Jahrhunderts (zuerst W. Diez im *Münchener Bilderbogen* Nr. 241 von 1858/59) und auf Reklamesammelbildern der ersten Jahrzehnte des 20. Jahrhunderts.

Lit.: BP 1 (1913) 22–37 und BP 3 (1918) 537 f.; Wisser 1924; Leyen 1934, 171 (zu einzelnen Motiven); HDM 2 (1934–40) 300–302 (S. Singer); Ranke 1955 ff., Bd. 1, 203–229 (Varianten); Bynum 1978; Rölleke 1985, 147–160; EM 5 (1987) 584–593 (H. Rölleke); Mieder 1986, 60–77 (literarische Adaptationen); McGlathery 1993, 63 f.; Kooi/Schuster 1994, Nr. 5 (Varianten); Clausen-Stolzenburg 1995, 190–194 (zu den Qualnächten); Horning Marshall 1995; Sahr 1995 (zur Didaktik) 114–126; Scherf 1995, 321 f., 821–825; Bluhm/Rölleke 1997, 42–44 (zu Redensarten, Formeln, usw.); Dekker et al. 1997, 46 f. (T. Dekker); Solms 1999, bes. 76–79; Anderson 2000, 112–114 (zu Motivparallelen im Erzählgut der Antike); EM 11 (2004) 100–103 (R. W. Brednich) (zum Motiv der Qualnächte); zu Trijntje Soldaats s. EM 12 (2007) 848–850 (J. van der Kooi), Diederichsen 2008 (zur Auslobung); Stummann-Bowert 2008 (zu Philippine Engelhard); Gorgulla 2011, 409–425; Wienker-Piepho 2019, 9–11 (Schloß als numinoser Ort); Groschwitz 2021, 533–544 (narrative Aspekte von Schlössern).

5. Der Wolf und die sieben jungen Geißlein. – DMK/Uther, ATU 123: Wolf und Geißlein (Tubach, Nr. 2309; Dicke/Grubmüller, Nr. 650). – KHM-Veröff.: 1812 (verändert 1843); Kleine Ausg.: 1825 (Nr. 4). – Das Tiermärchen „aus der Maingegend" ist von Jacob Grimm in der Urfassung (1810) handschriftlich festgehalten (Grimm/Rölleke 1975, Nr. 5). Es geht auf Hinweise der hugenottischen Familie Hassenpflug aus Hanau zurück, der die Thematik vom Wolf und seinen – allerdings vergeblichen – Versuchen, Ziegenkinder zu überlisten, vor allem aus der Fabelsammlung Jean de La Fontaines (*Fables*, 4,15) vertraut gewesen sein könnte. La Fontaine nennt die drei Tierprotagonisten bereits in der Überschrift *Der Wolf, die Ziege und das Zicklein*.

> Die Ziege wollte weidend ihren Hunger stillen,
> Um sich die leeren Euter wieder anzufüllen.
> Als sie beim Fortgehn fest die Tür verschloß,

> Verwarnte sie das Zicklein, ihren Sproß:
> „Um deines Lebens willen hüte dich
> Und öffne nicht, es sei, du hörtest mich.
> Mein Losungswort ist – merk dir's recht –:
> Zum Henker mit dem Wolfsgeschlecht!"
> Als sie so sprach zu ihrem kleinen Jungen,
> Kam zufällig der Wolf vorbeigesprungen;
> Sie sah ihn nicht, er aber hörte fein
> Und prägte gut das Losungswort sich ein,
> Versteckte sich, und als die Alte fort,
> Lief er zur Türe hin, verstellte dort
> Der Stimme Klang und sprach das Losungswort:
> „Zum Henker mit dem Wolfsgeschlecht" –
> Erwartend, daß darauf die Tür sich öffnen möcht.
> Argwöhnisch aber rief das Geißenkind
> Heraus durch eine Spalte: „Zeige mir
> Die weiße Pfote, und ich öffne dir."
> Da weiße Pfoten bei den Wölfen nun
> Bekanntlich Seltenheiten sind,
> So wußte unser Räuber nichts zu tun;
> Er sah um seine Hoffnung sich betrogen
> Und ist ganz sachte wieder heimgezogen.
> Was hätte mit dem Zicklein sich begeben,
> Wenn es allein dem Losungswort vertraut?
> Besser auf mehr denn eine Sicherheit gebaut!
> In manchen Fällen kann es ein Zuviel nicht geben.

Die Thematik findet sich bereits im *Liber fabulorum Aesopi* (2,9) des nicht identifizierbaren Romulus aus dem 5. Jahrhundert p. Chr. n. und vermehrt in den großen mittelalterlichen und neuzeitlichen Fabelsammlungen. Die Struktur ist einsträngig und besteht aus der Warnung der Tiermutter an die junge Geiß, während der Abwesenheit der Mutter niemandem die Tür zu öffnen. Obwohl der Wolf mit verstellter Stimme um Einlaß bittet, macht die junge Geiß ihm nicht die Stalltür auf. Bereits der Anonymus des *Liber fabulorum Aesopi* hatte seine Fabel mit den Worten eingeleitet: „Auf die Weisungen der Eltern zu hören dient den Kindern zum Wohl, wie die folgende Fabel lehrt." Dieser Appell an kindlichen Gehorsam findet sich ebenso in Ulrich Boners *Edelstein* (um 1350; Nr. 33) unter dem Titel *von kinden gehorsami*, in einer Fabel Heinrich Steinhöwels von 1476/77 (Steinhöwel, *Esopus*, Nr. 92 = Abdruck bei Uther 1990b, Nr. 3) oder in *Esopi Leben und auserlesene Fabeln* (Nürnberg 1768, 51f.) unter der Überschrift *Von der jungen Ziege und dem Wolf* mit ausführlicher Tugendlehre unter dem Motto *Junge Leute sollen den Alten folgen*. Ganz im Stil des klassischen Exempels wird der Sachverhalt aufgezeigt (illustrare), diese Aussage durch das achtsame Verhalten der jungen Ziege bewiesen (demonstrare) und mit einer Moral zur Erbauung und Belehrung des Lesers beschlossen (prodesse et delectare).

Im Unterschied zu älteren literarischen Zeugnissen bauen die Brüder Grimm die Handlung zu einem Fressermärchen aus, das mit der Bestrafung des Tieres endet. Weitere wesentliche Umgestaltungen nahm Wilhelm Grimm in der 5. Auflage der KHM von 1843 vor, indem er zahlreiche Formulierungen in Anlehnung an August Stöbers (1808–84) elsässische Mundartfassung *Die sieben Gaislein* (Stöber 1842, 100 f.) einfügte, darunter auch die berühmten Schlußverse, allerdings leicht verändert und ins Hochdeutsche übertragen:

> Was rumbelt
> Unn bumbelt
> In meinem Bauch?
> I ha gemeint i ha jungi Gaisle drein,
> Unn jetzt sinn s nix als Wackelstein!

Bedeutsam ist nach mehrmaligen Änderungen in früheren Ausgaben die auf Wilhelm Grimm zurückgehende Einfügung des realistischen, aber resignativen Erzählerkommentars, nachdem der Wolf sich den Müller durch die ausgestoßene Todesdrohung gefügig gemacht hatte: „Ja, das sind die Menschen." (s. auch KHM 2).

Das Tiermärchen gehört zu den vielen Beispielen, wie Kinder im Märchen erzogen werden. Die Tiermutter mahnt: „liebe Kinder, ich will hinaus in den Wald, seid auf eurer Hut vor dem Wolf, wenn er herein kommt, so frißt er Euch alle mit Haut und Haar. Der Bösewicht verstellt sich oft, aber an seiner rauhen Stimme und an seinen schwarzen Füßen werdet ihr ihn gleich erkennen." Daß eine Stimme durch Kreide geschmeidig gemacht wird, hat in Internetforen zu der Vermutung geführt, es habe sich um Kirschkreide, eine in preußischen Gebieten gängige Bezeichnung für Kirschmus, gehandelt, die wie auch Honig Heiserkeit mildere. Die Herleitung erscheint nicht überzeugend, weil Märchen aus diesen Regionen in den KHM gar nicht vertreten sind. Auch der frühere volksmedizinische Gebrauch von Kreidepulver als Mittel gegen Sodbrennen als Erklärung ist denkbar, aber wenig wahrscheinlich. Eher könnte eine anschauliche Redewendung Pate (Dwb. 11, 2142) gestanden haben, wie sie beispielsweise bei Johann Geiler von Kaysersberg und Sebastian Brant belegt ist. Über schmarotzende Schmeichler heißt es etwa bei Brant, sie seien Kreidenstreicher (*Narrenschiff*, Nr. 100, Z. 8): „der ein klub fädern, der streicht kryden".

Im Unterschied zu den älteren Fassungen betont KHM 5 (besonders seit der Neufassung 1843) die Rolle der Tiermutter als Erzieherin und Retterin weitaus stärker. Die Geiß erzieht von vornherein ihre Jungen im Bewußtsein der Gefahr, die ihnen durch den Wolf droht. Statt eines Kitzes, das die Ratschläge der Mutter befolgt (Steinhöwel z. B. spricht patriarchalisch von „väterlichen Geboten" und „Lehren ihrer Eltern"), zeigt KHM 5 zunächst wirkungsvoll, wie mehrere unerfahrene Tierkinder gegenüber dem Fremden versagen. Erst die heimkehrende Ziege erscheint als Retterin ihrer Jungen.

Wie in vielen anderen Märchen auch ist die Fortführung der Geschichte nur denkbar durch die Einführung eines Überlebenden. Dieses Exzeptionsprinzip „Alle bis auf eine(n)" haben die Brüder Grimm durchgängig in den KHM als Stilmittel eingesetzt (z. B. KHM 22, 46, 49, 50, 57, 60), ohne daß ihnen nachfolgende Herausgeber darin gefolgt wären. Der inneren Logik des Märchens entsprechend bringt die Mutter den Schädiger durch die List des mit Steinen gefüllten Bauchs zu Tode: Der Brunnensturz suggeriert: Sorglosigkeit tötet selbst den Starken. Oder wie es sprichwörtlich heißt: „Denn Völlerei nimmt das Herz hin und verdunkelt die Sinne." Das Bauchaufschlitzen ist besonders durch die *Rotkäppchen*-Fassung (KHM 26) bekannt geworden und zeigt sich in KHM 5 als eine Spielart – übertragen ins Tierreich.

Als eines der wenigen Tiermärchen fand KHM 5 Aufnahme in die auflagenstarke *Kleine Ausgabe* der KHM. Ludwig Bechstein (Bechstein/Uther 1997a, 222–224) integrierte es 1845 ebenso in seine Sammlung, allerdings nach Stöbers Mundartfassung, die er weitestgehend wortgetreu ins Hochdeutsche übertrug. Das didaktisch angelegte Tiermärchen mit dem Appell unbedingten Gehorsams wurde häufig in Lesebüchern nachgedruckt und illustriert, vermutlich weil es elterliche Disziplinierungsmaßnahmen nachhaltig unterstützte: in der Fabel-Version seit etwa 1827 (Tomkowiak 1993, 232), in der KHM-Version seit etwa 1860 (Tomkowiak 1993, 239).

Wegen der klaren Bildsprache findet das Tiermärchen auch Anklang bei verschiedenen Märcheninterpreten (z. B. Wittgenstein 1973, 240–252; Szonn 1989, 36–42). Sie beschäftigen sich vor allem mit dem Konflikt zwischen Wolf und Geißlein. Nach Friedel Lenz beispielsweise ließe sich das Tiermärchen als Schicksalsmärchen auffassen, in dem sich der Verlust paradiesischer Unschuld und Geborgenheit und die Auseinandersetzung mit dem Bösen spiegelten (Lenz 1972, 55–60). Der Wolf symbolisiere die dunkle Macht des Materialismus, nach Gerhard Szonn (1989, 36–42) die personifizierte Gier, dessen triebhaftes Verlangen so lange währe, bis er sein Ziel erreicht habe. Das Tiermärchen zeige die Bedrohung von außen und erfolgreiche Gegenwehr, welche die unerfahrenen Geißlein aber nicht leisten könnten, sondern auf die Mutter angewiesen seien. Die Auseinandersetzung mit der Gefahr führe zur Reife, indem die Geißlein zusammen eine Erfahrung gemacht hätten, die sie für später vor Versuchungen bewahre.

KHM 5 ist bis heute in zahllosen Anthologien vertreten, auch als Einzelmärchen in vielen Ausgaben. Sehr beliebt sind Märchenspiele. Travestien und Parodien nutzen zur Aktualisierung des Stoffs die Figur des Wolfs als Verführer, besonders in Verbindung mit gesellschaftspolitischen Themen (Beispiele bei Mieder 1986, 78–88).

Populär wurden die Illustrationen Ludwig Richters (1803–84) zu Bechsteins Fassung, die später oft KHM-Ausgaben und Lesebücher zierten. Beliebte Bildmotive: (1) Wolf vor der Behausung der Geißlein und um Einlaß bittend, (2) Ziegenmutter und Geißlein tanzen um den Brunnen herum.

KHM 5: Der Wolf und die sieben jungen Geißlein. Illustration von Edward H. Wehnert (1853)

Lit.: BP 1 (1913) 37–42; Schmidt 1932, 83–94 (Vergleich verschiedener KHM-Fassungen); Schwarzbaum 1979, 119–122; Rölleke 1985, 75–82; Scherf 1987, 83–89; Mieder 1995, 119–130 (populäre Medien); Scherf 1995, 1413–1416; Tomkowiak/Marzolph 1996, 27–30; Dekker et al. 1997, 421–424 (T. Meder); Bluhm/Rölleke 1997, 44 f. (zu Redensarten, Formeln, usw.); Hubrich-Messow 2000 ff., Bd. 4, 40 f. (Varianten); Fischer 2003, 160–165 (zu pädagogischen Aspekten); Kaiste 2005, 71–85; Endler 2006, 281–291 (Film); Solms 2007, 21 (Eindrücke kindlicher Märchenzuhörer); Goldberg 2009; Gorgulla 2011, 313–322; EM 14 (2014) 933–937 (C. Goldberg).

6. Der treue Johannes. – DMK/Uther, ATU 516: Johannes: Der treue J. – KHM-Veröff.: 1819; Kleine Ausg.: 1825 (Nr. 5). – Das 1819 erstmals veröffentlichte Zaubermärchen ersetzte das aus dem Französischen stammende Tiermärchen *Von der Nachtigall und der Blindschleiche* (KHM 6 [1812]), das die Feindschaft beider Tiere erklärt. Es stammte „aus Zwehrn", wahrscheinlich von Dorothea Viehmann (1755–1815). Strukturell weist das dreiepisodische Märchen (Brautgewinnung für den Königssohn, Gefahrenabwehr durch den treuen Helfer, Erlösung des versteinerten Helfers) erstaunliche Parallelen zu Basiles *Lo cuorvo* (*Pentamerone* 4,9) auf, das auch Carlo Gozzi bereits zur Vorlage für sein Märchen *Il corvo* (1761) gedient hatte. Der KHM-Fassung sehr nahe „kommt in Basiles Märchen auch die Klimax der Handlung, nämlich die Opferung der Kinder, durch deren Blut der zu Stein erstarrte Bruder des Königs wieder zum Leben erwacht, sowie deren Wiedererweckung", stellt Rudolf Schenda fest (Basile/Schenda 2000, 609).

Verschiedene Motive sind literarisch früh bezeugt: Die Entführung einer Frau auf ein Schiff durch falsche Versprechungen, die sogenannte Kaufmannsformel (Mot. K 1332), begegnet bei Herodot (1,1), die Rettung des Königssohns durch einen sozial Niedrigerstehenden in Somadevas *Kathāsaritsāgara* (entstanden zw. 1063 und 1081), die gefährliche Brautnacht im apokryphen Buch *Tobit*, die Versteinerung von Menschen und anderes im *Alten Testament* (*Genesis* 19,26).

Der Selbstzerstörung bewußt, nimmt der treue Johannes die bei Preisgabe des Geheimnisses fortschreitende Versteinerung auf sich, um den Königssohn zu retten, was er dem Herrscher auf dem Totenbett versprochen hatte. Diese Selbstschädigung wird belohnt, weil der junge König zu einem ebensolchen hohen Opfer bereit ist. Das Märchen toleriert die Eigenschädigung, weil sie zugunsten eines besonderen ethischen Wertes erfolgt. Daß oftmals zur Erreichung eines Ziels ein hoher Preis zu entrichten ist, gehört nicht nur zur Lebensphilosophie, sondern lehrt auch die Erfahrung. Zweifellos hat daher Max Lüthi recht, wenn er dieser Seite menschlicher Existenz einen wesentlichen Platz einräumt. Aus anderem Blickwinkel heraus hat der bewußte Einsatz des Lebens für andere, in KHM 6 exemplarisch vorgeführt, oftmals unter Mißbrauch von Idealen zu blindem Fanatismus geführt, wie die Geschichte lehrt.

Nach altem Volksglauben soll das Blut von (unschuldigen/ungetauften) Kindern (meist männlichen Geschlechts) wundersame Heilwirkung besitzen. Die Brüder Grimm wiesen selbst darauf in dem kleinen Abschnitt über Kinderglauben (KHM 1819, LXVII) hin, der in dieser Ausführlichkeit nur 1819 so zu lesen war: „Das Blut der Kinder macht alles, was es anrührt, wieder rein und gesund oder stellt den natürlichen Zustand wieder her, und zwar darum, weil es selbst als etwas ganz reines betrachtet wird. So vernichtet es in dem Märchen von dem treuen Johannes den Zauber und gibt dem Stein das menschliche Leben wieder." Vor allem in legendarischen Erzählungen des Mittelalters und Spätmittelalters ist die Thematik im Zusammenhang mit Wunderheilungen von Aussatz verbreitet. Durch Bestreichen der betroffenen Stellen mit Kinderblut oder durch ein Bad darin soll die Heilung (insbesondere auf Rat ‚heidnischer' Priester oder ‚jüdischer' Ärzte) erfolgen. Diese Thematik ist ein konstitutives Element z. B. in der Freundschaftssage von Amicus und Amelius (DMK/Uther, ATU 516C; erste Bezeugung um 1090), im *Armen Heinrich* (Ende 12. Jahrhunderts) Hartmanns von Aue (Heilung des aussätzigen Heinrich durch das Herzblut eines ‚reinen' Mädchens) oder in der Legende von Konstantin dem Großen und Papst Silvester I. (etwa Konrads von Würzburg Verslegende *Silvester* [vor 1274]). Während in älteren Texten die Kindstötung (Enthauptung) als Opfergabe gelegentlich vorausgesetzt wird, ist dieser Zug – wie z. B. schon bei der Heilung von Aussatz im *Armen Heinrich* – in vielen neuzeitlichen Belegen abgemildert: Die Kinder werden nach der Tötung wiederbelebt.

Das Motiv der Fernliebe beziehungsweise der Liebe durch ein Bild (EM 5, 1021–1025) ist ein gängiges Erzählmotiv (Geißler 1955, 3, 26 f., 65). Es steht für eine irrationale emotionale Regung, nicht eine Krankheit, und ist ein außergewöhnlicher Gefühlszustand, dessen anderes Extrem in übermäßiger Trauer zu sehen ist (z. B. in KHM 109: *Das Totenhemdchen*). Ähnliche Gefühle, wie sie die sieben Zwerge beim Anblick der Schlafenden (KHM 53) befallen, empfindet der junge König in KHM 6. Das Bild schlägt ihn in Bann, so daß es zu einem „Schönheitsschock" (Lüthi 1975a, 17–25) kommt. Als er die zuvor nur als Bild wahrgenommene Schönheit leibhaftig erblickt, meint er nicht anders, „als das Herz wollte ihm zerspringen" (zuerst 1819), eine sprichwörtliche Redewendung, die auch in KHM 56: *Der Liebste Roland*, KHM 166: *Der starke Hans* und besonders in KHM 89: *Die Gänsemagd* begegnet.

Während in der Realität andere um Gnade für Gefangene/Verurteilte nachsuchen, ergreift hier der zum Tode verurteilte Diener selbst die Initiative, unter ausdrücklicher Berufung auf sein Recht des letzten Wortes: „Jeder, der sterben soll, darf vor seinem Ende noch einmal reden. Soll ich das Recht auch haben?" – „Ja", antwortet der Richter, „es soll dir vergönnt sein." In späteren deutschen Fassungen dieses Erzähltyps ist eine solche formale Anfrage an das Gericht jedoch entfallen. Dort rechtfertigt sich der zum Schweigen verurteilte Diener sofort nach der Verdächtigung, der Feind seines Herrn zu sein, oder nach der Ankündigung der Todesstrafe. Der Diener besteht aber nicht nur auf bloßes Rederecht, sondern nutzt die Gelegenheit zur Äußerung eines letzten Wunsches, welcher der Aufdeckung des wahren Sachverhalts dient. Die Gewährung eines letzten Wunsches als wichtiges Strukturelement führt für den Angeklagten zur Rettung in letzter Minute und bedeutet zugleich die Umkehrung einer scheinbar feststehenden und unausweichlichen Handlung wie einer Hinrichtung, die für den Unschuldigen den Tod bedeutet hätte. Diese extreme Situation, zugleich ein retardierendes Handlungselement, ist für eine Fortführung des Spannungsbogens und zur Abrundung eines harmonischen Erzählschlusses wichtig (s. z. B. auch KHM 110: *Der Jude im Dorn*).

Statt den sozialhistorischen Ursachen der Anhäufung brutaler Gewalt (Frauenraub, Ermordung der eigenen Kinder) und einer unmenschlichen Behandlung des Helfers nachzuspüren, hat Interpreten vor allem die selbstlose Hilfe des Johannes, dessen Entsagung, Opferwille und bedingungslose Treue interessiert.

Offenbar wegen seiner Thematik ist KHM 6 in Ausgaben für Kinder und in Einzelausgaben weniger vertreten, die Nachwirkung (trotz eines regen Forscherinteresses) in anderen Medien (ein dt.-tschech. Film 1988, vgl. Schmitt 1993, Nr. 155) vergleichsweise bescheiden. Hans Christian Andersen hat den Stoff in seinem Märchen *Raven* (1832) aufgegriffen.

Lit.: BP 1 (1913) 42–57; Rösch 1928; Wesselski 1942, Bd. 2, 92–99; Lüthi 1975b; Paukstadt 1980, 394–397 (zur Märchenmoral); EM 4 (1984) 1021–1025 (E. Frenzel) (zur Fernliebe); EM 7 (1993) 601–610 (C. Shojaei Kawan); EM 7 (1993) 1267–1269 (H.-J. Uther) (zu Kinderblut); Kooi/Schuster 1993, Nr. 15b (Varianten); McGlathery 1993, 80; Scherf 1995, 1220–1226; Richter 1995; Cardigos 1996, 91–120, 223–230; Rölleke 1997; Baumann 1998; Shojaei Kawan 2004; Uther 2007 (zur letzten Bitte); Gorgulla 2011, 353–359, 385–387; Reinhardt 2012, 47 f., 393 f., 500 f. (zu Motivparallelen in der antiken Literatur)

7. Der gute Handel. – DMK/Uther, ATU 1642: Handel: Der gute H. + DMK/Uther, ATU 1610: Teilung von Geschenken und Schlägen (Tubach, Nr. 535) + DMK/Uther, ATU 1642 A: The Borrowed Coat. – KHM-Veröff.: 1819; Kleine Ausg.: 1825 (Nr. 6). – Die 1819 anstelle der Geschichte *Von dem gestohlenen Heller* (seither KHM 154: *Der gestohlene Heller*) eingefügte mehrepisodische Erzählung über einen Dummkopf bezieht ihre groteske Komik aus dem schwanktypischen Strukturmuster von Sprachmißverständnissen. Der Schwank stammt „aus dem Paderbörnischen" und wurde durch die Familie von Haxthausen vermittelt. Wilhelm Grimm hatte den Dummenschwank als einen von drei Texten (s. auch Kommentar zu KHM 11: *Brüderchen und Schwesterchen*) für einen Vorabdruck im *Gesellschafter* vorgesehen, aber der Herausgeber Friedrich Wilhelm Gubitz (1786–1870) hatte kein Interesse gezeigt (Arnim/Steig 1904, 409).

In dieser Motivkombination ist KHM 7 erstmals bezeugt. Einzelne Episoden des Schwanks vom Einfältigen und seinen minderwertigen beziehungsweise unsinnigen Handels- und Tauschgeschäften, die durchaus zum Vorteil für den

Tauschenden ausgehen können (Uther 1990c, 124–126), sind schon aus verschiedenen älteren Sammlungen bekannt: Daß ein dümmlicher Bauer Tierstimmen mißdeutet und Fröschen Geld zuwirft, erzählt Giulio Cesare Croce (1550–1609) von Bertoldino im gleichnamigen Volksbuch (17. Jahrhundert), das in der *Salomon-und-Markolf*-Tradition steht, in zahllosen Drucken verbreitet war und mit seinen schwankhaften Episoden und unter Austausch der Handlungsträger Eingang in zeitgenössische Sammlungen fand; die Brüder Grimm besaßen mehrere Ausgaben (Denecke/Teitge 1989, Nr. 1135–1141) in ihrer gut sortierten Bibliothek. Die Episode, in welcher der Hundemeute die geschlachtete Kuh anvertraut wird, dürfte eine Umsetzung der alten Sprichwortweisheit sein. Sie findet sich z. B. in einem Einblattdruck (um 1475) als Charakterisierung eines Dummkopfs, der einen ‚Bock zum Gärtner macht' (TPMA 2, 52 f.):

> Wer [...] hvnden pratwürst zu behalten geyt
> Vnd gvte kost seltzt mit aschen/
> Vnd sein gelt legt in löcheret taschen/
> Vnd jn eyn revsen gewsset weyn/
> Der denckt mich nit wytzig sein.

Das Motiv der Abtretung angedrohter Prügel ist in Sammlungen seit dem späten Mittelalter bezeugt (vgl. Tubach, Nr. 535); die List mit dem geborgten Mantel, der die Aussage des Prozeßgegners (meist ein Jude) unglaubwürdig erscheinen läßt, begegnet als gängiges Schwankmotiv in der spanischen und italienischen Novellistik wie auch in der deutschen Schwanktradition. Eine Königstochter zum Lachen zu bringen, ist auch eine elementare Aufgabe in KHM 64: *Die goldene Gans*. Im Unterschied zu KHM 7 geht der Held dort aber bewußt an die Lösung des schier unmöglichen Problems heran.

Die Schilderung der Figur des Bauern ist mehrschichtig angelegt. Einerseits ist er dumm genug, die Stimmen von Tieren mißzuverstehen und als Zustimmung zu seinen Vorschlägen anzusehen. Andererseits zeigt er unverhohlen eine misogyne Einstellung, indem er das Angebot des Königs, die Königstochter zu heiraten, mit den Worten ausschlägt, er habe schon eine Frau zuhause, die sei ihm zuviel, es käme ihm so vor, „als ob in jedem Winkel eine stände". Verbunden mit Selbstironie zeigt er eine gehörige Schlagfertigkeit und antwortet flapsig dem König auf den Vorwurf, er sei ein Grobian: „Was könnt ihr von einem Ochsen anders erwarten als Rindfleisch." Das Stereotyp, daß Juden betrügerische Handelsgeschäfte (Spottname: „Mauschel") tätigen, entsprach einer durch die kanonische Überlieferung bestimmten christlichen Weltsicht und hatte zu einer Vielzahl negativ besetzter ethnischer Stereotypen geführt. Hier waren die Brüder Grimm nicht frei von Vorurteilen, indem sie zur Tradierung solcher Einstellungen beitrugen. Sie hielten nicht nur an der in älteren Überlieferungen öfter zu findenden Figur des habgierigen Juden fest („Der Jude freute sich über das Profitchen und brachte die Summe in schlechten Groschen, wo drei so viel wert sind als zwei gute"), sondern nahmen den Schwank auch in die *Kleine Ausgabe* auf und verstärkten die antijüdische Polemik durch entsprechende Schilderungen (s. auch KHM 110: *Der Jude im Dorn*).

Lit.: BP 1 (1913) 59–67; EM 6 (1990) 448–453 (E. Moser-Rath); EM 8 (1996) 700–707 (C. Shojaei Kawan); Bluhm/Rölleke 1997, 45–47 (zu Redensarten, Formeln, usw.); Hubrich-Messow 2000 ff., Bd. 6, 164 f., 230–236 (Varianten); Faber 2002, 145–148 (antijüdische Tendenzen); EM 13 (2010) 323–327 (J. van der Kooi); Bockwoldt 2011 (zum Bild des Juden); Gorgulla 2011, 428–461 (Antijudaismus); Henschel 2019, 79–87 (zum Judenbild der Brüder Grimm).

8. Der wunderliche Spielmann. – DMK/Uther, ATU 151: Einklemmen unholder Wesen. – KHM-Veröff.: 1819 (verändert 1837). – „Aus Lorsch bei Worms"; nähere Angaben über die Herkunft des Zaubermärchens sind nicht bekannt. Das Märchen wurde 1819 anstelle der schottischen Schauergeschichte *Die Hand mit dem Messer* (KHM 8 [1812]) eingesetzt.

Im Anmerkungsband (zuerst 1822, 20) heißt es treffend über den fragmentarischen Charakter: „es müßte ein Grund angegeben seyn, warum der Spielmann die Thiere, die er wie Orpheus herbeilocken kann, so hinterlistig behandelt". Der Hinweis auf Orpheus meinte den Sohn des thrakischen Flußgottes Oiagros und der Muse Kalliope, der Menschen, aber auch Pflanzen und Tiere durch Gesang und Saitenspiel bezaubern konnte (Mot. F 81.1).

Zentrales Motiv von KHM 8 ist das listige Festklemmen der Tiere (Mot. K 1111), das auch – zum Teil mit ‚unholden Wesen' in KHM 4, 91, 99, 114, 161 und 196 wiederkehrt. Die Selbstschädigung eines Tieres, die ein anderes Tier durch eine List (Eid aufs Eisen) herbeiführt, kennt schon das mittelalterliche Tierepos *Roman de Renart* (1,474–728); vgl. EM 3, 1140 f.).

Lit.: Köhler 1894, 108–111; BP 1 (1913) 68 f.; EM 3 (1981) 1261–1271 (H. Breitkreuz); Bynum 1978; Bluhm/Rölleke 1997, 47 f. (zu Redensarten, Formeln, usw.); Hubrich-Messow 2000 ff., Bd. 4, 15–18, 48 f. (Varianten).

9. Die zwölf Brüder. – DMK/Uther, ATU 451: Mädchen sucht seine Brüder. – KHM-Veröff.: 1812; Kleine Ausg.: 1825 (Nr. 7). – „Aus Zwehrn", von Jacob Grimm in der Urfassung von 1810 handschriftlich festgehaltenes Zaubermärchen, vermutlich nach mündlicher Überlieferung durch die Pfarrerstöchter Julia (1792–1862) und Charlotte (1793–1853) Ramus (Grimm/Rölleke 1975, 64–69, 354 f.). Die

Erlösung der in Tiergestalt verwandelten Brüder durch deren junge Schwester ist auch das Ziel im Märchen von den sechs Schwänen (KHM 49) und von den sieben Raben (KHM 25); jedoch sind die Ursachen für die Verwandlung und die Entzauberung unterschiedlich dargestellt, was Christine Shojaei Kawan (1996) veranlaßte, drei Subtypen zu unterscheiden.

In KHM 9 bringt die Schwester, das 13. Kind, unbewußt Unheil über ihre in den Wald geflohenen Brüder, die der Vater töten wollte, sobald ihm eine Tochter geboren würde. Als sie Lilien abbricht, bewirkt dies die Verwandlung der Brüder in Raben. Doch eine Alte als Helferin weist ihr einen Ausweg: Siebenjähriges Schweigen und ein Lachverbot sollen die Entzauberung herbeiführen. Wie in KHM 3: *Marienkind* wird die junge Frau verleumdet (hier durch die Schwiegermutter, von den Brüdern Grimm irrtümlich als Stiefmutter bezeichnet, in einem Nachtrag zur Urfassung von 1810 steht noch Schwiegermutter), zum Feuertod verurteilt, aber im letzten Moment gerettet. Auf die entfernte Ähnlichkeit zu Basiles Märchen *Die sieben Täublein* (*Pentamerone* 4,8) machten schon die Brüder Grimm (KHM 1856, 21) aufmerksam.

In Anthologien, Einzelausgaben und in bildlichen Darstellungen ist KHM 9 seltener vertreten; es dominieren KHM 49: *Die sechs Schwäne* und vor allem KHM 25: *Die sieben Raben*. Das Zaubermärchen wird häufig daher auch im Zusammenhang mit diesen beiden Geschwistermärchen gesehen, welche die Rivalitäten vor allem innerhalb armer Familien (Nahrungsmittelknappheit) widerspiegelten. Nach Walter Scherf (1995, 1465–1470) und anderen sind dabei Ablösungskonflikte dargestellt.

Lit.: BP 1 (1913) 70–75; Bottigheimer 1987, 37–39, 75–77; Bottigheimer 1990b; Tatar 1990, 58 f. (zur Umgestaltung des Eingangs); Gobrecht 1992 (zur Zeit der Schwangerschaft); Belmont 1993a; McGlathery 1993, 80; Kooi/Schuster 1994, Nr. 7 (Varianten); Rusch-Feja 1995, 79–84 (psychologisierende Darstellung); Scherf 1995, 1465–1470; EM 8 (1996) 1354–1366 (C. Shojaei Kawan); Bluhm/Rölleke 1997, 48 f. (zu Redensarten, Formeln, usw.); Dekker et al. 1997, 224–230 (L. Pen); Basile/Schenda 2000, 608 f.; Shojaei Kawan 2004, 224–230; zur Rolle der Stiefmutter vgl. EM 12 (2007) 1294–1298 (N. Blaha-Peillex).

10. Das Lumpengesindel. – DMK/Uther, ATU 210: Tiere auf Wanderschaft. – KHM-Veröff.: 1812; Kleine Ausg.: 1825 (Nr. 8). – „Aus dem Paderbörnischen", von dem jungen August Freiherr von Haxthausen (1792–1866) am 19. Mai 1812 an Wilhelm Grimm geschickter Tierschwank. Die Handschrift ist vorhanden im Grimm-Nachlaß Berlin, Preuß. Kulturbesitz (zu A. von Haxthausen s. EM 6, 628 f.).

Der Tierschwank zählt zu dem Erzähltyp Tiere auf Wanderschaft (s. Kommentare zu KHM 27, 41, 58, 80 und 102). In KHM 10 müssen mehrere Tiere und Gegenstände, die über die Gabe der Sprache verfügen, während ihrer gemeinsamen Reise erfahren, daß sie von einem ungastlichen Wirt nur widerstrebend als Übernachtungsgäste akzeptiert werden. Am anderen Morgen verschwinden die Tiere, prellen die Zeche und lassen die Stecknadel im Handtuch und die Nähnadel im Sesselkissen als unangenehme Überraschungen zurück. Der Wirt will künftig sorgfältiger auf die Auswahl seiner Gäste bedacht sein. Das gleiche Strukturmuster liegt der Geschichte vom Herrn Korbes (KHM 41) zugrunde, nur daß dort der Wirt zusätzlich als unangenehmer Zeitgenosse beschrieben ist.

KHM 10 ist ein weiteres Beispiel für die beträchtliche Zahl von Kindergeschichten in den KHM, die vor allem wegen der grotesken und absurden Abenteuer der Tiere und Gegenstände bei Kindern sehr beliebt sind und sich gut zum Memorieren eignen.

Innerhalb der Erzählungen von Tieren auf Wanderschaft ist der Tierschwank in Anthologien und Einzelausgaben stärker vertreten als etwa KHM 41: *Herr Korbes*, fällt jedoch in der Verbreitung gegenüber den *Bremer Stadtmusikanten* (KHM 27) stark ab; bildliche Darstellungen existieren in größerer Zahl erst seit Ende des 19. Jahrhunderts.

KHM 10: Das Lumpengesindel. Münchener Bilderbogen Nr. 374 (1863/64; Auszug). Karl Appold (1840–84)

Lit.: BP 1 (1913) 75–79; Kooi/Schuster 1993, Nr. 210 (Varianten); Uther 1993a–b; Dekker et al. 1997, 72 f.; Bluhm/Rölleke 1997, 49 (zu Redensarten, Formeln, usw.); Kluwe 2007, 81–86.

11. Brüderchen und Schwesterchen. – DMK/Uther, ATU 450: Brüderchen und Schwesterchen. – KHM-Veröff.: 1812 (verändert 1819); Kleine Ausg.: 1825 (Nr. 9). – „Aus den Maingegenden". Ein am 10.3.1811 von Marie Hassenpflug (1788–1856; vgl. Bluhm 2000) mitgeteiltes und 1812 veröffentlichtes Märchen wurde mit einem weiteren Text (Brief vom 8.3.1813) für die 2. Auflage der KHM von 1819 kombiniert. Ein Vorabdruck erschien in dem von Friedrich Wilhelm Gubitz herausgegebenen *Gesellschafter* 1817 (Abdruck bei Grimm/Rölleke 1993, 41–49). Das Manuskript hatte Wilhelm (mit zwei anderen) einem Brief (12.10.1817) an Achim von Arnim als Einlage beigelegt: Es ist „zwar schon in unserem Buch gedruckt, aber hier viel vollständiger" und kann „zugleich eine Probe von der neuen Auflage sein" (Arnim/Steig 1904, 397, 409). Bereits die fragmentarische Urfassung (1810) mit dem Titel *Goldner Hirsch* (Handschrift von Jacob Grimm) stammte von der Familie Hassenpflug (Grimm/Rölleke 1975, 188–191, 370). Die Überschrift *Das Brüderchen und das Schwesterchen* findet sich ebenfalls in der Urfassung von 1810, war aber dem Märchen von Hänsel und Gretel zugedacht (1810: Nr. 16 [ab 1812; Nr. 15]) und wurde dann für die Druckfassung auf dieses Märchen übertragen.

Das Zaubermärchen gehört innerhalb der Thematik der unschuldig verfolgten Frau (EM 5, 113–115) zum Zyklus der Erzählungen von der unterschobenen Braut (Arfert 1897; Geißler 1955). Es ist insbesondere mit KHM 13: *Die drei Männlein im Walde* und KHM 141: *Das Lämmchen und das Fischchen* zu vergleichen (zahlreiche motivische Parallelen), aber auch mit KHM 89: *Die Gänsemagd* und KHM 135: *Die weiße und die schwarze Braut*. Charakteristisch ist die zweigliedrige Struktur: (1) Tierverwandlung und Aufenthalt im Walde; (2) Heirat der Schwester, Unterschiebung und Erlösung. Die dramatische Handlung entsteht aus der Neuordnung der Familiensituation. Die Stiefmutter bevorzugt das eigene Kind, ist aber voller Haß auf die Stiefkinder, denen sie nachstellt und jene gefährdet. Die Zuspitzung des Konflikts erfolgt, als der junge Königssohn die Stiefschwester heiratet, die Stiefmutter ihr dieses Glück mißgönnt und ihre eigene, obendrein häßliche Tochter (äußerlich charakterisiert durch Einäugigkeit) als Königin etablieren möchte. Dabei schrecken die Stiefmutter wie auch deren Tochter vor keiner Gemeinheit, selbst vor Mord, nicht zurück. Daß eine Mutter nach ihrem Tode das Kind säugt, ist nach Christine Shojaei Kawan der in Märchen und Sagen verschiedentlich zu findende fraulich-mütterliche Aspekt des Säugens, der eine mythisch-religiöse Dimension widerspiegelt und vielschichtige psychologische und soziale Hintergründe hat (EM 11, 1156 f.). Das unter anderem schon im *Roman de Melusine* (Anfang 15. Jahrhundert) des Jean d'Arras vorkommende Motiv fand über die deutsche Übertragung des Thüring von Ringoltingen wenige Jahrzehnte später weite Verbreitung im deutschsprachigen Gebiet; der *Melusine*-Stoff findet sich noch in Volksbüchern des 18./19. Jahrhunderts. Grausam erscheint der durch arglistige Täuschung herbeigeführte Tod der jungen Königin durch Ersticken, der allerdings, wie bei den Brüdern Grimm üblich, nur als Erzählmoment geschildert, nicht ausführlicher beschrieben ist, zudem durch die Konstruktion der Wiedergängerin, also einer Art Gespenst, unterbrochen und durch die wundersame Wiedererkennung und Erlösung aufgehoben wird: Der Tod erweist sich als vorübergehendes Stadium zum wahren Glück.

Direkte literarische Vorlagen sind nicht bekannt. Ein lateinisches Gedicht von Christopher Kobylieński, *Metamorphoseos puellae et parvuli liber unus (Variorum epigrammatum ad St. Rozimontanum libellus)* (Krakau 1558), zeigt allerdings motivische Übereinstimmungen zum ersten Teil von KHM 11 (Flucht, gefährliches Wasser, Verwandlung in ein Lamm, Heirat der Schwester mit Königssohn); im vielepisodischen Feenmärchen *La Biche au bois* (1697) der Baronin d'Aulnoy (um 1650–1705) begegnet die Verwandlung des Mädchens (nicht des Bruders!) in ein Reh, das sich vom geliebten Königssohn jagen lassen muß (Krüger 1914, 23f.) – nach Aussage im KHM-Anmerkungsband (1856, 305) „ein gutes Märchen, das entfernt mit dem von Nr. 11 verwandt ist".

Bei Anthroposophen und Psychologen dient das Geschwistermärchen häufiger als Muster für einen Reifungsprozeß beziehungsweise für eine geistige Bewußtseinswerdung. Nach Bruno Bettelheim (1980) müssen die vom Reh verkörperten animalischen Tendenzen und die von der Hexe dargestellten asozialen Tendenzen beseitigt werden, damit sich menschliche Qualitäten entfalten können. Die Diskrepanz der menschlichen Natur – gestaltet durch das Leben von Schwesterchen und Reh – werde durch menschliche Integration überwunden, als die beiden in menschlicher Gestalt wiedervereinigt werden. Das Ende des Märchens verknüpfe zwei Gedankengänge: erstens müßten asoziale, destruktive und ungerechte Aspekte ausgeschaltet sein, dann könne es zu einer Integration der ungleichen Aspekte unserer Persönlichkeit kommen, zweitens ließe sich dieses Stadium erst bei voller Reife erlangen (indem z.B. das Schwesterchen Mutter werde).

KHM 11 ist neben KHM 15: *Hänsel und Gretel* eines der bekanntesten Geschwistermärchen, das früh in die verschiedensten Bildmedien (Bilderbogen, Reklamesammelbild, Postkarten, Oblaten) Eingang fand und bis heute in populären Medien vertreten ist. Illustrationen sind bereits früh bezeugt. Die 2. Auflage von 1819 sowie alle zu Lebzeiten der Brüder Grimm erschienenen *Großen Ausgaben* enthielten ein ganzseitiges Titelkupfer (später Stahlstich) des

KHM 11: Brüderchen und Schwesterchen. Ludwig Emil Grimm. Frontispiz der KHM-Ausgabe (1819)

Märchens, nach einer Radierung des Grimm-Bruders Ludwig Emil Grimm (1790–1863): Ein Engel (der im Märchen nicht vorkommt) breitet über dem Schwesterchen, angelehnt an den als Reh verzauberten Bruder, behütend die Hände aus – Symbol für den oft in den KHM anklingenden Gedanken, daß Kinder einen Schutzengel haben. Bekannt sind auch die zwölf Radierungen Otto Speckters (1807–1871) zu KHM 11, die von 1847 bis heute nachgedruckt oder neu aufgelegt wurden.

Lit.: BP 1 (1913) 79–96; Ranke 1955 ff., Bd. 2, 57–59 (Varianten); Krzyżanowski 1959 (zur frühen polnischen Überlieferung); EM 2 (1979) 919–925 (I. Köhler); Robert 1982, 138 f. (zu „La Biche au bois"); Bausinger 1983, 22 (Tod als vorübergehendes Stadium zum Märchenglück); Gobrecht 1992 (zur Zeit der Schwangerschaft); McGlathery 1993, 80 f.; Schmitt 1993, Nr. 13, 112; Rusch-Feja 1995, 65–77, 165 f. (Reifungsmärchen); Scherf 1995, 128–132; Tomkowiak/Marzolph 1996, 31–34; Solms 1999, bes. 167 f., 181–183; Röhrich 2001, 47, 79, 87 f. 143–147, 217; Effelterre 2006 (zu Wiedergängern); Zipes 2006, 195–221; zur Rolle der Stiefmutter vgl. EM 12 (2007) 1294–1298 (N. Blaha-Peillex); Ono 2007 (zur Waldsymbolik); Blécourt/Tuczay 2011 (Tierverwandlungen); Spinner 2012 (Idealisierung der Kindheit).

12. Rapunzel. – DMK/Uther, ATU 310: Jungfrau im Turm. – KHM-Veröff.: 1812. – „Fr. Schulz erzählt dieses Märchen [...] nur zu weltläuftig, wiewohl ohne Zweifel aus mündlicher Ueberlieferung" (KHM 1856, 22). Gemeint war der Unterhaltungsschriftsteller Friedrich Schulz (1762–98), der ohne Angabe seiner Quelle das von der Mademoiselle de la Force (um 1646–1724) nach der Vorlage des Märchens *Petrosinella* von Giambattista Basile (*Pentamerone* 2,1) und in *Les Contes des contes* (Paris 1697; Druckdatum 1698) erstmals erschienene Zaubermärchen *Persinette* in nahezu wörtlicher Übersetzung als *Rapunzel* (Schulz 1790, Bd. 5, 269–288 = Abdruck bei Uther 1990b, Nr. 5) herausgebracht hatte. Eine ältere deutsche Übertragung von Friedrich Immanuel Bierling (1765) wirkte nicht weiter nach. Unter den acht Erzählungen der Mademoiselle de la Force bot einzig ihre *Persinette* „ein weitgehend intakt belassenes Märchen" (EM 4, 1014).

Das von Schulz in sehr verkürzter Form veröffentlichte Märchen wurde von Jacob Grimm bearbeitet und später von Wilhelm mehrfach (z. B. für die Ausgabe 1837) stilistisch kräftig ausgeschmückt. Nach Max Lüthi ist es einfach, klar und kindgerecht erzählt, ohne Anspielungen, ernst und schwermütig im Märchenton. Seit der 2. und 3. Auflage (1819, 1837) übte Wilhelm Grimm eine Selbstzensur aus und verzichtete auf sexuelle Andeutungen. Hatte Rapunzel in der Rolle der Naiven die Zauberin 1812 noch um Rat gebeten, als sich die Folgen des „lustigen und in Freuden" verbrachten Treibens ankündigten („sag' sie mir doch Frau Gothel [Patin], meine Kleiderchen werden mir so eng und wollen nicht mehr passen"), so wird dieser erzähltechnisch wichtige kleine Abschnitt 1819 ganz herausgenommen. Eine zweite Selbstzensur läßt sich in der KHM-Ausgabe 1837 beobachten. Hieß es über die erste Begegnung Rapunzels mit dem Königssohn 1819 kurz und bündig,

> „Rapunzel erschrak nun anfangs, bald aber gefiel ihr der junge König so gut, daß sie mit ihm verabredete, er solle alle Tage kommen und hinaufgezogen werden. So lebten sie lustig und in Freuden eine geraume Zeit, und hatten sich herzlich lieb, wie Mann und Frau."

so tritt der Königssohn als Brautwerber 1837 auf, und von dem lust- und freudvollen abendlichen Zusammenleben der beiden ist nicht mehr die Rede:

> „Da verlor Rapunzel ihre Angst, und als er sie fragte ob sie ihn zum Manne nehmen wolle, und sie sah daß er jung und schön war, so dachte sie ‚der wird mich lieber haben als die alte Frau Gothel' und sagte ja, und reichte ihm ihre Hand. Sie verabredeten daß er alle Abend zu ihr kommen sollte [...]."

Rapunzels Zwillinge kommen auf die Welt, ohne daß die Ursache deutlich wird – ein Beweis dafür, daß die Erzähllogik manchmal auf der Strecke bleibt. Es fehlen die Leichtigkeit und der Humor der italienischen und französischen Texte (vgl. auch *La Chatte blanche* der Baronin d'Aulnoy von 1698 im zweiten Teil), die immerhin bis zu Schulzens Version zu spüren waren. Die Brüder Grimm müssen im Vergleich zu Basile einräumen: „wo vieles anders und besonders die zweite Hälfte lebendiger ist, als im deutschen Märchen" (KHM 1812, Anhang, p. VIII). Die Petersil-Pflanze hatte schon Schulz in „Rapunzelsallat" umgetauft. Aus der „Fee" (die zu sehr an die französischen Feenmärchen erinnerte) machten die Brüder Grimm eine „Zauberin" und sorgten für einen dramatischen Schlußpunkt. In einer unbedachten Aktion und einer aus seiner Sicht ausweglosen Situation stürzt sich der Königssohn zu Tode, um die Lebenskrise abrupt zu beenden. Aber ein Märchenheld kann nicht sterben, und so werden ihm einzig die Augen durch Dornen ausgestochen. Doch erhält er seine Sehkraft auf wundersame Weise zurück, als sie mit den Tränen der Liebsten benetzt werden.

KHM 12 enthält typische Märchenmotive: Die sich aus Kinderlosigkeit ergebenden Probleme bilden einen der zentralen Handlungskerne, wie öfter in den Märchen der Brüder Grimm (z. B. KHM 108: *Hans mein Igel*). Die Einführung der Figur der Schwangeren macht die Eßlust der jungen Frau plausibler, da gerade Schwangere für das spontane Bedürfnis, Appetitliches zu sich zu nehmen, bekannt sind. Der Garten ist in Märchen oftmals tabuisiert. Er befindet sich im Besitz guter oder böser jenseitiger Wesen, gilt als Zaubergarten und darf nicht ohne Folgen betreten werden. Daß Kinder einem dämonischen Wesen überantwortet werden, um selbst aus einer lebensbedrohlichen Situation wieder herauszukommen, ist ein Strukturelement vieler Märchen (z. B. KHM 31: *Das Mädchen ohne Hände*, KHM 55: *Rumpelstilzchen*). Solche fatalen Versprechungen, aus der Not geboren, gehen stets zu Lasten Dritter. Das Eingesperrtsein in einem Turm, in den jedoch ein Freier mit List hineingelangt oder woraus er die Gefangene zu befreien weiß – aus Gründen der Isolierung oder als Aufbewahrungsort für Gefangene, ist aus verschiedenen Mythen wie dem Danae-Mythos bekannt. Die Zeit der unfreiwilligen Gefangenschaft gilt als Teil von Reifeprüfungen in Epen, Legenden, in französischen Lais, in der italienischen Novellistik, im mittelhochdeutschen Roman und in jüdisch-orientalischer Überlieferung. In Sagen des 19./20. Jahrhunderts gibt es eine Verbindung zur Eifersucht des Vaters, der seine Tochter, um sie zu behüten, in einem tür- und treppenlosen Schloß einsperrt. Doch gelingt es der Tochter, den Liebsten in einem Korb zu sich ins Zimmer hinaufzuwinden. Ähnliche Funktion wie die Gefangenschaft im Turm besitzt der Aufenthalt in einer Höhle wie z. B. in KHM 198: *Jungfrau Maleen*.

Verschiedene Forscher wie Will-Erich Peuckert (1938, 19 f.) oder Eleasar Meletinskij (1970, 283 f.) haben in Anlehnung an Beobachtungen von Ethnologen das im *Rapunzel*-Märchen konstitutive Turm-Motiv in Verbindung zu dem bei indigenen Völkern verbreiteten Brauch gesehen, heranwachsende Mädchen als Zeichen der Initiation in sogenannte Pubertätshütten zu geben, in denen sie sich, ohne diese zu verlassen, bis zur Geschlechtsreife aufhalten mußten. Andere Forscher sahen in dem Motiv des Haarabschneidens Parallelen zu eddischen Sagen und zur Naturmythologie (z. B. Linnig 1883, 92–94). Wieder andere, etwa Lutz Röhrich (2001, 109 f.), begegnen solchen Deutungen mit Distanz, schließlich lasse sich nicht ohne weiteres ein unmittelbarer Zusammenhang zwischen neuzeitlichen europäischen Zaubermärchen und Erzählungen indigener Völker herstellen.

Eine beträchtliche Zahl psychologisierender Deutungen beschäftigt sich mit der Figur Rapunzel und stellt deren Entwicklung als Reifeprozeß in den Mittelpunkt ihrer Überlegungen. Interpreten sehen KHM 12 zur Gruppe jener Märchen zugehörig, die Vater/Tochter-Beziehungen mit dem Vater in der Rolle des verschmähten Liebhabers thematisieren (Rank 1926, 358 f.), bemühen Motive der Mondmythologie und behaupten, „daß die Wirklichkeit des Lebens in Rapunzel sich mit Beginn der Pubertät auf sonderbare Weise spaltet zwischen Tag und Traum, zwischen Wissen und Wünschen, zwischen Rücksicht und Sehnsucht" (Drewermann 1992, 184), oder erkennen in der Figur der Hexe/Zauberin einen Archetypus und in der *Rapunzel*-Thematik eine Symbolik des Prozesses der Selbstwerdung (Holbek 1987, 297 f.). Zumindest geht das Märchen von einer stufenweisen Entwicklung der Heldin aus, wenn es festlegt, daß das Mädchen mit 16 Jahren, mit Beginn des Erwachsenseins, in die Gewalt der Zauberin übergehen muß. Der Pädagoge Johann-Friedrich Konrad (1979c, 14) stellt die Mutter

KHM 12: Rapunzel. Federzeichnung von Otto Ubbelohde (1907)

als „Opfer der Verklemmungspädagogik ihrer Eltern" heraus; nur so sei deren voreiliges Versprechen wie auch die Isolierung ihres Kindes erklärbar. In der Handlung des von ihm umgeschriebenen Märchens werden durch Selbstgespräche und Dialoge mit ebenfalls Betroffenen diese Folgen einer verfehlten Erziehung durch mangelhaften Kontakt zur Außenwelt dargestellt.

Das *Rapunzel*-Märchen wird heute in Einzelausgaben verbreitet und regt zu literarischen Neubearbeitungen an (z. B. Klaus Stadtmüller: *Haarig – Drei Szenen*; vgl. *Die Horen* 52 [2007] 217). Illustratorinnen und Illustratoren hat das *Rapunzel*-Märchen zur Darstellung inspiriert. Erschien die Figur der Zauberin im 19. Jahrhundert häufig mit den üblichen negativen Häßlichkeitsstereotypen wie Buckligkeit, stechender Blick (Brille), Stock, lange Nase, so spielt sie in neueren Darstellungen weniger eine Rolle, auch fehlen Häßlichkeitsattribute zumeist. Die Illustration ist mehr auf positive Aspekte (Befreiung aus der Gefangenschaft und Vereinigung der Liebenden) ausgerichtet.

In anderen Medien ist das *Rapunzel*-Märchen weniger vertreten. Dies gilt einerseits für die Darstellung auf (Reklame-)Sammelbildern, Briefmarken, Postkarten und Oblaten, andererseits für karikaturenhafte Darstellungen in Form von Bildwitzen. Hier macht sich schon bemerkbar, daß das Märchen im deutschsprachigen Gebiet innerhalb einer ‚Hitliste' der Märchen erst auf Platz zwölf oder noch später folgt. Als Beispiele für Verfremdungen kann beispielsweise der Cartoon *Die Prinzessin auf dem Turm* von Paul Coker (MAD 1988) angeführt werden. Auf den Zuruf des Mannes, Rapunzel solle ihre Haare herunterlassen, sieht der Betrachter hinter dem Turm eine Frau hervorkommen, die den Turm noch um Haupteslänge überragt. Die Komik des Cartoonisten Heinz Langer (1984) hingegen basiert auf der Vertauschung der Geschlechterrolle, indem ein etwas angestrengt blickender König im Turmfenster zu sehen ist, der seine zu einem Zopf geflochtenen und herunterhängenden Barthaare mit dem darin eingewickelten *Guinness-Buch der Rekorde* hochzieht. Eine weitere Illustration stellt die zentrale Szene der heruntergelassenen Haare gewissermaßen auf den Kopf, wenn eine Punkfrau mit Irokesenschnitt und kleinem Haarschwänzchen (Aufschrift des T-Shirts: *Rapunzel*) dem vor dem Fenster wartenden Punkfreund den Rücken zuwendet.

Lit.: BP 1, 97–99; Ranke 1955 ff., Bd. 1, 149 (Varianten); Lüthi 1962, 79–89; Lüthi 1966, 62–96; Grätz 1988, 79 f.; EM 7 (1993) 791–797 (H.-J. Uther); Lauer 1993; McGlathery 1993, 68 f.; Uther 1994a; Clausen-Stolzenburg 1995, 187 (zum Motiv der Eßlust); Garner 1995, 32–39 (Parodie); Scherf 1995, 969–973; Grimm/Rölleke 1998 (Textvergleich Schulz/Grimm, 15–31); Basile/Schenda 2000, 584 f.; Wolfzettel 2005, 165–186; Reinhardt 2012, 300 f. (sieht Parallelen zum Danae-Mythos); Niem 2021, 600–614 (filmische Adaptationen).

13. Die drei Männlein im Walde. – DMK/Uther, ATU 403: Braut: Die schwarze und die weiße B.– KHM-Veröff.: 1812 (verändert 1819); Kleine Ausg.: 1825 (Nr. 10). – 1812 in einer Version „aus Hessen", das heißt vermittelt von Henriette Dorothea Wild (1793–1867), der späteren Frau Wilhelm Grimms, veröffentlichtes Zaubermärchen. 1819 wurde diese Fassung mit einer Erzählung „aus Zwehrn", wohl von Dorothea Viehmann, und einer von Amalie Hassenpflug (1800–71) – mit dem Verwünschungsmotiv – kontaminiert. Es gehört innerhalb der Thematik der unschuldig verfolgten Frau (EM 5, 113–115) zum Zyklus der Erzählungen von der unterschobenen Braut (Arfert 1897; Geißler 1955), zu vergleichen mit KHM 89 und insbesondere mit KHM 11: *Brüderchen und Schwesterchen* und KHM 135: *Die weiße und die schwarze Braut*, in der Thematik der guten und bösen Schwester auch mit KHM 24: *Frau Holle*. Es wirkt jedoch bedeutend weniger nach als etwa KHM 11 oder KHM 24.

KHM 13 besteht aus zwei Teilen: (1) Familienkonflikt, Aufenthalt im Walde, Geschenke der Jenseitigen, mißglückende Nachahmung durch die Stiefschwester; (2) Rache der Stiefmutter, Brautunterschiebung, Wiedergängerin als Ente und Rückverwandlung mit Erlösung. Das im strengen Winter in einem Papierkleidchen hinausgeschickte und dem Tode geweihte Mädchen ist in der Gefahr nicht allein. So kann es auch den unlösbar scheinenden Auftrag, mitten im Winter ein Körbchen Erdbeeren heimzubringen, erfüllen. Das Motiv zeigt in Heiligenlegenden zumeist mirakulöses Geschehen an, indem Heilige Früchte wie Äpfel oder Pflanzen wie Rosen zur Winterszeit (Motivik des Wintergartens) zum Blühen bringen, und signalisiert Außergewöhnliches.

Jenseitige (hier: drei Haulemännerchen) erweisen sich wie so oft als Helfer in der Not, die das uneigennützig arbeitende Mädchen mit Schönheit, Reichtum (beim Sprechen fallen Goldstücke aus dem Mund, s. auch Perraults Märchen *Les Fées* von 1697) und mit einem Königssohn belohnen. Da die Stiefschwester jegliche Arbeit verweigert, erhält sie statt der erhofften Gaben Häßlichkeit, aus dem Mund springende Kröten sowie die Prophezeiung, daß sie eines unnatürlichen Todes sterben werde. Das Bild der aus dem Mund springenden Kröten ist als Strafmotiv aus verschiedenen Exempla des Mittelalters bekannt (unter anderem Thomas Cantipratanus 2,50,2; Johannes Gobi Junior, Nr. 249). Es symbolisiert den Sünder, dem beim Sprechen zur Strafe Kröten aus dem Munde hervorkommen, spielen doch Kröten als Teufelstiere und Synonyma des Bösen in der christlichen Ikonographie eine wichtige Rolle (s. auch KHM 145: *Der undankbare Sohn*). Seit 1819 ist die Entscheidung zur Wiederheirat anschaulicher begründet, indem dem Witwer vor der Stiefelprobe die Worte in den Mund gelegt werden: „was soll ich thun? das Heirathen ist eine Freude und ist auch eine Qual!" Lebenserfahrung oder ein versteckter Erzählerkommentar?

Die extreme Bestrafung der Schädigerinnen, die sich selbst unwissentlich das Todesurteil sprechen (wie auch in KHM 89, 111, 135), entspricht der Neigung des Märchens zur Polarisierung des Geschehens. Trotz verschiedener motivischer Anklänge, etwa im Motiv der drei Jenseitigen und den von ihnen gewährten Gaben (Perrault 1697: *Les Fées*; Basile, *Pentamerone* 5,2; vgl. auch 3,10), sind direkte literarische Vorlagen nicht erkennbar.

Lit.: BP 1 (1913) 99–109; Hagen 1954, Bd. 1, 6–37; EM 2 (1979) 730–738 (M. Rumpf); Scherf 1995, 213–216; EM 8 (1996) 494–499 (J. Berlioz) (zur Kröte); Solms 1999, bes. 44 f., 167 f.; Basile/Schenda 2000, 602 f., 611 f.; Effelterre 2006 (zu Wiedergängern); zur Rolle der Stiefmutter vgl. EM 12 (2007) 1294–1298 (N. Blaha-Peillex); Ono 2007 (Waldsymbolik); Scharfe 2010 (Wintergarten); Gorgulla 2011, 250–254, 282–290.

14. Die drei Spinnerinnen. – DMK/Uther, ATU 501: Spinnfrauen: Die drei S. – KHM-Veröff.: 1812 (verändert 1819); Kleine Ausg.: 1825 (Nr. 11). – War zunächst in der Ausgabe 1812 eine von Johanna (Jeanette) Hassenpflug (1791–1860) stammende Fassung des Zaubermärchens (*Von dem bösen Flachsspinnen*) abgedruckt, wurde diese durch einen Text ersetzt, den Wilhelms Schulfreund, der Wetzlarer Friedensrichter und spätere Stadtgerichtsdirektor Paul Wigand (1786–1866) aus Höxter, „aus dem Fürstenthum Corvei" mitgeteilt hatte (Grimm/Wigand, 172, 367: „getreulich der Erzählung eines alten Boten, der sie von einam Handwerksburschen gehört hatte nachgeschrieben" (ebda., 370); allerdings wurde die Dreizahl der Spinnfrauen (Wigand: 2) beibehalten.

Im deutschsprachigen Gebiet verwendete erstmals Johannes Praetorius (das ist Hans Schultze, 1630–80) den Stoff im *Abentheuerlichen Glücks-Topf*, einer Kompilation denk- und merkwürdiger Geschehnisse (Praetorius 1669, 403–406 = Kap. 86; Abdruck bei Uther 1990b, Nr. 6). Die Wunder-Erzählung hatte er so skizziert: „Wenn eine Kindbetterin in ihren Wochen spinnet/ es sey Wolle oder Flachs; So sollen ihre Kinder gehencket werden/ und also groß Unglück haben." Der ungemein fleißige Autor diverser Kompilationen – er stellt mit Johann Jacob Bräuner die wichtigste Quelle für die *Deutschen Sagen* dar – vermittelt mehrere Botschaften und zeitgenössische Einstellungen – aus der Sicht der Frauen: (1) Spinnen als Fertigkeit habe jede Frau zu beherrschen; (2) wer sich aufs Flachsspinnen nicht verstehe, werde nicht geachtet und bleibe eine alte Jungfer; (3) Spinnen sei eine schwere körperliche Arbeit; (4) weniger oder kein Spinnen würde jede Frau begrüßen. Auch werden die drei dämonisch gedachten Helferinnen mit ihren Deformationen beschrieben.

Im Unterschied zu den zahlreichen Märchenfassungen in der Nachfolge der KHM, in denen eine Königin eine (von ihrer Mutter als fleißig gepriesene)

Spinnfrau für ihren Sohn als Braut aussucht und deren Fleiß testet (zur Bewertung des Spinnens und Webens vgl. Kommentar zu KHM 156), fehlt dieser Zug bei Praetorius ebenso wie der Dialog des Königssohns mit den drei deformierten ‚Verwandten'. Die Parallelen sind jedoch unverkennbar.

Nicht abwegig erscheint die Vermutung, daß es sich bei der KHM-Fassung von 1812 um eine gekürzte und veränderte Version handelt. Jacob Grimm jedenfalls wußte schon recht früh um die Praetorius-Fassung. Sie wird bereits in einem Nachtrag zu dem 1812 erschienenen KHM-Band (1815, LXIf.) ausführlich wiedergegeben und ist dort dem abmildernden Grimm-Stil angepaßt, indem es über die erste der „drei seltsamen Weiber" heißt: „eine so breit vom Sitzen, daß sie nicht zur Stubenthür herein kann", während Praetorius ausführt: „Drüber wahren [...] drey Weiber vors Fenster gekommen/ eine mit einem grossen breiten Arse/ damit sie kaum zur Stuben-Thüre hernach herein kommen vermögt."

Jacobs Vorliebe für mytho-poetische Zusammenhänge führte ihn zum Vergleich der drei Spinnfrauen mit den drei Parzen. Den breiten Fuß der einen hielt er für das Relikt eines Schwanfußes (Vergleich mit der altfranzösischen ‚Königin Gansfuß'), dessen Form bei Praetorius mit dem Treten des Spinnrads erklärt werde (*Altdeutsche Wälder* 3 [1816] 48).

Die sieben Schwarten, eine Erzählung des neapolitanischen Märchendichters Basile (4,4), verläuft ähnlich, nur fehlen hier die Häßlichkeitsbeschreibungen. Die Frau verkörpert mehr den Typus der faulen Frau, welche die Ehe unter einem Vorwand erschleicht und ihren Mann glauben macht (durch Simulieren von Krankheit), daß diese Tätigkeit nicht das Richtige für sie ist.

KHM 14 wird oft in Verbindung mit KHM 55: *Rumpelstilzchen* (Lüthi 1971a, 425–428), sozusagen als ein Gegenstück dazu, gesehen, und die Spinnfrauen in Bezug zu den griechischen Schicksalsgöttinnen (Moiren). Die weitergehende Auffassung jedoch, KHM 14 sei „die ins Schwankhafte umgemünzte Form des Zaubermärchens von der dämonischen Spinnhilfe" (Scherf 1995, 224), wird durch bildliche Darstellungen nicht gestützt. Erkennbar ist aber, daß der als Charaktereigenschaft positiv bewertete Fleiß („dein unverdroßner Fleiß ist Ausstattung genug") Sozialschranken überwindet, auch wenn die soziale Aufsteigerin zur Erledigung des Spinnauftrags erst dämonische Helferinnen benötigt. Die Tätigkeit des Flachsspinnens wird ganz im Sinn von Praetorius als Arbeit beschrieben, deren Ausübung keine Freude aufkommen läßt. Das arme Mädchen entspricht dem Typus der ungewollten sozialen Aufsteigerin, die durch die falschen Bezeugungen ihrer Mutter in eine Notlage gerät, aus denen ihr die merkwürdigen Helferfiguren wieder heraushelfen.

Lit.: Sydow 1910; BP 1 (1913) 109–115; HDM 2 (1934–40) 132–154 (A. Taylor); Ranke 1955 ff., Bd. 2, 102–105 (Varianten); Rumpf 1985, 59–72, 221 f. (zur kulturhistorischen Bedeutung des

Spinnens); Bottigheimer 1987, 112–122; Köhler-Zülch/Shojaei 1988, 67; Tatar 1990, 164–190; Uther 1990b, Nr. 6; Scherf 1995, 222–224; EM 12 (2007) 1064–1068 (I. Köhler-Zülch); Volkmann 2008, 71–81.

15. Hänsel und Gretel. – DMK/Uther, ATU 327A: Hänsel und Gretel. – KHM-Veröff.: 1812 (verändert 1819, 1841, 1843); Kleine Ausg.: 1825 (Nr. 12). – „Nach verschiedenen Erzählungen aus Hessen." Die Herkunft bleibt unklar. In der Urfassung von 1810 (Grimm/Rölleke 1975, 70–81, 355 f.) trug das Zaubermärchen die Überschrift *Das Brüderchen und das Schwesterchen*, die 1812 als Titel für KHM 11 Verwendung fand. Im KHM-Handexemplar ist handschriftlich von Wilhelm Grimm eine größere Textänderung notiert, die auf Henriette Dorothea Wild zurückgehen soll. Die Änderung wurde fast unverändert in die KHM-Ausgabe 1819 übernommen und bezieht sich auf das erste Zusammentreffen der Kinder mit der Hexe und auf deren Antwort in Versform: „Der Wind! Der Wind! ..." Wesentliche Ergänzungen nahm Wilhelm Grimm, ohne dies jemals deutlich zu machen, nach dem Erscheinen von August Stöbers elsässischer Mundartfassung *Das Eierkuchenhäuslein* (Stöber 1842, Nr. 8) vor. Stöbers Mundartversion basierte zwar auf KHM 15, enthielt darüber hinaus aber zahlreiche volkstümliche Redewendungen und Ausschmückungen.

Die Eingangsthematik (Aussetzung der Kinder, Rückkehr dank Wegmarkierungen, mißglückter Versuch beim zweiten Mal) findet sich in Basiles *Ninnillo und Nennella* (*Pentamerone* 5,8), in Charles Perraults Däumlingsmärchen (1697: *Le petit poucet*; vgl. KHM 37, 45) und im Feenmärchen *Finette Cendron* der Baronin d'Aulnoy von 1698 (vgl. KHM 130). Bei Basile legt der Vater selbst die Aschen- und die Kleienspur, bei Perrault das jüngste von sieben Kindern (Kiesel-, Brotkrumenspur); bei Madame d'Aulnoy ist es die jüngste von drei Töchtern, welche auf Anraten der Patin einen Faden ans Elternhaus bindet, Asche ausstreut und danach Erbsen. In den KHM dienen öfter Erbsen und Steine als dingliche Wegmarkierung (z. B. KHM 40: *Der Räuberbräutigam*, KHM 116: *Das blaue Licht*). Zeitlich noch früher, in der *Gartengesellschaft* (um 1560) des Schwankbuchautors Martin Montanus, ist das Motiv der ausgestreuten Wegmarkierungen (Sägemehl, Spreu und Hanf) schon im Zusammenhang mit dem *Erdkühlein*-Märchen (KHM 130) vertreten. Eine Übereinstimmung der ersten Episoden von KHM 15 zeigt sich auch im breit ausgestalteten Märchen *Das klingende Waldhäuschen, oder die Zigeuner in Böhmen* aus einer anonym erschienenen Sammlung, den *Sagen der böhmischen Vorzeit* (1798, 1–66), welche die Brüder Grimm kannten.

Im Zentrum von KHM 15 stehen die Geschwister. Ist zunächst Hänsel der Findige und Leitende, so geht die aktive Rolle auf Gretel über, die in der Auseinandersetzung mit der Hexe über sich selbst hinauswächst. Das Bild dieses dämonischen Wesens hat sich in der kollektiven Überlieferung besonders eingeprägt, so daß die Hexe des *Hänsel-und-Gretel*-Märchens mit den Zügen einer alten, häßlichen und schadenstiftenden Frau als Prototyp der Jenseitsfigur angesehen werden kann. Das von ihr bewohnte dämonische Haus bietet keinen Schutzraum für Besucher, sondern ist ein Ort großer Gefahr.

Wie so oft beginnt das Märchen mit einem Mangel: Wegen einer Hungersnot werden die Geschwister von Vater und Stiefmutter (einer im Märchen stets negativ besetzten Person) in einem dunklen Wald ausgesetzt. Daß an Stelle der Mutter seit der 5. Auflage der KHM (1843) eine Stiefmutter als die Betreiberin der Kinderaussetzung fungiert, ist ein gewichtiger inhaltlicher Eingriff, ändert aber nichts an der Episodenstruktur der Handlung; auch die Reihenfolge der Handlung ist davon nicht betroffen (vgl. EM 12, 1307). Die Aussetzung bedeutet jedoch nicht den Tod der Kinder, sondern schafft die Ausgangsposition für den glücklichen Aufstieg. Der anderen zugedachte Tod trifft die Schädigerin selbst. Die Polarisierung charakterisiert den Extremstil des Märchens: Das Böse muß vernichtet werden, damit das Gute weiterleben kann. Oder anders ausgedrückt: Der grausamen Bestrafung der Hexe steht die Belohnung der Geschwister-Helden gegenüber. Nach Max Lüthi ist die Hexe eine Gestalt, die hier in die Nähe der Komik gerückt ist: die Hexe ließe sich von Gretel prellen, krieche selbst in den Ofen, in dem sie verbrannt werden soll. Dies sei „ein spielerisches und keineswegs gräßliches Bild für die Selbstvernichtung des Bösen" (Lüthi 1962, 85). Ein Grundzug von Zaubermärchen überhaupt sei das Strukturprinzip, daß Böses zu Gutem führe (Lüthi 1969a, 120). Daß die Kinder mit Hilfe einer Ente die magische Wassergrenze überscheiten können, ist nach Christine Goldberg (2000, 49) ein wesentliches Merkmal für den Erfolg einer Wiederkehr aus der Jenseitswelt, da es nur Menschen gelänge, das Element als Fluchtmöglichkeit zu nutzen, während Jenseitswesen vor dem Wasser kapitulieren müßten: „witches and fairies cannot cross water". Jaana Kaiste kommt in ihrer Dissertation zu dem Ergebnis, daß das Märchen mehrere Oppositionen in der dichotomischen Struktur aufweist. Einmal gebe es die symmetrische Achse von Elternhaus und Hexenhaus, aber auch die Oppositionen Hungersnot/Überfluß, Innenraum/Außenraum, Tod durch Verhungern/das Sich-zu-Tode-essen und Trennung/Wiedervereinigung. Aus all diesen Faktoren ergebe sich als pädagogische Botschaft für Kinder die Warnung, „sich [nicht] durch Fremde in fremde Häuser locken zu lassen" (Kaiste 2005, 103).

Das Geschwistermärchen fehlt selten in Grimm-Anthologien und ist in unzähligen Einzelausgaben vertreten. Bildliche Darstellungen sind bereits früh bezeugt (L. E. Grimm 1825, F. Pocci 1838, I. Stölzle 1849/50, T. Hosemann 1869) und repräsentieren die Gattung Grimm in illustrierten Ausgaben. Das Märchen ist eines von sieben bildlich dargestellten der *Kleinen Ausgabe* (Nr. 12) von 1825: Ludwig Emil Grimm hat die Episode der sogenannten Feistprobe ausgewählt, in welcher der eingesperrte Hänsel der Hexe den Finger herausstrecken muß (vgl. Gorgulla 2011, 122 f.).

Im deutschsprachigen Gebiet wird im 19. Jahrhundert auch die Fassung Ludwig Bechsteins sehr populär (ab 1853 mit den Illustrationen Ludwig Richters), dessen *Hänsel und Gretel* (Bechstein/Uther 1997a, 69–75) auf der Rückübertragung des Stöberschen *Eierkuchenhäusleins* ins Hochdeutsche beruht. In anderen Medien des 19. Jahrhunderts wie Bilderbogen, Reklamesammelbild und Oblaten war das Geschwistermärchen früh vertreten. Der Stoff diente als Vorlage für Märchenspiel und -oper (vor allem: Engelbert Humperdinck, 1893). Heute findet sich das Märchen häufig in parodistischer Form (am bekanntesten: Hans Traxlers Wissenschaftsparodie *Die Wahrheit über Hänsel und Gretel*. Frankfurt a. M. 1963, ^{18}1986) und in Bildwitzen (z. B. Hexenhaus als Domizil der Welthungerhilfe: Elisabeth Kmölniger, 1985) und wird auf Musikkassetten, in Filmen und anderen populären Medien angeboten. 2007 gab der Bund Deutscher Philatelisten Broschüren mit Arbeitshilfen für den Unterricht heraus, um „das Medium Briefmarke im Unterricht zu fördern" (Maringer 2007b, 2) und wählte als eines von bislang drei Märchen KHM 15 aus. In einer Arbeit über das Fortleben des Hänsel und Gretel-Märchens hat Wolfgang Mieder eine unglaubliche Fülle von Text- und Bildbeispielen aus den letzten Jahrzehnten (vornehmlich aus Deutschland und den Vereinigten Staaten) zusammengetragen, die eindrucksvoll bestätigen, in welch hohem Maße das Märchen in den populären Medien heutiger Tage vertreten ist. Es nimmt in der Skala der beliebtesten Märchen hinter *Sneewittchen* (KHM 53) den zweiten Platz ein (Richter 1994a, 110).

Bei Anthroposophen und Psychologen dient das Geschwistermärchen häufiger als Muster für einen Reifungsprozeß und für eine geistige Bewußtseinswerdung (z. B. Lenz 1972, 61–73; Wittgenstein 1973, 228–239, Eschenbach 1986; Szonn 1989, 12–26). Das Märchen drücke zum einen die Angstphantasien von Kindern aus, die Angst verlassen zu werden, und zum andern schildere es die Entwicklung zur selbständigen Persönlichkeit durch die Konfrontation mit der Welt, so Bruno Bettelheim (1980, 151–156). Der Betriebswirt Rolf Wunderer (2007, 99) vergleicht das Handeln der Geschwister mit unternehmerischer Tätigkeit und bewertet es als „unternehmerisch motiviert, aber noch begrenzt qualifiziert", indem zunächst Hänsel „Problemlösungskompetenz" zeige, dann seine Schwester, die sogar mehr Entwicklungspotential bei der Umsetzung von Ideen habe als Hänsel: Beide ergänzten sich „sozialkompetent im Sinne einer ‚Wir'-AG".

KHM 15 Hänsel und Gretel — 37

KHM 15: Hänsel und Gretel. Zeichnung von Otto Ubbelohde (1907)

Lit.: Arnim/Steig 1904, 263 f., 271; BP 1 (1913) 115–126; Krüger 1914, 14–17; Hagen 1 (1954) 38–54; Ranke 1955 ff., Bd. 1, 229–231 (Varianten); Brackert 1980, 9–38; Robert 1982, 97–109; Rölleke 1985, 82–87; Grätz 1988, 247, 249; Irmen (zur Oper Humperdincks); Meder 1988 (zur Bedeutung des Waldes); EM 6 (1990) 498–509 (W. Scherf); Tatar 1990, 81–86, 193–216; Böhm-Korff 1991; Hippolyte 1991; Schmitt 1993 (zum Film); McGlathery 1993, 65; Sahr 1994 (zur Didaktik); Rusch-Feja 1995, 39–54; Scherf 1995, 548–554; Sahr 1995, 100–113 (zur Didaktik); Tomkowiak/Marzolph 1996, 35–38; Bluhm/Rölleke 1997, 52–55 (zu Redensarten, Formeln, usw.); Solms 1999, bes. 21–23; Basile/Schenda 2000, 615 f.; Goldberg 2000 (zur Fluchtepisode); Tabbert 2002 zu Illustrationen); Cinato 2005 (Vergleich mehrerer Fassungen); Kaiste 2005, 86–104; Diederichs 146–150; Grzywka 2006 (Funktion von Strafen); zur Rolle der Stiefmutter vgl. EM 12 (2007) 1294–1298 (N. Blaha-Peillex); Mieder 2007 (populäre Medien); Ono 2007 (zur Waldsymbolik); Solms 2007, 17 f. (zur Angstüberwindung kindlicher Zuhörer); Haase 2008, 438–441 (C. Goldberg); Blécourt 2008b; Diederichsen 2008 (zur Rechtsproblematik); Shojaei Kawan 2009, 432 f. (Verse); Gorgulla 2011, 250–254, 291–302; Kaneshiro-Hauptmann 2013b, 227–265 (Nachwirkung).

16. Die drei Schlangenblätter. – DMK/Uther, ATU 612 (Tubach, Nr. 2706): Schlangenblätter: Die drei S. – KHM-Veröff.: 1819 (verändert 1837). – „Nach zwei Erzählungen [...] aus dem niederhessischen Dorfe Hof am Habichtswald, die andere aus einem Dorfe im Paderbörnischen." Die Erzählung aus Hoof (heute Ortsteil von Schauenburg bei Kassel) hat vermutlich der Dragonerwachtmeister Johann Friedrich Krause (1747–1828) beigesteuert, die andere wohl die Familie von Haxthausen. Das zweiteilige Zaubermärchen wurde 1819 anstelle des ebenfalls von Krause stammenden Märchens *Herr Fix und Fertig* (KHM 16 [1812]) eingefügt.

Daß Menschen von den Jenseitigen nur eine bestimmte Lebenszeit zugewiesen wird, geht auf altertümliche Vorstellungen zurück. Eine in frühen indischen Quellen bekannte didaktische Erzählung von der auf Rat eines göttlichen Boten wiederbelebten Frau kennt die Zielsetzung der verschenkten Lebensjahre. Die Frau wird wegen ihrer Zuwendung zu einem Jüngeren von Gott für ihre Untreue bestraft, weil sie die aufopferungsvolle Haltung des Ehemanns bei ihrer Wiederbelebung mißachtet hatte. Geschichten mit ähnlicher Struktur haben in neueren europäischen Überlieferungen eine rege Nachwirkung entfaltet. Eine deutsche Reimpaarerzählung aus der 1. Hälfte des 15. Jahrhunderts (*Die undankbare Wiederentdeckte*) scheint „die einzige abendländisch akkulturierte Version" des indischen Erzählstoffs (Gerd Dicke) abzugeben. KHM 16 schildert wie KHM 19: *Von dem Fischer un syner Fru* Eheleute, die in ihrer Gegensätzlichkeit nicht größer sein können. Dem ‚guten' Ehemann steht kontrastreich eine ‚unwürdige' Frau gegenüber.

Nicht Gott bestraft die untreue Frau, sondern in KHM 16 ist es der alte König. Seine Position als oberster Gerichtsherr und die Bosheit seiner Tochter sind seit der Ausgabe 1837 noch stärker herausgearbeitet, wie überhaupt der ganze Text gründlich überarbeitet und anschaulicher gestaltet wurde, um die Lesbarkeit zu erhöhen. Der Herrscher läßt sie und ihren Helfershelfer in einem durchlöcherten Schiff auf dem Meer aussetzen: „da ist keine Gnade, er war bereit mit dir zu sterben und hat dir dein Leben wieder gegeben, du aber hast ihn im Schlaf umgebracht, und sollst deinen verdienten Lohn empfangen."

Die Verwendung von Blättern als Heilmittel, mit denen der Ermordete ins Leben zurückgeholt wird, ist eine originelle Zutat und erscheint märchengemäßer, weil der unschuldig den Wassertod erlittene Ehemann mit Hilfe des treuen Dieners ins Leben zurückkehrt. In Märchen benutzte Heilmittel haben selten eine seit alters bekannte Wirkkraft. Stets handelt es sich um eine magische Pflanze, ein Kraut von allgemeiner Wunderkraft. Daß Schlangen durch Kraut Tote wiedererwecken, erzählen Apollodoros (*Bibliothek* 3,3,1) und Hyginus (*Fabulae* 136). Im Zweibrüdermärchen Basiles (*Pentamerone* 1,7; vgl. auch die Wirkung des Lebenskrauts in KHM 60) heilt der eine Bruder den anderen auf diese Weise, nachdem er gesehen hat, daß ein Drache sich selbst so den abgeschlagenen Kopf hat ansetzen können.

Interpreten ziehen das Märchen zur Erörterung gestörter Mann-Frau-Beziehungen heran (z. B. Franz 1977, 195–202). Dieses Märchen zeige, „wie sehr der Umgang von Mann und Frau auch durch die kollektiven Werte einer Zeit geprägt ist, hier durch das absolut vorherrschende Patriarchat, von dem sich weder Mann noch Frau emanzipieren können und wie es in dieser Radikalität heute wohl kaum mehr anzutreffen ist" (Kast 1983, 57–76, hier 75).

Lit.: Paris 1903; BP 1 (1913) 126–131; Wesselski 1925, 188–192; HDM 2 (1934–40) 317 f. (M. Lambertz); Wesselski 1938a; Ranke 1955 ff., Bd. 2, 347 (Varianten); Tatar 1990, 44–52; EM 8 (1995) 833–835 (R. W. Brednich); Solms 1999, 27–29 (zur Treue/Untreue); Verflex. 10 (^{2}1999) 71 f. (G. Dicke); Rölleke 2006a (zu Krause); EM 12 (2007) 50–54 (C. Goldberg); Neumann 2011, 237–240 (zur Rolle des Königs in den KHM).

17. Die weiße Schlange. – DMK/Uther, ATU 673: Tiersprachenkundiger Mensch + DMK/Uther, ATU 554: Dankbare (hilfreiche) Tiere. – KHM-Veröff.: 1812 (verändert 1819, 1837). – „Von Hassenpflugs in Kassel im Herbst 1812 vernommen", später präzisiert als Fassung „aus dem Hanauischen", weil die Familie Hassenpflug ursprünglich aus Hanau stammte und 1799 nach Kassel gezogen war. Durchgehende und vor allem sprachliche Änderungen des Zaubermärchens nahm Wilhelm seit der 2. Auflage von 1819 vor, offenbar inspiriert von dem Märchen *Hanns Dudeldee* des Namensvetters Albert Lud(e)wig Grimm (1786–1872; vgl. Reimers 1985, 286–288).

Daß Tiersprachenkundige die Kenntnisse überirdischer Dinge erlernen, gar Schicksalsvoraussagen erfahren, gehört zum Kernbestand indischer und griechischer Erzählungen und vieler neuzeitlicher Märchen. Wenn Märchenhelden mit Tieren auf einer Stufe stehen und sich mit ihnen verständigen können, gilt dies als Signum ihrer Allverbundenheit (Max Lüthi). Eine solche Vorstellung könnte einerseits eine frühe Zeit widerspiegeln, welche Menschen und Tiere als Einheit begriff und die Transformation und Kommunikation unter ihnen als nicht ungewöhnlich empfand, andererseits aber auch als eine bewußte Archaisierung aufgefaßt werden.

Meist wird über die Gewinnung der Tiersprache ausführlich erzählt, häufig ist sie jedoch als selbstverständlich vorausgesetzt. Im zweiteiligen Märchen von der weißen Schlange erhält der Diener die Kenntnis der Tier- und besonders der Vogelsprache durch Zufall. Der rechte Gebrauch der verliehenen Fähigkeiten verschafft ihm Vorteile. So kann er seine Unschuld beweisen, als er des Ringdiebstahls bezichtigt wird, eine seltene Version vom Fund des Ringes im Fischbauch, den oft ein Fisch selbst aus Dankbarkeit aus dem Meer geholt hat oder der als Erweis eines göttlichen Wunders dient; vgl. auch die bei Herodot und anderen zu findende Schicksalssage über den Tyrannen Polykrates (DMK/ Uther, ATU 736 A: *Polykrates: Ring des P.*).

Nun könnte KHM 17 enden, doch es folgt ein zweiter Teil, der den Tiersprachenkundigen als Freier und als Aufgabenlöser schwieriger Proben zeigt. Motiviert wird er durch die Schönheit der Königstochter (von 1837 bis 1850: „als er die Königstochter in ihrer großen Schönheit sah", ab 1850 verstärkend: „ward er von ihrer großen Schönheit so verblendet") und begibt sich deshalb in Gefahr, als sie zum Preis für die Erledigung schwieriger Aufgaben ausgelobt wird. Dieses Motiv ‚Königstochter als Preis' charakterisiert viele Märchen (z. B. KHM 4, 7, 20, 28, 44, 57, 60).

Für die Dynamik der Handlung bestimmend ist das Motiv der dankbaren und später hilfreichen Tiere, die als Tierhelfer – die Tiere kommen aus den Elementen Wasser (Fische), Erde (Ameisen) und Luft (Raben) – dem Helden bei der Lösung schwieriger, unlösbar scheinender Aufgaben zur Seite stehen. Dieses Allerweltsmotiv begegnet in gut einem Dutzend weiterer Märchen. Besonders zu nennen sind KHM 62: *Die Bienenkönigin*, KHM 191: *Das Meerhäschen*, KHM 126: *Ferenand getrü und Ferenand ungetrü* sowie das 1850 ausgeschiedene Märchen *Die treuen Tiere* (KHM 104). Die Hilfe der Tiere ist nur möglich, weil der Held zuvor den Tieren uneigennützig Beistand geleistet hat. Sein achtsames Handeln erscheint vorbildhaft und schließt zugleich die Tugenden ein, durch die er letzten Endes triumphiert.

Lit.: BP 1 (1913) 131–134; Wesselski 1932b, bes. 1–3; Ranke 1955 ff., Bd. 2, 347 (Varianten); Lüthi 1967; EM 3 (1981) 287–299 (C. Lindahl); Tomkowiak 1993, 314 f.; Scherf 1995, 1380–1383; Röhrich 2001, 81 f., 86; Hansen 2002, 462–469 (zu vergleichbaren älteren Überlieferungen); EM 13 (2010) 642–649 (A. Johns); Reinhardt 2012, 112, 352 f., 493 f. (zu Motivparallelen in der Literatur der Antike, zu Freierproben und zum Dreierschema der Aufgaben); Schröder 2013 (tiefenpsychologische Interpretation).

18. Strohhalm, Kohle und Bohne. – DMK/Uther, ATU 295: Strohhalm, Kohle und Bohne (Dicke/Grubmüller, Nr. 66) + Mot. A 2793: Erklärung für schwarze Naht der Bohne. – KHM-Veröff.: 1812 (verändert 1837). – Fehlte 1812 noch jede Angabe über die Herkunft des Tierschwanks mit absurden Elementen, der im angehängten Schluß in eine „ätiologische Wirklichkeitsfiktion" (Lieb 1996, 110–113) über die Form der Bohne übergeht, so heißt es 1815 im Nachtrag zum KHM-Band von 1812, innerhalb der Rasselreime in den *Nugae venales* 81648, 32 f.) sei die gereimte Geschichte von der Reise einer Pflaume, einer Bohne und des Strohs schon zu finden und ebenso mit Maus und Kohle in einer mittelalterlichen Straßburger Handschrift. Noch präziser heißt es im Anmerkungsband 1822, die Geschichte stamme „Aus Cassel" (vielleicht von Dorothea Catharina Wild [1752–1813]). Ein weiterer Zusatz findet sich im Anmerkungsband von 1856, bildete seit der 3. Auflage von 1837 doch die Versfassung des Fabeldichters Burkard Waldis (um 1490–1556/57), der mit seinem *Esopus* (1548) die umfangreichste Fabelsammlung des 16. Jahrhunderts vorgelegt hatte, im wesentlichen die Textgrundlage für die Prosaparaphrase: „Aus Cassel, am besten und frühsten bei Burkard Waldis, Buch 3, Fab. 97 (1542 [recte:1548])".

So wurde die Vorgeschichte von Waldis mit der Rettung von Strohhalm, Kohle und Bohne im Detail ergänzt (schon 1812 bildete die groteske Hilfsaktion von Strohhalm und Kohle beim Überqueren eines fließenden Wassers den Schlußteil von KHM 80) und der bereits vorhandene Teil der Erzählung „aus Cassel" der literarischen Überlieferung angeglichen. Einzig die Erklärung für die Form der Bohne durch die Kunstfertigkeit der Naht des Schneiders (bei Waldis setzt ein Schuster „ein schwartzen flecken" auf den Bauch) blieb erhalten.

Die Motivik von handelnden und sprechenden Gegenständen (hier verknüpft mit dem Thema der gemeinsamen Flucht aus Todesangst) bildet in den KHM ein wichtiges Strukturelement. KHM 18 ist eine hübsche Variation zu dem Zug der Tiere auf Wanderschaft (KHM 10, 27 und andere). Die Aktionen der Bohne und der Gegenstände sind derart absurd, daß die Erzählung damit in die Nähe des Schwanks rückt. Gehören in Lügengeschichten Unmöglichkeiten (Adynata) zum Arsenal der Gattung, so zeigt KHM 18 mit der Aktion der glühenden Kohle auf dem zerbrechlichen Strohhalm und der Vernichtung der Materie die Absurdität solchen Handelns. Eine sinnlose Handlung wird durch eine ebenso sinnlose paralysiert (vgl. auch KHM 94: *Die kluge Bauerntochter*). Alle kommen um – bis auf eine. Dieser Zug bietet Anlaß für die abschließende Erklärungssage, eines der wenigen Beispiele in den KHM (KHM 148, 171–176, 194, KL 7, KL 10). Der Tierschwank hat in der Version der Brüder Grimm in Lesebüchern verschiedentlich nachgewirkt; bildliche Darstellungen sind eher selten.

Lit.: Dähnhardt 1907, 129–133; BP 1 (1913) 135–137 und BP 2 (1915) 107; Schmidt 1932, 71, 231–234; Wesselski 1931, 110–114; Wesselski 1933, 1–3; Grimm/Rölleke 1975, 44f., 351f.; Tomkowiak 1993, 204f.; Kooi/Schuster 1994, Nr. 258 (Varianten); Hubrich-Messow 2000 ff., Bd. 4, 82 f. (Varianten); EM 12 (2007) 1394–1398 (L. Lieb).

19. Von dem Fischer un syner Fru. – DMK/Uther, ATU 555: Fischer und seine Frau. – KHM-Veröff.: 1812 (verändert 1843); Kleine Ausg.: 1825 (Nr. 13). – Die Entstehungsgeschichte des Zaubermärchens (Wesselski 1942, Bd. 2, 55–60; mit genauerer Zeittafel: Rölleke 1985, 161–174) ist kompliziert: Der aus dem pommerschen Wolgast stammende Maler Philipp Otto Runge (1777–1810) hatte das Märchen *Von dem Fischer un syne Fru* zusammen mit *Van den Machandel-Boom* (KHM 47) in vorpommerscher Mundart nach dem 7. Jan. 1806 zweifach und – wie auch in anderen Fällen – möglicherweise abweichend niedergeschrieben. Zum einen schickte er den Text an seinen Bruder Gustaf Runge. Dies hatte er jedenfalls in einem Brief aus Hamburg am 7. Jan. 1806 angekündigt, das genaue Datum der Zusendung ist allerdings unbekannt. Zum andern sandte er am 24. Jan. 1806 eine Abschrift an den Heidelberger Buchhändler und Verleger Johann Georg Zimmer, nachdem er von diesem den dort zuvor erschienenen ersten Band des *Wunderhorns* erhalten hatte. Die Handschriften sind nicht mehr auffindbar. Zimmer übergab die Texte Clemens Brentano, der sie an Achim von Arnim weiterleitete und der mit Zustimmung Runges das *Machandel-Boom*-Märchen in seiner neugegründeten und kurzlebigen *Zeitschrift für Einsiedler* (Juli 1808) veröffentlichte. Das Fischer-Märchen aber, so teilte er mit, wolle er zurückstellen, weil es ihm „kein eigentliches Kindermärchen" zu sein schien. Diese Einschätzung macht deutlich, daß man zu jener Zeit bei Märchen vor allem an Erzählungen für ein junges Publikum, also Kinder, dachte. Wilhelm Grimm konnte 1809 von beiden Märchen eine Abschrift nehmen.

Bedenken, den Text in einer für Kinder konzipierten Märchensammlung unterzubringen, hatte Albert Ludwig Grimm, der schon zu der von Achim von Arnim und Clemens Brentano zusammengestellten Sammlung *Des Knaben Wunderhorn* (1806–1808) beigetragen hatte, im Gegensatz zu von Arnim jedenfalls nicht. Bereits 1809 brachte er – zweifellos in Kenntnis des Rungeschen Textes (die Sammlung erschien bei Mohr und Zimmer in Heidelberg, also im gleichen Verlag wie *Des Knaben Wunderhorn*) – eine hochdeutsche Version in seinen *Kindermährchen* heraus. Sie wies thematisch und strukturell erstaunliche Gemeinsamkeiten mit dem Runge-Text auf, ohne daß von einer reinen Übertragung des Dialekttextes ins Hochdeutsche gesprochen werden könnte. Grimm nutzte lediglich die Vorlage, die er jedoch eigenständig ausbaute. Eingangs wird die Unzufriedenheit der Frau geschildert, die als zänkische Ehepartnerin vorgestellt wird und ihren Mann der Faulheit bezichtigt. Die Figur des Fischers schildert A. L. Grimm aktiver als Runge: Als jener, mit Namen Hanns Dudeldee, einen plötzlich auftauchenden Fisch erblickt, äußert er auf dessen Frage, was er wolle, den Wunsch nach einem Landhaus. Auch den weiteren Wünschen seiner Frau versagt sich der Fischer nicht, seine Rolle als Ehemann ist aber viel stärker herausgearbeitet, indem er an die Einsicht seiner Frau appelliert, ohne jedoch Erfolg zu haben (der extreme Wunsch der Frau, Papst werden zu wollen, fehlt).

Eine weitere Fassung findet sich in der vor der Erstausgabe der KHM erschienenen Sammlung Johann Gustav Gottlieb Büschings (Büsching 1812, Nr. 58). Sie ging indirekt auf Runge zurück und war dem Breslauer Germanisten und Märchensammler durch eine im Mai 1808 vorgenommene Abschrift seines Kollegen Friedrich Heinrich von der Hagen zugekommen, mit dem er seit dessen Amtsantritt in Breslau (1811) eng verbunden war. Diese Abdrucke sowie weitere Veröffentlichungen (z. B. die als Kindermärchen bezeichnete Verserzählung *Hans Entendee* von Karl Philipp Conz [1811]) dürften den belesenen Brüdern Grimm bekannt gewesen sein, bevor sie sich an die Veröffentlichung ihrer Märchensammlung machten. „Schreib mir doch, ob Hagen das Rungische vom Pispott durch Dich erhalten, wir werden es auch geben und wünschen nicht den Schein, es dorther genommen zu haben; ohnehin ist es da mit Fehlern abgedruckt", urteilte Wilhelm in einem vom 26.9.1812 datierten Brief an von Arnim über den Abdruck des *Fischer*-Märchens bei Büsching (Arnim/Steig1904, 214).

Bevor der Text in der 1. Auflage der KHM von 1812 erschien (er fehlt verständlicherweise als bereits veröffentlichter Text in der Urfassung, die die Brüder Grimm 1810 an Clemens Brentano sandten), hatte der wie Runge aus Pommern stammende Georg Andreas Reimer, der Berliner Verleger der KHM, die Dialektfassung, zumindest orthographisch, verbessern wollen. Er rechtfertigte sein Vorgehen gegenüber Wilhelm Grimm, indem er ihm am 30.10.1812 mitteilte, er habe „mit aller Sorgfalt jeden zweifelhaften Ausdruck mit Dähnerts plattdeutschem Wörterbuch verglichen und überdies mich noch eines verständigen Freundes Rat und Hilfe bedient" (Schoof 1955a, 115 f.). So blieb der Text in dieser veränderten Form, allerdings mit kleineren, von Auflage zu Auflage stetig durchgeführten Korrekturen durch Wilhelm Grimm, lange in den KHM und fand auch als Nummer 13 Eingang in die seit 1825 erscheinende *Kleine Ausgabe*; als einzige Dialektmärchen (von immerhin 20 der später als *Große Ausgabe* bezeichneten KHM) sind die Runge-Texte *Machandel-Boom* (Nr. 23) und *Fischer* (Nr. 13) dort vertreten.

Größere Änderungen in der Textgestalt des *Fischer*-Märchens finden sich erst in der 5. Auflage der KHM von 1843. Wilhelm ersetzte die bisherige Fassung gegen einen von dem Malerbruder Daniel Runge bearbeiteten Text, der wiederum eine freie Übertragung der Grimmschen Urfassung des *Fischer*-Märchens im „Hamburgischen Dialekt" darstellte (Runge 1840, 430–435). Ein Vergleich aller von Runge abhängigen Dialektfassungen zeigt beträchtliche Unterschiede in der Rechtschreibung, die aus den verschiedenen Abschriften und Textaddrucken resultieren, inhaltliche Änderungen ergaben sich daraus aber nicht.

Das *Fischer*-Märchen entspricht in Anlage, Sprache und kunstvoller Gestaltung dem Grimmschen Idealtyp eines Märchens überhaupt. Schon früh hatte Jacob in einem ungedruckt gebliebenen Aufruf vom 22.1.1811 an die *Freunde deutscher Poesie und Geschichte* zur Gründung einer Zeitschrift für Volksüberlieferungen angeregt, zum Anfang ein Rungesches Märchen oder einige andere Muster abdrucken zu lassen: „Kriegen wir das ganze Jahr nur allein zehn solcher Märchen geschickt, so wäre es schon der Mühe wert" (BP 4, 423 f.).

Das Märchen ist charakterisiert durch zahlreiche Dialoge und einen sich formelhaft wiederholenden vierzeiligen Vers, der die Begegnung des Fischers mit dem Fisch einleitet. Der gefangene Fisch, so stellt sich heraus, ist „'n verwünschten Prins", der um seine Freilassung bittet. Dieser Bitte kommt der Fischer bedenkenlos nach, ohne zu ahnen, daß die Freilassung eine Voraussetzung für eine mögliche Erlösung des Verwandelten ist. Der Fisch schweigt sich über den Anlaß der Verwünschung aus und bleibt unerlöst. Seine tierische Gestalt kann er nicht ablegen, weil die Hybris der Fischersfrau dies vereitelt. Während Sagen eine solche mißglückende Erlösung häufig thematisieren, bildet sie in Märchen eine Ausnahme. Der dramatische Handlungsaufbau in der Verbindung von Farb- und Wettersymbolik wirkt sehr konstruiert, ist aber in seiner Komposition stringent und basiert auf einer Hierarchie der Wünsche. Sie betreffen zunächst die Veränderung der häuslichen Umgebung (Pißpott, Fischerhütte, Schloß beziehungsweise Palast), womit dann – das Verlangen steigernd – sozialer Aufstieg eingefordert wird. Nach König und Kaiser begehrt die Fischersfrau, Papst zu werden, gewissermaßen das höchste Amt des geistlichen Würdenträgers auf Erden zu besetzen, obwohl es in Wirklichkeit niemals eine Päpstin gegeben hat – die Päpstin Johanna ist eine höchstwahrscheinlich fiktive Gestalt, so Andreas Merkt (EM 10, 536). Daß einfache Leute ein Schloß bewohnen, ist nicht von langer Dauer und geschieht nur dann, wenn ihre Hütte durch ein Wesen mit Zauberkraft in ein Schloß oder einen Palast verwandelt wird (vgl. auch KHM 85: *Die Goldkinder*). Der Spannungsbogen erfährt dadurch eine weitere Steigerung, bis der letzte Wunsch der Ehefrau („ik will warden as de lewe Gott") für einen raschen Abfall sorgt, indem der ursprüngliche Status quo, mit dem Wohnort Pißpott als Zeichen erdrückender Armut, wiederhergestellt wird: „Daar sitten se noch hüt un dissen Dag."

Das Handlungsgeschehen ist farbsymbolisch begleitet und signalisiert die Bedrohlichkeit des jeweiligen Wunsches: Das Farbspektrum reicht von „blank" über „gehl un grön", „vigelett un grag un dunkelblag", „swartgrau", „gans swart un dick", „so recht rood up as een swaar Gewitter" bis hin zu „gans swart". Die Farben von Wasser und Himmel kennzeichnen die Phase der hybriden Wunschvorstellungen, welche die Frau äußert. Der steten Unzufriedenheit seiner Frau kann sich der Fischer nicht erwehren. Er ist weder der Partner seiner Frau noch ein ebenbürtiger Gegenspieler. Zaghaft protestiert er („ich mag nu nich all wedder kamen") und warnt seine Frau, „der Butt mügt et verdreeten", aber vergeblich. So bleiben ihm nur Selbstzweifel („siin Hart was em so swer"), die unerhört verhallen. Seine Empfindung steigert sich von Betrübnis bis zu übergroßer Furcht („he bewt vor Angst"), aber zu einer Verweigerungshaltung vermag er sich nicht durchzuringen.

Der zufällige Kontakt zum Numinosen führt teleologisch nicht zum märcheneigentümlichen materiellen und persönlichen Glück des Ehepaars. Statt dessen wird der Status quo wiederhergestellt, weil die beiden Handlungsträger an ihrer Vermessenheit, also an sich selbst, scheitern. Die Hybris der Frau (s. auch KHM 52: *König Drosselbart*) und die fatale Ausnutzung von Wünschen (z. B. KHM 87: *Der Arme und der Reiche*) sind öfter thematisiert. Die Brüder Grimm erwähnten 1812 im Kommentar die Motive „von der Frau, die ihren Mann zu hohen Würden reitzt" und „von Eva und der etrurischen Tanaquil (*Livius* 1,47) bis zur Lady Macbeth"; das Motiv des zauberischen Fischs, der Wünsche erfüllt, scheint erstmals in der italienischen Novellistik des frühen 16. Jahrhunderts in Europa nachweisbar zu sein (Rubini 2006, 299–302).

Allerdings ist es keineswegs nur das weibliche Geschlecht, das in seiner Unersättlichkeit und Gier immer neue Forderungen aufstellt. In verschiedenen deutschsprachigen Fassungen späterer Zeit tritt der Ehemann an die Stelle der Frau. Die Maßlosigkeit beider Eheleute hat August Stöber in seiner Version herausgestellt, die Ludwig Bechstein wiederum als Vorlage für seine Fassung *Mann und Frau im Essigkrug* (Bechstein/Uther 1997a, 261–266) diente. KHM 19 steht exemplarisch für das Streben des Menschen nach Höherem, das aber in Erniedrigung enden muß, weil Hochmut nicht ungestraft bleiben kann: „Hochmut kommt vor dem Fall", heißt es so und ähnlich in Anlehnung an Prov. 16,18 und 29,23 in vielen Sprichwörtern über die superbia, die nach Johannes Cassianus (*De institutis coenibiorum et de octo principalibus vitiis*, um 420) als größtes Laster aller Hauptsünden gilt.

In Lesebüchern (seit ca. 1822) begegnet das Märchen weitgehend nach der in den KHM abgedruckten Fassung (vgl. auch Tomkowiak 1993, 250 f.), weniger nach Bechstein. Von den zahlreichen literarischen Adaptationen ist in neuerer Zeit Günter Grass' (geb. 1927) Roman *Der Butt* (1977) am bekanntesten geworden, doch greift der Erzähler lediglich das Motiv des redenden Fisches auf. Bei Grass gewährt der Fisch zum Dank für seine Freilassung dem Ich-Erzähler Unsterblichkeit und begleitet ihn als Dialogpartner bei seinen Lebensläufen durch die Jahrhunderte.

KHM 19 ist wegen seiner Mundartfassung in KHM-Teilausgaben und Anthologien weniger vertreten, dafür aber um so mehr in Übertragungen ins Hochdeutsche. Der hohe didaktische Wert trug wesentlich dazu bei, daß KHM 19 (seit Ende des 19. Jahrhunderts) häufiger in Lesebüchern abgedruckt ist und im Schulunterricht (Eggerer/Rötzer 1987, 287–324; Kügler 1989, 27–37) behandelt wird.

KHM 19: Von dem Fischer un syner Fru. Kupfer von Friedrich Buser, nach einer Zeichnung von S.S. Kirchner (1822)

Die Thematik bietet sich zur Interpretation gestörter Mann-Frau-Beziehungen an. Der Mann sei mutlos, beschreibt Verena Kast das Märchenszenarium, zeige keine Ausdauer, sei in seiner Beziehung zu seiner Frau in allem eingeengt; es fehle ihm an Ideen zur Veränderung seiner Lebenslage (die durch den Fisch möglich sein könnte). Seine Frau erkenne den Wunsch und die Hoffnung nach Veränderung, wisse aber zwischen Möglichem und Unmöglichem nicht zu unterscheiden (Kast 1983, 12–35).

Eine frühe deutsche Märchenillustration findet sich in dem Lesebuch *Der Mägdlein Lustgarten* (Erlangen 1822) von Heinrich Dittmar (Mann mit Kescher) und zuvor in den *Kindermährchen* Albert Ludewig Grimms (1809). Die Szene idyllisiert das Geschehen: Ein Hobby-Angler hat eine Reuse in einem kleineren See ausgelegt.

Lit.: BP 1 (1913) 138–148; Rommel 1935; Wesselski 1942, Bd. 2, 55–60; Ranke 1955 ff., Bd. 2, 217–228 (Varianten); Rölleke 1978; Kallenberger 1980; EM 4 (1984) 1232–1240 (H. Rölleke); Rölleke 1985, 161–174; Rölleke 1990a (zu einer frühen Schweizer Fassung von 1823); Kooi/Schuster 1993, Nr. 12 (Varianten); McGlathery 1993, 81; Scherf 1995, 1307–1312; Uther 2004a; Haase 2008, 355–357 (E. Wanning Harries); Uther 2008b (zu Illustrationen); Rölleke 2008, 57–88 (Textgeschichte); Murayama 2015 (zur Visualisierung von Landschaft); Messerli 2019 (Schlösser als Raum); Neumann 2018 (zur Überlieferungsgeschichte); Wienker-Piepho 2019, 7 (Schloß als übersteigerter Wunschort); Groschwitz 2021, 533–544 (narrative Aspekte von Schlössern).

20. Das tapfere Schneiderlein. – DMK/Uther, ATU 1640: Tapferes Schneiderlein + DMK/Uther, ATU 1051, 1052: Baum biegen, fällen, tragen + DMK/Uther, ATU 1060, 1062: Wettstreit mit dem Unhold + DMK/Uther, ATU 1115: Mordversuch mit dem Beil. – KHM-Veröff.: 1812 (verändert 1819). – In der handschriftlichen Urfassung von 1810 trug das Schwankmärchen die Nr. 1, wohl auch eine Hommage an Clemens Brentano, nach dessen Bibliotheksexemplar Wilhelm Grimm es 1809 unter dem etwas umständlichen Titel *Von einem König, Schneider, Riesen, Einhorn* (Faksimile Grimm/Loo 2015, 50–64; Abdruck bei Grimm/Rölleke 1975, 22–31) notiert hatte. Wilhelms Abschrift (vorhanden in der Staatsbibliothek Berlin, Preuß. Kulturbesitz, Nachlaß Grimm 1800 C 1,4,1–5) stammte aus dem *Wegkürtzer* (um 1557) des süddeutschen Schwankbuchverfassers Martin Montanus (Bl. 18r–25v; Faksimile bei Grimm/Loo 2015, 78–110). In den Anmerkungen zu KHM 20 ist zusätzlich eine Fassung aus einem niederländischen Volksbuch Ende des 17. Jahrhunderts, das sich in der Bibliothek der Brüder Grimm befand (Denecke/Teitge 1989, Nr. 3502, s. auch Nr. 3503), abgedruckt. Im 17. Jahrhundert wirkte die Montanus-Fassung in der Schwank- und Unterhaltungsliteratur nach und fand auch in Predigtsammlungen Eingang. So nutzt der Franziskaner Leo Wolff (1640–1708) im *Rugitus leonis* (1702, 332–337) die als „Facetia Paschalis" (Ostermärlein) bezeichnete Erzählung prototypisch als Exemplum mit ausführlicher Auslegung. Das Beispiel des Schneiders überträgt er symbolisch auf Christus: den Schneider habe man wegen seiner Schwächlichkeit wie einen gemeinen Knecht behandelt, ohne zu ahnen, welch ein starker Held sich dahinter verberge. Die sieben erschlagenen Fliegen deutet Wolff als Höllengeister, das Einhorn steht für den von Christus besiegten Tod. Gut einhundert Jahre später verfaßte Brentano nach der Montanus-Vorlage die Erzählung *Siebentot* (entstanden zwischen 1809 und 1812; später zog unter anderem auch Ludwig Bechstein Montanus' Version als Vorlage heran (Bechstein/Uther 1997a, 17–24).

In der Druckfassung von 1812 folgte im Anschluß an die unter Nr. 20 (I) wiedergegebene Erzählung (Vorlage: Montanus) ein fragmentarischer Text „nach mündlicher Mittheilung", wohl von der Familie Hassenpflug (10.2.1812). Eben dieser Text wurde mit einem weiteren Text aus Hessen (Herkunft unbekannt) verschmolzen und bildete ab 1819 den ersten Teil (Verlassen des Riesen und Ankunft bei Hof) des *Tapferen Schneiderleins*, wie das Schwankmärchen jetzt hieß. Den zweiten Teil gestaltete Wilhelm Grimm in Anlehnung an den modifizierten Montanus-Text, bei dem sich das breit ausgemalte Heldenstück zum ersten Mal mit den verschiedenen Episoden, damals bereits mit der sprichwörtlichen Redensart „Syben auff ein streich zu todt geschlagen", findet. Die Änderungen dürften auf Achim von Arnims Kritik zurückgehen, der nach Erhalt des KHM-Bandes Ende 1812 den Brüdern geschrieben und einzelne Ausdrücke moniert hatte: „eine Menge Redeformen" seien „so unverständlich, wie dem Erwachsenen, der kein Studium daraus gemacht hat, die Nibelungen" (Arnim/Steig 1904, 263).

Der Schneider, wegen seines wenig angesehenen Handwerks und damit verbundener Armut oft dem Spott ausgesetzt (S. Neumann in EM 12, 140–145), setzt seine Umwelt durch großsprecherisches Wesen, das ihn unversehens in gefährliche Situationen bringt, in Erstaunen. Er weiß sich übermächtiger Gegner mit List zu erwehren und durch halsbrecherische Aktionen, wie sie nur in Todesängsten gelingen können. Die Taten, die der Prahlhans als angeblicher Kriegsmann vollbringt, haben mit seinem Handwerk nicht das geringste zu tun und wirken um so unverständlicher, als Schneider traditionell als schwächlich gelten (E. Moser-Rath in EM 6, 427). Sein sozialer Aufstieg ist nicht gefährdet, selbst als er im Schlaf der frisch angetrauten adligen Ehefrau nichtsahnend seine tatsächliche Profession verrät. Denkbar ist, daß die Figur des atypischen und unheroischen Helden eine Parodie auf die damals gängigen Ritterromane darstellt, wie Jurjen van der Kooi mutmaßt (EM 13, 215).

Aufschneider wie das „tapfere" Schneiderlein gehören zu den beliebten Figuren von Schwänken; charakteristisch sind die auf Mißverständnissen durch Wörtlichnehmen basierenden Aktionen. Er und andere vergleichbare Helden, oftmals solche wider Willen, können dem Riesen imponieren und ihn sogar zur Flucht veranlassen, wenn er seine eigene Furcht auf den körperlich überlegenen Gegenüber projiziert. Nur betont frech und auch furchtlos muß der Held auftreten und den Unhold davon überzeugen, daß er es sei, der sich ängstigen müsse. Dabei zeigt sich der Riese nicht nur tölpelhaft, sondern als Geprellter, der von einem jungen Mann getäuscht und mit seinem Gefährten getötet wird.

Das Einhorn begegnet nur in KHM 20, das Fangen des Fabelwesens (gegen einen Baum rennen lassen) ist dagegen schon in mittelalterlichen Quellen des 14. Jahrhunderts bezeugt (Tubach, Nr. 5021), ebenso das Fangen eines Wildschweins (Ebers) (Tubach, Nr. 716). Die Freier- beziehungsweise Bewährungsproben in der typischen Triade (hier: Kampf gegen Riesen, Einhorn, Wildschwein) dienen dem König dazu, den lästigen Helden, dem er leichtfertig seine Tochter versprochen hat, loszuwerden. Doch der sozial Niedrigstehende siegt über den sozial Höhergestellten, das David-Goliath-Prinzip greift auch hier. Opfer der Schadenfreude sind der geprellte Riese, die wilden Tiere und vor allem der mißgünstige König (vgl. auch KHM 29: *Der Teufel mit den drei goldenen Haaren*). Riesen erscheinen in der gleichen Funktion wie andere Gegenspieler der Helden und Heldinnen. Der Sieg über die Jenseitsgestalten gilt als Erlösungstat – wie der bestandene Kampf gegen den Drachen. Plump und tölpelhaft sind die Riesen, klug und listig die Zwerge, wußte schon Wilhelm Grimm über die übernatürlichen Wesen zu urteilen (Grimm 1856, 407). Nicht das Wunderbare dominiert, sondern die Mobilität des Geistes bereitet Lesern und Zuhörern ein intellektuelles Vergnügen, den Schwachen über den Starken siegen zu sehen. Von Goethe, dessen Mutter ihm viele Märchen erzählt hat, ist überliefert, daß ihm der Schluß nicht gefallen habe. So habe er die Erzählung durch die Erfindung eines neuen Schlusses abzuändern gesucht (EM 5, 1340).

KHM 20 entwickelte sich im Lauf der Überlieferung zu einem der beliebtesten Schwankmärchen. Es existiert eine Reihe von Fassungen aus dem 19. Jahrhundert, die auf Grimm, Bechstein oder direkt auf Montanus (für die Niederlande vgl. Kooi 1986, zu Nr. 715) zurückgehen; einzelne Abenteuer mit dem Riesen sind auch in andere episodische Schwänke eingebunden

In Interpretationen verkörpert der zwischen Furcht und Furchtlosigkeit schwankende Held mit seiner vermeintlichen Tapferkeit den unverhofft Listigen, der für sein Glück selbst verantwortlich ist und nicht die Hilfe anderer in Anspruch zu nehmen braucht (Mallet 1982, 65–120; Müller 1987, Schmiele 2015). Die Erzählung ist „ein hohes Lied auf die Überlegenheit von Gewandtheit und List über traditionelle Gewalthaber, aber auch über die blinden Mächte der Natur" (Fetscher 1980, 129). Der listige Problemlöser zeigt nach Rolf Wunderer (2007, 99) „intuitiv-blitzschnelle und wagemutige Umsetzungskompetenz. Seine Sozialkompetenz reduziert sich auf extreme Autonomie; sogar unterstützende Kooperationsangebote lehnt er ab".

In Bildmedien ist das Märchen vom tapferen Schneiderlein seit Mitte des 19. Jahrhunderts präsent, wurde als Märchenspiel, Märchenballett bearbeitet und lebt in den populären Medien heutiger Tage weiter. Einer der frühen Walt Disney-Märchentrickfilme zeigt Mickey Mouse als Held in *The Brave Little Tailor* (1938).

Lit.: Hamann 1906, 24 f.; BP 1 (1913) 148–165; Fetscher 1980, 120–136; Wardetzky/Keller 1986; Kooi/Schuster 1993, Nr. 4, 5 (Varianten); McGlathery 1993, 81; Kooi/Schuster 1994, Nr. 32 (Varianten); Schenda 1995, 387–391 (zum Wildschwein); Scherf 1995, 1171–1175; Dekker et al. 1997, 84–88 (T. Meder); Bluhm/Rölleke 1997, 57–62 (zu Redensarten, Formeln, usw.); Solms 1999, bes. 99–103; Rölleke 2000, 86–91, 211–213, 223; Hubrich-Messow 2000 ff., Bd. 4, 134–140, 140–144, 144–148, 149–151, 162–165 und Bd. 6, 190–212 (Varianten); EM 13 (2010) 210–219 (J. van der Kooi); EM 14 (2014) 715–728 (H. Lox).

21. Aschenputtel. – DMK/Uther, ATU 510 A: Cinderella. – KHM-Veröff.: 1812 (verändert 1819); Kleine Ausg.: 1825 (Nr. 14). – Die Herkunft des Zaubermärchens war bisher nicht eindeutig zu klären; 1812 lag als Druckvorlage die „Niederschrift der Erzählung einer namentlich nicht bekannten Frau aus dem Marburger Elisabeth-Hospital durch die Frau des Hospitalvogts" (Grimm/Rölleke 1975, 387; Becker 2013) vor. Holger Ehrhardt konnte inzwischen nachweisen, daß es sich bei der Beiträgerin um Elisabeth Schellenberg (1746–1814) gehandelt haben muß, eine Bewohnerin des Marburger Siechenhauses St. Jost. Die Fassung Schellenbergs wurde für die Zweitauflage der KHM mit zwei weiteren „aus Hessen" verschmolzen, davon eine „aus Zwehrn", also vermutlich durch Dorothea Viehmann vermittelt. Ebenfalls 1819 wird durch Einfügung des unscheinbaren väterlichen Geschenks (Haselreis) und des Grabpflanzen-Motivs (s. auch KHM 47: *Von dem Machandelboom*; KHM 130: *Einäuglein, Zweiäuglein, Dreiäuglein*) für eine bessere Begründung der Jenseitsgaben gesorgt. Das Unscheinbarste wie ein Haselreis muß gewählt werden und entpuppt sich als die einzige Lösung aus einer extremen Notlage heraus. Unscheinbar sind nicht nur die meisten Zaubergaben, sondern sie sind zudem oft auch klein, wie Katalin Horn (1981, 265) feststellte.

KHM 21 gehört „unter die bekanntesten und wird aller Enden erzählt", notierten die Brüder Grimm (1812, XV). Und so kann nicht verwundern, daß es zu Perrault, Madame d'Aulnoy und zu der anonym erschienenen, älteren deutschen Erzählungssammlung *Sagen der böhmischen Vorzeit* (1808, 1–66: *Laskopal und Miliwka*) eine nicht zu übersehende Affinität gibt. Das Märchen begegnet sogar noch früher im 17. Jahrhundert bei Basile (*Pentamerone* 1,6: *Die Aschenkatze*) und enthält bereits die Schuhprobe (Mot. H 36.1). In Charles Perraults Sammlung der *Contes des Fées* (1697) findet es sich dann als sechstes Märchen (*Cendrillon*) und wenig später in *Finette Cendron* (1698) der Baronin d'Aulnoy – hier kombiniert mit dem Thema der ausgesetzten Geschwister (1. Teil; s. KHM 15: *Hänsel und Gretel*). In *La Belle aux chevaux d'or*, einem weiteren Märchen ihrer Sammlung, das zu dem Typ *Ferdinand der treue und Ferdinand der ungetreue* (vgl. KHM 126) gehört, ist das Motiv der Augen aushackenden Tiere konstitutiver Bestandteil, allerdings im Zusammenhang eines Kampfes. Ein Rabe eilt dem Helden Avenant zu Hilfe, fliegt dem Riesen Galifron auf den Kopf und traf mit seinem Schnabel „ihn so genau in seine Augen, daß sie ausliefen und das Blut über sein Gesicht floß".

In den ersten beiden Dezennien des 19. Jahrhunderts schien sich eine Leitfassung bestimmter Märchen noch nicht herausgebildet zu haben, wie verschiedene zeitgenössische Bezeugungen nahelegen. Dies geht z. B. aus den einleitenden Formulierungen einer in Pest 1811 erschienenen kleinen Heftchenreihe hervor, die unter dem an ein Modejournal erinnernden Titel *Lieblinge des guten Geschmacks* mehrere Märchen mit Anklängen an die französische Überlieferung enthielt. Darunter befand sich auf 46 Seiten ein *Aschenbrödel*-Märchen. Bei näherer Betrachtung stellte sich heraus, daß das Stück eine eigenständige Bearbeitung des Märchens *Finette Cendrillon* der Madame d'Aulnoy darstellte. Darüber hinaus gab es auch deutsche Fassungen von Märchen der Madame d'Aulnoy (*Finette Aschenbrödel*) bis ins 19. Jahrhundert hinein, z. B. innerhalb der *Neuen Feen-Mährchen zur angenehmen Unterhaltung* (Bd. 3. Reutlingen 1810). Symptomatisch für die Entwicklung ist ferner ein namentlich nicht gezeichneter Beitrag in den von Johann Gustav Gottlieb Büsching herausgegebenen *Wöchentlichen Nachrichten*, in denen ein Verfasser aus Zittau 1816 fünf *Aschenbrödel*-Fassungen vorstellte. Er betonte den Bekanntheitsgrad des Märchens, ohne eine Version besonders herauszuheben: „Eine Geschichte, die wohl mit den mehrsten Veränderungen erzählt wird, ist unstreitig die vom Aschenbrödel, Aschenwedel, Aschenbrössel, oder Cendrillon. Sie glauben es zwar für französischen Ursprungs halten zu müssen, indessen scheint mir dies doch zu bezweifeln zu sein, da dies Mährchen bei uns so allgemein und auf allen Dörfern bekannt ist [...]. Unter dem gemeinen Volke hat man es auch mitunter unter dem Namen: ‚von allerlei Rauch' [...]." Im 2. Band der *Wöchentlichen Nachrichten* aus dem gleichen Jahr teilt ein Professor Rhode [das ist Johann Gottlieb Rhode, 1762–1827] eine weitere Fassung aus der Harzgegend mit und verweist darauf, sie sei „vorzüglich im Fürstenthume Halberstadt, unter den Landleuten allgemein bekannt" und gehöre „zu den Abendunterhaltungen in den Spinnstuben". Diese Version verknüpft das *Aschenputtel*-Märchen mit dem Stoff des unschuldig verfolgten Schneewittchens. Indem der Verfasser die Beliebtheit des *Aschenbrödel*-Märchens betonte, wies er der Märchenüberlieferung einen festen Platz in der betreffenden Region zu und wertete sie als eigenständige Erzähllandschaft auf. Zugleich diente dieses Herausstellen der Abgrenzung gegenüber dem Erzählgut anderer Nationen und trug zur Stilisierung eines ‚Volkscharakters' bei – eine Entwicklung, die im Gefolge Johann Gottfried Herders und der Grimm-Märchen wenige Jahre später das ganze 19. Jahrhundert bestimmen sollte. Interessant ist auch der Adressatenbezug, der auf ein eher erwachsenes Publikum hinweist, das auch in dem Pester Märchen angesprochen ist. Der Weg zum Kindermärchen mußte erst noch beschritten werden.

Trotz großen Fleißes und aller Tugenden muß Aschenputtel ein in der Familie – dem zentralen Ort des Märchens – unwürdiges Leben führen und Magddienste leisten, ebenso wie die Tochter einer Witwe im *Frau Holle*-Märchen (KHM 24) oder die Gänsemagd (KHM 89). Im Gegensatz zu seinen Stiefschwestern verrichtet es die niedrigsten Arbeiten. Sein Platz in der Asche des Herdes hat Aschenputtel den abschätzigen Spitznamen eingebracht, der zugleich als sprechender Name im Titel verankert ist. Die niederdeutsche Namensform Aschenputtel wählten die Brüder Grimm vermutlich, um sich von älteren Namensformen wie beispielsweise Eschengrüdel oder Äschengryddel, die seit dem 16. Jahrhundert belegt sind, abzugrenzen (vgl. auch KHM 1812, Anhang, XVf.; Büsching 1812, 403; Bolte/Polívka 1, 182–187). So wurde bereits die Titelfigur in einer der ersten Übersetzungen französischer Feenmärchen Charles Perraults als „Aschen-Brodel" (ca. 1760) bezeichnet, und das Märchen *Finette Cendron* der Madame d'Aulnoy trug innerhalb der von Friedrich Justin Bertuch und anderen herausgegebenen Reihe *Die Blaue Bibliothek aller Nationen* den Namen *Aschenbrödel* (Bd. 4, 1790). Auch Ludwig Bechstein wählte später die oberdeutsche Form Aschenbrödel (Bechstein/Uther 1997a, 292–295).

Trotz vieler Demütigungen ist Aschenputtel freundlich zu Mensch und Tier und erweist sich als achtsam. Diese Züge sind im Verlauf der verschiedenen KHM-Auflagen noch deutlicher herausgearbeitet worden, so daß die Heldin als Prototyp bürgerlicher Erziehungsintentionen gelten kann. Außerdem gilt das Märchen als wichtiges Handlungsmuster innerhalb der in den KHM oft vertretenen Stiefschwestermärchen. Es basiert nach Ruth B. Bottigheimer (EM 12, 1292) auf der Konkurrenz mehrerer neidischer Stiefschwestern mit der Heldin um einen Prinzgemahl. Während Aschenputtel infolge seines untadligen Charakters magische Unterstützung erfährt, die es ihm ermöglicht, die unlösbar scheinenden Aufgaben der Stiefmutter beziehungsweise der Stiefschwestern zu erfüllen, erfahren die bösen Stiefschwestern im Sinne einer ausgleichenden Gerechtigkeit eine schreckliche Strafe – geschildert „mit sadistischem Vergnügen", so Wilhelm Solms (2007, 18). Über den Vater heißt es, er sei eine blasse Figur, der seine Tochter nicht beschützt, sondern schädigt: Der Vater „erweist sich nicht nur in der Vaterrolle als totaler Versager, er übernimmt auch noch die Rolle des Gegners, indem er die Heirat mit dem Königssohn, den einzigen Ausweg aus Aschenputtels Elend, zu verhindern sucht" (vgl. Solms 2010b, 189–193).

KHM 21 ist jedoch, vom Standpunkt der Heldin betrachtet, auch ein typisches Beispiel für den Optimismus des Märchens. Mit Hilfe übernatürlicher Wesen überwindet die unschuldig verfolgte junge Frau soziale Schranken. Die Eingangsszene mit der von den hilfreichen Tauben umgebenen Aschensitzerin hat nicht nur Ludwig Emil Grimm (1825), sondern viele andere Künstler zur bildlichen Darstellung angeregt und die Darstellung der Schuhanprobe- und des Fest-Motivs in den Hintergrund treten lassen. Die Herdszene ist zum Erkennungszeichen des Märchens geworden.

Die anrührende Geschichte von der sozial Verachteten und späteren Königin gehört zu den sogenannten Lieblingsmärchen. In den deutschsprachigen Ländern nimmt das Märchen hinter *Sneewittchen* (KHM 53) und *Hänsel und Gretel* (KHM 15) den dritten Platz in der Skala der bekanntesten Volkserzählungen ein (Richter 1994a, 110). Es ist in audiovisuellen Medien wie auch in zahlreichen Anthologien und Einzelausgaben vertreten und dominiert unangefochten vor den typologisch verwandten Märchen KHM 130: *Einäuglein, Zweiäuglein und Dreiäuglein* oder KHM 65: *Allerleirauh*.

Die Selbstschädigung als vorbeugende Maßnahme, von Aschenputtels Stiefschwestern praktiziert, führt nicht zur Erlangung von Vorteilen, weil sie aus Eigennutz und Habgier erfolgt. In der 1819 erweiterten Schlußszene ist die Schädigung noch einmal aufgegriffen, indem beiden Stiefschwestern zur Strafe von Tauben die Augen ausgehackt werden, zugleich ein Beispiel für die durch Extreme charakterisierte symbolistische Darstellung von Verfehlungen, die besonders in frühen Märchen der Brüder Grimm anzutreffen ist. Auf diese Weise wertet das Märchen sehr genau und ahndet alles, was von den allgemeinen Normen der Tugendhaftigkeit und des Anstandes abweicht und negative Charakterzüge wie Neid, Habgier und Ichbezogenheit offenbart, während Selbstschädigungen für einen ethischen Wert toleriert werden (z. B. KHM 6: *Der treue Johannes*; KHM 31: *Mädchen ohne Hände*).

Die Figur der bescheidenen und unschuldig leidenden Frau hat in Verbindung mit dem Aschensitzer-, Grabpflanzen- und Schuhanprobe-Motiv und vor allem aufgrund der Rivalitäten in der Familie zur Ausdeutung gereizt (z. B. Storck 1977, 105–109; Rosenman 1978; Bettelheim 1980; Mallett 1982, 121–156; Belmont 1998), wie denn überhaupt das Märchen sehr viele und widersprüchliche Deutungen auf sich vereinigt (vgl. die Beiträge im *Märchenspiegel* 22,3 [2011]). Die in KHM 21 vorkommende Schuhprobe wurde als ein brauchgeschichtliches Relikt angesehen. So stellte schon Jacob Grimm (1899, 214) Bezüge

KHM 21: Aschenputtel. Stahlstich von Ludwig Emil Grimm (1836)

zum germanischen Verlobungsbrauch des Schuhanziehens und -ausziehens her. Auch im neuzeitlichen Brauchtum ließen sich Belege für vergleichbare Handlungen finden, wie Lutz Röhrich (2001, 106) ausführte, indem er daran erinnerte, daß bei manchen romanischen Völkern noch heute der Braut vor der Trauung die alten Schuhe ausgezogen würden, oft vom Bräutigam selber. Hermann Bausinger (1955, 152) urteilt zurückhaltender und wertet die Schuhepisode als Handlungszug zur Erhöhung der Schönheit der richtigen Braut.

Unter der Überschrift *Aschenputtels Erwachen* stellt Iring Fetscher in seinem parodistisch angelegten Kommentar die Unglaubwürdigkeit der Handlung heraus: suggeriert werde, daß jedes junge Aschenputtel sozialen Erfolg haben müsse. Gegen solche kitschigen Sozialutopien verwahrt sich Fetscher (1975, 131–135), während James Finn Garner (1995, 40–46) einzelne Szenen und Begriffe „politically correct" transformiert. Rolf Wunderer betrachtet die Figur des Aschenputtels in Verbindung mit ihrem Handeln und sieht darin eine Tendenz zu Vertrauensbereitschaft und Vertrauenswürdigkeit, die beide hoch korrelierten und der Trägerin eine große Überlebenschance gewährten, was im Management und in Führungspositionen der Wirtschaft allgemein als hoher Persönlichkeitswert angesehen werde (Wunderer 2004; 2008, 79–117). August Nitschke (1976 f.) argumentiert aus der Sicht der historischen Verhaltensforschung und kommt zu dem Ergebnis, psychisch und mental vorhandene Charakteristika hätten auch Einfluß auf die Motivationen von Handlungsträgern in Märchen ausgeübt. Er glaubt die Sozietät im *Aschenputtel*-Märchen im nacheiszeitlichen mediterranen Raum verorten zu können. Seine Auffassungen fanden allerdings keinen Nachhall in der wissenschaftlichen Diskussion, so Helge Gerndt in der *Zeitschrift für Volkskunde* (76 [1980] 148).

Lit.: Cox 1893; BP 1 (1913) 165–188; Wesselski 1942, Bd. 2, 32–37; Rooth 1951; Hagen 1954, Bd. 1, 54–85 und Bd. 2, 60–94; Bausinger 1955; Ranke 1955 ff., Bd. 2, 121–127 (Varianten); Lüthi 1962, 42–53; Scobie 1977, 17 f. (Schuhprobe); Horn 1974 (Grab-/Seelenbaum-Motiv); Dolle 1980; Horn 1981 (zur unscheinbaren Gabe); EM 3 (1981) 39–57 (R. Wehse); Dundes 1982 (mit Forschungsbeiträgen verschiedener Autoren); Robert 1982, 97–104 (zu „Finette Cendron"); Stone 1983; Köhler-Zülch/Shojaei 1988, 42 f.; Philip 1989; Belmont 1991 (Auslesen von Früchten und Getreide); Ikeda 1991; Belmont 1993b; McGlathery 1993, 66; Schmitt 1993, 561; Tomkowiak 1993, 314; Kooi/Schuster 1994, Nr. 7 (Varianten); Garner 1995, 40–46 (Parodie); Scherf 1995, 41–46; Tomkowiak/Marzolph 1996, 39–43; Solms 1999, 9–18; Mamiya 2002; Uther 2002b; Top 2003, 517–520 (Bilderbogen in den Niederlanden); Liptay 2004, 179–205 (Film); Diederichs 2006, 31–36; Zipes 2006, 107–127; zur Rolle der Stiefmutter vgl. EM 12 (2007) 1294–1298 (N. Blaha-Peillex); vgl. Die Horen 2007, 28–30 (neuere literarische Adaptation von Julia Veihelmann); Zitzlsperger 2007 (zum Gerechtigkeitsempfinden); Haase 2008, 201–205 (V. Joosen); Pöge-Alder 2008 (zur Rezeption unter Jugendlichen); Belmont 2010 (zu Mythos und Symbolik); vgl. Beiträge des Aschenputtel-Symposiums im Märchenspiegel 22,3 (2011); Röth 2012 (Interpretationsansätze); Becker 2013 (zur Beiträgerinnen-Diskussion); Solms 2014,

3942 (zur Rolledes Vaters); Erhardt 2016 (zur Identität der Marburger Märchenfrau); Gobrecht 2019 (zu musikalischen Adaptationen in Ballett und Oper).

22. Das Rätsel. – DMK/Uther, ATU 851: Rätselprinzessin. – KHM-Veröff.: 1819 (verändert 1837, 1840). – Statt der Gruselgeschichte *Wie Kinder Schlachtens miteinander gespielt haben* (1812: Nr. 22) wurde nach einer Fassung „aus Zwehrn" (von Dorothea Viehmann) 1819 dieser Schwank von der listigen Rätsellöserin aufgenommen. Der Text wurde 1837 strukturell ausgeweitet und mit einem Text aus dem KHM-Anmerkungsband von 1822 (Herkunft unklar) kontaminiert.

Die mit der Figur der Turandot verbundene, in fast ganz Europa verbreitete und oft dramatisierte Erzählung von der klugen Prinzessin, die entweder als hochmütige Rätselstellerin oder, wie hier, als Rätsellöserin auftritt, begegnet in zahlreichen europäischen Texten seit dem Mittelalter – wie etwa in der Exempelsammlung *Compilatio singularis exemplorum* (2. Hälfte des 13. Jahrhunderts) eines unbekannten Dominikaners. In diesem Exemplum ist die Handlung dramatisch zugespitzt (Abdruck bei Uther 1990b, Nr. 12): Gleich das erste Rätsel weiß die Prinzessin zu lösen, die Antwort für das zweite Rätsel erhält sie vom Ritter selbst, bricht aber das Versprechen, die Lösung für sich zu behalten. Dennoch siegt der Ritter, da er das dritte Rätsel so formuliert, daß die Prinzessin mit ihrer Antwort zugleich zugeben müßte, die Nacht mit ihm verbracht zu haben. Dieser Zug mit der verfänglichen Frage ist in KHM 22 abgemildert. Für die Ablistung des Geheimnisses, das dort als drittes Rätsel erscheint, weist der Ritter Schmuck oder Mantel der Prinzessin zum Zeichen seiner Glaubwürdigkeit vor. Ein solches Wahrzeichen-Motiv tritt besonders häufig in den KHM auf (z. B. KHM 9, 24, 31, 33, 49).

Nach Siegfried Neumann lassen sich Rätselmärchen als allgemein märchenhafte Erzählungen verstehen, „in denen die Lösung oder Nichtlösung eines Rätsels oder einer rätselhaften Umschreibung eine zentrale Rolle spielen" (EM 12, 281). Die sogenannten Rätselmärchen – ein wohl nach dem Titel von KHM 160: *Rätselmärchen* von Richard Wossidlo (1859–1939) und anderen Erzählforschern eingeführter, jedoch problematischer Begriff – sind eigentlich Rätselschwänke und in der ganzen Welt beliebt als Spiel mit Klugheit und Weisheit und begeistern schon Kinder und Jugendliche.

Mag die Rätselaufgabe noch so unsinnig sein, aber zum Rätsel gehört das Paradox unbedingt dazu. Die Rätsellöser – und damit die eigentlichen Helden – verteilen sich auf das weibliche und männliche Geschlecht gleichermaßen (vgl. KHM 89, 94, 111, 114, 125, 152, 160). Das Aufgeben von Rätseln als eine Probe für Scharfsinn dient nicht der Freilassung eines verurteilten Gefangenen, sondern allgemein dazu, bei Nichtlösung eine Belohnung, Gegengabe und dergleichen zu erhalten. André Jolles definierte die zwei Extreme der Geistesbeschäftigung, die hier aufeinander zulaufen, so: „Ein aufgegebenes Rätsel nicht lösen können, heißt Untergang – ein Rätsel aufgeben, das keiner rät, heißt Leben" (Jolles 1958, 133).

Lit.: BP 1 (1913) 188–202; Wesselski 1935, 114–116; Ranke 1955 ff., Bd. 3, 158–170 (Varianten); Lüthi 1962, 90–102; Lüthi 1969b; Goldberg 1993; Scherf 1995, 960–963; EM 11 (2004) 286–294 (C. Goldberg); zum Begriff Rätselmärchen s. EM 11 (2004) 280–285 (S. Neumann); zur Rolle der Stiefmutter vgl. EM 12 (2007) 1294–1298 (N. Blaha-Peillex).

23. Von dem Mäuschen, Vögelchen und der Bratwurst. – DMK/Uther, ATU 85: Mäuschen, Vögelchen und Bratwurst. – KHM-Veröff.: 1812 (verändert 1840). – Indirekte Vorlage des Tierschwanks, der gelegentlich auch als Tiermärchen bezeichnet wird (EM 9, 440), ist die in der *Badischen Wochenschrift* (vom 11.7.1806, Nr. 2, 21–26) von Clemens Brentano inhaltlich und sprachlich umgestaltete Geschichte vom gemeinsamen Haushalt der Maus, des Vogels und der Bratwurst. Als Vorlage diente eine auf der Satire *Gesichte Philanders von Sittewalt* basierende Fassung, die am Schluß des 7. Gesichts *Reformation* abgedruckt war; in der unter Pseudonym erschienenen Erstausgabe von 1643 (verfaßt von Johann Michael Moscherosch, 1601–69) war die Geschichte noch nicht enthalten, sondern findet sich erst ab 1650 (Ausg. 1665, Bd. 2, 927–930).

Die drei Figuren verkörpern bei Moscherosch die drei Stände, die durch Unterordnung dafür sorgen müßten, daß der Staat bestehen bleibe, „da es je und allewege ein Zeichen Unterganges gewest, wann sich einer in seinem Stande nicht mehr begnügen lassen". Der zeitgenössische Bezug ist in KHM 23 wie auch schon in Brentanos Fassung gänzlich entfallen, die groteske Handlung des Tierschwanks durch die Einführung der Diminutive Mäuschen, Vögelchen/Vöglein (bei Moscherosch: Specht), Würstlein (so auch schon Brentano 1806) etwas abgeschwächt.

Der Moscherosch-Text interessierte auch die Prediger. So nahm der Augustiner-Chorherr Dominicus Wenz die „Fabel" unter dem Titel *Eine glückliche Haushaltung wird durch Uneinigkeit zerstört* in sein *Lehrreiches Exempel-Buch* (Augsburg 1757, 715 f.) auf. Mit dem abschließenden Merkspruch „Fried nährt, Unfried verzehrt" umreißt er bündig die beschriebenen Konflikte. Wenz versteht es, durch eine noch stärkere Dialogisierung als bei Moscherosch die Fabel anschaulich zu erzählen. Die Brüder Grimm verweisen 1812 zwar ausschließlich auf die *Gesichte Philanders*, übernahmen jedoch auch stillschweigend Formulierungen Brentanos.

In der handschriftlichen Urfassung von 1810 war der Tierschwank als Nr. 33 vorgesehen, wurde aber nicht an Brentano geschickt, da dieser seine Bearbeitung nach der gleichen Quelle bereits veröffentlicht hatte. Eine sehr spät (Febr. 1857) von Henriette Dorothea Grimm (geb. Wild) datierte Fassung mit den Akteuren Maus und Bratwurst (Bratwurst zerplatzt beim Anblick des Mäuschens im Kochtopf) fand keine Berücksichtigung in den KHM (Abdruck BP 3, 558 f.).

Lit.: Hamann 1906, 27 f.; BP 1 (1913) 204–207 und Bd. 3 (1918) 558 f.; Rölleke 1973a, 277–287; Grimm/Rölleke 1975, 370 f.; EM 9 (1999) 440–442 (B. Steinbauer); Hubrich-Messow 2000 ff., Bd. 4, 31 f. (Varianten).

24. Frau Holle. – DMK/Uther, ATU 480: Mädchen: Das gute und das schlechte M. – KHM-Veröff.: 1812 (verändert 1819); Kleine Ausg.: 1825 (Nr. 15). – Die Vorlage bildete eine Erzählung Henriette Dorothea Wilds vom 13.10.1811 „aus Hessen"; 1819 wurde diese Fassung aufgrund von Hinweisen des Pfarrers Georg August Friedrich Goldmann (1785–1855) erweitert (zweimalige Begrüßung durch den Hahn); außerdem wird der Sturz in den Brunnen durch das Abwaschen und Fallenlassen der blutig gewordenen Spule begründet.

Literarische Vorläufer des Zaubermärchens von zwei ungleichen jungen Frauen und ihren unterschiedlichen Abenteuern, allerdings mit anderen Ausgängen (s. auch KHM 13), finden sich bei Basile (*Pentamerone* 3,10 und 4,7; vgl. auch 5,2) und breit ausgestaltet (478 Seiten) in einer Erzählung der Gabrielle-Suzanne de Villeneuve (deutsch: 1765, Bd. 1, 232–358 und Bd. 2, 1–348: *Die Wassernymphen oder Wassernixen*), welche die Vorlage für einen Märchentext der handschriftlichen Urfassung von 1810 (Nr. 37: *Murmelthier*) abgab (wiederum Quelle für Brentanos posthum veröffentlichtes *Märchen vom Murmelthier*; vgl. Grimm/Rölleke 1975, 375 f.).

Deutsche Märchen vor Grimm, die im Handlungsgerüst einige Ähnlichkeiten mit KHM 24 aufweisen, aber nicht alle Episoden enthalten, sind in der Sammlung von Wilhelm Reynitzsch (1802, 128–131: *Mährgen von zwey Schwestern, der schlauen und der garstigen oder eischlichen*) abgedruckt sowie zuvor ohne die Motivik des Gold- und Pechtors und des Hahnenkrähens innerhalb der Erzählung *Der kurze Mantel* in Benedikte Nauberts *Volksmährchen der Deutschen* (1789, Bd. 1, 110–275). In den anonym in Braunschweig herausgegebenen *Feen-Mährchen* (1801, 1–43: *Die belohnte Freigebigkeit, oder das Glück der schönen Klara*), die sich im Besitz der Brüder Grimm befand (vgl. Grimm/Breslau 1997, Nr. 2033), ist der Stoff mit dem Aufenthalt im Waldhaus (KHM 169: *Das Waldhaus*) verknüpft. In den Anmerkungen zu den KHM (1822, 46) hieß es bereits: „Einige Ähnlichkeit im Ganzen mit diesem Märchen hat auch das erste

Märchen in der Braunschweiger Sammlung", später abgeschwächt zu der Feststellung: „Einige Ähnlichkeit hat das erste Märchen in der Braunschweiger Sammlung" (KHM 1856, 44).

KHM 24 gehört zu der großen Gruppe von Erzählungen, in denen junge Frauen das Elternhaus verlassen, sich in der Fremde (auch Jenseitswelt) einem dämonischen Wesen verdingen, uneigennützig Arbeiten verrichten und für ihre Mühen belohnt werden. Der Dienst, gleichsam eine Bewährungsprobe, ist ein Teil der Heldinnenbiographie, von der Struktur her eine Umkehrung der Hilfen Jenseitiger und demonstriert die Interdependenz zwischen Menschen und jenseitiger Welt; Märchen (KHM 39 [2]) und Sagen (Grimm/Uther DS, Reg.) kennen das Motiv des Dienstes bei Unterirdischen und daraus erwachsene Wohltaten.

Die Anschaulichkeit wird gesteigert durch die mißglückende Nachahmung anderer (meist enger Verwandter), welche die notwendigen Tugenden zum Erhalt der Jenseitsgabe vermissen lassen. Lohn für Fleiß und Strafe für Faulheit sind die zentralen Themen: Das Glück der einen ist das Pech der anderen. Das Übergießen mit Pech (schwarzbraunes Fichten- oder Kieferharz und fester als Teer) dient dazu als bildliche Umsetzung und signalisiert schlechte Charaktereigenschaften (wie die Kröte in KHM 145: *Der undankbare Sohn*): „Das Pech aber blieb fest an ihr hängen und wollte, so lange sie lebte, nicht abgehen." Eine solche ‚naive Moral', wie es eigentlich in der Welt zugehen müßte, liegt vielen Märchen zugrunde. Ludwig Bechstein läßt die Gegensätzlichkeit der beiden ungleichen Schwestern sogar im Titel aufscheinen: *Die Goldmaria und die Pechmaria* (Bechstein/Uther 1997a, 83–87). Mit der Polarisation der beiden ungleichen Schwestern gilt KHM 24 als populärstes Märchen dieses Genres, das als Prototyp des Handlungsmusters „Lohn- und Strafe-Schema" gilt. Nach Ruth B. Bottigheimer stehen sich die gute und die böse Schwester in „normativ nützlichem Kontrast" (EM 12, 1292) gegenüber. Das Märchen wurde häufiger verfilmt und ist in Lesebüchern kontinuierlich vertreten.

Die ambivalente Charakterisierung der Frau Holle als hilfreiche Jenseitsfigur, die zugleich Böswillige zu strafen vermag, wird besonders in solchen Sagen sichtbar (z. B. Grimm/Uther DS 4–8), deren Wurzeln nach Marianne Rumpf in Glaubensvorstellungen und mittelalterlichen Bräuchen zu suchen sind. Ältere Auffassungen, daß die Figur prototypisch in prähistorischer und germanischer Vorzeit ausgebildet sei und daß es sich bei Frau Holle um eine Vegetationsdämonin handle, einem Wesen der niederen Mythologie, werden heute ins Reich der Spekulation verwiesen (EM, 5, 164 f.).

Das *Frau Holle*-Märchen wird auch ‚mißbraucht', um matriarchale Urgestalten (z. B. Franz 1977, 140–194) zu kreieren beziehungsweise alle weiblichen Gestalten, von denen Mythen, Märchen, Sagen und Bräuche zu erzählen wissen, unter dem Dach der Frau Holle zu vereinen, um die Individuation von Weiblichkeit zu demonstrieren und um moraltheologisch Beachtenswertes (Drewermann 1986), „völkische" Ideologie (Becker 2019, 143) oder Reifungsprozesse und Lebenskrisen anhand des *Frau Holle*-Märchens an den Mann und an die Frau zu bringen. Als „Große Mutter" sei Frau Holle in Kreisen von Esoterikern „Gegenstand nahezu kultischer Verehrung", resümiert Sabine Wienker-Piepho (1992, 121). Andere Interpreten verstehen das bereitwillig Aufgaben lösende junge Mädchen und dessen Bewährungsproben rituell als Initiation, im Sinne von Arnold van Gennep als einen Übergang von einem Zustand in den anderen (z. B. Calame-Griaule 1976). Die junge Frau verkörpere in dem kontrastreichen Märchen ein positives Rollenmodell für Kinder mit bildhaften Beispielen alltäglicher ‚Frauenarbeit' und propagiere bekannte Tugenden wie Arbeit und fürsorgliches Verhalten. Kurzum: Das Märchen dient dazu, gegenwärtige gesellschaftliche Probleme, bisweilen angereichert (‚amplifiziert') mit schamanischen und östlichen Weisheiten und mit Mythengestalten verschiedener Zeiten und Räume, von außen an das Märchen heranzutragen, unbekümmert um Alter, Ursprung oder Überlieferung. Ausgehend von einem festen Bezugssystem von Theorien, Weltanschauungen und Ideologien entwickeln die Interpreten ihre Weltsicht, ohne daß das jeweils Eigentümliche des *Frau Holle*-Märchens erfaßt wird. Die Rolle der Pechmarie stelle nach Rolf Wunderer (2007, 100) in unternehmerischer Sicht eine „un- und demotivierte Mitarbeiterin" dar, „arbeitsscheu sozialisiert" – selbst bei extremen Anreizen. Frau Holle arbeite – ganz im Sinn Grimmscher pädagogischer Leitlinien – nur mit Sanktionen, versuchte nicht, Marie erneut zu remotivieren, und bliebe selbst als ‚Erzieherin' sanktionsfrei.

Bildliche Darstellungen zeigen als Leitbildillustration bevorzugt das Mädchen beim Bettenaufschütteln, dessen Federn als Schneeflocken zur Erde fallen, oder eine der zu lösenden Aufgaben (Apfelbaum, Backofen). In lyrischen Bearbeitungen kommt dem Brunnen beziehungsweise dem Sprung in den Brunnen eine zentrale Bedeutung innerhalb der „Verschiebung der Sphären" (Ursula Heindrichs) zu (Horn 2004, 142–146).

Lit.: BP 1 (1913) 207–227; Hagen 1954, Bd. 1, 6–37; HDM 2 (1934–40) 215–221 (S. W. Lincke); Roberts 1958 (Unters. von über 900 internationalen Fassungen); Jones 1986; EM 5 (1987) 159–168 (M. Rumpf); Grätz 1988, 49–55 (zu Villeneuve); Jason 1988, 29–52; Lundell 1990, Kap. 2 (deutsche und schwedische Varianten); Liebs 1993 (zum Frauenbild); McGlathery 1993, 82; Tomkowiak 1993, 314; Clausen-Stolzenburg 1995, 166 f. (zu Vorläufern); Scherf 1995, 342–346; EM 8 (1996) 1366–1375 (B. Gobrecht); Kuhn 1998 (zum Märchenstil); Solms 1999, bes. 30–38, 40–44; Liptay 2004, 312–335 (Film); Martin 2006, 83–99; Lauer 2006; zur Rolle der Stiefmutter vgl. EM 12 (2007) 1294–1298 (N. Blaha-Peillex); Die Horen (2007) 20 (neuere literarische Adaptation von Kerstin Hensel); Haase 2008, 533–535 (L. Martin); Gorgulla 2011, 204–

216; Blécourt 2012, Reg.; Uther 2013, 96; Hirsch 2015, 71, 85 f.; Becker 2019, 133, 143 f. (zu überzogenen Interpretationen).

25. Die sieben Raben. – DMK/Uther, ATU 451: Mädchen sucht seine Brüder. – KHM-Veröff.: 1812 (verändert 1819); Kleine Ausg.: 1825 (Nr. 16). – Die Herkunft des Zaubermärchens ist nicht eindeutig zu klären. Den Handlungsablauf allerdings hatte schon Clemens Brentano um 1810 oder früher festgehalten (Rölleke 1985, 11–25). Unter dem Titel *Die drei Raben* ist das Märchen bereits als Nr. 40 in der handschriftlichen Urfassung der Märchensammlung vorhanden (Grimm/Rölleke 1975, 226–228, 377 f.), in zwei Versionen, vermutlich von der Familie Hassenpflug (Hanau): die erste Fassung bildete die Vorlage für die gedruckte Version 1812, bearbeitet von Wilhelm Grimm. Die 1819 gestaltete Eingangsthematik mit der Zahl von sieben Brüdern geht auf eine „Wiener Erzählung" zurück, welche Jacob Grimm 1815 erhalten hatte. Karl Haiding (1953, 414) vermutet eine Bearbeitung Andreas Schumachers, was aber sehr unwahrscheinlich ist, da der österreichische Dichter erst 1803 geboren wurde. Eine sehr breit ausgestaltete Erzählung von Johannes Falk, *Die Geschichte von den drey Herren Raben im Schwabenland* (datiert 1811; Falk 1819, Bd. 2, 179–251), enthält die zentralen Themen von KHM 25. Dort sind es drei Raben, die auch wie bei den Brüdern Grimm 1810/12 als die „Herren Raben" bezeichnet werden.

KHM 25 erzählt von Tod und Auferstehung, wobei der Tod durch die zeitweilige Tierverwandlung symbolisiert ist. Die zentralen Pole des Märchens sind Verwünschung und Erlösung. Die Suchwanderung – Ausgangspunkt vieler Märchen – bildet auch einen zentralen Teil des Märchens von Amor und Psyche (vgl. KHM 88, 127). Das Ende der Welt ist Symbol für eine extreme Entfernung, ausgedrückt durch Sonne, Mond und Sterne (vgl. EM 3, 1406–1409). In den verschiedensten Gattungen der Volksliteratur ist ein solches magisches Weltbild konkretisiert und besteht neben dem naturwissenschaftlichen ‚exakten'. Ein Glasberg stellt in mehreren Märchen ein unüberwindbar scheinendes Hindernis dar (KHM 93, 127, 193, 196). Die Selbstschädigung der Heldin, die ihren kleinen Finger abtrennt, um den Glasberg aufschließen zu können, erscheint als zusätzliche Härte bei der Suchwanderung, doch wäre es für das Märchen geradezu widersinnig, wenn die Mutilation nicht wieder aufgehoben würde. Sie geschieht ohne Emotion. Der Schmerz und die Separation des Fingers sind nur dynamische Handlungselemente. Der Vorgang der Abtrennung wird nicht weiter geschildert. Ein solcher kleiner Verlust ist nicht die Folge beim Verlassen der Jenseitswelt (vgl. EM 7, 1441–1444), sondern die Voraussetzung zu deren Besuch – signalhaftes anthropologisches Modell, ein Indiz, daß nichts vollkommen ist, „die kleine Imperfektion inmitten einer perfekten Welt" (Lüthi 1975a, 72). Die

KHM 25: Die sieben Raben. Liebig-Sammelbild (1903)

Episode, in der das Mädchen ein Bröckchen von den sieben Tellern nimmt und aus den sieben Bechern trinkt, erinnert an das *Sneewittchen*-Märchen (KHM 53). Der in den Becher gefallene Ring als Symbol der bewußt herbeigeführten Wiederbegegnung hat die Funktion eines Erkennungszeichens auch in KHM 93 und KHM 101. Die zahlreichen Diminutive dienen einer bewußt angestrebten Kindertümlichkeit.

Christine Shojaei Kawan (1996) unterscheidet drei Subtypen: Innerhalb der eng verwandten Märchen KHM 9: *Die zwölf Brüder* und KHM 49: *Die sechs Schwäne* kommt KHM 25 die größte Verbreitung zu. Für Max Lüthi ist es „ein hohes Lied der Geschwisterliebe" (Lüthi 1969a, 54).

Das Märchen hat zahlreiche Künstler und Künstlerinnen zur Illustration (seit ca. 1840) angeregt. Von den Einzelmotiven ist die Darstellung der Schwester inmitten der sieben in Raben verwandelten Brüder am bekanntesten.

Lit.: BP 1 (1913) 227–234; Schmidt 1932, 164–171; Lüthi 1969a, 39–55; Uther 1981, 112 f.; Bottigheimer 1987, 37–39, 75–77; Bottigheimer 1990b; Tomkowiak 1993, 314; Kooi/Schuster 1994, Nr. 7 (Varianten); Rusch-Feja 1995, 79–97; Scherf 1995, 1088–1089; EM 8 (1996) 1354–1366 (C. Shojaei Kawan); Dekker et al. 1997, 238–242 (J. van der Kooi); Köhler-Zülch 2003 (zur Verwünschung); Shojaei Kawan 2004, 224–230; Blécourt/Tuczay 2011 (zu Tierverwandlungen); Gobrecht 2013 (zum Glasberg-Motiv).

26. Rotkäppchen. – DMK/Uther, ATU 333: Rotkäppchen. – KHM-Veröff.: 1812; Kleine Ausg.: 1825 (Nr. 17). – Das Zaubermärchen besteht aus zwei getrennt abgedruckten Fassungen. Die erste stammt von Johanna (Jeanette) Hassenpflug (1791–1860), die zweite „aus den Maingegenden" von Marie Hassenpflug (1788–1856; vgl. Bluhm 2000).

Die beiden Märchen sind von den Funktionen her unterschiedlich. Der erste und bedeutend längere Text zeigt ein Kind in der Rolle des unschuldigen kleinen Mädchens. Es gerät in Gefahr, weil es Ratschläge und die damit verbundene Warnung der Mutter nicht beachtet hatte. Rettung erfolgt erst durch Hilfe von außen. In der zweiten wesentlich kürzeren Fassung wird ein Kind vorgestellt, das bedrohliche Situationen meistert, weil es auf eigene Erfahrungen zurückgreifen kann und im Umgang mit Unbekannten an Vorsicht nicht fehlen läßt. Als selbständig handelndes Wesen und beraten durch die Großmutter steht es Aktionen eines Wolfs höchst mißtrauisch gegenüber und bringt das wilde Tier listig zu Tode. So gesehen, könnte die sonst wenig beachtete, aber gut strukturierte zweite Geschichte auch als klassisches Exempel aufgefaßt werden, das den Lernerfolg aus der ersten Begegnung mit dem wilden Tier demonstriert und als Prototyp der Selbsthilfe betrachtet werden kann. Obwohl die *Rotkäppchen*-

Variante auch in der *Kleinen Ausgabe* von Anbeginn vertreten ist, führt sie im Unterschied zu der ersten Fassung eher ein Schattendasein und wird, selten genug, kaum bei Interpretationen mit einbezogen. Die Selbstschädigung eines Wolfs, der vom Dach (beim Eindringen durch den Kamin) in einen Bottich mit heißem Wasser (Grube mit glühenden Kohlen) stürzt (Mot. J 2133.7; Mot. K 891.1), bildet öfter den Schluß in neueren internationalen Fassungen zu DMK/ Uther, ATU 123: *Wolf und Geißlein* und DMK/Uther, ATU 124: *Wolf im Schornstein.*

In der Langfassung geht KHM 26 indirekt auf Charles Perraults (1628–1703) *Le petit chaperon rouge* (1697) zurück. Das aus dem Französischen übernommene und damals häufig gebrauchte Wort Bouteille wurde 1819 durch Flasche ersetzt, um jeden Anschein an französische Ursprünge des Märchens zu vermeiden. Perraults Geschichte hat einen negativen Ausgang und endet mit dem Verschlingen des Rotkäppchens. Dem Wolf als Gegenspieler des Kindes ist unübersehbar die Rolle eines männlichen Verführers zugedacht. Seine Aufforderung, Rotkäppchen möge zu ihm ins Bett steigen, läßt an Deutlichkeit nichts zu wünschen übrig. Die angehängte Moralität über gefährliche Verführer in vielerlei Verstellung, vor denen sich gerade junge Mädchen hüten müßten, mag heute ein wenig abgestanden klingen. Sie wird in den Übersetzungen meistens weggelassen. Sonst auch vorkommende Züge eines Fressermärchens (Wolf als Verschlinger) enthält Perraults Fassung im Unterschied zu späteren französischen Bearbeitungen nicht.

Als die ersten Sammlungen mit Märchen in deutscher Sprache in der zweiten Hälfte des 18. Jahrhunderts erschienen, gehörte zu den frühen Ausgaben eine bilinguale und bis heute kaum wahrgenommene Ausgabe der Perrault-Märchen. Sie war um 1760/61 erstmals erschienen und bereits 1761 als neuverbesserte und mit einigen Kupfern versehene Edition unter folgendem Titel erhältlich: *Histoires/ OU/ Contes/ DU TEMS PASSÉ/ Avec/ DES MORALITÉS/ Par Mr. PERAULT[!]/ Historien/ Oder/ Erzehlungen/ Der Mutter LOYE[!]/ Von den vergangenen Zeiten/ Nebst einigen/ Sitten=Lehren* (Berlin: Arnaud Wewer 1761). Der anonyme Übersetzer hatte das Märchen in Anlehnung an den französischen Titel *Le petit Chaperon rouge/Die kleine Roth=Kappe* benannt und hielt sich an die Vorlage, ohne etwas hinzuzufügen oder wegzulassen.

Perraults Märchensammlung oder eine deutsche Übersetzung diente Ludwig Tieck (1773–1853) als Vorlage für die recht eigenwillig und mit vielen zeitgenössischen Anspielungen gestaltete Tragödie in Versform *Leben und Tod des kleinen Rothkäppchens*, die der Romantiker im Jahre 1800 herausbrachte. Tieck, der darüber hinaus weitere Perrault-Vorlagen wie das Katermärchen (KHM 33 [1812]) und den *Blaubart*-Stoff (KHM 62 [1812]) bearbeitete, milderte das unversöhnliche Ende des französischen Buchmärchens ein wenig ab. Im Sinne einer ausgleichenden Gerechtigkeit und möglicherweise beeinflußt von den irrigen, aber traditionellen Vorstellungen vom Wolf, der eine Gefahr für den Menschen darstelle, führt er erstmals die Figur eines – philosophierenden – Jägers ein, der mit seinem Leben ganz und gar nicht zufrieden ist und resignierend bemerkt: „Einem Wolf auf die Spur zu geraten,/ Was noch am Ende dient zu meinem Schaden", um dann wieder großsprecherisch zu äußern: „Wenn ich den Monsieur Wolf nur packe,/ So ists gewiß um ihn geschehn." Aber den Prahlhans interessiert eigentlich nur sein Äußeres, wie seine im gleichen Atemzug hervorgebrachten Worte deutlich machen: „Kleidt michs nicht gut, das neue Tuch?" Dieser überzeichnete Vertreter seiner Zunft hat seinen Auftritt in der zweiten von fünf Szenen und taucht dann unvermittelt in der Schlußszene wieder auf, diesmal am Haus der Großmutter, weil er Vogelgeschrei gehört hat. Er versteht natürlich die Tiersprache und erfährt von zwei Rotkehlchen: „Rotkäppchen ist tot ganz Gotts erbärmlich!/ Der wilde Wolf hat sie zerrissen,/ Und auch zum Teil schon aufgefressen." Darauf der Jäger unter Wiederholung der Gefühlsäußerung: „Daß Gott erbarm! ich schieße zum Fenster hinein." – [Er schießt hinein.] „Da liegt der Wolf und ist auch tot,/ So muß für alles Strafe sein,/ Er schwimmt in seinem Blute rot./ Es kann einer wohl ein Verbrechen begehn,/ Doch kann er nie der Strafe entgehn" (Tieck/Frank 1985). Die Figur des Jägers als Vollstrecker irdischer Gerechtigkeit dürfte den Brüdern Grimm entgegengekommen sein, waren sie doch in der Regel bestrebt, daß den Guten Genugtuung widerfährt. Sie fabulierten jedenfalls einen neuen Schluß dazu, indem der Übergang zwischen Tod und Leben aufgehoben wurde. Denn der Optimismus des Märchens verlangte nicht nur die Betrafung des Widersachers, sondern auch die Rettung Rotkäppchens und der Großmutter. Er fällt sich denn auch mit Steinen im Bauch zu Tode. Sorglosigkeit tötet den Starken. Eine solche Tötung des Wolfs begegnet analog in KHM 5: *Der Wolf und die sieben jungen Geißlein*.

Im Vordergrund der KHM-Fassung stehen erzieherische Aspekte (Nächstenliebe, Gehorsam gegenüber der Mutter, Verhalten gegenüber Fremden). Spätere deutsche Versionen tragen ebenso eindeutig Züge eines Warn- und Schreckmärchens für unartige Kinder (z. B. Bechstein/Uther 1997a, 75–80). Wer den Geboten der Mutter nicht folgt und elterliche Autorität mißachtet, gerät in höchste Gefahr. Vermieden wurde alles, was mit Erotik und Sexualität – wie in der französischen Frühfassung Perraults – in Verbindung gebracht werden konnte, eine Bearbeitungsweise, die vor Erscheinen der KHM-Ausgabe 1819 durchgängiges Prinzip wurde (vgl. Nachwort). „Kurz: Das Grimmsche Märchen duldet keinen unbekleideten Wolf im Bett." (Lutz Röhrich in EM 4, 249).

Zu der hohen Verbreitung des *Rotkäppchen*-Märchens dürften pädagogische Intentionen nicht unwesentlich beigetragen haben. Rotkäppchen, Cappuccetto rosso, Le petit Chaperon rouge, Roodkapje, Little Red Riding Hood, lille Rødhaette – das Märchen gehört seit vielen Jahrzehnten international zu den Lieblingsmärchen. Warum Kinder gerade diese Geschichte mögen und in der Häufigkeit an dritter Stelle nennen, geht aus neueren Umfragen in Deutschland hervor. Gefragt nach der Ursache, kommt oft und typisch für Kindermund die Antwort: „Das ist doch geil, wenn der Wolf die Großmutter und das Mädchen frißt!" Daß Rotkäppchen und die Großmutter in der deutschen Fassung nur scheinbar tot sind, ein wackerer Jägersmann dem Wolf den Bauch aufschlitzt und mit Methode die beiden wieder befreit, scheint nicht von Belang zu sein, ebensowenig wie Rotkäppchens Selbsterkenntnis in der Version der Brüder Grimm (seit 1812) und ähnlich auch bei Ludwig Bechstein (seit 1853): „du willst dein Lebtag nicht wieder allein vom Wege ab in den Wald laufen, wenn dirs die Mutter verboten hat." Das Märchen ist bis heute in nahezu allen Anthologien vertreten und erlebt als Theaterstück, in Film, Funk und Fernsehen und vor allem im Comic und Cartoon (besonders unter dem Aspekt: Wolf in der Rolle des politischen Gegners) eine ständige Revitalisierung (Richter 1994a, 110).

Die Tatsache, daß sich das *Rotkäppchen*-Märchen mühelos in den neuen Bild- (Videofilme, DVDs, PC-Spiele) und Tonmedien (Musikkassetten, CDs) behaupten kann, spricht für seine Verwandlungsfähigkeit. Es begegnet in der Werbung (Sekt, Spirituosen, Käse) und dient als Vorlage für Parodien, z. B. *Rotkäppchen auf Amtsdeutsch*, *Rotkäppchen in der Scene*, *Rotkäppchen aus der Sicht eines Chemikers*. Verschiedentlich ist hierbei die Märchenhandlung in ihr Gegenteil verkehrt, wie zwei Beispiele aus Nordamerika zeigen: Großmutter und Wolf liegen nebeneinander im Bett. Die Großmutter fächert sich Kühlung zu, dem apathisch daliegenden Wolf hängt die Zunge heraus. Rotkäppchen steht neben dem Bett, und der Wolf sagt zu ihr: „It's too hot to eat." Von diesem Wolf geht keine Bedrohung aus, es interessiert nicht mehr die Rettung Rotkäppchens und ihrer Großmutter. Zentral ist die physische oder auch die psychische Situation des eigentlichen Gegenspielers, der keiner mehr ist. Auf einem anderen Bildwitz der frühen 1980er Jahre ist zu sehen, wie der Wolf in der Verkleidung als Großmutter auf der Couch liegt, und ein Psychotherapeut fragt ihn: „When did you first feel the need to wear women's clothing?"

Zahlreiche Adaptationen zeugen von der Beliebtheit des Märchens auch in dramatischer Bearbeitung, in Gestalt aphoristischer „Schwundstufen" (Kurt Ranke) oder in Form von Kurzgeschichten (z. B. Andreas Jungwirth: *Schonzeit*; Klaus Stadtmüller: *Fast allein im Wald. Rotkäppchen, Wolf und Jäger*; vgl. *Die Horen* 52 [2007] 21–25, 219). Thematisch werden emanzipatorische Anliegen beziehungsweise entlarvende Funktionen vermittelt. Gelegentlich tragen die Bearbeitungen erotische oder pornographische Züge. Auch Satiren sind bekannt wie *Streit um „Rotkäppchen". Edler von Goldeck berichtet vom zweiten Internationalen Märchendeuterkongreß in Starosibirsk (1974)* (Fetscher 1982, 134–159).

Rotkäppchen gehört zu den am meisten ausgedeuteten Märchen (s. zusammenfassend Zipes 1982; Shojaei Kawan 2004, 861 f.; Ritz 2013). Während Forscher im 19. Jahrhundert Bezüge zur Astralmythologie (Rotkäppchen als Morgenröte, Herbstsonne usw.) herstellten, die heute überholt sind, sehen neuere Interpreten das Märchen als Parabel einer Vergewaltigung und schieben dem Opfer alle Schuld zu oder begreifen Rotkäppchens Weg als Initiation in weibliche Aufgaben, werten ihre Unfestigkeit als Indiz für Reifungs- und Individuationsaspekte. Was die Kopfbedeckung und ihre ungewöhnliche Farbe betrifft, werden immer wieder Bezüge zur Antike und zum Mittelalter herzustellen versucht: die Kappe als Menstruationssymbol und die rote Farbe als Ausdruck von Blutsymbolik. Im Handexemplar der *Irischen Elfenmärchen* (1825) wollte schon Wilhelm Grimm in anderem Zusammenhang zur roten Kappe Bezüge zu älteren Überlieferungen sowie zur germanischen Mythologie herstellen und notierte am Rand des Handexemplars: „auch die tracht des kleinen rothkäppchens, bei Perrault le petit chaperon rouge mag ursprüngl. etwas elfisches sein" (CXVI). Schließlich wurde das Märchen mehrmals monographisch dargestellt. Die *Geschichte vom Rotkäppchen*, die Hans Ritz (das ist Ulrich Erckenbrecht) erstmals 1981 veröffentlichte, erlebte bis zum Jahr 2006 immerhin 14 Auflagen und informiert ausführlich und zugleich vergnüglich über Ursprünge, Analysen und Parodien des *Rotkäppchen*-Märchens, wobei der Autor mit seiner Kritik an abenteuerlichen Alterszuweisungen und spekulativen Ausdeutungen des Märchens nicht zurückhält.

Ludwig Emil Grimm wählte das Märchen als eine von sieben Illustrationen für die *Kleine Ausgabe* der KHM (1825; Gorgulla 2011, 123 f.) aus: Rotkäppchen öffnet den Bettvorhang und entdeckt im Bett den als Großmutter verkleideten Wolf. Diese Szene entsprach der sexuell abgemilderten KHM-Version, verharmloste aber das dem Märchen eigentlich zugrundeliegende Geschehen. Schon die ersten bildlichen Darstellungen zeigen als Schlüsselbild die Begegnung Rotkäppchens mit dem freßgierigen Wolf. Diese Darstellung begegnete als Vignette in der ersten Perrault-Ausgabe von 1697 und ist am eindringlichsten in einer Perrault-Ausgabe durch Gustave Doré (1832–83) gestaltet (*Les Contes de Perrault*. Paris 1862 u.ö.). Die Illustrationen wurden teilweise in englische und deutsche Märchenausgaben übernommen. Besonders Dorés Xylographie mit einem naiv-unschuldig dem Wolf in die Augen blickenden Rotkäppchen hatte eine ungemeine Signalwirkung und beeinflußte die Rezeption der Perrault-Märchen erheblich. Zunächst hatten nur französische Künstler analog zum Perrault-Text die drei Schlüsselbegriffe Neugier, sexuelles Begehren und Erschrecken bildlich eingefangen. Erst in den letzten 40 Jahren ist international die Loslösung von historischen Vorbildern zu beobachten und eine größere Freiheit bei der Darstellung des Wolfs als eines Verführers und Sexualsymbols (z. B. Tomi Ungerer, Binette Schroeder, Eva Johanna Rubin).

Lit.: BP 1 (1913) 234–237; Hagen 1954, Bd. 1, 86–96 und Bd. 2, 95–97; Ranke 1955, Bd. 1, 270–273 (Varianten); Röhrich 1967b, 130–152 (Parodien); Kühleborn 1982 (Parodie); Mieder 1982 (Weiterleben); Zipes 1982; Waldmann 1985; Eggerer/Rötzer 1987, 287–324; Jones 1987; Meder 1988 (zur Bedeutung des Waldes); Dundes 1989; Rumpf 1989; Velay-Vallantin 1989; Röhrich 1990a; Ritz 1986 (Karikaturen, Cartoons); Verweyen 1990 (Illustrationen); Jacopin 1993; McGlathery 1993, 67–71; Schmitt 1993, Nr. 118, 119 (Film); Tomkowiak 1993, 245 f. (Lesebuch, weitestgehend nach Grimm); Garner 1995, 9–12 (Parodie); Mieder 1995, 79–99 (populäre Medien); Scherf 1995, 996–999; Bacchilega 1997, 49–70 (neue Bearbeitungen); Mamiya 1999; Anderson 2000, 92–97; Zipes 2000, 92–97; Laeverenz 2001, 177–194 (Parodien); Messner 2001 (zum Weltbild); Lehmann-Scherf 2002 (Psychotherapie); Orenstein 2002 (Weltbild); Uther 2002a; Demassiet 2003 (Illustrationen); Liptay 2004, 259–283 (Film); EM 11 (2004) 854–868 (C. Shojaei Kawan); Kaiste 2005, 13–33; Diederichs 2006, 276–280; Zipes 2006, 28–39; Ono 2007 (zur Waldsymbolik); Zitzlsperger 2007 (zum Gerechtigkeitsempfinden); Beckett 2007; Ziolkowski 2007, 93–124; Haase 2008, 583–588 (S. L. Beckett); Shojaei 2010; Gorgulla 2011, 313–316, 322–333; Shojaei 2012; Ritz 2013 (Parodien, Interpretationen); Dettmar 2015 (Animationsfilm); Tomkowiak 2015 (zu Filmadaptationen); Sander 2017 (untersucht Metaphorik und Metonymien).

27. Die Bremer Stadtmusikanten. – DMK/Uther, ATU 130: Tiere auf Wanderschaft. – KHM-Veröff.: 1819; Kleine Ausg.: 1825 (Nr. 18). – Seit 1819 als KHM 27 an dieser Stelle statt des Märchens *Der Tod und der Gänshirt*. KHM 27 stellt eine Kontamination zweier Fassungen „aus dem Paderbörnischen" dar, das heißt vermittelt durch die Familie von Haxthausen.

Im KHM-Anmerkungsband (1856, 47–54) sind ältere literarische Quellen angeführt, vor allem die von Philipp Melanchthons Schüler Georg Rollenhagen (1542–1609) stammende Kriegslist-Geschichte aus dessen *Froschmeuseler* (1595 und öfter): *Der Ochs und der Esel stürmet mit ihrer Gesellschaft ein Waldhaus* (3,1,9), die im Wortlaut abgedruckt ist (zur Stoffähnlichkeit vgl. auch Grimm 1834, CCXVII). Rollenhagen hatte als Vorlage das im 1. Jahrhundert vor Christi Geburt verfaßte Epos vom Frosch-Mäuse-Krieg benutzt und zu einem didaktischen Tierepos von 20.000 Versen erweitert. Seine Version umfaßt in der Geschichte von der Erstürmung des Waldhauses zahlreiche Einzelzüge, die auch in KHM 27 vorkommen. Allerdings führt bei Rollenhagen der Hund, einer von „sechs elend Hausgenossen" (Ochse, Esel, Katze, Hahn, und Gans), die Reisegesellschaft zu einem im Wald liegenden Haus. Ältere Fassungen kennen auch nur zwei Haustiere (Hahn, Hund), die gemeinsam einen Fuchs überlisten, den der Haushund dann zu Tode beißt.

Für die Begebenheit von der Flucht der ursprünglichen Hausbewohner griff Rollenhagen offenkundig auf ein Meisterlied als Vorlage zurück, das Hans Sachs (1494–1576) einige Jahrzehnte zuvor gedichtet hatte und in dem er von den vier Haustieren Katze, Ochse, Pferd und Hahn und ihrer Wanderschaft erzählte (*Der Kecklein*, 1551). Bei Hans Sachs müssen die Tiere ihre Schlafstätte aber nicht erobern, sondern sie glauben, in einem vermeintlich leeren Haus zu nächtigen. Statt der Angriffsszene ist also hier nur die vereinfachte Verteidigungsszene thematisiert. Der Konflikt der Tiergruppen spitzt sich zu, als die ursprünglichen Bewohner (zwölf Wölfe) gegen Morgen zurückkehren und einen der Ihren, Kecklein genannt, als Kundschafter vorausschicken, nachdem sie aus der Richtung des Hauses einen Hahnenschrei vernommen hatten. Auch Kecklein deutet das natürliche Verteidigungsverhalten der Tiere falsch und kommt zu der Einsicht:

> Vor Angsten mir geschwunde.
> Nun hab ich des Keckleins genug;
> Drumb heut Kecklein,und darnach Kecklein nimmer mehr!
> Mein Pelz wird gar zerflammet mir,
> Wenn ich hielt also haus.

In den KHM soll die gemeinsame Wanderschaft die Tiere nach Bremen führen, wo sie sich als Stadtmusikanten verdingen wollen. Auch wenn die Überschrift signalisiert, daß die Tiere Bremer Stadtmusikanten sind oder werden, so scheint die bewußt gewählte Lokalisierung nur ein Stilmittel zu sein, könnte die Glaubwürdigkeit erhöhen oder auf die Tatsache anspielen, daß im Mittelalter Stadtmusikanten in größeren Städten durchaus aufspielten. Charakteristisch für den Tierschwank ist die zweigliedrige Struktur, die sich aus der Vorgeschichte vom Zusammenfinden der Tiere ergibt. Die Botschaft ist wie so oft nicht als Erzählaussage zu finden, aber implizit vorhanden. Gleich eingangs ist davon die Rede, daß die Tiere im Dienst ihrer Herrschaft jahrelang treu ihre Arbeitskraft zur Verfügung gestellt haben, im Alter sei ihnen aber dafür kein Dank entgegengebracht worden, im Gegenteil, jetzt stehe ihnen der Tod bevor: Um dem drohenden Ende zu entgehen, entschließen sie sich zur Flucht. Daß ein altes Tier wie der Hund als Last empfunden und daher von seinem Herrn verjagt wird, ist öfter in Fabeln thematisiert, beispielsweise in Ulrich Boners *Edelstein* (um 1350; Nr. 31).

Zentrales Thema ist die Undankbarkeit und Verantwortungslosigkeit des Menschen, die sich gegen seinesgleichen, gegen die Natur oder, wie hier, gegen Tiere richtet; der Mensch behandelt die Tiere nicht mit der erforderlichen Achtsamkeit. Seine Einstellung zur Umwelt ist einzig an der Arbeits- und Leistungsfähigkeit orientiert. Wiewohl öfter in den KHM (und in Fabeln) thematisiert, dürfte mit KHM 27 die wirkungsmächtigste Fassung vorliegen. Eine bildhafte und erst 1857 von Wilhelm Grimm eingefügte Änderung weist eine Übereinstimmung mit der 94. Fabel des 2. Buches von Burkard Waldis auf, dessen *Esopus* (1548) mindestens auch für KHM 18 und KHM 80 herangezogen wurde. Die Vermutung liegt nahe, daß die Formulierung auf Waldis' *Esopus*, der sich in der Ausgabe von 1565 in der Bibliothek der Brüder Grimm befand, zurückgeht. So heißt es bei Waldis:

> Der Esel seufftzet in dem leydt/
> Ach/ wie groß ist vndanckbarkeyt?
> Mein Herr leßt mich jetzt nicht geniessen
> Das ich viel Jar/ on all verdriessen/
> Viel Seck getragen/ kein mal gefallen
> Das ist jetzundt vergessen allen/
> Helt mir nicht einen fall zu gut
> Verlorn/was man vndanckbarn thut.

Und bei Grimm eingangs:

> Es hatte ein Mann einen Esel, der schon lange Jahre die Säcke unverdrossen zur Mühle getragen hatte, dessen Kräfte aber nun zu Ende giengen, so daß er zur Arbeit immer untauglicher ward.

Der erste Teil vom Zusammenfinden der Tiere bildet die Vorgeschichte für den Ablauf des Handlungsgeschehens des zweiten Teils. Nun wird demonstriert, daß der Zusammenhalt der Tiere, die gewissermaßen eine Gesellschaft bürgerlichen Rechts gründen (Diederichsen 2008), und zielgerichteter Aktionismus zu einer neuen Lebensbestimmung werden können. Die Tiere erobern sich durch die Vertreibung von sozial kriminellen Elementen ein neues Refugium. Suggeriert wird: Gemeinsames und listiges Handeln in Notsituationen schafft Vorteile, im Alter soll man nicht klein beigeben. Der humorvoll erzählte Tierschwank rückt mit diesen Lehren an die Fabel heran.

Strukturell entspricht die Flucht der Tiere – als ein tief in der Instinktwelt verwurzeltes Verhalten – dem überhasteten Aufbruch der Räuber: der Kreislauf der Erzählung ist dadurch geschlossen. Beginn und Ende entsprechen einander in einer genau abgestuften Symmetrie. Einer ungerechten Vertreibung der Tiere aus ihrem angestammten Domizil steht die nach Ansicht des Bearbeiters zu Recht erfolgte Vertreibung der negativ geschilderten Figuren gegenüber.

Die Erzählung enthält schon seit der Erstveröffentlichung einige volkstümliche Redensarten beziehungsweise Zwillingsformeln: z. B. „merkte, daß kein guter Wind wehte", „nun ist guter Rat teuer", „durch Mark und Bein", „ins Bockshorn jagen lassen". Darüber hinaus zeigt ein Vergleich der verschiedenen

Druckfassungen immer wieder kleinere sprachliche Änderungen, Umstellungen und die Einfügung weiterer Redewendungen und sprechender Namen durch Wilhelm Grimm. So findet sich „Packan" als Name für den Hund seit der 4. *Großen Ausgabe* von 1840, die Redensart „machte ein Gesicht wie drei Tage Regenwetter" hingegen schon seit der 1. Auflage der *Kleinen Ausgabe* 1825.

Autoren unserer Tage, die den Stoff aufgegriffen und neu erzählt haben, legen zumeist eine neue Weltsicht in die Bremer Stadtmusikanten und stellen nicht unbedingt die Sozialutopie heraus. Die Handlung lebt vielmehr aus dem zugespitzten Gegensatz zur Weltsicht des KHM-Textes, und es kommt zu einer Umkehrung. Es gelingt den Tieren meistens nicht, die soziale Situation zu ihren Gunsten zu ändern. Eine der wenigen Ausnahmen bildet die Version Johann-Friedrich Konrads (1979a), der mit seiner „Nacherzählung" „jungen und alten Menschen auf heitere Weise Mut machen [will] zum Altwerden und Altsein". Die Neubearbeitungen sind auf den Kopf gestellte Erzählungen, „Antimärchen", wie sie der Sprach- und Literaturwissenschaftler André Jolles (1874–1946) schon früher bezeichnete, jedoch nicht im Jolleschen Sinne solche mit unbedingt schlechtem Ausgang, sondern Widerlegungen des Inhalts in Form einer Satire. Sie enthalten handfeste Gesellschaftskritik an einer Welt voller Gauner und Ausbeuter. Eine besonders hübsche Bearbeitung in Anlehnung an ältere Vorlagen schuf auch Ludwig Bechstein (1856) mit einem an das bekannte Sprichwort angelehnten Titel: *Undank ist der Welt Lohn* (Bechstein/Uther 1997b, 210–218).

Interpretationen zu den *Bremer Stadtmusikanten* beschäftigen sich vor allem mit dem Tierquartett. Walter Scherf charakterisiert die Erzählung „als Beispiel für die Nützlichkeit des Zusammenstehens der Schwachen und Verfolgten" (Scherf, 124). Dieter Richter sieht darin „die sozialutopischen Wünsche der Unterschichten der bürgerlichen Gesellschaft" (Richter 1990, 27) ausgedrückt. Harm-Peer Zimmermann (2020, 320) resümiert: „Eine Alters-Avantgarde stimmt sich ab und legt los, und heraus kommt die erste Alten-WG der Welt, [...] die märchenhaft gut funktioniert". Dieter Brand-Kruth (2017, 305) stellt vor allem die Identifikation der Leser mit den Figuren heraus: „Der Rezipient fühlt mit den Tieren und fordert bewusst oder unbewusst Gerechtigkeit ein." [...] „Jeder Leser wird für einen Moment Teil dieser Stadtmusikanten, so wie wir auch für einen Moment Hans im Glück, Aschenputtel oder Rotkäppchen werden können." Vertreter der Jung-Schule wie Marie-Louise von Franz (1970) sind mit Hilfe von Amplifikationen bemüht, die Zahl der vier Tiere zu deuten. Nach ihrer Auffassung stehen die vier Tiere symbolisch für ein „Gottesbild", das die „Ganzheit der Seele" verkörpere. In Beispielen aus der Mythologie der alten Völker werden die verschiedenen Eigenschaften und Attribute der Tiere erläutert und mit ihrer Funktion in der KHM-Fassung verglichen. Dabei ist es unerheblich, welche Mythologie welcher Erdenregion das betreffende Tier mit den ‚passenden' Eigenschaften versehen hat. Selbst das Musizieren der Tiere bleibt nicht ohne Erklärung. Musik sei von jeher ein religiöses Mittel der Menschheit gewesen, böse Gedanken und böse Geister zu vertreiben. Die Götter hätten – wie Orpheus durch sein Leierspiel – den paradiesischen Frieden zwischen Menschen und Tieren zurückgebracht, die Musik der Tiere steht daher für solche „großen friedenbringenden Gottheiten". Die Tiere verkörperten die einzige unumkehrbare Märchenweisheit: „Wer sich mit hilfreichen Tieren verbindet und ihnen treu bleibt, siegt immer."

In Anlehnung an die Lehre Rudolf Steiners (1861–1925) hält die Erzählerin Friedel Lenz (1972, 139–147) die Geschichte von den Bremer Stadtmusikanten für eine Analogie zur niederen Natur, das heißt der Instinktnatur des Menschen. Für Lenz verkörpern die Tiere bildlich die verschiedenen Wesensteile des Menschen und ihre Entwicklungsstufen. Sie spiegelten sich in der Reihenfolge ihres Auftretens wider: Der Esel ist als physischer Leib aufzufassen, der Hund als Ätherleib, die Katze als Astralleib und der Hahn als das Ich. Die Tiere – von Lenz mit ihren Eigenschaften geschildert und mit mythischen Tieren verglichen – stünden in eben jener Reihenfolge übereinander, in welcher Steiner den Erwerb der entsprechenden Wesensteile angesetzt hätte. Die naheliegende Erklärung, daß die Reihenfolge der Tiere vor dem Räuberhaus aus physischen und ästhetischen Gründen gar nicht anders sein kann, interessiert nicht.

Die erste Illustration zu KHM 27 gestaltete George Cruikshank (1792–1878) für die englische Ausgabe der KHM von 1823. Er hat für seine Darstellung einen Ausschnitt des Räuberzimmers ausgewählt. In der rechten Bildhälfte sind drei von einem Tisch mit erhobenen Händen, offenbar in Panik davonstürzende, etwas finster aussehende Gestalten zu sehen. Die linke Bildhälfte ist beherrscht von der Tierpyramide Esel, Hund, Katze, Hahn, die allerdings schon in Auflösung begriffen ist. Das zerbrochene Fensterglas ist deutlich skizziert, und die Tiere – aggressiv, nicht in bester körperlicher Verfassung und ausgezehrt von fehlender Nahrung – befinden sich im Sprung oder Sturzflug ins Zimmer. Nur das Trägertier verharrt mit aufgestützten Hufen im Fensterrahmen. Diese Handlungssequenz mit den angriffslustigen Tieren und den erschreckt dreinblickenden Räubern findet weitere Nachahmer unter den vielen Künstlern, denen die Erzählung zur Vorlage dient, besonders dann, wenn nur eine einzige Abbildung für die Stadtmusikanten vorgesehen ist.

Heute zählt KHM 27 zu den beliebtesten Kindermärchen und hat thematisch ähnliche Erzählungen über die Undankbarkeit des Menschen wie KHM 10, 41, 48, 58 fast vergessen lassen. 2007 gab der Bund Deutscher Philatelisten Broschüren mit Arbeitshilfen für den Unterricht heraus, um „das Medium Briefmarke im Unterricht zu fördern" (Maringer 2007a, 2) und wählte als eines von bislang drei Märchen KHM 27 aus. Der Stadt Bremen selbst dient die Tierpyramide

KHM 27: Die Bremer Stadtmusikanten. Kinderbuchillustration von Carl Offterdinger (1887)

als touristisches Erkennungszeichen und hat zeitweilig das Rolandsdenkmal an Popularität übertroffen.

Lit.: BP 1 (1913) 237–259; HDM 2 (1934–40) 380 f.; Eggerer/Rötzer 1987, 287–324; Richter 1990, 27–38; Schmitt 1993, 223 f.; Uther 1993 a–b; Röpcke/Hackel-Stehr 1993; Tomkowiak 1993, 239 f.; Richter 1994b; Scherf 1995, 121–125; Tomkowiak/Marzolph 1996, 44–47; Bluhm/Rölleke1997, 64–67; Hubrich-Messow 2000 ff., Bd. 4, 41–47 (Varianten); Rölleke 2002 (zur Textentwicklung und Herkunft); Fischer 2003, 152–154 (zu pädagogischen Aspekten); Ono 2007 (zur Waldsymbolik); Reichert 2009 (betrachtet KHM 27 kulturgeschichtlich als „ein uraltes vorchristliches Relikt der Winter-Sonnenwende" mit der Verwandlung von Tod zu Leben); EM 13 (2010) 587–594 (S. Neumann); Freund 2012a, 3–8 (zur Achtsamkeit); Uther 2013, 102–105; Brand-Kruth 2017 (soziokulturelle Aspekte); Mieder 2018, 323–351 (zur Redensart „Luftschlösser bauen"); Brand-Kruth 2019; Husemann/Smailes 2019 (populäre Medien); Zimmermann 2020, 314–320; Brand-Kruth 2020, 193–217; Elmshäuser 2020, 234–261 (kulturgeschichtliche Hintergründe und Rezeption); Zimmermann 2021, 15–24 (zu märchenhaften Altersutopien).

28. Der singende Knochen. – DMK/Uther, ATU 780: Singender Knochen. – KHM-Veröff.: 1812 (verändert 1819, 1837). – Von Henriette Dorothea Wild aus Kassel vermitteltes und mehrfach bearbeitetes Zaubermärchen, am 19.1.1812 „am Ofen im Gartenhaus (von Nentershausen)", wie im Handexemplar der Brüder Grimm (1812) notiert ist, gehört oder niedergeschrieben: Die Beiträgerin könnte aber auch Dorothea Wilds Schwester, Johanna Christiane Fulda (geb. 1785; vgl. Rölleke 1990b) gewesen sein. KHM 28 gehört zu den zahlreichen Märchen, in denen sich Brüder feindlich gegenüberstehen. Solche Rivalitäten, hier mit einem Verbrechen verknüpft, bringen nach Max Lüthi deutlich zum Ausdruck, „daß die Spannungen im Raum der Familie von besonderem Gewicht sind" (EM 2, 847). Waren es ursprünglich drei Brüder, so waren es seit 1819 nur noch zwei, die gegeneinander agierten. Die Ursache für die Reduzierung der Handlungsträger könnte zum einen in einer Verschärfung der Kontraste zu suchen sein, denkbar ist aber auch eine angestrebte Abgrenzung zu anderen Dreibrüdermärchen (KHM 54, 62, 97, 124, 191) innerhalb der KHM.

Daß Freierproben kluge Aufgabenlöser verlangen, setzen Bewährungsproben innerhalb von Brautwerbungsmärchen (z. B. KHM 29, 53, 60, 63, 64), Schwankmärchen (KHM 20) oder Rätselschwänken (KHM 94, 114) voraus. Ein Wildschwein muß schließlich auch das tapfere Schneiderlein (KHM 20) fangen. Die Nachstellung durch den eigenen Bruder beziehungsweise durch Brüder oder andere Verwandte mit Neid als auslösendem Motiv gehört zu den dramatischen Höhepunkten vieler Märchen (z. B. KHM 11, 13, 56, 60), die nur selten wie in KHM 28 mit dem Tod der Gegenspieler enden.

In KHM 28 bleibt die schnöde Tat nicht ungerächt. Der Mord an dem Unschuldigen wird durch schicksalhafte Fügung aufgedeckt, ist gewissermaßen ein unberufenes Gottesurteil (EM 6, 28), stark romantisierend vermittelt über die Figur eines Hirten, der als Pars pro toto (hier: für den getöteten Bruder) ein weißes „Knöchelein" findet. Die Diminutive schwächen das gruselige Geschehen ab. Ein Knochen oder ein Finger (KHM 40), der dem versteckten Mädchen in den Schoß fällt, hilft bei der Aufklärung von Mordtaten und anderen Verbrechen.

An mehreren Stellen läßt sich der Ausgang des Märchens aus dem Themenbereich wunderbarer Enthüllung der Wahrheit schon erahnen. Wie in der alten Erzählung von den Kranichen des Ibykus (s. EM 8, 331–334) und in KHM 115: *Die klare Sonne bringt's an den Tag* muß die „schwarze Tat" ans Licht kommen, „weil aber vor Gott nichts verborgen bleibt", wie es präziser und in Anlehnung an die seit 1819 zunehmende Verchristlichung der Märchen heißt. Der Sühne- und Rachegedanke ist so stark, daß eine Wiederbelebung des Erschlagenen nicht stattfindet. Dessen Gebeine werden „in ein schönes Grab zur Ruhe gelegt". Daß der von der Jagd Heimkommende den anderen und erfolglosen Bruder wieder trifft, der ihm seinen Erfolg neidet und ihn aus dem Weg schaffen will, schildert ähnlich – mit drei Brüdern – KHM 97: *Das Wasser des Lebens*.

Der Gesang des belebten Knochens erinnert an den Gesang des Vogels, der in KHM 47: *Von dem Machandelboom* das den Täter entlarvende Lied singt. Solche Mahnungen beseelter Knochen sind aus englischem und schottischem Liedgut seit Mitte des 17. Jahrhunderts überliefert (Child 1 [1882], Nr. 10: *The Twa Sisters*); vgl. auch Wilhelm Grimms Bemerkungen zu „dem herrlichen Lied von den zwei Schwestern" in einer Rezension 1818 zur Übersetzung schottischer Lieder und Balladen durch Henriette Schubarth (abgedruckt in Grimm/Hinrichs, Bd. 2, 208–210). Die Vorstellung, daß Leben und Seele eines Menschen in einem seiner Körperteile (Blut, Haare, übertragen: Grabpflanzen) stecken können, ist ebenso urtümlich wie der Gedanke, daß Tote oder Teile seines Leichnams oder die in einem Vogel wohnende Seele (KHM 47) ein Verbrechen anzeigen können. Auf der gleichen Ebene bewegt sich das aus dem späten Mittelalter überlieferte Bahrrecht, wonach die Schuldzuweisung des Delinquenten feststand, wenn der Tote bei Berührung des Leichnams sich als ‚lebender Leichnam' erwies (HDA 3, 1046–1055; EM 8, 815–820). Trotz archaischer Züge scheint KHM 28 ein Produkt des 19. Jahrhunderts zu sein. Ludwig Bechstein veröffentlichte 1856 eine Variante unter dem Titel *Das klagende Lied* (Bechstein/Uther 1997b, 23–30), offenbar angelehnt an KHM 28 und eine Schweizer Variante (BP 1, 261).

Hans-Heinrich Baumann sieht in KHM 28 eine Kriminalgeschichte „in chronologischer Relationstreue" (1998, 21): Nach der Schilderung des Verbrechens folge die Aufklärung und hernach die Vergeltung

Bildliche Darstellungen sind selten. Innerhalb vergleichbarer Märchen hat eher KHM 47 nachgewirkt.

Lit.: BP 1 (1913) 260–276; Mackensen 1923; HDA 7 (1935/36) 1572–1577 (C. Mengis) (zum Seelenvogel); Brewster 1953; Ranke 1955 ff., Bd. 2, 104–106 (Varianten); Schmidt 1963a, 48–54, 368 f.; Leidecker 1983, 150–157; Just 1991, 159–182, 192–209; Scherf 1995, 1118–1121; Dekker et al. 1997, 430–432 (T. Meder); Köhler-Zülch 1997 (zur Wiederbelebung); EM 12 (2007) 707–713 (K. Márkus-Takeshita).

29. Der Teufel mit den drei goldenen Haaren. – DMK/Uther, ATU 930: Uriasbrief (Tubach, Nr. 647) + DMK/Uther, ATU 461: Haare: Drei H. vom Bart des Teufels. – KHM-Veröff.: 1812 (verändert 1819, 1840). – Der 1812 veröffentlichte Text, nach dem Eintrag im KHM-Handexemplar vermittelt durch Amalie Hassenpflug im Herbst 1812, bezog sich nur auf den zweiten Teil des Zaubermärchens. Seit 1819 ist statt dessen ein Text von Dorothea Viehmann („aus Zwehrn") eingesetzt. Darin wird, als Vorgeschichte, einem Neugeborenen eine große Zukunft prophezeit, was zur Verfolgung des Helden durch den Herrscher (nun drei Anschläge) führt. Der Schluß ist neu gestaltet.

Bereits neun Monate vor Erscheinen der KHM hatte der Germanist und Breslauer Professor für Altertumswissenschaften Johann Gustav Gottlieb Büsching (1783–1829) ein *Märchen vom Popanz* (Büsching 1812, Nr. 59 = Abdruck bei Uther 1990b, Nr. 15) herausgebracht. Diese Fassung stellt die erste in deutscher Sprache erschienene Darstellung des Erzähltyps dar, in dem ein nicht standesgemäßer Freier als eine von mehreren unlösbaren Aufgaben einem dämonischen Wesen Haare ausreißen muß und auf der Reise von anderen verschiedene Aufträge entgegennimmt, diese ausführt und auf dem Rückweg von den Fragestellern dafür reich belohnt wird (vgl. auch KHM 75 [1812]: *Vogel Phönix*). Die Einleitung mit der Verfolgung des Neugeborenen aufgrund der Prophezeiung und der Briefvertauschung fehlt hier. Das Haar ist seit alters Sitz der Weisheit und der Kraft von Dämonen; vgl. die Geschichte von Simson/Samson im *Alten Testament* (*Richter* 16, 4–21), dessen Geliebte Delilah das Geheimnis seiner Stärke den Philistern verrät, welche seine Locken abschneiden und den nun Wehrlosen blenden.

Die Thematik des Glückskindes mit dem Todesbrief (Mot. K 978 + Mot. K 511) ist bereits als Schicksalsmärchen, verbunden mit Kaiser Konstantin und Kaiser Heinrich III. (s. auch Grimm/Uther DS 486), aus mittelalterlichen Quellen bekannt. Die in KHM 29 vorliegende Struktur begegnet jedoch erstmals in einem märchenhaften tschechischen Roman von 1794 (Wesselski 1942, 82–86), der sich auch im Besitz der Brüder Grimm befand (Denecke/Teitge 1989, Nr. 4204).

Der rhythmisierte Ausspruch des Teufels: „Ich rieche, rieche Menschenfleisch" charakterisiert den Unhold nicht nur in KHM 29, sondern findet sich in ähnlicher Funktion in KHM 15, 25, 165 sowie innerhalb der ausgeschiedenen Märchen 1812 bei Nr. 59: *Prinz Schwan* und Nr. 82: *Die drei Schwestern*. Der Dämon hat nicht nur einen überaus hochentwickelten Geruchssinn, sondern scheint auch Menschenfresser-Qualitäten zu besitzen.

Aus zahlreichen und weltweit verbreiteten Aussetzungssagen ist bekannt, daß ein dem fließenden Wasser schutzlos preisgegebenes Kind stets etwas Mitleiderregendes und Heldenhaftes an sich hat (vgl. auch *Exodus* 1,22; *Matthäus* 2,3–9 und 2,16). Daß dieses Kind ein Glückskind ist, signalisiert schon der Eingang des Märchens („weil es eine Glückshaut umhatte"), reizt eine solche Glückshaut oder Glückshaube (pileus naturalis) nach allgemeinen Glaubensvorstellungen wie fast alle Abweichungen vom normalen Verlauf eines natürlichen Vorgangs zur Ausdeutung. So beschäftigte sich Jacob Grimm damit schon in der *Deutschen Mythologie* und führte vor allem Beispiele aus der nordischen Mythologie an (Grimm DM 2, 829 f.). Das Hängenbleiben der Embryonalhaut oder das Anhaften von Teilen derselben am Neugeborenen ist „ein Fingerzeig der unsichtbaren Welt für das künftige Schicksal des Kindes. Daß diese Haut dann für den Glückszauber nutzbar gemacht wird, geschieht in Analogie zum Organzauber allgemein" (HDA 3, 890).

Es wäre für Mythos und Märchen geradezu widersinnig, wenn der Errettung nicht der Aufstieg des Findelkindes folgte. Durch wundersame Fügung vermag der Unschuldige dem ihm zugedachten Schicksal zu entgehen. Die Strafe fällt letztlich auf seinen Schädiger zurück, eine typische „Konträrironie" (Max Lüthi). Die Errettung ist gleichbedeutend mit Sterben und Wiedergeborenwerden. Der König hingegen, der standesbewußt mit immer neuen Finessen die geplante Heirat seiner Tochter mit dem Armen, wenn auch ohne Erfolg, hintertreibt (vgl. auch KHM 67, 70), muß zur Strafe lebenslang als Fährmann auf dem „großen Wasser" zwischen Diesseits und Jenseits dienen. Das Märchen sorgt für ausgleichende Gerechtigkeit. Belohnung auf der einen Seite verlangt eine extreme Bestrafung auf der anderen Seite. Mit Recht hat man daher auch vom Extremstil des Märchens gesprochen.

Illustrationen zu KHM 29 finden sich zunehmend erst seit Beginn des 20. Jahrhunderts. Besonders beliebt sind die Szenen mit dem Ausziehen der Haare (Teufel mit Ellermutter [ndd. für Großmutter]) und mit der Übergabe der Ruderstange an den König durch den Fährmann.

KHM 29: Der Teufel mit den drei goldenen Haaren. Zeichnung von Ignatius Taschner (1901)

Lit.: BP 1 (1913) 276–293; Aarne 1916, bes. 115–190; Tille 1919; Wesselski 1925, 79–87; Schick 1932; Ranke 1955 ff., Bd. 2, 75–84 (Varianten); Lüthi 1969a, 70–84; Röhrich 1976, 252–272, 328 f.; Poser 1980, 101–106; EM 5 (1987) 662–671 (C. Shojaei Kawan); EM 6 (1990) 343–348 (U. Marzolph); Schmitt 1993, 561 (5x verfilmt); Clausen-Stolzenburg 1995, 235–237 (zu Vorlagen); Scherf 1995, 1181–1186; Dekker et al. 1997, 112–115 (J. van der Kooi); Rölleke 2000, 149–156; Mittsu […] 2006 (Variantenanalyse); Zitzlsperger 2007 (Gerechtigkeitsempfinden); Neumann 2011, 237–240 (zur Rolle des Königs in den KHM); Blécourt 2012, Reg.; Pecher 2012, 21–23 (religiöse Bildmuster); Reinhardt 2012, 119–122, 282, 496.

30. Läuschen und Flöhchen. – DMK/Uther, ATU 2022: Tod des Hühnchens. – KHM-Veröff.: 1812. – Eingefügt nach einem Text der Dorothea Catharina Wild (1808, laut Handexemplar der Brüder Grimm) und später nahezu unverändert geblieben. Im KHM-Anmerkungsband von 1856 wird auf die verwandte Form des Kinderliedes *Es schickt der Herr den Jokel aus* (1812: Nr. 72) verwiesen; zu vergleichen ist auch KHM 80: *Von dem Tode des Hühnchens*.

KHM 30 gehört als Tiermärchen zu den sogenannten Ketten-, Häufungs- oder Formelmärchen, die strukturell mit dem Prinzip der Wiederholung, der Reihung bestimmter Formeln, der Austauschbarkeit einzelner Elemente und der Verkettung eine große Affinität zu den Genres Kinderspiel und Kinderreim aufweisen. Die Besonderheit von KHM 30 besteht darin, bei der Wiederholung der Formeln jeweils eine Zeile hinzuzufügen, so daß es am Ende sieben Aktionen sind.

Solche Häufungsmärchen beginnen oftmals mit der gezielten, unbeabsichtigten oder zufälligen Schädigung eines Tieres, die dann behoben wird – oder mißlingt wie in KHM 30: eines der Märchen mit schlechtem Ausgang. Charakteristisch ist die Zufälligkeit der Reihung. Die beseelten Gegenstände – die Dingbeseelung ist ebenso märchentypisch (vgl. EM 3, 674–676) wie das Handeln und Sprechen von Gegenständen (vgl. EM 5, 877–881) – und die im letzten Teil der Reihung eingeführte Person (Mädchen) stehen in keinem Zusammenhang. Die zumeist kurzen, dialogreichen und häufig gereimten Erzählungen stärken die Memorierfähigkeit des Kindes. Es lernt durch die kettenartige Verknüpfung spielerisch Wörter, Sachen, Gebrauchsgegenstände und ihre Zusammenhänge kennen – häufig, wie hier, durch Scherz und Übertreibung. Die durchwegs gebrauchten Diminutive der agierenden Tiere und Gegenstände sind ein Indiz dafür, daß durch die Erzählung besonders Kinder angesprochen werden sollten.

Es ist schon grotesk, daß Tiere, noch dazu zwei Insekten, in einem gemeinsamen Haushalt leben. Aber es gehört zum Wesen von Volkserzählungen, daß oftmals kleine Tiere Gegenstand der Übertreibung sind. Das Brauen von Bier in Eierschalen, hier eher beiläufig als Eingangsmotiv für gemeinsames Arbeiten im Haushalt der beiden Insekten erwähnt, hat in einer in ganz Europa verbreiteten Wechselbalgsage (vgl. KHM 39 [3]) die Funktion, den Wechselbalg zum Geständnis seines Alters und hernach zum Austausch mit dem richtigen Kind zu bringen.

Lit.: BP 1 (1913) 293–297; Wesselski 1933; HDM 2 (1934–40) 177 f. (A. Taylor); Wildhaber 1985 (zum Bierbrauen); zur Struktur der Kettenmärchen vgl. EM 7 (1994) 1194–1201 (S. Wienker-Piepho); Solms 1999, 159 f.; Kluwe 2007, 66–76; Hubrich-Messow 2000 ff., Bd. 7, 254 (Varianten); EM 13 (2010) 715–721 (H. Lox).

31. Das Mädchen ohne Hände. – DMK/Uther, ATU 706: Mädchen ohne Hände + DMK/Uther, ATU 930: Uriasbrief. – KHM-Veröff.: 1812 (verändert 1819). – 1812 nach einer von Marie Hassenpflug (Bluhm 2000) erzählten Fassung veröffentlicht, wurde das Zaubermärchen 1819 unter Berücksichtigung eines Textes von Dorothea Viehmann geändert.

Das Angangsmotiv (Kind unwissentlich dem Teufel versprochen) des zweigliedrigen und mit zahlreichen christlichen Zügen angereicherten Märchens (unter anderem ein hilfreicher Engel) begegnet in anderen KHM ebenso (z. B. KHM 92: *Der König vom goldenen Berge*), auch die Briefvertauschung (Mot. K 511, z. B. KHM 29: *Der Teufel mit den drei goldenen Haaren*); thematische Verwandtschaft besteht allgemein zu KHM 3, 11, 53 und 96; eine entfernte literarische Vorlage findet sich bei Basile, *Pentamerone* 3,2: *Penta Ohne-Hände*. Die Episoden vom Aufenthalt der verstümmelten und verjagten Frau im Walde, mit einem Engel als Helfer, von der Überbringung der Wahrzeichen usw. erinnern an die *Genovefa*-Legende (s. auch die legendenhaft ausgestaltete gleichnamige Sage Grimm/Uther DS 538), ebenso der Name des Neugeborenen: Schmerzenreich. Der Stoff war nach der Version des Martin von Cochem (1687) in verschiedenen literarischen Ausprägungen weit verbreitet (weitere Motivzusammenhänge s. EM 5, 1003–1009). In der Grimm-Bibliothek (vgl. Denecke/Teitge 1989, Nr. 2171) befand sich eine *Genovefa*-Ausgabe spätestens seit Juni 1811, wie aus einem Brief Wilhelms an Jacob vom 18.6.1811 hervorgeht (Grimm/Schoof 1960, 76).

In Fassungen aus dem Spätmittelalter (vgl. Tubach, Nr. 3035, 3421) beginnen Erzählungen vom Typus der unschuldig verfolgten Frau (EM 5, 113–115) häufig wie im *Allerleirauh*-Märchen (KHM 65) mit der Inzestthematik (Vater/Tochter), doch ist das Inzest-Motiv, offenbar aus Gründen der Selbstzensur, zugunsten des Motivs der eifersüchtigen neidischen Verwandten verdrängt worden.

Bestimmend für den Eingang von KHM 31 ist das Motiv des unwissentlichen Versprechens der eigenen Tochter. Geblendet von der Aussicht auf Reichtum und unüberlegt handelt der Müller, als er in einem Pakt mit dem Teufel verspricht, was hinter seiner Mühle steht. Die Figur des Müllers ist wenig schmeichelhaft gezeichnet. Er steht – wie seine Frau – der eigenen Tochter nicht hilfreich zur Seite, ist auch nicht bereit, für die Konsequenzen seines Handelns einzustehen. Hatte die Tochter als Apotropäum (Abwehrzauber) einen Kreis um sich gezogen, dann die Hände mit ihren Tränen vollgeweint (Tränen der Reinheit), so wendet sich der Vater, als es an sein Leben gehen soll, an sein Kind und bittet darum, es verstümmeln zu dürfen. Bei dieser aus extremem Egoismus erwachsenen Schädigung spekuliert er auf den väterlichen Gehorsam, den ihm die Tochter bedingungslos zusagt. Sie muß zwar nicht ihr Leben für ihn lassen, ist aber beidhändig verstümmelt.

Das Versprechen des Ersten begegnet im *Alten Testament* (*Richter* 11, 30–40) und in vielen mythischen Sagen, endet aber stets tragisch, das heißt das junge Mädchen muß als Opfer sterben (EM 3, 280–293; EM 7, 559–561, 1247–1253). Das Märchen allerdings sorgt für ein glückliches Ende. Die vorübergehende Schädigung der jungen Frau ist daher vor allem unter strukturalistischen Aspekten zu sehen – eine Art Spannungsformel. Dafür spricht auch, daß die Schmerzen der Verstümmelten unerwähnt bleiben; es wird nur ihre Hilflosigkeit aufgezeigt. Für die Dynamik der Handlung spricht ferner, daß der Vater im weiteren Verlauf von KHM 31 gar keine Rolle mehr spielt. Im Zentrum steht das Schicksal der jungen Frau. Denn die unverschuldete körperliche Schädigung kann nicht bestehen bleiben. Die Mutilation wird daher mit übernatürlicher Hilfe aufgehoben. Die Hände wachsen „durch Gottes Gnade wegen ihrer Frömmigkeit" wieder an. Obwohl die körperliche Behinderung der jungen Frau zwar zur Erklärung eines Geschehens bedeutsam ist, steht die Verstümmelung jedoch nicht im Mittelpunkt, geschweige denn der Verursacher der Behinderung. KHM 31 akzeptiert die vorübergehende Schädigung im Dienst eines höheren Wertes (wie auch in KHM 6: *Der treue Johannes*), während Mutilationen aus Eigennutz und anderen negativ besetzten Charaktereigenschaften nicht wieder zu beheben sind (z. B. KHM 21: *Aschenputtel*). Der Typus der unschuldig verfolgten Frau wird offenbar gern von Erzählerinnen vorgetragen (Herranen 1990, 106).

Bildliche Darstellungen sind selten; dominante Motive beziehen sich auf die Eingangsthematik und zeigen die anfängliche Begegnung des Vaters mit dem Fremden (Teufel) oder die geplante Abholung des Mädchens.

Lit.: Däumling 1912; BP 1 (1913) 295–311; Ranke 1955 ff., Bd. 3, 53–54 (Varianten); Bernier 1971; Uther 1981, 29, 117–119; Lehmann 1981; Dundes 1987; Herranen 1990; Tatar 1990, 32–34; Velay-Vallantin 1992, 97–134; McGlathery 1993, 82; Karlinger 1994, 69–76 (zur unschuldig verfolgten Frau); Scherf 1995, 793–797, 797–799, 800–807, 828–831; EM 8 (1996) 1375–1387 (I. Köhler-Zülch); Bluhm/Rölleke 1997, 68 f. (zu Redensarten, Formeln, usw.); Solms 1999, 189–191; Kiening 2000 (zur Überlieferungs- und Forschungsgeschichte); Wolfzettel 2005, 73–93; Ono 2007 (zur Waldsymbolik); El-Sawaf 2015, 89–98 (zu strukturellen Ähnlichkeiten mit Fassungen aus dem Orient); Lutkat 2017, 11–19 (zur Ohnmacht der Heldin).

32. Der gescheite Hans. – DMK/Uther, ATU 1685: Bräutigam: Der dumme B. + DMK/Uther, ATU 1696: „Was hätte ich sagen (tun) sollen?" + Mot. J 2129.4: Nadel im Heuhaufen. – KHM-Veröff.: 1812. – Den Dummenschwank (1812: KHM 32 [1]) hat vermutlich die Familie Hassenpflug beigesteuert; zum Schwank gleichen Titels s. das nur 1812 vertretene Stück KHM 32 (II).

Viele Schwänke basieren auf Situationskomik. In KHM 32 geschieht die Erzeugung von Komik durch unsinniges Handeln und schließlich durch Wörtlichnehmen, woraus sich groteske Situationen ergeben, die gar nicht absurd genug ausfallen können (vgl. auch KHM 7, 34, 59, 104, 143, 164). Hans demonstriert in mehreren Aktionen, daß seine geistigen und sprachlichen Gaben sehr bescheiden sind. Mit den ihm von seiner Braut Gretel ausgehändigten Gegenständen und Tieren weiß er nicht richtig umzugehen. Der Schwank ist charakterisiert durch starke Dialogisierung und durch eine Reihe formelhafter Fragen und Antworten.

Jedes Einzelmotiv bildet eine Episode. Sie beginnt damit, daß die Braut dem ‚gescheiten' Hans einen Gegenstand (Tier, Speck) anvertraut. Als er bei seiner Mutter ankommt, hat er das anvertraute Gut vertan, erhält von seiner Mutter Ratschläge und verspricht, alles beim nächsten Male besser zu machen. Die Episoden sind zusammenhanglos, zumindest nicht nach einem festen Strukturprinzip, aneinandergereiht. Als Hans in der letzten Episode den Ratschlag seiner Mutter, Gretel freundliche Augen zuzuwerfen, wörtlich nimmt und Gretel die ausgestochenen Augen der Kälber und Schafe ins Gesicht wirft, hat die Geduld der Braut ein Ende. Sie sucht so schnell wie möglich das Weite.

Von den Dummenstreichen ist besonders der letzte sehr verbreitet. Die Episode zeigt den Dummkopf als unfähig, einen Auftrag sinngemäß auszuführen. Zugrunde liegt die sprichwörtliche Redensart, einem anderen freundliche Augen zuzuwerfen. Statt dieser Empfehlung nimmt der Dumme den Auftrag wörtlich, tötet die ihm anvertrauten Tiere und wirft anderen die ausgestochenen Augen zu (Mot. K 1442 = DMK/Uther, ATU 1006: *Augenwerfen*; vgl. EM 1, 1006–1010). Im Unterschied zur zweiten in der KHM-Ausgabe 1812 abgedruckten Variante (s. KHM 32 II) greift KHM 32 nur entfernt auf literarische Vorbilder zurück. Einzig die erste Episode von der Nadel im Heuhaufen als Markierung (Mot. J 2129.4) findet sich schon in einem Schwank aus der *Gartengesellschaft* des Martin Montanus (Montanus/Bolte, Nr. 4). Dort ist der Sohn charakterisiert als „ein sun, den der müller auch mit dem sack geschlagen hett".

KHM 32 ist selten illustriert und in KHM-Teilausgaben meistens nicht vertreten.

Lit.: BP 1 (1913) 311–322; Haavio 1929, 94–224; EM 2 (1979) 738–745 (R. Wehse); Kooi/Schuster 1993, Nr. 68 (Varianten); Dekker et al. 1997, 405–407 (J. van der Kooi); Hubrich-Messow 2000 ff., Bd. 7, 18–34, 44 f. (Varianten); Sennewald 2004, 217–235 (Textgeschichte); EM 14 (2014) 494–500 (H. Lox); Mieder 2018, 350–352 (zur Redensart „Nadel im Heuhaufen").

33. Die drei Sprachen. – DMK/Uther, ATU 517, 725: Prophezeiung künftiger Hoheit + DMK/Uther, ATU 671: Tiersprachenkundiger Mensch. – KHM-Veröff.: 1819. – Beigesteuert von dem Notar Hans Truffer (1774–1830) aus Visp (Oberwallis); seit 1819 eingesetzt für das Schwankmärchen vom gestiefelten Kater, das wegen seiner französischen Herkunft ausscheiden mußte.

Das Zaubermärchen über einen Vater-Sohn-Konflikt, das mit den Worten beginnt: „In der Schweiz lebte einmal ein alter Graf", ist trotz dieser für Märchen ungewöhnlichen Lokalisierung (wohl eine Reminiszenz auf den Beiträger Hans Truffer aus Visp) schon in verschiedenen Exempelsammlungen des Mittelalters vertreten. Die vermutlich älteste europäische Fassung findet sich in der zwischen 1323 und 1330 entstandenen Exempelsammlung *Scala coeli* des Dominikaners Johannes Gobi Junior aus dem frühen 14. Jahrhundert (Nr. 520; Übers. bei Uther 1990b, Nr. 18), dort ebenfalls mit dem Motiv des Tiersprachenkundigen. Der Sohn eines Ritters prophezeit seinen Eltern, sie fielen bald in Armut, er dagegen würde „so hoch aufsteigen, daß Ihr das Wasser zum Händewaschen reichen werdet". In anderen Fassungen erfolgt die Weissagung sonst durch einen Traum.

In KHM 33 ist der Sohn in den Augen seines Vaters ein kompletter Versager. Seine Lehrjahre enden damit, daß er statt der erhofften praktischen Fähigkeiten ‚nur' die Tiersprache von Hunden, Vögeln und Fröschen versteht. Daß der Vater daraufhin die Tötung seines einzigen Kindes befiehlt, ist eine extreme Schädigung, die durch den Handlungsverlauf nicht zwingend geboten erscheint, aber zu den mitunter unüblichen Rechtsvorstellungen des Märchens gehört. Die Todesstrafe steht in keinem Verhältnis zu den erfolglosen Lehrjahren, wird auch nicht vollstreckt, weil die üblichen Ersatzorgane (Auge, Zunge eines Tiers) als Wahrheitsbeweis vorgezeigt werden. Im zweiten Teil des Märchens demonstriert der junge Mann, daß er keineswegs ein Dummkopf ist, sondern eher einer der unscheinbaren Märchenhelden, die oft unterschätzt werden. Das Erlernen der Tiersprache – zahlreiche KHM enthalten das Motiv des tiersprachenkundigen Menschen – ermöglicht es dem Helden, Gefahrensituationen zu meistern. Das Verstehen der Tiersprache ist im Märchen ein wesentliches Attribut der Märchenhelden und Signum seiner Allverbundenheit, während die Handlungsträger im Schwank die Tiersprache immer nur mißverstehen und falsch deuten wie z. B. in KHM 8: *Der gute Handel*.

Daß für den Nachfolger des Papstes wegen großer Uneinigkeit „ein göttliches Wunderzeichen" als Gottesurteil erbeten wird, weil „großer Zweifel" die geistlichen Würdenträger bei der Wahrheitsfindung befallen hat, bestimmt die Schlußepisode des Zaubermärchens Das Motiv des tiersprachenkundigen Menschen, der eine himmlische Weisung durch Vögel erhält (vgl. DMK/Uther, ATU 933: *Gregorius*-Legende), wird auch im Zusammenhang mit der Wahl von Silvester II. (Gerbert) überliefert; die Bestimmung durch weiße Tauben soll bei der Wahl von Innozenz III. geschehen sein (BP 1, 324 f.). Vermutlich stammt das Motiv von der Beherrschung der Sprache der Vögel aus dem Orient.

Lit.: BP 1 (1913) 322–325; Wesselski 1925, 221 f.; Ranke 1955 ff., Bd. 2, 146 und Bd. 3, 81 (Varianten); Scherf 1995, 224–226; Dekker et al. 1997, 357–360 (J. van der Kooi); EM 13 (2010) 642–649 (A. Johns); Grzywka 2011 (Variantenvergleich).

34. Die kluge Else. – DMK/Uther, ATU 1450 (vgl. DMK/Uther, ATU 1387, 1430 A): Kluge Else + DMK/Uther, ATU 1383: Teeren und federn. – KHM-Veröff.: 1819; Kleine Ausg.: 1825 (Nr. 19). – „Aus Zwehrn", vermutlich von Dorothea Viehmann beigesteuerter Dummenschwank mit breiter literarischer Überlieferung, der wesentlich abgerundeter schien als der 1812 unter gleicher Nummer wiedergegebene Dummenschwank *Hansens Trine*.

In den KHM wie auch in europäischen Volkserzählungen begegnen keine individuellen Vertreter der Dummheit, sondern bei der Vorliebe des Märchens für einen figuralen Stil sind Dummköpfe als Karikaturen menschlichen Fehlverhaltens anzusehen. Leser und Leserinnen genießen es ebenso wie die Zuhörer von Märchen, wenn in künstlerischer Stilisierung, Abstraktion und gar Übertreibung ein menschliches Verhalten vor Augen geführt wird, welches einen nicht wegzudenkenden Teil unseres Menschenbildes ausmacht. Nach Max Lüthi (EM 3, 927 f.) ist Dummheit durch folgende Elemente, die einzeln oder zusammengenommen dieses Verhalten ausmachen, gekennzeichnet: (1) die Unfähigkeit, bestehende Beziehungen wahrzunehmen oder solche selbst herzustellen, sinnvoll zu kombinieren und konstruktiv zu planen, (2) Unerfahrenheit, Naivität, fehlendes Alltagswissen, (3) Lernunfähigkeit/Lernschwäche, also die Unfähigkeit oder Mühe, vielseitig nachzuahmen, sich anzupassen, (4) die Unfähigkeit oder Mühe, über die Imitation und Anpassung hinaus Selbständigkeit im Denken und Handeln zu entwickeln, Distanz zu halten (auch von sich selbst) und zu abstrahieren, und schließlich (5) die Unfähigkeit oder Mühe, Sachverhalte angemessen zu erkennen, zu verstehen oder einzuschätzen.

KHM 34 handelt von der gar nicht mehr zu überbietenden Dummheit einer Frau, ihrer engsten Verwandten und des Gesindes. Bei solchen Narren, die bei ihren Handlungen durch extreme Dummheit auffallen, scheint der Anteil weiblicher und männlicher Handlungsträger (z. B. KHM 7, 32, 59, 104, 155) ausgewogen. Die im Titel als klug ausgewiesene Else besticht nicht etwa durch ihre Gewitztheit, sondern wie so oft in den KHM meint die Überschrift das genaue Gegenteil, ist also eine Umkehrung, ein Ausdruck stillen Humors und keine Ironie. In dem einzig 1819 in den KHM abgedruckten einleitenden Abschnitt *Ueber das Wesen der Märchen* (XXI–XXVI, hier XXV) heißt es: „Nicht zu verkennen ist ein gewisser Humor, der durch viele hingeht, wenn er sich manchmal auch nur leise äußert, und den man mit der eingelegten Ironie moderner Erzähler nicht verwechseln muß. In einigen wird er besonders und anmuthig ausgebildet, wie in der klugen Else, dem Schneider im Himmel [KHM 35] und dem Jungen, der auszog, das Fürchten zu lernen [KHM 4], und der durch nichts Schreckhaftes, zuletzt aber durch ein natürliches Mittel zur Erkenntniß gelangt."

Die unverheiratete Else stellt ihre ‚Fähigkeiten' unter Beweis. Sie stellt Überlegungen über das ungeborene Kind, das durch eine an der Wand hängende und möglicherweise herunterfallende Axt erschlagen werden könne, an, läßt den Zapfhahn des Bierfasses offen und demonstriert ihre Dummheit mit blindem Aktionismus, was den Freier Hans nicht davon abhält, sie zu heiraten. Mit der zeittypischen frauenfeindlichen Attitüde stellt er fest: „Nun", sprach Hans, „mehr Verstand ist für meinen Haushalt nicht nötig." Aber seine Ehefrau treibt es noch toller, so daß Hans ihr schließlich ein Vogelgarn mit kleinen Schellen – das Zeichen für Narren – umhängt, was für fatale Folgen sorgt. Mit diesem Kleidertausch verliert sie den Glauben an sich selbst und findet in ihrem Gewand nirgendwo Aufnahme. „Da lief sie fort zum Dorfe hinaus, und niemand hat sie wiedergesehen."

Die schwanktypische Einkleidung der Figur der Else läßt ihr Handeln (und das ihrer familiären Umwelt) als unverständig erscheinen, was in den Zweifeln an der eigenen Identität gipfelt. Konsequent verweigert der Ehemann ihr seine Solidarität. Er sieht sich getäuscht, hatte er doch als Bedingung für eine Heirat gefordert, „daß die kluge Else auch recht gescheidt wäre", und angekündigt, „wenn sie nicht recht gescheidt ist, so nehm ich sie nicht". Als Pendant zu KHM 34 ließe sich die Figur des Katherlieschens betrachten (KHM 59), deren Ehemann alle sinnlosen Handlungen der Ehefrau hinnimmt. Auf die mehr oder weniger pauschale Ermahnung folgt die formelhaft zu verstehende Anwort der reuevollen Ehefrau: „Ja, Friederchen, das habe ich nicht gewußt, hättest mirs sagen müssen." Trotz aller absurden Aktionen wendet sich alles zum Guten. Durch Zufall erhalten die Eheleute die Diebsbeute wieder zurück.

Erzählungen aus mündlicher Überlieferung enthalten häufiger eine ganze Kette solcher Dummenschwänke. Der Schwank von der klugen Else ist zwar nicht so bekannt, daß er in einer Vielzahl von Einzelausgaben vorläge, findet sich aber häufiger in Märchensammlungen und weist in seiner Konzeption – bis zur Hochzeit von Hans und Else – auf literarische Vorbilder des späten 16./17. Jahrhunderts. Einzelne Motive wie das Ausspinnen dummer Gedanken über ein ungeborenes Kind begegnen schon früher (Marzolph 1992, Nr. 1229). Literarische Adaptationen wie Franziska Sperrs Kurzgeschichte *Die kluge Else* (*Die Horen* 52 [2007] 190–193) sind selten.

Nach Ansicht des Theologen und Psychotherapeuten Eugen Drewermann (1993) zeigt die Handlung die Zwangslage eines jungen Mädchens, das sich als kluge Tochter des Vaters bewähren soll, zugleich aber dem Vater sein eigenes Scheitern vor Augen führen und sein Selbstwertgefühl herabsetzen würde. Vater und Tochter handelten wechselseitig aufeinander bezogen. So schütze der Vater seine Tochter, indem er deren unsinnige Handlungen als klug darstellt. Else wiederum erwecke nur den Anschein von Klugheit, um die Überlegenheit des Vaters nicht in Frage zu stellen. Ihr Dilemma bestünde darin, daß es ihr als Zeichen von Intelligenz ausgelegt wird, wenn sie sich dumm zeigt. Eine eigene, selbstbestimmte Entwicklung des ‚Mädchens' sei unmöglich. Ulrich Freund sieht Else von Vater und Freund verraten und nimmt die Figur der Else nicht als bloße Närrin wahr, sondern als Außenseiterin, die „aus der Mitte der Gesellschaft nach unten absinkt", ohne daß jemand die Absicht gehabt hätte, „sie zur Außenseiterin zu machen" (Freund 2010, 155, 154).

Ein beliebtes Bildmotiv ist die Schlußszene, welche die Frau mit Narrenschellen zeigt.

Lit.: BP 1 (1913) 335–342; Lüthi 1969a, 101–116; Kooi/Schuster 1994, Nr. 74 o (Varianten); EM 8 (1996) 12–16 (R. B. Bottigheimer); Solms 1999, 126–129; Hubrich-Messow 2000 ff., Bd. 5, 136 f. (Varianten); Drewermann 1993, 216–226; Kluwe 2007, 86–90; Freund 2010; Schäfer 2015, 721–730.

35. Der Schneider im Himmel. – DMK/Uther, ATU 800: Schneider im Himmel. – KHM-Veröff.: 1819 (verändert 1837). – Seit 1819 anstelle des Tiermärchens *Der Sperling und seine vier Kinder* (nunmehr KHM 157) eingesetzter Schwank. Bereits am 12.2.1818 hatte Wilhelm Grimm in der vom Märchen- und Sagenbeiträger August von Haxthausen und anderen herausgegebenen Zeitschrift *Wünschelruthe* (Nr. 15, S. 50) eine sehr verkürzte Version unter dem Titel *Das Märchen vom Schneider, der in den Himmel kam* (Abdruck bei Grimm/Rölleke 1987, Nr. 3A) veröffentlicht.

Das Thema des stetig sündigen Menschen hatte Heinrich Bebel (1472–1518) in seinen ungemein nachwirkenden *Facetiae* (Bebel/Wesselski 1, Nr. 19; Abdruck bei Uther 1990b, Nr. 19) aufgegriffen. Die Version des schwäbischen Humanisten enthielt bereits alle wichtigen Handlungszüge, auch das Stereotyp des diebischen Schneiders, der wie der Müller oftmals als unredlich geschildert wird. Die negative Assoziation wird durch die Charakterisierung des Schneiders als eines Deformierten verstärkt. Bebels Fassung fand Eingang in viele Schwank- und Unterhaltungsbüchlein des 16.–18. Jahrhunderts, darunter Jakob Freys *Gartengesellschaft* (1556), Georg Wickrams *Rollwagenbüchlein* (um 1555) und Hans Wilhelm Kirchhofs *Wendunmuth* (1563 ff.).

Als literarische Vorlage für diesen Petrusschwank, der mit ähnlicher Struktur in KHM 167: *Das Bürle im Himmel* wieder begegnet, ist zunächst die Fassung Freys von 1556 (Frey/Bolte, Nr. 109) zu betrachten; eine Abschrift von Wilhelm Grimms Hand befindet sich in der Staatsbibliothek Berlin, Preuß. Kulturbesitz (Nachlaß Grimm 1800, C1,4,12–13). Ausgebaut und dialogisiert wurde der Schwank im ersten Teil und insgesamt in deftigen Wendungen abgeschwächt, mit denen der Schneider sich Petrus für Arbeiten jeglicher Art empfiehlt, um Einlaß in den Himmel zu erhalten: „und alle unflätige arbeit, die niemands thun wolt, als kinder schaissen tragen, wüschen, wäschen, und wann die kinder die bänck vol hofierten, das wolt er auch alles austragen [...]". Seit der 4. Auflage (1840) ist die Fassung Georg Wickrams (Wickram/Bolte, Nr. 110) maßgeblich, doch blieben Züge aus Freys Version erhalten.

Das Eindringen in den Himmel – das Anklopfen an die Himmelstür, die Hermes öffnet, kennt schon Lukian (*Ikaromenippos* 22) – mitsamt dem unfreiwilligen Verlassen begegnet in anderem Zusammenhang unter anderem in KHM 178: *Meister Pfriem*. Der Schneider auf Gottes Stuhl erweist sich als Richter Gnadenlos und muß dafür von Gott gemaßregelt werden und verliert seinen Platz im Himmel. Hans Gröchening (EM 6, 29) betrachtet dieses Handeln als einen fließenden Übergang vom Gottesurteil zum Gottesgericht. Das Wortspiel mit Gottes Stuhl und dem Schemel dürfte auf *Matthäus* 5,34–35 zurückgehen: „[...] daß ihr überhaupt nicht schwören sollt, weder bei dem Himmel, denn er ist Gottes Stuhl, noch bei der Erde, denn sie ist seiner Füße Schemel [...]."

Petrus, der unter anderem auch als Himmelspförtner in Schwänken (z. B. KHM 81: *Bruder Lustig*; KHM 82: *De Spielhansl*) auftritt und nach Siegfried Neumann häufiger in mehr oder minder komischen Situationen vorgeführt wird, hat in KHM 35 alle Mühe, den vorwitzigen Schneider aus dem Himmel hinauszukomplimentieren, und „muß um Schadensbegrenzung bemüht sein" (EM 10, 819).

Die seit 1840 modifizierte KHM-Fassung hat maßgeblich auf die mündliche Überlieferung eingewirkt. Bildliche Darstellungen sind selten, stammen überwiegend aus dem 20. Jahrhundert und zeigen zumeist den Schneider beim Schemelwurf.

Lit.: Köhler 1894, 48–78; Hamann 1906, 67–69; BP 1 (1913) 342–346; Ranke 1955 ff., Bd. 3, 130 f. (Varianten); Almqvist 1975; Grimm/Rölleke 1987, 152 f.; Ozawa 1991; EM 12 (2007) 146–149 (S. Dinslage).

36. Tischchendeckdich, Goldesel und Knüppel aus dem Sack.

– DMK/Uther, ATU 212 (2015): Ziege: Die boshafte Z. + DMK/Uther, ATU 563: Tischleindeckdich. – KHM-Veröff.: 1812 (verändert 1819, 1837). – Laut Handexemplar der KHM von 1812 von Johanna Isabella Hassenpflug beigesteuert, die das Schwankmärchen von „einer alten Mamsell Storch bei Henschel" gehört haben will. Vor wenigen Jahren konnte Holger Ehrhardt die Identität der „Mamsell Storch", das ist Eleonore Storch (1750–1828), klären, die gar keine Dienstbotin war, sondern dem Stadtbürgertum entstammte. Ehrhardt konnte durch Textvergleiche sprachliche Charakteristika der nicht mehr vorhandenen Urfassung rekonstruieren. Eine zweite resümierende Version – ohne den Eingang mit der lügnerischen Ziege –, die ursprünglich auf Henriette Dorothea Wild aus Kassel zurückgeht (1.10.1811), enthält der KHM-Anmerkungsband (1856, 65 f.); sie war 1812 als KHM 36(II) abgedruckt. 1812 folgte als KHM 37 die Geschichte vom Ranzen, Hütlein und Hörnlein, die 1819 – wahrscheinlich wegen der Motivähnlichkeiten (Zaubergaben) – als KHM 54 eingeordnet wurde. Weitere Zaubergaben-Märchen sind unter anderem KHM 103: *Der süße Brei* und KHM 122: *Der Krautesel*.

Literarische Vorbilder für den Hauptteil von KHM 36 sind in Italien zu suchen, wie schon die Brüder Grimm festgehalten hatten (KHM 1812, XXIV). Giambattista Basile beginnt seinen *Pentamerone* (1,1) mit dieser Erzählung vom Erhalt von Zaubergaben, des wichtigsten Requisits, und deren zeitweiligem Verlust. Schon hier ist die Dreizahl vorherrschend: Goldesel, Serviette (die Reichtümer produziert) und Zauberknüppel. Basile will die Gültigkeit der sprichwörtlichen Redensart demonstrieren, daß Narren und Kinder unter dem besonderen Schutz Gottes stehen. Sein Held ist daher auch ein rechter Dummkopf und nicht ein Pfiffikus wie bei den Brüdern Grimm sowie in den meisten späteren Fassungen dieses beliebten Schwankmärchens aus dem 19./20. Jahrhundert. Im Unterschied zu den Brüdern Grimm malt Basile mit barocker Freude an der Sprachkunst manche Szene genüßlich aus. So schildert er, daß das als Ersatz für den goldscheißenden Esel untergeschobene Tier auf die Leintücher uriniert. Als das arme Tier trotz mehrfacher Aufforderung kein Gold von sich geben wollte, der Besitzer „durchaus in den Wind geredet hatte, packte er einen hübschen Knüppel und schlug tüchtig auf das arme Tier los, und er verprügelte, vermöbelte und verdrosch es so heftig, daß das arme Vieh nicht mehr an sich halten konnte und einen geilen gelben Wasserguß auf die weißen Tücher fließen ließ" (Basile/Schenda 2000, 28). Eine solche Drastik haben die Brüder Grimm wie auch in anderen Fällen eingedenk des Zwecks ihrer Sammlung als Erziehungsbuch tunlichst vermieden. Im Unterschied zu Basile ist in den KHM noch die Geschichte von der lügnerischen Ziege vorgeschaltet. Außerdem handelt es sich um drei ausziehende Brüder.

Das *Tischleindeckdich*-Märchen beginnt mit einer Mangelsituation und basiert auf dem klassischen Handlungsschema: Der Vater treibt seine drei Söhne aus dem Haus. Sie müssen Aufgaben bewältigen. Jeweils der Jüngste wird allgemein und von den anderen Brüdern selbst unterschätzt, verspottet oder verlacht und für nicht geeignet gefunden, die Aufgabe erfolgreich zu Ende zu bringen. Während die beiden ältesten Brüder scheitern, wissen die Zuhörer von Beginn an, daß der dritte, ein unscheinbarer Held (unpromising hero), einfach zu Höherem bestimmt ist. Die Erzählfigur ist nach den Untersuchungen Katalin Horns typisch für europäische Volksmärchen (s. Horn 1983a, 35–42), weil sie bestimmt ist vom Gegensatz zwischen Schein und Sein und weil sozialer Aufstieg ein herausragendes Charakteristikum ist, ebenso der plötzliche Umschlag ins Gegenteil, etwa der Sieg des Verkannten über den vermeintlich Trickreichen. Der Jüngste ist ein Mängelwesen, ein Dummling, also ein nur scheinbar Dummer, der in Wirklichkeit jedoch seinen Brüdern intellektuell überlegen ist.

Der Jüngste weckt die Habgier des Wirts auf seinen Lohn, einen vermeintlichen Schatz im Sack. Das Wirtshaus, ein Ort der Kommunikation, dient hier nicht primär dem Austausch von Neuigkeiten und dem Erzählen von Geschichten, hat doch der diebische Betreiber nicht das Wohl seiner Gäste im Auge, sondern ist nur auf seinen eigenen Vorteil bedacht, indem er den Gästen ihre Zaubergaben abluchsen will. Im Jüngsten hat der Wirt aber seinen Meister gefunden und muß am eigenen Leibe erfahren, daß er einem Trick aufgesessen ist. Aus dem Sack springt auf Zuruf des Besitzers ein Knüppel, der den Habgierigen ordentlich durchprügelt, bis dieser die gestohlenen Zaubergaben wieder herausrückt: Die unscheinbarste Gabe zeigt die größte Wirkung. Der dritte Bruder handelt hier nach Uwe Diederichsen (2008) „wie ein regierender König" mit den juristischen Worten: „Ich will Gnade für Recht ergehen lassen", gibt ihm aber zugleich die Warnung mit auf den Weg: „aber hüte dich vor Schaden!" Mit allen drei Schätzen kehrt der Bruder heim. Doch damit ist das Schwankmärchen noch nicht beendet. Die boshafte Ziege aus der Eingangshandlung erhält die wohlverdiente Strafe für ihr Verhalten. Der Stich einer Biene vertreibt sie aus der sicheren Höhle ins Ungewisse. Die Kombination mit der Geschichte von der boshaften lügnerischen Ziege als Handlungsrahmen scheint nach den Untersuchungen Theo Meders (EM 14, 1338) erstmals in KHM 36 vorzuliegen.

KHM 36 (1819 breiter ausgestaltet in der Figur des diebischen Wirts) gehört heute zu den populärsten Texten der Brüder Grimm und Ludwig Bechsteins (Bechstein/Uther 1997a, 179–186; ohne die Rahmengeschichte von der lügnerischen Ziege), ist in Medien (z. B. Film: Schmitt 1993, Nr. 53, 154) wie in der Werbung präsent, existiert als Parodie (Fetscher 1980, 109–133; Mieder 1986) und Märchenspiel.

Die Zaubergaben und deren zeitweiligen Verlust deutete Ottokar Graf Wittgenstein wenig überzeugend als kindliche Entwicklungsphasen zur Ablösung vom Zuhause und als Phasen auf dem Weg zur Reife: Das Baby, welches noch gestillt werde (Tisch: kostenlose Nahrung), das Kleinkind (Goldesel: Kind auf Töpfchen, mit der Fähigkeit, selbst etwas zu produzieren); der Knüppel (das Kind werde selbständig und lerne, sich zu wehren und seine Meinung zu vertreten). Auf dem Weg zum Erwachsenwerden müßten Tisch und Goldesel verloren gehen und selbst wieder erworben werden, mit Hilfe des Knüppels (Wittgenstein 1973, 15–27).

KHM 36: Tischchen deck dich, Goldesel, und Knüppel aus dem Sack. Holzschnitt von Ludwig Richter (1853)

Beliebte Bildmotive sind Szenen mit der Heimkehr des Jüngsten mit den Zaubergaben (älteste deutsche Illustration von Johann Heinrich Ramberg, 1819) oder solche, in denen die Zaubergaben in Aktion treten. Der Knüppel aus KHM 36 eignet sich besonders gut in politischen Witzen als Zauberwaffe zur Drangsalierung unliebsamer Gegner, der Goldesel als Demonstrationsobjekt für Gewinn oder, umgekehrt, als Geldmaschine für unerwartete Haushaltslöcher.

Lit.: Aarne 1909; BP 1 (1913) 346–361 und BP 2 (1915) 104–106; Ranke 1955 ff., Bd. 2, 245–257 (Varianten); Joldrichsen 1987, 45–54 (fries. Varianten); Jason 1988, 114–136; Tatar 1990, 29; McGlathery 1993, 82 f.; Tomkowiak 1993, 312, 315; Kooi/Schuster 1994, Nr. 14 (Varianten); Scherf 1995, 1198–1201; Bluhm/Rölleke 1997, 72–74 (zu Redensarten, Formeln, usw.); Dekker et al. 1997, 360–364 (T. Meder); Hubrich-Messow 2000 ff., Bd. 4, 67 (Varianten); Endler 2006, 254–260 (Film); EM 14 (2014) 1337–1339 (T. Meder); EM 14 (2014) 1339–1342 (A. Petitat); Ehrhardt 2017, 207–227.

37. Daumesdick. – DMK/Uther, ATU 700: Däumling. – KHM-Veröff.: 1819; Kleine Ausg.: 1825 (Nr. 20). – Seit 1819 an dieser Stelle, die Geschichte von den Zaubergaben Ranzen, Hütlein und Hörnlein wurde umgestellt (als KHM 54). Als Quelle ist vermerkt: „Aus Mühlheim am Rhein" (heute: Köln-Mülheim). Leander Petzoldt (1997, 151–155) entdeckte im Nachlaß der Brüder Grimm die Handschrift dieses Märchens vom Daumesdick in einem Notizheft mit einer Sammlung von Mosel- und Rheinsagen. Das Büchlein hatte Friedrich Wilhelm Carové (1789–1852) Jacob Grimm, mit dem er in Briefkontakt stand, 1816 überlassen (Grimm-Nachlaß Berlin, Preuß. Kulturbesitz 1756 V, 6r–11r). KHM 45: *Daumerlings Wanderschaft* weist strukturell Gemeinsamkeiten mit KHM 37 auf, jedoch sind die Episoden anders ausgefüllt.

Im Zentrum von KHM 37 steht der nach seiner fingergroßen Gestalt benannte Daumesdick (engl.: Tom Thumb, frz.: Petit Poucet, schwed.: Svend Tomling, ital.: Pulgarcillo). Seine Kleinheit, die er mit Zwergen gemein hat, bringt ihn oft in Gefahr, kommt ihm aber auch zustatten und hilft ihm aus Notsituationen heraus. Daß die Welt jedoch voller Tücken ist und eine scheinbar ungefährliche Schlafstatt durch unerwartetes menschliches Handeln eine bedrohliche Situation heraufbeschwört, muß selbst ein solcher gewitzter Held erfahren und veranlaßt den Erzähler zu dem resignativen Kommentar: „ja, es gibt viel Trübsal und Noth auf der Welt!"

Einzelne Episoden der Däumlingsmärchen sind (nach BP 1, 389): (A) Einem kinderlosen Bauernehepaar wird schließlich ein Kind geboren und nach seiner Kleinheit Daumesdick benannt. (B) Das Kind lenkt einen Wagen, im Ohr des Pferdes sitzend. (C) Es wird an Fremde verkauft und reißt aus (Strukturähnlichkeit mit KHM 68: *De Gaudeif un sien Meester*). (D) Der Dampf der Speisen treibt den Winzling aus dem Schornstein und verhilft ihm zu einer Luftreise. (E) Der Kleine neckt die Schneidersfrau. (F 1) Er hilft Dieben beim Stehlen; (F 2) vereitelt den Diebstahl durch lautes Schreien. (G) Er gerät in den Magen einer Kuh, die geschlachtet wird. (H 1) Er überredet den Fuchs, der ihn schon im Halse hat, ihn zu seinem Vater zu bringen und statt dessen die Hühner zu fressen; (H 2) er überredet den Wolf, der ihn gefressen hat, sich in des Vaters Speisekammer gütlich zu tun. In der Nähe der Eltern macht er auf sich aufmerksam und wird aus dem Wolfsmagen unversehrt herausgeholt. KHM 37 besteht aus den Sequenzen A, B, C, F 2, G, H 2; KHM 45 aus D, E, F 1, G, H 1.

Anspielungen auf solche kleinen (und wegen ihres niedrigen Gewichts verspotteten) Männchen sind aus antiken Zeugnissen überliefert (BP 1, 396 f.). Eine Verknüpfung von Abenteuer-Episoden im Stile des *Daumesdick* und *Daumerling* kennen bereits parodistische englische Verserzählungen aus dem 17. Jahrhundert und spätere Volksbücher. Der kleine Held heißt hier Tom Thumb(e). Ein anderes Abenteuermärchen, das von einem schlauen Däumling und seinen sechs Brüdern bei einem Menschenfresser (= DMK/Uther, ATU 327B: *Däumling und Menschenfresser*) handelt, veröffentlichte Charles Perrault (1697) unter dem Titel *Le petit poucet*; die Eingangsthematik von KHM 15: *Hänsel und Gretel* weist damit Ähnlichkeiten auf. Die Perraultsche Bearbeitung gehört auch in Deutschland im 19. und 20. Jahrhundert zu den weitverbreiteten und oft illustrierten Texten – trotz der beiden KHM-Texte; auch Ludwig Bechsteins an Perraults Fassung orientiertes Märchen *Der kleine Däumling* (1853, 119–123) war populär. Für solche Geschichten hat sich in der Erzählforschung der von Carl Wilhelm von Sydow eingeführte Begriff Proportionsphantasie eingebürgert, wonach „durch die Verschiebung von Geschehnissen, Personen und Dingen ins Große oder Kleine die Größenverhältnisse phantastisch verzerrt werden [...]. Dabei geht es meist um Übertreibung oder Untertreibung der normalen Gegebenheiten" (EM 10, 1432).

KHM 37 ist ein beliebtes Kindermärchen und übertrifft das verwandte KHM 45: *Daumerlings Wanderschaft* an Popularität. Eine frühe deutsche illustrierte Einzelausgabe des Märchens erschien in Stuttgart bereits 1836 unter dem Titel *Hans Däumling oder Scenen aus dem Leben des kleinen wunderthätigen Männleins*. Ein Jahr darauf kam eine romanhafte Fassung des *Däumling*-Motivs (306 Seiten) in Nürnberg heraus: *Die Fahrten und Abentheuer des kleinen Jacob Fingerlang. Ein Mährchen* von Gotthold Kurz. In neueren Print- und Bildmedien (Film: Schmitt 1993, Nr. 17, 78) ist der Stoff ebenso wie in Märchenspielen und -vertonungen verbreitet. Als dominante Bildmotive haben sich die Szenen zu Daumesdick erwiesen, die den Kleinen auf dem Hut hockend oder im Ohr des Pferdes zeigen.

Lit.: BP 1 (1913) 361, 389–398; HDM 1 (1930–33) 375–380 (K. Voretzsch); Ranke 1955 ff., Bd. 3, 33–50 (Varianten); EM 3 (1981) 349–360 (W. Pape); Velay-Vallantin 1989; Hippolyte 1991; Tomkowiak 1993, 315; Kooi/Schuster 1994, Nr. 17 (Varianten); Scherf 1995, 159–163; Tomkowiak/Marzolph 1996, 48–51; Carové/Petzoldt 1997; Dekker et al. 1997, 184 f. (T. Dekker); Abry/Joisten 2003, 229–231; Top 2003, 526–531 (Bilderbogen in den Niederlanden); Haase 2008, 969 (L. Malarte-Feldman); Oriol 2009; Shojaei Kawan 2009, 432 f. (Verse in KHM 45); Franz 2013 (zu Adaptationen).

38. Die Hochzeit der Frau Füchsin. – DMK/Uther, ATU 65: Freier der Frau Füchsin. – KHM-Veröff.: 1812 (verändert 1819). – Der 1812 in zwei unterschiedlichen Fassungen unter dem Titel *Von der Frau Füchsin* veröffentlichte Tierschwank geht in Fassung 1 nach eigenem Bekunden Jacob Grimms auf eine vermeintliche Kindheitserinnerung zurück. April/Mai 1808 hatte er an seinen Lehrer und Förderer Friedrich Carl von Savigny (1779–1861) eine handschriftliche Aufzeichnung geschickt und am Schluß hinzugefügt: „Mir eins der liebsten und sehr poetisch, vielleicht weil es mir von Jugend auf erzählt worden ist" (Grimm/Schoof 1953, 423 f.). Ähnlich urteilte Jacob in einem Brief (1.11.1811) an Achim von Arnim (Arnim/Steig 1904, 263). „Schon drei- oder viermal" habe er „das Ammenmärchen von der Frau Füchsin, die sich rothe Augen um ihren scheintodten Mann weint, und zu der allerhand Freier kommen", aufgeschrieben. Aber die „Sage", fährt er fort, „ist mir aber noch nicht vollständig genug."

Die folgende Einschätzung macht deutlich, wie sehr Jacob daran gelegen war, im Hinblick auf erzählerische Kontinuitäten ältere literarische Zeugnisse ausfindig zu machen: „Was nämlich mir sie so wichtig macht, ist, daß sie auch schon im alten roman du renard steht, und einen gar interessanten Beweis von der Volksmäßigkeit der Fabel abgibt" (Arnim/Steig 1904, 161). Die zweite Fassung von KHM 38 hat laut Eintrag im KHM-Handexemplar Elisabeth Catharina Ludovica (Lulu) Magdalena Jordis (1787–1854; geb. Brentano) aus Frankfurt beigesteuert (Brentano/Steig 1914, 268). Die Briefsendung hatte Jacob seinem Bruder Wilhelm schon am 1.6.1814 angekündigt: „Von der Jordis wirst Du dieser Tage einen Brief mit zwei (etwas interpolierten, wie ich glaube) Märchen erhalten, die ich gestern abends bei ihr liegen sah." (Grimm/Schoof 1963, 334).

Nach Erscheinen des Tierschwanks 1812 nahm Achim von Arnim Anstoß an den offenkundigen sexuellen Anspielungen in Fassung 1: „so ist die Geschichte vom Fuchs mit neun Schwänzen offenbar ein französischer Muthwillen". Auch Wilhelm Grimm hatte einige Zweifel geäußert und von Arnim geantwortet (Brief vom 28.1.1813; Arnim/Steig 1904, 267), „daß aber die liederliche Auslegung allen anderen einfallen werde, sah ich voraus und darum wollte ich auch, daß es wegbleiben sollte". Jacob hingegen verteidigte den Tierschwank jedoch am gleichen Tag und später gegen die wiederholt von Achim von Arnim vorgetragene

Kritik, die Geschichte sei „rein und unschuldig". „Wer anderes hineinlegt, legt eine sündliche Ansicht hinein, insofern das Wissen und die Erfahrung immer die Unschuld und Unwissenheit der Jugend versehrt" (Briefe vom Januar/Februar 1813; Schmidt 1938; Ginschel 1989, 250–253). Die Feststellungen Jacob Grimms vom Wesen des Märchens könnten „sowohl unzutreffend als auch zutreffend" sein, so Christine Shojaei Kawan, da in Erzählungen über Tierhochzeiten sowohl Erwachsene als auch Kinder zu ihrem Recht kämen, in dem „Nebeneinander von Spott und Frivolität einerseits, naiver Kindlichkeit andererseits" (EM 13, 620 f.).

1819 erschien der Tierschwank mit verschiedenen stilistischen Änderungen und sprachlichen Ergänzungen, die Wilhelm vorgenommen hatte. Etwas abgeschwächt, blieben die sexuellen Anspielungen aber erhalten. Dies geschah ganz im Gegensatz zu der sonst üblichen Praxis, Erotisches und Sexuelles in den KHM, zumindest seit der 2. Auflage von 1819 und auch in Sagen (s. Nachwort in Grimm/Uther DS, Bd. 2, 568 f.), durch unverfänglichere Textpassagen abzumildern.

Der mit zahlreichen Reimen durchsetzte Tierschwank mit dem formalen Prinzip der Reihung (vgl. KHM 131: *Die schöne Katrinelje und Pif Paf Poltrie*) stellt eine Füchsin als rasch getröstete Witwe vor. Während sich der alte Fuchs in der ersten Fassung totstellt, um die Treue seiner Frau zu erproben, ist der Tiergatte in Fassung 2 tatsächlich gestorben. Im Mittelpunkt steht die Werbung um die Tierbraut. Für die Brautwerbung ist nicht die Zahl der Schwänze ausschlaggebend, sondern das Aussehen der Freier, das an den Verstorbenen erinnern soll. Unter verschiedenen Tieren erwählt die Witwe schließlich den jungen Fuchs und entscheidet sich damit für die gleiche Art – und die Jugend. Wie im Tierepos werden menschliche, durchaus vorstellbare Alltagsgeschichten auf die Welt der Tiere übertragen. Daß die Katze ihre Herrin nicht, wie sonst üblich duzt, sondern siezt („Frau Füchsin, sind Sie da?"), kennzeichnet die Standesunterschiede zwischen Herrin und Magd und war während bestimmter Zeiten üblich, jedoch nicht in Märchen (weitere Ausnahme in KHM 90: *Der junge Riese*).

Die für die erste Fassung von Jacob Grimm (Grimm 1834, CCXVI) beiläufig angemerkte Affinität zu einer Fabel des altfranzösischen Tierepos *Roman de Renart* aus dem 12./13. Jahrhundert (Roman de Renart/Martin, Branche 1b, 2749–3219) ist nicht zu übersehen: Dort kehrt der vom Kater totgesagte Fuchs als Spielmann verkleidet und unkenntlich gemacht in sein Haus zurück und muß mit ansehen, wie seine Frau gerade mit einem neuen Mann Hochzeit feiern will (Heimkehrer-Motiv; vgl. auch KHM 95: *Der alte Hildebrand*). Er lockt den Bräutigam in eine Falle und verstößt seine Frau. Allerdings erfolgt später die Versöhnung der beiden durch einen Pilger.

Das Thema der heiratslustigen Witwe ist ein literarischer Topos, der, mit menschlichen Handlungsträgern, in den Schwänken von der Matrone von Ephesus (DMK/Uther, ATU 1510) und von der rasch getrösteten Witwe (DMK/Uther, ATU 1350) beredten Ausdruck gefunden hat. Daß Erzählungen über Witwen häufiger als solche über Witwer in Umlauf sind, bestätigt einmal mehr die misogyne Tendenz solcher Schwänke, wirft aber auch ein bezeichnendes Licht auf die Ehe als Institution. Die sexuelle Thematik dürfte dazu beigetragen haben, daß KHM 38 in Anthologien und KHM-Teilausgaben selten vertreten ist.

Eine frühe bildliche Darstellung von Edward H. Wehnert mit Füchsin und Katze als anthropomorphen Tieren findet sich in einer englischen Übersetzung der KHM (*Household Stories*. London [1853]). Die Nachwirkung ist außerhalb von KHM-Ausgaben bescheiden.

Lit.: BP 1 (1913) 362–364; Wesselski 1931, 97; HDM 2 (1934–40) 176 f. (A. Taylor) und 299 f. (H. Diewerge); Schmidt 1938 (zur Überlieferungsgeschichte); EM 5 (1987) 236–240 (M. Belgrader); McGlathery 1993, 83; Hubrich-Messow 2000 ff., Bd. 4, 28–30 (Varianten); EM 13 (2010) 618–622 (C. Shojaei Kawan) (zum Komplex der Tierhochzeiten); Zimmermann 2020, 321 f. (unkonventionelle Inszenierung der Untreue).

39. Die Wichtelmänner. – 39(1) = Mot. F 333, F 405.11, F 451.5.10.9, F 480: Hilfreiche Hausgeister ausgelohnt; 39(2) = DMK/Uther, ATU 476**: Midwife in the Underworld + Mot. D 2011: Relativität der Zeit; 39(3) = Mot. F 321.1: Wechselbalg unterschoben + Mot. D 512.1, F 321.1.1.1, F 321.1.1.5, F 451.5.17.1, F 481.4: Entführtes Kind zurückgebracht (Wasserkochen in Eierschalen, Altersvers). – KHM-Veröff.: 1812 (KHM 39 [1] verändert 1837; KHM 39[2] verändert 1819). – „Alle drei aus Hessen", das heißt von Henriette Dorothea Wild aus Kassel beigesteuerte Erzählungen über Zwerge, 1812 noch mit Zwischenüberschriften veröffentlicht: *Von dem Schuster, dem sie die Arbeit gemacht*; *Von einem Dienstmädchen, das Gevatter bei ihnen gestanden*; *Von einer Frau, der sie das Kind vertauscht haben*. Die drei Fassungen demonstrieren das ambivalente Wesen Jenseitiger.

In KHM 39(1) werden die Zwerge als dienstbare Geister gezeigt, die einem armen Schusterehepaar zu Wohlstand verhelfen. Nach Christine Shojaei Kawan sind die hilfreichen Zwerge als männliches Pendant zu der in Märchen öfter begegnenden geheimnisvollen Haushälterin anzusehen (EM 14, 1695). Bei KHM 39 (1) handelt es sich um ein Märchen, das auf Sagenmotiven basiert. Märchenhaft ist auch der Schluß, in dem das Verschwinden der Zwerge optimistisch ausgestaltet wurde. Die Zwerge erhalten aus Dankbarkeit Kleidungsstücke als Gegengabe, das Schusterehepaar hat dank des Eingreifens der Zwerge den Grundstein für Wohlhabenheit gelegt. Hierin ist auch der Unterschied zur Sage zu sehen, wie sie etwa in einer Erzählung über hilfreiche Zwerge aus den *Deutschen Sagen* (Grimm/Uther DS 150) beschrieben ist: Dort hören die Zwerge mit der Nachtarbeit auf, nachdem das Geheimnis ihrer Gänsefüße entdeckt ist. Die Zwerge oder Wichtelmänner haben in den KHM ganz andere Züge als in Sagen. Sie besitzen keine Nebelkappe, die sie unsichtbar macht, auch werden sie nicht als schmiedende kleine Leute dargestellt und entleihen nichts.

KHM 39(1) verwirklicht den alten Traum der Menschheit, mit Hilfe von Automaten oder nichtmenschlich gedachten Wesen, die sich in Dienst nehmen lassen, ein Leben ohne Arbeit zu führen. Die hilfreichen Hausgeister in Sagen dagegen, die ihre Hilfe sofort einstellen, sobald sie von Menschen beobachtet und ‚ausgelohnt' werden, erinnern an Jenseitswesen, die soziales und normwidriges Verhalten (vgl. auch KHM 182: *Die Geschenke des kleinen Volkes*) mit Belohnung oder Strafe werten oder Neugier, eigentlich Voraussetzung jeglicher menschlicher Erfahrung, ahnden und damit ihre Menschenfeindlichkeit unter Beweis stellen. Das Ausgelohnt-Motiv findet sich bereits bei Herodot (4,96).

Während Sagen infolge ihres repressiven Charakters mit solchen Erzählungen die Schutz- und Wehrlosigkeit des Menschen aufzeigen, indem Belauscher/Beobachter Jenseitiger körperliche Defekte als Folge ihres Tuns davontragen (Uther 1981, 24 f.), ist in KHM 39(1) der Strafcharakter bedeutungslos, das Ende harmonisiert. Die Zwergwesen kommen nicht wieder, nachdem sie die Gaben der Schustersfrau vorgefunden haben.

In Deutschland ist besonders ein Gedicht von August Kopisch (1799–1853) populär geworden. Die hilfreichen Geister sind in der Stadt Köln als Heinzelmännchen verortet. Hier erscheinen sie nicht wieder, weil die boshafte Schneidersfrau auf der Treppe Erbsen verstreut hatte, um die unsichtbaren Helfer zu überlisten. Gerade die erste Zwergensage ist öfter bildlich dargestellt worden. So zeigte beispielsweise der englische Illustrator George Cruikshank (1823) das auch später bevorzugte Motiv: Wichtelmänner bei der Arbeit, beobachtet dabei von dem Ehepaar.

KHM 39(2) ist ebenfalls als ein Märchen anzusehen, das wie KHM 39(1) auf einem wichtigen Sagenmotiv basiert. Es handelt sich um eine märchenhaft gestaltete Fassung einer Sage vom Dienst (oft als Hebamme, Patin) bei Unterirdischen (Zwerge, Wassergeister). Dieser uneigennützig ausgeführte Dienst erbringt hernach unerwartete Gaben, wenn die Person über einen ‚tugendhaften' Charakter wie hier die Dienstmagd verfügt (vgl. auch KHM 24: *Frau Holle*). Sagen solchen Inhalts haben die Brüder Grimm mehrfach, vor allem nach literarischen Quellen des barocken Vielschreibers Johannes Praetorius, in ihre *Deutschen Sagen* aufgenommen (Grimm/Uther DS 41, 49, 58, 65, 66–68, 70, 128, 305); den ältesten Beleg für eine so beschriebene Dienstleistung, verortet im Schwarzwald, enthält die *Zimmerische Chronik* von 1564/66 (Bd. 4, 118). Jacob

Grimm schätzte die Zwergensagen ganz besonders, wie aus mehreren Zeugnissen hervorgeht. So schrieb er z. B. an Ludowine von Haxthausen am 7.6.1818, sie seien ihm „wegen ihrer eigentümlichen Heimlichkeit besonders lieb" (Grimm/Reifferscheid 1878, 40 f.). Daß im Jenseits andere Zeitvorstellungen gelten, macht die abschließende Episode von der Relativität der Zeit deutlich (Mot. D 2011; vgl. DMK/Uther, ATU 471 A: *Mönch und Vöglein*). Im Unterschied zu vielen Sagen (vgl. z. B. Grimm/Uther DS 1) bleibt die Frau nach Rückkehr in die diesseitige Welt allerdings am Leben, was als Harmonisierung des Geschehens zu bewerten ist – so auch in Grimm/Uther DS 152. Ebenso überstehen die zwölf Apostel aus der gleichnamigen Kinderlegende schlafend unbeschadet dreihundert Jahre (KL 2: *Die zwölf Apostel*).

Die dritte und kürzeste Zwergenerzählung KHM 39(3) ist wegen des glücklichen Ausgangs (das geraubte Kind wird wiedergebracht) auch als Märchen anzusehen, obwohl die Erzählung ebenfalls auf einem Sagenmotiv aufbaut: Verknüpft wird eine Wechselbalgsage mit dem Altersvers. Solche Erzählungen über Wechselbälge gehörten über Jahrhunderte zum magischen Weltbild und sollten wohl physische Deformierungen von Säuglingen, beispielsweise durch Kretinismus oder Wasserkopf, erklären sowie unangemessenes Verhalten (Lachen) als seelische Störung. In den *Deutschen Sagen* ist die Wechselbalg-Thematik mehrfach angesprochen (Grimm/Uther DS 82, 83, 88, 90, 91, 153). Das Brauen von Wasser oder Bier in Eierschalen hat in einer in ganz Europa verbreiteten Wechselbalgsage die Funktion eines Abwehrzaubers. Es bringt den Wechselbalg zum Geständnis seines Alters und zu übermäßigem Lachen, das als Kennzeichen der Dämonen und boshaft gesinnter Gegenspieler gilt, und führt hernach zum Austausch mit dem richtigen Kind.

Der Spruch des Wechselbalgs mit dem Bezug zum Westerwald scheint erstmals in KHM 39(3) vorzukommen. Alterssprüche und damit zusammenhängende Wechselbalgsagen sind dagegen schon aus Quellen des späten 17. Jahrhunderts bekannt, doch ist ein Zusammenhang zu den besonders im 19. Jahrhundert europaweit verbreiteten Wechselbalgsagen und dem Altersvers nicht festzustellen. Als Eingangsmotiv für gemeinsames Arbeiten im Haushalt von Läuschen und Flöhchen (KHM 30) begegnet das Brauen von Bier (statt Wasser) eher beiläufig.

Lit.: BP 1 (1913) 362–364; HDM 1 (1930–33) 52 f. (L. Mackensen) (zum Altersvers) und 152–154 (J. Künzig) (Ausgelohnt) und 251–253 (G. Kahlo) (zum Bierbrauen); Wesselski 1932a, 15–19 (Altersvers); Christiansen 1974 (zum Hebammendienst); Wildhaber 1985 (zum Altersvers und zum Wasserkochen in Eierschalen); Uther 1987 (zu dienstbaren Geistern); EM 6 (1990) 610–617 (E. Lindig) (zu Hausgeistern); Gilmour 1993 (zu Zwergen); Röhrich 1993b, 29 (zum Lachen); Rölleke 1993, 53; Tomkowiak 1993, 280 (zu KHM 39[1]); Maennersdoerfer 2000, 141–145 (zu KHM 39

[2]); Rölleke 2000, 92–98 (zur Textentwicklung von KHM 39[2]); Rölleke 2004b (zum Altersvers); zur Rolle von Wechselbälgen vgl. EM 14 (2014) 529–533 (W. Seidenspinner); Stiefbold 2015, 2020 (zu Vorstellungen von Menschen und Nicht-Menschen); Uther 2020, 18 f.

40. Der Räuberbräutigam. – DMK/Uther, ATU 955: Räuberbräutigam. – KHM-Veröff.: 1812 (verändert 1819, 1837). – Das in der Urfassung der Märchensammlung (Nr. 41; Grimm/Rölleke 1975, 234–237, 378) bereits vorhandene Schreckmärchen, von Jacob Grimm nach einer Erzählung Marie Hassenpflugs niedergeschrieben, wurde für die Erstauflage 1812 sprachlich geglättet und besonders im Schlußteil kräftig ausgeschmückt. Diese „unvollständigere" Fassung wurde 1819 durch die Kontamination zweier Texte „aus Niederhessen" ersetzt und 1837 noch anschaulicher gestaltet.

KHM 40 zählt zum Themenkomplex Frauenmörder und dem Typus der *Blaubart*-Märchen (z. B. KHM 49: *Fitchers Vogel*), in denen eine junge Frau freiwillig oder auf Geheiß ihres Vaters einen reichen Unbekannten heiratet oder ihm versprochen wird. Der Fremde entpuppt sich als Unhold. Die dazugehörigen Märchen unterscheiden sich strukturell vor allem durch die Art der Befreiung der jungen Frau. „Aber Gott half ihr, daß sie glücklich durchkam", heißt es in KHM 40, obwohl sie die Warnung des Vogels ignoriert und das einsame Waldhaus in der Abwesenheit ihres Bräutigams weiter durchsucht hatte. Eine alte Frau erweist sich als Helferin und versteckt das Mädchen, das so Zeuge unvorstellbarer Grausamkeiten der Räuber wird.

Derartige Brutalitäten, sonst selten in den KHM, werden hier ausführlich beschrieben – bis hin zum Abhacken einzelner Gliedmaßen – und spiegeln in der Zerstückelung der „Jungfrau" Männerphantasien wider. Der Finger, der dem versteckten Mädchen in den Schoß fällt, ist später ein nicht zu leugnendes Signum der Tat und hilft zur Aufklärung des Mordes. Aus dem ausgeschiedenen *Blaubart*-Märchen (1812: KHM 33) hat Wilhelm Grimm in die späteren Auflagen manches für KHM 40 und KHM 46 übernommen, was der damaligen Vorstellung einer legitimen Rekonstruktion der oft nur fragmentarisch vorhandenen Stücke entsprach, obwohl eine solche Kontaminationspraxis in den Vorreden der KHM bestritten wurde. Eine *Räuberbräutigam*-Version enthält auch Ludwig Bechsteins *Deutsches Märchenbuch* von 1845 (Bechstein/Uther 1997a, 138–141). Bildliche Darstellungen des Märchens sind recht selten, in Anthologien und KHM-Teilausgaben ist KHM 46: *Fitchers Vogel* als Typus der *Blaubart*-Geschichten stärker vertreten.

Lit.: BP 1 (1913) 370–375; Schmidt 1932, 171–184, 370 f.; Scherf 1987, 233–238; Uther 1988; Kooi/Schuster 1994, Nr. 3 (Varianten); Scherf 1995, 963–965; Dekker et al. 1997, 312 f. (T. Dekker); Takahashi 1999; Anderson 2000, 100–102; EM 11 (2004) 348–353 (C. Goldberg); Tatar 2004; Ono 2007 (zur Waldsymbolik).

41. Herr Korbes. – DMK/Uther, ATU 210: Tiere auf Wanderschaft. – KHM-Veröff.: 1812. – Von Jacob Grimm in der Urfassung der Märchensammlung (Nr. 4; 1810) niedergeschriebener Tierschwank nach Johanna Isabella Hassenpflug „aus den Maingegenden", der Clemens Brentano etwas später als das Konvolut der Grimmschen Urfassung der Märchensammlung erreichte (Grimm/Rölleke 1975, 334–337, 389).

Wie KHM 10, 18, 27, 58 und anderen gehört die gemeinsame Reise von Tieren und Gegenständen zu dem Erzähltyp der Tiere auf Wanderschaft (mit Parallelen zu KHM 10: *Das Lumpengesindel*). Hier sind es Tiere, Gegenstände und Lebensmittel, die über die Gabe der Sprache verfügen. Herr Korbes erleidet das gleiche Schicksal wie der ungastliche Wirt aus dem *Lumpengesindel*-Märchen. Allerdings fehlt eine nähere Begründung, warum die Reisegesellschaft überhaupt unterwegs ist und warum der Hausbesitzer angegriffen wird. Die Erzähllogik bleibt auf der Strecke. Statt kausaler Zusammenhänge steht die von der bunt zusammengewürfelten Gruppe ausgeübte Gewalt im Zentrum des Tierschwanks. Die Figur des Herrn Korbes sei vergleichbar mit dem Kindern Angst einjagenden Knecht Ruprecht oder dem Butzemann, teilten die Brüder Grimm Edgar Taylor, dem englischen Übersetzer ihrer KHM, auf dessen Anfrage mit, da er sich unter dem Namen Korbes nicht so recht etwas vorstellen konnte (BP 1, 375). Um das Handeln der Tiere und Gegenstände plausibler erscheinen zu lassen, wurde in der *Großen Ausgabe* der KHM (seit 1850) der Schluß ergänzt, der diesen Herrn Korbes nun charakterisiert: „Der Herr Korbes muß ein recht böser Mann gewesen sein." Dadurch mache Wilhelm Grimm jedoch nach Claudia Schittek (1979, 396, 399) aus dem Unschuldigen und ohne erkennbares Fehlverhalten agierenden Herrn Korbes den Täter und zerstöre die harte Pointe (Faber 2002, 113).

KHM 41 hat weit weniger nachgewirkt als das verwandte *Lumpengesindel*-Märchen und ist ein weiteres Beispiel für die beträchtliche Zahl von Kindergeschichten in den KHM, die gar nicht unbedingt logisch motiviert sein müssen, gerade deshalb und vor allem wegen ihrer grotesken und absurden Abenteuer aber bei Kindern sehr beliebt sind und sich auch gut zum Memorieren eignen.

Lit.: Aarne 1913; BP 1 (1913) 375; Schmidt 1932, 318–321; Tatar 1990, 252 f.; Kooi/Schuster 1993, Nr. 210 (Varianten); Uther 1993b; Scherf 1995, 592–594; Solms 1999, 117, 119 f.; Hubrich-Messow 2000 ff., Bd. 4, 66 f. (Varianten); Laeverenz 2001, 144–146; Faber 2002, 113, 184; Kluwe 2007, 83–86.

42. Der Herr Gevatter. – DMK/Uther, ATU 332: Gevatter Tod + DMK/Uther, ATU 334: Haushalt der Hexe. – KHM-Veröff.: 1812. – Nach einer Erzählung der Amalie („Male") Hassenpflug (1812) niedergeschrieben; 1837 erhebliche sprachliche Überarbeitungen (besonders in der ersten Hälfte) und Ergänzung eines plausiblen Schlußsatzes (Flucht des Mannes aus dem Haus). Es ist gewiß kein Zufall, daß nach dem absurden Tierschwank vom Aufenthalt der Tiere und Gegenstände im Haus eines „recht bösen Mannes" (KHM 41: *Herr Korbes*) mit KHM 42: *Der Herr Gevatter* und KHM 43: *Frau Trude* zwei weitere Schreckmärchen anschließen, welche absonderliche Abenteuer in fremden Häusern beschreiben.

Im Zentrum von KHM 42 steht ein Mann, der ein magisches Heilmittel, „ein wunderbares Wasser" (s. Kommentar zu KHM 16: *Die drei Schlangenblätter*), von einem Fremden erhält, als Arzt damit reich und berühmt wird und bei einem Besuch seines unbekannten Wohltäters das Fürchten lernt. Die Antworten des Mannes, der „ein paar lange Hörner" hatte, vermögen ihn nicht zu befriedigen, er kennt sich in der Jenseitswelt nicht aus und flieht. Für Kurt Ranke (1978, 99) stellt KHM 42 „ein possenhaft angehauchtes Märchen" dar, das sich von einer dämonischen Sage auf seiner Wanderung nach Westen zu einem Märchen mit glücklichem Ausgang gewandelt habe.

Den sozialen Aufstieg zum Wunderheiler und die Fähigkeit, den personifizierten Tod zu schauen, hat KHM 42 mit KHM 44: *Gevatter Tod* gemein. Deutlich wird ein Zerrbild des ärztlichen Standes (s. auch KHM 118: *Die drei Feldscherer*). Es „herrscht die totale Verspottung des ärztlichen Standes" (EM 1, 851). „On artznei" hatte schon der Schalk Eulenspiegel Kranke gesund gemacht und mit Leichtgläubigen und Dummen seinen Schabernack getrieben, statt die Wiederherstellung der Gesundheit durch ärztliche Kunst und das Verschreiben von Heilmitteln erreichen zu wollen. Eine solche Einstellung ist nachgerade typisch für schwankhafte Erzählungen des Spätmittelalters und der Frühen Neuzeit. Ärzte werden als Kurpfuscher und Quacksalber bezeichnet, ihre Diagnosen als pure Zufallsergebnisse ausgegeben, die nicht auf ärztlicher Kunst beruhten, sondern auf Wunderheilungen. Mit dieser Einstellung bot sich zugleich die Gelegenheit, die zahlreichen Berichte von angeblichen Wunderheilungen zu parodieren.

Der im Anmerkungsband (KHM 1856, 69) notierte Hinweis auf eine Variante aus der Sammlung des Lehrers und Volksschriftstellers Ludwig Aurbacher ([1784–1847] „Vollständiger als in den früheren Ausgaben nach einer Erzählung in dem Büchlein für die Jugend") wird öfter in einem falschen Zusammenhang gesehen. So meinte z. B. Walter Scherf (in Anlehnung an Heinz Rölleke), KHM 42 sei durch Aurbachers Fassung ergänzt beziehungsweise damit kontaminiert worden. Doch hat Wilhelm Grimm mit seinem Hinweis nur auf den neuen Schluß des Schreckmärchens angespielt, der bei Aurbacher (1834, 173 f.) noch

KHM 42: Der Herr Gevatter. Illustration von Philipp Grotjohann (1893)

drastischer ausgemalt ist und außerdem mit dem Tod der neugierigen Frau (durch Erschlagen) endet:

> Da konnte sie sich nimmer verstellen, und sagte: „Ach, Mann, ich habe durch das Schlüsselloch gesehen." Es fragte der Mann weiter: „Warum bist du so blaß und zitterst so?" Sagte sie: „Ach, Mann, ich habe gesehen, wie deine Haare brannten, gleich feuriger Lohe, und wie deine Augen funkelten, wie Glas; und ich sah, wie du einen blutigen Knochen zwischen den Fingern hattest, und an ihm nagtest." Da holte der Mann aus dem Zimmer den Knochen, und schlug damit die neugierige Frau todt.

Außerhalb von KHM-Gesamtausgaben hat das Schreckmärchen, das nach Walter Scherf helfe, Vernichtungsängste zu überwinden und die enge Mutterbildung zu lösen, wegen des Inhalts nicht weiter nachgewirkt.

Lit.: BP 1 (1913) 375–377; HDM 2 (1934–40) 614 (R. T. Christiansen); Ranke 1955 ff., Bd. 1, 272 f. (Varianten); Ranke 1978, 98 f.; Scherf 1987, 25–75; EM 6 (1990) 617–620 (B. Kerbelytė); Kaiste 2005, 104–111.

43. Frau Trude. – DMK/Uther, ATU 334: Haushalt der Hexe. – KHM-Veröff.: 1837. – 1837 erstmals erschienen und eingesetzt für die bisher dort vorhandene Erzählung *Die wunderliche Gasterei* (s. KHM 43 [1812, 1819]). Die literarische Vorlage für das Warn- oder Schreckmärchen bildete ein Gedicht (26 Paarreime), das im *Frauentaschenbuch für das Jahr 1823* (Jg. 9. Nürnberg 1823, 360–362) unter dem Titel *Klein Bäschen und Frau Trude. Ammenmährchen* erschienen war. Incipit: „Frau Trude ich komme so eben von Haus,/ Frau Trude, wie stand ich viel Bangen aus." Als Verfasser war Meier Teddy angegeben. Hinter dem Pseudonym verbarg sich vielleicht der bekannte Dichter der Romantik Friedrich Baron de La Motte Fouqué (1777–1843), der zwischen 1815 und 1831 kontinuierlich Beiträge für das von ihm herausgegebene *Frauentaschenbuch* verfaßte. Walter Scherf, der Gedicht und Warnmärchen ausführlich kommentierte, kommt zu dem Ergebnis: „Es ist recht bedauerlich, um nicht zu sagen ein Ärgernis, daß dieses vortreffliche Beispiel romantischer Märchendichtung völlig vergessen worden ist und über 150 Jahre unbeachtet blieb [...] Der kunstvolle Aufbau, die straffe, zielsichere Steigerung, der zu jener Zeit keineswegs selbstverständliche Verzicht auf Weitschweifigkeiten und der verhaltene, aber dennoch dramatisch erzählende Rhythmus sind bemerkenswert." (Scherf 1995, 378). In der Bearbeitung Wilhelm Grimms sind die gereimten Dialoge wie üblich in Prosa umgewandelt und gestrafft worden. Ein neuer Eingang enthält didaktische Elemente, so daß man nun von einem Warn- oder Schreckmärchen, sprechen kann.

Die einfache Struktur basiert auf Übertretung und Bestrafung und demonstriert drastisch, daß ungehorsame Kinder, die nicht den Worten ihrer Eltern folgen, scheitern. So fehlt wie in KHM 5: *Der Wolf und die sieben Geißlein* oder KHM 26: *Rotkäppchen* der erzieherische Appell nicht: „Wie konnte es dem [Kind] gut gehen", heißt es eingangs und dann wird vorgeführt, wie das Kind für seine Neugier, die eigentlich Voraussetzung jeglicher menschlicher Erfahrung ist, in der Gewalt der dämonischen Schreckfigur Frau Trude durch Verwandlung in einen Holzblock im Feuer mit dem Tod bestraft wird.

Das vor allem im bayrisch-österreichischen Gebiet bekannte Wesen Trut, Drut usw. ist vergleichbar mit Percht, Alp und anderen Dämonen und „hat die allgemeine bedeutung von hexe, zauberin, unholde angenommen", führt Jacob Grimm im Abschnitt *Walachuriun* aus (Grimm DM, Bd. 1, 351). Diese Vorstellung dürfte die Namengebung der Kinderschreckfigur beeinflußt haben, heißt es doch beispielsweise schon bei Matthäus Hammer im *Historischen Rosengarten* (1654, 204 f.): „ist mercklich das Sprichwort an etlichen Orten noch gebräuchlich/ wenn man der bösen Kinder Zuchtmeister oder Meisterin zum schrecken gedencken wil/ daß man sagt/ schweig/ die Drude kompt". Frau Trude bezeichnet sich selbst als Hexe: „Oho," sagte sie, „so hast du die Hexe in ihrem rechten Schmuck gesehen". Die sonst üblichen Eigenschaften des Alpdrückens oder des Saugens fehlen jedoch (vgl. HDA 8, 1173 f.).

Der Verbrennungstod könnte nach Auffassung von Jaana Kaiste (2005) als doppelte Strafe angesehen werden, zum einen als Strafe der Eltern, zum andern als Strafe der Hexe, weil das Kind die Dämonin in „ihrem rechten Schmuck", das heißt „mit feurigem Kopf", erkannt hatte.

Außerhalb von KHM-Gesamtausgaben hat die Kinderzuchtgeschichte wahrscheinlich des Inhalts wegen nicht weiter nachgewirkt.

Lit.: BP 1 (1913) 377; HDM 2 (1934–40) 224 f. (A. Semrau); Scherf 1987, besonders 65–69, 135–139, 269–290; EM 6 (1990) 617–620 (B. Kerbelytė); Tatar 1990, 262; Liebs 1993 (zum Frauenbild); Scherf 1995, 346–348, 678–680; Kaiste 2005, 104–111.

44. Der Gevatter Tod. – DMK/Uther, ATU 332: Gevatter Tod. – KHM-Veröff.: 1812 (modifiziert: 1819, 1837, 1840). – Laut Handexemplar der KHM von 1812 nach einer Erzählung „vom Mie 20 Oct. 1811 aus Hessen", das heißt nach Heinz Rölleke (unter anderem 1985, 43 f.) Marie Elisabeth Wild aus Kassel und nicht, wie bislang angenommen, Wilhelmine von Schwertzell (1794–1849); seit der 2. Auflage von 1819 umgearbeitet (auch Ablehnung des Teufels als Paten) und vor allem im Schlußteil in Anlehnung an eine Erzählung aus Friedrich Gustav Schillings (1766–1839) *Abendgenossen* (1811, 145–286) ergänzt: Die Geschichte endet mit dem Tod des Wunderarztes und nicht mit einer Warnung.

Das international bekannte Zaubermärchen basiert nach Meinung Jurjen van der Koois nicht nur auf älteren Motiven, sondern sei auch „in zoverre atypisch voor het van nature optimistische wondersprookje met een goede afloop, dat het in de meeste versies me de held niet goed afloopt – de dood is nu eenmaal onafwendbaar" [insofern untypisch für das optimistische Märchen mit Happy-End, daß es in den meisten Versionen nicht gut für den Helden endet – der Tod ist nun einmal unausweichlich] (Dekker et al. 1997, 101). Die Vorstellung vom Lebenslicht (vgl. auch die sprichwörtliche Redensart: ‚einem das Lebenslicht ausblasen'; Röhrich, Redensarten, 942–944) geht weitläufig auf die Antike zurück und begegnet unter anderem in der von Rolf Wilhelm Brednich (zusammenfassend EM 9, 547–551) im Hinblick auf die Volkserzählung untersuchten Sage von Meleager (Apollodoros, *Bibliothek* 1,8): Die Schicksalsfrauen (Moiren) weissagen, Meleager werde solange leben, bis das im Feuer liegende Holzscheit völlig verbrannt sei. Seine Mutter Althaia nimmt es daraufhin aus dem Feuer und verbirgt es bis zur Verfluchung Meleagers an einem sicheren Ort. Aus jüdischer Überlieferung stammt das Motiv des zu Häupten oder zu Füßen stehenden Todesengels (*Babylonischer Talmud, Aboda Sara*).

KHM 44 ist in die Nähe des Exempels zu stellen und ähnelt in seiner Anlage – mitten im Leben kann jederzeit der Tod eintreten (s. auch KHM 27: *Der Tod und der Gänshirt* [1812], KHM 177: *Die Boten des Todes*) – an die Vielzahl solcher allegorischer Geschichten aus dem Spätmittelalter und der Frühen Neuzeit. Der Stoff vom Gevatter Tod hatte zu Beginn des 18. Jahrhunderts offenbar einen hohen Bekanntheitsgrad erreicht. So verglich der Arzt und Fachschriftsteller Johann Christoph Ettner 1697 einen berühmten Kurpfuscher mit einem solchen ‚Arzt'. KHM 44 ist eines der wenigen Beispiele für Märchen mit schlechtem Ausgang (z. B. KHM 30, 43, 80) für den Handlungsträger: Trotz seiner Heilkünste muß der Wunderarzt wegen mehrfacher Tabuverletzungen sterben, Unsterblichkeit für seine Person erlangt er nicht.

Ältere literarische Vorlagen datieren vor allem aus dem 16./17. Jahrhundert (Abdruck einer Fassung des Johannes Praetorius bei Uther 1990b, Nr. 21) und enthalten deutliche sozialkritische Züge. Diese Tendenz zeigt auch noch die Erstveröffentlichung in den KHM 1812, hatte dort doch der Arme über den „lieben Gott" als Paten geurteilt: „Ich will dich nicht zum Gevatter, du giebst den Reichen und läßt die Armen hungern". Während die Sozialkritik ähnlich im Bechstein-Märchen (Bechstein/Uther 1997a, 87–90) aufscheint, kommentierte Wilhelm Grimm 1819 in seiner durch christliche Züge angereicherten Bearbeitung das Handeln: „So sprach der Mann, weil er nicht wußte, wie weislich Gott Reichthum und Armuth vertheilt".

KHM 44: Der Gevatter Tod. Vignette von Dora Polster (1911)

Maßgebliche Vorlage für KHM 44 war vor allem Jakob Ayrers Fastnachtspiel *Der Baur mit seim Gevatter Tod* (Ayrer 1620, Bd. 2, Nr. 6), auf dessen merkwürdiges Alter im Zusammenhang mit guter Sammeltätigkeit Jacob Grimm Achim von Arnim ausdrücklich hingewiesen hatte (s. Brief vom 28.1.1813, Arnim/Steig 1904, 272). Ayrers Fastnachtspiel könnte Jacob Grimm über eine in der Grimm-Bibliothek befindliche Ausgabe mittelalterlicher Dichtungen von Johann Gustav Gottlieb Büsching (Denecke/Teitge 1989, Nr. 2393) entdeckt oder in einer Ayrer-Ausgabe der Komödien und Tragödien von 1618/20 gefunden haben, welche sich gleichfalls in der Grimm-Bibliothek befand (Denecke/Teitge 1989, Nr. 2972); die Ayrer-Ausgabe hatte Achim von Arnim den Brüdern Grimm im Juli 1810 geschenkt (Arnim/Steig 1904, 58, 61, 63, 67).

Die Erblindung des Königs durch Weinen – eine den alten Kulturvölkern durchaus vertraute Vorstellung, welche auch häufiger aus mittelhochdeutschen Dichtungen bekannt ist (Uther 1981, 17) – ist eine anschauliche Einfügung seit der 2. Ausgabe von 1819 und ist als Topos für die Trauer des „Tag und Nacht" weinenden Königs zu sehen.

KHM 44 ist ein singuläres Beispiel für die Rolle eines Heilers/Arztes in den KHM, der seine Fähigkeiten nicht an einer Universität oder durch die Praxis erworben hat, sondern dessen Kunst auf einem übernatürlichen Helfer gründet, der ihm die Gabe der Geistersichtigkeit verliehen hat. In späteren Fassungen der im 19. Jahrhundert reich bezeugten Geschichte ist mit dem Zug des geprellten Todes häufiger eine schwankhafte Umgestaltung vorgenommen worden, was der allgemeinen Tendenz zur Entdämonisierung von Geschichten entsprach.

Innerhalb vergleichbarer KHM hat der „Gevatter Tod" eine nicht zu übersehende Nachwirkung im Märchenspiel, Film (Schmitt 1993, Nr. 55, 146, 166) und in anderen Medien gehabt und repräsentiert in KHM-Teilausgaben den Typus, häufiger auch mit einer bildlichen Darstellung.

Als bevorzugte Bildmotive haben sich herausgestellt: Darstellungen des Heilers mit dem Tod (Tod mit Sichel), mit Tod und Arzt am Bett des Kranken.

Lit.: Bolte 1894 (unter anderem zu J. C. Ettner); Hamann 1906, 69–72; BP 1 (1913) 377–388; HDM 2 (1934–40) 615–620 (R. T. Christiansen); Ranke 1955 ff., Bd. 1, 265–270 (Varianten); Woeller 1961, 434–436; Haertel 1978; Le Roy Ladurie 1980, 183–502; Bubenheimer 1982; Bausinger 1987, 33 f.; EM 5 (1987) 1224–1233 (E. Moser-Rath); Lox 1990, 85–106; Valenta 1991, 63–97 (zu Poccis Fassung zu Gevatter Tod); Scherf 1995, 495–499; Bluhm/Rölleke 1997, 75–80 (zu Redensarten, Formeln, usw.); Dekker et al. 1997, 101–103 (J. van der Kooi); Richter 1997; Solms 1999, bes. 145–147; Anderson 2000, 115 f.; Röhrich 2001, 22, 211 f.; Schmidt 2013, 112–120.

45. Daumerlings Wanderschaft. – DMK/Uther, ATU 700: Däumling. – KHM-Veröff.: 1812 (verändert 1819); Kleine Ausg.: 1825 (Nr. 21). 1812 und bereits in der handschriftlichen Urfassung von 1810 (dort Nr. 14; vgl. Grimm/Rölleke 1975, 356 f.) nach einer Erzählung der Marie Hassenpflug „aus den Maingegenden" enthaltenes Zaubermärchen; 1819 kontaminiert mit zwei Fassungen „aus dem Hessischen und Paderbörnischen" (letztere, erhalten über die Familie von Haxthausen, befindet sich mit der Überschrift *Däumling* im Grimm-Nachlaß Berlin, Preuß. Kulturbesitz). In der bekannten Auseinandersetzung über die Bearbeitung literarischer Vorlagen räumt Jacob Grimm in einem Brief an Achim von Arnim (verfaßt zwischen 31.12.1812 und 7.1.1813) ein, daß bei der Wiedergabe von Texten nicht eine mathematisch exakte Treue der Überlieferung angestrebt sei. Er, Jacob, habe die Drohung, der geizigen Meisterin mit Kreide einen Spottvers an die Haustür zu schreiben („Kartoffel zu viel, Fleisch zu wenig, Adies, Herr Kartoffelkönig") als Zusatz eingefügt; es sei ein „Handwerkerspaß" und erzählt „von einer Magd" (Arnim/Steig 1904, 255; Ginschel 1989, 256). Der Titel *Des Schneiders Daumerling Wanderschaft* wurde 1840 verkürzt zu *Daumerlings Wanderschaft*.

Das Märchen von den Abenteuern des Daumesdick (KHM 37), von Ottokar Graf Wittgenstein als Entwicklungsphasen angesehen (Wittgenstein 1973, 41–54), erweist sich innerhalb des Typus der Däumlingsmärchen in der Nachwirkung populärer als das von Daumerlings Wanderschaft. Offenkundig orientierten sich die Märchenherausgeber lieber am französischen Märchen *Le petit poucet* von Charles Perrault (1697) und davon abhängigen Fassungen wie vor allem Ludwig Bechsteins *Der kleine Däumling* (Bechstein/Uther 1997a, 167–172).

Weiteres s. Kommentar und Literaturangaben zu KHM 37.

46. Fitchers Vogel. – DMK/Uther, ATU 311: Mädchenmörder. – KHM-Veröff.: 1812; Kleine Ausg.: 1825 (Nr. 22). – Seit 1812 an dieser Stelle. Das Märchen ist die Kontamination einer von der Pfarrerstochter Friederike Mannel (1783–1833) aus Allendorf und einer von Henriette Dorothea Wild, Wilhelm Grimms späterer Frau, beigesteuerten Fassung. Es ist der deutsche Prototyp für alle Versionen, in denen eine Frau gegen ihren Willen von einem dämonischen Wesen entführt wird, dabei eine Gehorsamsprobe besteht, ihre getöteten und von ihr wiederbelebten Schwestern aus der Gewalt des Unholds befreit und ihn mit nicht näher bezeichneten Helfern im eigenen Haus verbrennen läßt. Während das Märchen 1812/15 unkommentiert bleibt, wird in den KHM-Anmerkungen (1822, 76; 1856, 74) eingeräumt: „Augenscheinlich enthält unser Märchen die Sage vom Blaubart".

In den älteren *Blaubart*-Märchen, die ihren Ausgang von der Vorlage Charles Perraults nehmen (= DMK/Uther, ATU 312, s. das ausgeschiedene Märchen KHM 62 [1812]) heißt es, daß die Frau, mehr oder minder aus freien Stücken, einen reichen Mann (in der Regel kein dämonisches Wesen) mit einem absonderlichen äußeren Merkmal ehelicht und wegen einer nicht bestandenen Gehorsamsprobe den Tod erleiden soll. Sie initiiert die Hilfsaktion, die eigentliche Errettung erfolgt jedoch durch andere oder bestenfalls durch ihre Mithilfe.

Die Märchen vom Typus KHM 46 sind dagegen durch die Themen Brautraub, Frau in Gewalt eines dämonischen Wesens, das Verbot, einen bestimmten Raum zu betreten oder eine bestimmte Tür zu öffnen, Tod wegen mißlungener Gehorsamsprobe, Jüngste als erfolgreiche Gegenspielerin, wundersame Wiederbelebung und Errettung, Bestrafung des Schädigers strukturiert. Das mehr oder weniger stereotype Interieur des Zimmers mit den aufgehängten Leichen der Frauen ist, wie im Märchen üblich, nicht weiter beschrieben, so daß Leser und Hörer ihrer Phantasie freien Raum lassen können. Auch die Emotionen beim Betreten des Zimmers verschweigt das Märchen, weil innerseelische Vorgänge seiner Handlungsträger nicht interessieren. Oder, wie der Schweizer Erzählforscher Max Lüthi (1969a, 19) allgemein über Märchenschilderungen urteilte: „Niemals wühlt es im Grausigen."

Die ideenreiche und aktive Rolle der Frau ist in KHM 46 viel stärker herausgearbeitet als in den nahestehenden Märchen KHM 40: *Der Räuberbräutigam* oder in den beiden ausgeschiedenen Märchen *Das Mordschloß* (1812: Nr. 73) und *Blaubart* (1812: Nr. 62). Zwar müssen zwei Frauen ihr Leben lassen, sie haben bei der Prüfung versagt. Aber die dritte besteht die Gehorsamsprobe und geht obendrein zum Schein auf das Eheangebot ein. In diesem Moment ist der Dämonische schon in die Rolle des Statisten gedrängt. Auf die Frau, die wie so oft im Märchen die jüngste von dreien ist, gehen nun die Aktivitäten über. Sie bereitet die Konfliktlösung vor und ist daran bis zum Tode des Gegenspielers entscheidend beteiligt. Die in KHM 46 und in verwandten Märchen durchweg anklingenden grausigen Szenen sind mit Lutz Röhrich (2001, 128) nicht „Selbstzweck einer blutrünstigen Schilderung", sondern dienen der Erzeugung erzähltechnisch spannender Momente. Auch Ludwig Bechstein hat die Thematik aufgegriffen; bis 1853 war in seine Ausgabe das Märchen *Das goldene Ei* integriert.

Beherrschendes Bildmotiv als Signum für KHM 46 ist der aus dem Fenster herausschauende Totenkopf.

Lit.: BP 1 (1913) 398–412; Holz 1929; Heckmann 1930; Herzog 1937; Scherf 1987, 217–224; Uther 1988; Top 1993; Scherf 1995, 317–323; EM 8 (1996) 1407–1413 (W. Puchner); Köhler-Zülch 1997 (zur Wiederbelebung); Solms 1999, 167–175; Anderson 2000, 97–100; Tatar 2004; Mamiya 2007, 356 (Textveränderungen); Solms 2007, 19 f. (zur Angstüberwindung kindlicher

Zuhörer); Gorgulla 2011, 353–359, 379–384; zum Motiv des verbotenen Zimmers vgl. EM 13 (2013) 1358–1362 (B. Rieken).

47. Von dem Machandelboom. – DMK/Uther, ATU 720: Totenvogel. – KHM-Veröff.: 1812 (verändert 1843); Kleine Ausg.: 1825 (Nr. 23). – Die Fassung des sehr bekannten Zaubermärchens geht auf den pommerschen Maler Philipp Otto Runge (1777–1810) zurück, von dem auch das berühmte andere Dialektmärchen vom Fischer und seiner Frau (KHM 19) stammte; Erstveröffentlichung in der von Achim von Arnim herausgegebenen *Zeitung für Einsiedler* (9./12. Juli 1808: *Von den Ma[c]handel Bohm*, 229–232, 233–237); zur komplizierten Überlieferungsgeschichte, zu Texteingriffen (1843 Abdruck einer von dem Bruder Daniel Runge hergestellten Fassung im Hamburger Dialekt, die auf der KHM-Veröffentlichung basierte, was Wilhelm Grimm nicht bemerkt hatte und jene Fassung für die ursprünglichere hielt) und weiteren Abdrucken (Büsching 1812, Nr. 57) siehe Kommentar zu KHM 19. Im April/Mai 1808 hatte Jacob Grimm bereits an seinen Lehrer und Förderer Friedrich Carl von Savigny (1779–1861) eine hochdeutsche Zusammenfassung unter dem Titel *Stiefmutter* geschickt (Grimm/Schoof 1953, 140 f.: Abdruck).

KHM 47 entsprach wie das andere Runge-Märchen KHM 19 dem Idealtyp eines Märchens. In einem Brief an Clemens Brentano vom 22.1.1811 schickte Jacob Grimm den Entwurf eines Aufrufs *Aufforderung an die gesammten Freunde deutscher Poesie und Geschichte erlassen* mit, der zur Gründung einer Zeitschrift *Altdeutscher Sammler* führen sollte. Darin charakterisierte er das Märchen: „wüßten wir kein besseres Beispiel zu nennen als die von dem seligen Runge in der Einsiedlerzeitung gelieferte Erzählung vom Wacholderbaum [...], welche wir unbedingt zum Muster aufstellen" (Brentano/Steig 1914, 161–176, hier 167).

Achim von Arnim schrieb den Brüdern Grimm nach Erhalt des ersten Bandes in einem Brief Ende 1812, daß ihm die Veröffentlichung des *Machandelboom*-Märchens damals „wegen einer gewissen darin wohnenden Grausamkeit nicht ganz recht [sei], aber die Berührung mit Göthe auf der einen, mit der nordischen Romanze, die ich damals von Wilhelm übersetzt erhielt, und mit dem Cid in Hinsicht des Aufrichtens todter Leiber bestimmte den Abdruck" (Arnim/Steig 1904, 262). In der von den Brüdern Grimm herausgegebenen Zeitschrift *Altdeutsche Wälder* (Bd. 1, 1813, 11) zitiert Jacob Grimm in einem Kommentar zu Wolfram von Eschenbachs *Parzival* das *Machandelboom*-Märchen noch nach dem in der *Zeitung für Einsiedler* abgedruckten Text (1808, 229–232, 233–237: *Von den Machandel Bohm*) und nicht, wie hätte erwartet werden können, in der sprachlich geringfügig überarbeiteten KHM-Fassung von 1812: „vor eerem huse was een hoff, darup stund een Machandelboom, uenner den stuen de frou eens in'n winter un schalt sik een appel, un as se sik den appel so schalt, so snet se sik in'n finger un dat bloot feel in den snee – ach sed de frou, un sueft so recht hoch up un sach dat bloot foer sik an un was so recht wehmoedig, had ih doch een Kind so rot as bloot un so witt as snee!"

Viele Motive des Märchens gehören zum festen Bestandteil auch anderer KHM, etwa der Kinderwunsch nach langer kinderloser Ehe (z. B. KHM 37, 50, 76) mit der Farbenformel „hadd ik doch en Kind, so rood as Blood un so witt as Snee" (KHM 53), die Liedpassagen mit der Mahnung an das Verbrechen (statt des Vogels ein Knochen in KHM 28), die Wiederbelebung aus den Knochen (KHM 81: *Bruder Lustig*). KHM 47 ist auch eines der Märchen, das die Vorstellung von der Bosheit der Stiefmütter nachhaltig geprägt hat. Das Lied des Vogels erinnert an den Gesang des verwirrten Gretchens in Goethes *Urfaust* (1774) in der Kerkerzelle: „Meine Mutter die Hur/die mich umgebracht hat!/ Mein Vater der Schelm/ der mich gessen hat!/ Mein Schwesterlein klein/ Hub auf die Bein/ an einen kühlen Ort/ da ward ich ein schönes Waldvögelein,/ Fliege fort! Fliege fort!"

Das erst aus dem Anfang des 19. Jahrhunderts stammende Märchen (Nachweis der wichtigsten Motive bei Belgrader 1980, Kap. 1.4), das schon in groben Zügen (Kindsmörderin fürchtet Entdeckung, Atreusmahl, Wiederbelebung mit Apfel in der Hand) in einem mit Johannes von Nepomuk verbundenen Lied (um 1750) begegnet (Moser 1981, 260–262), ist wegen seiner zahlreichen archaischen Züge (Verwandlung von Kind in Vogel [vgl. die griechische Sage von Itys und Prokne und die Vorstellung vom Seelenvogel], Anthropophagie [Atreusmahl], Zerstückelung und Wiederbelebung aus den Knochen [Pelopsmotiv], Kastendeckel-Motiv, Heischeritual und Sühneopfer) anfällig für spekulative Deutungen von psychologischer Seite als auch im Hinblick auf die Altersbestimmung. Es soll unter anderem in keltischer Zeit oder, wie Max Lüthi (1966, 19) für Märchen allgemein festzustellen glaubte, gar im Jungpaläolithikum entstanden sein. Die vorerst letzte jener Ausdeutungen stammt von Nicole Belmont (1993b). Sie versucht zu begründen, daß KHM 47 von Jugendlichen erzählt und von Erwachsenen literarisch fixiert worden sei, um als Buchmärchen zu den Jugendlichen zurückzugelangen. Belmont meint auch, KHM 47 als symbolisch zu wertende Initiationserzählung für Acht- bis Zwölfjährige deuten zu können.

Die gelegentlich zu findende Bezeichnung Singemärchen für KHM 47 verharmlost die zahlreichen Brutalitäten dieser Gruselgeschichte. Das Dialektmärchen ist in KHM-Teilausgaben und Anthologien weniger vertreten, dafür aber um so mehr in Übertragungen ins Hochdeutsche. Frühe Bildbelege datieren aus der Mitte des 19. Jahrhunderts: Einen der bedeutendsten *Münchener Bilderbogen* (1855/56, Nr. 179) in Anlehnung an KHM 47 schuf Moriz von Schwind (1804–71).

KHM 47: Von dem Machandelboom. Holzschnitt von Ludwig Richter (1853)

Lit.: Steig 1901, 279; Hamann 1906, 58–66; BP 1 (1913) 412–423; Schulte Kemminghausen 1932, 1–4, 99–102; HDA 7 (1935/36) 1572–1577 (C. Mengis) (zum Seelenvogel); Wesselski 1937a, besonders 46–54, 71–83 (zur Überlieferung); Ranke 1955ff., Bd. 3, 76–81 (Varianten); Belgrader 1980; Moser 1981, 260–262; Burkert 1984 (Bezüge zum antiken Nachtigallenmythos); Scherf 1987, 90–103; Belmont 1993b; Scherf 1995, 1316–1320; Dekker et al. 1997, 246–252 (E. Venbrux; zur Rolle der Stiefmutter vgl. EM 12 (2007) 1294–1298 (N. Blaha-Peillex); Rölleke 2008, 13–56 (Textgeschichte); EM 13 (2010) 824–829 (H. Lox); Tsuruta 2013, 266–301 (zur Stoffgeschichte in der deutschen Literatur); Neumann 2018 (zu Runges Fassung).

48. Der alte Sultan. – DMK/Uther, ATU 101: Hund: Der alte H. + DMK/Uther, ATU 103, 104: Krieg der Tiere. – KHM-Veröff.: 1812 (verändert 1819, 1837). – 1812 veröffentlicht nach einer Erzählung des pensionierten Dragonerwachtmeisters Johann Friedrich Krause (1747–1828) aus dem niederhessischen Hoof (heute Gemeinde Schauenburg) – die Handschrift ist vorhanden in der Staatsbibliothek, Berlin, Preuß. Kulturbesitz (Nachlaß Grimm 1800, C1,3,6–7); 1819 ergänzt nach einer Fassung „aus dem Paderbörnischen", gemeint war die Familie von Haxthausen.

Das Tiermärchen vom alten und verstoßenen Jagdhund thematisiert die offenkundig verbreitete (Angst-)Vorstellung vor den Beschwerden des Alters und der Undankbarkeit der Herrschaft – ein beliebtes KHM-Thema. Im Anmerkungsband (KHM 1856, 81) wird auf die thematische Affinität zu KHM 102 mit den Handlungsträgern Zaunkönig und Bär sowie KHM 132 mit Fuchs und Pferd aufmerksam gemacht. Die Rehabilitierung des alten Hundes, der dank des hilfreichen und listigen Wolfs bei seiner Herrschaft als Kinderretter seine Überlebenschance wahrt, ist allerdings nicht das einzige Ziel von KHM 48. Im zweiten Teil steht der Konflikt des Haustiers gegenüber dem wilden Helfertier im Zentrum. Vom Herrn in seine alte Rolle eingesetzt und anerkannt, wertet der Hund die Treue gegenüber dem Herrn höher als die vom Wolf erwartete Gegengabe, beim Schafraub ein Auge zuzudrücken. Der Wolf hat das Nachsehen und wird verprügelt. Im darauf folgenden Krieg zwischen Haus- und Waldtieren, inszeniert als Duell, hat der Wolf mit dem Schwein als seinem Tierbeistand das Nachsehen. Auf die Tierwelt sind menschliche Konflikte übertragen. Koalitionen werden gebildet aus Überlebensstrategien; planmäßiges Handeln bringt wie in KHM 27: *Die Bremer Stadtmusikanten* gegenüber dem Gegner Vorteile, doch obsiegt der glückliche Zufall. Das humorvoll erzählte Tiermärchen geht in der Schlußpassage in einen Tierschwank über, der seine Komik aus lächerlichen Mißverständnissen (wie in KHM 27) bezieht: Wolf und Schwein halten die entgegenkommenden Tiere (Hund, Katze) aufgrund von Fehldeutungen für überlegene Gegner und fliehen. Doch kommt es zur Versöhnung.

Zwar ist die Thematik von der Undankbarkeit der Herrschaft und der Mißachtung der cura humanitatis gegenüber den Haus- und Jagdtieren oder dem Gesinde bereits in verschiedenen älteren literarischen Ausprägungen greifbar (z. B. Dicke/Grubmüller, Nr. 110, 290, 627; Abdruck einer Fabel aus Hans Wilhelm Kirchhofs *Wendunmuth* bei Uther 1990b, Nr. 22), auch der Beistand eines Tieres gegenüber einem anderen (mit Gegengabe), aber in der Gesamtstruktur ist die KHM-Fassung als ältester Textzeuge anzusehen.

Innerhalb von Tiermärchen dient KHM 48 neben den *Bremer Stadtmusikanten* (KHM 27) in Lesebüchern (Tomkowiak 1993, 237 f.) als mahnendes Beispiel für die Versorgungslücke im Alter. Daß dies bei späteren Herausgebern von Grimm-Märchen auf Zustimmung stieß, zeigt sich darin, daß KHM 48 oft nur in einer gekürzten Version abgedruckt ist, die mit dem Verrat des Hundes schließt.

Lit.: BP 1 (1913) 424–427; Sahr 1980 a–b; Verflex. 4 (^{2}1983) 306 f. (K. Grubmüller); EM 6 (1990) 1340–1343 (I. Köhler-Zülch) und EM 8 (1996) 430–436 (R. W. Brednich); Kooi/Schuster 1994, Nr. 240 (Varianten); Sahr 1995, 88–99 (didaktische Vorschläge); Hubrich-Messow 2000 ff., Bd. 4, 32–34 (Varianten); Rölleke 2006a (zu Krause); Neumann 2011, 237–240 (zur Rolle des Königs in den KHM); Zimmermann 2020, 313 f. (Sozialutopie).

49. Die sechs Schwäne. – DMK/Uther, ATU 451: Mädchen sucht seine Brüder. – KHM-Veröff.: 1812 (verändert 1819, 1837). – Seit 1812 an dieser Stelle nach einer Erzählung Henriette Dorothea Wilds, nach dem Eintrag im Handexemplar am 19.1.1812 „im Gartenhaus" (von Nentershausen) niedergeschrieben oder erzählt.

Das Zaubermärchen hängt thematisch eng mit KHM 9: *Die zwölf Brüder* und KHM 25: *Die sieben Raben* zusammen. Christine Shojaei Kawan (1996) unterscheidet drei Subtypen. In allen drei Märchen begibt sich eine junge Frau auf eine abenteuerliche Suchwanderung und erreicht durch Bewährungsproben (KHM 49: jahrelanges Schweigen, Lachverbot) die Erlösung ihrer verwandelten Brüder. Statt des Vaters ist hier die Stiefmutter, eine in den KHM stets negativ besetzte Figur (Tatar 1990, 193–216), die auslösende Person für die Vertreibung der Kinder.

Im *Dolopathos*, einer kunstvollen Adaptation des orientalischen *Sindbad*-Zyklus, die der lothringische Zisterzienser-Mönch Johannes de Alta Silva Ende des 12./Anfang des 13. Jahrhunderts schuf (seit dem 15. Jahrhundert in zahlreichen Handschriften verbreitet), findet sich unter anderem eine als *Cygni* bezeichnete Erzählung, welche die Hinterlist der Königin (wie auch in weiteren sechs Texten) beispielhaft vorführt; besonders für den zweiten Teil von KHM 49 (Heirat mit dem Prinzen, Verleumdung, Kinderraub) bestehen motivische Anklänge, jedoch keine Abhängigkeiten.

Der Stoff vom Schwanenritter interessierte die Brüder Grimm im Zusammenhang mit Lohengrin (Aschner 1909, 70–73; Cramer 1971). In den *Deutschen Sagen* handeln allein fünf Sagen von Lohengrin beziehungsweise dem Schwanenritter, von denen im Zusammenhang mit KHM 49 besonders die Verleumdungsgeschichte *Der Ritter mit dem Schwan* (Grimm/Uther DS 540) nach dem Volksbuch *Een Schoone Historie en miraculeuze Geschiedenisse Van den Ridder metter Zwane*, das sich in der Bibliothek der Brüder Grimm befand und von Jacob durchgearbeitet worden war (Denecke/Teitge 1989, Nr. 3518), gekürzt wiedergegeben ist. Eine andere literarische Vorlage für KHM 49 könnte das Märchen *Die sieben Schwäne* aus den anonym in Braunschweig erschienenen *Feen-Mährchen* (1801, 349–379) abgegeben haben, nach Auffassung Wilhelm Grimms „in schlechter Weltläuftigkeit erzählt, aber mit einigen guten Varianten" (KHM 1812, XXX). Erzählungen aus dieser im Besitz der Brüder Grimm befindlichen Sammlung weisen zu mehreren KHM eine Affinität auf (z. B. KHM 24: *Frau Holle*, KHM 56: *Der Liebste Roland*). Ludwig Bechstein hat die Siebenzahl beibehalten und veröffentlichte das Märchen 1845 unter dem Titel *Die sieben Schwanen* (Bechstein/Uther 1997a, 255–261) nach einer Leipziger Handschrift aus dem 15. Jahrhundert, die als Übertragung von Teilen des *Dolopathos* anzusehen ist. Die Geschichte von der Suchwanderung zählt auch zu einem der bekanntesten Märchen des dänischen Dichters Hans Christian Andersen (Erstveröffentlichung 1838: *De wilde Svaner*).

Marie-Louise von Franz als Vertreterin der Jung-Schule begreift die Geschwistermärchen KHM 9, 25 und 49 als Beispielgeschichten für die Bewußtwerdung und das Zusammenkommen der verschiedenen Teile der Seele, wobei die Schwester dank einer positiven Beziehung zu ihrem Animus gelange und so die Erlösung der Brüder durchführen könne, während die Brüder in ihren menschlichen Möglichkeiten derart blockiert seien, daß sie nur noch über die Ausdrucksmöglichkeiten von Tieren verfügten. Die Rückkehr aus der theriomorphen Form zum Menschen ließe sich als Individuation und Bewußtwerdung auffassen (von Franz 1977, 111–139; ähnlich auch von Franz 1986a, 50 f.).

Weiteres s. Kommentare (und Lit.) zu KHM 9 und 25.

Lit.: BP 1 (1913) 427–434; Kolb 1985; Bottigheimer 1990b; Tomkowiak 1993, 247; Kooi/Schuster 1994, Nr. 7 (Varianten); Schenda 1995, 327 f.; Scherf 1995, 1077–1081; EM 8 (1996) 1354–1366 (C. Shojaei Kawan); Dekker et al. 1997, 238–242 (J. van der Kooi); Shojaei Kawan 2004, 224–230; zur Rolle der Stiefmutter vgl. EM 12 (2007) 1294–1298 (N. Blaha-Peillex); Shojaei Kawan 2007 (zum König als Gerichtsherr); Neumann 2011, 237–240 (zur Rolle des Königs in den KHM); Reinhardt 2012, 113–115, 223 f., 446 f. (zu Struktur und Motivparallelen); Solms 2014, 44 (zur Erzählerperspektive).

50. Dornröschen. – DMK/Uther, ATU 410: Schlafende Schönheit. – KHM-Veröff.: 1812; Kleine Ausg.: 1825 (Nr. 24), (verändert 1840). – In der Handschrift Jacob Grimms bereits in der Urfassung der Märchensammlung von 1810 (Grimm/Rölleke 1975, 106–111 = Nr. 19) festgehaltenes Zaubermärchen, seit 1812 als KHM 50, laut KHM-Handexemplar nach der Erzählung von Marie Hassenpflug (1788–1856). Die Nähe zum Perrault-Märchen (1697: *La Belle au bois dormant*) ist offensichtlich, auch gibt es einige Parallelen zu *La Biche au bois* (1698) der Madame d'Aulnoy: Die ‚böse' Fee kündigt die Geburt des Kindes an.

Eine ältere Vorlage des Stoffs findet sich im anonymen französischen Prosaroman *Roman de Perceforest* (ca. 1330–40 entstanden; vgl. EM 11, 719–721), in dem die Abenteuer des fiktiven Königs Perceforest bei dessen Eroberung und Christianisierung Englands geschildert werden. Nicht die Schöne steht im Zentrum der Handlung, sondern der männliche Held, dessen Abenteuer aus seiner Sicht geschildert werden (Wolfzettel 2005). Nach Jeanne Lods (1951) sind im *Perceforest* innerhalb der Abenteuerschilderung von Troylus und Zelandine (Buch 3, Kap. 46, 48 und 55) fünf Handlungssegmente des Perrault-Textes vorgebildet, von denen die ersten vier auch der Handlung des *Dornröschen*-Märchens entsprechen: (1) die Ursache der Verzauberung, (2) der Vorfall, der den magischen Schlaf ausmacht, (3) die Ankunft des Königssohns, (4) das Erwachen der Verzauberten. Nach neueren Forschungen ist die im *Perceforest* geschilderte sexuelle Vereinigung während des magischen Schlafs noch in nachfolgenden Fassungen wie dem katalanischen Gedicht *Frayre de Joy e Sor de Plaser* (14. Jahrhundert) und Basiles *Sonne, Mond und Talia* (*Pentamerone* 5,5) vorhanden, bei Perrault und bei Grimm dann aber unter Anpassung an ein anderes soziales Milieu entfallen. Der sprechende Name *Dorn-Röschen* findet sich erstmals als Überschrift eines orientalisierenden Feenmärchens des Grafen Antoine d'Hamilton (1645–1720), und zwar in der deutschen Übertragung eines Märchens aus der *Bibliothèque Bleue*: *Geschichte Dorn-Röschens* in der *Blauen Bibliothek aller Nationen* (Bd. 2. ed. F.J.J. Bertuch. Gotha 1790, 179–332). Hamiltons Märchen hat mit der Handlung von KHM 50 jedoch nichts gemeinsam.

Für die Erstausgabe der KHM von 1812 machte Wilhelm Grimm aus der Handlungsskizze der Urfassung ein breit ausgestaltetes Märchen, das daher ein Musterbeispiel für seine schon früh erkennbare Bearbeitungstechnik abgibt. Aus einer Handlungsskizze wird eine anschauliche und bildhafte Schilderung. Wie ein Leitmotiv durchzieht beispielsweise der Hinweis auf Dornröschens Schönheit (1810 nur einmal erwähnt) das Märchen: „die zweite [Fee] mit Schönheit", „Die Prinzessin [...] war ein Wunder von Schönheit", „Prinzen, die von dem schönen Dornröschen gehört hatten", „eine wunderschöne Prinzessin schlafe darin", „und das schöne Dornröschen befreien", „war der Königssohn so erstaunt über ihre Schönheit". Die Schönheit der eher passiven Frau hat die

Funktion einer positiven Signalwirkung. KHM 50 ist nach Meinung Rudolf Schendas (1930–2000) „eines der sprechendsten Beispiele für die Überlieferungskette Basile – Perrault – Grimm und nicht zuletzt für die Tendenzen der Bearbeitung und Einbindung der Märchenstoffe in das jeweilige soziale, moralische und literarische Milieu der Zeit" (Basile/Schenda 2000, 613).

Dramatischer Ausgangspunkt von KHM 50 ist die Verfluchung Dornröschens als Racheakt für eine nicht erfolgte Einladung, denn der König bittet nur 12 von 13 Feen (seit 1819: weise Frauen) anläßlich der Geburt seiner Tochter zum Fest. Wie Barbara Gobrecht (1992) an vielen Beispielen nachweist, gelten in europäischen Märchen insbesondere die Schwangerschaft und die Geburt eins Kindes als Zeiten höchster Bedrohungen für die Gebärende und ihr Neugeborenes. In KHM 50 geschieht die Todesprophezeiung durch die dreizehnte Frau, die als ‚überzähliger' Gast dennoch erscheint. Die Schicksalsweissagung kann die zwölfte Fee beziehungsweise weise Frau jedoch in einen hundertjährigen Schlaf abmildern – ein Beispiel für die Bedeutung ‚guter' Zahlen wie zwölf und ‚schlechter' wie dreizehn. Scheinbar nur war die Königstochter gefährdet, der Segen der anderen Frau bewahrt sie vor dem Todesfluch. Das Schloß ist nach Max Lüthi (1962, 8) Paradies und Gefängnis zugleich. „Der Todesschlaf ist ihm Bann und Schutz – die Dornenhecke, die zu töten vermag, aber schließlich herrliche Blumen erblühen läßt, bringt die alles durchdringende Polarität von Tod und Auferstehung am sichtbarsten zum Ausdruck." Signalisiert wird, daß das Schloß zwei Wertigkeiten besitzt, also ambivalent ist. Es ist ein Ort der Ruhe und Beschaulichkeit, ein Platz für besondere Feiern und Begegnungen, aber auch ein Ort, dessen Bewohner dem Menschen feindlich gegenüber stehen und seine Schädigung beabsichtigen.

Aber eigentlich ist diese Gegensätzlichkeit nur im übertragenen Sinne zu sehen. Denn es sind nicht Tod und Auferstehung, die als Extreme das *Dornröschen*-Märchen charakterisieren. Der Schlaf Dornröschens ist in erster Linie als eine Art Zwischenstadium zu sehen. Es ist medizinisch mit dem Wachkoma vergleichbar, ohne dabei immer zu wissen, ob die in diesem Zustand sich befindliche Person Wahrnehmungen registrieren kann. Die schlafende Person, das zeigen zeitlich vor Grimm liegende Fassungen eindeutig, ist nicht wirklich tot, sondern sie gelangt aus diesem Zwischenstadium auf magische Weise wieder zum Leben. Das unterscheidet das *Dornröschen*-Märchen von Legenden und Sagen mit religiösem Hintergrund, in denen Menschen für viele Jahrhunderte als Entrückte geschildert werden, also nicht sichtbar und auch nicht in einer Art Wachkoma, dann aber wieder an ihren Ort zurückkehren, dies aber nur für kurze Zeit, um zu Asche zu zerfallen. Der Unterschied liegt auf der Hand. Die Legende will Gottes Allgegenwart zeigen (z. B. KL 2: *Die zwölf Apostel*) und deutlich machen, daß Menschen der Sterblichkeit unterliegen und nicht ‚unsterblich' sind. Dornröschen hingegen braucht diese Schlafenszeit als Bewährung, um auf ihren ‚Erlöser' zu warten.

Das Märchen spiegelt das traditionelle Frauenbild von der sich passiv verhaltenden Frau wider, die sich suchen lassen muß, um in den Hafen der Ehe einfahren zu können. Das *Dornröschen*-Märchen folgt strukturell der typischen Konstellation eines sogenannten Märchens mit Erlösung als Endpunkt – die bei den Brüdern Grimm in ungewöhnlicher Häufigkeit zu finden sind. Oder wie es in der Schlußmoral bei Perrault durchaus hintersinnig – und diskussionswürdig – heißt (zitiert nach einer der ersten deutschen Übersetzungen: Perrault: *Histoires ou Contes du tem[p]s passé*. Berlin 1761, 82 f.):

> Schwerlich wird man Jungfern finden,
> Welche, um sich zu verbinden,
> Solten warten viele Jahre,
> Und behalten ihre Waare.
> Nein, sie pflegen insgeheim
> Zeitig zu der Eh' zu greiffen,
> Und sich um den Schatz zu keiffen;
> Keine will die letzte seyn.
> Sie gedencken, daß das Harren,
> Öffters manche macht zu Narren:
> Ob uns gleich die Fabel weis't,
> Daß es manchmahl anders heist.

Der lange Schlaf, der Dornröschen mitsamt dem ganzen Schloß und seinen Bewohnern für 100 Jahre entrückt, ist die märchenhafte Umgestaltung des bekannten Legendenmotivs von der Relativität der Zeit und dem zeitweiligen Verschwinden aus der Wirklichkeit, das durch eine heiligmäßige Person geschieht. Die Funktion und damit verbundene Zielsetzung ist eine andere, darum ist KHM 50 keine Ergänzung zu solchen Legenden. Während des magischen Schlummers bleibt für die Personen (und Gegenstände) die Zeit stehen, während sie in der Außenwelt weiterläuft. Nur flächenhaft wird die vergangene Zeit durch das Anwachsen der Dornenhecke angedeutet.

Die *Dornröschen*-Thematik führte entgegen der literarischen Überlieferung verschiedentlich zu spekulativen Deutungen, wonach das Märchen schon in germanischer Zeit entstanden und als Relikt anzusehen sei. Schon die Bearbeitung Wilhelm Grimms zielte darauf ab, ‚fremde' Einflüsse durch Änderung der Begriffe einzudeutschen. Kamen Feen noch 1812 im *Rapunzel*-, *Dornröschen*-, *Hurleburlebutz*-, und *Okerlo*-Märchen vor, so waren sie 1815 in dem zweiten Band der *Kinder- und Hausmärchen* nicht mehr vertreten. Aus der Fee des *Rapunzel*-Märchens wurde 1819 eine Zauberin, die Feen des *Dornröschen*-Märchens mutierten zu weisen Frauen. Es waren weniger symbolisch begründete Umstellungen, wie häufiger zu lesen ist, sondern eher nationalpolitische Gründe, die zu einer Änderung der Handlungsträger führten und eine Nähe zu französischen Überlieferungen nicht opportun erscheinen ließen.

Dies mag ebenso für weitere Änderungen gelten, die das Ziel hatten, das Märchen als eine eigenständige deutsche Überlieferung aufzufassen. Auch die Anzahl der acht Nationalfeen, von denen bei Perrault nur sieben eingeladen werden, wird daher in dreizehn Frauen, davon zwölf weise Frauen, geändert, zumal der Zahl Zwölf seit alters eine hohe Bedeutung zukommt. Doch sollte bei Interpretationen die Zahlensymbolik nicht überbewertet werden. Die Bedeutung von Zahlen in Märchen hat zwar eine übertragene Bedeutung, ist aber eher stereotyp zu betrachten und muß vor dem jeweiligen historischen und kulturellen Hintergrund gesehen werden. Es mag deshalb wenig Sinn machen, für das *Dornröschen*-Märchen Zahlen aus anderen Kulturen vergleichend heranzuziehen, wenn ein Zusammenhang mit der Entstehungszeit eines bestimmten Textes nicht festzustellen ist und die Bedeutung von Zahlen in anderen Kulturen zu anderen Zeiten bestanden hat. Diese Amplifikationsmethode mag für bestimmte andere Untersuchungsbereiche ihre Berechtigung haben. In einer historisch-vergleichenden Märchenbetrachtung sind an solchen Ausdeutungen Zweifel erlaubt, ohne daß eine alleinige Wahrheit damit heraufbeschworen werden soll.

Der Psychotherapeut Gerhard Szonn (1989, 43–53) und andere sehen das Märchen als Schilderung, wie ein Mädchen zu weiblicher Identität und Reifung gelangt. Nach Szonn erinnere das Erscheinen der Todesfee den Vater an die (Todes-)Gefahren für das Kind. Diesen Bedrohungen begegne er durch Verbote (Verdrängung). Da die Zeit der Reife auch die Ablösung von den Eltern bedeute, geschehe dies dadurch, daß das Mädchen beginne, seine Umwelt neugierig zu erkunden. Dabei entdecke sie vorher unbekannte Bereiche (Turm). Der Turm stehe für die Entdeckung des Neuen, der Aufstieg für Entwicklung, der Turm sei aber auch ein Phallussymbol. Neue Lebensbereiche erschlössen sich dem Dornröschen in der Begegnung mit der alten Frau (reife Weiblichkeit). Das Spinnen erinnere an die Schicksalsfäden, stehe aber auch für den weiblichen Lebensbereich, die Spindel sei ein Phallussymbol. Weil Dornröschen mit den neuen Erfahrungen, dem Bewußtwerden der tabuisierten Bereiche, überfordert sei, zöge sie sich in sich selbst zurück (Schlaf, Dornenhecke). Mit den Problemen der weiblichen Reife allein gelassen, zeige das Mädchen eine unbewußte Ablehnung der weiblichen Rolle, werde aber dadurch erlöst, daß zur richtigen Zeit der Richtige komme.

KHM 50 gehört zu den Lieblingsmärchen innerhalb des Zyklus der passiven Heldin, was sich unter anderem in der großen Zahl der Bearbeitungen als Märchenspiel usw. niedergeschlagen hat. Es fehlt in kaum einer Grimm-Teilausgabe und repräsentiert die Gattung Grimm in Märchenanthologien und Lesebüchern

(Tomkowiak 1993, 246 f.) und in Filmen (6 neuere Bearbeitungen bei Schmitt 1993, 561). Das Frauenbild in Walt Disneys Zeichentrickfilm *Sleeping Beauty* (1959) spiegelt nach Jack Zipes (1988) das Weltbild konservativer weißer Amerikaner der Mittelschicht wider. Noch heute erscheinen regelmäßig Kinderbuchausgaben mit dem Text des Märchens. Es dient als Vorlage für Parodien (Mieder 1986) und Neuschöpfungen (Mieder 1990, 164 f.) und ist in den Medien, auch im Bildwitz (z. B. Dornröschen als Sinnbild für Unerreichbares wie die Null-Lösung bei der Abrüstung), präsent. Der Bechstein-Fassung von 1845 (Bechstein/Uther 1997a, 246–250) liegt KHM 50 (1840) zugrunde.

Bildliche Darstellungen sind früh bezeugt. Schon die erste Perrault-Ausgabe von 1697 zeigte im Frontispiz den Prinzen am Bett der Schlafenden. Diese Szene gilt bis heute als Erkennungsillustration für das Märchen, wobei die Dornhecke selten fehlt. Ideologisch vereinnahmten die Nationalsozialisten das Märchen für ein 1936 verbreitetes Schulwandbild, das Ludwig Martin geschaffen hatte. Nicht nur, daß Dornröschen wie der Königssohn blonde Haare hat – das vierte und letzte Bild zeigt die Erweckungsszene mit deutlich zeitgenössischem Bezug: Der Königssohn als Retter und Erlöser hat die Hand zum Hitlergruß erhoben und präsentiert sich in brauner Uniform (Gorgulla 2011, 176–180).

Vgl. auch das in den KHM nur 1812 vertretene fragmentarische Zaubermärchen KHM 84: *Die Schwiegermutter*.

Lit.: BP 1 (1913) 434–442; HDM 1 (1930–33) 408–411 (W. Golther); Romain 1933; Wesselski 1934, 230–232; Wesselski 1937a, 68 f.; Lods 1951; Hagen 1954, Bd. 1, 106–119 und Bd. 2, 101–106; Ranke 1955 ff., Bd. 2, 18 f. (Varianten); Lüthi 1962, 5–18; Cusatelli 1980 (zur Überlieferungsgeschichte); Bausinger 1983 (zum Tod als vorübergehendes Stadium zum Märchenglück); Karlinger 1983, 58–65; Gobyn 1984, 47–52, 152–74; Camarena 1985 (zur Überlieferung auf der Iberischen Halbinsel); Zipes 1988, 147–164, 179–181 (psychosoziologische Perspektive); Velay-Vallantin 1989, 92–135; Gobrecht 1992 (zur Zeit der Schwangerschaft); McGlathery 1993, 72–76; Röhrich 1993b, 27 f.; Clausen-Stolzenburg 1995, 186 f. (zum Eingang); Mieder 1995, 61–78 (populäre Medien); Scherf 1995, 172–177; Mazenauer/Perrig 1998 (zu literarischen Vorläufern); Basile/Schenda 2000, 613 f.; Rölleke 2000, 157–169 (kritisch zu *Dornröschen*-Deutungen); Becker 2002 (zum Schloß im Märchen); Horn 2004, 21–37; Köhler-Zülch 2003, 27–29 (zur Verwünschung); Wolfzettel 2005, 114–135; Diederichs 2006, 62–68; Takehara 2006, 89–144; Endler 2006, 298–305 (Film); EM 12 (2007) 13–19 (H. Neemann); Mamiya 2007 (Textveränderungen); Haase 2008, 881–883 (M. Papachristophorou); Volkmann 2008, 57–71; EM 13 (2010) 1118–1122 (D. Drascek) (zur Motivik des Überzähligen); Lange 2013 (zu pädagogischen Aspekten); Messerli 2019 und Groschwitz 2021 (Schloß als Raum).

51. Fundevogel. – DMK/Uther, ATU 313: Magische Flucht. – KHM-Veröff.: 1812; Kleine Ausg.: 1825 (Nr. 25). – In der Urfassung von 1810 (Grimm/Rölleke 1975, 154–159, 367) zunächst unter dem Titel *Fündling* als Nr. 26 (unbekannte Handschrift) vorhandenes Zaubermärchen, seit 1812 als KHM 51 präziser mit dem sprechenden Namen *Fundevogel*, vermittelt vermutlich von der Pfarrerstochter Friederike Mannel aus Allendorf. Bei KHM 51 handelt es sich um die Kurzfassung eines Märchens aus dem Zyklus der sogenannten Magischen Flucht, die ein gängiges literarisches Muster für eine Verfolgungshandlung vieler Märchen darstellt (DMK/Uther, ATU 313, 314; s. auch KHM 56, 79, 88, 113, 181). Häufiger ist die Handlung mit dem Motiv von der vergessenen Braut verknüpft. In KHM 51 sind es allerdings keine Jugendlichen im heiratsfähigen Alter (wie z. B. in KHM 56: *Der Liebste Roland*), sondern zwei Kinder, die sich den Nachstellungen einer dämonischen Köchin dank der Zauber- und Verwandlungskünste des Lenchens durch Flucht entziehen. Die Geschwisterliebe zwischen Lenchen und Fundevogel ließe sich ohne weiteres auf das Verhältnis der beiden Brüder Jacob und Wilhelm Grimm übertragen, die trotz der Heirat Wilhelms 1825 ihre Wohngemeinschaft aus brüderlicher Anhänglichkeit und Treue weiterführten: „Fundevogel und Lenchen hatten sich so lieb, nein so lieb, daß wenn eins das andere nicht sah, wurde es traurig." Dieser einleitende Erzählerkommentar kündigt einen sich viermal wiederholenden Dialog zwischen Lenchen und Fundevogel an, wenn es insgesamt viermal an entscheidender Stelle heißt: „Lenchen zum Fundevogel ‚verläßt du mich nicht, so verlaß ich dich auch nicht:' so sprach der Fundevogel ‚nun und nimmermehr.'" In der dämonischen Köchin und Lenchen, den beiden weiblichen Hauptfiguren, sieht Anna Gorgulla (2011, 235) „ein Beispiel für positive und negative praktische Klugheit".

Im KHM-Anmerkungsband von 1856 (vgl. auch BP 1, 442) ist die neunte Idylle (*Der Riesenhügel*, 1778) von Johann Heinrich Voß (vgl. Denecke/Teitge 1989, Nr. 3132, 3134) als frühere Parallele genannt. Voß schildert dort Verwandlungswettkämpfe zwischen Zauberer und Hexe, die mit dem Tod des Zauberers enden, der sich zuletzt in ein Meer verwandelt, das die Hexe austrinkt (hierzu vgl. Grätz 1988, 218). Voß erinnerte sich, das Märchen in seiner Jugend gehört zu haben, wie er in einem Brief vom 13.6.1773 mitteilte (BP 4, 81 f.). In anderen Motivzusammenhängen (unter anderem Vergessene Braut) begegnen Verwandlungswettkämpfe bei Basile (*Pentamerone* 2,7: *Die Taube* und 3,7: *Corvetto*) und unter anderem in einem Märchen der französischen Feenmärchendichterin Madame d'Aulnoy (*L'Oranger et l'abeille* = deutsche gekürzte Fassung abgedruckt bei Uther 1990b, Nr. 25). Aus der griechischen Mythologie ist entfernt an die Argonautensage (Jason und Medea) zu erinnern (vgl. EM 1, 769 f.; EM 7, 496–498).

Die Nachwirkung von KHM 51 hält sich in Grenzen. Bildliche Darstellungen sind seit Mitte des 19. Jahrhunderts (Leopold Völlinger 1845; oft Franz Graf von Pocci fälschlich zugewiesen) bekannt.

Lit.: BP 1 (1913) 442 f.und BP 2 (1915) 516–527; Aarne 1930; Schmidt 1932, 321–328; HDM 2 (1934–40) 158–160 (W. Aly); Ranke 1955 ff., Bd. 1, 150–169 (Varianten); Schoof 1955b (Bearbeitung); Belmont 1993a; Rusch-Feja 1995, 54–61; Scherf 1995, 378–380; EM 9 (1999) 13–19 (W. Puchner) (zur Magischen Flucht); Röhrich 2001, 90, 131 f.; Gorgulla 2011, 235–240.

52. König Drosselbart. – DMK/Uther, ATU 900: König Drosselbart. – KHM-Veröff.: 1812 (verändert 1819); Kleine Ausg.: 1825 (Nr. 26). – In der Urfassung von 1810 vorhanden als Nr. 21 (Grimm/Rölleke 1975, 116–121, 360) in der Handschrift Jacob Grimms, nach einer Erzählung „aus den Maingegenden" (Familie Hassenpflug), 1812 ergänzt um einen neuen Schluß nach einer Erzählung von Henriette Dorothea Wild: Drosselbart höchstselbst zerbricht die Töpfe und beschämt seine Frau. 1819 sind weitere Züge nach einer Erzählung aus dem „Paderbörnischen" (Ludowine von Haxthausen?) dazugekommen.

KHM 52 zählt zum Themenkomplex der Zähmung der Widerspenstigen (s. auch DMK/Uther, ATU 901). Es wird gewöhnlich als Zaubermärchen angesehen (ab 1819 durch Umarbeitung einige schwankhafte Züge), ist aber zugleich eine didaktische Erzählung, „die dem Ideal des höfischen Frauenbildes aus christlicher Sicht das Bild der dem Mann nachgeordneten Frau entgegensetzte" (Moser 1980, 21). Die didaktische Erzählung läßt sich nach Ines Köhler-Zülch thematisch außerdem bei Männerphantasien einordnen, „die darum kreisen, die Frau psychisch und physisch zu brechen" (EM 8, 154). Gerhard Haas (2006) betrachtet den Handlungsverlauf im Zusammenhang mit retardierenden Elementen.

Eine überaus hochmütige Königstochter qualifiziert ihre Freier unter Verwendung sprichwörtlicher Redensarten ab (Bluhm/Rölleke 1997, 84 f.). Solche Prinzessinnen wie Basiles schöne Cintiella (*Pentamerone* 4,10), die stolze Königstochter in KHM 191: *Das Meerhäschen* oder die hybride Fischersfrau (KHM 19: *Von dem Fischer und syner Fru*) müssen scheitern und gelangen erst nach tiefer Demütigung wieder zu Ansehen. Die Erniedrigung beginnt, als der Vater die Ehe seiner hochmütigen Tochter mit dem auf niedrigster sozialer Stufe stehenden Bettelmann erzwingt. Der König, statt wie sonst auf die Auswahl standesgemäßer Freier bedacht zu sein (KHM 20: *Das tapfere Schneiderlein*, KHM 29: *Der Teufel mit den drei goldenen Haaren*), fühlt sich an seinen „Eid" gebunden, hält sein Versprechen gegenüber dem einfachen Spielmann und fordert wie im *Froschkönig*-Märchen (KHM 1) von seiner Tochter unbedingten Gehorsam. Schon Basile hatte den Stolz der Prinzessin im Titel (4,10: *La superbia punita* = Der bestrafte Hochmut) getadelt und als schlechte Charaktereigenschaft herausgestellt. Die Beschämung der Königstochter durch den verkleideten Gärtner hat in der isländischen *Clárus saga* aus dem 14.(?) Jahrhundert (EM 3, 64–66) und, noch früher, in dem mittelhochdeutschen Märe *Diu halbe bir* aus dem 13. Jahrhundert (Uther 1981, 92–94, 96) literarische Vorbilder, doch ohne öffentliche Bloßstellung der Frau. Der Geschirrverkauf und schließlich das Vernichten der Ware symbolisieren anschaulich die bewußte Demütigung der hochmütigen Königstochter.

Die Herkunft des sprechenden Namens Drosselbart ist nicht sicher bezeugt. Drosselbart, so heißt es im Anmerkungsband zu den KHM (1856, 87), „heißt auch Bröselbart, weil die Brotbröseln vom Essen in seinem Bart hängen blieben; in einem Lied von Nithard kommt ein Brochselhart vor (Benecke Beiträge S. 291), vielleicht Brochselbart? Die beiden Namen liegen sich zwar zur Verwechslung nah, denn bei Ulfilas heißt ein Brosen draußna; man darf aber Drosselbart ebenwohl von Drossel, Drüssel, Rüßel, Maul, Nase oder Schnabel herleiten, wozu das Märchen sich gleichfalls schickt." Eher spekulativ erscheint die Annahme, Drosselbart mit Hrossharsgrani (der Roßbärtige), einem der Namen Wodans, also König Drosselbart, das ist Hrosselbart, in Verbindung bringen zu wollen (HDA 6, 1610).

KHM 52 wird häufig vor dem Hintergrund der Mann-Frau-Beziehung interpretiert, gehört zu den bekannteren Märchen und findet sich entsprechend oft in Teilausgaben und Anthologien (Film, Märchenspiel). Bildliche Darstellungen zeigen besonders häufig den Reiter beim Zerstören der Töpfe (z. B. Paul Hey 1939).

Lit.: BP 1 (1913) 443–449; Philippson 1923; Schmidt 1932, 141–152; HDM 2 (1934–40) 569 f. (H. Honti); Ranke 1955 ff., Bd. 3, 238–252 (Varianten); Moser 1971; Verweyen 1986 (Illustrationen); Bottigheimer 1987, 117, 119, 121–122, 168, 184; Bluhm 1995, 32–34, 59–76; Schmitt 1993, Nr. 88, 89, 117; Clausen-Stolzenburg 1995, 258 (zu Übernahmen aus Basile); Scherf 1995, 695–699; EM 8 (1996) 148–156 (I. Köhler-Zülch); Ní Fhloinn 2010 (zur Nachwirkung); Bluhm/Rölleke 1997, 84 f. (zu Redensarten, Formeln, usw.); Müller 2002; Gorgulla 2011, 250–254, 268–282; Neumann 2011, 237–240 (zur Rolle des Königs in den KHM); Becker 2021, 183–191 (sozialgeschichtliche Aspekte).

53. Sneewittchen. – DMK/Uther, ATU 709: Schneewittchen. – KHM-Veröff.: 1812; Kleine Ausg.: 1825 (Nr. 27). – Die komplizierte und mit großer Wahrscheinlichkeit rekonstruierte Textgeschichte des Zaubermärchens (vgl. Ruf 1995, bes. 20–22; dagegen Rölleke 2000, 82–85) beginnt mit einer handschriftlichen Fassung *Schneeweißchen* des Grimm-Bruders Ferdinand (1808), die Jacob Grimm mit einigen Verbesserungen seinem ehemaligen Lehrer und Förderer, dem Juristen Friedrich Carl von Savigny – als Beilage in einem Brief vom April/Mai 1808 (Grimm/Schoof 1953, 427–430) – zugeschickt hatte. Ob Ferdinand Grimm das Märchen selbst erfunden hat oder ob es ihm von Marie Hassenpflug, der frühen Märchenbeiträgerin, erzählt wurde, ist nicht zu klären. Eine Abschrift von Jacobs Hand – und wahrscheinlich aus dem gleichen Jahr – wurde dann mit den anderen Märchenniederschriften der Urfassung 1810 an Clemens Brentano gesandt (vgl. Grimm/Rölleke 1975, 244–265, 380–384; Hennig/Lauer 1985, 537; Ruf 1995, 19–39). Mit weiteren Änderungen von Wilhelm Grimm und aufgrund schriftlicher Mitteilungen anderer wurde diese Fassung 1812 in der Erstausgabe abgedruckt und für die zweite Auflage von 1819 erneut überarbeitet. Unter anderem hieß das Märchen in der Überschrift nur noch *Sneewittchen* statt *Sneewittchen (Schneeweißchen)*. Über den Namen der Titelheldin hatte sich Wilhelm Grimm in einem Brief vom 3.11.1814 an seinen Bruder im Zusammenhang mit Übersetzungsproblemen anläßlich der Korrekturen zu der geplanten *Edda*-Ausgabe geäußert: „ja, wir zogen Sneewitchen als lebendiger dem Schneeweißchen vor in einem hochdeutschen Märchen" (Grimm/Schoof 1963, 371). Die Ursache für den Wegfall des Titelzusatzes sollte vermutlich mögliche Verwechslungen mit einem Märchendrama des Namensvetters Albert Ludwig Grimm (1809) nicht erst aufkommen lassen. Voller Empörung hatte Wilhelm Jacob Anfang September 1810 mitgeteilt (Grimm/Schoof 1963, 202 [Zitat], 200]: „Die [Friederike] Flemming hat nichts hervorgebracht, als das Schneewittchen [von A. L. Grimm], worüber man sich freuen könnte, wenn es ein neues ist."

Die Mutter Sneewittchens mutierte – wie etwa auch in KHM 15: *Hänsel und Gretel* – zur Stiefmutter. Hernach sind zwar keine größeren inhaltlichen Änderungen mehr festzustellen, sprachliche Verbesserungen und kleinere Ergänzungen jedoch immer wieder. Strukturmäßig besteht KHM 53 aus folgenden Episoden, die hier in Anlehnung an Helmut Fischer (2003, 148–150) wiedergegeben werden:

1. Episode (Schloß): (1.1) Wunsch der Königin; (1.2) Geburt von Sneewittchen und Erklärung ihrer außergewöhnlichen Schönheit; (1.3) Tod der Mutter; (1.4) Wiederheirat des Vaters). –
2. Episode (Schloß): (2.1) Charakterisierung der Stiefmutter die einen Zauberspiegel besitzt; (2.2) 1. Spiegelbefragung; (2.3) Beschreibung Sneewittchens; (2.4) 2. Spiegelbefragung. –
3. Episode (Schloß): (3.1) Verhalten der Stiefmutter; (3.2.) Tötungsbefehl an den Jäger. –
4. Episode (Wald): (4.1) Hinausführen in den Wald, Sneewittchen bittet um sein Leben; (4.2) Mitleid des Jägers und Aussetzung Sneewittchens; (4.3) Täuschung der Königin; (4.4) Mahlzeit der Königin im Königsschloß; (4.5) Umherirren Sneewittchens im Wald. –
5. Episode (Zwergenhaus): (5.1) Zuflucht im Haus der Zwerge; (5.2) Heimkehr der Zwerge; (5.3) Aufnahme durch die Zwerge; (5.4) 3. Spiegelbefragung im Königsschloß. –
6. Episode (Zwergenhaus): (6.1) 1. Tötungsversuch (Schnürriemen); (6.2) 1. Wiederbelebung gelingt; (6.3) 4. Spiegelbefragung im Königsschloß; (6.4) 2. Tötungsversuch (Kamm) im Zwergenhaus; (6.5) 2. Wiederbelebung gelingt; (6.6) 5. Spiegelbefragung im Königsschloß; (6.7) 3. Tötungsversuch (Apfel) im Zwergenhaus; (6.8) 6. Spiegelbefragung im Königsschloß; (6.9) Wiederbelebungsversuch im Zwergenhaus mißlingt. –

7. Episode (Wald): (7.1) Aufbewahrung der todesähnlich Schlafenden im Glassarg; (7.2) Totenwache; (7.3) Erscheinen des Königssohns, Bitte um Sneewittchen; (7.4) Wiedererweckung Sneewittchens. –
8. Episode (Schloß): (8.1) Hochzeitsvorbereitungen; (8.2) 7. Spiegelbefragung im Schloß; (8.3) Hochzeit von Sneewittchen mit Königssohn; (8.4) Bestrafung der Stiefmutter und deren Tod.

Das Märchen zerfällt nach Christine Shojaei Kawan in zwei Teile mit sich wiederholenden Strukturen, die jeweils mit einem Ortswechsel und einer Veränderung der Lebenssituation der Heldin enden. Die Botschaften von KHM 53 sind durch die Einfügung bestimmter Charakterisierungen der Handlungsträger eindeutig, ohne daß im Märchen selbst eine abschließende Bewertung der Handlungsträgerinnen und ihres Tuns erfolgen müßte. Bezeichnend ist, daß die tendenziell angelegten Gegensätze zwischen Sneewittchen und der Stiefmutter im Zuge der verschiedenen Auflagen durch Einfügung sprichwörtlicher Redensarten und entsprechender Adjektive stärker betont worden sind. Sneewittchen ist eine schöne junge Frau, naiv-unschuldig in ihrem Wesen (Unvoreingenommenheit, Freundlichkeit), maßvoll in ihren Handlungen (als geheimnisvolle und sparsame Haushälterin während des Aufenthalts bei den Zwergen) und bestimmt vom christlichen Glauben („befahl sich Gott und schlief ein"). Mit Arbeitsamkeit/Fleiß, Häuslichkeit, Sauberkeit, Fröhlichkeit und Frömmigkeit gewinnt sie die Zuneigung der Zwerge, akzeptiert sie doch deren Bedingungen – gleichsam eine Art mündlich ausgehandelter Vereinbarung über auszuführende Tätigkeiten und entsprechende Gegenleistungen („Willst du..., so kannst du...") – und erfüllt sie vorbildlich. Sneewittchen verkörpert wie Aschenputtel (KHM 21) auf diese Weise das Idealbild bürgerlicher Mädchenerziehung im 19. Jahrhundert. Im Unterschied zu asiatischen Überlieferungen sei das Motiv „der geheimnisvollen Haushälterin" in Texten aus Europa „oft stark rationalisiert und kommt ohne Metamorphosen aus" (EM 14, 1695).

Die Stiefmutter als ihr Gegenbild ist zwar auch schön, jedoch nicht wie Sneewittchen durch innere Werte ausgezeichnet, sondern durch nicht nachahmenswerte Eigenschaften und Fähigkeiten charakterisiert, die im Märchen immer Kennzeichen des Bösen sind: Die Stiefmutter ist „stolz und übermütig", voller „Neid und Hochmut", „boshaft", lacht „überlaut" – bis hin zur extremen Feststellung, sie sei „gottlos". Edith Lotzer (1990, 117) betrachtet das Handeln als „Inkarnation stiefmütterlicher Boshaftigkeit". Die Schönheit der Stiefmutter ist daher vergänglich. Sneewittchens ‚Reinheit' dagegen bleibt Signum des ganzen Märchens: Selbst die Initiative zur Bestrafung der Schädigerin geht nicht von ihr oder von ihrem neu gewonnenen Ehemann aus. Die Strafe des Tottanzens, welche die Stiefmutter bei ihrem Erscheinen auf Sneewittchens Hochzeit

KHM 53.1: Sneewittchen. Titelblatt mit Holzschnitt (1847) von Theodor Hosemann

erwartet, wird als unpersönlicher Akt geschildert und ist als spiegelnde Strafe zu begreifen. Gewiß, es handelt sich um eine extreme Schädigung der Gegenspielerin, doch sind ausführliche Details der Bestrafung ausgespart, auch Gefühle der Gegenspielerin, da innerseelische Momente im Märchen nicht interessieren. Das Ende ist bestimmt durch das Motiv der Rache als einer Art stereotyper Emotion.

Der Stoff hatte Märchensammler und -bearbeiter bereits vor dem Entstehen der KHM interessiert. Offenbar gab es innerhalb der frühen Volkslustspiele ein Stück, in dessen Mittelpunkt eine schöne Frau mit ihren sieben Zwergen steht. Zumindest wird „von dem Rüstigen" [das ist der bedeutende evangelische Dichter Johann Rist, 1607–67] ein solches Stück erwähnt, das der Komödiant Ambrosius Caprimilgius, zu Teutsch Brosius Ziegenmelker in seinem Spielplan dem König unter anderen vorgeschlagen habe (Rist 1666, 94): „[...] die Comödia von Markolfus, wie derselbe die Katze lehret, das Licht halten, item die Comödia von der schönen Magellona, vom Ritter Pontius, von der schönen Frau im Berge mit ihren sieben Zwergen, vom Kayser Octavianus, von Pyramus und von Thysbes, der sich selber umgebracht, [...] und noch wohl 1000. andere." Hinlänglich bekannt ist, daß das Märchen *Richilde* von Johann Karl August Musäus (zuerst 1782) auf die Fassung der Brüder Grimm eingewirkt hat (Wesselski 1942, 62–75). Schon Jacob Grimm hatte im Handexemplar der KHM von 1812 zu Beginn des Kommentars vermerkt: „Ist Musäus Richilde". Diese Affinität wurde später bei einer Dokumentation der Musäus-Märchen von Wilhelm Grimm präzisiert (KHM 1856, 326): „b. Richilde Thl. 1. Unser Sneewittchen (Nr. 53)". Von Musäus war auch das Märchendrama *Schneewittchen* beeinflußt, das Albert Ludwig Grimms mehrfach aufgelegte Sammlung *Kindermährchen* ([1809], 1812, 1817, 1839 und öfter) eröffnet. Die Brüder Grimm hatten zudem – ohne direkt darauf hinzuweisen – stofflich die Sammlung ihres Namensvetters genutzt (Reimers 1985, 108–124).

Darüber hinaus sind einzelne Motive, etwa der Glassarg im verschlossenen Gemach (HDM 2, 630–632; vgl. auch KHM 163: *Der gläserne Sarg*) oder der Schlaf in todähnlichem Zustand verursacht durch Kämmen, Wiedererweckung, schon früher bei Giambattista Basile (*Pentamerone* 2,8: *Die kleine Sklavin*) zu finden. Einen Spiegel als Instrument der Selbstbespiegelung mit fatalen Folgen kennt schon Misander (das ist Johann Samuel Adami) und führt in seinem *Theatrum Tragicum, Oder: Eröffnete Schau-Bühne* (Misander 1695, 573 f. Nr. 191) die Historie *Durch Stechung mit einem Kamm* an:

„Es giebt Leute, die nicht allein täglich, sondern auch stündlich inter speculum & pectinem occupati, oder die nichts thun, als daß sie vor dem Spiegel stehen und sich spiegeln und kämmen, welches zwar eine Sauberkeit heissen soll, aber wenn man seinen Gefallen an sich selber hat, so ist es unrecht und straffbar, denn da findet sich, daß der Römer Cn. Ruffinus, als er sich gekämmt, mit einem Zahne des Kammes sich ein wenig verletzt hat und hernach [...] des Todes über diesen geringen Schaden seyn müssen."

Die dem Märchen zugrundeliegende Thematik von der unschuldig verfolgten Frau (vgl. EM 5, 113–115) weist eine lange literarische Tradition auf. Nach Veröffentlichung von KHM 53 erschien, vor allem in der ersten Hälfte des 19. Jahrhunderts, eine recht beträchtliche Zahl literarischer Bearbeitungen, z. B. von Johann Andreas Löhr (1819), Johann Heinrich Lehnert (1829), Ludwig Aurbacher (1834), Franz Graf von Pocci (1837), Johann Peter Theodor Lyser (1838), Gustav Thormod Glückselig (1841), Carl Peter Geißler (1843), Ludwig Bechstein (1845) und Gustav Hoffmann (1852).

Das *Sneewittchen*-Märchen muß wie das *Aschenputtel*-Märchen die Märchenherausgeber wegen der Schilderung eines arbeitsamen, frommen, tugendhaften Kindes besonders angesprochen haben. Es gehört zum nahezu unverzichtbaren Bestandteil von Anthologien, repräsentiert oft die Gattung Grimm in Ausgaben verschiedener Herausgeber und dominiert infolge seiner Bekanntheit über die Zeiten hinweg auch in bildlichen Darstellungen. Seit Aufkommen illustrierter Einzelausgaben existieren *Sneewittchen*-Märchenbilderbücher – ebenfalls Indikator für eine anhaltende Popularität.

Neben seiner Existenz als Buchmärchen hat KHM 53 aber auch Eingang in andere Vermittlungsinstanzen wie Bilderbogen (besonders eindrucksvoll der großformatige *Münchener Bilderbogen* Nr. 1000 von 1889/90, geschaffen von Hermann Vogel), Postkarte, Briefmarke, Glanzbild, Reklame gefunden, begegnet auf Bild- oder Tonträgern wie Schallplatte, Compact Disc, Video/DVD, Film (Klassiker des Märchen-Zeichentrickfilms: Walt Disneys *Snow White and the Seven Dwarfs* von 1937; vgl. ferner Schmitt 1993, Nr. 131–133) und nicht zuletzt auf Witzzeichnungen (Röhrich 1990; Mieder 2020) in Zeitungen und Zeitschriften. Es ist unstreitig seit Jahrzehnten das Lieblingsmärchen Nummer eins (Richter 1994a, 110).

Der Stoff von der unschuldig verfolgten Frau und ihren Konflikten mit der Stiefmutter zieht Parodisten (Mieder 1986) wie Ausdeuter (z. B. Szonn 1989, 54–68; Bettelheim 1980, 189–204; Lenz 1972, 30–47) magisch an. Der Kinderpsychologe Bruno Bettelheim etwa ist der Ansicht, daß das *Schneewittchen*-Märchen Probleme schildert, die in der Beziehung zwischen Kind und Eltern bestehen. Die Stellung des Kindes innerhalb der Familie sei zum Problem geworden; es müsse darum kämpfen, aus der Dreiecksbeziehung herauszukommen, und gerate auf den einsamen Weg zu sich selbst. Die Handlung beschreibe zugleich Schneewittchens Vertreibung aus dem Kindheitsparadies, in dem scheinbar alle Wünsche erfüllt werden, ohne daß sich das Kind darum bemühen müsse. Bereits zu Beginn würden Probleme angedeutet: rote Blutstropfen (Sexualität) – weißer Schnee [!] (Unschuld). Die eifersüchtige Stiefmutter fühle sich von dem heranwachsenden Schneewittchen bedroht. Dabei handle es sich jedoch um eine Projektion: Nicht die Mutter sei eifersüchtig auf die Tochter, sondern die Tochter fühle sich ihr überlegen und unterstelle ihr Eifersucht. Von den Eltern im Stich gelassen, vermisse das Mädchen die Fürsorglichkeit der Mutter und die Stärke des Vaters und liefe weg, um ein neues und besseres Zuhause zu suchen. Das Märchen demonstriere aber deutlich, daß eine solche Lösung nur in einem Phantasieland möglich und das neue Heim nicht besser als das alte sei. Die Zwerge könnten Schneewittchen nicht beschützen, die Mutter habe immer noch Macht über sie. Bettelheim folgert: Unabhängigkeit könne nur erlangt werden, wenn man sich mit den inneren Konflikten auseinandersetze. Während des Aufenthalts bei den Zwergen (Zeit der Reife) müsse Schneewittchen lernen, für seinen Lebensunterhalt zu arbeiten und sich selbst zu versorgen. Mit dem Erwachen sexueller Wünsche trete Schneewittchen in eine neue Phase ein, damit erscheine auch die Stiefmutter (verdrängte Elemente) wieder. Schneewittchen sei anfällig für die Verführungen, weil sie auch ihren Wünschen entsprächen. Schnürriemen und Kamm verdeutlichten den Konflikt zwischen den sexuellen Wünschen und der Angst davor. Schneewittchen falle auf die frühere kindliche Entwicklungsstufe zurück. Erst als es den Apfel (Symbol der Sexualität) äße, stürbe das Kind in ihr. Die Zeit im Glassarg sieht Bettelheim als eine Zeit der Reife, die verdeutliche, daß mit der körperlichen noch nicht die intellektuelle und emotionale Reife erreicht ist.

Einer Zeitungsmeldung zufolge (*Süddeutsche Zeitung* vom 13./14.2.1971) diente das Märchen Vertreterinnen der englischen Frauenbewegung, der „Freiheitlichen Frauen Großbritanniens", als Vorlage für eine Neufassung, welche die Ziele der Gleichberechtigung unterstützt: Schneewittchen solle in Zukunft mit den sieben Zwergen im Bergwerk arbeiten statt zu Hause abzuwaschen. Zum Schluß dieser umgearbeiteten Fassung arbeiten Königssohn und Königstochter zusammen, bauen sich eine Hütte und leben glücklich – immerfort ihre Arbeit, ihr Leben und ihre Liebe teilend. In Deutschland gab es Bestrebungen, die Geschichte von Sneewittchen zu lokalisieren. Dies geschah gelegentlich mit kuriosen Begründungen, wie der Versuch Eckhard Sanders (1994), Sneewittchen in Bad Wildungen zu verorten, zeigt. Auch andere Orte wurden – primär aus touristischen Gründen – als ‚historische' Orte für das Geschehen vereinnahmt (Alfeld an der Leine, Amorbach und Gieselwerder [für die Deutsche Märchenstraße]). Parodistisch gekonnt hingegen unternahmen Karlheinz Bartels (1990) und Theodor Ruf (1995) eine ähnliche Lokalisierung für Lohr.

Bildliche Darstellungen (unter anderem von George Cruikshank; eine von sieben Illustrationen für die *Kleine Ausgabe* von 1825 von Ludwig Emil Grimm) ließen schon früh den Stellenwert des Märchens innerhalb mehrerer Erzählungen erkennen. Charakteristische Darstellungen: Sneewittchen im Glassarg, bewacht von einem oder allen Zwergen; Überreichung des Apfels durch die Stiefmutter; Jäger mit dem demütig um ihr Leben bittenden Sneewittchen.

KHM 53.2: Sneewittchen. Radierung von Albert Hendschel (1834–1883)

Lit.: Böklen 1910/15; BP 1 (1913) 450–464; Wesselski 1931, 116, 134–139, 161; Schmidt 1932, 184–214; Schoof 1941; Wesselski 1942, 62–75; Ranke 1955ff., Bd. 3, 66–68 (Varianten); Lüthi 1969a, 56–69; Bausinger 1980 (gegen symbolistische Deutungsversuche); Fischer 1980 (Schallplatte); Bausinger 1983 (Tod als vorübergehendes Stadium zum Märchenglück); Horn 1983b; Karlinger 1983, 76–79 (Vergleich mit Bechsteins Version); Bottigheimer 1988, 331f.; Bartels 1990; Jones 1990; Tatar 1990, 193–216 (zur Stiefmutter); Gobrecht 1992 (zur Zeit der Schwangerschaft); Gilmour 1993 (zu Zwergen); Liebs 1993 (zum Frauenbild); McGlathery 1993, 76f.; Richter 1993, 173–184 (zum sparsamen Wirtschaften); Rölleke 1993, 46–48; Tomkowiak 1993, 315f.; Garner 1995, 52–66 (Parodie); Ruf 1995; Röhrich 1995b (zum Spiegel); Clausen-Stolzenburg 1995, 320f. (zu einzelnen Zügen); Scherf 1995, 1127–1133; Herbst 1996, 143–62 (zu Puschkins Bearbeitung); Bacchilega 1997, 27–48 (neue Bearbeitungen); Bluhm/Rölleke 1997, 85f. (zu Redensarten, Formeln, usw.); Dekker et al. 1997, 334–339 (T. Meder); Köhler-Zülch 1997 (zur Wiederbelebung); Meder 1998 (zum Weiterleben); Uther 1999 (zu Bilderbogen);

Anderson 2000, 43–57 (sieht Zusammenhänge mit Überlieferungen der Antike; wenig überzeugend); Fischer 2003, 154–160 (zum medialen Nacherzählen); Horn 2004, 125–131 (zum Märchendramolett Robert Walsers); Röhrich 2004; Takehara 2006, 89–144; Zipes 2006, 133–139; Witthöft 2006; zur Rolle der Stiefmutter vgl. EM 12 (2007) 1294–1298 (N. Blaha-Peillex); Solms 1999, bes. 30 f., 47–49, 166–168; EM 12 (2007) 130–140 (C. Shojaei Kawan); Die Horen 52 (2007) 69–75 (neuere literarische Adaptation Werner Heiduczeks: Die traurige Geschichte von Schneewittchen); Solms 2007, 18 f.; Haase 2008, 884–886 (V. Joosen); Müller/Wunderlich 2008, 307–315 (S. C. Keck) (zur Symbolik der Sieben Berge); Lauer 2008/09 (zur Diskussion um Lokalisierung und Stereotypenbildung); Shojaei Kawan 2008; Shojaei Kawan 2009, 430–432 (Verse); Frenschkowski 2011, 67 f. (zu Glassarg und katholischer Reliquienfrömmigkeit); Gorgulla 2011, 124 f., 313–316, 333–352; Uther 2011a (Tod als Strafe); Zipes 2012 (zu autobiographischen Zügen Disneys im Snow White-Film); Rölleke 2013, 214–234 (zur Farbsymbolik); zu Sneewittchens Diensten als geheimnisvoller Haushälterin vgl. EM 14 (2014) 1692–1697 (C. Shojaei Kawan/J. Bäcker); Vorwerk 2015, 491–503 (zum Lohrer Schneewittchen); Messerli 2019 (Schloß als Raum); Kelley 2020, 45–73; Mieder 2020 (populäre Medien); Groschwitz 2021, 533–544 (narrative Aspekte von Schlössern).

54. Der Ranzen, das Hütlein und das Hörnlein. – DMK/Uther, ATU 569: Ranzen, Hütlein und Hörnlein. – KHM-Veröff.: 1819 (verändert 1837). – Statt des Märchens vom verkannten Außenseiter Hans Dumm (1812) seit 1819 an dieser Stelle, nach einer Erzählung „aus Niederhessen". Eine kürzere Fassung war bereits in der KHM-Ausgabe von 1812 enthalten (Nr. 37: *Von der Serviette, dem Tornister, dem Kanonenhütlein und dem Horn*), enthielt jedoch keine Herkunftsangaben. Nur im Handexemplar der Brüder Grimm war vermerkt „Friedr. Krause". Dieses Zaubermärchen aus dem niederhessischen Hoof (heute Ortsteil der Gemeinde Schauenburg) hatte in der Tat der Dragonerwachtmeister Johann Friedrich Krause (1747–1828) beigesteuert; die Handschrift ist vorhanden in der Staatsbibliothek Berlin, Preuß. Kulturbesitz (Nachlaß Grimm 1800, C1,3,16–19). Die 1819 veröffentlichte sprachlich abgerundetere und erweiterte Version dürfte Wilhelm Grimms Bearbeitung zu verdanken sein. Außerdem waren Hinweise auf ältere literarische Vorlagen ergänzt. Neben dem *Fortunatus*-Märchen allgemein (für den Schluß) und dem dänischen Volksbuch *Lykkens flyvende Fane. Historie om tre fattige Skrædere, der ved Pillegrimsrejse kom til stor Værdighed og Velstand* (aus dem frühen 18. Jh.) war zusätzlich ein Landsknechtsschwank von Hans Sachs genannt (vgl. Abdruck bei Uther 1990b, Nr. 24). Diese älteren schriftlichen Quellen sind in Mittel- und Nordeuropa in verschiedenen Fassungen bekannt (das dänische Volksbuch ist z. B. auch seit Ende des 18. Jahrhunderts in schwedischen Übersetzungen nachgewiesen) und weisen mit Krauses Erzählung eine große Ähnlichkeit auf. Hatte Krause noch die drei armen Reisegefährten im „Schwarzenfelsischen", das heißt in der Umgebung des Dorfes

Schwarzenfels (heute Ortsteil der hessischen Gemeinde Sinntal), lokalisiert, so sind nun Hinweise auf Ortsangaben entfallen.

Als literarische Vorbilder des Zaubermärchens sind zwei Landsknechtsschwänke von Hans Sachs von 1554 und 1559 anzusehen (Sachs, *Fabeln und Schwänke*, Bd. 6, Nr. 941a und vollständiger Bd. 2, Nr. 251; vgl. Abdruck bei Uther 1990b, Nr. 24); zu weiteren frühen und verwandten Fassungen italienischer und französischer Provenienz vgl. BP 1, 483–485.

In der Schilderung des armseligen Landsknechtslebens, das Hans Sachs in seinen Dichtungen mehrfach anspricht und das gar nicht so rosig aussieht, wie „der Trommel Kraft" verheißt, lassen sich durchaus sozialhistorische Bezüge entdecken. Gerade das 16. Jahrhundert zeichnete sich durch eine große Zahl vagierender Bettler und abgedankter Soldaten aus, die hungernd und bettelnd durch die Lande zogen. Nicht ohne Grund gediehen in einem solchen Klima, das zudem durch soziale Umwälzungen gekennzeichnet war, Erzählungen über ein Schlaraffenland (KHM 158) oder ein Tischchendeckdich (KHM 36) am ehesten, worin sich Wünsche nach einem materiell abgesicherten Leben widerspiegelten. Von diesen Strömungen läßt das zweigliedrige Märchen KHM 54 jedoch kaum noch etwas erkennen. Die Handlung ist auf den abschließenden Konflikt zwischen den Brüdern ausgerichtet, in dem die von Köhlern – hier im Unterschied zur Sage stets hilfsbereite statt dämonische Figuren – erworbenen Zaubergaben (= 1. Teil) eine zentrale Rolle spielen. Wie immer erweist sich das Handeln des dritten Bruders dadurch als vernünftig, daß er die Schätze des Gold- und Silberbergs verschmäht und auf sein Glück vertraut („Silber und Gold" als Pars pro toto [viermal] für großen Reichtum; vgl. auch KHM 106: *Der arme Müllerbursch und das Kätzchen* und 142: *Simeliberg*).

Der Erwerb von Zaubergaben und der richtige oder falsche Umgang stellen ein bedeutendes Strukturelement dar: Erzählungen mit dieser Funktion sind fast dreißigmal in den KHM vertreten. Den bekanntesten Typus stellt das *Tischchen deck dich*-Märchen (KHM 36) dar. Die Funktion der Zaubergegenstände ist immer anders. Gewöhnlich stiftet die erste Gabe Geld oder Nahrung, die zweite dient als Transportmittel, die dritte (meist ein Musikinstrument) bringt Hilfe in Form von prügelnden Gegenständen oder kampfbereiten Soldaten herbei: „Der Wunsch nach einer großen Armee, die aus dem Ranzen hervorgeklopft wird, sieht wie der Feldherrntraum eines Soldaten aus", urteilte Lutz Röhrich (2001, 226).

Bildliche Darstellungen sind selten und meist nur in illustrierten KHM-Gesamtausgaben des 20. Jahrhunderts zu finden (beliebtes Bildmotiv: Tischchendeckdich-Episode).

Lit.: Bäckström 1848, 140 f. (zu schwedischen Fassungen Ende 18. Jh./Anfang 19. Jh.); BP 1, 464–466; BP 1 (1913) 464–485; Ranke 1955 ff., Bd. 2, 263–264 (Varianten); Woeller 1961, 449–454 (zur Rolle von Soldaten); Stolleis 1980; Just 1991, 46–57; McGlathery 1993, 83 f.; Scherf 1995, 966–969; Bluhm/Rölleke 1997, 86–88, 168 f. (zu Redensarten, Formeln, usw.); Rölleke 2005b (zu Textänderungen und biblischen Bezügen); EM 11 (2004) 213–219 (J. van der Kooi).

55. Rumpelstilzchen. – DMK/Uther, ATU 500: Name des Unholds. – KHM-Veröff.: 1812 (verändert 1819); Kleine Ausg.: 1825 (Nr. 28). – Die Textgeschichte des Zaubermärchens beginnt mit einer handschriftlichen Fassung unter dem Titel *Rumpenstünzchen* (Grimm/Schoof 1953, 426 f.) von Jacob Grimm (Beilage zu einem Brief an Friedrich Carl von Savigny vom 15. April 1808), die mit geringfügigen Änderungen in die handschriftliche Urfassung von 1810 (Nr. 42) übernommen wurde (Grimm/Rölleke 1975, 379 f.). 1812 erschien als KHM 55: *Rumpelstilzchen* eine kontaminierte Fassung zweier Erzählungen (Familie Hassenpflug sowie Henriette Dorothea Wild), die 1819 um den drastischen Schluß mit der Selbstschädigung (von Lisette Wild, 1782–1858) ergänzt wurde.

Der Name Rumpelstilzchen ist aus Johann Fischarts Kinderspielverzeichnis in seiner *Gargantua*-Übersetzung und -Bearbeitung *Geschichtklitterung* ([zuerst 1575] hier erw. Ausg. 1594, Kap. 25 = Denecke/Teitge 1989, Nr. 2980) entlehnt. Fischart erwähnt in seinem Verzeichnis von Kinderspielen einen Klopfgeist namens „Rumpele stilt oder der Poppart". Dazu stellt Adolf Jacoby fest: „Poppart oder Pophart ist nach Fischart, Gargantua 25 ein Klopfgeist; dort stehen nebeneinander: rumpelstilt (Rompele stilt) oder der pophart (Poppart), jenes der ‚Klopfgänger' von stelt, stilt, stelze, Stelze vgl. Bach-, Wasserstelze) und rumpeln = poltern, Pophart eigentlich der ‚starke Poppe'" (HDA 1, 1480).

Die älteste literarische Bezeugung für Märchen vom Typus KHM 55 liegt im breit ausgestalteten und stark moralisierenden Feenmärchen *Le Histoire de Ricdin Ricdon* (1705) der Mademoiselle Marie-Jeanne L'Héritier de Villandon (1664–1734) vor (KHM 1856, 95). Im deutschen Sprachgebiet existierte vor Erscheinen der KHM eine deutsche Bearbeitung des *Ricdin Ricdon*-Märchens, die Johann Gottwerth Müller im 2. Band der *Straußfedern* (1790, 1–122) veröffentlicht hatte (Grätz 1988, 195 f.); eine weitere Bearbeitung stammte von Sophie Albrecht (1799; vgl. Scherf 1995, 1004).

Zentrale Motive des Märchens sind: (1) Übernatürliche Spinnhilfe; (2) Geheimnisvoller Name; (3) Kind als Lohn für Hilfe; (4) Namenraten als Äquivalent für Kind; (5) Selbstschädigung durch Preisgabe des Namens in Versform. Auffällig ist, daß der offenkundig als Zwerg gedachte Helfer der Königin drei Möglichkeiten einräumt, ihm eine Gegengabe zu bieten. Er raubt also nicht schnurstracks das geforderte Kind, sondern räumt der Königin eine weitere Chance ein, das Kind doch noch zu behalten, wenn sie seinen Namen errate. Das zweigliedrige Märchen ist durch eine dreifache Steigerung des ersten Teils gekennzeichnet, dem im zweiten Teil eine weitere dreifache Steigerung folgt. Die Erkenntnis des Dämons, daß er sich selbst vernichtet hat, gipfelt in der grotesken Selbstschädigung.

Im Unterschied zum Feenmärchen muß der Name des fremden Helfers nicht erraten, sondern im Gedächtnis behalten werden. Dieses Kernmotiv vom mythischen Zauber des Namens hat die Forschung besonders interessiert und häufiger Anlaß zu Altersspekulationen des Märchens – es sei in germanischer Zeit entstanden – geführt. Wer den Namen des Dämons kenne, so heißt es mit vielen Beispielen (HDA 6, 959), habe Gewalt über den Träger des Namens und breche seine Kraft, rufe ihn aber auch als Helfer herbei (KHM 136: *Der Eisenhans*). Der Name eines Dämons ist niemals ein menschlicher Name. Sein Alter ist nicht abzuschätzen (vgl. KHM 39[3]: *Die Wichtelmänner*), wie aus den Wechselbalgsagen hervorgeht, in denen der Zwerg sich selbst verrät (Wildhaber 1985). Daß das kleine Männchen mit dem Teufel nichts zu schaffen hat, wird gerade in der mehrfach überarbeiteten KHM-Fassung deutlich. Denn zum Schluß ruft der Kleine in seinem übergroßen Zorn aus: „Das hat dir der Teufel gesagt." Dabei ist er es selbst, wie Walter Scherf feststellt, der sich in seiner unbedachten Siegesfreude verraten hat.

Die Tätigkeit des Flachsspinnens wird ganz wie in KHM 14: *Die drei Spinnerinnen* als eine Arbeit beschrieben, die widerstrebend ausgeübt wird. An eben dieses Märchen erinnert KHM 55 strukturell mit dem fremden Helfer und dem eingangs geschilderten falschen Lob des arbeitsamen Mädchens (hier: der falschen Behauptung, sie könne Stroh zu Gold spinnen); in späteren Fassungen aus mündlichen Überlieferungen sind beide Erzähltypen häufiger miteinander verbunden. Daß der Müller unredlich handelt, wenn er dem König Fähigkeiten seiner Tochter vorspiegelt, welche jene nicht besitzt, entspricht dem herkömmlichen Rollenschema wie z. B. in KHM 40: *Der Räuberbräutigam*. Dort will der Müller seine Tochter auch um jeden Preis verheiratet sehen. In späterer Überlieferung ist das Erraten des Namens oft als Kernmotiv in Varianten zu KHM 14 eingegangen.

Das *Rumpelstilzchen*-Märchen wird häufig zur Deutung herangezogen, wobei zumeist die unfreiwillige Spinnfrau im Zentrum des Interesses steht. Sie wird unter anderem im Zusammenhang mit „the Merchant Capitalist Intensification of Linen Manufacture in Early Modern Europe" (Schneider 1989) betrachtet oder – in psychologischer Sicht – als Beispiel für die Findung eigener Identität gesehen (Seidler 1990). An Evidenz mangle es den meisten Märchendeutungen nicht, urteilt der Erzählforscher Lutz Röhrich (1976, 275) über psychologische Interpretationen und resümiert: „Ein und dasselbe Märchen wird nur selten von zwei Psychologen auf die gleiche Weise interpretiert werden." Für Röhrich selbst ist die Müllerstochter eine rein passive Gestalt, hilflos, tränenreich und von Zufällen abhängig: sie verdiene weder ihr Unglück am Anfang, als der prahlerische Vater sie als Spinnfrau anpreist, noch verdiene sie ihr Glück. Denn nur der Zufall rette ihr das Leben und verhelfe ihr zum sozialen Aufstieg. Sie brauche Helfer, sei also der Prototyp der unschuldig verfolgten Frau. Der Literaturwissenschaftler Gonthier-Louis Fink erkennt in der Müllerstochter eine frühe, listenreiche Feministin, die sowohl ihren Mann als auch ihren Helfer (Liebhaber) zum Narren hält und beide gegeneinander ausspielt. Otto Kahn greift eine alte These der Märchen- und Sagenforschung auf und behauptet, Rumpelstilzchen habe tatsächlich gelebt. Zwerge und Kobolde seien als Überreste frühzeitlicher Bevölkerungsschichten anzusehen, deren Populationen in die hintersten Täler zurückgedrängt seien. Unterirdische seien vergleichbar mit Widerstandskämpfern und einer Untergrundbewegung. Zwerge seien demnach so etwas wie unterdrückte Ureinwohner, Reste eines ausgestorbenen Volkes. Die kleinwüchsige Bevölkerung (vgl. die Wechselbalgsagen) hätte durch den Kinderraub die biologische Erbmasse verbessern und die Überlebenschancen erhöhen wollen. Jedes Motiv wird so auf die vermeintlich archäologisch vorgegebene Wirklichkeit geprüft. Der Volkskundler und psychologisch interessierte Walter Scherf und die Entwicklungspsychologinnen Charlotte Bühler und Josephine Bilz betrachten das Märchen als ein Erlebnis weiblicher Reifung. Ihrer Meinung nach erlebt der Zuhörer (und auf ihn komme es doch an) weder die Feministin noch die Listenreiche, sondern nimmt in rückhaltloser Identifikation an der Entwicklung eines Mädchens teil, das vom Vater über den König bis zum dämonischen Helfer mit wahrhaft unlösbaren Aufgaben belastet wird, vor denen es zugegebenermaßen zunächst völlig hilflos steht. Als ihr in größter Not jedoch Hilfe zuteil wird, nimmt sie immer zuversichtlicher, trotz wachsender Bedrohung, ihr Geschick in die eigene Hand. Sie gibt ihren Ring und ihr Halsband hin, entledigt sich also ihrer bescheidenen Schmuckstücke, die eigentlich ein Stück von ihr selbst sind. Und als sie schließlich ihr Kind oder in anderen Fassungen sich selbst verspricht, versucht sie nicht etwa des gesellschaftlichen Aufstieges halber ihren Mann oder anderseits den Helfer zu täuschen, sondern sie nimmt die Herausforderung in dem wachsenden Vertrauen an, daß sie die Lage meistern wird. Sie schickt einen Boten aus, um den Namen zu erfahren. Angelika B. Hirsch sieht Rumpelstilzchen primär als Opfer des leichtfertigen Vaters und nimmt die Handlung des Märchens zum Ausgangspunkt von Betrachtungen über Menschen, die als Opfer unverschuldet in ausweglose Situationen geraten sind und wie man wieder daraus und zu einem Neubeginn kommen kann („Stroh zu Gold spinnen"). Hirsch bezieht auch die Rolle von hilfreichen Menschen mit ein, welche den Geschädigten in schwierigen Lebensphasen beistehen.

KHM 55: Rumpelstilzchen. Federzeichnung von Franz Stassen (1921)

Die Dynamik des Geschehens hat dazu beigetragen, daß KHM 55 öfter als Märchenschauspiel und -drama bearbeitet wurde. Es ist in den audiovisuellen Medien vertreten (Schmitt 1993, Nr. 120, 121; Göritz 1986), weniger im Lesebuch (Tomkowiak 1993, 248), und in politischen Bildwitzen, Parodien und in Gedichtform gegenwärtig (Fetscher 1979, 121–129; Mieder 1986; Mieder 1990, 165 f.; Garner 1995, 21–24, Horn 2004, 141 f.).

Bildliche Darstellungen (zumeist seit Ende 19. Jahrhundert) sind recht häufig und meist in illustrierten KHM-Gesamtausgaben des 20. Jahrhunderts zu finden; älteste Darstellung von George Cruikshank, 1823. Bevorzugte Bildmotive: Rumpelstilzchen am Tretspinnrad mit Müllerstochter; Königin oder Rumpelstilzchen am Feuer, belauscht vom Boten.

Lit.: Clodd 1898; Sydow 1910; BP 1 (1913) 490–498; Schmidt 1932, 303–311; Ranke 1955 ff., Bd. 2, 96–102 (Varianten); Lüthi 1971a; Röhrich 1976, 272–291; Bottigheimer 1987, Reg.; Joldrichsen 1987, 35–44; Ginschel 1989, 228–230; Schneider 1989; Tatar 1990, 177–190; Gilmour 1993 (zu Zwergen); McGlathery 1993, 77–79; Zipes 1993, 49–71, 165–169; Kooi/Schuster 1994, Nr. 33 (Varianten); Clausen-Stolzenburg 1995, 293 f., 382, 388 (zu literarischen Vorlagen); Scherf 1995, 1000–1005; Dekker et al. 1997, 297–301 (J. van der Kooi); EM 9 (1999) 1164–1175 (L. Röhrich); Zipes 2000, 429 f. (K. Seago); Volkmann 2008, 81–88; Schmiesing 2011 (psychosoziologische Perspektive); Hirsch 2013.

56. Der Liebste Roland. – DMK/Uther, ATU 1119: Bettplatztausch + DMK/Uther, ATU 313: Magische Flucht. – KHM-Veröff.: 1812 (verändert 1819, 1837). – Von Henriette Dorothea Wild aus Kassel vermitteltes Zaubermärchen, am 19.1.1812 „im Gartenhaus (von Nentershausen)" gehört oder niedergeschrieben, wie Wilhelm Grimm im KHM-Handexemplar (1812) notierte. Die Beiträgerin könnte auch Dorothea Wilds Schwester Johanna Christiane Fulda (geb. 1785; vgl. Rölleke 1990b) gewesen sein.

Das Zaubermärchen von der Flucht zweier sich Liebender vor der mordlustigen Hexe ist nur ein Beispiel für Verwandlungs- und Entzauberungskunststücke mit Hilfe magischer Gegenstände, wie sie in Volkserzählungen häufig vorkommen (vgl. auch KHM 51, 76, 79, 113, 136, 160, 186, 193). Literarische Vorlagen finden sich etwa bei Basile, *Pentamerone* 3,3: *Lo Viso* für die vergessene Braut (allerdings mit tragischem Ausgang) oder – strukturell mit Flucht und Verfolgungsjagd – bei Madame d'Aulnoy, *L'Oranger et l'abeille* (dt. Fassung bei Uther 1990b, Nr. 25) und einer davon beeinflußten Version (*Der Riesenwald*) in der 1801 in Braunschweig anonym erschienenen Sammlung *Feen-Mährchen* (1801, 44–73); s. auch KHM 70 (1812): *Der Okerlo*.

KHM 56 stellt eine Kombination typischer Märchenmotive dar. So endet der listige Bettplatztausch (KHM 11, 13, 20, 22) mit der ungewollten Tötung des leiblichen Kindes der Hexe. Die Verfolgungsjagd geschieht mit Hilfe von Zauberstiefeln – ähnlich in KHM 92: *Der König vom goldenen Berge*. Archaische Züge stellen die sprechenden Blutstropfen dar, die als Pars pro toto den Menschen (vgl. z. B. KHM 28, 60, 89), hier die Getötete, vertreten. Sprechendes Blut erinnert an *Genesis* 4,10: Abels Blut von Kains Mordtat „schreit" zum Himmel. Die Verwandlung in eine Blume einschließlich der Erlösung ist Bestandteil von KHM

160: *Rätselmärchen*. Die Strafe des sich Tottanzens in der Dornhecke, die hier die dämonisch gezeichnete Stiefmutter trifft, kennt auch KHM 110: *Der Jude im Dorn*. Das Vergessen der Braut (EM 2, 716–723) gehört zu den retardierenden Episoden des Handlungsablaufs. Sie unterbrechen die Dynamik der Handlung, erhöhen aber die Spannung des Geschehens. Überwiegend ist die Braut (vgl. unter anderem KHM 88: *Das singende springende Löweneckerchen*) der leidende Teil bei der Verzögerung des Happy-Ends.

KHM 56 hat, abgesehen von KHM-Gesamtausgaben, kaum nachgewirkt; bildliche Zeugnisse (ab ca. 1890) sind selten. Bevorzugte Darstellung: Hexe auf Verfolgungsjagd mit „Meilenstiefeln".

Lit.: BP 1 (1913) 498–503; BP 2 (1915) 77–79; Ranke 1955 ff., Bd. 1, 150–169; Wesselski 1942, 49–55; Grätz 1988, 19 sq., 62, 337, 364; Tatar 1990, 193–216 (zur Stiefmutter); Goldberg 1992; Scherf 1995, 784–786; EM 9 (1999) 13–19 (W. Puchner) (zur Magischen Flucht); Basile/Schenda 2000, 596 f.; Röhrich 2001, ReBluhm 2005 (zum Motiv der drei Blutstropfen); zur Rolle der Stiefmutter vgl. EM 12 (2007) 1294–1298 (N. Blaha-Peillex); Hirsch 2019 (zur vergessenen Braut).

57. Der goldene Vogel. – DMK/Uther, ATU 550: Vogel, Pferd und Königstochter (Tubach, Nr. 5214). – KHM-Veröff.: 1812 (erheblich verändert 1837). – „Aus Hessen", heißt es im Anmerkungsband der KHM (1822, 1856) zur Herkunft des Zaubermärchens, das Wilhelm Grimm 1810 von einer alten Frau im Marburger Elisabeth-Hospital gehört oder erhalten haben will (Grimm/Rölleke, 318–333, 357 f., 388 f.; Becker 2013). Holger Ehrhardt konnte inzwischen nachweisen, daß es sich bei der Beiträgerin um Elisabeth Schellenberg (1746–1814) gehandelt haben muß, eine Bewohnerin des Marburger Siechenhauses St. Jost.

KHM 57 weist – was zumeist übersehen wird – vor allem nach den Forschungen Albert Wesselskis (1938a) bis auf den Schluß motivisch starke Ähnlichkeiten (einschließlich übernommener Redewendungen) zum Märchen *Der treue Fuchs* des Weimarer Hofpredigers Christoph Wilhelm Günther (1755–1826) aus der anonym erschienenen Sammlung *Kindermährchen* (1787, 94–150 = Abdruck bei Uther 1990b, Nr. 26) auf. Günthers frühe deutsche Sammlung enthielt noch starke Anklänge an die französischen Feenmärchen. Zwei weitere Märchen Günthers haben strukturelle Ähnlichkeiten mit KHM 97: *Das Wasser des Lebens* und KHM 122: *Der Krautesel*. Die Brüder Grimm besaßen ein Exemplar der seltenen Sammlung. Jacob Grimm hatte mit Datum vom 4.1.1811 ein handgeschriebenes Inhaltsverzeichnis auf der vorderen Seite des vorderen Vorsatzblattes angefertigt (Denecke/Teitge, Nr. 2207). 1819 wurden noch einige Züge aus einer Erzählung von Dorothea Viehmann aus Niederzwehren eingearbeitet (vgl. auch KHM 64 [I] [1812]: *Die weiße Taube* als frühe Fassung des Erzähltyps).

Ältere literarische Vorbilder für das Märchen von der Suche nach dem goldenen Vogel sind der niederländische *Roman van Walewein* aus der Artustradition (Draak 1936) und ein Predigtexempel von Johannes Gobi Junior (1480, Bl. 99 b, 100a) aus dem frühen 14. Jahrhundert (abgedruckt bei Wesselski 1925, Nr. 28). Daß die Struktur des *Walewein*-Romans selbst schon aus einem Märchen abgeleitet werden könne, wie Walter Haug (1995) in Anlehnung an die ältere Forschung (Draak 1936) annimmt, erscheint nicht zwingend.

Den Brüdern Grimm galt das Märchen als Überbleibsel eines von ihnen vermuteten „urdeutschen Mythus". Entsprechend urteilten sie in der Vorrede zum 2. Band (1815, VII): „Die Sage von der güldnen Feder, die der Vogel fallen lässt, und weshalb der König in alle Welt aussendet, ist keine andere, als die vom König Mark im Tristan, dem der Vogel das goldne Haar der Königstochter bringt, nach welcher er nun eine Sehnsucht empfindet." Bedeutsam für den Fortgang der Handlung ist die Tierhelfer-Figur des Fuchses, der dem Helden als Aufgabenlöser und Ratgeber häufig in dieser Funktion erscheint. Das Tier erteilt Ratschläge, hilft bei drei gefährlichen Abenteuern (Goldvogel, Goldpferd, Goldjungfrau) und trägt den Helden gar auf seinem Schwanz über weite Entfernungen. Schließlich erbittet es vom Helden den Tod. Wie so oft und märcheneigentümlich bewirkt die Enthauptung zugleich die Erlösung, das heißt die Verwandlung des Tiergestaltigen in eine anthropomorphe Gestalt: Der Fuchs verwandelt sich in den Bruder der Königstochter. Die Dankbarkeit des Tieres stellt stets eine Belohnung für die uneigennützige Tat des Helden dar, hier für die Gewährung der Bitte, nicht auf ihn zu schießen. So heißt es in KHM 57: „Schieß mich nicht, ich will dir dafür einen guten Rat geben [...]." In jedem Fall ist die hilfreiche Unterstützung des Fuchses zwingende Voraussetzung für die Suche nach einer Prinzessin oder einem Heilmittel. Seine Helferrolle besteht in der Verleihung zauberischer Fähigkeiten einschließlich jener der Selbst- und Rückverwandlung. Außerdem leistet das Tier als Ratgeber, Bote, Transporttier usw. in Gefahren Unterstützung. Max Lüthi hat die gegenseitige Abhängigkeit und Verbundenheit, die in solchen Volkserzählungen das Verhältnis zwischen Mensch und Tier prägen, mit Allverbundenheit bezeichnet (cf. Horn 1983a, 77, 94–105). Dabei ist der Fuchs, obwohl er charakteristische Fähigkeiten wie Schnelligkeit, Findigkeit im Dienste des Helden einzusetzen weiß, im ganzen eher ein Wunder- und Märchen-Tier; sein Bild entspricht nicht der Realität. Der Held verhält sich passiv, während der Fuchs mit seinen Aktionen das Handeln bestimmt.

Die Feder des Goldvogels dient als Pars pro toto für das edle Ganze. Die angestrebte Heilung des Todkranken durch den Gesang des Vogels ist ein Mangel, der zur Dynamisierung des Geschehens führt, sonst aber nur am Rande begegnet. Wichtiger ist die märchentypische Heirat des Jüngsten mit der Königstochter. KHM 57 ist eng mit KHM 97: *Das Wasser des Lebens* verwandt. In beiden Märchen ziehen drei Königssöhne aus, um ein Heilmittel (s. auch KHM 16: *Die drei Schlangenblätter*) für ihren kranken Vater zu besorgen, was nur dem Jüngsten gelingt; zum Motiv des Kaufs von Galgenfleisch (der Held kauft seine Brüder gegen den Rat des Fuchses frei und wird von diesen später in einen Brunnen gestoßen, s. Wesselski 1938a, 145–151).

Nach Ansicht der Psychologin und Jung-Schülerin Marie-Louise von Franz (1986a, 46 f., 139–141) bedeutet die Verwandlung in ein Tier, nicht gemäß seinen Instinkten zu leben, sondern teilweise von einem einseitigen Trieb überwältigt zu werden, der das menschliche Gleichgewicht ins Wanken bringe. Nicht der Held selbst, sondern der ihm zur Seite stehende Fuchs müsse erlöst werden, das heißt nicht der Ichkomplex, sondern ein anderer Komplex werde vom Unterbewußten überwältigt. Das bewußte Ich müsse eingreifen, um das Tier zu erlösen, es könne sich nicht selbst aus seinem Zustand befreien. Enthauptung bedeute die Trennung des Intellekts von den instinktiven Trieben, so daß der Intellekt zu einem losgelösten Faktor werde, der die Triebe, Impulse und Gedanken mit einer gewissen Objektivität betrachten könne. Enthauptung könne aber auch eine totale Opferung des Intellekts bedeuten, die z. B. nötig sein könne, um Gefühle wahrzunehmen. Bei einem Tier würde die Enthauptung bedeuten, das Element abzuschlagen, das ein schlaues Planen und zielgerichtetes Handeln ermögliche. Die Instinktebene sei durch dieses Planen in ihrer Funktion gestört. Das Abschlagen trenne die Bereiche des Bewußtseins und des Triebes, damit sie auf menschlicher Ebene integriert werden können.

KHM 57 ist schon von George Cruikshank (1823) illustriert worden. Gelegentlich tauchen bildliche Darstellungen in KHM-Teilausgaben auf. Beliebtes Bildmotiv: Königssohn als Fuchsreiter. Die meisten Illustrationen datieren allerdings erst aus dem 20. Jahrhundert. Einzelausgaben des Märchens sind selten.

Zu anderen Abenteuermärchen mit schwierigen Aufgaben s. KHM 29: *Der Teufel mit den drei goldenen Haaren* und KHM 126: *Ferenand getrü un Ferenand ungetrü*.

Lit.: BP 1 (1913) 503–515; HDM 2 (1934–40) 6–8 (S. Liljeblad); Wesselski 1938c; Ranke 1955 ff., Bd. 2, 191–194 (Varianten); Dammann 1978, 99 f.; Uther 1981, 106–108; Grätz 1988, 202–205, 315, 368; Evetts-Secker 1989; Sorlin 1989; Bausinger 1990, 246–247; Bluhm 1995, 108; Haug 1995; Scherf 1995, 510–514; Dekker et al. 1997, 149–153 (T. Meder); Bluhm 2001; Uther 2006a (zum Fuchs als Ratgeber); Blécourt 2008a (zur Wissenschaftsgeschichte des Stoffs); Neumann 2011, 237–240 (zur Rolle des Königs in den KHM); Blécourt/Tuczay 2011 (zu Tierverwandlungen); Blécourt 2012, Reg.; Becker 2013 (Beiträgerinnen-Diskussion); Solms 2014, 42 f. (zur Erzählerperspektive); EM 14 (2014) 283–289 (W. de Blécourt); Ehrhardt 2016 (zur Identität der Märchenfrau).

58. Der Hund und der Sperling. – DMK/Uther, ATU 248: Hund und Sperling. – KHM-Veröff.: 1812 (verändert 1819); Kleine Ausg.: 1825 (Nr. 29). – Wilhelm Grimm notierte das Tiermärchen nach mündlicher Überlieferung von Margarete Marianne Wild 1808; in der handschriftlichen Urfassung von 1810 (Grimm/Rölleke 1975, 40–43, 350 f.) steht es als Nr. 4, seit 1812 unverändert als KHM 58. Ein Vorabdruck (*Aus mündlicher Erzählung*, nach J. Grimm) erschien zum Schluß einer längeren Abhandlung über den Plan einer Ausgabe des mittelhochdeutschen Tierepos *Reineke Fuchs* in der Mai-Nummer der von Friedrich Schlegel betreuten literarischen Zeitschrift *Deutsches Museum* (Wien 1812, Bd. 1, 391–415, hier 412–414 = Abdruck bei Grimm/Rölleke 1993, 25 f.); doch kam es dazu erst 1834, als Jacob Grimm seinen *Reinhart Fuchs* in einer bis heute geschätzten kommentierten Ausgabe vorlegte. In einem Brief an Achim von Arnim (1.11.1811) hatte Jacob die Geschichte „von einem Sperling, der einen Fuhrmann stufenweise zu Tode bringt" (Arnim/Steig 1904, 161) erstmals erwähnt. 1819 folgte eine Textumgestaltung (besonders des Eingangs) aufgrund einer Version, die auf Dorothea Viehmann „aus Zwehrn" zurückgeht. Die bislang älteste Fassung des Tiermärchens scheint nach Jurjen van der Kooi in Groninger Mundart vorzuliegen und geht auf die Erzählerin Trijntje Soldaats, das ist Trijntje Alberts (1744–1814), zurück. Gerrit A. Arends, eins ihrer Kinder, schrieb 1804 in niederländischer Hochsprache 17 der von seiner Mutter dargebotenen Geschichten in einem kleinen Heftchen nieder, darunter als zweite Erzählung *Van een hond en een mus* (Kooi 2003, Nr. 106) mit einer Maus als Rächerin des Hundes.

In KHM 58 fallen die grotesken Züge bei der Darstellung der Hilfe des kleinen Tiers für das größere Tier auf. Das Tiermärchen wirkt aber auch sehr anrührend durch die Schilderung solidarischen Verhaltens. Die mutwillige Tötung des Hundes durch den Fuhrmann ist Anlaß für die nun anschließende erfolgreiche Rache des Vogels, der seinen überfahrenen Freund rächt. Das Handeln des Tieres resultiert aus der ungerechten Handlung des Menschen gegenüber dem Hund; der Fuhrmann läßt die nötige Achtsamkeit gegenüber dem Tier vermissen. Der Rache- und Sühnegedanke bestimmt auch das Ende der Handlung. Der vom Fuhrmann fahrlässig getötete Hund wird nicht mehr wiederbelebt. Der Fuhrmann, kaum als Berufsgruppe in den KHM vertreten, richtet sich durch seine Unbeherrschtheit – man könnte auch sagen: durch sein jähzorniges Reagieren – selbst. Sein Tod wird als gerecht empfunden, als Strafe für die von ihm herbeigeführte Untat.

KHM 58 enthält das von den Brüdern Grimm häufig verwendete Eingangsmotiv von der Undankbarkeit der Herrschaft (z. B. KHM 27: *Die Bremer Stadtmusikanten*; KHM 48: *Der alte Sultan*), das eigentliche Thema aber ist die versäumte Nächstenliebe. Die Ignoranz bezahlt der Fuhrmann mit dem höchsten Wert, seinem Leben, eine unverhältnismäßige Strafe, die andererseits den Stellenwert dieser Eigenschaft für die Brüder Grimm signalisiert, aber auch die Auffassung des ius talionis widerspiegelt: das Recht, eine Tat durch eine andere ähnliche (Similia similibus) zu vergelten.

Das Tiermärchen findet sich meist in umfangreicheren KHM-Ausgaben. Bildliche Darstellungen sind selten (fast ausschließlich erst seit dem frühen 20. Jahrhundert). Als Bildmotiv findet sich häufiger die Darstellung vom Fuhrmann mit seinem Gespann und dem überfahrenen Hund.

Lit.: Grimm 1834, CCLXXXIV, CCXC (Wiedergabe einer estnischen Fabel „aus mündlicher volkssage"); BP 1 (1913) 515–519; Schmidt 1932, 223–231; EM 5 (1987), 537–544 (H. Fischer) (zur Figur des Fuhrmanns); EM 6 (1990) 1354–1358 (V. I. Sanarov); Röhrich 1990b, 14–16; zu Trijntje Soldaats s. EM 12 (2007) 848–850 (J. van der Kooij); Uther 2013, 101 f.; Borgards 2017 (Gewalt und Macht im Tiermärchen).

59. Der Frieder und das Katherlieschen. – DMK/Uther, ATU 1387: Kluge Else + DMK/Uther, ATU 1541: Winter: Für den langen W. (= ATU 1385*: Learning about Money) + DMK/Uther, ATU 1291, 1291B: Ausschicken von Gegenständen oder Tieren + DMK/Uther, ATU 1653: Räuber unter dem Baum + vgl. DMK/Uther, ATU 1383: Teeren und federn + DMK/Uther, ATU 1791: Küster trägt den Pfarrer (vgl. DMK/Uther, ATU 1696: „Was hätte ich sagen [tun] sollen?"). – KHM-Veröff.: 1819; Kleine Ausg.: 1825 (Nr. 30). – Grundlage des aktionsreichen Dummenschwanks ist eine Erzählung der Dorothea Viehmann „aus Zwehrn", verbunden mit zwei weiteren aus Hessen. Der seit 1819 statt des Märchens *Prinz Schwan*, einer Variation von KHM 127: *Der Eisenofen*, abgedruckte Schwank erfreut sich großer Beliebtheit und vertritt den Typus auch in der *Kleinen Ausgabe* (KHM 30).

KHM 59 führt dummes Verhalten von Menschen auf verschiedenen Ebenen vor. Es liegt auf der Hand, daß die Thematik bevorzugt in Schwänken und Witzen begegnet, weniger in Märchen. In den KHM – wie auch in anderen europäischen Volkserzählungen – begegnen nun keine individuellen Vertreter der Dummheit, sondern es sind Karikaturen menschlichen Fehlverhaltens. Leser wie Zuhörer von Volkserzählungen genießen es, wenn in künstlerischer Stilisierung, Abstrahierung und gar Übertreibung eine in uns allen angelegte Seite vor Augen geführt wird, welche einen nicht wegzudenkenden Teil des Menschenbildes ausmacht.

Im Unterschied zu anderen Dummenschwänken (z. B. KHM 7, 32, 34) zeichnet sich KHM 59 durch eine besonders hohe Zahl von Episoden aus, die das törichte Handeln der Frau (einschließlich ihrer Zweifel an der eigenen Identität, wie in KHM 34: *Kluge Else*) und die Naivität des Mannes in grotesker Weise aufzeigen. Solche Fehlleistungen bei Hausarbeiten und anderen Tätigkeiten begegnen nur in Schwänken: (1) Katherlieschen läßt wie in KHM 34 Bier auslaufen, trocknet es mit Mehl; (2) läßt sich vom Hund die Wurst aus dem Topf stehlen; (3) gibt einen Goldschatz her gegen Geschirr, von dem sie anschließend die Böden heraushaut und als Schmuck auf die Zaunpfähle hängt; (4) schmiert mit Butter und Käse Löcher in der Fahrrinne zu; (5) schickt einen Käse aus, um den anderen Käse wiederzuholen; (6) hängt die Haustür aus, schleppt sie mit und wirft das schwere Holz, weil es so drückt, auf unter einem Baum lagernde Räuber und gewinnt deren Beute; (7) zerschneidet ihre Kleidung und erkennt sich selbst nicht wieder; (8) will beim Stehlen durch lautes Rufen helfen und erschreckt, im Rübenfeld gebückt arbeitend, den lahmen Pfarrer und seinen Träger.

Die Komik basiert auf Sprachmißverständnissen, irrealer Einschätzung der Wahrscheinlichkeit und dem Thema des wandelbaren Glücks (fortuna labilis) und des Zufalls, wodurch dem Ehepaar unverhofft die Räuberbeute in die Hand fällt: „Wer Glück hat, braucht keinen Verstand" (s. auch KHM 7: *Der gute Handel*). Die Handlung orientiert sich an den absurden Aktionen Katherlieschens. Der Ehemann tadelt zwar alle Aktionen seiner Frau, gibt sich aber mit der reuevollen Antwort zufrieden, sie wolle sich bessern. Nur einmal äußert er in einem Selbstgespräch Zweifel („Der Mann dachte ‚geht das so mit deiner Frau, so mußt du dich besser vorsehen.'"), doch setzt er diese Erkenntnis nicht um. Besonders absurd ist die Situationskomik am Schluß des Schwanks. Geschildert wird, wie der Pfaffe mit dem einen lahmen Bein vor lauter Angst schneller das Weite vor dem ‚Teufel' sucht als der Nichtbehinderte, der ihn bis dahin getragen hatte. Körperbehinderte erscheinen in den Märchen der Brüder Grimm nicht selten in grotesken Situationen (s. auch KHM 138: *Knoist un sine dre Sühne*, KHM 159: *Das dithmarsische Lügenmärchen*). Die Episoden (3), (5), (6) und (8) sind schon in älteren literarischen Zeugnissen aus dem Spätmittelalter und der Frühen Neuzeit greifbar; mit lautem Rufen als Kompagnon von Dieben erschreckt auch Daumesdick (KHM 37) seine Gesellen.

Während in Legenden das Ausschicken von Gegenständen (z. B. Kleidung am Sonnenstrahl aufhängen) gelingt und als Bestätigungswunder in vielerlei Funktion begegnet, demonstriert der Schwank, als Schwundstufe, die Absurdität solchen Verhaltens.

Bildliche Darstellungen sind selten; KHM 59 ist außerhalb von KHM-Ausgaben in Einzelausgaben kaum vertreten.

Lit.: BP 1 (1913) 520–528; EM 1 (1977) 1040–1046 (K. Ranke); Kooi/Schuster 1993, Nr. 5, 144, 165b (Varianten); Wienker-Piepho 1993; EM 8 (1996) 12–16 (R. B. Bottigheimer); EM 8 (1996) 676–681 (S. Neumann) (zu DMK/Uther, ATU 1791); Bluhm/Rölleke 1997, 90 (zu Redensarten,

Formeln, usw.); Dekker et al. 1997, 203 f. (T. Meder), 313–315 (J. van der Kooi), 344 f. (J. van der Kooi); Hubrich-Messow 2000 ff., Bd. 5, 49–51, 136 f., 154–157, 157 f.; Bd. 6, 119 f., 240–245; Bd. 7, 160–175 (Varianten); Hansen 2002, 142–145; EM 11 (2004) 324–330 (C. Goldberg); Becker 2013, 57–85; EM 14 (2014) 494–500 (H. Lox).

60. Die zwei Brüder. – DMK/Uther, ATU 567: Vogelherz: Das wunderbare V. + DMK/Uther, ATU 300: Drachentöter + DMK/Uther, ATU 303: Brüder: Die zwei B. – KHM-Veröff.: 1819 (durchgehende kleine sprachliche Änderungen und Ergänzungen 1837). – Seit 1819 statt der fragmentarischen Erzählung *Das Goldei* an dieser Stelle, vermittelt „aus dem Paderbörnischen", also von der Familie von Haxthausen. Für die Druckfassung wurde vermutlich eine von Sophie von Haxthausen (1788–1862) zugekommene Fassung herangezogen, die sich noch im Grimm-Nachlaß (Preußischer Kulturbesitz, Berlin, Kasten 1800 C) befindet. Bereits in der handschriftlichen Urfassung von 1810 (Grimm/Rölleke 1975, 266–269, 290–295, 384–387) war eine ähnliche Geschichte von zwei Brüdern festgehalten (erzählt von Friederike Mannel, Allendorf 1808), die 1812 als KHM 74: *Von Johannes-Wassersprung und Caspar-Wassersprung* veröffentlicht und hernach erheblich gekürzt in den Anmerkungen zu KHM 60 als 4. hessische Erzählung (KHM 1856, 103 f.) wiedergegeben wurde.

KHM 60 ist das umfangreichste Zaubermärchen der Sammlung. Daß es der Germanist Wilhelm Wackernagel (zu seiner Mitwirkung an den KHM s. Kommentar zu KHM 165: *Der Vogel Greif*) später nebst der Vorrede in seinem *Deutschen Lesebuch* (1844) abdruckte, nahm Wilhelm Grimm mit Genugtuung zur Kenntnis und schrieb dem Basler Korrespondenzpartner voller Stolz: „Das ausgewählte Märchen gehört zu denen, welche den vollständigsten Inhalt und die gleichmäßigste Darstellung haben" (BP 4, 457).

Das Märchen besticht in der Tat durch eine kunstvoll verknüpfte Handlung voller Dynamik und schildert eindrucksvoll den Konflikt zwischen zwei Brüdern. Es besteht aus folgenden Teilen:

(1) Armer fängt Goldvogel, verkauft ihn jedoch an seinen reichen Bruder, der ihn braten läßt, weil er von dessen wunderbarer Eigenschaft (Verspeisen des Vogelfleisches läßt jeden Morgen ein Goldstück finden) weiß. (2) Die beiden Söhne (Zwillinge) des Armen naschen Herz und Leber des Vogels und finden zwei Goldstücke. Der Reiche verleumdet die Kinder bei ihrem Vater, der sie aus dem Haus führt. (3) Die beiden Brüder finden einen Pflegevater und erlernen das Jägerhandwerk und die Schießkunst (s. KHM 111: *Der gelernte Jäger*). Dankbare Tiere, die sie nicht töten, werden ihre Begleiter. An einer Wegkreuzung stößt jeder ein Messer in den Baum (als Lebenszeichen für den Gesundheitszustand), danach trennen sie sich. (4) Ein Bruder erweist sich als erfolgreicher Drachenkämpfer, befreit eine Stadt von dem jährlichen Menschenopfer und erlöst eine Prinzessin vom Tod, indem er einen Drachen tötet. Ein Bedienter bringt den Wehrlosen im Schlaf ums Leben,

der Hase belebt ihn mit einer Lebenswurzel wieder. Er wettet mit einem Wirt, daß er, der Arme, an des Königs Tisch sitzen werde. Beim Hochzeitsmahl kann er die ausgeschnittenen Drachenzungen als Beweis für die Tötung und Geschenke der Prinzessin vorlegen und den Marschall als Betrüger entlarven. Er wird daraufhin Ehemann der Prinzessin. (5) Die Teilnahme an einem Jagdausflug in einem zauberischen Wald geht verhängnisvoll aus. Eine Hexe versteinert ihn mit seinen Begleittieren. (6) Der andere Bruder kommt zur Wegkreuzung, erblickt das rostige Messer (Gefahr), begibt sich auf die Suche nach dem Bruder, wird von der Prinzessin fälschlich als Ehemann erkannt, nutzt die Situation nicht aus (trennendes Schwert zwischen sich und der Prinzessin) und erlöst den Bruder. (7) Als der Bruder vom Aufenthalt bei seiner Frau erfährt, erschlägt er seinen Retter aus Eifersucht, doch dieser kann dank der vom Hasen beschafften Lebenswurzel wiederbelebt werden.

Trennung und Wiedererkennung sind die beiden Pole und bestimmen die Struktur dieses Märchens. Das beliebte Schema liegt bereits hellenistischen Romanen zugrunde, gehört zu den Modellen epischen Erzählens und kommt in den KHM öfter vor (z. B. KHM 93: *Die Rabe*, KHM 181: *Die Nixe im Teich*). Charakteristisch für KHM 60 sind syntagmatische Achsen als Abschnitte mit Wiederholungen von Handlungen, jedoch mit gegensätzlicher Lösung für die beteiligten männlichen Helden.

Der Kinderpsychologe Bruno Bettelheim (1980, 88–93) betrachtet das Märchen als Schilderung von (Adoleszenz-)Konflikten, die mit dem Übergang von einer Entwicklungsstufe – dem Lösen alter Bande und dem Knüpfen neuer Bindungen – begleitet sind. Demonstriert werde, daß die vollständige Loslösung von der Vergangenheit ins Unglück führt, während die in der Vergangenheit verhaftete Existenz die Entwicklung hemme. Die zwei Brüder sind nach seiner Auffassung entgegengesetzte Aspekte der menschlichen Natur und verkörpern einerseits das Streben nach Unabhängigkeit/Zukunft, andererseits das Streben nach Sicherheit und Bindung an das Elternhaus/Vergangenheit. Die Trennung der Brüder symbolisiere den inneren Konflikt, ihre Wiedervereinigung die Integration der Persönlichkeit.

Zahlreiche Motive – Messer als Pars pro toto, Drachenkampf und Menschenopfer, das Ausschneiden der Zungen als Wahrheitsbeweis, die Freundschaft zweier Brüder, ein Schwert als Symbol castitatis, der Konflikt zweier Brüder, Kugelfestigkeit der Hexe – haben zu der Annahme geführt, KHM 60 als eines der ältesten Märchen zu betrachten, doch sind nach Kurt Rankes grundlegenden Untersuchungen (zusammenfassend EM 2, 913–917) literarische Vorbilder nur bis ins 14. Jahrhundert zurückzuverfolgen. Die Wette mit dem Wirt entspricht einer scheinbar unlösbaren Aufgabe, nur mit dem Unterschied, daß sich der Aufgabenlöser selbst und aus freien Stücken dieser Aufgabe unterzieht. Verschiedene Teile des Märchens von den zwei Brüdern begegnen auch bei Basile

(*Pentamerone* 1,9; vgl. 1,7), Motive wie das Aufsetzen des Kopfes verkehrt herum bei Straparola (*Piacevoli notti* 4,5). Die Thematik vom gegessenen Tierherz und dem Empfang von Goldstücken haben die Brüder Grimm unter anderem in KHM 85: *Die Goldkinder* aufgegriffen.

Der Drachenkampf, ein beliebtes Motiv des europäischen Märchens, aber auch der Heldensage und der Sage, ist so etwas wie ein Symbol für den Kampf mit einer feindlichen Umwelt und endet märchengemäß mit dem Sieg des Guten über das Böse. Daß zu den Begleittieren ein Löwe zählt, ist nicht ungewöhnlich; er taucht auch in weiteren KHM (38 [2], 67, 80, 88, 97, 121, 132, 158) auf. Als König der Tiere und ‚exotisches' Tier wirkte er nach Meinung Jacob Grimms (1834, XLVIf.) belebend auf die Phantasie. Dämonische Wesen sind kugelfest, doch weiß der kunstreiche Jäger die Hexe mit silbernen Kugeln unschädlich zu machen wie in Grimm/Uther DS 256: *Festgemacht*. Dort widerstehen Soldaten den Kugeln und bleiben unverwundbar.

Innerhalb der spannungsgeladenen Handlung fehlen schwankhafte Züge nicht, sowohl im Kampf mit dem Drachen als auch in der Schilderung des Jägers mit seinen Tierhelfern. Beispielsweise bemerkt er wegen seiner „traurigen Gedanken an die Königstochter" nicht, daß sein Kopf verkehrt herum sitzt; erst beim Mittagessen fällt es ihm auf.

Albert Ludwig Grimms *Brunnenhold und Brunnenstark*-Märchen (1816, Bd. 1, 191–311), das der Schulmeister mit deutlichen Affinitäten zu der ihm bekannten Fassung der Brüder Grimm (1812: KHM 74) veröffentlicht hatte, wirkte umgekehrt wieder mit einigen inhaltlichen Neuerungen auf KHM 65: *Allerleirauh* und KHM 60 zurück (Reimers 1985, 169–176). Außerdem orientierten sich Johann Peter Theodor Lyser (1838) und Carl Peter Geißler (1843) bei der Herausgabe ihrer Sammlungen an Albert Ludwig Grimms Fassung und nicht an den KHM.

Bei Albert Ludwig Grimm, Lyser und Geißler begegnen frühe Illustrationen zum Zweibrüdermärchen. KHM 60 ist zumeist in Gesamtausgaben vertreten, weniger in KHM-Teilausgaben, und entsprechend selten illustriert (zentrales Bildmotiv: Drachenkampf).

Lit.: Aarne 1908, 85–200; BP 1 (1913) 528–556; Schmidt 1932, 337–341, 348–353; Ranke 1934; Ranke 1955 ff., Bd. 1, 111–138 und Bd. 2, 261 (Varianten); Hierse 1969; Horálek 1969a; EM 2 (1979) 912–919 (K. Ranke); EM 3 (1981) 787–820 (L. Röhrich); Zinke 1983; Rubow 1984; Ohno 1993 (zum gegessenen Tierherz und Affinitäten zu KHM 122: Der Krautesel); Schmitt 1993, 562; Kooi/Schuster 1994, Nr. 18 (Varianten); Scherf 1995, 1454–1461; Bluhm/Rölleke 1997, 90–92 (zu Redensarten, Formeln, usw.); Dekker et al. 1997, 380–384 (T.Meder); Gobrecht 2002; Hansen 2002, 246–251, 450–453; Ono 2007 (zur Waldsymbolik); EM 13 (2010) 108–111 (V. Voigt) (zur strukturellen Bedeutung syntagmatischer Achsen); EM 13 (2010) 615–618 (C. Shojaei Kawan) (Tierherz als Ersatz); Grzywka 2010 (zur Funktion von Bergen); Solms 2010a, 16–18 (zu schwankhaften Zügen); Reinhardt 2012, 282–284, 323 f. (zu Struktur und Motivparallelen); zum Erzähltyp „Das wunderbare Vogelherz" vgl. EM 14 (2014) 292–295 (U. Marzolph).

61. Das Bürle. – DMK/Uther, ATU 1535: Unibos + DMK/Uther, ATU 1358 C + DMK/Uther, ATU 1358 A: Ehebruch belauscht + DMK/Uther, ATU 1297*: Jumping into the River after their Comrade. – KHM-Veröff.: 1819. – In der Handschrift Jacob Grimms befand sich in der Urfassung von 1810 (Nr. 29) ein fragmentarisches Märchen des Typus mit der Überschrift *Herr Hände* (Grimm/Rölleke 1975, 174–177, 369), 1812 wurde ein von der Familie Hassenpflug (18.4.1811) vermittelter Text *Von dem Schneider, der bald reich wurde* in den KHM veröffentlicht, dann aber ausgemustert und nur im Anmerkungsband (1822) wiedergegeben und 1819 durch eine von Dorothea Viehmann „aus Zwehrn" vermittelte Fassung ersetzt.

Das Bürle, so heißt verniedlichend das arme, aber gewitzte Bäuerlein in diesem episodenreichen Schwank. Schon in einem lateinischen Schwankgedicht (*Versus de Unibove*) aus Flandern (Mitte 11. Jahrhundert; Abdruck bei Langosch 1960, 251–305) weiß ein unter seinem Spottnamen Unibos (Einochs) verachteter Bauer die törichten Nachbarn auf verschiedene Arten hinters Licht zu führen. Die Streiche des gerissenen Betrügers haben literarisch von der Frühen Neuzeit (auch in der italienischen Novellistik) bis in die Schwankbücher des 17./18. Jahrhunderts nachgewirkt. Kurz vor Erscheinen der KHM hatte Johann Gustav Gottlieb Büsching (1812, Nr. 61) bereits eine Variante des Schwanks (bei ihm heißt der Held Bauer Kiebitz) veröffentlicht. Noch heute gehört der *Unibos*-Schwank mit der Figur des schlauen Betrügers, eines Tricksters, international zu den bekannteren Stoffen. KHM 61 liegt die folgende Struktur zugrunde:

> KHM 61 beginnt mit einer Vorgeschichte: Ein armer Bauer vertraut einem Hirten ein aus Holz gefertigtes Kalb an, das dieser jedoch nicht als solches erkennt und auf der Weide zurückläßt, wo es gestohlen wird. Als Ersatz erhält der Bauer vom Hirten ein lebendiges Tier als Ersatz („die lang gewünschte Kuh"), das allerdings aus Not geschlachtet wird. Die Tierhaut will der Bauer in der Stadt verkaufen, um ein neues Kalb damit zu erlösen. Es folgt ein mehrepisodischer Hauptteil: (1) Auf dem Weg in die Stadt nimmt der Bauer einen verletzten Raben in seine Obhut und übernachtet bei einer Müllersfrau. Er wird Zeuge, wie die Frau mit dem Pfarrer, ihrem Liebhaber, tafelt, offenbart dem heimkehrenden Ehemann sein Wissen stückchenweise (Rabe als vermeintlicher Wahrsager) und erhält eine große Summe als Belohnung. (2) Zu Hause macht der Arme den anderen Bauern weis, er habe so viel Geld für die Haut erhalten. Die Bauern schlachten daraufhin all ihr Vieh, um die Häute mit großem Gewinn zu verkaufen, erhalten aber nur einen Bruchteil des Geldes. (3) Des Betrugs angeklagt, soll der Bauer in einem durchlöcherten Faß im Wasser zu Tode kommen. Er kommt frei, weil er einem Hirten vorgaukelt, jener könne Bürgermeister werden, wenn er sich statt seiner ins Faß setze. (4) Als die Bauern ihren Nachbarn wider Er-

warten leibhaftig erblicken, antwortet er auf deren Frage, ob er aus dem Wasser komme, er habe auf dem Grund des Wassers viele Lämmer gesehen. Die Bauern springen ins Wasser, der Bürgermeister voran.

Die Idealisierung der verwegenen List des Klugen, ohne Rücksicht auf überkommene Normen, liegt als Konzeption schon verschiedenen Meisterdiebgeschichten der Antike zugrunde. Ein solches Muster ist geradezu schwanktypisch: Diebe und Betrüger können allgemeine soziale Wertvorstellungen mißachten und ungestraft die Früchte ihres sonst verbotenen Tuns genießen.

Das Entkommen aus einem eingeschlossenen Behältnis (Sack) ist auch in KHM 146: *Die Rübe* eingegangen; der Verkauf wertloser Objekte/Tiere erinnert an ähnlich listenreiche Handelsgeschäfte zum Nachteil dummer Bauern (vgl. KHM 70: *Die drei Glückskinder*). Hans Christian Andersen nutzte den Stoff für sein frühes Märchen *Der kleine und der große Klaus* (1835).

Bildliche Darstellungen zeigen häufig das hölzerne Kalb, dessen Anfertigung oder die Bauern beim Sprung ins Wasser, so schon bei George Cruikshank (1823).

Lit.: Köhler/Bolte 1 (1898) 230–255; BP 2 (1915) 1–18; Müller 1934; Beyer 1969, 73–79; Suchomski 1975, 106–110; EM 3 (1981) 1055–1065 (R. Wehse); Joldrichsen 1987, 64–72; Kooi/Schuster 1994, Nr. 74 k (Varianten); Art. List und Leichtgläubigkeit in: EM 8 (1996) 1104–1108 (A. Schöne); Cardigos 1996, 55–90, 213–222: Dekker et al. 1997, 154 f. (T. Dekker); Verflex. 10 (²1999) 80–85 (B. K. Vollmann); Hubrich-Messow 2000 ff., Bd. 5, 56–70, 99–115 und Bd. 6, 65–87 (Varianten); Ziolkowski 2007, 125–163; EM 13 (2010) 1192–1202 (J. van der Kooi).

62. Die Bienenkönigin.

– DMK/Uther, ATU 554: Dankbare (hilfreiche) Tiere. – KHM-Veröff.: 1812 (verändert 1819). – Als Nr. 18 in der Urfassung von 1810 in der Handschrift Jacob Grimms (*Dümmling*) vorhanden und etwa Juli 1809 niedergeschrieben (Grimm/Rölleke 1975, 102–105, 358 f.), als KHM 64(II) dann in der Bearbeitung Wilhelms unter dem Titel *Die Bienenkönigin*, ab 1819 als KHM 62 anstelle des ausgeschiedenen Märchens *Blaubart* veröffentlicht; vgl. auch das nicht mehr abgedruckte Zaubermärchen KHM 16 (1812): *Herr Fix und Fertig*.

Schon die handschriftliche Urfassung von 1810 ließ trotz erheblicher inhaltlicher Straffungen erkennen, daß Jacob beträchtliche stoffliche Anleihen (s. auch Kommentar zu KHM 19: *Von dem Fischer und syner Fru*, KHM 60: *Die zwei Brüder*) bei dem 1809 unter dem Titel *Die drey Königssöhne* veröffentlichten Zaubermärchen Albert Ludwig Grimms (Nr. 5 = abgedruckt bei Uther 1990b, Nr. 28) genommen hatte – mit teilweise wörtlichen Übereinstimmungen. A. L. Grimms ausführliche Eingangsschilderung von der Ausfahrt der beiden Brüder und der anfänglichen Weigerung des Jüngsten schrumpfte auf einen Satz zusammen

(Wesselski 1942, 110; Reimer 1985, 279 f.). Die Behauptung der Brüder Grimm im Vorwort zu den KHM, daß A. L. Grimms „nicht eben wohl gerathene, Sammlung mit uns und der unsrigen gar nichts gemein hat" (1812, XIXf.), traf daher nicht zu. Schon Clemens Brentano war aufgefallen, daß A. L. Grimm sich bei seiner Fassung an der Geschichte des Brisonet, das heißt an dem von Georg Messerschmidt verfaßten Volksbuch *Vom Edlen Ritter Brissoneto* (Straßburg 1559 und öfter), orientiert hatte (BP 2, 23). A. L. Grimm selber spricht im Vorwort vage davon, sein Märchen sei „durch eine Erinnerung an ein ähnliches Volksmährchen veranlaßt" (1809, VIII).

Für die Handlung bestimmend ist das Motiv der dankbaren und später hilfreichen Tiere, die als selbständig handelnde Wesen dem Helden bei der Lösung schwieriger, unlösbar scheinender Aufgaben zur Seite stehen (s. Kommentar zu KHM 17: *Die weiße Schlange*); auch drei Brüder als Handlungsträger finden sich oft (z. B. KHM 63, 70, 106, 122). Zur Bewährung in die weite Welt geschickt, übersteht nur der Jüngste, als Dummling verkannt, alle Abenteuer und errettet nicht selten seine Brüder aus drohenden Gefahren. Das Märchen demonstriert im Verhalten des Jüngsten, der gegenüber den Tieren sich als achtsam erweist, den Respekt vor der Schöpfung in einem christlichen beziehungsweise religiösen Sinn. Der Stoff stammt ursprünglich aus dem Orient.

Der Kinderpsychologe Bruno Bettelheim (1980, 75 f.) betrachtet das Märchen als Beispiel für den symbolischen Kampf der Persönlichkeitsintegration gegen chaotischen Verfall. Es zeige, daß man jedem Element seinen Platz einräumen muß. Während die älteren Brüder ein zügelloses Leben führten und die Erfordernisse der Wirklichkeit nicht erkennten, rufe der Jüngere (Dummling) seine inneren Kräfte (Tiere) zu Hilfe, um die Aufgaben zu lösen. Da die Älteren sich durch das Es leiten ließen, könnten sie die Aufgaben nicht lösen; die Verwandlung in Stein symbolisiere ihren Mangel an wahrem Menschsein. Der Dummling als Symbol des Ich vermag die Aufgaben allein zwar auch nicht zu bewältigen, doch gehorche er dem Befehl des Über-Ich. Nachdem er mit der animalischen Natur Freundschaft geschlossen und sie als wichtig anerkennt und mit dem Ich und Über-Ich in Einklang gebracht hätte, sei er in der Lage, mit der nun integrierten Gesamtpersönlichkeit die Aufgaben zu meistern.

Bildliche Darstellungen sind selten. Bevorzugte Motive: Held am Teich mit Ente und Schlüssel; schlafende Königstochter (Schlußmotiv).

Lit.: BP 2 (1915) 19–29; Schmidt 1932, 124–129; Wesselski 1942, 99–103; Ranke 1955 ff., Bd. 2, 216 f. (Varianten); EM 3 (1981) 287–289 (C. Lindahl); Horn 1983a, 99–103; Scherf 1995, 89–92.

63. Die drei Federn. – DMK/Uther, ATU 402: Maus als Braut. – KHM-Veröff.: 1819 (verändert 1840). – Als Nr. 13, 17 (Handschrift Wilhelm Grimms) und Nr. 15 (Handschrift Jacob Grimms) finden sich in der Urfassung von 1810 drei ähnliche Märchen (Grimm/Rölleke 1975, 82f., 90f., 96–101, 356–358). Nr. 17 entspricht strukturell dem 1812 als KHM 64 (3): *Die drei Federn* veröffentlichten Text, der dann wiederum 1819 einer auf Dorothea Viehmann „aus Zwehrn" zurückgehenden Fassung weichen mußte und nur mit einigen Motiven im Anmerkungsband (KHM 1856, 103) wiedergegeben wird. Schon Clemens Brentano hatte sich Stichwörter (Der dumme Bruder soll freien. Frosch, Glasberg, Tüchel, Ring, Frosch, Braut) notiert (Grimm/Lefftz 1927, 174).

KHM 63 ist ein weiteres Märchen von einem als Dummling verkannten Jüngsten (s. auch KHM 62, 64, 165), der wie seine beiden Brüder Tüchtigkeit beweisen soll, um das väterliche Erbe antreten zu können (vgl. das ähnliche Eingangsmotiv in KHM 106: *Der arme Müllerbursch und das Kätzchen*). Doch bleibt der Dummling passiv, wird „die Sachlage in den KHM kurz und emotionslos erklärt", urteilt Hannelore Jeske (2011, 216) über die Figur.

Literarische Vorlagen für die Grundstruktur der Erprobung der Tüchtigkeit, des Herbeischaffens kostbarer Gegenstände und der schönsten Braut lassen sich in der italienischen Novellistik (Anton Francesco Donis *Mondi* von 1552, vgl. Wesselski 1931, 131 f.) nachweisen; vor allem für den ersten Teil ist das mit der *Rapunzel*-Thematik (KHM 12) verknüpfte Feenmärchen *La Chatte blanche* aus der Sammlung der Madame d'Aulnoy von 1698 zu vergleichen. Diese literarische Frühfassung hat unstreitig auch Johann Gustav Gottlieb Büschings *Märchen von der Padde* (1812, Nr. 60) beeinflußt sowie *König Durandu und seine drey Söhne* in den anonym herausgegebenen *Feen-Mährchen* (1801, 271–286) und die zuvor erschienene romanhafte Fassung *Der Schwan* in den *Ammenmärchen* (1791, Bd. 1, 39–92), die nach M. Grätz (1988, 242f.) Wilhelm Schumann verfaßt haben soll.

Eigentümlich ist das Motiv der drei Federn als dinglicher Wegmarkierung; in KHM 88: *Das singende springende Löweneckerchen* zeigt eine weiße Feder den Weg an, sonst sind es häufig Hülsenfrüchte oder Steine. Die merkwürdigen Verse zu „Hutzelbein, Hutzelbeins Hündchen", die wortwörtlich wieder in KHM 127: *Der Eisenofen* begegnen, verdeutlichen die jenseitige Ebene und erinnern in ihrer Lautmalerei an kleinkinderhafte Wortbildungen, sind vielleicht bewußte nonsenshafte Nachbildungen, wie sie vor allem im Kinderlied und Kinderspiel begegnen. Die verschiedenen sprachlichen Bedeutungen von Hutzel lassen sich kaum sinnvoll einbringen, bestenfalls noch hutzel (bair.: „runzlichtes, altes weib" bzw. nassau.: „alte eingeschrumpfte person, aber auch ein guter tropf, gutmütiger mensch"; s. DWb. 4, 2000 f.).

KHM 63: Die drei Federn. Federzeichnung (ca. 1873) von Ludwig Bechstein (1843–1914)

Die Erzählerin Friedel Lenz (1972, 191–198) interpretiert das Märchen in der von ihr entwickelten Bildsprache als eine Schilderung des Verhaltens des echten Geistwillens in seiner Beziehung zur Geschlechtlichkeit. Der König wolle das Reich an einen seiner Söhne übergeben und stelle ihnen daher eine Aufgabe: Das Ich solle die Herrschaft ergreifen, sich aber aus eigener Kraft bewähren und das Königtum nicht aus Vererbung und Überlieferung erwerben. Das Ich entwickle sich stufenweise, die drei Söhne repräsentierten die Grundkräfte: der Älteste das Fühlen, der Mittlere das Denken, der Jüngste das Wollen. Der Teppich sei Sinnbild für das Fühlen, der Ring für das zeitlos ewige Ich-Bewußtsein, die Frau für die Seele. Die Kröte sei das Symbol der Sexualität, sie werde verwandelt und zur beseelten Frau.

Nach Auffassung des Kinderpsychologen und Freud-Anhängers Bruno Bettelheim (1980, 99–106) ist das dumme Kind als ein kleines Kind vor dem Kampf zwischen Es, Ich und Über-Ich der vielschichtigen, differenzierten Persönlichkeit zu sehen. Die in verschiedene Himmelsrichtungen fliegenden Federn symbolisierten die Rolle des Zufalls. Indem der Jüngste unter die Erde steigt, werde ausgedrückt, daß er sein Unterbewußtes erforscht – im Gegensatz zu seinen Brüdern, die ihren Intellekt benutzten. Der Jüngste erhält das Gewünschte von einem Tier, das heißt er verlasse sich auf seine animalische Natur und ursprünglichen Kräfte. Die Brüder dagegen blieben an der Oberfläche, das heißt sie handelten nur aus dem Ich heraus und seien vom Es (der potentiellen Quelle der Stärke und Vielfalt) abgeschnitten. Sie hätten auch kein Über-Ich, kein Gefühl für höhere Dinge und gingen den einfachen Weg.

Bildliche Darstellungen finden sich zunächst nur sporadisch (Edward H. Wehnert in einer englischen KHM-Ausgabe von 1853), zumeist erst seit Ende des 19. Jahrhunderts. Bevorzugte Bildmotive: Held und hilfreiche Tiere.

Lit.: Krüger 1914, 17–20; BP 2 (1915) 30–38; Wesselski 1931, 131f.; Schmidt 1932, 260–270, 369f.; HDM 2 (1934–40) 72–74 (S. Liljeblad, C. W. von Sydow); Wesselski 1942, 42–49; Ranke 1955 ff., Bd. 1, 319–350 (Varianten); EM 4 (1984) 933–937 (zur Feder); Joldrichsen 1987, 25–34; Köhler-Zülch 1991, 107–115; Scherf 1995, 189–193; Bluhm/Rölleke 1997, 93 (zur Feder); Dekker et al. 1997, 92–96 (T. Meder); EM 9 (1999) 433–437 (S. Fährmann); Solms 1999, bes. 58–66; Siegmund 2007 (zu Wilhelm Grimms handschriftlicher Fassung *Dümmling*); Shojaei Kawan 2009, 436 (Verse).

64. Die goldene Gans. – DMK/Uther, ATU 571: Klebezauber + DMK/Uther, ATU 513B: Schiff zu Wasser und zu Lande. – KHM-Veröff.: 1812 (verändert 1819, kleinere Änderungen 1837). Als Nr. 27 in der Handschrift Jacob Grimms schon in der Urfassung von 1810 vorhanden und vermutlich über die Familie Hassenpflug (Grimm/Rölleke 1975, 160–167, 368) zugekommen, erschien das Schwankmärchen vom Mann, der mit Hilfe des Klebezaubers sein Glück macht, 1812 als KHM 64(IV). 1819 wurde der Text mit einer Fassung „aus dem Paderbörnischen", also durch die Familie von Haxthausen vermittelt, kontaminiert.

Das Schwankmärchen zeichnet sich durch groteske Situationskomik aus, die mit einer humorvollen sprachlichen Darstellung einhergeht. KHM 64 kombiniert gängige Motive, wie sie vergleichbar auch in anderen Dummlingsmärchen begegnen: Ein als Dummling verkannter junger Mann zieht wie seine Brüder zum Holzfällen aus. Hatten die Brüder von der Mutter Eierkuchen und eine Flasche Wein als Wegzehrung erhalten, muß er sich mit einem Aschenkuchen und saurem Bier begnügen. Weil die beiden älteren Brüder die Bitte eines fremden alten Männleins nach ein wenig Essen und Trinken abschlagen, verletzen sie sich hernach beim Holzhauen mit der Axt. Nach dem Mißerfolg der beiden älteren Brüder will der Jüngste es versuchen. Nach mehrmaligem Drängen gibt der Vater nach und ermahnt ihn: „geh nur hin, durch Schaden wirst du klug werden." Die Handlung legt nahe, daß Barmherzigkeit angesagt ist. Denn als der unscheinbare Held seine karge Speise und Trank mit dem alten Männlein teilt, geschieht ein Speisewunder. Das saure Bier verwandelt sich in Wein, und einen guten Rat gibt es obendrein. Seit der KHM-Ausgabe von 1819 ist diese Begegnung mit dem Fremden so anschaulich gestaltet. Die Verwandlung von Wasser (hier Sauerbier) zu Wein ist zwar vielfach aus Sagen und Legenden geläufig, in Märchen jedoch eher singulär. Sie signalisiert den untadligen Charakter des Jüngsten, der zu Höherem befähigt. Dank seiner uneigennützigen Hilfsbereitschaft erhält der Dummling Unterstützung in Situationen, in denen er selbst in Gefahr ist. Der beabsichtigte Diebstahl der Goldgans durch die Wirtstochter erinnert an den diebischen Wirt in KHM 36: *Tischchen deck dich*. Der Dummling zieht mit seiner festgebannten Menschenschar durch die Lande und bringt schließlich eine Königstochter zum Lachen – wie in KHM 7: *Der gute Handel*. Aber im Unterschied zu KHM 64 geht der Held dort eher zufällig an die Lösung des schier unmöglichen Problems. Nun müßte er die ausgelobte Königstochter als Preis erhalten, doch der Herrscher gibt sich – wie so oft (z. B. KHM 20: *Das tapfere Schneiderlein*; KHM 29: *Der Teufel mit den drei goldenen Haaren*) – mit dem sozialen Status des Freiers nicht zufrieden und stellt ihm mehrmals unlösbar scheinende Aufgaben, die wiederum als retardierende Momente den Spannungsbogen aufrecht erhalten und das Ende des Schwankmärchens hinausschieben.

Ein altes Männlein erscheint in den KHM öfter in der Rolle des Helfers und unterstützt den Dummling mit seinen wunderbaren Eigenschaften und Fähigkeiten in der Gestalt eines übergroßen Fressers und Trinkers (*Gargantua*-Motive; s. auch KHM 71: *Sechse kommen durch die ganze Welt*, KHM 134: *Die sechs Diener*), hilft. Die letzte Aufgabe, ein zu Lande und zu Wasser fahrendes Schiff zu bauen, taucht erneut in KHM 165: *Der Vogel Greif* (auch in der Lügengeschichte KHM 159) auf, nicht aber bei Ludwig Bechstein, der es mit den Klebezauber-Aufgaben bewenden läßt (*Schwan, kleb an* = Bechstein/Uther 1997a, 250–254). Ein solches Schiff mit diesen Funktionen ist nicht nur ein märchenhaftes Phantasieprodukt – in den *Argonautika* des Appollonios Rhodios –, sondern soll es tatsächlich im Mittelalter gegeben haben (EM 11, 1425) und war Gegenstand gelehrter Disputationen innerhalb jesuitischer Literatur des 17. Jahrhunderts (Behringer/Ott-Koptschalijski 1991, 279–286).

Das Festbannen ist vor allem als Strafaktion innerhalb der Märchen von den törichten Wünschen bekannt geworden (s. KHM 87: *Der Arme und der Reiche*) und hat ältere Vorbilder unter anderem in der griechischen Mythologie (Hephaistos bindet das ehebrecherische Paar Aphrodite und Ares mit unsichtbaren Fesseln), in der jüngeren *Edda* (Loki bleibt an der selbst geschleuderten Stange hängen) oder in *The Tale of the Basyn*, einem englischen Gedicht des 15. Jahrhunderts: Ein Bauer bannt die ehebrecherische Frau mit Pfarrer, Küster, Magd und Fuhrmann an einen Topf, bis der Pfarrer Buße zahlt.

Das Schwankmärchen ist verschiedentlich in den Medien (Film) präsent, aber weniger in Anthologien vertreten. Besonders die Illustration von Ludwig Richter in der 12. Auflage der Bechstein-Märchen von 1853 mit den aneinandergeklebten Personen, die später oft in KHM-Ausgaben übernommen wurde, hat nachfolgende Künstler inspiriert.

Lit.: BP 2 (1915) 39–44; Schmidt 1932, 153–163, 371 f.; HDM 2 (1934–40) 314 f. (H. Honti); Ranke 1955 ff., Bd. 2, 300–311, 311–323 (Varianten); Schmitt 1993, Nr. 98, 167 (Film); EM 7 (1993) 1417–1425 (C. Shojaei Kawan); Scherf 1995, 506–509; Dekker et al. 1997, 433–437 (T. Meder); Anderson 2000, 78–80 (zur Mythologie); EM 11 (2004) 1421–1427 (S. Neumann); Reinhardt 2012, 349 f. (zur Struktur); zur Verwandlung von Wasser zu Wein vgl. EM 14 (2014) 515–518 (D. Drascek); Solms 2014, 35 f. (zur Erzählerperspektive).

65. Allerleirauh. – DMK/Uther, ATU 510B: Cinderella. – KHM-Veröff.: 1812; Kleine Ausgabe: 1825 (Nr. 31); (verändert 1819). – *Allerlei Rauch* heißt das Zaubermärchen Nr. 7 in der Urfassung von 1810 (Grimm/Rölleke 1975, 52–59, 352 f.). Nach Heinz Rölleke hat Jacob Grimm eine sehr stark gestraffte Inhaltsangabe (wohl 1807) anhand einer innerhalb des Romans *Schilly* (1798, 144–154) eingeflochtenen Erzählung, verfaßt von Carl Nehrlich, einem der wichtigsten Mitarbeiter an der Liedersammlung *Des Knaben Wunderhorn* (1806–08), handschriftlich festgehalten (s. Rölleke 1985, 175–183). Verwandt ist das Märchen *Prinzessin Mäusehaut*, das nur 1812 (KHM 71) in der Sammlung enthalten war. Die als KHM 65: *Allerleirauh* (wieder ein sprechender Name) 1812 veröffentlichte Fassung soll auf Henriette Dorothea Wild zurückgehen, übermittelt am 9.10.1812; selbst in den später veröffentlichten Fassungen ist die Nähe zu Nehrlichs Erzählung allerdings nicht von der Hand zu weisen.

Daß eine Unschuldige verleumdet wird, diese daraufhin die Flucht ergreift und erst nach mancherlei Entbehrungen, oftmals mit Todesgefahren verbunden, einen ebenbürtigen Mann heiratet, entspricht der herkömmlichen Handlungsfolge in Märchen des Zyklus von der verfolgten Frau (s. z. B. KHM 3, 11, 21, 31, 53, 130). Es besteht eine Affinität zum zweiten Teil des *Aschenputtel*-Märchens (KHM 21).

Die Inzestthematik mit dem Verlangen des Königs, nach dem Tod der Ehefrau die eigene Tochter zu ehelichen, ist in der abendländischen Dichtung seit dem 12. Jahrhundert oft als selbständiges Thema behandelt worden. Sie wird in keinem anderen KHM-Märchen so unverhüllt angesprochen. Motivisch ähnlich strukturierte KHM schildern andere sexuell nicht ‚anstößige' Anlässe zur Flucht der jungen Frau. Um keine Zweifel aufkommen zu lassen, wird der Inzestversuch in KHM 65 aber zugleich deutlich als „Sünde" gebrandmarkt. 1819 heißt es von den Räten mahnend an den Vater gerichtet: „Gott hat verboten, daß der Vater seine Tochter heiratet, und aus der Sünde kann nichts Gutes entspringen". 1850, nach dem Scheitern des Frankfurter Parlaments 1848, wird in der *Kleinen Ausgabe* verstärkend der Staatsgedanke beschworen: „und das Reich wird mit ins Verderben gezogen".

Allerleirauh bleibt wie die Gänsemagd (KHM 89) stets Königstochter, auch wenn sie erniedrigende Magddienste leisten muß, ist also keine soziale Aufsteigerin wie z. B. Aschenputtel. Die Identitätsbestimmung ist symbolisch im Universalismus der Kleider (Sonne-, Mond- und Sterne-Motiv) ausgedrückt. Kleider, so Katalin Horn, würden nur erwähnt, „wenn sie für die Handlung wichtig sind" (Horn 1977, 83). Die äußere Schönheit entspricht der inneren Reinheit. Das Märchen läßt sich in seiner Thematik mit den großen mittelalterlichen Schicksalsromanen vergleichen, nach denen die Heldin, der Unrecht widerfahren ist, wieder in ihren Stand zurückkehrt. Einzelne Motive wie Zufluchtsuche im hohlen Baum, Ableisten von Magddiensten, ohne sich zu erkennen zu geben, bewußt gewollte Häßlichkeit entsprechen herkömmlichen Mustern und finden sich gleichermaßen in Epos, Legende und Sage. Das Motiv der Verunstaltung ist beispielsweise mit der Figur der Wilgefortis oder Kümmernis (KHM 66 [1815], später in die *Deutschen Sagen* aufgenommen, s. Grimm/Uther DS 330) verbunden oder mit Mathilde, der Tochter Kaiser Heinrichs III., die Häßlichkeit vom Teufel erbittet, um ihren Vater nicht heiraten zu müssen (Grimm/Uther DS 488). Das Auffinden einer Frau im Wald durch Jäger begegnet häufiger in den KHM (KHM 11: *Brüderchen und Schwesterchen*, KHM 49: *Die sechs Schwäne*) und ist ein beliebtes Motiv auch im Volkslied.

KHM 65 besteht aus zwei Teilen, die auch einzeln denkbar sind. Entfernte literarische Vorlagen finden sich in Basiles *Pentamerone* (2,6), Straparolas *Piacevoli notti* (1,4), in der anonymen Frühausgabe dreier Märchen von Charles Perrault *Griseldis, nouvelle. Avec le conte de Peau d'Ane et celui des Souhaits ridicules* (1694) und in Johann Karl August Musäus' *Volksmärchen der Deutschen* (*Die Nymphe des Brunnens*, 1783). Albert Ludwig Grimms *Brunnenhold und Brun-*

nenstark-Märchen von 1816, eine Version des Zweibrüdermärchens, das der Schulmeister mit deutlichen Affinitäten zur Fassung der Brüder Grimm (KHM 60) veröffentlicht hatte, wirkte umgekehrt mit einigen inhaltlichen Neuerungen wieder auf KHM 65 zurück (Reimers 1985, 168 f.).

Das gelegentlich zur Interpretation herangezogene Märchen wird vor allem in Verbindung mit der Entwicklung und Reifung der jungen Frau gesehen (z. B. Stumpfe 1978, 64: „Aber der bewußt durchlittene Schicksalsweg führt unaufhaltsam ins Helle"). Die Phasen, welche Allerleirauh durchmache, seien Entwicklungsstufen der Menschheit bis hin zum königlichen Menschenbild, das reinen Geist und reine Seele vereine (Storck 1977, 107, 109). Für die Psychotherapeutin Verena Kast (1991, 15–35) zeigt das Märchen den Ablöseprozeß, den eine Tochter vom Vater (dem Alten) durchläuft und das Zustandekommen einer Entwicklung.

Obwohl in der *Kleinen Ausgabe* der KHM vertreten, ist das Märchen innerhalb von KHM-Teilausgaben und auch auf bildlichen Darstellungen weniger vertreten, im Typus der unschuldig Verfolgten dominiert KHM 21: *Aschenputtel*. Um so mehr hat Interpreten die Inzest-Thematik zu Ausführungen über das Verhalten der jungen Frau gereizt (z. B. Belmont 1990, Benz 1991).

Lit.: BP 2 (1915) 45–56; Wesselski 1931, 129–132 (Inzest); HDM 1 (1930-33) 47–49 (K. Voretzsch); Schmidt 1932, 335–337; Rooth 1951; Hagen 1954, Bd. 1, 139–171 und Bd. 2, 111–141; Ranke 1955 ff., Bd. 2, 125–127 (Varianten); Lüthi 1975a, 31–36 (Universalismus); Horn 1977 (Bedeutung des Kleides); EM 3 (1981) 43 f. (R. Wehse); Rölleke 1985, 175–183; Dollerup u. a. 1986 (zu Editionsprinzipien); Uther 1986 (zur Schönheitsthematik); Tatar 1990, 31 f.; Ikeda 1991; McGlathery 1993, 84; Schmitt 1993, 562; Horn 1995 (Tierhaut als Identität); Scherf 1995, 14–18, 286–289; Dekker et al. 1997, 50–55 (T. Dekker); Goldberg 1997a; Ono 2007 (zur Waldsymbolik); Gorgulla 2011, 241–250; EM 14 (2014) 1495–1501 (C. Shojaei Kawan); s. auch Lit. zu KHM 21.

66. Häsichenbraut. – vgl. DMK/Uther, ATU 311: Mädchenmörder. – KHM-Veröff.: 1819. Eingesetzt für das Märchen *Hurlebutz*, das eine enge Verwandtschaft zu dem 1815 (KHM 41) erstmals veröffentlichten Märchen *Der Eisenofen* (später KHM 127) aufwies und diesem weichen mußte.

Das Dialektmärchen aus dem brandenburgischen Buckow bei Beeskow (frdl. Hinweis von Frau Dr. Susanne Hose, Bautzen) hat nach den Recherchen Eberhard Kunzes (Rölleke 2000, 99) der damalige Premierleutnant Georg Friedrich Fallenstein (1790–1853) den Brüdern Grimm am 15.12.1815 brieflich mitgeteilt. Es handelt sich um eine Variation des *Blaubart*-Stoffs (KHM 62 [nur 1812], 73 [nur 1812], 40, 46; vgl. Uther 1988), genauer eine sublimierende Variation von KHM 46: *Fitchers Vogel*. Das dämonische Wesen ist hier ein Hase. Die grausigen Erlebnisse der Braut in KHM 46 (Morddrohung, Blutkammer, Wiederbelebung der Schwestern aus den Knochen) und die Vernichtung des Schädigers sind jedoch nicht elementar für KHM 66, so daß man von einer mehr kindgerechten Version sprechen kann. Dafür könnte die absurde Handlung vom diebischen Hasen ebenso ein Indiz sein wie dessen Aufforderung an die Tochter, auf seinem Schwanz Platz zu nehmen (vgl. die Rolle des Fuchses als Tierhelfer in KHM 57: *Der goldene Vogel*) und ihm zu folgen. Nach zwei vergeblichen Aufforderungen stimmt die Tochter schließlich zu, und nun leitet das Märchen in einen zweiten Teil über, der das Verhalten der Tochter bei der geplanten Hochzeit betrifft. Bei der Aufzählung der Hochzeitsgäste scheint das bekannte Kinderlied von der Vogelhochzeit (Erk/Böhme, Nr. 163; Strobach 1987, Bd. 2, Nr. 194) Pate gestanden zu haben. Als Gäste bei der Hochzeit sind Hasen dabei, als Pfarrer agiert die Krähe, und der Fuchs übernimmt den Part des Küsters. Über den Altar heißt es: „und der Altar war unterm Regenbogen". Bevor die Hochzeit jedoch steigen kann, verläßt die sich unglücklich fühlende Tochter (sie weint ständig) in Abwesenheit des Tieres die Hasenhütte, nicht ohne ihm eine Strohpuppe hinterlassen zu haben, welcher der Hase den Kopf abschlägt und sich traurig davontrollt.

Lit.: BP 2 (1915) 56; HDA 8 (1936/37) 1679–1681 (H. Kunstmann) (zur Vogelhochzeit); Scherf 1995, 573 f.; Köhler-Zülch 1997 (zur Wiederbelebung); Rölleke 2000, 99–104 (zur Vorlage, irrtümlich von H. Rölleke im pommerschen Buckow verortet); EM 13 (2010) 618–622 (C. Shojaei Kawan).

67. Die zwölf Jäger. – DMK/Uther, ATU 884: Frau in Männerkleidung + DMK/Uther, ATU 313: Magische Flucht. – KHM-Veröff.: 1812. – Das Zaubermärchen erschien zunächst unter dem Titel *Der König mit dem Löwen* nach einer Erzählung der Johanna (Jeanette) Hassenpflug (1791–1860), ab 1819 mit wenigen Änderungen unter dem Titel *Die zwölf Jäger*.

Das Vergessen der Braut (EM 2, 716–723) gehört zu den retardierenden Episoden des Handlungsablaufs, welche die Dynamik der Handlung unterbrechen, aber die Spannung des Geschehens erhöhen. Überwiegend ist die Braut der leidende Teil bei der Verzögerung des Happy-Ends; das Motiv der vergessenen Braut bildet auch einen wesentlichen Bestandteil von KHM 56, 88, 113, 186 und 193. Der Geschlechtswechsel (HDM 2, 571) und damit verbundene Proben (mit Erbsen, Spinnrädern) können als Vorformen der Detektivliteratur angesehen werden. Daß ein Mann sich zwischen zwei Frauen entscheiden muß und dabei das Gleichnis vom alten und neuen Schlüssel (erotisches Symbol) anführt, kommt häufiger in Märchen vor (BP 2, 59). Die mittelalterliche Verlobungsformel „Du bist mein und ich bin dein" – ähnlich auch in KHM 94: *Die kluge Bauerntochter* und KHM 127: *Der Eisenofen* (vgl. zusammenfassend Rölleke 1985, 133–141 und 1999, 419–427) –, die der König beim Wiedererkennen seiner ersten Frau ausspricht, ist erst 1819 eingefügt, ebenso das Kußmotiv als äußeres Zeichen der Verbundenheit, um das erneute Eheversprechen zu besiegeln. Die Verkleidung von Frauen als Männer (berühmtestes vermutlich fiktives Beispiel: Päpstin Johanna) ist in Epos, Legende, Ballade, Volksbuch und Schwank ein beliebtes Motiv, meist auch verbunden mit der Thematik Frau als Soldat.

Innerhalb des Zyklus von der vergessenen Braut gehört KHM 67 zu den weniger bekannten Märchen. Bildliche Darstellungen (vereinzelt auf Bilderbogen seit 1875) finden sich kaum.

Lit.: BP 2 (1915) 56–59; zur Verkleidungsthematik und damit verbundenem Rollentausch vgl. EM 5 (1987) 168–186 (R. Wehse); Goldberg 1992 (zur vergessenen Braut); Scherf 1995, 1470–1472; zur Magischen Flucht vgl. EM 9 (1999) 13–19 (W. Puchner); Sennewald 2000 (Verlobungsformel); EM 12 (2007) 82–88 (D. Haase) (Symbolik des Schlüssels); Hubrich-Messow 2000 ff., Bd. 7, 276 (Varianten); Kahl 2008 f. (Nachwirkung in japanischen Mangas).

68. De Gaudeif un sien Meester. – DMK/Uther, ATU 325: Zauberer und Schüler. – KHM-Veröff.: 1819. – Das mundartliche Schwankmärchen mit Motiven der Magischen Flucht ersetzt seit der 2. Auflage 1819 das Märchen *Von dem Sommer- und Wintergarten*, eine Variante zu KHM 88: *Das singende springende Löweneckerchen*. Es stammt „aus dem Münsterischen" und liegt handschriftlich von Maria Anna (Jenny) von Droste-Hülshoff unter dem Titel *Jan un sien Sohn* vor (Grimm-Nachlaß Berlin, Preuß. Kulturbesitz, 1757,5; Abdruck bei Schulte Kemminghausen 1963, 45–47).

Der Gaudeif (ndd. gauwe: flink, behende) ist eigentlich ein Meisterdieb, weniger wie hier eine Figur, die Zauberkunststücke beherrscht. Der vorgestellte diebische und trickreiche Handlungsträger ist eine typische Figur in Schwank und Schwankmärchen. Ihm gegenüber bestehen keine moralischen Bedenken, seine kriminelle Energie bleibt ohne Sanktionen. Statt dessen dominiert das Vergnügen der Leser und Zuhörer an der Geschicklichkeit und Findigkeit von Dieben und Zauberkünstlern. Das Diebeshandwerk müssen Kinder auch in KHM 129: *Die vier kunstreichen Brüder* und KHM 192: *Der Meisterdieb* erlernen. Daß jemand hinter dem Altar (hier vom Küster) geneckt wird, ist als Motiv vor allem in Schwänken von heiratslustigen alten Jungfern gängig (s. KHM 139: *Dat Mäken von Brakel*). Der Verwandlungswettkampf zwischen Zauberer und scharfsinnigem Schüler ist ein charakteristisches Motiv auch für KHM 56, 88 und 113.

Der Erzählstoff vom Zauberlehrling weist eine lange literarische Tradition auf. Aus vielen Teilen der Welt sind vergleichbare Fassungen vom Zauberer und seinem gelehrigen Schüler bekannt, doch sind die Ähnlichkeiten nur vage und nicht sicher datierbar. Die erste vollständige Version des Schwankmärchens ist für das 16. Jahrhundert in der italienischen Novellistik (Straparola, *Piacevoli notti* 8,4 [seit 1556:] 8,5) belegt, wesentlich früher schon in der 2. Redaktion der isländischen *Jóns biskups saga Ögmundasonar* des Mönchs Gunnlaugr (gest. 1219). In der Zeitschrift *Abendstunden* kam eine Fassung von Straparolas „Lehrling in der Zauberkunst" innerhalb früher Übersetzungen von Feenmärchen 1760 heraus (Nossag 1931, 35; vgl. auch Grätz 1988, 60–62), fehlt aber in der ersten deutschen Übersetzung *Die Nächte des Strapparola* (Wien 1791). Auch Büsching gab Straparolas Geschichte vom Zauberlehrling Skarpafiko (1814, Nr. 12) wieder, und es ist gut möglich, daß die Brüder Grimm sich davon inspirieren ließen, die Verwandlungsgeschichte in die KHM aufzunehmen. Öfter sind es wie im niederländischen Volksbuch *Malegys* (Mitte 16. Jahrhundert) sogar zwei Zauberer, die einen Verwandlungswettkampf durchführen. Nach den eingehenden Untersuchungen Willem de Blécourts (2008c) dürfte Straparolas Fassung das Nachleben des Stoffes wesentlich bestimmt haben.

Lit.: Polívka 1898; BP 2 (1915) 60–69; Boyle 1978; EM 3 (1981) 625–639 (E. Moser-Rath) (zu Dieb, Diebstahl); Scherf 1995, 1436–1441; Dekker et al. 1997, 368–371 (T. Meder); EM 9 (1999) 13–19 (W. Puchner) (zur Magischen Flucht); Anderson 2000, 110 f. (Zusammenhänge mit Überlieferungen der Antike; wenig überzeugend); Röhrich 2001, 90, 108; Blécourt 2008c, 43–72; Blécourt 2012, Reg.; Hose 2013 (zum sorbischen Zauberlehrling Krabat); Sato 2013, 366–389 (zum Vergleich mit Krabat-Fassungen); zu internationalen Varianten vgl. EM 14 (2014) 1165–1168 (W. de Blécourt); zur Figur des Zauberlehrlings s. EM 14 (2014) 1178–1181 (B. Bönisch-Brednich).

69. Jorinde und Joringel. – DMK/Uther, ATU 405: Jorinde und Joringel. – KHM-Veröff.: 1812; Kleine Ausgabe: 1825 (Nr. 32). – Eine von drei Erzählungen aus den ersten beiden autobiographischen Schriften Johann Heinrich Jungs, genannt Jung-Stilling (1777, 104–108; Abdruck bei Uther 1990b, Nr. 29). Motivische Anklänge bestehen zu KHM 123: *Die Alte im Wald*.

Jungs Roman *Henrich Stillings Jugend* (Berlin/Leipzig 1777) gehört zu den frühen Bucherwerbungen der Brüder Grimm. Voller Stolz schrieb Jacob an Wilhelm am 15.4.1809, er habe „den Stilling aber endlich bekommen" (Grimm/Schoof 1963, 89). Aus dieser Bemerkung läßt sich schließen, daß die Brüder Grimm längere Zeit benötigt hatten, um überhaupt ein Exemplar zu Gesicht zu bekommen, was in etwa mit der hartnäckigen und mehrmonatigen Suche nach einer Ausgabe der Basile-Märchen zu vergleichen ist. Aus den beiden ersten Teilen des Romans (1777/78) fanden drei Binnenerzählungen Aufnahme in die KHM von 1812: außer *Jorinde und Joringel* noch *Der alte Großvater und der Enkel* (Nr. 78); im zweiten Märchenband (1815) kam die Erzählung *Die alte Bettelfrau* hinzu (Nr. 64, seit 1819 Nr. 150).

Der aus dem Sauerland stammende Schneidersohn und spätere Augenarzt Johann Heinrich Jung (1740–1817) läßt die von ihm offenkundig erfundene Erzählung von seiner Base erzählen. „Eine fromme romantische Empfindung" habe Henrich bewegt, heißt es bei Jung vor Beginn der eingeschobenen Erzählung von dem Träumer. In dieser Gemütslage will Henrich die Historie „noch einmal" hören, dessen Geschehen er voller Angst empfindet. Jung hat die Geschichte vermutlich benutzt, um die folgende Vision des Vaters über dessen bevorstehenden Tod – aus einem herrlichen Schloß tritt seine gestorbene Frau als Engel – psychologisch vorzubereiten. Bei Jung wird das Stück seiner Zeit gemäß nicht als Märchen, sondern als Historie bezeichnet. Historie, das bedeutet nach Johann Christoph Adelungs *Wörterbuch der Hochdeutschen Mundart* (1798) im damaligen Sprachgebrauch in Anlehnung an die protestantische Tradition der exemplarischen Historia eine wahre Geschichte, die es wert ist, in der kollektiven Erinnerung zu bleiben und weitererzählt zu werden: „Erzählung einer geschehenen Begebenheit, Sache oder Geschichte", etwa in dem Maße, daß das Lesen/Hören solcher Geschichten die Erziehung der Kinder fördert, Erwachsenen eine gute Unterhaltung bietet und einen ethischen Nutzen darstellt. Stilbildende Charakteristika bei Jung sind die einfache Sprache, das Vorherrschen parataktischer Satzglieder, eingestreute Verse und die Verwendung märchentypischer Requisiten und Handlungselemente.

Die Überschrift des KHM-Zaubermärchens liest sich durch die Umstellung der beiden Namen eingängiger. Die Textänderungen sind im Grunde unerheblich, lassen aber im Vergleich mit anderen Texten und ihren Vorlagen das Bedürfnis erkennen, an mehreren Stellen – trotz optimaler Vorgabe einer kindlichen Erzählweise – den erzählenden Ton im Detail zu verbessern: durch Einfügung oder Umstellung von Konjunktionen, Wegfall von mehrfach gebrauchten Substantiven und, im Schlußteil, durch konsequenten Gebrauch des Präteritums. Daß das Motiv der Selbstverwandlung der Zauberin in einen Hasen und der Rückverwandlung in die ursprüngliche Gestalt nicht übernommen worden ist, mag damit zu tun haben, daß die beiden anderen Verwandlungstiere Katze und Eule als Negativstereotypen plausibler und verbreiteter waren und das Motiv der Verwandlung in einen Hasen daher entbehrlich schien. Die sonst häufige Angabe mit dem Hinweis auf mündliche Überlieferung, wie sie sich vor allem in den ersten Ausgaben der KHM findet, wurde erst gar nicht bemüht.

Die wenigen stilistischen Änderungen legen die Vermutung nahe, daß die Brüder Grimm den Jungschen Historien als frühen Zeugnissen gelungener Märchen und Sagen große Wertschätzung entgegenbrachten. Zum einen ließe sich dies aus der Herkunft Jungs erklären, gehörte er doch zu den Pietisten, die in der Tradition der Glaubensgemeinschaft Lebensberichte verfaßten, deren darin geschilderte Begebenheiten und Moralitäten zur Nachahmung aufforderten. Gerade diesen pädagogischen Aspekt hatten die Brüder Grimm vor Augen, kamen sie selbst doch aus einem reformierten Elternhaus und faßten ihre Märchensammlung in frühen Zeugnissen wie auch in späteren Kommentaren als ein Erziehungsbuch auf. Zum andern dürfte, wie schon verschiedentlich festgestellt wurde, die sprachliche Gestaltung und die inhaltliche Struktur die Brüder Grimm beeindruckt haben, was ebenso für die Märchen Philipp Otto Runges (KHM 19: *Von dem Fischer und syner Fru*, KHM 47: *Von dem Machandelboom*) zutraf. Im Unterschied zu den langatmigen Feenmärchen des 18. Jahrhunderts gilt *Jorinde und Joringel* als erstes Beispiel eines gut erzählten Märchens in deutscher Sprache (Fink 1966, 411–425; Grätz 1988, 179–181).

Das dichotomisch angelegte Märchen enthält alle Beigaben einer Schauergeschichte: ein einsames Schloß „in einem großen dicken Wald", nicht nur eine Zauberin, sondern eine „Erzzauberin" mit der Gabe der Verwandlung und dämonischer Ausstrahlungskraft auf alle sich ihr Nähernden, wobei als märchenhafte Elemente ein Zauberkreis, das Festbannen und die Loslösung durch Zauberspruch als Zaubermittel dazugehören, ferner ein Traum als Vorausdeutung realer Geschehnisse und eine magische Blume (Panthel 1988). Es zeichnet sich durch eine straffe Handlungsführung aus, die auch nicht durch die erzähltechnische Zeitunterbrechung gemindert ist. Der Spannungsbogen bleibt bis zum Ende konstant. Daß eine blutrote Blume als Zauberstab Verwendung findet, ist in deutschen Märchen nicht ungewöhnlich. Die Fähigkeit von Held oder Heldin zur Allverbundenheit (Max Lüthi, EM 1, 330) mit den ihn umgebenden Dingen, Tieren und Pflanzen führt zur Beseelung beziehungsweise zur Kontaktmagie: Eine solche außergewöhnliche Blume muß besondere zauberische Kräfte haben. Allerdings nimmt der ‚Held' die Gabe wie auch die damit verbundene magische Qualität eher beiläufig wahr. Das Wunderbare hat im Unterschied zu anderen Märchen eine untergeordnete Bedeutung. Im Mittelpunkt des Geschehens steht die anrührende Liebesgeschichte zwischen Jorinde und Joringel mit deren seelischen Befindlichkeiten. Die beiden Handlungsträger gelten als „literarische Symbolfiguren" (Wunderlich 1989) und besetzen in Märchen das Thema Liebe.

Symptomatisch für eine nicht auf Extremen aufgebaute Märchenhandlung ist, daß nur von der glücklichen Vereinigung der beiden und der Rückverwandlung der „Jungfrauen" die Rede ist, während das Schicksal der Zauberin – die ausgleichende Gerechtigkeit des Märchens verlangt eigentlich eine Bestrafung – im dunkeln bleibt. Daß die dämonische Figur der Zauberin zu Beginn des Märchens ausführlich beschrieben wird, ist auffällig und dürfte mit der nahezu wörtlichen Textübernahme zusammenhängen, entspricht aber nicht der sonst üblichen Darstellungsweise, die zunächst die positiv gezeichneten Handlungsträger des Märchens vorstellt. In einer neueren Bearbeitung des Grimm-Textes als Kinderbuch von Karl Bamberger (Wien 1986) sind vermutlich aus diesem Grund die beiden ersten Handlungszüge umgestellt, was auch eher der Märchenlogik entspricht. Der Eingang schildert den Waldspaziergang der beiden Liebenden, danach erst folgt die Beschreibung der Zauberin und ihres Schlosses mit den von dort ausgehenden Gefahren. Aus vermutlich pädagogischen Erwägungen werden bei Bamberger die Negativstereotypen der Zauberin allerdings nicht erwähnt.

Die Psychotherapeutin Verena Kast (1991, 192–200) behandelt das Märchen unter der Überschrift *Der Weg von der Faszination zur Beziehung*. Ihrer Ansicht nach beschreibe das Märchen die Entwicklung von einer lähmenden, aufeinander fixierten Liebe zu einer echten Beziehung. Die beiden Liebenden lebten in enger Symbiose miteinander. Ihre Beziehung gerate aber so sehr in den Bann der Verliebtheit (Zauberin), daß sie sich vom realen Leben distanzierten, versteinerten und handlungsunfähig würden. Der Traum Joringels nach langem Umherirren schließlich zeige die Lösung: die rote Blume (Leidenschaft) verbinde sich mit einer weißen Perle (Symbol der Einheit und der Erleuchtung). So habe Joringel sein Gleichgewicht gefunden und sei nun zu einer ausgewogenen Beziehung fähig.

Moderne literarische Parodisten, etwa Bernhard Kaczmarek, machen aus der Zauberin eine Joringel erotisch anziehende Frau oder sehen, wie Janosch (das ist Horst Eckert), Jorinde und Joringel als durch Magie in Vögel verwandelte Menschen – ohne Entzauberung und ohne die Zauberin selbst.

Bildliche Darstellungen kommen vermehrt zwar relativ spät auf (zumeist seit 1890), doch ist das Märchen schon früh als Blickfang dargestellt – mit den entscheidenden Szenen, die später auch zu den bevorzugten Bildmotiven gehören. Das Titelkupfer eines anonymen Künstlers zum Roman Jungs von 1777 zeigt Jorinde und Joringel eng umschlungen, auf einer von Gebüsch umgebenden Steinbank, im Hintergrund sind Burgruinen zu sehen. Für die englische Teilausgabe der KHM (1823) hat George Cruikshank (Schmitt 2005, 86–89) die Schlußszene gewählt, in der Joringel mit der Zauberblume die mit dem Vogelkäfig flüchtende Zauberin verfolgt.

Lit.: Hamann 1906, 30; BP 2 (1915) 69; Ranke 1955 ff., Bd. 2, 18 (Varianten); Mieder 1986, 18, 231–239 (Parodien); Grätz 1988, 179–181, 310; Hahn 1988; EM 7 (1993) 632–635 (H.-J. Uther); Schmitt 1993, 562 (Film); Scherf 1995, 634 f.; Uther 2004b; Ono 2007 (zur Waldsymbolik); Zitzlsperger 2007 (zum Gerechtigkeitsempfinden); Blécourt/Tuczay 2011 (zu Tierverwandlungen).

70. Die drei Glückskinder. – DMK/Uther, ATU 1650: Brüder: Die drei glücklichen B. + DMK/Uther, ATU 1202: Sichel: Die gefährliche S. + DMK/Uther, ATU 1281, 1651: Katze als unbekanntes Tier + vgl. DMK/Uther, ATU 1282: House Burned Down to Rid it of Insects. – KHM-Veröff.: 1819. – Statt des Märchens *Der Okerlo* seit 1819 aufgenommenes und mit der Herkunftsbezeichnung „aus dem Paderbörnischen" (Familie von Haxthausen) versehenes Schwankmärchen von der Begegnung dreier Brüder mit einfältigen Menschen, denen sie gewinnbringend Tiere verkaufen.

Das Eingangsmotiv vom unscheinbaren Erbteil ist so selten nicht, etwa im Schwankmärchen vom gestiefelten Kater (1812: Nr. 33). Der Verkauf von Hahn, Sense und Katze findet sich bereits in der Novellensammlung *Le Grand parangon des nouvelles nouvelles* des Nicolas de Troyes (1535, Nr. 103) und in verschiedenen deutschen Schwankbüchern des 16. Jahrhunderts, unter anderem im *Nachtbüchlein* (1559) des Valentin Schumann, dort auch mit der grotesken Schlußepisode, wonach die düpierten Bauern in typischer Handlungsweise von Gruppennarren aus Angst vor dem ihnen unbekannten Tier am Aufenthaltsort des „Mäushundes" Feuer legen (s. auch KHM 174: *Die Eule*) und durch diesen blinden Aktionismus ihr ganzes Dorf einäschern, ohne den „Mäushund" gefangen zu haben (Abdruck bei Uther 1990b, Nr. 30), während in KHM 70 nur das Schloß in Schutt und Asche gelegt wird.

Das Motiv vom überhöhten Verkauf einer Katze in einem katzenlosen Land ist bereits Mitte des 13. Jahrhunderts literarisch bezeugt (in den *Annales* des Albrecht von Stade und in einem persischen Geschichtswerk aus der gleichen Zeit) und in unterschiedlichen Gattungen als Schauspiel, Ballade und Volksbuch seit dem frühen 17. Jahrhundert sowie seit dem 19. Jahrhundert auch als Kinderbuch vor allem in England und hernach auf dem europäischen Festland verbreitet – z. B. verbunden mit dem (1423 verstorbenen) Londoner Bürgermeister Richard Whittington als Kristallisationsgestalt (*The Famous and Remarkable History of Sir Richard Whittington*; Johann Eckensteins *Richard Whittington und seine Katze, oder die belohnte Tugend*. Gera [1836]).

Lit.: BP 2 (1915) 69–76; HDM 2 (1934–40) 640–642 (H. Honti); Kasprzyk 1963, 196–214 (mit umfassender Dokumentation der Varianten); EM 7 (1993) 1121–1126 (J. van der Kooi); Kooi/Schuster 1993, Nr. 93, 95 (Varianten); Kooi/Schuster 1994, Nr. 81 (Varianten); Hubrich-Messow 2000 ff., Bd. 5, 12 f., 43 f. und Bd. 6, 237–239, 239 f. (Varianten); Hansen 2002, 223–225; zum Sichel-Motiv vgl. EM 12 (2007) 635–638 (U. Palmenfeldt).

71. Sechse kommen durch die ganze Welt. – DMK/Uther, ATU 513A: Sechse kommen durch die Welt. – KHM-Veröff.: 1819. – „Aus Zwehrn", beigesteuert von Dorothea Viehmann und statt des Märchens *Prinzessin Mäusehaut* (abhängig von Charles Perraults *Peau d'asne*) 1819 eingesetzt.

KHM 71 ist eines der bekanntesten Schwankmärchen, in denen mit wunderbaren Eigenschaften und Fähigkeiten begabte Menschen (vgl. auch KHM 134: *Die sechs Diener*) dem Helden bei seinen Unternehmungen hilfreich zur Seite stehen. Das zentrale Motiv der Wunderhelfer ist schon aus der Argonautensage bekannt (Näheres s. EM 1, 768–773; Anderson 2000, 78–80). Innerhalb der italienischen Novellistik wurde die Thematik erneut aufgegriffen (Giovanni Sercambi, Angelo Poliziano) und besonders von Giambattista Basile in seinem *Pentamerone* (3,8: *Lo gnorante*) ausgestaltet. Dank wunderbarer Helfer wird ein Dummkopf reich, und lakonisch stellt Basile fest: „Gott gibt jedem, was er braucht." Deutschsprachige Fassungen mit den wunderbaren Helfern datieren aus den letzten Jahrzehnten des 18. Jahrhunderts (z. B. von Schummel 1777, Bd. 2, 270–276 als Binnenerzählung im Rahmen eines Pfänderspiels und mit fünf Protagonisten als „abscheuliche Lüge" erzählt). Nach Albert Wesselski (1942) war für die Handlungsstruktur von KHM 71 – abgesehen von einzelnen Zügen – jedoch Basiles Fassung bedeutsam.

Die Figur des Königs trägt wie auch in verschiedenen anderen KHM (z. B. KHM 29: *Der Teufel mit den drei goldenen Haaren*; KHM 67: *Die zwölf Jäger*) negative Züge (nicht bei Basile). Er ist wortbrüchig und besonders feindselig gegenüber potentiellen Schwiegersöhnen, die nicht seinem Stand entsprechen. Er versucht, allerdings stets erfolglos, sie durch Stellen verschiedener unlösbar scheinender Aufgaben loszuwerden. Bezeichnend ist die Passage, welche das Standesbewußtsein des Königs (und hier auch der Tochter) zum Ausdruck bringt: „Den König aber kränkte es, und seine Tochter noch mehr, daß sie so ein gemeiner, abgedankter Soldat davontragen sollte; sie ratschlagten miteinander, wie sie ihn samt seinen Gesellen loswürden." Die anschließende Episode von der mißlungenen Tötung der Gesellen erinnert an die bekannte Darstellung aus dem alttestamentlichen Buch *Daniel* (3,19–28) von den drei Männern im Feuerofen.

Das Motiv der wunderbaren Helfer begegnet in KHM 71 als typenbildendes Element, in andere KHM ist es integriert (z. B. KHM 64, 91, 129, 134, 166). Einer dieser Helfer ist aufgrund seiner Einbeinigkeit nur scheinbar behindert: Märchen (das dreibeinige Pferd in KHM 136: *Der Eisenhans*) und Schwank verkehren die Behinderung ins Gegenteil. Der „Laufer" sticht alle Konkurrenten aus.

KHM 71 findet sich seit etwa Mitte des 19. Jahrhunderts in bildlichen Gestaltungen (gelegentlich auch als Bilderbogen und im Film) und popularisiert den Typus mehr als KHM 134: *Die sechs Diener*.

KHM 71: Sechse kommen durch die ganze Welt. Illustration von Philipp Grotjohann (1893)

Lit.: BP 2 (1915) 79–96 und 3 (1918) 84 f.; Wesselski 1942, 37–42; Ranke 1955 ff., Bd. 2, 130–145 (Varianten); Rißmann 1981 (zu einer „paderbörnischen" Fassung); Grätz 1988, 172 (zu Schummel); Schmitt 1993, 562 (2); Scherf 1995, 1081–1084; Dekker et al. 1997, 426–430 (T. Meder): EM 12 (2007) 470–476 (H. Lox); Reinhardt 2012, 354 f. (zu Motivparallelen in der Literatur der Antike).

72. Der Wolf und der Mensch. – DMK/Uther, ATU 157: Furcht: Tiere lernen F. vor den Menschen (Dicke/Grubmüller, Nr. 380). – KHM-Veröff.: 1819. – „Aus dem Paderbörnischen", 1819 für das auch als Kinderspiel bekannte Kinderlied *Das Birnli will nit fallen* eingesetztes Tiermärchen. Das „neue Fuchsmärchen" wurde nach Mitteilung Wilhelms „von Haxthausens" eingesandt (Brief vom 13.10.1814, Grimm/Schoof 1963, 358). Das erste von vier nacheinander folgenden Tiergeschichten mit dem Fuchs als Kontrahenten entspricht in einzelnen Elementen einer weitverbreiteten äsopischen Fabel *Der Jäger und der Tiger* (Babrios, Nr. 1; Avian, Nr. 17).

> Ein Jäger, der mit scharfem Schuß verwunden konnte,
> erschreckte rings das flinke Wild auf seiner Bahn.
> Da bot den Ängstlichen der kühne Tiger seine Hilfe
> und forderte den Jäger auf, von der Bedrohung abzusehn.
> Doch jener mit geübtem Arme schleudert sein Geschoß:
> „Der Bote hier wird dir berichten, wer ich bin!"
> Da schlägt auch schon das Eisen seine Wunden,
> die schnellen Füße sind durchbohrt vom blutigen Geschoß.
> Als der Getroffne sich bemüht, das Eisen sanft herauszuziehn,
> hält ihn der Fuchs vorsichtig lang zurück:
> wer das denn sei, der solche Wunden schlage,
> und wo sein wirksames Geschoß er denn verborgen halte.
> Mit schon gebrochner Stimme murmelte der Tiger –
> denn Zorn und Schmerz behinderten sein Reden –:
> „Bedeutungslos erschien mir die Gestalt, die da einherschritt;
> ach, könnt ich schauen sie ein zweites Mal!
> Doch Blut und Waffen, die mit starkem Arm auf mich gerichtet,
> die zeigen mir den Menschen an."

Die Avian/Babrios-Fabel weist eine breite Überlieferung im Mittelalter und in der Frühen Neuzeit auf: jedoch in anderer Struktur und mit wechselnden Handlungsträgern (auch Bär, Löwe, Manntier, so unter anderem bei Hans Sachs [1551] und Georg Rollenhagen [1595]). In KHM 72 ist die Handlung ein wenig geändert, was auch logischer erscheint: Erst erblicken die beiden Tiere den alten Mann, dann das Kind.

Wie in allen frühneuzeitlichen Versionen wird die Waffe als Pars pro toto gedeutet, wenn der Löwe den abgeschossenen Pfeil mit der späten Erkenntnis für einen „bittern Boten" hält, so bei Avian: „Denn der, der einen solchen bittern Boten mir gesandt,/wie furchtbar muß der, mein ich, selber sein?" Der „artige zug, daß der wolf meint, der jäger habe seine blanke rippe aus dem leib gezogen und damit auf ihn losgehauen", finde sich schon im *Froschmeuseler* von Georg Rollenhagen (1,2,11), kommentierte Jacob Grimm später in seiner *Reinhart Fuchs*-Ausgabe (1834, CCXVI) bei der Erörterung des Alters bestimmter Fuchsfabeln.

Während das starke Tier für seine Unvorsichtigkeit mit dem Tod büßen muß, demonstriert die Fabel in der Figur des Fuchses, daß Vorsicht und Klugheit vor bedrohlichen Situationen angebracht sind. Dies zeigt KHM 72 im Kontrast zu anderen Tieren wie hier dem Wolf anschaulich und in der Handlung wirksam gesteigert. Der oft als unterlegen dargestellte Wolf, mit der gleichen Situation und Gefahr konfrontiert, muß bittere Erfahrungen sammeln, während der Fuchs große Besonnenheit zeigt. Aufschneiderei ist schädlich und fällt auf den Verursacher zurück, lautet die Botschaft des Tiermärchens (vgl. auch KHM 75: *Der Fuchs und die Katze* mit dem Fuchs als Opfer seiner Prahlerei). Es vermittelt die Einsicht, daß dem Menschen nicht zu trauen sei, „durch seine intellektuellen Fähigkeiten und die von ihm entwickelten Technologien hat er die Natur aus dem Gleichgewicht gebracht und sich zum Herrn über alles gemacht" (EM 5, 582). Das Thema der vom Menschen bedrohten Umwelt, der die ihm entgegenkommenden Tiere kaltblütig vernichtet, interessierte damals allerdings nicht, und so wurde darüber auch kein Wort verloren. Zu vergleichen ist KHM 157: *Der Sperling und seine vier Kinder*.

Innerhalb der Gattung Tiermärchen stellt KHM 72 eines der beliebtesten dar. Es ist recht früh in Lesebüchern vertreten (Kvideland 1987, 235; Tomkowiak 1993, 311).

Lit.: BP 2 (1915) 96–100 und 3 (1918) 240 f.; EM 5 (1987) 576–584 (C. Lindahl); Hubrich-Messow 2000 ff., Bd. 4, 61–63 (Varianten); Uther 2006a (zum Fuchs).

73. Der Wolf und der Fuchs. – DMK/Uther, ATU 41: Wolf im Keller (Dicke/Grubmüller, Nr. 222) + DMK/Uther, ATU 122: Wolf verliert seine Beute. – KHM-Veröff.: 1819. – Statt der *Blaubart*-Variante *Das Mordschloß* wurde 1819 der aus „Hessen" stammende Tierschwank (nähere Provenienz nicht zu ermitteln) eingefügt, der thematisch wegen der beiden unterschiedlich agierenden Handlungsträger auch besser zu KHM 72: *Der Wolf und der Mensch* paßte. Der Tierschwank „enthält verschiedne bekannte abenteuer zwischen wolf u. fuchs, oft aber anders und reicher im einzelnen", äußerte sich später Jacob Grimm im Kommentar seiner vor stupendem Wissen strotzenden Ausgabe des *Reinhart Fuchs* (Grimm 1834, CCXVI).

Schon eine äsopische Fabel erzählt von einem gefräßigen Tier (Fuchs), das sich so vollgefressen hat, daß es nicht mehr durch das Eingangsloch paßt. Ein anderes Tier (Wiesel) rät ihm zu fasten. Moral: Die Zeit heilt alle Schwierigkeiten (vgl. Dicke/Grubmüller, Nr. 216; Tubach, Nr. 4092, 5346). Die gemeinsame Beutesuche von Fuchs und Wolf ist beherrschendes Thema in den mittelalterlichen Tierepen, in Fabeln und in anderen Beispielgeschichten (s. auch KHM 74: *Der Fuchs und die Frau Gevatterin*).

KHM 73 demonstriert unterhaltsam, wie der Fuchs den freßgierigen und ihm stärkemäßig überlegenen Wolf, der ihn zu immer neuen Aktionen der Nahrungsbeschaffung zwingt, durch List loswird. Der Wolf als das körperlich stärkere Tier ist der bevorzugte Gegner des Fuchses. „Es giebt in der griechischen und römischen Fabelwelt kaum ein Thier, welches nicht vom Fuchs betrogen wird", urteilte Angelo de Gubernatis zusammenfassend über das Fabeltier (1874, 447). Die Moral, daß man sich nicht mehr nehmen soll als einem zusteht, scheint in KHM 73 nicht auf, um keine direkten Belehrungen im Text zu geben, wie z.B. noch bei Hans Wilhelm Kirchhof (7, Nr. 44 = Abdruck bei Uther 1990b, Nr. 31): „Hunger und ledig Bäuch thun weh,/ Ein überfülter Magen meh./ Beschert gott was, deß iß dich satt/ Und laß eim andern, was er hat./ Wannt, da dein muthwill dich verführt,/ Und hinnimbst, daß dir nicht gebührt,/ Mustu gar tewr bezahln die ührt [Irrtum]."

Wie meistens in den Begegnungen von Wolf und Fuchs vermag der schlaue Fuchs die Gefahren zu übersehen, während der Wolf in seiner Freßgier und übergroßen Sorglosigkeit – so auch in KHM 5: *Der Wolf und die sieben Geißlein* – unbedacht handelt. Dem listigen Fuchs werden seine Aktionen nicht übelgenommen – im Gegenteil: Wie in anderen Erzählungen über tierische und auch menschliche Betrüger schwingt eine gewisse Sympathie mit, besonders dann, wenn List und Betrug gleichsam das einzige Mittel darstellen, sich stärkerer Tiere zu erwehren. Schlauheit siegt über Moral. Auch diese Fuchs-/Wolf-Fabel ist wie KHM 72 im Lesebuch weit verbreitet (Tomkowiak 1993, 310f.), bildlich jedoch weniger dargestellt.

Lit.: BP 2 (1915) 108–110; Graf 1920, 69–77; Schwarzbaum 1979, 210–218; Hubrich-Messow 2000ff., Bd. 4, 26 (Varianten); Payrhuber 2001 (zur Gattungsdiskussion); Uther 2006a (zum Fuchs); EM 14 (2014) 939–942 (C. Shojaei Kawan).

74. Der Fuchs und die Frau Gevatterin. – DMK/Uther, ATU 3*: The Wolf Supplies Food for the Fox + DMK/Uther, ATU 4: Kranker trägt den Gesunden. – KHM-Veröff.: 1819. – Die unter der Überschrift *Johannes-Wassersprung und Caspar-Wassersprung* 1812 wiedergegebene Variante zum Zweibrüdermärchen wurde 1819 durch einen weiteren Fuchsschwank ersetzt. Als Quellenhinweis war notiert: „aus Deutschböhmen". Als Einsender des Stückes kommt vermutlich nur Joseph Georg Meinert (1773–1844) in Frage, den Jacob Grimm bei der Gründung der Wiener Wollzeiler-Gesellschaft (Januar 1815) kennengelernt hatte. Das von Meinert herausgegebene Büchlein *Alte teutsche Volkslieder in der Mundart des Kuhländchens* (Wien/Hamburg 1817) besaßen die Brüder Grimm in ihrer Bibliothek (Denecke/Teitge, Nr. 2093) und haben es auch für die Kommentarbände zu den KHM herangezogen.

Daß ein Fuchs als Erzieher junger Wölfe denkbar ungeeignet ist und jede Gelegenheit ergreift, die ‚Mutter' zu Tode zu bringen, oder – wie etwa in DMK/Uther, ATU 227: *Fuchs und Gänse* und DMK/Uther, ATU 56–56B: *Fuchs und Vogeljunge* – die Situation zu seinen Gunsten ausnutzt und die Jungen auffrißt, gehört zu den Absurditäten des Schwanks: eine Demonstration für unüberlegtes Handeln und die erzählerische Umsetzung gängiger Redensarten wie etwa den ‚Fuchs über die Eier setzen', ‚dem Fuchs den Hühnerstall anvertrauen' und ähnliches (Röhrich, Redensarten, 479 f.). Besonders stärkere Tiere wie der Wolf (seltener wie hier eine Wölfin) fallen auf die betrügerischen Machenschaften des Fuchses herein. Der Listige macht sie auch noch zum Gespött, wenn er eine schwere Verletzung simuliert und sich von der gutmütigen Wölfin eine Strecke Weges befördern läßt. Bedenkenlos nutzt der Fuchs deren Hilfsbereitschaft aus und erweist sich in seinem Verhalten als asozial.

Lit.: Grimm 1834, CCLXXXIVf. (Wiedergabe einer estnischen Fabel „aus mündlicher volkssage"); BP 2 (1915) 117–119; Graf 1920, 121 f.; HDM 2 (1934–40) 297; Schupp 1983 (zur Wollzeiler-Gesellschaft); EM 8 (1996) 334–338 (P.-L. Rausmaa); Hubrich-Messow 2000 ff., Bd. 4, 12–15 (Varianten); Uther 2006a (zum Fuchs).

75. Der Fuchs und die Katze. – DMK/Uther, ATU 105: Listensack des Fuchses (Dicke/Grubmüller, Nr. 196; Tubach, Nr. 2180). – KHM-Veröff.: 1819 (verändert 1837). – 1819 eingesetzter Tierschwank für das mit KHM 29: *Der Teufel mit den drei goldenen Haaren* verwandte Märchen *Vogel Phönix* (KHM 1856, 56) und wie eine Variante zu KHM 73: *Der Wolf und der Mensch* (KHM 1856, 124) aus Schweich bei Trier stammend. Den Text hat Friedrich Wilhelm Carové (1789–1852) beigesteuert (Petzoldt/Carové 1997, 166). Carové wird schon in der Vorrede zum 1. Band der *Deutschen Sagen* lobend erwähnt und hat unter anderem auch aus Schweich (von einem „Bauersmann") etwas aufgezeichnet (Erfurth 1938, 35–37, 99 f.).

KHM 75 ist die späte Version einer der bekanntesten europäischen Fabeln des Mittelalters; der Anmerkungsband (KHM 1856, 125) nannte bereits vergleichend ältere Quellen wie den *Reinhart Fuchs* (Ende 12. Jahrhundert), der auf dem altfranzösischen Tierepos *Roman de Renart* beruhte. In der Frühen Neuzeit haben Hans Sachs, Heinrich Steinhöwel, Burkard Waldis, Georg Rollenhagen und viele andere das Thema von der Düpierung des Fuchses aufgegriffen und in unterschiedlicher Funktion tradiert. So preist Hans Sachs (1545) am Beispiel der Katze den einfachen Menschen, der sich mit wenigen Fertigkeiten zu behelfen weiß, und nutzt das Verhalten des Fuchses zum Lob der Arbeit: „Dem fuechs gleich fint man manchen mon,/ Der großer kuenst sich ruemen kon/ Und veracht den geringen,/ Dardurch er maint, sein prechtig lob zu meren,/ So doch der ghring durch mue und fleis/ Oft pas pestet mit eren/ Und der ruemretig wirt zw spot,/ So im thuet miselingen." Bei Georg Rollenhagen hingegen findet sich die Auslegung des frevelhaften Hochmutes, der auch KHM 75 zugrunde liegt. In katechetischer Absicht verwenden Prediger die Fabel unter Bezug auf *Lukas* 14,11 und 18,14. Schon der älteste Fabeldichter Archilochos (ca. 650 a. Chr. n.) stellte die Klugheit eines schwächeren Tiers (Igel) über die Schläue des Fuchses und spielte auf die Fabel an mit dem Sprichwort ‚Der Fuchs weiß viele Künste, aber ein Igel kennt noch etwas ganz Großes' (= ATU 105*: *The Hedgehog's Only Trick*). Wie andere mächtige Fabeltiere zeichnet sich der Fuchs hier nicht durch Listenreichtum, Schlauheit und Tücke aus. Im Gegenteil: Das unterwürfige und bescheidene Auftreten der Katze läßt ihn sorglos werden und verleitet ihn zur Prahlerei, die ihm wie dem Wolf in KHM 72 übel bekommt.

KHM 75 fand gegen Ende des 19. Jahrhunderts Eingang in Schullesebücher (Tomkowiak 1993, 310).

Lit.: Grimm 1834, CCXIV; BP 2 (1915) 119–121; HDM 2 (1934–40) 298 f. (H. Diewerge); Schwarzbaum 1979, 461–468; EM 8 (1996) 1108–1113 (M. Fenske); Hubrich-Messow 2000 ff., Bd. 4, 34 (Varianten); Uther 2006a (zum Fuchs).

76. Die Nelke. – DMK/Uther, ATU 652: Prinz, dessen Wünsche in Erfüllung gingen. – KHM-Veröff.: 1812. – Das über die Familie Hassenpflug erhaltene Märchen ging 1822 als dritte hessische Erzählung resümierend in den Anmerkungsband (vgl. KHM 1856, 126) ein. Es wurde 1819 ausgetauscht gegen eine elaborierte und verchristliche Fassung – mit gleicher Überschrift. Bei den Hassenpflugs ist der Gärtner in der Rolle des Bösewichts. Statt der Körperstrafe des Zerreißens muß er bis zu seinem Lebensende in theriomorpher Gestalt „ein Pudel bleiben, und ward von den Knechten unter den Tisch gestoßen". Das 1819 Dorothea Viehmann zugeschriebene Zaubermärchen „Aus Zwehrn" enthält Anklänge an die anonyme mittelniederländische Reimpaardichtung *Esmoreit* (Ende 14. Jahrhundert), ohne daß von einer direkten literarischen Vorlage gesprochen werden könnte. KHM 76 (1819) unterteilt sich in folgende Handlungsabschnitte:

(1) Ein Engel verkündet einer Königin, die Gott um ein Kind gebeten hat, sie werde einen Sohn „mit wünschlichen Gedanken" gebären. (2) Als ein Koch von der außergewöhnlichen Begabung des Prinzen erfährt, entführt er das Kind und bezichtigt die Königin durch Täuschung von Blutflecken auf Kleid und Schürze, sie habe ihren Sohn von wilden Tieren rauben lassen. (3) Daraufhin wird sie des Mordes bezichtigt und für sieben Jahre in einem Turm isoliert, heimlich aber durch Tauben mit Essen und Trinken versorgt. (4) Der Entführer nutzt die Zauberkräfte des Prinzen und läßt ihn sich Reichtümer (Schloß) und eine Spielgefährtin wünschen. (5) Nach einiger Zeit verliebt sich der Prinz in sie. (6) Als der Koch von ihr verlangt, den Prinzen zu töten, versteckt sie ihn und zeigt Tierherz und Zunge als Wahrheitsbeweis vor. (7) Der Prinz verwandelt seinen Entführer in einen schwarzen Pudel, seine Geliebte in eine Nelke und zieht mit diesen zurück an den Hof seines Vaters, kündigt seiner Mutter die Befreiung aus dem Turmgefängnis an und verdingt sich als Jäger unerkannt bei seinem Vater. (8) Dem König entdeckt er bei nächstbester Gelegenheit die ganze Wahrheit, verwandelt die Nelke wieder in menschliche Form und errettet die Mutter. Sie stirbt nach drei Tagen „selig"; auch der König kann nicht mehr lange am Glück des wiedergefundenen Sohnes teilhaben, er stirbt aus Gram, zuvor befiehlt er noch die Körperstrafe des Zerreißens für den Koch. Der Prinz heiratet seine Geliebte.

Zahlreiche herkömmliche Episoden und Motive von KHM 76, die auch andere KHM strukturieren, sind die eingangs geschilderte Unfruchtbarkeit und die Prophezeiung eines außergewöhnlichen Sohnes mit „wünschlichen Gedanken" (also eines zauberisch begabten Menschen), hernach die Entführung mit Mordabsicht, falsche Innereien als Tötungsbeweis, übernatürliche Hilfe durch Engel in Taubengestalt (das Motiv ähnelt *1. Könige* 19,5–8; vgl. Mot. S 353.2), Herbeiwünschen von Gegenständen und Verwandlungszauber (besonders mit der Gabe der Verwandlung eines Menschen in eine Pflanze sowie der Entzauberung der Geliebten), die Aufdeckung des Komplotts mit der Bestrafung des Schuldigen und schließlich die Erlösung der unschuldig Eingesperrten und Isolierten.

Das Zaubermärchen behandelt polarisierend das Thema ‚Ausgleichende Gerechtigkeit als Vollstreckung göttlichen Willens'. Während die Strafe des Zerreißens den boshaften Koch trifft, erhält der Königssohn die ihm zustehende Herrschaft und heiratet die Geliebte. Die Hüter der Gerechtigkeit sind Engel in Taubengestalt. Unübersehbar ist der Einfluß christlicher Vorstellungen, die weit stärker hineinspielen als in der zuerst veröffentlichten Fassung von 1812 – bis hin zu dem formelhaften Schluß „und ob sie noch leben, das steht bei Gott". Die Anschauung, daß das lebensnotwendige Brot eine Himmelsgabe sei

KHM 76: Die Nelke. Federzeichnung von Leopold von Kalckreuth (1922)

(EM 2, 805), spiegelt die Speisung der im Turm dem Hungertod preisgegebenen Königin durch die „weißen" Tauben wider. Die Verwandlung einer Frau in eine Blume, Symbol für Anmut, Schönheit, Jungfräulichkeit und ähnliches, findet sich häufig besonders in Volksliedern und Balladen. Die Pflanzenbraut kann auch wieder rückverwandelt werden, wie es im kurzen *Rätselmärchen* (KHM 160) erfolgreich geschildert wird; mehrfache Gestaltwechsel erfolgen durch Selbstverwandlung bei der Magischen Flucht (z. B. KHM 56: *Der Liebste Roland*). Der zornige König bleibt eine blasse Figur, der als oberster Gerichtsherr ein selbstherrliches Urteil fällt. Ohne die fälschlich beschuldigte Ehefrau mit dem Vorwurf der Kindstötung zu konfrontieren, befiehlt er ihre Isolierung in einen Turm mit der absurd anmutenden Entscheidung, dort solle sie ohne Essen und Trinken sieben Jahre verbringen und verhungern. Die Verwandlung eines mißliebigen Menschen in einen Hund erinnert an die berühmte Pudelszene im

Faust I (*Studierzimmer*), in welcher sich der Pudel als Teufel entpuppt: „Das ist des Pudels Kern." Nach Rolf Wilhelm Brednich ist die Vorstellung in populären Überlieferungen seit der Frühen Neuzeit belegt, obwohl der Hund als Haustier „allgemein hochgeachtet" sei.

KHM 76 hat außerhalb von KHM-Gesamtausgaben nur gering nachgewirkt.

Lit.: BP 2 (1915) 121–128; Ranke 1955 ff., Bd. 2, 18, 379–384 (Varianten); Brednich 1985 (Verwandlung in einen Hund); Meder 1996 (zu *Esmoreit*); EM 9 (1987) 1351–1354 (G. Meinel); EM 9 (1999) 13–19 (W. Puchner) (zur Magischen Flucht); EM 10 (2002) 1327–1331 (T. Meder); Zitzlsperger 2007 (zum Gerechtigkeitsempfinden); EM 13 (2010) 615–618 (C. Shojaei Kawan) (Tierherz als Ersatz).

77. Das kluge Gretel. – DMK/Uther, ATU 1741: Priesters Gäste. – KHM-Veröff.: 1819. – Statt des Märchens *Vom Schreiner und Drechsler*, einer Variante zu DMK/Uther, ATU 575: *Flügel des Königssohns*, steht an dieser Stelle seit 1819 der Schwank vom klugen Gretel, in dem eine Köchin mittels listig inszenierter Mißverständnisse einen Sieg über ihren Dienstherrn erringt und einer Strafe entgeht. Die Fassung über einen gelungenen Eßdiebstahl basiert ausschließlich auf der Predigtexemplum-Version des literarisch höchst produktiven benediktinischen Landgeistlichen Andreas Strobl (1700, 23–26; Abdruck bei Uther 1990b, Nr. 32). Über dessen Ausgabe heißt es im Anmerkungsband verallgemeinernd ohne Namensnennung des Geistlichen: „Aus einem im nördlichen Deutschland gewiß seltenen Buche" (KHM 1856, 126). Die Abschrift des Strobl-Textes von Wilhelm Grimm ist noch vorhanden (Staatsbibliothek Berlin, Preuß. Kulturbesitz, Nachlaß Grimm 1800, Kasten C). Ein Vergleich der Abschrift mit dem zuerst veröffentlichten KHM-Text und späteren stilistischen Änderungen vermittelt gute Einsichten in die Bearbeitungspraktiken Wilhelm Grimms. Er hat einzelne Handlungszüge gestrafft, besonders den Eingang gekürzt und die Handlung auf den Konflikt zwischen Herr und Dienstbotin zugespitzt. Die Beschreibung des treusorgenden Ehepaars für die Dienstbotin Gretel wurde nicht übernommen. Bei Strobl ist die Köchin ein enges Mitglied der Familie, von der Ehefrau aufgenommen und nach deren Tod gewissermaßen die Frau des Hausherrn. Um so größer wirkt dann der Vertrauensbruch, wenn die aus dem Elend errettete Dienstmagd sich am Eigentum ihres Herrn vergreift. Belehrende Zusätze sind am Schluß weggelassen. Bildhaftigkeit und Vergleiche sorgen für noch größere Anschaulichkeit. Hier folgen zum Vergleich die Erzähleingänge bei Strobl und Grimm:

> Strobl 1700: In einer vornehmen Stadt wohnte ein reicher / und sehr guter Herr / den ich wegen angebohrner Freygebigkeit LIBERALIS tauffe: wäre ein Wittiber, dan seine Frau

war ihme nicht unlängst gestorben / er hatte aber eine Dienst-Magd / welche seine Frau vom Gey [Land] herein zu sich genommen / und an Kindsstatt aufgenommen / die weilen sie ihr Tauff-Dohten war / ihr Name war Gretl. Nachdeme nun die Frau mit Todt abgangen / hat sie ihr Herr / umbwillen sie im Kochen schon zimlich erfahren und abgericht / zur Kuchel gestellt / für ein Köchin gebraucht / und vom Fuß auf gekleidet. Wer war nun witziger / als die Gretl? Es hatte ihr der Herr bey dem Schuster saubere Ramen-Schuh mit hohen Stöcklein angefrimbt und machen lassen / die gefielen dem Gretl so wol / daß die verneint / sie wäre die Schönste in der ganzen Stadt / wann sie Geschäfft halber ausgehen müssen / wendete sie sich bald auf diese / bald auf jene Seiten / und schaute hinab auf die Schuh / wie sie ihr anstunden / bin ja ein rundes Diendl /dencket sie bey ihr selbst / übernahm sich auch mittlerweil / und obwohlen sie vorhero weder Wein noch Bier gedruncken / so bekam sie doch an jetzo / weil sie überall völligen Gwalt hatte / ein trefflichen Appetit darzu / und gewohnete fein an die guten Bissel.

KHM 77: Es war eine Köchin, die hieß Grethel, die trug Schuhe mit rothen Absätzen, und wenn sie damit ausgieng, so drehte sie sich hin und her, war ganz fröhlich, und dachte ‚du bist doch ein schönes Mädel.' Und wenn sie nach Haus kam, so trank sie aus Fröhlichkeit einen Schluck Wein, und weil der Wein auch Lust zum Essen macht, so versuchte sie das beste, was sie kochte, so lang, bis sie satt war, und sprach ‚die Köchin muß wissen wies Essen schmeckt.'

Die Grundstruktur verläuft so: (1) Ein Mann beauftragt seine Köchin, zwei Hühner zuzubereiten: er wolle das Geflügel mit einem Gast verspeisen. (2) Die Frau ißt heimlich die gebratenen Hühner und „trank aus Fröhlichkeit einen Schluck Wein". (3) Als der Gast zur Tür hereintritt, erzählt sie ihm, ihr Herr wetze schon sein Messer, um ihm beide Ohren abzuschneiden. (4) Der Gast flieht. (5) Ihrem Herrn macht sie weis, der Gast habe die gebratenen Vögel gestohlen. (6) Der Mann läuft, das Messer schwenkend, dem Gast nach, rufend: „Nur eins, nur eins!" (7) Der Eingeladene flieht, „als wenn Feuer unter ihm brennte".

Die Geschichte von einer naschhaften und trinkfreudigen Frau (Mann), die vor lauter Heißhunger während der Zubereitung schon Teile des Geflügels verzehrt, aber um Ausreden nicht verlegen ist, begegnet schon im Märe *Der Hasenbraten* des Vriolsheimer (2. Hälfte 13. Jahrhundert). Das heimliche Essen eines Teils des gebratenen Tieres und die darauf gründende Ausrede (= DMK/Uther, ATU 785A: *Einbeiniges Geflügel*) konstituiert Giovanni Boccaccios Novelle 6,4 (Mitte des 14. Jahrhunderts). Seine Begründung für die Geschichte könnte auch hinter dem Schwank vom klugen Gretel stehen. Er will ein Beispiel geben, daß nicht nur gute Auffassungsgabe zu klugen Einfällen führt, sondern auch der Furchtsame mit Hilfe des Glücks etwas ersinnt, woran er in ruhigeren Situationen niemals gedacht hätte. Insgesamt hat die Thematik die erzählerische Phantasie ungemein beflügelt, mit mehr oder minder gutem Ausgang für die Nascher (vgl. auch DMK/Uther, ATU 785: *Lammherz* und KHM 81: *Bruder Lustig*). In älteren Versionen dient das Beispiel der listigen Frau verschiedentlich als Anlaß für misogyne Äußerungen (s. Fabliau-Beispiel bei Uther 1993c, 108–111). Mit einem Sprichwort rechtfertigt Grethel das Stillen ihrer Eß- und Trinklust („was dem einen Recht ist, das ist dem andern billig") und nimmt schwanktypisch die Angemessenheit des Handelns für sich in Anspruch, als ob ihr Verhalten allgemeinen Maßstäben entspräche (Diederichsen 2008).

In Fassungen seit dem 16. Jahrhundert und ebenso bei Andreas Strobl ist die Protagonistin zumeist eine Köchin, die ihren Dienstherrn hinters Licht führt. Bei ihm ist im Unterschied zu der Grimm-Fassung der erzählerische Schwerpunkt nicht auf das listige Verhalten der Dienstmagd gerichtet. Trotz unstreitig humoristischer Züge versteht er seine Geschichte als ein Beispiel für die Unbotmäßigkeit des Gesindes, schließt daher eine Moralität an und verurteilt den Eßdiebstahl der „geschleckigen Magd" aus der Position des Arbeitgebers. Daß der Geruch des Bratens eine mitunter unwiderstehliche Versuchung sein kann, der man auch einmal unterliegen kann, ist für den katholischen Landgeistlichen sekundär, im Vordergrund steht bei ihm das auf Treu und Glauben basierende Arbeitsverhältnis. Eine solche Dienstmagd wie das Gretel sei für die Stellung einer Köchin ungeeignet. Und so heißt es ganz im Sinn eines Predigtexempels: der Herr habe seiner Magd wegen ihres Verhaltens „all Hülf und Gnad" entzogen, so daß sie in Armut ihr Leben fristen mußte.

Außerhalb von KHM-Gesamtausgaben hat KHM 77 nur gering nachgewirkt.

Lit.: Hamann 1906, 72 f.; BP 2 (1915) 129–131; Röhrich, Erzählungen 1, 192–203 (Texte), 291–294 (Kommentar); Brednich 1968 (zu einem Schwanklied des 16. Jahrhunderts); Frosch-Freiburg 1971, 69–75; Kooi 1977, 29 f.; Moser-Rath 1984, 288, 291, 380, 426; Uther 1993b, 134 f.; Moser-Rath 1994, 70–74 (mit Strobl- und KHM-Text von 1857); zur Frühfassung „Der Hasenbraten" (13. Jahrhundert) s. Verflex. 10 (2000) 547 f. (H. Ragotzky); EM 10 (2002) 1308–1311 (J. van der Kooi).

78. Der alte Großvater und der Enkel. – DMK/Uther, ATU 980 (1): Großvater und Enkel. – KHM-Veröff.: 1812. – Eine von drei Erzählungen aus den ersten beiden autobiographischen Schriften Johann Heinrich Jungs, genannt Jung-Stilling (1778, 8 f.), welche die Brüder Grimm ohne größere Änderungen in die KHM übernahmen (vgl. auch KHM 69, 150). Die Parabel ist literarisch bereits bei Bernhardin von Siena (*Opera* IV,56 [1380–1444]) bezeugt. Die Abschrift einer in Nürnberg bei Valentin Neuber gedruckten Liederhandschrift befindet sich im Grimm-Nachlaß, Berlin, 1757: Das Manuskript war vom Grimm-Freund Karl Hartwig Gregor von Meusebach ausgeliehen (vgl. Meusebach/Grimm 1880, Brief Nr. 10 und Kommentar).

Die Erzählung vom alten Großvater und seinem Enkel ist der Prototyp einer protestantischen Parabel für das Verhältnis zwischen Eltern und Kindern und war seit dem 16. Jahrhundert in den meisten Predigt- und Exempelkompilationen enthalten. Die Tradierung (auch als Fabliau, Lied [DVldr, Nr. 123], Novelle, im frühen Lesebuch) über mehrere Jahrhunderte mit dem Appell zur Fürsorge für die Alten (man denke auch an die römische Pietas) dürfte darauf zurückzuführen sein, daß die dort angesprochenen Spannungen zwischen den Generationen und innerhalb der oftmals auf engstem Raum lebenden Familien einen durchaus realen Hintergrund haben. Schon Aristoteles hatte in seiner *Nikomachischen Ethik* (7,7) festgehalten, wie einer seine Eltern auf Erden gehalten hätte, so würden die eigenen Kinder sich später verhalten. Im Kommentar zu KHM 78 sind die ältere Überlieferung sowie die unterschiedlichen Ausprägungen in der europäischen Überlieferung kenntnisreich beschrieben (KHM 1812, LI–LII). Jungs Fassung basiert auf Johann Michael Moscheroschs Mahngedicht *Kinderspiegel* von 1643 (auch 1647, 1653, 1678) aus dem Haus- und Erbauungsbuch *Insomnis cura parentum* (ausführlich beschrieben bei Brüggemann 1991, 705–712 [C. N. Moore]), das Moscherosch als väterliches Testament gedacht hatte. Unter dem Eindruck der seit Jahren wütenden kriegerischen Auseinandersetzungen und wegen seiner schwachen gesundheitlichen Konstitution gab der Amtmann, in Briefform, seinen Söhnen und Töchtern Ratschläge für ihren Lebensweg und erteilte Anweisungen für ihr künftiges Leben, nachdem er seine Ehefrau allgemein zu guter Erziehung ihrer Kinder ermahnt hatte. Jung wandelte das Gedicht in eine Prosaerzählung um, änderte entsprechend den Eingang und wahrte die Funktion einer von christlicher Ethik bestimmten moralischen Handlung, wenn er den Konflikt zwischen Alten und Jungen auf diese Weise veranschaulicht. Einsicht und Reue bei den Eltern führen zu einem harmonischen Ausklang und spiegeln den Generationenkonflikt überzeugend wider.

Die Grimmsche Bearbeitung wahrt die Form, doch ist der Eingang geändert. Statt der Erzählrunde und dem Appell des „Knaben", seinen Spielkameraden im Beisein Stillings eine Geschichte aus der Nachbarschaft zu erzählen („Hört, Kinder! ich will euch was erzählen"), beginnt die Erzählung mit der bekannten Eingangsformel „Es war einmal". Die in der Gegenwart spielende Handlung wird anonymisiert und generalisiert, die Ausdrucksweise gemildert: „Die junge Frau schalt" statt „Die junge Frau keiffte", ein Ausruf („Ho!") zugunsten eines behaglichen Erzählens eliminiert. Die aus der Situation getroffene Entscheidung der Eltern bei Stilling („und hohlten alsofort den alten Großvater an den Tisch, und ließen ihn mit essen") wird transformiert zu einer dauerhaften Lösung: „und ließen ihn von nun an immer mit essen, sagten auch nichts, wenn er ein wenig verschüttete."

Das Exempel mit dem Appell zur Fürsorge für den Großvater (und damit für alle betagten Familienangehörigen) klingt überzeugender als ähnlich gelagerte, seit dem Mittelalter verbreitete Beispielgeschichten, wonach eine solche Undankbarkeit der Kinder mit lebenslanger Entstellung einhergeht. Gleichwohl sind solche Darstellungen mit abschreckender Wirkung (DMK/Uther, ATU 980D: *Meat Springs as a Toad on the Face of an Ungrateful Son*) bis in Märchensammlungen des 19. Jahrhunderts parallel verbreitet worden (z. B. KHM 145: *Der undankbare Sohn*). Noch heute wird der Text der Brüder Grimm vom Großvater und seinem Enkel herangezogen, wenn es um die Darstellung von Konflikten zwischen den Generationen geht. Er hat damit eine Leitfunktion übernommen, während die ursprüngliche Vorlage der Brüder Grimm und andere ältere Fassungen in Vergessenheit geraten sind.

KHM 78 hat außerhalb von KHM-Gesamtausgaben weniger nachgewirkt. Bevorzugtes Bildmotiv: Großvater mit Kind und Tröglein.

Lit.: Hamann 1906, 30 f.; BP 2 (1915) 135–140; HDM 2 (1934–40) 671–673; Röhrich, Erzählungen 1, 91–112 (Texte), 262–267 (Kommentar); Moser-Rath 1964, 122 f., 439 f.; Rölleke 1973b (zu Lied, Flugblatt); Brückner 1974, 741–742, 684; Strasser 1986, 115–118, 359, Anm. 525; EM 6 (1990) 252–256 (H. Rölleke); Tomkowiak 1993, 316 f.; Kooi/Schuster 1994, Nr. 53 (Varianten); Uther 2004b; Uther 2013, 100 f.; Rölleke 2014, 172–174; Zimmermann 2020, 307–314 (Ethik des Alters).

79. Die Wassernixe. – DMK/Uther, ATU 313: Magische Flucht. – KHM-Veröff.: 1812. – In der Urfassung von 1810 befindet sich ein Text in der Handschrift Jacob Grimms, der auf einer Erzählung Marie Hassenpflugs basieren soll (Grimm/Rölleke 1975, 284 f., 386). Die handschriftliche Fassung Jacob Grimms nutzte Wilhelm für seine Bearbeitung 1812. Sie stimmte zwar in den Grundzügen überein, war aber kräftig ausgeschmückt (70 % größerer Wortanteil). Zur Erhöhung der Erzähllogik hieß es abschließend, daß die Nixe umkehren mußte, um die Axt zum Zerschlagen des Spiegelbergs (Urfassung: Glasberg) zu holen. Das dämonische Wesen, das die Kinder verfolgt, ist ein weiblicher Wassergeist.

Während in anderen Fassungen des Zaubermärchens die jenseitige Verfolgerin oder der Verfolger die hinterhältigen Anschläge auf das Leben der Kinder meistens mit dem eigenen Tod bezahlen muß, kommt hier die Nixe mit dem Leben davon. So heißt es übereinstimmend seit der Druckfassung von 1812: „und die Wassernixe mußte sich wieder in ihren Brunnen trollen".

Bei KHM 79 handelt es sich wie bei KHM 51: *Fundevogel* um die Kurzfassung eines Märchens aus dem Zyklus der sogenannten Magischen Flucht, das zumeist mit dem Motiv von der vergessenen Braut verknüpft ist. In KHM 79 sind es allerdings keine Jugendlichen im heiratsfähigen Alter wie in KHM 56: *Der Liebste Roland*, sondern wie im *Fundevogel*-Märchen zwei Kinder: „ein Brüderchen und ein Schwesterchen". Sie fallen beim Spielen in einen Brunnen, finden sich in der Unterwelt wieder und können sich den Nachstellungen der Unterwasserwelt-Herrscherin dank ihrer Zauber- und Verwandlungskünste durch Flucht entziehen. Das hierbei verwendete Prinzip Gleiches durch Gleiches (Similia similibus) gehört zu den Strukturelementen des Märchens. Die magischen Vorstellungswelten werden so in konkrete Bildlichkeiten umgesetzt. Bei der Flucht entsteht aus einer Bürste, welche die Fliehenden hinter sich werfen, ein Bürstenwald, aus dem Kamm ein Berg, aus dem Spiegel ein Spiegelberg. Die Erzählsequenz vom Sturz in den Brunnen findet sich auch in KHM 24: *Frau Holle*.

Die Nachwirkung von KHM 79 ist gering.

Lit.: BP 2 (1915) 140–146; Schmidt 1932, 215 f.; HDM 2 (1934–40) 158–160 (W. Aly); Ranke 1955 ff., Bd. 1, 150–169 (Varianten); Rusch-Feja 1995, 61–64; Scherf 1995, 1363 f.; Dekker et al. 1997, 213–218 (T. Meder); EM 9 (1999) 13–19 (zur Magischen Flucht) (W. Puchner); zur Fluchtmotivik in der Literatur der Antike s. Anderson 2000, 72–78 und Hansen 2002, 151–166.

80. Von dem Tode des Hühnchens. – DMK/Uther, ATU 2021: Tod des Hühnchens. – KHM-Veröff.: 1812; Kleine Ausgabe: 1825 (Nr. 49). – „Aus Hessen" hatten die Brüder Grimm zur Herkunft von KHM 80 (1856, 128) angemerkt und hinzugefügt: „Etwas abweichend in den Kinderliedern". Dieser Hinweis bezog sich auf die *Erschreckliche Geschichte vom Hühnchen und Hähnchen*, abgedruckt im Anhang mit den Kinderliedern in der Ausgabe *Des Knaben Wunderhorn* (Arnim/Brentano, Bd. 3, 260–262, KL 23b = Abdruck bei Uther 1990b, Nr. 34).

Tatsächlich stellt dieses Kinderlied die hauptsächlich benutzte Vorlage für das dialogreiche Tiermärchen KHM 80 dar – mit vielen wörtlichen Übereinstimmungen. Der offene Schluß mit einer Ätiologie von der Entstehung des Kirchturmhahns ist jedoch weggelassen: „das Hähnchen ist allein davon gekommen, ist auf den Kirchturm geflogen, da steht es noch, und dreht sich überall herum, und paßt auf schön Wetter, daß der Sumpf austrocknet, da will es wieder hin, und will sehen, wie er seinen Leichenzug weiter bringt, wird aber wohl zu spät kommen, denn es ist allerlei Kraut und Gras drüber gewachsen, Hühnerdarm und Hahnenfuß, und Löwenzahn und Fuchsia [...]". In KHM 80 wird die endlose Geschichte durch den unvermuteten Schluß abrupt, aber wirkungsvoll beendet. Den Schlußteil mit dem (hier allerdings traurigen) Ende der Tiere auf Wanderschaft, einem beliebten Motiv in den KHM, gestaltete Wilhelm neu, teilweise mit Motiven aus der Waldis-Fabel *Von einer Bonen* (3,97; s. KHM 18: *Strohhalm, Kohle und Bohne*). Nach Eintragung im Handexemplar soll die Gestaltung des

Schlusses auf Oberst Wilhelm Engelhardt (1754–1818) aus Kassel zurückgehen, der aber nur auf die Waldis-Fabel hingewiesen hatte.

Ludwig Bechstein hat das Tiermärchen 1845 auch in sein *Deutsches Märchenbuch* aufgenommen. Dort trägt es den Titel *Vom Hühnchen und Hähnchen* (Bechstein/Uther 1997a, 148–150). Obwohl in der weitverbreiteten *Kleinen Ausgabe* der KHM vertreten, hat die Geschichte von Hühnchen und Hähnchen kaum nachgewirkt, was unter Umständen thematisch mit dem schlechten Ausgang (z. B. KHM 30, 44; s. Röhrich 2001, 51–53) zusammenhängt, der ganz im Widerspruch zum gewöhnlich optimistischen Ausgang von Märchen steht.

Lit.: BP 2 (1915) 146–149; Wesselski 1933; Rölleke 1973a; Joldrichsen 1987, 45–54 (norddt. Varianten); zu Kettenmärchen und -liedern vgl. EM 7 (1993) 1194–1201 (S. Wienker-Piepho); Kluwe 2007, 76–83; Hubrich-Messow 2000 ff., Bd. 7, 250–254 (Varianten); EM 13 (2010) 715–721 (H. Lox).

81. Bruder Lustig. – DMK/Uther, ATU 785: Lammherz + [DMK/Uther, ATU 753A: vgl. Imitation: Fatale und närrische I.] + DMK/Uther, ATU 330: Schmied und Teufel. – KHM-Veröff.: 1819. – Seit 1819 statt des Schwanks *Der Schmidt und der Teufel* an dieser Stelle; nach Angabe Jacob Grimms aus dem Mund einer alten Frau aus Wien gehört und vom Bibliothekar Georg Passy (1784–1836) mitgeteilt. Das überaus episodenreiche Schwankmärchen, im Anmerkungsband kurioserweise als Sage bezeichnet (KHM 1856, 129), begegnet in seinen Handlungsabläufen auch in anderer Reihung oder nur mit einer einzigen Episode. Es war den Brüdern Grimm in einer Version des Schwankbuchkompilators Martin Montanus (ca. 1530–ca. 1566) bekannt geworden. Wilhelm Grimm hatte – zusammen mit dem Schwank vom tapferen Schneiderlein (s. KHM 20) – eine Abschrift aus dem *Wegkürzer* (1557 = Montanus/Bolte, Nr. 6) gefertigt, die als Inhaltsangabe im Anmerkungsband (1856, 130 f.) wiedergegeben ist. Warum die Montanus-Version nicht als Vorlage diente, läßt sich nur vermuten. Clemens Brentano hatte sie bereits für seine *Legende von einem Schwaben, der das Leberlein gegessen* (1817) verwendet. Den Brüdern Grimm mag nicht opportun erschienen sein, nach der gleichen Quelle wenig später eine erneute Bearbeitung vorzulegen, während sie diese Skrupel bei KHM 23: *Von dem Mäuschen, Vögelchen und der Bratwurst* nicht hatten.

Das im 19. Jahrhundert überaus beliebte Montanus-Schwankmärchen diente unter anderem Ludwig Bechstein zur Vorlage für seine Bearbeitung im *Deutschen Märchenbuch* 1845 (Bechstein/Uther 1997a, 41–45). Der Stoff in der Kombination „Wiederbelebung aus den Knochen/Spätes Eingeständnis des Diebs" findet sich in Europa erstmals in italienischen Novellen des 13. Jahrhunderts, dürfte aber auf eine arabische Jesuslegende (10. Jahrhundert) zurückgehen, die wiederum auf einem apokryphen Evangelium oder einer didaktischen Erzählung haggadischen Inhalts, welche die Lebensgeschichte Jesu erweitert, basiert. Der im ersten Teil handlungsbestimmende Eßdiebstahl als Konfliktauslöser ist ein weiteres Beispiel für die Verlockung durch Bratengeruch (s. auch KHM 77: *Das kluge Gretel*). Die Handlung besteht aus folgenden Episoden:

> (1) Ein abgedankter Soldat teilt seine geringe Habe mit dem heiligen Petrus, der ihm dreimal als Bettler erscheint. (2) Soldat und Petrus setzen gemeinsam ihren Weg fort. Petrus heilt einen Bauern mit einer Wundersalbe, will aber keinen Lohn. Auf Drängen des Soldaten akzeptiert er ein Lamm. (3) Der Soldat verzehrt heimlich das Lammherz und lügt Petrus, als dieser nachfragt, vor, das Tier habe kein Herz besessen. (4) Der Soldat leugnet – selbst als er zu ertrinken droht. (5) Petrus erweckt eine tote Königstochter zum Leben, will erneut keinen Lohn, aber der Herrscher läßt dem Soldaten den Ranzen mit Gold füllen. (6) Petrus teilt das Gold in drei Teile und weist den 3. Teil dem zu, der das Herz des Lamms gegessen habe. Der Soldat in seiner Geldgier gesteht und streicht den 3. Teil ein. (7) Er setzt die Reise allein fort, verspricht, eine todkranke Königstochter zu heilen, aber ohne Erfolg. Petrus hilft aus der Not, der Soldat kassiert unberechtigt obendrein eine Belohnung. Petrus verleiht dem Ranzen die Kraft, daß alles, was dort hineingewünscht wird, auch drinbleibt. (8) Der Soldat wünscht zwei Gänse hinein, gibt eine davon zwei hungrigen Studenten, die dafür vom Wirt, der die Gänse als sein Eigentum erkennt, verprügelt werden. (9) Der Soldat bannt alle Teufel eines Spukschlosses in seinen Ranzen und läßt sie durch einen Schmied verprügeln. Einer bleibt am Leben und kann in die Hölle entweichen. (10) Vor dem Eingang zur Hölle aufgrund seiner Zauberkräfte zurückgewiesen und von Petrus vom Himmel ferngehalten, verschafft sich der Soldat Einlaß in den Himmel, indem er seinen Ranzen über das Gitter wirft und sich hineinwünscht.

Im Unterschied zu den Schwänken von Christus und Petrus auf Erdenwanderung (Mot. K 1811, EM 4, 155–164), in denen Petrus immer der mißglückende Nachahmer (s. auch KHM 147: *Das junggeglühte Männlein*) ist, trägt der Heilige in KHM 81 positive Züge. Er vollbringt Wunderheilungen und bewahrt seinen Begleiter vor Gefahr, wenn jener sich erfolglos daran versucht. Gewissermaßen als Parodoxie des Geschehens inszeniert der Soldat eine solche schalkhafte Handlung unter Benutzung des Dogmas von der Trinität. Die Nachahmung der Wunderheilung mißlingt jedoch, als der Soldat vergebens die Dreifaltigkeit anruft, um die tote Königstochter wieder ins Leben zurückzubringen. Weitere Parodoxien folgen. So wählt der Soldat trotz Warnung des Einsiedlers den breiten und bequemen Weg zur Hölle statt des engen und rauhen zum Himmel – eine Parodie auf das Gleichnis von der engen Pforte und dem schmalen Wege zum Heil und der weiten Pforte und dem breiten Weg zum Verderben (*Matthäus* 7,13–14; *Lukas* 13,24) – und findet keine Aufnahme, weil er den Oberteufel in seinen Ranzen gebannt hatte. Schließlich verschafft er sich listig den Zutritt zum Himmel, indem er dem arglosen Himmelswächter Petrus dessen Zauberranzen zurückgibt und sich in den Himmel hineinwünscht.

Daß ein Mensch imstande ist, Teufel in einen Ranzen festzubannen, spricht für die Rationalisierung des Dämonischen, wie sie seit dem 16. Jahrhundert zu beobachten ist und besonders in Schwänken Ausdruck gefunden hat. Das Entweichen eines Teufels folgt dem im Märchen gängigen Strukturprinzip, wonach alle bis auf einen gefangen werden und nur dieser eine die Kunde weitertragen kann (zu diesem sogenannten Exzeptionsprinzip vgl. EM 4, 720–722). KHM 81 vermittelt die Vorstellung, daß Dämonen ‚guten Menschen' nichts anhaben können. Die Figur des abgedankten Soldaten begegnet zwar schon in Texten seit der Frühen Neuzeit, findet sich aber auch im 19. Jahrhundert sehr häufig (in den KHM ca. 10 % der Texte) und wurde in Liedern und Balladen besungen. Dem hilfsbedürftigen Soldaten gehört die Sympathie, wodurch ein sozialromantisch verklärtes Bild eines Berufsstandes entstand, das die negativen Charakterisierungen des Landsknechts beziehungsweise Soldaten als eines „moralisch stigmatisierten Außenseiters" (EM 8, 763) in Schwänken vom ausgehenden 15. bis zum 17. Jahrhundert vergessen ließ (vgl. Kommentar zu KHM 54: *Der Ranzen, das Hütlein und das Hörnlein*). Das Ganze ist – die Überschrift *Bruder Lustig* deutet es an – humorvoll erzählt. Darum ist der Bruder Lustig so etwas wie ein fideler Bursche, der im KHM-Anmerkungsband (1856, 409) treffend charakterisiert wird: „Endlich der Bruder Lustig oder der Spielhansel der sich um nichts kümmert als um ein fröhliches Leben, und den Unterschied zwischen Recht und Unrecht zu beachten selten aufgelegt scheint. Da er aber von Natur nicht bösartig ist und eine solche Stimmung sich ohne Humor nicht durchsetzen läßt, so geht ihm manches hin, was bei andern für unerlaubt gilt [...]".

Die umfangreichen Ausführungen im KHM-Anmerkungsband mit der Schilderung weiterer Varianten und die verwandten Schwänke KHM 82: *De Spielhansl* sowie KHM 147: *Das junggeglühte Männlein* lassen vermuten, daß die wiederholt dargebotene Thematik Wilhelm Grimm sehr interessiert hat. Schon Mitte des 19. Jahrhunderts ist der Stoff als ‚Volksbuch' weit verbreitet. Siegfried, der Sohn Richard Wagners, legte den Stoff für die Oper *Bruder Lustig* (Uraufführung 13.10.1905) zugrunde.

Eine der ersten deutschen und farbig gestalteten Bilderbuchausgaben (mit Chromolithographien von Emil Hünten), die stofflich nicht auf französische Vorbilder (wie *Rotkäppchen*, *Gestiefelter Kater*, *Däumling*, *Blaubart*) zurückgeht, stellt die Umsetzung dieses Soldatenmärchens dar: *Seltsamliche Geschichten des Bruder Lustig, der ein abgedankter Soldat war* (Düsseldorf 1857).

KHM 81: Bruder Lustig. Zeichnung von Otto Tauschek (1903)

Lit.: BP 2 (1915) 149–163; HDM 2 (1934–40) 612–614 (H. Honti); Spies 1951; Ranke 1955 ff., Bd. 1, 245–264 und Bd. 3, 106–117 (Varianten); Schmidt 1963b, 318; Lüthi 1969b (zur Parodoxie des Geschehens); Lox 1990; Kooi/Schuster 1994, Nr. 36, 46 (Varianten); EM 8 (1996) 743–747 (C. Schmitt); Bluhm/Rölleke 1997, 98–100 (zu Redensarten, Formeln, usw.); Köhler-Zülch 1997 (zur Wiederbelebung); EM 12 (2007) 111–120 (H. Lox).

82. De Spielhansl. – DMK/Uther, ATU 330: Schmied und Teufel. – KHM-Veröff.: 1819. – KHM 82 stammt wohl von dem im böhmischen Friedberg geborenen Musiktheoretiker und Komponisten Simon Sechter (1788–1867), der das Stück im Februar 1815 aus dem niederösterreichischen Weitra an Jacob Grimm sandte. Das Manuskript befindet sich im Grimm-Nachlaß (Berlin, Preuß. Kulturbesitz 1800 C 1,1,48–53). Eine Fassung in der Handschrift Maria Anna (Jenny) von Droste-Hülshoffs, mitgeteilt im Anmerkungsband (KHM 1856, 131–133), befindet sich ebenfalls im Grimm-Nachlaß (Berlin, Preuß. Kulturbesitz 1757,5); vgl. auch KHM 81 (1812): *Der Schmidt und der Teufel*.

Das Schwankmärchen – im Anmerkungsband (KHM 1856, 138) wie KHM 81: *Bruder Lustig* als Sage bezeichnet – über den geprellten Tod/Teufel ist literarisch bis ins 16. Jahrhundert zurückzuverfolgen (z. B. Meisterlied von Hans Sachs, 1551: Schmied äußert drei Wünsche). In deutschen literarischen Zeugnissen seit 1731 ist der Schwank öfter in Jüterbog (so auch später bei Ludwig Bechstein), Apolda und anderen Städten lokalisiert worden. Wie in KHM 81 gibt der Teufel als Gegenspieler des Schmieds eine lächerliche Figur ab, er zeigt Angst und stellt keine Gefahr dar. Seine Handlungen rufen nur Schadenfreude hervor. Die Umdeutung der Figur hängt mit der seit dem 16. Jahrhundert einsetzenden Rationalisierung des Dämonischen zusammen und hat zu einer Entmythisierung des Teufels geführt. Doch verläuft diese Entwicklung nicht geradlinig. Der Teufel bleibt ein ambivalentes Wesen.

Der Stoff vom listigen Schmied (sprechender Name: Spielhansl) hat besonders innerhalb der geistlichen Erzählliteratur weitergewirkt, etwa in einer Bearbeitung des Kapuzinerpaters Athanasius von Dillingen von 1691 (Abdruck bei Uther 1990b, Nr. 35) als „Fabula paschalis" (Ostermärlein), mit dem üblichen Topos der Frauenfeindlichkeit und dem folgenden Thema der vertanen Wünsche (s. auch KHM 19: *Von dem Fischer und syner Fru*; KHM 87: *Der Arme und der Reiche*). Schon kurz vor dem Günzburger Hofprediger hatte der literarisch äußerst produktive benediktinische Landgeistliche Andreas Strobl (1641–1706) diese Motivgruppe (mit Tod, seinem Knecht und Luzifer) 1698 als ein „Oster-Märl" vereint (Moser-Rath 1964, Nr. 120) und geurteilt, der Schmied habe hier zwar den Tod dreimal besiegt, dann aber sei er infolge eines „hitzigen Fiebers" gestorben, denn: „weilen kein Mensch ewig zu leben hat auff dieser Welt".

Außerhalb der Predigtliteratur gab es noch einen erheblich erweiterten Volksbuch-Text, der unter dem Titel *Bonhomme Misère* mit 27 Auflagen aus dem 18./19. Jahrhundert nachweisbar ist (Schenda 1989a, 327). Die Brüder Grimm besaßen den ersten nachweisbaren Druck von 1719 (Denecke/Teitge, Nr. 1380); weitere Bearbeitungen siehe BP 2, 163–189. Noch in Überlieferungen des 19./20. Jahrhunderts läßt sich der Stoff vom pfiffigen Überlebenskünstler in zahlreichen Ländern nachweisen. Die Episoden können auch anders strukturiert sein (vgl. auch KHM 81).

Daß ausgerechnet ein Karten- und Würfelspieler, eine sonst entsprechend christlicher Moralvorstellungen negativ bewertete Figur, von Gott drei Wünsche freihat und den Tod besiegt, entspricht der schwanktypisch möglichen Umkehrung von Normen (Wünsche 1905a). Die Bitten, mit ähnlicher Funktion schon in älteren literarischen Zeugnissen wie in der phrygischen Sage von Philemon und Baucis aus Ovids *Metamorphosen* (8, 616–715) als bescheidene Wünsche geäußert, erweisen sich im Schwank als fatale Störung der Weltharmonie. Der Listige gewinnt fast Unsterblichkeit und bringt Gott und Petrus selbst im Himmel zur Verzweiflung. Nur der erzähltechnische Zufall läßt den nimmermüden Spieler sterben. Nach Harlinda Lox ist das Motiv vom überlisteten Tod unter Einbeziehung von Realitätsbezügen „in einem Spannungsfeld zwischen schwankhafter Entdämonisierung und Anerkennung der grausamen Größe" (EM 12, 116) angesiedelt.

Lit.: BP 2 (1915) 163–189; Nossag 1931, 39 (ältere Quellen); Wesselski 1938b; Mehlem 1940, 77; Meyer 1942, 51–75; Ranke 1955 ff., Bd. 1, 245–264 (Varianten); Schmidt 1963b, 318 f.; Lox 1990, 85–106; Kooi/Schuster 1994, Nr. 36 (Varianten); Solms 1999, 140–142; EM 12 (2007) 111–120 (H. Lox).

83. Hans im Glück. – DMK/Uther, ATU 1415: Hans im Glück – KHM-Veröff.: 1819: Kleine Ausgabe: 1825 (Nr. 33). – Statt des Märchens *Das arme Mädchen* (ab 1819 unter dem Titel: *Sterntaler* = KHM 153) befindet sich der Schwank seit 1819 an dieser Stelle. Mit dem zeitgemäßen Zusatz *Aus dem Munde des Volkes* hatte der früh verstorbene Altphilologe und Sprachwissenschaftler Friedrich August Eduard Wernicke (1794–1819) den Text *Hans Wohlgemut* in der Zeitschrift *Wünschelruthe* (23. April 1818, 129–131) veröffentlicht. Die mit großer Wahrscheinlichkeit von Wernicke selbst erfundene Erzählung (erstmaliger Wiederabdruck bei Uther 1990b, Nr. 36; fehlerhaft bei Grimm/Rölleke 1998, 110–121) hatte eine eindeutige Textaussage: Dieser Hans ist ein Dummkopf, ist überfordert und scheitert an seinen Aufgaben. Das sprichwörtliche dem Text vorangestellte Motto läßt daran keinen Zweifel: „Es wird keiner arm, als der nicht rechnen kann." Der Vergleich des *Hans im Glück*-Textes der verschiedenen Ausgaben mit dem Text Wernickes läßt eine Vielzahl sprachlicher Eingriffe Wilhelms erkennen. Er reduzierte Wernickes Partizipialkonstruktionen und Nebensätze, sorgte für größere Archaisierung, steigerte die Anschaulichkeit durch Selbstgespräche und Dialoge und fügte volkstümliche Redewendungen ein, etwa: „wie der Dienst war, so soll der Lohn sein", „frank und frei", „Herz, was verlangst du mehr", „das Handwerk hat einen güldenen Boden". Und noch wichtiger: Bei Wernicke agiert der Einfaltstauscher in Anlehnung an die ältere literarische Tradition der Figur. So heißt es beispielsweise in Sebastian Brants Vorspann zum Abschnitt *Vom törichten Tausche* aus dem *Narrenschiff* (1494 u. ö.): „Wer um 'ne Pfeif des Maultiers wird quitt,/ Genießt selbst seines Tausches nit/ Und muß gehn,/ wenn er gern ritt'". Die Änderungen und Ergänzungen Wilhelms waren derart gravierend, daß praktisch kaum ein Satz in der Diktion Wernickes bestehen blieb. Aus dem Einfaltstauscher macht Wilhelm Grimm einen naiven Menschen mit liebenswerten Zügen. Essen und Trinken wird nicht nur als eine Lebensnotwendigkeit betrachtet, sondern bedeutet auch Genießen und Wohlbehagen. Die Sehnsucht, Speise und Trank „alle Tage" zu haben, lassen den Hans die minderen Tauschgeschäfte vergessen. Den „guten Braten" sieht Hans vor sich und die „Menge von Fett". Milchtrinken nach Belieben malt er sich aus, wenn er seine Tauschgeschäfte tätigt. Doch der Spontantauscher und Immerlustig kehrt schließlich ohne jede Habe heim. Aber dies berührt ihn gar nicht, sein persönliches Glück ist ihm wichtiger als materieller Besitz.

Der in der Fremde dienende Hans vermag den plötzlichen Reichtum nicht einzuschätzen, verkennt dessen wahren Wert und läßt sich auf von ihm selbst angeregte Tauschgeschäfte ein. Auf seinem Heimweg begegnet er Menschen aus verschiedenen sozialen Gruppen in absteigender Folge. Sie sind charakterisiert durch die sie begleitenden Tiere/Gegenstände (Adel-Pferd; Bauer-Kuh – bis hin zum vagierenden Scherenschleifer und seinem Karren). Alle Tauschgeschäfte geraten materiell zu Hansens Ungunsten. Dies erscheint widersprüchlich zu seiner Herkunft, da er der bäuerlichen Welt des Dorfes entstammte und sich des jeweiligen geringeren Wertes der eingehandelten Tiere hätte bewußt sein müssen. Aber der materielle Besitz interessiert Hans gar nicht. Er folgt spontan seinen Bedürfnissen und ist in jedem Fall davon überzeugt, einen guten Tausch eingegangen zu sein. In seiner Unbekümmertheit verkörpert er ein von allgemeinen Normen abweichendes Handeln. Sein persönliches Glück und Wohlbefinden stellt er höher als die materielle Wertigkeit der Dinge. Im Unterschied zu den vielen Märchenhelden, die im Verlauf ihrer Wanderschaft, einem wesentlichen Element handwerklicher Ausbildung, Fähigkeiten und Güter erworben haben, kehrt Hans ohne Handwerksattribute und arm in die Heimat zurück. Er hat auch keine Königstochter geheiratet, will statt dessen heim zur Mutter (Zusatz Wilhelms). Anders als die zahllosen Handlungen von Dummköpfen, die alles Aufgetragene verkehrt ausführen und die Handels- und Tauschgeschäfte mit derart absurden Ergebnissen ausführen, daß den jeweiligen Auftraggebern (auch Mutter oder Ehefrau) die Haare zu Berge stehen (z. B. KHM 7: *Der gute Handel*; KHM 32: *Der gescheite Hans*), wird Hans in der Bearbeitung Wilhelms zu einer ambivalenten Figur. Die Sympathie der Leser gehört eindeutig dem Tauscher, wie auch die meisten Illustrationen bezeugen. Hans selbst fühlt sich, als wäre er in einer Glückshaut geboren (s. Kommentar zu KHM 29: *Der Teufel mit den drei goldenen Haaren*). Verstärkend heißt es: „alles was ich wünsche trifft mir ein, wie einem Sonntagskind."

Ethische Aspekte wie Barmherzigkeit, Hilfsbereitschaft – für viele Figuren der Volkserzählung Voraussetzung für sozialen Aufstieg – bestimmen nicht sein Handeln, sondern nur die jeweiligen Bedürfnisse. Dieser Hans ist utilitaristisch orientiert, trifft seine Entscheidungen jedoch spontan. Auf diese Weise demonstriert er die jedem eigene und auch psychologisch bekannte Neigung zu zeitweiligem Aussetzen der Vernunft, nur davon bestimmt, den Augenblick zu genießen. Dieser Umstand mag dazu geführt haben, daß die Bewertung der Figur und des Geschehens unterschiedlich ausfällt.

Vertreter der philologischen beziehungsweise historischen und vergleichenden Erzählforschung begreifen Hans weitgehend als eine ambivalente Figur, angesiedelt zwischen der Figur des Dummkopfs und des Dummlings, also eines Menschen, der dem Anschein nach dumm, aber in Wahrheit weise ist. So gesehen läßt sich Hans in einer Art Umkehrung als „Antiheld" (Röhrich 2001, 234) begreifen, der Schwank selbst als „Spottmärchen" (Bausinger 1983, 24) und „Antimärchen" (Lüthi 1969a, 108), weil die im Märchen vorherrschende Einstellung zum Glück auf den Kopf gestellt wird. In der *Kleinen Ausgabe* der KHM erscheint der Schwank als Nr. 33, sinnigerweise gefolgt von dem Legendenmärchen *Der Arme und der Reiche*, in dem es heißt, ein altes Ehepaar will von drei Wünschen nur bescheidene zwei erfüllt haben und wird dafür von Gott für seine Hilfsbereitschaft und Frömmigkeit mit einem schönen neuen Haus belohnt. Beide Erzählungen, jede auf ihre Weise, zeigen auf, daß materieller Reichtum nicht das erstrebenswerteste Ziel sein kann. Mit Recht stellte Lutz Röhrich fest: „Es ist eine tiefe Wahrheit, die das Märchen ausspricht, daß der wahre Reichtum über die Stufe der Armut zu erreichen ist" (Röhrich 2001, 236 f.).

Während im allgemeinen Sprachgebrauch die Redewendung ‚sich wie Hans im Glück befinden' einen glücklichen und zufriedenen Menschen meint, lassen sich auf dem KHM-Text basierende Deutungen des Schwanks von dieser Grundtendenz auch leiten. Unter dem Aspekt des Glücklichseins betrachtete Barbara Brüning die Geschichte von Hans im Glück und kommt zu dem Ergebnis: „Philosophisch betrachtet verkörpert dieses Märchen eine Glückskonzeption, die das Glück des Menschen in der Freiheit von allen materiellen Besitztümern sieht, die nur einen Ballast darstellten und das wahre Glück verhindern, das darin besteht, keine materiellen Wünsche zu haben." Die Verfasserin bewertet den offenen Ausgang des Märchens, der die Freiheit lasse, über das persönliche Glück nachzudenken und eigene Gedanken darüber anzustellen, positiv. Dieser Schluß sei besser, statt moralische und unmoralische Verhaltensweisen und Wertvorstellungen in einem geschlossenen Ganzen zu präsentieren (Brüning 2006, 222, 225 f.). Wilhelm Solms (1999, 123–126) sieht in Hans einen Vetter des Dummlings, der dem Anschein nach dumm, aber in Wahrheit weise ist, und bezeichnet den Schwank daher als eine moralische Geschichte. Einen interessanten Ansatz bietet der Beitrag von Harm-Peer Zimmermann (2015), der das Märchen im Zusammenhang mit der Leitlinie Glück als eine Altersparabel auffaßt. Ein „Exempel", das zeige, wie man glücklich älter wird. Gelegentlich aber wird die Persönlichkeit des Spontantauschers als regressiv (Wittgenstein 1973, 55–65) beschrieben. Rolf Wunderer sieht Hans motivationstheoretisch gar als einen „Glücksökonomen, stressintoleranten Unlustvermeider, der sein Glück über Abbau von Entscheidungsdissonanzen sowie über handlungsorientierte Glücksvisionen erreicht" (Wunderer 2008, 156; vgl. Wunderer 2015, 731–745). Ausgehend von der Weltferne und Lebensuntüchtigkeit des stets Glücklichen und Zufriedenen ließe sich nach Iring Fetscher (1979, 34–44) der Inhalt von KHM 83 als Absage an eine kapitalistische Gesellschaftsform auffassen, die subjektives Glück nicht zuläßt. In ihr müsse jeder auf Besitzstandswahrung oder auf Vergrößerung seines materiellen Besitzes bedacht sein, was nur auf Kosten der Umwelt durch bessere Tauschgeschäfte denkbar scheine. Von daher sei ein Leben in Unbeschwertheit und Sorglosigkeit unmöglich. Glück bedeute nicht innere Zufriedenheit, sondern stets materiellen Wohlstand. Oder krasser ausgedrückt: Wer die Gesetze des Tauschhandels nicht beherrscht, hat in dieser Gesellschaft keine Existenzberechtigung.

KHM 83 gehört zu dem guten Dutzend von Lieblingsmärchen, das schon früh in Bildmedien des 19. Jahrhunderts und bis heute in die meisten KHM-Teilausgaben, häufiger als Einzelausgabe, vertreten ist. Die älteste Illustration stammt von dem englischen Karikaturisten und Radierer George Cruikshank (1823; vgl. Schmitt 2005, 86–89). Er vereint alle Tauschgeschäfte fokusartig in einem Bild: In der Mitte steht Hans mit ausgebreiteten Armen. Diese Technik, in der die Illustration gewissermaßen ein Simultanbild zur Handlung darstellt, entspricht einem ganzheitlichen Bildverbund. Erst viel später, zumeist im 20. Jahrhundert, haben andere Illustratoren diese Technik aufgegriffen. Unter den Tauschgeschäften dominiert in der Darstellung der erste oder zweite Handel, häufig ist das Schlußbild (Hans mit ausgebreiteten Händen) dargestellt, was die

KHM 83: Hans im Glück. Abbildung von Carl Offterdinger (um 1888)

Zufriedenheit und Fröhlichkeit der Figur ausdrücken will. Nicht selten wirbt eine bildliche Titeldarstellung des Hans mit ausgebreiteten Armen für Märchenausgaben. Besonders oft ist KHM 83 im Lesebuch (Rölleke 1988, 176 f.; Tomkowiak 1993, 317) vertreten und dient als literarische Vorlage für filmische und dramatische Bearbeitungen, seltener für Parodien (Fetscher 1979, 34–44) oder lyrische Bearbeitungen (Horn 2004, 139–141).

Anders als KHM 83 oder der davon beeinflußten Fassung Ludwig Bechsteins (Bechstein/Uther 1997a, 134–138) hat Hans Christian Andersen (*Hvad Fatter gjør, det er altid det Rigtige*, zuerst 1861) die Tauschgeschäfte mit dem gängigen Thema von der Wandelbarkeit und Zufälligkeit des Glücks (fortuna labilis) verbunden. Bei Andersen gewinnt der Bauer trotz regressiver Tauschgeschäfte viel Geld durch eine Wette und mehrt seinen Besitz. Zwar verliert der Landmann zunächst in absteigenden Tauschgeschäften alles, was er eigentlich auf dem Markt verkaufen sollte, aber nach dem Erzählen seiner Mißgeschicke kann er eine Wette zu seinen Gunsten entscheiden. Zwei Schotten versprechen ihm ein Schiffspfund Goldstücke, wenn die Prophezeiung des Bauern zutrifft, seine Ehefrau werde ihm beim Erzählen seiner Tauschgeschäfte jedesmal bestätigen, er habe alles richtig gemacht. Dies geschieht, und schlußendlich mehrt er so seinen Besitz.

Lit.: Hamann 1906, 73; BP 2 (1915) 199–203; Lüthi 1969a, 101–116; Tatar 1990, 146 f.; Uther 1990c; Marzi 1995, 207–217 (zu Glücksmärchen); Uther 2005a (zu Andersens Fassung); Bluhm/Rölleke 1997, 101–103 (Redensarten, Formeln, usw.); Solms 1999, 123–126; Hubrich-Messow 2000 ff., Bd. 5, 173–178 (Varianten); Haas 2006 (zu retardierenden Elementen); Freyberger 2009, 126–130 (Illustrationen); Wunderer 2008, 119–164; Uther 2011b (Glücksbegriff); Takehara 2013 (zu calvinistischem Gedankengut und Glücksvorstellungen); Zimmermann 2015, 232–247.

84. Hans heiratet. – DMK/Uther, ATU 859: Prahlerei des Freiers. – KHM-Veröff.: 1819. – Seit 1819 an dieser Stelle befindlicher Schwank und eingefügt für die fragmentarische Erzählung *Die Schwiegermutter*; übernommen aus der *Wünschel-Ruthe* (1667, 148 f.) des Polyhistors Johannes Praetorius, dessen Werke die Brüder Grimm schätzten und bevorzugt für ihre *Deutschen Sagen* als Quelle herangezogen haben. Praetorius stützte sich bei seiner Bearbeitung auf ein kleines Schwankbüchlein eines unbekannten Verfassers, der als „Ernst Wolgemuth [sic!] aus Warhausen im Warnethal" die Absichten seiner *500 Haupt-Pillen* hinter diesem scherzhaft gemeinten Pseudonym verbarg (Abdruck der Fassung von 1669 [2, 51, Nr. 22] bei Uther 1990b, Nr. 37).

Doppeldeutige Prahlereien eines Brautwerbers (mit einem Tierhelfer s. auch KHM 33 [1812]: *Der gestiefelte Kater*)oder eines Bräutigams über vorgetäuschten Reichtum waren in Schwank- und Unterhaltungsbüchlein des 17./18. Jahrhunderts sehr beliebt. Die Geschichten endeten nicht immer optimistisch, nicht immer kam es zu der ersehnten Geldheirat, wenn die Übertreibungen des Brautwerbers allzu arg waren, wie Elfriede Moser-Rath generalisierend urteilte (vgl. EM 2, 762–764). Während Praetorius wie Wolgemuth ihre Geschichte sprichwörtlich mit einer Warnung vor Leichtgläubigkeit beschlossen, endete KHM 84 mit einem neu eingefügten Kinderreim (übernommen aus KHM 70 [1812]: *Der Okerlo*) – s. auch KHM 91: *Dat Erdmänneken* und KHM 66: *Häsichenbraut* – und im Nonsens. Die formelhafte Frage mit direkter Ansprache: „Bist du auch auf der Hochzeit gewesen?" ist häufiger in den KHM (KHM 91, 113, 114, 134) zu finden.

Lit.: Hamann 1906, 74 f.; BP 2 (1915) 203 f.; EM 10 (2002) 1241–1243 (S. Dinslage).

85. Die Goldkinder. – DMK/Uther, ATU 303: Brüder: Die zwei B. – KHM-Veröff.: 1812 (verändert 1819). – Das 1812 noch als KHM 63: *Goldkinder* vertretene Zaubermärchen wurde 1819 als KHM 85 eingeordnet. Der Grund für die Umstellung hängt damit zusammen, daß das umfangreichere Zaubermärchen KHM 60: *Die zwei Brüder* eine vergleichbare Thematik bot. Im Anmerkungsband heißt es (KHM 1856, 144): „Im Grunde die Sage von den beiden Brüdern". KHM 85 stammt aus den „Schwalmgegenden" in Hessen, wurde also von Friederike Mannel (1783–1833) aus Allendorf beigesteuert.

Die Einleitung findet sich ähnlich in KHM 19: *Von dem Fischer un syner Fru*. In mehreren Märchen (KHM 19, 87, 169, KL 1) ist wie hier leitmotivisch eine kleine Hütte erwähnt, die ausschließlich armen oder bedürfnislosen Menschen als Unterkunft dient: „Es war ein armer Mann und eine arme Frau, die hatten nichts als eine kleine Hütte, und nährten sich vom Fischfang, und es gieng bei ihnen von Hand zu Mund." Es mag ein Zufall sein, aber auch die von den Brüdern Grimm geschätzte Erzählerin Dorothea Viehmann lebte zum Schluß ihres Lebens in einer solchen Behausung, über die es heißt: „Der Vater ihrer zahlreichen Enkel starb am Nervenfieber, die Waisen brachten Krankheit und die höchste Noth in ihre schon arme Hütte" (KHM 1857, XII).

Die Sequenzen 3, 5 und 6 sind auch in KHM 60: *Die zwei Brüder* (s. Kommentar) zu finden; es fehlt allerdings der Drachenkampf. Zur wunderbaren Empfängnis führt der Genuß eines von Frau, Magd, Pferd und Hund verzehrten Fisches. Sympathiezauber steckt hinter der Vorstellung, daß eine Lilie (wie in KHM 96: *De drei Vügelkens*; ein Messer in KHM 60) das Ergehen eines Menschen anzeige.

Lit.: BP 1 (1913) 534; BP 2 (1915) 204; HDM 1 (1930–33) 338–340 (A. Taylor); Kooi/Schuster 1994, Nr. 257 (Varianten); Scherf 1995, 517 f.; Bluhm/Rölleke 1997, 103 f. (zu Redensarten, Formeln, usw.); Gobrecht 2002; weitere Lit. s. KHM 60.

86. Der Fuchs und die Gänse. – DMK/Uther, ATU 227: Fuchs und Gänse (Dicke/Grubmüller, Nr. 187; vgl. auch DMK/Uther, ATU 6, 61). – KHM-Veröff.: 1812. – „Aus dem Paderbörnischen", also von der Familie von Haxthausen vermittelter Tierschwank im Sinn einer Vexier- oder Neckerzählung (wie KHM 200: *Der goldene Schlüssel*), der zugleich den ersten Band der KHM beschloß: „Und wenn sie [die Gänse] ausgebetet haben, soll das Märchen weitererzählt werden, sie beten aber alleweile noch immer fort." KHM 86 kann also nicht weitererzählt werden, es handelt sich um eine ‚endlose Erzählung' (EM 3, 1409–1413), wie die Brüder Grimm mit dem Ausdruck „Vexiermärchen" (1812, Anhang, LVI) andeuten. Verschiedene äsopische Fabeln demonstrieren mit der List der letzten Bitte, daß der Fuchs seine Beute, ein schwächeres Tier, das den Tod vor Augen hat, verliert; eine direkte literarische Vorlage ist aber nicht auszumachen.

In den ersten KHM-Exemplaren, die in der zweiten Dezemberhälfte 1812 ausgeliefert wurden, war der Tierschwank infolge einer Nachlässigkeit des Berliner Verlegers Georg Andreas Reimer nicht enthalten, nur die Anmerkungen waren abgedruckt. So mußte der Tierschwank im Februar 1813 nachträglich in die beim Verlag noch vorhandenen Exemplare eingefügt werden. Den Text hatte Wilhelm als Einlage in einem vom 28.1.1813 datierten Brief an Achim von Arnim mit der Bitte geschickt, ihn an Reimer „abgeben zu lassen" (Arnim/Steig 1904, 144 f., 266 [Zitat]; Schoof 1959, 36–38).

Im Zentrum des dicht erzählten Tierschwanks steht die List schwacher Tiere gegenüber dem starken Tier. Eigentlich sind Gänse dem Fuchs nicht unterlegen, können sogar für den Geflügelräuber eine Gefahr darstellen, noch dazu, wenn sie in größerer Zahl beisammen sind. Der Tierschwank läßt sie jedoch zunächst als unterlegen erscheinen – wie auch im Kinderlied *Fuchs, du hast die Gans gestohlen*.

Die Gewährung einer letzten Bitte ist nicht an die Todesstrafe geknüpft, sondern begegnet als Wunsch des scheinbar Unterlegenen, ohne daß der Gewährende die aufschiebende Wirkung ahnt. Mit menschlich gedachtem Handlungsträger, der ein jenseitiges Wesen täuscht, ist das Thema im ‚Gebet ohne Ende' (DMK/Uther, ATU 1199) aufgegriffen. Immer erfüllen die jeweiligen Gegenspieler arglos die vorgetragenen Bitten und stehen wie der Geist im Glas (KHM 99) oder der dämonische Blaubart (KHM 62 [1812]) am Ende als Verlierer da. Im ganzen gilt das ungeschriebene Gesetz der Volkserzählung, daß der Schwache den Starken besiegen kann, mag die Situation auch noch so verfahren sein.

KHM 86 scheint wie vergleichbare Volkserzählungen Ausdruck des spielerischen Umgangs mit allgemein verbreiteten Rechtsvorstellungen zu sein, die im Prozeßwesen in dieser Form nirgendwo verankert sind. Der letzte Wunsch, das Recht auf das letzte Wort, wird vom Verurteilten vorausgesetzt, seltener erfragt. Die Bitte ist nicht ein letzter Gnadenerweis vor dem Tod, sondern bewahrt die gefangenen Tiere (Menschen) vor dem Tod. Wie so oft in Volkserzählungen wird eine für den Protagonisten hochgefährliche Situation in ihr Gegenteil verkehrt. Dazu trägt das schlaue Verhalten der Tiere nicht unwesentlich bei. Die Freude an trickreichen Gefangenenbefreiungen überwiegt, eine Tendenz zu schwankhafter Darstellung ist nicht zu verkennen.

Lit.: BP 2 (1915) 206–210; HDM 2 (1934–40) 297 f. (H. Diewerge); EM 5 (1987) 486–489 (D. D. Rusch-Feja), 801–803 (R. W. Brednich), 1324–1331 (H.-J. Uther); Uther 2007, 228 (zur letzten Bitte); vgl. zum Begriff Vexiermärchen EM 14 (2014) 183–185 (T. Bulang).

87. Der Arme und der Reiche. – DMK/Uther, ATU 750A: Wünsche: Die drei W. – KHM-Veröff.: 1815 (Nr. 1), 1819 (Nr. 87); Kleine Ausgabe: 1825 (Nr. 34). – „Aus der Schwalmgegend" heißt es als Herkunftsangabe, und dahinter verbirgt sich nach Wilhelm Schoof (1959, 87) vermutlich der Theologe Ferdinand Siebert (1791–1847).

Fast programmatisch im Hinblick auf ethische Werte und Normen leitet das Legendenmärchen den zweiten Band der KHM ein. Friedrich Panzer (Karlinger 1973, 101) bezeichnete KHM 87 wie auch KHM 3: *Marienkind* als eine Märchenlegende, denn „so stark hat auch hier die sittliche Grundhaltung der Legende eingewirkt". Doch hat sich der Begriff nicht durchgesetzt.

Das Legendenmärchen führt kontrastreich in den Figuren der armen, aber gastlichen Eheleute exemplarisch tugendhaftes und christlich bestimmtes Handeln vor, in den Figuren der reichen, geizigen, nur aus Eigennutz handelnden Eheleute dagegen ein nicht nachzuahmendes, sozial jenseits herkömmlicher Normen stehendes Handeln, das nicht folgenlos bleiben kann. Die Gleichsetzung von arm/gut, reich/böse trägt wesentlich zur Dramatisierung des Spannungsverhältnisses (EM 1, 789–794) bei, die mißglückende Nachahmung ist märchentypisch (z. B. KHM 13, 24, 107).

Unschwer läßt sich hinter der Begegnung Gottes und der beiden Alten die bekannte Sage von Philemon und Baucis (Ovid, *Metamorphosen* 8, 616–715) und ihren bescheidenen Bitten erkennen. Das Haus, mag es noch so klein sein, ist ein Ort der Gastlichkeit für Bedürftige. Diese Vorstellung liegt vielen Märchen und Legenden zugrunde. Das arme Ehepaar mobilisiert alle Kräfte und gibt redensartlich seinen ‚letzten Heller', um den unvermutet eintreffenden Gast zu bewirten. Belohnung für Freigebigkeit und spontan gewährte uneigennützige Gastlichkeit gegenüber Fremden, dagegen Bestrafung für Habgier und ein von Eigennutz bestimmtes Handeln sind die Botschaften dieses Legendenmärchens: eine Variation von unüberlegt geäußerten Wünschen (s. KHM 19, 35, 64), diesmal verbunden mit dem Motiv des unerkannt auf Erden wandernden Gottes (Mot. K 1811). Über diesen Zug heißt es im Anmerkungsband: Wo Götter und Heilige auf Erden wandelten, „entspringt den Guten und Reinen Heil, den Bösen, Geizigen, Häßlichen Verderben: das Glück das jenen zu Theil geworden, erbitten sich diese plump zu ihrem Unglück; damit prüfen die Götter zugleich das Menschengeschlecht" (KHM 1856, 151). Die Erdenwanderung der Götter (EM 4, 155–164) hielt Jacob Grimm, wie er in der Vorrede zur *Deutschen Mythologie* (1875, Bd. 1, XXIX) schrieb, für „höchst anmutige dichtung", sie müsse „den urgemeinschaften unserer mythologie beizurechnen sein".

Es ist kein Zufall, daß KHM 87 in der *Kleinen Ausgabe* unmittelbar auf KHM 83: *Hans im Glück* folgt, demonstriert das Legendenmärchen doch ebenfalls anschaulich, wie nahe Armut und Reichtum zusammenliegen und daß innere Zufriedenheit, Bescheidenheit und Demut im Sinn der christlichen Lehre größere Güter darstellen als materieller Besitz. Feinsinnig bemerkte Wilhelm Solms, „der vom Erzähler bewunderte Arme" wünsche sich „die ewige Seligkeit nur für sich, Gesundheit und das tägliche Brot dagegen für beide, denn auf Erden braucht er seine Frau, um versorgt zu sein. Den Wunsch nach dem neuen Haus, welches der Erzähler für den Fortgang der Handlung benötigt, muss ihm Gott in den Mund legen. Von selbst hätte er einen so unbescheidenen Wunsch niemals geäußert".

Große Affinität zu KHM 87 hat Hans Wilhelm Kirchhofs ‚Fabel' *Von einem geitzigen weib* (Kirchhof, Wendunmuth, 1, Nr. 180), „welch ich in mein kindischen jaren die spinnenden meidlein deß abendst hab hören sagen"; die Art der törichten Wünsche weicht allerdings ab. Kirchhof (um 1525/28–1602) hält sich mit Sozialkritik am geizigen Verhalten der Reichen nicht zurück, sondern unterstellt – traditionell misogyn – die Raffgier einzig Frauen und mahnt Gerechtigkeit an, spätestens nach dem Tode. Vergleichbar mit der Thematik der törichten Wünsche ist noch das Versmärchen *Les Souhaits ridicules* Charles Perraults von 1693. Manfred Grätz (1988, 253) machte auf zwei deutsche Singspiele aus dem letzten Viertel des 18. Jahrhunderts (1772, 1774) aufmerksam, deren Handlungen sich am Perrault-Märchen orientierten, und kam zu dem Ergebnis, daß „die Verfluchung der undankbaren Frau wesentlich besser motiviert ist" als im Märchen der Brüder Grimm. Im 19. Jahrhundert werden weitere Bearbeitungen, unter anderem von Johann Peter Hebel (1808: *Drei Wünsche*; 1809: *Drei andere Wünsche*) und 1856 von Ludwig Bechstein (Bechstein/Uther 1997b, 141–150), veröffentlicht. Die Thematik von den unüberlegten Wünschen wird heute häufiger im Witz (z. B. Fischer 1988, 84) und Cartoon aufgegriffen. In dramatischen Bearbeitungen dient KHM 87 als Beispiel für gutes Verhalten. Der hohe pädagogische Wert spiegelt sich in der Aufnahme von KHM 87 als Lesebuchtext (Tomkowiak 1993, 316).

Edzard Storck (1977, 39–42) urteilt entsprechend der heilsgeschichtlich orientierten Auffassung, die schon im Titel *Alte und neue Schöpfung in den Märchen der Brüder Grimm* zum Ausdruck kommt, über das Legendenmärchen: es zeige die immerwährende Anwesenheit des Göttlichen, darauf solle man zugehen und das Geschehen in sich aufnehmen. Der arme Mann besitze in seiner Unschuld und Arglosigkeit die Erkenntnis des offenen Herzens und Spontaneität des Handelns. Der Reiche dagegen sei ein auf materielle Güter und seinen Vorteil ausgerichteter Verstandesmensch; er öffne sich nicht der Kraft der Liebe im Herzen.

Bildliche Darstellungen sind zunächst nur auf das Perrault-Märchen bezogen; Illustrationen zu KHM 87 erscheinen erst seit der 2. Hälfte des 19. Jahrhunderts, gelegentlich auf Bilderbogen.

Lit.: BP 2 (1915) 210–229; Leyen 1934, 177 f. (zu einzelnen Motiven); HDM 2 (1934–40) 652–655 (W. Lincke); Ranke 1955 ff., Bd. 3, 85–95 (Varianten); Röhrich, Erzählungen 1, 62–79 (Texte), 253–258 (Kommentar); Arendt 1985 (zu Parodien); Röhrich 1993b, 26 f.; Scherf 1995, 32 f.; Uther 1995 (zur Wunschthematik); Dekker et al. 1997, 411– 415 (J. van der Kooi); Tuczay 1999; zur Tradierung des Philemon-und-Baucis-Stoffs s. zusammenfassend EM 10 (2002) 984–986 (A. Lozar); Solms 2003, bes. 106–113: Zitzlsperger 2007 (zum Gerechtigkeitsempfinden); Gorgulla 2011, 230–234; Reinhardt 2012, 220 f.; Matsumaru 2013, 113–132 (zur Thematik im Mittelalter); EM 14 (2014) 1076–1083 (M. Chesnutt); Reinhardt 2019, 70 f.

88. Das singende springende Löweneckerchen. – DMK/Uther, ATU 425A: Amor und Psyche. – KHM-Veröff.: 1815 (Nr. 2), 1819 (Nr. 88; verändert 1837). – Das Zaubermärchen KHM 88 ist strukturell mit dem 1812 (KHM 68) abgedruckten Märchen *Von dem Sommer- und Wintergarten* zu vergleichen, von dem einige inhaltliche Züge übernommen sind. Sonst folgt es einer Fassung von Henriette Dorothea Wild, der späteren Frau Wilhelm Grimms. Schon in der Urfassung von 1810 (Grimm/Rölleke 1975, 112–114, 359 f.) war unter dem Titel *Der Drache* die Handlung von Jacob Grimm grob skizziert worden.

Die Geschichte einer Liebesverbindung zwischen Gott und Mensch zählt nach Manfred Grätz (1988, 249) zu dem bekanntesten Stoff des 18. Jahrhunderts, der auf dem Umweg über Frankreich in Deutschland populär wurde. Literarisches Vorbild für KHM 68 (1812) und die erweiterte Fassung KHM 88 ist das *Siebente Mährlein* aus Johann Gottlieb Münchs (1774–1837) *Mährleinbuch für meine lieben Nachbarsleute* (1799, Bd. 1, 113–130). KHM 88 läßt sich dem Zyklus der Tierbräutigam-Märchen zuordnen und weist folgende Strukturelemente auf:

(1) Drei Töchter wünschen sich von ihrem Vater Reisemitbringsel. Die jüngste erbittet bescheiden ein Löweneckerchen. (2) Gegen das Versprechen, das Erste, was ihm daheim begegnet, einem Löwen zu Eigen zu geben, erkauft der Vater das Leben und erhält zugleich das dritte Mitbringsel, das Löweneckerchen. (3) Die Jüngste begibt sich zum Löwen, der des Nachts menschliche Gestalt annimmt, und heiratet ihn. (4) Der Löwe läßt sie ihre Familie besuchen, als die zweite Schwester heiratet, und begleitet sie, als die dritte heiratet, gibt ihr aber zu verstehen, daß ein unbedachter Lichtstrahl ihn in eine Taube verwandle. (5) Trotz aller Vorsicht wird er verzaubert, Feder und Blutstropfen zeigen der Frau jedoch seinen Aufenthalt an. (6) Eine Suchwanderung führt sie zu Sonne, Mond und Nachtwind. Sie erhält Rat, verhilft dem Ehemann, der seine Frau vergessen hat, zu seiner menschlichen Gestalt, auch einer in einen Drachen verwandelten Königstochter, verliert jedoch beide, die mit dem Vogel Greif in ein fernes Land fliehen (Mot. B 42). (7) Die Frau setzt ihre Suchwanderung fort, erfährt von der geplanten Heirat ihres Mannes und erkauft sich mittels ihrer von Sonne und Mond erhaltenen Zaubergaben (Sonnenkleid, Goldhuhn mit Küken) Nächte beim Ehemann. (8) Zwar verhindert die Braut durch einen Schlaftrunk die Wiedererkennung, aber ein Diener offenbart dem Königssohn das Komplott. Jener erkennt seine Frau wieder, und beide fliehen auf dem Vogel Greif (s. auch KHM 165: *Der Vogel Greif*). (9) Die Flucht gelingt dank der dritten vom Nachtwind erhaltenen Zaubergabe, ei-

ner Nuß, die mitten auf dem Meer zu einem Nußbaum wird, auf dem sich der Vogel Greif kurz ausruhen kann, bevor er das Heimatland erreicht.

Die Eingangsthematik mit der Frage des Vaters an seine Töchter nach einem Reisemitbringsel begegnet auch in KHM 21: *Aschenputtel* und generiert oftmals andere Tierbräutigam-Märchen. Auch wenn der Wunsch nach einem Löweneckerchen noch so merkwürdig klingt, verweigert sich der Vater der Bitte nicht. Das „Tier" soll nach der Erklärung in KHM 88 (1856, 152) eine Lerche sein. Dies macht auch Sinn, weil das Löweneckerchen im Märchen als kleiner Vogel dargestellt wird, der sich singend und springend in der Baumkrone aufhält. Nach Auffassung von Walter Scherf und in Anlehnung an die im *Handwörterbuch des deutschen Aberglaubens* (HDA 2, 550–552) geäußerte Vermutung soll sich hinter der Bezeichnung aber „das Eckerchen, das Geistchen, eines Löwen, ein sehr lebendiges Wesen, das die Verbindung zum künftigen Liebsten herstellen soll", verbergen (vgl. Scherf 1995, 1123).

Wie in vielen anderen Märchen erkauft sich der Vater sein Leben gegen das Versprechen, das erste ihm Begegnende einem dämonisch gedachten Wesen zu übereignen. Dieses Angangsmotiv mit dem Versprechen der Übereignung an eine fremde Person (EM 7, 559–561, 1247–1253) hat in Anlehnung an das alttestamentliche Vorbild (*Richter* 11, 30–40) immer die eigene Tochter zu sein. Im Unterschied zur Darstellung im *Alten Testament* und in mythischen Sagen endet das Versprechen aber nicht tragisch, sondern die Tochter schafft durch ihr Handeln den sozialen Aufstieg. Entscheidend ist, daß sie aus freien Stücken der Aufforderung ihres Vaters Folge leistet und das geheimnisvolle Wesen, den verzauberten Löwen, in ihr Herz schließt. Auf diese Weise erreicht sie, nach mancherlei Entbehrungen und eigenen Gefährdungen, die Erlösung des Geliebten. Dies ist der Kernpunkt der Handlung, im Anmerkungsband (1856, 155) trefflich formuliert: „Das Herz wird geprüft und vor der Erkenntnis in reiner Liebe fällt alles Irdische und Böse nieder." Hier liegt auch ein wesentlicher Unterschied zu manch anderen Tierbräutigam-Märchen. Während etwa im *Froschkönig*-Märchen (KHM 1) die Tochter auf Anordnung ihres Vaters den Frosch ins Zimmer läßt und dessen Entzauberung durch den unbedachten zornigen Wurf an die Wand gelingt, vollzieht sich in KHM 88 der Erlösungsprozeß dank der selbstlosen Mithilfe der Tochter. Sie kehrt aus freien Stücken zu ihrem Tierbräutigam zurück, begibt sich sogar auf die Suche nach ihm und kämpft um ihn. Die Suchwanderung – Ausgangspunkt vieler Märchen – bildet einen zentralen Teil des *Amor-und-Psyche*-Märchens (vgl. unter anderem auch KHM 127: *Der Eisenofen*). Feder und Blutstropfen lassen sich als archaische Züge begreifen, die als Pars pro toto den Geliebten vertreten (s. auch KHM 56, 89). Das Vergessen der Braut (EM 2, 716–723) gehört zu den retardierenden Episoden des Handlungsablaufs.

Sie unterbrechen die Dynamik der Handlung, erhöhen aber die Spannung des Geschehens. Die Braut ist überwiegend der leidende Teil. Hier spielt auch das Motiv der erkauften Nächte hinein, das unter anderem in KHM 113, 127, 193, 195 einen wichtigen Handlungsteil betrifft und schließlich die Wiedererkennung bewirkt.

Innerhalb der Tierbräutigam-Märchen übt KHM 88 bis heute eine große Faszination auf Erzähler und Erzählerinnen (Dégh 1990) aus und bietet immer wieder Anlaß zu Ausdeutungen (Hearne 1989). Für die Psychotherapeutin Verena Kast (1983, 77–99) beispielsweise bedeutet die aus dem Geschehen resultierende Trennung der Partner, daß jeder sich auf seine Art mit dem Problem auseinandersetzen und sich selbständig entwickeln müsse. Nur so kämen die Partner wieder zusammen und müßten gemeinsame Aufgaben lösen, wofür die Frau alle Gaben einsetze, die sie bis dahin erworben habe.

Dramatische Bearbeitungen sind in nicht geringer Zahl bekannt (z. B. Ludwig Bechsteins *Das Nußzweiglein*), auch die Vermittlung über audiovisuelle Medien (vor allem Film) ist beträchtlich.

Lit.: BP 2 (1915) 241–245; Mehlem 1940, 77; Wesselski 1942, 76–79; Swahn 1955; Ranke 1955 ff., Bd. 2, 19–52 (Varianten); Barchilon 1975, 1–12; EM 1 (1977) 464–472 (G. A. Megas); Fehling 1977, 62 f., 69–71; Dammann 1978, 96–99; Hoevels 1979; Bottigheimer 1989, 79–88; Tatar 1990, 237–245; Heilmann 1991, 281–295; Goldberg 1992 (zur vergessenen Braut); Kooi/Schuster 1993, Nr. 9 (Varianten); Schmitt 1993, 562 (2); Scherf 1995, 1122–1127; Bluhm/Rölleke 1997, 106 f. (zu Redensarten, Formeln, usw.); Dekker et al. 1997, 56–61 (M. Bensing); zum Motiv der erkauften Nächte s. EM 9 (1999) 1118–1122 (C. Goldberg); Liptay 2004, 259–283 (zur Darstellung des Tierbräutigams im Film); Bluhm 2005 (zum Motiv der drei Blutstropfen); zur Suchwanderung s. EM 13 (2010) 1–5 (K. Horn).; Reinhardt 2012, 115–117 (zu Motivparallelen in der Literatur der Antike).

89. Die Gänsemagd. – DMK/Uther, ATU 533: Pferdekopf: Der sprechende P. – KHM-Veröff.: 1815 (Nr. 3), 1819 (Nr. 89); Kleine Ausgabe: 1825 (Nr. 35). – „Aus Zwehrn", von Dorothea Viehmann erzähltes und von Jacob Grimm niedergeschriebenes zweigliedriges Zaubermärchen. Die im Verlauf der Editionsgeschichte durchgängige Überarbeitung der Fassung im Detail und vor allem innerhalb des Schlusses kann ein Indiz dafür sein, daß die Fassung den editorischen Ansprüchen nicht genügt hatte, um eine eigenständige Märchenfassung begründen zu können. Für diese Hypothese spricht, daß später in bereits veröffentlichte Texte immer wieder erheblich eingegriffen wurde, ohne allerdings die Strukturen zu ändern. Das Märchen besteht aus folgenden Episoden:

(1) Eine Königstochter wird zu ihrem Verlobten, einem Königssohn in einem fremden Reich, geschickt. Als Begleitung gibt ihre Mutter ihr eine Dienerin mit; ein Läppchen mit Tropfen vom Blut der Mutter und ein sprechendes Pferd sollen magischen Schutz bieten. (2) Unterwegs verliert die Königstochter den Talisman der Mutter, die Dienerin gewinnt Macht über sie, agiert als Usurpatorin und zwingt die Königstochter zum Kleider- und Rollentausch und bindet sie durch Eid zum Schweigen. (3) Ohne es zu wissen, heiratet der Königssohn daraufhin die falsche Braut, die ‚echte' Königstochter verdingt sich als Gänsemagd. (4) Als die falsche Ehefrau das Pferd töten läßt, bringt die Gänsemagd einen Knecht dazu, den Pferdekopf an einem Tor festzunageln, durch das sie täglich zieht. Jedesmal grüßt sie den Pferdekopf mit einer formelhaften Wendung, woraufhin dieser das ihr widerfahrende Unrecht bedauert. (5) Als sie einmal einem Gänsehirten durch eine Zauberformel (die bekannten Verse: weh, weh, Windchen ...) den Hut vom Wind wegblasen läßt, beschwert sich dieser beim König. Der alte König beobachtet sie daraufhin und bringt sie dazu, einem Eisenofen ihr Leid zu klagen. (6) Die Wahrheit kommt durch Belauschen ans Licht, die wahre Braut heiratet den Königssohn, die Dienerin spricht unwissentlich ihr eigenes Urteil.

KHM 89 verkörpert auf eindringliche Weise das Thema der unschuldig verfolgten Frau, die durch eine ehrgeizige Dienerin zum Rollentausch gezwungen wird, mit Magddiensten ihr Leben verbringen muß, aber trotz aller Demütigungen ihre wahre Herkunft nicht aufgibt: Sie bleibt Königstochter. Insofern ist der Märchentitel *Gänsemagd* sehr zutreffend und wurde offenbar erst in einer Spätphase des Korrekturvorgangs 1815 eingefügt, während der ursprüngliche Titel *Das Gänsmädchen* in den Anmerkungen übersehen wurde und stehenblieb (s. zur Titeländerung auch KHM 140: *Das Hausgesinde*). Wie Sneewittchen (KHM 53) und andere unschuldig leidende Frauen erscheint die Heldin auch in KHM 89 mehr in der Rolle der Passiven. Dynamik bekommt das Geschehen durch den vorübergehend erzwungenen Rollen- und Kleidertausch zwischen Magd und Königstochter (EM 7, 1430–1432), der für viele KHM von der unterschobenen Braut handlungsbestimmend ist und zugleich als retardierendes Moment dient.

Obwohl KHM 89, wie viele andere Erzählungen mit falschen Stellvertretern oder Usurpatoren, erst im 19. Jahrhundert in dieser Gestalt begegnet, sind literarische Vorbilder auszumachen: unter anderem die aus dem karolingischen Sagenkreis stammende französische Bertasage (EM 2, 155–162) sowie Basiles Märchen *Le doje pizzelle* (*Pentamerone* 4,7), das Elemente des Frau Holle-Märchens mit Motiven der unterschobenen Braut und dem *Gänsemagd*-Märchen kombiniert. Das Märchen von der Gänsemagd enthält darüber hinaus einige Motive, die eine archaisch-magische Wirklichkeitsauffassung spiegeln: etwa den sprechenden Pferdekopf, die drei Blutstropfen als Schutzzauber und das Motiv der Eideslist, das unter anderem im babylonischen *Gilgamesch*-Epos oder in der griechisch-römischen Sage vom phrygischen König Midas eine Rolle spielt (zur

Ofenbeichte s. auch KHM 91: *Dat Erdmänneken*). Blut (auch Speichel oder Haar), hier als Schutzzeichen der Mutter, können als Teil des Menschen diesen vertreten (Pars pro toto), das heißt nach alter Auffassung: Sie sind der Mensch selbst. Der Umgang mit sprechenden Tieren, Macht über die Natur charakterisieren die Gänsemagd, selbst in der erniedrigenden Magdrolle, als Heldin. Das Strählen der Haare verrät uns schließlich, daß die Gänsemagd goldene Haare besitzt. Golden, das deutet auf Sonne und Kosmos. Solche Haare sind Signum des Außergewöhnlichen und Zeichen edler Herkunft, also „märchentypische Adelsnachweise" (B. Gobrecht). Schon Kürdchen fühlt sich von den Haaren magisch angezogen. Die überaus große Schönheit der Gänsemagd fasziniert bereits den König, als er sie mit der falschen Braut in den Hof einreiten sieht. Ihr Anblick verzaubert alle, nachdem der König ihr „königliche Kleider" hat anlegen lassen, – eine Art Schönheitsschock, den auch andere Heldinnen wie etwa Aschenputtel (KHM 21) bei anderen auslösen. Die Rolle des Hütejungen wird nicht fortgeführt, nachdem er seine Rolle im Geschehen gespielt hat. Ohne Aufklärung bleibt auch, daß die magischen Kräfte der Königstochter nur bedingt in der Not einsetzbar waren und daß ihre Mutter offenkundige merkwürdige Fähigkeiten besaß. Woher hatte sie diese?

Im zweiten Teil des Märchens hält der „alte König" die Fäden in der Hand und sorgt für den guten Ausgang. Er übernimmt Verantwortung und stellt damit das Gegenteil eines als schwach (KHM 136: *Der Eisenhans*) oder als Müßiggänger (KHM 33 [12]: *Der gestiefelte Kater*) charakterisierten Herrschers dar. Als oberster Gerichtsherr wahrt er das Recht. Seine Entscheidung folgt klassischem Muster. Er, der wiederum verborgen, die Ofenbeichte mit eigenen Ohren vernommen hatte, hat nichts Eiligeres zu tun, als dafür zu sorgen, daß der Status Quo wiederhergestellt wird. Er klärt den Sohn, der eine Statistenrolle spielt, über die falsche Braut auf, und das Geschehen nähert sich dem dramatischen Endpunkt. Bei dem Festakt spricht die Übeltäterin unwissentlich ihr eigenes Urteil (wie in KHM 13: *Die drei Männlein im Walde*; KHM 111: *Der gelernte Jäger*, KHM 135: *Die weiße und die schwarze Braut*). Ein solches Urteil kann nach der extremen Auffassung des Märchens nur in der Todesstrafe, einer Art spiegelnder Strafe, liegen – eine vollkommene Gerechtigkeit im alttestamentlichen Sinne: „Aug um Aug, Zahn um Zahn" (*Genesis* 21,24).

Das Märchen gehört zu den häufig interpretierten Märchen der Brüder Grimm, die zumeist die Entwicklung und Reifung der jungen Frau ebenso wie Ablösungskonflikte in den Mittelpunkt ihrer Betrachtungen stellen (z. B. Lenz 1972, 148–162; Kast 1982, 39–63; Rusch-Feja 1995, 102–118). So äußert sich der Kinderpsychologe und Freudianer Bruno Bettelheim appellativisch und spricht im Zusammenhang der Ausführungen über das Märchen von „Autonomie gewinnen" (Bettelheim 1980, 129–135).

KHM 89: Die Gänsemagd. Zeichnung von Friedrich Waibler (um 1873)

Das *Gänsemagd*-Märchen gehört zu den wenigen Märchen, die in gedruckten Märchenausgaben bereits früh mit einer Illustration vertreten sind. Sowohl Ludwig Emil Grimm (1825; vgl. Gorgulla 2011, 125–127) als auch George Cruikshank (1826) haben das Märchen dargestellt. Bildliche Gestaltungen des Märchens sind auch ein möglicher Indikator für die Bedeutung einzelner Handlungszüge aus Sicht der Künstler und zeitbedingter Anschauungen, die sich mit dem Märchen verbinden. Beliebte Bildszenen sind (1) das Kämmen der Haare im Wind, im Hintergrund der nach dem Hut schnappende Hütejunge, (2) das Motiv der Eideslist (König belauscht Gänsemagd) und (3) die Gänsemagd mit Gänsen vor dem an der Wand hängenden Pferdekopf (z. B. Paul Hey). Während in amerikanischen und englischen Populärmedien das Märchen von der Gänsemagd bis heute zu den beliebteren Märchen der Brüder Grimm zählt, hat das Interesse in deutschsprachigen Regionen im Unterschied zum 19. und frühen 20. Jahrhundert deutlich nachgelassen. In der Hitliste beliebter Märchen taucht *Die Gänsemagd* nicht auf, was damit zu tun haben dürfte, daß unschuldig verfolgte Heldinnen wie etwa *Aschenputtel* (KHM 21), *Sneewittchen* (KHM 53) oder *Rotkäppchen* (KHM 26) den Typus verkörpern.

Lit.: Arfert 1897; BP 2 (1915) 273–285; HDM 1 (1930–33) 307–311 (W. Golther); Geißler 1955; Ranke 1955 ff., Bd. 2, 187–189 (Varianten); Lüthi 1969a, 117–130; Bottigheimer 1985; Liebs 1993 (zum Frauenbild); McGlathery 1993, 84 f.; Schmitt 1993, 562 (1); Scherf 1995, 384–388; Bluhm/Rölleke 1997, 107 f. (zu Redensarten, Formeln, usw.); Dekker et al. 1997, 130–133 (T. Meder); zum Pars pro toto-Motiv s. EM 10 (2002) 590–595 (C. Goldberg); EM 10 (2002) 937–941 (R. B. Bottigheimer); Sennewald 2004, 301–325 (Textgeschichte); Bluhm 2005 (zu Blut als Schutzzauber und Lebenskraft); Zitzlsperger 2007 (Gerechtigkeitsempfinden); Gorgulla 2011, 250–254, 302–312; Neumann 2011, 237–240 (Rolle des Königs in den KHM); EM 14 (2014) 1226–1229 (B. Gobrecht).

90. Der junge Riese. – DMK/Uther, ATU 650 A: Starker Hans. – KHM-Veröff.: 1815 (Nr. 4), 1819 (Nr. 90). – „Aus der Leinegegend" stammend und vermittelt (7.4.1813) durch den mit den Brüdern persönlich befreundeten Pfarrer Georg August Friedrich Goldmann (1785–1855). Nachdem Jacob Grimm die von seinem Bruder nach Wien geschickten neuen Märchen erhalten hatte, schrieb er zurück (23.11.1814): „Das Märchen vom Hans, der sieben Jahre an der Riesenbrust sog, erinnert sich [H.] Eckstein (ein gar freundschaftlicher, behülflicher Mensch) aus seiner Kindheit auch noch, seine Großmutter hatte es ihm im Magdeburgischen, seinem Geburtslande, erzählt" (Grimm/Schoof 1963, 381).

Das Schwankmärchen stellt in der Gestalt des jungen Riesen einen aus zahlreichen Heldensagen bekannten Vertreter vor, dessen Handeln auf außergewöhnlicher Stärke (Mot. F 610 ff.) beruht. Seine Umwelt setzt er durch Kraftproben in Erstaunen. Ein solcher ‚starker Hans' (vgl. auch KHM 166: *Der starke Hans*), wie er gewöhnlich bezeichnet wird, kann sich bereits bei Geburt oder gar vor der Geburt als Kraftmensch bemerkbar machen. Verschiedentlich erhält er seine Fähigkeiten aber auch erst während seiner Jugend- und Gesellenzeit. So ist es nicht ungewöhnlich, daß die übermenschlichen Eigenschaften und Fähigkeiten ihm durch Säugen an der Brust des Riesen erwachsen, ein Motiv, das auch in Mythen und Epen den Helden charakterisiert (EM 11, 1156–1163). Manchmal stammt er von Tieren, z. B. einem Bären, ab und vollbringt seine Abenteuer als Bärensohn (EM 1, 1232–1235). Im KHM-Anmerkungsband (1856, 161) machte Wilhelm Grimm noch auf eine frühe Balladenfassung von Wezel aufmerksam, die in der Wiener Zeitschrift *Prometheus* (1, 79–82) erschienen sei. Diese Ballade von Karl Friedrich Gottlob Wezel (1779–1819) hat den Grimm-Titel auch in der Überschrift *Vom starken Hans* („Im ganzen werthen Christenland/ gabs keinen stärkern Mann", Str. 1,3–4) und schildert die listigen Abenteuer des starken Hans in der Auseinandersetzung mit Schmied und Teufel. Die Ballade dürfte Wilhelm Grimm aber erst später bekannt geworden sein.

Charakterisiert der Vater in KHM 90 einen plötzlich auftauchenden Riesen als Kinderschreckfigur („Butzemann"), so läßt dies den Kleinen völlig unbeeindruckt. Dieser „Butzemann" ist vor allem in Nord- und Mitteldeutschland bekannt (Spamer 1937) und begegnet in dieser Funktion schon bei Martin Luther (1530): „Lieber Butzemann, friß mich nicht, du siehst wahrlich scheußlich genug aus für den, der sich vor dir fürchten wollte." Kein Wunder, daß der mit enormen Kräften Heranwachsende für die eigenen Eltern zum Problem wird, vor allem in dem Augenblick, da er sich – wie Gargantua – als übergroßer Esser erweist. Die Mutter erkennt ihren Sohn nicht wieder und treibt ihn aus dem Haus. Bemerkenswert ist die Anrede des Sohnes, der seinen Vater in der dritten Person anredet: „Vater, ich sehe wohl, bei ihm werd ich nicht satt, will er mir einen Stab von Eisen verschaffen, der stark ist, und den ich vor meinen Knien nicht zerbrechen kann, so will ich fort in die Welt gehen." Die Anrede in der dritten Person war zwar während bestimmter Zeiten durchaus üblich und wurde innerhalb der Familie oder zur Bekundung von Höherrangigen gebraucht, um den Respekt zu bekunden. Die Anrede bedeutet primär eine Kennzeichnung von Standes-/Rangunterschieden, während das „Du" bei Gleichrangigen wie den anderen Knechten gilt. In den Märchen der Brüder Grimm ist eine solche Anrede ungewöhnlich.

Auf seiner Wanderschaft weiß der Starke gut zu arbeiten. Selbst das Ausreißen von Bäumen (ein häufig wiederkehrendes Motiv, s. KHM 71) bereitet ihm keine Schwierigkeiten. Seine unscheinbaren Forderungen nach Bezahlung stürzen seine Arbeitgeber in größte Schwierigkeiten, als sie danach von seinen Kräften hören. Anschläge auf sein Leben – das Tragen eines Mühlsteins als Kragen kommt auch in KHM 47: *Von dem Machandelboom* vor, die Spukschloßepisode in KHM 4: *Märchen von einem, der auszog, das Fürchten zu lernen* – übersteht er jedoch unbeschadet. KHM 90 enthält keinen optimistischen Schluß, das Schicksal des Starken endet im Nirgendwo. Während in KHM 90 der starke Großknecht dem geizigen Schmied seine Stärke mit einer abschließenden Kostprobe demonstriert und seinen letzten Brötchengeber, den Amtmann und dessen Frau, mit einem Tritt auf Nimmerwiedersehen aus dem Fenster befördert und so seinem Ärger für den vorenthaltenen Lohn Ausdruck verleiht, richtet sich in späteren deutschen Fassungen die Stärke des Knechts deutlicher gegen gesellschaftliche Mißstände – nach Waltraud Woeller (1963) Ausdruck eines sozialen Protests.

Lit.: BP 2 (1915) 285–297; Scherb 1930; HDM 1 (1930–33) 172–174 (W. Golther); Mehlem 1940, 76 f.; Ranke 1955 ff., Bd. 2, 363–379 (Varianten); Horn 1983 a, 54–61; EM 1 (1977) 1232–1235 (D. Ward) und EM 8 (1996) 318–323 (S. Becker) (zu Kraftproben); Kooi/Schuster 1993, Nr. 6 (Varianten); Scherf 1995, 647–649; Dekker et al. 1997, 352–354 (T. Dekker); Solms 1999, 72–75; EM 11 (2004) 100–103 (R. W. Brednich) (zum Motiv der Qualnächte); EM 12 (2007) 1174–1179 (S. Becker); EM 12 (2007) 1179–1185 (H. Lox).

91. Dat Erdmänneken. – DMK/Uther, ATU 301: Prinzessinnen: Die drei geraubten P. – KHM-Veröff.: 1815 (Nr. 5), 1819 (Nr. 91). – Vermittelt von Ludowine von Haxthausen (1775–1872) „aus dem Paderbörnischen" im Mai 1814 und aufgezeichnet von ihrer Schwester Fernandine (1781–1851); im Anmerkungsband (KHM 1856, 162–165) ist eine Fassung aus Köln (Handschrift im Grimm-Nachlaß Berlin, Preuß. Kulturbesitz) in der Überarbeitung Wilhelm Grimms wiedergegeben. Das niederdeutsche Zaubermärchen von den verschwundenen Prinzessinnen beruht auf einer Kombination gängiger Märchenmotive:

(1) Die Verwünschung in die Unterwelt trifft die eigenen Kinder, welche von den verbotenen Früchten (Mot. C 621.1: Apfeldiebstahl) gegessen haben. (2) Als Preis für das Herbeischaffen der Töchter verspricht der König die Heirat. (3) Drei Brüder (Jäger) stellen sich der Aufgabe, nur der jüngste hat Erfolg, weil er den von einem Erdmännchen provozierten Brotfrevel nicht ungeahndet läßt und den Unterirdischen verprügelt. (4) Auch den Weg in die Unterwelt (Eingang durch Brunnen) schafft nur der jüngste, während die beiden anderen Brüder aufgeben. Er tötet die Drachen mit seinem Hirschfänger und befreit die Königstöchter. (5) Die Gefährten lassen ihren jüngsten Bruder im Brunnen zurück. Vor ihren bösen Absichten hatte bereits das Erdmännchen gewarnt. Eine List beim Heraufziehen des Korbs rettet zwar sein Leben, bringt aber nicht die Freiheit. (6) Der Zufall beschert dem Jüngsten durch das Spielen auf einer Flöte koboldartige Wesen als magische Helfer, die ihn auf die Erde zurückbringen. (7) Durch die Ofenbeichte (s. auch KHM 89: *Die Gänsemagd*) erfährt der König den wahren Sachverhalt und läßt die beiden Anstifter hängen.

Der unbändige Appetit auf die reifen roten Äpfel entspringt spontanen Bedürfnissen. Das Verlangen danach ist so stark, daß alle Verbote mit einem Mal vergessen sind (vgl. das Eßlust-Motiv in KHM 12: *Rapunzel*). Auch die drei Brüder können ihre Bedürfnisse nach Speise und Trank nicht zügeln. Sie lassen sich deshalb auf ihrer Wanderschaft im Schloß nieder, einem Haus, das zwar noch in der diesseitigen Welt steht, aber in seiner Beschreibung (magische Speisen, Menschenleere) auf eine bevorstehende Begegnung mit dem Jenseits deutet – auslösendes Moment für die beginnende Rettungsaktion. In Gestalt eines Erdmännchens beginnt die Prüfung der Brüder, welche die beiden älteren nicht bestehen. Der Brunnen als Eingang zur Jenseitswelt ist ein beliebtes Motiv (z. B. KHM 24: *Frau Holle*). Der Sturz und der Aufenthalt im Brunnen – in Anlehnung an die Erzählung von Joseph und seinen Brüdern (*Genesis* 37) als Josephsmotiv bezeichnet – sind niemals freiwillig. Das Entkommen geschieht wie hier mit magischen Helfern oder mittels Zaubergaben (vgl. auch KHM 116: *Das blaue Licht*). Entscheidend ist der Ausgang: die glückliche Befreiung des unschuldig im Brunnen Zurückgelassenen und die Bestrafung der Schädiger. Der jüngste erweist sich als der erfolgreichste von drei Brüdern. Der Schluß mit der Frage nach der Hochzeit und den gläsernen Schuhen, die an einem Stein zersplittern, findet sich in einer Handschrift Wilhelm Grimms („Mündlich 9. März 1810"; Staatsbibliothek Berlin, Preuß. Kulturbesitz, Nachlaß Grimm C), war als Kinderreim in *Der Okerlo* (KHM 70 [1812]) integriert, bildet seit 1819 den Schluß von KHM 84: *Hans heiratet* und ist hier in einer niederdeutschen Fassung dargeboten – ein Beispiel für die Komposition der Märchen und die Integration von Einzelmotiven in Dublettenform.

Die Polarisierung ungleicher Brüder gehört zu den bevorzugtesten Darstellungsmitteln im Märchen. Gesteigert wird die Dynamik der Handlung noch dadurch, daß drei Brüder im Mittelpunkt stehen. Dabei verbünden sich traditionell die beiden älteren gegen den jüngsten Bruder. Charakteristisch für die Dreibrüdermärchen ist das verbrecherische Zusammenwirken der beiden älteren. Sie halten sich für überlegen, betrachten den kleineren Bruder als Dummkopf und schrecken auch nicht vor einem Mordanschlag zurück (s. auch KHM 97: *Das Wasser des Lebens*). Das Dreibrüdermärchen wirkt darüber hinaus auch strukturbildend. Dreiteilig sind die Versuche zur Errettung der Prinzessinnen, die Aktionen des Jüngsten nehmen den größten Raum ein. „Den beiden kurzen Geschehnisabläufen, die den älteren Brüdern zugehören", urteilt Max Lüthi (EM 2, 846), „steht die dem Jüngsten zugeteilte längere Sequenz mindestens gleichgewichtig gegenüber". Der Verachtete und Benachteiligte, der Unscheinbarste von allen, zeigt sich als der wahre Held.

KHM 91 liefert mit der rigorosen Bestrafung des Brotfrevels ein weiteres Beispiel für die streng christliche Auffassung der Brüder Grimm, wonach das

KHM 91: Dat Erdmänneken. Illustration von Philipp Grotjohann (1893)

Grundnahrungsmittel durch Arbeit und Fleiß erworben sein muß und erbetteltes Brot, noch dazu achtlos fallengelassen, den Verursacher negativ charakterisiert (vgl. auch KHM 194: *Die Kornähre*, KL 5: *Gottes Speise*): „wat! kannst du dat Stücke nig sulwens wier up nümmen, wenn du die de Möhe nig mal um dine dägliche Narunge giewen wust, so bist du auck nig wert, dat du et etest."

Die Errettung aus dem Brunnen erfolgt nicht dank einer sorgfältig vorbereiteten Aktion, sondern geschieht zufällig. Der Held ist eigentlich isoliert. Seine Helfer stammen aus dem magischen Bereich in Gestalt der Flöte und der Erdmännchen. Logisch ist die Hilfe der Unterirdischen nicht, denn der Jüngste hatte ja einen der ihren so lange verprügelt, bis er ihm zusicherte, den Aufenthalt der Königstöchter verraten zu wollen. Daß die geretteten Prinzessinnen massiv durch Todesdrohung oder eine andere Sanktion von den beiden Brüdern unter Druck gesetzt sein müssen, den wahren Retter ihrem Vater gegenüber zu verschweigen, geht aus dem Märchen nur mittelbar hervor. Die Begründung, den Brüdern Stillschweigen über den ‚Tathergang' zu wahren, ist wenig stichhaltig, klingt zumindest abgeschwächt. Aber Märchen setzen Logik nicht zwingend voraus.

KHM 91 ist trotz seiner eingängigen Struktur nicht so bekannt geworden, was auf die Dialektfassung zurückgehen dürfte. Auch Interpreten hat das Märchen deswegen nicht interessiert, obwohl es sich wegen der Darstellung der Stationen menschlicher Reifung verbunden mit der Diskussion über Archetypen und Mythologismen durchaus als Prototyp eignen würde. Bei Ludwig Bechstein ist der Typus dreimal vertreten: *Die drei Musikanten* (am bekanntesten), *Die Nonne, der Bergmann und der Schmied* und *Das winzige, winzige Männlein*.

Lit.: BP 2 (1915) 297–318; HDM 1 (1930–33) 172–174 (W. Golther); Mehlem 1940, 77; Ranke 1955 ff., Bd. 1, 58–99 (Varianten); Text bei Schulte Kemminghausen 1963, 56–61; EM 1 (1977) 1232–1235 (D. Ward) und EM 3 (1981) 1261–1271 (H. Breitkreuz); Bynum 1978; Kooi/Schuster 1994, Nr. 2 (Varianten); Scherf 1995, 273–278; Dekker et al. 1997, 289–292 (J. van der Kooi); Hansen 2002, 352–357; Köhler-Zülch 2003 (zur Verwünschung); EM 10 (2002) 1363–1369 (W. Puchner); Messerli 2019, 34 f. (Schloß als grotesker Körper).

92. Der König vom goldenen Berge. – DMK/Uther, ATU 400: Mann auf der Suche nach der verlorenen Frau + vgl. DMK/Uther, ATU 810: Fallstricke des Bösen + DMK/Uther, ATU 518: Streit um Zaubergegenstände + DMK/Uther, ATU 974: Heimkehr des Gatten. – KHM-Veröff.: 1815 (Nr. 6), 1819 (Nr. 92). – „Nach der Erzählung eines Soldaten", teilen die Brüder Grimm (1856, 166) mit. Näheres ist nicht zu ermitteln.

Im Mittelpunkt von KHM 92 steht die Erlösung einer verzauberten Frau, die Trennung des Helden von ihr und die erneute Wiederbegegnung mit fatalem Ausgang. Die Grundstruktur des Zaubermärchens (mit Pirat statt Teufel) läßt sich in einem italienischen Gedicht beziehungsweise Volksbüchlein Ende des 15. Jahrhunderts erkennen, das als *Istoria de Liombruno* (Köhler/Bolte 1, 308–310) wiederholt nachgedruckt worden ist, etwa als *Bellissima Istoria di Liombruno [...]* (Bologna 1808); Ende des 18. Jahrhunderts kam erstmals mit *Ayn shene vunderlikhe historye fun ayn fisher zeyn zun* (Fürth [1788]) eine jiddische Fassung heraus.

Wieder steht das Jephthamotiv (*Richter* 11,30–40; EM 7, 559–561, 1247–1253) mit dem unwissentlichen Versprechen des eigenen Kindes am Anfang (so z. B. in KHM 31: *Das Mädchen ohne Hände*, KHM 88: *Das singende springende Löwen-*

eckerchen). Hier tritt der Sohn dem in Gestalt eines kleinen Männchens agierenden Teufel unerschrocken entgegen, kennt den Zauberkreis als bewährtes und offensiv angewendetes Abwehrmittel (Mot. D 1272; HDA 5, 468–472) und erreicht statt der Übergabe an den Dämonischen die eigene Aussetzung als Kompromiß – ausgehandelt zwischen Vater und Teufel. Nun wäre es geradezu widersinnig, wenn ein den Fluten schutzlos preisgegebener junger Mann eine solche gefährliche Situation nicht überstünde. So gelangt der Heranwachsende in ein fernes Land, erlöst in einem verwunschenen Schloß eine in eine Schlange verwandelte Königstochter, indem er Qualnächte durch Einhalten bestimmter Gebote übersteht (s. KHM 4: *Märchen von einem, der auszog, das Fürchten zu lernen*, KHM 121: *Der Königssohn, der sich vor nichts fürchtet*) und heiratet die offenkundig nicht menschlich gedachte Jungfrau. Sie verwandelt sich in eine schöne Königstochter und belebt ihren Helfer mit einem magischen Heilmittel (s. Kommentar zu KHM 16: *Die drei Schlangenblätter*), dem Wasser des Lebens (s. auch KHM 96, 97, 121), wieder.

Mit der Heirat und der Geburt eines Nachfolgers könnte das Märchen enden, aber nun folgt ein zweiter Teil mit tragischem Ausgang. Im Mittelpunkt steht die Suche des jungen Mannes nach seinem Vater, der ihm letztlich die Abenteuerreise eingebrockt hatte. Unachtsam dreht der Held einen von seiner Frau erhaltenen Zauberring mit der Möglichkeit von Luftreisen an jeden gewünschten Ort zur falschen Seite, so daß seine Frau gegen ihren Willen in sein ehemaliges Heimatland kommt. Im Herbeiwünschen seiner Familie muß es sich um einen von ihm in den Ausmaßen nicht übersehenen Tabubruch handeln. Dies hat zur Folge, daß die Liebe seiner Frau in Haß umschlägt, weil er die ‚Mahrtenehe' (F. Panzer, vgl. EM 9, 444–453), das heißt die geschlechtliche Verbindung zwischen ihm und einem überirdischen Wesen, gestört hat. Seine Bitte um Verzeihung überhört sie, „sie hatte Böses im Sinn". Im Schlaf raubt sie ihm den magischen Ring. Daraufhin begibt er sich auf den Weg nach Haus, listet drei Riesen ihre Zaubergegenstände (Degen, Mantel, Stiefel) ab und hört von der geplanten neuen Hochzeit seiner Frau.

Dieses nach den Untersuchungen Jurjen van der Koois (EM 12, 1370–75) weitverbreitete Motiv vom Streit um Zaubergegenstände scheint ursprünglich aus Asien zu stammen, was im KHM-Anmerkungsband von 1822 vermerkt wurde (cf. Bluhm 1995; EM 12, 1370–1375). Der Schluß mit der Rache des übertölpelten Ehemannes erinnert an die Heimkehrersage aus Homers *Odyssee*. Während solche in Heldensagen, Liedern und Sagen (Grimm/Uther DS 529: *Des edlen Möringers Wallfahrt*) häufiger thematisierten Heimkehrer-Erzählungen zumeist versöhnlich enden (wie auch KHM 93: *Die Rabe*), bleibt der Schluß von KHM 92 merkwürdig unklar und ist nicht zu Ende erzählt. Mit Hilfe seines Schwertes enthauptet der Held den ganzen Hofstaat. Hinter dieser Tat ist für Lutz Röhrich

(1991, 68) „ein ungeheurer egozentrischer Rigorismus" zu erkennen, „mit dem das Märchen nicht nur die Gegenspieler des Helden, sondern auch seine Verwandten, Eltern, und Geschwister beiseite räumt, um dem Protagonisten allein den Platz für seine Selbstverwirklichung und sein Glücksstreben frei zu machen". Die Frau des Helden bleibt jedoch offenbar am Leben, aber was mit ihr und dem gemeinsamen Sohn geschieht, erfahren die Leser und Hörer nicht.

Lit.: BP 2 (1915) 318–335; Holmström 1919; Hanika 1951; Ranke 1955 ff., Bd. 1, 282–318, 318 f. (Varianten); Röhrich, Erzählungen, Bd. 1, 27–61, 243–253; Röhrich 1976, 13 f., 136–140 (zur Ehe zwischen Mensch und übernatürlichem Wesen); Fiocchi 1977 (zu Liombruno: Text und Kommentar); Lecouteux 1980 (zur Ehe zwischen Mensch und übernatürlichem Wesen); Fink 1988, 146–163; Thimm/Hermann 1988 (zum jiddischen Volksbuch); EM 6 (1990) 702–707 (O. Holzapfel) (zur Heimkehr des Gatten); Kooi/Schuster 1994, Nr. 37 (Varianten); Scherf 1995, 710–717; Bluhm/Rölleke 1997, 109 f. (zu Redensarten, Formeln, usw.); Dekker et al. 1997, 225–229 (J. Pen); EM 9 (1999) 195–210 (C. Schmitt); Papachristophorou 2002, 151–173; EM 11 (2004) 100–103 (R. W. Brednich) (zum Motiv der Qualnächte); Singer 2006 f. (zum jiddischen Volksbuch); EM 12 (2007) 1370–1375 (J. van der Kooi); Laeverenz 2007, 270–272 (zum Diebstahl der Zaubergegenstände); Reinhardt 2012, 468 f. (zu Motivparallelen in der Literatur der Antike); Graf 2019, bes. 173 (zur Ringsymbolik); Messerli 2019, 34 f. (Schloß als Raum).

93. Die Rabe. – DMK/Uther, ATU 400: Mann auf der Suche nach der verlorenen Frau + DMK/Uther, ATU 518: Streit um Zaubergegenstände. – KHM-Veröff.: 1815 (Nr. 7), 1819 (Nr. 93). – „Aus der Leinegegend" stammend und vermittelt durch den Pfarrer Georg August Friedrich Goldmann (7.4.1813).

Wie in KHM 25: *Die sieben Raben* beginnt das Zaubermärchen mit der Verwünschung des eigenen Kindes. Allerdings ist hier nicht der Vater für den unbedachten Ausspruch verantwortlich, sondern die Mutter: „Ich wollte, du wärst eine Rabe und flögst fort, so hätt ich Ruhe." Diese Worte begründen die Strafaktion der Tierverwandlung des Kindes, das sich als ‚unartig' und ‚ungehorsam' gezeigt hatte. Schon in dieser einleitenden Episode wird deutlich, wie Kinder im Märchen erzogen werden. Normabweichendes Verhalten führt zu Verstoßung und Verwandlung.

Im Mittelpunkt von KHM 93 steht wie in KHM 92: *Der König vom goldenen Berge* – teilweise unter Verwendung gleicher Handlungssequenzen (Ablisten der Zaubergegenstände) – die Erlösung einer verzauberten Frau, die Trennung des Helden von ihr und die erneute Wiederbegegnung, diesmal allerdings mit glücklichem Ende; zur Trennung und Wiedererkennung vergleiche auch z. B. KHM 60: *Die zwei Brüder*, KHM 181: *Die Nixe im Teich*. Die Erlösung, in rund einem Drittel der KHM bestimmendes Motiv, läßt sich als Entzauberung und Rückverwandlung von einer Tier- oder Fabelgestalt in die wahre menschliche

Gestalt begreifen, was wiederum die Rückkehr zum Leben, zu Schönheit und zu sexueller Partnerschaft einschließt. Immer resultiert die Erlösung auf partnerschaftlichem Verhalten. Der Retter erlöst eine ihm Unbekannte. Sein Ziel, auch wenn es nicht ausgesprochen wird, ist die Heirat zwischen ihm und der Erlösten. So sind auch nur junge Menschen in der Rolle von Erlöser und Erlöster zu finden. Aber KHM 92 und andere vergleichbare Märchen vermeiden alles, was nur irgendwie mit Erotik beim Findungs- und Wiedererkennungsprozeß zu tun haben könnte. Ausdruck dieser auf Sublimierung beruhenden Schilderung ist der Kuß als Abschluß des Erlösungsvorgangs. Bevor es dazu kommt, setzt ein komplizierter Suchprozeß mit mannigfaltigen Abenteuern ein, die auch spätere Märchen (Glasberg-Episode z. B. in KHM 193: *Der Trommler*) strukturieren.

Die abgeforderten Bewährungsproben zur Erlösung der Unbekannten besteht der Mann zunächst nicht, das dämonische Wesen in Gestalt einer alten Frau überlistet ihn. Aber die unbekannte Tierfrau hat die Hoffnung nicht aufgegeben, stattet den Mann mit Zaubergaben aus (magische Speisen sichern Grundbedürfnisse) und steckt ihm einen Ring, seit jeher Signum der Verbindung zweier Liebender, mit ihrem eingravierten Namen auf den Finger, der ihn an seine Aufgabe, die Rabe zu erlösen, erinnern soll. Doch damit nicht genug: Ein Brief schildert ihm die näheren Umstände seines Versagens und ermutigt ihn zur Weitersuche. Der Brief, oft ein Mittel, das dem unwissenden Überbringer den Tod bringen soll (Uriasbrief-Motiv [Mot. K 978], *2. Samuel* 11,14–17; s. KHM 29: *Der Teufel mit den drei goldenen Haaren*), hat hier die entgegengesetzte Funktion, die Erinnerung an vergangenes Geschehen zu wecken und den Leser der Mitteilung zu weiteren Rettungsaktionen anzuspornen. Die wichtige Rolle des Briefs ist zugleich ein Indiz dafür, daß diese Episode erst neueren Datums zu sein scheint, wird doch beim Helden eine allgemeine Lesefähigkeit vorausgesetzt. Die Erlösungsthematik mit verschiedenen Episoden hat dagegen in literarischen Zeugnissen des Spätmittelalters und der Frühen Neuzeit durchaus Entsprechungen, wie Johannes Bolte anhand zahlreicher Hinweise belegt (BP 2, 335–348). Bedeutsam ist auch, daß die anfangs ausgesprochene Verwünschung für die Betroffenen nur eine gewisse Zeit andauert und im Zaubermärchen durch Erlöser aufgehoben wird, während Sagen die Verwünschten für immer in eine andere Dimension entrücken. Das Erkennen durch einen in einen Becher geworfenen Ring ist verbindendes Element versöhnlich ausgerichteter Heimkehrer-Geschichten (KHM 101: *Der Bärenhäuter*), Volkslieder und Sagen (z. B. Grimm/Uther DS 529: *Des edlen Möringers Wallfahrt*). Das Zaubermärchen ist typologisch als eine Umkehrung von Märchen zu betrachten, in denen Schwestern ihre in Tiergestalt verwandelten Brüder erlösen (KHM 9, 25, 49). Es ist über KHM-Gesamtausgaben hinaus wenig bekannt geworden. Bildliche Darstellungen sind nur vereinzelt in KHM-Ausgaben vorhanden.

Lit.: BP 2 (1915) 335–348; Holmström 1919; Mehlem 1940, 77; EM 6 (1990) 702–707 (O. Holzapfel) (zur Heimkehrer-Thematik); Scherf 1995, 957–960; Dekker et al. 1997, 225–229 (J. Pen); EM 10 (2002) 1351–1355 (S. Rühle); Papachristophorou 2002, 151–173; Köhler-Zülch 2003 (zur Verwünschung); EM 11 (2004) 100–103 (R. W. Brednich) (zum Motiv der Qualnächte); zum Streit um Zaubergegenstände s. EM 12 (2007) 1370–1375 (J. van der Kooi) und Laeverenz 2007, 270–272; Blécourt/Tuczay 2011 (zu Tierverwandlungen).

94. Die kluge Bauerntochter. – DMK/Uther, ATU 875: Bauerntochter: Die kluge B. – KHM-Veröff.: 1815 (Nr. 8), 1819 (Nr. 94); Kleine Ausgabe: 1825 (Nr. 36). – „Aus Zwehrn", also von Dorothea Viehmann beigesteuert (23.6.1813). Die gewitzte Bauerntochter in KHM 94 ist der Prototyp der Rätsellöserin, die mit Intelligenz einen fehlenden sozialen Status ausgleichen kann. Als aktive Heldin stellt sie ein Gegenbild zu den Märchen mit passiven und unschuldig verfolgten Frauen dar. Strukturell gehört der Rätselschwank (zum Begriff s. Kommentar zu KHM 22: *Das Rätsel*) zum Komplex der Erzählungen mit unlösbar scheinenden Aufgaben (EM 1, 963–972).

Literarische Vorbilder der Rätselaufgaben und -lösungen sind aus vielen Teilen der Welt bekannt. Schon die Brüder Grimm machten auf Parallelen zur mittelalterlichen *Aslaug*-Sage (EM 1, 878 f.) aufmerksam. Die einleitende Episode mit dem Goldmörser, den der Vater dem König als Geschenk überreichen will, macht auf die Gabe der Bauerntochter aufmerksam, sich in die Vorstellungswelt anderer hineinzudenken und ihr Handeln entsprechend auszurichten. Aber der Vater überhört ihren Rat und muß dafür im Gefängnis büßen. Wer nun gedacht hätte, daß das oberste Ziel für die Bauerntochter die Freilassung ihres Vaters sein müsse, wird zunächst enttäuscht. Das Rätsellösen dient einzig dem Zweck, die versprochene Gegengabe, Ehefrau des Königs zu werden, zu erlangen; die damit verbundene Freilassung des Vaters ist sekundär und gewissermaßen ein blindes Motiv, nach Friedrich Panzer sind dies „Motive, die angeschlagen werden, aber nicht ausklingen" (EM 2, 467 f.).

Im Unterschied zu den Halslöserätseln, deren Lösung für den Rätselsteller den Tod bedeutet (s. KHM 22), verspricht der Aufgabensteller sozialen Aufstieg; umgekehrt erwartet die Bauerntochter keinerlei Sanktion, wenn sie bei den kryptischen Scharfsinnsproben (EM 11, 1230–1232) versagt. Die Proben sind dadurch charakterisiert, eine „widernatürliche Entscheidung, Aufgabe oder Aussage durch ebenso sinnlose Handlungen, Behauptungen oder Antworten zu paralysieren", wie Kurt Ranke (EM 1, 79) die Formel der reductio ad absurdum umschrieb. Doch mit einer Aufgabe ist es nicht getan. Erst die zweite unsinnige Aufgabe beziehungsweise Entscheidung, für deren Lösung die neue Königin indirekt verantwortlich ist, zeigt ihre Intelligenz besonders deutlich, als sie gegen eine Entscheidung ihres Mannes Partei ergreift. Er hatte als oberster Gerichtsherr geurteilt, ein Füllen müsse von dem Stier geworfen sein, und es demzufolge dem Falschen zugesprochen. Sie verhilft dem Kläger, der sie um Rat gebeten hatte, „weil sie auch von armen Bauersleuten gekommen wäre", zu seinem Recht. Das absurde Urteil demontiert sie mit der paradoxen Idee, der Kläger solle auf einer Straße fischen (als Ablenkungsmanöver gebraucht im Diebsschwank DMK/Uther, ATU 1525C: *Fishing in the Street*) und dem König antworten, wenn zwei Ochsen ein Füllen bekämen, so könne er auf einem trockenen Platz mit Erfolg fischen. Der Herrscher ermittelt seine eigene Frau als eigentliche Urheberin der Antwort und verstößt sie, weil er ihre Parteinahme als Treuebruch ansieht. Doch zeigt er sich großmütig und als vorbildlicher Herrscher, weil er sie das Liebste und Beste mitnehmen läßt. Dieses Schlußmotiv bestimmt auch den Ausgang der Weibertreu-Sage (Grimm/Uther DS 493; DMK/Uther, ATU 875*: *The Women of Weinsberg*), die vor allem in Württemberg lokalisiert und vielfach in der Chronik- und Historienliteratur des 16./17. Jahrhunderts bezeugt ist. Die Entscheidung für ihren Mann, Beispiel weiblicher Treue, veranlaßt den Herrscher dazu, seine Frau in Gnaden aufzunehmen, wobei der Lebensbund mit der alten Verlobungsformel: „Du sollst mein sein und ich bin dein" (Rölleke 1985, 133–141) besiegelt wird (s. Kommentar zu KHM 67: *Die zwölf Jäger*).

KHM 94 hat die Vorlage für die Oper *Die Kluge* (Uraufführung Frankfurt a. M. 1943) von Carl Orff (1895–1982) abgegeben und ist auch verfilmt worden. KHM 94 ist vor allem in Gesamtausgaben vertreten, häufiger auch mit einer bildlichen Darstellung. Beliebtes Thema: die Schlußszene mit der Vereinigung der beiden.

Lit.: BP 2 (1915) 349–373; Vries 1928; HDM 1 (1930–33) 195–197 (F. M. Goebel); Leyen 1934, 173 f. (zu einzelnen Motiven); Ranke 1934, 5–21; Wesselski 1937b; Textor 1965 (zu D. Viehmann); Lüthi 1969b (zu Paradoxa); EM 1 (1977) 1353–1365 (Á. Dömötör); Schmitt 1993, 562; Kriza 1995 (Ballade); Scherf 1995, 692–695; Krikmann 1996; Dekker et al. 1997, 327–330 (T. Dekker); zum Begriff Rätselmärchen s. EM 11 (2004) 280–285 (S. Neumann); Shojaei Kawan 2007, 176 f. (zum König als Gerichtsherr); Neumann 2011, 237–240 (zur Rolle des Königs in den KHM); zur Sage der „Weiber von Weinsberg" s. EM 14 (2014) 557–562 (R. W. Brednich).

95. Der alte Hildebrand. – DMK/Uther, ATU 1360C: Hildebrand: Der alte H. – KHM-Veröff.: 1819. – Im Austausch mit *Der Geist im Glas* (1815: Nr. 9; 1819: Nr. 99) steht der mundartliche Ehebruchschwank seit 1819 an dieser Stelle. Über die Herkunft des Schwanks heißt es, er stamme „aus dem Österreichischen". Weiteres über die direkte Vorlage läßt sich nicht ermitteln.

Der Dialektschwank gehört von seiner Struktur her zu der großen Gruppe der Ehebrucherzählungen, die der Thematik ‚Ehebruch bestraft' zugeordnet können (vgl. EM 3, 1068–1077). Es handelt sich um einen sogenannten Ausgleichstyp (nach Bausinger 1967, 126): Im erotischen Dreieck (Ehefrau, Ehemann, Liebhaber) kann der betrogene Ehemann als unerwarteter Heimkehrer die listige Ehefrau und ihren Liebhaber mit Unterstützung eines Fremden auf überraschende Weise bei ihrem Stelldichein überraschen, stellt so den Ausgleich wieder her und steht letzten Endes als Überlegener da, während dem Ehemann sonst oft Hörner (Hahnrei-Typus) aufgesetzt werden und er den Tricks und Finten seiner Frau hilflos gegenübersteht. Die Komik basiert auf der besonderen Art der Überlistung, also des Mitsingens von Strophen.

Es handelt sich bei KHM 95 um eine sogenannte Cante fable (auch unter dem Ausdruck Singemärchen bekannt), eine Kombination von Prosa und strophischen Einlagen (hier fast eine Predigtparodie), was die Vermutung nahelegt, daß auch KHM 95 auf einer dramatischen Vorlage beruht haben könnte. In der Tat lassen sich zahlreiche Dramatisierungen aus der Frühen Neuzeit (Singspiele, Puppenspiele) bis hin zu russischen und österreichischen Volksschauspielen des späten 19. Jahrhunderts nachweisen. Eine konkrete literarische Vorlage für KHM 95 jedoch ist nicht bekannt.

Die Themen Frauenlist und Ehebruch waren in Schwänken des Spätmittelalters und der Frühen Neuzeit dominant; die Figur der Frau trägt dabei stets misogyne Züge. Es ist bezeichnend, daß ein Geistlicher in der Rolle des Liebhabers auftritt. Der ‚geile Pfaffe' steht prototypisch für die antiklerikale Tendenz dieser Schwänke, zugleich ein Spiegelbild der religiösen Konflikte des 16./17. Jahrhunderts. Im Schwank des 19. Jahrhunderts interessiert der Geistliche als Gegenspieler des Ehemanns jedoch weit stärker als Typus im erotischen Dreieck: Ehefrau – Ehemann – Liebhaber und kaum mehr, mit sozialkritischer Funktion, als Vertreter des Klerus.

Der Schwank demonstriert mit nach wie vor frauenfeindlicher Attitüde, daß die Funktion der Institution Ehe durch das Verhalten des weiblichen Ehepartners bedroht ist, wenn der Ehemann abwesend oder für längere Zeit auf Reisen ist – eine Fortsetzung der Heimkehrer-Erzählungen (s. KHM 92: *Der König vom goldenen Berge*, KHM 93: *Die Rabe*) mit der Tendenz einer Warnerzählung.

KHM 95 erzählt davon, daß der Liebhaber verprügelt wird, nicht aber – wie in älteren Fassungen – auch die Ehefrau, was auf eine Abmilderung des Schlusses zugunsten veränderter sozialer Normen schließen läßt. Denn nach altem Recht gehörte zum Hausrecht des Ehemanns auch das Verprügeln seiner Frau als Strafe für Verfehlungen (EM 12, 22–28). Die Ehebruchthematik, die in den KHM so gut wie nicht vertreten ist (s. KHM 16: *Die drei Schlangenblätter*, KHM

61: *Das Bürle*), wie auch das Vorliegen als Dialektfassung haben sich zweifellos ungünstig für die Rezeption des Schwanks in anderen Medien ausgewirkt.

Der „Göckerliberg" ist der fiktive „Hahn"-Berg und symbolisiert den sorglosen, unachtsamen Menschen, der sich zu sehr in Sicherheit wiegt, könnte aber auch eine Anspielung auf den Hahnrei sein (vgl. DWb. 13 [1922] 1347).

Lit.: BP 2 (1915) 373–380; Anderson 1931; Schmidt 1963a, 327–342; Schmidt 1963b, 319; Gerhardt 1976; EM 6 (1990) 702–707 (O. Holzapfel) (zur Heimkehrer-Thematik) und zum Erzähltyp ebenda, 1011–1017 (K. Roth); Dekker et al. 1997, 275–277 (T. Dekker); Hubrich-Messow 2000 ff., Bd. 5, 115–117 (Varianten).

96. De drei Vügelkens. – DMK/Uther, ATU 707: Söhne: Die drei goldenen S. – KHM-Veröff.: 1815 (Nr. 10), 1819 (Nr. 96). – Das Zaubermärchen liegt handschriftlich vor von Ludowine von Haxthausen (Staatsbibliothek Berlin, Preuß. Kulturbesitz, Nachlaß Grimm 1800, C1,1,9–11). Wilhelm Grimm hingegen hatte August von Haxthausen am 8.8.1813 mitgeteilt (Grimm/Reifferscheid 1878, 13), das Märchen habe ihm ein Schäfer erzählt, den er Anfang August 1813 bei einem Besuch des Köterbergs (drei Stunden westlich von Corvey) – im Grenzgebiet des Westfälischen, Lippischen, Hannoverschen – getroffen hätte. Der Schäfer steuerte auch zwei Stücke zu den *Deutschen Sagen* (Grimm/Uther DS 9, 20) bei, die literarischen Vorbildern entsprechen.

Unstreitig weist KHM 96 in seinen Grundzügen starke Ähnlichkeit zu Straparolas Märchen *Ancilotto Re di Provino* (4,3) auf, das wiederum Pompeo Sarnelli (*Posilecheata*, Nr. 3: *Ngannatrice ngannata*) 1684, Carlo Gozzi 1761 für sein Märchenspiel *Augellin belverde* und anderen direkt oder indirekt als Vorlage diente. In Grundzügen nutzte auch Madame d'Aulnoy den Stoff. Sie brachte 1698 eine Bearbeitung unter dem Titel *La Princesse Belle-Étoile et le prince Chéri* in ihrer Sammlung französischer Feenmärchen, ergänzte aber noch eine Liebesgeschichte unter den Kindern der beiden jüngeren Schwestern. Dies war auch den Brüdern Grimm nicht verborgen geblieben: „Mit dem italienischen stimmt bis auf Kleinigkeiten und Ausschmückungen bei der Aulnoy ‚la Belle-Etoile' (Nr. 22)" (vgl. KHM 1856, 1754–176, hier 175). Eine Fassung aus der Sammlung *Tausendundeine Nacht* (Bd. 5, 756. Nacht: *Die Geschichte von den beiden Schwestern, die ihre jüngste Schwester beneideten*), die nach Enno Littmann „zu den schönsten" der Sammlung zählt (Bd. 6, 691), hat enge Berührungspunkte zu dem Stoff von den geretteten Kindern. Das Märchen besteht aus einer Verkettung gängiger Motive und bezieht im ersten Teil seine Dynamik aus den Rivalitäten dreier Schwestern, von denen sich die beiden älteren gegen die jüngste verbünden:

(1) Mehrmalige Verleumdung der schuldlosen Königin (Unterschiebung von Hunden, Katze) einschließlich ihrer Einkerkerung. (2) Wundersame Errettung der dem Wassertod preisgegebenen Kinder und Aufwachsen bei einem Fischer. (3) Erfolglose Suche nach dem Vater mit Besuch in der Jenseitswelt und Hilfe einer alten Frau. (4) Extreme Bestrafung (Verbrennen) der ‚falschen' Schwestern. Die Erlösung der alten Frau und eines Prinzen (er heiratet die Tochter) erweisen sich als blinde Motive.

Im zweiten Teil der Handlung von KHM 96 steht die Suche nach dem Vater im Mittelpunkt. Sie verläuft weniger strukturiert und in großen Zeitsprüngen. Sichtbare Ergebnisse sind der Besitz des Vogelbauers und des Lebenswassers, welche die Tochter in der jenseitigen Welt erwirbt. Die Begegnung des zweiten Sohnes mit dem König, seinem Vater, geschieht eher zufällig. Die Wahrheit kommt durch den Gesang des Vogels ans Licht. Die Reime bleiben nach wie vor dunkel und lassen sich nicht eindeutig klären (s. auch die eingestreuten Reime in KHM 69: *Jorinde und Joringel*). Im Kommentar der KHM 1822 und 1856 ist mit Recht auf die Funktion des Seelenvogels hingewiesen und auf die Bedeutung von Lilien als Grabpflanzen und als Pars pro toto für das Weiterleben des Kindes (dank göttlichen Bescheids). Doch sind Lilien-Motiv (bekannt auch im Volkslied) und Seelenvogel-Motiv (vgl. KHM 47: *Von dem Machandelboom*) in dem Märchen nicht weiter ausgeführt oder aufgegriffen worden. Eine Interpretation der Verse könnte im Sinn des KHM-Kommentars so aussehen: Das Kind ist dem Tode geweiht (es ist tot), aber es ist doch nicht tot. Die Lilien müßten darüber Auskunft geben (ob sie blühen oder sterben). Das Kind habe sein Leben doch noch nicht gelebt, warum sollte es sterben. Wir erfahren, daß das Kind vor dem Ertrinken bewahrt wird. Es ist also dank göttlichen Eingreifens gerettet worden, so wie Moses, Kyros und all die anderen ausgesetzten und dem Tode geweihten Menschen. Eine Übertragung der Verse ohne Beibehaltung des Reimschemas könnte so aussehen:

> Der Tod ist nahe,
> schon müßtest du unter Lilien ruhn.
> Mein Junge, sollte es wirklich so weit kommen?

Die Suche nach dem Vater scheint selbstverständlich, die Mutter wird nicht einmal erwähnt. Sie erhält nach Aufdeckung des wahren Sachverhalts ihre Freiheit zurück, Lebenswasser soll ihr neue Kräfte einflößen.

Seit 1815 enthält das Märchen eine Äußerung des Königs, in welcher er sich auf den Allmächtigen beruft: „Wat Gott deit, dat is wole dahn", nachdem er erfahren hat, daß seine Schwiegertochter Hunde geboren habe – eine Anspielung offenbar auf die aus evangelischer Liedtradition bekannte Spruchweisheit: „Was Gott tut, das ist wohlgetan, er wird mich nicht betrügen" (Kirchenlied von

Samuel Rodigast, 1649–1708). Das Thema von Gottes unbegreiflicher Gerechtigkeit wird in den KHM mehrmals aufgegriffen, unter anderem in KL 6: *Die drei grünen Zweige* und KL 8: *Das alte Mütterchen*.

Seit den 60er Jahren des 18. Jahrhunderts lassen sich deutsche Übersetzungen des Stoffs nachweisen. Ludwig Bechstein nahm das Märchen in sein *Deutsches Märchenbuch* unter dem Titel *Die Knaben mit den goldnen Sternlein* (Bechstein/Uther 1997a, 299–303) auf. In der Bearbeitung Alexander Puschkins, der es von seiner alten Kinderfrau gehört haben will, wurde es dessen berühmtestes Märchen: *Skazka o care Saltane* (Erstdruck 1832).

Die Verbreitung von KHM 96 hält sich in Grenzen: Die niederdeutsche Mundart hat dazu geführt, daß es kaum über KHM-Gesamtausgaben hinaus veröffentlicht wurde und sich nur in Grimm-Ausgaben mit Übertragungen der Dialektstücke ins Hochdeutsche wiederfindet.

Lit.: Hertel 1909; Krüger 1914, 26–31; BP 2 (1915) 380–394; Wesselski 1938c, besonders 167–169; Mehlem 1940, 93 f.; Ranke 1955 ff., Bd. 3, 55–62 (Varianten); Text bei Schulte Kemminghausen 1963, 103–107; Rapallo 1975–77; Grätz 1988, 60–62 (zu Übersetzungen); Clausen-Stolzenburg 1995, 233 f., 397 f. (zu Vorlagen); Scherf 1995, 228 f.; Marzolph/van Leeuwen 2004, Nr. 356, 382; EM 12 (2007) 830–837 (C. Goldberg); Leinberg 2018, 268–273 (zum Lebenswasser).

97. Das Wasser des Lebens. – DMK/Uther, ATU 551: Wasser des Lebens (Tubach, Nr. 5214). – KHM-Veröff.: 1815 (Nr. 11), 1819 (Nr. 97; verändert 1837). – „Nach einer hessischen und paderbörnischen Erzählung", gaben die Brüder Grimm als Quelle des Zaubermärchens (1856, 176) an. Näheres über die Kontamination der beiden Texte läßt sich nicht ermitteln. Die paderbörnische Fassung hat Wilhelm Grimm am 25.7.1813 in Bökendorf (bei der Familie von Haxthausen) gehört; wegen identischer Formulierungen mit KHM 200: *Der goldene Schlüssel* vermutet Heinz Rölleke (2010, Bd. 3, 584) Marie Hassenpflug als Beiträgerin. Möglicherweise bestehen Zusammenhänge mit der Erfassung von KHM 57: *Der goldene Vogel*.

Jacob Grimm kannte den Typus vom kranken König und den drei Söhnen schon recht früh. Am 4.1.1811 hatte er eine Erzählung von der Suche nach einem Heilmittel (*Der treue Fuchs* = motivisch ähnlich mit KHM 57) sowie eine sehr weiträumig erzählte Variante zu KHM 97 (*Die Königin Wilowitte mit ihren zwey Töchtern*) in den *Kindermährchen* (1787) des Hofpredigers Christoph Wilhelm Günther gefunden (in der Grimm-Bibliothek: Denecke/Teitge, Nr. 2207) und von letzterem ein Exzerpt angefertigt, das im Nachlaß Grimm (Berlin, Preußischer Kulturbesitz, Kasten C) vorhanden ist.

Zu Beginn vieler Märchen wird von einem kranken, manchmal blinden König erzählt, der für seine Gesundung (Motiv vom Traum als Prophezeiung) ein besonders schwer zu erlangendes Heilmittel (Lebenskraut, Lebenswasser; s. Kommentar zu KHM 16: *Die drei Schlangenblätter*) benötigt oder den Gesang eines bestimmten Vogels hören muß. Wie im verwandten Märchen KHM 57: *Der goldene Vogel* ziehen drei Königssöhne aus, um ein Heilmittel für ihren kranken Vater zu besorgen, was nur dem Jüngsten gelingt. Die scheinbare Hilflosigkeit des Königs ist Voraussetzung für Unterstützung durch andere. KHM 97 demonstriert in dem üblichen mehrstufigen Weg mit dem Erfolg des jüngsten Bruders, daß sich Redlichkeit und Hilfsbereitschaft gegenüber Fremden auszahlen.

Spannung erhält das Geschehen durch die Brüder-Rivalität. Traditionell verbünden sich die beiden älteren Brüder gegen den jüngsten, und daraus erwachsende Konflikte bestimmen den zweiten Teil des Märchens, der verschiedene eigentümliche Handlungszüge enthält. Schon das Urteil des Königs und seiner Räte, den Jüngsten heimlich zu erschießen, ohne seine Version des Hergangs anzuhören, widerspricht gängigen Rechtsvorstellungen, nachdem beide Teile richterliches Gehör finden müssen („audiatur et altera pars"), und rückt die einem Herrscher sonst zugewiesene Gerechtigkeit in ein schiefes Licht. Der Urteilsspruch dient offenbar nur dazu, die Verschonung des Unschuldigen einzuleiten. Erneut ist es wie beispielsweise in KHM 53: *Sneewittchen* ein Jäger, der Mitleid hat und sich gar auf einen Kleidertausch (EM 7, 1430–1432) einläßt. Der Schluß deutet mit der Richtungssymbolik des ‚geraden Weges' an, wer der rechtmäßige Erlöser ist. Nur dem Jüngsten gelingt es letzten Endes, diesen Weg zu nehmen.

Im Unterschied zu vielen anderen Märchen der Frühphase des 19. Jahrhunderts endet KHM 97 nicht mit einer extremen Bestrafung der falschen Brüder. Deren Schicksal bleibt im unklaren: Sie hatten sich rechtzeitig „aufs Meer gesetzt und waren fortgeschifft und kamen ihr Lebtag nicht wieder". KHM 97 stellt entgegen der Überschrift des Märchens den jüngsten Bruder in den Mittelpunkt der Handlung und nicht etwa die eingangs unkonkret genannte Krankheit des Königs oder den damit verbundenen Heilungsprozeß. Beides ist funktional zu sehen. Die Suche nach dem Lebenswasser ist nur der Ausgangspunkt der Handlung und kennzeichnet die Mangelsituation, die behoben werden muß. Der Kranke übernimmt im Handlungsgeschehen bis auf die Festsetzung des rigiden Urteils keine aktive Rolle.

KHM 97 gehört zu den weniger verbreiteten Märchen. Der Erzähltypus wird mehr durch KHM 57 repräsentiert.

Lit.: Wünsche 1905b; BP 2 (1915) 394–401; HDM 2 (1934–40) 6–8 (S. Liljeblad); Wesselski 1938c, 182 f.; Mehlem 1940, 77; Uther 1981, 105–108; Jech 1989, 182–186; Schmitt 1993, 562

(1); Scherf 1995, 1361–1363; Dekker et al. 1997, 408–411(J. van der Kooi); Zitzlsperger 2007 (zum Gerechtigkeitsempfinden); Blécourt 2012, Reg.; Leinberg 2018, 268–273 (zum Lebenswasser); EM 14 (2014) 509–514 (W. de Blécourt).

98. Doktor Allwissend. – DMK/Uther, ATU 1641: Doktor Allwissend. – KHM-Veröff.: 1815 (Nr. 12), 1819 (Nr. 98); Kleine Ausgabe: 1825 (Nr. 37). – Schwank „aus Zwehrn", das heißt vermittelt über Dorothea Viehmann. Der Stoff ist in ganz Eurasien verbreitet, thematisiert die Wandelbarkeit und Zufälligkeit des Glücks (fortuna labilis) und besitzt eine lange literarische Tradition (älteste Belege aus Indien). Eine Novelle aus dem 16. Jahrhundert von Girolamo Morlini (1520, Nr. 29; dt. Übertragung bei Uther 1990b, Nr. 40) beschreibt die Geschichte vom dummschlauen Tropf als Beispiel für das bekannte Sprichwort, daß Schuldbewußte stets furchtsam seien: „Wer einer Schuld sich bewußt ist, bezieht jedes Wort auf sich selber." Das Motiv von der Entdeckung des gestohlenen Geldes taucht erstmals Anfang des 16. Jahrhunderts bei Heinrich Bebel (Bebel/Wesselski 2, Nr. 112) auf.

Im Zentrum des kurzen Schwanks steht ein als einfältig geschilderter Bauer, der infolge von Sprachmißverständnissen (EM 12, 1094–1099) unversehens zu Reichtum und Berühmtheit gelangt. Es handelt sich um einen typischen Episodenschwank mit folgenden Elementen:

(1) Ein Bauer mit Namen Krebs möchte sich einmal so richtig satt essen wie der Doktor, dem er ein Fuder Holz verkauft hat. Der Doktor rät ihm, ein ABC-Buch zu kaufen, sich für den Erlös des Verkaufs von Wagen und Ochsen Kleidung und Utensilien eines Doktors zu beschaffen und ein Schild mit den Worten: „Ich bin der Doktor Allwissend." (2) Zur Aufdeckung eines Gelddiebstahls gebeten, ruft er beim Servieren des Essens dem Bedienten zu: „Das ist der erste (zweite, dritte)." (3) Als der vierte Bediente eine Schüssel hereinträgt, errät er den Inhalt, weil er sich selbst bemitleidet: „Ach, ich armer Krebs." (4) Die Bedienten gestehen den Diebstahl, zeigen den Fundort und bitten Doktor Allwissend, sie nicht zu verraten. (5) Er hält sein Versprechen, erhält von den Dieben wie auch dem Bestohlenen eine hohe Belohnung „und ward ein berühmter Mann".

Die auf den ersten Blick scheinbar unverständliche Aufforderung „Erstlich kauf dir ein Abcbuch, so ist eins, wo vorn ein Göckelhahn drin ist" läßt sich rasch aufklären, zeigten doch im 17./18. Jahrhundert europäische Lesebücher häufiger auf dem Titelblatt einen Holzschnitt mit einem Hahn, der als Symbolfigur für Wachsamkeit (Top 1992) galt. Der Bildschmuck führte dann zur allgemeinen Bezeichnung Hahnen-Fibel.

Lit.: BP 2 (1915) 401–413; Zachariae 1920, 138–144; HDM 1 (1930–33) 400 (E. Frenkel); Nossag 1931, 46 (zur älteren deutschen Überlieferung); EM 3 (1981) 734–742 (Á. Dömötör); Moser-Rath

1984, 287, 291; Tomkowiak 1993, 317; Kooi/Schuster 1994, Nr. 98 (Varianten); Tomkowiak/ Marzolph 1996, 52–55; Dekker et al. 1997, 96–98 (T. Meder); Wienker-Piepho 2000, 305–307; Marzolph/van Leeuwen 2004, Nr. 308, 517.

99. Der Geist im Glas. – DMK/Uther, ATU 331: Geist im Glas. – KHM-Veröff.: 1815 (Nr. 9; verändert 1819), 1819 (Nr. 99). – In der Handschrift Wilhelm Grimms aufgezeichnetes und von einem „Schneider mit spitzem Gesicht und einem satyrischen Zug ums Maul" (BP 2, 414) erzähltes Schwankmärchen „aus dem Paderbörnischen" (Bökendorf 24.7.1813), das 1815 nach dem Rätselschwank *Die kluge Bauerntochter* eingeordnet war und 1819 an diese Stelle rückte.

Zu einem berühmten Arzt und Wunderheiler steigt ein armer Holzhackerssohn auf, und dadurch ergibt sich thematisch eine Verbindung zum vorhergehenden Schwank. Während die Geistwesen in Märchen überall sofort durch Rufen oder aufgrund manueller Betätigungen (KHM 116: *Das blaue Licht*) erscheinen, also keinen festen Aufenthaltsort kennen, bleibt der Geist im Glas, wie schon der Beiname verrät, ständig an seinem Platz. Das Behältnis ist sein Gefängnis (Mot. D 2177.1) und die Beziehung zum Besitzer des Behältnisses zudem höchst kompliziert. Eine Kommunikation kann nur im Rahmen eines Tauschgeschäfts (Gabe/Gegengabe) stattfinden, infolge einer durch Neugierde verursachten Öffnung des Behälters oder aufgrund einer vom Geist geäußerten Bitte.

KHM 99 hängt eng mit der Geschichte von dem Fischer und dem Dämon aus der Sammlung *Tausendundeine Nacht* (Bd. 1, 48–56, 72–76 = vgl. Abdruck bei Uther 1990b, Nr. 41 [nach der Übers. von Gustav Weil]) zusammen, die in Europa seit dem frühen 18. Jahrhundert nach der ersten Übersetzung Antoine Gallands (1646–1715) rasch Verbreitung gefunden hatte. In Gallands Bearbeitung wird auch erkennbar, welche Bewandtnis es mit dem eingesperrten Geist hat. Der zaubergewaltige Salomon höchstpersönlich hatte ihn wegen Unbotmäßigkeit für 100 Jahre in eine Flasche gebannt. Doch währte die Gefangenschaft weit über diese Zeit hinaus, so daß der Eingesperrte Rache an jedem nehmen wollte, der ihn eines Tages wieder befreien würde.

KHM 99 suggeriert, daß nur ein gefangener Geist wie der Flaschengeist keine Bedrohung mehr darstellt. Dessen expansive Kraft ist in das kleine Behältnis gebannt, und nur das Öffnen des Kastens beziehungsweise die Abnahme des Flaschenverschlusses setzt die unkontrollierte Energie erneut frei, die zur Gefährdung führt: Der ‚Wissende' wird sich dieser Situation stets bewußt sein. Die Vorstellung von der schädlichen Wirkung der Geistwesen erhellt ferner die Tatsache, daß die Geister nicht nur eingeschlossen, sondern auch an unwegsamem Ort (unter den Eichwurzeln) vergraben werden müssen, ohne daß hierfür eine Begründung gegeben wird. Das erfolgreiche Mittel zur Bekämpfung böse gesinnter Jenseitswesen geschieht immer durch Täuschung (Einklemmen in einen Baumstamm, z. B. KHM 4: *Märchen von einem, der auszog das Fürchten zu lernen*) und ist ein Versuch, das Wesen seiner Bewegungs- und auch Verwandlungsmöglichkeiten zu berauben. Es zeigt sich, daß der so mächtig scheinende Geist urplötzlich über keine Beherrschungsmöglichkeiten mehr verfügt und daß von ihm weder eine Faszination noch eine Gefahr ausgehen kann.

Der vermutlich älteste Beleg für die Indienstnahme von Geistern begegnet im apokryphen *Testamentum Salomonis* (1. Jahrhundert p. Chr. n.). Von dem sagenumwobenen Salomon heißt es dort, er habe die Fähigkeit besessen, Geister für sich arbeiten zu lassen. So habe er beispielsweise den gefesselten Dämon Ornias gezwungen, ihm beim Tempelbau zu helfen. Hernach habe er ihn in ein Gefäß gebannt. Wie die Nachrichten über den Geisterbanner Salomon im Mittelalter nach Europa gelangten, läßt sich nicht hinreichend klären. Denkbar ist, daß die in der jüdisch-orientalischen und arabischen Überlieferung populären Salomosagen (vgl. EM 11, 1071–1076) über Byzanz, das als klassisches Durchgangsgebiet gilt, nach Europa gekommen sind. Zahlreiche Berichte aus dem Mittelalter und der Frühen Neuzeit haben solche Motive von der Dienstbarkeit zauberischer Wesen zumeist mit berühmten Magiern wie etwa Paracelsus oder Virgil verknüpft.

Da Salomon und seine Wundertaten augenscheinlich nicht das richtige Lokalkolorit für mitteleuropäische Märchen abgaben, haben die Brüder Grimm oder ihre Beiträger nun statt der sagenumwobenen Kristallisationsfigur die Handlung verbürgerlicht und einen Holzhackerssohn zum Geisterbanner erhoben. Es fehlt alles, was an die orientalische Vorlage erinnern könnte. Schon die im Laufe der Druckgeschichte der KHM ausgebaute einleitende Vater-Sohn-Passage zeigt den Vater als fürsorgenden Mahner, der seinen Sohn in die Pflicht nimmt. Er soll im Alter seinen Vater (nicht die Eltern!) versorgen: Vom Vater wird er ermahnt, „etwas Rechtschaffenes" zu lernen, schließlich habe er all sein Geld in dessen Ausbildung gesteckt.

Derartige Umarbeitungen mit Einführung neuer Handlungsträger und Requisiten waren (nicht nur) im 19. Jahrhundert an der Tagesordnung, wenn literarische Quellen aus dem arabischen, romanischen oder slavischen Sprachbereich ohne Arg ihres ‚fremden' Beiwerks entkleidet und von (zumeist) bürgerlichen Akademikern für den deutschen Publikumsgeschmack neu aufbereitet wurden. Der Stoff mußte dem jeweiligen Zeitkolorit angepaßt werden. In diesem Zusammenhang macht die Bearbeitung einen wichtigen Trend sichtbar. Die Gabe des Festbannens von Geistern, in früherer Zeit nur Zauberern oder Heiligen zugestanden, geht im Zuge der Rationalisierung und Entmythisierung auf Vertreter aller möglichen Berufe über. Der Mensch, in KHM 99 ein Schüler mit abgebrochener Ausbildung, stellt sich auf eine Stufe mit dem Geist und vermag

KHM 99: Der Geist im Glas. Zeichnung von Rudolf Schiestl (1910)

ihn sogar zu überlisten, während Menschen in Sagen (vgl. Grimm/Uther DS 84, 85) den dämonischen Wesen oftmals hilflos ausgesetzt sind.

In der stilistischen Umarbeitung und Erweiterung des Eingangs seit der zweiten Auflage (1819) wurde besonders die märcheneigentümliche Thematik des sozialen Aufstiegs des Helden herausgearbeitet. Der Geist aus KHM 99 wird als der „großmächtige Merkurius" vorgestellt und heißt nur dort so. Dieser Name ist sicher nicht zufällig gewählt worden, da Merkurius/Hermes nicht nur die Funktion eines Götterboten zukam, sondern auch als Gott des Handelns Geltung hatte. So konnte Merkurius mit dem glücklichen Fund und dessen Aneignung in Verbindung gebracht werden.

Aus Neugier vom Schüler aus der Gefangenschaft seines engen Behältnisses befreit, erweist sich der Flaschengeist für ihn als bedrohlich. Aber es gelingt ihm, den Riesengestaltigen in die Flasche zurückzulocken, indem er vorgibt, nicht an die Fähigkeit des Geistes zu glauben, sich klein zu machen. Er befreit ihn jedoch erneut, als ihm der Eingesperrte eine Belohnung verspricht. Trotz des zunächst bösartigen Verhaltens des Geistwesens zahlt sich das Wagnis der erneuten Freisetzung aus. Dem Geistbefreier gelingt dank des ihm von Merkurius hinterlassenenen heilkräftigen Zauberlappens der soziale Aufstieg.

Es existieren zahlreiche literarische Bearbeitungen wie der Roman *Le Diable boiteux* (1707) von Alain-René Lesage oder Robert L. Stevensons *The Bottle Imp* (1891). Der entwichene Flaschengeist symbolisiert in den Medien (Karikaturen) eine selbst unkontrolliert oder gedankenlos in Gang gesetzte Entscheidung mit fatalen Folgen für den Initiator (Bürgerkrieg, Revolution, moderne Chemie [Seveso]), was sich auch im Sprichwort und in Redensarten niedergeschlagen hat: „Die ich rief, die Geister, die werd' ich nun nicht los." (Goethe, *Zauberlehrling*).

Lit.: BP 2 (1915) 414–422; HDM 2 (1934–40) 449–451 (K. Schulte Kemminghausen); Ranke 1955 ff., Bd. 1, 264 f. (Varianten); Doderer 1969, 143 (Vater-Sohn-Verhältnis); Bynum 1978; EM 5 (1987) 922–928 (K. Horálek); Röhrich 1986, 341 f.; Uther 1987, bes. 228–237; Schmitt 1993, 562; Scherf 1995, 407–409; Marzolph/van Leeuwen 2004, Nr. 8.

100. Des Teufels rußiger Bruder. – DMK/Uther, ATU 475: Höllenheizer. – KHM-Veröff.: 1815 (Nr. 14), 1819 (Nr. 100). – Zu dem „aus Zwehrn" (1813 von Dorothea Viehmann) stammenden episodenreichen Schwankmärchen ergeben sich stoffliche Affinitäten zu KHM 101: *Der Bärenhäuter* und zu Johann Jakob Christoph von Grimmelshausens *Bärenhäuter*-Erzählung. Die Handlung verläuft nach folgendem Muster:

(1) Aus freien Stücken akzeptiert ein Soldat aus Geldmangel das befristete (sieben Jahre) Arbeitsangebot des Teufels mit bestimmten Verpflichtungen. (2) In der Hölle muß er das Feuer unter den Kesseln, auch in Abwesenheit seines Auftraggebers, aufrechterhalten, darf dort nicht hineinsehen, sich nicht säubern, muß Haare und Bart wachsen lassen. (3) Trotz des Verbots blickt er aus Neugier in die Kessel, sieht dort ehemalige Vorgesetzte (in abgestufter Dienstgrad-Hierarchie) als Sünder büßen und legt Feuer nach. (4) Der Teufel entdeckt die Tabuverletzung, entläßt den Höllenheizer jedoch ohne Strafe, gibt ihm zum Dank einen Sack voll Müll mit, der sich in Gold verwandelt. (5) Ein Wirt gewährt dem finster Aussehenden Quartier, nachdem jener seinen Reichtum hat sehen lassen, und bestiehlt ihn danach. (6) Mit Hilfe des Teufels gewinnt der Soldat sein Eigentum zurück, er-

wirbt als Spielmann (vgl. auch KHM 144: *Das Eselein*) die Gunst des Königs, heiratet dessen Tochter und erhält das Königreich.

Der mit mehr als 180 Varianten in weiten Teilen Europas unterschiedlich belegte Erzähltyp scheint erst im 19. Jahrhundert, vermutlich durch die KHM (und Übersetzungen), bekannt geworden zu sein. Die Figur des abgedankten und mittellosen Soldaten findet sich in den KHM häufiger wie im folgenden *Bärenhäuter*-Märchen (KHM 101), das ebenso die Säuberungsverbote als Bewährungsproben im Dienst beim Jenseitigen (EM 3, 655–657) und das unerkannte Auftreten des Ungewaschenen in abgetragener Kleidung (vgl. DMK/Uther, ATU 935: *Heimkehr des verlorenen Sohnes*) kennt. Diese Bedingungen des Teufels lassen sich Nach Ursula Baatz nur indirekt erklären. Dahinter scheint die soziale Vorstellung zu stehen, daß es für den abgedankten Soldaten keine Verwendungsmöglichkeit mehr gibt. Er kann daher nur „des Teufels rußiger Bruder" sein (Teufel = negativ, gesteigert durch das Attribut rußig, also Ruß für Abgebranntes, nicht mehr verwertbarer Brennstoff). Die zweite Hälfte des Spruchs („und mein König auch") weist aber darauf hin, daß er nun – nicht mehr in soldatischen Diensten stehend und nicht mehr gehorchen müssend – auch sein eigener Herr ist. Er kann tun und lassen, was er will, kann wieder sein eigenes Leben führen. Der soziale Aufstieg steht ihm offen, weil ihm am Ende der König anbietet, seine Tochter zu heiraten. So wird aus dem sozialen Absteiger ein Aufsteiger im sozialen Milieu. Der diebische Wirt, dem der Soldat begegnet, ist eine auch aus KHM 36, 64 und 120 bekannte Figur. Gastwirte genießen in Erzählungen kein großes Ansehen, was auf reale Erlebnisse (überhöhte Preise, schlechtes Speiseangebot) zurückgehen könnte (Moser-Rath 1984, 210–217).

Die Hölle wird zwar analog zu christlichen Höllen- und Fegefeuervorstellungen als Ort des Schreckens geschildert, für den ehemaligen Soldaten ist der Aufenthalt dort aber nur ein Durchgangsstadium. Die Hölle stellt „aus der Perspektive des kleinen Mannes" (Röhrich 1976, 269) die letzte Station sozialer Gerechtigkeit dar und bringt dem Heizer märcheneigentümlich Glück. Der Teufel ist entdämonisiert, die üblichen negativen Attribute wie körperliche Defekte fehlen. Der Böse hat das Bedrohliche längst verloren. Er erweist sich als gutmütiger und großzügiger Helfer. Eigentlich benötigt der Teufel die Unterstützung des Menschen überhaupt nicht. Es geht vielmehr um eine Prüfung des Charakters, geduldig seine Pflicht zu erfüllen, wobei die Normen der menschlichen Gesellschaft zugrunde liegen.

Die große Distanz zu Teufelspakterzählungen älterer Zeit charakterisiert besonders die KHM (etwa KHM 195: *Der Grabhügel*). Unscheinbares wie Kehrdreck als Gabe Jenseitiger (DMK/Uther, ATU 476: *Coals Turns into Gold*), das sich als wertvoll herausstellt, begegnet sonst vor allem in Sagen (Grimm/Uther DS 163,

527), weniger wie hier im Märchen (vgl. auch KHM 182: *Die Geschenke des kleinen Volkes*). Von den einzelnen Handlungsabschnitten ist besonders die dritte Episode erzählerisch eindrucksvoll gestaltet. Mit geradezu diebischer Freude sind die Aktionen des Höllenheizers beim Hochheben der Kesseldeckel geschildert, wenn er den in der Hölle schmorenden ehemaligen Vorgesetzten ihrem Rang gemäß tüchtig einheizt.

KHM 100 steht wie auch KHM 101 in KHM-Teilausgaben für den Typus des Teufelsmärchens. Als bildliche Darstellung wird die Kesselszene in der Hölle bevorzugt.

Lit.: BP 2 (1915) 423–426; HDM 1 (1930–33) 169–172 (W. Golther); Woeller 1961, 449–454; Röhrich 1979, 194, 213 f., 226 f.; EM 6 (1990) 1191–1196 (H.-J. Uther); Koeman 1993, 556–563; Schmitt 1993, 562 (1); Kooi/Schuster 1994, Nr. 42 (Varianten); Scherf 1995, 1189–1191; Zitzlsperger 2007 (zum Gerechtigkeitsempfinden); Top 2009 (Vergleich KHM-Fassung mit flämischen Belegen); Baatz 2012; Suva 2012 (Vergleich mit tschechischer Fassung von Božena Němcová).

101. Der Bärenhäuter. – DMK/Uther, ATU 361: Bärenhäuter. – KHM-Veröff.: 1815 (Nr. 15), 1819 (Nr. 101), (verändert 1843). – Zunächst bis zur KHM-Ausgabe von 1840 unter dem Titel *Der Teufel Grünrock* 1815 veröffentlichtes Schwankmärchen, das unter der Überschrift *Der Grünrock* noch im Anmerkungsband von 1856 firmiert. Thematisch weist das Stück große Ähnlichkeit mit KHM 100: *Des Teufels rußiger Bruder* auf (zu den Motiven s. Kommentar dort; zur Wiedererkennung durch einen Ring s. KHM 93: *Die Rabe*). Es stammt „aus dem Paderbörnischen", geht also vermutlich auf die Familie von Haxthausen zurück.

Der mehrfach gerade von Romantikern bearbeitete *Bärenhäuter*-Stoff (vor allem Clemens Brentano, 1808; Achim von Arnim, 1812) wurde für die 5. Auflage von 1843 im wesentlichen nach der Grimmelshausen-Vorlage (*Simplicissimus* 3, 895–904) umgestaltet und das Motiv der drei Brüder abgeschwächt, wahrscheinlich auch, um Überschneidungen mit anderen Dreibrüdermärchen (z. B. KHM 62, 63, 64, 70, 91) zu vermeiden. Der von den Brüdern Grimm für Sagen und Märchen geschätzte Johann Jakob Christoph von Grimmelshausen (1621/22–1676) hat Erzählstoffe und -motive aus der spätmittelalterlichen und frühneuzeitlichen Literatur aufgegriffen und bearbeitet. In der 1666 entstandenen und zuerst 1670 veröffentlichten Erzählung *Der erste Bärnhäuter* entwickelte Grimmelshausen an der Figur des Bärenhäuters das bekannte Thema vom Teufelspakt, in dem der Mensch im Dienst des Dämons Reichtümer erwirbt, ohne daß der Teufelsbündner, wie sonst häufig, dadurch Nachteile erleidet. Die Bearbeitung des Stoffs durch Wilhelm Grimm bewertet Hans Unterreitmeier (2006, 44) als einen „literarischen Assimilationsprozeß, der zu bewundern ist".

Die Bezeichnung Bärenhäuter steht gewöhnlich für einen Müßiggänger („auf der Bärenhaut liegen", nach Tacitus, *Germania*, Kap. 15) und dient zur Schelte (s. auch KHM 85, 93, 110): „und da die Feigheit und Unthätigkeit bey ihnen [den Vorfahren] das größte Laster war," faßt Johann Christoph Adelung (1793, Bd. 1, 732) zusammen, „so hat man nachmahls einen jeden nichtswürdigen Menschen mit dem Nahmen eines Bärenhäuters beleget, welcher eigentlich einen Menschen bedeutet, der anstatt in den Krieg zu ziehen, seine Tage auf der Bärenhaut im Müßiggange verzehret." Diese Auffassung scheint Grimmelshausens *Bärenhäuter*-Geschichte (Abdruck bei Uther 1990b, Nr. 42) widerzuspiegeln, formuliert er doch einleitend an anderer Stelle in *Der abenteuerliche Simplicissimus Teutsch* (erschienen 1669 [recte 1668], Grimmelshausen 1921, Bd. 1, 9 f.): „Die von Adel ersuchten mich deswegen [als Reisebegleitung] auch, und mein eigener Fürwitz, Frankreich zu besehen, riet mir solches gleichfalls, weil ichs jetzt ohn sondere Unkosten tun konnte und ich ohn das die vier Wochen auf der faulen Bärenhaut daliegen und noch Geld darzu verzehren müßte." Noch weiter geht Dietz-Rüdiger Moser (1982, 103–106), wenn er eine solche Figur in Anlehnung an den weitverbreiteten Etymachie-Traktat, wonach der Teufel den labilen Menschen zum Bären mache, um ihn zu Fall zu bringen, als Sinnbild der Luxuria ansieht.

Grimmelshausen hat den Stoff historisch angesiedelt und als ikonische Mythe wiedergegeben, während das Geschehen in KHM 101 aus naheliegenden Gründen überzeitlich angesiedelt ist. Der Barockdichter idealisierte in der Gestalt des abgedankten Landsknechts – Söldner zogen damals nach ihrer Entlassung in Scharen mittellos und plündernd durch die Lande – die Figur des Soldaten per se. KHM 101 steht wie auch KHM 100 in KHM-Teilausgaben für den Typus des Teufelsmärchens.

Das Bechstein-Märchen *Rupert, der Bärenhäuter* (Bechstein/Uther 1997a, 344–351) ist eine der zahlreichen literarischen Bearbeitungen des 19. Jahrhunderts. Der Stoff ist häufiger dramatisiert worden. Bevorzugte Bildmotive: die Figur des Bärenhäuters allein; der Bärenhäuter bei der Bärenjagd.

Lit.: Gaismaier 1904; BP 2 (1915) 423–426; HDM 1 (1930–33) 169–172 (W. Golther); Ranke 1955 ff., Bd. 1, 364 f.; EM 1 (1977) 1225–1232 (H. Rölleke); Weydt 1979; Schneider 1980, 94–103 (zu Bechsteins Fassung); Moser 1982, 103–106; Koeman 1993, 556–563; Kooi/Schuster 1994, Nr. 6 (Varianten); Maennersdoerfer 1994, 194 f. (zur Figur des Bärenhäuters); Scherf 1995, 46–49; Bluhm/Rölleke 1997, 113 f. (zu Redensarten, Formeln, usw.); Dekker et al. 1997, 218–221 (J. van der Kooi); Bässler 2004 (zum scherzhaften Begriff Bärenhäuter); Unterreitmeier 2006.

102. Der Zaunkönig und der Bär. – DMK/Uther, ATU 222: Krieg der Tiere (vgl. Dicke/Grubmüller, Nr. 630). – KHM-Veröff.: 1815 (Nr. 16), 1819 (Nr. 102); Kleine Ausgabe: 1825 (Nr. 38). – „Aus Zwehrn", von Dorothea Viehmann vermittelter Tierschwank, der den Konflikt zwischen großen und kleinen Tieren thematisiert. Scheinbar schwächere Tiere gewinnen durch List und Einfallsreichtum den sogenannten Krieg der Tiere (s. auch KHM 48: *Der alte Sultan* mit dem Kampf der Haus- gegen die Waldtiere). Menschliche Verhaltensweisen sind auf die Tierwelt übertragen worden. Es ist interessant, daß das aus dem Französischen übernommene Wort Parole bis zur KHM-Ausgabe letzter Hand (1857) stehengeblieben ist, obwohl die Brüder Grimm bestrebt waren, Französismen zu vermeiden. Aber hier ist der militärische Begriff durchaus angebracht, um die groteske Situation im Tierschwank zu unterstreichen. Koalitionen helfen zu überleben, planvolles Vorgehen und eine gemeinsame Strategie lösen Konflikte zugunsten stärkerer Gegner. Die vom Menschen täglich zu beobachtende Tatsache vom Überlebenskampf der Tiere, so Rolf Wilhelm Brednich, habe sich in Volkserzählungen zu der Vorstellung verdichtet, daß bestimmte Tiere oder Tierarten gelegentlich untereinander kriegerische Auseinandersetzungen austragen, bei denen sie um Verbündete werben, auch Feldzüge und Belagerungen durchführen (EM 8, 430).

Erzählungen über den Kampf größerer gegen kleinere Tiere, auch der Vierfüßler über mehrfüßige Tiere, sind aus verschiedenen älteren Erzählungen Indiens, Arabiens und Persiens bekannt. Mittelalterliche Fabeln lassen als Konfliktfall die Fledermaus im Streit der Vögel gegen die Vierfüßler zweideutig Partei mal für die eine, dann für die andere ergreifen, gerade so, wie sich das ‚Kriegsglück' wendet (DMK/Uther, ATU 222 A: *Bat in War of Birds and Quadrupeds*).

In KHM 102 geht es – wie auch in späteren Texten – um den Krieg zwischen Vögeln und Vierfüßlern. Man könnte denken, daß die mittelalterliche Fabel so auf ihren erzählerischen Kern zurückgeführt und dadurch viel anschaulicher geworden ist. Die Texte demonstrieren das Zusammenstehen der Tiere gegen übergroße Gefahren und wollen ein Beispiel für listiges Verhalten gegenüber mächtigen Gegnern geben. Die humorvoll mit bewußten stilistischen Anklängen an soldatischen Sprachgebrauch erzählte Fassung, deren überraschender Ausgang auf dem schwanktypischen Mißverstehen beruht, hatte offenbar das besondere Interesse der Brüder Grimm gefunden. Schon im Kommentar zur Erstveröffentlichung (1815, XXII) hieß es über das schöne „Thiermärchen", „daß Zaunkönig, Sperling und Meise eine Idee ausdrücken: die kleine List siegt aber über die große und darum muß selbst das ganze vom Fuchs angeführte Thiergeschlecht dem kleinen Geflügel weichen, wie im Märchen vom Gevatter Sperling (I.58 [= KHM 58]) der Fuchs dem Vogel. Der Zaunkönig ist der herrschende, weil die Sage das kleinste wie das größte als König anerkennt [...]".

KHM 102 zählt zu den bekannteren Tierschwänken, die auch häufig in Lesebüchern vertreten waren. Bildliche Darstellungen sind seit Beginn des 20. Jahrhunderts bekannt und zeigen bevorzugt die beiden Tiere Zaunkönig und Bär.

Lit.: BP 2 (1915) 435–438; Schwarzbaum 1979, 158–162; Tomkowiak 1993, 312; EM 8 (1996) 430–436 (R. W. Brednich); Solms 1999, 112–115, 155–158; zum Zaunkönig vgl. EM 14 (2014) 1211–1214 (W. Bies); Borgards 2017 (Gewalt und Macht im Tiermärchen).

103. Der süße Brei. – DMK/Uther, ATU 565: Wundermühle. – KHM-Veröff.: 1815 (Nr. 17), 1819 (Nr. 103). – „Aus Hessen", das heißt am 10.1.1813 von Henriette Dorothea Wild, der späteren Frau Wilhelm Grimms, beigesteuert. KHM 103 gehört zu den umfangmäßig kleineren Zaubermärchen und ist der großen Gruppe von Erzählungen zuzurechnen, in denen Zaubergaben und ihre unsachgemäße Handhabung eine wichtige Rolle spielen.

Im Mittelpunkt der zweigliedrigen Handlung steht ein „armes, frommes Mädchen" – Prototyp auch für das *Sterntaler*-Märchen (KHM 153). Eine alte Frau, die hier nicht mit dämonischen Zügen gezeichnet ist, wohl aber der jenseitigen Welt angehörig ist und vergangenes Geschehen wahrnimmt, ohne aktiv daran beteiligt zu sein, agiert als Helferin, die sich von einer Zaubergabe trennt, um die Hungersnot zu beenden. Nun sind solche Zaubergegenstände, die Speisen und Getränke auf bloßen Zuruf wie hier oder mittels eines Zauberspruchs bereitstellen, in vielen Märchen (z. B. KHM 36, 130, 158, 159) thematisiert. In Legenden und Sagen gehören Speisewunder zu den häufiger erzählten Vorgängen. Die Vorstellung von ständig gedeckten Tischen, von Zaubergaben oder magischen Helfern, die Essen und Trinken jederzeit verfügbar machen, mag an überlieferte oder selbsterlebte Mangelsituationen erinnern oder eine Angst vor Notzeiten ausdrücken. Daraus erwachsene Wünsche nach Reichtum und dauerhafter Versorgung mögen sich dann im Märchen niedergeschlagen haben. Die Bezeichnung Wunschmärchen (Wollenweber 1974, 46) oder Wunschdichtung trifft – wie auf KHM 146: *Die Rübe* und KHM 158: *Das Märchen vom Schlauraffenland* – in besonderem Maße auf KHM 103 zu.

Mit dem Erhalt der Zaubergabe und deren Erprobung könnte das Märchen enden, der Mangel ist ja behoben. Aber wie so oft geht es in einen zweiten Teil über, der davon bestimmt ist, daß unrechter Gebrauch von Zaubergaben Unheil nach sich zieht. Zwar kann das Kind als eigentliche Besitzerin des Töpfchens dieses zum Stillstand bringen, aber nun ist der Mangel in Überfluß verkehrt, das Ende offen. In der bekannten *Schlaraffenland*-Bearbeitung (1530) von Hans Sachs (BP 3, 249 f.) heißt es eingangs über eine solche ‚süße' Wegsperre: Wer in das Schlaraffenland gelangen will, „der muß große Dinge unternehmen und sich durch einen Berg von Hirsebrei essen, der wohl drei Meilen dick ist". In Verbindung mit Berichten über Armenspeisungen findet sich die von den Brüdern Grimm gewählte Überschrift in anderem Zusammenhang in der Geschichte *Der Süsse Brey* in des Polygraphen Erasmus Francisci *Höllischem Proteus* (Francisci 1690, 84–92, Nr. 13). Das Werk der Kompilationsliteratur benutzten die Brüder Grimm auch für ihre *Deutschen Sagen* (Grimm/Uther DS, Bd. 2, 605).

Das Märchen stellt in der Bildsprache der Erzählerin Friedel Lenz (1972, 74–76) die Gewißheit fortwährender Speisung der menschlichen Seele, solange sie kindhaft und fromm ist, dar: im (seelischen) Haushalt herrsche Armut. Die Mutter (das Überkommene, Konservative) und auch die Tochter (das Junge, Voranstrebende) leideten Not. Die Tochter wolle Abhilfe schaffen und mache sich daher auf die Suche nach Nahrung. Mit dem von der Alten überlassenen Topf könne sie wieder Nahrung bereiten. Die passiv gebliebene Mutter könne mit dem Gefäß zwar auch Nahrung (innere Erfüllung) bereiten, aber nicht beherrschen; sie verfiele der Maßlosigkeit.

Fassungen dieses Märchens aus Island und aus Skandinavien sind weit anschaulicher, weil die Nahrungsproblematik durch Polarisierung von Arm/Reich und Gut/Böse in der Gestalt eines freigebigen und eines geizigen Bruders besser erfaßt ist. Das Märchen schließt in diesen (späteren) Varianten mit einer Ätiologie, daß die auf dem Meeresgrund befindliche Mühle (statt Topf) dort Salz mahlt, ohne Unterlaß, und damit für den Salzgehalt des Meerwassers sorgt (Mot. A 1115.2).

Das Märchen ist relativ kontinuierlich in Lesebüchern vertreten (Tomkowiak 1993, 315) und neuerdings gelegentlich als Bilderbuch verbreitet.

Lit.: Aarne 1909; BP 2 (1915) 438–440; HDM 1 (1930–33) 320–323 (W. Heiligendorff); zu Teuerungen in der Sage vgl. HDA 8 (1936–37) 734–741 (F. Eckstein); Kooi/Schuster 1993, Nr. 10 (Varianten); Scherf 1995, 1167f.; Dekker et al. 1997, 424–426 (J. van der Kooi); Sennewald 2004, 158–184 (Textgeschichte); EM 14 (2014) 1070–1075 (D. Richter) (zum umstrittenen Begriff Wunschdichtung); EM 14 (2014) 1053–1056 (H.-J. Uther).

104. Die klugen Leute. – DMK/Uther, ATU 1385: Pfand der klugen Frau + DMK/Uther, ATU 1384: Narrensuche + DMK/Uther, ATU 1540: Student aus dem Paradies. – Große Ausgabe: 1857; Kleine Ausgabe: 1853 (Nr. 39). – „Aus Hessen", von Henriette Dorothea Grimm (geb. Wild) im Oktober 1851 auf der Friedrichshütte bei Bebra aufgezeichneter Schwank (vorhanden in der Handschrift Wilhelm Grimms in der Staatsbibliothek Berlin, Preuß. Kulturbesitz, Nachlaß Grimm 1800 C 1,2,6–7 u. d. T.: *Die drei Erznarren*) und für *Die treuen Tiere*, das Märchen von den dankbaren Tierhelfern, eingesetzt, das seit 1815 an dieser Stelle stand, dann aber wegen der inzwischen bekanntgewordenen Herkunft aus dem mongolischen *Siddhi-Kür* ausgeschieden wurde; im KHM-Anmerkungsband von 1856 ist es noch angezeigt. In die *Kleine Ausgabe*, deren Textkorpus während der Druckgeschichte nahezu unverändert blieb, war der Eheschwank aus diesem Grund bereits 1853 (Nr. 39) anstelle des Märchens *Die treuen Tiere* aufgenommen worden. Der aus mehreren Episoden bestehende Schwank besteht aus folgenden Handlungszügen:

> (1) In Abwesenheit des Ehemannes tätigt die Bauersfrau einen törichten Verkauf von drei Kühen. Statt der Bezahlung für alle drei nimmt sie eine Kuh als Pfand. (2) Der Mann will sie für ihre Dummheit verprügeln, besinnt sich aber anders und begibt sich auf die Suche nach einer noch einfältigeren Frau. Fände er sie, will er von Schlägen (damals Vorrecht des Hausvaters) absehen. (3) Er trifft gleich eine Frau, die ihm glaubt, daß er aus dem Himmel gekommen sei, und gibt ihm Geld für ihren verstorbenen Mann mit. (4) Der Sohn der Frau reitet ihm nach, trifft auf dem Weg einen Fremden (in Wahrheit der Bauer), fragt ihn nach dem Mann aus dem Himmel, erfährt, daß jener den Berg hinaufgegangen sei, und bietet dem Fremden sein Pferd an, damit jener den anderen zurückhole. (5) Der Bauer merkt, was die Stunde geschlagen hat, nimmt das Pferd und macht sich aus dem Staub, kehrt bereichert nach Haus zurück und erzählt alles seiner Frau.

KHM 104 ist ein weiteres Beispiel eines Dummenschwanks, der immer wieder zur Auflockerung in den KHM an unterschiedlichsten Stellen zu finden ist (vgl. z. B. KHM 7, 32, 34, 59). Bei solchen Dummköpfen scheint der Anteil weiblicher und männlicher Handlungsträger ausgewogen. Die ‚kluge' Bauersfrau oder die ‚kluge' Else in KHM 34 und die anderen Handlungsträger bestechen nicht etwa durch ihre Klugheit, sondern das Adjektiv meint das genaue Gegenteil. Eine Steigerung ergibt sich in KHM 104 durch die exemplarische Vorführung dreier dummer Leute.

Der törichte Handel, die Geldgabe für den verstorbenen Ehemann und die Bereitstellung des Pferdes als Transportmittel demonstrieren Einfältigkeit in so hohem Maße, daß nach Max Lüthi der Hörer/Leser seine eigene Überlegenheit schmunzelnd genießt und die Dummheit der Handlungsträger „genießerisch auskostet" (EM 3, 934).

Hier und in anderen (neueren) Fassungen stellt der Schwank nur eine Episode innerhalb von (beliebig kombinierbaren) Dummengeschichten dar. KHM 104 zeigt typische Bearbeitungstendenzen der Spätphase. Integriert hat Wilhelm Grimm einen Hinweis auf den Schwank vom Schneider im Himmel (= KHM 35): „Schneider gibt es dort [im Himmel] nicht, der heil. Petrus läßt keinen hinein, wie ihr aus dem Märchen wißt." Der abschließende Erzählerkommentar spricht den Leser direkt an und urteilt im Sinne der Mehrheit, „aber dir sind gewiß die Einfältigen lieber".

Einzelne Episoden des Schwanks wie etwa die Himmelsgabe sind besonders in der Erzählungsliteratur des 16. Jahrhunderts bezeugt (*Eulenspiegel*-Buch, Heinrich Bebel, Johannes Pauli, Hans Sachs). Die Vorstellung, daß ein Toter oder Sterbender Botschaften ins Jenseits mitnehmen kann, auch, daß Botschaften aus dem Jenseits (Abgarbrief, Himmelsbrief) möglich sind, hatten schon verschiedene Autoren der Antike diskutiert und für denkbar gehalten. Bis in die heutige Zeit gibt es immer wieder Versuche, mit Verstorbenen in Kontakt zu treten – trotz ablehnender Haltung seitens der Kirchen. Die Antwort des Mannes, er sei „von dem Himmel gefallen", und darauf gründende Komik dürften eine parodistische Umgestaltung jenes Jenseitsglaubens darstellen – hier in Verbindung mit dem schwanktypischen Element des Sprachmißverständnisses. Schon im 13. Jahrhundert hatte der Franziskaner Berthold von Regensburg (um 1210–1272) in einer seiner berühmten Predigten (EM 2, 164) vor Betrügern gewarnt, welche unter dem Vorwand, in der Hölle gewesen zu sein, um Sachspenden für Verstorbene gebeten hatten.

Der Schwank ist in größeren KHM-Ausgaben vertreten, hat aber darüber hinaus und trotz Aufnahme in die *Kleine Ausgabe* keine weiterreichende Verbreitung gefunden.

Lit.: Aarne 1915; BP 2 (1915) 440–451; Kuttner 1934, 97–101; Hoven 1978, 81f., 97f., 141, 146; EM 2 (1979) 639–643 (G. Petschel); Kooi/Schuster 1994, Nr. 141 (Varianten); Dekker et al. 1997, 99–101 (J. Pen); EM 9 (1999) 1204–1210 (J. van der Kooi); Solms 1999, 131f.; Hubrich-Messow 2000ff., Bd. 5, 137–149, 149–154 und Bd. 6, 105–119 (Varianten); EM 10 (2002) 840–842 (A. Schöne); zu Sprachmißverständnissen vgl. EM 12 (2007) 1094–1099 (J. van der Kooi); EM 12 (2007) 1421–1425 (W. Achnitz).

105. Märchen von der Unke. – (1) DMK/Uther, ATU 285, 285A: Kind und Schlange (= Mot. B 391.1: Kind läßt Unke aus Milchschüssel trinken + Mot. B 765.6: Unke trinkt Milch); (2) vgl. DMK/Uther, ATU 672: Schlangenkrone, -stein; (3) Mot. B 216: Verstehen der Tiersprache + Mot. B 212: Tier versteht menschliche Sprache + Mot. B 211.7.1: Tier antwortet. – KHM-Veröff.: 1815 (Nr. 19), 1819 (Nr. 105) (verändert 1843); Kleine Ausgabe: 1825 (Nr. 40) (verändert 1847). – „Aus Hessen und an mehreren Orten gehört", heißt es zur Herkunft des ersten Märchens (KHM 1856, 184), das die Brüder Grimm von Henriette Dorothea Wild am 5.1.1813 und am 11.3.1813 von Lisette Wild (1782–1858) erhalten und kombiniert hatten. Die Sage KHM 105(2) stammt „aus Hessen". Nähere Angaben sind nicht zu ermitteln, und dies gilt auch für die dritte „aus Berlin" stammende Fassung. 1843 sorgt Wilhelm Grimm für eine eher märchenhafte Umgestaltung der ersten Fassung und arbeitet die innige Beziehung zwischen Mensch und Tier stärker heraus. Dazu gehört die in einen Vierzeiler eingekleidete Aufforderung des Kindes an die Unke, Speise und Trank auch anzunehmen, und die Beschreibung der Unke als dankbares Tier, das wie die Schlangenkönigin das Kind an ihren Schätzen teilhaben läßt.

Das erste Märchen schildert „ein echtes Sympathieverhältnis zu einem Tier" (Röhrich 2001, 72). Das kleine Kind lebt symbiotisch mit der Milch trinkenden Hausunke, worunter die Ringelnatter zu verstehen ist, doch wird die Gemeinschaft durch die Mutter jäh zerstört, als diese ihr Kind von der Natter bedroht sieht und sie tötet. Die Ringelnatter ist das Seelentier des Kindes. Sehr anschaulich schildert KHM 105(1) die auf Sympathiezauber gründende Vorstellung, welche sich im Verfall des Kindes äußert, das nach dem Verlust seines zweiten Ich sterben muß. Vergleichbar ist die Selbstaufgabe des Kindes mit dem körperlichen und seelischen Verfall älterer Menschen (bis hin zum eigenen raschen Tod), der einsetzt, nachdem der langjährige Lebenspartner gestorben ist. KHM 105(1) ist erneut ein Beispiel für eine schlecht ausgehende Erzählung, die aus diesem Grund thematisch in die Nähe der Sage gestellt werden kann (Wesselski 1931, 94 f.).

Mit dem Tod des Tieres endet auch die zweite sagenähnliche Geschichte. Dort ist die Gabe des dankbaren Tiers in den Mittelpunkt gestellt. Der Besitz der Unken- oder Schlangenkrone verheißt Reichtum, wenn die Krone nur liegengelassen wird. Doch das Kind kennt nicht diese Bedeutung für den Träger, entwendet sie, und ohne diesen Schutz muß das Tier verenden.

Der dritte Text ist wegen der absurden und unlogischen Verbindung paradoxer Vorstellungen in den Bereich des Nonsens einzuordnen.

Zu dem Komplex ‚Dankbare Tiere und undankbarer Mensch' (DMK/Uther, ATU 160, 285) existieren viele seit dem Mittelalter bekannte thematisch verwandte Erzählungen aus Europa und Asien – häufig wird das Tier auch nur verwundet. Schon Wilhelm Grimm hatte auf eine Fassung in den *Gesta Romanorum* (Nr. 141) hingewiesen (Abdruck s. Uther 1990b, Nr. 44). In den *Deutschen Sagen* haben die Brüder Grimm eine verwandte Schweizer Sage von der Schlangenkönigin (Grimm/Uther DS 221) abgedruckt, allerdings mit letztlich positivem Ausgang: Die Schlangenkrone wird der Braut in den Schoß geworfen, und „die jungen Leute hatten großen Segen in ihrer Wirtschaft und wurden bald wohlhabend".

Heinz Rölleke beschrieb erstmals die beträchtlichen Umgestaltungen der ersten Fassung und äußerte sich zugleich zurückhaltend über Deutungen, die in der älteren Forschung aufgrund der überarbeiteten Fassung von KHM 105(1) vorgenommen worden seien. Die Deutungen „müßten wohl im Blick auf die früheren Fassungen überprüft, wenn auch nicht notwendigerweise falsifiziert werden" (Rölleke 2005a, 104). Diese Bewertung dürfte auch für August Nitschke

(1976 f.) gelten, der unter Einbeziehung sozial erworbener und kulturell bedingter Verhaltensnormierungen die Ansicht vertritt, psychisch und mental vorhandene Charakteristika hätten auch die Motivationen von Handlungsträgern in Märchen bestimmt. Er konstruiert Kontinuitäten bis in die Jungsteinzeit hinein und zieht Vergleiche mit Tierdarstellungen von Lascaux und Altamira heran. Doch fanden seine Auffassungen keinen nennenswerten Nachhall in der wissenschaftlichen Diskussion, so Helge Gerndt in der *Zeitschrift für Volkskunde* (76 [1980] 148).

Bildliche Darstellungen, zumeist seit Anfang des 20. Jahrhunderts, beziehen sich fast ausschließlich auf KHM 105(1) und bevorzugen das Motiv von Kind und Unke mit Milchschale.

Lit.: Grimm DM, Bd. 2, 650 (zu verwandten Erzählungen von gekrönten und milchtrinkenden Schlangen); BP 2 (1915) 459–465; Bolte 1926, 66 f. (zu älteren Fassungen); Brandsch 1926, 32 (zu älteren Fassungen); Waugh 1960; Schwarzbaum 1979, 123–137; Stohlmann 1985, 139–142; EM 7 (1993) 1240–1243 (W. Scherf); Hubrich-Messow 2000 ff., Bd. 4, 80 f. (Varianten); Rölleke 2005a (Textgeschichte); zu Schlangenkrone, -stein s. EM 12 (2007) 56–63 (S. Schmidt); Mamiya 2007, 351–362 (Textgeschichte); Rölleke 2015b, 109–114 (Textgeschichte); Rölleke 2020, 9–25 (Textgeschichte).

106. Der arme Müllerbursch und das Kätzchen. – DMK/Uther, ATU 402: Maus als Braut. – KHM-Veröff.: 1815 (Nr. 20), 1819 (Nr. 106; erweitert im ersten Teil 1840); Kleine Ausgabe: 1825 (Nr. 41). – Schwankmärchen „aus Zwehrn", das heißt von Dorothea Viehmann am 23.6.1813 zugekommen (zu literarischen Vorbildern [Madame d'Aulnoy: *La Chatte blanche*] vgl. Kommentar zu KHM 63: *Die drei Federn*).

Im Mittelpunkt des Geschehens steht der jüngste von drei Mahlknechten. Alle drei sollen ihre Fähigkeiten bezeugen, um das Erbe des Müllers antreten zu können. Die Aufgabe ist nicht wie sonst mehrteilig, sondern besteht nur im Herbeischaffen des besten Pferdes. Märchentypisch ist das Zusammenstehen der beiden Älteren gegen den jüngsten. Die Rivalität ist hier jedoch nicht handlungsbestimmend. Das Geschehen konzentriert sich ganz auf die humorvoll erzählten Abenteuer des Jüngsten, den die beiden anderen Knechte, während er schläft, verlassen. Schon zu Beginn erhalten die Leser und Zuhörer einen Vorgeschmack auf das Ende. Das unsolidarische Verhalten bleibt nicht unkommentiert: „ja! es wird euch doch nicht gut gehen!"

1837: Da nahm sie ihn mit in ihr verwünschtes Schlößchen: er mußte ihr dienen, und alle Tage Holz klein machen, dazu kriegte er eine Axt von Silber, und die Keile und Säge von Silber, und der Schläger war von Kupfer.

> 1840: Da nahm sie ihn mit in ihr verwünschtes Schlößchen, und hatte lauter Kätzchen, die ihr dienten, die sprangen flink die Treppe auf und ab, waren lustig und guter Dinge. Abends als sie sich zu Tisch setzten, mußten zwei Musik machen: eins strich den Baß, das andere blies die Trompete, und blies die Backen auf so sehr es nur konnte. Als sie gegessen hatten, wurde der Tisch weggetragen, und die Katze sagte ‚nun komm, Hans und tanze mit mir.' ‚Nein' antwortete er, ‚mit einer Minzekatze habe ich noch nicht getanzt, das thue ich nicht.' ‚So bringt ihn ins Bett' sagte sie zu den Kätzchen. Eins leuchtete ihm seine Schlafkammer, eins zog ihm die Schuhe aus, eins die Strümpfe, und eins endlich blies das Licht aus. Am andern Morgen kamen sie wieder, und halfen ihm aus dem Bett, eins zog ihm die Strümpfe an, eins band ihm die Strumpfbänder, eins holte die Schuhe, eins wusch ihn, und eins trocknete ihm mit dem Schwanz das Gesicht ab. ‚Das thut recht sanft' sagte Hans. Er mußte aber auch der Katze dienen, und alle Tage Holz klein machen, dazu kriegte er eine Axt von Silber, und die Keile und Säge von Silber, und der Schläger war von Kupfer. Nun, da machte ers klein, blieb da im Haus, hatte sein gutes Essen und Trinken, sah aber niemand als die bunte Katze und ihr Gesinde.

Der Zufall führt den Jüngsten mit einer Katze zusammen, und er verdingt sich bei diesem sprechenden Tier aus der Jenseitswelt. Seine Bewährungsproben besteht er wie der Bärenhäuter (KHM 101) oder der Höllenheizer (KHM 100) und arbeitet sieben Jahre lang bei dem kleinen bunten Kätzchen. Alle Aufträge führt er ohne Murren aus, nur eine Bitte erfüllt er nicht: „Nein, mit einer Miezekatze tanze ich nicht, das habe ich noch niemals getan." Doch das Exzeptionsprinzip, das viele Erzählungen dynamisiert (EM 4, 720 f.), bildet in KHM 106 kein notwendiges Strukturelement, der Widerspruch des Jüngsten bleibt für ihn folgenlos. Die Tierhelferin entläßt den Arbeitsamen nach der vereinbarten Zeit, aber ohne die versprochene Entlohnung. Daraufhin begibt sich der Jüngste wieder auf den Weg zur Mühle, im Vertrauen auf die Zusage der Katze, daß sie ihm das Pferd nach Ablauf einer dreitägigen Frist bringen werde.

Wie gering die beiden anderen Knechte die Fähigkeiten des ‚Kleinknechts' einschätzen, demonstrieren sie damit, daß sie von ihrer Suche nur mit einem lahmen und einem blinden Pferd heimkommen, während er, der Unscheinbare, scheinbar ihren Erwartungen entspricht: Er hält gar nichts in Händen, taucht noch dazu in abgetragener Kleidung auf und muß im Gänsestall nächtigen. Aber zur rechten Zeit stellt sich die Katze ein – als erlöste Prinzessin. Der Besitz der Mühle, als Preis ausgelobt, interessiert nicht mehr. Nun trifft die Königstochter die Entscheidungen. Sie holt ihren Hans in das Schloß und sagt dem Müller, er könne seine Mühle behalten.

Abschließend heißt es über den Dummling, mithin eine Figur, die von der Umwelt für unverständig („albern") gehalten wird, sich aber im Verlauf der Handlung als der eigentliche soziale Aufsteiger im Wettstreit der Knechte erweist: „und da hat sie ihn geheiratet und war er reich, so reich, daß er für sein Lebtag genug hatte. Darum soll keiner sagen, daß wer albern ist, deshalb nichts

Rechtes werden könne". Diese abschließende sprichwörtliche Sentenz greift die eingangs geäußerte abschätzige Charakterisierung des Kleinknechts durch die anderen beiden Müllerburschen auf und widerlegt sie.

Daß KHM 106 mit dieser Bewertung des unscheinbaren Helden schließt, zeigt, daß die 1812/15 angestrebte Praxis der Brüder Grimm, die ihnen zur Verfügung stehenden Texte formgetreu darzubieten und ethische Vorstellungen und pädagogische Anliegen im Text selbst nicht plakativ zu formulieren, nicht ganz streng eingehalten wurde.

KHM 106 mit der Katze als dankbarem Tier und Tierhelferin läßt sich als Pendant zum Schwankmärchen *Der gestiefelte Kater* (KHM 33 [1812]) begreifen, das wegen der allzu offensichtlichen Nähe zu Charles Perrault nicht mehr in die 2. Auflage der KHM von 1819 übernommen wurde. Die Dominanz des Schwankmärchens vom gestiefelten Kater geht allerdings so weit, daß es die typologisch verwandte Erzählung vom Müllerburschen, die außerdem innerhalb der *Kleinen Ausgabe* (Nr. 41) tradiert wurde, bis heute vielfach aus KHM-Anthologien verdrängte und an deren Stelle trat. Teilweise wird damit sogar für eine Grimm-Ausgabe geworben: *Der gestiefelte Kater und andere Märchen der Brüder Grimm*. Dennoch erfreut sich auch KHM 106 großer Popularität und ist als Einzelmärchen verschiedentlich herausgebracht worden. Beliebtes Bildmotiv: Der jüngste Knecht im Kreis der Katzen.

Lit.: BP 2 (1915) 466–468; Wesselski 1942, 48 f.; Textor 1965 (zu D. Viehmann); Köhler–Zülch 1991, 114 f.; Uther 1991a; Scherf 1995, 30 f.; Dekker et al. 1997, 92–96 (T. Meder); EM 9 (1999) 432–436 (S. Fährmann); Mamiya 2003 (Textgeschichte); Messerli 2019, 34 f. (Schloß als grotesker Raum).

107. Die beiden Wanderer. – DMK/Uther, ATU 613: Wanderer: Die beiden W. (Tubach, Nr. 695) – KHM-Veröff.: 1843. – Erst seit 1843 an dieser Stelle befindliches Zaubermärchen, das den strukturell ähnlichen Text *Die Krähen* (1815: Nr. 21/1819–1840: Nr. 107) ersetzte. Über KHM 107 heißt es (KHM 1856, 188): „Nach einer Erzählung aus dem Holsteinischen, die besser und vollständiger ist als die in den früheren Ausgaben unter dem Titel die Krähen sich befindet und einer Überlieferung aus dem Meklenburgischen folgte." Mitgeteilt (Brief vom 4.12.1842 aus Berlin) hatte den Text nach den Recherchen Corinna Gerhardts (1995, 94–96) der in Pinneberg geborene „Student Mein" (das ist Lud[e]wig Meyn, 1820–78); die handschriftliche Fassung befindet sich in der Staatsbibliothek Berlin, Preußischer Kulturbesitz, Nachlaß Grimm 1757,12, 24r–27v. Herman Grimm (1828–1901) erzählte 1842 zusammenfassend eine Variante von Marie Stenzler aus Wolgast, Ehefrau des Sanskritisten Adolf Friedrich Stenzler, die

Wilhelm Grimm aber nicht im Kommentarband von 1856 erwähnt (Brief Hermans an seinen Vater Wilhelm Grimm vom Sept. 1842, vgl. Grimm/Ehrhardt 1998, 59 f.).

Die neue Fassung in der Edition von 1843 ist weit ausführlicher (besonders im ersten Teil) und, vor allem in der Schilderung des unschuldig Geblendeten, weit rührseliger. In das Zaubermärchen eingestreut sind zahlreiche christliche Bezüge. Der Konflikt spielt sich nicht mehr zwischen drei Soldaten ab, sondern nunmehr sind es die beiden Handwerker Schuster („böse") und Schneider („gut"). In der Darstellung der unterschiedlichen Charaktere und der ausmalenden Handlung unterscheidet sich KHM 107 doch sehr von KHM-Texten der Frühzeit, die sich mit der Schilderung eines erzählerischen Kerns begnügen, auf dekorative Züge verzichten und Erzählerkommentare möglichst vermeiden. Nach dem Urteil Lothar Bluhms kann die Erzählung „durchaus als Musterbeispiel für das Grimm'sche Märchenideal gelten" (Bluhm 2011, 22).

Lebensweisheit spricht aus dem einleitenden Satz des Märchens. Es beginnt, ungewöhnlich genug, mit einem Aphorismus: „Berg und Thal begegnen sich nicht, wohl aber die Menschenkinder, zumal gute und böse." (Bluhm/Rölleke 1997, 117 f.). Wilhelm Grimm benutzte das „Sprüchwort" beispielsweise in einem Brief an seine Schwester Charlotte Grimm, verheiratete Hassenpflug (1793–1833). Aus der Briefstelle geht hervor, daß ihm das Sprichwort schon länger bekannt war. Er bezeichnet es als „bereits abgelebten Witz" und ergänzt, er sei sich nicht sicher, ob er es ihr schon einmal mündlich vorgetragen hätte (Grimm/Grothe 2000, 141). In dem Aphorismus ist der zentrale Konflikt der Handlung eingefangen, wie denn überhaupt KHM 107 an mehreren Stellen deutlich zu erkennen gibt, welches Verhalten nachahmenswert und welches als schädlich und strafenswert erachtet werden muß. Im ersten Teil greift KHM 107 eines der wichtigen Märchenthemen: Behinderung und Heilung (z. B. KHM 25: *Die sieben Raben*, KHM 31: *Das Mädchen ohne Hände*), auf. Die Selbsterniedrigung des Schneiders geht bis zur Einwilligung, sich verstümmeln zu lassen. Das Ausstechen der Augen macht ihn hilflos. Es wird immer nur als Faktum geschildert, ohne auf die Verletzung und damit verbundene Schmerzen einzugehen. Die Mutilation erscheint zwar ungewöhnlich in der Abwägung der Güter (Augen gegen Nahrung), soll aber die Lebenseinstellung des Schneiders drastisch als abweichend von der Norm darstellen. Schließlich hatte er mehr in den Tag hineingelebt und nicht an das Morgen gedacht.

KHM 107 toleriert die extreme Schädigung als Strafe, sorgt aber zugleich für die Wiederherstellung der körperlichen Unversehrtheit. Dies geschieht, als der Unglückliche das Gespräch von Krähen belauscht. Geister, Tiere oder Hexen, die unwissentlich einem Lauscher ihre Geheimnisse weitergeben, dynamisieren in vielen Märchen die Handlung (vgl. KHM 6, 55, 125). Aber KHM 107 will nicht primär den Heilungsprozeß aufzeigen, sondern exemplarisch aufzeigen, daß der sündige Mensch für Vergehen zwar bestraft, bei Einsicht und Reue aber Hilfe erwarten kann. Der zweite Teil handelt daher folgerichtig vom sozialen Aufstieg des Geheilten – mit Hilfe dankbarer Tiere (erinnert in vielem an KHM 62: *Die Bienenkönigin*), denen er mit gebotener Achtsamkeit gegenüber gehandelt hat. Unter anderem erfüllen Bienen in der Rolle von Tierhelfern die auf Anstiften des bösartigen Schusters vom König gestellte unlösbar scheinende Aufgabe, das Schloß naturgetreu in kleinerem Maßstab aus Wachs abzubilden – eine profanierte Darstellung des mittelalterlichen Mirakelmotivs von der Hostie im Bienenstock beziehungsweise dem Bau einer Wachskapelle. Der Schuster in der Rolle eines mitleidlosen Gefährten kann nur als Folge seines Tuns extrem bestraft werden. Ihm hacken Krähen die Augen aus, gleichsam eine spiegelnde Strafe. Dieses Motiv des Eingreifens göttlicher Gerechtigkeit durch Tiere kennt auch, mit Tauben, das *Aschenputtel*-Märchen (KHM 21).

Das in unzähligen Varianten vorliegende Märchen weist thematisch ein hohes Alter auf. Es ist schon in Form eines Rechtsstreits auf einem altägyptischen Papyrus dargestellt, findet sich in buddhistischen Schriften des 8. Jahrhunderts als Erzählung zweier Brüder namens Gut-Tat und Schlecht-Tat und begegnet besonders im Mittelalter als Wettstreit zwischen Wahrheit und Gerechtigkeit einerseits und Untreue und Falschheit andererseits – oder als Kontroverse um die rechte Religion. In neuzeitlichen Fassungen sind es ebenso wie in KHM 107 zwei Gefährten, deren einer dem anderen aus nichtigem Grund und einem unverständlichen Sadismus heraus die Augen aussticht. Fassungen aus dem Mittelalter kennen die Blendung zumeist als Preis für eine verlorene Wette, beispielhaft dargestellt in der Predigtsammlung *Sermones Pomerii de tempore* (entstanden zwischen 1483 und 1498) des ungarischen Franziskaner-Minoriten Pelbárt von Temesvár (Abdruck bei Uther 1990b, Nr. 45).

In neueren Varianten ist das Wettmotiv entfallen, die Blendung erscheint als Schädigung eines Böswilligen. Schon die alte Beispielgeschichte demonstriert die Gerechtigkeit Gottes als ein planvolles, manchmal zunächst für den Menschen nicht zu durchschauendes Handeln, das aber letztlich zu seinem Wohl gerät. Dieser Gedanke liegt KHM 107 ebenso zugrunde.

Eine Fassung (1845) von Johann Wilhelm Wolf diente Ludwig Bechstein zur Vorlage für seine Version *Schneider Hänschen und die wissenden Tiere*, die er im *Neuen deutschen Märchenbuch* 1856 (Bechstein/Uther 1997b, 31–44) veröffentlichte. Er nutzte besonders die Dialoge der beiden Wandersleute zur Darstellung der unterschiedlichen Charaktere.

KHM 107 findet sich zumeist nur in größeren Zusammenstellungen Grimmscher Märchen; bildliche Darstellungen unterschiedlicher Art (Galgenszene; die beiden Wanderer; Begegnung mit den Enten) sind selten.

Lit.: BP 2 (1915) 468–472; Christiansen 1916; Wesselski 1925, Nr. 14; Mehlem 1940, 60 f.; Ranke 1955 ff., Bd. 2, 347–361 (Varianten); Verflex. 1 (1978) 859–862 (S. Ringler) (zusammenfassend zum Motiv der Bienenkirche); Miquel u. a. 1980; Uther 1981, 116 f.; Jason 1988, 53–113; El-Shamy 1990, 87–92; Clausen-Stolzenburg 1995, 321 f. (zu Parallelen mit dem Volksbuch von den vier Haimonskindern); Scherf 1995, 74–78; Bluhm/Rölleke 1997, 117–122 (zu Redensarten, Formeln, usw.); Dekker et al. 1997, 377–379 (J. van der Kooi); Verflex. 10 (2000) 970–972 (S. Ringler); Marzolph/van Leeuwen 2004, Nr. 255, 382, 400; Zitzlsperger 2007 (zum Gerechtigkeitsempfinden); Bluhm 2011, 21–24 (zur Textgeschichte); EM 14 (2013) 476–483 (M. C. Maennersdoerfer); Bluhm 2019, 319–336 (zur literarischen Tradition des Stoffes).

108. Hans mein Igel. – DMK/Uther, ATU 441: Hans mein Igel. – KHM-Veröff.: 1815 (Nr. 22), 1819 (Nr. 108). – „Aus Zwehrn", das heißt von Dorothea Viehmann, am 29.6.1813 erhaltenes oder erzähltes Zaubermärchen aus dem Kreis der Tierbräutigam-Märchen (vgl. auch KHM 1, 88, 127, 144).

Das Märchen war den Brüdern Grimm schon früher bekannt geworden. In seinen *Altdänischen Heldenliedern* (Grimm 1811, 529) hatte Wilhelm Grimm die damals als „Sage" erwähnte Geschichte „von dem Prinz Schwein, der nur in der Nacht seine Thierhaut ablegt", angesprochen. Er bezog sich offensichtlich auf *Il re Porco* aus Straparolas Sammlung *Piacevoli notti* (2,1), die älteste literarische Bezeugung des Erzähltyps, der später auch in einer Bearbeitung der Madame d'Aulnoy, *Le Prince Marcassin*, verbreitet wurde – mit dem ergänzten Motiv von der Entführung der dritten Tochter. Bei d'Aulnoy ist der Held allerdings ein völlig tiergestaltiger Königssohn und nicht, wie in KHM 108, ein Mischwesen, ein Igel und „unten ein Junge". Die Motivfolge von KHM 108 entspricht dem üblichen Schema vieler Tierbräutigam-Märchen:

> (1) Wunsch nach einem Kind gleich welcher Gestalt. (2) Geburt eines tiergestaltigen Wesens. (3) Fehlende Anerkennung der Eltern und Auszug des Tiergestaltigen in die Fremde auf einem Hahn; (4) Hilfe zweier verirrter Könige gegen das Versprechen einer Königstochter als Frau (Jephthamotiv wie z. B. in KHM 31, 88, 92). (5) Rückkehr ins Elternhaus mit einer großen Herde Schweine. (6) Erneuter Auszug und Einforderung des Versprechens. (6.1.) Mordanschlag und Ablehnung der ersten Königstochter. (6.2.) Freundlicher Empfang beim zweiten König und Zusammenleben mit der zweiten Königstochter. (7) Verbrennen der Tierhaut auf Geheiß des Igelmenschen und Erlösung mit Aufstieg zum Nachfolger des Königs. (8) Besuch der Eltern und Wiedererkennung.

Die Eingangsthematik basiert nach Barbara Gobrecht (1992, 62) auf dem weitverbreiteten Stereotyp, wonach deformierte Neugeborene unerwünscht seien, und beschreibe die Reaktion der Eltern auf die Geburt des Halbwesens. Auf das Erschrecken der Mutter beim Anblick des Säuglings folgt gleich eine Schuldzuweisung an den Ehemann und seine unbeherrschte und zornige Äußerung nach einem Kind („Ich will ein Kind haben, und sollt's ein Igel sein"): „Siehst du, du hast uns verwünscht." Ungewöhnlich ist im weiteren Verlauf der Handlung das Beschlagen eines Hahns – und noch ungewöhnlicher das Reiten des Tiergestaltigen auf dem begleitenden Hahn. Der Hahnreiter verkörpert zauberische Kräfte, zeigt zumindest das Außergewöhnliche an (EM 6, 379). Während die eine Königstochter die Bitte ihres Vaters nach Hochzeit mit dem Tiermenschen kategorisch ablehnt und für diese Haltung, als sie sich schließlich widerwillig fügen muß, bestraft wird, führt die Figur der zweiten gehorsamen Königstochter beispielhaft vor, daß eine Frau ihren Ekel vor der abnormen Gestalt überwinden kann und dadurch die Voraussetzung für die Befreiung des Tiermenschen schafft: So verwandelt sich märcheneigentümlich Abstoßendes, Fremdes, Häßliches in Schönes.

Wie in KHM 88: *Das singende springende Löweneckerchen* geschieht die Erlösung des Verwandelten erst dann, als eine Frau ihre Furcht überwindet. Der entscheidende Unterschied besteht allerdings darin, daß KHM 88 das Geschehen aus der Perspektive der Tochter darstellt, die der Vater preisgibt, um sein eigenes Leben zu wahren, während in KHM 108 der Sohn, sein Handeln und seine Erlösung im Vordergrund stehen. Aber die vollständige Transformierung mißglückt: ein kleiner Verlust, die „kohlschwarze" Farbe, bleibt zurück. Erst als ein Arzt bemüht wird, um das Andersartige (und von der Norm Abweichende) mit Hilfe von Salben zu beheben, „da ward er weiß und war ein schöner junger Herr".

Tiere zeigen sich nach Lutz Röhrich in KHM 108 auf mehreren Ebenen. In den Schweinen begegnen Tiere, die für die menschliche Ernährung unentbehrlich geworden sind und obendrein einen ansehnlichen Besitzstand verkörpern, der Hahn ist ein ungewöhnliches Begleit- und vor allem Reittier, und hinter dem tiergestaltigen Igel verbirgt sich schließlich ein verwandelter und erlösungsbedürftiger Mensch. Die Erlösung gelingt, wie auch in anderen Märchen, durch Liebe und Selbstüberwindung. Die beiden Schlußverse (vgl. Bluhm/Rölleke 1997, 123) runden das Märchen ab. Solche gereimten und ungereimten Schlußformeln sind allgemein in Märchen ein wichtiges Kompositionselement, in den KHM (z. B. KHM 27, 106, 127) allerdings weniger.

Wie verschiedene andere Interpreten konzentriert sich die Psychotherapeutin und Jungianerin Ingrid Riedel (1995) in ihrer Betrachtung des Märchens auf die Rolle des Sohnes. Sie sieht ihn abhängig von patriarchalischen Vorstellungen und Gesetzen. Die Abhängigkeit sei um so größer als dem Mütterlichen nur eine untergeordnete Bedeutung zukomme wie in diesem Märchen. KHM 108 demonstriere den Wandlungsprozeß eines jungen Menschen. Dessen irdisches Dasein müsse als von der Familie Verwünschter beginnen, könne aber zu einer Erneuerung führen und zu einer Begegnung mit dem Gefühl. Riedel betrachtet KHM 108 als Chance für den abgelehnten Sohn. Ihm könne eine Stachelhaut

KHM 108: Hans mein Igel. Federzeichnung von Otto Ubbelohde (ca. 1908)

ausgezogen werden, noch ehe er sicher sein könne, ob die von ihm geliebte Frau ihn in seiner Eigenart annehmen und bestätigen und damit den Heilungsprozeß in seiner Seele weiter fördern werde.

Lit.: Krüger 1914, 46–48; BP 2 (1915) 482–485; Schmidt 1963b, 319 f.; Grimm/Schoof 1963, 382; Lüthi 1966, 9–12; Tatar 1990, 19 f.; EM 6 (1990) 494–498 (I. Köhler[-Zülch]); Schmitt 1993, 562 (1); Horn 1995 (Tierhaut als Identität); Scherf 1995, 565–568; Bluhm/Rölleke 1997, 123 (zu Redensarten, Formeln, usw.); Röhrich 2001, 87–89.

109. Das Totenhemdchen. – DMK/Uther, ATU 769: Tränenkrüglein. – KHM-Veröff.: 1815 (Nr. 23), 1819 (Nr. 109). – „Aus Baiern", heißt es im Anmerkungsband (1856, 190). Dahinter dürfte sich nach Ludwig Denecke (EM 6, 170, Anm. 3; vgl. auch Denecke 1995) der sonst als Beiträger namentlich nicht genannte vierte der fünf Grimm-Brüder, Ferdinand Philipp Grimm (1788–1845), verbergen, der seit 1812 in München lebte, dort viel Zeit in der Bibliothek verbrachte,

Unmengen von Material aus Büchern exzerpierte und die Ergebnisse auch Jacob und Wilhelm zur Verfügung stellte. Doch ist nach Ludwig Denecke sein Beitrag im einzelnen (wie für KHM 53: *Sneewittchen*) kaum nachweisbar (EM 6, 169–171).

Die Lebenshilfe-Geschichte von der Mutter und ihrem toten Kind – durch Verwendung von Diminutiva wie Totenhemdchen, Büblein, Bettlein und Euphemismen wie unterirdisches Bett (als Äquivalent des Todes, vgl. EM 12 [2010] 705) stark verkindlicht – erinnert deutlich an die Tröstungsgeschichte aus dem um 1260 entstandenen und 1472 erstmals gedruckten *Bonum universale de apibus* (2,53,17) des Dominikaners Thomas Cantipratanus – mit dem anschaulichen Bild der Tränen in einem schweren Wassersack, der den verstorbenen Sohn daran hindert, seinen fröhlichen Gefährten zu folgen, wie die Mutter in einer Vision wahrnimmt. Sein Exemplum bestimmt als Leitfassung die spätere Überlieferung und findet Eingang in den von Johann Geiler von Kaysersberg (1445–1510) 1503 verfaßten und öfter gedruckten Traktat *Trostspiegel* (7. Glas = Faksimile bei Grimm/Loo 2019, 309–311). Statt des mit Tränen gefüllten Wassersacks spricht Geiler von dem mit Tränen durchnäßten Hinterteil des Rocks (Mantels). Geilers Traktat besaßen die Brüder Grimm in einer Ausgabe von 1510 (Denecke/Teitge 1989, Nr. 2923). Der bedeutende Prediger und Vermittler populärer Erzählstoffe ordnete sie seinem Abschnitt „Fletus et tristicie damnositas" (Von der Schädlichkeit des Weinens und der Trauer) zu: „Dorumb spricht der wys man/ vi[l] [s] ynd tod von trurykeit/ und ist keyn nutz in ir/ Item an einem anderen ort spricht der wys/ wie die schab zerstört das kleyd und der wurm zernagt das holtz/ also schadet trurikeyt dem herzen des mönschen." Ob mit Maria Christa Maennersdoerfer (2011) und der älteren Forschung ein Anonymus aus Syrien (*Codex syriaque*) die Tröstungsgeschichte erstmals schriftlich fixiert hat, der Ursprung daher im Orient zu vermuten ist und strukturelle Affinitäten zu der Annahme berechtigen, daß die zeitlich später liegende Beispielgeschichte von Thomas Cantipratanus lediglich eine verdichtete Weiterführung dieser Basisversion darstellt, muß offenbleiben. Die Datierung des syrischen Codex läßt sich nicht genau bestimmen. Außerdem setzt das christliche Exemplum andere inhaltliche Schwerpunkte.

Die übermäßige Trauer – als universale Konstante bei allen Kulturen anzutreffen – spiegelt einen psychischen Ausnahmezustand wider. Die Mutter stellt das Weinen erst ein, nachdem ihr das tote Kind in einer Vision erschienen ist und sie dazu auffordert; andernfalls fände sein Leiden kein Ende. Das Exemplum spielt sich in einer Dimension ab. Der Wiedergänger tritt der Weinenden gegenüber, ohne eine innere Schau der Geschehnisse zu reflektieren oder andere visionäre Ereignisse. Die Grenzen zwischen Erscheinung und himmlischer Weisung sind fließend. Daß Tränen die Ruhe der Toten stören, ist eine weithin verbreitete Vorstellung und findet sich bereits in Quellen aus der Antike. Als ein Tränenkrüglein werden daher auch Fläschchen bezeichnet, die in alten Gräbern gefunden wurden. Die Annahme ist nicht unwahrscheinlich, daß den Toten darin Tränen der Hinterbliebenen mitgegeben worden sind (HDA 8, 1107–1109).

Das Motiv des nassen Gewandes begegnet erstmals in der zwischen 1163 und 1172 verfaßten *Chronica Slavorum* (1,79) des Helmold von Bosau; bei ihm ist der Tote allerdings ein Erwachsener (der heilige Vicelinus/Wezelin), Apostel der Wenden (gest. 1154). In Sagen, Märchen und anderen populären Medien ist das naßgeweinte Kleidungsstück öfter – und bildhafter – gegen ein Krüglein ausgetauscht, in dem der Tote die Tränen der Mutter oder anderer Nahestehender gesammelt hat. Der Stoff „handelt von der notwendig erachteten Regulierung des Gefühlshaushaltes, wobei sich die Disziplinierung [...] auf die Äußerung von Mutterliebe und -schmerz bezieht". Im Gegensatz zu Peter Seibert (Seibert 2007, 3), der diese Gestaltung für das beginnende 19. Jahrhundert als „überraschend" und „unzeitgemäß" bewertet, ist eine solche emotionale Gestaltung der Mutterliebe und des damit verbundenen Schmerzes für diese Zeit so ungewöhnlich nicht. Die Thematik der Trauer um das verlorene Kind gehört zu einer Kategorie von Erzählungen über Tote, die im Grab keine Ruhe finden, weil sie von Hinterbliebenen zu sehr betrauert werden. Solche Sagen, Exempla über Tote und Wiedergänger basieren auf der populären Vorstellung von der Möglichkeit der Kontaktaufnahme mit Verstorbenen (schwankhaft umgesetzt in KHM 104: *Die klugen Leute*) und gehen mit christlichen und nichtchristlichen Motiven eine Verbindung ein. Besonders im 19. Jahrhundert sind auch versifizierte Bearbeitungen geläufig, darunter Volkslieder (Erk/Böhme, Nr. 200), und Sagen (Müller/Röhrich F 41). Die Botschaft bleibt immer gleich: Die Toten sollen in Frieden ruhen gelassen werden. Ludwig Bechstein veröffentlichte 1845 eine Fassung in seinem *Deutschen Märchenbuch* unter dem Titel *Das Tränenkrüglein* (Bechstein/Uther 1997a, 147 f.), die auch im Lesebuch wesentlich weiter nachwirkte als die KHM-Version (Tomkowiak 1993, 265). Das im 19. Jahrhundert als Kindermärchen popularisierte Predigtexemplum wirkt heute in heterogenen Funktionszusammenhängen bis in entsprechende Internetforen nach.

Bildliche Darstellungen sind selten und zeigen das Kind mit ausgebreitetem Hemd und die Mutter. Was wenig bekannt ist: Auch Wilhelm Busch nahm sich des Stoffs an und schuf die Bildergeschichte *Das todte Gretchen* (1880), allerdings erst posthum (1938) veröffentlicht. Der Film *Gespenster* (2005) unter der Regie von Christian Petzold verarbeitet den Stoff (verdrängtes beziehungsweise verlorenes Material) zu einer Suche der Mutter nach dem Kind um, das sie schließlich in Berlin aufgrund eines vom Computer berechneten Bildes wiedergefunden zu haben glaubt.

Ulrich Freund schildert am Beispiel einer um ihren verstorbenen Mann trauernden Frau, daß für diese der Konflikt darin bestand, daß die Erinnerung an den Mann eine andere, eher übernatürliche Ebene eingenommen hatte.Weil die Bindung an den Verstorbenen blieb, aber die Beziehung nicht mehr „gelebt werden" konnte. Die Bewältigung des Alltags blieb der Frau versagt. Im *Totenhemdchen* will das Märchen sagen, daß der einzige, der eine solche Trauerreaktion heilen könne, das verstorbene Kind selbst sei. Es besäße als einzige Person, die notwendige Ablösung der Mutter und damit ihre Erlösung herbeizuführen.

Lit.: BP 2 (1915) 485–490; HDA 8 (1936/37) 1107–1109 (P. Geiger); Meuli 1943; Moser-Rath 1964, Nr. 70 (Var.): Hansen 2002, 92–95; Busch/Ries 2002, Bd. 3, 1385–1392 (Kommentar); Seibert 2007, 3 f.; Hubrich-Messow 2000 ff., Bd. 7, 270 f. (Varianten); Maennersdoerfer 2011; Wienker-Piepho 2021, 193–206.

110. Der Jude im Dorn. – DMK/Uther, ATU 592: Tanz in der Dornhecke. – KHM-Veröff.: 1815 (Nr. 24), 1819 (Nr. 110; verändert 1837); Kleine Ausgabe: 1825 (Nr. 42). – Alte gedruckte Bearbeitungen, „welche hier zu Grund liegen", werden im Anmerkungsband (KHM 1856, 191) als Vorlagen für das Schwankmärchen, dem Inhalt nach ein Rechtsfall, genannt: eine Komödie von Albrecht Dietrich (1618; gereimte Fassung 1599 unter dem Verfassernamen Dieterich Albrecht) sowie ein 1620 (Bl. 97–101) nachgedrucktes Fastnachtspiel von Jakob Ayrer, *Fritz Dölla mit seiner gewünschten Geigen.*

Der Stoff läßt sich nach den Forschungen Johannes Boltes (vgl. BP 2, 491) bis ins 15. Jahrhundert zurückverfolgen (englisches Gedicht, Übersetzung ins Niederländische 1528). Eine Fassung „aus Hessen" wie „aus dem Paderbörnischen" (Familie von Haxthausen) soll ebenfalls vorgelegen haben. Ayrers Fastnachtspiel könnte Jacob Grimm über eine in der Grimm-Bibliothek befindliche Ausgabe mittelalterlicher Dichtungen von Johann Gustav Gottlieb Büsching (Denecke/Teitge 1989, Nr. 2393) kennengelernt haben. Büsching hatte das Fastnachtspiel 1814 (481–501) erneut abgedruckt. Gut möglich ist auch, daß Jacob Grimm es in einer Ayrer-Ausgabe der Komödien und Tragödien von 1618/20 gefunden hat, welche sich gleichfalls in der Grimm-Bibliothek befand (Denecke/Teitge 1989, Nr. 2972). Die Ayrer-Ausgabe hatte Achim von Arnim den Brüdern Grimm schon im Juli 1810 geschenkt (Arnim/Steig 1904, 58, 61, 63, 67). Primäre Vorlage für das Schwankmärchen bildete allerdings Albrecht Dietrichs gereimte *Historia von einem Bawrenknecht [...]* von 1618, die sich in der Göttinger Universitätsbibliothek befand. Der langatmige Eingang bei Dietrich ist zugunsten der nachfolgenden Handlung reduziert worden, wobei vor allem der Seitenstrang mit der Szene von der Abwerbung des arbeitsamen, doch einfältigen Knechts durch den Nachbarn entfallen ist. Die Dramatik der ersten Fassung von 1815 (Nr. 24) wurde in der 3. Auflage abgeschwächt.

Bei Ayrer agiert ein diebischer Mönch. Dessen Charakterisierung erinnert an zeitgenössische Konfessionspolemik, wenn es heißt, der Mönch hätte sich um seine Beute, die er als Startkapital für seine Rückkehr ins weltliche Leben gedacht hatte, gesorgt. Statt solcher antikatholischer Tendenzen funktionierte Tobiáš Mouřenín aus Leitomischl (heute: Litomyšl), der auch Volksbücher übersetzte (s. EM 12, 669), den Stoff um. Er bedient sich bei seiner Übertragung ins Tschechische (1604) erstmals des ethnischen Stereotyps des Juden, der, obwohl eigentlich das Opfer des Knechts, mit entsprechend negativen Konnotationen die Rolle des Gegenspielers übernimmt (vgl. zusammenfassend Korn 1990). Mouřenín brachte die Geschichte vom zauberkräftigen jungen Mann eingangs in Verbindung mit dem Volksbuchstoff vom gehörnten Siegfried, den er nach einer deutschen Vorlage ebenfalls ins Tschechische übertragen hatte (EM 12, 669). Eine weitere wichtige Fassung enthält *Der Geist von Jan Tambaur*, ein von einem unbekannten Übersetzer angefertigtes Schwankbuch nach einer dreiteiligen niederländischen Vorlage von 1656. Allerdings hat der Anonymus die Geschichte um die Auseinandersetzung des jungen Burschen mit dem Juden nachträglich eingefügt: Sie ist keineswegs in der niederländischen Ausgabe zu finden, wie schon Bolte (vgl. BP 2, 494) feststellte.

KHM 110 gehört nach Auffassung von Christine Shojaei Kawan (2007, 180) „zu den abstoßendsten Geschichten der Märchenliteratur", die „als Produkt eines Vorurteils, für das es in der Erzählung selbst keinerlei konkrete Anhaltspunkte gibt", gelten muß. Die Figur des Juden in KHM 110 trägt antijüdische Züge, indem der Jude als geldgierig, Schinder und Betrüger bezeichnet wird. Diese Figurenbeschreibung wurde im Verlauf der Editionsgeschichte der KHM noch verstärkt. Möglicherweise war die Herausarbeitung negativer Charakteristika von persönlichen Erfahrungen beeinflußt und trug zur Verstärkung von Vorurteilen gegenüber jüdischen Mitbürgern bei. Diese Vermutung legen verschiedene briefliche Äußerungen der Brüder Grimm nahe. Waren doch die ersten Jahre ihrer wissenschaftlichen Tätigkeit davon bestimmt, daß sie sich stets, auch wegen Unterstützung ihrer Brüder Ludwig Emil und Ferdinand, in Geldnöten befanden und beim „Itzig", einem abwertenden ethnischen Stereotyp, von einer Schuldverschreibung in die andere gerieten, bis endlich die ersehnte Anstellung Jacobs erfolgte. Zwei weitere Beispiele: W. Grimm 4.9.1811: „Heut haben sie mich hier ein altes Huhn eßen laßen", schrieb Wilhelm seinem Bruder (4.9.1811), „das so zäh war und hartherzig wie ein alter geiziger Jud". Oder Jacob äußerte sich am 8.10.1814, er habe kennengelernt „Einen Arzt Koreff (aus Breslau), der wie alle getauften Juden etwas Vorlautes, Widriges hat" (Grimm/Schoof 1963, 356).

Eine Nuancierung ist bei der Charakterisierung des Knechts festzustellen, der nicht durchwegs als einfältiger und gutmütiger Mensch dargestellt wird. Zwar überwiegen zu Beginn dessen positive Züge, wenn erzählt wird, er habe aus Mitleid seine letzte Habe verschenkt. Andererseits bleibt dessen „Mutwillen" als leichtfertiges und kritisierbares Verhalten mit der Tendenz zur Boshaftigkeit aber nicht unerwähnt, wenn auch etwas abgeschwächt: „plagte der Muthwille den guten Knecht". Auch biegt er die Wahrheit vor dem Richter zu seinen Gunsten um, wenn er behauptet, der Jude habe ihm das Geld „aus freien Stücken angeboten, damit ich nur aufhörte zu geigen, weil er meine Musik nicht vertragen konnte".

Die Ausgangssituation in diesem Schwankmärchen ist die soziale Auseinandersetzung zwischen Herr und Knecht um gerechte Entlohnung. Der Herr zeigt sich als überaus geizig, der Knecht hingegen als einfältig und gutmütig: „Der gute Knecht, der vom Geld wenig verstand, strich sein Capital ein". Da der Knecht einem unbekannten „kleinen Männchen" Mitleid gegenüber zeigt, kommt er dank der Unterstützung des Männchens, das zweifellos der jenseitigen Welt angehört, weiter. Wie in KHM 87: *Der Arme und der Reiche* darf er drei Wünsche als Kompensation für die Hergabe seiner bescheidenen Entlohnung äußern. Das „Männchen" ist häufiger in den KHM eine Helferfigur (s. auch KHM 116: *Das blaue Licht*); in frühen Fassungen des 17. Jahrhunderts ist der hilfreiche Unterstützer ein Geist. Der Konflikt zwischen Herr und Knecht leitet zwar wirkungsvoll die Handlung ein und trägt zur Dynamisierung bei, bleibt ansonsten aber ein blindes Motiv. Während in Schwänken in Umkehrung der sozialen Realität zumeist der Knecht über den Herrn obsiegt (KHM 90: *Der junge Riese*), erreicht der in KHM 110 in Gelddingen unbedarfte Knecht seinen Erfolg erst auf Umwegen.

Wie in verschiedenen anderen KHM verfügt der ‚Held' über ihm verliehene drei Gaben (magisches Vogelrohr und Fiedel, die Möglichkeit, eine Bitte nicht abzuschlagen), die dafür sorgen, daß er nicht voraussehbare Situationen zu seinen Gunsten wenden kann. Rolf Wilhelm Brednich vermutet, daß das Motiv von der magischen Fiedel, die alle Menschen zum Tanzen bringt, von der Tänzersage (DMK/Uther, ATU 779E*) beeinflußt sein könnte (EM 13, 202]). Bekannt als Musikinstrument ist statt einer Geige das Horn, das unter anderem Salomon im Epos *Salomon und Markolf* vor der Hinrichtung noch einmal erbittet, um ein letztes Mal darauf blasen zu können – und schon eilen auf den Hornstoß hin die Retter herbei: Das Schwankmärchen steuert auf seinen erzählerischen Höhepunkt zu.

Die groteske Situationskomik in KHM 110 ist kaum zu überbieten. Vergleichbare Geschehnisse mit Hilfe zauberischer Knüppel finden sich in KHM 36: *Tischen deck dich* oder in Verbindung mit dem Klebezauber in KHM 64: *Die gol-*

dene Gans. Ganz unverfänglich fragt der Delinquent in KHM 110 nach der Gewährung einer letzten Bitte. Der folgende Dialog offenbart die ganze Ahnungslosigkeit des Urteilenden, der auch die Warnung des Juden überhört hatte: „Ja", sprach der Richter, „wenn du nicht um dein Leben bittest". – „Nicht ums Leben", antwortete der Knecht, „ich bitte, laß mich zu guter Letzt noch einmal auf meiner Geige spielen." Der Knecht ist Herr des Geschehens, der den Richtenden seine Bedingungen diktiert und auch die Hinrichtung des Juden bewirkt. Ob der Knecht das Geld zurückerhält, ob er seine Geige und das Zauberrohr behalten darf, verrät das Schwankmärchen nicht.

Wegen seines antijüdischen Charakters ist KHM 110 nach 1945 in einer Art Selbstzensur aus den KHM-Teilausgaben weitgehend verschwunden; davor fehlte das Schwankmärchen selten in größeren KHM-Ausgaben. Eine interessante auf Ayrer basierende Fassung (mit einem Mönch als Gegenspieler) veröffentlichte Albert Ludwig Grimm im ersten Band von *Lina's Märchenbuch* (1816, Nr. 2).

Das Schwankmärchen wurde oft bildlich dargestellt (der in der Dornhecke Verstrickte; Schlußszene mit den Tanzenden). Schon frühe Holzschnitte des 17. Jahrhunderts zeigen den in der Dornhecke Verstrickten. Im 19. Jahrhundert findet sich bei A. L. Grimm (1816) als eins von fünf kolorierten Kupfern die Hinrichtungsszene mit dem aufspielenden Geiger und den tanzenden Zuschauern. Auch George Cruikshank wählte diesen erzählerischen Höhepunkt für seine Radierung aus, welche der englischen Übersetzung der KHM-Teilausgabe von 1823 beigegeben war. Franz Graf Pocci schuf 23 Lithographien für *Das Lustige Märlein vom kleinen Frieder mit seinem Vogelrohr und seiner Geige* (1838), eines der ersten Märchenbilderbücher. Dabei orientierte er sich textlich zwar an A. L. Grimms Fassung, ersetzte aber die Figur des Mönchs durch einen Juden. Später gestaltete er unter Verzicht auf die Fastengeschichte den Münchner Bilderbogen Nr. 122 von 1853/54 und nutzte den Stoff als Vorlage für das Märchenspiel *Zaubergeige,* das über das von Josef Leonhard Schmid (1822–1912) begründete Marionettentheater (1858) weithin bekannt wurde. Weitere Bilderbogen der Offizinen in München, Stuttgart und Neuruppin sorgten für eine Popularisierung des antijüdischen Stoffs im 19. Jahrhundert. Die Nachwirkung in heutigen Medien ist gering (eine Verfilmung nennt Schmitt 1993, Nr. 98).

Lit.: Bolte 1892; Bolte 1893b; Hamann 1906, 37–41, 141–146; BP 2 (1915) 490–503; Weinreich 1951, bes. 461–467; Ranke 1955 ff., Bd. 2, 340–346 (Varianten); Moser-Rath 1984, 18 f.; Petzoldt 1986; Bottigheimer 1987, 17, 82, 123–142; Uther 1989a; Haase 1990 (antijüdische Tendenzen); Korn 1990 (antijüdische Tendenzen); Just 1991, 11–45 (zur Musik); Kooi/Schuster 1994, Nr. 19 (Varianten); Bluhm 1995, 28–32 (zu Bearbeitungstendenzen und Interpolationen); Scherf 1995, 635–637; Dekker et al. 1997, 81–83 (T. Meder); Bluhm/Rölleke 1997, 124–126 (zu

Redensarten, Formeln, usw.); Faber 2002, 145–148 und Martin 2006 (zu antijüdischen Tendenzen); Shojaei Kawan 2007, 180 f. (zur fatalen Rechtsprechung); Uther 2007 (zur letzten Gnade); Diederichsen 2008 (zur Diskriminierung bestimmter Personengruppen); EM 13 (2010) 196–201 (R. B. Bottigheimer); Bockwoldt 2011 (zum Bild des Juden); Gorgulla 2011, 438–449, 461–502 (Antijudaismus); Henschel 2019, 79–87 (zum Judenbild der Brüder Grimm).

111. Der gelernte Jäger. – DMK/Uther, ATU 304: Jäger: Der gelernte J. – KHM-Veröff.: 1815 (Nr. 25), 1819 (Nr. 111). – „Aus Zwehrn", das heißt von Dorothea Viehmann am 29.6.1813 beigesteuert.

Das mit traditionellen Motiven ausgeschmückte, weniger bekannte Zaubermärchen besteht aus zwei Teilen, charakterisiert durch (1) Abenteuer des Helden in der Begegnung mit Riesen und (2) Brautgewinnung. Als retardierende Züge eingeschoben sind die Demütigung und Verstoßung der Königstochter durch den Vater. KHM 111 beginnt mit einem typischen Eingangsmotiv, das zur zeitweiligen Trennung von der Familie führt: Hier zieht ein Schlosser nach Abschluß der Lehre aus in die Fremde. Der Vater als Familienvorstand stimmt zu, was der patriarchalischen Sichtweise entsprach. Die Mutter des Schlossers taucht überraschend erst am Schluß auf, um das Familienglück des sozialen Aufsteigers vollkommen zu machen: „Danach holte er seinen Vater und seine Mutter herbei, und die lebten in Freude bei ihrem Sohn, und nach des alten Königs Tod bekam er das Reich."

In der Figur des lernwilligen und furchtlosen Schlossers beziehungsweise Jägers führt KHM 111 einen Helden mit außergewöhnlichen Fähigkeiten (Meisterschütze) vor. Riesen setzen ihn als Kundschafter ein, die Entführung der Königstochter vorzubereiten. Der Jäger dringt bis zur im Turm Schlafenden vor (Isolation im Turm wie z. B. in KHM 12: *Rapunzel*, vgl. Uther 1994a) und nimmt als Wahrzeichen einen Schuh, ein Stück ihres Halstuches und einen Hemdenzipfel mit. Der Anblick der Schlafenden fasziniert den Jäger (Schönheitsschock, z. B. in KHM 53: *Sneewittchen*) und bewirkt einen radikalen Sinneswandel. Zunächst bedenkenlos Mittäter, beschließt er die Tötung der Riesen, was er listig mit Hilfe eines Zauberschwerts (Säbel) vollbringt (vgl. DMK/Uther, ATU 956 B: *Mädchen: Das tapfere M. und die Räuber*).

Mit diesen Heldentaten sieht er seine Wanderung als beendet an und begibt sich auf den Heimweg zum Vater. Danach wechselt die weitere Handlung durch den Einschub retardierender Episoden. Im Zentrum steht jetzt die gerettete Königstochter, die auf Geheiß des Vaters einen Mann heiraten soll, der sich betrügerisch als der gesuchte Riesentöter ausgibt. Wegen seiner Häßlichkeit lehnt ihn die Königstochter ab und wird dafür vom Vater mit negativen Sanktionen bestraft: Entlassung aus dem sozialen Stand (Kleidertausch) und Handel mit

Töpferwaren. Die beabsichtigte Demütigung erfolgt durch gezielte Zerstörung der zum Verkauf ausliegenden Gebrauchsgüter wie in KHM 52: *König Drosselbart*.

Lit.: BP 2 (1915) 503–506; Wesselski 1938a, 180–182; Ranke 1955 ff., Bd. 1, 138–146 (Varianten); Horálek 1967, 273–276 (und öfter); Horálek 1969b, 178–186; Tatar 1990, 30; McGlathery 1993, 86; EM 7 (1993) 411–420 (C. Shojaei Kawan); Scherf 1995, 409–413.

112. Der Dreschflegel vom Himmel. – DMK/Uther, ATU 1960A: Größe: Die ungewöhnliche G. + DMK/Uther, ATU 1960G: Baum: Der himmelhohe B. + DMK/Uther, ATU 1174, 1889: Seil aus Sand + DMK/Uther, ATU 1882: Ausgraben: sich selbst a. – KHM-Veröff.: 1815 (Nr. 26), 1819 (Nr. 112). – „Aus dem Paderbörnischen", das heißt über die Familie von Haxthausen (25.7.1813) vermittelte episodenreiche Lügengeschichte (vgl. auch KHM 138, 158, 159) mit literarischen Vorbildern.

Im Zentrum des Geschehens steht die magische Verbindung zwischen Himmel und Erde. Während der Baum zum Himmel, die Kette oder das wunderlange Seil in Lügengeschichten die Funktion haben, auf groteske Weise denkwürdige Erlebnisse auszumalen, sind sie in vielen Mythen Inbegriff einer Verknüpfung zwischen Himmel und Erde; durch diese Verbindung sei die Entstehung des Lebens auf der Erde erst ermöglicht worden. Damit verbunden ist die Vorstellung von einem direkten Kontakt der Irdischen zum Himmel, zu den Gestirnen und den dort wohnenden Jenseitigen.

Eine ganze Reihe von Lügengeschichten ist bei uns mit dem Namen des Freiherrn von Münchhausen (1720–97) verbunden. Er wird zwar bereits im Anmerkungsband (KHM 1856, 194) als Vermittler solcher Geschichten genannt, gleichzeitig aber seine geistige Urheberschaft distanziert bewertet: „Die meisten dieser volksmäßigen Lügen sind nicht von diesem erfunden, sondern uraltes Gut, und brauchen nur in einem andern Ton erzählt zu werden, um in weitverbreitete Mythen einzugreifen [...]." Tatsächlich sind einige Stoffe (sogenannte Adynata) wie das Winden eines Seils aus Sand schon aus der griechischen Antike bekannt.

In einer von Münchhausens Lügengeschichten (zuerst 1785; Abdruck bei Uther 1990b, Nr. 47) erzählt der Lügenbaron von einer wundersamen Kletterreise zum Mond mittels einer schnell wachsenden Bohne (eine Rübe in übernatürlicher Größe begegnet in KHM 146: *Die Rübe*) und seiner Rückkehr auf einem Seil aus Häckerling (klein geschnittenes Stroh), das allerdings reißt, wodurch er unsanft in einem tiefen Erdloch landet, aber selbst durch Ausgraben einer Treppe wieder an die Oberfläche gelangt.

Lit.: BP 2 (1915) 506–516; Dömötör 1964; Schulte Kemminghausen 1963, 123; Schweizer 1969; EM 1 (1977) 1032–1033 (E. Moser-Rath) und 1381–1386 (Á. Kovács), EM 2 (1979) 586–592 (I. Köhler), EM 6 (1990) 239–249 (P.-L. Rausmaa); Fauth 1983; Kooi 1986; Kooi/Schuster 1993, Nr. 202b (Varianten); Kooi/Schuster 1994, Nr. 229 (Varianten); EM 12 (2007) 532–536 (S. Neumann); Hubrich-Messow 2000 ff., Bd. 7, 216–218, 234, 240 f. (Varianten).

113. De beiden Künigeskinner. – DMK/Uther, ATU 313: Magische Flucht. – KHM-Veröff.: 1815 (Nr. 27), 1819 (Nr. 113). – „Aus dem Paderbörnischen", das heißt von Ludowine von Haxthausen beigesteuertes Zaubermärchen (Handschrift in Staatsbibliothek Berlin, Preuß. Kulturbesitz, Nachlaß Grimm) aus dem Zyklus der Magischen Flucht. Es basiert auf der Kombination traditioneller Märchenmotive. Dazu gehört das Thema der vergessenen Braut (EM 2, 716–723) und der mehrfach gestellten unlösbar scheinenden Aufgaben (EM 1, 963–972). Beide Handlungszüge zählen zu den retardierenden Episoden des Handlungsablaufs; zu einzelnen Motiven und literarischen Vorbildern der Verwandlungskämpfe vergleiche die Kommentare zu KHM 51, 56, 88.

KHM 113 spielt zeitweilig in einer Zauberwelt. Zumindest deuten die Überquerung des großen Wassers, die Aufgabenlösung und auch der Kuß des Vergessens, den die zauberkundige Mutter ihrem Sohn gibt, darauf hin. Der Kuß ist nicht, wie sonst oft, Signum für den Abschluß von Erlösungsprozessen einschließlich der glücklichen Wiedererkennung (z. B. KHM 93: *Die Rabe*), sondern hat hier die Funktion, dem Sohn die Braut abspenstig zu machen. Die eigentliche Heldin des Märchens ist die Königstochter. Sie verfügt über Zaubergaben, handelt umsichtig in gefährlichen Situationen und ergreift die Initiative, während der Königssohn nur Objekt ihrer Planung ist. Der versteinerte Christoffel als handelnder Gegenstand ist im Märchen mit seiner Tendenz zum Wunderbaren nichts Ungewöhnliches, da besonders dort die Verlebendigung von Dingen, die sogenannte Dingbeseelung (EM 3, 674–676), als Extremform begegnet. Der Name dürfte eine Anspielung auf den Riesen Christophorus sein, welcher nach der mittelalterlichen Legende Jesus über das Wasser getragen hat und als einer der Vierzehn Nothelfer gilt (DMK/Uther, ATU 768: *Christophorus*). ‚Einen Christoffel haben, der einen über das Wasser trägt', bedeutet redensartlich, einen Gönner zu haben (Röhrich, Redensarten 1, 294). Die Funktion handelnder und sprechender Gegenstände zielt eindeutig auf die Unterstützung von Held und Heldin. Sie sind seine Helfer vor allem auch dann, wenn es gilt, Braut oder Bräutigam zu erwerben oder zurückzugewinnen. So vermag der steinerne Christoph in KHM 113 statt des Königssohns zu antworten, indem er mit seinem Kopf nickt, „gans schwinne un dann jümmer lanksamer, bis he to leste wier stille stand".

Vom Zyklus der Märchen von der Magischen Flucht haben vor allem KHM 51, 56 und 193 nachgewirkt. Die Dialektfassung von KHM 113 wirkte sich nachteilig auf die weitere Verbreitung aus. In einigen neueren KHM-Gesamtausgaben finden sich Übertragungen ins Hochdeutsche.

Lit.: BP 2 (1915) 516–527; Holmström 1919; HDM 1 (1930–33) 311–314 (S. Liljeblad); Ranke 1955 ff., Bd. 1, 150–169 (Varianten); Goldberg 1992 (zur vergessenen Braut); Rusch-Feja 1995, 201–206; Clausen-Stolzenburg 1995, 260 f., 398 (zu literarischen Vorlagen); Scherf 1995, 62–66; EM 9 (1999) 13–19 (W. Puchner) (zur Magischen Flucht).

114. Vom klugen Schneiderlein. – DMK/Uther, ATU 850: Rätselprinzessin + DMK/Uther, ATU 1061: Wettstreit mit dem Unhold + DMK/Uther, ATU 1159: Einklemmen unholder Wesen. – KHM-Veröff.: 1815 (Nr. 28), 1819 (Nr. 114); Kleine Ausgabe: 1825 (Nr. 43). – „Aus der Schwalmgegend", wird im Anmerkungsband (KHM 1856, 195) zur Herkunft des Rätselschwanks vermerkt; möglicherweise deutet diese Ortsangabe auf den Theologen Ferdinand Siebert (1791–1847) aus Treysa als Übermittler.

Der wahrhaftig kluge Schneider ist das Pendant zur klugen Bauerntochter (KHM 94). Doch bildet das Lösen eines von der stolzen Königstochter gestellten Rätsels (statt der üblichen drei Rätsel) nur den Auftakt für eine weitere Bewährungsprobe, welche der unscheinbarste von drei Brüdern aufgrund seines Wagemuts und seiner Listigkeit vollbringt. Er erinnert in seinem Handeln an den wunderlichen Spielmann (KHM 8) und an den „tapferen" Schneider (KHM 20): Fehlende Körperkräfte werden durch geistige Beweglichkeit mehr als ausgeglichen.

Erzählungen, in denen eine Prinzessin ihren Freiern Rätsel stellt oder ihre Klugheit durch Scharfsinnsproben testet, sind vor allem aus dem Orient überliefert und in Europa besonders mit dem Namen der Turandot verbunden. Allerdings bestehen keinerlei Verbindungen zu KHM 114. Die nordamerikanische Erzählforscherin Christine Goldberg meint, der Rätselschwank ließe sich sowohl frauenfeindlich als auch feministisch interpretieren, da einerseits die Königstochter zur Heirat gezwungen werde, andererseits aber durch das Aufgeben von Rätseln auch die Möglichkeit besitze, Bedingungen zu stellen.

Bildliche Darstellungen sind schon recht früh bezeugt und zeigen häufiger den musizierenden Schneider mit dem Bären. Als älteste Illustration ist ein in Johann Andreas Christian Löhrs *Buch der Maehrchen für Kindheit und Jugend, nebst etzlichen Schnaken und Schnurren*, (Leipzig [1819]) enthaltener Kupferstich anzusehen. Wenige Jahre später findet er sich ohne Herkunftsangabe in dem bei Macklot erschienenen Raubdruck der *Kleinen Ausgabe* der KHM (Stuttgart 1826) wieder – zusätzlich zu Illustrationen Ludwig Emil Grimms.

KHM 114: Vom klugen Schneiderlein. Zeichnung von Hermann Vogel (ca. 1892/93)

Lit.: BP 2 (1915) 528–531; Wesselski 1935, 114–116; Bynum 1978; EM 3 (1981) 1261–1271 (H. Breitkreuz) (zum Einklemmen); Lüthi 1962; Goldberg 1993; Kooi/Schuster 1994, Nr. 21 (Varianten); Scherf 1995, 1296–1298; Hubrich-Messow 2000 ff., Bd. 4, 148 f., 169 f. (Varianten); EM 11 (2004) 286–294 (C. Goldberg); EM 14 (2014) 715–728 (H. Lox).

115. Die klare Sonne bringt's an den Tag. – DMK/Uther, ATU 960: Sonne bringt es an den Tag (Tubach, Nr. 2799). – KHM-Veröff.: 1815 (Nr. 29), 1819 (Nr. 115). – „Aus Zwehrn", am 17.7.1813 durch Dorothea Viehmann vermitteltes Exemplum von der göttlichen Gerechtigkeit, die ruchlose und normabweichende Taten nicht ungesühnt läßt. „Ein tiefes, herrliches Motiv ist hier bürgerlich ausgedrückt. Niemand sah der Mordthat zu, keines Menschen Aug, aber doch die Sonne (Gott) das himmlische Auge", heißt es im Anmerkungsband (KHM 1856, 195 f.), und damit ist der beispielhafte Gehalt der Erzählung erfaßt. Schon die Überschrift gibt einen Hinweis darauf, was in den KHM sonst gewöhnlich nicht der Fall ist. Der Sühne- und Rachegedanke herrscht vor und bestimmt auch den Ausgang der Erzählung. Wie in KHM 28: *Der singende Knochen* oder KHM 58: *Der Hund und der Sperling* wird der Tote nicht wiederbelebt.

Der Stoff läßt sich in seinen Ursprüngen bis in die Antike zurückverfolgen und hat als Bildungsgut in vielfältiger Form (Legende, Exemplum, Ballade, Sage, Volksbüchlein) bis in neuere Zeit nachgewirkt. Die älteste Version (bei Plutarch) ist mit der Figur des griechischen Lyrikers Ibykus als Kristallisationsfigur verknüpft, der sterbend Kraniche als Zeugen des Mordes anruft. Der Fabeldichter Burkard Waldis (4,20) hat mehrere Versionen als Exemplum unter der Überschrift *Vom Juden und einem Trucksessen* zusammengefaßt, darunter den ältesten Beleg mit einem Juden als Mordopfer (Aufdeckung der Tat durch Rebhühner).

Das klassische Beispiel zur Entdeckung von Mordtaten (anstelle von Kranichen machen Hunde auf den Mörder aufmerksam) verwendeten Prediger wie beispielsweise der aus Schlesien stammende protestantische Pfarrer Johannes Moller (Abdruck bei Uther 1990b, Nr. 48) zur Illustrierung von Gottes Gerechtigkeit, dessen Auge nichts verborgen bleibe; vgl. entsprechende Stellen im *Neuen Testament* wie *Markus* 4, 22 und *Lukas* 8,17; 12,3 und seit dem 16. Jahrhundert umlaufende sprichwörtliche Redensarten wie „Denn es ward noch nye so kleyn gespunnen/ es kam an die Sunnen." (Agricola 1534, num. 419: *Man mummelt so lang von eynem ding/ biß es außbricht*).

Mit der Enthüllung einer ungerechten Tat durch eine schicksalhafte Fügung hat KHM 115 stoffliche Ähnlichkeiten mit KHM 28: *Der singende Knochen* und KHM 47: *Von dem Machandelboom* und gehört in das Umfeld der Verbrechensdichtung. Ludwig Bechstein wählte für sein *Deutsches Märchenbuch* mit *Das*

Rebhuhn (Bechstein/Uther 1997a, 362–364) eine Fassung von der Zeugenschaft der Vögel aus, die der literarischen Tradition näherkommt als KHM 115. Trefflich haben die Brüder Grimm das im Spätmittelalter mit Jude (Opfer), Truchseß (Mörder) und König (Urteilskünder) verbundene Exemplum als „bürgerliche" Neuschöpfung charakterisiert. Dazu gehört, daß die Mordtat erst auf Umwegen offenbar wird. Die Ehefrau entlockt ihrem Mann das Geheimnis, zeigt ihn aber nicht selbst wegen des Mordes an, sondern redselige Mitbürgerinnen verbreiten die schändliche Tat und machen sie damit öffentlich.

Die Beispielgeschichte fand wegen ihres didaktischen Gehalts zwar Eingang in Lesebücher, blieb aber im Vergleich zu den typologisch ähnlichen Erzählungen KHM 28, 47 ohne größere Nachwirkung. Adelbert von Chamisso nutzte den Stoff als Vorlage für sein gleichnamiges Gedicht *Die Sonne bringt es an den Tag* (1827).

Lit.: BP 2 (1915) 531–535; Ranke 1955 ff., Bd. 3, 386–388 (Varianten); Röhrich 1992, 40–47; Tomkowiak 1993, 316; EM 8 (1996) 331–334 (C. Schmitt); Bluhm/Rölleke 1997, 128–130 (zu Redensarten, Formeln, usw.); Dekker et al. 1997, 432 f. (T. Dekker); EM 12 (2007) 881–884 (J. van der Kooi); Hubrich-Messow 2000 ff., Bd. 7, 283–295 (Varianten); Zitzlsperger 2007 (zum Gerechtigkeitsempfinden); Bockwoldt 2011 (zum Bild des Juden); Uther 2011a (über Tod als Strafe); Mieder 2021, 149–169 (zur medialen Nachwirkung).

116. Das blaue Licht. – DMK/Uther, ATU 562: Geist im blauen Licht. – KHM-Veröff.: 1815 (Nr. 30), 1819 (Nr. 116). – „Aus dem Meklenburgischen", hieß es im Anmerkungsband (KHM 1856, 196) über das Soldatenmärchen. Die 1815 erstmals veröffentlichte Fassung stammte nach Mitteilung August von Haxthausens (20.12.1813; Schoof 1938, 84) von einem Soldaten, „in den Treffen bei Kluvensiek grade hinter mir erschoßen". Dieser Soldat hatte von Haxthausen offenbar auch das Märchen *Die Krähen* (1815: KHM 21) erzählt, das ebenfalls die Figur eines „rechtschaffenen Soldaten" in den Mittelpunkt stellte.

Nun nimmt die Figur des einfachen, treu dienenden Soldaten, der schwerverwundet oder nach Beendigung kriegerischer Auseinandersetzungen von seinem Oberbefehlshaber mit bescheidenem Lohn oder ohne Sold und in Aussicht auf eine ungewisse Zukunft entlassen wird, dann aber dank ausgleichender Gerechtigkeit sozial aufsteigt, in den KHM breiten Raum ein (zur Bewertung vgl. KHM 54, 81, 133). Das Verhältnis zwischen Soldat und Dienstherr (König) ist schwer beeinträchtigt. Das kaltschnäuzige Verhalten des Königs (seine negative Rolle wurde von Auflage zu Auflage verstärkt) läßt sich als massive Sozialkritik deuten und dürfte der Versuch der literarischen Verarbeitung persönlicher Erfahrungen mit dem König Ernst August von Hannover zusammenhängen, der beide Brüder des Landes verwiesen hatte. In diesem Zusammenhang nahm Wilhelm Grimm eine nicht unwesentliche Änderung vor und lenkte zu Beginn des Märchens die Aufmerksamkeit gleich auf die Hauptfigur, den Soldaten. Heißt es bis 1843: „Es war einmal ein König [...]", so lautet die Formel 1850: „Es war einmal ein Soldat".

Das zweiteilige Märchen stellt nach dem Erwerb der Zaubergabe die Rache des Soldaten in den Mittelpunkt der Handlung. Das von fern schimmernde Licht – in den KHM oftmals Symbol für einen Weg aus der ‚Finsternis' – führt den Soldaten zu einem Haus im Wald. Dessen Bewohnerin ist eine alte boshafte Hexe, charakterisiert als Dämonin mit Wut im Bauch, die Luftreisen auf einem wilden Kater bewältigt. Der Dienst bei der Dämonin erweist sich nicht als Bewährungsprobe für den Soldaten, er ist der Hexe ausgeliefert, obwohl er verschiedene Aufträge in ihrem Dienst bewältigt hat. Als sie sich des Soldaten entledigen will, merkt er die böse Absicht, kann aber den Tötungsversuch nicht verhindern. Aber der Fall oder Sturz des Helden in einen Brunnen endet niemals tödlich. Der Brunnen ist nur vorübergehend ein unfreiwilliges unterirdisches Gefängnis. Es entspräche nicht der Märchenlogik, wenn der Gestürzte im Brunnen den Tod fände (EM 2, 944 f.). So begegnet der Soldat dank eines glücklichen Zufalls einem Geistwesen und erfährt Hilfe.

KHM 116 führt in der Figur der Hexe als einer negativ besetzten Handlungsträgerin und in der Figur des Geistes als eines Helfers die Ambivalenz Jenseitiger vor. Das Herbeirufen des Geistes geschieht hier durch Anzünden des blauen Lichts. In anderen Fällen wird dies durch das Reiben eines Gegenstands oder durch bloßes Rufen (DMK/Uther, ATU 561: *Aladdin*) bewirkt. Dieser Geist erfüllt Dienste und verlangt keine Gegenleistung, bildet eine Ergänzung zum Helden und agiert an seiner Stelle. Ob es sich bei der sogenannten Dingbeseelung um eine Kerze, einen Ring, eine Laterne oder gar um ein Feuerzeug – wie bei Hans Christian Andersen (*Fyrtøiet*; 1835) – handelt, ist eigentlich unerheblich. Weniger von Bedeutung scheint ebenfalls zu sein, daß der Held zwischendurch den zauberischen Helfer einbüßt. Allenfalls kann man unterscheiden, in welcher Weise er mit seinem dienstbaren Geist umgeht. Andere Geister lassen sich ebenso als Helfer verpflichten, aber nur unter Zwang wie der Geist im Glas (KHM 99), sind also von ihrem Wesen negativ sanktioniert.

In KHM 116 macht der Gerettete von der Hilfe des „kleinen schwarzen Männchen", einer gar wahrnehmbaren, gewöhnlich aber unsichtbaren Figur, rücksichtslos Gebrauch. Der Befreiung aus seinem unterirdischen Gefängnis folgt der Auftrag zur Bestrafung der Hexe. Daher ist der zweite Teil des Märchens von der Rache des Soldaten an seinem früheren Dienstherrn bestimmt. Unlogisch und ungerecht erscheint der Zug, daß der Soldat stellvertretend für den König allerdings dessen unbescholtene Tochter für Mägdedienste (s. auch

KHM 65: *Allerleirauh*) heranzieht, ohne daß sie ihr Einverständnis geben kann, da die Arbeiten während ihres Schlafs verrichtet werden. Dies geschieht zweimal problemlos. Auch der erste Ratschlag des Königs, Erbsen als dingliche Wegmarkierung auszustreuen, verpufft, weil das Männchen unsichtbar gelauscht und vorbeugend in den Straßen der Stadt die Hülsenfrüchte ausgestreut hatte. Als der Soldat die Königstochter zum drittenmal für Magddienste anfordert, rät ihm der zauberische Helfer ab, aber der Soldat nimmt dessen Warnung nicht ernst und wird auf der Stelle aufgrund des Schuhfunds als Täter entlarvt und ins Gefängnis gebracht.

Die extreme Verurteilung des Soldaten zum Tode steht in keinem Verhältnis zu dem ‚Vergehen' und verlangt nach allgemeinem Gerechtigkeitsempfinden geradezu eine Aufhebung. Die Rache des Soldaten findet erst in dem Augenblick ein Ende, als der Verurteilte im Angesicht des Todes den Herrscher, den Richter und die „falschen Häscher" mit einer letzten unscheinbaren Bitte düpiert. Anstelle der Fiedel (vgl. KHM 110: *Der Jude im Dorn*) geschieht die Ausführung des letzten Wunsches hier mittels einer Pfeife, die noch herbeigeschafft werden muß, als der Soldat bereits im Gefängnis sitzt, weil er auf der Flucht das Beste (s. KHM 135: *Die weiße und die schwarze Braut*) vergessen hat. Der durch Schläge mürbe gemachte König verspricht in seiner Angst dem Soldaten zur Rettung des eigenen Lebens – wie in vielen anderen Märchen – seine Tochter zur Frau und das Königreich dazu.

Abgesehen vom Motiv der letzten Bitte sind einzelne Episoden von KHM 116 auch Bestandteile anderer Märchen. Am bekanntesten ist das *Aladdin*-Märchen (DMK/Uther, ATU 561) aus der Sammlung *Tausendundeine Nacht*, in dessen Mittelpunkt ebenfalls das Besorgen einer Zaubergabe und deren Ablistung steht. Das Motiv vom Herbeischaffen anderer gegen ihren Willen und mittels eines Zaubers ist für das 13. Jahrhundert und später bezeugt. Das Aufspüren des zeitweiligen Entführers mit Hilfe von Hülsenfrüchten oder eines versteckten Schuhs (detektivische Spurensicherung: Mot. K 415) erinnert an ähnliche Listen aus dem *Rhampsinit*-Märchen (DMK/Uther, ATU 950) oder aus dem Räubermärchen von Ali Baba (DMK/Uther, ATU 954): Obwohl die List erfolgreich scheint, gelingt es durch eine Gegenlist – die Markierung der Umgebung (Personen, Gegenstände) –, die Täuschung zu paralysieren. Trotz zahlreicher literarischer Motivparallelen ist die Handlungsabfolge in der vorliegenden Form jedoch erstmals bei den Brüdern Grimm zu finden.

In Bildwitzen hilft der Geist bei der Behebung politischer oder sozialer Mißstände und verkörpert die ‚Hilfe in letzter Not', während das Bild des Flaschengeists (KHM 99) nicht mehr beherrschbare Gewalten symbolisiert. Die Nachwirkung von KHM 116 ist nicht beträchtlich, es dominiert der *Aladdin*-Stoff aus *Tausendundeine Nacht*. Thematisch verwandte KHM mit Zaubergaben wie etwa

KHM 36: *Tischchen deck dich* sind wesentlich weiter verbreitet; der Stoff ist mehrfach verfilmt worden.

Lit.: Aarne 1908, 1–82; BP 2 (1915) 535–549; Ranke 1955 ff., Bd. 2, 242–245 (Varianten); Horálek 1969b, 162–164; EM 1 (1977) (zum Aladdin-Märchen); EM 5 (1987) 928–933 (E. Tucker) (zur internationalen Verbreitung); Uther 1987 (zu dienstbaren Geistern); Walther 1987, 113–123 (zu Ali Baba in „Tausendundeine Nacht"); Uther 1989a; Schmitt 1993, 562 (6); Scherf 1995, 98–101; Dekker et al. 1997, 364–368 (P. van den Berg); Röhrich 2001, 213 f.; Marzolph/van Leeuwen 2004, Nr. 412, 545; Ono 2007 (zur Waldsymbolik); Rölleke 2007, 114 f. (Eingangsthematik); Uther 2007 (letzte Bitte); Zitzlsperger 2007 (Gerechtigkeitsempfinden); Gorgulla 2011, 25–29 (Textänderungen aufgrund autobiographischer Bezüge); Neumann 2011, 237–240 (Rolle des Königs in den KHM); EM 14 (2014) (U. Marzolph) (zum Zauberring).

117. Das eigensinnige Kind. – DMK/Uther, ATU 760**: The Obstinate Child (Müller/Röhrich H17, H18, L31). – KHM-Veröff.: 1815 (Nr. 31), 1819 (Nr. 117). – „Hessisch", so lautet die Herkunftsbezeichnung dieser Sage (KHM 1856, 197), doch dürfte zweifellos eine ältere literarische Vorlage Pate gestanden haben.

Daß Kindern, die ihre Eltern schlagen oder ein Elternteil ermorden, nach dem Tode die Hand aus dem Grab wächst, ist ein weitverbreiteter Glaube, der im deutschsprachigen Gebiet zuerst in einem Meisterlied des Hans Sachs von 1552 (Bd. 5, Nr. 811) und später im Volkslied (Arnim/Brentano, *Wunderhorn,* Nr. 226a: *Die Hand*) seinen Niederschlag gefunden hat. Während Hans Sachs in seiner strukturell ähnlichen, aber breiter ausgestalteten Verserzählung die „erschrocklich geschicht von der kinder zuecht" in „Ingolstat in Payerlande" angesiedelt hat, findet sich die Geschichte ohne besondere Lokalisierung, sprachlich gestrafft, aber mit gleicher Intention, später und besonders im 17./18. Jahrhundert als Exempel über ungeratene Kinder in protestantischen und katholischen Predigtsammlungen (vgl. Rehermann 1977, 155 f., 312). Der erzählerische Kern entspricht KHM 117, nur daß dort aus dem Sohn ein Kind ungenannten Geschlechts geworden ist und der strafende Gott höchstpersönlich auftritt.

KHM 117 läßt sich als eine Warnsage mit unglücklichem Ausgang ansehen und gehört in den Kreis der Texte über Kinderzucht (KHM 5, 26, 43): Tote offenbaren ihre Schuld. Für eine Sage spricht auch die allgemeine Feststellung Max Lüthis (1980b): „Mit dem virulenten Sensorium für Schuld, das der Sage eigen ist, ergänzt sie die flächenhafte zeichnende Gattung Märchen, in der [...] das Problem Schuld wenig akzentuiert ist." Unbotmäßiges Verhalten von Kindern wird drastisch geahndet. Dazu gehört im Sinne des 4. Gebots Eigensinn mit trotzigem Verhalten gegenüber den Eltern. Krankheit und Tod sind die unmittelbaren Folgen solchen Verhaltens. Aber die Warnsage spricht nicht nur die Pflichten der Kinder gegenüber den Eltern an, sondern auch die Verantwortung der

Eltern gegenüber ihren Kindern. Die erzählerische Umsetzung entspricht der aus dem *Alten Testament* bekannten Vorstellung (*Sprüche* 13,24): „Wer seine Rute schont, der haßt seinen Sohn, wer ihn aber liebhat, der züchtigt ihn beizeiten."

Die Einführung von Gott als Strafendem soll die Rechtmäßigkeit des Handelns aufzeigen und die unnachsichtige Strafe ohne die Möglichkeit einer Besserung religiös rechtfertigen. Die Erlösung des Kindes durch Schläge demonstriert exemplarisch die Auffassung der Geschlechterrollen in den KHM. Denn hier muß die Mutter mit der Rute auf die aus dem Grab gewachsene Kinderhand schlagen, während der Vater als Erzieher und ‚Vollstrecker der elterlichen Gewalt', sonst oft allein vertreten, gar nicht in Erscheinung tritt.

Die sprachliche Gestaltung zielt auf eine Verkindlichung des Textes durch die Verwendung von Diminutiva (wie in KHM 109: *Das Totenhemdchen*). In den *Deutschen Sagen* (Grimm/Uther DS 137: *Der Riesenfinger*) wird unter Bezug auf den Jenaer Hausberg von einem zur Strafe aus dem Grab wachsenden Riesenfinger erzählt, der ein Turm geworden sei, offenbar ein Nachklang der Sage von Orestes, dessen Finger bei Megalopolis (Pausanias 8,34,2) gezeigt wurde.

Die stark moralisierende Warnsage, von Jaana Kaiste auch als „pädagogisches Warnmärchen" bezeichnet, hat über KHM-Gesamtausgaben hinaus nicht nachgewirkt.

Lit.: BP 2 (1915) 550–552; HDS 1, 55–57; Schmidt 1963, 225–234; EM 4 (1984) 195–222 (L. Röhrich) (zur Erlösung); EM 6 (1990) 436–447 (C. Daxelmüller) (zur Bedeutung der Hand); Kaiste 2005, 121–125; Hubrich-Messow 2000 ff., Bd. 7, 269 (Varianten).

118. Die drei Feldscherer. – DMK/Uther, ATU 660: Doktoren: Die drei D. (Tubach, Nr. 2310). – KHM-Veröff.: 1815 (Nr. 32), 1819 (Nr. 118). – „Aus Zwehrn", über Dorothea Viehmann (23.6.1813) zugekommenes Schwankmärchen, dessen Strukturen in der Geschichte vom Wettstreit zweier Ärzte aus den *Gesta Romanorum* (Nr. 76 = Abdruck bei Uther 1990b, Nr. 49) anklingen oder in Scharlatanerien (z. B. Sachs, Bd. 4, Nr. 386). Der Text ist im internationalen Typenkatalog DMK/Uther, ATU thematisch den Märchen von Menschen mit wunderbaren Eigenschaften zugeordnet, aber sowohl inhaltlich als auch sprachlich erkennbar den Texten mit schwankhafter Tendenz zuzurechnen.

Übermütige Ärzte preisen ihre Künste und führen Geschicklichkeitsproben vor, büßen infolge unglücklicher Zufälle jedoch die entnommenen Organe ein und müssen unwissentlich mit tierischen Organen (Katzenauge, Schweineherz) und Diebeshand vorliebnehmen. Die Komik basiert auf absurder Handlung. Belacht wird das von der Norm Abweichende in Beispielen der sogenannten „fatalen Anatomie", so Kurt Ranke (EM 1, 489 f.). Die Selbstschädigung gerät hier zur Groteske, während sie sonst in Märchen gewöhnlich toleriert wird, wenn die Mutilation wie in KHM 31: *Das Mädchen ohne Hände* oder die Versteinerung des Johannes (KHM 6) zu höheren Zwecken erfolgt. Der Schluß mit der Erpressung des Wirts überzeugt nicht, denn der Wirt hatte zwar die geflüchtete junge Frau als Schuldige ausgemacht, war aber als Dienstherr nur mittelbar verpflichtet, den drei Ärzten Geld als Kompensation für den erlittenen Schaden zu zahlen. Aber Logik ist in Schwänken (und auch Märchen) nicht immer nötig.

Im Zeitalter zunehmender Organverpflanzungen mehren sich solche Erzählungen, was Jurjen van der Kooi zu der Feststellung veranlaßte: „Dit soort actualiseringen kan men bijny wareldwijd horen" (Dekker et al. 1997, 111). Die Fassungen nehmen nicht selten die Form von Parodien (z. B. kann der Empfänger der Hornhaut einer Eule seine Augen nicht schließen) oder Horrorgeschichten (Magen durch Kalbsmagen ersetzt; Empfänger hat Hunger auf Stroh) an. Öfter basieren sie auf älteren literarischen Quellen.

Das Schwankmärchen hat über KHM-Gesamtausgaben hinaus nicht nachgewirkt; bildliche Darstellungen sind selten (Entlassene Soldaten vor Wirtshaus; Diebeshand mit Griff nach Münzen).

Lit.: BP 2 (1915) 552–555; HDM 2 (1934–40) 85 f. (W. Heiligendorff); Ranke 1955 ff., Bd. 2, 387 (Varianten); Textor 1965 (zu D. Viehmann); EM 3 (1981) 742–747 (L. S. Thompson); Kooi/Schuster 1993, Nr. 81 (Varianten); Kooi/Schuster 1994, Nr. 169 (Varianten); Dekker et al. 1997, 110–112 (J. van der Kooi); Sennewald 2004, 236–281 (Textgeschichte).

119. Die sieben Schwaben. – DMK/Uther, ATU 1321C: Fools are Frightened at the Humming of Bees + DMK/Uther, ATU 1231: Sieben Schwaben + DMK/Uther, ATU 1297*: Jumping into the River after their Comrade. – KHM-Veröff.: 1819. – 1819 anstelle des Märchens *Der Faule und der Fleißige* (1815: KHM 33) aufgenommener Dummenschwank, der der Version des Schwankbuchkompilators Hans Wilhelm Kirchhof (um 1525/28–1602; *Wendunmuth*, 1,1, Nr. 274) stark verpflichtet ist. Der KHM-Text folgt im großen und ganzen der Ausgabe von 1581 (EM 7, 1393). Kirchhof wiederum hat offenbar die Versionen des Hans Sachs gekannt – ein 1545 verfaßtes Meisterlied *Die neun Schwaben* (Bd. 3, Nr. 231) oder das im gleichen Jahr abgefaßte Meisterlied *Der Schwab mit dem Rechen* (Bd. 3, Nr. 179).

Achim von Arnim und Clemens Brentano hatten das zweite Abenteuer (mit einem Frosch) unter dem ironisierenden Titel *Die schwäbische Tafelrunde* in ihre Sammlung *Des Knaben Wunderhorn* (Bd. 2, Nr. 445) aufgenommen. Seit Anfang des 17. Jahrhunderts ist die Zahl der Schwaben auf sieben reduziert. Die gereimten Einschübe allerdings sind einem Kupferstich aus Nürnberg (vgl. Beschreibung bei Bolte 1893a, 436 f.) entlehnt – erneut ein Beispiel für die Kontamination entlegener narrativer Stoffe: In einer waldigen Landschaft stehen sieben Männer; mit einem langen Speer bewaffnet gehen sie auf einen Hasen zu. Ihre Namen mit Ziffern über den Köpfen, welche auf unten beigefügte Verse weisen, sind deutlich zu sehen. Die Verse mit geänderter lautlicher Wiedergabe bilden nun das ausführlicher dargestellte zweite Abenteuer.

Bildhafte derbe Formulierungen Kirchhofs über allzu menschliche Bedürfnisse bei der Jagd auf den vermeintlichen Feind wie „einen heimlichen streichen lassen" und „entpfieng den gestanck deß blindtschleichen seines gesellen in die nasen" hat Wilhelm Grimm in Anlehnung an seine übliche Bearbeitungspraxis zugunsten eines erzählenden Kindertons abgeschwächt: „daß ihm der Angstschweiß am ganzen Leibe ausbrach" und „dem ich weiß nicht was für ein Geruch in die Nase kam".

KHM 119 verknüpft drei Schwabenstreiche, deren Komik auf Mißverständnissen und mißglückender Nachahmung beruht. Der Schwank schildert eingangs das Zusammenfinden der Schwaben und nennt den Anlaß, die Suche nach Abenteuern. Dies ist die verknappte und erzählungstechnisch gestraffte Bearbeitung der Vorgeschichte (ursprünglich eine Wallfahrt nach Aachen), wobei zwar die Namen der Schwaben erhalten blieben, Orts- und Flußnamen jedoch wie üblich getilgt wurden (einzig die Mosel ist genannt):

(1) Ein Schwabe hält das Summen einer Hornisse für den Klang einer feindlichen Trommel, tritt bei seiner Flucht auf einen Rechen, der ihm an den Kopf schlägt, hält ihn für den Feind und gibt sich gefangen wie seine ihm nachfolgenden Gefährten. (2) Als ein Hase vor ihnen auftaucht, halten sie ihn für einen Drachen, und jeder versucht, den anderen vorzuschieben. Der Hase entkommt. (3) Eine Flußüberquerung endet mit dem Tode aller. Ein Mann versteht die Frage der Schwaben nicht, wie man über das Wasser kommen kann, und fragt auf Trierisch: „Wat? Wat?" Der erste Schwabe mißversteht die Antwort als Aufforderung, durch das Wasser zu waten, und taucht unter. Als sein Hut drüben angeschwemmt wird, ein Frosch zufällig dabeisitzt und quakt, deuten die verbleibenden Gesellen die Froschlaute als Zeichen, nun nachfolgen zu können, und ertrinken.

Schon die knappe Wiedergabe läßt die groteske Übertreibung dummen Verhaltens erkennen. Die sieben Schwaben sind den ihnen begegnenden Situationen nicht gewachsen. Sie verfehlen, wie Rolf Wunderer meint, „wegen Problemlösungsinkompetenz ihr Jagdziel" (Wunderer 2007, 100). Solche Dummengeschichten erfreuen sich großer Beliebtheit, die in den KHM immer wieder begegnen und mit ihren unterhaltenden Elementen zur Auflockerung beitragen. In KHM 61: *Das Bürle* springen die Leute dem Bauern leichtgläubig ins Wasser nach und ertrinken, weil sie denken, auf dem Grunde Schätze finden zu können. In KHM 7: *Der gute Handel* deutet ein junger Bauer das Quaken der Frösche falsch und verliert sein ganzes Geld. In der Realität soll eine solche totale und extreme Dummheit nicht vorkommen! Die Karikatur menschlichen Fehlverhaltens jedenfalls gestattet den Lesern und Hörern eine unbeschwerte Heiterkeit, so wie andererseits die Figuren innerhalb der Geschichte sich durch ihr dummes Verhalten gar nicht belastet fühlen. Sie bemerken es überhaupt nicht. Ein besonderer Reiz der Dummengeschichten liegt auch darin, daß sie mit bestimmten Regionen in Verbindung zu bringen sind – wie eben die Geschichte von den sieben Schwaben.

Der noch in verschiedenen Schwank- und Unterhaltungsbüchlein des 17./ 18. Jahrhunderts tradierte Stoff fand besonders im 19. Jahrhundert eine breite Rezeption und hat zahlreiche Herausgeber von Märchensammlungen wie z. B. Ludwig Aurbacher oder Ludwig Bechstein interessiert.

KHM 119: Die sieben Schwaben. Steinzeichnung als Vorlage für Wandschmuck von Paul Perks (1879–1939)

Bildliche Darstellungen sind seit Mitte des 17. Jahrhunderts bezeugt, so ein Flugblatt aus Nürnberg, das die sieben Schwaben an ihren Spieß geklammert bei der Hasenjagd zeigt. Diese Szene dient bis heute als Erkennungszeichen des mehrepisodischen Schwanks und ist in Volksbüchern, auf Bilderbogen, Reklamesammelbildern, Oblaten, Postkarten und in anderen populären Druckerzeugnissen festgehalten. In größeren KHM-Ausgaben fehlen die Gruppennarren selten.

Lit.: Hamann 1906, 75–77; BP 2 (1915) 555–561; Bluhm 1995, 43–57 (zu Sachs und Grimm); Kooi/Schuster 1993, Nr. 98 (Varianten); Bluhm/Rölleke 1997, 130 (zu Redensarten, Formeln, usw.); Hubrich-Messow 2000 ff., Bd. 5, 56–70, 86 f. (Varianten); Pecher 2003; EM 12 (2007) 649–654 (K. Graf); Pesch u. a. 2013.

120. Die drei Handwerksburschen. – DMK/Uther, ATU 360, 1697: Handel mit dem Teufel (Tubach, Nr. 5196). – KHM-Veröff.: 1815 (Nr. 34), 1819 (Nr. 120). – „Nach einer Erzählung aus Zwehrn und einer andern aus der Leinegegend", heißt es im Anmerkungsband (KHM 1856, 200) über diesen Schwank; die Beiträger werden Dorothea Viehmann (1755–1815) und Georg Friedrich August Goldmann (1785–1855) gewesen sein.

Die älteste Version findet sich als Predigtexempel in der umfangreichen Sammlung *Summa predicantium* (S 4,18; Drucke 1474 und öfter) des Dominikaners John Bromyard (14. Jahrhundert): Drei Walliser begeben sich auf eine Reise nach England und prägen sich einige Ausdrücke der unbekannten Sprache ein, die sie nutzbringend anwenden wollen. Zu Unrecht eines Mords beschuldigt und vor Gericht gestellt, antworten sie an unpassender Stelle mit den auswendig gelernten Phrasen, die als Schuldeingeständnis gewertet werden. In der abschließenden Moralität warnt Bromyard vor den Folgen, die sich aus einer ohne Nutzanwendung betriebenen und nicht gottgefälligen Wissenschaft ergäben: der Mensch verdumme und sei zum Scheitern verurteilt.

Im 16. Jahrhundert ist die Beispielgeschichte auf drei Studenten übertragen worden. Die aus zahlreichen Schwänken bekannte Thematik vorgetäuschten Wissens durch eigentlich Sprachunkundige (Bauern- oder Küchenlatein) führt für die Beteiligten zu fatalen Folgen. Im KHM-Anmerkungsband von 1856 (200) wird auf die Fassung in der Novellensammlung *Les nouvelles Récréations et joyeux devis* (1558; allein 10 Auflagen im 16. Jahrhundert) des Humanisten Bonaventure Des Périers (um 1510 – um 1543/44) aufmerksam gemacht (Übertragung ins Deutsche bei Uther 1990b, Nr. 50); eine noch frühere Fassung findet sich in den *Cent nouvelles Nouvelles* des Philippe de Vigneulles (Nr. 60; entstanden um 1505/15). Neu an der Geschichte ist der Wegfall der Moralität und der Wechsel der Handlungsträger. Nun sind es drei faule Studenten, die lieber dem Müßiggang nachgehen als ihre Studien intensiv zu betreiben. Vor der Heimreise zu ihrem Vater lernen sie jeder einen Satz auf Latein, um den Anschein zu erwecken, als hätten sie ihre Studien mit Erfolg betrieben. Auf der Heimreise geraten sie, zur rechten Zeit am falschen Ort, unschuldig in einen Mordfall, werden des Verbrechens bezichtigt und zum Tode verurteilt, können der Strafe aber gerade noch rechtzeitig entgehen, weil der gütige Gerichtsverwalter eine Ahnung hatte, daß die Zeugenaussage aufgrund falscher Anwendung auswendig gelernter Phrasen erfolgt war. Diese Aussage hatten sie ohne Arg gemacht, ohne zu wissen, daß sie damit ihr Todesurteil bekräftigten.

Im späten 18. Jahrhundert ändert sich die Ausgangsposition der Erzählung durch die Einführung einer Jenseitsfigur. Unter dem Titel *Die stummen Bekenntnisse* erzählte Georg Gustav Fülleborn (1769–1803) in den anonym erschienenen *Volksmährchen der Deutschen* (zuerst Halle 1789) – so benannt in Anlehnung an den plakativen Musäus-Titel – die Erzählung weitläufig als eines von vier Stücken (Fülleborn 1798, 56–81) und sorgte für eine märcheneigentümliche Atmosphäre: Ein Zwerg in Gestalt eines Hirten, Herr des Waldes und Gebieter über 1000 Geister, verhängt zur Strafe für das Schlachten eines Lammes über drei auf der Flucht befindliche Deserteure einen Bann: sie dürften nur jeweils einen Satz sprechen. Sie geraten durch ihre Antworten in Gefahr, werden aber durch einen „wohlgekleideten Jüngling", das heißt von dem Gnom, in letzter Minute gerettet und können ihre Unschuld offenbaren.

Wirkungsvoller ist in KHM 120 einleitend das Motiv des Teufelspakts gewählt (DMK/Uther, ATU 360), der gerade im 19. Jahrhundert in Anlehnung an die Historien des Teufelsbündners Faust ein beliebtes literarisches Motiv abgibt. Der Teufel tritt entsprechend seiner im 19. Jahrhundert entdämonisierten Form (z. B. KHM 100: *des Teufels rußiger Bruder*, KHM 101: *Der Bärenhäuter*) nicht als Schreckensfigur auf, sondern als Helfer. Die Wandergesellen erkennen ihn, verpflichten sich ihm aber ohne Arg, nachdem er ihnen versichert hat, ihre Seele nicht als Gegenpfand für Reichtum haben zu wollen. Die drei arbeitslosen Handwerker – der Berufswechsel erscheint plausibler für die Wanderschaft – erfüllen daher die unverfänglich klingende Bitte, auf alle an sie gerichtete Fragen nur einen bestimmten Satz zu sprechen.

KHM 120 zählt zu den weniger bekannten Schwänken. Bildliche Darstellungen unterschiedlicher Art (Handwerker vor Wirtshaus; auf Wanderschaft; gefesselt) sind selten.

Lit.: BP 2 (1915) 561–566; Mehlem 1940, 77; Ranke 1955 ff., Bd. 1, 273 f. (Varianten); Wenzel 1979, 310 f.; Moser-Rath 1984, 177 f.; EM 6 (1990) 453–459 (I. Tomkowiak); Bregenhøj 1997 (zu neuen Adaptationen im Witz); Dekker et al. 1997, 115–117 (T. Meder); Hubrich-Messow 2000 ff. (Varianten); Diederichsen 2008 (als Gerichtsmärchen bezeichnet).

121. Der Königssohn, der sich vor nichts fürchtet. – DMK/Uther, ATU 590: Mutter: Die treulose M. – KHM-Veröff.: 1819, ab 1843 mit erheblichen Änderungen. – Das 1819 eingefügte Zaubermärchen „aus dem Paderbörnischen" (Familie von Haxthausen) tritt an die Stelle der Legende *Die himmlische Hochzeit* (1815: KHM 35), welche zu den im Anhang abgedruckten Kinderlegenden (seit 1819: KL 9) gestellt wurde.

KHM 121 besteht aus zwei Teilen, die eigentlich nichts miteinander zu tun haben. Schon im Anmerkungsband heißt es: „doch ist die Überlieferung verwirrt oder getrübt" (KHM 1856, 200). Die Handlung enthält folgende Episoden:

> (1) Ein auf der Wanderschaft befindlicher junger Mann erklärt sich ohne Gegenleistung bereit, einem Riesen einen Apfel vom Baum des Lebens zu besorgen. (2) Der Mann gelangt durch Zufall an einen magischen Ring, der ihm eine ungeheure Stärke verleiht, besorgt den Apfel und kehrt mit einem Löwen, der ihm „demütig" folgt, zurück. (3) Auf Verlangen der Riesenbraut soll der Riese den Ring besorgen, erhält ihn aber nicht. Ein Diebstahl wird dank der Aufmerksamkeit des Löwen rechtzeitig verhindert. (4) Darauf blendet der Riese den Mann, doch der Wehrlose erhält erneut Hilfe vom treuen Tierbegleiter: Er stürzt den Riesen in den Abgrund und benetzt die Augen des Mannes mit Wasser, der darauf seine Sehkraft wiedererlangt. (5) Auf Bitten einer verzauberten Jungfrau und mit ihrer Hilfe (Lebenswasser) übersteht der Königssohn drei Qualnächte in einem verwünschten Schloß, erlöst sie und heiratet sie.

Zu den zentralen Themen vieler Märchen gehören Behinderungen und Heilungen. Sie entsprechen der Gesamtstruktur: Aufgabe/Lösung oder Mangel/Beseitigung des Mangels. In KHM 121 ist die scheinbare Hilflosigkeit des Helden, in die er unverschuldet gerät, eine Voraussetzung für die Hilfe. Die gewaltsame Augenverletzung gehört neben der Befreiung der Königstochter zu den konstitutiven Motiven. Wie so oft, naht Hilfe in der Not, hier in Gestalt des treuen Löwen, der seit der Antike als dankbares Tier (DMK/Uther, ATU 156: *Androklus und der Löwe*) durch die Weltliteratur geistert. Als König der Tiere und ‚exotisches' Tier wirke er nach Ansicht Jacob Grimms (1834, XLVIf.) belebend auf die Phantasie. Das Tier geleitet seinen Herrn zu einem Bach, durch dessen Wasser er seine Sehkraft wiedererlangt. Wasser ist überhaupt ein Lebenselixier, suggeriert KHM 121, und in dieser Funktion des Lebenswassers begegnet es auch in anderen KHM. Während im allgemeinen Schmerzempfindungen unerwähnt bleiben, sind sie in KHM 121 aufgezeigt. In den Qualnächten piesacken die Teufel den unerwünschten Besucher. „Sie zerrten ihn auf dem Boden herum, zwickten, stachen, schlugen und quälten ihn, aber er gab keinen Laut von sich. Gegen Morgen verschwanden sie, und er war so abgemattet, daß er kaum seine Glieder regen konnte." Doch das Wasser des Lebens läßt den Königssohn alle Torturen überstehen. Anschaulich heißt es: „und alsbald fühlte er wie alle Schmerzen verschwanden und frische Kraft in seine Adern drang." Die Erlösung einer Frau durch Ausharren des Helden in einem verwünschten Schloß ist Motivbestandteil mehrerer KHM und bereits aus der Exempelliteratur bekannt (s. KHM 4: *Märchen von einem, der auszog das Fürchten zu lernen*).

KHM 121 fand nur Aufnahme in KHM-Gesamtausgaben und hat darüber hinaus kaum nachgewirkt.

Lit.: BP 3 (1918) 1 f.; Ranke 1955 ff., Bd. 2, 330–340 (Varianten); Uther 1981, 114 f.; Schmitt 1993, 562 (1); EM 8 (1996) 831–841 (C. Lecouteux) (zum Lebenswasser); EM 9 (1999) 1057–1064 (C. Shojaei Kawan); Solms 1999, 121 f. (zur Tugendhaftigkeit); EM 11 (2004) 100–103 (R. W. Brednich) (zum Motiv der Qualnächte); Leinberg 2018, 268–273 (zum Lebenswasser).

122. Der Krautesel. – DMK/Uther, ATU 567: Vogelherz: Das wunderbare V. + DMK/Uther, ATU 566: Fortunatus (Tubach 1969, Nr. 2153). – KHM-Veröff.: 1819 (verändert 1837). – Das zunächst in den KHM vertretene Märchen *Die lange Nase* (1815: KHM 36) wurde in den Anmerkungsband (KHM 1856, 202–204) verwiesen und 1819 durch das Zaubermärchen *Der Krautesel* „aus Deutschböhmen" ersetzt, das Jacob Grimm aus Wien mitgebracht und seinem Bruder Wilhelm bereits ohne Nennung der Quelle brieflich angekündigt hatte. „Ich habe ein schönes Märchen vom Krautesel bekommen, das uns gänzlich fehlt" (Grimm/Schoof 1963, 385). Das Zaubermärchen hat wie auch KHM 74: *Der Fuchs und die Frau Gevatterin*) mit großer Wahrscheinlichkeit Joseph Georg Meinert (1773–1844) beigesteuert.

KHM 122 ist von den Motiven her teilweise weitgehend identisch mit dem Märchen *Das Vögelchen mit dem goldenen Ey* aus der anonym erschienenen Sammlung *Kindermährchen* Christoph Wilhelm Günthers (1787, 1–57). Im Zentrum der Handlung stehen der Erwerb und die Ablistung von Zaubergaben sowie die Bestrafung der Schädiger durch den richtigen Gebrauch bestimmter und zufällig erlangter Salatblätter. Der Eingang vom wunderbaren Golderwerb durch den Genuß eines Vogelherzens findet sich ebenfalls in KHM 60: *Die zwei Brüder*, doch verläuft die weitere Handlung mit der Ablistung des Vogelherzens und des zweiten Zaubergegenstands (Mantel als Transportmittel durch die Luft) anders. Kurios genug ist, daß der Jäger das hinuntergeschluckte Vogelherz mittels eines Zaubertrunks ausspeit (dezent heißt es: „brach er das Herz des Vogels aus dem Leibe") und die Hexentochter sich das Herz durch Verschlucken einverleiben muß. In seiner Hilflosigkeit ist der Jäger nicht alleingelassen. Eine Wolke als magisches Beförderungsmittel bringt ihn zu einem Garten, dessen Salatblätter ihn zu seinem Schrecken in einen Esel (sprechender Name: Krautesel) verwandeln. Als er zufällig „eine andere Art Salat" zu sich nimmt, wird er wieder in seine menschliche Gestalt zurückverwandelt. Dieses Wissen macht er sich zunutze und gewinnt dadurch die ihm abgelisteten Zaubergaben zurück.

Gerade ein Garten mit Zauberpflanzen spielt in verschiedenen KHM (z. B. KHM 12: *Rapunzel*) eine wichtige Rolle. Im Unterschied zu anderen Märchen erweist sich hier der magische Garten zufällig als Glücksort für den Helden. Ein Eselmensch begegnet auch in KHM 144: *Das Eselein*. Der Schluß mit der Rückverwandlung und Heirat des Hexenmädchens endet versöhnlich und läßt sich aus der Handlung heraus nur so erklären, daß die Frau unter Drohung zu den Taten verleitet worden war und ihr Verhalten bereut hatte.

Die Vorstellung, daß Hexen sich und andere in Tiere verwandeln können, ist weit verbreitet. Schon in den Wundergeschichten des Pseudo-Lukian (*Lucius und der Esel*) und in den *Metamorphosen* des Apuleius begegnet ein solcher Eselmensch, der nach dem Genuß von Rosenblättern (Apuleius) seine menschliche Gestalt wiedererlangt. In Hexen- und Zauberbüchern des 16./17. Jahrhunderts werden ähnliche Erzählungen Hexen zugeschrieben (Fassung von 1598 bei Uther 1990b, Nr. 51). Die Thematik der Verwandlung nach dem Genuß von Pflanzen oder Früchten ist aber vor allem auf menschliche Handlungsträger übertragen, die dämonische und schadenbringende Wesen damit außer Kraft setzen können. Besonders eine Erzählung aus den *Gesta Romanorum* (Kap. 120) sowie das seit Ende des 15. Jahrhunderts in zahlreichen Bearbeitungen vorliegende Volksbuch *Fortunatus* ist durch die Motive Erwerb von Zaubergaben, deren Ablistung und Wiedergewinnung durch Zauberfrüchte strukturiert.

Die episodenreiche Handlung mit der Verwandlungsthematik wird dazu beigetragen haben, daß das Märchen auch über bildliche Darstellungen (seit Mitte des 19. Jahrhunderts) bekannt geworden ist, in Einzelausgaben verbreitet wurde und die stoffliche Vorlage für Filme abgab.

Lit.: Aarne 1908, 83–142; BP 3 (1918) 3–9; Ranke 1955 ff., Bd. 2, 257–261 (Varianten); Kasprzyk 1963, 114–124; Dammann 1978; Hoevels 1979; EM 4 (1984) 445–452 (A. Scobie) (zum Eselmensch); Scobie 1983; EM 5 (1987) 5–14 (H.-J. Uther) (zu FortunDMK/Uther, s); Grätz 1988, 202–205 (zu Günther); Ohno 1993; Schmitt 1993, 562 (3) (Film); Clausen-Stolzenburg 1995, 164 f.; Scherf 1995, 755–758; Dekker et al. 1997, 133–136 (T. Meder); Volkmann 2002 (zu Märchenpflanzen); Rubini 2003 (zum Fortunatus-Stoff); Marzolph/van Leeuwen 2004, Nr. 61, 380, 475; EM 14 (2014) 292–295 (U. Marzolph).

123. Die Alte im Wald. – DMK/Uther, ATU 442: The Old Woman in the Forest. – KHM-Veröff.: 1815 (Nr. 37), 1819 (Nr. 123). – „Aus dem Paderbörnischen" stammendes Zaubermärchen mit christlicher Grundstimmung, beigesteuert von der

Familie von Haxthausen am 26.7.1813. Typische Märchenmotive sind hier strukturell erstmals kombiniert:

(1) Alle bis auf das Dienstmädchen werden umgebracht (Exzeptionsprinzip, s. EM 4, 720–722). (2) Die Hilflose (typisch: Verirren im Wald; die mordenden Räuber haben keine Bedeutung mehr) erhält dreifachen Beistand in Gestalt einer weißen Taube, die auch sonst als Helferin wie z. B. im *Aschenputtel*-Märchen (KHM 21) begegnet; ein Baum, häufig Asylort (z. B. KHM 3: *Marienkind*), dient als Speise- und Schlafkammer sowie als Kleiderspender. (3) Die Gegenleistung besteht in der Einhaltung eines Schweigegebots bei einer dämonischen Alten und dem Beschaffen eines Gegenstands (Ring), ohne daß die Bedeutung des Gegenstands für die Aufgabenlöserin ersichtlich ist. (4) Der Ring stellt sich als magisches Objekt für Verwandlungskünste heraus; der in einen Baum und zeitweilig in eine Taube verwandelte Königssohn wird entzaubert und heiratet seine Erlöserin.

KHM 123 hat teilweise motivisch große Ähnlichkeiten mit KHM 69: *Jorinde und Joringel* und scheint danach – oder nach der Vorlage für KHM 69 (Johann Heinrich Jungs Roman von 1777) – gestaltet. Das Märchen läßt sich als weibliches Gegenstück betrachten und wird von Walter Scherf als eine „romantische Erfindung" (Scherf 1995, 19) bezeichnet. In KHM 123 ist die Verwandlung des Königssohns bereits erfolgt, er kann den Bann aus eigener Kraft nicht lösen. Die Aufgabenlöserin ahnt nicht den Erfolg ihrer Hilfe, als sie den Zaubergegenstand in Händen hält, der die Rückverwandlung des Königssohnes in menschliche Gestalt bewirkt. Die dämonische Alte mit den üblichen Charakteristika (Schleichen, große Augen) ist eine negativ besetzte Figur, so daß ihre Fähigkeit der Transformation von Menschen in Tiere, die sie wie in KHM 69 in Vögel verwandelt, der redlichen und frommen jungen Frau keinen Schaden bringen kann. Sie hat keine Gewalt über sie und läßt sich den Vogelkäfig mit dem Verwandlungszauber-Talisman ohne Gegenwehr entwenden.

KHM 123 hat nicht sonderlich nachgewirkt. Bildliche Darstellungen sind entsprechend selten und zeigen die Begegnung des Dienstmädchens mit der buckligen Hexe (Otto Ubbelohde) oder das Dienstmädchen allein im Wald sitzend, die Taube den Ring im Schnabel haltend (Robert Leinweber).

Lit.: BP 3 (1918) 9 f.; HDM 1 (1930–33) 49 f. (L. Mackensen); Scherf 1995, 18–20; Ono 2007 (zur Waldsymbolik); Rinn 2013, Becker 2020, 27–38 (zu Ubbelohde).

124. Die drei Brüder. – DMK/Uther, ATU 654: Brüder: Die behenden B. (vgl. Tubach, Nr. 3638). – KHM-Veröff.: 1815 (Nr. 38), 1819 (Nr. 124); Kleine Ausgabe: 1825 (Nr. 44, danach herausgenommen). – „Aus der Schwalmgegend" stammendes Schwankmärchen über eine durch Geschicklichkeitsproben herbeigeführte und versöhnlich endende Erbteilung (gemeinsames Grab), auf das der Theologe

Ferdinand Siebert (1791–1847) aus Treysa aufmerksam gemacht haben dürfte. Literarische Abhängigkeit liegt nahe. Die Überlieferung – die Geschicklichkeitsproben allein finden sich vor allem innerhalb von Lügengeschichten – setzt im späten Mittelalter ein, seit dem 17. Jahrhundert sind deutschsprachige Fassungen nachzuweisen.

Die Behendigkeitsproben, deren Komik in der Übertreibung der Handwerkskünste liegt, hat erstmals Philippe le Picard (Philippe d'Alcripe) in seiner Sammlung von Lügenmärlein (1579 = Thomas 1977, Nr. 1) veröffentlicht. Unter Hinweis auf den französischen Lügenmärchenspezialisten hat Peter Lauremberg (1585–1639) in seiner ungemein nachwirkenden Sammlung von Denkwürdigkeiten, der *Acerra philologica* (benützte Ausg.: 1654, Nr. 281), die Lügengeschichte in deutscher Sprache aufgenommen. Noch älter ist ein ähnlich lautendes Exemplum aus der Sammlung des Johannes Gobi Junior (= Wesselski 1925, Nr. 20). Dort ist das Erbe allerdings ein Birnbaum (zum Baumerbe vgl. *Gesta Romanorum*, Nr. 196), der durch die beste Geschicklichkeitsprobe erworben werden soll. Die dritte und überzeugende Probe, bei starkem Wind Federn zusammenzuhalten, ist hier anders. Mitte des 17. Jahrhunderts wird die Version des französischen Lügenspezialisten Philippe le Picard (genannt auch Philippe d'Alcripe) ins Deutsche übersetzt und findet sich hernach sowohl in Schwankbüchern als auch in Sammlungen von Predigtmärlein, dort mitunter nicht als Auftrag für eine Erbteilung verstanden, sondern als Auszug der Brüder in die Fremde und mit dem überraschenden Ende, daß der Vater seinen Söhnen das Erbteil mit der Bemerkung verweigert, sie hätten genügend andere Fähigkeiten erworben.

Der Grund für den Austausch des Schwankmärchens in der *Kleinen Ausgabe* (nur 1825: Nr. 44) lag in der ähnlichen Struktur mit KHM 129: *Die vier kunstreichen Brüder*, das unmittelbar nachfolgte (Nr. 45). Es vertrat nun seit 1833 den Typus der Geschicklichkeitsproben allein.

In Lesebüchern hat KHM 124 stark nachgewirkt, wozu sicher die Dichte der Handlung und der entsprechend kürzere Umfang beigetragen haben dürften. Bildliche Darstellungen (bereits auf mehreren Bilderbogen) stellen häufig die ersten beiden Geschicklichkeitsproben dar, sie lassen sich auch besser als die dritte bildlich gestalten.

KHM 124: Die drei Brüder. Münchener Bilderbogen Nr. 529 (1870; Auszug). Carl Trost (1811–84)

Lit.: BP 3 (1918) 10–12; Nossag 1931, 40 f. (ältere deutschsprachige Fassungen); HDM 2 (1934–40) 567–569 (B. Heller) (zu Geschicklichkeitsproben); Ranke 1955 ff., Bd. 2, 387 (Varianten); Thomas 1977, 83, 169–171; EM 2 (1979) 868–871 (K. Ranke); Kooi 1986; EM 5 (1987) 1131–1134 (E. Blum) (zu Geschicklichkeitsproben); Tomkowiak 1993, 315; Hansen 2002, 426 f.

125. Der Teufel und seine Großmutter. – DMK/Uther, ATU 812: Rätsel des Teufels (Tubach, Nr. 214). – KHM-Veröff.: 1815 (Nr. 39), 1819 (Nr. 125), ab 1843 mit erheblichen Änderungen. – „Aus Zwehrn" am 4.9.1814 (Rölleke 2000, 46 f.) von Dorothea Viehmann beigesteuertes Rätselmärchen.

KHM 125 beginnt mit einer Mangelsituation. Drei Soldaten verfügen in Kriegszeiten über ungenügende Nahrungsmittel – wie es dann erst der Bevölkerung gehen muß, interessiert die Volkserzählung nicht – und beschließen zu desertieren. Ihre ‚Fahnen'-Flucht wird nicht kritisiert, ebenso nicht, daß sie sich in ihrer Notlage einem sprechenden Fabeltier, dem Teufel in Drachengestalt, anvertrauen, dem sie nach sieben Jahren, in denen sie keinen Mangel leiden, verfallen sein sollen. Ein kleiner Ausweg bleibt ihnen und sorgt für entsprechende Spannung, zumal der gute Ausgang erahnt werden kann: Wenn die Soldaten imstande sind, ein Rätsel zu lösen, ist die Verpflichtung hinfällig. Thematisch besteht eine Verwandtschaft mit KHM 55: *Rumpelstilzchen*, nur muß dort der Name erraten werden.

In KHM 125 erteilt eine alte Frau zwar kluge Ratschläge, die wahre Helferin jedoch naht wie in KHM 29: *Der Teufel mit den drei goldenen Haaren* in Gestalt einer weiteren alten Frau, des Teufels Großmutter. Listig befragt sie den Drachen nach des Rätsels Lösung, die er in seiner Überheblichkeit preisgibt. Nach Lutz Röhrich (EM 11, 277) gehört es zum Wesen der unlösbaren Rätselfrage, daß nur der Rätselsteller selbst die Lösung weiß. Das heimliche Lauschen (vgl. z. B. KHM 6, 55, 107) des einen Soldaten und die Unterstützung der Teufelsgroßmutter erweisen sich als entscheidende Voraussetzungen für die drei Soldaten, der Gewalt des Teufels zu entkommen. Strukturell bildet die Lösung buchstäblich im letzten Augenblick und die damit erfolgende Rettung wie in Abenteuerromanen und Action-Filmen ein wichtiges Element innerhalb der Handlung.

KHM 125 ist ein weiteres Beispiel für den Rollentausch, den Teufel und Teufelsbündner in Erzählungen des 19. Jahrhunderts einnehmen. Aus dem Diabolischen und Dämonischen wird ein schwacher Geist, ein dummer und zu überlistender Teufel. Die Figur ist weitgehend entmythisiert. Die Teufelsbündner, sonst schwache und haltlose Menschen, zeigen dem Bösen, wer als die eigentlichen Helden anzusehen sind.

Als literarisches Vorbild für die scheinbar unlösbaren Rätselfragen gilt allgemein die in der *Legenda aurea* (Andreas, 23–25) festgehaltene Rätselsituation innerhalb der dem heiligen Andreas zugeschriebenen Wunder: Der Teufel sucht in Gestalt einer schönen Frau einen Bischof zu verführen. Als der heilige Andreas den Bischof zu schützen versucht, gibt ihm der Teufel auf zu raten, was Gottes größtes Wunder sei. Andreas weiß die Antwort: kein Mensch gleiche dem anderen.

Bevorzugte bildliche Darstellungen für KHM 125 sind folgende Motive: die drei Soldaten auf der Flucht (im Kornfeld sitzend) (Dora Polster, 1911) oder am Tisch sitzend mit der Zauberpeitsche in der Hand (Otto Ubbelohde, 1909).

Lit.: BP 3 (1918) 12–17; Ranke 1955 ff., Bd. 3, 136–145 (Varianten); Scherf 1995, 1187–1189; EM 11 (2004) 275–280 (L. Röhrich); Rinn 2013, Becker 2020, 27–38 (zu Ubbelohde).

126. Ferenand getrü un Ferenand ungetrü. – DMK/Uther, ATU 531: Ferdinand der treue und F. der ungetreue. – KHM-Veröff.: 1815 (Nr. 40), 1819 (Nr. 126). – „Aus dem Paderbörnischen", also von der Familie von Haxthausen beigesteuertes Zaubermärchen; die Handschrift befindet sich in der Staatsbibliothek Berlin, Preuß. Kulturbesitz (Grimm 1800, C1,1,12–15). Eine hochdeutsche Fassung mit starken Anklängen an niederdeutsche Formulierungen des KHM-Textes und mit vier kleineren Auslassungen (Handschrift unbekannter Provenienz) – zeitlich nicht näher bestimmbar, jedoch vermutlich erst nach Veröffentlichung des KHM-Textes angefertigt – befindet sich im Brüder Grimm Museum, Kassel (Hennig 1975).

Einige Züge des Märchens erscheinen archaisch wie die Trugheilung des Königs (Mot. D 1865.1) oder der sichtbare rote Faden als Signum der Wunderheilung (vgl. DMK/Uther, ATU ATU 516C: *Amicus und Amelius*). Als literarische Vorläufer sind Basiles *Corvetto* (3,7), Straparolas *Livoretto* (3,2) und das Feenmärchen der Madame d'Aulnoy *La Belle aux cheveux d'or* anzusehen. Doch besteht nirgendwo eine deutliche Affinität von KHM 126 zu älteren Vorlagen; bestenfalls kann man von einer Adaptation und Integration älterer Motive sprechen.

KHM 126 zeigt den Aufstieg des armen, aber durch Tugenden wie Hilfsbereitschaft und Arbeitsamkeit beschriebenen jungen Mannes zum Nachfolger des Königs. Die Einleitung mit der Suche nach einem Paten, der dann in der unscheinbaren Gestalt eines Bettlers gefunden wird, begegnet in mehreren KHM, unter anderem in KHM 44: *Gevatter Tod*. Die Prophezeiung, daß der Junge mit vierzehn Jahren ein Schloß mit allem, „wat darin wöre", sein Eigen nennen werde, erfüllt sich, auch wenn der erste vergebliche Versuch (= retardierendes Moment) scheitert. Dem Helden gesellen sich Tierhelfer zu (Fisch, Pferd), ein magischer Gegenstand (Feder; s. EM 4, 933–937) sowie ein ihm zugeneigtes junges Mädchen, das wie er ohne Fehl und Tadel charakterisiert ist: „'n wacker Mäken, dat hadde 'n schier (klares) Angesicht un drog sik so hübsch". Die Dynamisierung der Handlung setzt mit dem Auftauchen eines Gegenspielers ein, der den Ferenand getrü mehrfach verleumdet und aus dem Weg schaffen will. Doch sorgt die Unterstützung (im Schlußteil durch die neue Königin) für einen glücklichen Ausgang. Ohne Bedeutung und recht unmotiviert zeigt die Schlußepisode, daß es sich bei dem Zauberpferd um ein verwunschenes Tier gehandelt hat, das sich durch dreimaliges Herumreiten in einen Königssohn rückverwandeln kann.

Die Handlung ist bestimmt vom Motiv der dankbaren und später hilfreichen Tiere, die als selbständig handelnde Wesen dem Helden bei der Lösung schwieriger, scheinbar unlösbarer Aufgaben zur Seite stehen. Besonders zu nennen sind in diesem Zusammenhang KHM 17: *Die weiße Schlange*, KHM 62: *Die Bienenkönigin*, KHM 191: *Das Meerhäschen* sowie das 1857 ausgeschiedene Märchen *Die treuen Tiere* (1815: Nr. 18; 1819–50: KHM 104). Die Hilfe der Tiere ist nur möglich, weil der Held ihnen zuvor uneigennützig Beistand geleistet hatte. Die Unterstützung des Schimmels hingegen ist das Geschenk des unscheinbaren Paten; zum hilfreichen Pferd vgl. auch KHM 57: *Der goldene Vogel*. Ferdinands Handeln erscheint vorbildhaft und schließt zugleich die Tugenden ein, durch die er letzten Ende triumphiert.

Verschiedene Motive, z. B. das „Allerweltsmotiv" (EM 3, 153 f.) der Verleumdung durch den Gegenspieler, generieren auch andere KHM. Die mündliche Überlieferung hat gezeigt, daß sich mitunter Vermischungen und Überschneidungen zwischen Varianten von KHM 126 und KHM 6 ergeben.

Die Nachwirkung von KHM 126 ist gering, was zum einen auf die Mundartfassung, zum andern auf den Erzähltypus zurückgeführt werden kann, der durch andere Märchen wie KHM 6: *Der treue Johannes* besser repräsentiert ist.

Lit.: Krüger 1914, 9; BP 3 (1918) 18–37; Ranke 1955 ff., Bd. 2, 177–186 (Varianten); Hennig 1975, 13–17; EM 3 (1981) 149–156 (K. Ranke); EM 4 (1984) 1011–1021 (W. Pape); Bottigheimer 1987; Gobyn 1989; Jech 1989, 187–189; Schmitt 1993, 562(1); Scherf 1995, 297–301; Basile/Schenda 2000, 600.

127. Der Eisenofen. – DMK/Uther, ATU 425, 425A: Amor und Psyche. – KHM-Veröff.: 1815 (Nr. 41), 1819 (Nr. 127; kleinere Änderungen 1837). – Am 7.7.1813 von Dorothea Viehmann beigesteuertes Zaubermärchen.

Das aus der Sicht einer jungen Frau geschilderte und gut erzählte Märchen gehört zum in den KHM häufiger vertretenen Zyklus des Tierbräutigams, der nur durch ein ihn liebendes Wesen entzaubert werden kann. Die bekannte Eingangsformel „Zur Zeit, wo das Wünschen noch geholfen hat" (seit 1815) mag

Wilhelm Grimm inspiriert haben, zur Betonung mündlicher Erzählweise KHM 127 einen zweizeiligen Reim als Schlußformel beizufügen (seit 1837): „Da kam eine Maus,/ das Märchen war aus." Außerdem dürfte Wilhelm der formelhafte Eingang so sehr gefallen haben, daß er mit einer vergleichbaren Eingangsformel – zuerst in der *Kleinen Ausgabe* von 1833, dann seit 1837 in der *Großen Ausgabe* – KHM 1: *Der Froschkönig* beginnen ließ: „In den alten Zeiten, wo das Wünschen noch geholfen hat."

Die Handlung ist aus traditionellen Motiven zusammengesetzt: Verirren im Wald, Heiratsversprechen einem Unbekannten gegenüber, Brautunterschiebung, Vergessen der Braut durch Tabuüberschreitung (Sprechtabu), Suchwanderung der Frau, Tierhelfer (Kröten wie auch in KHM 63: *Die drei Federn*), Überqueren unüberwindbar scheinender Hindernisse (Glasberg, Schwerter, großes Wasser), Einsatz von Zaubergaben, Erkaufen von Nächten, Wiedererkennung der Liebenden (zur Verlobungsformel s. KHM 67, 94). Zu Handlungsschemata, einzelnen Motiven und literarischen Vorbildern vgl. den Kommentar zu KHM 88: *Das singende springende Löweneckerchen*, zu den Versen s. KHM 63: *Die drei Federn*.

Lit.: BP 3 (1918) 37–43; Schmidt 1932, 341–347; Ranke 1955 ff., Bd. 2, 19–52 (Varianten); Fehling 1977, bes. 60–72; Rölleke 1985, 133–141 (zur Verlobungsformel); Hearne 1989; Goldberg 1992 (zur vergessenen Braut); Kooi/Schuster 1993, Nr. 9 (Varianten); Rusch-Feja 1995, 182–197; Scherf 1995, 257–261; Bacchilega 1997, 71–102 (neue Bearbeitungen des Amor-und-Psche-Themas); Bluhm/Rölleke 1997, 132 f. (zu Redensarten, Formeln, usw.); Liptay 2004, 259–283 (zur Darstellung des Tierbräutigams im Film); Ono 2007 (zur Waldsymbolik); Shojaei Kawan 2009, 436 (Verse).

128. Die faule Spinnerin. – DMK/Uther, ATU 1405: Spinnerin: Die faule S. – KHM-Veröff.: 1815 (Nr. 42), 1819 (Nr. 128). – „Aus Zwehrn" von Dorothea Viehmann am 29.5.1813 beigesteuerter Schwank über eine faule Frau.

Daß Spinnen eine Tätigkeit war, die mit viel Geduld und Sorgfalt ausgeübt werden mußte und den Körper – insbesondere die Arme – über Gebühr beanspruchte, hat seinen Niederschlag in den KHM auf vielfältige Weise gefunden, etwa in KHM 14: *Die drei Spinnerinnen*. Im *Rumpelstilzchen*-Märchen (KHM 55) wird die Arbeit als Strafe verordnet. Die eine schadenstiftende Fee in KHM 50: *Dornröschen* ist eine Spinnfrau, die Verzauberung beginnt mit dem Nadelstich. Umgekehrt gehört Spinnen zu den weiblichen Beschäftigungen mit großem Ansehen für die gute Spinnfrau, wie KHM 24: *Frau Holle* und KHM 156: *Die Schlickerlinge* demonstrieren. In diesem Zusammenhang ist die Handlung von KHM 128: *Die faule Spinnerin* zu sehen. Weil die Ehefrau keine nachahmenswerte Tugend wie Arbeitsamkeit besitzt, vielmehr die Tätigkeit des Spinnens sabotiert, wird sie ohne Einschränkung als negativ hingestellt, nach den Ursachen ihrer Verweigerung nicht gefragt.

Zu den üblichen frauenfeindlichen Stereotypen wie Streitsucht (Mot. T 251.4: Sokrates und Xanthippe) und Aufsässigkeit („so war sie mit ihrem Maul doch vornen") kommt Hinterlist durch absichtlich herbeigeführte Täuschung des Ehemanns, die viele Eheschwänke und -witze charakterisiert. Der Ehemann resigniert: „Da schwieg der arme Mann mäuschenstill", läßt der Frau ihren Willen und hat damit seinen Frieden. Wilhelm Grimms Schlußkommentar (erstmals eingefügt 1840) läßt keinen Zweifel offen. Er bezieht eindeutig Stellung gegen die Frau, die sich seiner Meinung nach durch ihr Verhalten einer christlich motivierten Arbeitsethik entzogen habe, und spricht dem Ehemann alle Schuld am Verhalten der Frau ab.

> Bis 1837: „Da schwieg er mäuschenstill, dachte er hätts versehen, und wäre Schuld daran, und ließ in Zukunft die Frau mit Garn und Spinnen immer zufrieden."
> 1840 ff.: „Da schwieg der arme Mann mäuschenstill, dachte er hätts versehen, und wäre Schuld daran, und sprach in Zukunft gar nicht mehr von Garn und Spinnen, aber das mußt du selbst sagen, es war eine garstige Frau."

Ideenreiche Aktivitäten entwickelt die ‚faule' Frau, als es darum geht, die aufgetragene Arbeit hinauszuschieben. Die List der Frau, aus einem Versteck heraus ihrem Mann Furcht einzujagen, ist ein hübsches Seitenstück zu dem seit alters bekannten Motiv vom gefoppten Beter beziehungsweise der Beterin (z. B. KHM 139: *Dat Mäken von Brakel*). Zwar ist der Anlaß, bei einem Baumorakel, einem Heiligen- oder Gnadenbild Hilfe zu suchen, entfallen, ebenso der Rollentausch, aber das Ziel bleibt gleich. Zur Erlangung eines Vorteils soll jemand zu bestimmten Handlungen gezwungen oder davon abgehalten werden, was sodann ohne weiteres gelingt.

Lit.: BP 3 (1918) 44 f.; HDM 2 (1934–40) 132–153 (K. Heckscher) (zum Flachsspinnen); Röhrich, Erzählungen 2, 496; EM 2 (1979) 226–230 (J. T. Bratcher) (zum gefoppten Beter); Tatar 1990, 172 f.; Hubrich-Messow 2000 ff., Bd. 5, 168 f. (Varianten); EM 12 (2007) 1061–1064 (R. B. Bottigheimer).

129. Die vier kunstreichen Brüder. – DMK/Uther, ATU 653: Brüder: Die vier kunstreichen B. – KHM-Veröff.: 1819 (verändert 1825); Kleine Ausgabe: 1825 (Nr. 45). – „Aus dem Paderbörnischen", das heißt von der Familie von Haxthausen mitgeteiltes Schwankmärchen, das an die Stelle des ausgeschiedenen Zaubermärchens *Der Löwe und der Frosch* (1815: KHM 43) rückte. Der aus Indien stammende Stoff von den meisterhaften Gesellen – Parallelen ergeben sich bei einzelnen Fertigkeiten zu den Meisterdieb-Geschichten (KHM 192) – ist literarisch in Europa seit dem 13./14. Jahrhundert nachweisbar (Abdruck einer Fassung Girolamo Morlinis [1520] bei Uther 1990b, Nr. 50). Die erste in Deutschland (mit drei Brüdern) bezeugte Fassung stammt aus dem 17. Jahrhundert: Von wunderbaren Eigenschaften und Fähigkeiten dreier Bauernsöhne erzählt der Pfarrerssohn Eberhard Werner Happel (1647–90), einer der berühmtesten ‚Scribenten' seiner Zeit und Vertreter der Kompilations- und Kuriositätenliteratur, innerhalb des mehrbändigen Romans *Der ungarische Kriegs-Roman* (Happel 1685, Bd. 1, 537–555 = Kap. 7, 8). Die Geschichte, deren Komik auf Übertreibung basiert, gehört zum Zyklus der Geschicklichkeitsproben.

Schwanktypisch ist der Zug, daß Stehlen nicht als Verstoß gegen die Norm gewertet, sondern als ein Handwerk betrachtet wird, das wie jedes andere erlernt werden kann. Als Handlungsträger sind in KHM 129 vier Brüder aktiv, in dem verwandten Schwank Basiles *Lo cinco figlie* (5,7), den Clemens Brentano als Vorlage für *Schulmeister Klopfstock und seine fünf Söhne* nahm, gleich fünf.

Drei oder mehr Brüder mit wunderbaren Fähigkeiten sind die Helden vieler Märchen (vgl. KHM 71, 124). In KHM 129 setzen sie die erlernten Künste ein, um eine Prinzessin aus der Gewalt eines Drachen (das Fabeltier steht immer anstelle der Schlange in den KHM) zu befreien. Die Entscheidung, wem von den Vieren die Prinzessin zusteht, trifft der Vater, der die Proben veranlaßt hat. Er entscheidet demokratisch, heißt jede der abgelieferten Proben gut und überläßt allen Vieren ein halbes (!) Königreich.

In älteren Versionen (Morlini, Nr. 80; Straparola 7,5) wird die Entscheidung, wem die Prinzessin zustehe, in Form einer Dilemmageschichte (vgl. EM 3, 670–673) den Lesern überlassen. Basile (*Pentamerone* 5,7) spricht die befreite Königstochter dem Vater zu, der habe schließlich seine Söhne erzogen und ihnen mit seinem Geld die Ausbildung ermöglicht; bei Happel wird gewürfelt (der Sterngucker gewinnt).

Das Schwankmärchen erfreut sich international großer Beliebtheit, doch hat KHM 129 nicht nachgewirkt und findet sich nur innerhalb von KHM-Ausgaben. Häufiger ist es seit Beginn des 20. Jahrhunderts bildlich (bevorzugtes Motiv: Brüder mit Drache) dargestellt.

Lit.: BP 3 1918) 45–58; HDM 2 (1934–40) 567–569 (B. Heller) (zu Geschicklichkeitsproben); EM 2 (1979) 903–912 (K. Ranke); EM 5 (1987) 1131–1134 (E. Blum) (zu Geschicklichkeitsproben); Schmitt 1993, 562 (1); Scherf 1995, 1273–1276; Tomkowiak/Marzolph 1996, 56–58; Bluhm/Rölleke 1997, 133 f. (zu Redensarten, Formeln, usw.); Goldberg 1997c; Marzolph/van Leeuwen 2004, Nr. 355; Mamiya 2012, 1–19 (zur Textgeschichte).

130. Einäuglein, Zweiäuglein und Dreiäuglein. – DMK/Uther, ATU 511: Einäuglein, Zweiäuglein und Dreiäuglein. – KHM-Veröff.: 1819; Kleine Ausgabe: 1825 (Nr. 46). – KHM 130 ist seit 1819 an die Stelle des ausgeschiedenen Schreckmärchens *Der Soldat und der Schreiner* (1815: KHM 44) gerückt und repräsentiert den Typus der Schwesternmärchen, unter anderem mit KHM 21: *Aschenputtel* und KHM 65: *Allerleirauh* auch in der *Kleinen Ausgabe* (seit 1825). Karl Theodor Pescheck (1788–1856) hatte das Zaubermärchen aus der Oberlausitz unter dem Titel *Die Geschichte vom Einäuglein, Zweiäuglein und Dreiäuglein* in den von Johann Gustav Gottlieb Büsching herausgegebenen *Wöchentlichen Nachrichten für Freunde der Geschichte, Kunst und Gelahrtheit des Mittelalters* (1816, Bd. 2, 17–26) erstmals veröffentlicht. Diese Fassung arbeitete Wilhelm Grimm kräftig um („in unsere Weise umgeschrieben", KHM 1856, 213), machte beispielsweise aus der Fee der Vorlage, um jeden Anklang an ‚Feenmärchen' zu vermeiden, eine weise Frau, sorgte für das Einbringen christlicher Züge, und so kann KHM 130 wie etwa KHM 83: *Hans im Glück* als ein Musterbeispiel für die sprachliche Bearbeitung und Straffung einer literarischen Vorlage (Parallelabdruck bei Hamann 1906, 130–141) betrachtet werden.

Besonders enge Verwandtschaft besteht zum *Aschenputtel*-Märchen (KHM 21). Der Motivkette dort: Mutter – Grab – Vogel – Wunderbaum entspricht in KHM 130: Mutter – Ziege – Grab – Wunderbaum. Das Märchen geht strukturell auf die in der *Gartengesellschaft* (um 1560) des Martin Montanus (Montanus/Bolte, Nr. 5) erstmals abgedruckte *schöne history von einer frawen mit zweyen kindlin* zurück (mit zwei Schwestern statt drei); s. zu anderen Frühfassungen und zum Schwestern-Konflikt den Kommentar zu KHM 21.

Die Deformität der jüngsten und ältesten Schwester mit den sprechenden Namen charakterisiert die Andersartigkeit ihrer Träger und dient zur Inszenierung des Eingangskonflikts. Die Zweiäugigkeit der mittleren Schwester ist Anlaß für geschwisterlichen Haß und eine Vertreibung, wie sie schärfer nicht formuliert werden kann: „Du mit deinen zwei Augen bist nicht besser als das gemeine Volk, du gehörst nicht zu uns." Die Diskriminierung der Verachteten, von Wilhelm Grimm extremer beschrieben als in der literarischen Vorlage, folgt auf dem Fuße. Als äußeres Zeichen der fehlenden familiären Unterstützung erhält die mittlere Schwester von ihren Schwestern „schlechte Kleider", und ihr werden nur die Essensreste überlassen.

Die Faszination des Typus der unscheinbaren, ausgestoßenen jungen Frau und ihres sozialen Aufstiegs zur Königin einschließlich des damit verbundenen Reifungsprozesses hat dafür gesorgt, daß KHM 130 bei Märcheninterpreten beliebt ist. In diesem Zusammenhang spielen der versöhnliche Ausgang, die Reue der Schwestern über ihre Hartherzigkeit und die Vergebung durch das Zweiäuglein eine besondere Rolle, zumal die meisten anderen Märchen dieses Typs nur eine extreme Bestrafung der Schädigerinnen kennen.

Bildliche Darstellungen sind seit Mitte des 19. Jahrhunderts bekannt. Bevorzugte Motive sind die Episode mit der Schwester und der Ziege sowie die Schlußszene mit Apfelbaum und Ritter.

Lit.: Hamann 1906, 77–79, 130–141; BP 3 (1918) 60–66; HDM 1 (1930–33) 125f. (S. Singer), 477–484 (H. Wetter); Wesselski 1942, 32–37; Rooth 1951, 37–66; Ranke 1955ff., Bd. 2, 385–387 (Varianten); Lüthi 1962, 42–53; EM 3 (1981) 40–42 (R. Wehse); EM 3 (1981) 1197–1203 (S. Schmidt); Just 1991, 80–86; Scherf 1995, 248–251; Dekker et al. 1997, 122–125 (T. Dekker).

131. Die schöne Katrinelje und Pif Paf Poltrie. – DMK/Uther, ATU 2019: Pif Paf Poltrie! – KHM-Veröff.: 1815 (Nr. 45); 1819 (Nr. 131). – „Aus dem Paderbörnischen" bedeutet, daß der dialogreiche Schwank mit dem Frage- und Antwortspiel von der Familie von Haxthausen (am 27.5.1812) beigesteuert wurde; die Handschrift befindet sich im Grimm-Nachlaß Berlin, Preuß. Kulturbesitz.

Es handelt sich um eine reihende Dichtungsform, die aus Begrüßung, Frage und Antwort besteht, teilweise zwischen Prosa- und Versform wechselnd, und in den Antworten dem Nonsens zuzurechnen sind. Die formelhafte Antwort wird stereotyp von den einzelnen Familienmitgliedern, die alle Phantasienamen tragen, wiederholt. Wilhelm Grimm (KHM 1856, 213) verweist auf eine Fassung aus Bremen, in welcher der Bräutigam Pichelpachelpaltrie heißt. Vergleichbare ‚Kettengeschichten' (außerhalb von Episodenschwänken wie z.B. KHM 34: *Die kluge Else*) finden sich in KHM 30: *Läuschen und Flöhchen*, KHM 38: *Die Frau Füchsin* und KHM 80: *Der Tod des Hühnchens*. Die formalen Charakteristika solcher Texte, die auch typisch für Kinderreim und Kettenlied (Erk/Böhme Bd. 2, Nr. 282) sind, könnten darauf hindeuten, daß KHM 131 ursprünglich als Volkslied oder Gesellschaftsspiel im Umlauf war, wofür Johannes Bolte (BP 3, 72f.) ältere Zeugnisse, teilweise aus dem späten 16. Jahrhundert, beibrachte (s. auch Kommentar zu KHM 140: *Das Hausgesinde*).

Archer Taylor hat solche Texte thematisch als „Kettenmärchen von einer Hochzeit ohne Beziehungen zwischen den genannten Personen" (HDM 2, 171) bezeichnet. Doch ist die Hochzeit nur das Endziel, beschrieben wird der Weg des Freiers vom Brautvater über verschiedene Familienmitglieder zur Braut, bis die beiden Brautleute sich endlich begegnen und die jeweilige Gabe (Brautschatz) beziehungsweise den Beruf (Besenbinder) gutheißen.

Lit.: BP 3 (1918) 71–74; Mehlem 1940, 70; zum Begriff Nonsens vgl. EM 10 (2002) 78–85 (R. Wehse); EM 10 (2002) 1056–1058 (S. Wienker-Piepho); Hubrich-Messow 2000 ff., Bd. 7, 249 f. (Varianten).

132. Der Fuchs und das Pferd. – DMK/Uther, ATU 47A: Fuchs am Pferdeschwanz (vgl. Dicke/Grubmüller, Nr. 124). – KHM-Veröff.: 1815 (Nr. 46), 1819 (Nr. 132; kleine Änderungen 1837). – „Aus Münster", das heißt hier von Maria Anna (Jenny) von Droste-Hülshoff (Brief vom 12.9.1814 an Wilhelm Grimm) aufgeschriebenes Tiermärchen (Handschrift im Grimm-Nachlaß Berlin, Preuß. Kulturbesitz), über das sich Wilhelm Grimm in einem Brief vom 13.10.1814 an Jacob äußerte: „Die Beiträge von Haxthausens werden Dich freuen, besonders ein neues Fuchsmärchen" (Grimm/Schoof 1963, 358).

Eine direkte literarische Vorlage ist nicht auszumachen, wohl aber ähnliche Handlungszüge im mittelalterlichen *Roman de Renart* (9. Branche, 1586–1903), allerdings mit unterschiedlicher Ausgangsposition: Ein Esel im Dienst des Herrn schleppt eine Füchsin zum Bauernhof; List des Sich Totstellens. Breitere Nachwirkung erzielte eine bei Heinrich Steinhöwel (*Esopus*, 7. Extravagante, Nr. 87), Hans Sachs (Bd. 4, Nr. 405) und anderen zu findende Fabel, in der sich das gefangene Haustier (Esel) vom Wolf befreien kann, nachdem es ihn überredet hat, sich eine Halsschlinge umzulegen und an seiner Brust zu befestigen. Es führt den Wehrlosen direkt zum Haus seines Herrn. In allen genannten Beispielen fehlt jedoch die Figur des für KHM 132 bestimmenden Tierhelfers.

KHM 132 schildert eingangs den Konflikt zwischen einem altgewordenen Tier und seinem Besitzer, der ihm das Gnadenbrot verweigert. Die Ausgangssituation ist typisch für mehrere KHM (z. B. KHM 27: *Die Bremer Stadtmusikanten*). Besonders KHM 48: *Der alte Sultan* weist mit Haustier und wildem Tier eine ähnliche Handlungsstruktur auf. Erhält dort der resignierende Hund vom Wolf Rat und Hilfe, ist es in KHM 132 der Fuchs für das Pferd. Geschädigt wird ein weiteres wildes Tier, der Löwe, der nach Ansicht Jacob Grimms (1834, XLVIf.) als ‚exotisches' Tier belebend auf die Phantasie wirkt. Das Tier schädigt sich selbst, ohne es zu merken. Eine solche Selbstschädigung durch die List eines anderen Tieres (Eid aufs Eisen) kennt schon das mittelalterliche Tierepos *Roman de Renart* (vgl. DMK/Uther, ATU 44: *Eid aufs Eisen* und EM 3, 1140 f.); die Brüder Grimm haben solche Tricks (auch zwischen Menschen/Unholden oder Tieren gut ein dutzendmal verwendet (s. KHM 8: *Der wunderliche Spielmann*).

Lit.: BP 3 (1918) 74–77; EM 5 (1987) 511–522 (C. Shojaei Kawan); Kooi/Schuster 1993, Nr. 206 (Varianten); Kooi/Schuster 1994, Nr. 241 (Varianten).

133. Die zertanzten Schuhe. – DMK/Uther, ATU 306: Schuhe: Die zertanzten S. – KHM-Veröff.: 1815 (Nr. 47), 1819 (Nr. 133), ab 1843 mit erheblichen Änderungen. – „Aus dem Münsterland", das heißt hier von Maria Anna (Jenny) von Droste-Hülshoff (Brief vom 12.9.1814 an Wilhelm Grimm) unter dem Titel *Die zwölf Prinzessinnen* beigesteuertes Zaubermärchen; die Handschrift befindet sich im Grimm-Nachlaß Berlin, Preuß. Kulturbesitz Grimm 1880 C, 1,1.

Ein „armer Soldat", der sehr oft in den KHM als Handlungsträger begegnet, noch dazu einer, „der eine Wunde hatte und nicht mehr dienen konnte", steht im Mittelpunkt in diesem mit rund 500 Fassungen aus Europa bekannten Märchen, in dem das Tanzen eine besondere Rolle spielt. Während viele Freier vor dem Soldaten gescheitert waren, vollbringt er mit Hilfe einer Alten die unlösbar scheinende Aufgabe dank guter Ratschläge und einer Zaubergabe (unsichtbar machender Mantel).

Die Motivation des Soldaten zur Freierprobe – ausgelobt ist die Königstochter als Preis – ist deutlich genug. Er will die Aufgabe zum sozialen Aufstieg nutzen und König werden. Daß die zwölf Königstöchter überheblich sind und ihn verächtlich und grundlos einen „Lümmel" (ab 1850 eingefügt) nennen, ohne von dem heimlichen Lauscher zu ahnen, sich kaltschnäuzig über seinen Tod äußern und in der Unterwelt zwölf Prinzen erlösen wollen (wie, bleibt unerklärt), gehört ebenso zu den Ungereimtheiten dieses Märchens, das nach Aufdeckung des Sachverhalts (Vorzeigen der Erkennungszeichen) mit der Heirat des Soldaten und der ältesten Tochter endet, wie die Verwünschung der zwölf Prinzen, die ja schon verzaubert waren und nun noch einmal verwünscht werden für dieselbe Zeit, welche sie mit den Königstöchtern getanzt hatten.

Für Marilena Papachristophorou (2002, 174–194) verkörpert das von ihr anhand griechischer Varianten untersuchte Märchen die Rückführung der außerhalb der menschlichen Gesellschaft lebenden Königstöchter in die väterliche Gewalt; dem Märchen liege das Modell einer patriarchalisch bestimmten Ordnung zugrunde. Ebenso faßten Walter Scherf (Tochter-Vater-Konflikt) wie auch Verena Kast (EM 8, 1047) den Dämon als eine väterliche Figur auf, an den die verwunschenen Prinzessinnen gebunden seien und nur unter größten Gefahren erlöst werden könnten. Das Tanzen mit dem Motiv des zerschlissenen Schuhwerks deute nach Auffassung von Ines Köhler-Zülch (EM 12, 224) auf eine Umschreibung für sexuelle Kontakte hin, was in manchen europäischen Varianten recht offen angesprochen werde.

Bildlich wird das Märchen gelegentlich seit Mitte des 19. Jahrhunderts dargestellt. Die Schuhe dienen dabei öfter als Schlußvignette (erstmals in der von Edward H. Wehnert illustrierten englischen Übersetzung der KHM, 1853).

Lit.: BP 3 (1918) 78–84; Schulte Kemminghausen 1932, 5, 7; Ranke 1955 ff., Bd. 1, 146 f. (Varianten); Schmitt 1993, 562 (1); Scherf 1995, 1441–1444; Papachristophorou 2002, 174–194; EM 12 (2007) 221–227 (I. Köhler-Zülch).

134. Die sechs Diener. – DMK/Uther, ATU 513A: Sechse kommen durch die Welt + DMK/Uther, ATU 900: König Drosselbart (Tubach 1969, Nr. 632). – KHM-Veröff.: 1815 (Nr. 48), 1819 (Nr. 134; Änderungen 1819, 1837), ab 1843 mit erheblichen Änderungen. – „Aus dem Paderbörnischen", das heißt von der Familie von Haxthausen vermitteltes Schwankmärchen. Die Helfer mit den wunderbaren Eigenschaften und Fähigkeiten haben in der europäischen Literatur eine breite Spur hinterlassen. Es hat die Brüder Grimm offenbar nicht gestört, daß sie 1819 mit KHM 71: *Sechse kommen durch die ganze Welt* den Stoff erneut präsentierten (zu literarischen Vorlagen und Motiven s. ergänzend Kommentar zu KHM 71). Insofern erscheint KHM 134 als Variation zu KHM 71, aber mit anderen inhaltlichen und funktionalen Gewichtungen. Die Brüder Grimm gaben bei der Erstveröffentlichung bereits Hinweise auf literarische Fassungen aus Europa und auf ein pommersches Volksbuch.

Ein thematischer Zusammenhang zum vorigen KHM 133: *Die zertanzten Schuhe* ergibt sich durch das Einleitungsmotiv der Freierprobe unter Einsatz des eigenen Lebens (bei Mißlingen). Hier jedoch lobt eine Zauberin, die zumeist in den KHM zu einer Hexe mutiert, statt des Königs ihre Tochter als Preis aus. Der Freier ist ein Königssohn, der gegen den Rat seines Vaters handelt. Aus freien Stücken stellen sich die ‚Diener' mit den ungewöhnlichen Eigenschaften und Fertigkeiten dem Freier zur Verfügung. Spannung bekommt das Geschehen dadurch, daß gleich von drei Aufgaben die Rede ist, daß die Tochter, von ihrer Mutter angestiftet, eine weitere Aufgabe stellt und schließlich die alte Zauberin selbst mit ihren Truppen nichts gegen die ‚Diener' ausrichten kann. Der Schlußteil von der Demütigung der Königstochter ist Bestandteil des *Drosselbart*-Märchens (KHM 52) und begegnet hier in gleicher Funktion. Erst Reue und Abkehr von Hochmut schaffen die Voraussetzung zur Heirat mit dem Königssohn.

Seit Mitte des 19. Jahrhunderts sind bildliche Darstellungen bekannt. Zumeist sind die sechs Diener auf einem Bild vereinigt, manchmal ist eine der Aufgaben illustriert.

Lit.: BP 3 (1918) 84 f.; Ranke 1955 ff., Bd. 2, 130–145 (Varianten); Scherf 1995, 1076 f.; Bluhm/Rölleke 1997, 135–137 (zu Redensarten, Formeln, usw.); Dekker et al. 1997, 426–430 (T. Meder); EM 12 (2007) 470–476 (H. Lox); Neumann 2011, 237–240 (zur Rolle des Königs in den KHM).

135. Die weiße und die schwarze Braut. – DMK/Uther, ATU 403: Braut: Die schwarze und die weiße B. – KHM-Veröff.: 1815 (Nr. 49), 1819 (Nr. 135); Kleine Ausgabe: 1825 (Nr. 47), kleinere 1837, ab 1843 erhebliche Änderungen. – „Aus dem Meklenburgischen und Paderbörnischen", heißt es im Anmerkungsband (KHM 1856, 217) über die Kontamination dieses Zaubermärchens aus dem Themenkreis der unterschobenen Braut. Der mecklenburgische Beiträger ist unbekannt; die paderbörnische Fassung dürfte von der Familie von Haxthausen beigesteuert sein.

Der Märchentypus war den Brüdern Grimm schon früh bekannt geworden. Eine freie und gekürzte Inhaltszusammenfassung *Die goldene Ente. Ein Nazionalmärchen des Alterthums* aus den *Sagen der böhmischen Vorzeit* (1808, 141–185), niedergeschrieben von Jacob Grimm, war schon in der Urfassung von 1810 vorhanden (Grimm/Rölleke 1975, 122–126, 360 f.). Die Märchen von der unterschobenen Braut (s. auch Kommentare zu KHM 11: *Brüderchen und Schwesterchen*, KHM 89: *Die Gänsemagd*) und die Brautsuche aufgrund eines Bildes sind beliebte Erzählmotive. Als literarisches Vorbild aus älteren Märchensammlungen ist für KHM 135 vor allem die Geschichte *La Princesse Rosette* aus den *Contes des fées* der Madame d'Aulnoy (Bd. 2, 1697) zu nennen.

Im stark verchristlichten Märchen erfahren die Leser und Leserinnen gleich zu Beginn, wem die Sympathie des Erzählers oder Beiträgers gehört. Anteilnahme erweckt die eine, stets zurückgesetzte Stieftochter, die dem in Gestalt eines armen Mannes auf Erdenwanderung befindlichen Gott barmherzig entgegengetreten war und zur Belohnung – ähnlich wie in KHM 82, 87, 110 – drei Wünsche hatte äußern dürfen, dazu noch formelhaft ermahnt wird: „Vergiß das Beste nicht". Diese Formel begegnet verschiedentlich in Märchen (z. B. KHM 116: *Das blaue Licht*) und in Schatzsagen (Grimm/Uther DS 9, 304, 315) im Zusammenhang damit, daß der Habgierige nur auf den Erwerb von Schätzen fixiert ist und darüber das Wichtigste, den Schlüssel oder die Zauberblume in der Höhle oder im Berg, vergißt wieder mitzunehmen, so daß er den Eingang nicht mehr finden kann (Röhrich, Redensarten Bd. 1, 185). Die wohlgemeinte Aufforderung dürfte auf den Brief des Paulus an die Thessalonicher (*1. Thessalonicher* 5,21) zurückgehen: „Prüfet aber alles, und das Gute behaltet!" Von den darin aufgezählten Ratschlägen wird dieser am häufigsten zitiert.

Über die tugendhafte und schöne Frau ist zu erfahren, daß der König sich in ihr Bild verliebt und ihr „prächtige Goldkleider" schickt. Die auf dem Gemälde dargestellte junge Frau besticht durch ihre Schönheit, so daß der junge Mann davon unwiderstehlich angezogen wird und alles daransetzt, diese sogenannte Fernliebe zu realisieren, indem er die Frau aufspürt (s. auch KHM 6: *Der treue Johannes*, KHM 134: *Die sechs Diener*). Gerade dieser Handlungszug verursacht Komplikationen und dynamisiert damit das Geschehen. Auf dem Weg zu dem ‚Bräutigam' legt die Frau arglos auf Anraten ihrer (ihr böse gesinnten) Stiefmutter die überbrachten Kleidungsstücke wieder ab und händigt sie mit ihrer „güldnen Haube" der Stiefschwester aus.

Die Absicht ist unschwer zu erahnen. Wie im *Gänsemagd*-Märchen (KHM 89) will die ‚unterschobene' Braut den Platz der wahren Braut einnehmen und Königin werden. Um die rechtmäßige Braut aus dem Weg zu räumen, wird diese von Bruder und Stiefmutter ertränkt, ist aber in Wahrheit nicht tot, sondern lebt als Ente weiter, ein Zug, der unter anderem auch in europäischen Varianten zu *Brüderchen und Schwesterchen* (KHM 11) begegnet, nur ist es dort zumeist ein Reh. Die Ente kann, märcheneigentümlich, sprechen, klagt dem Küchenjungen ihr Schicksal (wie die Gänsemagd dem Pferdekopf), und der Küchenjunge verrät eines Tages dem König ihr Geheimnis. Warum der König den Hals der Ente mit einem Hieb durchtrennt und daraus wieder das „schönste Mädchen" wird, das der König je gesehen, bleibt unerklärt, doch setzen Märchen eine Logik des Handlungsablaufs nicht unbedingt voraus. Nun kleidet der König die Rückverwandelte mit „köstlichen Kleidern" ein, während der Kleidertausch für die Stiefmutter und ihre Tochter fatale Folgen hat. Das Märchen fällt von einem Extrem ins andere, nur eine extreme Lösung bleibt für die beiden. Sie sprechen sich selbst unwissentlich das Urteil: Ohne Kleidung, also nackt, werden sie in ein mit Nägeln gespicktes Faß eingesperrt und um die Welt gerollt. Die Strafe, die einer anderen zugedacht war, trifft die Schädiger selbst (s. KHM 9, 13). Trotz übler Nachstellungen ist das gute Mädchen zu seinem Recht gekommen, enden doch alle sogenannten Brautwerbungsmärchen mit dem sozialen Aufstieg der Heldin.

Die Farben- und Lichtsymbolik im Gegensatzpaar Schwärze und Weiße und die stark kontrastreiche Handlung hat viele Deuter angeregt, sich mit dem international sehr verbreiteten Märchen zu beschäftigen. Die Psychologin und Jung-Schülerin Marie-Louise von Franz (1986b, 188–190) sieht KHM 135 als ein Beispiel für das Zusammenkommen der männlichen und der weiblichen Psyche.

Bildliche Darstellungen sind kaum bekannt; bevorzugtes Motiv ist die Darstellung der Kutsche bei der Fahrt über die Brücke.

Lit.: BP 3 (1918) 85–94; HDM 1 (1930–33) 307–311 (W. Golther); Geißler 1955; Ranke 1955 ff., Bd. 2, 8–18 (Varianten); Lüthi 1969a, 117–130; EM 2 (1979) 730–738 (M. Rumpf); Haunon 1988; Tatar 1990, 193–216 (zur Stiefmutter); EM 7 (1993) 1430–1432 (D. D. Rusch-Feja) (zum Kleidertausch); Rusch-Feja 1995, 140–165; Scherf 1995, 1383–1387; EM 12 (2007) 82–88 (D. Haase) (zur Symbolik des Schlüssels); zur Rolle der Stiefmutter vgl. EM 12 (2007) 1294–1298 (N. Blaha-Peillex).

136. Der Eisenhans. – DMK/Uther, ATU 314: Goldener (vgl. DMK/Uther, ATU 502: Mann: Der wilde M.). – KHM-Veröff.: 1850. – Bis zur 5. *Großen Ausgabe* der KHM (1843) war das Dialektmärchen *De wilde Mann* (zuerst 1815: Nr. 50) an dieser Stelle, das, „aus dem Münsterland" vermittelt, auf Maria Anna (Jenny) von Droste-Hülshoff zurückging (s. Kommentar zu KHM 137: *De drei schwatten Prinzessinnen*).

Der Grund für den Austausch mit einer anderen – hochdeutschen – Fassung „aus den Maingegenden" von 1846 (dahinter verbirgt sich die in Frankfurt lebende Regine Ehemant, geb. 1801, Ehefrau des Armenarztes B. J. Ehemant; s. Rölleke 1985, 65), die mit einem 1844 veröffentlichten Text Friedmund von Arnims (Arnim 1986, Nr. 17: *Der eiserne Hans*) kontaminiert ist, liegt auf der Hand. Eine hochdeutsche Fassung des Zaubermärchens mußte auf größere Akzeptanz bei der Leserschaft stoßen, wurde dadurch doch auch die Folge der Dialekttexte (KHM 137–140) unterbrochen. Außerdem wies die hochdeutsche Fassung einige wesentliche neue Züge auf, die den Typus des Helden und seine edle Herkunft (goldene Haare als Zeichen) klarer figurierten, als dies in der alten Version der Fall gewesen war. Vielleicht war der Austausch indirekt eine späte Reverenz Wilhelms an die langjährigen Freunde Bettina und Achim von Arnim, wenn ein von deren Sohn Friedmund (1815–83) erstmals 1844 publiziertes Märchen in die nunmehr berühmte Sammlung Eingang fand (zu zwei weiteren Übernahmen s. KHM 197: *Die Kristallkugel*, KHM 199: *Die Stiefel von Büffelleder*).

Die Angabe einer Fassung „aus den Maingegenden" erweist sich als irreführend und soll nur die vermeintliche Herkunft aus mündlicher Überlieferung glaubhaft machen, wie ein Vergleich des ursprünglichen Märchens *De wilde Mann* mit Friedmund von Arnims Fassung ergibt. Entweder faßte Wilhelm Grimm Passagen Friedmunds neu oder übertrug aus der alten Fassung von KHM 136 entsprechende Abschnitte ins Hochdeutsche und nutzte selbst diese zur Neugestaltung. Friedmunds Fassung hingegen macht die großen Schwierigkeiten recht deutlich, die er gehabt haben muß, seinen eigenen Stil zu finden; mancher Abschnitt ist ungeschickt formuliert. Teilweise orientierte er sich inhaltlich an *De wilde Mann*. Doch sorgte er für größere Anschaulichkeit, indem er die Figur des Helden durch das Motiv der goldenen Haare und des goldenen Fingers als Signum der Tabuübertretung besser charakterisierte. Ebendiese Kennzeichnung übernahm er aus einem anderen Märchen. Sie stammt aus dem 1813 erstmals veröffentlichten Märchen *Goldener* des schwäbischen Romantikers Andreas Justinus Kerner (1786–1862; Abdruck bei Uther 1990b, Nr. 54), das aber sonst in der Handlung völlig von KHM 136 abweicht.

Literarisches Vorbild für den Eisenhans ist ein trotz seiner Länge gut strukturiertes Märchen, das in der Sammlung *Ammenmärchen* (1791, Bd. 1, 173–240) anonym (nach Grätz 1988, 242f. ist der Verfasser Wilhelm Schumann) unter dem Titel *Der eiserne Mann, oder: Der Lohn des Gehorsams* erschienen war. Einzelne Züge wie etwa die Freilassung eines Riesen durch den Königssohn sind aus der mittelalterlichen nordischen Dichtung (*Flateyjarbók*, Ende 14. Jahrhundert), die unerkannte Teilnahme am Turnier/Krieg (Mot. R 222) aus mittelalterlichen Ritterromanen (z. B. *Robert le dyable*, Ende 12./Anfang 13. Jahrhundert), aus der Exempelliteratur (Étienne de Bourbon, Nr. 168), und der italienischen Novellistik (Straparola 5,1) bekannt; die schlechte Kleidung und „die gemeine Küchenarbeit" lassen den Königssohn als „männlichen Aschenputtel" (KHM 1856, 218) erscheinen. Die Handlung besteht aus folgenden Zügen:

> (1) Ein Jäger fängt zufällig einen wilden Mann, der wie ein Waldgeist aussieht und sich auf dem Grunde eines Sees in einem magischen Wald befindet. (2) Ein Königssohn verstößt gegen das Verbot seines Vaters und läßt den in einem Eisenkäfig Gefangenen gegen das Versprechen der Rückgabe seines Balls frei. (3) Aus Angst vor dem Vater flieht er mit dem wilden Mann. (4) In seinen Diensten befindlich, handelt er erneut dreimal gegen ein Gebot, was durch die Vergoldung seines Fingers und seines Haars offenbar wird. (5) Durch den Tabubruch hervorgerufen, wird er vom wilden Mann (der sich als Nothelfer anbietet) dennoch in Güte entlassen und leistet Knechtsdienste bei einem Koch und als Gärtner, verdeckt seine Goldhaare unter einem Hütchen und behauptet, er sei grindköpfig; die Königstochter verliebt sich in ihn. (6) Dreimal unterstützt er unerkannt in einem Krieg den König mit Hilfe des wilden Mannes. Ein dreibeiniges Pferd, das trotz der Deformierung (im Märchen auch Signum der Außergewöhnlichkeit) alle anderen Tiere an Schnelligkeit übertrifft, hilft ihm dabei. (7) Er fängt drei Äpfel der Königstochter (Freierproben), zugleich Erkennungszeichen, und heiratet sie. (8) Der wilde Mann wird erlöst.

Anfang der 1990er Jahre erlangte das Märchen Popularität in den Medien. Dies war auf den mytho-poetisch-psychologisierenden Roman *Iron John* (1990; dt. *Eisenhans*, 1991) von Robert Bly zurückzuführen und auf damit verbundene Phantasien von der Befreiung des Mannes durch Märchen. Durch solche Geschichten ließe sich herauszufinden, was Männlichkeit ist (dt. Untertitel: *Ein Buch über Männer*). Unabhängig davon ist die Geschichte vom Eisenhans aber auch ein Lieblingsmärchen der Interpreten: es zeige die Begegnung mit dem Außergewöhnlichen und wie dieses so zu integrieren sei, daß man daraus eine Bereicherung erführe (Kast 1991, 104–130); nach Ansicht von Friedel Lenz (1978, 254–268) stelle es die Auseinandersetzung des geistigen Menschen mit dem Naturmenschen dar. Ebenso urteilte Ortrud Stumpfe (1978, 65–69), die den Königssohn als Beschützer der Erde ansieht, dem es gelänge, die Natur in die menschliche Lebenswelt zu integrieren.

KHM 136: Eisenhans. Federzeichnung von Otto Ubbelohde (ca. 1908)

Seit Beginn des 20. Jahrhunderts ist KHM 136 in verschiedenen KHM-Ausgaben auch mit wenigstens einer Abbildung vertreten. Der wilde Mann, als Märchenfigur sonst nicht in den KHM bezeugt, im Habitus aber durchaus mit dem Bärenhäuter (KHM 101) vergleichbar und eine späte Reminiszenz an mittelalterliche Vorstellungen von wilden Menschen, die einzeln leben, oft im Wald und mit einer fellbehaarten Haut ausgestattet, hat bei den Illustratoren das meiste Aufsehen er- und ihre Phantasie angeregt.

Lit.: BP 3 (1918) 94–114; HDM 2 (1934–40) 648–651 (E. Tegethoff); Wesselski 1942, 121 f.; Ranke 1955 ff., Bd. 1, 169–175 (Varianten zum Goldener-Typus); Fink 1966, 545–547; Rölleke 1985, 64–69; EM 5 (1987) 1372–1383 (zum Goldener-Typus); Scherf 1995, 251–256; EM 9 (1999) 218–222 (G. Dammann); EM 10 (2002) 932–936 (C. Goldberg); Ono 2007 (zur Waldsymbolik); zur unerkannten Teilnahme an Kampfspielen vgl. EM 13 (2010) 1058–1061 (M. Neumeyer); zu Zeichen edler Herkunft vgl. EM 14 (2014) 1226–1230 (B. Gobrecht).

137. De drei schwatten Prinzessinnen. – vgl. DMK/Uther, ATU 400: Mann auf der Suche nach der verlorenen Frau. – KHM-Veröff.: 1815 (Nr. 51), 1819 (Nr. 137). – „Aus dem Münsterland" stammendes und erfundenes, in manchen Zügen unklares Dialektmärchen, das von einem Fischerssohn und der mißglückenden Erlösung mehrerer Königstöchter handelt; die Handschrift ist in der Staatsbibliothek, Preuß. Kulturbesitz (Nachlaß Grimm 1800, C1,1 [18]) vorhanden. Das Zaubermärchen hatte Wilhelm Grimm am 12. Sept. 1814 von Maria Anna (Jenny) von Droste-Hülshoff erhalten: „Die beyden Plattdeutschen, vorzüglich das von den schwarzen Prinzessinnen, sind schönen tiefen Inhalts und wörtlich von mir aufgezeichnet, ich hoffe, Sie werden sie Ihrer Sammlung werth finden" (Schulte/Kemminghausen 1978, 24). Holger Ehrhardt (2020) ist den knappen literarischen Hinweisen von Johannes Bolte nachgegangen und konnte überzeugend durch eingehende Textvergleiche die Nähe zum Amor-und-Psyche-Stoff (DMK/Uther, ATU 425) nachweisen. Bei dem anderen „plattdeutschen" Märchen handelte es sich um eine Fassung zum „Wilden Mann" (KHM 136), die 1850 in der *Großen Ausgabe* durch eine hochdeutsche kontaminierte Version anderer Provenienz ersetzt wurde.

Das Thema der mißglückenden Erlösung begegnete unter anderem schon in KHM 92: *Der König vom goldenen Berge*. Es findet sich vor allem in Sagen, die oft ein pessimistisches Weltbild zeigen (s. z. B. Grimm/Uther DS 93, 223, 224, 560). Allen Fassungen des Zaubermärchens gemeinsam ist der Zug, daß ein unscheinbarer Held an einen verwünschten Berg, ein Schloß oder einen Ort kommt und sich verpflichtet, bestimmte Auflagen zu erfüllen, daran aber scheitert. Für die Brüder Grimm ließ sich das Mißlingen erklären: „Der Zauber in seiner Entwicklung oder im Gang zu seiner bestimmten Auflösung durch übermächtige Eingriffe gestört, zieht Verderben oder gänzliche Vernichtung nach sich" (KHM 1856, 219). Die Hell/Dunkel-Symbolik klingt wie in KHM 121: *Der Königssohn, der sich vor nichts fürchtet* an. Man könnte versucht sein, KHM 137 als eine Variation des zweiten Teils von KHM 121 oder als Spielart von KHM 92: *Der König vom goldenen Berg* anzusehen, auch wenn dort eine Frau um Erlösung bittet.

Während die Bewährungsproben in KHM 121 „mit Gottes Hülfe" gelingen, weil es sich – wie in anderen Fällen – bei den zu Erlösenden um charakterlich einwandfreie und tugendhafte Menschen handelt, ist die Aufgabe in KHM 137 zum Scheitern verurteilt. Denn die Mutter des Fischerssohnes hatte zu christlichen Schutzmaßnahmen, einer geweihten Kerze, geraten, doch zu der geplanten Erlösung bemerkt: „dat mög wull nig guet sien". Diese Vorahnung hatte der Held verinnerlicht. Als er vor dem Schloß ankam, „do gruelte em so". Die Mutter als Mahnerin und Ratgeberin ist hier, selten genug, einmal in dieser Rolle herausgestellt. Die Ursache könnte darin liegen, daß der Vater, der seinen Sohn schnöde an den Feind verkauft hatte, um mit dem Erlös Bürgermeister zu werden, als Vertrauensperson ausscheidet. Seine Rolle bleibt zwielichtig, als der Sohn ins Elternhaus zurückstrebt. Er unterstützt ihn nicht. Statt Vaterliebe zeigt er aus Angst vor der Obrigkeit strikten Gehorsam.

Bedingt durch die Thematik und die mundartliche Fassung hält sich die Nachwirkung in Grenzen.

Lit.: BP 3 (1918) 114 f.; Schulte Kemminghausen 1932, 13 f. (Übertragungsfehler) und 44 f. (Text); Ranke 1955 ff., Bd. 2, 318 f. (Varianten); EM 4 (1984) 195–222 (L. Röhrich) (zur Erlösung); Scherf 1995, 217 f.; EM 11 (2004) 100–103 (R. W. Brednich) (zum Motiv der Qualnächte); Blécourt 2008c, 58 f. (vermutet Annette von Droste-Hülshoff als Erfinderin des Märchens); Messerli 2019 (Schloß als Raum); Ehrhardt 2020, 51–76 (zu literarischen Quellen).

138. Knoist un sine dre Sühne. – DMK/Uther, ATU 1965: Gesellen: Die schadhaften G. – KHM-Veröff.: 1815 (Nr. 52), 1819 (Nr. 138). – „Aus dem Sauerland und in der dortigen Mundart". Beigetragen hat die Lügengeschichte eine Schwester August von Haxthausens, wie jener den Brüdern Grimm neben Erläuterungen mitteilte (Schulte Kemminghausen 1963, 174). Eine fast gleichlautende Fassung, vermutlich aus der gleichen Gegend, schrieb August von Haxthausen nieder; Wilhelm Grimm gab sie in verkürzter Form im Anmerkungsband (1856, 220) wieder; die Handschriften bewahrt die Staatsbibliothek, Preuß. Kulturbesitz (Nachlaß Grimm 1800, C1,16 und C1,19).

KHM 138 basiert auf Situationskomik und zählt zur Gruppe der Lügengeschichten von der verkehrten Welt. Solche Adynata waren seit der Antike beliebt (s. auch KHM 66, 144, 158, 159). Die Absurdität der Handlung und das von der Norm Abweichende sollen Lachen erzeugen. Der Defekt (Blindheit, Lahmheit, Nacktheit) ist nur Mittel zum Zweck und wird nicht zur Diskriminierung der Gruppe der Behinderten eingesetzt. Dies hat, im Unterschied zu Schwänken, KHM 138 mit Märchen gemeinsam (Uther 1981, 105–120). Schon die Kombination der Jagdgenossen ist Parodie genug, ihre Teamarbeit bei der Jagd grotesk.

Die Anführung der Orte Werl (berühmter Wallfahrtsort) und des in der Nähe liegenden Soest ist eines der wenigen Beispiele für eine Verortung von Volkserzählungen. Der gereimte Schluß von KHM 138 („Sielig is de Mann,/ de den Wiggewaater entlaupen kann"), der Hinweis August von Haxthausens, den die Brüder Grimm übernahmen („wird singend und mit sehr lang gezogenen Silben erzählt": KHM 1856, 220) und die Überschriften späterer Fassungen (z. B. *Evangelium vom Schustermontag*) lassen erahnen, warum die Orte genannt sind: Das Ganze dürfte eine Parodie auf Wallfahrtsgeschehen und den damit zusammenhängenden Wunderglauben darstellen.

Literarisch ist der Typus der Hasenjagd dreier vorgeblich tauglicher Personen in Europa seit dem späten Mittelalter bezeugt und hat Eingang in ein Meisterlied des späten 16. Jahrhunderts sowie in den imaginären Reisebericht *Finckenritter* gefunden (um 1560; eine Ausgabe im Besitz der Brüder Grimm [Denecke/Teitge 1989, Nr. 2169]; vgl. BP 3, 116); zu älteren orientalischen und abweichenden Versionen siehe zusammenfassend EM 5, 1149 f. Die Hasenjagd war nach Jurjen van der Kooi besonders in Nordwestdeutschland beliebt und ist dort auch als Rätsel und in kürzerer gereimter Form bekannt (Schuster 2009, Nr. 60).

Lit.: BP 3 (1918) 115–119; HDM 2 (1934–40) 597 f. (H. Honti); Mehlem 1940, 94; Boratav 1959; Spies 1961; Henßen 1963, 35–37; Uther 1981, 100 f.; EM 5 (1987) 1147–1151 (P. N. Boratav); Kooi/Schuster 1993, Nr. 203 (Varianten); Kooi/Schuster 1994, Nr. 238 (Varianten); Bluhm/Rölleke 1997, 138 (zu Redensarten, Formeln, usw.); Hubrich-Messow 2000 ff., Bd. 7, 242 f. (Varianten).

139. Dat Mäken von Brakel. – DMK/Uther, ATU 1476A: Beter: Der gefoppte B. – KHM-Veröff.: 1815 (Nr. 53), 1819 (Nr. 139). – „Aus dem Paderbörnischen" durch die Familie von Haxthausen mitgeteilter mundartlicher Legendenschwank über eine heiratswillige junge Frau (die Handschrift ist vorhanden im Grimm-Nachlaß Berlin, Preuß. Kulturbesitz).

Thematisch eine Parodie, schließt KHM 139 an den zweiten Teil von KHM 138: *Knoist un sine dre Sühne* an. Schwanktypisch erscheint die von Max Lüthi betonte „Paradoxie des Geschehens" (Lüthi 1971b, 51), das heißt die Inszenierung schalkhafter Handlungen an heiligem Ort. Der Küster als heimlicher Ratgeber begeht keine blasphemische Handlung. Vorstellungen von der Macht heiligmäßiger Personen, die in ihren hölzernen, steinernen oder gemalten Abbildern leben und vermeintliche Ratschläge bei ihrer Anrufung erteilen, bilden dafür den Hintergrund. Die Pointe liegt wie auch in vergleichbaren Texten in der Verspottung des naiven Glaubens an die Macht Heiliger. „Du kennst 'n ja wull: he wuhnt var'm Suttmerdore, hed gele Hore: du kennst 'n ja wull." In älteren literarischen Texten ist Florian der Schutzpatron und die Beterin öfter eine alte Jungfer und schließlich gewillt, jeden Mann zu akzeptieren: entscheidend sei der Umstand, daß er sie heiratet und von den ungeliebten Magddiensten befreit. Die heilige Anna ist zugleich die Schutzpatronin von Brakel. Am Wochenende des ersten Augustsonntags feiert Brakel den Annatag, das größte Volksfest in Ostwestfalen.

Ludwig Aurbacher erzählt in seinem *Volksbüchlein* (Bd. 2, 1829, Nr. 56 = Denecke/Teitge 1989, Nr. 2158) von einer siebzigjährigen Witwe, die mehrere Tage hintereinander die Statue der Muttergottes mit dem Christuskind besucht und fragt, ob sie noch einmal heiraten solle. Doch nie erhält sie eine Antwort. Heimlich bringt der schalkhafte Küster nun am Haupt des Christkindes eine Vorrichtung an und bewegt diese, als die Frau erneut ihre Frage vorbringt, dermaßen, daß sie die Antwort als Verneinung deutet und voll Zorn ausruft: „Was gehts denn dich an, du Gschnapperl [= schnippischer Mensch]? Wenns nur der Mutter recht ist!"

Im international verbreiteten Motivkomplex ‚Der gefoppte Beter' (DMK/Uther, ATU 1476A) ist nicht nur die ledige Frau Zielscheibe des Spotts, sie kann umgekehrt – verborgen hinter einem Altar, einem Heiligenbild oder einem Baum (Baumorakel) – auch dem wundergläubigen Mann Anweisungen erteilen, die der Genarrte als göttliche Ratschläge und Weisungen akzeptiert. Oft können die schelmischen Antworten des verborgenen Ratgebers auch rüde Racheaktionen der Betroffenen verursachen, die bis zur Zerstörung des Heiligenbildes reichen, weil die Empfehlung die Ratsuchenden nicht zufriedenstellt. Charakteristisch für den Dialog zwischen Beterin und der vermeintlichen Stimme der Heiligen ist die gereimte Form mit Anklängen an Gebetsformeln.

Literarische Vorbilder für das weitverbreitete Schwankmotiv (vgl. auch DMK/Uther, ATU 1347*: *The Statue's Father*, DMK/Uther, ATU 1380A*: *The Petitioner Fooled*) finden sich in mittelalterlichen Exempelsammlungen, aber auch in neuzeitlichen Schwank- und Predigtbüchern. Zumindest die älteren Texte richten sich gegen allzu naiven Aberglauben, zeigen die Betende als eine alle

Vorsätze vergessende heiratswillige Jungfer und belehren über richtiges Vorgehen beziehungsweise bei Fassungen mit Ehefrau oder Ehemann als verstecktem Ratgeber über richtiges Verhalten in der Ehe, so beispielsweise im *Festivale* des Franziskaners Leo Wolff (Abdruck einer Fassung von 1705 bei Uther 1990b, Nr. 55). Bei Andreas Strobl (1700, 215 f.) und in Volksliedern wird der heilige Florian um Hilfe gebeten. Strobl bewertet das Handeln der Heiratssuchenden mit leicht moralisierendem Unterton: „Diß Mensch/sehet/ ist zwar in aller fruhe auffgestanden/ in die Kirchen gangen/ aber nit Gott zu Ehren/ sonder ein Mann zu begehren. Dergleichen Menschen wären vielleicht wol mehr zu finden/ deren einiges Verlangen ist/ nach einem Heyrath/ nach einem Mann." Danach folgt bei Strobl als Beispiel für Keuschheit die bekannte Geschichte von Wilgefortis oder Liberatis, „ins gemain S. Kummernuß genannt", welche sich noch im zweiten Band der *Kinder- und Hausmärchen* nach eben dieser literarischen Quelle fand, dann aber ausgemustert wurde (KHM 66 [1815]). Mit einem Mann als Bittsteller findet sich die kurzweilige Geschichte im Schwankbuch *Der Geist von Jan Tambour, Oder Außerlesene Materi für die Kurtzweil liebhabende Jugend* (1662, Bd. 2, 160), einer Übersetzung aus dem Niederländischen, und ist im niederländischen Steinwijk verortet: Ein Packer betet vor der Mutter mit dem Kind um Nahrung. Er wiederholt seine Bitte und auch jedesmal antwortet der Küster leise: „Packt schwerer." Schließlich ruft der Packer zornig: „Schweig, du Dreck, und laß mir deine Mutter wieder antworten."

Der den textgeschichtlichen Hintergrund außer acht lassenden Interpretation Eugen Drewermanns (1992, 221–228) zufolge ist das Aufbegehren der jungen Frau in der Kirche als ein geistiger Durchbruch zu sehen. Sie lasse nicht nur eine Art der Frömmigkeit hinter sich, sondern begreife das Geschehen als einzige Möglichkeit, zur eigenen Weiblichkeit zu finden. Das Thema der Geschichte sei die Sehnsucht nach Liebe, die aber mit der Partnerwahl durch göttliche Fügung und dem Glauben als zu überwindendes Hindernis auf dem Wege zum Glück eigenartig verstellt sei. Hätte die junge Frau nicht den Mut, dem Bild der „ewigen Jungfrau" als „etwas Kindischem" zu widersprechen, bliebe es wahrscheinlich dazu verurteilt, im Muster der kleinen eingeschüchterten liebeslosen, aber kirchentreuen Jungfrau zu verharren. Das Geschehen solle jenen Menschen Mut machen, die es wagten, die heiligsten Gesetze lieber zu verleugnen als ihre Liebe.

Lit.: BP 3 (1918) 120–128; Mehlem 1940, 77; Röhrich, Erzählungen 2, 488–497 (Kommentar); EM 2 (1979) 226–230 (J. T. Bratcher); Uther 1989b; Kooi/Schuster 1993, Nr. 51 (Varianten); Hubrich-Messow 2000 ff., Bd. 5, 200 f. (Varianten).

140. Das Hausgesinde. – DMK/Uther, ATU 1940: Namen: Die sonderbaren N. – KHM-Veröff.: 1815 (Nr. 54), 1819 (Nr. 140). – Erhalten hatten die Brüder Grimm den Text der Mundartfassung „aus dem Paderbörnischen" am 27.5.1812 durch die Familie von Haxthausen (Handschrift in der Staatsbibliothek Berlin, Preuß. Kulturbesitz, Nachlaß Grimm 1800, C1,8). Im Anmerkungsband (KHM 1815, XXXX; KHM 1856, 223) ist der Text als *Das Märchen vom Hausgesinde* und „ein Gespräch mit dem Widerhall" charakterisiert, obwohl der Schwank seit der Erstveröffentlichung längst die Überschrift *Das Hausgesinde* trug. Eine fast genau übereinstimmende hochdeutsche und von Johannes Bolte veröffentlichte Fassung (Textabdruck in BP 3, 129) leitet eine um 1760 veröffentlichte Sammlung *Alle Arten von Scherz- und Pfänderspielen* (Alle Arten 1760, Nr. 1) ein und wird dort als Frage-Spiel ausgegeben.

Ein ‚Märchen vom Hausgesinde' ist es daher gewiß nicht. Selbst die große Verwendungsbreite des Begriffs innerhalb der KHM läßt diese Zuordnung als fraglich erscheinen. Vielmehr handelt es sich um eine reihende Dichtungsform, öfter etwas unrichtig als Kettenmärchen bezeichnet, welche die Memorierfähigkeit schult. Ein solches Frage-Antwort-Spiel ist Nonsens und gehört in die Nähe der Kinderspiele. Ebenfalls im 18. Jahrhundert ist es auch als Volkslied bekannt geworden. Tiere, Personen und Dinge sind mit solchen merkwürdigen Bezeichnungen versehen, daß es einer hohen Konzentrationsfähigkeit bedarf, um die jeweils um ein Glied ansteigende Aufzählung fehlerfrei zu wiederholen. Die sonderbaren Namen treten als symbolische Namen, Lautmalereien oder Nonsens-Namen auf.

Die Brüder Grimm hatten offenbar seit ihrer Zeit als Mitarbeiter an der Volksliedsammlung *Des Knaben Wunderhorn* eine Vorliebe für derartige – und heute oftmals vergessene – Geschichten, die sich vor allem direkt an Kinder wendeten und die immer wieder innerhalb der KHM begegnen (s. dazu KHM 30: *Läuschen und Flöhchen* und KHM 131: *Die schöne Katrinelje und Pif Paf Poltrie* mit Kommentar und weiteren Hinweisen).

Lit.: BP 3 (1918) 129–136; Schulte Kemminghausen 1963, 119 f. (Druckvorlage); zur Struktur der Kettenmärchen vgl. EM 7 (1994) 1194–1201 (S. Wienker-Piepho); EM 9 (1999) 1177–1180 (A. Schöne); zum Begriff Nonsens vgl. EM 10 (2002) 78–85 (R. Wehse).

141. Das Lämmchen und Fischchen. – DMK/Uther, ATU 450: Brüderchen und Schwesterchen. – KHM-Veröff.: 1815 (Nr. 55), 1819 (Nr. 141). – Beigetragen hat das Zaubermärchen Marianne von Haxthausen (1755–1829), die Mutter der Märchenbeiträgerinnen Amalie und Jeanette, aus dem Fürstentum Lippe, wo sie es „in frühester Jugend gehört hatte" (BP 3, 137); die Handschrift ist in der Staatsbibliothek, Preuß. Kulturbesitz (Nachlaß Grimm 1800, C1,17) vorhanden. KHM 141 läßt sich als eine Variation zu dem ausführlicher erzählten Zaubermärchen *Brüderchen und Schwesterchen* (KHM 11) betrachten, wirkte jedoch kaum nach.

Schon die Diminutivform im Eingang: „Es war einmal ein Brüderchen und Schwesterchen" erinnert an das Geschwistermärchen KHM 11, doch ist der Handlungsverlauf von KHM 141 viel stärker als KHM 11 aus der Kinderperspektive heraus beschrieben, was auf das Fehlen des Motivkomplexes von der untergeschobenen Braut zurückzuführen sein dürfte. Auch hier kommt die ausdrücklich als ‚falsche' Stiefmutter bezeichnete Schädigerin nicht zum Ziel, als sie die Doppelverwandlung der Geschwister in Tiere vornimmt. Die Stiefmutter wird allerdings nicht so extrem bestraft wie in KHM 11, sondern ihr Schicksal bleibt im Dunkeln (blindes Motiv).

Ein erneutes Beispiel für die bereits in der KHM-Ausgabe von 1812/15 bewußt angesprochene Zielgruppe Kinder stellt die Hereinnahme des Kinderspiels vom Typus Abzählen dar, das im Schluß offenbar nicht zu Ende geführt ist. Die ersten beiden Zeilen davon sind öfter in protestantischen Warnexempeln zu finden und leiten die letzte Bitte eines jungen Mädchens an ihren Mörder ein. Die Brüder Grimm haben den Reim in den *Deutschen Sagen* gleich zweimal erwähnt (Grimm/Uther DS 445 [Halsband des verschonten Hirsches], 585) und als Vers („Lieber Jäger, laß mich leben,/ Ich will dir auch zwei Junge geben") in gleicher Funktion als letzte Bitte fünfmal innerhalb von KHM 60: *Die zwei Brüder* gebracht. Auch innerhalb des Volkslieds *Die Herzogin von Orlamünde* (Arnim/Brentano, *Wunderhorn*, Bd. 2, Nr. 232; vgl. Kommentar H. Rölleke in Bd. 7, 374–384) begegnet der Reim. Der Hinweis in KHM 2 (1819, XXI, Fußnote) zu einem Abzähl-Kinderspiel, daß „in den Dichtungen aus der Kinderwelt S. 82 ff. 8. auch das Märchen N. 141 zu finden sei", war offenbar zu vage („In der Noth!/ Gerstenbrod/ Ine, mine, bucker, dine,/ Puff, puff, ab!") und findet sich nicht mehr im Kommentarband von 1856. Gemeint war der Titel: [Campe, J. H.:] *Dichtungen aus der Kinderwelt. Altherkömmliche Lieder, Erzählungen, Lehren und Singspiele für Kinder* (Hamburg 1815), der mit Spuren von Wilhelms Benutzung in der Grimm-Bibliothek (Nr. 2372) zu finden ist.

Verwünschungen und Hexenkünste, wie sie der Stiefmutter zugeschrieben werden, können nur durch Menschen mit übernatürlichen Fähigkeiten aufgehoben werden. So kann einzig der Koch als Übermittler von Nachrichten über die beiden sprechenden Tiere agieren, die Rückverwandlung dagegen muß durch eine ‚weise Frau' geschehen. Wie schon in KHM 50: *Dornröschen* hilft ein Segen dazu, und damit bekommt das Geschehen die in den Märchen der Brüder Grimm immer wieder zu beobachtende Neigung zur Verchristlichung der Handlung. Das Fenster, von dem aus die Stiefmutter das fröhliche Spiel der ihr anvertrauten Kinder neidisch verfolgt hatte, spielt in den KHM über ein dutzendmal an entscheidender Stelle eine Rolle (s. besonders KHM 191: *Das Meerhäschen*) und trägt als Requisit zur Dynamisierung des Handlungsgeschehens bei.

Lit.: BP 2 (1915) 484 f. (zum Reim); BP 3 (1918) 137; Mehlem 1940, 94; Ranke 1955 ff., Bd. 2, 57–59 (Varianten); Schulte Kemminghausen 1963, 120–122; Rehermann 1977, 471, Nr. 33 (zum Reim); EM 2 (1979) 919–925 (I. Köhler); Scherf 1995, 773 f.; zur Rolle der Stiefmutter vgl. EM 12 (2007) 1294–1298 (N. Blaha-Peillex); Shojaei Kawan 2009, 433–436 (Verse).

142. Simeliberg. – DMK/Uther, ATU 954: Ali Baba und die vierzig Räuber. – KHM-Veröff.: 1815 (Nr. 56), 1819 (Nr. 142). – Von Ludowine von Haxthausen im Mai 1814 beigesteuertes Zaubermärchen, das Wilhelm Grimm zusammen mit dem *Erdmänneken* (KHM 91) erhalten hatte. Schon in seinem Dankschreiben hatte er über den Stoff geurteilt: „hat eine merkwürdige Ähnlichkeit mit einer orientalischen Erzählung der 1001 Nacht" (Grimm/Reifferscheid 1878, 23).

In der Tat sind die strukturellen Gemeinsamkeiten mit dem breit ausgestalteten Märchen *Ali Baba und die vierzig Räuber* aus *Tausendundeine Nacht* (Bd. 2, 791–859) nicht zu übersehen. Der größte Unterschied besteht darin, daß KHM 142 den zweiten Teil nicht enthält. Darin ist die Rache der Räuber an dem glücklichen Schatzfinder und die Vereitelung des Mordanschlags durch die listige Ehefrau geschildert, was das Märchen von Ali Baba und den vierzig Räubern zum Prototyp der Erzählungen über verdiente Vergeltung hat werden lassen. Die Aussage von KHM 142 hingegen zielt – wie auch andere Märchen der Brüder Grimm – darauf ab zu zeigen, wie nahe Armut und Reichtum zusammenliegen; innere Zufriedenheit und Bescheidenheit stellten größere Güter dar als materieller Besitz. Strukturell vergleichbar ist ein Text aus Johann Gustav Gottlieb Büschings Sagen- und Märchensammlung von 1812 (Nr. 72), die den Brüdern Grimm wohlvertraut war. Dort spielt die Handlung in den Felstrümmern der Dummburg (nördl. Harzvorland), ist mit sagenhaften Zügen angereichert und handelt vom Kontrastpaar Mönch (statt Räubern) und Holzhacker/Nachbar (statt Brüderpaar). Büsching hatte wörtlich Johann Carl Christoph Nachtigals Fassung (Pseudonym Otmar) aus dessen Sammlung *Volks-Sagen* (Braunschweig 1800, 225–235) wiedergegeben – einer wichtigen und von den Brüdern Grimm auch im Gegensatz zu Büsching positiv bewerteten Quelle für ihre *Deutschen Sagen*. Im Vorwort (S. X) nannte Büsching allerdings seinen Bruder als Ideengeber und behauptete: „Besonders liebte ich von ihm zu hören die Mähre von funfzig Räubern, in dem sich öffnenden und schließenden Berge, da sie gar zu heimlich und schauerlich war, so wie die Geschichte vom Bauer Kiebitz." (s. KHM 61: *Das Bürle*.)

Daß sich Berge zu bestimmten Zeiten oder auf ein bestimmtes Zeichen hin öffnen und auch wieder schließen, erinnert an die Sage von den Klappfelsen, auch als Symplegaden (griech.: die Zusammenschlagenden) bekannt, die sich nur zu einem bestimmten Zeitpunkt schnell öffneten und auch wieder schlossen. Verpaßte man die Durchfahrt, war die Folge das Zerbrechen des Schiffes (Apollonius Rhodios, *Argonautika* 2, 317–344, 549–606).

Das Motiv vom geliehenen Scheffelmaß taucht bereits im *Unibos*-Typus (Mitte 11. Jahrhundert) auf, ist aber in der Grimm-Bearbeitung KHM 61: *Das Bürle* nicht integriert und begegnet im 19. Jahrhundert in verschiedenen europäischen Fassungen zum *Gestiefelten Kater* (KHM 33 [nur 1812]) und zum *Tischchen deck dich* (KHM 36). Größere Bedeutung hat das Motiv in anderem Zusammenhang in einer der beliebtesten Rheinsagen, der Burgsage über Sternfels und Liebenstein, gefunden. Dort soll ein umgedrehtes Scheffelmaß (Müller/Röhrich H 80*) mit nur wenigen festgeklebten Münzen eine gerechte Erbteilung vortäuschen, wodurch eine Blinde von ihren beiden Brüdern um das Erbe betrogen wird. Doch der Betrug findet ein unrühmliches Ende. Im Streit töten sich die Brüder, und der Besitz fällt an die blinde Schwester.

Das Märchen hat zumeist in der Version aus der Sammlung *Tausendundeine Nacht* große Popularität erreicht: „eins der beliebtesten Kindermärchen und für viele eins der repräsentativsten Stücke der Sammlung" (Walter 1987, 105). Es ist eines der wenigen Beispiele dafür, daß die KHM-Fassung im deutschsprachigen Gebiet nicht dominant geworden ist.

Der Kontrast zwischen dem Handeln des armen und des reichen Bruders steht auch im Mittelpunkt von Interpretationen des Märchens: der Arme setze die Güter vernünftig ein (gebe den Armen), habe für sich selbst genug; der Reiche hingegen sei egoistisch und materiell eingestellt, der Berg (die materiellen Reichtümer) würde für ihn zum Gefängnis, in dem er umkomme (Storck 1977, 43–48).

Lit.: Polívka 1907; BP 3 (1918) 137–140; Ranke 1955 ff., Bd. 3, 14–33 (Varianten); Drory 1977; EM 1 (1977) 302–311 (K. Ranke); Uther 1981, 123–128 (zur Rheinsage); Walther 1987, 105–112; Jason 1988, 11–28; El-Shamy 1990, 92–100; Schmitt 1993, 562 (5); Köhler-Zülch 1995, 74 (zum politischen Witz); Scherf 1995, 1112 f.; Dekker et al. 1997, 41–43 (T. Dekker); Solms 1999, 87–89; Marzolph/van Leeuwen 2004, Nr. 353; zum Scheffelmaß-Motiv vgl. EM 11 (2004) 1299–1302 (H. Lox).

143. Up Reisen gohn. – DMK/Uther, ATU 1696: „Was hätte ich sagen (tun) sollen?" – KHM-Veröff.: 1819. – Der für *Die Kinder in Hungersnot* (1815: Nr. 57) 1819 eingesetzte Mundartschwank stammt „aus dem Münsterland" (KHM 1856, 226);

eine handschriftliche Fassung von Maria Anna (Jenny) von Droste-Hülshoff befindet sich im Grimm-Nachlaß Berlin, Preuß. Kulturbesitz.

Dummenschwänke waren seit dem ausgehenden Mittelalter sehr beliebt und finden sich in nahezu allen Schwankbüchern der Frühen Neuzeit und in Unterhaltungsbüchlein des 17./18. Jahrhunderts ebenso wie in Predigtsammlungen. Mit anderen Abenteuern des Dummen, aber strukturell ähnlich, findet sich ein Text in der *Gartengesellschaft* des Martin Montanus (Montanus/Bolte, Nr. 50), dort wird der Narr zum Schluß wegen seiner Verrücktheiten verbrannt.

Knapp 150 Jahre später taucht eine Variation im *Neu-Erklingenden Jubel-Schall* des im Fränkischen predigenden Weltpriesters Michael Christoph Benz (1702, 49 f.) auf, eine Predigtsammlung, die zweifellos solche Stücke als „Oster-Mährlein" zur Aufmunterung und Unterhaltung der Kirchenbesucher enthielt. Dies muß nicht die literarische Vorlage für KHM 143 gewesen sein, erstaunlich ist aber, daß dort fast alle Handlungselemente bis auf Eingang und Schluß vorgebildet sind. Im Zentrum steht ein Bauernsohn, der zeittypisch als einfältig und „grob" (im Zusammenhang mit Narr als Stereotyp seit Sebastian Brant verbreitet) hingestellt wird.

Die Komik in KHM 143 basiert auf Mißverständnissen, die sich aus den kuriosen Antworten eines auf einer Reise befindlichen einfältigen Mannes, eines rechten Dummkopfs, gegenüber Fremden ergeben. Die vorher ausgedachten oder aufgegebenen Antworten führen zu fatalen Ergebnissen für den Antwortenden, weil der Fragesteller anders als erwartet reagiert. Entfernt erinnern die Antworten an die Thematik der verkehrten Begrüßung (EM 2, 41–45). Eine Reihe von beliebig austauschbaren Handlungen (Konglomerat) ist durch die Wiederholung bestimmter Worte bei unpassenden Situationen ein verbindendes Element, so daß man wie bei den Formelerzählungen (z. B. KHM 30, 80, 131) von einer Kettenerzählung sprechen könnte.

Charakteristisch ist – wie für die große Zahl vergleichbarer Erzählungen (teilweise mit behinderten Handlungsträgern) – die eminente Bedeutung des Dialogs für die Handlung. Eigentlich ist es gar kein Zwiegespräch, sondern „ein Modell der Unmöglichkeit einer wirklichen Kommunikation, als Demonstration des Aneinandervorbeiredens, des mißlingenden Dialogs, des Null-Dialogs", so Max Lüthi (EM 3, 598). Zur Entstehung und Verbreitung solcher Texte dürfte beigetragen haben, daß die dargestellten Mißverständnisse und daraus sich ergebende Situationen real vorstellbar sind.

KHM 143 ist weniger bekannt. Andere Dummenschwänke repräsentieren den Typus. Hinderlich für die Verbreitung wirkte sich offenbar das Vorliegen als Dialektfassung aus.

Lit.: BP 3 (1918) 145–151; HDM 2 (1934–40) 187 f. (A. Taylor); Schulte Kemminghausen 1963, 55 f.; Uther 1981, 96–100; Röhrich 1993b, 34; Kooi/Schuster 1993, Nr. 147 (Varianten); Kooi/Schuster 1994, Nr. 100 (Varianten); Moser-Rath 1994, 45 (zu Benz mit Textabdruck); zur Struktur der Kettenmärchen vgl. EM 7 (1994) 1194–1201 (S. Wienker-Piepho); Dekker et al. 1997, 405–407 (J. van der Kooi); EM 12 (2007) 411–418 (J. van der Kooi); Hubrich-Messow 2000 ff., Bd. 7, 47, 50–56 (Varianten); EM 14 (2014) 494–500 (H. Lox).

144. Das Eselein. – DMK/Uther, ATU 430: Asinarius. – KHM-Veröff.: 1815 (Nr. 58), 1819 (Nr. 144; kleinere Änderungen 1837). – Prosafassung eines Zaubermärchens nach einer mittellateinischen Versnovelle, das Jacob Grimm wie die Vorlage zu KHM 146: *Die Rübe* in einer Straßburger Handschrift (2. Hälfte 15. Jahrhundert) aufgespürt (Grimm/Schoof 1963, 341 [Asinarius]) und niedergeschrieben hatte (vgl. Staatsbibliothek Berlin, Preuß. Kulturbesitz). Die wörtliche Übertragung ins Deutsche gefiel Wilhelm Grimm nach nochmaligem Lesen offenbar nicht (s. unten), und so schrieb er seinem Bruder: „Zu dem Straßburger von der Rübe habe ich zufällig noch eine sehr merkwürdige Stelle gefunden. Ich sehe immer mehr ein, wie unglaublich vortheilhaft es ist, eine fertige Handschrift in Übersicht und Ruhe lesen zu können" (ebda., 358). Nach Erscheinen der KHM 1815 hatte sich Jacob Grimm seinem Bruder gegenüber kritisch geäußert und unter anderem über das *Eselein*-Stück geurteilt, es „hätte in eine bloße Anmerkung gepaßt" (Grimm/Schoof 1963, 425 f.), aber im Unterschied zu den drei anderen Texten, die für die 2. Auflage von 1819 nicht mehr berücksichtigt wurden (1812: Nr. 82; 1815: Nr. 43, 44), folgte Wilhelm Grimm hier den Anregungen seines Bruders nicht.

Die Vorlage (201 Distichen), zeittypisch mit starkem Bezug auf höfische Etikette, weist auf eine Herkunft aus Süddeutschland. Der Stoff ist in rund 20 Textzeugen des 14./15. Jahrhunderts vorhanden (Langosch 1960, 333–357: lateinischer Text mit Übertragung ins Deutsche) und zählte bereits im 13. Jahrhundert zu den Erzählungen, die häufiger gelesen und vor allem in den Klosterschulen behandelt wurden (EM 1, 866).

Ein Vergleich der mittellateinischen Vorlage mit KHM 144 zeigt sehr überzeugend die auf Dynamisierung der Handlung gerichtete straffe Bearbeitung durch Wilhelm Grimm. Entfallen sind die längere Klage über die Mißgestalt des Esels und Anspielungen auf die antike Götterwelt, die breit ausgestaltete Verlobungsszene wurde auf einen Satz reduziert: „Also ward eine prächtige Hochzeit gehalten." Zur Umarbeitung und Verkindlichung gehören nicht nur die Bevorzugung von Diminutiva (Eselein, Herrlein, Schlafkämmerlein), sondern auch der Wegfall anzüglich erscheinender Stellen. Über die Hochzeitsnacht, in der literarischen Vorlage ausführlich beschrieben, heißt es vereinfachend und knapp: „Da ward die Braut froh, küßte ihn und hatte ihn von Herzen lieb". Die Königstochter, in die sich das Eselein verliebt hat, ist einfach nur „schön", während die Vorlage eingehend ihre körperlichen Reize beschreibt.

Der Esel gehört zu den Lieblingstieren des Märchens, nur einmal muß er in KHM 122: *Der Krautesel* für eine Strafverwandlung herhalten. In KHM 144 vermag er die Laute (Mot. J 512.4) zu schlagen, in KHM 27: *Die Bremer Stadtmusikanten* gibt es ein musikalisches Tierquartett. Das Motiv musizierender Tiere, das in frühen Zeugnissen aus dem mediterranen Gebiet häufiger in Verbindung mit dem Prinzip der verkehrten Welt und in Fabeln und Sprichwörtern im Zusammenhang mit Vergleichen vom mangelnden Sachverstand (Esel entlockt dem Instrument mit seinen Hufen nur Mißtöne: Dicke/Grubmüller, Nr. 114; ist ein schlechter Sänger: Dicke/Grubmüller, Nr. 121) gebracht wurde, erfährt im Märchen eine positive Bewertung.

KHM 144 gehört zu dem Zyklus der Tierbräutigam-Märchen, die innerhalb der KHM immer wieder variiert werden; zu einzelnen Motiven vgl. besonders den Kommentar zu KHM 108, mit dessen Titelfigur Hans mein Igel der Tierprinz vieles gemeinsam hat.

Lit.: Hamann 1906, 45–48; BP 2 (1914) 234–241, BP 3 (1918) 152–166; Doderer 1969, 145 (zum Königtum als konstitutiver Lebensform); EM 1 (1977) 865–867 (F. Wagner); Verflex. 1 (^{2}1978) 509 f. (K. Langosch); EM 4 (1984) 426–428 (R.W. Brednich) (zum Esel als Lautenspieler); Horn 1995 (Tierhaut als Identität); Scherf 1995, 283–286; Bluhm/Rölleke 1997, 139 (zu Redensarten, Formeln, usw.); Ziolkowski 2007, 200–230.

145. Der undankbare Sohn. – DMK/Uther, ATU 980D: Sohn: Der undankbare S. (vgl. Tubach, Nr. 970, 4883, 4891). – KHM-Veröff.: 1815 (Nr. 59), 1819 (Nr. 145). – Als literarische Vorlage diente eine Beispielgeschichte aus der großen und ungemein nachwirkenden Sammlung *Schimpf und Ernst* des elsässischen Franziskanermönchs Johannes Pauli (erstmals 1522; Pauli/Bolte, Nr. 437), die für KHM 151: *Die drei Faulen* gleichfalls herangezogen wurde; im Besitz der Brüder Grimm befanden sich zwei Ausgaben von 1550 und 1555, dort findet sich das Exemplum unter Nr. 413 (Denecke/Teitge 1989, Nr. 2940, 2941).

Nicht ohne Hintersinn haben die Brüder Grimm das Zusammenleben alter und junger Menschen in den KHM immer wieder angesprochen. Es sind zum einen Alltagskonflikte, die sich aus der unterschiedlichen Herkunft einzelner Familienmitglieder ergeben (Verwandtschaftskonflikte), zum andern Auseinandersetzungen, die aus unterschiedlichen sozialen Milieus resultieren, oder auch Konflikte zwischen Generationen.

Im Unterschied zu KHM 78: *Der alte Großvater und der Enkel* endet KHM 145 nicht harmonisch. Der Vater des Sohnes ist zwar Mitglied der Großfamilie, begegnet aber in der Rolle des unverhofften und nur widerwillig geduldeten Besuchers, der Sohn wird als Hartherziger beschrieben (bei Pauli das Ehepaar). Das Ergebnis des normabweichenden Verhaltens kann nicht drastisch genug ausfallen. Als signifikanter Ausdruck für das ungastliche eigennützige Verhalten muß der Sohn bis zum Tode eine Kröte – Teufelstier und Synonym des Bösen (s. auch KHM 13: *Die drei Männlein im Walde*) – um den Hals tragen. Schon Kinder sollten zum Gehorsam gegenüber den Eltern erzogen werden, sonst werde sie eine solche Strafe treffen, intendiert Johannes Pauli und endet mit der Ermahnung: „So lernen andere Kind!"

Den Stoff von der Kröte als eines lebenslangen unfreiwilligen Begleittiers kannte schon der Dominikaner Étienne de Bourbon. In seinem *Tractatus de diversis materiis praedicabilibus* (um 1256/61 entstanden, unvollständig) hatte er die Geschichte in Chinon lokalisiert und erzählt, erst nach einer Pilgerfahrt ins Heilige Land wäre die Kröte von dem unbotmäßigen Sohn abgefallen (Nr. 163). Ein solcher versöhnlicher Schluß einer erfolgreichen Bußerzählung findet sich auch bei Johannes Pauli. Er führt die Befreiung des Sohnes von dem Tier nach langer Zeit auf die Hilfe von Gebeten eines Heiligen zurück. Doch vertrug sich der sonst auch märchengemäß angestrebte glückliche Ausgang nicht mit dem streng reformierten Weltbild der Brüder Grimm. Wie schon zuvor bei protestantischen Predigern (Abdruck einer Fassung des Johannes Manlius bei Uther 1990b, Nr. 56) sollte das Exemplum ein „Schawbild göttlicher Straff wider den Undanck des Sons gegen dem Vatter" (Manlius) sein, um die Bedeutung des vierten Gebots – innerhalb dieses Abschnitts war das Exemplum zumeist eingereiht – zu unterstreichen.

Der Stoff war innerhalb deutscher Exempel- und Predigtsammlungen seit der Frühen Neuzeit weit verbreitet und hat in Gedichten und Volksliedern (DVldr 5, 334–340) nachgewirkt. Innerhalb des Typus dominiert allerdings die versöhnlicher endende Beispielgeschichte von Großvater und Enkel (KHM 78), was darauf zurückgeführt werden könnte, daß die hier dargestellte Unerbittlichkeit und Unversöhnlichkeit so abschreckend sind, daß die Warngeschichte „ihren Lehrzweck wohl kaum erfüllt" (Solms 2007, 22).

KHM 145: Der undankbare Sohn. Holzschnitt von Bertall (1855)

Lit.: Hamann 1906, 43 f.; BP 3 (1918) 167–169; Moser-Rath 1964, Nr. 34 (Var.); Brückner 1974, 684, 740 f. (Var.); Rehermann 1977, 146 (Var.); Brüggemann 1991, 1404 f.; EM 8 (1996) 494–499 (J. Berlioz) (zur Kröte); EM 12 (2007) 824–830 (J. Berlioz); Uther 2013, 100 f.

146. Die Rübe. – DMK/Uther, ATU 1689A: Raparius + DMK/Uther, ATU 1535: Unibos. – KHM-Veröff.: 1815 (Nr. 60), 1819 (Nr. 146). – Prosafassung eines Schwanks mit breiter literarischer Überlieferung nach einem mittellateinischen Gedicht (*Raparius*; elegisches Versmaß), das Jacob Grimm wie die Vorlage zu KHM 144: *Das Eselein* in einer Straßburger Handschrift (2. Hälfte 15. Jahrhundert) aufgespürt und niedergeschrieben hatte. Bernd Wollenweber (1974, 46) zählt KHM 146 wie KHM 103: *Der süße Brei* und KHM 158: *Das Märchen vom Schlauraffenland* zu den Wunschmärchen.

Im Zentrum des Schwanks steht der Konflikt zwischen einem armen und einem reichen Bruder (EM 1, 789–794), der zahlreichen KHM zugrunde liegt und die Handlung dynamisiert, weil außerdem eine Polarisation zwischen Gut und Böse besteht. Die Idee des armen Bauern, die große Rübe – gewöhnlich ein beliebtes Objekt in Lügenschwänken (KHM 112: *Der Dreschflegel vom Himmel*) – seinem Herrscher zum Geschenk zu machen, erweist sich als Glücksfall, wird der Arme doch als Gegengabe mit Gold und Geschenken überhäuft. Diese großherzige Geste birgt aber zugleich eine Gefahr in sich, weil sie den Neid des reichen Bruders herausfordert und ihn, der für sein Gold (Motiv der mißglückenden Nachahmung) vom König nur die wertlose große Rübe erhalten hatte, dazu verleitet, den Bruder mit Hilfe gedungener Mörder zu töten. In diesem zweiten Teil des Schwanks jedoch hilft der glückliche Zufall in Gestalt eines fahrenden Schülers, der die Mordgesellen in die Flucht treibt, während der Bauer in einen Sack eingezwängt am Ast eines Baumes hängenbleibt. Der Hilflose erkennt seine Chance und spiegelt dem Fahrenden vor, er solle mit ihm den Platz tauschen: „Wärst du einmal darin, du würdest fühlen, was für Herrlichkeit aus dem Sack der Weisheit fließt." Der Leichtgläubige, der als Fahrender ohnehin zu den Außenseitern zählte, nimmt das Angebot an, und der Bauer zieht lustig seiner Wege. Dieser Schluß – in der mittellateinischen Version heißt es ironisch: „Magne sophista, vale!" – war Wilhelm Grimm offenbar zu abrupt, für kindliche Leser/Zuhörer kaum verständlich und rückte die Gestalt des Bauern in ein allzu schlechtes Licht. Harmonisierend wurde daher in die *6. Große Ausgabe* von 1850 eingefügt: „Damit stieg er auf des Schülers Pferd, ritt fort, schickte aber nach einer Stunde jemand, der ihn wieder herablassen mußte." Der zweite Teil mit der Sackepisode ist ein Nachhall des beliebten *Unibos*-Schwanks (ältester Beleg 11. Jahrhundert), der das literarische Vorbild für KHM 61: *Das Bürle* abgab.

KHM 146: Die Rübe. Illustration von George Cruikshank (1823)

Die Nachwirkung von KHM 146 ist bescheiden; die humorvoll erzählte Fassung mit dem harmonischen Schluß findet sich verschiedentlich als Schullesestoff (acht Belege bei Tomkowiak 1993, 317).

Dominante Bildmotive: die Eingangsszene mit der Darstellung des Bauern, der die große Rübe auf einem Karren transportiert, und die Schlußszene mit dem im Baum hängenden und im Sack eingesperrten Fahrenden, dem der Bauer fröhlich zuwinkt (erstmals 1823 bei George Cruikshank).

Lit.: Hamann 1906, 48–51; BP 3 (1918) 167–169; Langosch 1960, 307–331 (Textabdruck); Verflex. 7 (^{2}1989) 1000–1002 (F. Worstbrock); Solms 1999 f.; Hubrich-Messow 2000 ff., Bd. 6, 65–87 (Varianten); EM 11 (2004) 219–224 (F. Wagner); Ziolkowski 2007, 164–199; EM 13 (2010) 1192–1202 (J. van der Kooi).

147. Das junggeglühte Männlein. – DMK/Uther, ATU 753: Christus und der Schmied. – KHM-Veröff.: 1815 (Nr. 61), 1819 (Nr. 147). – Zur Vorlage des Schwankmärchens diente der 1562 verfaßte Versschwank (Meisterlied 1536) *Der affen ursprueng* des Nürnberger Poeten Hans Sachs (Sachs, Bd. 2, Nr. 290 = Abdruck bei Uther 1990b, Nr. 57).

Gott (Jesus) und Petrus auf Erdenwanderung (Mot. K 1815) – dies ist eine der beliebtesten Oppositionen für die Darstellung fiktiver Ereignisse. Die KHM kennen gut ein Dutzend Geschichten mit der Schilderung dieser Eingangssituation. Die Komik erzielen solche Schwänke durch das Gegensatzpaar und die mißglückende Nachahmung von Wundertaten, die der Schwank verlacht, die Legende hingegen als Bestätigungswunder für göttliches Wirken ansieht. Während Jesus die Verjüngung eines Menschen über dem Schmiedefeuer gelingt, schafft es der Schmied nicht (vgl. auch den vergeblichen Versuch der Totenerweckung in KHM 81: *Bruder Lustig*). Im Gegenteil: Er verunstaltet seine – mit den typischen Häßlichkeitsmerkmalen für alte Menschen versehene – Schwiegermutter so sehr, daß sich seine Frau und die Schwiegertochter, beide schwanger, über den Anblick entsetzen und Affen zur Welt bringen.

Die Handlung mit der Schilderung gewaltsamer und grausamer Szenen nimmt teilweise (Alte im Ofen) groteske Züge an (vgl. auch Zimmermann 2020, 306). So endet KHM 147 wie etwa KHM 18: *Strohhalm, Kohle und Bohne* als ätiologische Sage über die Entstehung der Affen (Mot. A 1861.2). Die Figur des Schmiedes ist sicher nicht ohne Grund von Hans Sachs übernommen. Möglicherweise orientierte jener sich an dem Legendenschwank vom heiligen Eligius, dem Patron der Hufschmiede (der einem Pferd die Beine abschneidet, Hufeisen anbringt und die Beine annäht), und dem Knecht, dem dieses Wunder mißglückt (BP 3, 197). Die Freude bei der Schilderung des grotesken Geschehens ist aus dem Text herauszuspüren. Daß Affen und Teufel identisch seien, der Affe die Sünde symbolisiere und die Frau mit dem Schwanz des Affen erschaffen sei (der Affe hatte zuvor die Rippe gestohlen, vgl. DMK/Uther, ATU 798: *Woman Created from a Monkey's Tail*), waren zu Zeiten des Hans Sachs traditionelle Charakteristika des Buchtieres, die der Reflexion auf den Menschen nutzbar gemacht werden konnten (EM 1, 137–146). Der Nürnberger Poet hatte noch eine doppelte Moralität hinzugefügt, die aber entsprechend der üblichen Bearbeitungsgrundsätze in KHM 147 entfiel: (1) Schwangere sollten auf ihren Körper und ihre Verfassung Rücksicht nehmen. (2) Jede Kunst will erlernt sein, darum könne nicht jeder jedes versuchen.

Die Verjüngung des Menschen als ein uralter Menschheitstraum ist – wie die Wiederbelebung – in Schwänken und anderen lustigen Erzählungen oft genug Gegenstand des Spotts und im Bild der Altweibermühle oder der geschundenen Alten (ATU 877) festgehalten, die der neugierigen Schwester aus Angst vor Hinterlist erzählt, ihre Schönheit habe sie dadurch gewonnen, daß sie sich ihre alte Haut hätte abziehen lassen.

Lit.: Hamann 1906, 51; BP 3 (1918) 193–199; Ranke 1955 ff., Bd. 3, 99 (Varianten); Lixfeld 1971, bes. 100 f.; EM 2 (1979) 1440–1444 (H. Lixfeld); Brunner/Wachinger 1986 ff. 9, Nr. 715 (zu Hans Sachs); Gobyn 1989; Tatar 1990, 253 f.; EM 7 (1993) 92–100 (zur mißlingenden Nachahmung); Bluhm 1995, 43–57 (zu Sachs und Grimm); Köhler-Zülch 1997 (zur Wiederbelebung); Moser 2003, 76–79; Moser 2001 (zu biblischen Bezügen); Otto 2020, 246–262.

148. Des Herrn und des Teufels Getier. – DMK/Uther, ATU ATU 773: Contest of Creation between God and the Devil + DMK/Uther, ATU ATU 1184: Laub: Letztes L. – KHM-Veröff.: 1815 (Nr. 62), 1819 (Nr. 148). – An den ätiologischen Schluß von KHM 147: *Das junggeglühte Männlein* knüpft ein weiterer Schwank an, diesmal aus dem Kreis dualistischer Schöpfungsgeschichten (Parallelabdruck bei Hamann 1906, 127 f.). Wie bei KHM 147 bedienen sich die Brüder Grimm aus dem ungeheuren Fundus von Hans Sachs (Bd. 1, Nr. 172) und nehmen als literarische Vorlage Sachsens Schwank von 1556: *Der dewffel hat die gais erschaffen, hat in dewffel-augen eingesetzt*. Der Teufel wird als Antipode des Herrgotts dargestellt, der, wie der Affe, mit seinem Imitationstrieb nur zu mißglückenden Nachahmungen in der Lage sei. KHM 148 läßt sich nach Dietz-Rüdiger Moser als „christliche Missionserzählung" (Moser 1982, 106) begreifen, eine Paraphrase auf die Erläuterung Jesu zum Gleichnis vom Unkraut unter dem Weizen (*Matthäus* 13,36 ff.).

Mit den vor allem auch im 19. Jahrhundert beliebten Motiven des Schöpfungswettstreits und der mißglückenden Nachahmung wird die Vorstellung vom Teufel in Gestalt einer Ziege erklärt. Die Mahnung wird wie gewöhnlich nicht übernommen: So warnt Hans Sachs vor den Verlockungen des Teufels, der sich nicht nur in Ziegen verwandle, sondern oft in Bocksgestalt erscheine, um Männer zu verführen. 350 Jahre nach Sachs schien eine solche Warnung vor dem Bösen nicht mehr notwendig zu sein. Längst war der Gegenspieler Gottes funktional, wie schon bei Sachs erkennbar, auf die Stufe des ‚dummen' Teufels herabgesunken – dem Menschen als Kontrahent unterlegen (z. B. KHM 189: *Der Bauer und der Teufel*; KHM 195: *Der Grabhügel*).

Einen Teufelspakt kann der Herrgott mit dem Teufel schlecht abmachen, muß sich daher auf einen Handel einlassen – so einleuchtend das Eingehen auf Schadensersatz für den geschädigten Teufel ist, so undurchschaubar ist die Täuschung. Denn die erwähnte Eiche von Konstantinopel (wahrscheinlich eine ‚immergrüne' Terebinthe) soll laut Pilgerberichten des Mittelalters sommers wie winters grüne Blätter getragen haben.

Zum Austauschen von Augen vgl. die mißglückte Operation in KHM 118: *Die drei Feldscherer*.

Lit.: Wünsche 1905a (zum geprellten Teufel); Hamann 1906, 51 f.; BP 3 (1918) 199 f.; Lixfeld 1971, bes. 9 f., 54–65, 167–172; Röhrich 1976, 252–272; Moser 1982, 106–108; Bluhm 1995, 43–57 (zu Sachs und Grimm); EM 7 (1993) 92–100 (zur mißlingenden Nachahmung); Berger 1994 (zur Eiche von Konstantinopel); EM 8 (1996) 785–788 (R. W. Brednich); Hubrich-Messow 2000 ff., Bd. 4, 189–191 (Varianten).

149. Der Hahnenbalken. – DMK/Uther, ATU 987: Augenverblendung (Tubach, Nr. 4510) + DMK/Uther, ATU 1290: Schwimmen im Flachsfeld. – KHM-Veröff.: 1815 (Nr. 63), 1819 (Nr. 149). – Die stoffliche Grundlage für die Sage bildet das Gedicht gleichnamigen Titels *Der Hahnenbalken*, das Friedrich Kind (1768–1843), der Textdichter des Weberschen *Freischütz*, verfaßt und in dem von Wilhelm Gottlieb Becker herausgegebenen *Taschenbuch zum geselligen Vergnügen* (1812, 274–277) veröffentlicht hatte. Das unter dem Eindruck der älteren literarischen Tradierung verschiedentlich als „Gauklermärlein" (EM 1, 1003) bezeichnete Stück ist bei Kind zu einer „schwankhaften Anekdote" (Hamann 1906, 53) geraten. Die KHM-Bearbeitung eliminiert diese Züge jedoch weitgehend und funktioniert den Text zu einer dämonologischen Sage mit desillusionierendem Schluß um. Abgesehen davon handelt es sich bei KHM 149 um die Umwandlung einer versifizierten Fassung in Prosa, eine Technik, die in der jüngeren Romantik weit verbreitet war und in den KHM mehrfach (z. B. KHM 144: *Das Eselein*;

KHM 146: *Die Rübe*), häufiger noch in den *Deutschen Sagen* begegnet (Grimm/ Uther 2, 552–573). Der im Anmerkungsband (KHM 1856, 232) erwähnte Hinweis, man kenne die Geschichte außerdem „aus dem Paderbörnischen", bezog sich auf die Familie von Haxthausen: Der Inhaltsangabe nach handelt es sich um die Wiedergabe einer Fassung, wie sie unter anderem Johannes Praetorius dargeboten hat.

Nicht beachtet ist bislang, daß die von den Brüdern Grimm mehrfach benutzte, aber von ihnen abwertend beurteilte („Ohne Werth": KHM 1856, 342) Sammlung *Sagen der böhmischen Vorzeit* – eingeschoben innerhalb der Erzählung über das klingende Waldhäuschen: 1808, 114–116 – die Zauberergeschichte ebenfalls enthält und im Frontispiz des Titels das Thema der Augenverblendung ausgewählt ist.

Der Stoff mit beiden Sinnestäuschungen ist literarisch seit dem 13. Jahrhundert gut bezeugt (Étienne de Bourbon, Nr. 233) und erscheint vor allem in Verbindung mit der Überlieferung von zauberischen Kunststücken und den dabei vorkommenden Halluzinationen (zu Gauklern und der Vorführung von Zauberkunststücken als Gelderwerb s. EM 5, 771 mit Anm. 20). Die erste Sinnestäuschung hat Eingang in die Überlieferungen zum Berggeist Rübezahl gefunden (Wyl 1909, 89–95).

Die Einführung der Figur eines Zauberers scheint eine spätere Entwicklung (16./17. Jahrhundert) zu sein und soll die Gabe der früher sonst Gauklern zugeschriebenen Sinnestäuschungen plausibel machen. In gleicher Weise sind in der Frühen Neuzeit verschiedene Stoffe von Gauklern auf berühmte Magier (Virgilius, Paracelsus, Albertus Magnus) übertragen worden. Der Glaube an halluzinatorische Fähigkeiten setzt voraus, daß Geister- und Totenbeschwörungen für existent gehalten werden und bestimmten Menschen die Wahrnehmung außergewöhnlicher Geschehnisse, die sogenannte Geistersichtigkeit, zugeschrieben wird. Die Desillusionierung geschieht in KHM 149 jedoch nicht durch die geistersichtige Frau direkt, sondern mit Hilfe einer Pflanze als Medium. Das Kleeblatt, noch dazu ein vierblättriges, das in seiner Gestalt an ein Kreuz erinnert, galt nach populären Vorstellungen spätestens seit dem 16. und 17. Jahrhundert als Schutzzeichen.

Die Nahtstelle zwischen beiden Illusionsgeschichten beruht auf dem Konflikt, daß Geistersichtige die Enthüllung ihrer Kunst als unberechtigtes Teilnehmen empfinden, sich dafür rächen und die Entdeckerin der Sinnestäuschung durch eine andere Zauberei bloßstellen. Aus KHM 149 geht nicht deutlich hervor, daß das Amulett zur Zeit der Hochzeit der jungen Frau offenbar nicht in ihrem Besitz war. Nur so konnte der Zauberer sie vor der ganzen Hochzeitsgesellschaft bloßstellen. In KHM 149 siegt nicht die Entzauberung und Rationalisierung, sondern die Magie.

Das Motiv vom Schwimmen im Flachsfeld (vgl. EM 12, 444–447) ist in den *Deutschen Sagen* als Motiv in der langobardischen Sage von Rodulf und Rumetrud (Grimm/Uther DS 395) erneut aufgegriffen, dort unter Berufung auf die Schilderung des Historiographen Paulus Diaconus in der Ende 8. Jahrhundert entstandenen *Historia Langobardorum* (1,20): Die germanischen Heruler trifft der Zorn Gottes. Ihnen wird während des Kampfes gegen die Langobarden vorgespiegelt, vor einem „schwimmbaren Wasser" zu stehen; sie „breiteten die Arme aus, in der Meinung zu schwimmen, und sanken grausam unter".

Von Paris aus hatte Jacob seinen Bruder auf ältere Stoffparallelen hingewiesen. Es war ihm dies gleich ein neuer Beleg für seine Ansicht, daß den „Volkssagen und Märchen von heute" stoffmäßig gar nichts mehr zuzusetzen sei, weil die alte epische Volkspoesie mit ihren Stoffen „unvertilgbar im Glauben des Volkes herumzieht" (Grimm/Schoof 1963, 462). Schwanktypisch findet das Motiv im *Unibos*-Zyklus (DMK/Uther, ATU 1535) Verwendung und begegnet außerdem als Episode (Sprung auf den Grund eines Sees zum Fangen der Lämmer) im Zyklus von den sieben Schwaben (KHM 119) und innerhalb der Narrenstreiche des gewitzten ‚Bürle' (KHM 61).

Lit.: Hamann 1906, 52–54; Wyl 1909, 88–99 (Rübezahl-Überlieferung); BP 3 (1918) 201–206; HDA 4 (1931/32) (H. Marzell) (zum Klee als Schutzzauber) 1447–1458; HDM 2 (1934–40) 355, 452; Wesselski 1934, 220–222; Szövérffy 1957, 151–155; EM 1 (1977) 1003–1006 (K. Ranke); zur Geistersichtigkeit vgl. EM 5 (1987) 939–944 (G. Grober-Glück); Jeserick 1991, 48 f. und Kommentar (von D. Drascek) 106; McNicholas 1991; Hubrich-Messow 2000 ff., Bd. 5, 48 f.; Bd. 7, 295 f. (Varianten); Sennewald 2004, 125–157 (Textgeschichte); EM 12 (2007) 444–447 (V. Gašparíková).

150. Die alte Bettelfrau. – Mot. N 300: Unglückliches Geschehen: Kleidung einer Bettlerin fängt Feuer + Mot. S 20: Junger Mann verweigert Beistand. – KHM-Veröff.: 1815 (Nr. 64), 1819 (Nr. 150). – Eine von drei Erzählungen aus den ersten beiden autobiographischen Schriften Johann Heinrich Jungs, genannt Jung-Stilling (1778, 88), welche ohne die Einschübe nahezu unverändert übernommen wurde (zu den Gründen vgl. KHM 69: *Jorinde und Joringel*).

Das mit dem Feuertod der Bettelfrau unglücklich endende Schreckmärchen gehört zu den relativ unbekannten Stücken der Sammlung und ist nur in Grimm-Gesamtausgaben vertreten. Das Stück wurde ohne die Dialoge zwischen Anna und Stilling, die den Fortgang der Handlung beiden Partnern zuweisen, kunstvoll aus dem Zusammenhang herausgelöst. Die Schilderung der im Feuer verbrennenden Alten (in Liebe „entbrannt") bot seit 1815 im Grimm-Kommentar Anlaß zu Vergleichen mit dem Feuertod Odins und gipfelte in der Behauptung, das Märchen sei ein „Bruchstück und verworren", scheine aber „ein altes Volksmärchen" zu sein. Diese Einschätzung erhielt sich bis zur dritten Auflage des Anmerkungsbandes (KHM 1856, 233). Die Erzählung selbst liest sich wie eine Gruselgeschichte über verweigerte Hilfeleistung. Tatsächlich ist es überhaupt kein „Bruchstück", sondern ein vom pietistischen Dichter geplanter psychologisch motivierter Einschub zur Erläuterung eines besonders gefühlsbetonten Abschnitts im zweiten Teil seiner Lebensgeschichte. Die Szene von der „Bettelfrau" einschließlich ihrer Verbrennung und dem „freundlichen Schelm von Jungen", der tatenlos dabei zusieht, spielt Anna dem von ihr geliebten Stilling vor. Sie ist als Ausdruck ihres Liebeskummers zu verstehen. Stilling, hin- und hergerissen zwischen Zuneigung und Zurückhaltung, soll sich für sie entscheiden, tut dies aber nicht. Die merkwürdige Passivität des „freundlichen Schelms" und die Reflexionen des Erzählers demonstrieren die Zwiespältigkeit des Autors. Wie Stilling sich auch entscheidet: Mit seiner Entscheidung lädt er unwiderruflich eine Schuld auf sich oder begeht eine Unterlassung, die er nicht in Worte fassen kann. Selbst die von Anna vorgespielte Szene kann ihn nicht mehr überzeugen. Er kommt zum Entschluß: „ich will freundlich gegen sie seyn, aber mit Ernst und Zurückhaltung".

Die von den Brüdern Grimm in den Anmerkungen zur Bettelfrau hergestellten Bezüge zur altnordischen Mythologie (*Grimnísmál*) erscheinen im Hinblick auf die starken inhaltlichen Unterschiede und unter Einbeziehung des erzählerischen Kontexts bei Jung als fragwürdig. Solche mytho-poetischen Assoziationen finden sich in den KHM-Anmerkungen 1812/15 häufiger und gehen zweifellos in starkem Maße auf Jacob Grimm zurück. Bei der Neufassung des Anmerkungsbandes 1822 und 1856 ließ Wilhelm jene Abschnitte unverändert, obwohl er sich solchen Herleitungen weniger verpflichtet fühlte, wie die von ihm später verfaßten Kommentare bezeugen. Die Einbeziehung des Mythos verrät mehr über das Weltbild Jacobs und seine Auffassung vom Mythos als einer gleichberechtigten Kategorie der Volkspoesie, als daß dadurch zu einer Interpretation des Textes beigetragen wird.

Lit.: Hamann 1906, 31 f.; BP 3 (1918) 206 f.; HDM 1 (1930–33) 248–250 (K. Kaiser); Kooi/Schuster 1994, Nr. 56 (Varianten); Kellner 1994 (zu Jacobs Mythosbegriff); Uther 2004b, 300.

151. Die drei Faulen. – DMK/Uther, ATU 1950: Faulheitswettbewerb (Tubach, Nr. 2896, 3005). – KHM-Veröff.: 1815 (Nr. 65), 1819 (Nr. 151); Kleine Ausgabe: 1825 (Nr. 48). – Der Schwank ist im späten Mittelalter innerhalb der *Gesta Romanorum* (Nr. 91) verbreitet worden. Die literarische Vorlage für KHM 145 bildete die Version des Franziskaners Johannes Pauli (Pauli/Bolte, Nr. 261 = Abdruck bei Uther 1990b, Nr. 59), aus dessen Sammlung *Schimpf und Ernst* auch das Exemplum vom undankbaren Sohn stammte (KHM 145: *Der undankbare Sohn*). Die Erzählung gründet auf der Umkehrung des Motivs der gerechten Erbteilung, hier karikiert durch einen Erzählwettbewerb um die gelungenste Aufschneiderei beziehungsweise Lügengeschichte (s. auch KHM 151*: *Die zwölf faulen Knechte*). Solche Lügengeschichten – mit der Tendenz zur Zyklenbildung – waren besonders seit dem späten Mittelalter verbreitet und gehören zum Standardrepertoire der Schwankbücher des 16. bis 18. Jahrhunderts.

Bei Pauli dient das „Beispiel" innerhalb des Abschnitts *Von Tragheit* zur Verurteilung des Müßiggangs, ist also ein „Schimpf". Die angesprochenen Organe und Gliedmaßen (Augen, Füße, Hals) nutzte der Exempelkompilator zur Auslegung negativer Charaktereigenschaften und wünschte Menschen mit derlei Eigenschaften in die Hölle. Für KHM 151 ist der Text in der üblichen Reduktionstechnik bearbeitet und zu einem Schwank umgestaltet. Daß der Vater dem dritten Sohn die Königswürde mit der Bemerkung zuspricht, er habe es am weitesten gebracht, erklärt sich aus dem epischen Gesetz des Achtergewichts, das der dänische Folklorist Axel Olrik in Anlehnung an Gudmund Schütte so bezeichnet hat: bei einer Aufzählung müsse das wichtigste Glied am Schluß stehen (EM 1, 65). Von der Erzähllogik her braucht die dritte Aufschneiderei daher nicht die ‚beste' zu sein.

KHM 151 läßt sich thematisch als eine Parodie auf das Erstgeburtsrecht und damit verbundene Grundsätze der Erbteilung ansehen. Nachdem die ‚Eignung' des Erben durch eine Probe der Faulheit festgestellt worden ist, endet die Geschichte mit der Übernahme der königlichen Gewalt. Daß ein König seine Kinder „alle gleich lieb" hat, wie es eingangs in KHM 151 heißt, begegnet als Topos ebenso in anderen KHM – als Begründung für Entscheidungen mit retardierendem Charakter (z. B. KHM 124: *Die drei Brüder*; KHM 179: *Die Gänsehirtin am Brunnen*). Mit dem Erbe verbundene Aufgaben wie hier die ‚Faulheitsproben' bilden strukturell ein wichtiges Eingangselement für die Dynamisierung der Handlung, z. B. KHM 106: *Der arme Müllerbursch und sein Kätzchen* oder das Pendant KHM 33 (1812): *Der gestiefelte Kater*.

Seit der Frühen Neuzeit war das Thema Arbeit positiv besetzt, Faulheit und Müßiggang wurden wie bei Pauli als moralisch anstößig empfunden (vgl. KHM 33 [1815]: *Der Faule und der Fleißige*). Mit seiner Tendenz zur Durchbrechung von Normbereichen sorgt der Schwank für eine Verkehrung gewöhnlich negativ bewerteten Verhaltens. Er duldet häufig die Propagierung von Faulheit, auch Fehlleistungen bei Arbeiten, und erhebt sich über die kleine menschliche Schwäche mit der Neigung zum Müßiggang. Man könnte auch von Universalien sprechen. Die geforderten Bedingungen sind keine unlösbaren Aufgaben, sondern solche, in denen Motive, Züge und Bedürfnisse aus ganz unterschiedlichen

Komplexen zusammenfügt sind – eine Widerspiegelung unterschiedlicher Haltungen, Ideale und sogar Träume (EM 1, 727, 731).

Bildliche Darstellungen sind selten (Vater mit Söhnen am Krankenbett).

Lit.: Hamann 1906, 44; BP 3 (1918) 207–213; HDM 2 (1934–40) 70 f. (B. Heller); EM 5 (1987) 900–905 (E. Moser-Rath); Tomkowiak/Marzolph 1996, Bd. 2, 59–61; Hubrich-Messow 2000 ff., Bd. 7, 233 f. (Varianten).

151*. Die zwölf faulen Knechte. – DMK/Uther, ATU 1950: Faulheitswettbewerb. – KHM-Veröff.: 1857. – Die auf spaßhafter oder prahlerischer Übertreibung beruhende Lügengeschichte ist erst 1857 als einer von vier neuen Texten in das KHM-Korpus aufgenommen worden, stand jedoch offenbar schon früher fest; bereits der KHM-Anmerkungsband (1856, 235) nimmt darauf Bezug.

Der Text folgt einem Fastnachtspiel des 15. Jahrhunderts (*Spil von den zwelf pfaffenknechten*), das der Tübinger Professor Adelbert von Keller (1812–83), einer der seinerzeit führenden Germanisten und besonders Jacob Grimm verbunden (Korrespondenz ab 1840), 1853 (Keller 1853 ff., Bd. 2, 562–566), veröffentlicht hatte. Kellers Ausgabe stand wie viele andere der von ihm herausgegebenen Werke in der Bibliothek der Brüder Grimm, mit zahlreichen Benutzungsspuren von Jacobs Hand versehen (Denecke/Teitge 1989, Nr. 2135). Möglicherweise ging die Anregung zur Einbringung dieses Textes sogar auf Jacob zurück. Die Vorlage ist geringfügig bearbeitet und an mehreren Stellen erweitert. Die ‚unflätige' Schilderung des achten Knechts hingegen ist stark abgemildert, was als durchgängiges Bearbeitungsprinzip seit der 2. Ausgabe von 1819 in den KHM zu beobachten war.

Auf den ersten Blick eigentümlich erscheint die Sternchen-Nummer. Doch gab es für die Doppelbesetzung einen plausiblen Grund. Die Zahl der Märchen betrug seit 1850 genau 200. Diese Rundzahl sollte offenkundig beibehalten werden, schon allein deshalb, weil frühe Märchensammlungen wie etwa Basiles *Pentamerone* ebenfalls eine runde Zahl von Texten (50) aufwiesen. Ein anderer Grund für die Kennzeichnung als 151* könnte darin liegen, daß es sich um eine Variation des Schwanks von den drei Faulen handelte, der als solcher daher nicht mit einer eigenen Nummer bestückt werden sollte; das gleiche Verfahren hatten die Brüder Grimm schon viele Jahrzehnte früher mit einigen Varianten in den *Deutschen Sagen* praktiziert.

Während das Erzählen der Faulheitsproben in KHM 151: *Die drei Faulen* durch die Wahl des Erben begründet wird, hat KHM 151* eine einfachere Ausgangsposition. Die zwölf trägen Knechte vertreiben sich den Abend durch Erzählen von Lügengeschichten, die in Form der Kette aneinandergereiht sind.

Die Sicht der Knechte ist bestimmend für die Erzählperspektive. Die Schilderungen widersprechen zwar der Realität, doch gehört zu den Charakteristika der Erzählform, daß sie aus der Alltagswelt stammen müssen: Die Arbeitserinnerungen erweisen sich jedoch als Schilderungen absurder Tätigkeiten, die Konflikte zwischen Herr und Knecht sind ins Groteske verzerrt. Soziale Spannungen zwischen Herr und Knecht gehen zugunsten des Knechts aus, so daß die erzählte Geschichte wie ein Ventil für Aggressionen wirkt.

Lit.: Hamann 1906, 106; BP 3 (1918) 213; HDM 2 (1934–40) 70 f. (B. Heller); zu Aufschneidereien und literarischen Traditionen vgl. EM 1 (1977) 983–989 (E. Moser-Rath/J. R. Reaver); EM 4 (1984) 900–905 (E. Moser-Rath); Verflex. 10 (^{2}1999) 1640–1643 (D. Klein); Hansen 2002, 429–431; Hubrich-Messow 2000 ff., Bd. 7, 233 f. (Varianten).

152. Das Hirtenbüblein. – DMK/Uther, ATU 922: Kaiser und Abt (Tubach, Nr. 3465, 4028, 4690). – KHM-Veröff.: 1819. – Statt der erbaulichen Geschichte über die volkstümliche und historisch nicht nachweisbare Heilige Kümmernis (1815: KHM 66) wird seit 1819 der „aus Baiern" stammende Rätselschwank (mit der üblichen Dreiteilung) abgedruckt, den Ludwig Aurbacher (1784–1847) den Brüdern Grimm – vermutlich vor 1818 – zugesandt hatte (BP 3, 543; die Handschrift ist vorhanden in der Staatsbibliothek Berlin, Preuß. Kulturbesitz, Grimm-Nachlaß 1757, Mappe 5). Der später als Volksschriftsteller bekanntgewordene Münchener Pädagoge hatte sechs Texte niedergeschrieben, von denen allerdings nur dieser eine 1819 veröffentlicht wurde, zwei weitere sind im Anmerkungsband (zu KHM 72: *Der Wolf und der Mensch*, KHM 73: *Der Wolf und der Fuchs*) zitiert; zu späteren Übernahmen von Aurbacher-Fassungen siehe KHM 184, 185, 188, 189. Aurbacher selbst nahm in sein *Büchlein für die Jugend* (1834, 91–94 = Denecke/Teitge 1989, Nr. 3261) eine andere Fassung auf. Von den vier Fragen stimmen nur zwei davon mit den Fragen von KHM 152 überein.

Der bis heute in vielen Teilen der Welt äußerst beliebte Stoff vom klugen Rätsellöser ist schon im arabischen Erzählgut des 9. Jahrhunderts nachweisbar. In Europa läßt er sich zuerst im *Pfaffe Amîs* (Mitte 13. Jahrhundert) des rheinfränkischen Fahrenden Stricker nachweisen. Typisch für die älteren Fassungen ist die Austragung des Disputs zwischen einem Vertreter des Adels (der Geistlichkeit) und einem Angehörigen aus einer sozial niedrigeren Schicht. Auch sind ältere Fassungen durch eine längere Vorgeschichte charakterisiert, aus der hervorgeht, warum die Fragen gelöst werden müssen (Halslöserätsel) und weshalb ein Fremder als Helfer und Rätsellöser (in Verkleidung) dem vom Tode Bedrohten beisteht.

Die Klugheitsproben und Rätsel sind dadurch gekennzeichnet, eine „widernatürliche Entscheidung, Aufgabe oder Aussage durch ebenso sinnlose Handlungen, Behauptungen oder Antworten zu paralysieren", wie Kurt Ranke (EM 1, 79) die Allgemeinformel einer solchen ‚reductio ad absurdum' umschrieb. Auch die kluge Bauerntochter (KHM 94) und viele weibliche und männliche Rätsellöser verstehen es meisterhaft, die ihnen gestellten Aufgaben und Rätsel auf diese Art und Weise ad absurdum zu führen. Alle Antworten des Hirtenbübleins erscheinen auf den ersten Blick ohne Sinn, sind aber anschaulich vorgetragene, formelhafte Bilder mit Sternen als Synonym für die Unzählbarkeit (Antwort 2) – wie auch im Exemplum von Augustinus und dem Knäblein (DMK/Uther, ATU 682; Tubach, Nr. 4986; EM 1, 1017–1019) – oder (Antwort 3) für die Demonstration der Relativität göttlicher Zeit im Vergleich zur menschlichen Lebenszeit und Paraphrase des Bibelworts (2. *Petrus* 3,8; vgl. *Psalm* 90,4): „daß ein Tag vor dem Herrn ist wie tausend Jahre, und 1000 Jahre wie ein Tag" (vgl. DMK/Uther, ATU 471A: *Mönch und Vöglein*), außerdem ein Beispiel für den Funktionswandel von Motiven, weil gewöhnlich nur in Lügengeschichten Beschreibungen der ungewöhnlichen Größe von Gegenständen (Berg) in Verbindung mit übertriebenen Zeit- und Raumvorstellungen begegnen. Innerhalb von Rätselschwänken und -märchen repräsentiert das Stück vom Hirtenbüblein den Typus des männlichem Rätsellösers (viele Belege auch in Lesebüchern, s. Tomkowiak 1993, 316). Fragen und Antworten können dabei variieren. Das Hirtenbüblein ist das Gegenstück zu weiblichen Rätsellösern wie der klugen Bauerntochter oder der Turandot.

Bildliche Darstellungen konzentrieren sich auf die beiden zentralen Handlungsträger und zeigen zumeist Herrscher und Hirtenbüblein.

Lit.: BP 3 (1918) 214–223; Anderson 1923 (weist über 600 Varianten nach); Vries 1928, 29–40; Ranke 1955 ff., Bd. 3, 284–287 (Varianten); Röhrich, Erzählungen 1, 146–172 (Texte), 281–288 (Kommentar mit Bibliographie); EM 4 (1984) 588–592 (E. Moser-Rath) (zu Vorstellungen von Ewigkeit und endlosem Tun); Verflex. 4 (²1983) 941–943 (J. Janota); EM 7 (1993) 845–852 (W. F. H. Nicolaisen); Röhrich 1993b, 35 f.; Krikmann 1996; Dekker et al. 1997, 191–194 (T. Meder); zum Begriff Rätselmärchen s. EM 11 (2004) 280–285 (S. Neumann).

153. Die Sterntaler. – DMK/Uther, ATU 779H*: Sterntaler. – KHM-Veröff.: 1812 (Nr. 83), 1819 (Nr. 153); Kleine Ausgabe: 1825 (Nr. 50). – 1812 als KHM 83 und eine der letzten Erzählungen des Bandes noch unter dem Titel *Das arme Mädchen* veröffentlicht, gehört das Legendenmärchen ab 1819 unter dem Titel *Die Sterntaler* zu den Texten, die Jacob Grimm schon früh regestenartig nach literarischen Vorlagen in der Urfassung von 1810 wiedergegeben hatte. Er stützte sich nach eigener Angabe (Grimm/Rölleke 1975, 60 f., 353 f.) auf den fragmentartigen Einschub in der Biographie Jean Pauls:

> Nachdem der Erzähler über die weitverbreiteten Feenmärchen der Madame d'Aulnoy geurteilt hatte, er wolle die d'Aulnoy „lieber heiraten als lesen", erzählt er „selber jetzt feuriger nach" und „fing eine ganz frische Historie an, weil das bureau d'esprit viel stärker geworden. Ein elendes blutjunges Mädchen – Kinder wollen in der Geschichte am liebsten Kinder – malte er vor, eines ohne Abendbrot, ohne Eltern, ohne Bett, ohne Haube und ohne Sünden, das aber, wenn ein Stern sich putzte und herunterfuhr, unten einen hübschen Taler fand, auf dem ein silberner Engel aufgesetzt war, welcher Engel immer glänzender und breiter wurde, bis er gar die Flügel aufmachte und vom Taler aufflog gen Himmel und dann der Kleinen droben aus den vielen Sternen alles holte, was sie nur haben wollte, und zwar herrliche Sachen, worauf der Engel sich wieder auf das Silber setzte und sehr nett da sich zusammenschmiegte. – Welche Flammen schlugen unter dem Schaffen aus Gustavs Worten heraus, aus seinen Augen und Mienen in die Zuhörerschaft hinein." (Jean Paul, *Die unsichtbare Loge* [1793], 214).

„Nach dunkeler Erinnerung aufgeschrieben, mögte es jemand ergänzen und berichtigen", heißt es seit 1812 in den Anmerkungen (Anhang, LVI), und zugleich wurde auf Jean Paul (1793, 214) und Achim von Arnim verwiesen. Es gibt mit Heinz Rölleke (Grimm/Rölleke 1975, 60) gute Gründe für die Annahme, daß von Arnim bei einem Besuch der Brüder Grimm in Kassel von dem fragmentartigen Einschub in der Biographie Jean Pauls Kenntnis erhalten hatte und daraus seine Novelle *Die drei liebreichen Schwestern und der glückliche Färber* (1812, 225–304, hier 229–233) schuf, die wiederum auf die endgültige Ausformulierung des Sterntaler-Märchens, nach Harm-Peer Zimmermann das „Musterbeispiel eines regelrecht konstruierten Märchens", Einfluß gehabt haben muß. Die strukturellen und inhaltlichen Übereinstimmungen sind jedenfalls deutlich.

> Das arme Findelkind Lehne verläßt die Pflegefamilie wegen ständiger Diskriminierungen, kommt in einen dunklen Wald und verschenkt nacheinander an vier Kinder seine Habe, als plötzlich eine schöne Frau mit einer goldenen Krone das vierte Kind nimmt, sich als die himmlische Mutter zu erkennen gibt und Lehne als Dank den Segen des Himmels verspricht. Sie winkt den Sternen, und in Lehnes ausgespanntes Hemd fallen Silbermünzen. Damit schließt Lehne ihre Erzählung über den kleinen Schatz von Harzgulden, nach dessen Herkunft sie gefragt worden war.

Der sprechende Name Sterntaler ist nicht zufällig gewählt: Sternen und vor allem Sternschnuppen, den am Himmel sichtbaren, lautlos zur Erde stürzenden Sternschwärmen, kommt in populären Überlieferungen seit alters eine hohe Bedeutung zu. Besonders weit verbreitet ist die Anschauung, daß sie Glück bringen (HDA 8 [1936–37] 469–476), aber auch – in der Gestalt von Kometen und Meteoren – Unglück prophezeien und die Verbindung zu Menschen (Stern als Seele) darstellen (Aristophanes). Einen weiteren und konkreten Bezugspunkt bilden die hessischen Taler mit dem Stern des Löwenordens, die Friedrich II.,

Landgraf von Hessen-Kassel, 1776 prägen ließ und die als Sterntaler (DWb. 10, 2,2, 2542) bezeichnet wurden.

KHM 153 ist nach Anna Gorgulla „kunstvoll triadisch aufgebaut: Unglück – Mitleid – Glück, eingekleidet in eine ästhetische Erzählsprache" (Gorgulla 2011, 218). Daß das Mädchen sein letztes Hemd weggibt, sich also von allem Materiellen trennt, signalisiert dem Betrachter die ganze Bedürfnislosigkeit und Hingabe für andere. Das damit verbundene Selbstgespräch, das in solchen Notsituationen oft die innere Haltung der Trägerin in den KHM zum Ausdruck bringt, indem sie ihr Tun überdenkt, gehört zum Stilprinzip der KHM und läßt Rückschlüsse auf die moralische Botschaft des Märchens zu. Symptomatisch für die ‚Reinheit' des Textes ist die weder bei Jean Paul noch bei Achim von Arnim anklingende Formulierung über die Hergabe des letzten Hemdes, womit die Nacktheit des Mädchens gerechtfertigt wird: „und das fromme Mädchen dachte: ‚Es ist dunkle Nacht, da sieht dich niemand, du kannst wohl dein Hemd weggeben.'"

Das in KHM 153 beschriebene Mädchen ist der Prototyp des hilfsbedürftigen Kindes. Eindringlicher kann ein Mangel gar nicht beschrieben sein. Es ist eine Waise, arm, ohne Dach über dem Kopf. Ihre letzten Habseligkeiten bestehen aus dem, was sie anhat, und einem Stück Brot. Wer auf einer so tiefen Stufe angekommen ist, ohne daß die Gründe dafür genannt sind, ist dem Hungertod preisgegeben und hat keine Zukunft vor sich. Doch das Mädchen erfüllt alle Voraussetzungen zu märchenhafter Hilfe, „es war aber gut und fromm", entsprach also in seiner Tugendhaftigkeit dem Ideal des biedermeierlichen Frauenbildes, und dies mag auch der Grund dafür sein, daß seit 1825 die *Kleine Ausgabe* der KHM mit dem *Sterntaler*-Märchen schließt. In schlichten Worten, aber nicht weniger eindringlich, demonstriert die von tiefer christlicher Überzeugung bestimmte Nächstenliebe des Mädchens, die bis zur Aufgabe des letzten Hemdes (sprichwörtlich) geht, die Schutzlosigkeit, aber ebenso die Schutzbedürftigkeit. Und der Himmelslohn, das heißt erneut übernatürliche Hilfe statt menschlicher Fürsorge, läßt nicht lange auf sich warten: Die herabfallenden Sterne verwandeln sich in „lauter harte, blanke Taler", die Not ist behoben.

KHM 153 ist in KHM-Teilausgaben und ebenso in Einzelausgaben (Bilderbuch) vertreten. Wegen des hohen didaktischen Wertes hat es oft Aufnahme in Lesebücher gefunden und rangiert dort statistisch gesehen vor den beliebten Zaubermärchen *Rotkäppchen* (KHM 26), *Sneewittchen* (KHM 53) usw. (27 Belege bei Tomkowiak 1993, 295) und hat zu Umarbeitungen inspiriert (Mieder 1986, 240–246). 2007 gab der Bund Deutscher Philatelisten Broschüren mit Arbeitshilfen für den Unterricht heraus, um „das Medium Briefmarke im Unterricht zu fördern" (Maringer 2007a, 2) und wählte als eines von bislang drei Märchen KHM 153 aus.

KHM 153: Die Sterntaler. Federzeichnung von Otto Ubbelohde (ca. 1908)

Interpretinnen wie die Erzählerin Friedel Lenz (1972, 269–272) betrachten den Akt des Schenkens als eine notwendige Voraussetzung für das Mädchen, das aus eigener Kraft eine Heimat und inneren Reichtum finden müsse. Es vergebe seinen Besitz auf dem Weg zum Ich: die Mütze (das Denken), Jacke (Fühlen), Rock (Gefühle), Hemd (geistige Hülle). „Nach der vollkommenen Entäußerung wird ihr ein neues Bewußtsein geschenkt", symbolisiert durch das fein gewebte Hemd (= geordnetes Denken) und das Gold der Weisheit.

KHM 153 gehört zu den Lieblingsmärchen der audiovisuellen Medien und zu den bevorzugten Werbeträgern. Der Erhalt der Himmelsgabe signalisiert die Güte des Produkts. Selbst die höchste Banknote der alten Bundesrepublik, der Tausendmark-Schein (ausgegeben zwischen 1992–2001), enthielt als Wasserzeichen eine Abbildung des Sterntaler aufsammelnden Mädchens.

Lit.: Arnim/Steig 1904, 251 f.; BP 3 (1918) 233 f.; HDA 8 (1936/37) 469–476 (V. Stegemann) (zu Sternschnuppen); Mieder 1995, 100–104 (populäre Medien); Suck 1998; Koto 2000 (Textvergleiche); Zimmermann 2001; Zimmermann 2005; EM 12 (2007) 1276–1279 (H.-J. Uther); Gorgulla 2011, 217–229.

154. Der gestohlene Heller. – DMK/Uther *769*: Der gestohlene Heller (Müller/Röhrich J 9, J 15; Tubach, Nr. 3508). – KHM-Veröff.: 1812 (Nr. 7), 1819 (Nr. 154). – Die 1812 aufgenommene Warnsage stammt „aus Cassel" (KHM 1856, 238) und zwar von Gretchen (Margarete Marianne) Wild (1808); die Druckfassung 1812 geht auf Wilhelm Grimm zurück (Grimm/Rölleke 1975, 178 f., 369).

Bei KHM 154 handelt es sich ursprünglich um eine Kinderzuchtgeschichte, die vermehrt aus Predigt- und Exempelsammlungen des 17./18. Jahrhunderts überliefert ist (vergleichbar KHM 117: *Das eigensinnige Kind*). Eine frühe Fassung enthält die umfangreiche und mehrfach nachgedruckte Exempelsammlung *Speculum exemplorum* (z. B. 1487, IX,101). Die Warnsage folgte gewiß nicht ohne Absicht dem *Sterntaler*-Märchen vom frommen und mitleidigen Mädchen, um im Aufzeigen normwidrigen Verhaltens die Folgen solchen Handelns als extremes Gegenbeispiel darzustellen.

KHM 154 schildert, daß nur der zufällig anwesende Freund der Familie das tote Kind sieht, das wiederkehren muß, weil es zwei Heller gestohlen und verborgen hat. Der Diebstahl des Geldes, genauer die einem Armen zugedachte Gabe, gilt gerade in Sagen als verwerflich und mit höchsten Strafen belegtes Eigentumsdelikt, das seine bildliche Entsprechung in der Figur der Wiedergänger gefunden hat. Das Kind hat mit dem Diebstahl eine Schuld auf sich geladen. Woher der Freund der Familie die Fähigkeit der Geistersichtigkeit erworben hat, bleibt unerklärt. Erst er als Außenstehender kann den Erlösungsprozeß in Gang setzen. Seine Wahrnehmung regt die Unterstützung der Eltern für das verstorbene Kind an, das nach der elterlichen Buße (Geld an Armen) seine Ruhe findet: „und nachher ist das Kind nicht wieder gesehen worden".

Ruhelos umgehende Tote, die wegen eines Vergehens und wegen unterlassener Reue und Buße als Wiedergänger (häufig in der Gestalt einer Weißen Frau) an den Ort ihrer Tat zurückkehren müssen, bis sie erlöst werden, bilden innerhalb der Totensagen eine große Gruppe. Während in Märchen die Erlösung die Rückkehr ins wirkliche Leben bedeutet und die Teilhabe an weltlichen Freuden und Genüssen einschließt, bildet die Erlösung in Sagen den endgültigen Abschluß des Ausscheidens aus der diesseitigen Welt, was durch Wiedergutmachung und christliche Werke der Barmherzigkeit erlangt wird. Die Seele ist erlöst, nicht der Körper (Röhrich 1980, 183).

KHM 154 hat in Teilausgaben von Märchen der Brüder Grimm nicht weiter nachgewirkt, ist aber aus weiteren Bearbeitungen des 19. Jahrhunderts bekannt; unter anderem hat Ludwig Bechstein 1856 im *Neuen deutschen Märchenbuch* (Bechstein/Uther 1997b, 69 f.) seinen Text *Das Hellerlein* KHM 154 nachgebildet.

Lit.: BP 3 (1918) 235; Moser-Rath 1964, Nr. 260 (Beispiele für Predigtmärlein); Alsheimer 1971, 139 f. (zu einer vergleichbaren Frühform im *Magnum speculum exemplorum*); EM 4 (1984) 195–222 (L. Röhrich) (zur Erlösung); zur Geistersichtigkeit vgl. EM 5 (1987) 939–944 (G. Grober-Glück); Effelterre 2006 (zu Wiedergängern).

155. Die Brautschau. – DMK/Uther, ATU 1452: Brautproben. – KHM-Veröff.: 1819. – In einem Kommentar zu seiner Idylle *Die Apfelprobe* (1815, Bd. 1, 321) hatte der Schweizer Philosophieprofessor, Theologe und spätere Bibliothekar Johann Rudolf Wyß der Jüngere (1781–1830), mit den Brüdern Grimm gut bekannt (Briefwechsel mit Jacob) und eine wichtige Quelle vor allem für die *Deutschen Sagen* (Kindermann-Bieri 1989, 271–326), auf die Brautprobe mit dem Abschneiden des Käses hingewiesen. Auf diesen Schwank folgt in den KHM die Erzählung von den Schlickerlingen (KHM 156). Thematisch hängen beide KHM-Texte zusammen.

KHM 155 zeigt einen unsicheren Bräutigam, dem die Kriterien fehlen, welcher von drei Schwestern er den Vorzug geben soll. Zum Glück ist er nicht ganz hilflos, sondern hat in seiner Mutter eine kompetente Ratgeberin. Die Rollen der Eltern sind in den KHM genau festgelegt und entsprechen den überkommenen Normen. Daher verwundert es in der Regel nicht, wenn in vielen KHM-Texten die Mutter als Figur überhaupt nicht in Erscheinung tritt, weil die zu treffenden Entscheidungen dem pater familias zustanden. Hier handelt es sich jedoch um die Beurteilung hausfraulicher Fertigkeiten, und da war die Kompetenz der Mutter gefragt.

Der Hintergrund dieses Schwanks ist eigentlich gar nicht zum Lachen, sondern spiegelt soziale Zustände sublim wider, wie sie bis weit ins 19. Jahrhundert hinein gang und gäbe waren: Eheschließungen waren weniger von der personalen Liebesbeziehung als vielmehr von praktischen Erwägungen bestimmt, in Adelskreisen von dynastischem und politischem Kalkül, in bürgerlichen und bäuerlichen Schichten weitgehend von wirtschaftlichem Interesse. Die Eignung der jungen Frau mußte getestet werden für ihre künftigen Aufgaben als Ehefrau. Fleiß und hausfrauliche Tüchtigkeit im Sinne von sparsamem Wirtschaften (z. B. KHM 53: *Sneewittchen*) kennzeichnen daher häufig positiv gezeichnete Figuren im Märchen, während die entsprechenden praktischen Eigenschaften, die für das künftige gemeinsame Wirtschaften wichtig sind, im Schwank wie hier in KHM 155 ad absurdum geführt werden. Die Handlungszüge können gar nicht grotesk genug sein, um die Dummheit der Frau, mitunter auch ihrer Ehemänner, zu demonstrieren. Ob die Hörigkeit des erwachsenen Sohnes auf mütterlichen Rat selbständiges Denken und Handeln fördert, steht auf einem anderen Blatt.

Der Schwank kennt verschiedene Mittel, die Fähigkeiten der Braut, aber auch des Bräutigams zu testen oder Ehefrauen und Ehemänner bei Tätigkeiten im Haushalt (KHM 34: *Kluge Else*; DMK/Uther, ATU 1408: *Hausarbeit getauscht*; DMK/Uther, ATU 1218: *Eierbrüter*) als Einfaltspinsel hinzustellen. Die Proben beruhen entweder auf Alltagserfahrungen wie in KHM 155 oder auf Deszendenzproben wie in KHM 182 (nur 1843): *Die Erbsenprobe*. Die Thematik war nicht nur in Schwankbüchern gängig, sondern gehört in den KHM zu den immer wiederkehrenden Themen, was die Beliebtheit solcher Erzählungen über größere Zeiträume hinweg unterstreicht. Die falsche Ausführung von Aufgaben provoziert geradezu die erzählerische Phantasie und sorgt für immer neue Typenkontaminationen, also eine Reihung von Episoden in unterschiedlicher Anordnung, aber mit gleichbleibender Figurenkonstellation (vgl. auch KHM 156).

Bildliche Darstellungen (mit den drei Bräuten am Tisch) sind selten.

Lit.: Hamann 1906, 79 f.; BP 3 (1918) 236–239; HDM 1 (1930-33) 314–316 (L. Mackensen); zu Brautproben vgl. EM 2 (1979) 745–753 (E. Moser-Rath); zur Sparsamkeit in Märchen vgl. Richter 1993, 173–184; Dekker et al. 1997, 61–63 (J. van der Kooi).

156. Die Schlickerlinge. – DMK/Uther, ATU 1451: Brautproben. – KHM-Veröff.: 1819. – „Aus dem Meklenburgischen" heißt es im Anmerkungsband (KHM 1856, 239); Näheres über die Herkunft der dort als „Märchen" bezeichneten Beispielgeschichte aus dem Umkreis der Brautproben ist nicht bekannt. Hier erfahren wir eine Bewertung zur Tätigkeit des Spinnens, das in gut einem Dutzend der KHM angesprochen ist (vgl. besonders die Kommentare zu KHM 14: *Die drei Spinnerinnen*, KHM 128: *Die faule Spinnerin*): „Das Spinnen ist die eigentliche Arbeit der Hausfrau nach alten Sitten, ihr Leben und Weben." Viele Märchen haben das Lob der fleißigen Spinnfrau verinnerlicht. Sie propagieren das Bild einer arbeitsamen, duldsamen Frau, die ihre hausfraulichen Fähigkeiten beim Spinnen und Weben unter Beweis stellt oder stellen muß (z. B. KHM 14, 55), bevor sie als Ehefrau akzeptiert wird.

Es ist ein Zeichen für eine patriarchalisch eingestellte Gesellschaftsordnung, daß Männern solche oder ähnliche Proben niemals abverlangt werden. Aber ohne Braut- und Freierproben geht es nicht, sie sind für viele Märchen charakteristisch, bestehen in der Lösung schwieriger Aufgaben und der Bewältigung lebensbedrohlicher Kämpfe als Bewährungsproben und bilden das Grundgerüst der meisten Brautwerbungsmärchen. Der Mann ist als Kämpfer und unerschrockener Held dargestellt, die Frau dem traditionellen Rollenbild entsprechend als ordnungsliebende, fleißige, fromme Hausfrau, dem Mann gegenüber gehorsam und duldsam in ihrem Wesen.

Doch in KHM 156 wird nicht nur das abschreckende Beispiel einer faulen Spinnfrau vorgeführt, die der fleißigen den Vortritt lassen muß. Das Frauenbild ist geprägt vom misogynen Topos der redseligen Frau, die sich durch unbedachte Äußerungen selbst schädigt (vgl. DMK/Uther, ATU 886: *Braut: Die geschwätzige B.*).

Lit.: BP 3 (1918) 239; EM 2 (1979) 745–753 (E. Moser-Rath); Dekker et al. 1997, 61–63 (J. van der Kooi); Solms 1999, 40 (zur Bewertung des Fleißes); Hubrich-Messow 2000 ff., Bd. 5, 192 f. (Varianten).

157. Der Sperling und seine vier Kinder. – vgl. DMK/Uther, ATU 157B: vgl. Furcht: Tiere lernen F. vor den Menschen. – KHM-Veröff.: 1812 (Nr. 35), 1819 (Nr. 157). – Die Fabel ist unter Beibehaltung des Sprachgebrauchs des 17. Jahrhunderts dem *Fabul-Hanß* (1660, Bl. 10b = 1663, 25. Fabul-Hanß [Faksimile bei Grimm/Loo 2015, 328 f.) des evangelischen Theologen Johann Balthasar Schupp (1610–61) nahezu wörtlich entnommen; eine Ausgabe von Schupps Schriften (1684, 837 f.) befand sich in der Bibliothek der Brüder Grimm (Denecke/Teitge 1989, Nr. 3018).

Schupp brachte mit der Sperlingfabel eine von dem Prediger Johannes Mathesius (1504–65) erfundene und 1563 erstmals veröffentlichte Fabel neu heraus; einzelne Züge sind bereits literarisch früher bezeugt (BP 3, 240). Die Fabel, versehen mit mehreren auffälligen Lebensweisheiten („die Wölfe fressen auch oft die gescheidten Hündlein"; „Kaufleut, geschwinde Leut!"; „Hofbuben, böse Buben!") und biblischen Bezügen, bildet bei Mathesius den Abschluß seiner Predigt zu Fastnacht 1563 (Text bei Elschenbroich 1990, Bd. 1, 161–163, vgl. auch Kommentar in Bd. 2, 132–134) und sollte die berühmte Jothamfabel von der Königswahl der Bäume (*Richter* 9,7–15) illustrieren. Der Predigtton blieb erhalten.

In der angesprochenen Schutzfunktion des „lieben Gottes" sind deutliche Bezüge zu *Sprüche* 30, *Psalm* 84,4–5, *Lukas* 12,24 und 1. *Petrus* 5,7 festzustellen. Die zentrale Aussage zu Gott als Schutzvater über alle Kreatur wird dem jüngsten und schwächsten Sohn in den Mund gelegt und in Anlehnung an *Matthäus* 6,26 paraphrasiert: „Seht euch die Vögel des Himmels an: Sie säen nicht, sie ernten nicht und sammeln keine Vorräte in Scheunen; euer himmlischer Vater ernährt sie." Später wirkte Mathesius' Fabel unter anderem bei Georg Rollenhagen (1595, 2,2,7: *Doctor Sperlings Rat*), Hans Wilhelm Kirchhof (*Wendunmuth* 4, Nr. 119) oder Sebastian Franck (1615, 196 f.) nach.

Achim von Arnim verwendete die Fabel bereits 1810 und damit zwei Jahre vor Erscheinen der Erstausgabe der KHM unter dem Titel *Die Schule der Erfahrung* im 5. Kapitel seines großen Romans *Armut, Reichtum, Schuld und Buße der Gräfin Dolores*. Nachdem Achim von Arnim eine Auswahl der Predigten Schupps 1817 herausgebracht und Wilhelm Grimm zugeschickt hatte, äußerte sich jener über den hohen Wert der Predigten: „den Mathesius werde ich mein Lebtag nicht wieder vergessen. Ich kann auch sagen, daß es mich in meinem Glauben gestärkt hat und ich darin das lebendige Dasein des Protestantismus gefühlt" (Arnim/Steig 1904, 393, 410).

Während in dem thematisch nahestehenden Tiermärchen KHM 72: *Der Wolf und der Mensch* vorsichtiges Verhalten gegenüber Gegnern unter schmerzlichen Erfahrungen erlernt werden muß, demonstriert KHM 157, daß die Tiere sich in der vom Menschen beherrschten Umwelt zu behaupten wissen und des väterlichen Rats nicht mehr bedürfen. Aber deshalb, so lehrt das Beispiel des vierten Tieres, sind die Tiere beim ‚Vater' noch längst nicht wohlgelitten. Das umsichtige Verhalten seiner ‚Söhne' – die Tierkinder sind wie immer anthropomorphisiert – beeindruckt ihn; seine ganze Wertschätzung aber gehört dem vierten (und jüngsten), der sein Vertrauen in Gott setzt. Ein weiteres Indiz für die Zielfunktion der Fabel ergibt sich nicht zuletzt aus dem gereimten Spruch mit der Nutzanwendung: „Denn wer dem Herrn befiehlt seine Sach [...]/Dem will Gott Schutz und Helfer sein."

Ausgespart in KHM 157 ist allerdings die in der Vorlage angehängte längere Moralität, die vor Hochmut warnt und daran erinnert, daß alles Schicksal und Behütetsein in Gottes Hand liegt. KHM 157 ist zugleich die einzige Fabel im

KHM-Korpus, andere Fabeln sind zu Tiermärchen und Tierschwänken umgearbeitet.

Der Gedanke, daß Überhebliches besonders leicht zu Fall kommt, ist schon sehr alt und keineswegs nur auf christliche Vorstellungen beschränkt. Schon Herodot (1,7) hatte Überlegungen darüber angestellt, daß Blitzschläge der Gottheit immer die größten Bäume und Tiere träfen, damit sie nicht überheblich würden. Die Idee der Demut und Bescheidenheit vor Gott, die als zentrale Tugenden ein wesentlicher Bestandteil der protestantischen Ethik sind, führt KHM 157 eindringlich vor Augen. Der Bescheidene wie der Demütige besitzen die Gabe, von sich selbst abzusehen, „eine der wichtigsten Möglichkeiten des Menschen" (Max Lüthi in EM 3, 414).

Lit.: Hamann 1906, 28 f.; BP 3 (1918) 239–241; EM 1 (1977) 1386–1389 (zur Pflanzenfabel); Moser 1979, 199, Anm. 76 (begreift die Fabel als biblische Paraphrase von Matthäus 10,29–31 und Lukas 12,6–7); Schwarzbaum 1979, 459–461, 511–518; EM 5 (1987) 576–584 (C. Lindahl); Kvideland 1987, 235; Dicke/Grubmüller, Nr. 535 (mit weiteren Zeugnissen); Elschenbroich 1990, Bd. 2, 132–134, 220 f.; EM 8 (1996) 883–889 (U. Marzolph); Bluhm/Rölleke 1997, 140 f. (zu Redensarten, Formeln, usw.); EM 12 (2007) 245–247 (G. van Gemert) (zu Schupp).

158. Das Märchen vom Schlauraffenland. – DMK/Uther, ATU 1935: Verkehrte Welt + DMK/Uther, ATU 1930: Schlaraffenland. – KHM-Veröff.: 1815 (Nr. 67), 1819 (Nr. 158). – Vorlage der Lügengeschichte ist ein mittelhochdeutsches Gedicht *Sô ist diz von lügenen* aus dem 14. Jahrhundert (nicht 13. Jahrhundert wie in KHM 1856, 239), das Wilhelm Grimm einer in der Grimm-Bibliothek (Denecke/Teitge 1989, Nr. 2384) befindlichen Sammlung altdeutscher Gedichte (Müller 1785, Bd. 3, Anhang, XIVf.; Faksimile bei Grimm/Loo 2019, 649) entnommen und – mit kleineren Fehlern – in Prosa übertragen hatte. Bereits ein Jahr zuvor hatte Johann Gustav Büsching (1814, Nr. 10[2]) die Lügengeschichte nach der Bearbeitung von Hans Sachs veröffentlicht.

Solche Lügenreden mit einer Fülle sogenannter Adynata sind als Typus insbesondere im Spätmittelalter festzustellen, gehören aber nach Arne Holtorf nicht zum festen Repertoire spätmittelalterlicher Kleindichter und Spruchredner (Verflex. 5, 1040). Charakteristisch für Wilhelm Grimms Bearbeitung ist zum einen, daß er es gegen die Vorlage nicht als Lügengeschichte, sondern als *Das Märchen vom Schlauraffenland* ausgab (die dann folgende Variation KHM 159: *Das dithmarsische Lügenmärchen* wird präziser bezeichnet), und zum andern, daß der deftige Schluß („dô sprach ein huon, êst ûz geseit, ein ungefuoc scheiz ûf die bruoch, êst ûz geseit") entsprechend der Grimmschen Bearbeitungsgrundsätze abmildernd umgeschrieben wurde: „Da krähte ein Huhn: Kikeriki, das Märchen ist auserzählt, kikeriki." Das in der Überschrift genannte Schlauraffenland (spätmittelhochdeutsch slûraffe: Faulpelz, Nichtstuer) spielt auf das fiktive Land an, in dem in Sebastian Brants satirischem Lehrgedicht *Narrenschiff* (1494) die Schlaraffen wohnen, die ihr Leben in Trägheit und Müßiggang zubringen; in der Vorlage der KHM-Fassung ist davon natürlich noch nicht die Rede.

Utopische Vorstellungen eines solchen Wunschlandes mit ständig bereitem Überangebot an Speise und Trank mögen sich in Märchen in der Vorstellung von ständig gedeckten Tischen, von Zaubergaben oder magischen Helfern, die Essen und Trinken jederzeit bereitstellen, niedergeschlagen haben: als erzählerische Phantasien, die auf die Sorge vor Hungersnöten, auf Angst vor Notzeiten oder auch auf Erinnerungen an überlieferte oder selbsterlebte Mangelsituationen und daraus erwachsenden Wünschen nach Reichtum und dauerhafter Versorgung zurückgehen (selbst das Lebkuchenhaus aus KHM 15: *Hänsel und Gretel* gehört dazu). Mit Recht trifft auf KHM 158 daher auch die Bezeichnung Wunschdichtung zu. Bernd Wollenweber (1974, 46) zählt KHM 158 wie KHM 103: *Der süße Brei* und KHM 1146: *Die Rübe* zu den sogenannten Wunschmärchen.

Die „populäre Utopie", so Dieter Richter (EM 14, 1072), ist in KHM 158 in eine Lügengeschichte umgesetzt, und die Überschrift *Märchen vom Schlauraffenland* ist als Begriff für Nichtwirkliches zu verstehen. KHM 158 reiht ein Motiv der verkehrten Welt ans andere, bis zum überraschenden Schluß (s. auch Kommentar zu KHM 112: *Der Dreschflegel vom Himmel*; KHM 138: *Knoist un sine dre Sühne*). Nur einige wenige Motive erinnern an die Schlauraffenland-Thematik, an die ständige Versorgung mit üppigem Essen und Trinken. Die Schilderung der Adynata bezieht sich zumeist auf die Übertragung von Arbeiten des bäuerlichen Alltags auf Tiere und Gegenstände. Dazu gehören Honigfluß, heiße Fladen auf der Linde, automatischer Pflug oder Krähen, die Heu machen.

Lügen erzählen, Aufschneiden und groteske Übertreibungen sind populäre Spiele (Jägerlatein, Münchhausiaden) innerhalb größerer Erzählrunden (s. auch KHM 151*: *Die zwölf faulen Knechte*). Die natürliche Ordnung der Welt ist auf den Kopf gestellt: Alles läuft verkehrt herum. Der Starke unterliegt dem Schwachen; der Fußlose läuft schneller als das Pferd; Vögel wie der Habicht können schwimmen.

KHM 158 hat in der Grimm-Version kaum nachgewirkt. Die seit der Antike und vor allem seit dem späten Mittelalter als mythische Topographie beschriebene Wunder- und Narrenwelt (fiktive Reisebeschreibungen, Predigtliteratur) hat besonders in der Version des Hans Sachs und anderer (auch im Lied, Sprichwort) und deren Beschreibungen von einer Welt des Überflusses weitergelebt, ist öfter dramatisiert und seit dem ausgehenden 15. Jahrhundert in unzähligen bildlichen Darstellungen popularisiert worden; eine Kinderpredigt mit Motiven der verkehrten Welt hatten schon Achim von Arnim und Clemens Brentano in ihre Volksliedsammlung *Des Knaben Wunderhorn* aufgenommen (1808, Kinderlied Nr. 22).

Bildliche Darstellungen von KHM 158 selbst sind selten. Die beschriebenen Motive der verkehrten Welt reizten offenbar weniger zur illustrativen Gestaltung. Ganz anders verhält es sich bei der breiter ausgestalteten Bechstein-Fassung vom *Schlaraffenland*-Märchen (Bechstein/Uther 1997a, 232–236). Dort stehen Motive im Vordergrund, welche die Thematik Speise und Trank betreffen. Entsprechend häufig finden sich bildliche Darstellungen, vor allem zur Redensart von den gebratenen Hühnern (Tauben), die dem Schlafenden in den Mund fliegen (s. Anspielung in KHM 159: *Das dithmarsische Lügenmärchen*).

Lit.: Hamann 1906, 54–57; BP 3 (1918) 244–258 und BP 4 (1930) 119 f.; Cocchiara 1963, 149–151; Schmidt 1963b, 320; Uther 1981, 100 f.; Müller 1984; Richter 1984; Schindler 1984; Verflex. 5 (^{2}1985) 1039–1044 (A. Holtorf); Schnell 1989; Jonassen 1990; Dekker et al. 1997, 206–210 (T. Meder); Pleij 1997 (zu Mittelalter-Vorstellungen des Schlaraffenlandes); Hansen 2002, 378–392; Hubrich-Messow 2000 ff., Bd. 7, 233 (Varianten); EM 12 (2007) 65–73 (D. Richter); Müller/Wunderlich 2008, 633–638 (M. Jones) und 803–813 (J. M. López de Abiada); EM 14 (2014) 53–59 (D. Richter) (zur verkehrten Welt); EM 14 (2014) 1070–1075 (D. Richter) (zum umstrittenen Begriff Wunschdichtung).

159. Das dithmarsische Lügenmärchen. – DMK/Uther, ATU 1935: Verkehrte Welt + DMK/Uther, ATU 1930: Schlaraffenland. – KHM-Veröff.: 1815 (Nr. 68), 1819 (Nr. 159). – Vorlage der Lügengeschichte war das niederdeutsche Tanzlied *Von eiteln unmöglichen Dingen* aus Anton Vieths *Beschreibung und Geschichte des Landes Dithmarschen* (1733, 111; Faksimile bei Grimm/Loo 2019, 662). In seiner Chronik hatte der „Hochfürstliche Schleßwig-Hollsteinische Cammer-Assessor", wie es im Titel heißt, „einige Lieder mit Anhangen, wornach sie ihre Täntze gehalten", abgedruckt. Drei Tanzlieder Vieths hatte bereits Clemens Brentano (1806) für eine Veröffentlichung in *Des Knaben Wunderhorn* (Bd. 2, Nr. 248, 249, 410) ausgewählt. Es ist denkbar, daß die Anregung, Vieths Chronik für die KHM heranzuziehen, aus der Mitarbeit der Brüder Grimm am *Wunderhorn* herrührte. Aber noch wahrscheinlicher ist, daß die Brüder Grimm bei ihrem eifrigen Studium literarischer Zeitschriften auf das *Lügenlied* gestoßen waren, geben sie doch selbst Friedrich David Gräters „Alterthumszeitung 1813 Nr. 5, S. 29" (= *Idunna und Hermode* Bd. 2,5 [1813] 29) als weiteren Quellenhinweis an. Das Tanzlied ist ebenso wie KHM 158 eine Rückübertragung in Prosa, allerdings mit kleineren Übertragungsfehlern und Auslassungen, und stellt eine weitere Spielart zu den verstreut in den KHM zu findenden Lügengeschichten (KHM 112, 138,

151*, 158) dar. Erst in der 6. Auflage (1850) wurde der schöne Schluß ergänzt: „Mache das Fenster auf, damit die Lügen hinaus fliegen."

Die Texte beruhen auf spaßhafter oder prahlerischer Übertreibung, werden deshalb oft auch als Lügenmärchen oder Lügenmärlein bezeichnet und sind eine Sonderform des Schwanks. Als bevorzugte Themen gelten die übertriebene Größe von Tieren, Gegenständen oder Naturerscheinungen, das Prahlen mit Jagd- und Reiseabenteuern, mit sportlichen Leistungen und Geschicklichkeit aller Art (vgl. auch die Kommentare zu KHM 112, 138, 158).

„Drei Kerle" sind im Text genannt, vier werden hernach beschrieben, doch spielt der Taube in der absurd verlaufenden Handlung keine Rolle. Die Reihung der Motive erfolgt nicht nach festen Schemata, sondern läßt sich beliebig fortsetzen, wie der Einschub mit der Hasenjagd des Blinden, Stummen und Lahmen zeigt. Das Jagdabenteuer ist – mit anderen Handlungsträgern – auch in KHM 138: *Knoist un sine dre Sühne* eingebunden.

Lit.: Hamann 1906, 56 f.; BP 3 (1918) 258; Uther 1981, 100 f.; Hubrich-Messow 2000 ff. Bd. 7, 233 (Varianten); weitere Literaturangaben s. KHM 158.

160. Rätselmärchen. – KHM-Veröff.: 1815 (Nr. 69), 1819 (Nr. 160). – Im Anmerkungsband (KHM 1856, 242) hieß es: „Aus einem Volksbuche mit Räthseln aus dem Anfang des 16ten Jahrhunderts mitgetheilt in Haupts Zeitschrift 3, 34." Bei diesem Hinweis handelte es sich um die von Wilhelm Wackernagel besorgte Auswahl von 60 Rätseln nach einem Augsburger Druck (ZfdA. 3 [1843] 25–34, hier 34, Nr. 58). Diese Auswahl enthielt zwar eine frühe Fassung des Rätselmärchens, ist aber tatsächlich nicht als die unmittelbare Quelle für KHM 160 anzusehen. Die Vorlage bildete vielmehr ein Rätsel (süddeutsch: rätersch) aus dem *Rätersch-Büchlein*, das vermutlich aus dem 17. Jahrhundert stammt (vorhanden in der Grimm-Bibliothek: Denecke/Teitge 1989, Nr. 2365) und eines jener unzähligen billigen Drucke ist, der wie Wackernagels Ausgabe auf das sogenannte *Straßburger Rätselbuch* (Anfang 16. Jahrhundert) zurückgeht. In einem Brief an Wilhelm Grimm hatte Jacob bereits am 2.2.1814 mitgeteilt, er habe ein Volksbuch mit Rätseln aus dem 17. Jahrhundert gekauft (Grimm/Schoof 1963, 251). Ein anderer Druck vom Anfang des 16. Jahrhunderts, ebenfalls abhängig vom *Straßburger Rätselbuch*, befindet sich in der Staatsbibliothek Berlin, Preuß. Kulturbesitz (Yd 7820: *Das Rathbüchlein*. s. l. s. a., 32 Bl.). Im *Straßburger Rätselbuch*, im *Rathbüchlein* und im *Rätersch-Büchlein* sind die Rätselfragen von der Verwandlung der Frauen abgedruckt, die auf der Bündelung von drei Fragen beruhen – ein Merkmal vieler Rätsel.

Die Beantwortung erfordert detektivischen Spürsinn und bedeutet für die Leser und Leserinnen von KHM 160, wenn sie die Antwort selbst finden wollen, eine Scharfsinnsprobe. Wie beliebt solche Rätselfragen in den KHM waren, zeigt, daß sie vor allem innerhalb der Rätselschwänke Aufnahme gefunden haben (z. B. KHM 22: *Das Rätsel*; KHM 94: *Die kluge Bauerntochter*).

Die Überschrift *Rätselmärchen* im Anschluß an das Lügenmärchen aus Dithmarschen sollte vermutlich zur Abgrenzung von KHM 22: *Das Rätsel* dienen – eine erneute Spielart des weiten Begriffs Märchen. Stilistisch hat Jacob Grimm, der KHM 160 eingebracht haben dürfte, die Skizzierung der Ausgangssituation mit der Verwandlungs- und Erlösungsthematik (erscheint auch in KHM 56: *Der Liebste Roland*) dem Märchenstil angepaßt, doch bleibt die Bezeichnung *Rätselmärchen* problematisch: Es ist neutraler als eine Rätselerzählung zu bezeichnen. Diese Rätselgeschichten sind auf die Frage und Antwort konzentriert, entsprechend knapp pointiert und sehr kurz. Dies allein wie auch der relativ niedrige Bekanntheitsgrad dürften bewirkt haben, daß so gut wie keine bildlichen Darstellungen zu KHM 160 existieren. Die Federzeichnung Otto Ubbelohdes zeigt den Mann vor einem mit Blumen bestandenen Feld, die rechte Hand ausgestreckt, um die ‚rechte' Blume zu abzubrechen.

Lit.: Hamann 1906, 57; BP 3 (1918) 259; Ranke 1955 ff., Bd. 2, 418 (Varianten); EM 2 (1979) 495–506 (J. R. Klíma/G. Meinel); Rademann-Veith 2010 (zum Straßburger Rätselbuch); vgl. zum Begriff Rätselmärchen, -geschichte EM 11 (2004) 280–285 (S. Neumann); Rinn 2013, Becker 2020, 27–38 (zu Ubbelohde).

161. Schneeweißchen und Rosenrot. – DMK/Uther, ATU 426: Mädchen und Bär. – Große Ausgabe: 1837; Kleine Ausgabe: 1833 (Nr. 44). – Literarische Vorlage für das 1833 in die *Kleine Ausgabe* und 1837 in die *Große Ausgabe* der KHM neu eingefügte Zaubermärchen war ein Märchen von Karoline Stahl (1776–1837) aus ihrer erstmals 1818 veröffentlichten Sammlung (²1821, 206–210). Sie hat die Grundkonzeption entwickelt, aber im Unterschied zu Wilhelm Grimms Bearbeitung die Figur des boshaften Wesens in den Mittelpunkt gestellt, was in der Überschrift *Der undankbare Zwerg* Ausdruck fand. Wilhelm war auf die Sammlung Stahls aufmerksam geworden – zumindest befinden sich drei Stahl-Märchen in Abschriften im Grimm-Nachlaß 1757 (Staatsbibliothek Berlin, Preuß. Kulturbesitz) – und gab in dem damals getrennt erschienenen und wenig beachteten KHM-Anmerkungsband (1822, 418 f.) schon eine Zusammenfassung der für ihn „ächten, alten Zwergensage". Diese Einschätzung vom hohen Alter der Zwergensage hat Wilhelm Grimm im Kommentarband 1856 aus einsichtigen Gründen nicht mehr wiederholt. Eine von Wilhelm Grimm ausgearbeitete Fassung, mithin die Erstveröffentlichung, erfolgte in dem von Wilhelm Hauff herausgegebenen *Mærhrchen-Almanach* (1827, 269–278), zu dem Wilhelm Grimm zwei Texte beisteuerte, die norwegische *Aslaug*-Sage *Das Fest der Unterirdischen* (s. EM 1, 878 f.) nach einer literarischen Vorlage des norwegischen Historikers Cornelius Enevold Steenbloch (1773–1836) und eben das Märchen *Schneeweißchen und Rosenroth*, das auf Stahls Märchen basierte.

Für diese Veröffentlichung war der erste Teil des Stahl-Märchens gänzlich neu gestaltet und auch sonst kräftig umgearbeitet worden. Entscheidende neue inhaltliche Charakteristika sind (1) die ausgedehnte Schilderung eines biedermeierlichen Familienlebens und (2) die gleichberechtigte Hereinnahme der Tierbräutigam-Thematik, die bei Karoline Stahl (Abdruck bei Uther 1990b, Nr. 61) völlig fehlen; auch die Figur des Zwerges wird wesentlich breiter ausgeschmückt (Gestalt, Funktion). Sein boshaftes Wesen illustrieren kräftige Schimpfwörter, die in dieser Häufung in den KHM ungewöhnlich sind, z. B. „wahnsinnige Schafsköpfe" (zuerst 1833), „ihr Lorche" (zuerst 1827) oder „Da lachen die albernen glatten Milchgesichter" (zuerst 1827). Wilhelm Grimms Version nutzte wenig später der brandenburgische Pfarrer Johann Heinrich Lehnert (1782–1848), ohne seine Quelle zu nennen, für eine weitere Bearbeitung in seinem *Mährchenkranz für Kinder* (1829, 18–25).

Bislang von der Forschung kaum wahrgenommen, integrierte Wilhelm Grimm das Märchen zuerst als Nummer 44 in die 2. *Kleine Ausgabe* von 1833 anstelle des Schwanks von den drei Brüdern (*Große Ausgabe*: KHM 124). 1833 erfolgten auch die oben erwähnten entscheidenden und bisher der 1837 erschienenen Fassung zugeschriebenen Umarbeitungen gegenüber der Erstveröffentlichung von 1827. In nahezu gleichem Wortlaut fand das Märchen dann Aufnahme in die *Große Ausgabe* der KHM von 1837. Allerdings war in dieser Fassung einer der beiden Schlußabschnitte erneut bearbeitet, nicht nur ein bloßes Indiz für die durchgängige Praxis der Verbesserung der Texte von Auflage zu Auflage durch Wilhelm Grimm, sondern ein weiteres Zeichen dafür, wie konsequent in den KHM die Kontraste zwischen Helden/Heldinnen und Gegenspielern zur Erhöhung der Anschaulichkeit und Erzähllogik bewußt herausgearbeitet wurden, z. B.:

> 1833: Er sagte, „ich bin eines Königs Sohn, und war verwünscht als Bär in dem Walde zu laufen, bis ich durch den Tod des bösen Zwergs erlöst würde."
> 1837: Er sagte, „ich bin eines Königs Sohn, und war von dem gottlosen Zwerg, der mir meine Schätze gestohlen hatte, verwünscht als ein wilder Bär in dem Walde zu laufen, bis ich durch seinen Tod erlöst würde. Jetzt hat er seine wohlverdiente Strafe empfangen."

Bei der Umarbeitung fällt der Umstand kaum ins Gewicht, daß der berühmte Spruch „Schneeweißchen, Rosenrot! Schlägst dir den Freier tot!" – von Wilhelm

Grimm der 1813 veröffentlichten Novelle *Das Schmetterlings-Cabinet* Friedrich Kinds (1768–1843) (im Taschenbuch *Minerva für das Jahr 1813*, 1–60, hier 32, dort mit Plural: die Freier) entlehnt – 1833 wie bei Kind erneut mit der (plausibleren) Pluralform herauskam, dann aber seit 1837 endgültig im Singular erschien. Weit wichtiger ist der handschriftliche und später (1856) nicht übernommene Hinweis Wilhelms (im KHM-Anmerkungsband von 1822, 418 f.; s. Rölleke 1985, 193), daß die Inspiration zur erweiternden Gestaltung des Eingangs und des Schlusses von diesem Spruch und der Erwähnung der Freier ausging.

Während bei vielen Märchen der Anteil der Beiträger und der bewußten sprachlichen Umformungen durch Wilhelm und Jacob Grimm im dunkeln bleibt oder nur mühsam erhellt werden kann, läßt KHM 161 durchgängig Wilhelms Diktion erkennen, der das Märchen der Karoline Stahl – wie er mit Recht im Kommentarband bemerkte (1856, 243) – „benutzt, aber nach meiner Weise erzählt".

Verschiedentlich ist herausgestellt worden, wie rührselig gerade der Eingangsteil mit der Schilderung des behaglich dahinplätschernden Familienlebens wirke und an ein biedermeierliches Genrebild erinnere. Da fehlt nichts, was die Idylle der Witwe und ihrer beiden Töchter hätte stören können: die Kinder hold und lieb, die Mutter gütig. Reinlich und ordentlich ist's überall im Hause, das Verhältnis zu Tieren und zur Natur ungetrübt, und über allem wacht der Schutzengel, der mehrfach durch die KHM streift. In dieses harmonische Zusammenleben der Mutter und ihrer Töchter platzt das wilde Tier, der Bär, nicht etwa schreckenserregend und bedrohlich, sondern als ein gutmütiger Spielgefährte. Er kann wie die meisten Märchentiere sprechen und signalisiert seine Andersartigkeit mit dem märchencharakteristischen ‚kleinen Verlust', wenn beim Verlassen der Kinder ein Stück Haut aufreißt: „da war es Schneeweißchen, als hätte es Gold durchschimmern gesehen".

Der Zwerg, dem die Geschwister dreimal uneigennützig geholfen haben, verleiht ihnen keine Gabe. Statt dessen empfiehlt der Undankbare die Schwestern in seiner Todesangst dem Bären sogar als „zarte Bissen, fett wie junge Wachteln" und wird dafür vom Bären getötet. Die Erlösung des Bärenprinzen und Tierbräutigams ist damit vollzogen. Im Unterschied zur literarischen Vorlage der Karoline Stahl fabuliert Wilhelm Grimm die Schlußsequenz neu und zugleich harmonischer. Der Erlöste, so heißt es, habe Schneeweißchen geheiratet. Auch Rosenrot erhält einen königlichen Freier. Es ist der bisher nicht erwähnte Bruder des Erlösten, der sich mit Rosenrot vermählt.

Das Märchen von den Erlebnissen der beiden Schwestern mit dem undankbaren Zwerg und dem Bären schildert die Allverbundenheit der Geschwister im Kreis der Familie und mit Umwelt und Natur so liebenswert. Johannes Bolte meint, das Märchen enthalte die moralisierende Absicht, Sanftmut zu lehren

(BP 3, 260). Andere Deutungsversuche beziehen sich vor allem auf die einzelnen Handlungsträger. Die beiden ‚Mädchen' z. B. versinnbildlichten die reine Seele, in der Himmel und Erde noch eins seien (Storck 1977, 69–73). Die Psychologin und Jung-Schülerin Marie-Louise von Franz (1977, 52–70) meint, das Märchen führe vor, daß die männliche Seite in die weibliche Welt integriert werden müsse: der (männliche) Bär sei eine zur Abrundung der Persönlichkeit notwendige Ergänzung, der Zwerg stünde der weiblichen Seite nahe, repräsentiere die schöpferischen Kräfte des Unbewußten, die aber nicht adäquat eingesetzt würden, so daß die ungelebte Kreativität zur destruktiven Kraft würde.

Das Märchen gehört zu den Lieblingsmärchen aus den KHM, ist aber ebenso gelegentlich in ähnlichen Versionen in den Sammlungen anderer Herausgeber vertreten. Schon früh (1835/45) auf Bilderbogen präsent, ist die Popularität ablesbar an der Verwendung in den verschiedensten Medien. KHM 161 diente als Vorlage für Reklamesammelbilder, Reklamemarken und Postkarten und wurde häufiger verfilmt und als Bühnenstück bearbeitet. Es wird oft als Einzelausgabe für Kinder angeboten. Bevorzugte Bildmotive: (1) Begegnung des Bären mit Witwe und Töchtern und (2) hilfloser Zwerg eingeklemmt in einen Baumstamm; (3) bedroht von einem Fisch, der ihn ins Wasser ziehen will, oder (4) von einem Adler, der ihn forttragen will. Die erste bildliche Gestaltung (kolorierter Kupferstich) findet sich bereits bei Karoline Stahl (Bildmotiv [2]).

Lit.: BP 3 (1918) 259–260; Ranke 1955 ff., Bd. 2, 52–55 (Varianten); Karlinger 1963; Holzapfel 1977 (zu Grimms Vorlage zum „Fest der Unterirdischen"); Bynum 1978; EM 3 (1981) 1261–1271 (H. Breitkreuz) (zum Einklemmen unholder Wesen); Rölleke 1985, 191–206; Bausinger 1990, 247–251; Gilmour 1993, 20–22; Liebs 1993 (zum Frauenbild); McGlathery 1993, 87 f.; Schmitt 1993, 562 (2); Scherf 1995, 1041–1043; EM 8 (1996) 1350–1353 (H. Rölleke); Bluhm/Rölleke 1997, 161 f. (zu Redensarten, Formeln, usw.); Uther 1998 (zur Idyllisierung); Solms 1999, 38 f. (zum Wert der Arbeit); Gorgulla 2011, 388–409.

162. Der kluge Knecht. – DMK/Uther, ATU 1348*: The Boy with Active Imagination. – KHM-Veröff.: 1837 (verändert 1840). – Die literarische Vorlage des Grimm-Stücks findet sich in einer kleinen exegetischen Schrift von 1534 (Druckdatum 1535): *Der 101. Psalm durch D. Martin Luther ausgelegt* (Bl. G 3b–4a; Abschrift vorhanden im Grimm-Nachlaß in der Staatsbibliothek Berlin, Preuß. Kulturbesitz). Der Hinweis auf den 1837 eingefügten Text geht auf den mit den Brüdern Grimm befreundeten Juristen und großen Buchliebhaber Karl Hartwig Gregor von Meusebach (1781–1847) zurück (vgl. Meusebach/Grimm 1880, Brief Nr. 22, 97), der ein Exemplar der Luther-Schrift besaß.

Eine erste Version hatte Wilhelm Grimm, wie Hubert Göbels herausfand, bereits im *Pfennig-Magazin für Kinder* (Nr. 1 vom 2. Jan. 1836, 7) veröffentlicht (Abdruck bei Grimm/Rölleke 1987, Nr. 5A). Hieß die Überschrift in der Erstveröffentlichung 1836 noch *Das Märchen vom klugen Knecht*, so verkürzte Wilhelm Grimm verallgemeinernd den Titel in *Der kluge Knecht* und ließ dadurch keinen Rückschluß mehr auf die Einordnung und den Ausgang des Stücks zu. Meusebach machte außerdem auf einen ebenfalls in seiner Bibliothek befindlichen Studentenroman aufmerksam, woraus eine Passage die Vorlage für KHM 163: *Der gläserne Sarg* abgab.

Im Mittelpunkt von KHM 162 stehen ein Herr und sein Knecht. Einleitend heißt es scherzhaft, ein Herr könne sich glücklich schätzen, wenn er einen Knecht habe, der auf seine Worte zwar höre, aber nicht so handle und seiner eigenen Weisheit folge. Nach dem anschaulichen Beispiel folgt die zweifelhafte Aufforderung des Erzählers an die Leser, sich am Verhalten des Knechts ein Beispiel zu nehmen und den eigenen Bedürfnissen nachzugehen: das sei weises Handeln. Die Struktur folgt den klassischen rhetorischen Mustern des Dreischritts, wie sie vor allem Exempel und Fabel aufweisen. Nach dem einleitenden Lehrsatz (doctrina) schließt das bildhafte erzählerische Beispiel (exemplum) an und endet mit einer Bemerkung zur Nachahmung (imitatio).

Von einem ‚Märchen' kann man daher nicht sprechen. Die Änderung der Überschrift erscheint sinnvoll, handelt es sich doch um einen Schwank mit dem Lob der Spontaneität und Kreativität des Knechts, der sich vom plötzlich auftauchenden Dienstherrn nicht in Verlegenheit bringen läßt. Er gibt auf die Fragen seines Herrn absurde Antworten und führt mit ihm gewissermaßen einen Nulldialog. Solche Züge sind typisch für Schwänke, die eine Durchbrechung von Tabuschranken zum Ziel haben und für eine Umkehrung der moralischen Normbereiche sorgen. Die Sympathie der Hörer und Leserinnen gilt gemeinhin nicht dem fürsorglichen Herrn, sondern dem sozial niedriger stehenden Knecht, wie dies beispielsweise bei dem klugen Gretel der Fall ist (KHM 77), das sich einer Bestrafung durch den Herrn mit List und Schlagfertigkeit zu entziehen weiß. Mit seiner sorglosen Einstellung und Unbekümmertheit erinnert der Knecht an Hans im Glück (KHM 83), doch stehen beide in der Welt der Volkserzählungen auf ziemlich verlorenem Posten, weil diese in erster Linie vom materiellen Glück her bestimmt sind.

Im 101. Psalm selbst spricht sich David über seine Regierungsgrundsätze aus und fordert Treue als Voraussetzung für gutes Regieren, während Lügner nicht gedeihen sollen. Luther geht darüber hinaus und mahnt nicht nur vorbildhaftes Verhalten der weltlichen Herrscher und Dienstherren an, sondern erwartet von den niederen Ständen aufrechtes Handeln gegenüber ihren Herren. Seine Psalmauslegung versteht sich als ein Fürstenspiegel, ein Ratgeber für gutes

Regieren. Wenn auch unausgesprochen, war der exegetische Text besonders für den 1532 neu eingesetzten Johann Friedrich I. Kurfürst von Sachsen gedacht, auf dessen Wohlwollen das Landeskind Luther angewiesen war.

Die Frage des Staates und des Lebens des Christen in ihm hat für Luther eine zentrale Bedeutung. Schon in der ersten Schrift zu diesem Kontext *Von weltlicher Obrigkeit, wie weit man ihr Gehorsam schuldig sei* (1523) hat der Reformator die wesentlichen Aspekte, wie das Verhältnis zwischen Herr und Dienstboten zu sehen sei, hervorgehoben. Spätere Aussagen weisen in dieselbe Richtung, auch wenn sie wie in der einleitenden Bemerkung zu Luthers Erzählbeispiel vom Kuh suchenden Knecht in ironischem Ton erfolgen: „Also im haushalten/ wenn knechte und megde thun/ was sie gut dunckt/ lassen aber anstehen/ was man sie heißt/ wollen dennoch wolgethan haben/ Die selben zieren ein Haus fein/ und ist gantz ein nützlich/ holdselig gesinde." Treulosigkeit und Faulheit gegenüber dem Dienstherrn gelten als negative Charaktereigenschaften, weltlicher Gehorsam gegenüber dem Dienstherrn dagegen als eine zwingende Notwendigkeit. Um den Gehorsam durchzusetzen, ist allerdings stete Kontrolle nötig. Diese Auffassung hat ihren Niederschlag auch in vergleichbaren Sprichwörtern und darauf gründenden Erzählungen gefunden, wenn es etwa bei Luther und anderen so oder ähnlich heißt: „Das Auge des Herrn macht das Pferd fett."

Den Stoff hatte – ebenfalls als Beispielgeschichte – der Rostocker Professor Nathanael Chytraeus (1543–98) aufgegriffen, dessen *Hundert Fabeln aus Esopo* (1571 und öfter) warnen und unterrichten sollten, „wie man sich im haushalten/ in vnd gegen der Oberkeit vnd Unterthanen schicken soll/ auf das man klüglich vnd friedlich vnter den bösen leuten in der falschen argen welt leben müge" (EM 3, 27). Während Chytraeus und vor ihm Martin Luther die Beispielgeschichte im Sinne einer christlichen Ethiklehre als Auslegung für den *101. Psalm* heranzogen, klingt KHM 162 ohne diesen Kontext scheinbar revolutionär mit der Aufforderung zum Widerstand gegen die ‚Obrigkeit': Hans befolgt den Auftrag, die verlorene Kuh zu suchen, nicht und gibt seinem Herrn, der sich aus Sorge um ihn auf den Weg gemacht hat, dummdreiste Antworten. Geradezu als eine Anweisung zu renitentem Handeln könnte der Schluß verstanden werden: „Nehmt euch daran ein Beispiel, bekümmert euch nicht um euern Herrn und seine Befehle, tut lieber, was euch einfällt und wozu ihr Lust habt, dann werdet ihr ebenso weise handeln wie der kluge Hans." Aber daß hier anarchistisches Gedankengut bei Wilhelm Grimm vorhanden sein könnte, erweist sich jedoch rasch als Spekulation. Das Adjektiv „klug" taucht in der Grimmschen Sammlung öfter in pejorativem Zusammenhang auf, die „kluge Else" (KHM 34) oder die „klugen Leute" (KHM 104) entpuppen sich als ebenso einfältig wie der „gescheite Hans" (KHM 32). Die Charakterisierung ist eine Umkehrung, eine besondere Art des stillen Humors, wie ihn die Brüder Grimm verstehen: In dem einzig 1819 in den KHM abgedruckten einleitenden Abschnitt *Ueber das Wesen der Märchen* heißt es: „Nicht zu verkennen ist ein gewisser Humor, der durch viele hingeht, wenn er sich manchmal auch nur leise äußert, und den man mit der eingelegten Ironie moderner Erzähler nicht verwechseln muß. In einigen wird er besonders und anmuthig ausgebildet, wie in der klugen Else, dem Schneider im Himmel und dem Jungen, der auszog, das Fürchten zu lernen, und der durch nichts Schreckhaftes, zuletzt aber durch ein natürliches Mittel zur Erkenntniß gelangt" (Bd. 1, XXV).

Anfang und Schluß von KHM 162 zeigen deutlich und übertreibend auf, daß das Verhalten des Knechts gegenüber seinem Herrn nicht weise, sondern von Ungehorsam und Untreue bestimmt ist. Der wenig später in KHM 164: *Der faule Heinz* und KHM 174: *Die Eule* eingefügte Erzählerkommentar mit Rückbezügen zu KHM 162 ersetzt die fehlende Antwort des Herrn auf das Verhalten des Knechts, was eine Einschätzung der Faulheit und nicht etwa der Schlagfertigkeit des Knechts ermöglicht. Im Anmerkungsband ist der Schwank als „humoristischer Volksscherz" (KHM 1856, 246) aufgefaßt, ebenso wie KHM 170: *Lieb und Leid teilen.*

In Anlehnung an die lutherische Exegese des *101. Psalms* wird in der Figur des „klugen" Knechts die Beschränktheit seines ungehörigen Verhaltens aufgezeigt. Ein ‚guter' Knecht dient treu und erfüllt alle Aufträge, für Luftguckerei und Spontaneität in der Arbeitswelt ist kein Plätzchen frei. Der kluge Hans ließe sich daher wie auch sein Namensvetter Hans im Glück (KHM 83) bestenfalls als ein Einfältiger begreifen, der sein – subjektives – Glück macht.

Lit.: Hamann 1906, 81 f.; BP 3 (1918) 260 f.; Neumann 1964, 97 (zur Bewertung der Faulheit); EM 6 (1990) 879–889 (G. Burde-Schneidewind) (zu Herr und Knecht); Uther 1990c, 149–151; Hubrich-Messow 2000 ff., Bd. 7, 262 (Varianten); Uther 2016, 69–73.

163. Der gläserne Sarg. – vgl. DMK/Uther, ATU 552: Tierschwäger + DMK/Uther, ATU 410: Schlafende Schönheit. – KHM-Veröff.: 1837. – Die innerhalb des (unter dem Pseudonym Sylvanus erschienenen) frivolen und seltenen Studentenromans *Das verwöhnte Mutter-Söhngen [...]* (1728, 22–32) eingeschobene längere Binnenerzählung (Abdruck s. Ullrich 1893) dient als Vorlage des Zaubermärchens. Den Text hatte Wilhelm Grimm bereits 1836 im *Pfennig-Magazin* (Nr. 6 vom 6. Febr. 1836, 44–48 = Wiederabdruck bei Grimm/Rölleke 1987, Nr. 7A) veröffentlicht; die Abschrift aus dem Roman befindet sich im Nachlaß Grimm, Kasten C, Mappe 1 (Staatsbibliothek Berlin, Preuß. Kulturbesitz). Der Hinweis auf den 1837 eingefügten und als Erlösungsmärchen zu charakterisierenden Text geht wie die Information zur lutherischen Psalmauslegung (s. KHM 162) auf den mit den Brüdern Grimm befreundeten Karl Hartwig Gregor von Meusebach zurück (BP 4, 459; Meusebach/Grimm 1880, Briefe Nr. 6, 10 von 1824). Er hatte Wilhelm die Ausgabe leihweise überlassen (Meusebach/Grimm 1880, Brief Nr. 97 vom 2. Weihnachtstag 1836).

Im Mittelpunkt des Zaubermärchens steht ein Schneider, der gleich eingangs im Widerspruch zum literarischen Stereotyp nicht als Hasenfuß, sondern als jemand beschrieben wird, der nur ein Quentchen Glück benötige. Dies entspricht der Charakterisierung des Schneiders aus KHM 20: *Das tapfere Schneiderlein*. Das Motiv des glücklichen Zufalls ist bestimmend für die gesamte Handlung. Der Schneider trifft ein altes, eisgraues Männchen, das so oft in den KHM begegnet (allerdings kaum als Helfer). Nach anfänglichem Widerstand bietet ihm das Männchen eine Schlafstätte an. Ein Hirsch entführt den Schneider in eine unterirdische Welt, und der gehorsame Handwerker folgt den Anweisungen einer Stimme. Ihn zeichnet ein „fragwürdiger Mut" (Hamann 1906, 82) aus, der schließlich dazu führt, daß er ein im Glassarg befindliches scheintotes „Mädchen von größter Schönheit" aus ihrem Behältnis (*Sneewittchen*-Motiv: KHM 53) erlöst (besiegelt durch Kuß und Prophezeiung der Heirat) und daß auch der Bruder der erlösten Jungfrau entzaubert wird. Ein solcher logischer Schluß fehlt in der Vorlage und wurde ebenfalls in KHM 161: *Schneeweißchen und Rosenrot* eingefügt. Typisch für die Bearbeitung der Vorlage ist außerdem, daß (1) die Figur des Liebe begehrenden Zauberers und Teufelsbanners, der sich – wie vergleichsweise die dämonischen Wesen der Sage – durch Kugelfestigkeit auszeichnet, durch eine neutrale Bezeichnung wie ‚Fremder' ersetzt wurde, (2) sexuelle Anspielungen (etwa die Schilderung, der fremde Zauberer „unterstund sich Sachen von mir zu begehren, welche zu erwehnen mir die Jungfreuliche Zucht verbietet", oder der Umstand, daß die Schöne sich „gantz nackend in dieser unterirdischen Grufft" befand) der Selbstzensur Wilhelm Grimms zum Opfer fielen und (3) daß Fremdwörter eingedeutscht wurden, eine Praxis, die nahezu konsequent auch in den *Deutschen Sagen* zu beobachten ist. Aus „campieren" wurde so „ein Lager suchen", aus „Tumult" „Lärm", aus „Charakter" „Zeichen" und aus „polieren" „schleifen". Daß eine „alte Muhme" die in der literarischen Vorlage von 1728 eingeschobene Binnenerzählung erzählt, der anonyme Verfasser die Geschichte abwertet und als „läppisch" bezeichnet, aber sie „als ein Model vieler andern hier einfliessen" lassen will, weil er sich dieses Beispiels „nicht wohl habe entziehen können", entsprach zeittypischen Vorstellungen von solchen Geschichten: Sie wurden zum einen den Alten oder dem Gesinde in den Mund gelegt und als unglaubwürdig bezeichnet, der Unterhaltung wegen aber dennoch dargeboten. Mit der abwertenden Klassifizierung sicherte sich der Verfasser gegenüber seinen kritischen Zeitgenossen ab.

Die Vorlage ist zugleich ein kaum beachtetes Zeugnis für das frühe Aufscheinen märchenhafter Stoffe in Deutschland, da die ‚Märchenmode' das deutschsprachige Gebiet in größerem Umfang erst in der 2. Hälfte des 18. Jahrhunderts erreichte.

KHM 163 hat außerhalb von KHM-Gesamtausgaben nicht nachgewirkt.

Lit.: Hamann 1906, 82 f.; BP 3 (1918) 261; zum Glassarg vgl. HDM 2 (1934–40) 630–632 (W. Aly); Bottigheimer 1987, 77; Bluhm/Rölleke 1997, 144 f. (zu Sprichwörtern).

164. Der faule Heinz. – DMK/Uther, ATU 1430, 1430A: Luftschlösser (Tubach, Nr. 80, 3286) + vgl. DMK/Uther, ATU 288B*: Eile mit Weile. – KHM-Veröff.: 1837; erhebliche Änderungen und neuer Schluß 1850. – Der Eheschwank geht auf eine gereimte Vorlage des evangelischen Geistlichen Eucharius Ey(e)ring (um 1520–1597) zurück, der in seinen drei alphabetisch angeordneten und erst posthum erschienenen Bänden *Proverbiorum Copiae* (1601, Bd. 1, 70–72; in der Grimm-Bibliothek: Denecke/Teitge 1989, Nr. 2338) damit die sprichwörtliche Redensart „An anschlegen verleust man am meisten" veranschaulicht und in einer ausführlicheren Erzählung (Bd. 2, 392–394) demonstriert: „Er leidt selbst gemachte hungers not."

Eine erste Fassung veröffentlichte Wilhelm Grimm im *Pfennig-Magazin* (Nr. 2 vom 9. Jan. 1836, 13 f. = Abdruck bei Grimm/Rölleke 1987, Nr. 6A). Bei Aufnahme in die *Große Ausgabe* (1837) wurde in Anspielung auf die Verbohrtheit des Ehepaars noch ein Rückbezug auf den Schwank vom „klugen" Knecht (KHM 162) eingefügt: „gerade wie jener Knecht, der die Kuh suchen sollte und drei Amseln nachjagte".

Der Schluß mit dem Bild von der langsamen Schnecke, der das Lob der Faulheit bekräftigt, wurde 1850 ergänzt und steht für das Sprichwort ‚Eile mit Weile', das auf Suetons ‚Festina lente' (*De vita Caesarum*, Octavianus 25,4) zurückgeht; das Sprichwort bildet ebenfalls den Schluß von KHM 184: *Der Nagel*. Die Anspielung auf die Schnecke ist seit Ende des 17. Jahrhunderts in der Literatur (Elisabeth Charlotte von Orléans/Menzel 1843, 268, danach KHM 164 [Denecke/Teitge 1989, Nr. 3045], vgl. BP 3, 262) bezeugt.

KHM 164 ist eine weitere Spielart der Schwänke über faule und dem Müßiggang erliegende Menschen (s. besonders die Kommentare zu KHM 151, 151*, 162). Zwar gelten Faulheit und Arbeitsscheu im Märchen als negative Charaktereigenschaften, aber der Schwank durchbricht Tabuschranken und verkehrt Normbereiche in ihr Gegenteil. KHM 164 basiert auf dem seit alters bekannten Motiv der Luftschlösser, das unter anderem schon Augustinus (*Sermones* 2,7 und ähnlich 8,1: „Ne subtracto fundamento, in aere velle aedificare") als Bild gebrauchte. Eine noch auszuführende Aktion reiht sich an die andere, so daß nur noch die Ausführung folgen müßte. Aber dann macht die eigene Unzulänglichkeit alles zunichte. Über Tagträumereien (auch über ein ungeborenes Kind: s. KHM 34: *Die kluge Else*) wird die Gegenwart vergessen. Das faule Ehepaar verliert beim Ausmalen der Zukunft den Blick für die Wirklichkeit. In einem törichten Tausch (s. auch KHM 7: *Der gute Handel*; KHM 83: *Hans im Glück*) erhandeln die Eheleute einen Bienenstock gegen ihre Ziegen. Den erwirtschafteten Honig büßen sie durch einen unbedachten Schlag wieder ein: In ihrem Eifer, dem Mann zu demonstrieren, wie sie mit einem ungehorsamen Kind umgehen würde, ergreift die Ehefrau den Stock, mit dem sie eigentlich Mäuse verjagen wollte, und trifft statt dessen unglücklicherweise den Honigtopf über dem Bett. Alles ist bis auf ein „Restchen" verloren, aber die gute Laune lassen sich beide nicht nehmen. Das Ende bleibt offen, optimistisch schaut das Ehepaar in die Zukunft. Albert Ludwig Grimm hatte den Stoff, bezogen nur auf den Mann als Tagträumer, in seine *Kindermährchen* ([1809], 203 f.: *Luftschlösser*) aufgenommen. Zu vergleichen sind außer KHM 151: *Die drei Faulen* und KHM 151*: *Die zwölf faulen Knechte*, vor allem aber KHM 168: *Die hagere Liese* und KHM 34: *Die kluge Else*.

Andere literarische Fassungen für das Motiv des zerschlagenen Topfs sind aus orientalischen Überlieferungen bekannt. In Europa seit dem 13. Jahrhundert (*Dialogus creaturarum*) und in der Frühen Neuzeit breit bezeugt, führt die Erzählung die Folgen unbedachten Tuns vor Augen. Meist ist ein Milchtopf, den allerdings ein Mann zerschlägt, das Objekt der plötzlichen Aggression oder ein von einer Bäuerin zerschlagener Eierkorb (vgl. Tubach, Nr. 80, 3286).

Lit.: Hamann 1906, 83–85; BP 3 (1918) 261–267; HDM 2 (1934–40) 64–66, 224 (H. Diewerge); Brückner 1974, 744 (Predigtmärlein bei Valerius Herberger nach Hans Sachs); EM 3 (1981) 1182 (E. Moser-Rath); Greene 1986, 1–17 (zum sprichwörtlichen „Eile mit Weile"); Marzolph 1992, Nr. 143, 1216, 1229; EM 8 (1996) 1260–1265 (R. B. Bottigheimer); Bluhm/Rölleke 1997, 145 f. (zu Redensarten, Formeln, usw.); Bringéus 2000; Hansen 2002, 138–142; Marzolph/van Leeuwen 2004, Nr. 33, 238; Wunderlich 2005; Mieder 2018, 323–351 (zur Redensart „Luftschlösser bauen").

165. Der Vogel Greif. – DMK/Uther, ATU 610: Früchte: Die heilenden F. (+ DMK/Uther, ATU 570: Hasenhirt) + DMK/Uther, ATU 513B: Schiff zu Wasser und zu Lande + DMK/Uther, ATU 461: Haare: Drei H. vom Bart des Teufels. – KHM-Veröff.: 1837. – Die Fassungen für KHM 165, 166 und 167 erhielt Jacob Grimm von dem Germanisten und Korrespondenzpartner Wilhelm Wackernagel (1806–69) im Dezember 1833. Monate zuvor (11.4.1833) hatte Wilhelm Grimm Amalie

Hassenpflug bereits von Wackernagels Besuch berichtet: „ein junger Doctor Wackernagel aus Berlin war bei uns u. wohnte auch bei uns, er kommt an die Universität zu Basel, u. hat etwas schlichtes u. wahrhaftes an sich, das mir wohl gefiel" (Grimm/Grothe 2000, 236). Der Basler Universitätsprofessor schrieb Jacob am 14.12.1833 (zitiert nach Heule 1984, 89): „er [Wilhelm] hat mich geheissen dergleichen zu sammeln, und ich muss auch sehen, wie ich mich für den Band Hausmaerchen den er mir geschickt erkenntlich beweise. Es sind drey meiner Studenten die sie auf meinen Antrieb aufgesetzt haben: in ihrer Mundart, damit die Erzählung einfach und natürlich werde; hochdeutsch würde es ihnen minder gelungen seyn [...]." Einer der drei Studenten war Hieronymus Hagenbuch (1813–78). In seinem Tagebuch hielt er fest, Wackernagel habe darum gebeten, Märchen zu ‚bearbeiten'. So machte er sich mit seinem Mitbewohner, dem Jurastudenten Johann Jakob Friedrich Schmid (1812–63), an die Arbeit. Als Ergebnis konnte Hagenbuch Wackernagel mehrere Texte überbringen, darunter KHM 165 und 167: *Das Bürle im Himmel* von Johann Jakob Friedrich Schmid (1812–1863), die Wackernagel an Jacob Grimm (14.12.1833) sandte, aber zugleich darauf hinwies, daß es sich um bekannte Stoffe handele. Jacob Grimm dankte Wackernagel, von dem später selbst ein Märchen aufgenommen wurde (KHM 190: *Die Brosamen auf dem Tisch*), für deren Übersendung am 26.12.1833 und bemerkte zugleich wie Wackernagel: „Die Sachen sind nicht alle neu; aber Sie achten ja auch auf Varianten" (BP 4, 459 f.).

In der Tat läßt sich das gut strukturierte Zaubermärchen in alemannischem Dialekt, das darüber hinaus schwankhafte und humorvolle Elemente enthält, als eine Kontamination verschiedener typenbildender Elemente bezeichnen, wie auch die Klassifikation unter DMK/Uther, ATU 610, einem aus mehreren Episoden (DMK/Uther, ATU 570, 513B, 461) bestehenden Märchentyp, deutlich macht. So ist KHM 165 der Gruppe der sogenannten Konglomeratmärchen (zu Kontamination und Konglomerat s. EM 8, 132–134, 210–217) zuzurechnen. Die Handlung basiert, wie Lutz Röhrich (1999, 246) herausgearbeitet hat, strukturell auf lauter Gegensätzen. Es sind soziale Kontraste (zwischen König und Bauernsohn), Gesundheit und Krankheit, klug und dumm, gesundmachende Äpfel und Unappetitlich-Ungenießbares (Froschbeine und Sauborsten), Diesseits und Jenseits, die in ihr Gegenteil verkehrt oder aufgehoben werden. Appetitliches verwandelt sich in Unappetitliches, Kranke werden gesund, Arme werden König, usw.

Verschiedene Motive sind, teilweise in anderer Funktion, Bestandteile anderer KHM wie das Schiff zu Wasser und zu Lande (KHM 64: *Die goldene Gans*, KHM 159: *Das dithmarsische Lügenmärchen*), das Ablisten von Antworten und die Reise in die Jenseitswelt (KHM 29: *Der Teufel mit den drei goldenen Haaren*) oder die Rettung durch einen Vogel (KHM 88: *Das singende springende Löwen-*

eckerchen) und in älteren literarischen Versionen nachzuweisen. Unter dem Vogel Greif (alemann.: Gryf), nach dem das Märchen benannt ist, hat man sich ein großes Mischwesen altorientalischer Herkunft vorzustellen, wie alle Fabelwesen mit ambivalenten Eigenschaften. Ungewöhnlich in KHM 165 ist die Tatsache, daß der Greif mit einer Frau verheiratet ist, die nicht der Jenseitswelt entstammt. Bildliche Darstellungen zeigen gewöhnlich einen Vogel mit adlerähnlichem Kopf und löwenartigem Körper. Der Greif ist wie der Phönix oder der Vogel Rock in den verschiedensten Kulturkreisen als Wundertier beheimatet. In vielen Märchen begegnet er als Helfer- und Transporttier (unter anderem bei J. K. A. Musäus, J. G. G. Büsching, L. Aurbacher, L. Bechstein), gelegentlich auch in Sagen (Grimm/Uther DS 526: *Heinrich der Löwe*). KHM 63: *Die drei Federn* ist ein weiteres Märchen von einem als Dummling verkannten Jüngsten (s. auch KHM 62: *Die Bienenkönigin*, KHM 64: *Die goldene Gans*).

Es fällt auf, daß die Episode vom Hasenhüten alle sexuellen Anspielungen ausspart und hier eine von mehreren unlösbar scheinenden Aufgaben ist. In anderen Versionen ist diese Episode breiter gestaltet und zeigt den Wechsel des Helden von einem Dummling zu einem gerissenen Geschäftspartner, der seine Gegenspieler und Gegenspielerinnen durch Erpressungsversuche zum Schweigen bringt. Der Hasenhirt verlangt von Magd/Königstochter und König für das Tauschgeschäft eine Gegenleistung, die sie widerstrebend akzeptieren (Hase gegen Beischlaf mit Mutter/Tochter oder das Ausreißen von Haaren aus dem Arsch des Königs). Mit der angedrohten Aufdeckung dieses Tauschgeschäfts kann der Hasenhirt die beiden später bloßstellen und entscheidet alles zu seinen Gunsten. Eine solche Variation, die charakteristisch für diesen Märchentypus ist, hätte in offenem Gegensatz zur ‚Unschuld' und ‚Reinheit' der Märchen gestanden und sich nicht mit der Auffassung vor allem Wilhelm Grimms vertragen, möglichst alle sexuellen Anspielungen zu vermeiden.

Das künstlerisch ausgeformte Dialektmärchen ist später zwar durch Aufnahme in die erste reine Schweizer Märchensammlung Otto Sutermeisters (*Kinder- und Hausmärchen aus der Schweiz*. Aarau 1869, 61–67) bekannt geworden, steht aber in den KHM im Schatten des bekannten Märchens vom Teufel mit den drei goldenen Haaren (KHM 29).

Für das kaum illustrierte Märchen hat Otto Ubbelohde drei Federzeichnungen geschaffen. Die erste Abbildung zeigt Hans gestikulierend und um Einlaß bittend vor einem renaissanceähnlichen großen Gebäude mit dem Türhüter im Gespräch; die zweite stellt Hansens Verabschiedung nach gehabtem Nachtlager dar: Ein Mann im Nachtrock (der Schloßherr als Quartiergeber) gibt ihm eine Ermahnung auf den Weg, wie die Geste anzeigt. Auf der dritten Zeichnung ist der König zu sehen, den ein der Figur des Christophorus nachempfundener bärtiger und nackter Riese über das Wasser trägt.

KHM 165: Der Vogel Greif. Illustration von Robert Leinweber (1893)

Lit.: BP 3 (1918) 267–274; Ranke 1955 ff., Bd. 2, 264–300 (Varianten); Dundes 1980 (zum Hasenhüten); Heule 1984; Rölleke 1985, 70–74; EM 5 (1987) 443–447 (J. L. Sutherland); EM 6 (1990) 558–563 (L. Dégh) und 343–348 (U. Marzolph); McCarthy 1993 (zum Hasenhüten); Schenda 1995, 165 f.; Scherf 1995, 1277–1280; Dekker et al. 1997, 188 f. (T. Dekker); Armour 1997 (zum Fabeltier Greif); Röhrich 1999; EM 10 (2002) (W. Bies) 1021–1035, bes. 1025–1027 (zum Vogel Greif); EM 11 (2004) 1421–1427 (S. Neumann) (zum Schiff-Motiv); Mittsu [...] 2006 (Variantenanalyse); Rinn 2013, Becker 2020, 27–38 (zu Ubbelohde); Fuchs 2013 (zur Motivik des Zaubervogels).

166. Der starke Hans. – DMK/Uther, ATU 650 A: Starker Hans + DMK/Uther, ATU 301: Prinzessinnen: Die drei geraubten P. – KHM-Veröff.: 1837. – Das Schwankmärchen erhielt Jacob Grimm wie KHM 165 und KHM 167 vom Basler Germanisten und Korrespondenzpartner Wilhelm Wackernagel (1806–69) zugesandt. Aufgeschrieben hatte es Karl Rudolf Hagenbach (1801–74), Wackernagels „Lehrer- und Dichterfreund" (Heule 1984, 88).

Die stoffliche Affinität zu dem 1815 erstmals veröffentlichten Schwankmärchen *Der junge Riese* (1815: KHM 4, seit 1819: KHM 90) und – im Zug der wunderbaren Helfer – dem episodenreichen Schwankmärchen KHM 71: *Sechse kommen durch die ganze Welt* sowie zu dem Zaubermärchen KHM 91: *Dat Erdmänneken* – der Episode von der Befreiung der Königstöchter aus der Gewalt dämonischer Wesen – ist offensichtlich. Der Typus des starken Helden begegnet vor allem in Heldensagen und wird durch Siegfried und vergleichbare Helden verkörpert, die mühelos Kraft-, Stärke- und Mutproben bestehen. Das Moment der außergewöhnlichen Stärke tritt in KHM 166 aber eher in den Hintergrund. Es überwiegen humoristische Züge, die den Helden als liebenswert erscheinen lassen, wenn er beispielsweise beruhigend auf seinen Vater einredet: „Laßt euch keine grauen Haare darüber wachsen, lieber Vater,' antwortete Hans, ,in dem Sack steckt mehr, als für ein neues Haus nötig ist'". Wackernagels Urteil über die Jacob Grimm zugesandte „Probesendung", die Sachen seien nicht alle neu, aber als Varianten zu gebrauchen (Brief an Jacob Grimm vom 14.12.1833, s. Kommentar zu KHM 165), trifft auch hier zu.

Das Schwankmärchen wird unterschiedlich beurteilt, schildert aber nach allgemeiner Auffassung die Lebens- und Entwicklungsgeschichte des Helden von der Geburt bis zu seinem sozialen Aufstieg (z. B. Storck 1977, 73–78). Doch sollte man sich nach Gustav Adolf von Harnack (1953) davor hüten, den Stoff so zu betrachten, als habe die Erzählung ursprünglich eine „seelenhygienische Aufgabe" (Mallet 1953) gehabt, um für das Kind „ein weiser Berater, Lehrmeister und Erzieher" zu sein, als hätten die Schöpfer eine solche Funktionalität der Erzählung bereits vor Augen gehabt. Vom Erzähltypus her setzte sich stärker KHM

90: *Der junge Riese* durch; die Nachwirkung des gut erzählten KHM 166 ist gering.

Lit.: BP 3 (1918) 274; Harnack 1953; Mallet 1953; Ranke 1955 ff., Bd. 1, 58–99 und Bd. 2, 363–379 (Varianten); Heule 1984; Rölleke 1985, 70–74; Schmitt 1993, 562 (1) (Film); Bluhm/Rölleke 1997, 147 (zu Sprichwörtern); Dekker et al. 1997, 352–354 (T. Dekker); Solms 1999, 72–75; EM 12 (2007) 1174–1179 (S. Becker); EM 12 (2007 1179–1185 (H. Lox).

167. Das Bürle im Himmel. – DMK/Uther, ATU 802: Bauer im Himmel. – KHM-Veröff.: 1837. – Den Legendenschwank oder – personenbezogen – Petrusschwank erhielt Jacob Grimm wie KHM 165 und KHM 166 vom Basler Germanisten und Korrespondenzpartner Wilhelm Wackernagel (1806–69) zugesandt; der Jurastudent Johann Jakob Friedrich Schmid (1812–63), der auch das alemannische Dialektmärchen KHM 165 beisteuerte, hatte den Text in Aarauer Mundart verfaßt (zur Entstehung s. Kommentar zu KHM 165).

Als älteste literarische Bezeugung des Stoffs gilt Christian Friedrich Daniel Schubarts (1739–91) gleichnamiges Gedicht von 1774, das im Untertitel als *Ein Mährchen* bezeichnet wird (Schubart 1884, 343–345): Der Kontrast ist allerdings nicht zwischen einem Armen und einem Reichen angesiedelt, sondern es handelt sich um Vertreter von Ständen: ein Bauer und ein Priester. Der sozialkritische Aspekt betrifft bei Schubart also die Geistlichkeit und ist stärker akzentuiert, nur im Schluß gemildert: „Dies Mährchen hat Hans Sachs erdacht,/ Und es in Knittelvers gebracht:/ Doch – ärgert dich's, mein frommer Christ,/ So denk, daß es ein Mährchen ist!" Schubarts Hinweis auf den Nürnberger Poeten ist allerdings nur teilweise berechtigt und primär als Hinweis auf die Gedichtform (Knittelverse) zu verstehen. Hans Sachs hatte nur einen stofflich verwandten Schwank vom Zusammentreffen des Schneiders mit dem Himmelspförtner und dem partiellen Aufenthalt des Handwerkers im Himmel in Verse gebracht (Nr. 682; s. KHM 35: *Der Schneider im Himmel*).

Der zugrundeliegende Gedanke, die Meditation über das (unterschiedliche) Schicksal im Jenseits, ist allen Hochreligionen vertraut und klingt im *Neuen Testament*, in islamischen Spruchsammlungen und im *Talmud* an mehreren Stellen an, was Haim Schwarzbaum zu seinem Urteil veranlaßte, „that Jewish, Christian, and Moslem traditions emphasize that very seldom a rich man enters Heaven" (Schwarzbaum 1968, 157). KHM 167 läßt sich daher auch als Paraphrase des beispielsweise im *Neuen Testament* (*Matthäus* 19,23–24; vgl. auch *Markus* 10,23–25) angeführten Paradoxons verstehen: „Es ist leichter, daß ein Kamel durch ein Nadelöhr gehe, denn daß ein Reicher in den Himmel komme." In vielen Schwänken verschaffen sich Menschen unterschiedlicher Berufe und sozialer Gruppen trotz der mitunter willkürlich ausgeübten Wächterfunktion des heiligen Petrus Einlaß in den Himmel und müssen ihn wegen ungebührlichen Benehmens (KHM 35: *Der Schneider im Himmel*; KHM 178: *Meister Pfriem*) wieder verlassen. Daß hier dem armen Bauern grundsätzlich der Eintritt in den Himmel verwehrt wird, geschieht zugunsten der überraschenden Pointe.

Nicht unwahrscheinlich ist, daß Schmid durch Schubarts weitverbreitetes Gedicht zu seiner Mundartfassung angeregt worden sein könnte. Denn trotz der antiklerikalen Tendenz fand das Gedicht auch Eingang in Anthologien wie die verbreitete *Chrestomathie deutscher Gedichte* (Supplementband) Friedrich Rudolf Vetterleins von 1808 (Tomkowiak 1993, 258) oder in Carl Friedrich Solbrigs heute vergessenes frühes Sagenballadenbuch *Poetische Sagen der Vorzeit* (Magdeburg 1817, 395–398).

Die alemannische Mundartfassung von KHM 167 wirkte sich nachteilig für eine weitere Verbreitung aus. In der Schweiz (erster Abdruck außerhalb der KHM in einem schweizerischen Kalender 1851, s. EM 7, 867) wurde das Schwankmärchen durch Aufnahme in die erste reine Schweizer Märchensammlung Otto Sutermeisters (*Kinder- und Hausmärchen aus der Schweiz*. Aarau 1869, 71) bekannt.

Bildliche Darstellungen sind selten. Der Petrusschwank wurde zuerst in Frankreich von Bertall ([i. e. Charles Albert d'Arnoux, 1820–93], KHM-Teilausgabe von 1855) illustriert, später noch von Dora Polster und Otto Ubbelohde. Zwei Szenen sind charakteristisch: (1) Der Schneider bittend vor der Himmelstür, (2) der Schneider mit Petrus im Gespräch (den Himmelsschlüssel in der Hand haltend).

Lit.: Köhler 1894, 48–78, besonders 72–74; BP 3 (1918) 274 f.; HDM 1 (1930–33) 351 (W. Heiligendorff); Ranke 1955 ff., Bd. 3, 131 (Varianten); Taylor 1965; Schwarzbaum 1968, 157 f.; EM 1 (1977) 1339–1342 (K. Ranke); Heule 1984; Rölleke 1985, 70–74; Asmussen 1986 (zum Paradoxon Kamel – Nadelöhr); Ozawa 1998 (zu Jenseitsvorstellungen); zu den Petrusschwänken vgl. EM 10 (2002) 814–824 (S. Neumann); EM 12 (2007) 82–88 (D. Haase) (zur Symbolik des Schlüssels); Rinn 2013, Becker 2020, 27–38 (zu Ubbelohde).

168. Die hagere Liese. – DMK/Uther, ATU 1430, 1430 A: Luftschlösser (Tubach, Nr. 80, 3286). – KHM-Veröff.: 1840. – Die Vorlage für diesen Eheschwank stammt aus dem *Wendunmuth* des Schwankbuchkompilators Hans Wilhelm Kirchhof (um 1525/28–1602). Seine Sammlung wurde für die KHM mehrfach herangezogen (KHM 119, 174, 177). Der Text selbst ist um volkstümliche Wendungen und Reihungen ergänzt. Wilhelm Grimm hatte sich eine Ausgabe des *Wendunmuth* vom Briefpartner Moriz Haupt (1808–74), dem Leipziger Professor für

Germanistik und Herausgeber der 1841 von ihm begründeten *Zeitschrift für deutsches Alterthum* (s. auch KHM 181, 186, 190), ausgeborgt und entschuldigte sich bei der Rückgabe im Begleitbrief (Cassel 31.8.1840): „es war viel daraus zu holen, deshalb, und weil ich einigemal abbrechen mußte, habe ich ihn [den Wendunmuth] so lange behalten" (Grimm/Schoof 1960, 253).

Im ersten Band von 1563 (*Wendunmuth*, Bd. 1,1, Nr. 371) ist das Stück über den Ehepaarstreit unter dem Titel *Ein weib wirt mutwillig geschlagen* abgedruckt. Zu Beginn von KHM 168 ist ein Rückbezug auf den faulen Heinz und die dicke Trine (KHM 164: *Der faule Heinz*) eingefügt. Denn ebenso wird dort exemplifiziert, daß zu geregeltem Auskommen Tagträumerei und sinnloses Schmieden von Plänen nicht geeignet sind, hier noch verschärfend dargestellt in einem Konflikt zwischen den Ehepartnern.

Wie bei Kirchhof häufig, ist die Geschichte im bäuerlichen Milieu angesiedelt und dient als Beispiel des beliebten Schwankfigurenpaars Dummer Bauer/ Dumme Bäuerin. Die Wünsche nach Verbesserung des Lebensstandards sind keine hochfliegenden Träume, sondern malen eine bessere Alltagsversorgung einer kleinbäuerlichen Wirtschaft aus. Während Kirchhof zeittypisch die Prügelszene schildert („daß inen maul und nasen blutig wurden"), hat das handgreifliche Austragen von Streitigkeiten in Wilhelm Grimms Bearbeitung nur eine geringe Bedeutung (s. auch die Titeländerung). Er macht die ständige Besserwisserei der Frau als Ursache für das Verhalten des Ehemannes verantwortlich und tadelt weniger die Anwendung körperlicher Gewalt. Während sich bei Kirchhof die Eheleute zum Schluß wieder vertragen (Schlußmoral: „Sich zancken umb das man nicht hat/ Setzt gwissen schmertzen an die statt"), behält Wilhelm Grimms Bearbeitung den Topos der zänkischen Ehefrau bei und läßt das Ende offen: „Ob sie am andern Morgen beim Erwachen fortfuhr zu zanken oder ob sie ausging, den Gulden zu suchen, den sie finden wollte, das weiß ich nicht."

Streitigkeiten unter Eheleuten zählen zu den beliebten Schwankthemen. Alle zeitgenössischen Sammlungen des 16. Jahrhunderts haben solche Geschichten über ‚Ehekrieg' aufgenommen (vgl. EM 3, 1095–1107). Charakteristisch für KHM 168 ist die ungleiche Partnerschaft. Dem gutmütigen Ehemann ist die streitsüchtige Frau (Tendenz zur Misogynie) gegenübergestellt. Sie fordert zur Erfüllung ihres Wunschdenkens das nutzlose Abrackern ihres Mannes.

Die Nachwirkung des Eheschwanks von Lenz und Liese ist bescheiden. Ein Gedicht in der Bearbeitung Johann Wilhelm Gleims (1719–1803), das die Luftschlösser-Thematik am Beispiel der Milchfrau als unsinniges Bemühen aufzeigt (4,1: *Die Milch-Frau*), fand sich zeitweilig in Lesebüchern und Anthologien für die Schule (Tomkowiak 1993, 269); außerdem war die vergleichbare Fabel La Fontaines über die Milchmädchenrechnung (7,10: *Die Milchfrau und die Milchkanne*) bekannt. Allen Bearbeitungen gemeinsam ist „ein übernationales und überkulturelles Empfinden für die hoffnungslose Absurdität der menschlichen Vorliebe für Luftschlösser", wie Ruth B. Bottigheimer resümierend feststellt (EM 8, 1263).

Lit.: Hamann 1906, 85 f.; BP 3 (1918) 275 f.; HDM 2 (1934–40) 224 (H. Diewerge); Bluhm/Rölleke 1997, 147 f. (zu Redensarten, Formeln, usw.); EM 8 (1996) 1260–1265 (R. B. Bottigheimer); Solms 1999, 133–135; Solms 2014, 46 f. (zur Erzählerperspektive).

169. Das Waldhaus. – DMK/Uther, ATU 431: Haus im Walde. – KHM-Veröff.: 1840. – Von dem Literaturwissenschaftler und Schriftsteller Karl Goedeke (1814–87) beigesteuertes Zaubermärchen (zu Goedekes Mitwirkung s. auch KHM 171: *Der Zaunkönig*; KHM 193: *Der Trommler*) mit lehrhaftem Charakter, das er nach eigenen Angaben im niedersächsischen Delligsen (bei Alfeld) im August 1838 aus mündlicher Überlieferung niedergeschrieben hat. Die KHM-Fassung ist von Wilhelm Grimm bearbeitet worden.

KHM 169 gehört zu der großen Gruppe von Erzählungen, in denen junge Frauen und Männer das Elternhaus verlassen und sich in der Fremde (auch Jenseitswelt) einem dämonischen Wesen verdingen, uneigennützig Arbeiten verrichten und für ihre Mühen, die zugleich Bewährungsproben sind, belohnt werden. Das populärste Märchen dieser Themengruppe stellt das *Frau Holle*-Märchen (KHM 24) dar. Eine große Motivähnlichkeit besteht zur erstmals 1819 veröffentlichten Kinderlegende *Der heilige Joseph im Walde* (KL 1). Literarische Entsprechungen sind vor allem zur ersten Geschichte aus der anonym erschienenen Sammlung *Feen-Mährchen* (1801, 1–43) festzustellen (s. auch Kommentar zu KHM 24), die in den Anmerkungen zu KHM 24 (jedoch nicht zu KHM 169) erwähnt ist (KHM 1856, 44). Die Begründungen der sprechenden Tiere für die Ablehnung von Hilfe sind ähnlich.

Fasziniert hat Wilhelm Grimm offenbar die leitmotivisch anklingende Idee des achtsamen Zusammenlebens von Mensch und Tier. Verwandelte Menschen darin zu sehen, sei erst später Veranlassung gewesen, kommentierte er (KHM 1856, 246) die „gute" Schilderung. Bei späteren Interpreten führte die Versorgung der (lebensnotwendigen) Haustiere vor der Versorgung der Menschen verschiedentlich zu der Annahme, dem Märchen ein hohes Alter zuzuweisen. Die abschließende Antwort des Königssohns, er habe seine Schwestern zu Magddiensten einem Köhler überantwortet, bis sie sich besserten und auch die armen Tiere nicht hungern ließen, erhellt das pädagogische Anliegen des Märchens.

Der Stoff von den ungleichen Schwestern ist gelegentlich als Märchenspiel aufgegriffen worden. In neuerer Zeit gehört KHM 169 zu den Märchen der Brüder Grimm, die auch als Bilderbücher in Einzelausgaben erhältlich sind.

Bildlich sind vor allem vier Szenen dargestellt: (1) Das Mädchen auf dem Weg zum Waldhaus; (2) das Mädchen mit den Tieren (und dem Alten) im Haus; (3) das Mädchen bei der Arbeit; (4) Tiere (Kuh). Die ersten Illustrationen schuf vermutlich Edward H. Wehnert für eine frühe englische Übersetzung der KHM (1853).

Lit.: BP 3 (1918) 276 f.; Mehlem 1940, 79; Ranke 1955 ff., Bd. 2, 55 (Varianten); zum Dienst beim Dämon vgl. EM 3 (1981) 655–657 (L. Röhrich); Bottigheimer 1987, 161 f.; EM 6 (1990) 594–599 (I. Tomkowiak); Scherf 1991; Scherf 1995, 1354–1357; Röhrich 2001, 82; Ono 2007 (zur Waldsymbolik).

170. Lieb und Leid teilen. – DMK/Uther *1438: Gute Worte geben. – KHM-Veröff.: 1840. – Den Ehepaarschwank entnahm Wilhelm Grimm dem *Rollwagenbüchlein* Georg Wickrams (Wickram/Bolte, Nr. 17), das erstmals 1555 erschienen war, und fand in der alliterierenden Zwillingsformel in der Überschrift, der dreimaligen Wiederholung leitmotivisch im Text und einmal als Wortspiel eine treffende Formulierung. Die Auswertung des Schwankbuchs für die neue große Ausgabe der KHM von 1840 – Wilhelm Grimm stützte sich auf eine spätere Ausgabe von 1590 (Bl. 30 b–31) – führte außerdem dazu, daß in Anlehnung an Wickram entscheidende Änderungen in KHM 35: *Der Schneider im Himmel* vorgenommen wurden.

Die Bearbeitung zielt auf Volkstümlichkeit, was durch eine Reihe paralleler Wendungen erreicht wird. Der Text bleibt strukturell erhalten, wird jedoch durchgängig sprachlich geändert (Parallelabdruck bei Bottigheimer 1992, 480–482). Der Ehepaarschwank demonstriert an der Figur des Schneiders den Streitsüchtigen und Meckerer, dem es niemand recht machen kann, eine besonders im 16./17. Jahrhundert populäre Figur (s. KHM 178: *Meister Pfriem*). Seine Frau hingegen verkörpert mit ihrem Wesen („gut, fleißig und fromm") das Gegenteil und bekommt die Aggressivität des Ehemanns besonders zu spüren. Obwohl der Schneider, wie es heißt, wegen seiner Attacken mit einem Gefängnisaufenthalt bestraft wird, bricht er das Versprechen, mit seiner Frau auszukommen, attackiert sie wiederholt, kann sich dann aber rechtfertigen. Aufgrund seiner Schlagfertigkeit („Lieb und Leid zu teilen") gelingt es ihm, die Prügelvorwürfe zu entkräften. Die „Obrigkeit" beläßt es daher mit einer Ermahnung. Dieser milde Schluß schien Wilhelm Grimm nicht zugesagt zu haben, er nahm daher eine entscheidende inhaltliche Änderung vor. Der Schneider kommt nicht ungeschoren davon, sondern die Richter lassen ihm als Strafe „seinen verdienten Lohn" auszahlen, deren Art und Höhe im ungewissen bleiben. Den Schwank charakterisierte Wilhelm Grimm verharmlosend als „humoristischen Volksscherz" (KHM 1856, 246), ebenso wie KHM 162: *Der kluge Knecht*.

Legt in anderen KHM die Ehefrau häufig streitsüchtiges oder widerspenstiges Verhalten an den Tag, so entsprach dies dem traditionell misogynen Frauenbild (EM 5, 121–123). In KHM 170 sind die Züge eines Streitsüchtigen jedoch auf den männlichen Part übertragen, was wiederum die Verwendungsbreite von Themen in den KHM widerspiegelt und die Geschlechterrollen mit dem Zug der Bosheit, wie etwa in KHM 168: *Die hagere Liese*, umkehrt. Im ganzen spielt das Verschulden des Mannes in den KHM jedoch weit weniger eine Rolle.

Die Figur des Schneiders als eines zänkischen Ehemannes entspricht der seit dem 16. Jahrhundert üblichen Stereotypisierung und dem mit seiner Figur verbundenem Spott, besonders über seine Schwächlichkeit und seine Armut. Mit der Realität der Arbeitswelt haben solche Schilderungen nichts gemein, so daß die Berufe auch auswechselbar sind (Röhrich 1967a, 259). Ein Schneider als Handlungsträger ist mehr als ein dutzend Male in den KHM vertreten, am bekanntesten der unheroische Schneiderheld im Schwankmärchen *Das tapfere Schneiderlein* (KHM 20).

Lit.: Hamann 1906, 86 f.; BP 3 (1918) 277 f.; Bottigheimer 1992, 479–482; EM 12 (2007) 22–28 (H. Kalinke) (zur Beurteilung körperlicher Gewalt).

171. Der Zaunkönig. – DMK/Uther, ATU 221A,B: Königswahl der Tiere (Dicke/Grubmüller, Nr. 655) + vgl. Mot. A 2571: Wie der Zaunkönig zu seinem Namen kam + Mot. A 2494.13: Feindschaft der Vögel + Mot. A 2494.13.4: Feindschaft zwischen Eule und Maus + Mot. A 2332.6.6: Jagd- und Lebensgewohnheiten der Eule + Mot. A 2491.2: Warum die Eule das Tageslicht meidet (vgl. EM 4, 531–538). – KHM-Veröff.: 1840. – Das humorvoll erzählte Tiermärchen über die Königswahl der Tiere bietet außer der Beseelung der Tierwelt zugleich Erklärungen für einsiedlerisches Verhalten des Kiebitzes, die Entstehung des Namens Zaunkönig (Volksetymologie) und für die Lebens- und Jagdgewohnheiten der Eule, für die Deutung von Vogelrufen und Handwerksgeräuschen (Schmied, Tischler) sowie für das Vorhandensein einer Mühlradsprache.

Die literarische Vorlage stammte von dem Pastor Johann Jakob Nathanael Mussäus (1789–1839) aus dem mecklenburgischen Hansdorf bei Bad Doberan (Mussäus 1840, 74–77, Nr. 1). Diese Fassung wurde mit einem handschriftlich vorliegenden niederdeutschen Text verbunden, den der Literaturwissenschaftler und Schriftsteller Karl Goedeke (1814–87) – er kannte Jacob und Wilhelm Grimm seit seinem Studium in Göttingen (1833–38) – „in Celle aufgenommen [hatte] aus mündlicher Überlieferung in Lachendorf August 1838" (vorhanden im Grimm-Nachlaß, Preuß. Kulturbesitz, Berlin; Abdruck bei Grimm/Rölleke 1989, Nr. 21). Mussäus' Texte gaben auch die Vorlagen für die nachfolgenden Texte KHM 172: *Die Scholle* und KHM 173: *Rohrdommel und Wiedehopf* ab. KHM 171 ist zum einen ein Beispiel dafür, wie rasch neuere Texte in die KHM integriert wurden, und zum andern, wie kunstvoll Wilhelm Grimm zwei unterschiedliche Texte miteinander verknüpfte (von der Goedeke-Fassung allerdings weniger übernahm) sowie durch sprachliche und inhaltliche Umstellungen oder kleinere Ergänzungen eine neue Fassung schuf. Ungewöhnlich ist bereits der Eingang, der die sonstige Dynamik vermissen läßt und nicht direkt auf die Handlung hinführt, aber durch die sprachliche Wiedergabe von Geräuschen Leser und Hörer poetisch dicht auf das Geschehen einstimmt. In der sprachlichen Überarbeitung der Vorlage entwickelte Wilhelm Grimm wahre Meisterschaft. Er beachtete die Handlungsstruktur, sorgte aber für eine strenge motivische Verknüpfung der einzelnen Partien, war am Herausarbeiten von Symmetrie und Steigerung interessiert und zerlegte den Handlungsablauf in seine einzelnen Phasen. Die Anschaulichkeit des Tiermärchens steigerte er durch verdeutlichende Zusätze und bemühte sich um eine präzisere Ausdrucksweise als Mussäus. So verstärkte er bei den Tieren die lautmalerischen Züge, die sich durch den ganzen Text ziehen. Belebend wirken auch die niederdeutschen Dialog-Einsprengsel und die humorvoll beschriebenen Versuche, den Zaunkönig zu überlisten. Bei KHM 171 handelt es sich um ein dreigliedriges Tiermärchen, das durch den negativen Ausgang zur Tiersage und Ätiologie tendiert:

(1) Die Vögel kommen zusammen und fassen den Beschluß, demjenigen die Königsherrschaft zu übertragen, der am höchsten fliegen kann. (2) Der Zaunkönig, der sich im Gefieder des Adlers verborgen hat, steigt am höchsten auf (= DMK/Uther, ATU 221A). Die Vögel versagen dem Listigen ihre Anerkennung (die Gans verächtlich: „Pracherwerk, Pracherwerk" [Bettlerwerk]). (3) Die Tiere beschließen, den in ein Mauseloch geflüchteten Zaunkönig auszuhungern. Die Eule als Wächterin ist unaufmerksam, schläft ein, und der Zaunkönig entkommt (= DMK/Uther, ATU 221B). Die Königswahl bleibt ohne Ergebnis.

Solche Themen wie die Königswahl der Vögel begegnen bereits bei Plutarch (*Moralia* 5,1) oder als Bitte der Frösche um einen König (DMK/Uther, ATU 277) in den frühen naturkundlichen Werken des Plinius Secundus oder Aristoteles und wurden über verschiedene Zwischenglieder (Isidor von Sevilla) auch im Mittelalter weiter tradiert. Innerhalb der sogenannten äsopischen Fabeln gelangten die Tiergeschichten ferner in zahlreiche Sammlungen der Frühen Neuzeit, dort zumeist einepisodig. Das Zusammenleben der Tiere ist bestimmt von einer hierarchischen Ordnung. Auf das Tierreich sind Vorstellungen einer an bestimmte Gaben oder Eigenschaften geknüpften Herrscherwahl übertragen. Das Bild des Tierkönigs und das Verhältnis zu seinen ‚Untertanen' ist recht vielfältig, die Affinität zu menschlichen Sozietäten liegt nahe und scheint nachempfunden zu sein (vgl. auch Jessen 1979, 226–228). Erzählt wird beispielsweise von einem Rat der Tiere (DMK/Uther, ATU 220: *Parlament der Tiere*), von der Wahl eines Tierkönigs, den alle Artgenossen respektieren, oder davon, daß Tiere in der Lage sind, bei Fehlen eines Tierkönigs gar eine weltliche Instanz zur Entscheidung über Rechtsstreitigkeiten bemühen zu können wie in der alten und weitverbreiteten Fabel von der Glocke der Gerechtigkeit (DMK/Uther, ATU 207: *Glocke der Gerechtigkeit*). Die Wahlentscheidung für einen bestimmten Tierkönig ist öfter, wie hier in KHM 171, umstritten und wird angefochten (vgl. auch KHM 172: *Die Scholle*).

Schon in den ältesten Überlieferungen besaßen die Tiere feste symbolische Zuschreibungen, die sie innerhalb der Spezies als auch im Vergleich mit anderen Tieren der drei Elemente auszeichnete. Unter den Vögeln kommt dem Adler die Rolle des Königs zu (s. EM 1, 106–110). Nur der weltliche Herrscher besitzt das Recht, ihn zu jagen. Der Adler hilft bei der Königswahl und sucht durch Flug den neuen Herrscher. Bei der Königswahl durch Tiere – neben Adlern begegnet häufig auch die Taube – handelt es sich um eine Variation des Kernmotivs, das auch in der Überlieferung über die Papstwahlen von Silvester II. und Innozenz III. eine Rolle spielt: Tiere symbolisieren die rechtmäßige Übertragung der Herrschaft. Solche Motive sind bei vielen Völkern bekannt.

Zunächst sieht es in KHM 171 so aus, als folge die Wahl des Tierkönigs demokratischen Strukturen. Die Wahl wird von der Versammlung aller fliegenden Wesen beschlossen. König solle sein, wer in einem Wettbewerb am höchsten fliegt – der Steigflug war schon immer ein besonderes Thema der Fabel: Verschiedene Erzählungen stellen dieses ‚Fliegenlernen' (DMK/Uther, ATU 225, 225A, 226) in den Mittelpunkt (EM 4, 1290–1295). Doch dabei obsiegen stets die Tiere der Luft, die in die Luft transportierten Landtiere stürzen ab und finden den Tod, eine Warnung vor Hybris und dem Verstoß gegen die gottgewollte Ordnung. Hier nun dient der Wettbewerb dazu, innerhalb der Tiere der Luft den besten herauszufinden. Die Entscheidung signalisiert, daß ein Tierkönig über die größte Stärke verfügen muß. Körperkräfte gelten demnach als Voraussetzung für Herrschaft. Wie bei anderen wichtigen Beschlüssen muß Einmütigkeit herrschen. Der Zaunkönig, aufgrund physischer Beschaffenheit im Grunde chancenlos, favorisiert insgeheim den Adler als den aussichtsreichsten Kandidaten und versteckt sich in dessen Gefieder. Als der über den anderen Vögeln fliegende Adler nicht mehr höher steigen kann, schwingt sich der Zaunkönig aus dem Gefieder des Adlers empor. So erwirbt er die Königswürde mit Hilfe der von ihm angewandten List (Dicke/Grubmüller, Nr. 655: *Zaunkönig und Adler*), wie es am Schluß der mittelalterlichen und frühneuzeitlichen Fassungen heißt. Ein diesem Ausgang entsprechendes frühes Tiermärchen veröffentlichte Ludwig

KHM 171: Der Zaunkönig. Federzeichnung von Otto Ubbelohde (ca. 1908)

Aurbacher (1834, 242–248) und rund 20 Jahre später Wilhelm Grimm in der *Zeitschrift für Deutsche Mythologie* (ZfdMythol. 1853, Bd. 1, 2 f. = Grimm/Hinrichs, Bd. 4, 1887, 364 f.), zugleich ein Indiz dafür, daß Wilhelm Grimm der Stoff weiterhin interessiert hat und daß ihm die älteren Versionen mit dem positiven Ausgang geläufig waren. Bereits im *Reinhart Fuchs* (1834) hatte Jacob Grimm sich über die Funktion der Königswahl den älteren literarischen Zeugnissen folgend zutreffend geäußert: „so ist es ein eigenthümlicher zug der thierfabel, die königswürde entweder dem größten und mächtigsten oder umgekehrt dem kleinsten und zierlichsten geschöpf einer gattung zu übertragen."

Im Tiermärchen des 19. Jahrhunderts vollzieht sich allerdings eine entscheidende Neubewertung des Stoffs, indem Mussäus den Stoff in eine Erklärungssage für das Verhalten bestimmter Tiere münden ließ und dem Zaunkönig die Rolle des Herrn der Tiere absprach. Ätiologische Sagen erfreuten sich seit etwa Mitte des 19. Jahrhunderts großer Beliebtheit. Die Handlung dient als Erklärung für die Feindschaft von Tieren (Adler/Zaunkönig), das nächtliche Jagen der Eule, ihre bevorzugten Beutetiere (Mäuse) und liefert eine Erklärung, warum die Eule das Licht des Tages meidet. Dieses letztere Verhalten hatte schon Isidor von Sevilla, der spanische Kirchenvater und einflußreiche Naturbeschreiber des ganzen Mittelalters, in seinem Hauptwerk über naturwissenschaftliche, grammatische, historische und theologische Themen und Motive herausgestellt (*Etymologi*ae XII,7,40).

Typologisch steht KHM 171 den ungemein verbreiteten Rangstreitfabeln nahe, die Lebensgewohnheiten und Eigenschaften von Tieren, manchmal auch volksetymologisch nicht mehr herzuleitende Namen zu begründen suchen.

Einige wenige bildliche Darstellungen von KHM 171 sind erst seit Beginn des 20. Jahrhunderts nachzuweisen (Eule schlafend; Zaunkönig über dem Adler in der Luft). Als Einzelmärchen begegnet KHM 171 gelegentlich in Lesebüchern seit Ende des 19. Jahrhunderts, sonst verläuft die Nachwirkung nur innerhalb von KHM-Gesamtausgaben.

Lit.: Hamann 1906, 87 f.; Dähnhardt, Natursagen, Bd. 4 (1912) 160–184, 302; BP 3 (1918) 278–283; Mehlem 1940, 60, 79; Verflex. 7 (^{2}1989) 1007–1012 (N. Henkel) (zur dt. Überlieferung des 15. Jahrhunderts); Tomkowiak 1993, 311 (Lesebuch); Kooi/Schuster 1994, Nr. 248 (Varianten); EM 7,1 (1994) 181–186 (M. Eikelmann); Bluhm/Rölleke 1997, 149 (zu Redensarten, Formeln, usw.); Dekker et al. 1997, 189–191 (J. van der Kooi); Hubrich-Messow 2000 ff., Bd. 4, 68–72 (Varianten); Uther 2001; zum Zaunkönig vgl. EM 14 (2014) 1211–1214 (W. Bies).

172. Die Scholle. – DMK/Uther, ATU 250A: Flunder. – KHM-Veröff.: 1840. – Die 1840 neu eingefügte ätiologische Sage geht wie die Vorlage für KHM 171: *Der*

Zaunkönig und KHM 173: *Rohrdommel und Wiedehopf* auf Johann Jakob Nathanael Mussäus (1789–1839) zurück. Der Hansdorfer Pfarrer und eifrige Sammler von Volksüberlieferungen hatte die mecklenburgische Sage als einen von 14 Texten unter dem Titel *Die Königswahl unter den Fischen* herausgebracht (Mussäus 1840, 77, Nr. 2). Sie schloß thematisch an die vorausgehende von der Königswahl unter den Vögeln (s. KHM 171) an.

Nicht nur die Tiere der Luft, auch die Fische haben einen König. Diese Vorstellung findet sich häufiger bei seefahrenden Völkern, die eine Art Fischstaat kennen (Mot. B 223), dem ein König als Oberhaupt (Mot. B 236) vorsteht. Bis auf wenige Ausnahmen wird der Fischkönig von seinesgleichen gewählt (Mot. B 22). Die Sage von der kuriosen Wahl eines Fischkönigs hat Mussäus offenbar erfunden; eine ältere Vorlage ist nicht nachzuweisen.

Das Bedürfnis nach politischer Ordnung und die Regelung von Streitigkeiten veranlassen die Fische zu einem Wettschwimmen. Doch im Zentrum der Handlung steht nicht die Entscheidung, welcher Fisch tatsächlich das Schwimmen gewinnt, sondern die Handlung ist auf den ätiologischen Schluß, die Erklärung für das signifikante oder vermeintliche Charakteristikum der Flunder, ausgerichtet. Doch bevor es dazu kommt, erfahren die Leser und Hörer den Grund für das Bedürfnis nach einer Königswahl: „Die Fische waren schon lange unzufrieden, daß keine Ordnung in ihrem Reich herrschte." Das Reich der Fische in Unordnung? Das Recht des Stärkeren bestimmt den Umgang der Tiere miteinander? Ein solcher Zustand, gerade in der politisch verfahrenen Situation der deutschen Lande um 1840, verlangt nach einer Änderung. Gefragt ist der gerechte Herrscher. In den Worten der vereinigten Fischarten: „Wie schön wäre es, wenn wir einen König hätten, der Recht und Gerechtigkeit bei uns übte." Ausdrücklich wird die Scholle erwähnt, denn um dieses sonst nicht nennenswert literarisch bezeugte Tier geht es schließlich: „Auch die Scholle schwamm mit und hoffte, das Ziel zu erreichen." Über die Eigenschaften der Fische erfahren die Leser nichts, auch nichts darüber, ob und wie der Hering als Sieger des Wettschwimmens die Ordnung im Fischreich herstellt.

KHM 172 ist im Vergleich zu KHM 171 wesentlich kürzer und steht exemplarisch für die im 19. Jahrhundert besonders verbreiteten Erklärungssagen, tendiert aber hier wegen der moralisch verwerflichen Charaktereigenschaften Überheblichkeit, Mißgunst und Verachtung zur Warnerzählung: das hämische Verhalten von Flundern gegenüber dem vorausschwimmenden Hering sei die Ursache dafür, daß sie zur Strafe ein schiefstehendes Maul erhalten hätten.

Auch Ludwig Bechstein hat die ätiologische Sage unter dem Titel *Der Fischkönig* nach der Vorlage von Mussäus in sein *Neues deutsches Märchenbuch* (1856, Nr. 25) aufgenommen und ausgeschmückt. Durch verstärkte humoristische Züge tendiert die Sage bei ihm mehr zu einem Tiermärchen. Während Wilhelm Grimm wie auch Mussäus nur am Rande die Königswahl erwähnen und die Fische nach Recht und Gerechtigkeit rufen lassen, geht der im 19. Jahrhundert erfolgreichste Märchensammler wesentlich weiter und nutzt den eigentlich recht knapp erzählten Stoff zu langen Ausführungen über Sinn und Zweck von Wahlen. Nach Schilderungen verschiedener Tierkönigswahlen zwischen Adler und Zaunkönig und Hinweisen auf den König der Frösche und den Löwen als Herrscher der Landtiere fährt er humorvoll und mit ironischer Distanz fort: „Aber daß die Fische auch einmal auf die Gedanken einer Königswahl gekommen sind, das ist weniger bekannt, und das kommt hauptsächlich daher, daß die Fische, mindestens für das Menschenohr, stumm sind und keinen Lärmen verführen und kein unnützes Geschwätze auf die Bahn bringen, wenn sie Kaiser oder Könige wählen." Von den Vorzügen des Fischkönigs interessieren Schnelligkeit und Gewandtheit, denn: „Wer allen andern voran ist, der hat das natürliche Recht, unser König nicht nur zu heißen, sondern auch zu sein." Immer wieder durchbricht Bechstein den Handlungsfluß, läßt dabei auch humorvolle Züge einfließen und scheut auch nicht davor zurück, politische Zeitbezüge ironisierend einzubringen: „Die fliegenden Fische schnellten sich in die Luft empor, um dem Königsrennen aus der Vogelperspektive zuzusehen, plumpten aber immer wieder in das Wasser." Kommentierend, mitunter ins Parodistische gehend, begleitet er den Wahlvorgang: „Die Sternseher [!], auch eine Fischart, prophezeiten, daß aus der Königswahl, wie bei so mancher in der Menschenwelt, nichts Gescheites herauskommen werde." Während Mussäus und Grimm mit der Begründung für das Aussehen der Scholle enden, fährt Bechstein fort und schließt mit der pessimistischen Lebensweisheit: „Aber die Sternseher hatten recht gehabt: Dem neuen Könige wurde das Regiment sehr schwer gemacht. Und er vermochte sich nicht so recht zu behaupten. Es gibt gar zu viele Königsfresser."

Bildliche Gestaltungen sind höchst selten, zeigen nur die Scholle als Vignette oder den Fischschwarm und sind nur in durchgängig illustrierten KHM-Gesamtausgaben vorhanden (z. B. von Otto Ubbelohde).

Lit.: Hamann 1906, 88; Dähnhardt, Natursagen, Bd. 4 (1912) 192–196; BP 3 (1918) 284 f.; EM 4 (1984) 1373 f. (H. Lixfeld); Kooi/Schuster 1993, Nr. 211b (Varianten); Kooi/Schuster 1994, Nr. 259 (Varianten); Dekker et al. 1997, 189–191 (J. van der Kooi); Hubrich-Messow 2000 ff., Bd. 4, 68–72, 79 f. (Varianten); Uther 2001, Rinn 2013, Becker 2020, 27–38 (zu Ubbelohde).

173. Rohrdommel und Wiedehopf. – DMK/Uther, ATU 236*: Miscellaneous Tales with Imitation of Bird Sounds. – KHM-Veröff.: 1840. – Die 1840 neu eingefügte ätiologische Sage über die Entstehung bestimmter Vogelstimmen mit der

Tendenz einer Warnsage geht wie die Vorlage für KHM 171: *Der Zaunkönig* und KHM 172: *Die Scholle* auf Johann Jakob Nathanael Mussäus (1789–1839) zurück. Der Hansdorfer Pfarrer und eifrige Sammler mecklenburgischer Volksüberlieferungen hatte den Text unter dem Titel *Die Kuhhirten* herausgebracht (Mussäus 1840, 77 f., Nr. 3). Wilhelm Grimm änderte die Überschrift zugunsten der eigentlichen Handlungsträger, der beiden Vögel, von denen erzählt wird, daß sie ursprünglich in menschlicher Gestalt vorhanden gewesen seien, nun aber als Vögel mit signifikanten stimmlichen Eigenschaften weiterlebten. Dahinter verbirgt sich die archaische Vorstellung der Vogelgestalt der menschlichen Seele, wie sie unter anderem auch KHM 47: *Von dem Machandelboom* zugrunde liegt.

Erklärt werden die Vogelstimmen von Rohrdommel und Wiedehopf, welche im Zusammenhang mit unüberlegtem törichten Handeln entstanden seien. Die bei Mussäus etwas umständliche Lebensmaxime, die den Text moralisierend beschließt („Nicht zu fett, und nicht zu mager! so gedeiht Alles am Besten"), lautet prägnanter und textbezogener in KHM 173: „So geht's, wenn man kein Maß hält."

Auch Ludwig Bechstein hat die ätiologische Sage 1856 nach der Vorlage von Mussäus, aber breit ausgestaltet, in sein *Neues deutsches Märchenbuch* (Bechstein/Uther 1997b, 150–152) aufgenommen.

Bildliche Gestaltungen sind höchst selten und nur in durchgängig illustrierten KHM-Gesamtausgaben vorhanden. Otto Ubbelohde, dessen Tierdarstellungen in seinem Werk nach Siegfried Becker (2020, 29) ein wesentliches Merkmal darstellen, wählte beispielsweise die Eingangsszene aus und zeigt den Hirten inmitten der Kühe und im Gespräch mit dem „Herrn".

Lit.: Hamann 1906, 88; BP 3 (1918) 285 f.; Hubrich-Messow 2000 ff., Bd. 4, 83 (Varianten); EM 12 (2007) 489–493 (C. Tuczay) (zum Seelentier); Becker 2020, 27–38.

174. Die Eule. – Mot. A 2494.13: Feindschaft der Eule gegenüber anderen Vögeln + Mot. A 2332.6.6: Jagd- und Lebensgewohnheiten der Eule (vgl. EM 4, 531–538) + DMK/Uther, ATU 1282: House Burned Down to Rid it of Insects. – KHM-Veröff.: 1840. – Der Schwank wird im KHM-Anmerkungsband als „Lalenbürgerstreich" (KHM 1856, 247) bezeichnet und nimmt Bezug auf die im 16./17. Jahrhundert weitverbreiteten Schwankbücher wie *Das Lalebuch*, *Die Schiltbürger*, *Grillenvertreiber* oder *Hummelnvertreiber* mit Dutzenden von Geschichten über Dummköpfe. Die Vorlage stammte von dem Schwankbuchkompilator Hans Wilhelm Kirchhof (um 1525/28–1602; s. auch KHM 119, 168, 177), und wurde – wie besonders in Bearbeitungen der später eingefügten Stücke – um volkstümliche Wendungen und Reihungen ergänzt. Im ersten Band von 1563 (Kirchhof, *Wend-*

unmuth, Bd. 1,1, Nr. 167) ist das Stück unter dem Titel *Von der eulen zu Pein* abgedruckt. Wilhelm Grimm siedelte den Dummenschwank statt dessen im Nirgendwo an und in einer unbestimmten Vergangenheit: „Vor ein paar hundert Jahren". Dagegen kommentierte Kirchhof, das Ende vorwegnehmend: „vor alten jahren (als die leut nicht wie ietzund verschmitzt waren)".

Gruppennarren wie die Einwohner der fiktiven Stadt Schilda, die Einwohner der antiken thrakischen Stadt Abdera oder die Lalen (lale [griech.] bedeutet Schwätzer) waren als Handlungsträger von Schwänken sehr populär; es existieren ganze Zyklen ihrer Abenteuer. Heute haben, je nach Region, andere die Rolle solcher Einfaltspinsel übernommen. Die Übertreibung dummen Verhaltens (z. B. KHM 7, 61, 116) verschafft den Lesern und Leserinnen eine unbeschwerte Heiterkeit, schließlich soll in der Realität eine solche Dummheit nicht vorkommen. Die Komik in KHM 174 basiert auf grotesken Mißverständnissen, die sich aus falscher Tierbeobachtung ergeben und schließlich dazu führen, daß lediglich die Scheune (nicht die ganze Stadt) mit dem unbekannten Tier abgefackelt wird – eine etwas mildere Version des Themas, das bereits in anderem Zusammenhang im Schwankmärchen von den drei Brüdern begegnet (KHM 70: *Die drei Glückskinder*).

Der Bürgermeister in der Rolle des obersten Amtsinhabers und somit in sozial herausgehobener Position figuriert als Haupt der dummen Bürger. Das Amt des Bürgermeisters und die Institution eines Rates sind in europäischen Städten seit dem 13. Jahrhundert, später auch in ländlichen Gemeinden, belegt. Der in mehr oder minder freier Wahl auf Zeit gekürte Bürgermeister war häufig ein Kompromißkandidat sozial einflußreicher Gruppen. Die mitunter labile Position des Gewählten sowie der mit dem Amt vereinzelt anzutreffende Mißbrauch (EM 2, 1036) mögen das negative Bild des Amtsinhabers beeinflußt haben, wie es besonders frühneuzeitliche Schwänke widerspiegeln, die ebenso bis in die jüngste Zeit weiter tradiert werden und gängigen Vorstellungen offenbar nicht zuwiderliefen. Bemerkenswerterweise war der Schwank bei Kirchhof ursprünglich in einer kleineren Stadt (im norddeutschen Peine) angesiedelt, kam doch Amtsträgern infolge der Sozialstruktur eine besondere Bedeutung zu.

Die Anfangsepisode hat Wilhelm Grimm ausgeschmückt und außerdem einen Rückbezug auf KHM 162: *Der kluge Knecht* eingefügt. Während die Intention des Textes in KHM 162 nur aus dem Kontext zu erahnen ist, läßt die Anspielung in KHM 174 an Deutlichkeit nichts übrig. Der sozial Höherstehende bewertet das Handeln des Knechts als Übertreibung mit den Worten: „‚Ich kenne dich schon', sagte der Herr, ‚einer Amsel im Felde nachzujagen, dazu hast du Mut genug, aber wenn du ein totes Huhn liegen siehst, so holst du dir erst einen Stock, ehe du ihm zu nahe kommst'". Die Eule als Auslöserin der Mißverständnisse ist in Anlehnung an KHM 171: *Der Zaunkönig* charakterisiert. Anschaulich ergänzt Wilhelm Grimm, daß die anderen Vögel, „wenn sie [die Eule] sich blicken läßt, ein furchtbares Geschrei erheben".

Bildliche Darstellungen des humorvoll erzählten, aber wenig verbreiteten Schwanks sind seit Beginn des 20. Jahrhunderts vereinzelt in KHM-Ausgaben zu finden. Bevorzugtes Bildmotiv: Ein auf der Leiter stehender Krieger (gestiefelt und gespornt) versucht die Eule mit einem Spieß zu treffen.

Lit.: Hamann 1906, 88 f.; BP 2 (1915) 72 und BP 3 (1918) 72, 286–288; zur Eule vgl. EM 4 (1984) 531–538 (N. Henkel); EM 7 (1993) 1121–1126 (J. van der Kooi); Müller/Wunderlich 2008, 477–488 (W. Wunderlich) (zu Gruppennarren).

175. Der Mond. – Mot. A 758: Diebstahl des Mondes + Mot. A 755.4.2: Gestohlener Mond geviertelt + Mot. A 755.2: Ursache für Mondphasen. – KHM-Veröff.: 1857. – Einer der vier 1857 neu in das KHM-Korpus aufgenommenen Texte, der die erst 1840 ergänzte und wegen ihrer (indirekten) orientalischen Herkunft wieder ausgemusterte Schicksalserzählung *Das Unglück* ersetzte, die noch im KHM-Anmerkungsband von 1856 (S. 247) angezeigt war. KHM 175 läßt sich typologisch als ein Schwankmärchen (Bürgermeister als Mondkäufer) mit ätiologischen Zügen (Warum der Mond am Himmel „hängt") und grotesken Elementen (Vierteilung des Mondes) einordnen. Erneut taucht Petrus als Himmelswächter (s. auch KHM 35, 167, 178) auf, der hier außerdem die Ruhe der Toten wiederherstellt und dafür sorgt, daß der Mond nunmehr am Himmel steht und in der Nacht leuchtet. Die literarische Vorlage stammt aus den von Heinrich Pröhle (1822–95) herausgegebenen *Märchen für die Jugend* (1854, Nr. 39: *Das Mondenlicht*). Vermutlich hat Pröhle den Text wie so manch anderen erfunden. „Die postulierte Treue gegenüber der Überlieferung galt nicht der Form, sondern allein den Erzählstoffen", schätzte Ines Köhler-Zülch das literarische Schaffen Pröhles ein (EM 10, 1392).

Statt in der von Pröhle genannten fiktiven Landschaft Schnorrwitz spielt KHM 175 in den KHM in einem unbestimmten „Land, wo die Nacht immer dunkel und der Himmel wie ein schwarzes Tuch darüber gebreitet war, denn es gieng dort niemals der Mond auf, und kein Stern blinkte in der Finsternis". Wilhelm Grimm hält sich zwar strukturell an die Vorlage, fügt aber doch eine Reihe von Änderungen und Ausschmückungen ein, besonders dort, wo es darum geht, „die humoristische Seite" (Hamann 1906, 88) zu verstärken. Wie besonders bei den seit 1837 ergänzten KHM-Texten zu beobachten, sorgte er für größere Anschaulichkeit. Die Szene von den tanzenden Zwergen in der hellen Mondnacht hatte es ihm offenbar besonders angetan: „Die Zwerge kamen aus den Felsenhöhlen hervor, und die kleinen Wichtelmänner tanzten in ihren roten Röckchen auf den Wiesen den Ringeltanz." Ein solcher Gruppentanz von „Wichtelmännern" bei Mondenschein – die Röckchen deuten, selten genug, auf weibliche Jenseitswesen – spielt in anderem Zusammenhang zu Beginn des 1850 eingefügten Märchens *Die Geschenke des kleinen Volkes* (KHM 182) eine Rolle und könnte inspirierend auf die Ausgestaltung dieser Passage gewirkt haben.

Der Pfarrerssohn Pröhle (vgl. EM 10, 1390–1395), der sich als Zeitungsredakteur, Schriftsteller und Dichter durchschlug, gab eine ganze Reihe von Märchen- und Sagensammlungen heraus und eiferte damit den von ihm mehrfach herausgestellten Vorbildern, den Brüdern Grimm, nach. Er beschäftigte sich speziell mit Harzsagen, faßte als erster systematisch und flächendeckend die Sagen (und Märchen) nach Orten und Themen zusammen und versah sie mit ausführlichen Kommentaren. Seine mythologischen (später abgeschwächten) Herleitungen sind zeitbedingt und wissenschaftlich überholt. Aber gerade dieser Ansatz interessierte Wilhelm besonders, war er doch der Auffassung, daß das „Märchen vom Mond" „den Geist der ältesten Zeit" atme und das Handlungselement von der Zähmung des Mondes einer Rune des finnischen Nationalepos *Kalevala* vergleichbar sei (KHM 1856, 247 f.). Sowohl Jacob als auch Wilhelm Grimm schätzten die Arbeiten Pröhles hoch ein. Erhalten ist noch eine Korrespondenz der Brüder Grimm mit Pröhle, die von 1852 bis 1860 reicht. Pröhle unterstützte die Brüder auch bei der Arbeit am *Deutschen Wörterbuch*. Ein Indiz für die Wertschätzung Pröhles ergibt sich aus der Tatsache, daß Wilhelm Grimm die bis 1856 erschienenen zwei Märchensammlungen Pröhles – im Unterschied zu den meisten anderen zeitgleichen Sammlungen – einige dutzend Male im Anmerkungsband innerhalb der Varianten erwähnte.

Carl Orff (1895–1982) verarbeitete den Stoff zu der Oper *Der Mond* (Uraufführung München 1939); er sah in Petrus eine „Odin-Gestalt". Bildliche Gestaltungen sind kaum bekannt und sehr unterschiedlich (Mann auf einer Leiter mit Schere in der Hand zum Abschneiden des Mondes; Petrus, auf einem Pferd sitzend, weist die Toten zurecht).

Lit.: Hamann 1906, 101; BP 3 (1918) 288 f.; Gilmour 1993, 21 (zum Tanz der Zwerge).

176. Die Lebenszeit. – DMK/Uther, ATU 173: Lebenszeiten des Menschen. – KHM-Veröff.: 1840. – „Dieses Märchen erzählte ein Bauer aus Zwehrn bei Kassel auf dem Feld im Jahr 1838", gab Wilhelm Grimm im KHM-Anmerkungsband (KHM 1856, 248) an, schwieg sich aber darüber aus, wem der Bauer das „Märchen" erzählt habe. Den Brüdern Grimm hatte er es sicher nicht erzählt, denn kaum einer nach den 1820er Jahren veröffentlichter Text war von ihnen selbst aus mündlicher Überlieferung aufgezeichnet worden. Im Vorwort zur 1840er Ausgabe hatte es noch genauer geheißen: „Das schöne Märchen von der Lebenszeit (Nr. 176) erzählte ein Bauer aus Zwehren einem meiner Freunde, mit dem er auf freiem Felde eine Unterredung angeknüpft hatte; man sieht, daß die Weisheit auf der Gasse noch nicht ganz untergegangen ist."

Der Einsender war Carl Friedrich Münscher (1808–73). Denkbar ist, daß ein im Grimm-Nachlaß (1757; Berlin, Preuß. Kulturbesitz, abgedruckt bei Grimm/Rölleke 1989, Nr. 19) vorhandenes Manuskript auf den gleichen Zwehrener Bauern zurückgeht, nur mit dem Unterschied, daß diese Fassung laut handschriftlichem Eintrag auf dem Manuskript erst im März 1841 (also nach Erscheinen der *Großen Ausgabe* von 1840), von Wilhelm Müller (1812–90), einem mythologisch interessierten Schüler Jacob Grimms aus Göttinger Zeiten (Korrespondenz mit Jacob Grimm seit 1838, s. Friemel 1992) – mit dem er später eine heftige Wissenschaftsfehde austrug –, vermittelt worden war: „Erzählt von einem bauer aus der umgegend von Cassel dem oheim des Dr. W. Müller aus Springe, der es mir mitgetheilt hat im März 1841 [recte 25.2.1841]." Posthum erschien eine kleine Abhandlung Wilhelms (Grimm 1865), die sich vor allem mit der griechischen und jüdischen Überlieferung des Stoffs beschäftigte.

Die gleichnishafte Erzählung (Parabel) mit ätiologischem Schluß, auch wegen der humoristischen Züge als Legendenschwank zu bezeichnen, stellt die Lebenszeiten von Tieren denen des Menschen gegenüber, erklärt die im Vergleich zu Tieren höhere Lebensspanne mit dem Motiv der verschenkten Lebensjahre (s. EM 8, 833–835) und rechtfertigt die Lebenslänge und damit verbundene Alterungsprozesse als eine vom Schöpfer determinierte Zeitspanne, mit welcher der Mensch sich nicht zufriedengibt. Er nimmt im Vergleich zu den Tieren den Verlust von Lebensqualität in Kauf (EM 8, 845).

Im Anmerkungsband (KHM 1856, 248) findet sich ein Hinweis auf die älteste Quelle, die Fabel des hellenisierten Römers Babrios (Nr. 74 = Abdruck bei Uther 1990b, Nr. 62), der vermutlich im 2. Jahrhundert nach Christi Geburt lebte. Bei Babrios handelt es sich um Pferd, Stier und Hund, die aus Dankbarkeit dem Menschen für die gewährte Gastfreundschaft einen Teil ihrer Lebensjahre abtreten, Erklärung für den Umstand, warum Menschen eine zumeist höhere Lebensdauer als Tiere haben und wie Verhalten und Schaffenskraft von der jeweiligen Altersstufe abhängen. Die früheste deutschsprachige Fassung mit der Rundzahl Einhundert findet sich im Augsburger *Liederbuch* (1471) der Clara Hätzlerin (ed. C. Haltaus. Quedlinburg/Leipzig 1840, LXIX, Num. 13): „X jar ain Kitz,/ XX jar ain kalb,/ XXX jar ain stier,/ XL jar ain leo,/ L jar ain fuchs,/ LX jar ain wolf,/ LXX jar ain katz,/ LXXX jar ain hund,/ LXXXX jar ain esel,/ C jar ain gans."

Die allegorische Thematik ist seit dem 15./16. Jahrhundert häufig in Form von Alterspyramiden der Tiere (auch bildlich: Alterstreppe) dargestellt worden.

In rabbinischen und islamischen Legenden ist der Stoff ebenfalls geläufig. Die seit dem 16. Jahrhundert mit Jupiter als Herrscher über Mensch und Tier literarisch tradierte Fabel oder Idylle begegnet in einer Märchensammlung des 19. Jahrhunderts erstmals bei Ludwig Aurbacher (1827 = 1835, Nr. 12).

Lit.: BP 3 (1918) 290–293; Nossag 1931, 39; Wesselski 1938a; Schwarzbaum 1972; EM 8 (1996) 842–846 (A. Schöne); Guth 2006 f.; Messerli 2020, 277–298; Zimmermann 2020, 305 f.

177. Die Boten des Todes. – DMK/Uther, ATU 335: Boten des Todes (Tubach 1969, Nr. 3277). – KHM-Veröff.: 1840. – Erneut (s. auch KHM 119, 168, 174) zog Wilhelm Grimm die umfangreiche Sammlung *Wendunmuth* (Bd. 1,2, Nr. 124) des Schwankbuchkompilators Hans Wilhelm Kirchhof (um 1525/28–1602) für KHM 177 heran (Abdruck bei Uther 1990b, Nr. 63). Die knappe Einleitungsepisode vom Kampf des Riesen mit dem Tod ist ausfabuliert und völlig umgestaltet (ergänzend z. B. die Todesklage des Todes). Eingeführt ist die direkte Rede, detaillierte Beschreibungen sorgen für größere Anschaulichkeit. Die zweifache Moralitätn Kirchhofs entfiel jedoch, so daß der christliche Grundgedanke nicht überbetont war. Die beträchtlichen Texteingriffe und -umgestaltungen, wie sie vor allem seit den 1830er Ausgaben zu beobachten sind, resultierten aus Wilhelm Grimms Bearbeitungspraxis.

KHM 177 gehört zu den Beispielgeschichten mit teilweise schwankhaften Zügen (im Kampf mit dem Tod), eine gleichnishafte Erzählung (Parabel), die aufgrund der humoristischen Züge (Kampf zwischen Riese und Tod) auch als Legendenschwank bezeichnet werden könnte.

Nach christlicher Auffassung kann der Mensch im Wissen um die Vergänglichkeit des Lebens seine Seele nur retten, wenn er jederzeit auf den Tod vorbereitet ist und Zeichen des nahenden Todes (signa mortis) wie eine schwere Krankheit oder Altersgebrechen beachtet. Solche Geschichten mit allegorischer Tendenz waren in vielen Predigt- und Exempelsammlungen seit etwa 1300 zu finden und enthielten die Warnung, im Wissen um die Vergänglichkeit des menschlichen Lebens rechtzeitig für das Seelenheil vorzubeugen, ende doch die Möglichkeit der Bekehrung mit dem Tod (vgl. *Johannes* 9,4). So heißt es entsprechend auch bei Kirchhof, der Mensch brauche „im Glauben gerüst für des Todts Stündlein nicht erschrecken". Wilhelm Grimm als Angehöriger der Reformierten Kirche formulierte weniger streng und milderte die dahinterstehende Auffassung von den Schrecken des Todes, der einen unvorbereitet Sterbenden treffen kann, ab, gemäß der evangelischen beziehungsweise reformierten Auffassung, daß auch plötzlich Sterbende nicht nach Gerechtigkeit bestraft, sondern aus Gnade von Gott auf- und angenommen werden: „Der Mensch wußte nichts zu erwidern, ergab sich in sein Geschick und ging mit dem Tode fort." Wie Harlinda Lox (1990, 85) meint, ist im Märchen der Tod als Sterben „der Erfahrung des Menschen nur als Beobachtung am Leben des anderen zugänglich".

Der personifizierte Tod, dem niemand ausweichen kann, begegnet ebenfalls im Exempel vom Gevatter Tod (KHM 44; vgl. auch KHM 27: *Der Tod und der Gänshirt* [1812]), das in der Verbreitung und bildlichen Darstellung KHM 177 allerdings bei weitem übertrifft.

Lit.: Hamann 1906, 90 f., 129 f.; BP 3 (1918) 293–297; Wesselski 1929a; HDM 1 (1930–33) 301 f. (K. Heckscher); Röhrich, Erzählungen 1, 80–92 (Texte), 258–262 (Kommentar); EM 2 (1979) 636–639 (D.-R. Moser); Tomkowiak 1993, 313; Lox 1990, 85–106; EM 10 (2002) 758–763 (M. Simonsen) (zur Personifikation); Hansen 2002, 95–97, Uther 2011a (über Vorstellungen vom Tod und Sterben); Zimmermann 2020, 301–305.

178. Meister Pfriem. – DMK/Uther, ATU 801: Meister Pfriem (vgl. DMK/Uther, ATU 1248: Kreuzweis statt längsseits + DMK/Uther, ATU 1180: Danaiden) (Tubach, Nr. 2135). – KHM-Veröff.: 1843. – Als literarische Vorlage des Legendenmärchens diente einzig eine als „Ostermährlein" bezeichnete Fassung aus der anonym (mutmaßlicher Verf.: Joseph Meyer) erschienenen Sammlung *Die schönsten Kindermährchen* (Bd. 2 [1837] 143–145). Sie ist allerdings Ludwig Aurbachers *Volksbüchlein*-Fassung (1827 = 1835, Nr. 13: *Hans Pfriem* = Abdruck bei Uther 1990b, Nr. 64) verpflichtet und teilweise erweitert, was Wilhelm Grimm im Kommentar (1856, 249–251) übersah; das *Volksbüchlein* Aurbachers befand sich in der Grimm-Bibliothek (Denecke/Teitge 1989, Nr. 2158). Die Grimm-Bearbeitung erschien zuerst im *Berliner Taschenbuch für 1843* (1842, 168–173; Abdruck bei Grimm/Rölleke 1987, Nr. 9A), das Hermann Kletke (1813–86), zugleich selbst engagierter Märchenherausgeber (vgl. EM 8, 2–4), editorisch betreute. Im Grimm-Nachlaß (Berlin, Preuß. Kulturbesitz, 1757) befindet sich eine Abschrift Wilhelms, die mit der Druckfassung im *Berliner Taschenbuch* identisch ist, sowie eine offenbar ältere Abschrift aus den *Schönsten Kindermährchen* von unbekannter Hand. Das zweiteilige Legendenmärchen verläuft wie folgt:

> Einem umtriebigen Schuhmachermeister ist nichts recht zu machen. Er kritisiert Gesellen und Gesinde, nörgelt an seiner Frau herum und führt sich als Besserwisser auf. Im zweiten Teil wird gezeigt, daß sein rechthaberisches Wesen selbst im Himmel anhält, als er sich in einem Traum tot wähnt. Obwohl von Petrus vor Besserwisserei gewarnt und trotz guter Vorsätze hält Meister Pfriem mit Kritik nicht zurück. Er äußert Unverständnis, als er Engel erblickt, die einen Balken quer statt längs tragen, andere, die Wasser in ein durchlöchertes Sieb schöpfen, und solche, die einen steckengebliebenen Wagen herausziehen,

indem sie zwei Pferde vorn und hinten anspannen. Der Nörgler wird gewaltsam aus dem Himmel entfernt, erwacht aus seinem Traum und fährt fort, das dort Erlebte, wenn auch abgemildert, als sinnloses Tun zu bewerten, und gibt so zu erkennen, daß er sich in seinem Charakter nicht geändert hat.

Der „Typus eines naseweisen Nörglers und Besserwissers war eine volkstümliche Gestalt des 16. und 17. Jahrhunderts", urteilte Johannes Bolte (BP 3, 297) über die Titelfigur. Vor allem unter dem Namen Hans Pfriem und als Fuhrmann – sein Fluchen ist sprichwörtlich geworden – ist der Typus in Predigtexempeln unter anderem in einem Dezember 1536 aufgezeichneten Tischgespräch Luthers und in einer Predigt von 15.5.1544 (Wolf 2001, 64), in Gedichten und Komödien oder im Schuldrama (z. B. Hayneccius, Martin: *Hans Pfriem oder Meister Kecks* [1582], lateinisch 1581) vertreten.

Die Thematik von nicht deutbaren visionären Erlebnissen begegnet bereits mit dem Namen des heiligen Arsenius verknüpft in dessen Vita (verfaßt um 800), häufig auch innerhalb der Visionsliteratur ohne Namensnennung (z. B. *Gesta Romanorum*, num 165) und in Legendensammlungen. Dort wird von der Vision eines Einsiedlers erzählt, dem die Verkehrtheit menschlichen Treibens und die Sündhaftigkeit des Menschen offenbart worden sei. Auf seine Frage nach dem für ihn unverständlichen Tun erhält er unter anderem zur Antwort, die Wasser in ein durchlöchertes Sieb schüttenden Menschen seien Bekehrte, die aber durch neue Sünden das Verdienst ihrer Läuterung wieder zunichte machten; die den Balken verkehrt tragenden Menschen seien die Hoffärtigen. Der ursprünglich legendenhafte und exemplarische Charakter (Fehlurteile durch falsches Richten: *Matthäus* 7,1 ff.) ist in KHM 178 nur noch ansatzweise in der Wiedergabe der biblischem Sprachgebrauch entlehnten sprichwörtlichen Redensart erhalten: „Es war der Balken, den einer im Auge gehabt hatte, während er nach dem Splitter in den Augen anderer suchte" (vgl. *Matthäus* 7,3–5 und *Lukas* 6,41). Die Motive sind im ganzen – ihrer ursprünglichen Funktion entleert – in den Bereich des Legendenmärchens übergeführt. Dietz-Rüdiger Moser (1982, 111) betrachtet KHM 178 sogar als Produkt gezielter Katechese.

Das Thema des in den Himmel gelangenden Menschen hat die Phantasie des homo narrans in besonderem Maße beeinflußt und ist verschiedentlich in den KHM angesprochen (vgl. KHM 35: *Der Schneider im Himmel*; KHM 167: *Das Bürle im Himmel*). Während die Protagonisten in den meisten Erzählungen mit List dort hineingelangen und um Ausreden nicht verlegen sind (KHM 35), demonstriert KHM 178, daß rechthaberische und streitsüchtige Menschen in ihrem Wesen selbst im Himmel nicht zu läutern sind und daß ihnen von Gott geleitetes Handeln verschlossen bleibt.

Nach Ansicht des Theologen und Psychotherapeuten Eugen Drewermann leidet die Titelfigur Meister Pfriem schon seit seiner Kindheit an Minderwertigkeitsgefühlen, die er besonders im Arbeits- und Leistungsbereich zu kompensieren versucht, indem er durch Perfektionismus eine Wertschätzung erreicht. Dieses Streben nach Vollkommenheit dient, so Drewermann in seiner psychologisch ausgerichteten Betrachtung des Meister Pfriem, zur Selbstdarstellung und zur Abwertung anderer. Allerdings könne Meister Pfriem solche Arbeit nicht mehr selbst verrichten, da die Arbeit selbst als Maß des Perfekten benutzt werde: in jeder fertigen Arbeit könnte man einen Fehler entdecken. Infolgedessen entwickle er einen sadistischen und mechanisierten Umgangsstil, bestrafe und beschimpfe alle und sähe nur das Unvermögen, merke aber nicht, daß er durch solches Verhalten eine persönliche Rechnung begliche. So wirkten die aggressiven Versuche hilflos und unüberlegt. Es bliebe der Eindruck eines Selbstdarstellers, der sich wie ein geprügeltes Kind verhält. Fehlendes Selbstvertrauen und seit frühesten Kindertagen einsetzende Demütigungen seien die Ursachen dafür, daß Meister Pfriems Persönlichkeit eine zwangsneurotische Struktur aufweise. Eine Änderung sei nur zu erwarten, wenn jener sich mit seiner Kindheit auseinandersetzte, dann werde die Sehnsucht nach Anerkennung gestillt (Drewermann 1992, 229–251).

Die erste bildliche Darstellung stammt von Theodor Hosemann und war im *Berliner Taschenbuch* (1842) zu finden (Schuster und Geselle in der Werkstatt bei der Arbeit); erst seit Anfang des 20. Jahrhunderts begegnen weitere Illustrationen innerhalb von KHM-Gesamtausgaben. KHM 178 hat kaum nachgewirkt, nur sporadische Lesebuchabdrucke sind bekannt (Tomkowiak 1993, 258).

Lit.: Hamann 1906, 106 f.; BP 3 (1918) 297–305; Ranke 1955 ff., Bd. 3, 131 (Varianten); Könneker 1976 (zum Schuldrama des Martin Hayneccius); EM 3 (1981) 267–270 (H.-J. Uther) (zum Danaidenmotiv); EM 8 (1995) 411–413 (P.-L. Rausmaa) (zum Balkentragen); Zobel/Eschweiler 1997, 180–210; EM 9 (1999) 506–508 (H.-J. Uther); Rölleke 2000, 130–135; Hubrich-Messow 2000 ff., Bd. 5, 32–34 (Varianten).

179. Die Gänsehirtin am Brunnen. – DMK/Uther, ATU 923: Lieb wie das Salz (Tubach, Nr. 3006). – KHM-Veröff.: 1843. – Der Kinder- und Jugendbuchautor Hermann Kletke (1813–86), für dessen *Berliner Taschenbuch für 1843* Wilhelm Grimm den *Meister Pfriem* (KHM 178) beigesteuert hatte, veröffentlichte das Zaubermärchen zuerst im *Almanach deutscher Volksmärchen* (1840, 37–64: *Die Gänselhüterin*). Diese literarische Vorlage verwendete Wilhelm Grimm für KHM 179. Das humorvoll erzählte zweiteilige Märchen hatte Kletke nach der Dialektversion (*Die Ganslhiadarin*, 1833) seines Wiener Freundes, des österreichischen

Schriftstellers Andreas Schumacher (1803–68), ins Hochdeutsche übertragen, aber einige Austriazismen bewahrt. Wenig später (1845) veröffentlichte er auch die Dialektfassung, wie Walter Scherf herausfand (Scherf 1995, 380).

Obwohl Wilhelm Grimm die von Kletke vorgenommene Übertragung des Schumacher-Märchens ins Hochdeutsche seiner Bearbeitung zugrunde legte (s. Textabdrucke bei Grimm/Rölleke 1998, 354–389), gestaltete er die Vorlage, von ihm wie häufig als Rohmaterial angesehen, gänzlich um. Er kürzte die etwas ausladende Fassung, führte das erzählende Imperfekt ein sowie populäre Redewendungen und rundete die Geschichte durch einen neuen märchenhaften Schluß, allerdings mit offenem Ende, ab. Die im ersten Teil als Hexe bezeichnete Alte entpuppt sich hernach als weise Frau und Glücksbringerin für den hilfreichen Grafen. Das Aufhocken der Alten, in Sagen Ausdruck einer schweren seelischen Bürde beziehungsweise Strafe für frevelhaftes Verhalten (HDA 1, 675–677), geschieht hier zur Prüfung des Helden. Zwar will er die Alte abschütteln, fügt sich dann aber in sein Schicksal und erhält die nicht erwartete, aber verdiente Belohnung, wodurch ihm die ungeahnte Möglichkeit eröffnet wird, die Suche nach der verschwundenen Königstochter aufzunehmen.

Den zweiten Teil beherrscht die Erzählung von der verschwundenen Tochter, die unschuldig vom Vater verstoßen wurde und Magddienste (z. B. KHM 21, 65, 130) bei einer alten Frau leisten muß, die Suche nach ihr und das Wiedererkennen. Der Vater bereut zwar seine Hartherzigkeit, aber die Eltern leben über Jahre in Ungewißheit und Angst, was aus der Tochter geworden ist. Diese knappen gefühlsmäßigen Andeutungen bereiten den Boden für einen harmonischen Ausgang vor, an dem auch die Königin teilnehmen kann. Die Tochter „gieng auf ihren Vater und ihre Mutter zu, fiel ihnen um den Hals und küßte sie: es war nicht anders, sie mußten alle vor Freude weinen." Verbindendes Motiv und Auslöser für das Verschwinden der Tochter ist das aus Shakespeares Tragödie *King Lear* (Akt I,1; 1605/06) bekannte Thema der Erbteilung, wonach der König derjenigen seiner Töchter das Reich vererben will, die ihn am meisten liebt, die dritte jedoch verstößt, weil er nicht versteht, daß sie ihn liebt wie das Salz (vgl. auch KHM 71 [1812]). Im frühesten literarischen Zeugnis bei Geoffrey of Monmouth, (*Historia Regum Britanniae* [um 1135/39] Nr. 31) antwortet die Tochter auf die prüfende Frage ihres Vaters, sie liebe ihn soviel, als er wert sei („quantum habes, tantum vales, tantumque te diligo"). Die Antwort der jüngsten Tochter mit dem Salz-Vergleich ist erst eine Zutat des 19. Jahrhunderts. Die Ansicht Scherfs (1995, 382), der Vergleich, jemanden zu lieben wie das (kostbare und unentbehrliche) Salz, entstamme möglicherweise der mittelalterlichen Predigt- und Exempelliteratur, läßt sich nicht belegen.

Nicht die Wiedererkennungsszene bildet den Abschluß der auf verschiedenen Ebenen spielenden und immer wieder verknüpften Handlung, sondern die

Hochzeit von Graf und Königstochter, wie der Erzählerkommentar andeutet. Das märchentypische Motiv von den Tränen, die sich bei den Guten in Perlen verwandeln, erinnert an die beim Sprechen herauspurzelnden Goldstücke des arbeitsamen Mädchens nach der Rückkehr von den Haulemännerchen (s. KHM 13: *Die drei Männlein im Walde*). Doch parodierte Wilhelm im gleichen Atemzug das Motiv von der zur Perle gerinnenden Träne, indem er es von der arbeitsamen, gehorsamen und Magddienste leistenden Königstochter auf alle Armen dieser Welt überträgt: „Heutzutage kommt das nicht mehr vor, sonst könnten die Armen bald reich werden." Dieser Schlußsatz kann aber auch als formales Element, als Überleitung zum Exemplum über die von Gott bestimmten Standesunterschiede (KHM 180: *Die ungleichen Kinder Evas*), aufgefaßt werden, die nach Wilhelm Grimms Auffassung vorgegeben und nicht veränderbar waren.

Eine bildliche Darstellung des Märchens liegt außer bei Kletke 1840 (nach Seite 42) zuerst in einer französischen KHM-Ausgabe von 1855 vor, die Bertall (i. e. Charles Albert d'Arnoux, 1820–93) illustrierte. Für die Bildgeschichte der KHM sind diese einfachen Strichzeichnungen insofern wichtig, als die französischen KHM-Teilausgaben im Unterschied zu deutschen Ausgaben sowohl Illustrationen zu den Kinderlegenden als auch für eine Reihe von Märchen mit christlichen Zügen enthalten. Später wurden Bertalls Vorlagen auch in deutsche bebilderte Märchenausgaben übernommen. In Deutschland selbst ist KHM 179 seit Anfang des 20. Jahrhunderts mit einer oder mehreren Illustrationen versehen worden, zumeist in Gesamtausgaben, da der Typus eher durch Märchen wie *Aschenputtel* (KHM 21) und *Allerleirauh* (KHM 65) vertreten wird. Bevorzugtes Bildmotiv: Gänsehirtin am Brunnen oder Mann mit der Aufhockerin.

Lit.: Cox 1893, 80–86, 469–471; Hamann 1906, 91 f.; BP 3 (1918) 305–308; Schmidt 1963b, 320; Schmitt 1993, 562 (3); Röhrich 1995a, 352–354, 357–359; Scherf 1995, 380–383; EM 8 (1996) 1038–1042 (C. Schmitt); Bluhm/Rölleke 1997, 152 f. (zu Sprichwörtern); Marzolph/van Leeuwen 2004, Nr. 473.

180. Die ungleichen Kinder Evas. – DMK/Uther, ATU 758: Eva: Die ungleichen Kinder E. s. – KHM-Veröff.: 1843. – Das seit 1843 in den KHM vertretene Legendenmärchen über die von Gott bestimmte Ordnung der Stände geht indirekt auf den Reimschwank *Die ungleichen Kinder der Eva* (vom 6.1. 1558, 222 Verse) des von Jacob und Wilhelm geschätzten Hans Sachs (Bd. 1, Nr. 194) zurück, der diesen Stoff viermal bearbeitet hat (mit unterschiedlichem Schluß). KHM 180 ist jedoch nicht nur im Stil eines Legendenmärchens eine lehrhafte Erzählung, welche im lutherischen Sinn die unterschiedliche soziale Ordnung und die Verteilung von Armut und Reichtum (s. die Schlußsequenz von KHM 179: *Die*

Gänsehirtin am Brunnen) als gottgegeben rechtfertigt, sondern zugleich eine Erklärungssage (Ätiologie) für den Ursprung der Stände und eine Paraphrase über den Kommentar des Paulus zur Einheit aller Glieder der Kirche (1. *Korinther* 12,4 ff.): „Jeder soll seinen Stand vertreten, daß einer den andern erhalte und alle ernährt werden wie am Leib die Glieder."

Mit dem Stoff und seiner Überlieferungsgeschichte hatte sich besonders Jacob Grimm beschäftigt, der kurz zuvor (1842) eine längere Abhandlung über diesen von ihm aufgrund der Sachs-Gestaltung als „Schwank" und „Sage" bezeichneten Stoff mit einer eigenen in Prosa umgesetzten Fassung (Grimm 1842, 258 f.) veröffentlicht hatte. Dort ist schon die abschließende längere Moralität Hans Sachsens über Gottes segensreiche Herrschaft und die Warnung vor Unzufriedenheit und Überheblichkeit weggelassen. „Dem schönen schwank bei H. Sachs von Evas ungleichen Kindern auf die quelle kommen" war seine erklärte Absicht, wie er seinem langjährigen Korrespondenzpartner Karl Hartwig Gregor von Meusebach (1781–1847) schrieb (Meusebach/Grimm 1880, Brief Nr. 109 vom 19.1.1842). Jacob Grimms Interesse am Thema rührte vor allem vom Motiv der Erdenwanderung Gottes (Mot. K 1815) her, das ihn den Bogen zur germanischen Mythologie und damit zu einer weit früheren Überlieferung schlagen ließ. In der „Sage" des 16. Jahrhunderts meinte er „viel ältere grundlagen in der geschichte unsrer poesie ansprechen [zu] dürfen" (Grimm 1842, 267).

Jacobs Version wiederum nutzte Wilhelm Grimm als Vorlage, milderte die Beschreibungen der Kinder ab und änderte gleichzeitig vor allem den Eingang durch Ergänzung der Versteckszene; dazu zog er zwei Varianten des 16. Jahrhunderts (Agricola 1534, Nr. 264 = vgl. Denecke/Teitge 1989, Nr. 2332 [Ausgabe von 1528]; Widman 1599, 237 f. [= 29. Kap.] = Denecke/Teitge 1989, Nr. 2166) heran, die Jacob Grimm in seiner Abhandlung schon auszugsweise wiedergegeben hatte. Über diese Adaptationen äußerte sich Lothar Bluhm zusammenfassend: „Auf diese Weise lässt sich das gesamte Märchen bis in einzelne Satzteile hinein literarischen Quellen und Vorlagen zuweisen" (Bluhm 2011, 19).

Die ursprünglich aus italienischen Quellen des 15. Jahrhunderts stammende Erzählung mit Bezug zur römischen Götterwelt wurde 1528/29 durch Johannes Agricola verchristlicht und ins Deutsche übertragen. Er benutzte sie zur ausführlichen Rechtfertigung der bekannten Reime „Da Adam reutte/ vnd Eua spann/ Wer was do eyn Edelman?" (Agricola 1534, Nr. 264), die er unter anderen Aspekten (Nr. 406: „Eyn handtwerck hatt eynen gulden boden") erneut aufgreift und die Ständeordnung als gottgewollte Einrichtung verteidigt. Abschließend heißt es (Nr. 264): „Got ordnet und setzte[t] Obrigkeyt/ darum ist der Adel von Gott. Summa/ Gott schaffet alle stende auff erden. Such das wort/ Ich bin eyn man wie eyn ander man/ Alleyn daß mir Gott der ehren gan." Zugleich stellt die Erzählung eine Erweiterung des Berichts über die Vertreibung aus dem Paradies dar. Gott als Herrscher über die Welt visitiert seine Gläubigen in der Familie und entscheidet über deren soziale Zukunft. Die patriarchalische Weltsicht erhellt daraus, daß Stände und Berufe ausschließlich dem männlichen Geschlecht vorbehalten sind. Auch der Hang zu frauenfeindlicher Einstellung schimmert durch, wenn Eva für die bestehende Ordnung der Stände verantwortlich gemacht wird, weil sie ihre häßlichen Kinder verborgen hätte (Geddes 1986).

Innerhalb der protestantischen Predigt- und Exempelliteratur erlangte die das lutherische Obrigkeitsdenken reflektierende Beispielgeschichte nach der Veröffentlichung durch Philipp Melanchthon (1539) eine überaus große Verbreitung und fand Eingang in die katechetische Literatur (Abdruck eines Textes aus dem frühen 17. Jahrhundert bei Uther 1990b, Nr. 65).

Lit.: Hamann 1906, 92–94; Winzer 1908; BP 3 (1918) 308–321; Schwarz 1973, 200–204; Lefebvre 1980; EM 3 (1981) 569–577 (L. Röhrich); Moser 1982, 108–110; Röhrich 1987b, 13–17; Bluhm 1995, 43–57; Bluhm/Rölleke 1997, 153 f. (zu Redensarten, Formeln, usw.); Hubrich-Messow 2000 ff., Bd. 7, 269 (Varianten); Görög-Karady 2006; Bluhm 2015, 126–130.

181. Die Nixe im Teich. – DMK/Uther, ATU 316: Nixe im Teich + DMK/Uther, ATU 313: Magische Flucht. – KHM-Veröff.: 1843. – Die Vorlage des Zaubermärchens bildete eine Fassung aus der Oberlausitz, die der Philologe und Germanist Moriz Haupt (1808–74) in seiner *Zeitschrift für deutsches Alterthum* (ZfdA. 1841, Bd. 1, 202–205) veröffentlicht hatte. Auch für KHM 186: *Die wahre Braut* und KHM 190: *Die Brosamen auf dem Tisch* griff Wilhelm Grimm auf die Zeitschriftenveröffentlichung zurück. Er hielt sich zwar an die Vorlage, ergänzte aber Naturbeschreibungen (z. B. „Der Spiegel des Wassers blieb ruhig, nur das halbe Gesicht des Mondes blickte unbeweglich zu ihr hinauf"), parallelisierte einige Redewendungen, sorgte für detaillierte Beschreibungen (die Wassernixe ist vergleichbar mit der Figur der Lorelei) und verstärkte damit die zeittypischen romantisierenden Züge des Märchens. Die menschenbedrohenden Wassergeister, die nur durch Goldgaben, Kämmen oder Musik zum Auftauchen aus ihrem Element gelockt werden können, spielen in Märchen (KHM 56, 79, 136) weniger eine Rolle als vielmehr in Sagen (über zwei Dutzend in Grimm/Uther DS). Die Nixe ruft den Müller bei seinem Namen, aber wie der Name lautet, so Gundula Hubrich-Messow (2009, 14), „erfahren wir nicht". Der Müller interessiert nur als Figur, der Name spielt für den Handlungsverlauf keine Rolle und muß nicht ausgesprochen werden.

Die älteste bekannte Fassung mit den Hauptzügen des *Nixen*-Märchens findet sich bei dem italienischen Novellisten Straparola (3,4). Auch hier spielt die

Musik eine wichtige Rolle. Allerdings verlockt die Sirene dort den Helden durch den verführerischen Gesang, während die Handlung sonst genau umgekehrt verläuft: Die Wasserfrau läßt sich durch die Musik der Frau betören. Der Stoff interessierte schon Johann Karl August Musäus (*Die Nymphe des Brunnens*, 1783). Vor allem aber war es Johann Christoph Matthias Reinecke, der unter dem Titel *Der Nixen Eingebinde* eine in der Basisstruktur ähnliche Erzählung in dem ersten Bändchen *Eichenblätter oder die Märchen aus Norden* (Gotha 1793) herausbrachte, worauf Heinz Rölleke (1994, 512) hinwies.

KHM 181 weist mit dem Angangsmotiv, übernatürlicher Helferin, magischer Flucht (s. Bemerkung zu KHM 79: *Die Wassernixe*), Trennung und Wiedervereinigung der Liebenden eine typische Märchenstruktur auf:

(1) Unwissentliches Versprechen des Müllers gegen Austausch von Reichtum, das ihm zuerst Begegnende dem Gabenspender, einem übernatürlichen Wesen (Nixe), zu übereignen: Es ist sein Kind. (2) Jahre später gerät der inzwischen Verheiratete trotz aller Vorsichtsmaßnahmen in die Gewalt der Nixe. (3) Seine Frau erlebt im Traum die Suche nach ihrem Mann und setzt bei Erwachen das Vorgesicht in die Tat um. (4) Sie befolgt Weisungen einer freundlichen Alten haargenau und errettet ihren Mann aus der Unterwasserwelt. (5) Die Nixe verfolgt beide, vermag aber gegen den Schutzzauber der Alten, die erneut durch Verwandlungszauber (Magische Flucht) hilft, nichts ausrichten. Die Verfolgung führt allerdings zur Trennung des Paars. (6) Zufällig begegnen sie Jahre später einander wieder. Das Spielen eines Liedes führt zur Wiedererkennung.

Die romantische Grundstimmung (Traum, gütige Helferin, Flöte und Lied als magisches Verbindungsmittel, Kämmen der Haare als Lockmotiv) mit der nach langer Trennung erfolgten Wiedervereinigung der beiden Liebenden hat zahlreiche Interpreten zur Deutung des Märchens als eines Liebesmärchens (wie KHM 69: *Jorinde und Joringel* oder KHM 187: *Die wahre Braut*) angeregt.

Das Märchen ist besonders als Ausdruck des Verhältnisses zwischen Mann und Frau und als ein Reifungsprozeß (z. B. Storck 1977, 126–131) interpretiert worden. Johann-Friedrich Konrad (1979b) betrachtete KHM 181 als eine Geschichte über die Liebe einer Frau, die es schafft, ihren Ehemann aus dem Bann einer fremden Frau zu befreien. Verena Kast (1982, 83–102) versteht das Märchen tiefenpsychologisch als einen Ablauf von Trauer- und Entwicklungsprozessen, die ein Ehepaar nach einem längerandauernden Konflikt bewältigen müsse, um Probleme nachhaltig lösen zu können. Walter Scherf (1995, 914) hebt mehr auf die Ablösungs- und Selbstfindungsprozesse des jungen Mannes ab, der eine neben der Partnerschaft bestehende Sohn-Mutter-Beziehung verarbeiten müsse.

KHM 181 hat außerhalb von KHM-Ausgaben keine sonderliche Nachwirkung gehabt. Bildlich ist es zuerst in einer englischen KHM-Ausgabe von 1847 (illustriert von Richard Doyle) dargestellt worden. Bevorzugtes Bildmotiv: der Flötenspieler. Ludwig Bechstein brachte das Märchen 1845 nach der gleichen von Wilhelm Grimm benutzten Quelle in seinem *Deutschen Märchenbuch* unter dem Titel *Der Müller und die Nixe* heraus (Bechstein/Uther 1997a, 198–202), hielt sich aber enger an die literarische Vorlage.

Lit.: Hamann 1906, 94 f.; BP 3 (1918) 322–324; Ranke 1955 ff., Bd. 1, 187–200 (Varianten); Scherf 1995, 912–914; EM 9 (1999) 13–19 (W. Puchner) (zur Magischen Flucht); EM 10 (2002) 42–48 (I. Köhler-Zülch); Becker 2015, 248–262 (zum Märchen von Andersen und Grimm).

182. Die Geschenke des kleinen Volkes. – DMK/Uther, ATU 503: Gaben des kleinen Volkes. – KHM-Veröff.: 1850. – „Von Sommer in Halle aufgefaßt", bemerkte Wilhelm Grimm (1856, 254) einleitend und verstand darunter nicht etwa die direkte Wiedergabe eines Textes aus der mündlichen Überlieferung (vgl. auch KHM 165, 166, 171, 187), sondern benutzte das von Emil Sommer (1819–46), dem Hallenser Privatdozenten für deutsche Sprache, veröffentlichte Zaubermärchen (Sommer 1846, Nr. 1: *Der Berggeister Geschenke*) als literarische Rohfassung für sprachliche Umgestaltungen. Jacob Grimm hatte Sommers Sammlung vom Verfasser erhalten und wie Wilhelm mit zahlreichen Bemerkungen versehen (Denecke/Teitge 1989, Nr. 2266). Typologisch ist KHM 182 als ein Märchen mit sagenähnlichen Elementen einzuordnen.

> (1) Zwei wandernde Handwerker (einer davon mit körperlichem Defekt) treffen auf eine Zwergenschar und folgen ihrer Einladung zum Tanz. (2) Trotz großer Furcht lassen sie sich Bart und Haupthaar scheren, füllen sich gehorsam die Taschen mit Kohlen, wie das Haupt der Zwerge sie anweist, und werden dadurch, ohne es zu wissen, mit Gold begabt. Haupthaar und Barthaare wachsen wieder. (3) Der habgierige Goldschmied macht sich erneut zum kleinen Volk auf, kann aber den Erhalt der Gaben nicht wiederholen: Sein Reichtum verwandelt sich in Kohle, er verliert seine Haare und erhält noch einen zweiten Buckel dazu. (4) Er bereut sein Handeln. Sein Gefährte nimmt ihn aus Barmherzigkeit auf.

Mit dem Motiv des Scherens von Bart und Haupthaar durch Jenseitige, der wundersamen Begegnung zwischen Jenseitigen und Menschen, der heimlichen Beobachtung des kleinen Volkes beim Tanz (Gruppentanz noch in KHM 175: *Der Mond*) – ‚Zwerginnen' tauchen in den KHM nur hier auf (Gilmour 1993, 21) –, der magischen Behinderung und der Verwandlung von Kohlen zu Gold (DMK/Uther, ATU 476; *Coal Turns into Gold*) ließe sich KHM 182 auch als eine Sage auffassen. Während jedoch in Sagen die unerwartete Begegnung mit den Jenseitigen zumeist negativ für die unerwarteten Teilnehmer/Beobachter verläuft (vgl. die Sagen von der Wilden Jagd), geht die Geschichte im Märchen positiv

KHM 182: Die Geschenke des kleinen Volkes. Zeichnung von Ignatius Taschner (1901)

aus, indem die beiden mit Gold begabt werden. Erst Habgier wird repressiv geahndet und endet in KHM 182 nicht (wie oft in Sagen) für den Betroffenen mit Tod oder mit sozialem Abstieg, sondern die Erzählung schließt – wie nahezu alle KHM der Spätphase – harmonisch. Dem Goldschmied wird die Möglichkeit zur Hilfe eröffnet. Der bescheidene Schneider nimmt den Deformierten in Güte und Barmherzigkeit auf.

Größere Verbreitung erlangte der Stoff durch die Darstellung auf Bilderbogen und die Aufnahme in regionale (vor allem rheinische) Sagensammlungen. Insgesamt war die KHM-Fassung für die Vermittlung weniger maßgeblich, sondern die Tradierung des – seit dem 17. Jahrhundert schon in Irland und Italien bekannten – Stoffs verlief über abweichende Sagenfassungen. Dort müssen bucklige Wandergesellen zum Tanz der Elfen aufspielen und Reime der Jenseitigen ergänzen. Als Belohnung verlieren sie ihren Buckel, der dem aus Eigennutz Nachahmenden aufgebürdet wird. Der harmonische Ausklang fehlt jedoch. Im Anmerkungsband von 1856 (254) war ergänzend die irische Version von Thomas Crofton Croker (1798–1854) aufgeführt (Grimm/Croker 1826, Nr. 3: *Fingerhütchen*), dessen ersten Band der *Irischen Elfenmärchen* die Brüder Grimm einst (1826) selbst übersetzt hatten.

Das Märchen basiert im zweiten Teil strukturell auf dem Motiv der mißglückenden Nachahmung, das mehr als ein dutzendmal in den KHM begegnet (vgl. EM 7, 92–100). Dieses Motiv ist auch schon aus antiken Heilungswundern bekannt, ohne daß an einen direkten Zusammenhang mit KHM 182 zu denken ist. So soll Asklepios (Äskulap), der Gott der Heilkunde, in seinem Heiligtum in Epidauros den Thessalier Pandaros durch Auflegen einer Binde von einem Brandmal auf der Stirn geheilt, dessen Sklaven Echedoros mit dem gleichen Makel jedoch mit einem zweiten Brandmal bestraft haben, weil jener das dem Gott von Pandaros als Dankopfer zugedachte Geld nicht abgegeben hatte. Vergleichbare Heilungswunder sind später auch aus anderen Regionen bekannt, die Mißbildungen sind dort Warzen oder Kröpfe.

Lit.: Hamann 1906, 101f.; BP 3 (1918) 324–329; Greverus 1956; Ranke 1955ff., Bd. 2, 105–108 (Varianten); Lüthi 1980a (zur mißglückenden Nachahmung); Uther 1981, 25–28; EM 5 (1987) 637–642 (H.-J. Uther); Gilmour 1993, 21 (zum Tanz der Zwerge); Kooi/Schuster 1994, Nr. 8 (Varianten); Röhrich 1995a, 355, 357–359 (zum Buckel als seelischer Last); Hansen 2000, 147–151 (zu antiken Heilungswundern); Takehara 2006, 204–244.

183. Der Riese und der Schneider. – DMK/Uther, ATU 1049: Wettstreit mit dem Unhold + DMK/Uther, ATU 1053: Tausend mit einem Schuß + DMK/Uther, ATU 1051: Baum biegen, fällen, tragen. – KHM-Veröff.: 1843. – Den 1843 eingefügten Schwank hatte Franz Ziska (1786–1855), Direktor des Wiener Stadtarchivs, als einen von 13 Mundarttexten in der ersten bedeutenderen österreichischen Märchensammlung, den *Oesterreichischen Volksmährchen* (1822, 9–13: *Der Schneider und der Riese*), veröffentlicht. Zwei seiner Märchen waren bereits als Vorabdruck 1819 in den von Johann Gustav Gottlieb Büsching herausgegebenen *Wöchentlichen Nachrichten* erschienen. Nur dort war als Quelle notiert:

„Von einer Bäuerin aus Döbling in Unterösterreich" (dem heutigen 19. Bezirk Wiens).

Wilhelm Grimm hatte den Schwank nahezu wörtlich ins Hochdeutsche übertragen. Dabei unterliefen ihm zwei nicht mehr berichtigte Fehler (Hamann 1906, 95). Natürlich wollte sich der Schneider nicht im „Wald" umschauen, sondern in der „Welt". Die kecke Gegenfrage des Schneiders, der sich in die Dienste des Riesen begeben hatte („Warum nicht lieber gleich tausend auf einen Schuß und die alle hierher?"), muß richtig lauten: „... und dich dazu".

KHM 183 ist eine Variation des Stoffs vom prahlerischen Schneider und dummen Riesen, wie er in dem episodenreichen Schwank KHM 20: *Das tapfere Schneiderlein* begegnet. Die Handlung ist zielgerichtet auf den Konflikt zwischen Angeber (bei Ziska: Prahlhans) und gutmütigem Riesen zugeschnitten. Als der Wandergesell auf den Dämon trifft, sich in dessen Dienste begibt und statt der Erledigung der kleinen Aufgaben penetrant mit seiner vermeintlich außergewöhnlichen Stärke protzt, hat der Riese nichts Eiligeres zu tun, als den Angeber durch eine neue List für immer loszuwerden. Da der Schneider keine Vorsichtsmaßnahme eingeplant hat, schnellt ihn die von ihm heruntergebogene Weidengerte „zu großer Freude des Riesen, so weit in die Höhe, daß man ihn gar nicht mehr sehen konnte" – ein unverhofftes und offenes Ende. Der humorvoll erzählte Schwank taucht mit dieser Struktur erstmals bei Ziska auf und wirkte nicht weiter nach. Es dominiert der verwandte Typus *Tapferes Schneiderlein* (KHM 20). Bildliche Darstellungen sind seit etwa 1870 bezeugt und zeigen vor allem als Bildmotiv den Riesen beim Baumtragen.

Lit.: Hamann 1906, 95; BP 3 (1918) 333–335; Schmidt 1963b, 320; Kooi/Schuster 1993, Nr. 4 (Varianten); Bluhm/Rölleke 1997, 183f. (zu Redensarten, Formeln, usw.); Hubrich-Messow 2000 ff., Bd. 4, 130–133, 134–140 (Varianten); EM 14 (2014) 715–728 (H. Lox).

184. Der Nagel. – DMK/Uther, ATU 2039: Hufnagel. – KHM-Veröff.: 1843. – Wie für KHM 152: *Das Hirtenbüblein* wird eine Version des süddeutschen Volksschriftstellers Ludwig Aurbacher als literarische Vorlage herangezogen. Diesmal lieferte dessen anonym erschienenes *Büchlein für die Jugend* (1834, 71 f.) die Rohfassung für diesen Text sowie für die drei weiteren KHM 185, 188, 189.

Das Exemplum hat strukturell zwar nicht, wie bei Aurbacher, die klassische Form (Ein Reiter kommt um, weil er...), aber der lehrhafte Charakter blieb erhalten. Ein Vergleich mit der Vorlage macht deutlich, daß Aurbachers Fassung *Vom Reiter und seinem Roß* Satz für Satz sprachlich neu gestaltet wurde und Verbesserungen einer strafferen Handlungsführung zugute kamen. Bereits in frühen Lesebüchern (1797, 1810) als Rätselmärchen für Unachtsamkeit oder als

Fabel für umsichtiges und bedächtiges Handeln (Tomkowiak 1993, 276, 317) integriert, dürfte die Beispielerzählung auf der alten Spruchweisheit, die (wie die Überschrift) auf die elementare Bedeutung des Nagels abhebt, basieren (schon teilweise zitiert im Anmerkungsband KHM 1856, 254 f.): „Ein nagel behalt ein îsen, ein îsen ein ros, ein ros ein man/Ein man ein burch, ein burch ein lant" (Ferrum per clavum ferrumque equus, per equum vir/Perque virum castrum, per castrum patria durat, vgl. HDM 2, 169 f.), der so oder ähnlich z. B. bei Freidank und Reinmar von Zweter und später als Sprichwort (‚Umb eines Huffeysens willen verdirbt offt ein Roß') begegnet. Vergleichbare Exempla waren seit der Renaissance in Umlauf und gelangten in spätere Exempel-, Predigt- und Sprichwortsammlungen, wobei die jeweiligen Protagonisten und Verortungen austauschbar waren. Johannes Pauli (Pauli/Bolte, Nr. 255) erzählt beispielsweise von einem ungeduldigen Fuhrmann, der es nicht abwarten kann, nach Paris zu kommen. Weil er die Warnung des heiligen Martin, nichts zu überstürzen, mißachtet, bricht ein Wagenrad (DMK/Uther, ATU 288B**: *Festina lente [Haste Makes Waste]*).

Aurbacher benutzte die Geschichte zur Demonstration von Sprichwort-Weisheiten, vergröberte jedoch die Handlung, deren Ausgang als Motto schon zu Beginn – ganz im Sinn eines Exemplums – aufscheint: „Wer im Kleinen nicht Sorge trägt, muß im Großen Schaden leiden", und fügte am Schluß ein weiteres Sprichwort ein, daß die Lehre enthielt: „Vorgethan und nachbedacht, hat manchen schon in Schaden gebracht." Wilhelm Grimm hingegen hielt bei seiner Bearbeitung die Dynamik der Handlung aufrecht, indem er den Schluß nicht vorwegnahm, sondern die didaktische Erzählung lapidar mit dem sprichwörtlich bekannten ‚Eile mit Weile' ausklingen ließ, das auf Suetons ‚Festina lente' (*De vita Caesarum, Octavianus* 25,4) zurückgeht und in etwas abgewandelter Form seit 1850 ebenfalls den Schluß des Eheschwanks *Der faule Heinz* (s. KHM 164) bildet.

In Lesebüchern verdrängte die KHM-Version ältere Vorlagen, etwa von Carl Philipp Funke (1797, 1803) und Johann Andreas Christian Löhr (1810) sowie Aurbachers Text (Tomkowiak 1993, 276 f., 317).

Lit.: Hamann 1906, 95 f.; BP 3 (1918) 335–337; Greene 1986, 1–17 (zum sprichwörtlichen „Eile mit Weile"); EM 6 (1990) 1297–1299 (H.-J. Uther); Tomkowiak 1993, 317; Moser-Rath 1994, 83 f. (Überlieferung in der Barockpredigt).

185. Der arme Junge im Grab. – DMK/Uther, ATU 1408C: vgl. Gänse an der Leine + DMK/Uther, ATU 1296B: Tauben im Brief + DMK/Uther, ATU 1313: Mann glaubt sich tot. – KHM-Veröff.: 1843. – Wie in KHM 184 wird auf Ludwig Aurbacher und sein *Büchlein für die Jugend* (1834, 167–172) als literarische Vorlage hingewiesen. Auch hier gilt, daß Wilhelm Grimm den Text als Rohfassung betrachtete und Satz für Satz umgestaltete.

KHM 185 ist ein Exemplum und appelliert an die Fürsorgepflicht von Eltern und Erziehern gegenüber Waisen und geistig debilen Jugendlichen. Der schlechte Ausgang der Beispielgeschichte soll die Wirkung hartherzigen und normwidrigen Verhaltens unterstreichen (s. auch KHM 188: *Spindel, Weberschiffchen und Nadel*), das letztlich aus einer Bewältigungsangst des Jungen heraus zu dessen (unbeabsichtigter) Selbsttötung führt. Ständig von boshaften und hartherzigen Pflegeeltern schikaniert und durch mißglückte Aufträge deprimiert, findet das Waisenkind, nachdem es Fliegengift (nichtsahnend: „Ungarwein") zu sich genommen und sich alkoholisiert in ein frisch ausgehobenes Grab niedergelegt hat, durch „die Glut des heißen Weins" und den „kalten Tau der Nacht" den Tod. Oxane Leingang (2018, 268) urteilt: „In keinem anderen KHM wird der halluzinogene Zustand einer Figur so detailliert beschrieben wie hier, was an der plastischen Schilderung des Rausches im Prätext liegt." Die Tabuisierung von Alkohol überhaupt in den KHM sei den zeitgenössischen Abstinenz- bzw. Mäßigungsbewegungen geschuldet.

Die Angst des Bauern vor richterlicher Anklage (wegen Verletzung der Aufsichtspflicht) löst eine Katastrophe aus, welche die hartherzigen Eheleute durch die Einäscherung ihres Besitzes zu armen Leuten macht. Thematisch überwiegt der Vergeltungsgedanke, so daß ein harmonischer Ausgang, etwa die Wiederbelebung des Waisenkindes, unterbleibt. Während Aurbacher nur den Charakter der Gottesstrafe herausstellt, geht Wilhelm Grimms Bearbeitung im Schluß von KHM 185 über diese Moralität hinaus und setzt zur Strafe noch das Nachdenken über das normwidrige Verhalten: „Die Jahre, die sie noch zu leben hatten, brachten sie, von Gewissensbissen geplagt, in Armut und Elend zu."

KHM 185 ist ein gutes Beispiel dafür, daß Stoffe in unterschiedlichen Erzählmilieus vermittelt werden können und trotz erheblicher Funktionsänderung nichts von ihrer Attraktivität verlieren. Denn das Thema des fatalen Tierhütens (DMK/Uther, ATU 1408C), des Boten, der naiv genug unwissentlich seinen Eßdiebstahl eingesteht (DMK/Uther, ATU 1296B), und des Mannes, der sich totglaubt, nachdem er von der Herrschaft verbotene Speisen zu sich genommen hat (DMK/Uther, ATU 1313), ist in älteren Texten des 15./16. Jahrhunderts innerhalb von Dummenschwänken zu finden. Sie zielen darauf ab, tölpelhaftes Verhalten des Mannes bei der Verrichtung von Hausarbeiten oder Handelsgeschäften zu demonstrieren und seine Dummheit als unheilbar herauszustellen. Damit war eine Verbindung zu der Vielzahl funktionsäquivalenter Erzählungen hergestellt, welche Dummköpfe, vor allem Brautleute, Haushälter und Handelsstreibende, in absurden Situationen des täglichen Lebens zeigen (z. B. KHM 7, 34, 155).

Die Botschaft dieser moralischen Erzählung ist nicht direkt als Erzählaussage zu finden, aber implizit vorhanden. Sie besteht darin, sich nicht über Menschen mit ihren Schwächen zu erheben, sondern solche Menschen in die Gesellschaft zu integrieren und ihnen, noch dazu, wenn sie elternlos sind, eine neue Heimstatt zu geben. Bei Aurbacher hatte es noch direkter über das einfältige Waisenkind geheißen, es wäre ein „Knabe von schwachem Kopf und kleinmüthigem Herzen" (1834, 167). Mit dem ethischen Appell reiht sich KHM 185 innerhalb der didaktischen Erzählungen über Findelkinder (EM 4, 1134–1140) ein, deren sozialer Status allein durch die oftmals uneheliche Geburt und die Weigerung der in sich geschlossenen Großfamilien, solche Kinder aufzunehmen – wenn ja, dann nur mit niedrigen Arbeiten zu beschäftigen –, erheblich beeinträchtigt war. Die Schicksale von Waisen waren ein bedeutendes Thema in Romanen und in der Kolportage- und Sensationsliteratur besonders in der ersten Hälfte des 19. Jahrhunderts. Neben verkitschten Schauerromanen und moralischen Geschichten, die mit dem sozialen Aufstieg des braven und arbeitsamen, stets gottgefälligen Waisenkindes endeten, gab es eine große Zahl pädagogisch bestimmter Schriften, die sich sozialkritisch mit der Problematik auseinandersetzten, nicht zuletzt inspiriert durch das Schicksal Kaspar Hausers (um 1812–33).

Lit.: Hamann 1906, 96; BP 3 (1918) 337 f.; Nossag 1931, 36; HDM 2 (1934–40) 655–658 (J. Honti); Wesselski 1929b; Oberfeld 1985; EM 5 (1987) 683–686) (H.-J. Uther) (zum Erzähltyp ATU 1408C); Kooi/Schuster 1993, Nr. 104 (Varianten); EM 9 (1999) 210–215 (J. A. Conrad) (zum Erzähltyp ATU 1313); Leingang 2018, 266–268 (zur Tabuisierung des Alkoholgenusses).

186. Die wahre Braut. – vgl. DMK/Uther, ATU 313: Magische Flucht. – KHM-Veröff.: 1843. – Das zweiteilig strukturierte Märchen aus der Oberlausitz veröffentlichte erstmals der Philologe und Germanist Moriz Haupt (1808–74) in seiner *Zeitschrift für deutsches Alterthum* (1842, Bd. 2, 481–486). Wie das im selben Band veröffentlichte Märchen vom Wassergeist (KHM 181: *Die Nixe im Teich*) wurde es gleich nach Erscheinen in das KHM-Korpus integriert und wie üblich von Wilhelm Grimm, hier allerdings nur in Details, umgestaltet (Wegfall der Namen des Liebespaars Helene und Lassmann; aus der zu sehr an die ‚Feenmärchen' erinnernde „Fee" wurde eine „alte Frau").

KHM 186 gehört zu den Zaubermärchen des Zyklus der vergessenen Braut (vgl. KHM 56, 67, 88, 113, 193) und besteht aus folgenden Episoden:

(1) Ein Stiefkind muß ein Aschenputteldasein führen. Trotz allen Fleißes macht ihr die Stiefmutter das Leben schwer. (2) Scheinbar unlösbare Aufgaben wie Federnschleißen, Ausschöpfen eines Teichs (Danaidenmotiv, vgl. EM 3, 268 f.) und Bau eines Schlosses löst das Mädchen mit Hilfe einer alten Frau. (3) Im Keller des neuerbauten Schlosses fällt sich die boshafte Stiefmutter zu Tode (Euphemismus: das Mädchen „fand sie entseelt auf dem Boden liegen"). (4) Nach dem Tode der Stiefmutter zu unerwartetem Reichtum gekommen, gewinnt ein Königssohn die Liebe der jungen Frau, vergißt sie aber und will eine andere heiraten. (5) Die Frau begibt sich auf eine Suchwanderung, verdingt sich als Hirtin und begegnet schließlich ihrem Liebsten, der sie aber nicht wiedererkennt (Gespräch mit dem Kälbchen). (6) Auf dem Hochzeitsfest erscheint sie in ihren schönsten Kleidern (dreimal) und erweckt die Aufmerksamkeit des Bräutigams, dem sie sich zu erkennen gibt und den Zauber des Vergessens durch einen Kuß auf seine linke Wange durchbricht.

Das Vergessen der Braut (EM 2, 716–723) gehört zu den retardierenden Episoden des Handlungsablaufs, die die Dynamik der Handlung unterbrechen, aber die Spannung des Gesamtgeschehens erhöhen: Überwiegend ist die Braut der leidende Teil bei der Verzögerung des Happy-End. Ihr gilt die Aufmerksamkeit, während die ‚neue' Braut handlungsmäßig überhaupt nicht in Erscheinung tritt (zu den gängigen Motiven und literarischen Vorbildern vergleiche die Kommentare zu KHM 88: *Das singende springende Löweneckerchen*, KHM 113: *De beiden Künigeskinner*). Auf der Strecke bleibt die Märchenlogik, denn nicht deutlich wird, wer (neue Braut, Mutter des Bräutigams) für den Kuß des Vergessens verantwortlich ist.

Die einzelnen Strukturelemente (z. B. Aschenputteldasein, Art der Aufgaben, Magddienste, Kleidertausch, Fest, Schönheitsschock) und Eigenschaften der Hauptfigur (Gehorsam, Fleiß) zeigen große Ähnlichkeit mit bereits früher veröffentlichten Märchen wie etwa KHM 21: *Aschenputtel* und KHM 65: *Allerleirauh* sowie KHM 113: *De beiden Künigeskinner*.

Bildliche Darstellungen des Märchens sind recht selten. Robert Leinweber (1893) beispielsweise wählte die Schlußszene aus und zeigt die wahre Braut mit ihrem Bräutigam, ebenso Karl Mühlmeister (1941). Otto Ubbelohde (um 1909) bringt zwei Federzeichnungen mit einer Ansicht des neuerbauten Schlosses, eingebettet in eine hügelige Landschaft und eine weitere mit der wahren Braut, die auf einer Bank unter der Linde im Schloßgarten sitzend Ausschau nach ihrem Bräutigam hält.

KHM 186 hat außerhalb von KHM-Gesamtausgaben nicht weiter nachgewirkt. Im Konflikt zwischen Stiefmutter und Stieftochter dominiert das *Aschenputtel*-Märchen (KHM 21).

Lit.: Hamann 1906, 98 f.; BP 3 (1918) 338 f.; HDM 1 (1930–33) 307–311; Ranke 1955 ff., Bd. 1, 150–169 (Varianten); Goldberg 1992 (zur vergessenen Braut); Rusch-Feja 1995, 217–225; Scherf 1995, 1351 f.; EM 9 (1999) 13–19 (W. Puchner) (zur Magischen Flucht); zur Rolle der Stiefmutter vgl. EM 12 (2007) 1294–1298 (N. Blaha-Peillex); Solms 2014, 37–39 (zur Erzählerperspektive); Messerli 2019, 30 f., 35 f. (Schloß als dekorativer Raum); Becker 2020, 27–38 (zu Ubbelohde); Groschwitz 2021, 531–542 (Schloß als narratives Element).

187. Der Hase und der Igel. – DMK/Uther, ATU 275C: Wettlauf der Tiere (Dicke/Grubmüller, Nr. 197, 256). – KHM-Veröff.: 1843. – „Nach mündlicher Überlieferung in der Gegend von Osnabrück aufgefaßt", notierte Wilhelm Grimm versehentlich im Anmerkungsband (KHM 1856, 255) über den Tierschwank. Kurz zuvor, in einer kleinen Abhandlung (ZfdMythol. 1, 1853, 381–383 = Grimm/Hinrichs, Bd. 4, 1887, 361–365), hatte Wilhelm Grimm auch den Namen des Einsenders genannt, der ihm im November 1840 (vorhanden im Grimm-Nachlaß Berlin, Preuß. Kulturbesitz, 1757, 15–16) die niederdeutsche Fassung zugesandt hatte. Dieser „Professor Firnhaber" war der Kasseler Professor Carl Georg Firnhaber (1812–88).

Tatsächlich geht der KHM-Text mittelbar auf einen von Wilhelm Christian Schröder (1808–78) verfaßten Tierschwank „aus Stade" zurück, den der Schriftsteller und Journalist in dem von ihm 1840 begründeten *Hannoverschen Volksblatt* (Nr. 51 vom 26. April 1840, 201 f.) erstmals und anonym veröffentlicht hatte. Ob Schröder den Tierschwank mit Buxtehude verbunden hatte, weil dieser Ort zu den bevorzugten Lokalitäten zählte, die mit scherzhafter kleinlicher Ruhmsucht bedacht wurden, oder ob Schröder Bexhövede, ein Dorf südöstlich von Bremerhaven nahe Loxstedt, in dem sein Großvater Vogt war, deshalb für die Geschehnisse nicht in Anspruch nehmen wollte, bleibt offen. Der KHM-Text weist durchgängig kleinere Auslassungen und Übertragungsfehler auf, die vermutlich auf die Abschrift Firnhabers zurückzuführen sind.

Schon im antiken Erzählgut sind Fabeln vom Wettlauf zwischen einem langsamen und einem schnellen Tier (Schildkröte und Hase) bekannt. Die phantasievolle Ausgestaltung naturgegebener Antinomien kann sogar wie in KHM 187 so weit gehen, daß mehrere Wettläufe stattfinden, nach denen das schnellere Tier aus Erschöpfung tot zusammenbricht. Geistige Gaben, suggerieren die Texte, sind wichtiger als Körperkräfte, zumindest gleichen sie fehlende Kräfte aus. Diese Einstellung geht auch aus dem niederdeutschen Tierschwank *Dat Wettlopen twischen den Hasen un den Swinegel [...]* hervor, doch sind als ‚Lehre' ausdrücklich andere Ziele genannt: (1) Hochmut gegenüber anderen sei verwerflich; (2) Konflikten gehe man aus dem Weg, wenn (aus der Perspektive des Mannes) jeder bei einer Heirat innerhalb seines sozialen Milieus bleibe (Abdruck einer Fassung von Johannes Pauli aus dem 16. Jahrhundert mit sozialkritischer Tendenz bei Uther 1990b, Nr. 66).

Den Igel machte Schröder, durch den Erfolg ermutigt, noch zweimal (darunter 1869 die Zeitsatire *Swinegels Reise nach Paris als Friedensstifter*) zum Helden längerer niederdeutscher Erzählungen, die aber mit der Wettlaufgeschichte nichts mehr gemein haben. Entgegen Wilhelm Grimms ab KHM 161: *Schneeweißchen und Rosenrot* zumeist spärlicher Kommentierung der Texte bestechen die Anmerkungen zu KHM 187 durch große Ausführlichkeit (Grimm 1856, 255–259), was sich durch sein Interesse (s. Abhandlung in der ZfdMythol. 1, 1853, 381–383), aber auch seines Bruders Jacobs an dem „hohen Alter des Märchens" (KHM 1856, 255) erklären lassen dürfte.

Wie der Tierschwank KHM 27: *Die Bremer Stadtmusikanten* die Botschaft vom Kampf gegen die Undankbarkeit des Menschen humorvoll durch eine mit grotesken Elementen durchsetzte Handlung herüberbringt, so geschieht es ähnlich in KHM 187, wo der Konflikt aus dem Hochmut des Hasen gegenüber dem Igel resultiert. Daß ein langsamer und obendrein krummbeiniger anthropomorpher Igel und seine Igelfrau (auch von idyllischem Igel-Familienleben ist die Rede) gewinnen, ohne zu laufen, ist schon absurd genug und erinnert an ähnliche Abenteuer von der Königswahl der Vögel (KHM 171: *Der Zaunkönig*). Die Sympathie der Leser und Leserinnen gehört dem Gewinner, mit ihm findet die Identifikation statt. Das Schicksal des Verlierers, der tot zusammenbricht, interessiert nicht. Ungewöhnlich deutlich heißt es über dessen Ende: „datt Blohd flög em ut'n Halse". Mitleid mit dem Unterlegenen gebe es in Tiererzählungen nicht, meint Lutz Röhrich (1990, 23). Die eingangs ausführlich geschilderte Naturidylle erinnert an den Eingang des Tierepos *Reynke de Vos* (1498).

> „Id gheschach up eynen pynxste dach,
> Datmen de wolde unde velde sach
> Grone staen, myt loff unde gras,
> Unde mannich fogel vrolich was
> Myt sange, in haghen unde up bomen;
> De krüde sproten unde de blomen,
> De wol röken hir unde dar;
> De dach was schone, dat weder klar."

KHM 1857: „Et wöör an enen Sündagmorgen tor Harvesttied, jüst as de Bookweeten bloihde: de Sünn wöör hellig upgaen am Hewen, de Morgenwind güng warm över de Stoppeln, de Larken süngen inn'r Lucht (Luft), de Immen sumsten in den Bookweeten un de Lühde güngen in ehren Sündagsstaht nah'r Kerken, un alle Creatur wöör vergnögt, un de Swinegel ook."

KHM 187 ist eines der wenigen Beispiele dafür, daß sich der Originaltext selbst durchsetzt und nicht allein durch Aufnahme in die KHM populär wird. Schröders Fassung, „das ‚Originalproduct' eines zeitgenössischen Autors"

(Stückrath 2006, 131), wurde bald nach Erscheinen mehrmals nachgedruckt, 1844 ins Hochdeutsche übertragen (von Carl Herloßsohn, 1804–49) und, vielleicht nach dieser Vorlage, 1853 in Ludwig Bechsteins *Deutsches Märchenbuch* integriert (Bechstein/Uther 1997a, 284–288). Dazu kommen Einzeldrucke (z. B. J. P. Lyser, 1854), wobei die Urheberschaft des niederdeutschen Textes mitunter (wie bei Grimm und Lyser) unberechtigt anderen zugeschrieben wird.

Eines der frühen und wiederholt nachgedruckten Bilderbücher *Het Wettloopen tüschen den Hasen un den Swinegel up der Buxtehuder Heid* (Düsseldorf [1855]) behandelte den Stoff, für das der Jugendbuchillustrator Gustav Süs (1823–81) acht großformatige Farblithographien schuf, die gleichberechtigt parallel zum Text abgedruckt waren. Gegen Süs (nicht gegen Grimm!) strengte Schröder wegen der Urheberschaft gar einen Prozeß an, den er für sich entscheiden konnte (Sackmann 1994, 8 f.).

Die langanhaltende Breitenwirkung von Bechsteins hochdeutscher Version unter anderem in Lesebüchern verdeutlicht mehr als genug, daß Mundarttexte wenig Chancen hatten, dort über längere Zeiträume hinweg populär zu bleiben. Der pädagogische Aspekt von der Überlistung der Starken durch körperlich unterlegene Gegner dürfte zur Popularisierung des Tierschwanks in audiovisuellen Medien beigetragen haben.

Der Stoff von der listigen Igelfamilie (mit den idyllisierenden Bildern von J. P. Lyser, Ludwig Richter und Gustav Süs) interessierte früh die verschiedensten Bildmedien (Bilderbogen, Reklamesammelbild, Postkarten, Oblaten). Bevorzugt dargestellte Bildmotive: Szenen der vermenschlichten Igelfamilie mit Haus und Küche, die aufrecht stehenden Handlungsträger Hase und Igel im Gespräch oder der davonhastende Hase im Wettlauf. Der Tierschwank ist auf Schallplatten, Musikkassetten, Filmen, Videos und DVDs sowie im Bereich des Kinderspielzeugs (Quartette, Puzzles) im Bewußtsein der Öffentlichkeit gegenwärtig. Die Opposition Schwacher/Starker, Kleiner/Großer oder Listiger/Getäuschter bietet sich an für Parodien und politische Karikaturen. Die Igelfigur „Mecki" dient einer auflagenstarken Rundfunk- und Fernsehillustrierten als Identifikationsfigur. Die Stadt Buxtehude – KHM 187 ist einer der wenigen Texte mit Ortsangabe – nutzt den Tierschwank seit einigen Jahrzehnten verstärkt zur Tourismuswerbung.

Lit.: BP 3 (1918) 339–355; (Leyen 1934, 176 (zu einzelnen Motiven); Mehlem 1940, 64 f.; Kvideland 1987, 235 (Lesebuch); Elschenbroich 1990, Bd. 1, 71–75 (Text), Bd. 2, 188 f. (Kommentar); Röhrich 1993b, 24; Schindler ²1993, 26–29; Tomkowiak 1993, 265 (Lesebuch); Sackmann 1994; Solms 1999, 120 f. (zum tragischen Ausgang für den Hasen); Grünewald 2005, 53–57 (zur bildlichen Gestaltung); Stückrath 2006 (zur Überlieferungsgeschichte); Endler 2006, 260–268 (Film); Diederichsen 2008 (zur Rechtsproblematik); Ziessow 2011, 181–214 (Diskussion über eine Niederschrift des Berend Reinermann aus dem 18. Jh.); EM 14 (2014) 704–712 (J. Stückrath).

188. Spindel, Weberschiffchen und Nadel. – DMK/Uther, ATU 585: Spindle, Shuttle, and Needle. – KHM-Veröff.: 1843. – Wie in KHM 184: *Der Nagel*, KHM 185: *Der arme Junge im Grab* wird auf Ludwig Aurbacher und sein *Büchlein für die Jugend* (1834, 160–166) als literarische Vorlage hingewiesen. Auch hier gilt, daß der Text von Wilhelm Grimm als Rohfassung genommen und Satz für Satz umgestaltet wurde. Dies betrifft einerseits die Straffung der Vorlage, andererseits aber auch die Ausschmückung, wie die detailliertere Figurenbeschreibung zeigt. Selbst die Reime ließ Wilhelm Grimm nicht unbearbeitet. Der Stoff war offenbar im frühen 18. Jahrhundert bekannt, erwähnt doch Brandan Ludolph Stoeterogge im *Recueil von allerhand Collectaneis und Historien* (18. Hundert. Hannover 1720, 52) „Erzählungen der Mehrgen vom Finger-Hut und von der Neh-Nadel".

Thema des durch die Bearbeitung Wilhelm Grimms noch rührseliger gestalteten Zaubermärchens ist der Aufstieg der armen Spinnfrau zur Königin und der Umgang mit Waisenkindern. Während Aurbacher den Text unter dem Titel *Die Pathengeschenke* kompositorisch vor die Beispielgeschichte *Des armen Waisen Leben und Tod* (= KHM 185) gestellt hatte, gab er zu erkennen, daß er den sozialen Aufstieg eines Waisenkindes und dessen Integration nur als Wunschdichtung betrachtete. Daher sollte die nachfolgende Geschichte von den hartherzigen Pflegeeltern die Realität aufzeigen, zugleich aber im Sinne eines Exemplums für eine Sinnesänderung aus religiösen Gründen werben. Dieser Zusammenhang wird in den KHM durch die unterschiedliche Einordnung nicht mehr deutlich.

Das Waisenkind zeichnet sich durch Frömmigkeit und Fleiß aus. Angesichts dieser Tugenden, welche es als eine vor Gott und den Menschen rechtschaffene Person charakterisierten, war es ganz natürlich, daß alle anderen Konkurrentinnen chancenlos bleiben, wenn der Königssohn sich auf Brutwerbung begibt. Schutzlos ist die Waise nie: Zu den Märchentopoi der guten Handlungsträgerin zählen die Unterstützung durch handelnde Gegenstände und die verstorbene Patin – gewissermaßen in der Funktion eines Schutzengels (wie z. B. die verstorbene Mutter in KHM 21: *Aschenputtel*).

KHM 188 hat nicht weiter nachgewirkt. Bildmotive (Begegnung der Waisen mit dem zu Pferd ankommenden Königssohn) sind kaum bekannt.

Lit.: Hamann 1906, 96 f.; BP 3 (1918) 355.

189. Der Bauer und der Teufel. – DMK/Uther, ATU 1030: Ernteteilung (Tubach, Nr. 1921). – KHM-Veröff.: 1843. – Der in Schwank- und Unterhaltungsbüchlein des 17./18. Jahrhunderts (eine Fassung des 18. Jahrhunderts bei Uther 1990b, Nr. 67) beliebte Stoff von der Düpierung des Teufels ist seit 1843 nach einer literarischen Vorlage Ludwig Aurbachers (s. KHM 184, 185, 188) aus seinem *Büchlein für die Jugend* (1834, 249–252) in die KHM aufgenommen worden. Wilhelm Grimm bearbeitete Aurbachers Fassung und beginnt, für die KHM eher untypisch, mit einer Zusammenfassung, welche den Inhalt vorwegnimmt (zur Bearbeitung s. Kommentar zu KHM 188: *Spindel, Weberschiffchen und Nadel*). Den bei Aurbacher folgenden Wettstreit zwischen Bauer und Teufel (wer hält die größte Hitze aus) hat Wilhelm Grimm nicht übernommen, dies sei „ein schlecht erdachter Schluß" (KHM 1856, 259). So ergibt sich als Strukturprinzip dieses Schwankmärchens die zweimalige Übervorteilung des dummen Teufels. Einzelne Motive wie die Teilung der Ernte (dualistisch gestaltet als Wettstreit zwischen Gott und Teufel) sind bereits aus dem 14. Jahrhundert bekannt.

KHM 189 stellt ein charakteristisches Beispiel für den seit Mitte des 19. Jahrhunderts abgeschlossenen Prozeß von der Neubewertung der Rolle des Teufels dar. Der Dämon ist seines diabolischen Charakters entleert und dient listigen Vertretern sozial unterschiedlicher Gruppen als Spielball ihrer Interessen. Ein Bund mit dem Teufel endet nicht mit der Abtretung der Seele an den Teufel, sondern geht immer zugunsten des Menschen aus: Der Teufel zieht den kürzeren (s. Kommentar zu KHM 81: *Bruder Lustig*).

Bildliche Darstellungen lassen sich erst seit Beginn des 20. Jahrhunderts finden, nachdem Schwänke und Schwankmärchen innerhalb von Märchensammlungen größere Popularität erlangt hatten. Dominantes Bildmotiv: Begegnung zwischen Bauer und Teufel (beide auf dem Feld).

Lit.: Wünsche 1905a, 68–79; Hamann 1906, 97 f.; BP 3 (1918) 355–364; HDM 1 (1930–33) 193–195 (J. Künzig); Röhrich 1976, 252–272 (zur Rolle des Teufels); EM 4 (1984) 225–234 (I. Köhler) und EM 5 (1987) 192–199 (R. Wehse); Kooi/Schuster 1993, Nr. 28 (Varianten); Dekker et al. 1997, 385 f. (T. Meder); Hubrich-Messow 2000 ff., Bd. 4, 127–130 (Varianten).

190. Die Brosamen auf dem Tisch. – DMK/Uther, ATU 106: Unterhaltung der Tiere. – KHM-Veröff.: 1843. – Hatte der Germanist und langjährige Korrespondenzpartner Wilhelm Wackernagel (1806–69) früher (1833) einige mundartliche Märchenfassungen direkt an Jacob Grimm geschickt, die dann in das KHM-Korpus Aufnahme fanden (s. Kommentar zu KHM 165–167), so veröffentlichte er nun selbst Texte in Aarauer Mundart wie diesen 1835 erstmals erschienenen und in den Folgejahren mehrfach nachgedruckten in der *Zeitschrift für deut-*

sches Alterthum (ZfdA. 1843, Bd. 3, 36 f., Nr. 4), den Wilhelm Grimm (fast) wörtlich übernahm.

Trotz der Warnung vor unbedachtem Stehlen läßt sich das Huhn vom Hahn zum Diebstahl von Brosamen (der innere weiche Teil des Brotes) verleiten. Unerwartet kommt die Hausfrau heim, traktiert die Tiere und jagt sie hinaus. Die Antworten der Tiere sollen die lautmalende Umsetzung ihrer Stimmgewohnheiten darstellen. Es handelt sich um eine der kürzesten Erzählungen innerhalb der KHM, typologisch den Tierstimmen deutenden Tiermärchen zuzuordnen und offenbar vor allem wegen des Inhalts – Nachahmung von Tierlauten sind bei Kindern beliebt – als Kindermärchen gedacht; dafür sprechen auch die Diminutivformen.

Lit.: Hamann 1906, 99; BP 3 (1918) 365; HDM 1 (1930–33) 327 f. (L. Mackensen); vgl. Hubrich-Messow 2000 ff., Bd. 4, 35–37 (Varianten); EM 13 (2010) 1230–1233 (J. Krause).

191. Das Meerhäschen. – DMK/Uther, ATU 329: Versteckwette. – KHM-Veröff.: 1857. – Das Rätselmärchen stammt ursprünglich aus der Sammlung des Schuldirektors und späteren Gemeindepfarrers im siebenbürgischen Schaas Joseph Haltrich (1822–86) und ersetzte 1857 das *Polyphem*-Märchen (KHM 1843, 1850: *Der Räuber und seine Söhne*). Wilhelm Grimm hatte am 29.4.1857 an Haltrich geschrieben und ihm mitgeteilt, daß er bei seiner Beschäftigung mit dem *Polyphem*-Märchen festgestellt habe, daß das Motiv nicht typisch deutsch sei; deshalb werde er es wieder aus den KHM herausnehmen. Im KHM-Anmerkungsband von 1856 ist es noch angezeigt. Zugleich bat er Haltrich um Erlaubnis, ein Märchen aus dessen kurz zuvor veröffentlichten Sammlung aufnehmen zu können, was Haltrich zugestand. Wilhelm überarbeitete zugleich wie üblich die Vorlage, setzte stärker direkte Rede ein und fügte kleinere Motive hinzu. Den etwas umständlichen Märchentitel *Von der Königstochter, die aus ihrem Schlosse alles in ihrem Reich sah* (Haltrich 1856, Nr. 38; Abdruck bei Uther 1990b, Nr. 68) benannte er nach dem dritten Helfertier um. Mit dem Meerhäschen ist nicht etwa der gleichnamige Fisch, sondern ein Kaninchen (siebenbürgisch-sächsisch: Mierhäsken) gemeint. Die Handlung besteht aus folgenden Zügen:

(1) Eine Königstochter verfügt über die Gabe, durch Glasfenster in einem Saal des Schlosses alles über und unter der Erde zu sehen. Sie will nur denjenigen heiraten, der sich vor ihr so gut verstecken kann, daß sie ihn nicht findet. Die Entdeckung bedeutet den Tod. Alle bisherigen Versuche von Freiern waren vergeblich. (2) Erneut stellen sich drei Brüder der Aufgabe, doch die beiden älteren werden entdeckt. Der Jüngste handelt mit der Königstochter drei Versuche aus, welche die Königstochter ihm gewährt: „Weil er so schön war und so herzlich bat". (3) Durch uneigennützige Hilfe erwirbt der Brautwerber sich den Dank von

Tieren (Rabe, Fisch, Fuchs). Der Rabe verbirgt ihn in einem Ei, der Fisch in seinem Bauch. Doch jedesmal kann die Königstochter den Freier entdecken und läßt die Tiere töten. (4) Nach den beiden vergeblichen Versuchen hat der Fuchs die rettende Idee. Der Tierhelfer verwandelt sich durch Eintauchen in eine Quelle in einen Kaufmann, der Freier in ein Meerhäschen. Die Königstochter erwirbt „das artige Thierchen", und der Fuchs erteilt den Rat: „wenn die Königstochter ans Fenster geht, so krieche schnell unter ihren Zopf." Die Königstochter findet ihn nicht, gibt sich geschlagen und muß ihn heiraten.

Das Alter des Märchens sei schwer zu bestimmen, resümierte Ingrid Hartmann in ihrer Dissertation über das Rätselmärchen (Hartmann 1953, 139); möglicherweise sei es erst in Südosteuropa Mitte des 19. Jahrhunderts entstanden. Ältere Motivparallelen ergäben sich nur zu der aus dem Spätmittelalter stammenden färöischen Ballade *Lokka táttur* (veröffentlicht erstmals 1822). Dort muß ein Bauer wegen einer Wette seinen Sohn einem Riesen übergeben, es sei denn, dem Sohn gelänge es, sich vor dem Riesen zu verbergen. Die von dem Bauern zu Hilfe gerufenen Götter Odin und Hönir schaffen es nicht, den Jungen vor dem Riesen zu verstecken, erst der listige Loki hat Erfolg.

Die Handlung von KHM 191 ist bestimmt vom Allerweltsmotiv der dankbaren und später hilfreichen Tiere, die als selbständig handelnde Wesen dem achtsamen Jüngsten bei der Lösung schwieriger, scheinbar unlösbarer Aufgaben zur Seite stehen (s. Kommentare zu KHM 62: *Die Bienenkönigin*; KHM 126: *Ferenand getrü und Ferenand ungetrü*). Die Aufgabe und ihre Lösung entsprechen strukturell einer Wette. Die Hilfe der Tiere ist nur möglich, weil der Jüngste zuvor den Tieren uneigennützig Beistand geleistet hatte. Dank Verwandlungszauber kann er dem durchdringenden magischen Blick der stolzen Prinzessin entgehen und sich so verstecken, daß sie ihn nicht findet. Die Königstochter sieht das Entfernteste, das Nächste aber nicht. So zeigt ihr zauberischer Blick viele Vorzüge, doch auch seine Grenzen. Dem angedrohten Tod durch Enthauptung kann der Held entgehen, die scheinbar männerfeindliche Prinzessin muß ihn heiraten. Das Märchen basiert auf Motiven, die häufig bei anderen Freierproben (vgl. EM 5, 227–236) und in Rätselmärchen zu finden sind.

Die schwierigen Freierproben wurden von Lutz Röhrich (2001, 111) als kulturhistorische Züge im Zusammenhang mit apotropäischen oder initiatorischen Hochzeitsbräuchen gesehen. Nach Walter Scherf (1995, 863) geht die Handlung des Märchens von einer erstarrten Tochter-Vater-Bindung und der Liebesunfähigkeit der Königstochter aus: zwar verfüge die junge Frau über eine todbringende Scharfsichtigkeit, empfinde aber gleichzeitig eine panische Angst vor ihrer Weiblichkeit. „Diese jedoch aus der scheinbar endgültigen Verdrängung zu lösen, gelingt nur einem gutmütigen, der leidenden Kreatur zugewandten jungen Mann." Wilhelm Solms (2007, 20) urteilt über die eheliche Verbindung, die sich nach Ablegen der Bewährungsproben ergibt: „Das ist wohl kaum eine Liebesheirat, wohl aber ein märchenhaftes Happy End".

KHM 191: Das Meerhäschen. Zeichnung von Robert Leinweber (1893)

Lit.: BP 3 (1918) 365–369; Hartmann 1953; Stein 1975, 137; Schmitt 1993, 562 (2); Röhrich 1995b; Scherf 1995, bes. 860–863; Solms 1999, bes. 67–69; Röhrich 2001, 81, 87, 111, 124, 140–143, 230, 234; zum Begriff Rätselmärchen s. EM 11 (2004) 280–285 (S. Neumann); Solms 2007, 20 f.; Solms 2014, 44–46 (zur Erzählerperspektive); EM 14 (2014) 132–135 (H.-J. Uther).

192. Der Meisterdieb. – DMK/Uther, ATU 1525A: Meisterdieb + DMK/Uther, ATU 1740: Lichterkrebse + DMK/Uther, ATU 1737: Pfarrer im Sack. – KHM-Veröff.: 1843. – Das 1843 eingefügte thüringische Schwankmärchen vom Meisterdieb übernahm Wilhelm Grimm von Georg Friedrich Stertzing ([1817–84]; ZfdA. 3, 1843, 292–299) und kam damit Ludwig Bechstein zuvor, dessen nachfolgende Bearbeitung *Die Probestücke des Meister-Diebes* (1845) ebenfalls auf die gleiche Zeitschriftenveröffentlichung zurückging (Bechstein/Uther 1997a, 45–54).

„Aufgefaßt" und „mitgetheilt" schrieb Wilhelm Grimm über seine Vorlage (KHM 1856, 260). Diese Charakterisierung im Anmerkungsband bedeutete immer, daß er eine zumeist recht kräftige Neubearbeitung vorgenommen hatte. Dieses Verfahren hielt er auch für legitim, da er in dem jeweiligen Text einen alten Stoff ‚durchschimmern' sah, dessen Kern es zu erhalten galt, so daß einer weiteren Bearbeitung der sprachlichen Neufassung nichts im Wege stand. Folgende Handlungszüge lassen sich unterscheiden:

> (1) Ein „ungeratener Junge" kommt nach jahrelanger Abwesenheit als reicher Mann unerkannt zu seinem Elternhaus zurück, gibt sich als der entlaufene Sohn zu erkennen (Erkennungszeichen: Muttermal) und macht für seine Flucht die falsche Erziehung durch die Eltern verantwortlich (eingeschoben: Vergleich zwischen altem und jungem Baum). Der Sohn rühmt sich seiner Geschicklichkeit als Meisterdieb und will trotz Todesdrohung bei Versagen freiwillig vor seinem Paten, dem Grafen, drei Proben seines Könnens ablegen. (2) Er entwendet des Grafen Pferd, indem er die Wächter, verkleidet als alte Frau, trunken macht. (3) Er stiehlt der Gräfin Bettuch und Trauring, nachdem er den Grafen verlockt hat, statt seiner auf einen Toten zu schießen und ihn zu begraben. (4) Pfarrer und Küster verleitet er, in einen Sack zu kriechen, nachdem er ihnen vorgespiegelt hat, er sei der heilige Petrus, und wolle sie jetzt, da der jüngste Tag (Lichterkrebse als wandernde Tote ausgegeben) herbeigekommen sei, in den Himmel bringen. (5) Der Adlige gesteht ein, daß die Proben bestanden seien, und entläßt den Meisterdieb mit der Warnung, sein Land nicht wieder zu betreten.

Stertzing hatte bereits einen Hinweis auf die ältere literarische Tradition gegeben: mit seinem „Märchen aus Thüringen" sei zu vergleichen: „die zweite erzählung in Strapparolas erster nacht", und damit war Straparolas novellistische Erzählung vom Dieb Cassandrino (1,2) gemeint. Im Anmerkungsband hieß es dann genereller: „Dergleichen durch die dabei angewandte List entschuldigte Diebsstreiche werden mannigfach verschieden erzählt" (KHM 1856, 260). Außer der Nennung zeitgenössischer Varianten hatte Wilhelm Grimm auf literaturgeschichtliche Darstellungen und eine Fassung aus den *Sieben weisen Meistern* aufmerksam gemacht. In der Tat ist der Diebsschwank weit verbreitet (bei Basile, *Pentamerone* 3,7 in anderen funktionalen Zusammenhängen, s. DMK/Uther, ATU 328: *Corvetto* und EM 3, 149–156). Er läßt sich mit einzelnen Abenteuern wie dem Pferdediebstahl und dem Einsperren in einen Sack (s. KHM 61: *Das Bürle*; KHM 146: *Die Rübe*) in Europa seit dem hohen Mittelalter und – verknüpft zu einer Diebstahlskette – in der italienischen Novellistik des frühen 16. Jahrhunderts ebenso wie in deutschen Sammlungen (Pauli/Bolte, Nr. 850) belegen.

Die Diebsproben verlaufen erfolgreich. Thematisch läßt sich die dritte Aufgabe als eine Predigtparodie verstehen und wendet sich gegen Aberglauben und Magie. Harlinda Lox (EM 10, 885) resümiert: „Die Würdenträger verhalten sich wie andere Dumme, Einfältige oder Leichtgläubige, die sich in schwankhaften Erzählungen in einen Sack einsperren lassen und nicht aus eigener Kraft daraus befreien können." Die dritte Aufgabe findet sich in vielen anderen

Schwänken, in denen das beliebte Figurenpaar Pfarrer und Küster belacht und zum Gespött der Umwelt gemacht wird. Schwanktypisch erscheint die von Max Lüthi betonte „Paradoxie des Geschehens" (Lüthi 1971b, 51), das heißt die Inszenierung schalkhafter Handlungen an heiligem Ort. Der Dieb begeht keine blasphemische Handlung, wenn er für seine Betrugsmanöver als vermeintlicher Himmelsbote Petrus den naiven Glauben von Pfarrer und Küster an die Endzeit ausnützt.

Betrug und List sowie Stehlen als Sport (hier mit dem Robin Hood-Motiv: Diebstahl nur von Reichen und Verteilung auch an Arme) sind in Schwank und Schwankmärchen zulässige Mittel der Handlungsträger, die nicht nach rechtlichen Kriterien beurteilt werden. Es dominiert das Vergnügen an List und Geschicklichkeit des Meisterdiebs, dem die Bewunderung entgegenschlägt. So ist es folgerichtig, daß der Dieb nach den erfolgreich bestandenen Proben nun noch den Aufgabensteller schröpft und sein wahres Können unter Beweis stellt. So geschieht es auch in älteren Vorlagen. Bei Stertzing (und bei Straparola) läßt sich der Dieb nicht mit der Anerkennung des Grafen (und sogar einem Goldstück) abspeisen und wegloben, sondern befolgt erst die Aufforderung, nachdem er den Grafen dazu gebracht hat, die abgelisteten Gegenstände für eine beträchtliche Geldsumme zurückzukaufen. Danach zieht er mit seinen Eltern in ein fernes Land und wird ein reicher und angesehener und vor allem ehrlicher Mann. Mit diesem Schluß erweist sich der Listige dem Grafen gegenüber nicht nur als ebenbürtig, sondern auch als überlegen. In Wilhelm Grimms Fassung dagegen kommt der Adlige ganz und gar ungeschoren davon, vermag sogar die Rechtsprechung zu seinen Gunsten zu bemühen. Er erkennt den Sieg des Listigen an, zeigt ihm aber mit dem herrschaftlichen Landesverweis (wie in der *Eulenspiegel*-Historie, Nr. 26 = DMK/Uther, ATU 1590: *Eid auf eigenem Grund und Boden*) die Grenzen seines Handelns auf. Von der Rückgabe der erlisteten Gegenstände gegen eine beträchtliche Summe Geldes erfahren die Leser nichts.

In typologischer Hinsicht aufschlußreich ist ein Vergleich der Stertzing-Vorlage mit den Bearbeitungen Ludwig Bechsteins und Wilhelm Grimms. Während Grimm den schwankhaften Charakter herausstellt, beläßt Bechstein die Züge einer moralisch endenden Geschichte und läßt damit deutlicher das Original durchschimmern. Der Sohn sorgt für seine Eltern, während er in der KHM-Version nach dem kurzen Besuch wieder entschwindet. Anders gewichtet ist ferner die Rolle des Vaters; die Motivation des Meisterdiebs, der in KHM 192 mehr als eine Art Robin Hood dargestellt ist, differiert.

Peter-Paul Zahls moderne Aneignung des Stoffs, *Der Meisterdieb* (1992), thematisiert Grundstücksgeschäfte und damit zusammenhängende Spekulationen im Berliner Stadtteil Kreuzberg.

Während in englischen KHM-Übersetzungen schon recht früh Illustrationen des Themas zu finden sind (George Cruikshank, Edward H. Wehnert), tauchen in Deutschland – abgesehen von den fünf Illustrationen Ludwig Richters für Bechsteins Märchen (1853) – bildliche Darstellungen von KHM 192 erst seit dem beginnenden 20. Jahrhundert in größerer Zahl auf (betrunkene Wächter; Meisterdieb am Fenster; Pfarrer und Küster auf dem Friedhof). Die Ursache dürfte darin liegen, daß sich vor allem schwanktypische Stoffe einer wachsenden Beliebtheit erfreuten.

KHM 192: Der Meisterdieb. Holzschnitt von Ludwig Richter (1853)

Lit.: Hamann 1906, 100 f.; BP 3 (1918) 379–406; Wesselski 1931, 17 f.; EM 3 (1981) 625–639 (E. Moser-Rath) (zu Dieb, Diebstahl); Schmitt 1993, 562 (1); zu den Lichterkrebsen vgl. EM 8 (1996) 1035–1038 (J. van der Kooi); Dekker et al. 1997, 229–234 (J. van der Kooi); zur Meisterdieb-Thematik s. EM 9 (1999) 508–522 (H. Lox); Solms 1999, bes. 105–107, 203 f.; Hubrich-Messow 2000 ff., Bd. 6, 7–55 (Varianten); Müller/Wunderlich 2001, 629–638 (C. Tuczay); zum Thema des in einen Sack eingesperrten Geistlichen s. EM 10 (2002) 884–887 (H. Lox); Laeverenz 2007, 264 f. (zum listigen Betrug); Hubrich-Messow 2000 ff., Bd. 7, 105–108, 131–133 (Varianten).

193. Der Trommler. – DMK/Uther, ATU 400: Mann auf der Suche nach der verlorenen Frau + DMK/Uther, ATU 518: Streit um Zaubergegenstände + DMK/Uther, ATU 313: Magische Flucht. – KHM-Veröff.: 1843. – Das recht umfangreiche Zaubermärchen wurde wie KHM 169: *Das Waldhaus* und KHM 171: *Der Zaunkönig* von dem Literaturwissenschaftler und langjährigen Korrespondenzpartner Karl Goedeke (1814–87) „nach einer Erzählung aus dem Eichsfeld" (KHM 1856, 261) beigesteuert, die er am 15.12.1838 an Jacob Grimm geschickt hatte. Die Erzählung stamme von seiner Tante, „einer schlichten Bürgersfrau". Sie hätte das Märchen in Delligsen bei Alfeld (ihrem Geburtsort) von dem Eichsfelder Lumpensammler Steffen gehört (Grimm/Goedeke 1927, 19 f.).

Das Märchen scheint erst im 19. Jahrhundert auf der Grundlage bekannter Motive aus Epen und Märchen ersonnen worden zu sein und gehört zum Zyklus der Märchen von der vergessenen Braut (vgl. KHM 56, 67, 88, 113, 186). Ein Vergleich von KHM 193 mit der ursprünglichen Vorlage (Abdruck bei Grimm/Rölleke 1989, Nr. 20) macht deutlich, in welch starkem Maße Wilhelm den Text bearbeitet hat. Folgende Handlungszüge sind zu unterscheiden:

> (1) Ein Trommler entwendet ein an einem See liegendes Stück Leinen und gibt es auf Aufforderung gegen die Mitteilung zurück, wer der Besitzer des Hemdes sei (Schwanjungfrau-Motiv). Er erfährt, daß es sich um eine verzauberte Königstochter handelt, die eine Hexe auf einen Glasberg verbannt hat, und begibt sich auf eine Suchwanderung. (2) Durch Prahlerei und mit Hilfe von Riesen sowie zweier nicht näher bezeichneter Männer (Streit um Zaubergegenstände: KHM 92, 93, 197) erreicht er den Glasberg, verdingt sich bei der Hexe und vollbringt dank der Unterstützung der verzauberten Königstochter drei scheinbar unlösbare Aufgaben (Ausschöpfen eines Teichs mit Fingerhut, gewaltige Holzmengen in Klafter zusammenlegen, Holen eines Holzkeils aus dem Feuer), erlöst durch diese Bewährungsproben die Verzauberte und befördert die Hexe ins Feuer. (3) Der Trommler begibt sich zu seinen Eltern und küßt sie trotz der Warnung des Mädchens auf die rechte Wange (Kuß des Vergessens); das vergangene Geschehen entschwindet ihm dadurch. (4) Die verlassene Braut geht auf die Suche, erkauft bei der neuen Braut gegen Hergabe wunderschöner Kleidung drei Nächte bei ihrem Geliebten und kann sich ihm, nachdem die List mit dem Schlaftrunk durchschaut ist, offenbaren. Es folgen Wiedererkennung und Heirat.

Der Grad weiblicher Schönheit ist nicht selten durch Vergleiche bestimmt, wobei eine besondere Affinität zu Metallen und Gestirnen besteht, die, da zeitenüberdauernd, Gleiches auch für die Kleidung der Heldin signalisieren sollen. Auf diese Weise bezieht das Märchen den Kosmos mit ein und wird universal (Lüthi 1975a, 31–36). Das Sonnen-, Mond- und Sternenkleid kann sich die vom Helden erlöste Schwanjungfrau mittels eines Wunschringes verschaffen, nachdem ihr Befreier sie nichtsahnend vergessen hat, um eine andere zu heiraten. Die Signalwirkung dieser Kleider auf die neue Auserwählte ist so stark, daß sie die Kleider gegen das Versprechen tauscht, daß die ‚rechte' Braut vor dem Zimmer ihres Geliebten eine Nacht zubringen darf. Trotz der angewandten List des Schlaftrunks siegt die ‚wahre' Liebe. Während in KHM 88: *Das singende springende Löweneckerchen* die neue Braut nach dem Wiederfinden der beiden Geliebten aus dem Blickfeld gerät, folgt hier ein harmonischer Ausgang: Sie darf die Kleider behalten und gibt sich damit zufrieden.

Das Vergessen der Braut (EM 2, 716–723) gehört zu den retardierenden Episoden des Handlungsablaufs, die zwar die Dynamik der Handlung unterbrechen, aber die Spannung des Gesamtgeschehens erhöhen. Überwiegend ist die Braut der leidende Teil bei der Verzögerung des Happy-Ends, die Ähnlichkeit zu anderen Märchen des Zyklus ist auffallend. Das Sonnen-, Mond- und Sternenkleid erinnert an KHM 65: *Allerleirauh*.

KHM 193 wirkt nur innerhalb von KHM-Gesamtausgaben nach und hat im Gegensatz zu vergleichbaren Märchen von der vergessenen Braut nie deren Popularität erreicht. Bildliche Darstellungen (bei einer Abbildung meistens der Trommler) finden sich erst seit Ende des 19. Jahrhunderts.

KHM 193: Der Trommler. Zeichnung von Robert Leinweber (1893)

Lit.: BP 3 (1918) 406–417; Holmström 1919; Mehlem 1940, 79; Ranke 1955 ff., Bd. 1, 150–169 (Varianten); EM 5 (1987) 1265–1270 (D. Ward) (zum Glasberg); Goldberg 1992 (zur vergessenen Braut); Rusch-Feja 1995, 207–217; Scherf 1995, 1234–1237; EM 9 (1999) 13–19 (W. Puchner) (zur Magischen Flucht); Laeverenz 2007, 270–272 (zum Diebstahl der Zaubergegenstände); Reinhardt 2012, 118 f. (zu Motivparallelen in der Literatur der Antike); Gobrecht 2013 (zum Glasberg-Motiv).

194. Die Kornähre. – DMK/Uther, ATU 779G*: Crime against Grain. – KHM-Veröff.: 1850. – Die ätiologische Sage (Erklärungssage), die zu den Frevel- und Warnsagen rechnet und mitunter als Natursage bezeichnet wird, geht auf eine Vorlage (aus Schmalkalden) des in [Kassel-]Nordshausen tätigen Pfarrers Philipp Hoffmeister (1808–74) zurück (*Zeitschrift des Vereins für hessische Geschichte* 4, 1847, 114 f.) und ist stilistisch kräftig bearbeitet worden (s. auch KHM 195: *Der Grabhügel*). Nach Will-Erich Peuckert steht hinter der Sage von der Verkürzung der Ähre die Vorstellung eines goldenen Zeitalters, das durch die Schuld der Menschen verloren ging.

Der allgemeine Eingang Hoffmeisters („Früher, vor langen, langen Jahren") wurde durch die häufig sinngemäß benutzte Einleitungsformel präzisiert: „Vorzeiten, als Gott noch selbst auf Erden wanderte", um die Altersmäßigkeit der Geschichte zu erhöhen und um den Verlust der paradiesischen Welt durch menschliche Unzulänglichkeiten stärker betonen zu können. Andere Änderungen Wilhelm Grimms betreffen Umstellungen zur Erhöhung des Erzählflusses und der Anschaulichkeit. „Aber wie die Menschen sind, im Überfluß achten sie des Segens nicht mehr, der von Gott kommt, werden gleichgültig und leichtsinnig." Dagegen Hoffmeister: „Aber da die Menschen so reichlich und so viel ernteten, wurden sie voll Muthwillens und achteten des Segens Gottes nicht."

Erzählungen über den Mißbrauch der Früchte (zu Brot vgl. KL 5: *Gottes Speise*) sind ebenso aus arabischen und jüdischen Überlieferungen bekannt. Durchaus denkbar ist, daß der Ursprung für die Erfindung und Tradierung in polygenetischen Prozessen zu suchen ist, die den Gedanken an die Gewährung und die Erhaltung der Lebensgrundlagen (Brot als Himmelsgabe) exemplarisch durch Aufzeigen falschen Verhaltens und daraus resultierender Strafen wachhalten, zugleich aber an das Vorhandensein von Nahrung in der bekannten Form als Beweis göttlicher Gnade erinnern wollen. Die Gnade Gottes übersteigt die strafende Gerechtigkeit. Geschichten über die Heiligkeit des Brotes (im Korn wie in der Ähre ist Jesus Christus zu sehen, vgl. *Johannes* 12, 24 f.) und über Nahrungsfrevel sind vor allem in Sagen thematisiert (etwa Grimm/Uther DS 234–238, 241).

Bereits vor Erscheinen in den KHM hatte Ludwig Bechstein in seinem *Deutschen Märchenbuch* (1845 und öfter) die Erklärungssage unter dem Titel *Die Kornähren* aufgenommen. Zuvor hatte Bechstein die legendäre Erzählung in der Zeitschrift *Thüringen in der Gegenwart* (1843, 92) publiziert, für die erneute Veröffentlichung im *Deutschen Märchenbuch* aber beträchtlich erweitert. Ob möglicherweise Hoffmeister (1847) daraus geschöpft hat, wie Rolf-Rüdiger Schneider (1980, 105 f.) vermutete, muß offenbleiben. Im gleichen Jahr wie Hoffmeister brachte der Arzt und Sagensammler Franz Josef Vonbun ([1824–70]; 1847, 23 f.) eine Fassung in der Mundart des Vorarlberger Oberlandes heraus.

Lit.: Hamann 1906, 102; BP 3 (1918) 417–420; HDS, 141–144 (W.-E. Peuckert); Moser 1974 (biblische Bezüge); EM 1 (1977) 231–233 (K. Ranke); EM 2 (1979) 816–821 (D.-R. Moser); zu Vonbun vgl. Strasser 1993; Hubrich-Messow 2000 ff., Bd. 4, 88 f. (Varianten).

195. Der Grabhügel. – DMK/Uther, ATU 815: Schatz in der Totenhaut + DMK/Uther, ATU 1130: Grabhügel. – KHM-Veröff.: 1850. – Vorlage für das 1850 eingefügte Schwankmärchen bildet eine Version aus Schmalkalden, die der Pfarrer Philipp Hoffmeister (1808–74) in der *Zeitschrift des Vereines für hessische Geschichte* (1847, Bd. 4, 115–118) veröffentlicht hatte (vgl. Grimm/Rölleke 1998); die davor abgedruckte Erklärungssage Hoffmeisters über den Kornfrevel diente als Vorlage für KHM 194: *Die Kornähre*.

Auch hier besserte Wilhelm Grimm stilistisch erheblich nach, dialogisierte den Schlagabtausch zwischen Soldat und Teufel witzig, schmückte die Fassung kräftig aus, änderte vor allem die Überschrift *Das Mährchen vom dummen Teufel* in *Der Grabhügel*, so daß nicht gleich der Ausgang der Erzählung vorweggenommen wurde, und kürzte Hoffmeisters als Erläuterung zur Überschrift dienende Moralität des Eingangs. Drei wesentlich früher zu datierende Varianten des Schwankmärchens (darunter eine Niederschrift „aus Zwehrn" vom 23.6.1813 nach einer Erzählung von Dorothea Viehmann [1755–1815]), vorhanden als Manuskripte Jacob Grimms und in der Bearbeitung Wilhelms (Grimm-Nachlaß 1756, Staatsbibliothek Berlin, Preuß. Kulturbesitz), fanden keine Berücksichtigung.

Bei KHM 195 handelt es sich um die Kombination zweier auch in anderen Zusammenhängen begegnenden Stoffe, einmal um das Motiv der Grabwache, zum andern um das Danaidenmotiv (vgl. KHM 178, 186, 193), hier jedoch als List verwendet und mit positivem Ausgang: In ein bodenloses Gefäß füllt der dumme Teufel unentwegt Geld/Gold hinein, bevor er schließlich aus Wut und Enttäuschung das Weite sucht. Signifikant ist, daß der Teufel im Wettstreit mit dem Menschen unterliegt und als Dummkopf figuriert. Diese Rolle des Teufels entspricht der Bewertung des Dämons in Schwänken und Sagen des 19. Jahrhunderts; der Herr der Hölle ist entmythisiert und hat seinen diabolischen Charakter eingebüßt (vergleiche die Kommentare zu KHM 81: *Bruder Lustig*, KHM 189: *Der Bauer und der Teufel*).

Ältere Vorlagen wie *Der pawer mit dem podenlosen sack* von Hans Sachs (1563; Sachs, Fabeln und Schwänke, Bd. 2, Nr. 350) enthalten als Einleitungsmotiv das Thema des Leichenschindens (DMK/Uther, ATU 815: *Schatz in der Totenhaut*), das in Fassungen des 19. Jahrhunderts durch das Motiv der mutigen Grabwache (Mot. H 1460) ersetzt ist. Es ist als eine Art verlängerter Totenwache (EM 2, 695 f.) bildhafter Ausdruck des Bemühens des Reichen, kurz vor seinem Tode durch Umkehr seines bisherigen hartherzigen Lebenswandels Rettung für sein Seelenheil zu erlangen. Ob dies durch die Einhaltung des Versprechens gelungen ist, läßt das Schwankmärchen offen. Im Zentrum steht der Wettstreit mit dem Teufel. Für den armen Bauern, der seine erdrückende Armut durch mildtätiges Verhalten beseitigt und sich mutig auf Grabwache begeben hatte, bleibt in der zweiten Texthälfte nur noch eine Statistenrolle übrig. Der wie so oft unerwartet auftauchende Helfer, hier ein abgedankter Soldat mit etwas dämonischen Zügen („Narben im Gesicht", „Augen scharf und feurig"), übernimmt den Part des Gegenspielers und fädelt die Betrugsaktionen ein, die den Teufel zur Verzweiflung treiben. Der Soldat figuriert als Prototyp des unerschrockenen Helfers, der keinen Konflikt scheut und burschikosen Umgang mit den Jenseitsgestalten pflegt.

Rückbezüge auf KHM 4: *Märchen von einem, der auszog, das Fürchten zu lernen* sind bei der ersten Begegnung von Bauer und Soldat in das Schwankmärchen interpoliert, indem es heißt: „Ich bin wie der Junge, der ausging, das Gruseln zu lernen und sich vergeblich bemühte, der aber bekam die Königstochter zur Frau und mit ihr große Reichtümer, und ich bin immer arm geblieben." Später erwidert der Soldat dem Teufel: „und das Fürchten habe ich noch nicht gelernt".

Die Nachwirkung des Teufelsschwanks geht weitestgehend von der KHM-Fassung aus. Bildliche Darstellungen sind nur vereinzelt und in umfangreicheren KHM-Teilausgaben oder Gesamtausgaben nachzuweisen (vor allem: Teufel beim Einschütten des Goldes in den Stiefel).

Lit.: Hamann 1906, 102 f.; BP 3 (1918) 420–423; HDM 2 (1934–40) 658 (L. Mackensen); Mehlem 1940, 64; Merkelbach 1964; Textor 1965 (zu D. Viehmann); Denecke 1971b; EM 3 (1981) 267–270 (H.-J. Uther) (zum Danaidenmotiv); EM 6 (1990) 69–72 (H. Lixfeld); EM 6 (1990) 79 f. (R. W. Brednich) (zur Grabwache); Kooi/Schuster 1993, Nr. 25 (Varianten); Clausen-Stolzenburg 1995, 195 (zur Profanierung); Solms 1999, 104 f.; Hubrich-Messow 2000 ff., Bd. 4, 165 f. (Varianten); EM 11 (2004) 1277–1280 (C. Hauschild).

196. Oll Rinkrank. – vgl. DMK/Uther, ATU 530: Prinzessin auf dem Glasberg + vgl. DMK/Uther, ATU 1160: Einklemmen unholder Wesen. – KHM-Veröff.: 1850. – Das Dialektmärchen übernahm Wilhelm Grimm aus dem *Friesischen Archiv* (Bd. 1 [1849] 162–164) und gab den Text *Van de oll Rinkrank* von Heinrich Georg Ehrentraut, dem Herausgeber der Zeitschrift und Korrespondenzpartner Jacob Grimms seit 1838, wörtlich wieder. Das Märchen stammte aus dem norddeutschen Rüstringen (Kreis Jever), zugleich das einzige Märchen der KHM-Sammlung aus dieser Gegend.

KHM 196 besteht aus der Aneinanderreihung bekannter Motive. Die Königstochter wird dem Freier, der über einen Glasberg laufen kann, als Preis versprochen. Kurioserweise fällt nur die den Freier unterstützende Königstochter in den Schlund des Berges, während der Bräutigam davonkommt. Ihm ist danach nur eine Statistenrolle zugedacht, die Aktivitäten gehen von der Königstochter und ihrem Aufenthalt in der Unterwelt aus. Die Magddienste bei dem unheimlich wirkenden Unterweltsbewohner Oll Rinkrank, wohl einem Zwerg, erfüllt sie mit Bravour und rettet so ihr Leben. Listig klemmt sie den Bart des Unholds ein und erlangt dadurch ihre Freiheit, weil der Unterirdische, der hier sogar einen Namen trägt, ihr eine Leiter zum Verlassen der Höhle geben muß.

Hervorzuheben im Vergleich mit anderen Märchen vom Glasbergritt (KHM 25, 93, 127, 193) ist die aktive und ideenreiche Rolle der Frau, ähnlich wie in KHM 46: *Fitchers Vogel*. Sie befreit sich selbst aus der Gewalt des Jenseitigen, während sonst die Befreiung durch Verwandte oder den Freier erfolgt.

Lit.: BP 3 (1918) 423 f.; Mehlem 1940, 64; Bynum 1978; EM 3 (1981) 1261–1271 (H. Breitkreuz) (zum Einklemmen); EM 5 (1987) 1265–1270 (D. Ward) (zum Glasberg); Kooi/Schuster 1994, Nr. 12 (Varianten); zur Prinzessin auf dem Glasberg vgl. EM 9 (1999) 1343–1351 (I. Köhler-Zülch); Hubrich-Messow 2000 ff., Bd. 4, 196 f. (Varianten); Gobrecht 2013 (zum Glasberg-Motiv).

197. Die Kristallkugel. – DMK/Uther, ATU 552: Tierschwäger + DMK/Uther, ATU 518: Streit um Zaubergegenstände + DMK/Uther, ATU 302: Herz des Unholds im Ei. – KHM-Veröff.: 1850. – Das aus einem Konglomerat bekannter Motive bestehende Zaubermärchen hat Friedmund von Arnim verfaßt und es 1844 in seiner Sammlung schlesischer Märchen unter dem Titel *Vom Schloß der goldnen Sonne* (Arnim/Rölleke 1986, Nr. 14) veröffentlicht (zu weiteren Adaptationen s. KHM 136: *Der Eisenhans*; KHM 199: *Der Stiefel von Büffelleder*). Wie bei der Aufnahme neuer Texte seit den 1830er Jahren üblich, formte Wilhelm den stofflich mit anderen Märchen (Basile 4,3: *Die drei Tierkönige*; J. K. A. Musäus: *Die Bücher der Chronika der drey Schwestern*) zusammenhängenden Text völlig um, benutzte Arnims Fassung als Steinbruch, machte sie durch Einfügung anschaulich gestalteter Passagen lesbarer und ließ den umständlichen und langatmigen zweiten Teil fort. KHM 197 besteht aus folgenden Handlungszügen:

> (1) Im Zentrum steht der von seiner Mutter, einer Zauberin, nicht wie seine Brüder in Tiere (Adler, Wal) verwandelte Jüngste. Er ist aus dem Elternhaus geflohen und begibt sich auf die Suche nach einer verwünschten Königstochter. (2) Im Streit um Zaubergegenstände (s. KHM 92, 93, 193) tritt er als Vermittler auf und erwirbt von zwei Riesen einen Zauberhut, der ihn durch eine unbedachte Äußerung mittels einer Luftreise (Thema des glücklichen Zufalls) zu dem Zauberschloß bringt. (3) Uneigennützig verspricht er der entführten und verunstalteten Königstochter Hilfe und begibt sich in Todesgefahr, nachdem er von der Verzauberten erfahren hat, welche Bewährungsproben zu ihrer Erlösung nötig sind. (4) Die in Tiere verwandelten Brüder unterstützen ihn. Er gelangt in den Besitz des Lebens des starken Zauberers, das sich außerhalb von dessen Gestalt in einer mehrfach verschachtelten Kristallkugel befindet. (5) Mit diesem Machtmittel zwingt er den Zauberer, den Brüdern ihre menschliche Gestalt zurückzugeben, und verlobt sich mit der erlösten Königstochter.

Charakteristisch für die Spätphase der KHM ist der milde Ausgang des Märchens. So kommt den Gegenspielern, die gewöhnlich für ihre kriminellen Taten extrem bestraft werden, nur eine Statistenrolle zu. Die um ihre Macht fürchtende Mutter geht trotz ihrer vorbeugenden und ruchlosen Tat, die Söhne in Tiere zu verwandeln, straflos aus. Sie wird im Verlauf der Handlung nicht mehr erwähnt. Für den Raub der Königstochter büßt der Zauberer, der offenbar in keinem Verwandtschaftsverhältnis zur Zauberinmutter steht, einzig seine zauberische Fähigkeit ein. Mehr erfahren die Leser über sein Schicksal nicht.

Sogenannte archaische Motive sind der Seelenvogel (EM 12, 489–493) und das Motiv der Schachtelseele in einem Ei beziehungsweise dort befindlicher zauberischer Fähigkeiten. Schon 1812 hatten die Brüder Grimm – nach Musäus – ein Märchen des Typus von den Tierschwägern und dem außerhalb der Gestalt des Unholds befindlichen Herzen wiedergegeben (KHM 82: *Die drei Schwestern*).

Daß ein Vogel als Seelentier agiert und die außergewöhnlichen Fähigkeiten des Zauberers und dessen magische Kraft birgt, erinnert an das Motiv vom ‚Leben außerhalb' (external soul) im sogenannten ägyptischen Brüdermärchen, das antike Vorstellungen vom Seelenvogel (z. B. KHM 47, 96, 105), der zum Schutz der betreffenden Person das Lebensprinzip außerhalb des Körpers des Menschen und an einem geheimen Ort aufbewahrt, widerspiegelt. Daß das Leben ausgerechnet in einem Ei verborgen ist, dürfte mit Vorstellungen zusammenhängen, die Eiern Zeugungs- und Lebenskräfte zuschreiben (EM 3, 1107–1110).

Die archaischen Züge haben verschiedene Deutungsansätze (vgl. EM 6, 931) bestimmt, wonach das Märchen als eine Widerspiegelung primitiver Glaubensvorstellungen zu gelten habe (James George Frazer). Es ergebe sich nach Mircea Eliade eine Verbindung zu schamanistischen Initiationsriten, die bewirkten, daß der Schamane seine Seele in ein Tier verwandeln könne und so vom Dämon nicht erkannt werde. Die eingeschachtelte Seele sei so etwas wie das Symbol der Vielheit in der Einheit, der den Unhold bekämpfende Held Sinnbild eines sich neu ausbildenden Bewußtseins, vermuten Vertreterinnen der Schule von Carl Gustav Jung wie Marie-Louise von Franz oder Hedwig von Beit.

Lit.: Hamann 1906, 103 f.; BP 3 (1918) 424–443; Ranke 1955 ff., Bd. 1, 100–110 (Varianten); EM 2 (1979) 925–940 (K. Horálek) (zum ägyptischen Brüdermärchen); Tuczay 1982 (zur Schachtelseele); EM 4 (1984) 700–710 (V. Cordun) (External soul); zu Deutungsansätzen vgl. bes. EM 6 (1990) 929–933 (C. Tuczay); Schmitt 1993, 562 (3); zum Spiegelmotiv s. Röhrich 1995b, 7; Scherf 1995, 759–761; Dekker et al. 1997, 304–308 (C. Wijbrans); Anderson 2000, 150–152; zum Streit um Zaubergegenstände s. Laeverenz 2007, 270–272 und EM 12 (2007) 1370–1375 (J. van der Kooi); EM 13 (2010) 632–637 (C. Goldberg); Messerli 2019 (Schloß als Raum).

198. Jungfrau Maleen. – DMK/Uther, ATU 870: Prinzessin in der Erdhöhle. – KHM-Veröff.: 1850. – Der bedeutenden, 1845 zuerst erschienenen und mehrfach aufgelegten Sammlung schleswig-holsteinischer Volkserzählungen von Karl Viktor Müllenhoff (1818–84) entnahm Wilhelm Grimm das Zaubermärchen, das dem Zyklus der Erzählungen von der unterschobenen Braut zuzurechnen ist. Er bewertete es als ein „durch Gehalt und Vollständigkeit ausgezeichnetes Märchen, worin die so oft vorkommende Erkennung der wahren Braut schön dargestellt ist" (KHM 1856, 262). Der Konrektor [Wilhelm H.] Kolster aus Meldorf (Dithmarschen) hatte es dem ganz im Banne der mythologischen Forschungen Jacob Grimms stehenden Germanisten Müllenhoff aus Dithmarschen (der später auch Jacob Grimms *Kleinere Schriften* herausgab) vermittelt. Kolster will es von einem Dienstmädchen gehört haben (1845, Nr. 5 = Neuausgabe 1921, Nr. 597; abgedruckt unter anderem bei Uther 1990b, Nr.69). Wie Wilhelm Wisser erstmals auffiel, hatte Müllenhoff schon die Kolster-Fassung weiter bearbeitet. Weitere intensive stilistische Eingriffe nahm dann Wilhelm Grimm noch vor (synoptischer Abdruck bei Ranke 1955 ff., Bd. 3, 192–202): Er sorgte für Erzähllogik, größere Anschaulichkeit, die Einfügung märchencharakteristischer Begriffe wie Erlösung, Aschenputtel und eine Erweiterung des Erzählschlusses (kleine Fehler bei den niederdeutschen Schlußversen).

KHM 198: Jungfrau Maleen. Federzeichnung von Otto Ubbelohde (ca. 1909)

Das Märchen von der gedemütigten und verkannten Braut, die selbst der Freier zunächst nicht wiedererkennt, als sie, gezwungen von ihrer Gegenspielerin, an deren Stelle die Brautrolle übernimmt, hat einige Ähnlichkeit mit KHM 89: *Gänsemagd* und mit Basiles Märchen 3,3: *Viso* (Das Gesicht), in dem die vergessene Braut allerdings Selbstmord begeht.

Das spannungsreiche und mit gereimten niederdeutschen Einschüben durchsetzte Märchen ist zweifellos ein Produkt des 19. Jahrhunderts und läßt sich als eine romantisch verklärte Liebesgeschichte begreifen. Die Heldin weist nicht nur typische Züge eines biedermeierlichen Frauenbildes auf (Gehorsam, Demut), sondern entwickelt sich aus dieser Position heraus zu einer klugen und vorausschauenden Frau, die aus der Niederlage herausfindet und durch ihr offensives Verhalten den Bräutigam für sich gewinnen kann.

Die Müllenhoff-Version dürfte der älteste Beleg des Erzähltyps DMK/Uther, ATU 870 darstellen (EM 10, 1337) und hat besonders in Skandinavien nachgewirkt. Einige Züge des Märchens sind älter, etwa die Thematik von der untergeschobenen Braut; zur Gefangenschaft im Turm und Isolierung der Tochter s. Kommentar zu KHM 12: *Rapunzel*. Der Name Maleen ist eine Kurzform aus Maria Magdalena. Der Schlußreim „Kling, klang, kloria,/ Wer sitt in diesen Toria" gehört zu dem bekannten Kinderlied gleichen Namens und findet sich auch in dem Kinderspiel von der eingemauerten Königstochter (BP 3, 443).

KHM 198 ist nur durch KHM-Gesamtausgaben oder größere KHM-Teilausgaben bekannt geworden. Innerhalb des Typus von der Magddienste leistenden und vergessenen Braut steht es hinter KHM 89: *Die Gänsemagd* zurück. Bildliche Darstellungen begegnen seit Beginn des 20. Jahrhunderts. Populär wurden drei Illustrationen Paul Heys aus dem Sammelbildalbum *Deutsche Märchen* (1939), die auch in KHM-Teilausgaben aufgenommen wurden: Szene mit Maleen und Dienerin vor dem Turm, Brautzug, Maleen mit Henkersknechten.

Lit.: Arfert 1897, 34–37; Hamann 1906, 105 f.; BP 3 (1918) 443–450; HDM 1 (1930–33) 307–311 (W. Golther); Ranke 1955 ff., Bd. 3, 192–202 (Varianten); Karlinger 1965; Marold 1968; Girard 1987; Schmitt 1993, 562 (1); Karlinger 1994, 37–45 (Nachwirkung, Ballade); Rusch-Feja 1995, 118–140; Scherf 1995, 650–653; EM 10 (2002) 1336–1341 (M. C. Maennersdoerfer); Rölleke 2006b; Shojaei Kawan 2009, 434 f. (Verse); Bleckwenn 2011; Neumann 2011, 237–240 (zur Rolle des Königs in den KHM).

199. Der Stiefel von Büffelleder. – DMK/Uther, ATU 952: König und Soldat. – KHM-Veröff.: 1850. – Die älteste Fassung des Schwankmärchens veröffentlichte Friedmund von Arnim (zu anderen Übernahmen s. Kommentare zu KHM 136: *Der Eisenhans*; KHM 197: *Die Kristallkugel*) unter dem Titel *Vom Bruder Stiefelschmeer* in seiner (einzigen) Sammlung *Hundert neue Mährchen* (Charlottenburg 1844 = Arnim 1986, Nr. 4; abgedruckt bei Uther 1990b, Nr. 70). Trotz der zeitbedingten Bezugnahme auf mündliche Überlieferung, die schon der Untertitel erkennen ließ („im Gebirge gesammelt"), verbarg sich dahinter in Wahrheit eine Sammlung von neuen Kunstmärchen unter Verwendung traditioneller Themen und Motive. Wilhelm Grimm übernahm zwar die Handlungsstruktur, schuf aber durch Umformulierungen und Erweiterungen (mehr als ein Drittel) und die Einfügung zahlreicher sprichwörtlicher Redewendungen und Redensarten eine völlig neue Fassung. Inhaltlich lassen sich folgende Episoden unterscheiden:

> (1) Ein abgedankter Soldat zieht bettelnd durch die Lande. Unterwegs trifft er auf einen verirrten Jäger (den König). (2) Gemeinsam übernachten sie im Haus von Räubern und werden von einer sie empfangenden alten Frau vor den grausamen Mordgesellen gewarnt. (3) Als die Räuber des Nachts zurückkehren und ihr Essen einnehmen, lockt der unwiderstehliche Geruch des Essens die beiden Weggefährten aus ihrem Versteck. Sie gesellen sich den Räubern zu und tafeln trotz Todesdrohung mit; die Teilnahme am Essen erbaten sie als letzten Wunsch. (4) Bei dem folgenden Zechgelage macht der Soldat die Räuber trunken, läßt sie durch Festbannen zur Bewegungslosigkeit erstarren, holt Hilfe herbei und überführt die aus ihrer Erstarrung erweckten Räuber ins Gefängnis. (5) Der Jäger offenbart in der Stadt seine Identität. Der kühne Soldat gewinnt des Königs immerwährende Gunst.

Charakteristisch ist die idealisierende Darstellung des furchtlosen Soldaten, wie sie als Gegenbild zu den seit der Frühen Neuzeit bekannten Schwänken über räuberische, brandschatzende, fluchende Landsknechte auch in anderen Märchen und Schwankmärchen (z. B. KHM 100, 101, 116, 133, 193) begegnet. Der Soldat bedient sich der Soldatensprache („Bruder Wichsstiefel") und zeigt sich als findig, entscheidungsfreudig und zupackend: ein Mann, der mitten im Leben steht und Situationen zu seinen Gunsten zu entscheiden weiß, während der fremde Weggefährte kontrastreich als eine unentschlossene und zögerliche Figur agiert. Jener ist feige und ängstlich, ungeschickt und hilflos. Das Verhältnis Herrscher/Untertan ist somit auf den Kopf gestellt. Dennoch bleibt das Herrscherbild zum Schluß positiv, zeigt sich doch der König nach Preisgabe seiner Identität dem Helfer gegenüber dankbar und befindet mit dem üblichen herrschaftlichen Großmut: „Du sollst keine Not mehr leiden, ich will schon für dich sorgen." Dahinter verblassen die eingangs geschilderten sozialkritischen Szenen, die einen Herrscher zeigen, der nur seine Jagdvergnügungen auslebt und stets auf Hilfe anderer angewiesen zu sein scheint.

Der bei der Unschädlichmachung der Räuber vom Soldaten ausgeübte Spruch- und Gebärdezauber ist innerhalb von sogenannten Diebssegen (HDA 2, 241–249) verbreitet, ohne daß damit, wie von manchen älteren Forschern (vgl. BP 3, 453) vermutet wurde, eine altersmäßige Zuweisung von KHM 199 verbunden gewesen sein müßte.

Lit.: Hamann 1906, 104 f.; BP 3 (1918) 450–455; Ranke 1955 ff., Bd. 3, 324–340 (Varianten); EM 8 (1996) 175–178 (H.-J. Uther); Freund 2012b, 187–199 (zur „Kampfhypnose").

200. Der goldene Schlüssel. – DMK/Uther, ATU 2260: The Golden Key. – KHM-Veröff.: 1815 (Nr. 70); verändert 1819, 1837. – Bereits 1815 schloß der 2. Band der KHM wie die Ausgabe von 1812 (KHM 86) mit einer Neck- oder Vexiererzählung oder Erzählung ohne Schluß (Archer Taylor in HDM 2, 189) aus Hessen ab. Nach „Marie [Hassenpflug] Mai 1813" hatte sich Wilhelm Grimm im Handexemplar der Brüder Grimm (1815, 298) notiert. Durch die beständig vorgenommene Erweiterung des Textkorpus bedingt, war die Vexiererzählung 1819 als KHM 161, 1837 als KHM 168, 1840 als KHM 178, 1843 als KHM 183 und seit 1850 dann als KHM 200 eingeordnet.

Die Handlung wird nicht zu Ende geführt, die Neugier der Leser und Hörer nach dem Fortgang der geheimnisvoll beginnenden Handlung (Öffnen eines ursprünglich in der Erde verborgenen geheimnisvollen eisernen Kastens mit Hilfe eines goldenen Schlüssels) nicht befriedigt. Die Suche nach dem „Schlüssel der Erkenntnis" (*Lukas* 11,52), das Öffnen der verbotenen Tür oder der Kerkertür – stets ist der Schlüssel das Symbol für etwas Neues, Unerwartetes, Befreiendes und der Besitz des wahren Helden. Nur wenn Schlüssel und Schloß zueinander passen, kann das Gesuchte (KHM 200: „wunderbare Sachen") auch gefunden werden. Den Schlüssel zu einer Sache finden, heißt redensartlich (Röhrich, Redensarten 3, 1372), den Sinn für richtiges Verständnis zu besitzen. Die wahre Erkenntnis des Ganzen führt über die richtige Ausdeutung des Inhalts. In diesem Sinn dürften auch die Brüder Grimm diesen Text verstanden haben als Chiffre für das Märchen, das sich fortentwickelt, nie endet, Variationen eröffnet, aber in seinem ethischen Gehalt deutliche Botschaften aussendet, wenn man sie verstehen will.

Lit.: BP 3 (1918) 455 f.; Sennewald 2004, 326–345 (Textgeschichte); EM 12 (2007) 82–88 (D. Haase) (zur Symbolik des Schlüssels).

Kinderlegenden

1. Der heilige Joseph im Walde. – DMK/Uther, ATU 431: Haus im Walde + DMK/Uther, ATU 480: Mädchen: Das gute und das schlechte M. – KHM-Veröff.: 1819. – „Aus dem Paderbörnischen" ist als Herkunftsangabe für dieses Legendenmärchen notiert, „erhalten durch die Güte der Familie Haxthausen, der wir so manches in dieser Sammlung verdanken" (KHM 1856, 263).

Kinderlegende (KL) 1 ähnelt in der Szene von der Begegnung der Kinder im Wald in vielem KHM 169: *Das Waldhaus*, in der Belohnung und Bestrafung der Kinder KHM 24: *Frau Holle*. Die Figur des gütigen, in einem abgeschiedenen Haus im Wald lebenden Alten wird durch den heiligen Joseph verkörpert. Das Waldhaus bietet ihm als Einsiedler eine letzte Zuflucht und die Möglichkeit, die Welt kontemplativ zu betrachten. Sein mildtätiges Wirken gegenüber einem uneigennützig helfenden Kind steht im Einklang mit dem Bild Josephs als eines Mannes, der vor allem Kinder beschützt. Diese Vorstellung vom Nährvater Joseph, der selbst aus kleinen sozialen Verhältnissen stammt und daher für die Rolle eines Helfers der kleinen Leute prädestiniert ist, vermitteln zahlreiche Erzählungen seit der Gegenreformation. Der Heilige hat sich als Erzählfigur hier wie auch in anderen KHM (und Sagen) der Brüder Grimm unter den Bedingungen des 19. Jahrhunderts zu einer eher profanen Gestalt entwickelt und den kultisch-kirchlichen Bereich verlassen, wie Helmut Fischer (2001, 138–154) am Beispiel des heiligen Anno gezeigt hat.

In der Figur der drei Kinder führt KL 1 exemplarisch richtiges und falsches Verhalten gegenüber Mensch und Tier vor und bietet wie ein Exempel erzieherische Leitbilder vom Standpunkt christlicher Morallehren dar. Das erste Kind entspricht in allem dem bescheidenen, freigebigen, barmherzigen und sich durch einen hohen Grad von Frömmigkeit auszeichnenden Wesen (rührselig: die Erwähnung des Schutzengels), das durch seine Tugendhaftigkeit und achtsames Verhalten höchstes Glück erreicht – symbolisiert durch materielle Werte wie den Sack voll Geld. Das zweite Kind kommt ebenso erzieherisch anzustrebenden Wertmaßstäben nahe, aber weniger, da es der Mutter nicht die ganze Belohnung abliefert wie das erste Kind. Das dritte Kind ist geleitet von Eigennutz und Habgier, so daß die Strafe für seine Hartherzigkeit nicht ausbleibt. Die Einsicht über das normwidrige Verhalten bewirkt zwar, daß der heilige Joseph die doppelt zugekommene Nase (Fortunatus-Motiv, s. EM 5, 10; EM 9, 1222) wieder entfernt, doch hält die Reue des Kindes nur kurz an, da sie dann der Mutter vorflunkert, den erhaltenen Geldsack verloren zu haben. Das Legendenmärchen endet dramatisch: Eidechsen und Schlangen, gemeinhin die Sendboten des Teufels, „stachen [die Mutter] in den Fuß", bestrafen die Mutter für ihr Versagen als Erzieherin und töten die Tochter wegen ihrer Unbotmäßigkeit. Mit dieser Bestrafung gibt KL 1 ein besonders abschreckendes Beispiel für Erziehung im und durch Märchen.

Lit.: BP 3 (1918) 457–459; EM 7 (1993) 637–640 (G. Korff) (zur Figur des heiligen Joseph); Scherf 1995, 581–583; Uther 2006b; Ono 2007 (zur Waldsymbolik).

2. **Die zwölf Apostel.** – DMK/Uther, ATU 766: Siebenschläfer (Tubach, Nr. 4440) + Mot. V 232: Helfender Engel + Mot. V 292: Herkommen der Apostel. – KHM-Veröff.: 1819. – „Aus dem Paderbörnischen", heißt es über die Herkunft dieser Legende, „erhalten durch die Güte der Familie Haxthausen, der wir so manches in dieser Sammlung verdanken" (KHM 1856, 263); den Schluß der Legende bildet eine Ätiologie (Erklärungssage) über die Herkunft der zwölf Apostel. Im Anmerkungsband (KHM 1856, 263) wird nur auf die motivische Nähe zur Sage hingewiesen.

Die Erzählweise ist auf kindliches Verständnis abgestimmt. Nebensätze sind vermieden, kurze direkte Rede ist eingestreut und macht das Handlungsgeschehen lebendig. Der Stil zielt auf Verständlichkeit und Anschaulichkeit: „der Knabe war so schön wie ein Engel".

Die Legende gehört zu der großen Gruppe von Erzählungen über Entrückungen, die davon handeln, wie Menschen (hier zwölf) für eine große Zeitspanne, die meist über das menschliche Leben hinausweist, ‚entrückt' werden, also den Zeitraum ihres Fernbleibens nicht wahrnehmen und bei ihrer Rückkehr in die Wirklichkeit vermeinen, nur eine kurze Zeit weggewesen zu sein. Die zwölf in großer Armut heranwachsenden Söhne sind keine heiligen vorbildhaften Heroen, sondern gewöhnliche Menschen und menschlich gezeichnete Heilige. Die anfangs geschilderte Mangelsituation betrifft Hungersnöte und damit verbundene Existenzängste, die eine Reminiszenz an überlieferte oder selbsterlebte Mangelsituationen darstellen dürften (vgl. auch KHM 57 [1815]: *Die Kinder in Hungersnoth*). Die Legende überhöht das Geschehen mit der Aussicht auf ein besseres Leben nach dem Tode. Die Entrückung erfolgt unmittelbar und läßt sich als kausales Eingreifen Gottes – mit einem Engel als dessen Stellvertreter – begreifen. Die Menschen vermögen die zeitliche und räumliche Entfernung in den jenseitigen Raum nicht selbst zu überwinden, sondern sie werden fortgenommen.

Das Wunder paraphrasiert den Begriff der schnell schwindenden Zeit im Vergleich zur göttlichen Zeit, der Ewigkeit: „Denn tausend Jahre sind vor dir wie der Tag, der gestern vergangen ist, und wie eine Nachtwache" (vgl. *Psalm* 90,4 und 2. *Petrus* 3,8). In den von ihnen herausgegebenen *Altdeutschen Wäldern* hatten die Brüder Grimm den ältesten deutschsprachigen Textzeugen, das mittelhochdeutsche Gedicht vom Mönch Felix (ca. 2. Hälfte 13. Jahrhundert), nach einer Gothaer Handschrift abgedruckt (Bd. 2 [1813] 70–82).

Die ursprünglich aus der arabisch-islamischen und indischen Überlieferung stammende Legende (vgl. *Koran* 18,9–26; Gramlich 1987, 77 f., 103 f., 119) wurde schon früh in Europa heimisch und ist in zahlreichen Versionen insbesondere in der Exempel- und Mirakelliteratur überliefert, aber auch in der Chronik- und Historienliteratur, und tauchte Ende des 18. Jahrhunderts in frühen Sagensammlungen auf, zumeist mit einem bestimmten Ort oder einem Kloster verbunden. So ist im Kloster Heisterbach (Uther 1994b, Nr. 156) die Sage von der ‚Relativität der Zeit' (Mot. D 2011) angesiedelt und soll von der Heiligmäßigkeit des Ortes zeugen. Die Sage handelt davon, daß ein Mönch an den Worten des Herrn zweifelt. Als er im Klostergarten seine Grübeleien fortsetzt, merkt er nicht, wie die Zeit vergeht, und übersteht wundersam einen Zeitsprung von mehreren Jahrhunderten. Bei seiner Rückkehr wird schließlich offenbar, daß er jener vor drei Jahrhunderten Vermißte gewesen sein muß. Da „sank dem alten Mönch ein schwerer Schatten in die Augen; denn tausend Jahre sind ein Tag; und war gestorben, wie wenn Wind auf eine Kerze fällt" (DMK/Uther, ATU 471A: *Mönch und Vöglein*). In einer anderen Sage aus dem Rheinland ist die Entrückung mit dem Siegburger Abt Erpho verbunden (Uther 1994b, Nr. 133).

In KL 2 ist jedoch die ursprüngliche Thematik verblaßt. Statt der nochmaligen Rückkehr auf die irdische Welt und dem anschließenden Tod gibt es einen (noch) versöhnlicheren Ausgang. Die zwölf vom Engel in einen 300jährigen Schlaf versenkten armen Kinder (nur das älteste Kind Petrus wird mit Namen erwähnt) überstehen den Zeitsprung unversehrt und entpuppen sich als die zwölf Apostel, die in der gleichen Nacht, in welcher Jesus geboren wird, aus ihrem Schlummer erwachen und ihn als die zwölf Apostel begleiten.

Die Thematik der Entrückung und wundersamen Wiederkehr ins Leben, auch wenn sie nur von kurzer Dauer ist, hat die Brüder Grimm als Sinnbild göttlichen Eingreifens so sehr fasziniert, daß sie ihre *Deutschen Sagen* mit einer Fassung aus dem Harz über verschüttete Bergmänner begannen (*Die drei Bergleute im Kuttenberg*) und die Entrückungsthematik gut ein dutzendmal aufgriffen (s. Grimm/Uther DS, Reg.). Im Märchen entspricht das Motiv des langen Schlafes, in welchem die Zeit für die Schlafenden stehenbleibt, aber in der Außenwelt weiterläuft, dem Zauberschlaf Dornröschens (KHM 50).

Lit.: Koch 1883; Huber 1910; BP 3 (1918) 460; Lüthi 1962, 19–30; Röhrich, Erzählungen, Bd. 1, 124–145, 274–280; EM 1 (1977) 678–680 (H. Lixfeld) (zur Darstellung der zwölf Apostel); Fuhrmann 1983; EM 4 (1984) 42–58 (C. Daxelmüller) (zur Entrückung); Verflex. 8 (²1992) 1171 f. (W. Williams-Krapp); Hansen 2002, 397–402; Uther 2006b; EM 12 (2007) 662–666 (H. Kandler); Hubrich-Messow 2000 ff., Bd. 7, 270 (Varianten); Messerli 2004 (zu Raumvorstellungen).

3. Die Rose. – Mot. Z 142.1: Weiße Rose als Todeszeichen. – KHM-Veröff.: 1819. – „Aus dem Paderbörnischen", heißt es über die Herkunft dieser Legende, „erhalten durch die Güte der Familie Haxthausen, der wir so manches in dieser Sammlung verdanken" (KHM 1856, 263).

Die Rose erscheint in der kurzen Dialekterzählung als Vorbotin des Todes, ihr Aufblühen verheißt zugleich das Vergehen eines irdischen Lebens und ist ein Zeichen dafür, daß das Kind die ewige Seligkeit erlangt hat. Das fremde Kind, das die Rose überreicht, ist nach Ansicht Jacob Grimms (Grimm DM 3, 786) ein Engel. Die Rose (besonders die weiße Rose, Lilie) als Todessymbol ist in Sagen des 17. Jahrhunderts (Grimm/Uther DS 264, 265) bekannt. Möglicherweise haben sich in dem Bild vom Übergang der Seele in Pflanzen ältere Vorstellungen von Seelenwanderungen erhalten.

Der Todessymbolik allgemein kommt in allen Kinderlegenden wie in Legenden eine zentrale Bedeutung zu. Diese Thematik führt in die Nähe der Sage, wie auch die Brüder Grimm bereits erkannten (KHM 1856, 264). Der Mensch erfährt Leidvolles und muß eher passiv als aktiv das Geschehen über sich ergehen lassen, doch steht dahinter die Auffassung vom Tod als eines vorübergehenden Stadiums zum wahren Glück.

Lit.: Grimm DM 3, 786; BP 3 (1918) 460; HDA 7 (1935/36) 776–781 (H. Marzell); Meinel 1993, 88–103 (Texte); zur Symbolik der Rose in Volkserzählungen vgl. EM 11 (2004) 833–842 (S. Becker); Uther 2006b; EM 12 (2007) 489–493 (C. Tuczay) (zum Seelentier).

4. Armut und Demut führen zum Himmel. – Mot. K 1815.1.1, Q 523.4: Frommer lebt und stirbt unerkannt im Elternhaus (Tubach, Nr. 153) + Mot. A 2611.0.1: Grabpflanzen. – KHM-Veröff.: 1819. – „Aus dem Paderbörnischen", so die Herkunftsangabe für dieses Legendenmärchen, „erhalten durch die Güte der Familie Haxthausen, der wir so manches in dieser Sammlung verdanken" (KHM 1856, 263).

Die Nähe zur mittelalterlichen Legende von Alexius war im Anmerkungsband schon angesprochen worden: „Der geduldige, der unter der Treppe liegende Aschensohn erwirbt sich die ewige Freude des Himmels" (KHM 1856, 264). Der Stoff von KL 4 ist der Tat literarisch reich bezeugt und findet sich in den großen Legenden-, Exempel- und Mirakelsammlungen des Mittelalters (*Gesta*

Romanorum, Legenda aurea); außerdem existierten epische und balladeske Gestaltungen. Entscheidend für die ungemeine Verbreitung und Nachwirkung bis ins 19. Jahrhundert war die Tatsache, daß in der Figur des demütigen und der Welt entsagenden Bettlers das mittelalterliche Asketenideal idealisierend dargestellt wurde. Die älteste Fassung (ohne Erwähnung des Alexius) ist als syrische Sage (lokalisiert in Edessa) für das 5./6. Jahrhundert bezeugt: Ein römischer Patrizier verläßt Braut und Eltern am Hochzeitstag und stirbt nach langem Bettlerdasein in Armut. Seit dem 9. Jahrhundert existierte eine erweiterte Form, wonach der unerkannte Bettler kurz vor seinem Tod von seinen Eltern wiedererkannt wird. Daß seine Identität erst nach dem Ableben durch einen hinterlassenen Brief offenbar wurde – wie in KL 4 –, entsprach späteren Bearbeitungen.

KL 4 ist einer der wenigen Texte, aus dessen Überschrift schon die Botschaft ersichtlich wird. Die Umformung der Legende zu einem Legendenmärchen läßt sich daran festmachen, daß aus dem Römer Alexius ein Königssohn wird, der von einem Bettler zu asketischem Leben bekehrt wird. Neu war die Einbringung von Rose und Lilie als Grabpflanzen, die allgemein Symbole für die Reinheit und Unschuld des Gestorbenen sind. Der Vater bleibt eine blasse Figur; dies entspricht seiner Rolle in vielen anderen Volkserzählungen.

Die erste bildliche Gestaltung einer Kinderlegende ist Franz von Pocci (1807–76) zu verdanken, der in dem Sammelband *Geschichten und Lieder mit Bildern* (1843) als einzige Kinderlegende KL 4 aufnimmt und mit drei Federlithographien ausstattet. Sie zeigen den Königsohn auf freiem Feld, dann in der Begegnung mit dem Einsiedler (die linke Hand in Richtung Königssohn ausgestreckt als Geste für den Ratschlag) und den unter der Treppe Sitzenden, dem ein junger Mann eine Schale mit Essen bringt, während eine andere weibliche Figur auf der Treppe mit einem Krug in der Hand zu ihm schaut. Eine stilisierte Rose im linken unteren Bildrand weist auf die Schlußszene. Poccis Lithographie findet sich gelegentlich auch als Bildschmuck in anderen Ausgaben.

Lit.: BP 3 (1918) 461; HDM 1 (1930–33) 113–115 (L. Mackensen); HDS 1, 334 (H. Schauerte); Stebbins 1973 (zu Alexius); (EM 1 (1977) 291–295 (F. Wagner); EM 6 (1990) 72–78 (G. Meinel) (zu Grabpflanzen); Loeffler 1991 (zu Alexius); zu Pocci vgl. EM 10 (2002) 1089–1095 (I. Köhler-Zülch); Uther 2006b.

5. Gottes Speise. – DMK/Uther, ATU 751G*: Bread Turned to Stone (Tubach, Nr. 174, 3085). – KHM-Veröff.: 1819. – „Aus dem Paderbörnischen erhalten durch die Güte der Familie Haxthausen" (KHM 1856, 263).

Der Konflikt zwischen Armut und Reichtum, in den KHM oft kontrastreich beschrieben, wird hier personalisiert verdichtet in der Auseinandersetzung zweier Verwandter (s. auch KHM 87: *Der Arme und der Reiche*). Die Legende ist darauf ausgerichtet, das hartherzige unchristliche Verhalten der reichen Frau (bildhaft: „steinhart") anzuprangern; das der Armen verweigerte Brot beginnt zu bluten und wird zum Bild der Sünde. Im Anmerkungsband (KHM 1856, 264) wird auf die motivische Nähe zum Volkslied hingewiesen.

Literarische Zeugnisse (auch Lieder: Erk/Böhme, Nr. 209 a–f) datieren vor allem aus dem 16./17. Jahrhundert. Der älteste Nachweis ist in den bei Johann Koler gedruckten *Hundert christlichen Hausgesängen* (um 1560) zu finden (Seemann 1932, 96–100, 104–107). Solche Exempla von der Hartherzigkeit der reichen Schwester sind zur Untermauerung der Glaubwürdigkeit auch öfter mit bestimmten Orten in Verbindung gebracht. Der Stoff wurde als Predigtmärlein dazu benutzt, den caritas-Gedanken in Anlehnung an 1. *Johannes* 4,20 herauszustellen: „Wie kan der Gott lieben, den er nicht sihet, so er seinen Bruder nicht liebet, den er sihet" (Hondorff 1595, Blatt 291 b).

Entscheidend für die strukturell zwar ähnliche, aber doch in manchem umgestaltete Fassung KL 5 ist, daß (1) die Verwandlung des Brotes zum blutenden Laib kein Hostienwunder mehr ist, sondern Indikator für den verweigerten Leib Christi (Pars pro toto-Vorstellung; in den älteren Varianten geschieht die Transformierung zu Stein); daß (2) die arme Mutter und ihre Kinder nicht gerettet werden, sondern sterben, und daß (3) die geizige und hartherzige Frau für ihr unchristliches Verhalten straffrei ausgeht. Daher fehlt in KL 5 erstaunlicherweise die wirkungsvolle Sanktion, die als übernatürliche und göttliche Strafe in vergleichbaren Sagen (auch innerhalb der *Deutschen Sagen*, z. B. Grimm/Uther DS 241) wie in der ätiologischen Sage über die Größe der Ähre (KHM 194: *Die Kornähre*) die Bedeutung des Geschehens unterstreicht. Anders orientiert, spiegeln viele didaktisch bestimmte Erzählungen den Gedanken der Selbstidentifikation Jesu Christi mit dem Brot des Lebens (*Johannes* 6,35) wider, der Barmherzigkeit und Gastlichkeit gegenüber den Armen und auch gegenüber den Familienmitgliedern im weiteren Sinn einschließt (s. auch KHM 78: *Der alte Großvater und der Enkel*; KHM 145: *Der undankbare Sohn*).

KL 5 ist als Trostgeschichte gedacht. Zwar stirbt die Mutter mit ihren fünf Kindern infolge des hartherzigen Verhaltens ihrer reichen Schwester, aber im übertragenen Sinn erlangen Mutter und Kinder die ewige Seligkeit, die der Schwester infolge ihres untugendhaften Verhaltens versagt bleibt.

Die erste illustrative Gestaltung stammt von Bertall (i. e. Charles Albert d'Arnoux, 1820–93) und findet sich in einer KHM-Ausgabe von 1855 aus dem katholischen Frankreich. Die Erklärung liegt auf der Hand: In Frankreich war die Verehrung von Heiligen traditionell stärker verankert als im (damals) überwiegend evangelischen deutschsprachigen Gebiet, so daß Märchen mit christlicher Thematik dort auf ein größeres Interesse stießen. Die Nachwirkung der Kinderlegenden in Deutschland hingegen blieb bis heute bescheiden. Bertalls Holzstiche werden später auch für englische und deutsche Ausgaben (teilweise koloriert) verwendet, auch wenn die Aussagekraft der bildlichen Darstellung eher gering ist, nur die Handlungsträger zeigt und die ausgewählte Szene nicht identitätsstiftend für spätere Illustratoren wird, so daß sich insgesamt auch keine Bilddominanzen herausgebildet haben.

Lit.: BP 3 (1918) 461–463; HDM 2 (1934–40) 655 (L. Mackensen); HDS, 381 (Varianten); Schade 1966, 85–87 (zu Hondorffs Exemplum); Rehermann 1977, 558 f., Nr. 7 (Variante von 1556); EM 2 (1979) 805–813 und 816–821 (D.-R. Moser) (zur Bedeutung von Brot und zu Brotlegenden); Moser 1981, 409–427; Bluhm/Rölleke 1997, 163 f. (zu Redensarten, Formeln, usw.); Uther 2006b.

6. Die drei grünen Zweige. – DMK/Uther, ATU 756A: Eremit: Der selbstgerechte E. – KHM-Veröff.: 1819. – „Aus dem Paderbörnischen erhalten durch die Güte der Familie Haxthausen" (KHM 1856, 263).

Die Legende paraphrasiert das öfter vertretene Thema von Gottes unbegreiflicher Gerechtigkeit (vgl. auch Kommentare zu KHM 178, 180 und KL 8, 9). Menschen ist die Gerechtigkeit nicht ohne weiteres einsichtig und läßt sie – wie im Gleichnis vom Pharisäer und Zöllner (*Lukas* 18, 9–14) – zu Sündern werden, selbst wenn sie sich um ein heiligmäßiges Leben wie der Einsiedler in KL 6 bemühen. Allerdings zeigt der im Einklang mit der christlichen Lehre stehende tröstliche Ausgang, daß tätige Reue und Buße über die unbedachte Äußerung die Verdammung des zweifelnden und mit seinem Schicksal hadernden Sünders aufheben können. Diese Vorstellung spiegelt symbolisch das Bild der Trias, der drei ergrünenden Zweige (Glaube, Liebe, Hoffnung), wider. Nicht nur der büßende Eremit kommt in den Genuß der Vergebung seiner Sünde, auch die Räuber, die seine Geschichte gehört haben, lassen sich zur Umkehr ihres bisherigen Lebens bewegen.

Obwohl Erzählungen und insbesondere Erzähllieder über bußfertige Sünder, die das Bußsakrament popularisierten (Moser 1977), besonders seit dem 16. Jahrhundert in Europa ungemein verbreitet waren und einzelne Züge bereits in anderen Motivzusammenhängen begegneten (vgl. DMK/Uther, ATU 755: *Sünde und Gnade*; DMK/Uther, ATU 756: Zweig: Der grünende Z.; DMK/Uther, ATU 756B: *Räuber Madej*; DMK/Uther, ATU 756C: *Erzsünder: Die zwei E.*), läßt sich für KL 6 keine langanhaltende ältere Überlieferung feststellen. Die Legende gilt als eigenständige Gestaltung dieser Thematik.

Abgesehen von Bertalls Holzstich (s. Kommentar zu KL 5: *Gottes Speise*) findet sich unter frühen illustrativen Gestaltungen nur ein Bilderbogen, erschienen 1886 innerhalb der *Münchner Bilderbogen* (Nr. 894), in dem das Büßerthema der drei grünen Zweige aufgegriffen ist. Für den verkürzten Text von KL 6 hatte Rudolf Geißler (1834–1906) fünf Zeichnungen geschaffen. Sie zeigen den Einsiedler mit dem Engel (Bild 1, Bild 3), bei der Begegnung mit dem zum Galgen geführten Angeklagten – die nach unten zum Verurteilten ausgestreckt weisende Hand soll die Mißbilligung ausdrücken (Bild 2), allein auf dem Weg „in die Welt zurück" (Bild 4) und aufgebahrt mit gefalteten Händen in der Höhle mit den bekehrten Räubern (Bild 5). Geißlers Bilderbogenszenen sind gelegentlich für andere Märchenausgaben verwendet worden.

Lit.: BP 3 (1918) 463–471; Ranke 1955 ff., Bd. 3, 99 f. (Varianten); Schwarzbaum 1968, 128; Moser 1977, 30, 33–54; EM 4 (1984) 174–179 (M. Belgrader); Uther 2006b; Rölleke 2007, 123 f. (zu religiös-moralischen Differenzierungen); EM 14 (2014) 1428–1432 (C. Goldberg).

7. Muttergottesgläschen. – Mot. A 2655: Ursprung der Ackerwinde + Mot. A 2711.4.3: Maria vergibt Pflanzennamen. – KHM-Veröff.: 1819. – „Aus dem Paderbörnischen", heißt es über diese Legende, welche die wundersame Begegnung eines Fuhrmanns mit der Muttergottes schildert und in eine Pflanzensage mit einer Erklärung zur Entstehung des Namens Muttergottesgläschen für die Ackerwinde (convolvulus arvensis) mündet. Die Erzählung hatten die Brüder von der Familie von Haxthausen erhalten (KHM 1856, 263).

Seit alters haben Götter und Heilige in den verschiedensten Religionen als Inspiratoren für die Wirksamkeit bestimmter Pflanzen für das Aussehen oder als Namengeber für deren Aussehen gedient. In der Neuzeit sind diese Fähigkeiten vor allem in katholischen Gebieten mit der Jungfrau Maria in Verbindung gebracht worden. Die Gabe, Tiere und Fuhrwerk aus einer ausweglosen Situation zu befreien, erweist die Macht Gottes und seiner Vertreter auf Erden über Mensch und Materie (Bestätigungswunder).

Die Bezeichnung Muttergottesgläschen für die Ackerwinde und die Erklärung hierzu, wie sie KL 7 bietet, sind jedoch offenbar erst im 19. Jahrhundert entstanden.

Lit.: Grimm DM 3, 1146; Dähnhardt, Natursagen, Bd. 2 (1909) 260; BP 3 (1918) 471 f.; HDA 9 (1938–41) 656–658 (H. Marzell); Uther 2006b.

8. Das alte Mütterchen. – DMK/Uther, ATU 934C: Todesprophezeiungen. – KHM-Veröff.: 1819. – „Aus Hessen", heißt es im Anmerkungsband (KHM 1856, 264). Näheres über die Herkunft der Sage (KHM 1856, 264) ist nicht auszumachen. Zwar sind zahlreiche Formulierungen des Textes durchaus in legendenhaftem Ton gehalten, thematisch aber ist die Affinität zu entsprechenden Sagen von der Geister- oder Totenmesse nicht zu verkennen, worauf Wilhelm Grimm in der knappen Anmerkung selbst aufmerksam machte, indem er auf die *Deutschen Sagen* verwies (Grimm/Uther DS 176: *Geisterkirche*).

KL 8 gründet auf der Vorstellung eines Gottesdienstes der Toten, die auch nach ihrem Ableben der Kirche verbunden bleiben und eigene Gottesdienste feiern (DMK/Uther, ATU 779F*: *Geistermesse*). Nur besonders begnadete Menschen könnten Zeugen dieser Messen werden und gingen hernach in die ewige Seligkeit ein, ist die Botschaft vor allem der älteren Versionen. Seit dem 4. Jahrhundert ist der Stoff zunächst innerhalb von Heiligenviten überliefert und im hohen Mittelalter im Kontext von Mirakelberichten und Exempelsammlungen weiter verbreitet worden. Seit der Frühen Neuzeit besteht öfter eine Verbindung zum Arme Seelen-Glauben (Erlösungsgedanke). Im Gegensatz zu Sagen über Totenmessen, welcher die zufälligen Besucher unter unfreiwilliger Zurücklassung eines Kleidungsstücks (eingeklemmt in die Kirchentür: Kleiner Fehler, kleiner Verlust) entkommen (so Grimm/Uther DS 176), spiegelt KL 8 mit der Schilderung des Todes der Kirchenbesucherin seit der Antike geläufige Vorstellungen von der Geistersichtigkeit wider, die für die Seherin schlimme Folgen nach sich zieht.

KL 8 läßt sich wie KL 6: *Die drei grünen Zweige* als Erzählung auffassen, die Gottes unbegreifliche Gerechtigkeit demonstriert. Auf sein Wirken müsse man vertrauen, heißt es an anderer Stelle unter Anspielung auf ältere Spruchweisheit seit 1815 in KHM 96: *De drei Vügelkens*, als der König hört, daß seine Schwiegertochter Hunde geboren habe: „Wat Gott deiet, dat is wole dahn." Obwohl das alte Mütterchen mit ihrer Einsamkeit gehadert hatte, erkennt sie durch die Vision, daß über ihrer Trauer, mochte sie noch so schmerzlich sein, göttliche Gerechtigkeit waltet. Mit dieser Erkenntnis geht sie in die ewige Seligkeit ein. Wie in KL 9: *Die himmlische Hochzeit* klingt das Thema der unschuldigen Kinder an, die unter dem besonderem Schutz Gottes stehen (z. B. *Matthäus* 18, 1–6; *Markus* 10, 13–16; *Lukas* 18, 15–17; *Galater* 3, 26).

Zur bildlichen Gestaltung s. Kommentar zu KL 5: *Gottes Speise*.

KL 8: Das alte Mütterchen. Federzeichnung von Otto Ubbelohde (ca. 1909)

Lit.: BP 3 (1918) 472–474; Denecke 1958; HDS 1, 10–16; Röhrich 1976, 134; EM 5 (1987) 933–939 (I. Köhler) (zur Geistermesse) und EM 5 (1987) 939–944 (G. Grober-Glück) (zur Geistersichtigkeit); Bluhm/Rölleke 1997, 164 (zu Redensarten, Formeln, usw.); Uther 2006b; EM 13 (2010) 726–731 (R. W. Brednich) (zu Todesprophezeiungen).

9. Die himmlische Hochzeit. – DMK/Uther, ATU 767: Kruzifix gefüttert (Tubach, Nr. 761, 1379, 2115). – KHM-Veröff.: 1815 (Nr. 35), 1819 (KL 9). – „Aus dem Meklenburgischen, doch auch im Münsterland bekannt", heißt es im Anmerkungsband (KHM 1856, 264) über diese Legende. Der Einsender/Verfasser der mecklenburgischen Variante ist nicht bekannt. Die offenbar später erhaltene münsterländische Legende, die nicht mit der aus dem Mecklenburgischen stammenden kontaminiert wurde, stammt von Ludowine von Haxthausen und befindet sich in der Staatsbibliothek Berlin, Preuß. Kulturbesitz (Nachlaß Grimm 1800, C1,1,5; Abdruck bei Schulte Kemminghausen 1963, 132 f.). Im Anmerkungsband (KHM 1856, 264) wird auf die motivische Nähe zu Sage und Mythos hingewiesen.

Die Legende ist seit Anfang des 12. Jahrhunderts bekannt und läßt sich seit dem 13. Jahrhundert in den großen mittelalterlichen Legenden-, Exempel- und Mirakelbüchern nachweisen. Von der Struktur her handelt es sich um eine zweigliedrige Wundererzählung: (1) Ein einfältiger Bauernjunge nimmt die Worte des Herrn wörtlich (Motiv des geraden Weges), (2) bietet einer Statue Speise an und erlangt die himmlische Seligkeit.

Der erste Teil scheint literarisch erstmals in KL 9 vorzuliegen. Mit dem zentralen Motiv der Statuenverehrung – in KHM 139: *Dat Mäken von Brakel* als naiver Wunderglaube verspottet –, das in der Darbietung von Speisen gipfelt, die auch angenommen werden, kann KL 9 als Paraphrase des Bibelworts von den unschuldigen Kindern, welche besonders nahe bei Gott sind, aufgefaßt werden (z. B. *Matthäus* 18, 1–6; *Markus* 10, 13–16; *Lukas* 18, 15–17; *Galater* 3, 26). Der KHM-Titel *Die himmlische Hochzeit* deutet an, daß der Tod keineswegs als Endpunkt aufgefaßt werden soll, sondern daß die Aufnahme des Jungen als Belohnung für sein mildtätiges Verhalten zu werten ist, wie auch die mittelalterlichen Beispielgeschichten nahelegen.

Lit.: BP 3 (1918) 474–477; Szövérffy 1957, 141–151; Karlinger 1984–87; EM 8 (1996) 517–521 (G. Tüskés/Eva Knapp); Uther 2006b.

10. Die Haselrute. – DMK/Uther, ATU 750E: Flucht nach Ägypten. – KHM-Veröff.: 1850. – Erst 1850 mit dem Erscheinen der 6. *Großen Ausgabe* wurde die

Zahl der Legenden aufgestockt und schloß mit der Rundzahl Zehn. Als Vorlage diente eine Legende aus Franz Josef Vonbuns (1824–70) mehrfach aufgelegten *Volkssagen aus Vorarlberg* (Vonbun 1847, 7: *D' haslaruetha*, ab 1858 dort unter dem Titel: *Die Muttergottes und die Natter*), die als ätiologische Sage (Erklärungssage) schließt. Vonbun, der in Feldkirch und seit 1850 in Schruns im Montafon tätige Arzt, schätzte besonders Jacob Grimm und dessen *Deutsche Mythologie*. Die zweite erweiterte Auflage der Vorarlberger Märchensammlung von 1850 hatte Vonbun Jacob Grimm gewidmet. Die Legende hatte Vonbun in Nüziders (bei Bludenz) aufgenommen. Wilhelm Grimm übertrug sie ins Hochdeutsche, wie auch bei anderen Übernahmen zwar sinngemäß, aber syntaktisch mit einigen Umstellungen, sprachlich wirkungsvoller und mit Hervorhebung der Zeitangaben.

KL 10 gehört zwar thematisch zu den Marienlegenden, ist aber zugleich eine Pflanzensage (vgl. auch KL 7: *Muttergottesgläschen*), weil sie eine Begründung für bestimmte Eigenschaften des Haselstrauchs gibt. Seit alters galt die Hasel als wirksamer Schutz gegen Schlangen und als Zauberpflanze (Funktion der Wünschelrute). Vonbun vermutete, daß derartige pagane Vorstellungen in dieser christlichen Umformung zur Marienlegende weitergewirkt hätten, was durchaus denkbar wäre, da gerade seit etwa der Mitte des 19. Jahrhunderts Erklärungssagen legendenhaften Charakters die aufkommenden nationalen Zeugnisse der Dichtkunst bereicherten. Die weitergehendere Folgerung Vonbuns, die Heiden selbst hätten die thematische Umstrukturierung vorgenommen, um den „althergebrachten Glauben" „gegen das aufkeimende Christenthum" zu wahren (Vonbun 1850, XV), erscheint aber angesichts fehlender älterer literarischer Zeugen – auch für vergleichbare Texte – wenig stichhaltig.

Lit.: Hamann 1906, 106; BP 3 (1918) 477; Marzell 1953; Rölleke 1985, 88–97; Schenda 1988, 79–81 (zu Vonbun); Strasser 1993, bes. 47–49 (zu Vonbun und Grimm); Uther 2006b.

Ausgeschiedene Texte

6. Von der Nachtigall und der Blindschleiche. – DMK/Uther, ATU 234: Blindschleiche und Nachtigall. – KHM-Veröff.: 1812. – Das Tiermärchen mit ätiologischem Ausgang ist die Übersetzung eines Textes, den Thomas-Philippe Légier innerhalb eines Beitrags über *Traditions et usages de la Sologne* (südöstlicher Teil des Departements Loir-et-Cher) in den *Mémoires de l'Académie celtique* 2 (1808, 204 f.) veröffentlicht hatte. Die Übersetzung ins Deutsche stammte von Jacob Grimm. Es handelt sich nicht um eine wörtliche Übertragung, wie Hermann Hamann (1906) meinte, sondern um eine eher poetisierende Bearbeitung unter Beibehaltung der Struktur. Die vorsichtige Kritik des Sammlers Légier am Volksglauben der Bewohner der Sologne wird ausgespart: „L'opinion des Solognets est que non loin du nid d'un rossignol, souvent sous l'arbuste ou il est, on peut chercher, on y trouvera certainement un anvot: j'ai cherché et n'ai rien trouvé." Statt dessen heißt es verkürzend: „Das Märchen und der Glauben findet sich unter den Solognots." Über die Verse merkten die Brüder Grimm (1812, VII; 1815, LXI) an, die „französischen Reime" ahmten den Ton der Nachtigall „glücklicher" nach:

> „je ferai mon nid si haut, si haut, si haut! si bas!
> que tu ne le trouveras pas!"
> [KHM:] „ich bau mein Nest auf jene Linden,
> so hoch, so hoch, so hoch, so hoch,
> da magst dus nimmermehr finden!"

Das Tiermärchen gehört zu den zahlreichen Geschichten über die Freundschaft zweier Tiere, die sich aufgrund von Tausch- oder Leihaktionen entzweien (DMK/Uther, ATU 235, 244: vgl. *Tiere borgen voneinander*), und sind ein Widerhall des Volksglaubens, daß manche Tiere wie Schlangen und Blindschleichen (angeblich) keine Augen haben (HDA 1, 1396–1398). Erklärt werden die Beschaffenheit oder bestimmte Eigenschaften von Tieren. Vergleichbare ältere Textzeugen aus England und Polen mit solchen Anspielungen auf Tauschgeschäfte von Tieren resultieren schon aus dem 16./17. Jahrhundert. Direkte literarische Übernahmen sind jedoch nicht zu erkennen.

Das nur 1812 vertretene Stück wurde bei der zweiten Auflage der KHM wieder ausgemustert, schien doch die fremdsprachige Herkunft offenkundig zu sein. Dieses Schicksal teilt KHM 6 mit verschiedenen anderen Stücken der Sammlung wie KHM 8: *Die Hand mit dem Messer* oder KHM 33: *Der gestiefelte*

Kater, für die nicht auf irgendeine Weise die Herkunft aus dem deutschsprachigen Gebiet geltend gemacht werden konnte (Ausnahme KHM 38: *Von der Frau Füchsin*).

Lit.: Köhler/Bolte, Bd. 1, 72–76; Hamann 1906, 19–21; Dähnhardt, Natursagen, Bd. 3, 136–140; BP 1 (1913) 57f.; HDM 1 (1930–33) 482; EM 2 (1979) 474–476 (J. T. Bratcher); EM 13 (2010) 568–571 (K. Pöge-Alder).

8. Die Hand mit dem Messer. – Mot. N 815: Fairy als Helfer + Mot. Q 451.1: Hand zur Strafe abgeschnitten. – KHM-Veröff.: 1812. – Das von Jacob Grimm übersetzte Zaubermärchen hat erstmals die Schriftstellerin Anne Grant of Laggan (1755–1838) im ersten Band der von ihr herausgegebenen *Essays on the Superstitions of the Highlanders of Scotland* (1811, 285f.). veröffentlicht; in der Staatsbibliothek Berlin, Preußischer Kulturbesitz (Nachlaß Grimm 1800, C2,2) befindet sich eine Abschrift des Textes von Grant innerhalb der Materialien zu „Britannien". Der Hinweis auf schottische Überlieferungen stammte vielleicht von Walter Scott (1771–1832), mit dem die Brüder Grimm mehrfach korrespondierten. Schon früh hatte Jacob Grimm sein Interesse an den für sehr alt angesehenen schottischen Volksüberlieferungen bekundet und seinem Bruder Wilhelm geschrieben (1812), kein Volk stecke so voll von mündlicher Tradition wie die Schotten (Grimm/Schoof 1960, 100). Die von vielen seiner Zeitgenossen geteilte Begeisterung für Überlieferungen aus dieser Region (vgl. EM 10, 390–396) mag durch James Macpherson (1736–96) hervorgerufen worden sein, der insbesondere mit seinem „Ossian" als vorbildhafter Vermittler traditioneller Erzählstoffe galt.

Anne Grant äußerte sich in den Essays über den im schottischen Hochland weitverbreiteten Glauben an Fairies und charakterisierte ein Kinderlied, das sie nach ihrer Erinnerung von Kindern gehört hatte („at a very early age sing"): „I can never forget. The affecting simplicity of the tune, the strange wild imagery, and the marks of remote antiquity in the little narrative gave it the greatest interest to me, who delight in tracing back poetry to its infantry." Daran schloß sich die Nacherzählung dieses schottischen Kinderlieds in Prosa an, jedoch zugleich mit dem Bedauern, keine vollständige Übertragung ins Englische darbieten zu können. Allerdings fügte die schottische Schriftstellerin eine kleine Probe in drei Strophen bei. Nach Meinung von Ruth Michaelis-Jena (1981, 339) läßt die auszugsweise wiedergegebene Liedversion im Unterschied zur Prosafassung „die wild-romantische Atmosphäre dieser Verse" erkennen.

> A little girl had been innocently beloved by a fairy, who dwelt in a tomhan near her mother's habitation. She had three brothers, who were the favorites of her mother. She herself was treated harshky, and tasked beyond her strength: Her employment was to go every morning and cut a certain quantity of turf from dry heathy ground, for immediate fuel; and this with some uncouth and primitive implement.
> As she past the hillock, which contained her lover, he regularly put out his hand with a very sharp knife, of such power, that it quickly and readily cut through all impediments. She returned cheerfully [chearfully] and early with her load of turf; and, as she past by the hillock, she struck on it twice, and the fairy stretched out his hand through the surface, and received the knife.
> The mother, however, told the brothers, that her daughter must certainly have had some aid to perform the allotted task. They watched her, saw her receive the enchanted knife, and forced it from her. They returned, struck the hillock, as she was wont to do, and when the fairy put out his hand, they cut it off with his own knife. He drew in the bleeding arm, in despair, and supposing this cruelty was the result of treachery on the part of his beloved, never saw her more (Grant 1811, 285 f.).

Durch Satzumstellungen sorgte Jacob Grimm für eine bessere Erzähllogik, indem zunächst der Konflikt zwischen den Geschwistern und die daraus resultierende soziale Diskriminierung des „kleinen Mädchens" durch die Mutter geschildert wird, bevor von dem Elf (Fairy) als „Liebhaber" die Rede ist. Auch dieser wird zuerst mit seinem Wohnort beschrieben, bevor die Handlung zwischen ihm und dem kleinen Mädchen einsetzt. Überhaupt erscheint die deutsche Fassung im ganzen stringenter und zeigt eine Parteinahme für die handelnden Figuren.

Der Elf erweist sich als ein hilfreiches Wesen, das dem Mädchen ohne Gegengabe ein Messer borgt, mit dem es die von der Mutter aufgegebene „saure Arbeit" des Torfstechens problemlos bewältigt. Die Brüder, heißt es im Deutschen abwertend, schlichen ihr nach („they watched her"), während das Jenseitswesen „fairy" näher als der „gute Elf" beschrieben wird – sind doch in Märchen und Sagen Elfen oder Fairies Menschen im allgemeinen wohlgesonnen, zumal wenn diese schutzbedürftig sind und sich durch einen untadligen Charakter auszeichnen. Neidische und habgierige Menschen jedoch bestrafen die unterirdisch lebenden Jenseitigen (z. B. KHM 182: *Die Geschenke des kleinen Volkes*). Die Liebe von Fairies zu Menschen ist ein häufiges Thema in frühneuzeitlichen literarischen Überlieferungen (z. B. Edmund Spensers *Faerie Queene* [1590–96] oder Shakespeares *Midsummer Night's Dream* [1595]) und dürfte auf spätere populäre Überliefungen eingewirkt haben.

Besonders wegen der schottischen Herkunft (zur Eliminierung deutlich identifizierbarer, ursprünglich fremdsprachiger Stücke s. Kommentar zu KHM 6: *Von der Nachtigall und der Blindschleiche*) ist das Zaubermärchen in der Zweitauflage von 1819 nicht mehr vertreten (Hamann 1906, 24: „undeutsch").

Andere mutmaßliche Gründe sind: (1) Das liebende Mädchen findet keine Erfüllung. Das Ende des Zaubermärchens ist durch einen ‚schlechten Ausgang' gekennzeichnet, der sich meistens nur in Sagen findet. Der Elf verdächtigt das Mädchen des Verrats und verschwindet für immer. Das pessimistische Ende erscheint im Zusammenhang wenig plausibel. Daß die Brüder das magische Messer gegen seinen Urheber richten, ist als extreme Polarisation zu verstehen: Aus Gutem wird Böses. (2) Die Bezeichnung Liebhaber war zu ‚anzüglich', findet sich nach 1812 nicht mehr in den Märchen der Brüder Grimm und hängt auch mit der ‚Reinigung' der Texte für die zweite Auflage 1819 zusammen: „Dabei haben wir jeden für das Kindesalter nicht passenden Ausdruck in dieser neuen Auflage sorgfältig gelöscht" (Vorrede).

Lit.: Hamann 1906, 22–24; BP 1 (1913) 69 f.; Brill 1963; Michaelis-Jena 1981, bes. 338–340 (zu Grant und Grimm); zu Elfen vgl. EM 3 (1981) 1328–1339 (R. G. Alvey); zu Fairies vgl. EM 4 (1984) 793–800 (N. Williams).

13. Der Froschprinz. – DMK/Uther, ATU 440: Froschkönig. – KHM-Veröff.: 1815. – Für das Zaubermärchen wird als Beiträgerin Marie Hassenpflug (1788–1856) angesehen (8.3.1813). In den Anmerkungen der Brüder Grimm heißt es (KHM 1815, XXI) über das Stück, es sei „der eiserne Heinrich (I.1) in eigenthümlicher Verschiedenheit und an sich der Aufnahme werth, wenn es nicht ohnehin ein merkwürdiges Märchen wäre". Die Nähe zum Märchen vom Froschkönig (KHM 1) und der wiederholt in den KHM vertretene Motivkreis um einen Tierbräutigam (z. B. KHM 66, 88, 108, 127) – die Brüder Grimm nennen selbst als „Grundidee" das *Amor-und-Psyche*-Märchen – dürften dazu geführt haben, daß diese hessische Fassung mit kleineren Änderungen und Ergänzungen (besonders im ersten Teil) 1822 beziehungsweise 1856 nur noch im Anmerkungsband wiedergegeben wurde.

Weiteres s. Kommentar und Literatur zu KHM 1: *Der Froschkönig oder der eiserne Heinrich*.

16. Herr Fix und Fertig. – DMK/Uther, ATU 554. Dankbare (hilfreiche) Tiere. – KHM-Veröff.: 1812. – Das Zaubermärchen handelt von einem Soldaten und seinem sozialen Aufstieg. Dank seiner Barmherzigkeit gegenüber notleidenden Tieren und deren Unterstützung bei unlösbar scheinenden Aufgaben wird er vom König zum ersten Minister ernannt, nachdem er für seinen Herrn eine Brautwerbung durch das Bestehen mehrerer Prüfungen erfolgreich zu Ende gebracht und für seinen Herrn eine Prinzessin ‚gewonnen' hat. Die scheinbar unlösbare Aufgabe, ein Einhorn zu fangen, findet sich ähnlich in KHM 20: *Das tapfere Schneiderlein*, nur mit dem Unterschied, daß der Held allein das Tier besiegt und nicht der Hilfe dankbarer Raben bedarf.

Das Märchen geht nach handschriftlichem Eintrag von Wilhelm Grimm (KHM 1812, 63) auf den damals in Hoof (heute Ortsteil von Schauenburg bei Kassel) lebenden Dragonerwachtmeister Johann Friedrich Krause (1747–1828) zurück; die Handschrift ist vorhanden in der Staatsbibliothek, Berlin, Preuß. Kulturbesitz (Nachlaß Grimm 1800, C1,3,1–3). Die strukturelle Ähnlichkeit mit dem Zaubermärchen *Die Bienenkönigin* (1812: KHM 64[II], ab 1819: KHM 62) führte zum Wegfall des Stückes.

Weiteres s. Kommentar und Literatur zu KHM 62: *Die Bienenkönigin*.

Lit.: KHM 1812, IXf., KHM 1815, LXII; BP 2 (1915) 19–29, bes. 19–22; Fink 1988 und Rölleke 2006a (zu Krause); Neumann 2011, 237–240 (zur Rolle des Königs in den KHM).

22. (I) und (II): Wie Kinder Schlachtens mit einander gespielt haben. – DMK/Uther, ATU 1343*: Kinder spielen Schweineschlachten. – KHM-Veröff.: 1812. – Unter KHM 22 sind zwei als ‚causes célèbres' angesehene Warnsagen mit unterschiedlichen Schlüssen abgedruckt. Beide gehen auf literarische Vorlagen des 16./17. Jahrhunderts zurück. Vergleichbare Geschichten sind aber auch schon der Antike bekannt (vgl. Claudius Aelianus, *Varia historia* 5,16 und 13,2) und handeln davon, wie aus einem Kinderspiel blutiger Ernst werden kann (vgl. auch DMK/Uther, ATU 1363: *Hängen spielen*).

Fassung (I) ist den von Heinrich von Kleist herausgegebenen *Berliner Abendblättern* (1810, 13. Nov., Nr. 38) entnommen. Die Wiedergabe einer Mordgeschichte *Von einem Kinde, das kindlicher Weise ein anderes Kind umbringt* mit dem tränenreichen Zusatz „Eine rührende Geschichte aus einem alten Buche" war einer Besprechung zur Theateraufführung der Tragödie *Der 24. Februar* (entstanden 1809, Erstaufführung Weimar 24.2.1810), in der Zacharias Werner (1768–1823) ein grausiges Familienschicksal dramatisierte, vorangestellt. Als Einsender des anonym erschienenen Stückes – in Wahrheit eine Fassung aus Georg Wickrams *Rollwagenbüchlein* ((1556, Bl. A8a = Wickram/Bolte, Nr. 74) – konnte Reinhold Steig Achim von Arnim verifizieren (Arnim/Steig 1904, 263). Schon Wickram hatte einleitend davon gesprochen, daß sich das Ereignis „in einer statt Franiker [das ist Franecker] genannt, gelegen in West Friesland" abgespielt hätte.

Erstaunlich für die Literatur des 16. Jahrhunderts ist die Tatsache, daß (1) ein Kind im Zentrum des Geschehens steht und (2) ein Freispruch in Erwägung gezogen wird, da das Kind noch nicht strafwürdig sei. Der Schuld- beziehungsweise Unschulderweis Minderjähriger mittels eines Apfels war für die damalige Zeit nicht ungewöhnlich und findet sich öfter in der Rechtsprechung des ausgehenden Mittelalters: Der Apfel als landläufige Nahrung wird einem wertvollen Gegenstand gegenübergestellt. Das Kind ergreift ganz natürlich und spontan den Apfel, kennt es doch nicht den Wertunterschied zwischen Frucht und Münze – ein rheinischer Gulden um 1700 entspräche dem Gegenwert von 40 bis 50 Euro – und trifft so ganz im Sinne der Probe die richtige Entscheidung, indem es das Geldstück nicht weiter beachtet und für sich nutzt. Eine solche kluge oder törichte Wahl als Erzählmotiv mittels eines Apfels begegnet in Volkserzählungen häufiger.

Die Geschichte um ein tragisch verlaufendes Kinderspiel KHM 22 (I) ist im bürgerlichen Umfeld angesiedelt (Ratsherr, Ratsversammlung als Entscheidungsgremium), aufgrund der Lokalisierung und des Inhalts als Sage einzuordnen und als sogenannte Zeitungssage in den *Berliner Abendblättern* ein typisches Frühprodukt. In anderen Zusammenhängen taucht die Geschichte innerhalb der frühen Sensationsliteratur als Mordgeschichte auf (Nachweise bei Wickram/Bolte, 384–386).

Während Fassung (I) für den kindlichen Mörder glimpflich ausgeht, bietet die – ebenfalls im weitesten Sinne – als Sage zu bewertende Fassung KHM 22 (II) eine Familientragödie ungeheuren Ausmaßes, gewissermaßen eine Häufung des Schreckens. Die den Säugling badende Mutter hört das Schreien ihres Kindes, eilt voll Sorge zum Ort des Geschehens und ersticht im Zorn das Täterkind. Der Säugling, währenddessen ohne Aufsicht, ertrinkt im Badezuber. Die Mutter erhängt sich; bald darauf stirbt der Vater vor Gram.

Wie schon aus den KHM-Anmerkungen (1812, XVIf.) hervorgeht, stammte die literarische Vorlage aus den *Miscellanea* (Zeiller 1661, 388). Diese Kompilation thematisch unterschiedlicher Geschichten hatte der Pfarrerssohn und frühe Publizist Martin Zeiller (1589–1661) veröffentlicht. Zeiller wiederum berief sich als Quelle auf Johannes Wolffs zur Prophezeiungsliteratur zählenden *Lectiones memorabiles* (1600). Eine Ausgabe von Zeillers ‚Denkwürdigkeiten' befand sich in der Bibliothek der Brüder Grimm (Denecke/Teitge 1989, Nr. 184) und weist Benutzungsspuren von Jacob Grimm auf. Er hat vermutlich auch die Geschichte beigesteuert. In den KHM-Anmerkungen (1822, VIIf.) wird die Sage noch einmal in dem Abschnitt über *Kinderwesen und Kindersitten* unter Hinweis auf einen mittelhochdeutschen Beleg für die Apfelprobe aus Ulrich Fuetrers *Lanzelot* (Strophe 49) und weitere Belege referiert.

Nach dem Empfang eines Exemplars der KHM hielt Achim von Arnim mit inhaltlicher Kritik an der Sammlung nicht zurück (Ende 1812/Jan. 1813), ließ aber gegenüber den Brüdern Grimm unerwähnt, daß er selbst eben diese Mordgeschichte an die *Berliner Abendblätter* geschickt hatte (später zog er den Stoff noch für die *Kronenwächter* [2. Teil] heran). Für seine kritischen Bemerkungen zitierte er eine Mutter, ein solches Buch mit einem solchen Stück könne sie „ihren Kindern nicht in die Hand geben" (Arnim/Steig 1904, 263). Jacob und Wilhelm Grimm ließen von Arnims Vorwürfe nicht unbeantwortet. So schrieb Wilhelm am 28.1.1813 an von Arnim und verteidigte die Zusammenstellung der KHM damit, daß selbst vortreffliche Bücher wie die Bibel Stoffe enthielten, an denen man Anstoß nehmen könnte. Dies sei nun einmal nicht zu ändern und müsse auch der Herausgeber billigend zur Kenntnis nehmen. Man könne nicht anders denken als daß „den reinen alles rein sei und fruchtbringend" (Arnim/Steig 1904, 266). Positiv vermerkte er: „Das Märchen von dem Schlachten hab ich in der Jugend von der Mutter erzählen hören, es hat mich gerade vorsichtig und ängstlich bei Spielen gemacht; ich könnte mir denken, daß eine Mutter ein naschhaftes Kind hätte, wenn nun hier von Zuckerhäusern, Zuckermilch und dergleichen die Rede ist, könnte sie Ursach haben, darum das Buch zurückzuhalten?" Dann folgte ein Appell an den gesunden Menschenverstand, der zum Vorlesen schon das richtige Stück jeweils heraussuchen werde.

Bis in neuere Zeit sind ‚wahre Geschichten' immer wieder als aktuelle Nachricht innerhalb der Rubrik ‚Vermischtes aus aller Welt' zu finden. Das Geschehen wird dabei stets an anderen Orten festgemacht (etwa in einem Dorf der Herzegowina, *Göttinger Tageblatt* vom 4. 12. 1927). Typischerweise ist bei solchen Zeitungssagen der Ort des Geschehens vom Verbreitungsgebiet der Nachricht weit entfernt, kann doch der Wahrheitsgehalt so schwerlich überprüft werden (Ranke 1978, 210).

Obwohl die Brüder Grimm sich für den Erhalt der von ihnen ausgewählten Fassungen stark gemacht hatten, verzichten sie auf den Wiederabdruck von KHM 22 (I, II), vermutlich unter dem Eindruck, daß die Fassungen nicht als Warngeschichten aufgefaßt werden, sondern die Handlung zu fataler Nachahmung führen könnte.

Lit.: Hamann 1906, 25–27; Görner 1931, 3–38; Jungbauer 1933, 100–102 (zur Zeitungssage); zum Motiv der Apfelprobe s. EM 1 (1977) 626–628 (W. E. Spengler); Ranke 1978, 210; Richter 1986; Tatar 1990, 28 f., 248 f.; EM 7 (1993) 1264–1267 (D. Richter); Schneider 1999, 274–277 (zu modernen Sagen); Hansen 2002, 79–85; Kaiste 2005, 111–120; Rölleke 2007, 121 f. (zur Rechtsproblematik); Solms 2007, 22; zur klugen und törichten Wahl vgl. EM 14 (2014) 407–412 (A. Kliems).

27. Der Tod und der Gänshirt. – Mot. A 487.0.1: Der Tod holt jeden, wenn seine Zeit gekommen ist. – KHM-Veröff.: 1812. – Als literarische Vorlage für diese Parabel hieß es in den KHM-Anmerkungen (KHM 1812, XXII), das „Märchen" stamme aus Georg Philipp Harsdörffers Sammlung *Der Grosse Schauplatz jämmerlicher Mordgeschichte* (1663, 651 f.). Es ist, selten genug, wörtlich wiedergegeben. In ihrer Bibliothek besaßen die Brüder Grimm die 4. Aufl. von 1662 (Denecke/Teitge 1989, Nr. 3012); sie weist zahlreiche Benutzungsspuren von Jacob Grimm auf.

Die anonym erschienene und mehrfach aufgelegte Kompilation des barocken Prosaschriftstellers (hauptberuflich wirkte er als Jurist), der auch weitere Schauplatz-Sammlungen nach dem Muster von Martin Zeillers *Theatrum tragicum* (1615 und öfter) zusammenstellte, zählt zu dem Genre der ungemein nachwirkenden Tragica-Literatur und enthält 200 Geschichten mit „traurigen Begebenheiten/ Mit vielen merkwürdigen Erzehlungen/ neu üblichen Gedichten/ Lehrreichen Sprüchen/ scharffsinnigen/ artigen/ Schertzfragen und Antworten", wie es erläuternd in dem typisch barocken Titel heißt. Charakteristisch für Harsdörffers Geschichten ist die knappe Schilderung der Erzählhandlung, „weil wir die kurtze lieben" (Nr. 24).

Harsdörffers erste und unter Nr. 181: *Der bestraffte Diebstal* aufgeführte Begebenheit (von dreien) ist nun keine Mordgeschichte, wie dem Titel nach zu erwarten wäre, sondern eine moralisch-didaktische Erzählung mit einer Auslegung. Die Parabel zielt durch die Schilderung zweier gegensätzlicher Handlungen auf abschreckende Wirkung und eine Erziehung zu tugendhaftem Leben. „Dieses Lehrgedicht bedeutet der Gottlosen und Frommen jetzigen und künfftigen Zustandt: Sie leben ungleich und sind nach dem Tod wieder unterschieden. Die Bösen leben wol/ und trachten den Nechsten um das Seine zu bringen: Die Frommen leben hier übel und vergnügen sich in ihrem Zustand. Jene erschrecken nicht eine Stunde für den Tod: diese verlangen nicht mehr als zu sterben: werden auch zu ihrer Zeit in die ewige Seeligkeit/ wie jene in die ewige Verdamnis versetzet/ [...]."

Anschaulich wird geschildert, daß der Tod des Hirten keineswegs als Endpunkt aufzufassen ist, sondern als ein vorübergehendes Stadium zum wahren Glück: eine christlich bestimmte Auffassung, die seit dem Mittelalter bis in die neuere Zeit weiterwirkt und in zahlreichen allegorischen Erzählungen von der Begegnung eines Menschen mit dem Tod (Mot. Z 111: *Death personified*) thematisiert worden ist. Wilhelm Solms weist im Zusammenhang noch auf die sprichwörtliche Redensart (im 18. Jahrhundert besonders populär) hin: „Der Tod ist ein Schrecken der Reichen, ein Scheideweg der Freunde, ein Verlangen der Armen und Betrübten, ein Dieb der Menschen und ein Anfang der Sterbenden."

Während die Helden und Heldinnen von Schwänken und Schwankmärchen den personifizierten Tod überlisten und dabei eine große Variationsbreite aufzeigen, liegt der Parabel vom Tod und dem Gänsehirten die menschliche Erfahrung zugrunde, daß alles Irdische nur ein vorübergehendes Stadium darstellt und das Ende unausweichlich ist. Vergleichbare Vorstellungen finden sich besonders in den Kinderlegenden der Brüder Grimm, aber auch in KHM 44: *Gevatter Tod* und KHM 177: *Die Boten des Todes*.

Lit.: zu Harsdörffer vgl. EM 6 (1990) 516–521 (W. Theiß); Schneider 1990, Röhrich 1991 (zur Todesauffassung in Volkserzählungen); Bluhm/Rölleke 1997, 166 (zur Zwillingsformel Geld und Gut); Solms 1999, 147 f.; Uther 2011a (über Vorstellungen von Tod und Sterben).

32 (II). Der gescheidte Hans. – DMK/Uther, ATU 1685: Bräutigam: Der dumme B. + DMK/Uther, ATU 1696: „Was hätte ich sagen (tun) sollen?" KHM-Veröff.: 1812. – Im Mittelpunkt des episodenreichen Schwanks steht ein reicher Bauerntölpel, dessen närrisches Verhalten zu grotesken Aktionen führt. Der Dumme ist zum Leidwesen seiner Mutter nicht in der Lage, die einfachsten Tätigkeiten ordentlich auszuführen, und scheitert daher auch als Brautwerber. Die „gut Jungfrau" „sah des Narren grobheit, daß er zu allen Dingen verderbt war, zog wieder heim, sagt ihm ab". Schon Hermann Hamann (1906, 32 f.) kam zu dem Urteil: „Die Streiche des dummen Hans sind hier in reicher Vollständigkeit beisammen. Er besudelt die von der Braut geschenkten Handschuhe, erwürgt den Habicht, trägt die Egge auf den Händen und lässt den Speck vom Pferde heimschleifen, will dann zu Hause den verschütteten Wein mit Mehl auftrocknen, tötet die schreiende Gans, die ihn seiner Meinung nach verraten will, setzt sich nun mit Honig beschmiert auf ihre Eier, um sie auszubrüten, und wirft dann nach Eulenspiegels Art seiner Braut ausgestochene Schafaugen ins Gesicht. Jede seiner Albernheiten hat in der mittelalterlichen Schwanklitteratur die mannigfaltigsten Variationen."

Der Dummenschwank – als „ähnliche Geschichte" wie KHM 32 ausgeschieden und nur noch in den KHM-Anmerkungsbänden (1822, 1856) wiedergegeben – geht indirekt auf einen Text der im 16./17. Jahrhundert ungemein nachwirkenden *Facetiae* des Humanisten Heinrich Bebel (1472–1518; vgl. EM 2, 6–15) zurück (Bebel/Wesselski 1, Nr. 26: *Fabula pulcherrima de fatuo rustico*); die Brüder Grimm besaßen zwei spätere Ausgaben der *Facetiae* (Denecke/Teitge 1989, Nr. 957, 967). Die literarische Vorlage für KHM 32 II bildete allerdings, wie schon in den Anmerkungen (KHM 1812, XXIII) vermerkt war, die Übertragung ins Deutsche durch Jakob Frey, die im Schwankbuch *Gartengesellschaft* (1556; vgl. Frey/Bolte, Nr. 1) vertreten ist. Wilhelm Grimm folgte der Vorlage fast wörtlich, modernisierte nur die Sprache. Im Unterschied zu Bebel stellt Frey die Narrheit des Brautwerbers in den Vordergrund, dem die Braut schließlich den Laufpaß gibt. Bebel dagegen zeigt die Braut als Dulderin der Narrheiten ihres Mannes. Die Ehe besteht trotz der Narreteien weiter. Er schließt mit der (heute noch gängigen) Vorstellung: „dann so einer Reichtum hat, kann er überkommen Adel, Schöne, Verstand und alles, was er will".

Die falsche Ausführung von Aufgaben provoziert die erzählerische Phantasie und sorgt für immer neue Typenkontaminationen, also eine Reihung von Episoden in unterschiedlicher Anordnung, aber mit gleichbleibender Figurenkonstellation: Bevorzugt wird das Paar Mutter/Sohn (Bräutigam). Damit ist eine Verbindung zu der Vielzahl funktionsäquivalenter Erzählungen hergestellt, in welchen Dummköpfe, Brautleute, Haushälter und Handelstreibende in absurden Situationen des täglichen Lebens agieren. Solche Schwänke sind zur Unterhaltung immer wieder in den KHM vertreten (z. B. KHM 7, 34, 59, 104, 155).

Weiteres s. Kommentar und Literatur zu KHM 32: *Der gescheite Hans*.

33. Der gestiefelte Kater. – DMK/Uther, ATU 545B: Kater: Der gestiefelte K. – KHM-Veröff.: 1812. – Nach „Jeanette [das ist Johanna Hassenpflug] Herbst 1812", hatte sich Wilhelm Grimm im Handexemplar der Brüder Grimm (1812, 155) notiert. Darin finden sich weitere handschriftliche Korrekturen, die darauf schließen lassen, daß die Entscheidung für den Fortfall des Schwankmärchens vom gestiefelten Kater erst später gefallen ist – im Unterschied zu anderen schon früh als auszumusternde Stücke markierten Texten ohne jegliche Korrekturen; immerhin wird das Schwankmärchen unter den „Bruchstücken" (KHM 1822, 258 f. und KHM 1856, 268 f.) erwähnt.

Die Abhängigkeit von Charles Perraults weitverbreiteter Fassung in den *Histoires ou Contes du temps passé* (1697 und öfter, 83–103) war allzu offensichtlich (s. auch KHM 62 [1812]: *Blaubart*). Schon seit der 2. Hälfte des 18. Jahrhunderts gab es deutsche Übersetzungen der Perrault-Märchen; darüber hinaus beeinflußte Perrault eine Reihe weiterer literarischer Fassungen, etwa von Ludwig Tieck (1797) oder E. T. A. Hoffmann (1819/21), während die älteren Versionen des Märchens von Gian Francesco Straparola (11,1: *Costantino Fortunato*) und Giambattista Basile (2,4: *Gagliuso*) – beide mit einer Katze als Tierhelferin – für die Überlieferung innerhalb Europas kaum nachwirkten. Das Katermärchen gehört zu den bekanntesten Erzählungen aus dem Themenkreis Dankbare/hilfreiche Tiere.

Charakteristisch für Perraults Version, der im Titel *Le maistre chat, ou Le chat botté* dem Kater bereits eine gebührende Rolle zuschreibt, ist der Umstand, daß das Tier im Unterschied zu seinem Besitzer (bei Perrault ein antriebsloser Armer) alle Fäden in der Hand hält. Er ist der Aktive, der arme Müllerssohn nur der Empfangende und Geleitete. Diese passive Rolle des Tierhalters ist in den KHM durch Einfügung von Dialogpartien und die Handlung ausmalende dekorative Züge noch stärker als bei Perrault oder bei den italienischen Novellisten herausgestellt. Dies führt allerdings zu Unterbrechungen in der Haupthandlung (vgl. auch Hagen 1954, Bd. 1, 101). So heißt es etwa über den meditierenden Müllerssohn, während der Kater zu seinem ersten Beutezug unterwegs ist: „Der arme Müllerssohn aber saß zu Haus am Fenster, stützte den Kopf auf die Hand und dachte, daß er nun sein letztes für die Stiefeln des Katers weggegeben, und was werde ihm der großes dafür bringen können." Als der Kater dann den Goldsegen vor seinem „Herrn" ausschüttet und weitere Aktivitäten – und damit noch mehr Reichtum – ankündigt, nimmt der Müllerssohn den Zugewinn zur Kenntnis, „ohne daß er noch recht begreifen konnte, wie es zugegangen war". Widerspruchslos befolgt er auch die Aufforderung seines Lehrmeisters, mit an den See zu kommen und darin zu baden. Er „wußte nicht, was er dazu sagen sollte, doch folgte er dem Kater", heißt es in KHM 33 und kaum anders bei Perrault: „Der Markgraf von Carabas tat, was ihm sein Kater geheißen. Er wußte nicht, wozu es gut war." Bei Basile sowie schon bei Straparola ist die Gleichgültigkeit des Tierhalters gegenüber seinem künftigen Wohlergehen das hervorstechendste Charakteristikum. Er befolgt willig alles, was die Katze ihn anweist.

Aber es gibt auch beträchtliche Unterschiede in der KHM-Fassung. So schimmern die besonders in der Perrault-Fassung angelegten sozialen Antagonismen nur sublim durch. Weitestgehend entfallen sind erzählerische Bewertungen von Vorgängen, was eine stärkere Schablonenhaftigkeit zur Folge hat. So fängt der Kater die Rebhühner und „drehte ihnen den Hals um", während Perrault erläuternd hinzugefügt hatte: „sans misericorde". Ausgespart sind jegliche satirische Bemerkungen des Erzählers, etwa wenn Perrault sich über seinen „gestiefelten" Kater lustig macht, daß der sich mit seinen Stiefeln auf dem Dach wohl schwerlich werde fortbewegen können („à cause de ses bottes qui ne valoient rien pour marcher sur les tuiles"). Die Beschreibung des Königs orientiert sich an stereotypen Charakterisierungen absolutistischer Herrscher. Ein solcher Regent war nicht selten melancholisch und wußte mit seiner Zeit so recht nichts anzufangen. Er ist ein mächtiger und reicher Landbesitzer und auf die Mehrung seiner Reichtümer bedacht, verfügt über genügend Bedienstete und über die Möglichkeit, größere Festlichkeiten zu veranstalten. Aber er scheint des Schloßlebens und des damit verbundenen Müßiggangs überdrüssig. In seinem Schloß hat er, wie einer der Wächter trefflich bemerkt, „doch oft lange Weil, vielleicht macht ihm der Kater mit seinem Brummen und Spinnen Vergnügen".

Anders als bei Perrault, Basile oder gar Straparola erweckt die KHM-Fassung den Eindruck einer schwankhaft umgesetzten Erzählung. Sie besticht durch eine Vielzahl sprichwörtlicher Redensarten und volkstümlich klingender Wendungen wie „so beliebt wie einer" oder „Ich wünsch' der König mit der Prinzessin wär beim Henker! ich wollt ins Wirtshaus gehen und einmal trinken und Karte spielen". Der uneigennützig handelnde und freundliche Tierhelfer, „ein typischer Schwankmärchenheld" (Solms 1999, 107), zieht mal mit, mal ohne seinen Herrn von Abenteuer zu Abenteuer, bis schließlich die vom Kater eingangs versprochene Hilfe getreu der optimistischen Weltschau des Märchens vollendet ist: mit dem sozialen Aufstieg des Armen als Nachfolger des Königs, in der damit verbundenen Machtausübung und im persönlichen Reichtum. Auch der Tierhelfer erhält seine Belohnung und wird „erster Minister", während er bei Perrault lediglich ein großer Herr wird („Le Chat devint grand Seigneur").

Die Welt erscheint berechenbar, sie ist zwar „voller Tücken" („des ruses de ce monde"), darum müsse man nur den rechten Moment abwarten, um sich sein Teil zu holen. Diese Haltung eines zielstrebigen und vom Verstand geleiteten Vorgehens verkörpert der Kater bei Perrault. Mit Recht stellte Bernd Wollenweber fest: „Ein solches Märchen kann nur erzählen oder schreiben, wer die Gesellschaft und ihre Gesetze sehr genau kennt" (Wollenweber 1974, 36). Das Tier weiß die ständischen Konventionen meisterhaft zu beherrschen, erweist dem König durch eine tiefe Verbeugung seine Reverenz und ist immer auf dem Quivive. Mit seinen scheinbar uneigennützigen Gaben an den König schafft er, getreu des Do-ut-des-Prinzips, die Voraussetzungen für den Erwerb von Ansehen, Macht und Reichtum. Eingedenk der Vorstellung, daß allein schon Kleider Leute machen (Uther 1991b), verwertet er gezielt Informationen: Er erfährt vom geplanten Ausflug des Königs entlang am Ufer des Flusses und beordert in schnellem Entschluß den Müllerssohn zum und in den See – als vermeintlich Beraubten ohne Kleidung, also entblößt und ohne erkennbaren sozialen Stand. Durch diesen Trick bewegt er den Herrscher, seinem freundlichen Helfer zuliebe für neue und natürlich adelsgemäße Bekleidung zu sorgen. Dies alles inszeniert der Kater, nicht ohne eventuell aufkeimendem Argwohn von Anbeginn gleich entgegengetreten zu sein. So erzählt er beiläufig, sein leichtsinniger Herr habe die Kleider ja auch nicht sorgfältiger versteckt als unter dem nächstbesten Stein. Der durchtriebene Tierhelfer beherrscht seine Rolle als Jagdtier ebenso meisterhaft wie seinen Part als Diener. Den Herrschenden gegenüber weiß er stets den richtigen Ton anzuschlagen. Weil er seine Umwelt richtig einschätzt, baut er auf die Leichtgläubigkeit der Menschen. Zielstrebig spannt er die Schnitter und alle, die er am Wege trifft, für seine Zwecke ein und schreckt auch vor Drohungen nicht zurück, falls die Bauern es wagen sollten, die Wiesen nicht als Eigentum des Grafen zu bestätigen: gewiß ein Vabanquespiel, aber eigentlich ohne größeres Risiko, weil der Kater auf die obrigkeitshörige Mentalität des Landvolks setzt.

KHM 33.1: Der gestiefelte Kater. Radierung von Otto Speckter (1843)

Das Schwankmärchen vom gestiefelten Kater zählt heute zu den sogenannten Lieblingsmärchen. Die Helferdienste für den armen Helden, obwohl durch Betrug, Mord, Einschüchterung und Ausnutzung von Leichtgläubigkeit erreicht, sind als Dienst für eine gute Sache sanktioniert. Im Kommentarband urteilte Wilhelm Grimm (KHM 1856, 408 f.) später am Beispiel des Meisterdiebs über eine solche Figur des Schwanks und des Schwankmärchens – und diese Feststellung ließe sich ohne weiteres auf das Katermärchen übertragen: „Der Meisterdieb, der den gemeinen Diebstahl verachtet, aber, einer angeborenen unbezwinglichen Lust folgend, mit kecker Gewandtheit Streiche ausführt, die einem andern unmöglich sind [...], ein solcher macht auf eine gewisse Ehre Anspruch. Man gedenkt seiner nicht bloß ohne Unwillen, es gibt Märchen, die ausschließlich von solchen erzählen, die in ihrer Kunst den letzten Grad erreicht haben, und darin stimmen indische, deutsche, nordische und italienische Überlieferungen zusammen." Wie kann daher die Gesellschaft die kleinen Betrügereien dieses Katers verurteilen, wenn sie auf der einen Seite zwar nicht de jure, aber de facto Steuer- und Versicherungsbetrug als Kavaliersdelikt betrachtet, weil niemand persönlich geschädigt wird, und auf der anderen Seite die Erlebnisschilderungen Geschädigter schmunzelnd genießt, die Betrugsgeschäften beim Kauf von Ländereien in Spanien, Florida und anderen Sonnenseiten unserer Welt aufgesessen sind. Die Moral, so eine vorhanden ist, könnte daher lauten: Man hüte sich vor Scharlatanen aller Art, denn: Dummheit und Leichtgläubigkeit finden immer wieder neue Kunden, oder, wie die auf Petronius zurückgehende und vielfach variierte Spruchweisheit lautet: „Mundus vult decipi, ergo decipiatur" (TPMA 13, 58).

Das Helfertier mit seinen Aktionen ist keineswegs nur eine Erfindung der italienischen Novellisten und Perraults. Sowohl das Herr/Knecht-Verhältnis als auch der Typus des sozialen Aufsteigers weist eine lange literarische Tradition auf – wenn wir an Reineke Fuchs, den Pfaffen Amis, Eulenspiegel oder an den pikarischen Lazarillo de Tormes denken. Die sozialen Strukturen befanden sich seit dem Aufkommen der Städte, der Herausbildung des Bürgertums und des Handwerks, im Umbruch. Die ehedem festgefügte Ordnung läßt sich deuten als „eine hierarchische, aber bereits labile Stufenleiter wechselseitiger Unter- und Überordnungen mit prinzipiell mehr oder weniger austauschbaren Rollenbesetzungen", wie Friedrich Wolfzettel (1975, 103) in seiner sozialkritischen Analyse des Perrault-Märchens feststellte.

Das Perraultsche Katermärchen gelangte auch innerhalb von Feenmärchen-Anthologien auf den deutschen Markt und erscheint bereits seit den 1830er Jahren neben *Aschenputtel*, *Rotkäppchen* (KHM 26), *Däumling* (KHM 37), *Blaubart* (KHM 62 [1812]) und *Dornröschen* (KHM 50) in großzügig illustrierten Bilderbüchern als Einzelausgabe (illustriert von Otto Speckter und Theodor Hosemann). Auch im zentralen Medium des 19. Jahrhunderts, dem Bilderbogen mit seinen zahlreichen Märchenadaptationen, vermag sich das Katermärchen zu etablieren. Die großen Offizinen in München und Neuruppin legen das Märchen mehrfach auf; zudem gibt es eine Reihe von Bilderbogen in dänischer, schwedischer und flämischer Sprache. Selbst Ludwig Bechstein als der auflagenstärkste Märchenherausgeber des 19. Jahrhunderts konnte an den Gaunerstückchen des Katers nicht vorübergehen. Er vereinnahmte den gestiefelten Kater als *Ein deutsches Mährchen*, wie es im Untertitel heißt, und brachte ein Märchenbuch 1851 bei Hallberger in Stuttgart als Einzelausgabe mit einer Titelillustration und drei

KHM 33.2: Der gestiefelte Kater. Münchener Bilderbogen Nr. 48. Moritz von Schwind (1848/49)

ganzseitigen Illustrationen (Farblithographien) heraus. Merkwürdig ist nur, daß Bechstein das Katermärchen trotz des offenbar hohen Bekanntheitsgrades nicht in seine vielfach aufgelegten Sammlungen *Deutsches Märchenbuch* (zuerst 1845) und *Neues deutsches Märchenbuch* (1856) übernahm. Vielleicht sah er das Schwankmärchen als zu literarisch an, bei dem das französische oder italienische Vorbild zu stark durchschimmerte. Andere spätere Bildmedien wie Reklamesammelbild, Reklamemarken, Quartett usw. sorgen für eine stete Verbreitung des Märchens bis in heutige Tage durch filmische Adaptionen, als Computerspiel oder DVD.

Psychologische Interpretationen des Katermärchens sehen die Figur des Müllerssohns im Zusammenhang mit der Entwicklung eines jungen Menschen, dessen Mutter, verkörpert durch den Kater, ihm den Weg bereite (Wittgenstein 1965), und verbunden mit einem ausgesprochen männlichen Reifungsprozeß (z. B. Scherf 1995), charakterisiert durch einen neuen Namen (Status), die Usurpation fremden Territoriums und die Möglichkeit zur Aktivierung bisher ungenutzter Möglichkeiten (Kaufmann 1985). Für Rolf Wunderer (2002; vgl. auch Wunderer 2007, 190–193, Wunderer 2008, 183–194) verkörpert die „weltweit erzählte Entwicklungsgeschichte vom gemeinen Mäusekater zum kreativen Mitunternehmer" den „Idealtypus autonomer Selbststeuerung ‚Führung des Chefs durch den Mitarbeiter'" (Managing the Boss).

Lit.: Polívka 1899; Hagen 1954, Bd. 1, 97–105; Wollenweber 1974; Wolfzettel 1975; Woeller 1990, 141–158; Uther 1991a; Uther 1991b; Uther 1993d; EM 7 (1993) 1069–1083 (I. Köhler-Zülch); Scherf 1995, 491–495; Tomkowiak/Marzolph 1996, Bd. 2, 21–26; Bluhm/Rölleke 1997, 166–168; Dekker et al. 1997, 137–139 (J. van der Kooi); Solms 1999, 107–109 (zur Moral im Schwankmärchen); Basile/Schenda 2000, 787 f.; Wunderer 2002; Endler 2006, 281–291 (Film); Uther 2007 (zur letzten Bitte); Wunderer 2007, 183–204; Haase 2008, 794 f. (I. Köhler-Zülch); Köhler-Zülch 2008; Uther 2008a (zu Illustrationen).

33. Der Faule und der Fleißige. – Vgl. DMK/Uther, ATU 613: Wanderer: Die beiden W. + vgl. DMK/Uther, ATU 451: Mädchen sucht seine Brüder. – KHM-Veröff.: 1815. – Lediglich ein kurzer Eintrag findet sich als Kommentar der Brüder Grimm zu diesem Zaubermärchen (KHM 1815, XXXI): „(Aus der Schwalmgegend.) Die Erlösung durch einen Kuß kommt häufig in den Sagen vor." Als Vermittler könnte der Theologe Ferdinand Siebert (1791–1847) aus Treysa in Frage kommen, der wohl auch KHM 87, 114 und 124 beisteuerte.

Im Mittelpunkt der Handlung des Zaubermärchens steht der Kontrast zwischen Faulheit und Fleiß, dargestellt am Beispiel des trägen und des arbeitsamen Handwerkers und – gewissermaßen spiegelbildlich – am Beispiel der beiden Raben. Während der Faule die Arbeit in der fremden Stadt bald sein läßt, damit die Abmachung mit seinem Wandergefährten, stets „bei einander zu halten", bricht und als ein „Bruder Liederlich" (der sprechende Name ist zweimal genannt) herumzieht, hält der andere „seine Zeit aus" und zeigt sich obendrein barmherzig. Als er auf seiner weiteren Wanderung den ehemaligen Gefährten „dürftig und blos" unter einem Galgen daliegen sieht, bedeckt er ihn mit seinem Mantel.

Aus anderen KHM bekannte Motive sind hier neu zusammengerührt. Man könnte auch von einem Konglomeratmärchen (zum Begriff vgl. EM 8, 132–134) sprechen. Die Verwandlung von Söhnen in Raben als Folge einer Verwünschung des Vaters kennt auch KHM 25: *Die sieben Raben*. Sprechende Raben als (unbeabsichtigte) Helfer und Ratgeber begegnen in mehreren Märchen (Belauschung der Galgenvögel z. B. in KHM 107: *Die beiden Wanderer*), ebenso das Verstehen der Tiersprache und die Kommunikation zwischen Mensch und Tier. Die Erlösung des fleißigen Raben aus der Tiergestalt durch einen Kuß entspricht dem in Märchen üblichen Schema, daß die Verzauberung/Verwünschung nur ein vorübergehender Zustand ist und ein Bann bei entsprechend positiv gewertetem Verhalten gebrochen werden kann. Hier jedoch ist die Erlösung – wie auch im *Froschkönig*-Märchen (KHM 1) – vom Zufall bestimmt und nicht etwa das Ergebnis geplanter Aktionen oder eine Belohnung für bestandene Bewährungsproben. Charakteristisch ist das unterschiedliche Geschlecht von Erlöserin und dem zu Erlösenden. Die Struktur des Märchens verlangt die Entzauberung, um das teleologisch bestimmte Ende zu erreichen. Im Unterschied zu anderen Märchen endet KHM 33 aber nicht mit einer Heirat von Erlöserin und Erlöstem, sondern Fleiß wird als zentrale Tugend propagiert. Die Entzauberung geschieht nur für den fleißigen Raben, der träge Rabe bleibt unerlöst. Wer fleißig ist und gut arbeitet, wird belohnt. Das ist eine christliche und gottgefällige Pflicht, die seit der Frühen Neuzeit von der protestantischen Ethik propagiert wird. Das Thema der in Sagen häufig anzutreffenden mißlungenen Erlösung ist hier mit dem Motiv der geglückten Erlösung kombiniert.

KHM 33 ist durch eine klare Handlungsstruktur mit binären Oppositionen wie Verwünschung/Erlösung oder Versprechen/Einhaltung des Versprechens gekennzeichnet. Die Botschaft ist eindeutig und keineswegs sublim dem Gang der Handlung zu entnehmen: Wer fleißig ist, Ordnung hält und Verpflichtungen nicht leichtfertig aufgibt, handelt richtig. Ein entsprechender Kommentar bewertet abschließend das Handeln moralisch und weist den Weg in die Zukunft: „Bruder Liederlich nahm sich das zur Lehre, ward fleißig und ordentlich und hielt sich bei seinem Gesellen." Die ethische Ausrichtung bestimmt die Struktur und spiegelt die seit der Frühen Neuzeit positiv besetzte Auffassung von Arbeit und Fleiß als Grundvoraussetzungen für menschliche Existenz, während Faulheit und Müßiggang als moralisch anstößig empfunden werden. Nur in Schwänken darf dieser Normbereich durchbrochen werden (z. B. KHM 151: *Die drei Faulen*).

Motivähnlichkeiten mit anderen KHM dürften Anlaß gewesen sein, das Märchen nicht weiter in der Sammlung zu behalten.

Lit.: BP 2 (1915) 560 f.; HDM 2 (1934–40) 66–69 (E. Frenkel); EM 4 (1984) 1262–1276 (K. Horn); Schenda 1989b (zur Aufwertung des Fleißes als bürgerlicher Tugend).

36. Die lange Nase. – DMK/Uther, ATU 566: Fortunatus. – KHM-Veröff.: 1815. – Das vermutlich nach einer Fassung „aus Zwehrn" (von Dorothea Viehmann) wiedergegebene Zaubermärchen, von den Brüdern Grimm im Kommentar (KHM 1815, XXXII) noch als Sage bezeichnet, geht in seinen Ursprüngen auf Vorlagen des frühen 16. Jahrhunderts zurück.

Die Ähnlichkeiten mit anderen Märchen über den Besitz und die zeitweilige Entwendung von Zaubergaben (s. KHM 36, 37, 54, 122) dürften dazu geführt haben, daß das Stück 1819 nicht mehr vertreten war. Die Inhaltswiedergabe findet sich 1822 in den Anmerkungen zu KHM 122: *Der Krautesel* (vgl. KHM 1856, 201–205).

Lit.: Aarne 1908, 85–97; BP 1 (1913) 470–473; EM 5 (1987) 7–14 (H.-J. Uther); Classen 1994; Van Cleve 1995; Rubini 2003; zum Streit um Zaubergegenstände cf. EM 12 (2007) 1370–1375.

36(II). Von dem Tischgen deck dich, dem Goldesel und dem Knüppel in dem Sack. – DMK/Uther, ATU 563: Tischleindeckdich. – KHM-Veröff.: 1812. – Die ursprünglich auf Henriette Dorothea Wild aus Kassel, Wilhelm Grimms spätere Frau, zurückgehende Fassung (1.10.1811) wurde in den KHM-Kommentarbänden 1822 und 1856 nur noch regestenartig wiedergegeben. Sie entspricht der vorausgehenden Fassung strukturell, einzig die Rahmenerzählung von der lügnerischen Ziege ist ausgespart. Auch sind es nicht verschiedene Lehrmeister, die den Söhnen die jeweilige Zaubergabe für ihren ansonsten fehlerfreien Dienst und aufgrund ihrer Aufrichtigkeit übereignen, sondern es ist stets ein kleiner, aber reicher „Herr in der Nußschale". Die Ähnlichkeit mit der vorausgehenden Fassung des Tischchendeckdichs wie auch die wiederholte Zaubergaben-Motivik in den KHM mögen Anlaß gegeben haben, auf einen erneuten Abdruck zu verzichten.

Weiteres s. Kommentar zu KHM 36: *Tischchen deck dich, Goldesel und Knüppel aus dem Sack*.

43. Die wunderliche Gasterei. – DMK/Uther, ATU 334: Haushalt der Hexe. – KHM-Veröff.: 1812, 1819. – Das Schreckmärchen von den redenden Nahrungsmitteln mit offenem Ende wurde 1837 durch eine besser motivierte Prosafassung ersetzt, nach einem Gedicht von Meier Teddy, das im *Frauentaschenbuch für das Jahr 1823* (360–362) unter dem Titel *Klein Bäschen und Frau Trude. Ammenmärchen* erschienen war und vergleichbare Geschehnisse mit der dämonischen Frau Trude schildert.

Das Märchen von der Gasterei stammt nach Auffassung Heinz Röllekes vermutlich von Amalie („Male") Hassenpflug, die im KHM-Handexemplar (1812, 191) als Beiträgerin für das vorausgehende Stück KHM 42: *Der Herr Gevatter* handschriftlich vermerkt ist: „Beide sind aus den Maingegenden und haben viel Gemeinschaftliches" (Grimm/Rölleke 1975, 354). Allerdings könnten andere Mitglieder der Familie Hassenpflug auch in Frage kommen, ist doch eine solche Herkunftsangabe anderweitig ebenso zu finden. Das 1810 von den Brüdern Grimm an Clemens Brentano geschickte Märchenkonvolut enthielt schon – in der Handschrift Jacob Grimms – eine vergleichbare strukturelle Geschichte unter dem Titel *Blutwurst*, die überhaupt als ältester Beleg anzusehen ist und bereits den bemerkenswerten Schlußvers aufweist: „hätt ich dich so wollt ich dich!" (Grimm/Rölleke 1975, 62).

Besonders für Kindermärchen sind entgegen der Realität sprechende und handelnde Dinge/Gegenstände typisch und eine Bewußtseinsmachung von Geschehnissen mit Hilfe fiktionaler Anthropomorphisierung (vgl. EM 5, 877–881), eine auch von Wilhelm Solms vertretene Auffassung, der KHM 43 als ein „angenehm gruseliges Märchen" (Solms 2007, 21) bezeichnet. Joseph Görres (geadelt 1839) hatte Jacob Grimm nach Erhalt des KHM-Bandes am 27.1.1813 von der Anziehungskraft der KHM auf seine beiden Töchter geschrieben und unter anderem mitgeteilt: seine älteste Tochter habe die Märchen „schon in der Stadt unter die Kinder gebracht, und schon drei Tage nach der Ankunft des Buches kam ein Bube, um das Buch, wo von Blutwürstchen und Bratwürstchen stände, zu leihen" (Görres/Schellberg 1911, 205 f.).

Der Dramatiker Georg Büchner scheint das seltene Schreckmärchen der Brüder Grimm gekannt zu haben. In dem Fragment *Woyzeck* (entstanden 1836), das in einer unvollständigen Reinschrift mit vorläufigem Charakter erhalten ist, heißt es: „NARR (liegt und erzählt sich Mährchen an den Fingern). Der hat die golden Kron, der Herr König. Morgen hol' ich der Frau Königin ihr Kind. Blutwurst sagt: komm Leberwurst! [...]".

Weiteres s. Kommentar und Literatur zu KHM 43: *Frau Trude*.

Lit.: Henßen 1953, 93–95; Ranke 1978, 98 f.; Scherf 1987, 25–75; EM 6 (1990) 617–620 (B. Kerbelytė); Scherf 1995, 781 f.; Bluhm/Rölleke 1997, 169; Solms 2007, 21 f.

43. Der Löwe und der Frosch. – Vgl. DMK/Uther, ATU 425A: Amor und Psyche. – KHM-Veröff.: 1815. – Das Zaubermärchen ist am 31.5.1814 durch Elisabeth Catharina Ludovica (Lulu) Magdalena Jordis (1787–1854), die Schwester von Clemens Brentano, aus Frankfurt am Main vermittelt worden. Sie will das Märchen von ihrer Mutter Maximiliane (geb. von La Roche) gehört haben (Brentano/Steig 1914, 276). Dieser Zeitpunkt müßte dann bereits vor 1793 (dem Todesjahr von Maximiliane) gelegen haben. Nach Erscheinen des zweiten KHM-Bandes äußerte sich Jacob Grimm kritisch zu einigen der abgedruckten Stücke. Über das Zaubermärchen *Der Löwe und der Frosch* hieß es (Grimm/Schoof 1963, 425): „auch 43 ist nicht sonderlich". Seine schroffe Ablehnung dürfte Wilhelm Grimm bewogen haben, die Fassung aus dem Textkorpus wieder herauszunehmen. Inhaltlich lassen sich folgende Episoden unterscheiden:

> (1) Eine junge Frau begibt sich auf die Suche nach ihrem verschwundenen Bruder begibt. Müde und erschöpft trifft sie auf einen Löwen, der sie in sein unterirdisches Reich mitnimmt, das durch eine Höhle, in der Mythologie vieler Völker Zugang zum Jenseits beziehungsweise zur Unterwelt, erreicht wird. (2) Der Löwe verpflichtet sie zur Ableistung von Magddiensten und verspricht ihr das Wiedersehen mit ihrem Bruder. (3) Sie erfüllt gehorsam alle von ihr verlangten Tätigkeiten und schafft selbst unmöglich Scheinendes wie eine Mückenpastete herbei. Bei der Erfüllung dieser Aufgabe kann sie auf einen Tierhelfer in Gestalt eines Laubfrosches mit einer außergewöhnlichen Kopfbedeckung (Rosenblatt) aufweist, zurückgreifen. (4) Das Tier entpuppt sich als „ein freundlicher Ratgeber" (Faber 2002, 61): „wenn du was brauchst, so komm nur zu mir, so will ich dir mit Rath und That zur Hand gehen." Zwar fordert er zunächst als Gegengabe nur jeden Tag ein frisches Rosenblatt von ihr, aber für das Herbeischaffen der Mückenpastete, einer extrem schwierigen und unlösbar scheinenden Aufgabe, muß sie ihm versprechen, den Löwen mit einem Schwert zu enthaupten; bei einer Weigerung würde sie ihren Bruder niemals wiedersehen. Dem Löwen werde dabei kein Leid geschehen. (5) Auch wenn sich alles in ihr dagegen sträubt, auf diese Weise ihren Wohltäter ums Leben zu bringen, führt sie das Verlangte aus. Im selben Augenblick steht ihr Bruder vor ihr. (6) Der Frosch begibt sich in ein loderndes Feuer. Nach dem Verbrennen wird aus ihm „die Liebste des Prinzen". Am Ende steht die Hochzeit der beiden und das glückliche Wiedersehen mit den Eltern der Geschwister.

KHM 43 gehört zu den überaus zahlreichen Zaubermärchen mit dem Thema der Verwandlung Unschuldiger in Tiere und ihrer Entzauberung durch nahe Verwandte oder Liebende und/oder als Folge eines Versprechens (s. KHM 1, 6, 11, 66, 88, 135), die besonders in Fassungen des *Amor-und-Psyche*-Komplexes (DMK/Uther, ATU 425B) in ganz Europa bekannt sind. Die Ursachen für die Tierverwandlung beziehungsweise Verwünschung bleiben im dunkeln. Warum das Mädchen in einen Frosch verwandelt worden war, erfahren die Leser ebenso wenig wie den Grund für die Theriomorphisierung des Bruders. Er erzählt seiner Schwester lediglich, er sei in einen Löwen verwünscht worden, „bis eine Mädchenhand aus Liebe zu mir dem Löwen den Kopf abhauen würde". Die junge Frau scheut vor dieser Tat zurück, weil sie selbst nicht mehr um das ursprüngliche Wesen der Metamorphose weiß. Sie muß sich erst überwinden.

Die Enthauptung durch das Schwert, das Verbrennen einer Tierhaut beziehungsweise die Entzauberung durch Feuer sind dabei nur zwei Spielarten aus einer Fülle gleichartiger Motive, die Gewaltsamkeit zwingend für das Ablegenkönnen der Tiergestalt voraussetzen. Wichtig ist auch der Umstand, daß bei der Rückverwandlung aus der Tiergestalt der Tierhelfer wie hier der Frosch in seine menschliche Gestalt zurückverwandelt und in den glücklichen Ausgang des Geschehens einbezogen wird. Dieser Vorgang ist nach Auffassung Lutz Röhrichs „kein spiritueller, sondern ein sehr konkret-materiell gedachter Vorgang" (EM 4, 202). Die Erlösung betrifft nur den Körper in der tierischen Hülle, die verbrannt werden muß.

Der Vorgang des Enthauptens des Tierhelfers ist häufiger in Verbindung mit der Individuationsstufe Heranwachsender gesehen und als ein Prozeß der Selbstfindung gedeutet worden. Die Erlösung aus der Tiergestalt bilde gleichsam die Metamorphose des jungen Mannes (Franz 1986a).

Die Nachwirkung von KHM 43 ist überschaubar. Allerdings hat Heinrich Dittmar (1792–1866), der viele Sagen und Märchen der Brüder Grimm in die von ihm zusammengestellten Lesebücher für „Mägdlein" (1822/23) und „Knaben" (1821/22) aufnahm, KHM 43 in *Der Knaben Lustwald* (Nürnberg 1821) wiedergegeben; einer von insgesamt acht Kupferstichen des Lesebuchs (von Martin Eßlinger nach einer Vorlage von Johann Jakob Kirchner) zeigt die junge Frau auf dem Löwen sitzend, ihre Hand auf der Mähne ruhend. Das Motiv verwendet auch Helga Gebert (*Alte Märchen der Brüder Grimm*. Weinheim/Basel 1983).

Lit.: BP 3 (1918) 58–60; zu Erlösung vgl. EM 4 (1984) 195–222 (L. Röhrich); Zägel 1992 (zu Dittmar); Ozawa 1998 (zu Jenseitsvorstellungen); Faber 2000, 28–31; Blécourt/Tuczay 2011 (zu Tierverwandlungen); zur Funktion der Tierhaut EM 13 (2010) 612–615 (K. Horn).

44. Der Soldat und der Schreiner. – Vgl. DMK/Uther, ATU 410*: The Petrified Kingdom. – KHM-Veröff.: 1815. – „Aus dem Münsterland", das heißt vermutlich vermittelt durch die Familie von Haxthausen, nähere Herkunftsbestimmungen scheinen fraglich. Willem de Blécourt schreibt dieses Märchen Annette von Droste-Hülshoff zu und meint, es seien „höchstwahrscheinlich reine Phantasieprodukte von Annette" ([das ist Anna Elisabeth von Droste-Hülshoff]; Blécourt 2009, 59), doch ist diese Annahme eher unwahrscheinlich. Jacob Grimm äußerte nach Erscheinen des zweiten Bandes (1815) deutlich sein Unbehagen über das Zaubermärchen und schrieb an seinen Bruder Wilhelm Grimm: „ist offenbar

[...] das schlechteste Stück, das ich wegwünschte" (Grimm/Schoof 1963, 425). Das harsche Urteil resultierte vermutlich aus der etwas konfusen Handlung. Im Kommentar zu KHM 44 war bereits festgehalten: „manches darin ist gut und recht märchenhaft, doch scheint das Ganze gelitten zu haben, theils durch Lücken, theils durch Verwirrung". Der Inhalt entspricht herkömmlichen Märchenstrukturen:

> Zwei Nachbarskinder mit gegensätzlichen Eigenschaften (mutig/furchtsam) und verschiedenen Berufen (Soldat/Schreiner) begeben sich auf gemeinsame Wanderschaft. Nach mehreren Arbeitsverhältnissen, die wegen der Faulheit des Soldaten immer wieder vorzeitig aufgekündigt werden, erreichen die beiden unzertrennlichen Gefährten ein Schloß. Das prächtige Gebäude, so stellt sich heraus, ist Teil einer dämonischen Welt, dessen drei Bewohner eine Hexe und ihre beiden Kinder sind. Die Hexe hatte alle Bewohner versteinert, drei „böse Hofleute" mit magischen Fähigkeiten aber nur in Tiere verwandeln können. Nach der Tötung der Hexentiere Schwan, Hund und Katze mit Hilfe von Zaubergegenständen und der Unterstützung einer Taube werden die dämonischen Wesen getötet. Alle Verzauberten sind erlöst, das Waldschloß ist wieder zum Leben erwacht. Die beiden Töchter des Schloßherrn wurden den beiden Befreiern gegeben, die als Ritter künftig „vergnügt" leben.

KHM 44 scheint die älteste Fassung dieses Erzähltyps darzustellen.

Lit.: BP 3 (1918) 67–71; zur Erlösungsthematik vgl. EM 4 (1984) 195–222 (L. Röhrich); Ono 2007 (zur Waldsymbolik).

54. Hans Dumm. – DMK/Uther, ATU 675: Junge: Der faule J.– KHM-Veröff.: 1812. – Das nach Eintrag im KHM-Handexemplar von den Geschwistern Hassenpflug am 29.9.1812 zugekommene Zaubermärchen schildert die Erlebnisse eines sozialen Außenseiters und seinen Aufstieg zum Nachfolger des Königs. Es stammt ursprünglich aus dem mediterranen Raum und handelt von einem allgemein mißachteten Jüngling, beschrieben als „ein kleiner, schiefer und buckelichter Bursch", der ungewollt und gegen die Absicht des Königs vom unehelichen Kind der Königstochter durch Zuwurf einer Zitrone (Motiv der Vaterwahl als Deszendenzprobe) als Vater ausgewählt wird – bei der Wahl hatte er sich ungesehen zwischen die „schönen Leute" gestellt. Der König läßt den Enkel samt Tochter und Schwiegersohn zur Strafe auf dem Meer aussetzen und damit dem sicheren Tode preisgeben.

Aber es wäre für ein Märchen geradezu widersinnig, wenn derart Bedrohten nicht in der Stunde höchster Gefährdung geholfen würde. Dank verschiedener Zaubergaben lassen sich alle Schwierigkeiten überwinden. Hans zaubert Kartoffeln herbei (und ironisch heißt es: „die Prinzessin hätte gern etwas Besseres gehabt"), sorgt für ein Schiff und ein Schloß und wünscht sich Jugend und Klugheit, worauf sein Buckel verschwindet. Nach langen Jahren vergnügten Zusammenlebens gelangt der alte König zum Schloß, als er sich bei einem Ausritt verirrt. Der König erkennt beide nicht. Als er nach festlicher Bewirtung wegreitet, hat die Prinzessin, von ihm unbemerkt, einen goldenen Becher in seine Habe geschmuggelt. Als er des Diebstahls bezichtigt wird, aber jegliche Tat bestreitet, klärt ihn die Prinzessin auf, darum müsse man sich hüten, „jemand gleich für schuldig zu halten", und gibt sich als seine Tochter zu erkennen. Mit dieser Versöhnungsszene sind die Konflikte ausgeräumt.

Literarische Fassungen stammen vor allem von den italienischen Novellisten Straparola (3,1: *Pietro pazzo* [Der närrische Peter]) und Basile (1,3: *Pervonto*). Sie sind besser konstruiert und liefern auch eine Begründung für die angewünschte Schwangerschaft der Königstochter. Der Name Hans Dumm deutet schon an, mit welchem Vertreter es die Leser zu tun haben. Nach Rudolf Schenda ist der Name Pervonto auf lateinisch perunctus (der Gesalbte, Geweihte) zurückzuführen. In übertragener Bedeutung hieße dies, daß man es mit einem Menschen zu tun hat, der mit allen Wassern gewaschen ist. Die KHM-Überschrift charakterisiert Hans auch scheinbar als einen Dummkopf. Doch ist er in Wirklichkeit gar nicht dumm und närrisch (s. konträr dazu die zugewiesene Eigenschaft Klugheit für dumme Figuren in KHM 34: *Die kluge Else*; KHM 162: *Der kluge Knecht*). Eine solche Eigenschaft charakterisiert vielmehr den Dummling. Er wird von den Figuren des Märchens zunächst unterschätzt, oft verspottet und verlacht und für einfältig gehalten, die Leser jedoch erkennen ihn von Anfang an als den unscheinbaren Helden (unpromising hero), wie Max Lüthi diesen beschrieben hat (EM 3, 938). Der Zorn des Königs über die vermeintliche törichte Wahl setzt die Handlung in Gang, ein Männern zugeschriebener Gefühlsausbruch, der neben anderen Merkmalen KHM 54 nach Ruth B. Bottigheimer als ein Männermärchen erscheinen lasse (EM 7, 767), doch gibt es auch in den KHM gerade auch Gegenspielerinnen mit dieser Eigenschaft wie die Stiefmutter Schneewittchens (KHM 53) oder die dreizehnte Fee in der Erstausgabe des *Dornröschen*-Märchens (KHM 50).

Den Ausschlag für die Streichung des Textes aus den KHM dürfte die Nähe zu Basiles *Pervonto* gegeben haben. Ein weiterer Grund könnten darin liegen, daß der eingangs beschriebene Mangel einer außerehelichen Schwangerschaft nicht dem Weltbild der Brüder Grimm entsprach. Auch der Einfall, mittels einer Diebstahlbezichtigung Einsicht zu erlangen und der damit zusammenhängende konstruierte Schluß mit dem moralischen Appell der Tochter überzeugen nicht.

Lit.: BP 1 (1913) 485–489; Ranke 1955 ff., Bd. 3, 8–14 (Varianten); zu Deszendenzproben s. EM 3 (1981) 438–442 (K. Ranke) und EM 13 (2010) 1360–1362 (D. Boden); Bottigheimer 1993a; EM

7 (1993) 763–769 (R. B. Bottigheimer); Kooi/Schuster 1994, Nr. 16 (Varianten); Scherf 1995, 163–166, 544–546, 564f., 896–900, 935f., 1137–1139; Solms 1999, 64–66; Basile/Schenda 2000, 576–578.

57. Die Kinder in Hungersnoth. – DMK/Uther, ATU 766: Siebenschläfer. –. KHM-Veröff.: 1815. – Wie KHM 57–69 (1815) gehört diese Sage zu den aus literarischen Quellen geschöpften Stücken. Der von den Brüdern Grimm geschätzte Polygraph Johannes Praetorius (das ist Hans Schultze, 1630–80), dessen Werke auch eine bedeutende Quelle für die *Deutschen Sagen* abgaben, hat die Sage mit fatalem Ausgang in seiner Kompilation *Der Abentheuerliche Glücks-Topf* (1669, 191f.) wiedergegeben. Aus dieser Zusammenstellung von Denk- und Merkwürdigem, wofür sich als Gattungsbegriff die Bezeichnung Kuriositätenliteratur eingebürgert hat (vgl. Uther 2005b, 3–19), übernahmen die Brüder Grimm indirekt noch KHM 14: *Die drei Spinnerinnen* für ihre Sammlung. Die Fassung dürfte Jacob Grimm, der sich mehrfach auf Praetorius beruft, entdeckt haben.

Die „dürftige Erzählung" (Hamann 1906, 42) ist gewissermaßen ein Pendant zur Siebenschläferlegende (s. auch KL 2: *Die zwölf Apostel*) und zur Kinderlegende von der Speise Gottes (KL 5), nur mit dem entscheidenden Unterschied, daß die Kinder nicht wundersam nach einer Zeit der Entrückung wiedererweckt werden, sondern in den ewigen Schlaf fallen. Dieser Euphemismus tritt an die Stelle einer realistischen Wiedergabe. Solche sagenhaften Berichte waren im 16./17. Jahrhundert offenbar weit verbreitet, wie ein Flugblatt von 1571 mit der Überschrift *Wunderseltzame Geschicht/ von einer armen Wittfrawen* zeigt. Das Geschehen ist auf dem Flugblatt im baden-württembergischen Weidenstetten verortet. Dort sollen sich die hungrigen Kinder einer armen Witwe auf ihren frisch ausgesäten Acker begeben haben und eingeschlafen sein. Die Mutter findet die Kinder wieder und kann sie mit Hilfe ihrer Nachbarn nach Hause tragen, ohne daß die Kinder wach werden. Zweifel am Wahrheitsgehalt der böhmischen Sage äußerte schon Praetorius: ob es „eine Geschichte oder ein Gedichte sei lasse ich dahingestellt". Eigentlich, meint Rudolf Schenda, müßten die Kinder an Hungerödemen zugrunde gehen (EM 6, 1384).

Die Figur der Mutter erscheint in einem schiefen Licht und hat wohl auch dazu beigetragen, daß die Sage wieder aus der Sammlung herausgenommen wurde. Zweimal bedroht die Mutter eine ihrer Töchter mit dem Tode, „damit ich etwas zu essen habe". Realistisch sieht sie das Ende nahen und weiß keinen Rat mehr. Während die Legende das Geschehen mit der Aussicht auf ein besseres Leben nach dem Tode überhöht, daß der Mensch sich immer in Gottes Hand befindet, ist diese Vorstellung in der Sage sublim in den Worten der Kinder eingefangen: sie würden nicht eher wieder aufstehen, „als bis der jüngste Tag kommt". Das Schicksal der Mutter bleibt im dunkeln: „die Mutter aber ist weggekommen und weiß kein Mensch, wo sie geblieben ist".

Praetorius verortet die Sage in Grafelitz nahe dem böhmischen Eger. Sie liest sich wie eine Tatsachenschilderung, hat nichts Märchenhaftes – „ein quasi journalistischer Bericht", so Maria Tatar (1990, 46). Andere Erzählungen über Hungersnöte werden zum Teil verharmlost und dürften, wenn überhaupt, nur eine verblaßte Erinnerung an tatsächliche Vorkommnisse darstellen (z. B. KHM 15, 76, 103, 153, 158).

Lit.: Hamann 1906, 41 f.; BP 3 (1918) 151 f.; EM 6 (1990) 1380–1395 (R. Schenda) (zu Hunger und Hungersnöten); zur Siebenschläferlegende s. zusammenfassend EM 12 (2007) 662–666 (H. Kandler).

59. Prinz Schwan. – DMK/Uther, ATU 425, 425 A: Amor und Psyche. – KHM-Veröff.: 1812. – Vermutlich hatte Margarete Marianne Wild (1787–1819) aus Kassel das Zaubermärchen 1807 mitgeteilt; in der Urfassung der Märchensammlung von 1810 liegt das Stück fragmentarisch in der Handschrift Wilhelm Grimms vor (Grimm/Rölleke 1975, Nr. 45); er besorgte die für den Druck wesentlich erweiterte Fassung. Für die spätere Herausnahme aus dem Textkorpus dürfte ausschlaggebend gewesen sein, daß der in den KHM vertretene Motivkreis um einen Tierbräutigam genügend abgedeckt schien (z. B. KHM 1, 66, 88, 108, 127). Ein weiterer Grund könnte nach Ansicht Albert Wesselskis darin liegen, daß KHM 59 „letzten Endes" auf dem Schlußteil eines 1801 anonym veröffentlichten Märchens beruhte (*Feen-Mährchen* 1801, 122–150: *Die drey Gürtel*). Schon im KHM-Kommentar war, ohne die Sammlung konkret zu benennen, davon die Rede: „Aehnlich damit das Märchen von den drei Gürteln" (KHM 1812, XXXVII). Nur noch im KHM-Anmerkungsband (1822, 218–220; 1856, 208–210) findet sich eine inhaltliche Zusammenfassung bei dem Tierbräutigam-Märchen KHM 127: *Der Eisenofen*. In Anlehnung an das von Johannes Bolte beschriebene Strukturmuster der Grimmschen Tierbräutigam-Märchen gehört KHM 59 zur dritten Gruppe, die weitere Prüfungen und Leiden für die junge Frau als retardierende Elemente enthält und folgende Episoden aufweist:

(1) Eine junge Frau verspricht sich einem in einen Schwan verwandelten Menschen und will ihn erlösen. (2) Sie verliert ihn vorzeitig, weil sich das Garn (der Lebensfaden) verheddert und nicht weiter abwickeln läßt. (3) Bei ihrer Suchwanderung erhält sie Ratschläge von den Gestirnen, als Zaubergabe ein goldenes Spinnrad und eine Spindel und erfährt von der Heirat des Prinzen Schwan. (4) Die vergessene Braut erkauft sich von der Königin gegen entsprechende Gaben drei Nächte und kann schließlich beim drittenmal die Liebe des Prinzen wiedergewinnen. Mit der Antwort seiner ihm angetrauten ‚falschen' Ehefrau

auf die rhetorische Schlußfrage nach der Wertschätzung des alten und des neuen Schlüssels bestätigt sie, ohne sich dessen bewußt zu sein, die Rechte der ursprünglichen Braut, ein Gleichnis, das in verschiedener Ausprägung in zahlreichen Märchen für einen harmonischen Ausgang sorgt (EM 12, 86).

Das Verbergen eines Menschen im Haus eines Menschenfressers durch die Frau oder Großmutter des Ogers und dessen Aufspüren verbunden mit dem formelhaften Ausspruch: „ich wittre, wittre Menschenfleisch" begegnet als Episode in mehreren KHM, beispielsweise in KHM 29: *Der Teufel mit den drei goldenen Haaren*. Der animalische Geruchssinn charakterisiert den Unhold. Die Motivik läßt sich zum erstenmal in Charles Perraults *Petit poucet* (1697; vgl. EM 9, 574) nachweisen. Weiteres zum Komplex der Tierbräutigam-Märchen siehe besonders die Kommentare zu KHM 88: *Das singende springende Löweneckerchen* und KHM 127: *Der Eisenofen*.

Lit.: KHM 1812, XXXVIIf.; BP 3 (1918) 37–40; Schmidt 1932, 341–347; Wesselski 1942, Bd. 2, 87–92 (zu literarischen Vorlagen); Goldberg 1992 (zur vergessenen Braut); Scherf 1995, 260 f.; zum Motiv der erkauften Nächte s. EM 9 (1999) 1118–112 (C. Goldberg); zur Suchwanderung s. EM 13 (2010) 1–5 (K. Horn).

60. Das Goldei. DMK/Uther, ATU 567: Vogelherz: Das wunderbare V. – KHM-Veröff.: 1812. – Das Zaubermärchen von den beiden Brüdern und ihrer Schwester vermittelte vermutlich Henriette Dorothea Wild (1793–1867). In der Urfassung der Märchensammlung von 1810 liegt das Stück fragmentarisch in der Handschrift von Wilhelm Grimm unter der Überschrift *Die zwei Schornsteinfegers Jungen* vor (Grimm/Rölleke 1975, Nr. 44). Er besorgte auch die für den Druck etwas umgearbeitete Fassung, änderte die Überschrift und bezeichnete die beiden Brüder in der gedruckten Fassung nun als Besenbinder, vermutlich veranlaßt durch Jacob Grimms handschriftliche Bemerkung in der Urfassung, es seien „Besenbinders Jungen". Das Stück wurde 1819 durch eine abgerundetere Fassung ersetzt und fand 1822 und 1856 nur noch als knappe Inhaltszusammenfassung in den KHM-Anmerkungsbänden Platz.

Eine vermutlich von den KHM inspirierte Fassung nahm Johann Andreas Christian Löhr (1764–1823) in sein *Buch der Maehrchen für Kindheit und Jugend, nebst etzlichen Schnaken und Schnurren* (Löhr 1819, Bd. 2, Nr. 16) auf und fabulierte den fehlenden Schluß dazu, so daß das Märchen von den beiden Handwerkern und ihrer Schwester versöhnlich endet. Alle drei finden einen Partner fürs Leben, nachdem der Älteste das Herz des Vogels tatsächlich verspeist und eine Prinzessin dadurch erlöst hatte.

Weiteres zur Thematik s. Kommentar und Literatur zu KHM 60: *Die zwei Brüder.*

Lit.: KHM 1812, XXXVIIIf.; KHM 1815, LXVII; BP 1 (1913) 528f.; Schmidt 1932, 337–341; Scherf 1995, 267, 514.

61. Von dem Schneider, der bald reich wurde. – DMK/Uther, ATU 1535: Unibos + DMK/Uther, ATU 1297*: Jumping into the River after Their Comrade. – KHM-Veröff.: 1812. – Der Schwank über den gewitzten Schneider ist den Brüdern Grimm vermutlich am 18.4.1811 in Kassel durch die Familie Hassenpflug vermittelt worden. 1819 wurde das Stück herausgenommen und durch eine erweiterte Fassung ersetzt. Der KHM-Anmerkungsband enthält eine knappe Zusammenfassung von acht Zeilen mit dem allgemeinen Herkunftsnachweis: „eine andere Erzählung aus Hessen" (KHM 1822, 111).

Weiteres s. Kommentar und Literatur zu KHM 61: *Das Bürle.*

62. Blaubart. – DMK/Uther, ATU 312: Mädchenmörder. – KHM-Veröff.: 1812. – Der 1812 veröffentlichte Text stammt nach dem Eintrag im Grimm-Handexemplar von den „Hassenpflugs im Herbst 1812". Das Zaubermärchen erinnert in seiner Struktur und Thematik in vielem an das Märchen *La Barbe bleue* von Charles Perrault, wenn es auch wesentlich kürzer und eindringlicher – besonders im Schlußteil – gestaltet war. Auf diesen Zusammenhang machten die Brüder Grimm in ihren Anmerkungen (KHM 1812, XLI) schon aufmerksam und integrierten die dazugehörigen Feststellungen später in den Kommentar zum verwandten Märchen *Fitchers Vogel* (KHM 46): „Wir haben diese [Sage vom Blaubart] zwar auch deutsch gehört und in der ersten Ausgabe Nr. 62 mitgetheilt, aber da sie von Perraults La barbe bleue nur durch einiges Fehlende und einen besondern Umstand abwich, das Französische auch an dem Ort, wo wir sie hörten, bekannt seyn konnte, so haben wir sie im Zweifel nicht wieder aufgenommen" (KHM 1856, 74). Wie das verwandte und aus dem Niederländischen stammende Schreckmärchen *Mordschloß* (KHM 73 [1812]) schied KHM 62 aus dem Textkorpus aus. In den späteren Auflagen hat Wilhelm Grimm manches aus dem *Blaubart*-Märchen in KHM 46: *Fitchers Vogel* und KHM 40: *Der Räuberbräutigam* integriert.

Der *Blaubart*-Stoff hatte die Brüder Grimm offenbar schon seit der frühesten Beschäftigung mit Märchen interessiert. In der Sagenkonkordanz, in den Hauptteilen 1808/09 entstanden (vgl. Grimm/Rölleke 2006), waren auch einige wenige Märchen ohne Angabe eines individuellen Schöpfers erwähnt. Neben „Petit poucet", dem Märchen vom „Mann im Pißpott" [KHM 19] usw. begegnet Blaubart in den Eintragungen Wilhelms am häufigsten. In den alphabetisch geordneten Zetteln hat Blaubart als einziges Märchen ein eigenes Stichwort mit fünf Referenzen und taucht ferner im Stichwort *Ales nur eins nicht* („ale Thüren öffnen dürfen nur eine nicht"), *Hilfe in der Noth* („Blaubart will eben seine Frau tödten, als die Brüder anlängen"), *Unauslösliches Blut* („das Blut geht nicht aus dem goldenen Schlüssel heraus, u. ist es auf einer Seite abgerieben, so erscheint es auf der anderen. Sage vom Blaubart") und *Verbot* auf („Sage von der verbotenen Cammer"). Die Notizen machen zweierlei deutlich. Einmal läßt sich aus den wechselnden Gattungsbezeichnungen schließen, daß der Unterschied zwischen einer *Blaubart*-„Sage" und einem *Blaubart*-„Kindermärchen" als nicht störend empfunden wurde, mithin die Definition des Begriffs Märchen wesentlich umfassender war als heute. Zum anderen kannten die Brüder Grimm zu jener Zeit wohl nicht mehr als ein Dutzend Märchen so genau, daß sie auf die Notierung der Quelle verzichteten, ein für die Entstehungsgeschichte der KHM nicht unwesentlicher Hinweis.

Perrault dürfte das *Blaubart*-Märchen erfunden haben, wobei er das Frauenmörder-Thema wie die Gehorsamsprobe aus anderen Erzählungen übernahm und kunstvoll in einer Erzählung verdichtete. Nicht auszuschließen ist, daß Perrault die seit Mitte des 16. Jahrhunderts umlaufenden Balladen von dem Lustmörder kannte, den sein letztes potentielles Opfer ersticht (so schon Johannes Bolte 1913, vgl. BP 1, 409) – in manchen Fassungen besorgt die Tat dessen Bruder. Der letzte Mordversuch des Frauenmörders mit dem Namen Ulinger (deutsch), Halewijn (niederländisch) oder Rullemann (norwegisch) mißlingt. Er kommt selbst zu Tode. Andere Herkunftstheorien haben sich bislang als bloße Spekulation erwiesen.

Perrault hat – wie in seinen anderen Märchen auch (z. B. *Le Chat botté*; vgl. KHM 33 [1812]: *Der gestiefelte Kater*) – volkstümliche, das heißt damals umlaufende Erzählmotive auf der Folie der dominanten höfischen Kultur bearbeitet. Typisch dafür ist der Eingang des *Blaubart*-Märchens mit der Schilderung luxuriösen Landlebens. Es ist zu erahnen, wie eine reiche, dem Müßiggang nachgehende Gesellschaft ihren Tag verbringt: mit Geschwätz, in aufwendiger Kleidung und fernab der übrigen Bevölkerung. Diese Kulisse vermittelt Perrault meisterhaft und kann dabei – nach dem Vorbild des höfisch-heldischen Romans, der zuvor die französische Literatur bestimmte – einer psychologischen Deutung breiten Raum gebende Handlung des Themas „Liebe" darbieten. Die gestörte Mann-Frau-Beziehung wirkt einerseits didaktisch-moralisierend (vgl. die aufgepfropfte Moral), andererseits unterhaltend und spannungsreich.

Im dichotomisch strukturierten Zaubermärchen der Brüder Grimm bestimmt der übliche Kontrast zwischen Arm und Reich den Eingang. Ein in einem

Walde lebender Mann ist „froh", als „ein König" um die Hand seiner Tochter anhält. Dieser Mann mit einem blauen Bart verursachte zwar einen kleinen Schrecken, „so oft man ihn ansah", aber der Vater willigt in die geplante Heirat ein und zerstreut die Zweifel seiner Tochter (bei Perrault verantwortet die Tochter selbständig den Entschluß zur Heirat). Letzte Hemmungen überwindet sie, indem sie sich der Hilfe ihrer Brüder versichert.

Dieser Blaubart stellt nur im ersten Teil des Märchens die scheinbar alles beherrschende Figur dar. Sowohl in der menschlich gedachten Figur als auch im jenseitigen Wesen mit dem Merkmal des blauen Bartes ist er eindeutig negativ gezeichnet. Die junge Frau – kurioserweise immer als „Mädchen" bezeichnet – erscheint in der Rolle einer Dulderin. Sie ist ganz der patriarchalischen Gewalt des Blaubarts ausgesetzt, der ihr bei seiner Abreise mit der Schlüsselaufbewahrung die Hausgewalt überträgt. Die Bewährungsprobe und damit der Prozeß der Selbstfindung für die Frau setzt in dem kurzen Augenblick ein, als sie erkennt, daß sie sich der geplanten Tötung widersetzen muß. Der mehrfachen Aufforderung des zur Tötung entschlossenen Ehemannes kommt sie nicht nach. Die Zeitaufschiebung rettet ihr das Leben, auch wenn die Hilfe von außen naht, von ihr lediglich initiiert.

Weibliche Neugier schadet und bringt nichts ein. Auf diese Feststellung ließe sich die ein wenig aufgesetzte Moral Perraults für das weibliche Geschlecht verkürzen. Männern hingegen bescheinigt er, solche despotischen Ehemänner seien ausgestorben zugunsten einer gleichwertigen Partnerschaft. Was hier Ende des 17. Jahrhunderts in den Anfängen des Feenmärchens mit dem Anspruch einer moralischen Instanz verkündet wird, entsprach jedoch eher einem Wunschdenken denn der Realität. Daß Neugier und Wissensdurst, die eigentlichen Voraussetzungen jeglicher menschlichen Erfahrung, auf diese Weise diffamiert werden, könnte zum einen auf den vermeintlich repressiven Charakter von Märchen schließen lassen, zum andern – und wahrscheinlicher – den alten Topos widerspiegeln, der seit Evas Biß in die eine verbotene Baumfrucht in der Literatur mit eindeutig misogyner Tendenz gebräuchlich ist: Neugier gilt als weibliche Untugend im wahrsten Sinne des Wortes, obwohl diese Eigenschaft bei Männern in gleichem Maße anzutreffen wäre. Hinter dem Verbotenen (eine bestimmte Tür nicht zu öffnen) lauert das Unheil, auch wenn die Neugierige im *Blaubart*-Märchen für die Folgen ihres Tuns zunächst nicht einstehen muß. Während für die Frau entsprechend dem Weltbild des Märchens die Rettung naht, müssen Kinder in der Jugendliteratur der damaligen Zeit, wie Dieter Richter an mehreren Beispielen gezeigt hat, für ihre Neugier büßen. Sie tragen den Schaden davon, da sie während der „künstlich inszenierten Abwesenheit" von Mutter oder Vater die verbotene Tür oder ein Zimmer geöffnet hatten. Die Aushändigung des Schlüssels ist – als ein Stück Erziehung – „Mittel zur Prüfung" und „gleichzeitig das Verlockungsmittel, sich verführen zu lassen", wodurch der Erzieher zum Kinderverführer wird (Richter 1987, 56–61).

Während KHM 46: *Fitchers Vogel* und KHM 40: *Der Räuberbräutigam* die Überlistung eines dämonisch gedachten Handlungsträgers durch eine Frau thematisieren, hebt das *Blaubart*-Märchen auf die Auseinandersetzung zwischen den Geschlechtern ab. Diese Auffassung ist trotz unterschiedlicher Interpretationsansätze in der Literatur unumstritten. Der Mann mit dem blauen Bart besitzt ein gestörtes Verhältnis zu Frauen, das er selbst nicht bereinigen kann. Hilfe von anderen, auch von seiner Frau, erhält er nicht. Dieser Umstand wird ihm aufgrund allgemein akzeptierter Normen zum Verhängnis. Er muß zwangsläufig scheitern, da die von seiner Person ausgehenden lebensbedrohenden Gefährdungen anderer im Leben wie im Märchen nicht auf Akzeptanz stoßen und von der Gesellschaft negativ sanktioniert sind, seinen Tod voraussetzen oder zumindest lebenslange Isolierung. Die Rolle der weiblichen Figur läßt sich nicht so eindeutig bestimmen. Die junge Frau hat gutwillig die Brautwerbung akzeptiert und ist um eine bittere Erfahrung reicher geworden.

Gewiß kann einerseits im psychotherapeutischen Sinn das *Blaubart*-Märchen beispielhaft für eine auf ungelösten Konflikten basierende Ehe herangezogen werden, um auf dieser Basis Lösungsmodelle für beide Ehepartner zu diskutieren (Kast 1978). Andererseits wird eine solche Absicht fragwürdig, wenn anhand einzelner Passagen des *Blaubart*-Märchens ohne Hinzuziehung vergleichbarer Fassungen assoziativ der Wandel geschlechtsspezifischer Eigenschaften kommentiert und zum Leitthema erhoben wird (Barz 1987). Diese Aussage soll aber keineswegs bedeuten, daß damit jeder Ausdeutung nun ein Riegel vorgeschoben ist. Im Gegenteil: Das den Erzählungen zugrundeliegende Weltbild kann nur Normen und Vorstellungen widerspiegeln, die dem Erkenntnisinteresse der jeweiligen Gesellschaft und Zeit entsprechen. In diesem Sinn symbolisiert der Blaubart, von Jürgen Wertheimer (1999) als ein „erotischer Serientäter" bezeichnet, den nicht lernwilligen, stur auf patriarchalische Gewalt eingeschworenen Ehemann, der aufgrund seines bizarren Aussehens und seines vermuteten Lebenswandels eine beträchtliche Anziehungskraft auf Frauen ausübt, während die Frau aus der Rolle einer Dulderin und der ihr zugedachten einer unterwürfigen und kaum Spielraum lassenden Ehefrau in einem Prozeß der Selbstfindung über sich hinauswächst.

Der Blaubart gehört zu den wichtigsten literarischen Symbolfiguren, die immer wieder zu neuer Ausdeutung anregen. Der Stoff ist in Form subtiler psychologischer Betrachtungen oder in literarischen Bearbeitungen als Vorlage für gestörte Mann-Frau-Beziehungen im Bewußtsein des Mitteleuropäers (und besonders des anglo-amerikanischen Raums) verankert. Der Blaubart-Stoff von dem „erschröcklichen" Frauenmörder eignet sich vorzüglich zur Bearbeitung als Oper, Sing- und Lustspiel oder in persiflierender Form als Parodie und entspricht dem weitverbreiteten Bedürfnis nach Konsumierung schauriger Mordgeschichten, die nicht nur in der Sensationsliteratur vergangener Tage ihr Publikum fanden, sondern bis heute in den Medien ein unverzichtbarer Bestandteil auflagenstarker Zeitungen und Wochenmagazine, des Rundfunks, Fernsehens usw. sind. Während die Märchen sich mehr für das Schicksal der Heldin interessieren, ist in der Oper, im Sing-, Lustspiel, Märchendrama (z. B. der Dreiakter *Ariane et Barbe-bleue* von Maurice Maeterlinck, 1899; Uraufführung als lyrisches Märchen 1907, Komponist Paul Dukas) die Tendenz zu einer heldischen Gestaltung des Blaubarts unverkennbar (Röhrich 2001, 128 f.).

Gelegentlich begegnet ein weiblicher Blaubart mit parodistischen Zügen (vgl. Langlois 1985; vgl. auch Jacques Offenbachs opéra-bouffe: *Barbe-Bleue* mit dem Text von Henri Meilhac und Ludovic Halévy, 1866; das satirische Drama *Ritter Blaubart* von Ludwig Tieck, Erstveröffentlichung unter dem Pseudonym Peter Leberecht: *Volksmährchen*. Berlin 1797, 1–190). Das Interesse am *Blaubart*-Stoff spiegeln ferner die mehrfachen Verfilmungen wider und die bis in die jüngste Vergangenheit reichenden literarischen Bearbeitungen, etwa Max Frischs *Blaubart* (1982) oder Judith Kuckarts Kurzgeschichte *Blaubart und Nadine Kowalke* (*Die Horen* 52 [2007] 49 f.).

Bevorzugte bildliche Gestaltungen sind – die Szene (1) mit dem das Schwert schwingenden Blaubart und der knieenden und um Gnade bittenden Ehefrau, (2) die Szene mit der Überreichung des Schlüssels, (3) mit dem Anblick der Leichen bei Betreten des Mordzimmers und (4) mit dem zur Rettung herbeireitenden Brüderpaar bei Erreichen des Mordschlosses. Frühe englische Illustrationen (seit Beginn des 19. Jahrhunderts) sehen den Blaubart als Orientalen. Die Adaptation der Figur dürfte auf George Coleman den Jüngeren zurückgehen, der 1798 ein „grand dramatic romance mit dem Titel *Blue-Beard; or Female Curiosity* auf die Bühne brachte" (Suhrbier 1988, 36–45). Der exotische Blaubart mit den unverkennbar orientalischen Zügen und seiner Angetrauten namens Fatima wird bis ins 20. Jahrhundert, unter anderem von Arthur Rackham und von kontinentalen Nachahmern wie Edouard Dulac, aufgegriffen. Ob solche Umformungen allgemein eine sehnsüchtige Hinwendung zum Fremden bedeuten (vgl. die zahlreichen *Tausendundeine Nacht*-Adaptationen) oder ob sich dahinter die Ineinssetzung von exotisch mit beunruhigend/bizarr oder sinnlich/triebhaft verbirgt, läßt sich nicht hinreichend klären. Unter Umständen könnte es sich auch um die Propagierung negativer Stereotypen handeln, wie sie etwa in der Kolonialerzählung des 19. Jahrhunderts häufig zu finden sind.

KHM 62: Blaubart. Holzschnitt von Gustave Doré (1862)

Lit.: BP 1 (1913) 398–412; Holz 1929; Heckmann 1930; HDM 1 (1930–33) 266–270 (C. Voretzsch); Herzog 1937; Hagen 1954, Bd. 1, 120–138; Suhrbier 1984; Scherf 1987, 217–224; Grätz 1988, 99 f.; Uther 1988; Kindl 1989; Lontzen 1990; Tatar 1990, 217–245; Woeller 1991, 158–168; Velay-Vallantin 1992, 44–93; Top 1993; Scherf 1995, 94–98; EM 8 (1996) 1407–1413 (W. Puchner); Bacchilega 1997, 103–138 (neue Bearbeitungen); Dekker et al. 1997, 63–66 (N. Weenink); Lovell-Smith 1999; Wertheimer 1999; Davies 2001; Hermansson 2001; Müller/Wunderlich 2001, 123–133 (O. Panagl) Tatar 2004; Szczepaniak 2005 (zum Gewaltdiskurs in der Literatur des 20. Jahrhunderts); Haase 2008, 128–130 (S. C. Jarvis; zu Verfilmungen vgl. Haase 2008, 130–135 (R. M. Fedorchek); Messerli 2009 (diskutiert Forschungsansätze, Stilistisches und neuere Adaptationen); Nungesser 2012 (Bearbeitungen im anglo-amerikanischen Raum); Fabula 53,3–4 (2012) (Sonderheft zu Blaubart mit Beiträgen von N. Belmont, E. Bronfen, S. Scherer, M. Szczepaniak, H.-J. Uther, R. Neubauer-Petzoldt); zum Motiv des verbotenen Zimmers vgl. EM 13 (2013) 1358–1362 (B. Rieken); Neubauer-Petzoldt 2015; Wienker-Piepho 2019, 9–11 (Schloß als numinoser Ort).

64. Von dem Dummling. (I): Die weiße Taube. – Vgl. DMK/Uther, ATU 550: Vogel, Pferd und Königstochter (Eingangsepisode). – KHM-Veröff.: 1812. – Nach dem handschriftlichen Eintrag Wilhelm Grimms im KHM-Handexemplar geht das Zaubermärchen auf Margarete Marianne Wild (1787–1819) zurück (1808). In der Urfassung der Märchensammlung von 1810 liegt das Stück fragmentarisch in der Handschrift Wilhelm Grimms vor (Grimm/Rölleke 1975, Nr. 16). Er besorgte auch die für den Druck sprachlich verbesserte Fassung, die 1819 ausgeschieden und nur innerhalb der Anmerkungen (1822, 1856) wiedergegeben wurde.

Die Ursache für die Herausnahme dieser Fassung dürfte in dem fragmentarischen Charakter des Stückes liegen. Einzig die Eingangsthematik scheint gut ausgebaut zu sein. Im Mittelpunkt steht der Dummling, eine in den Märchen der Brüder Grimm mehrfach beschriebene Außenseiterfigur (vgl. KHM 59 [1812], KHM 62, 63, 64, 165]), die sich im Verlauf der Handlung als überlegen und als der erfolgreichste – wie in den sogenannten Dreibrüdermärchen – erweist (vgl. Max Lüthi in EM 3, 938–940). Von der näheren Umwelt zunächst verkannt, gelingt es dem Dummling (meist der Jüngste), ein scheinbar unlösbares Problem zu beheben. Im Unterschied zu seinen beiden älteren Brüdern kann er seine Müdigkeit überwinden und beobachten, daß eine Taube nachts als Diebin vom Birnbaum des königlichen Gartens alle Früchte stiehlt. Er verfolgt sie, bis sie in einer Felsspalte verschwindet. Nach diesem spannenden Beginn flacht das Märchen ab. Der Dummling erlöst ein graues Männlein durch die Worte „Gott gesegne dich!" Hernach steigt er in den Felsen hinein, findet die weiße Taube in einem Spinnennetz, befreit sie, und aus der Tiergestalt entzaubert steht eine schöne Prinzessin vor ihm, die er heiratet. Die Erlösung markiert den dramatischen Schlußpunkt.

Weiteres s. Kommentar und Literatur zu KHM 57: *Der goldene Vogel.*

66. Hurleburlebutz. – DMK/Uther, ATU 425A: Amor und Psyche. – KHM-Veröff.: 1812. – Nach dem Eintrag im KHM-Handexemplar haben die Brüder Grimm von dem Zaubermärchen am 29.9.1812 durch „Jeanette" (das ist Johanna Hassenpflug, 1791–1860) Kenntnis erhalten.

Das Märchen gehört zu dem ungemein beliebten Zyklus der Tierbräutigam-Märchen (vgl. KHM 88, 108, 127, 144). Nach der von Johannes Bolte vorgenommenen Klassifizierung gehört KHM 66 zur ersten Gruppe der Tierbräutigam-Märchen (BP 2, 235). Es ist besonders durch die Täuschungsepisode mit dem vergeblichen Versuch, dem Tiergestaltigen eine andere Person als die Versprochene unterzuschieben, sowie durch das Mittel der Erlösung (hier: durch Enthauptung wie auch in KHM 43 [1815]) gekennzeichnet, während retardierende Züge mit der Schilderung von Suchwanderung und erkauften Nächten fehlen. Die Erlösung des weißen, später als grau bezeichneten Männleins glückt nur, weil die jüngste Königstochter dessen Weisungen befolgt hatte. Nach der Entzauberung erklärt er ihr: „darum hab ich dich gebeten, ja recht Acht zu haben", und erwählt sie zu seiner „Gemahlin", was die Königstochter widerspruchslos und „vergnügt" hinnimmt.

Der wiederholt in den KHM vertretene Motivkreis um einen Tierbräutigam – die Brüder Grimm nannten selbst in anderem Zusammenhang als „Grundidee" der Erlösungsthematik das *Amor-und-Psyche*-Märchen (KHM 1815, XXI) – dürfte Anlaß gegeben haben, diese Fassung „aus dem Maingegenden" herauszunehmen und als gekürzte Nacherzählung im KHM-Anmerkungsband (1822, 1856) wiederzugeben, und zwar innerhalb der Anmerkungen zu KHM 127: *Der Eisenofen*. Albert Wesselski (1942, 76) vermutete darüber hinaus den Grund in der schon von Jacob Grimm festgestellten Ähnlichkeit mit der Unterschiebungsepisode eines Stückes aus der anonym in Braunschweig erschienenen Sammlung *Feen-Mährchen* (1801, 322–348: *Das singende, klingende Bäumchen, oder der bestrafte Uebermuth*).

Weiteres s. Kommentare und Literatur zu KHM 88: *Das singende springende Löweneckerchen* und KHM 127: *Der Eisenofen*.

KHM 66: Die heilige Frau Kummernis. Holzschnitt von Hans Burgkmair (1507)

Lit.: BP 3 (1918) 40–43; Schmidt 1932, 341–347; Wesselski 1942, 76–79 (zur Überlieferungsproblematik).

66. Die heilige Frau Kummerniß. – DMK/Uther, ATU 706D: Kümmernis. – KHM-Veröff.: 1815. – Als literarische Quelle für die nur 1815 in den KHM vertretene Legende von der Kümmernis war Andreas Strobls *Ovum paschale oder Neugefärbte Oster-Ayr* (1700, 216 f.) angegeben. Von dieser Volksheiligen fehlen jedwede historische Nachrichten. Die gewichtige Exempelsammlung des katholischen Landgeistlichen, dessen eingestreute Beispielgeschichten zumeist jesuitischen Handbüchern entstammten, diente auch als Quelle für den 1819 erstmals vertretenen Schwank KHM 77: *Das kluge Gretel*. Die Legende stammte nach Einschätzung Wilhelm Grimms, der die Texte exzerpiert, erzählerisch besser strukturiert und teilweise leicht dramatisiert hatte, aus „einem im nördlichen Deutschland gewiß seltenen Buche" (KHM 1856, 126).

Strobl hatte die Keuschheitslegende nach der Fassung des Jesuiten Benignus Kybler (*Wunder-Spiegel* Bd. 1 [1678] 505) nacherzählt und von daher mit der heiligen Wilgefortis, einer portugiesischen Königstochter, verknüpft. Am Schluß der „Historia" ist erklärend hinzugefügt, die Wilgefortis habe wegen des Spielmannwunders fortan den Namen St. Kummernuß erhalten. Die Legende ist um 1200 im Venusmirakel *Tumbeor Nostre Dame* bezeugt, das Spielmannswunder selbst erst Ende des 14. Jahrhunderts in den Niederlanden. Bis heute sind rund 1.000 schriftliche und ikonographische Zeugnisse mit wechselnden Lokalisierungen aus der Zeit zwischen 1350 und 1848 nachgewiesen worden. Die Legende spiegelt naive Vorstellungen von der Macht heiligmäßiger Personen wider, die in ihren hölzernen, steinernen oder gemalten Abbildern leben und vermeintliche Ratschläge und Unterstützung bei ihrer Anrufung erteilen (zur schwankhaften Umsetzung einer solchen ikonischen Mythe s. KHM 139: *Dat Mäken von Brakel*).

Eigentlich hätte die Legende auch innerhalb der Kinderlegenden einen Platz finden können, aber da die ersten Stücke von der Familie Haxthausen beigesteuert waren, erschien es wahrscheinlich ratsamer, die erbauliche Geschichte („Neigt sich wie Nr. I. 81. I, 3. II. 1. II. 35. aus der heil. Legende ins Märchen", KHM 1815, XXXIX) später innerhalb der *Deutschen Sagen* (Grimm/Uther DS 330) wiederzugeben, dort allerdings nach einer Fassung des Polyhistors Johannes Praetorius, dessen Werke die Brüder Grimm sehr schätzten und mehrfach als literarische Vorlagen heranzogen: „Unter den geschriebenen Quellen waren uns die Arbeiten des Johannes Prätorius weit die bedeutendsten" (Grimm/Uther DS, Bd. 1, 22; vgl. auch KHM 57 [1812]: *Die Kinder in Hungersnoth*). Trotz der großen Verbreitung der Legende in der neuzeitlichen Predigliteratur mag auch der

Hinweis bei Strobl auf die portugiesische Königstochter den Ausschlag gegeben haben, die Legende nicht weiter in den KHM darzubieten.

Das Verhältnis zwischen Vater und Tochter ist gestört. Obwohl sie Keuschheit gelobt hat (bei Strobl [1700, 216]: „ihr Jungfrauschafft Gott versprochen"), will der Vater seine Tochter zu einer Ehe zwingen. Der in ihrer seelischen Not von Gott erflehte Bart wächst ihr. Der erzürnte Vater läßt sie drakonisch bestrafen und ans Kreuz schlagen. Nach diesem kurzen Bericht über die Erhebung zur Heiligen folgt als zweites Wunder die Begegnung des Spielmanns mit dem handelnden Heiligenbild und seine Errettung durch ein erneutes Handeln des Bildnisses. Albert Wesselski (1928, 128 f.) sieht in der Verdopplung des Wunders ein Zeichen des Rationalismus, der sich gegen den Glauben an ein Wunder sträubt. Die Motive der (erfolgreichen) letzten Bitte, die hier allerdings nicht das gewünschte Ergebnis herbeiführt, wie auch des sprechenden und handelnden Heiligenbildes und der Rettung im letzten Augenblick sind populäre Variationen aus Zaubermärchen, Schwankmärchen und Legenden.

Die Legende gestaltete unter anderem Andreas Justinus Kerner in seinem Gedicht *Der Geiger zu Gmünd* (1816) dichterisch (statt Kümmernis Cäcilia). Sie ist heute lediglich in literarischer Form greifbar, der Kümmerniskult erloschen.

Lit.: BP 3 (1918) 241–244; Wesselski 1928, 127–130; Schnürer/Ritz 1934; Spranger 1980 (zum Geiger von Gmünd); Moser 1981, 124–131; Just 1991, 75–79: EM 8 (1996) 604–607 (P. Spranger); Verflex. 10 (^{2}1999) 1081–1083 (K. Kunze); zu A. Strobl vgl. EM 12 (2007) 1389–1392 (F. M. Eybl); Uther 2007, 127 f.

68. Von dem Sommer- und Wintergarten. – DMK/Uther, ATU 425C: Amor und Psyche. – KHM-Veröff.: 1812. – Nach dem Eintrag im KHM-Handexemplar steuerte der Theologe Ferdinand Siebert aus Treysa (1791–1847) das Zaubermärchen bei; später hieß es in den KHM-Anmerkungsbänden zugunsten der üblichen Annahme einer kollektiven Überlieferung genereller: „aus der Schwalmgegend". Als literarische Vorlage ist der Roman *Die junge Americanerinn* (1765 [= Übersetzung von Madame de Villeneuves *Contes marins ou la jeune Américaine*, 1740]) angeführt und vor allem die Fabel „von der Psyche" (KHM 1812, XLV), womit die Bearbeitung des Apuleius aus den *Metamorphosen* (4,28–6,24) gemeint war. Schon in der handschriftlichen Urfassung von 1810 (Grimm/Rölleke 1975, 112–114, 359 f.) hatte Jacob Grimm unter dem Titel *Der Drache* die Handlung grob skizziert. Wegen der Affinität zu KHM 2 (1812 = KHM 88: *Das singende springende Löweneckerchen*) wurde KHM 68 aus der Sammlung herausgenommen. Seit 1822 findet es sich nur noch in den Anmerkungsbänden von 1822 und 1856 als gekürzte und sprachlich geringfügig geänderte Nacherzählung wieder.

Auch dieses Märchen gehört zu dem ungemein beliebten Zyklus der Tierbräutigam-Märchen (vgl. z. B. KHM 88, 108, 127, 144). Nach der von Johannes Bolte vorgenommenen Klassifizierung gehört KHM 68 zur zweiten Gruppe der Tierbräutigam-Märchen (BP 2, 241) und ist besonders durch das Mittel der Erlösung von den anderen beiden Gruppen zu unterscheiden. Es fehlen die Suchwanderung und das Motiv der erkauften Nächte. Statt dessen gewinnt die junge Frau das häßliche Tier allmählich lieb und vermag es nach der kurzzeitigen Trennung, als es wie tot daliegt, wieder zum Leben zu erwecken.

Weiteres siehe besonders Kommentar und Literatur zu KHM 88: *Das singende springende Löweneckerchen*.

70. Der Okerlo. – DMK/Uther, ATU 327B: Däumling und Menschenfresser + DMK/Uther, ATU 313: Magische Flucht. – KHM-Veröff.: 1812. – Das Zaubermärchen geht nach handschriftlichem Eintrag im KHM-Handexemplar auf Johanna Hassenpflug (1791–1860) zurück, die Schlußverse auf Mitteilungen aus der Familie des Obristen Wilhelm Engelhardt (1754–1818). Die spannungsreiche Geschichte von der Flucht der Liebenden und der ideenreichen und aktiven Rolle der jungen Frau weist große Ähnlichkeit zum zweiten Teil des Feenmärchens *L'Oranger et l'abeille* der Baronin d'Aulnoy auf (um 1650–1705; deutsche gekürzte Fassung abgedruckt bei Uther 1990b, Nr. 25). Als Beispiel einer weiteren Adaptation des Stoffs ist auf das Märchen *Der Riesenwald* in der von den Brüdern Grimm mur verschleiernd genannten „Braunschweiger Sammlung" (= *Feen-Mährchen* 1801, 44–72) hinzuweisen. Schon Johann Gustav Gottlieb Büsching hatte in einer Besprechung der KHM am 2.3.1813 kritisch angemerkt (zitiert nach Wesselski 1942, 52): „Okerlo ist unverkennbar aus dem schon ein paarmal angeführten Mährchen der Mme d'Aulnoy, dem Orangenbaum und der Biene, entstanden, nur durch den Mund der Erzähler verändert und auch verschlechtert."

Das typische Feenmärchen der phantasievollen und literarisch produktiven Madame d'Aulnoy – sie verfaßte 28 Werke in 13 Jahren – wurde in der Blütezeit der Gattung 1697 innerhalb einer vierbändigen Sammlung von Feenmärchen veröffentlicht und geht möglicherweise auf literarische Vorlagen aus England zurück, wie Albert Wesselski (1942) herausfand. Das Stück ist in dem *Cabinet des fées* (Ausgaben seit 1717) vertreten, ebenso in der massenhaft vertriebenen Kolportageliteratur: Diese *Bibliothèque Bleue* wurde unter dem Titel *Blaue Bibliothek aller Nationen* (Bd. 1–12; erschienen zwischen 1790 und 1800), betreut von Friedrich Justin Bertuch und anderen, auch im deutschen Sprachgebiet bekannt (Bd. 3 [1790] Nr. 8); eine noch frühere Veröffentlichung des d'Aulnoy-

Märchen in deutscher Sprache enthält schon Friedrich Immanuel Bierlings *Cabinett der Feen* (Nürnberg 1762, 3. Theil, Nr. 19).

Auch wenn das Märchen aus den KHM herausgenommen wurde, änderte sich für die Brüder Grimm an der Wertschätzung für den Stoff nichts. Dies macht die Beurteilung des d'Aulnoy-Märchens im Anmerkungsband (KHM 1856, 304) deutlich: „Der erste Theil, der Aufenthalt bei dem wilden Mann und die heimliche Liebschaft, ist modern ausgesponnen; von da an aber, wo die beiden zusammen entfliehen wollen, ist das Märchen echt und schön und offenbar mit dem deutschen vom liebsten Roland (Nr. 56) und den beiden Königskindern (Nr. 113) verwandt. Unter den Verwandelungen auf der Flucht ist die letzte eigenthümlich und passend, das Mädchen verwandelt den Liebsten in einen Orangenbaum, sich selbst in eine Biene, von welcher die nachsetzende Hexe so lange gestochen wird bis sie blutend fortgeht."

Der Name des menschenfressenden mythischen Okerlo ist etymologisch auf italienisch huorco und französisch oger zurückzuführen (so schon KHM 1812, XLVI) und leitet sich wohl von „Orcus", dem römischen Gott des Totenreichs, ab (Grimm DM 1, 402). Das Motiv des Bluts als Pars pro toto des Menschen ist in KHM 70 abgewandelt: Als die Königin die Rose, in die ihre Tochter verwandelt ist, brechen will, quillt Blut aus dem Stengel.

Weiteres zu einzelnen Motiven siehe Kommentare und Literatur zu KHM 51: *Fundevogel* und besonders KHM 56: *Der Liebste Roland*.

Lit.: Wesselski 1942, Bd. 2, 49–55 (zu literarischen Vorbildern und Motiven); EM 9 (1999) 13–19 (W. Puchner) (zur Magischen Flucht).

71. Prinzessin Mäusehaut. – DMK/Uther, ATU 923: Lieb wie das Salz + DMK/Uther, ATU 510B: Cinderella. – KHM-Veröff.: 1812. – Das Zaubermärchen hat nach dem handschriftlichen Eintrag im KHM-Handexemplar Johanna („Jeanette") Hassenpflug (1791–1860) beigesteuert, nach Heinz Rölleke käme aber eher aus verschiedenen Gründen „eine der Schwestern Wild aus Kassel [als Informantin] in Betracht" (Grimm/Rölleke 1975, 373). Schon in der handschriftlichen Urfassung von 1810 war der Inhalt mit einer Auslassung und unter gleichem Titel von Wilhelm Grimm grob skizziert worden; die Erstveröffentlichung ist wie in anderen Fällen ausführlicher gestaltet. Trennung und Wiedererkennen/Versöhnung bilden die beiden Pole des Märchens. Daß der König seine jüngste Tochter verstößt, weil er ihre Antwort, sie habe ihn lieber als Salz, nicht versteht, bildet den zweiten Teil des 1843 aufgenommenen Zaubermärchens KHM 179: *Die Gänsehirtin am Brunnen*. Das Stück ist eine Variation zu KHM 65: *Allerleirauh* und wurde deswegen und wegen der stofflichen Ähnlichkeiten mit dem

Versmärchen *Peau d'asne* (1694) Charles Perraults (KHM 1812, XLVII: „Ist bei Perrault das Märchen von der Eselshaut, wiewohl sehr abweichend") aus den KHM herausgenommen. In den Anmerkungen zu den KHM ist es nicht mehr als hessische Fassung erwähnt.

Weiteres s. Kommentar und Literatur zu KHM 65: *Allerleirauh*.

72. Das Birnli will nit fallen. – DMK/Uther, ATU 2030: Frau: Die alte F. und das Schwein. – KHM-Veröff.: 1812. – Für die gewöhnlich als Kettenmärchen klassifizierte Verserzählung „mit anschwellender Wiederholung" (vgl. Martti Haavio 1929, 31), eigentlich ein Kinderspiel, gaben die Brüder Grimm als Herkunftsnachweis an: „Mündlich aus der Schweiz" und machten auf verwandte Motive in Volksliedern und in älteren jüdischen Überlieferungen aufmerksam (KHM 1812, Anhang XLVIIf.). 1819 trat an die Stelle des Kettenmärchens das Tiermärchen *Der Wolf und der Mensch*. Die Besonderheit von KHM 72 besteht darin, bei der Wiederholung der Aktionen jeweils eine Zeile hinzuzufügen. Die reihende Dichtungsform wird dabei um ein Glied erweitert.

> Inhaltlich beginnt die Verserzählung mit dem vergeblichen Versuch eines Menschen, eine Birne vom Baum zu schütteln. Sein anschließender Versuch, Menschen, Tiere, Gegenstände und Elemente wie Feuer und Wasser zur Hilfe bei der Arbeit zu bewegen, scheitert. Den Ausgeschickten wird die Unterstützung versagt. Erst als nach sechs vergeblichen Versuchen ein Schinder beauftragt wird, den letzten Helfer wegen der mißlungenen Hilfeleistung zu hängen, ist die Kette unterbrochen und läuft in absteigender Folge in sich zurück. Bedroht doch der Metzger das Kalb, das Kalb das Wasser, das Wasser das Feuer, das Feuer den Prügelstock, der Prügelstock den Hund, der Hund den Jockli. Als der Jockli dann erneut den Birnbaum schüttelt, fällt die Birne herunter.

Der älteste schriftliche Beleg mit Bezug zur Schweiz findet sich in der *Sammlung jüdischer Geschichten, welche sich mit diesem Volke in dem XIII. und folgenden Jahrhunderten bis auf MDCCLX in der Schweiz von Zeit zu Zeit zugetragen* (Basel 1768, 131) des Pfarrers Johann Caspar Ulrich (1705–68). Als Erläuterung gibt Ulrich an, Zürcher Kinder hätten dieses Lied zu Ostern von jüdischen Kindern gelernt. Dieser Hinweis könnte den globalen Eintrag der Brüder Grimm „Mündlich aus der Schweiz" erklären, der bekanntermaßen als Kollektivum den individuellen Beiträger ersetzte. Die dritte Zeile der ersten Strophe *Der Herr, der schickt das Jockli hinaus* erinnert an das im berühmten Spieleverzeichnis (*Geschichtklitterung*, Kap. 25) des Johannes Fischart (1575) genannte Kinderspiel *Der Bauer schickt sein Jockel aus*. Ein etwas abweichendes Volkslied aus dem frühen 18. Jahrhundert ist im anonymen *Berg-Lieder-Büchlein* (um 1710) abgedruckt. Es läßt sich strukturell durchaus mit der *Birnli*-Erzählung vergleichen und deutet darauf hin, daß ähnliche Liedstrukturen offenbar geläufig waren. Lediglich die Eingangsverse sind geändert: Der Herr unternimmt selbst keinen Versuch, die Aufgabe mit Hilfe anderer zu bewältigen; statt des Birnenschüttelns ist das Schneiden von Hafer zu besorgen. Durch die vermehrte Zahl der Handlungsträger – es sind zusätzlich Knecht, Geier, Hexe und Arzt – schwillt der Umfang der Verserzählung auf zwölf Strophen an, aber die Träger der Birnli-Kettenglieder bleiben trotz neuer Elemente konstant. Eine bisher unbekannte Fassung, das ebenfalls mit dem Auftrag, Hafer zu schneiden, beginnt, allerdings mit anderem erweitertem Eingang, kennt die mit geringfügig geändertem Titel seit etwa 1760 mehrfach aufgelegte Kinderspiel-Sammlung *Alle Arten und Scherz- und Pfänderspielen in lustigen Compagnien von Bruder Lustigen* (Frankfurt/Leipzig [1790], Nr. 68), die auch eine hochdeutsche Fassung zu KHM 140: *Das Hausgesinde* enthält.

Mit dem Prinzip der Wiederholung, der Reihung bestimmter Formeln, der Austauschbarkeit einzelner Elemente und der Verkettung weisen die sogenannten Ketten-, Häufungs- oder Formelmärchen strukturell eine große Affinität zu den Genres Kinderspiel und Kinderreim auf (s. Kommentare zu KHM 30: *Läuschen und Flöhchen* und KHM 80: *Von dem Tode des Hühnchens*). KHM 72 ist ein frühes Beispiel für den Typus dieser Kindergeschichten in den KHM, die vor allem wegen der grotesken und absurden Abenteuer von Tieren und Gegenständen bei Kindern sehr beliebt sind und sich gut zum Memorieren eignen. Die Ersetzung der Verserzählung ist vermutlich darauf zurückzuführen, daß die einzige durchgängig gereimte Erzählung der angestrebten Einheitlichkeit der Sammlung im Wege stand. Die Affinität zu frühen jüdischen Überlieferungen könnte ein weiterer Grund sein.

Lit.: BP 2 (1915) 102–108; Haavio 1929, 1–45; HDM 1 (1930–33) 256–260 (F. M. Goebel), 2 (1934–40) 164–191, bes. 180–182 (A. Taylor) 180–182; EM 5 (1987) 137–141 (H.-J. Uther); Dekker et al. 1997, 272–275 (J. van der Kooi); zur Struktur der Kettenmärchen vgl. EM 7 (1994) 1194–1201 (S. Wienker-Piepho); Petitat/Pahud 2003, 25 f.; Hubrich-Messow 2000 ff., Bd. 7, 257 (Varianten).

73. Das Mordschloß. – DMK/Uther, ATU 311: Fitchers Vogel + DMK/Uther, ATU 955: Räuberbräutigam. – KHM-Veröff.: 1812. – Wie Wilhelm Schoof (1930, 3) herausfand, ist das Zaubermärchen den Brüdern Grimm offenbar 1811 von einem Fräulein de Kinsky (das ist Frau Anna Christina Francisca von Kinsky), die mit Charlotte Grimm (1793–1833), der einzigen Schwester der Brüder Grimm, befreundet war, schriftlich oder mündlich übermittelt worden. Die Kontakte zu der Niederländerin schilderte Wilhelm Grimm Clemens Brentano in einem Brief vom 22.1.1811 über die vergangene Weihnachtszeit 1810: „Wir klemmen jetzt eine dicke runde Holländerin unaufhörlich damit [mit Märchen], weil sie noch ganz unschuldig und einfältig ist, weiß sie vieles: der baare Ertrag soll Ihnen in einer Uebersetzung sobald als möglich zugesendet werden" (Brentano/Steig 1914, 173 f.). Auch sein Bruder Jacob hielt die Begegnung mit dem „holländische[n] Fräulein" für so wichtig, daß er am gleichen Tage Achim von Arnim diese Neuigkeit mitteilte und bemerkte: „wir plagen sie tüchtig mit holländischen Kindermärchen" (Arnim/Steig 1904, 98). Mit der Angabe „Cassel, 19.5.1811" verewigte sich Frau von Kinsky auf einem Stammbuchblatt (aus dem Besitz von Wilhelm Grimm; vgl. Nachlaß Grimm 1760: Grimm/Breslau 1997, 601).

Im Kommentar (KHM 1812, XLVIII) hieß es über den Inhalt: „eine Art Blaubart, aber mit anderm, auch sonst schon bekanntem Ausgang. Der Reim im Anfang erinnert auch an das Todtenreiterlied. Das Ganze aus dem Holländischen übersetzt, das wir aus dem Munde einer Fräulein aufgeschrieben haben." Mit dem Totenreiterlied war Gottfried August Bürgers bekanntes Gedicht *Lenore* (1773) gemeint, das sich auch in *Des Knaben Wunderhorn* findet (Arnim/Brentano, *Wunderhorn*, Bd. 2, Nr. 19; vgl. Kommentar von Heinz Rölleke in Bd. 6, 42–45).

Das Stück wurde wegen seiner eindeutigen Herkunft aus dem Niederländischen nicht mehr in die folgenden Ausgaben der KHM übernommen, war doch mit KHM 40: *Der Räuberbräutigam*, KHM 46: *Fitchers Vogel* und KHM 66: *Häsichenbraut* die Thematik genügend abgedeckt. Die Fassung in gekürzter Wiedergabe fand danach Aufnahme in die KHM-Kommentarbände von 1822 und 1856.

Daß es sich bei der Wiedergabe des Textes (übersetzt von Jacob Grimm) tatsächlich um eine wörtliche Übertragung aus dem Niederländischen (der Text war im Anhang abgedruckt: KHM 1812, XLVIII–L) handelt, machen exemplarisch die beiden Anfänge deutlich.

> Daar was eens een Schoen-Maker, welke drie Dochters had, op een tyd, als de Schoen-Maker uyt waar, kwaam daar een Heer, welke seer goed gekled was, en welke prachtige Ekipagie hieldt, zu dat men hem voor seer ryk hield, er verliefde zig in een der schone Dochters, welke dacht, haar Fortuyn gemaakt te hebben, met zo een ryk Heer, en maakte dus geen Swarigheid, met hem mede te ryen; daar 't Avond wierde, toen zy vnder weges waren, vroeg er aan haar:
>
>> 't maantje schynt zo hel,
>> myn paardtjes lope zo snel,
>> soete liefje rouwt 't w niet?

(KHM 66 [1812]:) Es war einmal ein Schuhmacher, welcher drei Töchter hatte; auf eine Zeit als der Schuhmacher aus war, kam da ein Herr, welcher sehr gut gekleidet war, und welcher eine prächtige Equipage hatte, so daß man ihn für sehr reich hielt, und verliebte sich in eine der schönen Töchter, welche dachte, ihr Glück gemacht zu haben mit so einem reichen Herrn, und machte also keine Schwierigkeit mit ihm zu reiten. Da es Abend ward, als sie unterwegs waren fragte er sie:

„Der Mond scheint so hell
meine Pferdchen laufen so schnell
süß Lieb, reut dichs auch nicht?"

Das Mordschloß dieser verderbten Fassung erinnert, wie die Brüder Grimm schon mutmaßten, an „eine Art Blaubart" (zu einzelnen Motiven s. KHM 46: *Fitchers Vogel*). In KHM 73 ist die Handlung aber weiter ausgesponnen: Nach der Begegnung mit einer Därme auskratzenden („schrappenden") Alten rät ihr diese, nachdem sie ihr den bevorstehenden Tod angekündet hat, verborgen in einem Heuwagen rasch das Weite zu suchen. Bei der Rückkehr macht die Alte den Schloßherrn glauben, sie habe die „Mamsell" „geschlachtet" (Vorzeigen eines Tierherzens und einer Haarlocke). Die junge Frau findet Aufnahme in einem anderen Schloß und erzählt dort ihre Geschichte. Zu einem späteren Zeitpunkt veranstaltet der Schloßherr ein großes Fest, zu dem auch alle Adligen der Umgebung eingeladen sind. Als es beim Erzählen der „Historie" „dem sogenannten Graf so ängstlich ums Herz ward", läßt ihn der Schloßherr festnehmen und einsperren. Die junge Frau heiratet den Sohn des Schloßherrn.

Lit.: BP 1 (1913) 407–409; EM 13 (2010) 615–618 (C. Shojaei Kawan) (Tierherz als Ersatz).

74. Von Johannes-Wassersprung und Caspar-Wassersprung. – DMK/Uther, ATU 303: Brüder: Die zwei B. – KHM-Veröff.: 1812. – Das hessische Zaubermärchen über die Abenteuer zweier Brüder wurde nach handschriftlichem Eintrag im KHM-Handexemplar von Friederike Mannel (1783–1833) 1808 vermittelt und gehört demnach zu den frühesten Textzeugen. In der handschriftlichen Urfassung von 1810 (Grimm/Rölleke 1975, Nr. 48) befindet sich eine Inhaltszusammenfassung, die Wilhelm Grimm für den Druck weiter bearbeitete und inhaltlich unter Beibehaltung des erzählenden Tons ausschmückte. Dialoge fehlen.

Das Stück ist eine Variation zu KHM 60: *Die zwei Brüder* und dem früheren KHM 63 (1812): *Die Goldkinder* (das seit 1819, offenbar wegen der großen stofflichen Nähe, erst als KHM 85 erscheint) und wurde deshalb aus dem KHM-Korpus 1819 wieder ausgeschieden. Es zeige nur im Eingang „einige Besonderheit", stellte Johannes Bolte (BP 1, 530) fest, und schloß sich damit dem Urteil im KHM-Kommentarband (1822, 107) an. Dort heißt es nach einer knappen inhaltlichen Zusammenfassung: „die übrige Erzählung ist dürftig und enthält nichts neues" – und neutraler Jahrzehnte später (KHM 1856, 104): „Die übrige Erzählung enthält weiter nichts neues [...]".

Weiteres s. Kommentare und Literatur zu KHM 60: *Die zwei Brüder* und KHM 85: *Die Goldkinder.*

75. Vogel Phönix. – DMK/Uther, ATU 461: Haare: Drei H. vom Bart des Teufels. – KHM-Veröff.: 1812. – Das hessische Zaubermärchen über die wundersame Suche nach drei Federn des Vogels Phönix, eines sagenhaften Fabelwesens orientalischer Herkunft (vgl. KHM 165: *Der Vogel Greif*), vermittelte nach dem handschriftlichen Eintrag im KHM-Handexemplar am 10.2.1812 „Marie" (das ist Marie Hassenpflug, 1788–1856). 1819 wurde es wegen der thematischen Ähnlichkeit (mit Aussetzungsfund und Briefvertauschung) mit dem erneut bearbeiteten und erweiterten Zaubermärchen vom Teufel mit den drei goldenen Haaren (KHM 29) ausgemustert. Im KHM-Anmerkungsband ist die Fassung aus den Maingegenden auch nur kurz erwähnt, ohne daß, wie sonst üblich, eine inhaltliche Zusammenfassung folgt: „eine andere Erzählung aus den Maingegenden stimmt im Ganzen überein, ist aber viel unvollständiger" (KHM 1822, 58).

Weiteres s. Kommentar und Literatur zu KHM 29: *Der Teufel mit den drei goldenen Haaren.*

77. Vom Schreiner und Drechsler. – DMK/Uther, ATU 575: Flügel des Königssohnes. – KHM-Veröff.: 1812. – In der Urfassung von 1810 (Grimm/Rölleke 1975, Nr. 49) befindet sich eine handschriftliche Inhaltszusammenfassung unklarer Provenienz, die Wilhelm Grimm für den Druck weiter bearbeitete und inhaltlich ausschmückte. Der erzählende Ton wurde beibehalten, Dialoge fehlen.

Die Eliminierung des Stückes aus der Sammlung hängt mit der Annahme zusammen, daß das Märchen nicht abgerundet genug schien und literarische Vorläufer des Stoffs kaum aus dem deutschsprachigen Gebiet stammen dürften, wie der knappe Kommentar schon andeutete (KHM 1812, L–LI): „nur unvollständig erhalten; schon daß das Märchen von dem Drechsler abspringt, dem auch wohl das folgende selbst begegnen könnte, ist unrecht. Es schlägt übrigens in die alten Sagen von hölzernen Flugpferden, Entführungen etc. ein."

In der Tat sind diese Begründungen nicht von der Hand zu weisen, läßt doch der Beginn mit der Schilderung der Herstellung eines wunderbaren Gegenstandes zunächst vermuten, als ginge es einzig um den Wettstreit zweier rivalisierender Handwerker, die einen schwimmenden Tisch (Schreiner) und künstliche Flügel (Drechsler) verfertigen, und um daraus folgende Erlebnisse. Doch statt dessen konzentriert sich die Handlung auf einen Prinzen, der die Flügel vom Drechsler erwirbt, damit eine Luftreise in ein fremdes Land unternimmt und eine von ihrem Vater in einem unzugänglichen Turm verborgen gehaltene Königstochter aufsucht. Dabei ertappt, soll er auf Befehl des Königs mit der Geliebten hingerichtet werden. Die Liebenden retten sich, indem sie mittels des Fluggerätes in das Heimatland des Königssohns fliegen. Dort heiraten sie.

Wiewohl Luftreisen und Automaten in Volkserzählungen ubiquitär sind, besteht offenbar besonders in orientalischen Erzählungen eine Vorliebe für Fluggeräte wie Pferd oder Teppich, die nicht nur als Transportmittel für eine Person dienen, sondern auch die Rettung aus einer gefährlichen Lage ermöglichen. Im Orient dürften daher die literarischen Vorbilder für dieses eher fragmentarische Zaubermärchen zu suchen sein. Zu denken ist etwa an die Geschichte vom Weber als Vischnu aus dem indischen *Pancakhyānaka*, einer Jaina-Rezension des *Pañcatantra* (ca. 1000–1100), oder an die Geschichte vom Ebenholzpferd aus dem älteren Bestand von *Tausendundeine Nacht* (3, 350–385). Eine frühe europäische Bearbeitung vom Zauberpferd als Lufttransportmittel findet sich im *Cléomadès* (entstanden zwischen 1275 und 1282) des Adenet le Roi; das Versepos war als stark gekürzte Prosabearbeitung (vor 1469) bis Ende des 16. Jahrhunderts in zahlreichen Drucken verbreitet.

Eine Adaptation des Stoffs nach Erscheinen, offenbar von KHM 77 inspiriert, enthält das *Volksbüchlein* Ludwig Aurbachers (1784–1847). Der „Volksschriftsteller" hat den Brüdern Grimm zugesandte Märchen (s. KHM 152, 184, 185, 188, 189) teilweise später selbst in abweichender Form in eigene Sammlungen integriert. Es ist daher nicht unwahrscheinlich, daß er das Märchen vom Schreiner und Drechsler aus den KHM (1812) kannte. Aurbacher (1827=1835, Bd. 1, Nr. 50: *Die Meisterstücke*) hat die Geschichte abgerundet, spricht aber von drei Handwerkern und drei Prinzen, welche die Zaubergaben erwerben. Nur einer verwendet die Zaubergabe sinnvoll und besteht die vom König gestellte Bewährungsprobe, mit einer Braut zurückzukehren. Er befreit die Prinzessin aus ihrer Isolation im Turm, gibt sich ihr als Prinz zu erkennen und fliegt mit ihr zu seinem Vater.

Lit.: BP 2 (1915) 131–135; Schmidt 1932, 353–355; Ranke 1955ff., Bd. 2, 323 (Varianten); EM 1 (1977) 103–106 (zu Adenet le Roi); EM 4 (1984) 1358–1365 (K. Horálek); Kooi/Schuster 1994, Nr. 15 (Varianten); Scherf 1995, 323–325, 437–440, 440–444, 841f., 1298–1301, 1312–1316, 1369–1371; zu Luftreisen vgl. EM 8 (1996) 1255–1260 (B. Kellner); Marzolph/van Leeuwen 2004, 172–174, Nr. 103 (zur Geschichte vom Ebenholzpferd).

81. Der Schmidt und der Teufel. – DMK/Uther, ATU 330: Schmied und Teufel. – KHM-Veröff.: 1812. – Laut des Eintrags im KHM-Handexemplar soll Marie, das ist Marie Hassenpflug (1788–1856), das Schwankmärchen beigesteuert haben. Der Stoff muß die Brüder Grimm ungewöhnlich fasziniert haben. Ausführlich dokumentieren sie literarische Vorlagen seit dem 16. Jahrhundert (KHM 1812, LII–LV) und verweisen auch auf französische Quellen. Anstelle des episodenreichen Schwankmärchens nahm Wilhelm Grimm 1819 eine über Jacob Grimm aus Wien zugekommene Fassung des Bibliothekars Georg Passy (1784–1836) auf, die den Schmied als fatalen Nachahmer bloßstellt. Die Thematik von KHM 81 war nunmehr durch die Mundartfassung KHM 82 (seit 1819) *De Spielhansl* vertreten.

Weiteres siehe Kommentare und Literatur zu KHM 81: *Bruder Lustig* und KHM 82: *De Spielhansl*.

82. Die drei Schwestern. – DMK/Uther, ATU 552: Tierschwäger + DMK/Uther, ATU 302: Herz des Unholds im Ei. – KHM-Veröff.: 1812. – Nach Erscheinen des zweiten KHM-Bandes (1815) hatte sich Jacob Grimm über mehrere der abgedruckten Stücke in einem Brief aus Wien an seinen Bruder Wilhelm geäußert. Das Märchen vom Soldat und Schreiner (1815: KHM 44) „ist das schlechteste Stück, das ich wegwünschte, wie aus dem ersten das von den drei Schwestern" (Grimm/Schoof 1963, 425). Diese Einschätzung hatte er bereits Jahre zuvor mit ähnlichem Wortlaut gegenüber Achim von Arnim geäußert (verfaßt zwischen 31.12.1812 und 7.1.1813): „Das schlechteste Märchen der ganzen Sammlung halte ich No. 82 von den drei Schwestern, das bloß aus Musäus ausgezogen ist, und wiewohl unstreitig ächt und unerfunden, fehlt ihm durchweg das Frische der mündlichen Erzählung" (Arnim/Steig 1904, 255).

Das ablehnende Urteil mußte so deutlich ausfallen, war doch das Zaubermärchen eine freie Nacherzählung des Märchens *Die Bücher der Chronika der drey Schwestern* (1782, Nr. 1) von Johann Karl August Musäus (1735–1787). Es gehörte daher nicht in die angestrebte eigenständige Märchensammlung. Der Eindruck, das Erzählgut stamme von anderen, durfte gar nicht erst aufkommen. Zwar war der Kommentar (KHM 1812, LV) so abgefaßt, als werde das Märchen „oft gehört" und sei außerdem als Volksbuch bekannt (gemeint ist die auf Musäus zurückgehende Einzelveröffentlichung *Die drei Schwestern. Eine Geschichte von vielen Abentheuern u. Bezauberungen, auch deren Lösung durch Reinald, genannt d. Wunderkind.* [Leipzig] 1794), aber andere Hinweise waren doch recht deutlich: „Auch sonst ist aus Musäus beibehalten was noch volksmäßig schien." Selbst ein weiterer Hinweis auf das vergleichbare italienische Novellenmärchen *Die drei Tierkönige* des Giambattista Basile (Basile/Schenda 2000, 604 f.) fehlte nicht.

Musäus' recht langes Zaubermärchen vom Typus der Tierschwäger-Märchen hatte Wilhelm Grimm um etwa 80 % unter Beibehaltung der Erzählstruktur gekürzt, für einen einfachen Satzbau gesorgt, den kunstvollen Periodenbau der Vorlage aufgelöst und satirische und witzige Anspielungen entfernt, um den Märchenton zu treffen, wie Hermann Hamann (1906, 37) feststellte. Einige Jahre nach der KHM-Veröffentlichung brachte Johann Andreas Christian Löhr in seiner Märchensammlung (1819, 187–210: *Reinhald das Wunderkind*) eine weitere Fassung mit sozialkritischer Tendenz heraus, die das verschwenderische Verhalten des Königs anprangert.

Der in Saus und Braus lebende König, im ersten Teil noch als großer Verschwender (vgl. auch KHM 10, 54, 57) beschrieben, der seine drei Töchter aus eigensüchtigen materiellen Gründen wilden Tieren überläßt, bleibt eine blasse Figur, mutiert sozusagen zum blinden Motiv. Ins Zentrum des Geschehens rückt der nachgeborene Sohn mit dem für Märchen seltenen Namen Reinald das Wunderkind. Seine abenteuerliche Suche nach den drei Schwestern führt ihn in die Reiche der Tierkönige. Sie können zeitweilig Menschengestalt annehmen, agieren dann aber auch als Menschenfresser. Reinald übersteht alle Gefährdungen und befreit schließlich die Schwestern samt einer in einen Zauberschlaf versetzten Prinzessin (die er heiratet) und erlöst die Tierschwäger aus ihrer Tiergestalt.

Zu typologischen Besonderheiten s. das verwandte Zaubermärchen KHM 197: *Die Kristallkugel*.

Lit.: Hamann 1906, 33–37; BP 2 (1915) 190–199; zur Schachtelseele vgl. Tuczay 1982 und EM 4 (1984) 700–710 (V. Cordun); Scherf 1995, 218–220; Bluhm/Rölleke 1997, 171–173 (zur Formelhaftigkeit); zum Motiv „Menschenfleisch riechen" s. EM 9 (1999) 572–576 (C. Shojaei Kawan); Diederichs 2006, 78–81; zu Tierschwägern s. EM 13 (2010) 632–637, hier 633f. (C. Goldberg).

84. Die Schwiegermutter. – DMK/Uther, ATU 410: Schlafende Schönheit. – KHM-Veröff.: 1812. – Laut handschriftlichem Eintrag Wilhelm Grimms ist das fragmentarische Zaubermärchen von der „blutrünstigen Alten", so Maria Tatar (1990, 194), am 18.4.1811 von der Familie Hassenpflug vermittelt worden. Über die Affinität zur italienischen Novelle *Sole, Luna e Talia* Basiles (*Pentamerone* 5,5) und zum zweiten Teil des französischen Feenmärchens *La Belle au bois dormant* Charles Perraults informierte schon der Kommentar (KHM 1812, LVI). Zweifellos hat die enge Verwandtschaft auch die Entscheidung für den Fortfall des Stückes beeinflußt. Innerhalb der wenigen Bruchstücke wurde es allerdings in verkürzter Form (Nr. 5) unter dem neuen Titel *Die böse Schwiegermutter* in die KHM-Anmerkungsbände (1822, 259f.; 1856, 269) übernommen.

Weiteres s. Kommentar und Literatur zu KHM 50: *Dornröschen*.

85. Fragmente. (a) Schneeblume. –. KHM-Veröff.: 1812. – Das Märchenbruchstück basiert nach Angabe der Brüder Grimm (KHM 1812, LVI) auf der Prosafassung eines Gedichts über die Schneeblume (Schneeglöckchen): *Thibaut ou la naissance d'un comte de Champagne.* Das Gedicht soll auf Robertus de Sorbona zurückgehen. Als Quelle war eine französische Ausgabe genannt (Sorbonne 1811, 97 f.; Abschrift vorhanden in der Staatsbibliothek Berlin, Preuß. Kulturbesitz, Nachlaß Grimm 1800, C2,3). Nach brieflicher Mitteilung von Lajos Adamik (Budapest) scheint Robertus de Sorbona jedoch „ein Pseudonym zu sein. So wird heute im Katalog der Französischen Nationalbibliothek Robert de Sorbonne als Pseudonym für Lémontey aufgeführt. Der Autor von *Thibaut ou la naissance du comte de champagne,* Pierre-Édouard Lémontey, hat den Namen wohl zur Untermauerung der Authentizität seines Textes benutzt." Exemplarisch wird hier der Inhalt der Prosafassung (Sorbonne 1811, Chant III, 95–99, Abschnitt 45–52) resümiert:

> In der Rahmenerzählung spricht Gabalis einleitend davon, der Himmel habe die Verbindung von König und Königin mit Fruchtbarkeit gesegnet, wie aus den folgenden *Aventures mémorables de la belle Perce-Neige* hervorgeht (entfällt bei Grimm). (1) Die Königin bringt ein Kind zur Welt. Es wird Perce-Neige genannt, weil es im Dezember geboren wurde und blendend weiß war. (2) Die Feen begaben das Kind mit guten Eigenschaften, mit Tugend und Klugheit (fehlt bei Grimm). (3) Beim Sammeln von Heilkräutern für ihre kranke Mutter gelangt Perce-Neige in einen Lorbeerwald (Grimm: „an einem großen Baum vorüberging"); ein Bienenschwarm bedeckt sie von Kopf bis Fuß. (4) Die begleitenden Frauen äußern ihre Besorgnis (fehlt). (5) Perce-Neige verspürt keinen Schmerz. (6) Die Bienen sind himmlischen Ursprungs (fehlt). (7) Die Insekten beeinträchtigen die Schönheit von Perce-Neige nicht, sondern hinterlassen eine anrührende Sanftheit in ihrem Blick, ihrer Stimme und in den Tiefen ihres Herzens (Grimm: „Aber sie stachen sie nicht und thaten ihr nicht weh, sondern trugen Honig auf ihre Lippen, und ihr ganzer Leib strahlte ordentlich von Schönheit"). (8) Das Wesen, dem die Bienen gehören, versteht den Sinn dieses Wunders und läßt Perce-Neige in seinen Wagen steigen.

Diese letzte Episode fehlt bei Grimm ebenso wie auch der Fortgang der Handlung mit der Beschreibung der Heimat des Wesens: Schönheit, Nützlichkeit und Verstand sind dort vereint. Das Wesen ist der Sohn der Sonne. Die Sonne selbst will an der Hochzeit ihres Sohnes teilnehmen, vertreibt alle Wolken zur Feier des Tages, an der auch die Sterne als Gäste erscheinen. Das Volk bestaunt das Phänomen. Astrologen sagen voraus, daß die Sonne im nächsten Jahr in gleicher Feierlichkeit wiederkehren werde. Eine Begleiterin der Prinzessin tritt ein und verkündet, der Graf von Champagne sei eingetroffen, der sie ungeduldig im Ballsaal erwarte.

Wie die Inhaltswiedergabe deutlich macht, waren aus der langen Prosafassung die märchenhaften Züge herausgelöst – ein gutes Beispiel für frühe Bearbeitungs- und Exzerpiertechniken mit der Konzentration auf wesentliche Handlungsstränge, wie sie bei den Brüdern Grimm auch in anderen vergleichbaren Fällen zu beobachten war.

In antiken (Pindar, Platon, Hesiod) und frühmittelalterlichen (Ambrosius, Chrysostomus, Isidor von Sevilla) Überlieferungen findet sich die Vorstellung, daß Bienen sich einem Schlafenden auf das Gesicht (den Körper) setzten und Honig darauf träufelten. Dieser Vorgang diene als Erklärung für die Wahrhaftigkeit der Rede des Betreffenden und signalisiere das Außergewöhnliche (s. auch *Sprüche* 16,24: „Die Rede des Freundlichen sind Honigseim; trösten die Seele und erfrischen die Gebeine"), gelten doch Bienen in christlicher Symbolik als Insekten, die das wunderbare Wirken Gottes in einzelnen Vorgängen aufzeigen, und als Verehrer und Bewahrer der Eucharistie (Hostie im Bienenstock; profaniert in KHM 107: *Die beiden Wanderer*). In Verbindung mit der Unschuldsfarbe Weiß für den sprechenden Namen der Königstochter Schneeblume signalisiert der Bienenschwarm das Besondere seiner Trägerin und die damit erfolgende Ineinssetzung von innerer und äußerer Schönheit.

Das nur 1812 vertretene Stück wurde in die zweite Auflage der KHM wegen der Herkunft aus Frankreich nicht mehr übernommen.

Lit.: Zu Legenden und anderen Volkserzählungen über Bienen und Menschen s. HDA 7 (1935–36) 1280 f. (H. Marzell) und EM 2 (1979) 296–307 (K. Ranke/J. R. Klíma).

85. Fragmente. (b) Prinzessin mit der Laus. – DMK/Uther, ATU 857: Lausfell erraten. – KHM: 1812. – Die Vermittlung des Stoffs geht nach Eintrag im KHM-Handexemplar vermutlich auf Marie Hassenpflug (1788–1856) zurück (18.4.1811). Nach der Herausnahme aus der Sammlung war die knappe Inhaltswiedergabe des Rätselmärchens 1822 erneut und geringfügig geändert mit dem Titel *Die Laus* unter den *Bruchstücken* (vgl. KHM 1856, 267 f.) abgedruckt. Außerdem erfolgte ein Hinweis auf die italienische Novelle Basiles: „Ohne Zweifel aus einem Märchen, das mit dem ital. vom Floh im Pentam. (I.,5.) verwandt ist."

Der lapidare Schluß: „Endlich aber kam einer doch hinter das Geheimnis" spart die spannende Fortsetzung aus, wie sie sich in älteren literarischen Vorlagen findet. Dort bildet das Erraten der Flohhaut als scheinbar unlösbare Freierprobe nur einen Teil innerhalb des ersten Handlungsabschnitts. Bei Basile (1,5: *Der Floh*) zum Beispiel ist der Vater der Königstochter Besitzer der Laus, päppelt das Tier auf und verspricht leichtfertig seine Tochter als Preis für das Erraten des Geheimnisses. Dann folgt als zweite Episode die Befreiung der Königstochter aus der Gewalt des Rätsellösers, eines Menschenfressers, mit Hilfe wunderbarer Gefährten. Diese verfügen über solche Eigenschaften und Fähigkeiten, wie sie in KHM 71: *Sechse kommen durch die ganze Welt*, KHM 124: *Die drei Brüder* und KHM 129: *Die vier kunstreichen Brüder* dargestellt sind.

Übergroße Insekten sind vor allem Gegenstand von Lügengeschichten (DMK/Uther, ATU 1960 ff.: *Größe: Die ungewöhnliche G.*).

Lit.: BP 3, 483–486; EM 8 (1996) 795–801 (I. Köhler-Zülch); Basile/Schenda 2000, 579 f.

85. Fragmente (c) Vom Prinz Johannes. –. KHM-Veröff.: 1812. – Das in KHM 85 abgedruckte, nur wenige Zeilen umfassende Märchenbruchstück war fast wörtlich der Monatszeitschrift *Erheiterungen* (2. Jg., 5. Stück, 392 f.) entnommen, die der Maler, Dichter und Reiseschriftsteller Carl (Gotthard) Graß (1767–1814) herausgab. Graß hatte 1812 im zweiten Jahrgang (S. 391–410) unter der Überschrift *Vorläufige Anmerkung* ausführlich seine Gedanken zu einem in seiner frühesten Kindheit vernommenen Märchen vom Prinzen Johannes geschildert. Im Anschluß bot er den zweiten bis vierten Gesang eines geplanten zwölf Gesänge umfassenden Gedichts als Vorabdruck dar und kündigte bei positiver Aufnahme den vollständigen Abdruck an (nie erschienen). Er gab an, das Märchen 1808 in seiner in Livland verbrachten Kindheit „von einer alten deutschen Kinderfrau" mit Namen Mari gehört zu haben. Dem Gedicht war der Titel vorangestellt: *Fragment aus einem rhapsodischen Gedicht in 12 kurzen Gesängen betitelt: Die Sonnenkönigin oder die alte Sage vom Prinzen Johannes*.

Lit.: BP 2 (1915) 205.

85. Fragmente. (d) Das gute Pflaster. – Vgl. DMK/Uther, ATU 561: Alad(d)in. – KHM-Veröff.: 1812. – Nach Auffassung Heinz Röllekes könnten die Geschwister Hassenpflug als Vermittler in Frage kommen (Grimm/Rölleke 1975, 224, 376). In der Urfassung der Märchensammlung von 1810 liegt das Schwankmärchen in der Handschrift Jacob Grimms mit der Überschrift *Der gute Lappen* vor. Die Druckfassung besorgte Wilhelm Grimm, der den Text seines Bruders unwesentlich änderte und die geänderte Überschrift *Der gute Lappen* einfügte. Bei der nachgelieferten Druckseite mußte aber die von Jacob Grimm gewählte Überschrift *Das gute Pflaster* wieder eingesetzt werden, wie die Anweisung für den ergänzten Druckbogen am Schluß des zweiten KHM-Bandes (1815) lautete. Später notierte er im Handexemplar über das Bruchstück: „Ist wenig werth". Diese Einschätzung und der fragmentarische Charakter der Erzählung über zwei Schwestern mit gegensätzlichen Eigenschaften (klug/dumm) führte zum Ausscheiden aus den KHM – was alle anderen Fragmente betraf.

Die Figur des reisenden Juden, der auch vor betrügerischen Geschäften nicht zurückscheut, begegnet als ethnisches Stereotyp (vgl. auch KHM 110: *Der Jude im Dorn*). Der in Stichworten angedeutete weitere Verlauf entspricht strukturell den Verwandlungswettkämpfen, die für die Gegenspieler tödlich ausgehen (vgl. KHM 56, 68, 88 und 113). Daß Dummköpfe einen Gegenstand nicht in seinem wahren Wert erkennen, ist als Handlungszug öfter in den KHM anzutreffen (z. B. KHM 59: *Der Frieder und das Katherlieschen*) und ein wichtiges Motiv in Schwänken. Mitunter kommen vergleichbare Episoden schon in der mittelalterlichen Dichtung (Versnovellen [Mären], Fabliaux) vor wie im sogenannten Almosen der Minne (s. hierzu EM 1, 330–334). Die Bemerkung der Brüder Grimm mit der unauffälligen Formulierung deutet diesen Zusammenhang bereits an (KHM 1812, LVI): „Einigermaßen verwandt ist auch das Fabliau vom Sperber, den die Tochter kauft, während die Mutter zur Kirche ist." Ein weiterer Hinweis im Kommentar der Brüder Grimm betrifft das Motiv des Austauschs einer kupfernen Zauberlampe gegen eine normale Kupferlampe, das in der Sammlung *Tausendundeine Nacht* vorkomme (genauer: im *Aladdin*-Märchen).

Lit.: BP 2 (1915) 205 f.; Schmidt 1932, 331 f.; Grimm/Rölleke 1975, 224 f., 376 f.; EM 1 (1977) 240–247 (K. Ranke) (zu Aladdin); zu ethnischen Stereotypen s. EM 12 (2007) 1260–1271 (K. Roth).

104. Die treuen Tiere. – DMK/Uther, ATU 554: Dankbare (hilfreiche) Tiere + DMK/Uther, ATU 560: Zauberring. – KHM-Veröff.: 1815 (Nr. 18), 1819–1850 (Nr. 104; verändert 1837); Kleine Ausgabe: 1825–1850 (Nr. 39). – Für das Tiermärchen mit dem Herkunftsnachweis „Aus der Schwalmgegend" (KHM 1815, XXIII) dürfte der Theologe Ferdinand Siebert (1791–1847) aus Treysa in Frage kommen.

Das Stück blieb ungewöhnlich lange in den KHM, obwohl die Brüder Grimm schon bald nach dem Erstdruck erfahren hatten, daß es sich offenbar um einen Text aus der mongolischen Erzählsammlung *Siddhi Kür* (Nr. 13) handelte, den 1804 Benjamin Fürchtegott Balthasar Bergmann übersetzt hatte. Darauf hatte Sir Francis Cohen 1819 in seiner Besprechung der KHM hingewiesen (Bluhm 1995, 86 f.). Die Vorlage war auch im Anmerkungsband der KHM von 1822 angezeigt (191 f.). Die Entscheidung, das Märchen auszutauschen, war offenbar bereits vor dem Erscheinen des KHM-Anmerkungsbandes gefallen. Denn Wilhelm Grimm kommentierte dort (KHM 1856, 184) schon den 1857 neu eingesetzten Schwank KHM 104: *Die klugen Leute*. Über die Ursache hieß es entschuldigend, trotz früher europäischer Fassungen – stoffliche Parallelen zu Basile (3,5: *Lo scapafone, le sorece e lo grillo*) und zu den *Gesta Romanorum* (lat.: Kap. 119) –

müsse das Märchen „seiner genauen Übereinstimmung wegen, die relations od Ssidi Kur [...] zur Quelle gehabt haben". 1857 hieß es im Vorwort: Der Austausch sei erfolgt, weil das Märchen „auf fremdem Boden entsprungen" sei.

Die Handlung ist bestimmt vom Motiv der dankbaren und später hilfreichen Tiere, die als selbständig handelnde Wesen dem Helden bei der Lösung schwieriger, schier unlösbarer Aufgaben zur Seite stehen. Dessen von Mitleid bestimmtes Handeln gegenüber den Tieren erscheint vorbildhaft und schließt zugleich die Tugenden ein, durch die er letzten Endes triumphiert. Die Brüder Grimm haben gut ein Dutzend Märchen in ihrer Sammlung, in denen solche Tierhelfer die Handlung dynamisieren (vgl. KHM 62: *Die Bienenkönigin*, KHM 191: *Das Meerhäschen*, KHM 126: *Ferenand getrü und Ferenand ungetrü*).

Lit.: BP 2 (1915) 451–458; zur Thematik der Märchen von und mit dankbaren Tieren vgl. EM 3 (1981) 287–289 (C. Lindahl); Bluhm/Rölleke 1997, 173 f.; zum Siddhi-Kür vgl. EM 12 (2007) 638–642 (R. Kaschewsky); zur Geschichte des Erzähstoffes vgl. EM 14 (2014) 1189–1194 (U. Marzolph).

107. Die Krähen. – DMK/Uther, ATU 613: Wanderer: Die beiden W. – KHM-Veröff.: 1815 (Nr. 21), 1819–1840 (Nr. 107). – Das Zaubermärchen hatte August von Haxthausen (1792–1866) den Brüdern Grimm während seiner Teilnahme an den Befreiungskriegen gegen Napoleon I. in einem Brief vom 20.12.1813 aus dem schwedischen Hauptquartier Steinberg nahe Rendsburg mitgeteilt (Staatsbibliothek Berlin, Preuß. Kulturbesitz, Nachlaß Grimm 1800, C1,1–2). Über den Erzähler schrieb Haxthausen: „Als ich vor 14 Tagen ohngefähr auf Vedettenposten [das ist Kavalleriefeldwache] des Nachts stand, mußte mir mein Nebenmann Mährchen erzählen, wovon ich euch das beiliegende aufgeschrieben, 3 Tage darauf wurde der Erzähler in den Treffen bei Kluvensiek grade hinter mir erschoßen, daher mir dies Mährchen sehr merkwürdig" (Schoof 1938, 84; Arnim/ Steig 1904, 315). Und Wilhelm beeilte sich, seinem auf dem Weg zum Hauptquartier nach Paris reisenden Bruder Jacob diese Neuigkeit nicht nur mitzuteilen, sondern auch gleich zu kommentieren: Das Märchen „ist eins von den besten, von den Vögeln, die ein Blinder reden hört und die ihm Heilungsmittel verraten (in der Braunschweiger Sammlung ist etwas davon)." (Grimm/Schoof 1963, 238).

Das Märchen wies strukturelle Ähnlichkeiten zu dem Märchen *Die wahrsagenden Vögel* (*Feen-Mährchen* 1801, 151–181) aus der von den Brüdern Grimm mehrfach zitierten und nebulös nach dem Herkunftsort umschriebenen „Braunschweiger Sammlung" (vgl. KHM 24, 49, 56, 63) auf. In dieser anonymen Sammlung folgt im zweiten Teil des Märchens eine Beispielgeschichte. Sie dient gewissermaßen zur Erläuterung für die im ersten Teil beherrschende Frage, welches Verhalten (gut oder schlecht) belohnt werde:

> Ein junger Mann namens William wird aus reiner Willkür beraubt und geblendet. Durch Belauschen der Unterhaltung von Vögeln erhält er drei wichtige Informationen, die seine Situation entscheidend verbessern: (1) durch Tau ließe sich das Augenlicht des Geblendeten wiederherstellen; (2) ein versiegter Brunnen führe nach Umreiten mit einem Zauberpferd wieder Wasser; (3) eine in ein Ungeheuer verzauberte Königstochter könne durch Zauberäpfel wieder erlöst werden. Der junge Mann führt die unwissentlich erteilten Ratschläge aus, und alles trifft ein, wie von den Vögeln beschrieben. Seinem ehemaligen Gefährten (bei Grimm sind es zwei) verzeiht William, beschenkt ihn mit einer großen Summe Geldes unter der Bedingung, das Land so schnell wie möglich zu verlassen. Der Gefährte will ebensolche Geheimnisse unter dem Galgen erfahren und versucht, es William nachzutun und damit zu beweisen, „daß nur das Ende über die Richtigkeit einer Sache entscheide". Die Vögel halten ihn jedoch für den Verräter ihrer Geheimnisse, blenden und malträtieren ihn, so daß er bald darauf stirbt.

Die unpräzise Angabe einer literarischen Vorlage erfolgte immer dann, wenn den Brüdern Grimm die benutzte Märchen- und Sagensammlung aus den unterschiedlichsten Gründen (vgl. Grimm/Uther DS, Bd. 2, 566) nicht zitierfähig erschien. Hier lag die Ursache offenbar darin, daß der Titel der anonymen Sammlung *Feen-Mährchen* zu sehr an die Gattung der ‚Contes des fées' erinnerte, von der sich die Brüder Grimm abzugrenzen suchten.

Weiteres s. Kommentar (und Literatur) zu KHM 107: *Die beiden Wanderer*.

Lit.: BP 2 (1915) 468–470 (die Grimm-Version wird als „wertvolle" Fassung bezeichnet).

136. De wilde Mann. – DMK/Uther, ATU 502: Mann: Der wilde M. – KHM-Veröff.: 1815 (Nr. 50), 1819–1843 (Nr. 136). – Nach den Angaben der Brüder Grimm stammte KHM 136 „aus dem Münsterland" (KHM 1815) und ging auf Maria Anna (Jenny) von Droste-Hülshoff zurück (s. Kommentar zu KHM 137: *De drei schwatten Prinzessinnen*); der handschriftliche Text befindet sich im Grimm-Nachlaß, Staatsbibliothek Berlin, Preuß. Kulturbesitz. Das Dialektmärchen war bis zur 5. *Großen Ausgabe* der KHM (1843) an dieser Stelle (zuerst 1815 als KHM 50) und wurde dann durch eine hochdeutsche und beträchtlich geänderte Fassung ersetzt.

Weiteres s. Kommentar (und Lit.) zu KHM 136: *Der wilde Mann*.

Lit.: BP 3 (1918) 94–114; Bluhm/Rölleke 1997, 176.

175. Das Unglück. – DMK/Uther, ATU 947: Glück und Unglück. – Große Ausgabe: 1840–1850. – Die literarische Vorlage für die Parabel stammt aus Hans Wilhelm Kirchhofs *Wendunmuth* (Bd. 1, Nr. 178). Dessen gewöhnlich als Schwankbuch charakterisierte Sammlung wurde auch für KHM 119: *Die sieben Schwaben*, KHM 168: *Die hagere Liese*, KHM 174: *Die Eule* und KHM 177: *Die Boten des Todes* herangezogen. An die Stelle der Parabel trat 1857 das von Heinrich Pröhle (1822–95) erstmals notierte Zaubermärchen *Das Mondenlicht* – mit leicht geänderter Überschrift *Der Mond*. Der Austausch des Textes hängt damit zusammen, daß Wilhelm Grimm inzwischen von der orientalischen Herkunft des Stückes Kenntnis erhalten hatte (KHM 1857, Vorwort: „auf fremdem Boden entsprungen"). Ein Jahr vor Erscheinen der *Großen Ausgabe* hatte er bereits im KHM-Anmerkungsband (1856, 247) festgehalten, das Stück werde ersetzt, da es ursprünglich „aus dem Bidpai (Ph[ilipp] Wolf[f]s Übersetzung 1,5) abstammt".

Hinter dem *Bidpai* verbarg sich eine von Anton von Pforr erstmals ins Deutsche übertragene Version einer Redaktion des Fürstenspiegels *Kalila und Dimna* (1480), die als *Buch der Beispiele der sieben alten weisen Meister* ungemein nachwirkte, den Verfassern der Schwank- und Unterhaltungsliteratur des 16. Jahrhunderts als Vorlage diente und im Zuge der Begeisterung für ‚Volksliteratur' im 19. Jahrhundert zu neuer Blüte kam. Brieflich hatte Jacob Grimm bereits am 29.2.1836 bei dem gemeinsamen Freund Karl Hartwig Gregor von Meusebach (s. auch Kommentar zu KHM 162: *Der kluge Knecht*; KHM 163: *Der gläserne Sarg*) nachgefragt: „melden Sie mir doch, woher H. Sachs III.2, 72^d (ed. 1561) das märchen vom unglück hat? myth. 510 ist es nicht angeführt, wo auch das citat fehlt Ls. 2,575" (Meusebach/Grimm 1880, 222). Aber Meusebach konnte nicht weiterhelfen und schrieb zurück: „Manche Kleinigkeit würde ich auch wohl noch nachtragen und berichten können. Aber das Märchen vom Unglück bei Hans Sachs III. 2,72^d hab' ich älter noch nicht gefunden" (Meusebach/Grimm 1880, Brief Nr. 94). Mit dem „citat" gemeint war die einleitende Sentenz: „Wen das Unglück aufsucht, der mag sich aus einer Ecke in die andere verkriechen oder ins weite Feld fliehen, es weiß ihn dennoch zu finden."

Ganz ungewöhnlich beginnt die Parabel bei Grimm – und anders als bei Kirchhof, *Wendunmuth* – mit einem Sinnspruch, der den fatalistischen Ausgang vorwegnimmt (vgl. auch einleitend KHM 181: *Die Nixe im Teich*: „Aber Unglück kommt über Nacht"). Die Kirchhof-Parabel folgt der traditionellen Erzählstruktur von Exempla, wonach ein thesenhafter Textsinn knapp beschrieben, dann induktiv bewiesen und mit einer moralisierenden Belehrung zur Erbauung oder Unterhaltung abgeschlossen wird.

Ähnliche Aussagen über das Unglück, das jeden treffen kann, ohne daß man recht weiß, warum es gerade eine bestimmte Person sein muß, sind sprichwörtlich seit dem 14. Jahrhundert zu finden (TPMA 12, 86–93). Eine solche unentrinnbare Weissagung ist schon Gegenstand in den *Declamationes maiores* des Pseudo-Quintilian (*Declamatio maior* 4), findet sich verschiedentlich in Schicksalsmärchen und Prophezeiungssagen und ist bei Lessing in der Fragment gebliebenen Versdichtung *Der Horoscop* (entstanden 1758 oder wenig später) thematisiert.

Eindringlich macht die im Grimm-Märchen einleitende Sentenz die Funktionsänderung des von Kirchhof übernommenen Stoffs deutlich, wie Hermann Hamann und Johannes Bolte bereits feststellten. Während die Brüder Grimm die schicksalhafte Vorherbestimmtheit des Menschen betonen, die Handlung dramatisieren (Wölfe [statt eines Wolfs] bedrohen den Mann) und märchentypisch gestalten (der Holzfäller ist arm und hat „kein Scheit Holz mehr"; das jähe Ende verhindert, daß der Holzfäller den Rettern seinen Dank abstatten kann), führt Kirchhof die Habgier des Menschen als Ursache für dessen plötzlichen Tod an: Eigentlich verfügt der Holzfäller über genügend Holz „in der nahe", „aber sein gemüt stund immer nach anderm und besserm": Er will mehr erwerben, als er benötigt. Exemplarisch heißt es in der abschließenden Moralität:

> „Einer soll sich begnügen lon
> An dem, daß er daheim mag hon
> Bevorauß, daß er weit von dann,
> Zu bessern nit weiß oder kan."

Der didaktische Exkurs Kirchhofs, der Mensch möge sich mit seinem sozialen Status begnügen, ist durch einen resignativen Fatalismus ersetzt, das Stück selber gehört damit zu den Beispielen in den KHM mit pessimistischem Ausgang.

Lit.: Hamann 1906, 90; BP 3 (1918) 289 f.; EM 5 (1987) 1305–1312, bes. 1308 f. (E. Blum); zum Pessimismus in Volkserzählungen vgl. EM 10 (2002) 767–772 (S. Wienker-Piepho); Uther 2011b (zum Weltbild in Märchen).

182. Die Erbsenprobe. – DMK/Uther, ATU 704: Prinzessin auf der Erbse. – KHM-Veröff.: 1843. – Das in der 5. *Großen Ausgabe* veröffentlichte Schwankmärchen wurde 1850 bei der nächsten Auflage wieder ausgeschieden. Schon 1852 hatte Wilhelm Grimm dem Germanisten und Korrespondenzpartner Karl Simrock (1802–76) in einem Brief (9.2.1852) angekündigt, er werde den Grund für den Austausch offenlegen: „Warum ich das eine märchen in der letzten ausgabe durch ein anderes ersetzt habe, will ich bei einer folgenden, wenn es dazu kommt, sagen [...]" (Grimm/Ottendorf-Simrock 1966, Brief Nr. 28). Tatsächlich heißt es am Schluß der Anmerkungen zu dem statt dessen aufgenommenen

Märchen *Die Geschichte [!] des kleinen Volks* lapidar über *Die Erbsenprobe*, sie sei nicht mehr enthalten, „weil sie wahrscheinlich aus Andersen (S. 42) stammt" (KHM 1856, 254). Diese milde und vorsichtige Bewertung ergibt sich aus der Tatsache, daß Wilhelm Grimms Sohn Herman (1828–1901), zur Zeit der Veröffentlichung gerade im 15. Lebensjahr stehend, die Fassung beigesteuert hatte. Wilhelm Grimm war die Nähe zu Andersens Märchen offenbar zunächst nicht aufgefallen. Zwei weitere von Herman Grimm handschriftlich vorliegende Erzählungen blieben unveröffentlicht (Grimm/Ehrhardt 1998, 58–60, 76 f.). Die bloße Vermutung, es könnte sich um ein ‚Kunstmärchen' des populären dänischen Dichters handeln, war also Grund genug, das Märchen zu eliminieren, während solche strengen Maßstäbe bei anderen Märchen, die stofflich auf französische oder italienische Märchen zurückgingen, seltener angelegt wurden.

Die Struktur von Andersens frühem und berühmtem Märchen *Prindsessen paa Ærten* (1835; deutsch erstmals 1839) ist in KHM 182 unschwer zu erkennen. Andersen ist nachweislich auch der erste, der eine Kombination der beiden zentralen Erzählmotive vornahm, indem er das nach Christine Shojaei Kawans Worten „überwiegend misogyn instrumentalisierte Motiv weiblicher Überempfindlichkeit" (EM 10, 1332) mit dem Motiv der Bettprobe als Zeichen edler Herkunft verknüpfte. Beide Motive stammen ursprünglich aus dem Orient und sind älteren Ursprungs.

Bei Andersen steht die Bettprobe der Prinzessin im Zentrum des Geschehens. Das Herrscherpaar handelt wenig königlich. Der König ist gerade einmal geeignet, das Stadttor zu öffnen, um die Fremde hereinzulassen, sonst tritt er nicht in Erscheinung. Dagegen übernimmt die Königin die Aufgabe, die fremde Frau auf ihre Eignung als Braut zu prüfen. Selbst die Betten für die Bettprobe bezieht sie selbst und erkundigt sich persönlich am anderen Morgen nach dem Befinden der Prinzessin.

Bei Grimm hingegen bestimmt der König als Vater des Bräutigams das Geschehen. Seine Begegnung mit der fremden Besucherin ist weit ausführlicher gestaltet und bildet gewissermaßen den ersten Hauptteil. Die Figur der Prinzessin erhält weitere Konturen. Im Dialog mit dem König erweist sie sich als geschickt und redegewandt. Nicht der Sohn, so ist zu erfahren, zieht zur Brautsuche aus, sondern von der Königstochter gehen die Aktivitäten aus, sie macht sich auf die Suche nach einem Mann. Befragt nach dem Grund ihres Erscheinens gibt sie an, sie sei vom Anblick eines Bildnisses des Prinzen unwiderstehlich angezogen worden (zum Motiv der Fernliebe siehe auch KHM 6, 134, 135). Obwohl die Fremde auf des Königs Fragen plausible Antworten bereithält, vermag sie den Herrscher nicht zu überzeugen. Als er eine weitere Probe als Zeichen der Glaubwürdigkeit fordert, verbindet er dies bildhaft mit der seit dem 15. Jahrhundert bekannten Redensart vom nicht blühenden Getreide, um ihr die

KHM 182: Die Erbsenprobe. Illustration von Edmund Dulac (1913)

Vergeblichkeit ihres Bemühens gleich vor Augen zu führen: „Kannst du nicht auf andere Art beweisen, daß du eine Prinzessin bist, so blüht hier dein Waizen nicht, und du thust besser je eher je lieber dich wieder auf den Heimweg zu machen." Doch die Prinzessin besteht die Bewährungsprobe und gewinnt die Anerkennung der Königin, die ihrem verzweifelten Sohn die Hochzeit mit einer Prinzessin schon prophezeit hatte: „Beruhige dich, mein Söhnchen, [...] eh du dichs versiehst, so ist eine da; das Glück steht oft vor der Thüre, man braucht sie nur aufzumachen."

Im Unterschied zu Andersen ist die KHM-Fassung märcheneigentümlicher und anschaulicher gestaltet. Der gute Ausgang bei Grimm läßt das bei Andersen mit einem Schuß Ironie noch stärker misogyn gewichtete Motiv der mutmaßlichen übergroßen Empfindlichkeit adliger Frauen als Zeichen edler Herkunft (= Deszendenzprobe) zurücktreten zugunsten eines traditionell gestalteten und humorvoll geschilderten Märchens mit einer Frau als erfolgreicher Werberin um einen Mann. Die zeitgenössische Kritik an Andersens Märchen trifft jedenfalls auf die Grimm-Version nicht zu. Ein Rezensent hatte 1836 nach Erscheinen der vier Andersen-Märchen geäußert: eine solche Prinzessin auf der Erbse sei nicht nur unappetitlich, sondern ihr Handeln auch vom moralischen Standpunkt unverzeihlich, „weil das Kind dadurch die falsche Vorstellung bekommen kann, eine so hohe Dame sei immer schrecklich wehleidig" (Andersen 2005, 294).

Lit.: BP 3 (1918) 330–332; Christensen 1936; HDM 1, 575 f. (A. Taylor); Scherf 1995, 942–944 (zu Andersens Fassung); Dekker et al. 1997, 282–285 (J. van der Kooi); Lundt 1999 (sieht die Erbsenprobe als Tauglichkeitstest der Gebärerinnen und Erzieherinnen künftiger Herrscher); Adam 2001 und Adam/Heidmann 2002 (zu strukturellen Unterschieden zwischen Andersen und Grimm); EM 10 (2002) 1331–1336 (C. Shojaei Kawan); Shojaei Kawan 2002; Shojaei Kawan 2005; zur Deszendenzprobe vgl. EM 14 (2014) 1226–1229 (B. Gobrecht); Bataller-Català 2018.

191. Der Räuber und seine Söhne. – DMK/Uther, ATU 953: Räuber und Söhne (Tubach, Nr. 4505) + DMK/Uther, ATU 1137: Polyphem. – KHM-Veröff.: 1843, 1850. – Eine volkssprachliche Fassung des Zaubermärchens nach einer späten Handschrift (Leipzig) hatte der Philologe und Germanist Moriz Haupt (1808–74), Korrespondenzpartner Wilhelm Grimms, 1836 in den *Altdeutschen Blättern* (Bd. 1, 119–128) veröffentlicht. Dieser Abdruck basierte auf einer späteren Version (15. Jahrhundert) des *Dolopathos*, einer in zahlreichen Handschriften verbreiteten Sammlung, die der lothringische Zisterzienser-Mönch Johannes de Alta Silva Ende des 12./Anfang des 13. Jahrhunderts zusammengestellt hatte (s. auch KHM 49: *Die sechs Schwäne*).

Wilhelm Grimm verfuhr sehr frei mit der Vorlage und nahm zahlreiche Texteingriffe vor. Die Fassung weist, wie kaum ein anderes Märchen aus den KHM, besonders zu Beginn eine Reihe von Sprichwörtern auf: „Der Apfel fällt nicht weit vom Stamm", „Ehrlich währt am längsten", „Der Krug geht so lange zu Wasser, bis er bricht". Noch 1856, anläßlich der Veröffentlichung des KHM-Anmerkungsbandes, urteilte Wilhelm Grimm über „die Sage von Polyphem": „Sie enthält eine treffliche, von der Odyssee, wie von den Darstellungen anderer Völker, unabhängige Auffassung der weit verbreiteten Sage" (KHM 1856, 260). Die Affinität zu der Version des Johannes de Alta Silva dürfte auch der Grund dafür gewesen sein, das „treffliche" Stück trotz dieser Rechtfertigung wieder aus den KHM herauszunehmen (KHM 1857, Vorwort: „auf fremdem Boden entsprungen") und durch das thüringische Schwankmärchen vom Meisterdieb zu ersetzen. 1857 veröffentlichte Wilhelm Grimm eine Akademieabhandlung über die Sage von Polyphem, die ihn von allen Abenteuern des Räubers am meisten beschäftigte. Er ging noch davon aus, in Anbetracht der Motivunterschiede eine vor- oder nebenhomerische Erzähltradition (Homer, *Odyssee* 9,106–545) ausmachen zu können. Heute scheint mit Detlev Fehling (1977) gesichert, daß die europäischen Überlieferungen fast ausschließlich auf den *Dolopathos* zurückgehen. KHM 191 ist durch eine Rahmenerzählung charakterisiert, die nach Harlinda Lox „einen für eine Diebsgeschichte eher atypischen bürgerlichen Familienkonflikt" darstellt (EM 11, 342). Das Märchen enthält folgende Handlungselemente:

(1) Rahmenerzählung: Ein Räuber läßt im Alter von seinen Diebstählen ab und wendet sich einem bürgerlichen Leben zu. Seinen drei Söhnen rät er, ein Handwerk zu erlernen, doch die Söhne ignorieren die Empfehlung des Vaters, wollen statt dessen auf den Spuren des Vaters weitermachen. Doch schon der erste Versuch, gemeinsam das Pferd der Königin zu stehlen, mißglückt. Ein Angebot der Königin, die Söhne gegen ein entsprechendes Lösegeld aus dem Gefängnis zu entlassen, lehnt der Vater ab, läßt sich aber auf den Vorschlag der Herrscherin ein, das „merkwürdigste Abenteuer" aus seinem Räuberleben zu berichten, um dadurch die Freilassung der Söhne zu erreichen. (2) Der Räuber erzählt der Königin drei zusammenhängende Geschehnisse. In der Ichform schildert er (2.1) die Flucht aus der Gewalt des kannibalischen Zyklopen (Polyphem-Motiv), (2.2) den ersten Versuch der Rettung einer entführten Frau und eines Kindes durch Täuschung der Riesen, indem er das Fleisch eines toten Diebs als Kinderfleisch ausgibt und (2.3) sich selbst als vermeintlich toter Dieb bei lebendigem Leib aus der Lende frisches Fleisch herausschneiden läßt, um so das Mißtrauen der Riesen zu besänftigen, (2.4) den erneuten Versuch durch die bewußte Inkaufnahme einer Selbstschädigung, die zum Tod führen muß und (2.5) die wundersame Rettung aus der Gewalt der kannibalischen Riesen infolge eines glücklichen Zufalls, weil die Riesen durch ein plötzlich einsetzendes Gewitter das Weite suchen.

Der hier als Gegenspieler des Helden auftretende Zyklop weist Züge des Polyphem auf, der als Prototyp des dummen Riesen aus Homers *Odyssee* bekannt ist. Ein solches Wesen besitzt nichts anderes als unbändige Stärke: der Riese als Verkörperung magischer Kraft und scheinbarer Überlegenheit. Das Geschehen stellt eine besondere Form des Gnadenrechts dar und erinnert an das Losbitten Gefangener, wie es unter anderem im *Neuen Testament* überliefert ist (*Matthäus* 27,15), oder an das Losbitten von zum Tode Verurteilten (vgl. Herodot 3,118 f.). Andere weitverbreitete Erzählungen sind unter dem Begriff Halslöserätsel (DMK/Uther, ATU 927) bekannt, wonach unschuldig/schuldig Eingekerkerte freigelassen worden seien, nachdem eine Verwandte des Gefangenen dem Herrscher/Richter ein Rätsel, das dieser nicht lösen konnte, aufgegeben und als Bedingung verlangt hätte, bei Nichtlösen der Aufgabe den Gefangenen freizulassen. In KHM 191 bietet die Herrscherin dem Vater von sich aus an, seine Söhne zu „lösen", trifft die Entscheidung aber erst nach dem Erzählen des „merkwürdigsten Abenteuers" und läßt die Todeskandidaten frei.

Lit.: Hamann 1906, 100; BP 3 (1918) 369–378; Röhrich, Erzählungen 2, 213–250, 447–460; Röhrich 1976, 234–252; Fehling 1977, 89–97 (zur Polyphem-Geschichte im „Dolopathos"); Uther 1981, 32–34; Bluhm/Rölleke 1987, 178–180 (zu Sprichwörtern, Redensarten und Formeln); EM 10 (2002) 1174–1184 (J. A. Conrad); Hansen 2002, 289–291; EM 11 (2004) 342–345 (H. Lox); Uther 2007 (zur letzten Bitte und zum Thema des Halslösens).

Zur Geschichte der Kinder- und Hausmärchen

Zur Frühgeschichte der Kinder- und Hausmärchen

In Marburg hatten Jacob und Wilhelm Grimm 1802 beziehungsweise 1803 das Jura-Studium aufgenommen. Dort machten sie 1803 die Bekanntschaft mit Clemens Brentano, welcher ihren weiteren Weg entscheidend bestimmte. Er zog sie zur Mitwirkung an der gemeinsam mit Achim von Arnim betriebenen Volksliedsammlung *Des Knaben Wunderhorn* heran, weckte in ihnen das Interesse für Volksdichtung und empfahl sie 1807 wärmstens von Arnim als Mitarbeiter: „Sie selbst werden uns alles, was sie besitzen, noch mittheilen, und das ist viel! Du wirst diese trefflichen Menschen, welche ruhig arbeiten, um einst eine tüchtige teutsche poetische Geschichte zu schreiben, sehr lieb gewinnen" (Brentano/Steig 1914, 8 f.).

Nach eigenem Bekunden begannen die Brüder Grimm 1806 mit der Sichtung älterer literarischer Zeugnisse. In der frühen Sammlung von Märchen dürfte nach Siegfried Becker (1999, 133) „die Verarbeitung von eigenen leidvollen Erfahrungen ihrer Kindheit und Jugend mitgewirkt haben". Die ersten Märchenbeiträge stammten aus der zweiten Jahreshälfte 1807. Eine im Nachlaß der Brüder Grimm vorhandene handgeschriebene Kartei verzettelt Märchen und Sagen nach Motiven und Themen. Sie wurde offenkundig 1808/09 begonnen, als eine intensivere Suche nach Märchenbeiträgen einsetzte. Allerdings mußte Wilhelm Grimm (1.7.1809) selbstkritisch einräumen: „Von einigen Kindermärchen habe ich wieder gehört, allein es waren schon bekannte. Überhaupt fang' ich an zu glauben, daß ihr Kreis nicht sehr groß ist, und daß wir die meisten kennen, daß aber diese allgemein verbreitet sind. Denn auch [Philipp Otto] Runge kennt nicht mehr, wie mir [Heinrich] Steffens erzählt hat, der sie öfter von ihm gehört." (Grimm/Schoof 1963, 119). Über die Sagenkonkordanz urteilte Jacob (24.11.1809), sie habe prächtige Fortschritte gemacht: „sie muß die Grundlage zu unserm künftigen Studium geben, ich wüßte nicht, wie man auf andere Weise in das innere Wesen der Geschichte der Poesie gelangen wollte" (Grimm/Schoof 1963, 150). Dieses Märchen- und Sagenkonvolut mit verschiedenen Motiv- und Themenkreisen, die als Lesefrüchte festgehalten worden waren, gab die Basis für die Kommentierung der Stücke ab. Dort finden sich nicht nur Exzerpte aus der antiken Literatur (Herodot, Titus Livius), der nordischen Heldensage oder der Sammlung *Tausendundeine Nacht*, sondern gedruckte europäische Märchen- und Novellensammlungen sind auch hinreichend ausgewertet (Perrault, Basile, Straparola, Gozzi, *Cento novelle antiche*). Auch wenn eine konkrete Vorstellung über die Weiterverwendung dieser Materialien 1809 noch nicht bestanden zu haben scheint, so gab es die feste Absicht, eine Märchensammlung herauszugeben.

Bis 1810 gesammelte Märchen hatten die Brüder Grimm Brentano versprochen. Er plante seit längerem eine Märchenausgabe. Zu diesem Zweck hatte er 1806 den sogenannten Zirkularbrief, einen Aufruf zum Sammeln „altdeutschen Volksgesangs", erscheinen lassen (Noa 2013, 163–165). Aber Brentano beließ es bei einigen wenigen Vorveröffentlichungen, die meisten Märchen kamen erst nach seinem Tode heraus. Er hatte den Brüdern versichert (3.9.1810): „da ich sie [die Märchen] ganz frei nach meiner Art behandle, so entgeht Euch nichts dadurch, und Ihr kommt mir dadurch zu Hilfe" (Ginschel 1989, 213). Und so sandten sie Brentano die 54 bereits gesammelten Texte zur Einsicht zu. Doch fertigten sie zuvor eine Abschrift, verfolgten sie doch nach wie vor die Absicht, selbst eine Märchensammlung herauszugeben. Durch eine mögliche dichterische Behandlung der Stoffe fühlten sie sich in ihren Intentionen nicht beeinträchtigt. „Der Clemens kann die Sammlung von den Kindermärchen herzensgern haben, und es wäre schlecht, wenn wir seine Güte durch so Kleinigkeiten nicht erkennen wollten, wenn er auch anders damit verfährt, als wir es im Sinn hatten. Dieser Grund gilt überhaupt", schrieb Jacob Grimm seinem Bruder am 16.8.1809 (Grimm/Schoof 1963, 150). Brentano „mag das alles stellen und zieren, so wird unsere einfache, treu gesammelte Erzählung die seine jedesmal gewißlich beschämen" (Arnim/Steig 1904, 219). Während die Verbindung zu Brentano, der an ihn gerichtete Briefe nicht beantwortete, hernach abkühlte, entwickelte sich das Verhältnis zu Achim von Arnim, der an allen Projekten der Brüder Grimm lebhaften Anteil nahm, sehr freundschaftlich.

Auf der Suche nach Texten

Höhepunkte in der Sammeltätigkeit waren die Jahre 1810 bis 1812, wie immer wieder aus den Briefwechseln hervorgeht. Zugleich wurden die ersten Buchveröffentlichungen realisiert, andere geplant. So berichtete Jacob Grimm Achim von Arnim am 29.5.1812 von neuen Projekten, darunter: „1) ich hatte bloß von Kindermärchen geschrieben, die schon fertig, d. h. gesammelt sind, die also bei unsern sonstigen vielen Arbeiten uns keine eigentliche Mühe machten, aber der guten Sache, d. h. dem Fortsammeln Lust machen sollten. Von Thieren haben wir etwa nur ein Dutzend solcher Märchen, sonst über Thiere, Pflanzen und Steine, wie Du weißt, ein dickes Pack Exzerpte. Allein diese müßten erst ausgearbeitet werden [...] was noch die Thiermärchen betrifft, so sollen diese in dem Commentar zum Reinhart Fuchs gebraucht, und in einer Abhandlung von der Thierfabel eingerückt werden; es wäre mir also nicht einmal lieb, wenn sie schon früher anderswo erschienen." Im gleichen Brief teilte Wilhelm dem Freund mit, daß er in die Nähe von Corvey und Höxter zur Familie von Haxthausen eingeladen sei, „um dort bei einer an Volksdichtung reichen Familie Märchen aufzuschreiben" (Arnim/Steig 1904, 199 f.).

Seit ihrer wissenschaftlichen Beschäftigung mit den alten Literaturdenkmälern kannten die Brüder Grimm die großen internationalen Sammlungen und nutzten Aufenthalte in anderen Städten oder Dienstreisen zu intensivem Studium der Bibliotheken. Sie verfügten über umfassende Buchkenntnisse, informierten sich in Lesegesellschaften über zeitgenössische Literatur und waren ihr ganzes Leben hindurch um den Aufbau einer Gelehrtenbibliothek bemüht. Am 2.2.1805 teilte Wilhelm seinem Bruder Jacob mit: „Ich denke, Du hast unser Projekt für die Büchersammlung nicht vergessen, und sobald Du mir etwas schickst, will ich es anfangen" (Grimm/Schoof 1963, 18). Selbst in ihren jungen Jahren, als sie über nur bescheidene finanzielle Mittel verfügten, beschafften sie sich aus ihrem schmalen Etat Bücher, mußten aber auch Verzicht leisten, wie Wilhelm einräumt: „Daß Du vieles nicht kaufen kannst, muß freilich recht weh thun" (ebda., 74). Was sie nicht selbst besaßen und ihnen unzugänglich war, ließen sie sich durch Korrespondenzpartner besorgen oder liehen es sich aus, etwa von Brentano die bedeutsame, im Mittelalter weitverbreitete Exempelsammlung *Gesta Romanorum*: „Kannst Du die gesta Romanorum gelegentlich kaufen, der Clemens könnte sein Exemplar zurückfordern, so thue es" (ebda., 331).

Wie in den *Deutschen Sagen* haben die Brüder Grimm auch für die KHM eine Fülle unterschiedlicher Werke des Barock ausgewertet. So übernahmen sie von Predigern märchenrelevante Stoffe (vgl. KHM 77, 157). *Sylvanus*, ein frivoler Studentenroman von 1728, gab die Vorlage für KHM 163: *Der gläserne Sarg* ab und war zugleich ein frühes und bis dahin kaum beachtetes Zeugnis für das Aufscheinen märchenhafter Stoffe in Deutschland. Die Literatur des Barock entdeckten sie wieder und waren sich in der Wertschätzung dieser von den Aufklärern mit Verachtung bedachten Texte mit von Arnim, Brentano, Tieck, Büsching, von Dobeneck und anderen einig. Verschiedene Fabeln und Exempelstoffe, die in den KHM begegnen (etwa KHM 70, 78, 167, 184), waren in der älteren Literatur bis Ende des 18. Jahrhunderts öfter über einen längeren Zeitraum hin vertreten.

In welch hohem Maße die KHM der schriftlichen Überlieferung von Stoffen und Motiven verpflichtet sind, macht die folgende Dokumentation deutlich. So gehen immerhin rund 40 KHM-Texte der Ausgabe von 1857 direkt auf schriftlich vorliegende Quellen unterschiedlicher Herkunft (Schwankbücher, Kuriositätenliteratur, Exempelsammlungen, Predigtliteratur, Rätselbücher) des 14. bis 18. Jahrhunderts zurück. 138 weitere weisen stofflich eine große Affinität zu älteren deutschen literarischen Vorlagen auf, aber vor allem auch zu den französischen Märchen etwa Charles Perraults oder der Madame d'Aulnoy, zu den italienischen Märchen Giambattista Basiles und Giovan Francesco Straparolas, oder basieren auf anderen Veröffentlichungen in Zeitschriften, Taschenbüchern und Märchensammlungen des 18./19. Jahrhunderts. Der Anteil von Fassungen, die Wilhelm oder Jacob Grimm von Beiträgern erhielten, sank im Verlauf der Druckgeschichte stetig. Statt dessen wuchsen die KHM durch Integration von Texten aus der zeitgenössischen Märchenproduktion des 19. Jahrhunderts, die Wilhelm in seiner ‚Werkstatt' sprachlich verfeinerte und mitunter inhaltlich neu faßte.

Die meisten Märchen, die auf einer schriftlichen Vorlage basierten, erschienen in der Zeit nach 1819. Von den neu seit 1819 hinzugekommenen Texten gehen 35 auf literarische Fassungen des 16./17. Jahrhunderts zurück. Andere beruhen auf Zeitschriftenveröffentlichungen (z. B. KHM 130: *Einäuglein, Zweiäuglein und Dreiäuglein*; KHM 183: *Der Riese und der Schneider*) oder auf zeitgenössischen Märchensammlungen. Nur noch acht haben als Angabe einen Herkunftsnachweis aus mündlicher Tradition. Für die ersten Ausgaben der KHM gilt, daß die Brüder bei der Mehrzahl ihrer Beiträger auf den adligen und bürgerlichen Verwandten- und Freundeskreis zurückgriffen, der ebenso Texte für ihre fast gleichzeitig mit den KHM entstandene Ausgabe der *Deutschen Sagen* (1816/18) zulieferte. Bis zur Ausgabe letzter Hand dauerte die Aktualisierung der KHM an. Neu aufgenommene Texte, die sich später als ‚undeutsch' in ihrer Herkunft erwiesen – wie KHM 175 (1840–50): *Das Unglück* oder KHM 191 (1843–50): *Der Räuber und seine Söhne* mit dem Polyphem-Stoff –, wurden aus dem Textkorpus wieder entfernt. Nach 1850 wurde außerdem das Märchen *Die treuen Tiere*, das von Anbeginn sowohl in der *Großen* als auch in der *Kleinen Ausgabe* vertreten war, ausgemustert, weil es sich um die Bearbeitung eines Textes aus dem mongolischen *Siddhi Kür* handelte, wie Wilhelm Grimm mittlerweile erfahren hatte.

Aber es waren nicht nur literarische Vorlagen, auf die sich die Brüder Grimm stützten. In einem bis dahin ungekannten Maße zogen sie mündliche Überlieferungen heran. Über Dorothea Viehmann (1755–1815), eine ihrer Erzählerinnen, haben sie sich öffentlich geäußert. Ihr hartes Schicksal ging ihnen offenbar sehr nahe. Die „Viehmännin" verkörperte gewissermaßen den Prototyp der einfachen Erzählerin. Die von Ludwig Emil Grimm geschaffene Radierung der Erzählerin fand sich als Frontispiz seit 1815 im zweiten Band der *Kinder- und Hausmärchen* (seit 1837 als Stahlstich). Das Porträt „bietet einen markanten Anhaltspunkt zur Visualisierung der deutschen Märchenerzählerin" und „kanonisierte die Märchenerzählerin als eine ältere Frau vom Land bzw. aus alten Zeiten", wie Isamitsu Murayama (2019, 242 f.) anhand eines Vergleichs der bekannten Porträts feststellte. Über Dorothea Viehmann hieß es in der Vorrede von 1815: „Dabei erzählte sie bedächtig, sicher und ungemein lebendig [...], erst ganz frei, dann, wenn man will, noch einmal langsam, so daß man ihr mit einiger Übung nachschreiben kann. Manches ist auf diese Weise wörtlich beibehalten [...]." Von der offenbar talentierten Erzählerin blieben so bearbeitete Satzfetzen und Bruchstücke bewahrt, alles andere ergab sich durch „Ausarbeiten", das heißt durch späteres bewußtes Ausformulieren. Die Skizzierung des Talents der Erzählerin ist daher nur idealtypisch zu bewerten, die Wirklichkeit hatte im 19. Jahrhundert nicht anders ausgesehen als im 20. Jahrhundert. Von den Schwierigkeiten der Aufzeichnung mündlich überlieferter Texte und ihrer Verschriftlichung unter Berücksichtigung philologischer Methoden wissen inzwischen Generationen zu berichten (zusammenfassend Helmut Fischer in EM 10 [2002] 1008–1016). Andere Beiträger und Beiträgerinnen sandten den Brüdern Grimm schriftlich Aufgezeichnetes zu, das nach mündlichem Vortrag entstanden sein könnte, aber bereits Ausformuliertes darstellte. Wurde diese Vorlage stilistisch weiter überarbeitet, steht dies im Zusammenhang damit, daß die Fassung entweder den Vorstellungen der Brüder Grimm nicht genügte oder daß eine Bearbeitung des erzählerischen Kerns in der Absicht erfolgte, den Anspruch auf eine eigenständige Fassung zu begründen. Für diese Hypothese spricht, daß Eingriffe in bereits veröffentlichte Texte auch später anhielten. Die Handlungsstruktur blieb allerdings meistens erhalten.

Die Frage, welche Erzählerinnen und Erzähler welche Texte beigesteuert haben, hat die Erzählforschung im vergangenen Jahrhundert viele Dezennien lang beschäftigt. Bis in heutige Zeit sind immer wieder neue Versuche unternommen worden, einzelne Texte bestimmten Erzählern zuzuordnen. Unser Handbuch versucht eine solche Zuordnung, auch wenn nicht in jedem Fall ein befriedigendes Ergebnis vorgelegt werden kann, zumal es immer wieder Mischformen gibt, die mehrere Zuordnungen erlauben.

Im wesentlichen rührt das Interesse an der Feststellung der individuellen Urheber daran, daß die Brüder Grimm zumeist eine kollektive Herkunftsangabe vornahmen und die Quellen auf diese Weise verschleierten, ganz im Sinne der vorherrschenden Meinung, das Volk dichte und nicht der einzelne ‚Poet'. Eine völlige Klärung der einzelnen (mündlichen) Quellen wird es daher nur ansatzweise geben können (zum Forschungsstand vgl. vor allem auch die Beiträge von Heinz Rölleke, Lothar Bluhm und Holger Ehrhardt). Zu bedenken ist auch grundsätzlich, daß der im Handexemplar der ersten Ausgabe der KHM von 1812/15 nachträglich handschriftlich festgehaltene Personenkreis nicht unbedingt die Gewähr dafür bietet, daß der notierte Beiträger das jeweilige Stück tatsächlich erzählt hat.

Es war schon erstaunlich, in welchem Maße die Brüder Grimm sich bei der Veröffentlichung ihrer Märchen auf mündliche Zeugnisse vornehmlich aus dem hessischen und westfälischen Raum stützen konnten. Um so eigentümlicher ist es, daß die Erzählerinnen und Beiträger der ersten Stunde bald verstummten und keine Märchen mehr an Wilhelm oder Jacob Grimm schickten. Ob tatsächlich mündliche Quellen, etwa für die Erzählungen des Haxthausen- und Droste-Kreises, vorgelegen haben, scheint „äußerst unwahrscheinlich", resümierte Maren Clausen-Stolzenburg (1995, 398). Einzig Henriette Dorothea Wild, die Wilhelm 1825 geheiratet hatte, tritt noch als Beiträgerin auf. Übernommen wurde der Eheschwank *Die klugen Leute* 1853 in die *Kleine Ausgabe* (Nr. 39) und 1857 in die *Große Ausgabe* und ersetzte das Märchen *Die treuen Tiere* (KHM 104). Eine im Februar 1857 beigesteuerte Gruselfassung zu KHM 23: *Von dem Mäuschen, Vögelchen und der Bratwurst* konnte allerdings nicht mehr berücksichtigt werden.

Die von den Brüdern Grimm beigebrachten Belege aus mündlicher Überlieferung waren im ganzen beachtlich, aber auch ungewöhnlich. Ihren Zeitgenossen war eine solche Ausbeute nicht beschieden. Denkbar ist, daß Jacob und Wilhelm Grimm ihre Märchen mit der Zuschreibung ‚mündlich' versahen, um den Anteil der geschätzten ‚Volkspoesie' zu erhöhen, oder daß sie in gutem Glauben solche Herkunftsnachweise aus Briefen und Zeitschriften unbesehen übernahmen. Dafür spricht unter anderem die Tatsache, daß das gleiche Verfahren bei den *Deutschen Sagen* praktiziert worden ist. Das ‚Volk' kam als Überlieferungsträger von Märchen nur eingeschränkt in Betracht. Entgegen landläufiger Vorstellung waren die Brüder Grimm nicht mit ihren Schreibutensilien über Land gezogen, um bei Gewährsleuten mündliche Volksüberlieferungen einzusammeln. Für viele Märchen aus der Frühzeit der KHM gibt es ältere literarische Zeugnisse. Beim Austausch von Fassungen und bei der Erweiterung der KHM seit 1837 griff Wilhelm Grimm allerdings vornehmlich auf literarische Texte des 16. bis 19. Jahrhunderts zurück. Manche Idee zur Aufnahme eines Märchens ergab sich auch aus dem Arbeitsbereich der Brüder, die während der Arbeit am *Deutschen Wörterbuch* in hohem Maße mit der Auswertung älterer Quellen befaßt waren. Häufig wurden Veröffentlichungen aus zeitgenössischen Zeitschriften herangezogen. Da die Märchenanthologien seit den 1830er Jahren schlagartig zugenommen hatten, das Potential veröffentlichter Märchen aber nicht im gleichen Maße gestiegen war, nahmen die Herausgeber von Sammlungen für ihre Bearbeitung oftmals den gleichen Text zur Vorlage. Es ist interessant zu vergleichen, wie etwa Ludwig Bechstein und Wilhelm Grimm in der *Zeitschrift für deutsches Alterthum* oder in den *Meklenburgischen Jahrbüchern* abgedruckte Texte völlig unterschiedlich ‚nachbesserten'. Während Wilhelm die Erstfassung zumeist als Steinbruch diente, hielt sich Bechstein wesentlich genauer an die literarische Vorlage. Bei Wilhelm Grimms späteren Ergänzungen und Umarbeitungen ‚alter' KHM fehlte öfter ein Hinweis auf den Ideengeber, vor allem, wenn das ursprüngliche KHM-Märchen, was häufiger geschah, durch andere eine – beziehungsweise mundartliche – Neubearbeitung erfahren hatte, aus der Wilhelm wiederum Teile wörtlich übernahm beziehungsweise Mundartpassagen ins Hochdeutsche rücküertrug (z. B. KHM 15: *Hänsel und Gretel*).

Mit einer schon fast an Besessenheit grenzenden Hartnäckigkeit spürten Jacob und Wilhelm Grimm Hinweisen auf das Vorhandensein von Märchen in älteren literarischen Texten nach. Dies macht exemplarisch die mehrjährige Suche nach einer posthumen Ausgabe (1634–36) der Märchensammlung Giambattista Basiles deutlich. Von 1809 an hielten die Brüder, zunächst vergeblich, Ausschau nach einem Exemplar. Brentano stellte seine Ausgabe von 1749 nicht zur Verfügung, er wollte schließlich selbst italienische Kindermärchen herausgeben. So „wird wohl nichts übrig bleiben für uns als das verdammte Abschreiben" (Grimm/Schoof 1963, 146), schrieb Wilhelm voller Emotion seinem Bruder, und versuchte vergebens, 1810 über den Freund und Korrespondenzpartner Georg Friedrich Benecke aus Göttingen an eine Ausgabe heranzukommen. Während einer Studienreise 1811 hatte er dann Erfolg: „In Weimar hatte ich endlich den bewußten Pentamerone gefund[en] und mitgenommen, es sind herrliche Kindermärchen darin, nur etwas zu italienisch erzählt, aber ungemein wichtig; der neapolitan. Dialect hat mehr Schwierigkeiten, als ich dachte, wegen vieler volksmäßig gemachten und entstellten Wörtern, wo man lange rathen muß" (Grimm/Schoof 1960, 72–74). Als der Weimarer Bibliothekar Christian August Vulpius die Rückgabe anmahnte, nachdem er eine Verlängerung der Leihfrist abgelehnt hatte, ignorierte Jacob diese Bitte. Voller Stolz schrieb er an von Arnim: „Den Pentamerone, den mir der Clemens nie leihen oder zeigen wollte, habe ich jetzt, er ist voll der wunderbarsten, schönsten Sachen, die in Deutschland auch noch herumgehen, aber schon viel schwächer" (Arnim/Steig 1904, 162). Ein ganzes Jahr behielt Jacob den Band, mißachtete erneute Mahnungen und bat Wilhelm schließlich um Rücksendung der Ausgabe nach Weimar, was dieser auch im Juni 1812 tat: „Wir haben den größten Theil davon abgeschrieben" (Ginschel 1989, 235). Noch im gleichen Jahr gelang es Jacob, eine Ausgabe zu erwerben. Die im Nachlaß der Brüder Grimm befindliche Ausgabe trägt den Besitzervermerk: „24 Oct. 1812 GrimmJ." Die Märchensammlung Basiles ließen die Brüder in den folgenden Jahren nicht aus den Augen, auch wenn sie für die KHM-Ausgabe von 1812 nicht mehr herangezogen werden konnte. Erstaunlich viele KHM weisen motivische Ähnlichkeiten mit den Basile-Märchen auf (Basile/Schenda 2000). Selbst als 1819 die Brentano-Bibliothek zur Versteigerung kam, wollte Wilhelm sich über von Arnim die Basile-Ausgabe Brentanos besorgen lassen, aber jener hatte das „italienische Märchenbuch" zu seinem Bruder nach Dülmen in Westfalen mitgenommen. Eine 1815 angekündigte Verdeutschung des *Pentamerone* im Fortsetzungsband der KHM wurde nicht realisiert. Lediglich eine von Jacob Grimm übersetzte Märchennovelle Basiles (2,5: *Lo ser-*

pe) erschien in einer freien und nicht ganz fehlerfreien Nacherzählung im *Taschenbuch für Freunde altdeutscher Zeit und Kunst auf das Jahr 1816* (1815, 321–331; vgl. Ginschel 1989, 427–466), jedoch blieb unerwähnt, daß es sich dabei um ein Märchen des Neapolitaners handelte. Auszüge in Regestenform finden sich im KHM-Kommentarband von 1822 (276–371), die 1856 durch eine zweiseitige Konkordanz zu den KHM ersetzt wurden, lag doch inzwischen die ins Deutsche übertragene Gesamtausgabe der Basile-Märchen von Felix Liebrecht (1846) vor, zu der Jacob Grimm ein Vorwort beigesteuert hatte. Im Nachlaß der Brüder Grimm befindet sich ein Korpus von 38 Texten aus Basiles Sammlung, die Jacob Grimm übersetzt und Wilhelm bearbeitet hatte, die restlichen hatte Wilhelm allein übertragen.

Die Brüder Grimm und ihre Konkurrenten

Ein historisches Interesse an der Volksdichtung als einem authentischen Ausdruck unterschiedlicher Völker hatte sich seit dem letzten Viertel des 18. Jahrhunderts allmählich entwickelt. Seit Mitte des 18. Jahrhunderts waren, wenn auch in unbedeutender Zahl, Märchensammlungen in deutscher Sprache herausgekommen. Darunter befanden sich vielfach Übersetzungen und Umarbeitungen französischer Feenmärchen, was mit dem damaligen starken kulturellen Einfluß Frankreichs zusammenhing. Öfter verbargen sich unter dem Titel ‚Mä(h)rchen' Konglomerate langatmiger novellistischer Erzählungen oder romantisierende Ritter- und Räuberromane. Vor allem Herders Forderungen, Märchen, Volkssagen und Mythologien zu sammeln, die deutschen Zeugnisse „romantischer Denkart" vorzustellen und ihre Ursprünge offenzulegen, und seine Ideen zum Konzept einer Volkspoesie, Nach- und Umdichtungen von Vorhandenem passend im „Ton" zu produzieren und die Leser zu auswählender Lektüre zu veranlassen, hatten befruchtend auf seine Zeitgenossen gewirkt. Daraus resultierte die Wiederbeschäftigung mit den Quellen des Mittelalters und der Frühen Neuzeit bis zur unmittelbaren Gegenwart. Aber es gab nicht nur ein Interesse für die alten Literaturdenkmäler. In einer Abhandlung über *Mährchen und Romane* regte Herder zudem 1801 eine Sammlung von Märchen mit dem Ziel an, vor allem die Jugend damit anzusprechen: „Eine reine Sammlung von Kindermährchen in richtiger Tendenz für den Geist und das Herz der Kinder, mit allem Reichthum zauberischer Weltscenen, so wie mit der ganzen Unschuld einer Jugendseele begabt, wäre ein Weihnachtgeschenk für die junge Welt künftiger Generationen." (Herder 1801, 156 = Herder/Suphan 1885, 288; vgl. auch Murayama 2005).

Herders Anregungen fielen auf fruchtbaren Boden. Dank der von den Romantikern ausgehenden Bewegung zur „Aufsammlung von Volkspoesie" beschäftigte man sich zunehmend mit mündlichen Überlieferungen und hielt diese fest, stellte sie in der Wertschätzung gleichberechtigt neben literarische Zeugnisse, um sie, so Jacob Grimm, zur „Erläuterung der geschriebenen Denkmäler" zu verwenden (Arnim/Steig 1904, 219). Seit Anfang des 19. Jahrhunderts waren erste Sammlungen mit Volkspoesie erschienen, die kürzere, überschaubare, spannungsreiche Wundergeschichten darboten und von langatmigen, langweiligen Ritterromanzen wegführten. Im Zusammenhang mit der neu entstehenden Kinderliteratur setzte sich eine andere Bewertung des Begriffs Märchen durch. Statt der überwiegend pejorativen Bedeutung von Unglaubwürdigem und Unbedeutendem gab es einen Trend, Märchen als literarische Gattung aufzuwerten und als ideale Lektüre für jugendliche Leser zu betrachten. Die Diskussion um gute und schlechte Märchen bestimmt die ersten Jahrzehnte des 19. Jahrhunderts und zieht sich wie ein roter Faden durch die Vorworte von Märchenausgaben.

Vor 1812 hatten die verschiedenen Aufrufe von Brentano, Jacob Grimm und anderen, Märchen und andere Volksüberlieferungen einzusenden, wider Erwarten nur eine geringe Ausbeute erbracht. Die erhaltenen Briefwechsel der Brüder Grimm aus jener Zeit sind voll von Klagen über mangelnde Resonanz bei den Korrespondenzpartnern und über die mangelnde Qualität schriftlich zugekommener Texte (vgl. Becker 2013). Eine typische briefliche Äußerung lautet: „Von Wigand [Jugendfreund Paul Wigand, Wetzlarer Friedensrichter, später Stadtgerichtsdirektor] habe ich einige, aber sehr unbedeutende Beiträge erhalten", schreibt Wilhelm an Jacob am 13.10.1814 (Grimm/Schoof 1963, 358). Über konkurrierende Märchen- und Sagensammlungen und ihre Herausgeber finden sich abfällige Bemerkungen zuhauf. Die Kritik richtet sich insbesondere gegen die Sammlungen des Breslauer Germanisten Johann Gustav Gottlieb Büsching (1783–1829), des Bibliothekars und Reiseschriftstellers Caspar Friedrich Gottschalck (1772–1854) und des Namensvetters Albert Ludwig Grimm (1786–1872). So hieß es in der Vorrede von 1812 über die Sammlung *Kindermährchen* Albert Ludwig Grimms, die „nicht eben wohl gerathene Sammlung [habe] mit uns und der unsrigen gar nichts gemein". Und zuvor: „Aus der neuesten B ü s c h i n g i s c h e n war für uns nichts zu nehmen." Mit Unmut wurde registriert, daß für die eigene Sammlung vorgesehene Texte schon anderweitig erschienen waren. Nach Eintreffen eines Exemplars von Büschings *Volks-Sagen, Märchen und Legenden* schrieb Wilhelm am 10.6.1812 empört seinem Bruder: „der Esel [bei ihm wiederholt die Bezeichnung für einen Menschen, der ihn sehr ärgerte] hat den Machandelboom u. Pispott darin abdrucken laßen, es war das erste, was mir in die Augen fiel, sonst ist es sehr dürftig und blos aus den Rübezahlgeschichten der böhm. und schles. Chroniken zusammengeworfen" (Grimm/Schoof 1960, 86 [Zitat]; Arnim/Steig 1904, 216, vgl. auch 219). Die Geringschätzung der beiden Sammlungen ging jedoch nicht so weit, als daß nun gar nichts daraus hätte verwertet werden können. Im Gegenteil: Schon Büsching (1812, 403) hatte auf ‚Mähren' im *Froschmeuseler* Georg Rollenhagens hingewiesen, Namensformen von Aschenbrödel diskutiert und französische Märchen als mögliche Quellen ins Spiel gebracht. Ohne darauf hinzuweisen, nahmen die Brüder Grimm von Albert Ludwig Grimm eine Variante des Märchens von der Bienenkönigin (vgl. KHM 62) auf, die Jacob teilweise in Anlehnung an den Namensvetter nacherzählte; wörtliche Entlehnungen aus Büschings Sammlung sind in KHM 29, 61, 63 und 142 eingegangen.

Zur Textgeschichte

Achim von Arnim ließ sich am 22.1.1812 in Kassel das bis dahin zusammengetragene Märchenkonvolut zeigen und inspirierte die Brüder Grimm zur Herausgabe eines eigenen Märchenbandes, woran Wilhelm Grimm im Vorwort zur 3. Gesamtausgabe 1837 dankbar erinnerte. Von Arnim hatte auch auf Anregung Jacobs bei Reimer nachgefragt, als es um die Suche nach einem geeigneten Verleger ging. Denn die Brüder Grimm hatten bei ihren ersten Veröffentlichungen noch „eine Fülle von Demütigungen und Enttäuschungen" (Arnim/Steig 1904, 195) erlebt, was zweifellos auch auf die damals ökonomisch äußerst prekäre Lage des Buchhandels zurückzuführen war. Da die Brüder zunächst auf eine Honorierung verzichteten, konnte von Arnim einen guten Monat später mitteilen: „Reimer will Eure Kindermärchen drucken und sich so mit Euch setzen, daß er Euch ein gewisses Honorar giebt, wenn eine bestimmte Anzahl Exemplare abgesetzt sind." (ebda., 204). Mit viel Energie machten sich die Brüder Grimm an die Arbeit. Sie verfügten keineswegs über druckreife Manuskripte und hatten offenbar die zum Teil regestenartige Manuskriptabschrift der an Brentano gesandten Texte nicht weiter bearbeitet. Zur Planung teilte Wilhelm seinem Bruder Jacob am 28.6.1812 mit (Grimm/Schoof 1960, 101): „Die Märchen will ich umzuschreiben anfangen, wenn ich bei dem Wigand bin, was im September seyn wird [...], es ist eine leichte Arbeit, dazu angenehm und verlangt keine Umstände mit Büchern u. s. w. ohnehin müßen die dazu, die ich bei H[axthausen] hören werde." Wie ein solches „Umschreiben" sich in der Realität auswirkte, macht ein Wortvergleich der Handschriften von 1810 mit dem Erstdruck der Märchen von 1812 deutlich. Nahezu alle handschriftlichen Fassungen wurden beträchtlich erweitert, so daß der Text des Märchens öfter um mehr als 70 Prozent wuchs: zum Beispiel bei *Froschkönig* (KHM 1), *Katz und Maus in Gesell-*

schaft (KHM 2) *Daumerlings Wanderschaft* (KHM 45), *Dornröschen* (KHM 50), *Sneewittchen* (KHM 53) und extrem zu beobachten bei KHM 65: *Allerleirauh*, das in der Handschrift lediglich fragmentarisch notiert war und nunmehr statt 60 Wörtern über 2500 Wörter umfaßte.

Erscheinen sollte die Ausgabe Weihnachten 1812. Aber die Abgabe des Manuskripts verzögerte sich mehrmals, so daß die meisten Exemplare erst 1813 (Auflage: 900) ausgeliefert wurden. Durch ein Versehen des Verlegers Reimer mußte der letzte Bogen noch nachgedruckt werden. Am 28.1.1813 schickte Wilhelm Grimm das Fuchsmärchen (KHM 86) an von Arnim mit der Bitte, es doch umgehend Reimer zuzuleiten, „weil es zu sehr vexiere, wenn es ganz wegbleibe" (Arnim/Steig 1904, 266). Die erste Ausgabe war Elisabeth [Bettina] von Arnim gewidmet, das erste Exemplar ging daher auch an den langjährigen Freund und dessen Frau. „Du wirst noch manches neue finden", schrieb Wilhelm (ebda., 219), „ein paar ganz eigenthümlich soldatische von einem alten Dragonerwachtmeister [gemeint ist Johann Friedrich Krause], gegen alte Kleider eingetauscht, werden Dir Vergnügen machen." Von Arnim bedankte sich und gab als erster eine Bewertung über die Sammlung ab (ebda., 251): „Ich sag Euch im Namen meines Kindes herzlichen Dank. Es ist ein recht braves Buch, das sicher lange gekauft wird." Überschwenglich äußerte sich Joseph Görres, der Jacob Grimm am 27.1.1813 schrieb: „Dann sind die Kindermärchen, von meinen Kindern mit Verlangen erwartet, nachgekommen und seither nicht ihnen aus den Händen zu bringen" (Görres/Schellberg 1911, 205). Wegen der allzu großen Wissenschaftlichkeit bezweifelte von Arnim aber die gleichzeitige Verwendung der Sammlung als alleiniges Kinderbuch, vermißte Illustrationen und äußerte Bedenken wegen des Absatzes, was sich als zutreffend erwies. Der dritte Band mit den Anmerkungen zu den Märchen, 1822 separat erschienen, lag unverkäuflich in den Regalen. Noch bis in die 1950er Jahre konnten Originalausgaben beim Nachfolgeverlag Walter de Gruyter erworben werden.

Die Vorarbeiten für den zweiten KHM-Band begannen schon 1813. Jacob schreibt Paul Wigand, es könne „gleich ein halber neuer Band" gegeben werden (28.5.1813). Doch erst im Laufe des folgenden Jahres wurden die Freunde und Korrespondenzpartner wie Paul Wigand (1786–1866) aus Höxter, August von Haxthausen (1792–1866) aus Münster, Georg August Friedrich Goldmann (1785–1855) aus Alfeld oder der damals in München lebende Grimmbruder Ferdinand (1788–1845) dringend um Beiträge gebeten. Doch ließen die zugesagten Märchen auf sich warten. So schickte Jacob einen Teil der Manuskripte am 8. August 1814 an Reimer und bedrängte zugleich Paul Wigand und August von Haxthausen, von denen er wiederholt und umgehend die zugesagten Beiträge erbat. Die Vorrede ist unterzeichnet am 30.9.1814. Am 13.10.1814 trafen die ersten sieben Korrekturbogen ein und am 4.11.1814 weitere neun. Umgehend sandte Wilhelm das Manuskript mit den letzten Märchen sowie dem Anhang und Nachtrag ab und teilte Jacob mit, in etwa vier Wochen müßte das fertige Buch vorliegen. Aber erst am 20.12.1814 kamen die letzten Aushänger, und so verzögerte sich der Druckprozeß bis in die ersten Januartage 1815 hinein.

Aus der an Brentano geschickten Märchen-Urfassung von 1810 geht hervor, daß Jacob die meisten Märchen niedergeschrieben hat. Er beteiligte sich auch kräftig an der Fertigstellung des Bandes von 1812 und trug durch seine Mitarbeit wesentlich zum Gelingen des zweiten Märchenbandes bei. Aus den erhaltenen Briefwechseln geht hervor, wie sehr Wilhelm Grimm bemüht war, den Herstellungsprozeß mit seinem Bruder abzustimmen und auch dessen Einwände in bezug auf die Textherstellung und Kommentierung zu beachten. Doch kam Wilhelm die Hauptlast der Arbeit zu, da Jacob durch mehrere diplomatische Missionen (Paris, Wien) nur bedingt mitarbeiten konnte. Wie bei den Sagen war noch ein dritter Textband geplant. Aber dann fanden die neu zugegangenen Stücke in der ergänzten und erheblich umgearbeiteten KHM-Ausgabe von 1819 Platz. Am Ende des 2. Bandes befanden sich, abgetrennt vom übrigen Textkorpus und mit einer eigenen Überschrift versehen, neun *Kinder-Legenden*. Davon war die Kinderlegende 9: *Die himmlische Hochzeit* bereits 1815 (KHM 35) innerhalb der Märchen erschienen. Diese Kinderlegenden erweisen sich bei näherem Hinschauen als eine sehr heterogene, aber im ganzen kunstvolle Zusammenstellung von Texten, die stofflich weitestgehend ältere Überlieferungen aufgreifen und die religiöse Symbolsprache einbeziehen. Resümierende Fassungen oder komplette Stücke enthielt außerdem der Anmerkungsband von 1822.

Die Neugruppierung und Ergänzung der Sammlung hatte ganz reale Gründe. Zum einen war es das Bestreben nach Optimierung der Sammlung, zum andern aber auch die heftige Kritik (z. B. Büsching 1813), die sofort nach dem Erscheinen eingesetzt und den fragmentarischen Charakter, die Erzählweise, die wenig kindgemäße Aufmachung und die wissenschaftliche Ausgestaltung der „altdeutschen Sammlung" beanstandet hatte (Ginschel 1989, 230 f.). Die meisten Märchen seien „wahrer Schund". So urteilte in aller Schärfe der von den Brüdern Grimm geschätzte Dichter und Übersetzer Johann Heinrich Voß (1751–1826) – lobend im Kommentarband von 1856 erwähnt (KHM 25, 51, 56, 87). Aber Voß fand auch einige „ungemein schön" (BP 4, 450). Büsching (1813, 279–286) beginnt seine Besprechung des ersten Bandes der KHM mit den Worten: die Märchen seien „mit Umsicht und Liebe zur Sache gesammelt", um dann fortzufahren: „es ist zu manches Fremde, nicht auf heimischem Boden erwachsene, sondern wohl hier entstellte, uns mitgetheilt worden, das reiner, besser und gediegener in den andern Sprachen gefunden wird." Nur die wenigsten Texte seien „wohl rein deutsch", die anderen hätten ihre Ursprünge in Italien und Frankreich, wären nun „unter einander gewürfelt, zusammen gesetzt, auseinander gerissen". Das Erzählen sei „der Laune des Erzählers überlassen". Die vielen Stoff- und Motivdopplungen hält er für überflüssig: „Wir glauben leicht das Buch auf die Hälfte zurück führen zu können." Bei rund 25 Märchen weist er auf vergleichbare und abgerundetere Fassungen bei Basile, Straparola, Perrault, Madame d'Aulnoy, Beaumont und Musäus hin und stellt resümierend fest: „Wir haben in Deutschland die Mährchen-Sammlung schon viel zu spät angestellt."

Die herbe Kritik und die enttäuschende Aufnahme in der wissenschaftlichen Öffentlichkeit – außer Dankesbriefen der Freunde und Kollegen Achim von Arnim und Joseph Görres nach Erhalt eines Exemplars – dürfte für die radikale Neu- und Umgestaltung der KHM verantwortlich sein. Zutreffend hieß es 1819 in der Vorrede zur zweiten Auflage: „Daher ist der erste Band fast ganz umgearbeitet, das Unvollständige ergänzt, manches einfacher und reiner erzählt, und nicht viel Stücke werden sich finden, die nicht in besserer Gestalt erscheinen. Es ist noch einmal geprüft, was verdächtig schien, d. h. was etwa hätte fremden Ursprungs oder durch Zusätze verfälscht sein können, und dann alles ausgeschieden. Dafür sind die neuen Stücke, worunter wir auch Beiträge aus Östreich und Deutschböhmen zählen, eingerückt, so daß man manches bisher ganz Unbekannte finden wird." Wie auch bei den *Deutschen Sagen* bemühten sich die Brüder Grimm um Unterstützung für ihre Publikationen und baten um Rezensionen. Symptomatisch hierfür war die Anfrage Wilhelms vom 13.2.1815 bei Achim von Arnim (Arnim/Steig 1904, 297). Er scheute sich nicht, inhaltliche Vorgaben zu machen: „Du könntest darin ausführen, was Du hinderlich findest für ein Erziehungsbuch; was Du gelegentlich bemerkt hast, hebt sich alles durch die Verschiedenheit der Sitten auf. Das Märchen vom Pispott habe ich gerade von einem kleinen netten Mädchen, das in Lübeck vorher war, ohne einen Anflug von Unanständigkeit oder Aergerlichkeit lesen hören. Bei dem zweiten Band, der vielleicht dieses Jahr zu Stand kommt, könnte ich dann in der Vorrede darauf antworten, was ich wüßte, oder anerkennen, was mich überzeugt hätte. Du bist eigentlich durch Deine Absichten und Studien am allermeisten geschickt dazu und Du weißt, daß Du in nichts zurückzuhalten brauchst."

Ein weiterer Anlaß für die stetige Ergänzung der KHM hing zweifellos mit der kümmerlichen Honorierung zusammen, wie eine Aufstellung der ausgezahlten Honorare zeigt (Reimer 1999, 26 f.). Reimer „will zu Ostern [1815] ein kleines vorläufiges Honorar für die Märchen zahlen", teilte Wilhelm am 8. Januar 1815 seinem Bruder mit (Grimm/Schoof 1963, 397). Im Antwortbrief vom 18. Januar 1815 (ebda., 414) beklagte sich Jacob über den hohen Preis des Bandes: „Papier und Druck sind viel schlechter, das Buch dünner und doch der dem Absatz hinderliche hohe Preis von 1 Thlr. 18 Gr. (hier über 7 Gulden Papier)". Er entwickelte Verkaufsstrategien (ebda., 455): „Wegen der neuen Auflage des ersten Theils der Kindermärchen ist sich erst miteinander vielfach zu besprechen. Ich denke nicht, daß er ebenso darf wieder gedruckt werden, sondern vieles ist zu bessern und zu vermehren; welches auch dem Absatz günstig sein muß, indem wenigstens viele Besitzer die zweite Auflage nochmals kaufen werden." Am 13.6.1816 informierte Wilhelm Jacob über den bisherigen Verkauf (Grimm/Schoof 1960, 143 f.): „Von dem ersten Bande der Märchen ist fast alles vergriffen und daher vor allem nöthig, die zweite Auflage zu besorgen, da viel Nachfrage nach dem Buche ist [...]. Savigny hat ausgerechnet, daß uns Reimer für die erste Auflage 500 Thlr. geben müße; für die zweite könnte ich 400 fordern." Ein kommerzieller Erfolg war auch wichtig angesichts der materiellen Not, in der sich die Brüder Grimm befanden. Auf die ständigen Auseinandersetzungen reagierte Reimer „ungesäumt" und hielt dagegen, vom zweiten Band seien immer noch 350 Exemplare vorhanden; ganze sechs Jahre hätte der Verkauf der Ausgabe von 1812 gebraucht (Schoof 1955a, 126 f.).

Seit 1819 betreute Wilhelm Grimm allein alle weiteren Auflagen und Ausgaben. Doch brachte Jacob immer wieder sein Interesse am gemeinsamen Projekt ein, wies auf neue Märchen hin und unterbreitete für die zweite Ausgabe 1819 noch dezidierte Vorschläge. In der Gedenkrede auf seinen Bruder äußerte sich Jacob rückblickend (*Kleinere Schriften* 1879, 179): „So oft aber ich nunmehr das märchenbuch zur hand nehme, rührt und bewegt es mich, denn auf allen blättern steht vor mir sein bild, und ich erkenne seine waltende spur." Gleichwohl stand Wilhelm zweifellos im Schatten seines Bruders, wandten sich die Herausgeber von Märchensammlungen doch meistens an Jacob Grimm, baten um ein Vorwort aus seiner Feder, sandten ihm ihre Sammlungen zu oder wiesen ihn auf entlegene Märchen hin (z. B. KHM 165–167, 182, 193, 196). Aufgrund eigener Forschungen zur vergleichenden Mythologie interessierte ihn die Materie nach wie vor: etwa der Stoff von den ungleichen Kindern Evas (KHM 180), mit dem er sich wegen des Themas der Erdenwanderung Gottes auseinandersetzte. Es ist daher kein Zufall, daß er (und nicht Wilhelm) später aufgrund seiner von den Zeitgenossen höher eingeschätzten Kompetenz gebeten wurde, die Vor- oder Nachworte zu verschiedenen gewichtigen europäischen Märchensammlungen zu verfassen (Mehlem 1940, 98; Ginschel 1989, 233, 244 f.).

Der Erfolg der Sammlung setzte erst nach dem Erscheinen der *Großen Ausgabe* von 1837 ein (Bottigheimer 1993b). Märchenbücher, auch illustrierte Ausgaben, hatten inzwischen eine höhere Akzeptanz erreicht. Vor allem hatte der Gebrauch von Märchen für pädagogische Zwecke (Lesebuch, Sprachlehrbuch) zugenommen. Nun folgten rasch weitere Auflagen, immer im Wechsel zwischen *Großer* und *Kleiner Ausgabe*. Die zweibändige Ausgabe letzter Hand von 1857 dürfte Wilhelm als Vollendung seiner Arbeit an den Märchen betrachtet haben: Nach jahrzehntelanger Unterbrechung hatte er außerdem für eine Neubearbeitung des Kommentarbandes (1856) gesorgt. Die Zahl der KHM-Texte war rund, sowohl im Hinblick auf die Märchen (200) als auch im Hinblick auf die Kinderlegenden (10). Eigentlich waren es insgesamt 211 Texte: Die 1857 ergänzte Variante zum Faulheitswettbewerb mochte Wilhelm offenbar nicht missen und hatte sie daher nach KHM 150: *Die drei Faulen* als KHM 151*: *Die zwölf faulen Knechte* gestellt. Den Abschluß der Bände bildeten, jeweils mit offenem Ende (und der Lust auf weitere Märchen), der Tierschwank KHM 86: *Der Fuchs und die Gänse* und die Neckerzählung KHM 200: *Der goldene Schlüssel*. Die Spätphase der KHM-Editionen ist auch dadurch geprägt, daß Wilhelm verschiedentlich Rückbezüge auf frühere Texte eingefügt hat, um die Geschlossenheit der Sammlung zu erhöhen. In KHM 164: *Der faule Heinz* spielt er beispielsweise auf KHM 162: *Der kluge Knecht* an und gibt so einen Hinweis auf die Auffassung dieses ‚klugen Knechts', die aus dem Inhalt sonst ohne weiteres nicht erschließbar ist: „heutzutage gehorchen die Kinder nicht mehr: sie thun nach ihrem eigenen Willen, weil sie sich klüger dünken als die Eltern, gerade wie jener Knecht, der die Kuh suchen sollte, und drei Amseln nachjagte." Oder in KHM 168: *Die hagere Liese* nimmt Wilhelm Grimm ebenfalls Bezug auf den wenige Stücke zuvor abgedruckten Schwank vom faulen Heinz (KHM 164): „Ganz anders als der faule Heinz und die dicke Trine, die sich von nichts aus ihrer Ruhe bringen ließen, dachte die hagere Liese." Und der Soldat in KHM 195: *Der Grabhügel* spricht von sich unter Anspielung auf KHM 4: „Ich bin wie der Junge, der ausging, das Gruseln zu lernen..."

Bekannt wurden die KHM besonders durch die preiswerten *Kleinen Ausgaben*. Die Zahl der Texte, von Anfang an waren es wie in der als „wertvoll" angesehenen Märchensammlung von Basile genau 50, wurde niemals verändert. Den Abschluß bildete das *Sterntaler*-Legendenmärchen mit der prototypischen Figur des frommen und guten Kindes, das für seine Nächstenliebe reich belohnt wird. Die 50 Märchen, erschienen 1825, 1833, 1836, 1839, 1841, 1844, 1847, 1850, 1853, 1858, entsprachen zwar denen der *Großen Ausgabe*, wurden aber jeweils einer kritischen Durchsicht unterzogen und stellen somit wichtige Zwischenstufen im kontinuierlichen Bearbeitungsprozeß der Märchen dar. Symptomatisch hierfür war Wilhelms Brief an den Verleger vom 2. oder 3. März 1833 (Schoof 1955a, 136–139), als er von Änderungen berichtete, die mit der Vorbereitung der 2. Auflage der *Kleinen Ausgabe* von 1833 verbunden waren: „Einige Stücke sind wesentlich verbessert, ein ganz neues von 10 Blättern [Schneeweißchen und Rosenroth] ist hinzugekommen und kaum eine Seite ohne irgend eine Berichtigung. Jede Zeile ist von mir durchgesehen worden. Das kann ja das verbesserte Exemplar, was Sie vielleicht nicht betrachtet haben, deutlich vor Augen bringen." Wilhelms Auswahl folgte im wesentlichen der Anordnung der *Großen Ausgabe*. Der Schwerpunkt lag auf den Märchen des ersten KHM-Bandes, aus dem immerhin zwei Drittel der Texte stammten. Nachgeschoben war KHM 80: *Von dem Tode des Hühnchens* als Nr. 49 außerhalb der Reihung. Die ersten 30 Texte, mithin 60% der Nummern, hatte Wilhelm der *Großen Ausgabe* Nr. 1–59 entnommen, also jedes zweite Märchen. Eine weitere dichte Folge der Übernahme gab es von KHM 87–114 (*Große Ausgabe*), welche die Nummern 34–43 der *Kleinen Ausgabe* bilden. Die Auswahl läßt nicht nur Wilhelms Vorliebe für didaktisch besonders geeignete Kindermärchen erkennen, sondern auch sein Prinzip, zur Auflockerung der Sammlung Märchen und Schwankmärchen sowie Schwänke zu mischen. Rückblickend läßt sich feststellen, daß Wilhelm Grimm sich der Popularität bestimmter Märchen schon frühzeitig bewußt war. Die erste nach dem Tod von Jacob und Wilhelm Grimm bei Franz Duncker in Berlin erschienene *Kleine Ausgabe* (= 11. Aufl. 1864) war unverändert und folgte der 10. Auflage von 1858. Dann aber, drei Jahre später, gab es erneut eine 11. Auflage, und zwar im Nachfolgeverlag J. J. Duncker. Sie war um vier Texte erweitert, die alte Rundzahl 50 damit willkürlich durchbrochen: Nr. 51: *Tischchen deck dich, Goldesel, und Knüppel aus dem Sack*, Nr. 52: *Die goldene Gans*, Nr. 53: *Die drei Glückskinder* und Nr. 54: *Der Wolf und der Mensch*. Die Aufnahme gerade dieser Texte dürfte ein Indiz für die steigende Beliebtheit von Schwankmärchen sein, zu denen die ersten drei Texte gehören.

Zur Anordnung der Texte

Ein flüchtiges Studium der Märchentitel mag den Eindruck erwecken, als folgten die KHM keiner inhaltlichen, regionalen oder nach Sammlern begründeten Ordnung. Doch gibt es durchaus einige Kriterien, die bei der Zusammenstellung der Texte beachtet worden sind. Grundsätzlich gilt, daß thematisch eng zusammengehörende (oder einer bestimmten Sammlung entlehnte) Stücke häufiger an verschiedenen Stellen zu finden sind und differierende Lösungen aufzeigen, etwa die Märchen KHM 9, 25, 49 und andere mit Erlösung aus der Tiergestalt, die Wunderhelfer-Schwankmärchen KHM 71, 134, die kettenartigen Tiermärchen KHM 30, 80 oder die aus Heinrich Jungs autobiographischen Romanen entlehnten Texte KHM 69, 78, 150. Von KHM 11: *Brüderchen und Schwesterchen* gibt es unter KHM 141: *Das Lämmchen und das Fischchen* eine kindgerechtere Version; ebenso ließe sich das Kindermärchen KHM 66: *Häsichenbraut* mit KHM 46: *Fitchers Vogel* vergleichen. Manchmal folgt inhaltlich Zusammengehöriges nacheinander, etwa die Fuchsmärchen KHM 72–75 oder die Zaubermärchen KHM 92, 93. Scheitert in KHM 92 die Erlösung der Königstochter, so gelingt sie in KHM 93. Eine andere lockere Verknüpfung ergibt sich etwa zwischen KHM 133 und 134 dadurch, daß das Eingangsmotiv in der Bewältigung einer unvorstellbar schwierigen Aufgabe besteht, als deren Lösung die Hand einer Königstochter oder Zauberinnentochter ausgelobt ist, bei deren Versagen aber der Tod droht. KHM 147 endet mit einer ätiologischen Sage über die Herkunft der Affen, KHM 148 enthält eine Erklärung für das Aussehen von Ziegen. Thematisch sind KHM 171 und KHM 172 über das Motiv der Königswahl der Tiere verknüpft; kleinere Verbindungen ergeben sich durch eingestreute ätiologische Sagen (Gorgulla 2011, 137–144; Rölleke 2012).

Auch pädagogische Erwägungen dürften die Reihung der Texte beeinflußt haben. Gewiß nicht ohne Absicht folgt dem *Sterntaler*-Märchen vom frommen und mitleidigen Mädchen, das für seine Barmherzigkeit reich belohnt wird, die Kinderzuchtgeschichte vom gestohlenen Heller, aus der hervorgeht, daß Diebstahl nicht ohne Strafe bleibt, indem das Kind selbst im Grabe keine Ruhe findet. Daß Eheschließungen in früherer Zeit oft von wirtschaftlichen Erwägungen bestimmt waren, demonstriert KHM 155 mit dem Verhalten des Bräutigams, der vor der Ehe zunächst prüft, ob seine Braut auch die nötigen hausfraulichen Fähigkeiten besitzt. Das folgende KHM 156 propagiert dann das hohe Ideal der arbeitsamen Frau, die ihre Tugenden beim Spinnen und Weben unter Beweis stellt.

Zur Gattungsproblematik

Die volksliterarischen Termini gehen in der öffentlichen Diskussion der damaligen Zeit weit auseinander. Zum einen sprechen die Autoren von Kindermärchen, wenn sie das Genre per se meinen und zum Teil antike Mythen, mittelalterliche Stoffe, Novellen der Frühen Neuzeit sowie französische Feenmärchen einbeziehen. Zum andern gibt es die Tendenz, Märchen abwertend im Sinn von unglaublichen Geschichten, die nur Kindern erzählt werden könnten, zu bezeichnen. Im Hinblick auf Kindermärchen trifft am ehesten die Definition zu, die Johann Carl August Musäus (1735–1787) im *Vorbericht* seiner Sammlung *Volksmärchen der Deutschen* (1782) gibt: „Volksmärchen sind aber auch keine Kindermärchen; denn ein Volk, weiß Er wohl, bestehet nicht aus Kindern, sondern hauptsächlich aus großen Leuten, und im gemeinen Leben pflegt man mit diesen anders zu reden, als mit jenen. Es wär also ein toller Einfall wenn Er meinte, alle Märchen müßten im Kinderton der Märchen meiner Mutter Gans erzählt werden. Ob Er gleich Seinem Amt und Beruf nach mit dem Orgelton nichts zu schaffen hat [...], so weiß ich doch, daß Er überhaupt viel auf guten Ton hält. Darum merk Er zu beliebiger Notiz, daß ich den Ton der Erzählung, so viel möglich, nach Beschaffenheit der Sache und dem Ohr der Zuhörer, das heißt, einer gemischten Gesellschaft aus groß und klein zu bequemen bemüht gewesen bin."

Zweifellos faßten die Brüder Grimm Kindermärchen in eben diesem Sinn auf und versuchten, den funktionalen Aspekt durch Hinzufügung des Begriffs Hausmärchen zu erweitern. Dies geschah auch, um sich von anderen Märchenherausgebern abzugrenzen. Christian Wilhelm Günther beispielsweise hatte den Begriff im Titel verankert und sprach von *Kindermährchen aus mündlichen Erzählungen gesammelt* (1787). Gut 20 Jahre später griff der nicht mit den Brüdern Grimm verwandte Albert Ludwig Grimm diese Bezeichnung ebenfalls im Titel seiner Sammlung auf (*Kindermährchen* [1809]). Er legte im Vorwort „Aeltern und Erziehern" und insbesondere den Müttern Kindermärchen mit den Worten nahe, die Märchen mögen ihnen als „eine stillerfreuliche Abendunterhaltung für die Kinder" dienen. „Was man gewöhnlich gegen Kindermährchen sagt und sagen kann – ich weiß es schon. Aber dennoch steht meine Ueberzeugung fest, daß die Jugend Mährchen haben muß." Johann Gustav Büsching faßte vier Monate vor Erscheinen der *Kinder- und Hausmärchen* einige Stücke der von ihm edierten *Volks-Sagen, Märchen und Legenden* (1812, 400) unter der Rubrik „Kindermährchen" zusammen und bemerkte dazu: „Auch die Kindermährchen nehmen immer mehr und mehr Abschied, die schwankende Pädagogik weiß nicht, ob sie dergleichen erzählen lassen darf, oder nicht, und die alten Kindermuhmen werden daher zu anderem, wohl weit schädlicherem, Geschwätz angehalten. Für die wenigen Kindermährchen, die ich habe, bin ich daher den freundlichen Mittheilern nicht wenig verbunden, und ich glaube gewiß, daß sie auch meine Leser mit Lust und Behagen aufnehmen und gern in jene Zeit zurückgehen werden, wo diese Erzählungen einen weit tiefern Eindruck machen, als oft selbst kaum die größten Epochen der Weltgeschichte den Erwachsenen hervorzubringen vermögen." Kindermärchen zu Beginn des 19. Jahrhunderts wurden also verstanden als eine nützliche Unterhaltung, auch als freies Spiel der Phantasie, als Ergänzung zu anderen literarischen Überlieferungen. Die *Kinder- und Hausmärchen*, so urteilte rückblickend Wilhelms Sohn Herman Grimm über das Werk seines Vaters und Onkels, waren „nicht das Ergebnis in besonderer Richtung getaner Arbeit, sondern eines der herausgegriffenen Resultate ihrer allgemeinen Tätigkeit. Die Brüder hatten bei den Märchen freilich die Kinder als den mitgenießenden Teil im Sinne. Das beweist schon die Widmung der ersten Auflage von 1812: ‚An die Frau Elisabeth von Arnim für den kleinen Johannes Freimund.'"

Zwischen Sagen und Märchen wurde im 18. und beginnenden 19. Jahrhundert nicht so streng unterschieden; auch Märchentitel waren noch nicht kanonisch. Wie schon vor Erscheinen der KHM Johann Gustav Gottlieb Büsching, so bemühten sich die Brüder Grimm um eine definitorische Klärung und trennten die beiden Genres. Doch geschah dies nicht ohne Brüche und Widersprüche, wie die KHM und auch die *Deutschen Sagen* der Brüder Grimm bezeugen. Die Gattungsproblematik war damit nur teilweise geklärt.

Seit etwa 1806 notierten sich die Brüder Grimm Lesefrüchte in einer Stoff- und Motivsammlung, sogenannten Kollektaneen. Die meisten Einträge dürften um 1808/09 entstanden sein (Grimm/Rölleke 2006). Über die Fortschritte beim Sammeln schrieb Wilhelm an Savigny am 18.12.1807, „Übrigens nehmen die andern Collectaneen fortdauernd zu" (Grimm/Schoof 1953, 34). Zu dieser Zeit war beispielsweise die Gruselgeschichte vom Blaubart „als Stütze alter Volkssage" notiert, das Zaubermärchen Aschenputtel noch als „Sage", so der Eintrag zu „Prüfung der Königsbraut". Andererseits ist unter dem Stichwort „Schuh verlieren und anprobieren" das „Märchen von Aschenputtelchen" notiert. Unter dem Stichwort „das passende wird nicht gefunden", stand als Name „Aschenbrödel". Andere Märchen waren stichwortartig festgehalten wie das vom „rathenden Schäfer, der auch des Königs Gedanken errathen muß" (1819 aufgenommen: KHM 152: *Das Hirtenbüblein*), oder das Schwankmärchen KHM 20: *Das tapfere Schneiderlein* als „die Sage von dem schlafenden Riesen, der die Schläge auf sein Haupt für vom Baum fallende Eicheln hält". Das Märchen vom Däumling erscheint mehrfach unter seinem französischen Titel: „petit poucet", zugleich ein sicheres Zeichen dafür, daß Perraults Märchen den Brüdern lange vor Erscheinen der KHM bekannt waren. Perrault-Titel begegnen auch in den handschriftlichen Anmerkungen der 1810 an Brentano geschickten Urfassung. Im Vorwort der KHM (1812, XVI) heißt es lobend über die Perrault-Märchen, sie seien einfach und unverändert und in diesem Sinne echte Kindermärchen; es gebe nur neun, dies seien „freilich die bekanntesten, die auch zu den schönsten gehören". Dieses Urteil findet sich in späteren Äußerungen wieder (KHM 1856, 300).

Die Bezeichnung ‚Sage' findet sich wiederholt noch im KHM-Kommentarband von 1856, obwohl es sich um ein reines Zaubermärchen handelt: etwa im Urteil über KHM 85: *Die Goldkinder*: „Im Grunde die Sage von den beiden Brüdern." Andererseits wurden Sagenstoffe aus den KHM verbannt wie KHM 22 (1812): *Wie Kinder Schlachtens miteinander gespielt haben*. Manche fanden Aufnahme in die *Deutschen Sagen* wie die Sage von der Volksheiligen Kümmernis (KHM 66 1815], Grimm/Uther DS 330). Andere blieben trotz ihres eindeutigen Sagencharakters bis in die Ausgabe von 1857 erhalten wie die Natursagenätiologie KHM 18: *Strohhalm, Kohle und Bohne*. Bei Überschriften bereits bekannter Märchen wie *Rotkäppchen, Dornröschen, Aschenputtel* orientierten sich die Brüder an den allgemein nach 1790 in verschiedenen Sammlungen gebräuchlichen Titeln. Während die ersten im deutschen Sprachgebiet auftauchenden Perrault-Übersetzungen sich in den Überschriften noch eng an das französische Original anlehnten wie beispielsweise in einer bilingualen Ausgabe 1761 (*Die kleine Roth-Kappe, Die im Holtz schlafende Schöne, Der Aschen-Brodel*), war binnen weniger Jahrzehnte vor allem durch die Veröffentlichung von Übertragungen französischer Märchen innerhalb der *Blauen Bibliothek aller Nationen* (1790 ff.) von Friedrich Justin Bertuch (1747–1822) eine neue Situation eingetreten. Dort heißt ein Feenmärchen des Grafen Hamilton dann schon *Dornröschen* (hat aber mit dem Grimmschen *Dornröschen*-Märchen nichts zu tun). Für später aufgenommene KHM-Nummern erfand Wilhelm Grimm bei Vorliegen eines gedruckten Textes in den meisten Fällen einen neuen Märchentitel. Dabei war er offenkundig von der Absicht geleitet, den Ausgang nicht vorwegzunehmen.

Daß eine Trennung zwischen Sage und Märchen im Verlauf der Druckgeschichte erfolgt sei, ist nur bedingt richtig. Dafür sorgte allein schon der von den Brüdern weitgefaßte Begriff Märchen, der Tiermärchen, Fabeln, Legenden, Novellenstoffe, Sagen, Schwänke, Lügengeschichten und ‚Mischformen' mit einschloß. Ursprünglich sollten Tiermärchen wie die 1819 aufgenommenen KHM 72–75 – das bedeutete im Grunde Fabeln in neuem Gewand ohne direkte Moralitäten – gar nicht veröffentlicht werden. Sie waren vielmehr für die große *Reinhart Fuchs*-Ausgabe vorgesehen, die zu den schon früh skizzierten Unternehmungen der Brüder Grimm gehörte, aber erst nach mancherlei Umwegen 1834 herauskam. Wie solche Tiermärchen aussehen konnten, machte Wilhelm Grimm mit zwei Vorveröffentlichungen (*Der Sünder unter den Gerechten*; *Der büßende Wolf*) deutlich, die 1818 im *Gesellschafter* erschienen, um auf die neue Ausgabe der KHM vorzubereiten. Doch 1819 waren die Texte in der neuen KHM-Ausgabe nicht vertreten.

Welches breite Spektrum unterschiedlicher Erzählgattungen die KHM enthalten, mag der folgende Versuch einer Kategorisierung veranschaulichen. Die Einordnung nach Genres orientiert sich an den allgemeinen Kriterien, wie sie etwa in den Artikeln der EM (1977 ff.) über einzelne Erzählgattungen beschrieben sind. Um den Terminus Märchen einzugrenzen, wird im folgenden von Zaubermärchen als den eigentlichen Märchen gesprochen. Zu beachten ist ferner, daß die Begrifflichkeiten von Erzählgenres differieren und mancher Grimm-Text unter wenigstens zwei Kategorien eingestuft werden kann, etwa als Tiermärchen oder Ätiologie wie KHM 171: *Der Zaunkönig* oder innerhalb von Schwänken und Lügengeschichten wie KHM 71, 112, 134 (vgl. auch die abweichenden Aufstellungen bei Grimm/Uther 1996, 230–233 und Pöge-Alder 2016, 55–58).

Ätiologie 18, 80, 103, 147, 148, 171–176, 180, 194, KL 2, KL 7, KL 10; 6 (1812)
Exemplum 109, 115, 145, 156, 157, 184, 185
Fabel 157
Gleichnis 78, 176, 177, KL 6; 27 (1812), 175 (1840–50)

Kettenmärchen 72 (1812)
Legende KL 2, KL 3, KL 5–7, KL 9, KL 10; 57 (1815), 66 (1815)
Legendenmärchen 87, 153, 178, 180, KL 1, KL 4
Legendenschwank 139, 167, 176, 177
Lügengeschichte, Lügenmärchen 112, 138, 151*, 158, 159
Neckerzählung 86, 200
Nonsens 105(III)
Rätselmärchen 125, 160, 191; 85(b) (1812)
Rätselschwank 22, 94, 114, 152
Sage 105(II), 117, 149, 154, 172, 173, 194, KL 8; 22 (1812), 57 (1815)
Schreckmärchen 40, 42, 43, 150; 43 (1812/19)
Schwank 7, 32, 34, 35, 59, 61, 68, 77, 83, 84, 95, 98, 104, 119, 120, 128, 131, 140, 143, 146, 148, 151, 155, 162, 164, 167, 168, 170, 183; 32 (1812), 61 (1812)
Schwankmärchen 4, 20, 28, 36, 64, 66, 70, 71, 81, 82, 90, 99, 100, 101, 106, 110, 118, 124, 129, 134, 147, 166, 175, 189, 192, 195, 199; 33 (1812), 81 (1812), 85(b) (1812), 85(d) (1812)
Tiermärchen 2, 5, 30, 48, 58, 72, 80, 132, 171, 190; 6 (1812), 104 (1815–50)
Tierschwank 10, 18, 23, 27, 38, 41, 48, 73–75, 86, 102, 174, 187
Zaubermärchen 1, 3, 6, 8, 9, 11–17, 19, 21, 24–26, 28, 29, 31, 33, 37, 39, 44–47, 49–57, 60, 62, 63, 65–67, 69, 76, 79, 85, 88, 89, 91–93, 96, 97, 103, 105(I), 107, 108, 111, 113, 116, 121–123, 126, 127, 130, 133, 135–137, 141, 142, 144, 161, 163, 165, 169, 179, 181, 182, 186, 188, 193, 196–198; 8 (1812), 13 (1815), 16 (1812), 33 (1815), 36 (1815), 43 (1815), 44 (1815), 54 (1812), 59 (1812), 60 (1812), 62 (1812), 64(I) (1812), 66 (1812), 68 (1812), 70 (1812), 71 (1812), 73–77 (1812), 82 (1812), 84 (1812), 85 (a) (1812), 85 (c) (1812), 107 (1815–40), 191 (1843–50).

Lassen sich die Zielsetzungen für *Kinder- und Hausmärchen* aus verschiedenen in anderen Kontexten gemachten Äußerungen der Brüder Grimm herauslesen, so bleiben ihre Auffassungen zum Begriff der Kinderlegende vage. Die *Kinderlegenden* wollen Legenden anschaulich für Kinder vermitteln und sind im Zusammenhang mit den Grimmschen Ausführungen über Kinderglauben, -wesen und -sitten zu sehen, die zwar noch der Ausgabe KHM 1812 und 1819 beigegeben waren, dann aber nicht mehr abgedruckt worden sind. Den Begriff Kinderlegende selbst scheint Wilhelm Grimm in Anlehnung an die älteren Begriffe Kinderglauben (seit 16. Jh.) und Kindermärchen (in positiver Bedeutung seit dem späten 18. Jh.) gebildet zu haben. Er ist auch Ausdruck jener seit dem späten 18. Jahrhundert und dem beginnenden 19. Jahrhundert wieder stärker ins Blickfeld geratenen Gattung Legende. In der *Uebersicht des Inhalts* über Märchen heißt es allgemein: „Mehrere sind ganz christlichen Inhalts und unterscheiden sich durch Reichthum und Mannigfaltigkeit von den einförmigen Legenden" (KHM 1819, Bd. 1, XLVI). Ebenso spärlich bleibt die Auskunft über Kinderlegenden: „Einige märchenhaft ausgebildete Legenden sind am Ende zugefügt" (ebda., XLVII). Erst im Anmerkungsband von 1822 (Bd. 3, 253) wird Wilhelm konkreter: „Die ersten sieben dieser Erzählungen haben wir aus dem Paderbörnischen durch die Güte der [aus Westfalen stammenden katholischen Adels-]Familie

Haxthausen, der wir so manches in dieser Sammlung verdanken, erhalten. Es sind hier Märchen auf die heilige Geschichte angewendet, die auf ähnliche Weise von der lebendigen Volksdichtung in manchem einzelnen Glauben fortgebildet wird. Z. B. Jeden Sonnabend glaubt man scheine einmal die Sonne. Alle Freitage nämlich geht die Mutter Gottes durch das Fegfeuer, dann kommen die armen Seelen und küssen den Saum ihres Kleides und weinen so viel auf den Schlepp desselben daß er ganz naß wird. Darum scheint am Sonnabend immer einmal die Sonne, damit er wieder trockne. – Um die Zeit, wann Maria übers Gebürge geht, wächst reichlich eine Art kleiner Blumen, die heißen Mutter-Gottes-Pantöffelchen, weil sie damit über das Gebirge geschritten ist. – Gott schauet alle Jahre dreimal vom Himmel herab, wen er dann müßig sitzen sieht, der kann auch müßig sitzen so lange er lebt, er hat doch etwas zu leben und braucht nicht für den kommenden Tag zu sorgen; wer aber gerade arbeitet, der muß auch sein Lebtage arbeiten. Darum sagt man: ‚wo einen unser Herr Gott bei sieht, da läßt er einen auch bei!'"

Die 1856 nur unwesentlich durch wenige Wortumstellungen sowie einige ergänzende Hinweise auf verwandte Sagen geänderte Passage scheint auch Ansichten der Brüder Grimm widerzuspiegeln. Als strenggläubige Calvinisten müssen sie mit biblischen Geschichten, welche didaktisch für Kinder aufbereitet waren und der Katechese dienten, vertraut gewesen sein, waren doch Legenden in abgewandelter Form durchaus seit Luthers Zeiten auch für evangelische Christen immer wieder im religiösen Schrifttum zu finden. Vage bleibt die Grimmsche Kurzdefinition: „Märchen auf die heilige Geschichte angewendet", und bemerkenswert kurz gegenüber sonstigen Kommentaren zu den KHM-Nummern fallen die Bemerkungen zu den neun Kinderlegenden aus. Sie nehmen nur etwas mehr als eine Druckseite ein und beschränken sich auf die Nennung paralleler Motive in „Märchen" (KL 1), „Sagen" (KL 2, 3, 8), „Legende" (KL 4), „Lied" (KL 5, 6) und „Mythos" (KL 9); bei KL 10 (KHM 1856) ist nur die Vorlage genannt. Im Sinne der Brüder Grimm lassen sich die Kinderlegenden generell als weltliche Gegenstücke zu den Heiligengeschichten auffassen (Uther 2006b).

Bearbeitungstendenzen

Die Brüder Grimm erweckten wie später bei den *Deutschen Sagen* den Anschein, als hätten sie eigene Bearbeitungen der Texte unterlassen. Doch haben sie kontinuierlich nachgebessert und nur die 20 Dialektmärchen nahezu unverändert (bis auf KHM 19: *Von dem Fischer un syner Fru*; KHM 47: *Von dem Machandelboom*) gelassen. Die Veröffentlichung solcher Fassungen stellte ein Novum dar und hing damit zusammen, daß die Brüder Grimm der Bedeutung der

KHM 18: KHM 18: Strohhalm, Kohle und Bohne. Handschrift Wilhelm Grimm

Mundarten als einer ungekünstelten Sprachform für die Entwicklung und den Fortbestand der Sprache einen hohen Wert zumaßen (Mehlem 1940, 53–55). Allerdings waren sie sowohl bei den hessischen als auch bei den westfälischen Mundartfassungen bis zuletzt auf Kenntnisse aus zweiter Hand angewiesen. Aus noch vorhandenen Manuskripten geht hervor, daß das Niederdeutsche innerhalb eines Textes in uneinheitlicher Schreibweise begegnet. Wie willkürlich die Brüder Grimm bei der Wiedergabe solcher Fassungen verfuhren, geht beispielsweise aus der Überlieferungsgeschichte von KHM 47: *Von dem Machandelboom* hervor. Selbst als sich abzeichnete, daß die Mundartstücke bei den Lesern nicht so gut ankamen, behielten sie ihren Platz in den KHM; einzig das Märchen vom Eisenhans (KHM 136) wurde 1850 gegen eine hochdeutsche Fassung ersetzt. Daß die Dialektmärchen inhaltlich zum Teil gut erzählte Stücke waren, läßt sich aus der Verbreitung derjenigen Texte ersehen, die andere – etwa August Stöber oder Ludwig Bechstein – in einer hochdeutschen Übertragung veröffentlichten. Diese Stücke verbreiteten sich vor allem in der hochdeutschen Fassung, darunter auch der Tierschwank *Der Hase und der Igel* (KHM 187).

Wie bei den *Deutschen Sagen* lassen sich verschiedene Bearbeitungsstufen in den KHM erkennen, die von wörtlicher Übernahme, der Verschmelzung mehrerer Fassungen bis zu völliger sprachlicher Umgestaltung reichen. Als Charakteristika für die Bearbeitungen der KHM sind in Anlehnung an die Untersuchungen Gudrun Ginschels (1989, 216 f.) hervorzuheben: (1) Beachtung der Handlungsstruktur und strenge motivische Verknüpfung der einzelnen Partien, Herausarbeiten von Symmetrie und Steigerung (seit 1830 ff. aber auch ein Abweichen zu freierer Umarbeitung und das Einbringen parodistischer Züge); (2) Zerlegen des Handlungsablaufs in seine einzelnen Phasen, knappe Eingänge wie im von den Brüdern Grimm geschätzten Prosaroman *Tristrant*, Vermeiden sprunghafter Übergänge; (3) Anschaulichkeit der Erzählung durch verdeutlichende Zusätze, präzisere Ausdrucksweise, Einführung direkter Rede; (4) Literarisierung der Sprache, syntaktische Glättung und logisch-syntaktisch korrekte Verteilung der Gewichte, Umwandlung des Präsens ins Präteritum, Ersetzung von Fremdwörtern; (5) psychologische Motivierung.

Die Ausgabe von 1812 enthielt noch verschiedene fragmentarische Texte, die aber später wie KHM 85(a–d): *Fragmente* ausgeschieden oder mit Hilfe anderer Texte (KHM 40: *Der Räuberbräutigam*, KHM 45: *Daumerlings Wanderschaft*) zu einer neuen Geschichte verschmolzen wurden. Diese Montage- oder Kontaminationstechnik, ein typisch romantisches Produkt, hatte ihre geistigen Wurzeln in der Vorstellung, daß aus älterer Zeit nur Fragmentarisches überliefert sei, das zum allgemeinen Verständnis wieder zusammengefügt werden müsse. Insbesondere Jacob Grimm hatte sich entschieden gegen „Verschmelzungen, Restaurierungen und Modernisierungen" gewandt und „getreue, weder

KHM 50: Dornröschen. Handschrift von Jacob Grimm

ändernde, zuschneidende, noch zusetzende, alle eigenheit des erzählenden genau, mit den unregelmäszigen der wortfügung und mundart wahrende aufzeichnung" gefordert (Grimm/Müllenhoff/Ippel 4, 54). Aber die Redaktionsarbeit an den Märchen zeigt, daß diese Grundsätze keineswegs stringent beachtet wurden. Auf von Arnims wiederholt vorgebrachten Einwand, der Mensch neige eben zur Bearbeitung vorgefundenen Materials (Arnim/Steig 1904, 248 f., 254 f.), mußten die Brüder Grimm einräumen, daß sie die Wiedergabe nicht als mathematische Treue auffaßten, also keine wörtliche Wiedergabe vorgefundener literarischer Zeugnisse anstrebten, sondern die formgetreue Wiedergabe des Stoffs, mithin der Struktur und der episch zentralen Punkte (ebda., 457; Ginschel 1989, 214, 242; Denecke 1993). Sowohl die schriftlich eingesandten Texte als auch die aus literarischen Quellen stammenden Texte waren Rohmaterialien, und die Diskussion um die Bearbeitung vorliegender Stoffe kreiste vor allem um Form und Inhalt.

Während Achim von Arnim und Clemens Brentano die dichterische Umgestaltung der Stoffe als legitim erachteten, lehnte Jacob Grimm einen solchen freien Umgang mit literarischen Zeugnissen entschieden ab. In einem Brief vom 17.5.1809 legte Jacob seinem Bruder seine Auffassung dar: „Dieser Geist von Sammeln und Herausgeben alter Sachen ist es doch, was mir bei Brentano und Arnim am wenigsten gefällt, bei letzterm noch weniger, Clemens' anregende Bibliothek hat wohl alles das hervorgebracht. Die Auswahl ist gewiß vortrefflich, die Verknüpfung geistreich, die Erscheinung für das Publikum angenehm und willkommen, aber warum mögen sie fast nichts tun als Kompilieren und die alten Sachen zurechtmachen. Sie wollen nichts von einer historischen genauen Untersuchung wissen, sie lassen das Alte nicht als Altes stehen, sondern wollen es durchaus in unsere Zeit verpflanzen, wohin es an sich nicht mehr gehört, nur von einer bald ermüdeten Zahl von Liebhabern wird es aufgenommen. Sowenig sich fremde edele Tiere aus einem natürlichen Boden in einen anderen verbreiten lassen, ohne zu leiden und zu sterben, sowenig kann die Herrlichkeit alter Poesie wieder allgemein aufleben, d. h. poetisch; allein historisch kann sie unberührt genossen werden, und wer die unglückseligen Kängurhs kennenlernen will, der muß zu ihnen nach Australien reisen [...] Ich weiß, daß Du zum Teil anders denkst und dafür hältst, jeder Dichter müsse nur in seiner Zeit und für sie sein, das ist gut, paßt aber nicht hierher, wie es mir scheint." (Grimm/Schoof 1963, 101; vgl. auch ebda., 157).

Deutlich hieß es im Vorwort zur 2. Auflage von 1819: „Wir haben nämlich aus eigenen Mitteln nichts hinzugesetzt, keinen Umstand und Zug der Sage selbst verschönert, sondern ihren Inhalt so wiedergegeben, wie wir ihn empfangen haben [...]." Aber die Betrachtung der einzelnen Märchen, vor allem auch im Vergleich mit späteren Fassungen, zeigte ein anderes Bild. Schon der von den Brüdern Grimm intensiv betriebene Verschmelzungsprozeß zur Gewinnung der besten Form stand zwar nicht in direktem Gegensatz zu der von ihnen postulierten Treue (Arnim/Steig 1904, 257), bedeutete aber eine beträchtliche Kehrtwendung gegenüber früheren Äußerungen. Wie stark die Vorliebe für die Kontamination von Texten sich auswirkte, macht eine Aufstellung deutlich: Danach sind im Verlauf der Druckgeschichte der KHM von den ersten 60 Märchen 28 Texte kontaminiert worden, von KHM 61: *Das Bürle* an – mit deutlich abnehmender Tendenz – dagegen nur noch zwölf. Statt der Kombination mehrerer Texte betätigte sich Wilhelm selbst nicht nur als Bearbeiter und Umgestalter, sondern auch als Erfinder neuer Züge, wie etwa KHM 136: *Der Eisenhans*, KHM 161: *Schneeweißchen und Rosenrot* oder KHM 177: *Die Boten des Todes* bezeugen. Schon die angestrebte kindergerechte Fassung hatte stärkere Texteingriffe und Formänderungen erfordert, denen Jacob mit Skepsis begegnete. Dem Germanisten Karl Lachmann schrieb er am 12.5.1823, sein Bruder Wilhelm sei dabei, die Märchen in einen „erzählenden Kinderton" zu bringen (Grimm/Leitzmann 1, 390). Insgesamt jedoch sprach er sich anerkennend über des Bruders Verfahren (Vorrede zum 2. Band des *Deutschen Wörterbuchs* [1860]) aus: Wilhelm „arbeitete langsam und leise, aber rein und sauber; [...] in milder, gefallender darstellung war er mir, wo wir etwas zusammen thaten, stets überlegen".

Die unverdächtig klingende Formulierung Wilhelms im KHM-Anmerkungsband von 1856, der Text sei „in unsere Weise umgeschrieben", „nach meiner Weise aufgefaßt" oder „ausgearbeitet", bedeutete immer eine kräftige sprachliche und vor allem inhaltliche Bearbeitung. Er sorgte für einfache Satzkonstruktionen und war um hohe Anschaulichkeit bemüht. „Fortwährend bin ich bemüht gewesen Sprüche und eigenthümliche Redensarten des Volks, auf die ich immer horche, einzutragen", hieß es ausdrücklich im Vorwort der *Großen Ausgabe* der KHM von 1850 (XXII). Mundartlich-volkstümliche Sprach- und Stilelemente blieben erhalten oder wurden neu eingeführt. Gängig sind Alliterationen und Lautmalereien (auch im Reim). Die meisten Sprichwörter und sprichwörtlichen Redensarten weisen KHM 20, 27, 44, 107 und 110 auf, in der zweiten Hälfte der KHM sind es deutlich weniger, wie eine Analyse der Texte erbrachte (Bluhm/Rölleke 1997; Faber 2002, 61–66). Wilhelm Grimms Hauptinteresse galt demnach, so ist zu vermuten, eher den klassischen Stücken. Sprachliche Anleihen lassen sich unter anderem bei Martin Luther (KHM 15: „als große Teuerung ins Land kam") und auch im *Tristan*, wie Maren Clausen-Stolzenburg herausfand (1995, 320 f.), erkennen. Die Vorliebe für volkstümliche Redensarten, Wortbilder, Reimwörter, direkte Rede, Redewendungen und formelhafte Wendungen teilten die Brüder Grimm mit den wortgewaltigen Predigern des Barock, die ebenso gedacht und Erzählstoffe bearbeitet hatten. Über ein Drittel der Zaubermärchen aus der Ausgabe 1857 beginnt mit der klassischen Eingangsformel „Es war einmal".

Seit etwa 1830 wurde deutlich, daß Wilhelm Grimm immer stärker die Strukturen der Vorlagen durchbrach und die Neufassungen mit erfahrener Hand für die KHM aufpolierte, nicht selten harmonisierte und sozialkritische Züge abschwächte oder wegließ. Auch parodistische Züge fehlen nicht. Ein gutes Beispiel gibt das von Wilhelm „in seiner Art" erzählte Märchen *Schneeweißchen und Rosenrot* (KHM 161) ab, das im ersten Teil erweitert und gänzlich umgestaltet wurde. Neu eingeführt war außerdem die Rolle des Bärenprinzen und die Heirat der zweiten Schwester mit überraschender Einführung eines Bruders. Spürbar wird die Bearbeitungspraxis besonders bei einem Vergleich der ins Hochdeutsche übertragenen Neufassung von KHM 136: *Der Eisenhans*, in welche Verbesserungen eines von Friedmund von Arnim veröffentlichten Märchens eingingen. Wie sehr hat Wilhelm Grimm da die Eingangs- und Schlußmotive noch über Friedmund von Arnims Version hinaus zu Ende geführt. Während beispielsweise der wilde Mann bei von Arnim am Ende gar nicht mehr Erwähnung findet, wird er nun in typisch harmonisierender Tendenz erlöst, und es heißt, daß seine Schätze an den Erlöser fallen. KHM 179: *Die Gänsehirtin am Brunnen* gestaltete Wilhelm Grimm gänzlich um, kürzte die ausladende Fassung und fabulierte einen neuen märchenhaften Schluß mit offenem Ende dazu. In KHM 177: *Die Boten des Todes* schuf er den Eingang völlig neu, in KHM 192: *Der Meisterdieb* kürzte er den Schluß, so daß die Bewertung des Meisterdiebes als eines tatsächlich listigen Menschen aus dem Text selbst herausgelesen werden mußte. KHM 195: *Der Grabhügel* wurde kräftig ausgeschmückt, in weiten Teilen neu gefaßt und im Eingang um die Moralität, die den Schluß vorwegnahm, gekürzt. Versifizierte Vorlagen (z. B. für KHM 144, 146, 149) wandelte Wilhelm in Prosafassungen um, eine Technik, die in der jüngeren Romantik weit verbreitet und auch in den *Deutschen Sagen* nicht ungewöhnlich war. In späteren Bearbeitungsgängen findet sich oft die bewußte Einfügung von Euphemismen (KHM 122: *Der Krautesel*; KHM 186: *Die wahre Braut*) und die Tendenz zur Abrundung der Handlung wie beispielsweise in KHM 145, 161, 182, 193. Die Geschichte mußte einen ordentlichen Abschluß haben, doch gab es auch Ausnahmen: Nicht zu Ende erzählt ist beispielsweise KHM 92: *Der König vom goldenen Berge*. Manchmal lassen die Märchen eine Kausalität vermissen (KHM 12, 91, 118). Es sind aber auch verschiedene sprachliche Ungereimtheiten, die entweder nicht auffielen oder, wahrscheinlicher, bewußt innerhalb der Texte stehenblieben. Daß Wilhelm sich beim Einbringen neuer KHM-Texte über weite Strecken an die Vorlagen gehalten und sie fast unverändert gelassen hätte, ist einer jener seit Jahrzehnten mitgeschleppten Irrtümer über Wilhelms Vorgehen bei Bearbeitungen, wie kontinuierliche Nachbesserungen und kräftige Bearbeitungen der Texte zeigen.

Achim von Arnims Kritik nach Erscheinen der ersten Ausgabe, die Märchen müßten kindgerechter werden, führte zu einer Entsexualisierung der Texte (z. B. KHM 1, 12, 26, 111, 144, 163). Die Beschreibung der körperlichen Reize der Königstochter in KHM 144: *Das Eselein*, die vom Eselein zur Frau begehrt wird, wurde nicht übernommen und durch das Allerweltswort „schön" ersetzt. Anal- und Fäkalkomik in literarischen Texten aus älterer Zeit wurde entfernt oder abgemildert (z. B. KHM 119: *Die sieben Schwaben*, KHM 151*: *Die zwölf faulen Knechte*). Eine solche ‚Reinigung' der Texte hatte vor Erscheinen der 2. Auflage begonnen, war aber nicht durchgängig erfolgt, wie KHM 38: *Die Hochzeit der Frau Füchsin* zeigt, ein von Jacob Grimm hochgeschätztes Stück und wohl mit Rücksicht auf ihn von Wilhelm nicht geändert. Wilhelm erläuterte seine bis zur Ausgabe letzter Hand beibehaltene Bearbeitungspraxis in der Vorrede 1819 (VIIIf.): „Wir suchen die Reinheit in der Wahrheit, und geraden, nichts Unrechtes im Rückhalt bergenden Erzählung. Dabei haben wir jeden für das Kindesalter nicht passenden Ausdruck in dieser neuen Auflage sorgfältig gelöscht. Sollte man dennoch einzuwenden haben, daß Eltern eins oder das andere in Verlegenheit setze, und ihnen anstößig vorkomme, so daß sie das Buch Kindern nicht geradezu in die Hände geben wollten, so mag für einzelne Fälle die Sorge recht seyn, und dann von ihnen leicht ausgewählt werden; im Ganzen, das heißt, für einen gesunden Zustand, ist sie gewiß unnöthig."

Schon immer hatte die Sammlung der Brüder Grimm – im Unterschied zu anderen zeitgenössischen Sammlungen und sicher beeinflußt durch die Mitarbeit am *Wunderhorn* – einen beträchtlichen Anteil kindgerechter Fassungen aufzuweisen. Dazu gehören etwa Nonsens-Geschichten wie KHM 131: *Die schöne Katrinelje und Pif Paf Poltrie*, KHM 140: *Das Hausgesinde*, die Geschichten vom Begräbniszug der Tiere und von der Wanderung/Reise der Tiere mit verschiedenen Gegenständen (KHM 41: *Herr Korbes*; KHM 80: *Von dem Tode des Hühnchens*) oder die vielen Texte mit eingestreuten Kinderreimen und Kinderspielen wie KHM 141: *Das Lämmchen und Fischchen*. Texte, deren Handlungen Nachahmungen hätte provozieren können wie die Geschichte über eine von Kindern im Spiel begangene Bluttat (KHM 22 [1812]: *Wie Kinder Schlachtens mit einander gespielt haben*) – eine der ersten Zeitungssagen und heute gelegentlich als wahre Begebenheit unter der Rubrik „Vermischtes aus aller Welt" zu finden – wurden vor Erscheinen der 2. Auflage aus dem Korpus herausgenommen. Die Ehebruchthematik ist in KHM so gut wie nicht vertreten (außer KHM 61: *Das Bürle*; KHM 95: *Der alte Hildebrand*), und wenn, dann sind drastische Züge der Vorlage umgeschrieben worden. Ein Großteil der Märchen handelt von Braut-/Bräutigamsuche und -gewinnung. Die Hochzeit bildet den festlichen Höhepunkt und den

Abschluß des Märchengeschehens. Die Hochzeitsnacht spielt in den Märchen der Brüder Grimm keine Rolle, selbst nicht in den Schwänken, obwohl in älteren literarischen Quellen oftmals das Motiv der unerfahrenen Eheleute bei der ersten sexuellen Begegnung thematisiert wird. War einmal die Inzest-Thematik angesprochen wie in KHM 65: *Allerleirauh*, so folgte gleich die moralische Bewertung solchen Handelns. Seit 1819 mahnten die Räte den König: „Gott hat verboten, daß der Vater seine Tochter heirathet und aus der Sünde kann nichts Gutes entspringen." Und 1850, nach dem Scheitern des Frankfurter Parlaments, wurde, zuerst im *Allerleirauh*-Märchen der *Kleinen Ausgabe*, verstärkend der Staatsgedanke beschworen: „und das Reich wird mit ins Verderben gezogen".

Sittenlehre und Erziehungsbuch

Als sich die Brüder Grimm, gerade 20 Jahre alt, literaturwissenschaftlichen Studien zuwandten, war es genau die Zeit, daß mit der dreibändigen Volksliedsammlung *Des Knaben Wunderhorn* (1806–1808) eine Unternehmung im Herderschen Sinne gestartet worden war, aus deren Beiträgerkreis vielfältige Aktivitäten hervorgehen sollten. So brachte etwa der Pädagoge und spätere Jugendschriftsteller Albert Ludwig Grimm, keineswegs verwandt mit den Brüdern Grimm, 1809 seine Sammlung *Kindermährchen* heraus und empfahl sie wärmstens den „Aeltern und Erziehern". Diese Zielsetzung war das Ergebnis eines Umdenkungsprozesses, der seit der zweiten Hälfte des 18. Jahrhunderts eingesetzt hatte und zum Entstehen einer intentionalen Kinder- und Jugendliteratur führte. Typisch ist die Aussage im *Philanthropischen Journal für die Erzieher und das Publikum* (1778, 101 f.) über Literatur für Kinder: „Man muß die Kunstgriffe, die Regeln, die Gründe der Erziehungskunst den Kindern geheim halten." Und weiter: „Kein Buch, daß Kinder lesen sollten, muß von Erziehung sprechen" (Schmidt 1974, 21). Dennoch geschah die Einübung von Werten und Normen nach wie vor trotzdem sehr direkt, wie exemplarisch ein Beispiel von Friedrich Eberhard von Rochow aus dessen *Kinderfreund* (1776) zeigt: Die 70. Geschichte heißt *Vom Nutzen der Obrigkeit*, deutet also im Titel schon an, was die Darstellung ausmacht, und schließt mit der Ermahnung: „Jedermann sey also willig unterthan der Obrigkeit, die Gewalt über ihn hat. Rö. 13,1 u. f." (ebda., 26).

Noch besser als solche moralisierenden Geschichten ließen sich Märchen zur Unterrichtung und Belehrung von Kindern instrumentalisieren. Es müßten diese Zeugnisse einer nationalen Überlieferung, Relikte einer archaischen Ethik, „diese Brosamen der Poesie" (Vorrede 1812, XXI), aufgesammelt werden, um sie vor dem Vergessen zu bewahren. Wichtiger allerdings sei diese Praktik ganz im christlichen Sinn als eine gezielte „Nachlese" zu verstehen, wie Wolfgang Brückner (1995) ausführte. Eine solche Sammlung als „Erziehungsbuch" einzusetzen war eine neue Idee und zur richtigen Zeit geäußert, nachdem sich die alten moralischen Geschichten als zu langatmig und wenig brauchbar erwiesen hatten. Diese Zielsetzung war so ungewöhnlich nicht, aber keineswegs Allgemeingut. Solche Vorstellungen finden sich vereinzelt erst seit der zweiten Hälfte des 18. Jahrhunderts in Verbindung mit aufklärerischem Gedankengut, mit moralischen Geschichten für Kinder und christlichen Erziehungslehren (Brückner 1995; Bluhm 2013; vgl. auch Alzheimer-Haller 2004). Einen typischen Titel legte Friedrich Grützmann vor mit *Albert und Henriette: oder nur Liebe für die Gottheit, Tugend und Kunst erwirbt uns die höchste Bildung. Ein Lese- und Erziehungsbuch für Kinder und alle, die das edle Geschäft der Erziehung betreiben* (Leipzig 1804). Mit der Gattung Märchen standen kurze, einprägsame Geschichten zum Vorlesen und Nacherzählen zur Verfügung. Dieser Umstand führte letztendlich zum großen Erfolg der KHM, auch wenn die Nachwirkung zunächst zögerlich einsetzte.

In vielen anderen grundlegenden Werken der Brüder Grimm macht schon ein Hinweis im Titel den Bezug des Werks zum deutschen Sprachgebiet aufmerksam (z. B. *Deutsche Sagen*, *Deutsche Mythologie* oder *Deutsche Grammatik*) und soll an die gemeinsame nationale Vergangenheit erinnern. So mochte der abweichende Titel *Kinder- und Hausmärchen* ohne Hinweis auf die Einzigartigkeit der Sammlung im Sinn einer Nationaldichtung überraschen. Aber die plakativen Titel *Volksmärchen der Deutschen* und *Neue Volksmärchen der Deutschen* waren bereits als Schöpfungen von Musäus und Benedikte Naubert (1756–1819) vergeben. Was lag näher, als den seit dem späten 18. Jahrhundert nicht mehr pejorativen Begriff Märchen im Zusammenhang einer belehrenden Literatur für Kinder – wie Albert Ludwig Grimm – aufzugreifen. Schon in der Vorrede zu den *Altdänischen Heldenliedern* von 1811 hatte sich Wilhelm Grimm in diesem Sinn geäußert: Die Märchen gäben „einem jeden, der sie in der Kindheit angehört, eine goldene Lehre und eine heitere Erinnerung daran durchs ganze Leben mit auf den Weg".

Den Begriff Hausmärlein verwendete erstmals der Humanist Georg Rollenhagen (1542–1609). In der Vorrede zu seinem Tierepos *Froschmeuseler* (1595 u. ö.) schrieb er: „Was auch der alten Deutschen Heydenische leer gewesen/ vernimmet man aus den wunderbarlichen Haußmehrlein/ von dem verachten frommen Aschenpössel/ vnd seinen stoltzen spöttischen Brüdern. Vom albern vnd faulen Heintzen, vom Eisern Heinrich/ von der alten Neydhartin/ vnd dergleichen. Welche ohne schrifft jmmer mündlich auff die nachkommen geerbet werden/ vnd gemeinlich dahin sehen, das sie Gottes furcht/ fleiß in Sachen/ Demut/ Geduld/ vnd gute Hoffnung leeren. Denn die aller verachteste Person wird gemeinlich die aller beste." Bemerkenswert ist die von Rollenhagen gezogene Traditionslinie von „alter Heydenischer lehr" zur Gegenwart und die damit zusammenhängende Funktion: Hausmärlein gedacht als Anleitung zu christlicher Erziehung und als Sozialutopie für die Außenseiter der Gesellschaft. Im Prinzip war hier das Konzept der Brüder Grimm bereits vorgezeichnet. Doch bot die bestehende soziale Ordnung in ihren Augen keinen Ausgangspunkt für den Wunsch nach Veränderung. Im Gegenteil: Sozialkritische Züge in Märchen der KHM-Erstausgabe von 1812 wurden später abgeschwächt und harmonisiert. Die KHM zeigen außerdem eine deutliche Tendenz zur Bewahrung des sozialen Status quo, wie exemplarisch KHM 180: *Die ungleichen Kinder Evas* bezeugt: Ganz im lutherischen Sinn wird die unterschiedliche Ordnung der Stände und die Verteilung von Armut und Reichtum als gottgegeben gerechtfertigt.

Im Zusammenhang mit der Funktion eines Erziehungsbuches ergibt sich eine direkte Verbindung der KHM zur Hausväterliteratur, die besonders in der lutherischen Hauslehre nachwirkte. Schon Johann Geiler von Kayserberg, der bedeutende Prediger und Vermittler populärer Erzählstoffe, hatte die im Titel angesprochene *Christenlich bilgerschafft* (Basel 1512, Fol. 64a 1; BP 4, 56) ermahnt: „Sölche ding, historien und geschichten der heiligen solten ir hußlüt üwern gesinde erzalen, kindern, knecht und megt, an stat böser wüster merlin, schamperer lieder und derglichen." Im Sinne der oikos-Lehre ist das ganze Haus, vom Herrn bis zum Knecht, mit einbezogen. Das Haus besitzt ein klares Ordnungsschema in der Herrschaft des Mannes über die Ehefrau, der Herrschaft des Vaters über die Kinder und der Herrschaft des Hausherrn über das Gesinde. Es beruht auf der geistlichen Begründung der Kopplung von Heiligung des Ehestands und Heiligung der Arbeit sowie der Arbeit als Pflicht des Christen im Dienst am Nächsten. So verstanden, lassen sich Märchensammlungen als Sittenlehre für die Menschen des Hauses begreifen und als Anweisung oder Richtschnur für ihr Verhalten in allen erdenklichen Lebenslagen, während Sagenbücher mit ihren historischen und heldenhaften Erzählungen besonders die ‚vaterländische' Erziehung förderten. Daß dieser Auffassung ein hoher Stellenwert zukam, geht auch aus Äußerungen der Brüder Grimm und den Vorreden ihrer Sammlungen hervor, wenn es *Ueber das Wesen der Märchen* heißt: „Kindermärchen werden erzählt, damit in ihrem reinen und milden Lichte die ersten Gedanken und Kräfte des Herzens aufwachen und wachsen; weil aber einen jeden ihre einfache Poesie erfreuen und ihre Wahrheit belehren kann, und weil sie beim Haus bleiben und forterben, werden sie auch Hausmärchen genannt" (KHM 1819, XXI). Die Einschätzung der KHM als eines Erziehungsbuches hat wohl die Herausgeber von Lesebüchern wie Heinrich Dittmar (1792–1866) und Wilhelm Wackernagel (1806–1868) bewogen, zahlreiche Märchen der Brüder Grimm wegen ihrer Propagierung ‚deutscher' Tugenden und im Bewußtsein der

Pflege alten Kulturguts in ihre Sammlungen mit aufzunehmen. Nach den Untersuchungen Simone Zägels (1992, 575) stehen die Brüder Grimm in Wackernagels *Deutsches Lesebuch* (1843) innerhalb der am häufigsten zitierten Quellen mit 26 Nennungen an vierter Stelle nach Johann Peter Hebel (42mal), Friedrich Rückert (42mal) und Ludwig Uhland (29mal). Unstreitig finden Wertvorstellungen und pädagogische Anliegen breiten Eingang in die KHM. Jacob hatte offenbar vor allem das gutbürgerliche Milieu im Auge, wenn er gegenüber Friedrich Bertuch in einem Brief vom 8.12.1812 meinte, daß die KHM „ein Volks- und Erziehungsbuch, namentlich auch in der feineren Welt werden möchten" (Ginschel 1989, 245). In der Vorrede 1812 hieß es nach einer Schilderung der Märchencharakteristika noch zurückhaltend: „In diesen Eigenschaften aber ist es gegründet, wenn sich so leicht aus diesen Märchen eine gute Lehre, eine Anwendung für die Gegenwart ergiebt; es war weder ihr Zweck, noch sind sie darum erfunden, aber es erwächst daraus, wie eine gute Frucht aus einer gesunden Blüthe ohne Zuthun der Menschen." In der Vorrede des Folgebandes von 1815 – und mit ähnlichem Sinn in allen weiteren Auflagen – wurde dagegen präziser die Wirkung der den Märchen innewohnenden Poesie und die Funktion der Sammlung beschrieben (Brückner 1995; Murayama 2005): sie „erfreue, wen sie erfreuen kann, und darum auch, daß ein eigentliches Erziehungsbuch daraus werde". Fast programmatisch im Hinblick auf ethische Werte leitete das Legendenmärchen *Der Arme und der Reiche* (KHM 87) den zweiten Band der KHM ein, da in den Figuren der armen, aber gastlichen Eheleute tugendhaftes und christlich bestimmtes Handeln vorführt, in den Figuren der reichen, geizigen, nur aus Eigennutz handelnden Eheleute dagegen kontrastreich ein nicht nachzuahmendes, sozial jenseits herkömmlicher Normen stehendes Handeln.

Von Auflage zu Auflage stieg der Anteil der Ergänzungen, welche die Helden und besonders die Heldinnen wie etwa Aschenputtel als fromm darstellten. Gehorsam und unbedingte Pflichterfüllung, ohne die übernommenen Aufgaben zu hinterfragen, kennzeichnet die positiv gezeichneten Figuren des Zaubermärchens. Sie erhalten stets Förderung von außen, die Hilfe geschieht durch Zufälle und Glück. Die Erfolge erringen sie aber auch dank eigener intellektueller Begabungen oder aufgrund erlernter Fähigkeiten. Wilhelm Grimm wählte neue Texte entsprechend aus und brachte ethische Vorstellungen und pädagogische Anliegen prononciert ein (vgl. auch Faber 2002, 51–66). Dies geschah keineswegs nur sublim, sondern die Verchristlichung und Pädagogisierung nahm von Auflage zu Auflage in allen von den Märchen berührten Lebensbereichen zu. Wie Held und Heldin ihr Handeln bewerten, erzählen sie den Lesern der Märchen in Selbstgesprächen. In rund 30 Texten kommentiert der Erzähler auch das Geschehen unter besonderer Betonung moralischer Akzente: Die Mutter stachen die Schlangen in den Fuß, weil sie ihr Kind „nicht besser erzogen hatte" (Kinderlegende 1: *Der heilige Joseph im Walde*).

Auffällig hoch ist die bewußte Verankerung christlicher Werte. Bis in die letzten Ausgaben hinein sind die Märchen im Hinblick auf christliche Züge zurechterzählt worden (Faber 2002, 67–78). Zu dem ungemein breiten Überlieferungsbereich, aus dem die Brüder Grimm schöpften, gehören zahlreiche Werke der Predigtliteratur und solche, die im Sinne eines religiösen Erziehungsideals verfaßt waren. Spuren davon zeigen sich in den KHM, wenn Worte der Bibel zitiert werden (z. B. KHM 71, 76, 81, 110: Gen. 14,20; Jos. 21,44; Ri. 3,28; Mt. 27,4), wenn die Reuelehre (KHM 3: *Marienkind*) paraphrasiert wird oder protestantisches Obrigkeitsdenken (KHM 157: *Der Sperling und seine vier Kinder*; KHM 180: *Die ungleichen Kinder Evas*) den Rahmen für die Handlung bildet. Das Lob der Arbeit klingt in KHM 157 und KHM 180 an: „so mußten sie [...] im Schweiße ihres Angesichts ihr Brot essen" (Gen. 3,19). Alles Handeln muß in Gott ruhen, das heißt im Einklang mit der Schöpfung stehen. Diese Einschätzung spiegeln die KHM in besonderem Maße wider. Von allen Texten am eindrucksvollsten ist in dieser Hinsicht die von dem Theologen Johann Balthasar Schupp (1610–1661) fast wörtlich – unter Beibehaltung des Sprachgebrauchs – übernommene Fabel vom Sperling und seinen vier Kindern (KHM 157), die im Einklang mit der protestantischen Ethik Demut und Bescheidenheit vor Gott propagiert.

Viele Märchen schildern in der Heldin einen Prototyp, der durch die Verbindung von Arbeit und Schönheit charakterisiert ist. Die zunächst oft unscheinbare Heldin stammt aus kleinen Verhältnissen, ist aber prädestiniert zu sozialem Aufstieg, weil sie sich durch Fleiß und gute Haushaltsführung auszeichnet und sich durch Achtsamkeit gegenüber den Tieren und der Natur auszeichnet. So sind die KHM bestimmt von einer Vielzahl bürgerlicher Normen, die in ihrem Ganzen der Welt des Biedermeier entsprechen, aber doch auch überzeitlich sind. Tugenden wie Fleiß, Reinlichkeit und Arbeitsamkeit sind hochgeschätzt, Faulheit und Müßigkeit dagegen negativ sanktioniert. Brotfrevel wird rigoros geahndet. Die Kinder üben Tätigkeiten aus, die ein ‚braves' Kind charakterisieren: Sie lernen, singen, gehen spazieren, wirtschaften sparsam, arbeiten, kochen, waschen, spinnen, hüten Tiere, musizieren, pflücken Blumen und helfen sich selbst. Ihre Beschreibung geschieht anhand ästhetischer Vergleiche, durch Zuweisung von Eigenschaften der moralischen Ebene wie böse und lieb, begierig, ungehorsam, faul, fleißig, fromm, gutartig, gehorsam, sittsam und durch intellektuelle Qualitäten wie Klugheit und Verständigkeit. Als weitere Kategorie, meist ergänzend, ist das soziale Milieu genannt. Es handelt sich zumeist um ein Kind armer Leute. Kinderzuchtgeschichten sind in der ganzen Sammlung reichhaltig vertreten (z. B. KHM 5, 26, 43, 117). In Anlehnung an allgemeine Erziehungsgrundsätze und katechetische Lehrstücke – vor allem das vierte Gebot – wird den Kindern strikter Gehorsam gegenüber den Eltern abverlangt. Auf diese Weise entwerfen die KHM klare Bilder der Handlungsträger, die Leser und Hörer mit ihren eigenen Vorstellungen ausschmücken können. Nur in den vielen Schwänken und Schwankmärchen mit achts ihrer Neigung zur Umkehrung moralischer Werte, die innerhalb der KHM zur Auflockerung durchgängig vertreten sind, darf von den Normen abgewichen werden.

Illustrationen

Achim von Arnim hatte schon früh angeregt, die KHM mit einigen Illustrationen zu versehen (Grimm/Lefftz 1927, 176). Doch die Brüder Grimm hielten sich zunächst nicht an diese Empfehlung und befanden sich damit in guter Gesellschaft. Denn im Vordergrund der ersten Märchenausgaben stand der Text, was auch mit den eingeschränkten Möglichkeiten der Reproduktionstechniken für Bilder zu tun gehabt haben dürfte. Die sogenannte *Kleine Ausgabe* der KHM, die zu Weihnachten 1825 mit sieben Bildbeigaben erhältlich war, wäre vermutlich nie erschienen, wenn nicht der ungemeine und mit Genugtuung von den Brüdern Grimm registrierte Erfolg der *German Household Stories* den Verleger Reimer von der Notwendigkeit einer preiswerten ‚Volksausgabe' überzeugt hätte. Die 1823 in England publizierte Auswahl der KHM wies zwölf in Sepia gehaltene ganzseitige Illustrationen des Karikaturisten George Cruikshank auf, ein zweiter Band mit zehn Illustrationen kam 1826 heraus. Wilhelm hatte bei Reimer angeregt, „die Kupfer der englischen Ausgabe, die geistreich und gefällig sind, copiren [zu] laßen, am leichtesten auf Stein, weil sie sich vollkommen dazu eignen und dann auch wohlfeil seyn würden" (Zirnbauer 1975, 203). Aber statt Cruikshank wurde Ludwig Emil Grimm (1790–1863) die bildliche Ausstattung der *Kleinen Ausgabe* anvertraut. Schon für die KHM-Ausgabe von 1819 hatte er ein ganzseitiges Titelkupfer beigesteuert (Schmitt 2005, 80–84). Bereits während der Vorarbeiten 1824 hatte Wilhelm die Entwürfe verfolgt und Abänderungen oder eine zusätzliche Einfügung von Details angeregt. Wie die späteren Illustrationen zeigen, hat Ludwig Emil Grimm diese Anregungen weitestgehend übernommen. Der Malerbruder hatte offenbar eine Vorliebe für die Gestalt der passiven Schönen beziehungsweise der unschuldig Verfolgten. So lieferte er Vorlagen für *Marienkind* (KHM 3), *Aschenputtel* (KHM 21), *Dornröschen* (KHM 50), *Sneewittchen* (KHM 53), *Gänsemagd* (KHM 89), aber auch für *Rotkäppchen* (KHM 26) und *Hänsel und Gretel* (KHM 15). Die Illustrationen sind dem Text des entsprechenden Märchens gegenübergestellt und zeichnen sich durch starke Einbeziehung landschaftlicher Elemente (*Gänsemagd*, *Sneewittchen*) wie auch durch strenge Raumbehandlung (*Dornröschen*) und liebevolle Einzelheiten der Gerätschaften aus (*Aschenputtel, Rotkäppchen*).

Das Aufkommen neuer Reproduktionstechniken besonders seit den 1820er Jahren ermöglichte eine stärkere und preisgünstigere Bebilderung, was zu einer massenhaften Verbreitung bebilderter Märchenausgaben führte, wie sie dann vor allem, verbunden mit neuen Vermittlungsinstanzen, seit der 2. Hälfte des 19. Jahrhunderts zu beobachten war. Statt der bloßen Titelvignette oder der Einzelillustration für einige wenige Märchen verschob sich das Text-Bild-Verhältnis zugunsten des Bildes. Im Lauf der Tradierung haben sich bestimmte Szenen als bevorzugte Bildvorlagen herausgestellt, die teilweise schon in der ersten bekannten bildlichen Darstellung begegnen. Das Bild erfaßt eine für das Geschehen wichtige Szene und signalisiert die zentrale Botschaft des Märchens. Im *Aschenputtel*-Märchen (KHM 21) beispielsweise dominiert die Szene mit Aschenputtel vor dem Herd (mit Tauben), mit Abstand gefolgt von den Darstellungen mit der Überreichung eines Kleides durch einen Vogel und der abschließenden Schuhprobe. Für das *Rapunzel*-Märchen (KHM 12) charakteristisch sind die beiden Szenen, in der Rapunzel ihr Haar herunterläßt und der Königssohn sich an den Haaren hochzieht. Für *Dornröschen* (KHM 50) ist es die Begegnung des Prinzen mit der Schlafenden, für *Sneewittchen* (KHM 53) die Szene im Glassarg mit den sie bewachenden Zwergen und die mit der Überreichung des Apfels, für *Wolf und Geißlein* (KHM 5) der Wolf in der Tür mit den panisch flüchtenden Geißlein. Für die *Bremer Stadtmusikanten* (KHM 27) ist es die Tierpyramide am Fenster des Räuberhauses mit den vor Schreck vom Tisch wegstürzenden Gesellen. *Hans im Glück*-Illustrationen (KHM 83) zeigen oft den aller Güter ledigen Hans mit im Überschwang ausgebreiteten Armen.

Besonders die populäre Druckgraphik als Kommunikationsmittel für jedermann, vertrieben zu erschwinglichem Preis, gestaltete neben Tier-, Kinder-, Mode- und Uniformdarstellungen mit Vorliebe Märchen, um so auch kindliche Konsumenten ansprechen zu können, und stützte sich dabei oft auf die KHM. Einzelne Märchen kamen seit den 1860er Jahren auch als reich bebilderte Märchenbücher im Hoch- oder Querformat innerhalb von Reihen auf den Markt. Es waren besonders die Märchen mit Kindern und Jugendlichen als Protagonisten, die sich schon in den Jahrzehnten zuvor innerhalb von Einzelausgaben als populär erwiesen hatten: *Rotkäppchen* (KHM 26), *Hänsel und Gretel* (KHM 15), *Das tapfere Schneiderlein* (KHM 20), *Aschenputtel* (KHM 21), *Sneewittchen* (KHM 53), *Dornröschen* (KHM 50).

Mit dem Aufkommen der Luxuspapierproduktion seit den 1860er Jahren waren einzelne Märchenszenen auf buntbedrucktem, gestanztem, geprägtem oder montiertem Papier erhältlich, ebenso Figuren des Märchens wie Zwerge, Heinzelmännchen, Elfen/Feen. Im Bereich des Kinderspielzeugs waren Märchenszenen seit etwa 1880 als Bilder für die Laterna Magica verfügbar. Papiertheater mit Märchenstoffen kamen zur gleichen Zeit dazu, ebenso seit den 1870er Jahren Kaufmannsbilder. Später folgten Reklamesammelbilder, Reklamemarken und Bildpostkarten.

Im 20./21. Jahrhundert setzt sich die skizzierte Entwicklung fort. Opulent gestaltete Märchenbilderbücherreihen und bibliophil ausgestattete Märchenbücher stehen neben billig hergestellten illustrierten Märchenbüchern in schlechter Druck- und Papierqualität. Neue Verwendungsbereiche ergaben sich innerhalb der Familienspiele und des Kinderspielzeugs: Kartenspiele (Quartette), Märchendominos, Malspiele, Märchenwürfelspiele, Märchenpuzzles. Aber auch Märchenmalbücher, Ziehbilderbücher, Weihnachtsteller, Adventskalender und Schulwandbilder; Märchenfilme und -briefmarken spiegeln die Variationsbreite wider. Nach der ersten Gesamtausgabe von Grimm-Märchen 1893 mit Bildbeigaben von Philipp Grotjohann und Robert Leinweber erschien zwischen 1907 und 1909 eine vom hessischen Künstler Otto Ubbelohde mit insgesamt 444 konturierten Federzeichnungen versehene Ausgabe der KHM. Gerade diese Gesamtausgabe macht im Vergleich mit anderen, zuvor und danach erschienenen KHM-Ausgaben vergleichend deutlich, daß rund 60 Grimm-Märchen äußerst selten illustriert werden: Manchmal ist nur die Ubbelohde-Illustration bekannt. Seine Tier- und Naturdarstellungen beruhen auf sorgsamen Beobachtungen und nehmen eine Schlüsselstellung ein. Oftmals unter Verzicht auf Hintergrund und beschränkt auf die dargestellten Handlungsträger, dann wieder eingebettet in eine (hessische) Landschaft, die stimmungsvoll die Märchenszene einzufangen sucht, gelingt es dem hessischen Künstler, mit seinen in strenger Linienführung gehaltenen Illustrationen, den Märchentext bildhaft und zugleich voller Bewegung aufzulockern. Eben diese Elemente seiner Federzeichnungen finden sich in weiteren Ubbelohde-Ausgaben mit Sagen und Märchen und haben mehr als die oft herausgestellten hessisch-nassauischen Landschaftsbilder mit ihren Dörfern und Burgen oder die in Trachten dargebotenen Märchenfiguren zur Popularisierung seiner bis heute immer wieder aufgelegten Illustrationen beigetragen.

Seit Anfang des 20. Jahrhunderts liegt die Bebilderung von Märchenbüchern mehr und mehr auch in den Händen von Künstlerinnen wie etwa Dora Polster oder Gertrud Caspari. Sie fühlen sich nicht nur den jeweiligen künstlerischen Strömungen verpflichtet, sondern entwickeln unter anderem neue, später maßgebliche Darstellungsweisen und Techniken wie den Scherenschnitt (Johanna Beckmann, Lotte Reiniger), der sich bis heute als ein ausdrucksstarkes Gestaltungsmittel erwiesen hat. In durchgängig bebilderten Ausgaben schafft beispielsweise das Künstlerehepaar Ruth Koser-Michaels und Martin Koser ab 1937 puppenhafte Figuren in biedermeierlicher Kulisse und mit anthropomorphisierter Natur. Der weitgehende Verzicht auf die Einbeziehung von Landschaft stellt, auch sinnbildhaft, die Figuren um so stärker heraus, die in einer mehr kindgemäßen Art bei ihren Aktionen dargestellt sind. Daß die Illustrationen Koser-Michaels' bei einer solchen Darstellungsweise untereinander austauschbar werden und das Typische des Märchens nicht eingefangen wird, scheint niemanden zu stören. Es ist vielmehr ein Beispiel für einen sich wandelnden Publikumsgeschmack, dem humorig-drollige Märchenillustrationen eher entsprechen als historisierende oder, konträr, stark verfremdende impressionistische oder expressionistische Illustrationen. Daß diese Tendenz nicht allein in Deutschland zu beobachten ist, zeigen Beispiele aus vielen anderen Ländern.

Moderne Märchenbuch-Illustrationen setzen sich in Deutschland jedoch erst nach 1945 durch, wenn man etwa an die vom Schweizer Grafiker Herbert Leupin zwischen 1944 und 1948 entstandenen Illustrationen denkt. Wie auch die frühen Ausgaben des Mainzer Scholz-Verlags weist die Bildmitte ein über zwei Seiten gehendes Farbbild auf. Besonders ausdrucksstark scheint die Kornfeldszene im Märchen vom gestiefelten Kater gestaltet, in der einzig der verschmitzte großäugige Kater vor dem wogenden und mit Blumen übersäten Feld zu sehen ist (*Der gestiefelte Kater*. Zürich 1946]. Bemerkenswert ist die Darstellung zu *Hans im Glück* (1944): In der Weite der Landschaft, die karg und wüstenähnlich erscheint, zieht er unbekümmert seiner Wege. Seine Statur wirkt sehr jugendlich, mehr jungenhaft. Niemand würde dahinter einen rund Zwanzigjährigen vermuten, der sieben Jahre von daheim gearbeitet hat, wie es im Text des Märchens heißt. In der Aufmachung, den leuchtenden Farben und Farbkontrasten erinnern Leupins Märchenillustrationen an Plakatkunst: Seine Tätigkeit als Gebrauchsgrafiker kann er nicht verleugnen.

Die Entwicklung der letzten Jahrzehnte ist durch eine bis dahin noch nicht gekannte Vielfalt an Darstellungs- und Verwendungsmöglichkeiten von Märchen-Illustrationen charakterisiert. Die szenische Darstellung stimmt zwar häufig mit den im Märchen geschilderten Begebenheiten überein. Das Märchen wird aber auch von Künstlern und Künstlerinnen interpretiert, etwa im Hinblick auf sexuelle Konnotationen (Eva Johanna Rubin, Tomi Ungerer), und weist auf Unterschwelliges. Häufig begegnen vereinfachte Handlungsabläufe durch Anpassung von Handlungsträgern und Requisiten auf vermeintlich kindliche Wahrnehmungen. Bevorzugt wird eine komisch-puppenhafte Darstellung. Mitunter werden Handlungszüge, Figuren und Requisiten aber auch abstrakt dargestellt, was im positiven Sinne dazu führt, daß die Phantasie der Leser unbeeinflußt bleibt.

Konstant erscheinen Nachdrucke bekannter Märchenanthologien und einzelner Märchen einschließlich der historischen Illustrationen. Für Deutschland beliebt sind nach wie vor vor allem die Zeichnungen Ludwig Richters und Otto Ubbelohdes. Eine kleine überschaubare Zahl von rund zwanzig Märchen wird immer wieder von Künstlern und Künstlerinnen gestaltet, was eine Kontinuität bestimmter Märchen im Genre des Bilderbuchs zur Folge hat und zur Stabilität sogenannter Lieblingsmärchen beiträgt, auch wenn die Illustrationen manchmal ungewöhnlich sind und eine dramatische Szene aus einer dis dato unbekannten Perspektive beleuchten (etwa bei Nikolaus Heidelbach). Der Trend zu uniformer Darstellungsweise verstärkt sich. Es gibt massenhaft vertriebene Märchenbücher der sogenannten Kaufhauskultur – ein internationales Phänomen. Die Handlungsträger sind ausnehmend schön, selbst Gegenspieler wie etwa der Zauberer erscheinen in makelloser Schönheit. So entstehen Figuren und Tiere, die den jugendlichen Konsumenten der Märchen auch in Animationsfilmen und im Fernsehen ähnlich begegnen. Der Bildbezug zum Text ist erkennbar, aber die Austauschbarkeit der Puppenfiguren und Tiere springt ins Auge.

Die KHM sind heute in den neuen Bildmedien präsent, werden in eigens kreierten Märchenzeitschriften revitalisiert und begegnen unter anderem auf Compact Discs, DVDs und als Computerspiel. Das Fehlen individueller Charaktereigenschaften und die Neigung der Figuren zur Allverbundenheit, das heißt die Beziehungsfähigkeit zu allen ihnen begegnenden Diesseitigen und Jenseitigen, zu Menschen und Tieren, machen die in den KHM vertretenen Handlungsträger besonders anfällig für viele Verwendungsbereiche der heutigen Massenkultur – als Vertreter bestimmter Werte und Vorstellungen, leicht zu entschlüsseln in Bildern und Symbolen. Verfremdungseffekte ergeben sich durch den Gebrauch von Märchenmotiven innerhalb der Satire, Karikatur und der Werbung (Mieder 1982 ff.) und in Manga, in denen beispielsweise Sneewittchen „zwischen Kulleraugen und düsterer Erotik" (Feil 2012, 12; EM 14, 1739–1745; vgl. Kaneshiro-Hauptmann 2013a, 113–133) angesiedelt ist. Es liegt auf der Hand, daß dabei die eingeführten und populären Märchen, die seit Jahrzehnten in den Illustrationsformen dominieren und wegen ihrer Handlungsträger Kinder und Jugendliche besonders ansprechen, bevorzugt werden.

Für Illustrationen von Märchen gilt: Das Bild kann den Text nicht ersetzen. Im Idealfall gelingt es den Künstlern, die Aussage des Textes oder, präziser, des Textausschnittes bildlich so darzustellen, daß Bild und Text als eine untrennbare Einheit erscheinen. Eine andere Möglichkeit besteht darin, daß die Bildaussage von der Textaussage völlig losgelöst ist, daß sich also zwei Ebenen für den Betrachter/Leser ergeben. Gewöhnlich wird sich die Illustration zwischen diesen beiden Extremen bewegen.

Nachwirkungen

Die Sammlung der Brüder Grimm stieß in ganz Europa auf Zustimmung. Die Märchen fanden Eingang in die einflußreichen Medien und wurden durch Übersetzungen in anderen europäischen und später, seit dem letzten Viertel des 19. Jahrhunderts, in überseeischen Ländern bekannt. Die KHM-Fassung wird entscheidend für die Tradierung vieler mittelalterlicher und frühneuzeitlicher Stoffe, nicht der Originaltext. Allerdings verläuft die Rezeption der Märchen sehr unterschiedlich. Obwohl sich unter den mundartlichen Stücken einige der schönsten Märchen wie *Von dem Fischer un syner Fru* (KHM 19) oder – mit hochdeutschem Titel – *Der Vogel Greif* (KHM 165) und *Der Hase und der Igel* (KHM 187) befinden, beeinträchtigte das Vorliegen als Dialektfassung offensichtlich die weitere Verbreitung. Dies wird besonders bei den Stücken augenfällig, die andere Märchenherausgeber wie Ludwig Bechstein in hochdeutscher Übertragung darboten. Meistens wurde die KHM-Version dadurch verdrängt. Selbst die Aufnahme eines Textes in die *Kleine Ausgabe* bedeutete nicht automatisch, daß damit eine größere Popularität verbunden war. Auffällig an dieser Auswahl ist allerdings, daß die meisten Texte aus der *Kleinen Ausgabe* über längere Zeiträume hinweg zu den weitverbreiteten Märchen gehören. Entscheidend für die Nachwirkung waren die Handlungsträger: Märchen mit Kindern als Protagonisten dominieren bis heute. An der Wertschätzung bestimmter Texte hat sich wenig geändert. An der Spitze stehen seit Jahrzehnten *Sneewittchen* (KHM 53), *Hänsel und Gretel* (KHM 15) und *Rotkäppchen* (KHM 26), gefolgt von *Aschenputtel* (KHM 21) und *Dornröschen* (KHM 50). Daneben haben sich andere KHM-Märchen zu Lieblingsmärchen entwickelt. Dazu zählen das seit 1833 in den KHM befindliche Märchen *Schneeweißchen und Rosenrot* (KHM 161), aber auch so humorvoll erzählte Stücke wie *Hans im Glück* (KHM 83) und seit dem letzten Viertel des 19. Jahrhunderts Schwankmärchen wie *Tischchen deck dich* (KHM 36), *Die Bremer Stadtmusikanten* (KHM 27) und *Das tapfere Schneiderlein* (KHM 20) oder *Die kluge Bauerntochter* (KHM 94). Im ganzen haben schwankhafte Stücke mit listigen und klugen Helden und Heldinnen in den letzten Jahrzehnten erheblich an Popularität dazugewonnen. Märchen von unschuldig verfolgten und passiven Frauen wie *Die Gänsemagd* (KHM 89) oder *Rapunzel* (KHM 12) büßten dagegen an Beliebtheit ein.

Die Popularisierung der KHM begann mit ihrer stofflichen beziehungsweise wörtlichen Übernahme in Sammlungen Albert Ludwig Grimms (1816), Heinrich Dittmars (1821 ff.), Johann Heinrich Lehnerts (1829) und anderer. KHM-Teilübersetzungen erfolgten 1816 ins Dänische und ins Niederländische; eines der in den Niederlanden veröffentlichte Stück stammte kurioserweise aus der Sammlung des Namensvetters Albert Ludwig Grimm. Die Übertragung von KHM-Stücken ins Englische 1823 hatte großen Erfolg. Noch dreimal wurde die Ausgabe im gleichen Jahr aufgelegt (weitere Auswahl 1826) und regte die Brüder Grimm zu einer Volksausgabe mit 50 Texten an, die 1825 erstmals erschien und bis 1858 immerhin zehn Auflagen erreichte. Weitere KHM-Übersetzungen erschienen unter anderem in Schweden 1824, den Vereinigten Staaten 1828, in Frankreich 1830, Ungarn 1860 und Rußland 1862. 1826, ein Jahr nach der *Kleinen Ausgabe*, kam ein unberechtigter Nachdruck bei dem als Verleger verschrieenen Macklot in Stuttgart heraus, zugleich ein Anzeichen dafür, daß die KHM als Raubdruck interessant geworden waren.

Mit ihrer Sammlung legten die Brüder Grimm auch den Grundstein für die Erforschung des Märchens. Anders als die meisten ihrer Zeitgenossen hatten sie die von ihnen zusammengetragenen Texte mit umfangreichen Erläuterungen versehen. Auffällig war, daß dabei eine nicht zu übersehende Verbindung zu germanischen Mythen hergestellt wurde. Diese Herleitungen finden sich 1812/1815 in großer Zahl und gehen zweifellos in starkem Maße auf Jacob Grimm zurück. Bei der Neufassung des Anmerkungsbandes 1822 und 1856 ließ Wilhelm jene Abschnitte unverändert, obwohl er sich solchen Auffassungen gewiß weniger verpflichtet fühlte, wie die von ihm später verfaßten Kommentare bezeugen. Ein solches mytho-poetisches Gedankengebäude beeinflußte die Anlage der *Deutschen Sagen* als Muster für das Weiterleben alter Vorstellungen und bildete später die Basis von Jacobs *Deutscher Mythologie*. Die ausschließliche Fixierung auf verwertbare mythologische Zusammenhänge barg jedoch manchen Irrweg und führte mitunter zu einer gewissen Betriebsblindheit (vgl. etwa die Grimm-Ausführungen zu KHM 150: *Die alte Bettelfrau*).

Kommentierte Märchenausgaben hatte es auch schon zuvor gegeben, etwa von Büsching (1812). Aber an Gründlichkeit übertrafen die Anmerkungen der Brüder Grimm alle bis dato erschienenen Sammlungen. Den KHM insgesamt kommt eine Leitfunktion für Nachfolgewerke zu, wie zahlreiche Bekundungen der Sammler zeigen und wie sich aus der Übernahme des Grimm-Titels – als Hommage und zugleich als Markenzeichen für die Güte der Sammlung – ablesen läßt. So nannten die Brüder Ignaz Vincenz und Joseph Zingerle ihre Sammlung *Kinder- und Hausmärchen aus Süddeutschland* (1854), Theodor Vernaleken veröffentlichte *Kinder- und Hausmärchen dem Volke treu nacherzählt* (1864) oder Otto Sutermeister sprach von *Kinder- und Hausmärchen aus der Schweiz* (1869).

Wie stark Märchenfassungen der Brüder Grimm ins allgemeine Bewußtsein eingedrungen waren, geht aus den seit den 1830er Jahren verstärkt aufkommenden Anthologien und Einzelausgaben hervor. Hier läßt sich ablesen, wann, wo und von wem die betreffenden *Sneewittchen*-, *Rotkäppchen*- und anderen Märchenfassungen der Brüder Grimm erneut und außerhalb der KHM ihren Weg in die Öffentlichkeit fanden. Nicht selten variierten die Herausgeber die Grimmschen Märchen und schufen aus bereits bekannten Stoffen und Motiven neue Versionen. Dabei konnte es vorkommen, daß Wilhelm Grimm bei späteren Auflagen auf solche Umformungen und Erweiterungen, etwa August Stöbers *Hänsel und Gretel*-Version, zurückgriff und Teile daraus in die KHM-Fassung (KHM 15) integrierte. Die meisten Übernahmen aus den KHM enthalten die seit 1845 aufgelegten Märchen Bechsteins. In seinen knappen Quellennachweisen hat der Thüringer Märchenspezialist die KHM genannt, aber immer mit der Tendenz, sie seien Gemeingut des Volkes und dürften mithin auch adaptiert werden: ein Freibrief für Plagiate.

Ein weiterer wichtiger Vermittlungsweg verlief über Schul- und Lesebücher. In deren stark vertretenen Märchen- und Sagenbereich dominieren uneingeschränkt die Brüder Grimm. Ihre bekannten Märchen, vor allem aus dem Bereich KHM 1–60, fanden dort zuhauf Eingang und lösten teilweise Fabeln als ‚klassische' Schullektüre ab. Andere Märchenherausgeber und -sammler sind längst nicht so oft vertreten, beispielsweise Theodor Lyser, Hermann Kletke oder selbst Ludwig Bechstein. Adelbert von Chamisso und Eduard Mörike machen die KHM in den 1830er Jahren zur Vorlage für Versifizierungen. In Heinrich Heines Dichtungen lassen sich zahlreiche Rückbezüge zu den Märchen und Sagen der Brüder Grimm entdecken, bis hin zu Sprichwortinterpolationen. Im Versepos *Deutschland, ein Wintermährchen* deutete Heine Stoffe aus der volkstümlichen Überlieferung, so *Die Gänsemagd* (KHM 89) als Ausdruck einer geheimen Befreiungsutopie: Sie verkörperte ihm das um seine Rechte betrogene Volk.

Zu Beginn des 21. Jahrhunderts bestimmen die KHM weiterhin das Bild von Märchen. Populäre Medien benutzten vorzugsweise KHM-Fassungen als Vorlage, etwa für Märchenfilme, -opern und -spiele (Schmitt 1993, Zipes 2011). Die KHM begegnen als Buchmärchen und in symbolischer Weise plakativ vor allem in den Bild- und Printmedien, manchmal auch verfremdend, das heißt in der Darstellung einer Schlüsselszene des Märchens, die den Inhalt als bekannt voraussetzt, die Märchenbotschaft ins Gegenteil verkehrt und so „einen komischen Konflikt zwischen der Wundergläubigkeit des Märchens und der Wirklichkeit" (Röhrich 1990a, 11) herbeiführt – gewissermaßen in Umkehrung der Märchenmoral. Die KHM sind auf diese Weise ständig in den Medien präsent als Anspielung, Redensart und vor allem als Metapher. Pädagogen greifen zumeist auf die KHM als Muster ‚volkstümlichen' Erzählguts zurück. Gewiß gab es im Verlauf der Jahrzehnte unterschiedliche Beurteilungen – man denke nur an die wiederauflebende Diskussion der 1970er Jahre um die vermeintliche Grausamkeit von Märchen oder um den Realitätsbezug von Volkserzählungen und damit verbundene Sozialkritik –, aber ‚Bewährtes' fiel nicht gleich jeder Modewelle zum Opfer (dies ließe sich auch bei anderen Literaturklassikern feststellen). Der ganze Kanon bürgerlicher Wertvorstellungen war in der Sammlung eingefangen (Richter/Merkel 1974).

Schließlich darf nicht vergessen werden, daß insbesondere die Märchen der Brüder Grimm die Aufmerksamkeit von Psychoanalytikern, Psychiatern und Anthroposophen gefunden haben. Große Nachwirkung im deutschsprachigen Raum haben insbesondere die Märchendeutungen der Anhänger von Sigmund Freud (1856–1939) und Carl Gustav Jung (1875–1961) gefunden. Sie sehen Märchen als ein Ausdrucks- und Kommunikationsmittel, das sich vor allem zum Einsatz in der Therapie eignet. Hierfür gibt es mehrere entscheidende Gründe: (1) Märchen zeigen Konflikte modellhaft auf; (2) Märchen lösen Konflikte im Sinn einer optimistischen Weltsicht (das ‚Prinzip Hoffnung'); (3) Märchen sind allgemein bekannt; (4) Märchen sind kurze Erzählungen ohne Zwischentöne, das heißt die Figuren sind leicht als Vertreter bestimmter Werte und Vorstellungen zu erkennen. Die Identifikation mit den positiv gezeichneten Handlungsträgern ist ungemein erleichtert, weil jeder die angebotene Schablone mit seinen Vorstellungen besetzen und seiner Phantasie freien Lauf lassen kann. Die damit verbundene Freiheit trägt zugleich zur zeitüberdauernden Wirkung der Märchen bei. In diesem Sinne lassen sich mit Wolfdietrich Siegmund (EM 11, 7–14) Volkserzählungen wie Sagen, Schwänke, Witze, Rätsel und besonders Märchen auch in der Psychiatrie bei der Therapie mit Gewinn einsetzen, „zunächst einfach zum Hören, Erzählen, Imaginieren und Bedenken", später „gezielter zum Malen, Spielen, Werken, schließlich zu vertiefenden Gesprächen". Denn Märchen, so Siegmund, sind „daseinsanalytisch gestimmt, zukunftsgerichtet, eilen vorwärts in das neu zu entdeckende Miteinander in einer offenstehenden Welt", ihre Vorteile liegen „in ihrer Bekanntheit und Beliebtheit, Überschaubarkeit und Fülle (die Welt in einer Nuß). Der phänomenologische Umgang mit Märchen [...] verletzt nicht, schließt behutsam auf, will nichts gewaltsam verändern, sondern bahnt ein sanftes Sichverwandeln an. Entscheidend sind hierbei weniger bestimmte Märchensujets und Deutungsversuche als vielmehr Form und Stil des Märchens, die Ganzheit des Kunstwerkes und die wohlüberlegte Art seiner Darbietung."

Die Ursachen für die Unterschiedlichkeit der Interpretationsmuster sind bekannt. Märchen, so heißt es öfter, beschrieben nicht nur eine oberflächliche äußere Realität, sondern enthielten infolge ihrer allgemeinen und vielschichtigen Bildlichkeit eine Wahrheit, die über die erfaßbare Wirklichkeit hinausgehe und Deutungen geradezu provoziere, wie Katalin Horn (1990; vgl. auch Schwibbe 2002) feststellte. Unbekümmert pirschen die Autoren und Autorinnen im Märchenwald und stützen sich bei ihren Ausführungen ausschließlich auf inhaltliche Aussagen. Der soziale und historische Kontext wird kaum jemals herangezogen, geschweige denn daß Fassungen aus unterschiedlichen Zeiten mit ihren inhaltlichen Veränderungen diskutiert werden. Das bedeutet beispielsweise, daß die Figur der Frau Holle – als Sagenfigur in einem besonderen historischen Kontext überliefert – im gleichnamigen Märchen (KHM 24) nicht gewürdigt wird. Von Wilhelm Laiblin über Hedwig von Beit, Ottokar Graf von Wittgenstein bis zu Eugen Drewermann, Rudolf Geiger und Sonja Rüttner-Cova reicht die Reihe der Deuter, deren Absolutheitsanspruch es deutlich zu machen gilt, wobei die hypothetische Ebene kritisch hinterfragt, also das gedankliche Gerüst an Theorien und Weltanschauungen aufgezeigt werden muß, das sich hinter den jeweiligen Deutungen verbirgt. Denn mit einer solchen zweckgerichteten Interpretation geht auch die Gefahr einher, Märchen zum Objekt eigener Anschauungen zu instrumentalisieren.

Bibliographie

Ausgaben der KHM

Kinder- und Haus-Märchen. Gesammelt durch die Brüder Grimm. Bd. [1]–2. Berlin: Realschulbuchhandlung 1812/1815 (Nachdruck [...] nach dem Handexemplar des Brüder Grimm-Museums Kassel [...] in Verbindung mit U. Marquardt von H. Rölleke. Göttingen. Vandenhoeck & Ruprecht 1986) (als elektronischer Volltext erfaßt in Uther, H.-J. [ed.]: Deutsche Märchen und Sagen. CD-ROM Berlin: directmedia 2003 [Digitale Bibliothek 80]).
Kinder- und Hausmärchen. Nach der zweiten, vermehrten und verbesserten Auflage von 1819 [...] ed. H. Rölleke. Bd. 1–2. Köln 1982 (München ^{5}1990).
Kinder- und Haus-Märchen. Gesammelt durch die Brüder Grimm. Bd. 1–3. Berlin: Reimer 1819/1819/1822 (ed. H.-J. Uther. Hildesheim/Zürich/New York: Olms 2004).
Kinder- und Hausmärchen. Gesammelt durch die Brüder Grimm. Göttingen: Dieterich ^{3}1837 (Neu ed. von H. Rölleke. Frankfurt am Main: Suhrkamp 1985).
Kinder- und Hausmärchen. Gesammelt durch die Brüder Grimm. Göttingen: Dieterich ^{4}1840.
Kinder- und Hausmärchen. Gesammelt durch die Brüder Grimm. Göttingen: Dieterich ^{5}1843 (ed. A. Winzer. Bd. 1–3. Leipzig: Haffmans 2012).
Kinder- und Hausmärchen. Gesammelt durch die Brüder Grimm. Göttingen: Dieterich ^{6}1850.
Kinder- und Hausmärchen, gesammelt durch die Brüder Grimm. Bd. 3. Göttingen: Dieterich ^{3}1856. (als elektronischer Volltext erfaßt in Uther, H.-J. [ed.]: Europäische Märchen und Sagen. CD-ROM Berlin: directmedia 2004 [Digitale Bibliothek 110]).
Kinder- und Hausmärchen, gesammelt durch die Brüder Grimm. Göttingen: Dieterich ^{7}1857 (Nach der Großen Ausgabe von 1857, textkritisch revidiert, kommentiert und durch Register erschlossen. ed. H.-J. Uther. München: Diederichs 1996 [Die Märchen der Weltliteratur]; vgl. auch die Edition von H. Rölleke. Stuttgart: reclam 1980, 1994 [u. ö.] [Reclams Universal-Bibliothek 3191–3193]; als elektronischer Volltext vgl. Uther, H.-J. [ed.]: Deutsche Märchen und Sagen. CD-ROM Berlin: directmedia 2004 [Digitale Bibliothek 80]).
Kinder- und Haus-Märchen. Gesammelt durch die Brüder Grimm. Kleine Ausgabe. Berlin: Reimer 1825 (^{2}1833, ^{3}1836, ^{4}1839, ^{5}1841), Berlin: Besser ^{6}1844 (^{7}1847), Berlin: Duncker ^{8}1850 (^{9}1853, ^{10}1858).

Literatur

Aarne 1908 = Aarne, A.: Vergleichende Märchenforschungen. Helsingfors 1908.
Aarne 1909 = Aarne, A.: Die Zaubergaben. In: Journal de la société finno-ougrienne 27 (1909) 1–96.
Aarne 1913 = Aarne, A.: Die Tiere auf der Wanderschaft. Hamina 1913 (FF Communications 11).
Aarne 1915 = Aarne, A.: Der Mann aus dem Paradiese in der Literatur und im Volksmunde. Hamina 1915 (FF Communications 22).
Aarne 1916 = Aarne, A.: Der reiche Mann und sein Schwiegersohn. Hamina 1916 (FF Communications 23).
Aarne 1930 = Aarne, A.: Die magische Flucht. Helsinki 1930 (FF Communications 92).

Abry/Joisten 2003 = Abry, C./Joisten, A.: Quand conter c'est „compter" pour sauver son âme et sa peau ... Trois réponses princeps de narratologie: la fonction, les processus et l'origine du conte, donnés par lui-même. In: Colligere atque tradere. Études d'ethnographie alpine et de dialectologie francoprovençale. Mélanges offerts à A. Bétemps. St.-Christophe 2003, 223–237.
Adam 2001 = Adam, J.-M.: Textualité et transtextualité d'un conte d'Andersen. „La Princesse sur le petit pois". In: Poétique 128 (2001) 421–445.
Adam/Heidmann 2002 = Adam, J.-M./Heidmann, U.: Réarranger des motifs, c'est changer le sens. Princesses et petit pois chez Andersen et Grimm. In: Contes: l'universel et le singulier. ed. A. Petitat. Lausanne 2002, 155–174.
Adelung 1793 = Adelung, J. C.: Grammatisch-kritisches Wörterbuch der Hochdeutschen Mundart [...]. Leipzig 1793.
Agricola 1534 = Agricola, J.: Sybenhundert vnd Fünfftzig Teutscher Sprichwörter/ verneuwert vnd gebessert. Hagenau 1528 (Nachdr. Hildesheim/New York 1970).
Alle Arten 1760 = Alle Arten von Scherz- und Pfänderspielen in lustigen Compagnien. Frankfurt am Main/Leipzig [um 1760].
Almqvist 1975 = Almqvist, B.: The Fisherman in Heaven. In: Béaloideas 39–41 (1975) 1–55.
Alsheimer 1971 = Alsheimer, R.: Das Magnum Speculum Exemplorum als Ausgangspunkt populärer Erzähltraditionen. Frankfurt am Main 1971.
Altdeutsche Wälder = Altdeutsche Wälder 1–3. Hrsg. durch die Brüder Grimm. Kassel u. a. 1813–16.
Altmann-Glaser 2007 = Altmann-Glaser, C. (ed.): Das Geheimnis der Patin. Marienkind, Die grüne Witwe, Bei der schwarzen Frau. Ersigen 2007.
Alzheimer-Haller 2004 = Alzheimer-Haller, H.: Handbuch zur narrativen Volksaufklärung. Moralische Geschichten 1780–1848. Berlin/New York 2004.
Ammenmärchen 1791 = Ammenmärchen 1–2. Weimar 1791/92.
Andersen 2005 = Andersen, J.: Hans Christian Andersen. Eine Biographie. Frankfurt am Main/ Leipzig 2005.
Anderson 1931 = Anderson, W.: Der Schwank vom alten Hildebrand. Dorpat 1931.
Anderson 2000 = Anderson, G.: Fairytale in the Ancient World. London/New York 2000.
Arendt 1985 = Arendt, D.: Drei Wünsche und kein Ende. Das Wunsch-Märchen und seine parodistischen Folgen. In: Der Deutschunterricht 6 (1985) 94–109.
Arfert 1897 = Arfert, P: Das Motiv von der unterschobenen Braut in der internationalen Erzählungslitteratur. (Diss. Rostock) Schwerin 1897.
Armour 1997 = Armour, P.: Greifen. In: Cherry, J. (ed.): Fabeltiere. Von Drachen, Einhörnern und anderen mythischen Wesen. Stuttgart 1997, 112–164.
Arnim 1812 = Arnim, L. A. von: Isabella von Aegypten [...] Die drei liebreichen Schwestern und der glückliche Färber. Ein Sittengemälde [...]. Berlin 1812.
Arnim 1986 = Arnim, F. von: Märchen. Hundert neue Märchen im Gebirge gesammelt [1844]. ed. H. Rölleke. Köln 1986.
Arnim/Brentano, Wunderhorn = Des Knaben Wunderhorn. Alte deutsche Lieder ges. von L. A. von Arnim/C. Brentano. Studienausgabe in neun Bänden. ed. H. Rölleke. Stuttgart u. a. 1979.
Arnim/Steig 1904 = Achim von Arnim und Jacob und Wilhelm Grimm. ed. R. Steig. Stuttgart/ Berlin 1904.
Aschner 1909 = Aschner, S.: Die deutschen Sagen der Brüder Grimm. Diss. Berlin 1909.

Asmussen 1996 = Asmussen, J. P.: ‚Kamel' – ‚Nadelöhr'. Matth. 19,24, Mark. 10,25, Luk. 18,25. In: Studia Grammatica Iranica. Festschrift für H. Humbach. München 1986, 1–10.

Assion 1989 = Assion, P.: Schlaraffenland schriftlich und mündlich. Zur Wiederkehr von Märchenmotiven in der Auswanderungsdiskussion des 19. Jahrhunderts. In: Volksdichtung zwischen Mündlichkeit und Schriftlichkeit. ed. L. Röhrich/E. Lindig. Tübingen 1989, 109–121.

Athanasius von Dillingen 1700 = Attanasy von Dilling: Sittliche und der Seelen nutzliche Reiß nach Betlehem. Sulzbach 1700.

ATU = Uther, H.-J.: The Types of International Folktales. A Classification and Bibliography, Based on the System of Antti Aarne and Stith Thompson. Editorial Staff: S. Dinslage/S. Fährmann/C. Goldberg/G. Schwibbe. 1: Animal Tales, Tales of Magic, Religious Tales, and Realistic Tales, with an Introduction; 2: Tales of the Stupid Ogre, Anecdotes and Jokes, and Formula Tales; 3: Appendices. Helsinki ^{2}2011. (FF Communications 284, 285, 286).

Aulnoy 1698 = [Marie Catherine Le Jumel de Barneville, baronne d'Aulnoy:] Les Contes de fées. Par Madame D**. Paris 1698.

Aurbacher 1827 ff. = [Aurbacher, L.:] Ein Volksbüchlein. Für Volksfreunde 1–2. München 1827/29 (^{2}1835).

Aurbacher 1834 = [Aurbacher, L.:] Ein Büchlein für die Jugend. Stuttgart/Tübingen/München 1834.

Avian = Guagliaone, A. (ed.): Aviani fabulae. Turin 1958.

Ayrer 1618/20 = Ayrer, J. (d. Ä.): Opus Thaeatricum. Dreißig außbündtige schöne Comedien und Tragedien [...] 1–2. Nürnberg 1618/20.

Baatz 2012 = Baatz, U.: „... und mein König auch." Über Achtsamkeit und Burnout-Prophylaxe. In: Glut und Asche. Burnout: Neue Aspekte der Diagnostik und Behandlung. ed. M. Musalek/M. Poltrum. Berlin 2012, 163–176.

Babrios = Babrii Fabulae Aesopeae. ed. O. Crusius. Leipzig 1897.

Bacchilega 1997 = Bacchilega, Cristina: Postmodern Fairy Tales. Gender and Narrative Strategies. Philadelphia 1997.

Bäckström 1848 = Bäckström, P. O.: Svenska folkböcker 2. Stockholm 1848.

Barchilon 1975 = Barchilon, J.: Le Conte merveilleux français de 1690 à 1790. Paris 1975.

Bartels 1990 = Bartels, K.: Schneewittchen. Zur Fabulologie des Spessarts. Löhr am Main 1990.

Barz 1987 = Barz, H.: Blaubart. Wenn einer vernichtet, was er liebt. Zürich 1987.

Basile/Schenda 2000 = Basile, G.: Das Märchen der Märchen. Das Pentamerone. ed. R. Schenda. München 2000.

Bässler 2004 = Bässler, A.: Von Bärenhäutern, jungen Soldaten und alten Bettlern. Scherzhafte Pseudo-Sprichwortätiologien bei Grimmelshausen. In: Simpliciana. Schriften der Grimmelshausen-Gesellschaft 26 (2004) 431–449.

Bataller Català 2018 = Bataller Català, A.: „La princesa i el pèsol" (ATU 704). De les reescriptures escolars a la construcció identitària. In: Estudis de literatura oral popular 7 (2018) 27–46.

Baumann 1998 = Baumann, H.-H.: Die bestrafte Rettung. Über ein Motiv in „Der treue Johannes". In: Poetica 30 (1998) 60–80.

Baumann 1998 = Baumann, H.-H.: Es sei denn, es singt einer. Verrat und Geständnis im Märchen (KHM 28) und anderswo. In: Fabula 39 (1998) 21–37.

Bausinger 1955 = Bausinger, H.: Aschenputtel. Zum Problem der Märchensymbolik. In: Zeitschrift für Volkskunde 52 (1955) 144–155.

Bausinger 1967 = Bausinger, H.: Bemerkungen zum Schwank und seinen Formtypen. In: Fabula 9 (1967) 118–136.
Bausinger 1968 = Bausinger, H.: Formen der „Volkspoesie". Berlin 1968 (^{2}1980).
Bausinger 1980 = Bausinger, H.: Anmerkungen zu Schneewittchen. In: Brackert, H.: Und wenn sie nicht gestorben sind... Frankfurt am Main 1980, 39–70.
Bausinger 1983 = Bausinger, H.: Märchenglück. in: Zeitschrift für Literaturwissenschaft und Linguistik 50 (Themenheft Glück. ed. H. Kreuzer) (1983) 17–27.
Bausinger 1987 = Bausinger, H.: Märchen, Phantasie und Wirklichkeit. Frankfurt am Main 1987.
Bausinger 1990 = Bausinger, H.: Die moralischen Tiere. In: Universitas 45,3 (1990) 241–251.
Bebel/Wesselski = Heinrich Bebels Schwänke 1–2. ed. A. Wesselski. Leipzig/München 1907.
Bechstein/Uther 1997a = Bechstein, L.: Märchenbuch. Nach der Ausg. von 1857, textkritisch revidiert und durch Register erschlossen. ed. H.-J. Uther. München 1997 (frühere Aufl.n mit Erscheinungsjahr vermerkt).
Bechstein/Uther 1997b = Bechstein, L.: Neues deutsches Märchenbuch. Nach der Ausgabe von 1856, textkritisch revidiert und durch Register erschlossen. ed. H.-J. Uther. München 1997.
Beckett 2008 = Beckett, S. L.: Red Riding Hood for all Ages. A Fairy-Tale Icon in Cross-Cultural Contexts. Detroit 2008.
Becker 1999 = Becker, S.: Die Kinder- und Hausmärchen der Brüder Grimm. In: Lesekultur. Populäre Lesestoffe von Gutenberg bis zum Internet. ed. P. Bohnsack/H.-F. Foltin. Marburg 1999, 125–142.
Becker 2002 = Becker, S.: Märchenschlösser, Sagenburgen. Motivgeschichtliche und methodische Überlegungen zur Burg als Handlungsort und Metapher in Volkserzählungen. In: Laß, H. (ed.): Mythos, Metapher, Motiv. Untersuchungen zum Bild der Burg seit 1500. Alfeld 2002, 135–167.
Becker 2013 = Becker, S.: Gab es Marburger Beiträger zu den „Kinder- und Hausmärchen"? Zur Frage der Lokalisierung von Märchenfiguren und Märchenerzählern. In: Hedwig, A. (ed.): Die Brüder Grimm in Marburg. Marburg 2013, 57–88.
Becker 2015 = Becker, S.: Andersens Kleine Meerjungfrau und ihre Vorbilder. In: Fabula 56 (2015) 248–262.
Becker 2019 = Becker, S.: Erinnerungsarbeit und Vergessen. Märchen, Märchenforschung und Zeitgeschichte des 20. Jahrhunderts, In: Lox, H./Lutkat, S. (edd.): Vergessen und Erinnern im und mit Märchen. Krummwisch 2019, 131–151.
Becker 2020 = Becker, S.: Von Raben und anderen Tieren in den Märchenillustrationen Otto Ubbelohdes. In: Märchenspiegel 31,4 (2020) 27–38.
Becker 2021 = Becker, S.: „... und einen Handel mit Töpfen und irdenem Geschirr anfangen". Sozialgeschichtliche Aspekte in KHM 52. In: Von Mund zu Ohr via Archiv in die Welt. Festschr. C. Schmitt. Münster 2021, 183–191.
Behringer/Ott-Koptschalijski 1991 = Behringer, W./Ott-Koptschalijski, C.: Der Traum vom Fliegen. Zwischen Mythos und Technik. Frankfurt am Main 1991.
Belmont 1990 = Belmont, N.: Transmission et évolution du conte merveilleux. À propos de Cendrillon et de Peau' d'Ane. In: Tradition et histoire dans la culture populaire. Rencontres autour de l'œuvre le J.-M. Guilcher. Grenoble 1990, 205–218.
Belmont 1991 = Belmont, N.: La Tâche de Psyché. In: Ethnologie française 21,4 (1993) 386–391.

Belmont 1993a = Belmont, N.: Conte merveilleux et mythe latent. In: Ethnologie française 23,1 (1993) 74–81.
Belmont 1993b = Belmont, N.: Conte et enfance. In: Le Temps de l'enfance. ed. G. Calame-Griaule. Paris 1993, 73–97.
Belmont 1998 = Belmont, N.: De Cendrillon à La Cenerentola. Transformation ou avatar? In: Ethnologie française 28 (1998) 167–175.
Belmont 2010 = Belmont, N.: Mythe, Conte et Enfance. Les écritures d'Orphée et de Cendrillon. Paris 2010.
Belmont 2012 = Belmont, N.: La Barbe bleue en Utopie. In: Fabula 53 (2012) 179–193.
Benz 1702 = Benz, M. C.: Neu-Erklingender, Freudenvoller Jubel-Schall [...] Vermischte Predigten [...] Nebst einem guten Vorrath Kirchweyh-Predigen, Neujahrs-Schenckungen, Oster-Mährlein etc. Stadt am Hof 1702.
Benz 1991 = Benz, U.: „Allerleirauh". Der riskante Weg des jungen Mädchens durch Phantasie und Wirklichkeit oder: Der ganz normale Inzest. In: Merkur 45 (1991) 1125–1134.
Berger 1994 = Berger, A.: Die Eiche in der Hagia Sophia von Konstantinopel. In: Fabula 35 (1994) 110–112.
Berliner Taschenbuch = Berliner Taschenbuch. ed. H. Kletke. Berlin 1843 [recte 1842].
Bernier 1971 = Bernier, H.: La Fille aux mains coupées (conte-type 706). Quebec 1971.
Bettelheim 1980 = Bettelheim, B.: Kinder brauchen Märchen. München 1980 (^{27}2006).
Beyer 1969 = Beyer, J.: Schwank und Moral. Untersuchungen zum altfranzösischen Fabliau und verwandten Formen. Heidelberg 1969.
Blaue Bibliothek 1790 ff. = Die Blaue Bibliothek aller Nationen 1–12. [ed. F. J. J. Bertuch]. Gotha (Bd. 1–9)/Weimar (10–12) 1790–1800.
Bleckwenn 2011 = Bleckwenn, H.: Von Prinzessinnen und Prinzen in Schleswig-Holstein. In: dies. (ed.): Märchenfiguren in der Literatur des Nord- und Ostseeraumes. Baltmannsweiler 2011, 224–236.
Blécourt 2008a = Blécourt, W. de: ,De gouden vogel', ,Het levenswater' en de Walewein. Over de sprookjestheorie van Maartje Draak. In: Tijdschrift voor Nederlandse Taal- en Letterkunde 124,4 (2008) 259–277.
Blécourt 2008b = Blécourt, W. de: On the Origin of „Hänsel und Gretel". An Excercise in the History of Fairy-tales. In: Fabula 49 (2008) 30–46.
Blécourt 2008c = Blécourt, W. de: Der Zauberer und sein Schüler – Die Erzählung und ihr historischer Ursprung. In: Faszination des Okkulten. Diskurse zum Übersinnlichen. ed. W. Müller-Funk/C. A. Tuczay. Tübingen 2008, 43–72.
Blécourt/Tuczay 2011 = Blécourt, W. de/Tuczay, C. A. (edd.): Tierverwandlungen. Codierungen und Diskurse. Tübingen 2011.
Blécourt 2012 = Blécourt, W. de: Tales of Magic, Tales in Print. On the Genealogy of Fairy Tales and the Brothers Grimm. Manchester/New York 2012.
Bluhm 1995 = Bluhm, L.: Grimm-Philologie. Beiträge zur Märchenforschung und Wissenschaftsgeschichte. Hildesheim/Zürich/New York 1995.
Bluhm 2000 = Bluhm, L.: A New Debate about „Old Marie"? Critical Observations on the Attempt to Remythologize Grimms' Fairy Tales from a Sociohistorical Perspective. In: Marvels & Tales 14,2 (2000) 287–311.
Bluhm 2001 = Bluhm, L.: Wilhelm Christoph Günther, die Brüder Grimm und die Marburger Märchenfrau. Zur Entstehung von KHM 57 Der goldene Vogel. In: Märchen in der Literaturwissenschaft. Leipzig 2001, 10–19.

Bluhm 2005 = Bluhm, L.: Drei Blutstropfen. Zu einem Motiv bei Wolfram von Eschenbach, Heinrich Anselm von Ziegler und den Brüdern Grimm. In: Satz – Text – Kulturkontrast. Festschrift für Marja-Leena Pitulainen. Frankfurt am Main u. a. 2005, 17–34.
Bluhm 2006 = Bluhm, L.: Zur Theorie und Praxis der Grimmschen Märchenedition. In: Wörter – Verbindungen. Festschrift J. Korhonen. Frankfurt am Main 2006, 369–376.
Bluhm 2010 = Bluhm, L.: Die Redaktion der *Kinder- und Hausmärchen*. Zu den Popularisierungsstrategien der Brüder Grimm. In: „Und wer bist du, der mich betrachtet?" Populäre Literatur und Kultur als ästhetisches Phänomen. Festschrift H. Schmiedt. Bielefeld 2010, 231–243.
Bluhm 2011 = Bluhm, L.: Die Erzählung von den beiden Wanderern (KHM 107). Möglichkeiten und Grenzen der Grimm-Philologie. In: Bleckwenn, H. (ed.): Märchenfiguren in der Literatur des Nord- und Ostseeraumes. Baltmannsweiler 2011, 5–31.
Bluhm 2013 = Bluhm, L.: „es war zugleich Absicht, daß […] ein eigentliches Erziehungsbuch daraus werde". Die *Kinder- und Hausmärchen* der Brüder Grimm im Wandel der Bildungsdiskurse. In: Dawidowski, C. (ed.): Bildung durch Dichtung – Literarische Bildung. Bildungsdiskurse literaturvermittelnder Institutionen um 1900 und um 2000. Frankfurt am Main u. a. 2013, 179–189.
Bluhm 2015 = Bluhm, L.: Die „Kinder- und Hausmärchen" zwischen Philologie und Spekulation. Möglichkeiten und Grenzen der Forschung. In: Brinker-von der Heyde, C./Ehrhardt, H./Ewers, H.-H./Inder, A. (edd.): Märchen, Mythen und Moderne. 200 Jahre „Kinder und Hausmärchen" der Brüder Grimm 2. Frankfurt am Main u. a. 2015, 123–132.
Bluhm 2019 = Bluhm, L.: „Wo ist denn der Lohn für deine Barmherzigkeit und Gerechtigkeit?" Zur exempelliterarischen Tradition der Grimm'schen Märchenerzählung „Die beiden Wanderer" (KHM 107). In: Kreuz- und Querzüge. Festschrift A. Messerli. Hannover 2019, 319–336.
Bluhm/Rölleke 1997 = Bluhm, L./Rölleke, H.: „Redensarten des Volks, auf die ich immer horche". Märchen – Sprichwort – Redensart. Neue Ausgabe. Stuttgart/Leipzig 1997.
Bockwoldt 2011 = Bockwoldt, G.: Das Bild des Juden in den Märchen der Brüder Grimm. In: Zeitschrift für Religions- und Geistesgeschichte 63,3 (2011) 234–249.
Böhm-Korff 1991 = Böhm-Korff, R.: Deutung und Bedeutung von „Hänsel und Gretel". Eine Fallstudie. Frankfurt am Main/Bern/New York/Paris 1991.
Böklen 1910/15 = Böklen, E.: Sneewittchenstudien 1–2. Leipzig 1910/15.
Bolte 1892 = Bolte, J.: Das Märchen vom Tanze des Mönches im Dornbusch. In: Festschrift zur Begrüßung des 5. Allgemeinen deutschen Neuphilologentages. Berlin 1892, 1–76.
Bolte 1893a = Bolte, J.: Zwei Flugblätter von den sieben Schwaben. In: Zeitschrift des Vereins für Volkskunde 3 (1893) 430–437.
Bolte 1893b = Bolte, J.: Nachträgliches zum Tanze des Mönches im Dornbusch. In: Archiv für das Studium der neueren Sprachen und Literaturen 90 (1893) 289–295.
Bolte 1894 = Bolte, J.: Das Märchen vom Gevatter Tod. In: Zeitschrift des Vereins für Volkskunde 4 (1894) 34–41.
Bolte 1926 = Bolte, J.: Zum Märchen von der Unke. In: Korrespondenzblatt des Vereins für Siebenbürgische Landeskunde 49 (1926) (Hermannstadt 1930) 66 f.
Boner/Pfeiffer = Boner, U.: Der Edelstein. ed. F. Pfeiffer. Leipzig 1844.
Boratav 1959 = Boratav, P. N.: „Les trois Compagnons infirmes". In: Fabula 2 (1959) 231–253.
Borgards 2017 = Borgards, R.: Märchentiere. In: Lox, H./Lutkat, S. (edd.): Macht und Ohnmacht. Erfahrungen im Märchen und im Leben. Krummwisch 2017, 49–71.

Bottigheimer 1985 = Bottigheimer, R. B.: Iconographic Continuity in Illustrations of „The Goosegirl". In: Children's Literature 13 (1985) 49–71.
Bottigheimer 1987 = Bottigheimer, R. B.: Grimms' Bad Girls & Bold Boys. The Moral & Social Vision of the Tales. New Haven/London 1987.
Bottigheimer 1988 = Bottigheimer, R. B.: The Face of Evil. In: Fabula 29 (1988) 326–341.
Bottigheimer 1989 = Bottigheimer, R. B.: Beauty and the Beast. Marriage and Money-Motif and Motivation. In: Midwestern Folklore 15,2 (1989) 79–88.
Bottigheimer 1990a = Bottigheimer, R. B.: Marienkind (KHM 3). A Computer-Based Study of Editorial Change and Stylistic Development within Grimm's Tales from 1808 to 1864. In: Arv 46 (1990) 7–31.
Bottigheimer 1990b = Bottigheimer, R. B.: Motif, Meaning, and Editorial Change in Grimm's Tales. One Plot, Three Tales, and Three Different Stories. In: D'un Conte … a l'autre. La Variabilité dans la littérature orale. ed. V. Görög-Karady/M. Chiche. Paris 1990, 541–552.
Bottigheimer 1992 = Bottigheimer, R. B.: Sixteenth-Century Tale Collections and Their Use in the „Kinder- und Hausmärchen". In: Monatshefte 84,4 (1992) 472–490.
Bottigheimer 1993a = Bottigheimer, R. B.: Luckless, Witless, and Filthy-footed. A Sociocultural Study and Publishing History Analysis of „The Lazy Boy". In: Journal of American Folklore 106 (1993) 259–284.
Bottigheimer 1993b = Bottigheimer, R. B.: The Publishing History of Grimms' Tales. Reception of the Cash Register. In: The Reception of Grimms' Fairy Tales. ed. D. Haase. Detroit 1993, 78–101.
Boyle 1978 = Boyle, J. A.: Popular Literature and Folklore in 'Attār's Mathnavīs. In: Colloquio italo-irano sul poeta mistico Fariduddin 'Attār. Rom 1978, 57–70.
BP = Bolte, J./Polívka, G.: Anmerkungen zu den Kinder- u. Hausmärchen der Brüder Grimm 1–5. Leipzig 1913–32 (Nachdr. Hildesheim 1963 u. ö.).
Brackert 1980 = Und wenn sie nicht gestorben sind… Perspektiven auf das Märchen. ed. H. Brackert. Frankfurt am Main 1980.
Bragur 1794 = Bragur. ed. F. D. Gräter/J. H. Häßlein. Leipzig 1794.
Brand-Kruth 2017 = Brand-Kruth, D.: „Die Bremer Stadtmusikanten". Eine soziokukturelle Studie. Diss. Bremen 2017.
Brand-Kruth 2019 = Brand-Kruth, D.: Auf nach Bremen. Den Stadtmusikanten auf der Spur. Bremen/Boston [2019].
Brand-Kruth 2020 = Brand-Kruth, D.: „Die Bremer Stadtmusikanten". Ein Abbild des Lebens. In: Verwandlung in Märchen und Mythen. Die Bremer Stadtmusikanten. ed. H. Lox/R. Lukas. Krummwisch 2020, 193–217.
Brandsch 1926 = Brandsch, G.: Zu dem Grimmschen „Märchen von der Unke". In: Korrespondenzblatt des Vereins für Siebenbürgische Landeskunde 49 (1926) 32.
Brednich 1968 = Brednich, R. W.: Schwänke in Liedform. In: Gedenkschrift […] P. Alpers, Celle. Hildesheim 1968, 71–84.
Brednich 1985 = Brednich, R. W.: Der Edelmann als Hund. In: Fabula 26 (1985) 29–57.
Bregenhøj 1997 = Bregenhøj, C.: Two Folk Narratives Concerning Migrant Workers (AaTh 1697). In: Fabula 38 (1997) 245–252.
Brentano/Steig 1914 = Clemens Brentano und die Brüder Grimm. ed. R. Steig. Stuttgart/Berlin 1914.
Brewster 1953 = Brewster, P. G.: The Two Sisters. Helsinki 1953 (FF Communications 147).
Brill 1963 = Brill, E. V. K.: The Correspondence between Jacob Grimm and Walter Scott. In: Hessische Blätter für Volkskunde 54 (1963) 489–509.

Bringéus 2000 = Bringéus, N.-A.: Äggabondens framtidsplaner och grusade förhoppnungar. In: Telling, Remembering, Interpreting, Guessing. Festschrift A. Kaivola-Bregenhøj. Joensuu 2000, 201–218.
Bromyard = Bromyard, J.: Summa praedicantium. [Basel] [ca. 1484].
Bronfen 2012 = Bronfen, E.: Männliche Sammelwut, weibliche Neugierde: Blaubarts Wunde(r)kammer. In: Fabula 53 (2012) 194–204.
Brückner 1974 = Brückner, W. (ed.): Volkserzählung und Reformation. Ein Handbuch zur Tradierung und Funktion von Erzählstoffen und Erzählliteratur im Protestantismus. Berlin 1974.
Brückner 1995 = Brückner, W.: „Nachlese". Zur impliziten Erzähltheorie romantischer Metaphorik bei Brentano und den Grimms. In: Hören, Sagen, Lesen, Lernen. Festschrift R. Schenda. Bern u. a. 1995, 99–116.
Brüggemann 1991 = Brüggemann, T. (in Zusammenarbeit mit O. Brunken) (ed.): Handbuch zur Kinder- und Jugendliteratur. Von 1570 bis 1750. Stuttgart 1991.
Brüggemann/Ewers 1982 = Brüggemann, T./Ewers, H.-H. (edd.): Handbuch zur Kinder- und Jugendliteratur. Von 1750 bis 1800. Stuttgart 1982.
Brüning 2006 = Brüning, B.: Hat Hans im Glück eine reine Seele? Philosophieren mit Märchen. In: Lox, H./Schmidt, W./Bücksteeg, T. (edd.): Stimme des Nordens in Märchen und Mythen. Märchen und Seele. Krummwisch 2006, 220–229.
Brunken/Hurrelmann/Pech 1998 = Brunken, O./Hurrelmann, B./Pech, K.-U. (edd.): Handbuch zur Kinder- und Jugendliteratur. Von 1800 bis 1850. Stuttgart/Weimar 1998.
Brunner/Wachinger 1986 ff. = Brunner, H./Wachinger, B. (edd.): Repertorium der Sangsprüche und Meisterlieder des 12. bis 18. Jahrhunderts 1–16. Tübingen 1986–2003.
Bubenheimer 1982 = Bubenheimer, U.: Gevatter Tod. Gott und Tod in einem religionskritischen Märchen. In: Gott im Märchen. ed. J. Janning u. a. Kassel 1982, 76–91, 172 f.
Burkert 1984 = Burkert, W.: Vom Nachtigallenmythos zum „Machandelboom". In: Antiker Mythos in unseren Märchen. ed. W. Siegmund. Kassel 1984, 113–125.
Busch/Ries 2002 = Busch, W.: Die Bildergeschichten. Historisch-kritische Gesamtausgabe. 1: Frühwerk; 2: Reifezeit; 3: Spätwerk. Bearbeitet von H. Ries (unter Mitwirkung von I. Haberland). Hannover 2002.
Büsching 1812 = Büsching, J. G.: Volks-Sagen, Märchen und Legenden. Leipzig 1812.
Büsching 1813 = [Büsching, J. G.]. In: Wiener Literatur-Zeitung Bd. 1 (2. März 1813) Sp. 279–286.
Büsching 1814 = Erzählungen, Dichtungen, Fastnachtspiele und Schwänke des Mittelalters 1. ed. J. G. Büsching. Breslau 1814.
Bynum 1978 = Bynum, D. A.: The Daemon in the Wood. A Study of Oral Narrative Patterns. Cambridge, Mass. 1978.
Calame-Griaule 1976 = Calame-Griaule, G.: La Calebasse brisée. Étude du thème initiatique dans quelques versions africains des „Deux filles" [T 480]. In: Cahiers de littérature orale 1 (1976) 23–66.
Camarena 1985 = Camarena, J.: La bella durmiente en la tradición oral Ibérica e Iberoamericana. In: Revista de Dialectología y Tradiciones Populares 40 (1985) 259–278.
Cardigos 1996 = Cardigos, I.: In and Out of Enchantment. Blood Symbolism and Gender in Portuguese Fairytales. Helsinki 1996 (FF Communications 260).
Carové/Petzoldt 1997 = Carové, F. W.: Volkserzählungen, Glaubensvorstellungen und Bräuche aus dem Rheinland und von der Mosel (1816). Ein unveröffentlichtes Manuskript aus der

Staatsbibliothek zu Berlin (Sign. 1756 V). ed. L. Petzoldt. In: Rheinisch-westfälische Zeitschrift für Volkskunde 42 (1997) 139–202.
Chauvin = Chauvin, V.: Bibliographie des ouvrages arabes 1–12. Lüttich 1892–1922.
Child = Child, F. J.: The English and Scottish Popular Ballads 1–5. New York 1882–98 (Nachdr. New York 1965).
Christensen 1936 = Christensen, A.: La Princesse sur la feuille de myrthe et la princesse sur le pois. In: Acta Orientalia 14 (1936) 241–257.
Christensen 1957 = Christensen, R. T.: The Sisters and the Troll. Notes to a Folktale. In: Richmond, W. E. (ed.): Studies in Folklore. Bloomington 1957, 24–39.
Christiansen 1916 = Christiansen, R. T.: The Tale of the Two Travellers or the Blinded Man. Hamina 1916 (FF Communications 24).
Christiansen 1974 = Christiansen, R. T.: Midwife to the Hidden People. In: Lochlann 6 (1974) 104–117.
Cinato 2005 = Cinato, L.: „Hänsel und Gretel" ovvero la metamorfosi nella lingua delle fiaba die fratelli Grimm. Analisi del mutamento di alcuni fenomeni linguistici nel confronto tra la Urfassung, la prima e l'ultima edizione della fiaba. In: Bosco Coletsos, S./Costa, M. (edd.): Fiaba, Märchen, Conte, Fairy Tale. Variazioni sul tema della metamorfosi. Turin 2005, 229–248.
Classen 1994 = Classen, A.: Die Weltwirkung des Fortunatus. In: Fabula 35 (1994) 209–225.
Clausen-Stolzenburg 1995 = Clausen-Stolzenburg, M.: Märchen und mittelalterliche Literaturtradition. Heidelberg 1995.
Clodd 1898 = Clodd, E.: Tom Tit Tot. An Essay on Savage Philosophy in Folktale. London 1898 (Nachdr. Detroit 1968).
Cocchiara 1963 = Cocchiara, G.: Il mondo alla rovescia. Turin 1963.
Cox 1893 = Cox, M. R.: Cinderella. Three Hundred and Forty-five Variants of Cinderella [...]. London 1893 (^{2}1904; Nachdr. Detroit 1968).
Cramer 1971 = Cramer, T.: Lohengrin. Edition und Untersuchungen. München 1971.
Cusatelli 1980 = Cusatelli, G.: Una lettura grimmiana: „Dornröschen". In: Tutto è fiaba. Atti del Convegno Internazionale di studio sulla fiabe. Mailand 1980, 199–208.
Dähnhardt 1907 = Dähnhardt, O.: Beiträge zur vergleichenden Sagenforschung 2. In: Zeitschrift des Vereins für Volkskunde 17 (1907) 129–143.
Dähnhardt, Natursagen = Dähnhardt, O. (ed.): Natursagen 1–4. Leipzig/Berlin 1907–12.
Dammann 1978 = Dammann, G.: Über Differenz des Handelns im Märchen. Strukturale Analysen zu den Sammlungen von Chr. W. Günther, J. G. Münch und J. und W. Grimm. In: Erzählforschung 3. ed. W. Haubrichs. Göttingen 1978, 71–106.
Däumling 1912 = Däumling, H.: Studie über den Typus des Mädchens ohne Hände innerhalb des Konstanze-Zyklus. Diss. München 1912.
Davies 2001 = Davies, M. P.: The Tale of Bluebeard in German Literature. From the Eighteenth Century to the Present. Oxford u. a. 2001.
De Gubernatis 1874 = De Gubernatis, A.: Die Thiere in der indogermanischen Mythologie. Leipzig 1874.
Dégh 1990 = Dégh, L.: How Storytellers Interpret the Snakeprince Tale. In: The Telling of Stories. Approaches to a Traditional Craft. ed. M. Nøjgaard u. a. Odense 1990, 47–62.
Dekker et al. 1997 = Dekker, T./Kooi, J. van der/Meder, T.: Van Aladdin tot Zwaan kleef aan. Lexicon van sprookjes: Ontstaan, ontwikkeling, variaties. Nijmegen 1997.
Demassiet 2003 = Demassiet, C.: Die Illustrationen der Grimmschen Märchen. Am Beispiel „Rotkäppchen". Montpellier 2003.

Denecke 1971a = Denecke, L.: Jacob Grimm und sein Bruder Wilhelm. Stuttgart 1971.
Denecke 1971b = Denecke, L.: „Der Grabhügel" (KHM 195) aus dem Munde der Viehmännin. In: Fabula 12 (1971) 218–228.
Denecke 1993 = Denecke, L.: Märchen verbinden die Völker. In: Märchen und Märchenforschung in Europa. ed. D. Röth/W. Kahn. Frankfurt am Main 1993, 14–19.
Denecke 1995 = Denecke, L.: Für Ferdinand Grimm und seine Brüder. Edertal-Bringhausen 1995.
Denecke/Teitge 1989 = Denecke, L./Teitge, I.: Die Bibliothek der Brüder Grimm. ed. F. Krause. Stuttgart 1989.
Deneke 1958 = Deneke, B.: Legende und Volkssage. Untersuchungen zur Erzählung vom Geistergottesdienst. Diss. Frankfurt am Main 1958.
Dettmar 2015 = Dettmar, U.: Rotkäppchen, revisited. Wie im Animationsfilm „Die Rotkäppchen-Verschwörung (Hoodwinked!)" Märchen erzählt werden. In: Brinker-von der Heyde, C./Ehrhardt, H./Ewers, H.-H./Inder, A. (edd.): Märchen, Mythen und Moderne. 200 Jahre „Kinder und Hausmärchen" der Brüder Grimm 1. Frankfurt am Main u. a. 2015, 505–515.
Deutsches Museum = Deutsches Museum 1. ed. F. Schlegel. Wien 1812.
Dicke/Grubmüller = Dicke, G./Grubmüller, K.: Die Fabeln des Mittelalters und der frühen Neuzeit. Ein Katalog der deutschen Versionen und ihrer lateinischen Entsprechungen. München 1987.
Diederichs 2006 = Diederichs, U.: Who's who im Märchen. München 1995 (Düsseldorf 2006).
Diederichsen 2008 = Diederichsen, U.: Juristische Strukturen in den Kinder- und Hausmärchen der Brüder Grimm. Kassel 2008.
Dietrich 1618 = Dietrich, A.: Historia von einem Bawrenknecht und Muenchen, welcher in der Dornhecken hat muessen tantzen [...]. [Erfurt] 1618.
DMK/Uther = Uther, H.-J.: Deutscher Märchenkatalog. Ein Typenverzeichnis. Münster/New York 2015.
Doderer 1969 = Doderer, K.: Das bedrückende Leben der Kindergestalten in den Grimmschen Märchen. In: ders.: Klassische Kinder- und Jugendbücher. Kritische Betrachtungen. Weinheim/Berlin/Basel 1969, 137–151.
Doderer 1983 = Über Märchen für Kinder von heute. ed. K. Doderer. Weinheim/Basel 1983.
Dolle 1980 = Dolle, B.: Märchen und Erziehung. Versuch einer historischen Skizze zur didaktischen Verwendung Grimmscher Märchen (am Beispiel Aschenputtel). In: Brackert, H. (ed.): Und wenn sie nicht gestorben sind... Perspektiven auf das Märchen. Frankfurt am Main 1980, 165–192.
Dollerup 1986 = Dollerup, C./Reventlow, I./Rosenberg Hansen, C.: A Case Study of Editorial Filters in Folktales. A Discussion of the ‚Allerleirauh' Tales in Grimm. In: Fabula 27 (1986) 12–30.
Dömötör 1984 = Dömötör, A.: Ukrainski odmiany bajki o wysokim drzewie (Ukrainische Varianten des Märchens vom Baum, der bis zum Himmel reicht). In: Studia Slavica Hungarica 10,1–2 (1984) 181–187.
Draak 1936 = Draak, A. M. E.: Onderzoekingen over de roman van Walewein. Haarlem 1936 (Groningen/Amsterdam ²1975).
Drewermann 1986 = Drewermann, E.: Frau Holle. Märchen Nr. 24 aus der Grimmschen Sammlung. Olten/Freiburg im Breisgau ⁵1986.
Drewermann 1992 = Drewermann, E.: Rapunzel, Rapunzel, laß dein Haar herunter. Grimms Märchen tiefenpsychologisch gedeutet. München 1992.

Drewermann 1993 = Drewermann, E.: Lieb Schwesterlein, laß mich herein. Grimms Märchen tiefenpsychologisch gedeutet. München ⁵1993.
Drory 1977 = Drory, R.: Ali Baba and the Forty Thieves. An Attempt at a Model for the Narrative Structure of the Reward-and-Punishment Fairy Tale. In: Jason, H./Segal, D. (edd.): Patterns in Oral Literature. The Hague/Paris 1977, 31–48.
Dundes 1980 = Dundes, A.: The Symbolic Equivalence of Allomotifs in the Rabbit-Herd (AT 570). In: Arv 36 (1980) 91–98.
Dundes 1982 = Cinderella. A Casebook. ed. A. Dundes. New York/London 1982.
Dundes 1987 = Dundes, A.: The Psychoanalytic Study of the Grimms' Tales with Special Reference to „The Maiden Without Hands" (AT 706). In: The Germanic Review 62 (1987) 50–65.
Dundes 1989 = Little Red Riding Hood. A Casebook. ed. A. Dundes. Madison 1989.
DVldr = Deutsche Volkslieder mit ihren Melodien 1–4. Berlin 1935–59; Bd. 5 ff. Freiburg (Breisgau) 1965 ff.
DWb. = Deutsches Wörterbuch der Brüder Grimm u. a. Leipzig 1854–1961.
Effelterre 2006 = Effelterre, K. van: Terugkerende doden in de Vlaamse mondelinge overlevering. Vergelijkende motievenstudie en cultuurhistorische duiding. Proefschrift Leuven 2006 (in 2 Teilen).
Eggerer/Rötzer 1987 = Eggerer, W./Rötzer, G.: Analysen und Interpretationen poetischer Texte. Märchen. In: dies.: Manz. Großer Analysenband I. 5. bis 10. Jahrgangsstufe. Sekundarstufe I. München 1987, 287–324.
Ehrhardt 2016 = Ehrhardt, Holger: Die Marburger Märchenfrau oder Aufhellungen eines „nicht einmal Vermutungen erlaubenden Dunkels". Kassel 2016.
Ehrhardt 2017 = Ehrhardt, H.: „Von einer alten Mamsell Storch b. Henschel." Zu Herkunft und Textkonstitution von KHM 36. In: Fabula 58 (2017) 207–227.
Ehrhardt 2020 = Ehrhardt, H.: Literarische Quellen zu „De drei schwatten Princessinnen". In: Verwandlung in Märchen und Mythen. Die Bremer Stadtmusikanten. ed. H. Lox/R. Lukas. Krummwisch 2020, 234–261.
El-Sawaf 2015 = El Sawaf, E.: Zur Frage der orientalischen Vorlagen und Quellen der Grimm'schen Märchen: Ein Vergleich zwischen „Mädchen ohne Hände" (KHM 31) und der „Geschichte der Frau, die dem Armen ein Almosen gab" aus „Tausendundeine Nacht". In: Brinker-von der Heyde, C./Ehrhardt, H./Ewers, H.-H./Inder, A. (edd.): Märchen, Mythen und Moderne. 200 Jahre „Kinder und Hausmärchen" der Brüder Grimm 1. Frankfurt am Main u. a. 2015, 89–98.
El-Shamy 1990 = El-Shamy, H.: Oral Traditional Tales and the Thousand Nights and a Night. In: The Telling of Stories. Approaches to a Traditional Craft. ed. M. Nøjgaard u. a. Odense 1990, 63–117.
Elisabeth Charlotte von Orléans/Menzel 1843 = Briefe der Prinzessin Elisabeth Charlotte von Orléans an die Raugräfin Louise 1676–1722. ed. W. Menzel. Stuttgart 1843.
Elmshäuser 2020 = Elmshäuser, K.: Die Stadtmusikanten und Bremen. Zur Verortung und Rezeption eines Märchenstoffs. In: Verwandlung in Märchen und Mythen. Die Bremer Stadtmusikanten. ed. H. Lox/R. Lukas. Krummwisch 2020, 234–261.
Elschenbroich 1990 = Elschenbroich, A.: Die deutsche und lateinische Fabel in der Frühen Neuzeit 1–2. Tübingen 1990.
EM = Enzyklopädie des Märchens. Handwörterbuch zur historischen und vergleichenden Erzählforschung. Begründet von K. Ranke. ed. R. W. Brednich u. a. Bd. 1 ff. Berlin/New York 1977 ff.

Endler 2006 = Endler, C. A.: Es war einmal... im Dritten Reich. Die Märchenfilmproduktion für den nationalsozialistischen Unterricht. Frankfurt am Main u. a. 2006.
Engelhard 1782 = Gedichte von Philippine Engelhard gebohrne Gatterer. Zwote Sammlung. Göttingen 1782.
Erfurth 1938 = Erfurth, F.: Die „Deutschen Sagen" der Brüder Grimm. Ein Beitrag zu ihrer Entstehungsgeschichte, unter besonderer Berücksichtigung des westfälischen Anteils. (Diss. Münster 1937) Düsseldorf 1938.
Erk/Böhme = Erk, L./Böhme, F. W.: Deutscher Liederhort 1–3. Leipzig 1893/93/94.
Escarpit 1986 = Escarpit, D.: Histoire d'un conte 1–2. Le Chat botté en France et en Angleterre. Lille/Paris [1986].
Eschenbach 1986 = Eschenbach, U.: Hänsel und Gretel. Das geheime Wissen der Kinder. Zürich 1986.
Étienne de Bourbon = Anecdotes historiques, légendes et apologues tirés du recueil inédit d'Étienne de Bourbon [...]. ed. A. Lecoy de la Marche. Paris 1877.
Evetts-Secker 1989 = Evetts-Secker, J.: Redemption of the „Meddling Intellect" in Grimm's „The Golden Bird". In: Children's Literature Association Quarterly 14 (1989) 30–35.
Ey(e)ring 1601 ff. = Eyering, E.: Proverbiorum Copia 1–3. Eisleben [1601/01]/04 [recte 3].
Faber 2002 = Faber, R.: „Sagen lassen sich die Menschen nichts, aber erzählen lassen sie sich alles". Über Grimm-Hebelsche Erzählung, Moral und Utopie in Benjaminscher Perspektive. Würzburg 2002.
Falk 1819 = Johannes Falk's auserlesene Werke (alt und neu). In drey Theilen. Leipzig 1819.
Fauth 1983 = Fauth, W.: Narrative Spielarten in den Erzählungen von Himmelsseil, Himmelsleiter und kosmischer Kette. In: Fabula 24 (1983) 86–109.
Feen-Mährchen 1801 = [anonym:] Feen-Mährchen zur Unterhaltung der Freunde und Freundinnen der Feenwelt. Braunschweig 1801 (Neudruck ed. U. Marzolph. Hildesheim/Zürich/New York 2000).
Fehling 1977 = Fehling, D.: Amor und Psyche. Die Schöpfung des Apuleius und ihre Einwirkung auf das Märchen, eine Kritik der romantischen Märchentheorie. Mainz 1977.
Feil 2012 = Feil, F.: Grimms Revolution. „Schneewittchen" zwischen Kulleraugen und düsterer Erotik. In: Märchenspiegel 23,4 (2012) 12–19.
Fetscher 1979 = Fetscher, I.: Wer hat Dornröschen wachgeküßt? Das Märchen-Verwirrbuch. Frankfurt am Main 1979.
Fetscher 1980 = Fetscher, I.: Von einem tapferen Schneider. Versuch einer soziologisch-sozialhistorischen Deutung. In: Brackert, H. (ed.): Und wenn sie nicht gestorben sind... Perspektiven auf das Märchen. Frankfurt am Main 1980, 120–136.
Fetscher 1982 = Fetscher, I.: Der Nulltarif der Wichtelmänner. Märchen- und andere Verwirrspiele. Düsseldorf 1982.
Fink 1966 = Fink, G.-L.: Naissance et apogée du conte merveilleux en Allemagne 1740–1800. Paris 1966.
Fink 1988 = Fink, G.-L.: The Fairy Tales of the Grimms'. Sergeant of Dragoons J. F. Krause as Reflecting the Needs and Wishes of the Common People. In: The Brothers Grimm and Folktale. ed. J. M. McGlathery. Urbana/Chicago 1988, 146–163.
Fiocchi 1977 = Fiocchi, A. [ed.]: Liombruno. Dt. Übers. von G. Grober. Salzburg 1977.
Fischart 1584 = [Fischart, J.:] Affentheurlich Naupengeheurliche Geschichtklitterung [...] Etwan von M. Frantz Rabelais Frantzösisch entworffen: Nun [...] in einen Teutschen Model vergossen [...] Durch Huldrich Elloposcheron [das ist Johann Fischart]. Gedr. zu Grenflug im Gänsserich 1584.

Fischer 1980 = Fischer, H.: Mediale Texttransformation. Das Märchen „Schneewittchen". In: Textarbeit. Zwölf Beiträge zum Literaturunterricht. ed. A. C. Baumgärtner. Bocum 1980, 67–80.
Fischer 1988 = Fischer, H.: Rätsel, Scherzfrage, Witz. Epische Kleinformen im Gebrauch sechs- bis zehnjähriger Kinder. In: Fabula 29 (1988) 73–95.
Fischer 2001 = Fischer, H.: Erzählen – Schreiben – Deuten. Beiträge zur Erzählforschung. Münster u. a. 2001.
Fischer 2003 = Fischer, H.: Rezeption – Ästhetik – Märchen. Am Beispiel von Grimm'schen Kinder- und Hausmärchen. In: Resch, T. (ed.): Märchen in der Geschichte und Gegenwart des Deutschunterrichts. Didaktische Annäherungen an eine Gattung. Frankfurt am Main u. a. 2003, 145–172.
Francisci 1690 = Francisci, E.: Der Höllische Proteus oder Tausendkünstige Versteller […]. Nürnberg 1690.
Franz 2013 = Franz, K.: Däumlings Wanderung nach Patagonien. Grimm-Märchen und ihre Nachfahren bei den deutschen Einwanderern in Chile. In: Neumann, S./Schmitt, C. (edd.): Sichtweisen in der Märchenforschung. Baltmannsweiler 2013, 42–68.
Franz 1970 = Franz, M.-L. von: Die Bremer Stadtmusikanten. In: Zeitschrift für analytische Psychologie und ihre Grenzgebiete 2 (1970) 4–22.
Franz 1977 = Franz, M.-L. von: Das Weibliche im Märchen. Stuttgart 1977.
Franz 1986a = Franz, M.-L. von: Erlösungsmotive im Märchen. München 1986.
Franz 1986b = Franz, M.-L. von: Psychologische Märcheninterpretationen. Eine Einführung. München 1986.
Frauentaschenbuch 1823 = Meier Teddy: Klein Bäschen und Frau Trude. Ammenmährchen. In: Frauentaschenbuch für das Jahr 1823 (Nürnberg) 360.
Frenschkowski 2011 = Frenschkowski, M.: Die Unverweslichkeit der Heiligen und Vampire. Eine Studie über kulturelle Ambivalenz. In: Vampirglaube und magia posthuma im Diskurs der Habsburgermonarchie. ed. C. Augustynowicz/U. Reber. Wien/Münster 2011, 53– 68.
Freund 2010 = Freund, Ulrich: „Die kluge Else" oder: Wie Außenseiter gemacht werden. In: Abenteuer am Abgrund. Risiko und Ressource des Märchenhelden. Außenseiter im Märchen. Forschungsbeiträge aus der Welt der Märchen. ed. H. Lox/R. Vogt. Krummwisch 2010, 154–167.
Freund 2012a = Freund, U.: Die Achtsamkeit des Märchenhelden gegenüber Mensch und Natur. In: Märchenspiegel 23,1 (2012) 3–8.
Freund 2012b = Freund, U.: Von der Kampfhypnose. Das Märchen „Die Stiefel von Büffelleder" aus der Sammlung Kinder- und Hausmärchen der Brüder Grimm, Ausgabe letzter Hand (KHM 199). In: Hypnose 7,1–2 (2012) 187–199.
Freund 2015 = Freund, U.: Märchen am Lebensende und Märchen für Trauernde. In: Muffler, E. (ed.): Kommunikation in der Psychoonkologie. Der hypnostemische Ansatz. Heidelberg 2015, 129–143.
Frey/Bolte = Jacob Freys Gartengesellschaft (1556). ed. J. Bolte. Tübingen 1896.
Freyberger 2009 = Freyberger, R.: Märchenbilder – Bildermärchen. Illustrationen zu Grimms Märchen 1819–1945. Über einen vergessenen Bereich deutscher Kunst. Oberhausen 2009.
Friemel 1992 = Friemel, B.: Verzeichnis von Jacob und Wilhelm Grimms Briefwechsel 1–2. Diss. Berlin 1992.
Friesisches Archiv = Friesisches Archiv. Zeitschrift für friesische Sprache und Literatur. Oldenburg 1849 ff.

Fuchs 2013 = Fuchs, A.: Vogel Phönix. Antike und christliche Traditionen eines Märchenmotivs. In: Neumann, S./Schmitt, C. (edd.): Sichtweisen in der Märchenforschung. Baltmannsweiler 2013, 4–22.

Fuhrmann 1983 = Fuhrmann, M.: Wunder und Wirklichkeit. Zur Siebenschläferlegende und anderen Texten aus christlicher Tradition. In: Funktionen des Fiktiven. ed. D. Henrich/W. Iser. München 1983, 209–224.

Fülleborn 1798 = [Fülleborn, G. G.:] Volksmährchen der Deutschen 6. Nicht von Musäus. Prag 1798.

Gaismaier 1904 = Gaismaier, J.: Die Bärenhäutersage. Progr. Ried 1904, 1–27.

Garner 1995 = Garner, J. F.: Gute-Nacht-Geschichten. Politically correct. Deutsch von G. Haefs. München 1995.

Geddes 1986 = Geddes, V. G.: „Various Children of Eve" (AT 758). Cultural Variants and Antifeminine Images. Uppsala 1986.

Geiler von Kaysersberg = Doctor Keyserspergs Trostspiegel so dir Vatter, Mutter, Kind oder Freund gestorben sind. Augsburg 1507.

Geißler 1955 = Geißler, F.: Brautwerbung in der Weltliteratur. Halle 1955.

Gerhardt 1976 = Gerhardt, C.: Vrou Uotes triuwe. In: Zeitschrift für deutsches Altertum 87 (1976) 1–11.

Gerhardt 1995 = Gerhardt, C.: Jacob und Wilhelm Grimm als Hochschullehrer in Berlin. In: Brüder Grimm Gedenken 11. ed. R. Reiher/B. Friemel. Stuttgart/Leipzig 1995, 80–99.

Gesellschafter = Der Gesellschafter oder Blätter für Geist und Herz. ed. F. W. Gubitz. Berlin 1817 ff.

Gesta Romanorum = Gesta Romanorum. ed. H. Oesterley. Berlin 1872.

Gilmour 1993 = Gilmour, S. J.: Die Figur des Zwerges in den „Kinder- und Hausmärchen" der Brüder Grimm. In: Fabula 34 (1993) 9–23.

Ginschel 1989 = Ginschel, G.: Der junge Jacob Grimm. 1805–1819. Berlin ²1989.

Girard 1987 = Girard, M.: La Fille de personne. À propos du Conte de Grimm „Jungfrau Maleen". In: Michigan Germanic Studies 13 (1987) 19–40.

Gobrecht 1992 = Gobrecht, B.: Empfängnis, Schwangerschaft, Geburt und Stillzeit im europäischen Zaubermärchen. Zeiten der Bedrohung für die Heldin und ihre Kinder. In: Fabula 33 (1992) 55–65.

Gobrecht 2002 = Gobrecht, B.: Zweibrüdermärchen. In: Die Kunst des Erzählens. Festschrift W. Scherf. Potsdam 2002, 227–241.

Gobrecht 2007 = Gobrecht, B.: Marienkind – Das Geheimnis der Patin. Überblick über den Erzähltyp ATU 710. In: Altmann-Glaser, C. (ed.): Das Geheimnis der Patin. Marienkind, Die grüne Witwe, Bei der schwarzen Frau. Ersigen 2007.

Gobrecht 2013 = Gobrecht, B.: Der Glasberg im Märchen. In: BergWelt in Märchen, Sagen und Geschichten. ed. H. Lox/C. Capiaghi/S. Lutkat. Krummwisch 2013, 47–70.

Gobrecht 2019 = Gobrecht, B.: Aschenputtel, Turandot. Liebesmärchen und Musik. In: Grzywka-Kolago, K./Filipowicz, M./Jędrzejewski, M. (edd.): Texte komponieren, von Klängen erzählen. Studien zu den Beziehungen von Literatur und Musik. Berlin u. a. 2019.

Gobyn 1984 = Gobyn, L.: Textsorten. Ein Methodenvergleich, illustriert an einem Märchen. Brüssel 1984.

Gobyn 1989 = Gobyn, L.: Verjüngungsmotive im Märchen und in der volkstümlichen Bilderkunst. In: Die Zeit im Märchen. ed. U. und H.-A. Heindrichs. Kassel 1989, 116–141, 179–190.

Goldberg 1992 = Goldberg, C.: The Forgotten Bride (AaTh 313 C). In: Fabula 33 (1992) 39–54.

Goldberg 1993 = Goldberg, C.: Turandot's Sisters. A Study of the Folktale AT 851. New York/London 1993.
Goldberg 1997a = Goldberg, C.: The Donkey Skin Folktale Cycle (AT 510B). In: JAFL 110 (1997) 28–46.
Goldberg 1997b = Goldberg, C.: Dilemma Tales in the Tale Type Index. The Theme of Joint Efforts. In: Journal of Folklore Research 34 (1997) 179–193.
Goldberg 2000 = Goldberg, C.: Gretel's Duck. The Escape from the Ogre in AaTh 327. In: Fabula 41 (2000) 42–51.
Goldberg 2009 = Goldberg, C.: „The Wolf and the Kids" (ATU 123) in International Tradition. In: Erzählkultur. Beiträge zur kulturwissenschaftlichen Erzählforschung. Festschr. H.-J. Uther. Berlin/New York 2009, 277–291.
Gorgulla 2011 = Gorgulla, A.: „… und darum auch, daß ein eigentliches Erziehungsbuch daraus werde". Die „Kinder- und Hausmärchen" im pädagogischen und politischen Diskurs ihrer Zeit. (Diss. Würzburg 2010) Würzburg 2011.
Göritz 1986 = Göritz, S.: Katschelap alias Rumpelstilzchen oder Die Verwandlung eines Märchens. In: ders.: Aufsätze zur Kinder- und Jugendliteratur und zu anderen Medienkünsten. Berlin 1986, 153–164.
Görner 1931 = Görner, O.: Vom Memorabile zur Schicksalstragödie. Berlin 1931.
Görög-Karady 2006 = Görög-Karady, V.: Éva gyermekei és az egyenlőtlenség eredete (Evas Kinder und der Ursprung der Ungleichheit). Budapest 2006.
Görres/Schellberg 1911 = Görres, J. von: Ausgewählte Werke und Briefe 2. ed. W. Schellberg. Kempten/München 1911.
Graf 1920 = Graf, A.: Die Grundlagen des Reineke Fuchs. Helsinki 1920 (FF Communications 38).
Graf 2019 = Graf, K.: Ringe in Kulturgeschichte und Erzählforschung. In: Ringe der Macht. ed. H. Meller u. a. Halle 2019, 163–176.
Gramlich 1987 = Gramlich, R.: Die Wunder der Freunde Gottes. Theologien und Erscheinungsformen des islamischen Heiligenwunders. Wiesbaden 1987.
Grant of Laggan 1811 = [Grant, Anne, of Laggan:] Essays on the Superstitions of the Highlanders of Scotland […] 1. London 1811.
Grätz 1988 = Grätz, M.: Das Märchen in der deutschen Aufklärung. Vom Feenmärchen zum Volksmärchen. Stuttgart 1988.
Greene 1986 = Greene, T. M.: The Vulnerable Text. Essays on Renaissance Literature. New York 1986.
Greverus 1956 = Greverus, I.-M.: Die Geschenke des kleinen Volkes – KHM 182 – Eine vergleichende Untersuchung. Diss. (masch.) Marburg 1956.
Grimm 1809 = Grimm, A. L.: Kindermährchen. Heidelberg [1809].
Grimm 1811 = Grimm, W.: Altdänische Heldenlieder, Balladen und Märchen. Heidelberg 1811.
Grimm 1816 = Grimm, A. L.: = Lina's Mährchenbuch 1–2. Frankfurt am Main 1816.
Grimm 1834 = Grimm, J.: Reinhart Fuchs. Berlin 1834.
Grimm 1842 = Grimm, J.: Die ungleichen Kinder Evas. In: Zeitschrift für deutsches Altertum 2 (1842) 257–267.
Grimm 1857 = Grimm, W.: Die Sage von Polyphem. Berlin 1857.
Grimm 1865 = Grimm, W.: Über eine Thierfabel des Babrius. In: Zeitschrift für deutsches Altertum 12 (1865) 228–231.
Grimm 1899 = Grimm, J.: Deutsche Rechtsalthertümer 1–2. Leipzig ^{4}1899.

Grimm/Breslau 1997 = Breslau, R.: Der Nachlaß der Brüder Grimm 1–2. Katalog. Wiesbaden 1997.
Grimm/Croker 1826 = Irische Elfenmärchen [Verf. Thomas Crofton Croker]. Übers. von den Brüdern Grimm. Leipzig 1826.
Grimm DM = Grimm, J.: Deutsche Mythologie. ed. E. H. Meyer. Bd. 1–2. Gütersloh ⁴1876/[⁴1876]; Bd. 3. Berlin ⁴1878.
Grimm/Ehrhardt 1998 = Brüder Grimm: Briefwechsel mit Herman Grimm […]. ed. H. Ehrhardt. Kassel/Berlin 1998.
Grimm/Goedeke 1927 = Briefwechsel zwischen Jacob Grimm und Karl Goedeke. ed. J. Bolte. Berlin 1927.
Grimm/Grothe 2000 = Brüder Grimm: Briefwechsel mit Ludwig Hassenpflug (einschließlich der Briefwechsel zwischen Ludwig Hassenpflug und Dorothea Grimm, geb. Wild, Charlotte Hassenpflug, geb. Grimm, ihren Kindern und Amalie Hassenpflug). ed. E. Grothe. Kassel/Berlin 2000.
Grimm/Hinrichs = Grimm, W.: Kleinere Schriften 1–4. ed. G. Hinrichs. Berlin 1881–83; Bd. 4 Gütersloh 1884.
Grimm/Lefftz 1927 = Märchen der Brüder Grimm. Urfassung nach der Originalhandschrift der Abtei Ölenberg im Elsaß. ed. J. Lefftz. Heidelberg 1927.
Grimm/Leitzmann = Briefwechsel der Brüder Jacob und Wilhelm Grimm mit Karl Lachmann 1–2. ed. A. Leitzmann. Jena 1927.
Grimm/Loo 2014= The Original 1812 Grimm Fairy Tales. A New Translation of the 1812 First Edition Kinder- und Hausmärchen/Children's and Household Tales. Collected through the Brothers Grimm. Translated and Annotated by Oliver Loo. Eigenverlag [2014].
Grimm/Loo 2015 = The 1810 Grimm Manuscripts. The First Complete English Translation of the1810 Handwritten Manuscripts. The Beginnings of the Kinder- und Hausmärchen/Children's and Household Tales. San Bernadino [2015].
Grimm/Loo 2019 = The Original 1815 Grimm Fairy Tales. A New Translation of the 1815 First Edition Kinder- und Hausmärchen/Children's and Household Tales. Collected through the Brothers Grimm. Translated and Annotated by Oliver Loo. Eigenverlag [2019].
Grimm/Müllenhoff/Ippel = Grimm, J.: Kleinere Schriften 1–8. 1–5 ed. K. Müllenhoff. Berlin 1864/65/66/69/71, Bd. 6–7 ed. E. Ippel. Berlin 1882/84, Bd. 8 ed. E. Ippel. Gütersloh 1890 (Nachdr. Hildesheim 1965/66).
Grimm/Ottendorf-Simrock 1966 = Grimm, Jacob und Wilhelm: Die Grimms und die Simrocks in Briefen 1830 bis 1864. ed. W. Ottendorff-Simrock. Hannover/Hamburg/München 1966.
Grimm/Reifferscheid 1878 = Reifferscheid, A.: Freundesbriefe von Wilhelm und Jacob Grimm. Heilbronn 1878.
Grimm/Rölleke 1975 = Die älteste Märchensammlung der Brüder Grimm. Synopse der handschriftlichen Urfassung von 1810 und der Erstdrucke von 1812. Cologny-Genève 1975.
Grimm/Rölleke 1987 = Rölleke, H. (ed.): Unbekannte Märchen von Wilhelm und Jacob Grimm. Köln 1987.
Grimm/Rölleke 1989 = Märchen aus dem Nachlaß der Brüder Grimm. ed. H. Rölleke. Bonn (1977, ²1979, ³1983) ⁴1989.
Grimm/Rölleke 1993 = Grimms Märchen, wie sie nicht im Buche stehen. ed. H. Rölleke. Frankfurt am Main/Leipzig 1993.
Grimm/Rölleke 1998 = Grimms Märchen und ihre Quellen. Die literarischen Vorlagen der Grimmschen Märchen, synoptisch vorgestellt und kommentiert von H. Rölleke. Trier 1998.

Grimm/Rölleke 2006 = Briefwechsel der Brüder Jacob und Wilhelm Grimm. 2: Zusätzliche Texte, Sagenkonkordanz. ed. H. Rölleke. Stuttgart 2006.
Grimm/Schoof 1953 = Briefe der Brüder Grimm an Savigny. ed. W. Schoof. Berlin 1953.
Grimm/Schoof 1960 = Unbekannte Briefe der Brüder Grimm. ed. W. Schoof. Bonn 1960.
Grimm/Schoof 1963 = Briefwechsel zwischen Jacob und Wilhelm Grimm aus der Jugendzeit. ed. H. Grimm/G. Hinrichs. 2. Aufl. besorgt von W. Schoof. Weimar 1963.
Grimm/Stoll 1911 = Grimm, L. E.: Erinnerungen aus meinem Leben. ed. A. Stoll. Leipzig 1911.
Grimm/Uther DS = Brüder Grimm. Deutsche Sagen 1–2. ed. H.-J. Uther. München 1993.
Grimm/Uther 1996 = Brüder Grimm: Kinder- und Hausmärchen 1–4. Nach der Großen Ausgabe von 1857 [...] ed. H.-J. Uther. München 1996.
Grimm/Wigand 1910 = Briefe der Brüder Grimm an Paul Wigand. Veröffentlicht von E. Stengel. Marburg 1910.
Grimmelshausen 1670 = Der erste Bärnhäuter, nicht ohne sonderbares darunter verborgenes lehrreiches Geheimnis [...] samt Simplicissimi Gaukeltasche von Illiterato Ignorantio, zugenannt Idiota. s. l. 1670 (vgl. Grimmelshausen Simplicianische Schriften. ed. A. Kelletat. München 1960, 581–589).
Grimmelshausen 1921 = Grimmelshausens Werke in vier Teilen. ed. H. H. Borcherdt. Berlin/Leipzig/Wien/Stuttgart [1921].
Groschwitz 2021 = Groschwitz, H.: Ein Schloss ist kein Schloss ist ein Schloss. In: Von Mund zu Ohr via Archiv in die Welt. Festschr. C. Schmitt. Münster 2021, 533–544.
Grünewald 2005 = Grünewald, D.: Literarische Klassiker in Comic-Form. In: Franz, K./Lange, G. (edd.): Bilderbuch und Illustration in der Kinder- und Jugendliteratur. Baltmannsweiler 2005, 53–67.
Günther 1787 = [Günther, C. W.:] Kindermährchen aus mündlichen Erzählungen gesammlet. Erfurt 1787.
Grzywka 2006 = Grzywka, K.: „... und die gottlose Hexe mußte elendiglich verbrennen". Über Strafen in den polnischen und deutschen Volksmärchen. In: Wrocław – Berlin. Germanistischer Brückenschlag im deutsch-polnischen Dialog. Bd. 4: Kulturwissenschaft. Edd. M. Hałub/F. Stucke. Wrocław/Dresden 2006, 197–211.
Grzywka 2010 = Grzywka, K.: Zur Funktion des Berges in den polnischen und den deutschen Volksmärchen. In: Studia Niemcoznawcze/Studien zur Deutschkunde 44 (2010) 205–215.
Grzywka 2011 = Grzywka, K.: „... aber die zwei Tauben saßen stets auf seinen Schultern und sagten ihm alles ins Ohr". Zu dem Märchentyp „Die drei Sprachen" (ATU 671). In: Czachur, W./Czyżewska, M./Teichfischer, P. (ed.): Kreative Sprachpotenziale mit Stil entdecken. Festschrift W. Schramm. Wrocław 2011, 383–391.
Guth 2006 f. = Guth, K.: Stufen des Alterns im Märchen. Die Erzählung „Die Lebenszeit" in der Sammlung der Brüder Grimm. In: Bayerische Blätter für Volkskunde 33-34 (2006/07) 9–17.
Haas 1990 = Haas, W.: Jacob Grimm und die deutschen Mundarten. Stuttgart 1990.
Haas 2006 = Haas, G.: Ritardando. Beobachtungen zu einem Aspekt der Erzählstruktur des Volksmärchens. In: Märchenspiegel 17,2 (2006) 17–21.
Haase 1990 = Haase, D.: „Verzauberungen der Seele". Das Märchen und die Exilanten der NS-Zeit. In: Akten des 8. Internationalen Germanisten-Kongresses, Tokyo 1990. Bd. 8. ed. E. Iwasaki. München 1991, 44–50.
Haase 1993 = Haase, D. (ed.): The Reception of Grimm's Fairy Tales. Responses, Reactions, Revisions. Detroit 1993.

Haase 2003 = Haase, D.: Framing the Brothers Grimm. Paratexts and Intercultural Transmission in Postwar English-Language Editions of the „Kinder- und Hausmärchen". In: Fabula 44 (2003) 55–68, Res. 68 f.
Haase 2004 = Haase, D. (ed.): Fairy Tales and Feminism. New Approaches. Detroit 2004.
Haase 2006 = Haase, D.: Hypertextual Gutenberg. The Textual and Hypertextual Life of Folktales and Fairy Tales in English-Language Popular Print Editions. In: Fabula 47 (2006) 222–230.
Haase 2008 = Haase, D. (ed.): The Greenwood Encyclopedia of Folktales and Fairy Tales. 1: A–F; 2: G–P; 3: Q–Z. Westport, Conn./London 2008.
Haavio 1929 = Haavio, M.: Kettenmärchenstudien 1. Helsinki 1929 (FF Communications 88).
Haertel 1978 = Haertel, V.: Der „Gevatter Tod" oder Wilhelm Grimm und die Folgen. In: Diskussion Deutsch 43 (1978) 444–465.
Hagen 1954 = Hagen, R.: Der Einfluß der Perraultschen Contes auf das volkstümliche deutsche Erzählgut und besonders auf die KHM der Brüder Grimm. Bd. 1–2. Diss. (masch.) Göttingen 1954.
Haiding 1953 = Haiding, K.: Österreichs Märchenschatz. Wien 1953.
Haltrich 1856 = Haltrich; J.: Deutsche Volksmärchen aus dem Sachsenlande in Siebenbürgen. Berlin 1856.
Hamann 1906 = Hamann, H.: Die literarischen Vorlagen der Kinder- und Hausmärchen und ihre Bearbeitung durch die Brüder Grimm. Berlin 1906.
Hammer 1654 = Hammer, M.: Rosetum historiarum. Das ist: Historischer Rosengarten [...]. Zwickau 1654.
Hanika 1951 = Hanika, J.: Die schwarzen Prinzessinnen. Beziehungen eines Märchenmotivs zum Brauchtum. In: Rheinisches Jahrbuch zur Volkskunde 2 (1951) 39–47.
Hannoversches Volksblatt = Hannoversches Volksblatt. ed. W. Schröder. Hannover 1840.
Hansen 1996 = Hansen, W.: The Protagonist on the Pyre. Herodotean Legend and Modern Folktale. In: Fabula 37 (1996) 272–285.
Hansen 2000 = Hansen, W.: Ariadne's Thread. A Guide to International Tales Found in Classical Literature. Ithaca/London 2002.
Happel 1685 ff. = Happel, E. W.: Der ungarische Kriegs-Roman 1–6. Hamburg 1685/85/86/87/89/97.
Harnack 1953 = Harnack, G. A. von: Bemerkungen zu der Arbeit von C. H. Mallet, Analyse des Grimmschen Märchens „Der starke Hans" [1953]. In: Laiblin, W. (ed.): Märchenforschung und Tiefenpsychologie. Darmstadt 1969, 235 f.
Harsdörffer 1663 = [Harsdörffer, G. P.:] Der Grosse Schau-Platz jämmerlicher Mord-Geschichte. Hamburg 1663.
Hartmann 1953 = Hartmann, I.: „Das Meerhäschen". Eine vergleichende Märchenuntersuchung. Diss. (masch.) Göttingen 1953.
Hauff 1827 = Mæhrchen-Almanach für Söhne und Töchter gebildeter Stände auf das Jahr 1827. ed. W. Hauff. Stuttgart 1827.
Haug 1995 = Haug, W.: Kombinatorik und Originalität. Der „Roman van Walewein" als nachklassisches literarisches Experiment. In: Tijdschrift voor Nederlandse Taal- en Letterkunde 111,3 (1995) 195–205.
Haunon 1988 = Haunon, P.: Feminine Voice and the Motivated Text. Madame d'Aulnoy and the Chevalier de Mailly. In: Merveilles & Contes 2,1 (1988) 13–24.
HDA = Handwörterbuch des deutschen Aberglaubens 1–10. ed. H. Bächtold-Stäubli. Leipzig/Berlin 1927–42 (Nachdr. Berlin 1986 u. ö.).

HDM = Handwörterbuch des deutschen Märchens 1–2. ed. L. Mackensen. Berlin 1930–1940 [mehr nicht erschienen].
HDS = Handwörterbuch der deutschen Sage. Lieferung 1–3. ed. W.-E. Peuckert. Göttingen [1961–63] [mehr nicht erschienen].
Hearne 1989 = Hearne, B.: Beauty and the Beast. Visions and Revisions of an Old Tale. Chicago/London 1989.
Hebel = Schwänke des Hebel'schen Rheinländischen Hausfreundes (1808–1831) mit allen spaßhaften Geschichten vom Zundelfrieder, rothen Dieter und Heiner. In zwei Theilen. Stuttgart 1839 (Nachdruck Dortmund 1979).
Heckmann 1930 = Heckmann, E.: Blaubart. Ein Beitrag zur vergleichenden Märchenforschung. Diss. Heidelberg 1930.
Hennig 1975 = Hennig, D.: Ein Märchenmanuskript im Brüder Grimm-Museum Kassel. In: Heimatbrief. Heimatverein Dorothea Viehmann 19,4 (1975) 13–21.
Hennig/Lauer 1985 = Die Brüder Grimm. Dokumente ihres Lebens und Wirkens. ed. D. Hennig/B. Lauer. Kassel 1985.
Henschel 2019 = Henschel, G.: „etwas vorlautes widriges" – Das Judenbild der Brüder Grimm. In: Merkur 73, H. 846 (2019) 79–87.
Henßen 1953 = Henßen, G.: Deutsche Schreckmärchen und ihre europäischen Anverwandten. In: Zeitschrift für Volkskunde 50 (1953) 84–97.
Henßen 1963 = Henßen, G.: Knoist un sine dre Sühne (KHM 138). In: Märchen, Mythos, Dichtung. Festschr. F. von der Leyen. München 1963, 35–37.
Herder/Suphan 1885 = Herders Sämmtliche Werke 23. ed. B. Suphan. Berlin 1885.
Hermansson 2001 = Hermansson, C.: Reading Feminist Intertextuality through Bluebeard Stories. Lewiston, N. Y. 2001.
Herranen 1990 = Herranen, G.: The Maiden without Hands (AT 706). Two Tellers, Two Versions. In: D'un Conte ... a l'autre. La Variabilité dans la littérature orale. ed. V. Görög-Karady/M. Chiche. Paris 1990, 105–115.
Hertel 1909 = Hertel, J.: Zu den Erzählungen von der schwimmenden Lade. In: Zeitschrift des Vereins für Volkskunde 19 (1909) 83–92.
Herzog 1937 = Herzog, J.: Die Märchentypen des „Ritter Blaubart" und „Fitchervogel". (Diss. Köln 1929). Wuppertal 1937.
Heßelmann 1992 = Heßelmann, P.: August Freiherr von Haxthausen (1792–1866). Sammler von Märchen, Sagen und Volksliedern, Agrarhistoriker und Rußlandreisender aus Westfalen. Ausstellungskatalog Münster 1992.
Heule 1984 = Heule, M.: Wilhelm Wackernagel als Vermittler von Grimmbeiträgen. Ergänzungen und Korrekturen zu Heinz Röllekes Beitrag über die Herkunft der KHM 165, 166 und 167. In: Schweizerisches Archiv für Volkskunde 80 (1984) 88–92.
Hierse 1969 = Hierse, W.: Das Ausschneiden der Drachenzunge und der Roman von Tristan. Diss. Tübingen 1969.
Hilber 2010 = Hilber, A.: Textuelle Veränderungen in den „Kinder- und Hausmärchen" der Brüder Grimm. In: Jahrbuch der Brüder Grimm-Gesellschaft 15–16 (2010) 105–114.
Hippolyte 1991 = Hippolyte, J.-L.: Étude comparée du Petit Poucet de Perrault et de Hänsel et Gretel des Frères Grimm. In: Merveilles & Contes 5,2 (1991) 390–402.
Hirsch 2013 = Hirsch, A. B.: Rumpelstilzchens Sitz im Leben. Baltmannsweiler 2013.
Hirsch 2015 = Hirsch, A. B.: Wie Sehnsucht dem Märchen Gewalt abtut (oder doch antun kann). In: Lox, H./Bücksteeg, C. und T. (edd.): Sehnsucht im Märchen. Krummwisch 2015, 71–87.

Hirsch 2019 = Hirsch, A. B.: Die vergessene Braut. Der Liebste Roland trifft Brünhild. Das Motiv der vergessenen Braut in Märchen, Mythen und Sagen. Lox, H./Lutkat, S. (edd.): Vergessen und Erinnern im und mit Märchen. Krummwisch 2019, 47–75.
Hoevels 1979 = Hoevels, F. E.: Märchen und Magie in den Metamorphosen des Apuleius von Madaura. Amsterdam 1979.
Holbek 1987 = Holbek, B.: Interpretation of Fairy Tales. Helsinki 1987 (FF Communications 239).
Holmström 1919 = Holmström, H.: Studier över svanjungfru-motivet i Volundarkvida och annorstädes. Malmö 1919.
Hölter 1991 = Hölter, A.: Schwerpunkte der Barockrezeption in der Romantik. In: Europäische Barock-Rezeption. ed. K. Garber. Wiesbaden 1991, 465–490.
Holz 1929 = Holz, F.: Die Mädchenräuberballade. Eine kritische Betrachtung von 120 Fassungen aus deutschen und fremdländischen Sprachgebieten als Beitrag zur vergleichenden Literaturgeschichte. Diss. Heidelberg 1929.
Holzapfel 1977 = Holzapfel, O.: Aus dem Nachlaß der Brüder Grimm: ein Brief C. E. Steenblochs mit einer norwegischen Erzählung (1812). In: Fabula 18 (1977) 117–132.
Hondorff 1595 = Hondorff, A.: Promptuarium exemplorum. Frankfurt am Main 1595.
Horálek 1967 = Horálek, K.: Der Märchentypus AaTh 302 (302 C*) in Mittel- und Osteuropa. In: Deutsches Jahrbuch für Volkskunde 13 (1967) 260–287.
Horálek 1969a = Horálek, K.: Le Conte des deux frères. In: Folklorica Pragensia 1. Prag 1969, 7–74.
Horálek 1969b = Horálek, K.: Märchen aus Tausend und Einer Nacht bei den Slaven. In: Fabula 10 (1969) 155–195.
Horen 2007 = Die Horen. Zeitschrift für Literatur, Kunst und Kritik 52 (2007) (= Mutabor oder Ich rieche, rieche Menschenfleisch/Märchenland, Anderland).
Horn 1974 = Horn, K.: L'Arbre secourable dans le conte populaire allemand. In: Ethnologie française 4,4 (1974) 333–348.
Horn 1977 = Horn, K.: Das Kleid als Ausdruck der Persönlichkeit: Ein Beitrag zum Identitätsproblem im Volksmärchen. In: Fabula 18 (1977) 75–104.
Horn 1981 = Horn, K.: Das Große im Kleinen. Eine märchenspezifische Übertreibung. In: Fabula 22 (1981) 250–271.
Horn 1983a = Horn, K.: Der aktive und der passive Märchenheld. Basel 1983.
Horn 1983b = Horn, K.: „The Hair is Black as Ebony..." In: Orbis Litterarum 38 (1983) 271–279.
Horn 1990 = Horn, K.: Lebenshilfe aus ‚uralter Weisheit'? Psychologische und populärpsychologische Märchenrezeption unter ihrem therapeutischen Aspekt. In: Uther, H.-J. (ed.): Märchen in unserer Zeit. München 1990, 159–169.
Horn 1995 = Horn 1995: Horn, K.: Die Identität des Helden und der Heldin. Leib, Kleid und Tierhaut im Volksmärchen. In: Symbolik des menschlichen Leibes. ed. P. Michel. Bern u. a. 1995, 157–190.
Horn 2004 = Horn, K.: Der Morgentraum erzählt dir Märchen. Überlieferte Motive in der Dichtung und Sprache des 20. Jahrhunderts. ed. B. Gobrecht. Winterthur 2004.
Horning Marshall 1995 = Horning Marshall, A.: Reflections on the Pedagogy of Fear. Märchen von einem, der auszog, das Fürchten zu lernen. Fabula 36 (1995) 289–295.
Hose 2013 = Hose, S.: Erzählungen über Krabat. Märchen, Mythos und Magie. Bautzen 2013.
Hoven 1978 = Hoven, H.: Studien zur Erotik in der deutschen Märendichtung. Göppingen 1978.
Huber 1910 = Huber, M.: Die Wanderlegende von den Siebenschläfern. Leipzig 1910.

Hubrich-Messow 2000 ff. = Hubrich-Messow, G.: Schleswig-holsteinische Volksmärchen. [...] aus dem Zentralarchiv der deutschen Volkserzählung in Marburg an der Lahn 4–7. Husum 2000/04/06/07 [Bd. 1–3 s. Ranke 1955 ff.].

Hubrich-Messow 2009 = Hubrich-Messow, G.: Namensträger und ihre Rolle in deutschsprachigen Zaubermärchen. In: Märchenspiegel 20,2 (2009) 13–23.

Husemann, M./Smailes, J. J. (edd.): Tierischer Aufstand. 200 Jahre Bremer Stadtmusikanten in Kunst, Kitsch und Gesellschaft. Ausstellungskatalog Bremen [2019].

Ide 1974 = Ide, H. (ed.): Projekt Deutschunterricht 6. Stuttgart 1974.

Ikeda 1991 = Ikeda, K.: Die Entstehung des KHM 65 Allerleirauh. Eine progressive Annäherung an den Cinderella-Stoff. In: Doigatsu bungaku 86 (1991) 114–125.

Irmen 1989 = Irmen, H.-J.: Hänsel und Gretel. Studien und Dokumente zu Engelbert Humperdincks Märchenoper. Mainz 1989.

Jason 1988 = Jason, H.: Whom Does God Favor: The Wicked or the Righteous? The Reward-and-Punishment Fairy Tale. Helsinki 1988 (FF Communications 240).

Jean Paul 1793 = Die unsichtbare Loge 1. Eine Biographie von Jean Paul [das ist Johann Paul Friedrich Richter]. Berlin 1793.

Jech 1989 = Jech, J.: Heilwasser in Volkssage und Märchen. In: Anales de la Universidad de Chile 5,17 (1989) 167–203.

Jeserick 1991 = Jeserick, I.: Märchenbilder. ed. D.-R. Moser. München 1991.

Jeske 2011 = Jeske, H.: Der Dummling in den Märchen in Schleswig-Holstein. In: Bleckwenn, H. (ed.): Märchenfiguren in der Literatur des Nord- und Ostseeraumes. Baltmannsweiler 2011, 200–223.

Jessen 1979 = Jessen, J. C.: Das Recht in den KHM der Brüder Grimm. Diss. Kiel 1979.

Johannes Gobi Junior/Polo de Beaulieu = Le Scala Coeli de Jean Gobi. ed. M.-A. Polo de Beaulieu. Paris 1991.

Joldrichsen 1987 = Joldrichsen, A.: Form, Stil und Motive nordfriesischer Märchen im Vergleich zu den entsprechenden Grimmschen Varianten. Kiel/Amsterdam 1987.

Jolles 1958 = Jolles, A.: Einfache Formen. Darmstadt ²1958.

Jonassen 1990 = Jonassen, F. R.: Lucian's Saturnalia, the Land of Cockaigne, and the Mummer's Plays. In: Folklore 101 (1990) 58–68.

Jones 1986 = Jones, S. S.: Structural and Thematic Applications of the Comparative Method. A Case Study of „The Kind and the Unkind Girls". In: Journal of Folklore Research 23 (1986) 147–161.

Jones 1987 = Jones, S. S.: On Analysing Fairy Tales. „Little Red Riding Hood" Revisited. In: Western Folklore 46 (1987) 97–106.

Jones 1990 = Jones, S. S.: The New Comparative Method. Structural and Symbolic Analysis of the Allomotifs of „Snow White". Helsinki 1990 (FF Communications 247).

Jung-Stilling 1777 = [Jung-Stilling, J. H.:] Henrich Stillings Jugend. Eine wahrhafte Geschichte. Berlin/Leipzig 1777.

Jung-Stilling 1778 = [Jung-Stilling, J. H.:] Henrich Stillings Jünglings-Jahre. Berlin/Leipzig 1778.

Jungbauer 1933 = Jungbauer, G.: Eine Zeitungssage vom „geschlachteten und gepökelten Brüderchen". In: Sudetendeutsche Zeitschrift für Volkskunde 6 (1933) 100–102.

Just 1991 = Just, G.: Magische Musik im Märchen. Frankfurt am Main/Bern/New York/Paris 1991.

Kahl 2008 f. = Kahl, R.: Grimms Märchen im japanischen Comic. Ein Vergleich des Märchens und des Manga „Die zwölf Jäger". In: Hessische Blätter für Volks- und Kulturforschung, N. F. 44–45 (2008/09) 488–505.

Kaiste 2005 = Kaiste, J.: Das eigensinnige Kind. Schrecken in pädagogischen Warnmärchen der Aufklärung und der Romantik. Uppsala 2005.
Kallenberger 1980 = Kallenberger, P.: Mann und Frau im Essigkrug. In: Vom Menschenbild im Märchen. ed. J. Janning u. a. Kassel 1980, 91–105.
Kaneshiro-Hauptmann 2013a = Kaneshiro-Hauptmann, A.: Gedanken zu Grimms Märchen als Populärkultur. In: Doitsu-bungaku-ronko/Die deutsche Literatur 57 (2013) 113–133.
Kaneshiro-Hauptmann 2013b = Kaneshiro-Hauptmann, A.: Gurimu-Kyodai no Meruhyen „Henzeru to Gureteru" nit tsuite – sono Seiritsu to Gendai Doitsu ni Okeru Juyo (Von „Hänsel und Gretel" in Grimms Märchen – seine Entstehung und Akzeptanz von heute). In: Grimu to Minkan-Densho – Tozai Minwa-Kenkyu no Chihei [Die Brüder Grimm und die Volkserzählungen – Forschungen im Osten und Westen]. Festschrift T. Takehara. Tokio 2013, 227–265.
Karlinger 1963 = Karlinger, F.: Schneeweißchen und Rosenrot in Sardinien. In: Brüder Grimm Gedenken [1]. ed. L. Denecke/I.-M. Greverus/G. Heilfurth. Marburg 1963, 585–593.
Karlinger 1965 = Karlinger, F.: Märchen oder Antimärchen? Gedanken zu Basiles Lo viso. München 1965.
Karlinger 1973 = Karlinger, F. (ed.): Wege der Märchenforschung. Darmstadt 1973.
Karlinger 1983 = Karlinger, F.: Grundzüge einer Geschichte des Märchens im deutschen Sprachraum. Darmstadt 1983.
Karlinger 1984–87 = Karlinger, F.: Zur Legende vom Kinde mit dem Cruzifixus in Portugal. in: Aufsätze zur portugiesischen Kulturgeschichte 19 (1984–87) 251–257.
Karlinger 1994 = Karlinger, F.: Menschen im Märchen. Wien 1994.
Kasprzyk 1963 = Kasprzyk, K.: Nicolas de Troyes et le genre narratif en France [...]. Warschau/Paris 1963.
Kast 1978 = Kast, V.: Der Blaubart. Zum Problem des destruktiven Animismus. In: Jacoby, M./Kast, V./Riedel, I.: Das Böse im Märchen. Fellbach 1978, 90–108.
Kast 1982 = Kast, V.: Wege aus Angst und Symbiose. Märchen psychologisch gedeutet. Olten 1982 (^{5}1984).
Kast 1983 = Kast, V.: Mann und Frau im Märchen. Eine psychologische Deutung. Olten/Freiburg im Breisgau 1983 (^{4}1984).
Kast 1991 = Kast, V.: Familienkonflikte im Märchen. Eine psychologische Deutung. München ^{3}1991.
Kaufmann 1985 = Kaufmann, F.: Der gestiefelte Kater. Was einer aus sich machen kann. Zürich 1985.
Kawahara 2007 = Kawahara, M.: Versteckte Autorschaft. Zur Frage der Sammeltätigkeit der Grimmschen Märchen. In: Doitsu bungaku 5,4 (2007) 42–57.
Keller 1853 ff. = Fastnachtspiele aus dem fünfzehnten Jahrhundert 1–3 und Nachlese. ed. A. Keller. Stuttgart 1853–58 (Nachdr. 1965/66).
Kelley 2020 = Kelley, G.: Unruly Audience. Folk Interventions in Popular Media. Logan 2020, 45–73.
Kellner 1994 = Kellner, B.: Grimms Märchen. Studien zum Mythosbegriff und seiner Anwendung in der „Deutschen Mythologie". Frankfurt am Main/Bern u. a. 1994.
KHM = Kinder- und Hausmärchen gesammelt durch die Brüder Grimm (die Ausgaben sind mit den jeweiligen Erscheinungsjahren zitiert).
Kiening 2000 = Kiening, C.: Genealogie-Mirakel. Erzählungen vom ‚Mädchen ohne Hände'. Mit Edition zweier Prosafassungen. In: Huber, C./Wachinger, B./Ziegler, H.-Joachim (edd.):

Geistliches in weltlicher und Weltliches in geistlicher Literatur des Mittelalters. Tübingen 2000, 237–272.
Kind 1813 = Kind, F.: Das Schmetterlings-Cabinet. In: Minerva für das Jahr 1813 (1813) 1–60.
Kindermann-Bieri 1989 = Kindermann-Bieri, B.: Heterogene Quellen – Homogene Sagen. Philologische Studien zu den Grimmschen Prinzipien der Quellenbearbeitung untersucht anhand des Schweizer Anteils an den Deutschen Sagen. Basel 1989.
Kindl 1989 = Kindl, U.: Blaubarts Mord-Motiv oder: Wie neugierig darf Märchendeutung sein? In: Lendemains 14,53 (1989) 111–118.
Kirchhof, Wendunmuth = Kirchhof, H. W.: Wendunmuth. Buch 1–7. ed. H. Oesterley. Bd. 1–5. Tübingen 1869 (Nachdr. Hildesheim/New York 1980).
Kletke 1840 = Kletke, H.: Almanach deutscher Volksmärchen. Berlin 1840.
Kluwe 2007 = Kluwe, S.: Wiederholungszwang und Todestrieb in den Kettenmärchen der Brüder Grimm. Tiefenpsychologische Deutungsansätze zu den „Kinder- und Hausmärchen" „Läuschen und Flöhchen", „Vom Tode des Hühnchens", „Herr Korbes", „Das Lumpengesindel" und „Die kluge Else". In: Deutsche Vierteljahrsschrift für Literaturwissenschaft und Geistesgeschichte 81 (2007) 58–90.
Koch 1883 = Koch, J.: Die Siebenschläfer-Legende, ihr Ursprung und ihre Verbreitung. Leipzig 1883.
Koeman 1993 = Koeman, J.: Die Grimmelshausen-Rezeption in der fiktionalen Literatur der deutschen Romantik. Diss. Amsterdam/Atlanta 1993.
Köhler 1894 = Aufsätze über Märchen und Volkslieder von R. Köhler. ed. J. Bolte/E. Schmidt. Berlin 1894.
Köhler/Bolte = Köhler, R.: Kleinere Schriften zur Märchenforschung 1–3. ed. J. Bolte. Weimar 1898–1900.
Köhler-Zülch 1991 = Köhler-Zülch, I.: Ostholsteins Erzählerinnen in der Sammlung Wilhelm Wisser. In: Fabula 32 (1991) 94–118.
Köhler-Zülch 1993 = Köhler-Zülch, I.: Heinrich Pröhle. A Successor to the Brothers Grimm. In: The Reception of Grimm's Fairy Tales. Responses, Reactions, Revisions. ed. D. Haase. Detroit 1993, 41–58.
Köhler-Zülch 1995 = Köhler-Zülch, I.: Der politische Witz und seine erzählforscherischen Implikationen. In: Medien popularer Kultur. Festschr. R. W. Brednich. Frankfurt am Main/New York 1995, 71–97.
Köhler-Zülch 1997 = Köhler-Zülch, I.: Aspekte der Wiederbelebung in Volkserzählungen: Märchen, Legenden, alte und moderne Sagen. In: „Und der Tod wird nicht mehr sein ..." Medizin- und kulturhistorische, ethische, juristische und psychologische Aspekte der Wiederbelebung. ed. S. Hahn. Darmstadt 1997, 19–29.
Köhler-Zülch 2003 = Köhler-Zülch, I.: Zur imperativen Verwünschung im Märchen. In: Der Wunsch im Märchen. Heimat und Fremde im Märchen. ed. B. Gobrecht/H. Lox/T. Bücksteeg. Kreuzlingen/München 2003, 26–41.
Köhler-Zülch 2008 = Köhler-Zülch, I.: Der gestiefelte Kater. Geschichten und Geschichte. In: Beisbart, O./Kerkhoff-Hader, B. (edd.): Märchen. Geschichte – Psychologie – Medien. Baltmannsweiler 2008, 43–71.
Köhler-Zülch/Shojaei 1988 = Köhler-Zülch, I./Shojaei Kawan, C.: Schneewittchen hat viele Schwestern. Frauengestalten in europäischen Märchen. Gütersloh 1988 (^{2}1991).
Kolb 1985 = Kolb, H.: Die Schwanenrittersage als Ursprungsmythos mittelalterlicher Fürstengeschlechter. In: History and Heroic Tale. ed. T. Nyberg. Odense 1985, 24–50.

Könneker 1976 = Könneker, B.: Martin Hayneccius: „Hans Pfriem, oder Meister Kecks". Eine Absage an den Geist und die Zielsetzung des protestantischen Schuldramas. In: „Sagen mit Sinne". Festschr. M.-L. Dittrich. Göppingen 1976, 263–280.

Konrad 1979a = Konrad, J.-F.: Vanille-Eis mit heißen Himbeeren. Das Märchen von den „Bremer Stadtmusikanten" neu erzählt und didaktisch erschlossen. In: Zeitschrift für Religionspädagogik (1979) H. 5, 158–160.

Konrad 1979b = Konrad, J. -F.: Tränen der Liebe. Das Grimmsche Märchen von der „Nixe im Teich" neu erzählt und didaktisch erschlossen. In: Zeitschrift für Religionspädagogik (1979) H. 6, 191–195.

Konrad 1979c = Konrad, J.-F.: Hexen-Memoiren. Drei bekannte Märchen aus feministischer Sicht neu erzählt. In: Zeitschrift für Religionspädagogik 34 (1979) 14 f., 49–51 (Rapunzels Pflegemutter erzählt), 88–90.

Kooi 1977 = Kooi, J. van der: Ta Japik Ingberts. In: Us Wurk 26 (1977) 29–50.

Kooi 1986 = Kooi, J. van der: Burleske satire en leugenverhaal. In: Driemaandlijske Bladen 38 (1986) 99–130.

Kooi 2003 = Kooi, J. van der: Van Janmaanje en Keudeldoemke. Groninger sprookjesboek. Groningen 2003.

Kooi/Schuster 1994 = Kooi, J. van der/Schuster, T.: Der Großherzog und die Marktfrau. Märchen und Schwänke aus dem Oldenburger Land. Leer 1994.

Kooi/Schuster 1993 = Kooi, J. van der/Schuster, T.: Märchen und Schwänke aus Ostfriesland. Leer 1993.

Korn 1990 = Korn, E.: Der Märchenheld als Judenfeind. Antisemitismus in dem Brüder Grimm-Märchen „Der Jude im Dorn". In: Praxis Deutsch 17 (1990) Heft 103, 47–51.

Kotaka 1992 = Kotaka, Yasumasa: Die Heinrich-Episode von KHM 1. Der Froschkönig oder der eiserne Heinrich [in japan. Sprache]. In: Doitsu bungaku 36 (1992) 22–38 (dt. Resümee, 39–41).

Koto 2000 = Koto, E.: KHM 153 – Die Sterntaler [Entstehung und Entwicklung des Märchens von der handschriftlichen Urfassung bis zur Ausgabe letzter Hand]. In: Zeitschrift der Gesellschaft für Germanistik der Gakushin-Universität 4 (2000) 43–67 (japanisch mit dt. Resümee).

Kovács 1984 = Kovács, Á.: „L'Arbre qui pousse jusqu'au ciel". Rédactions hongroises et motifs chamanistiques. In: Le Conte, pourquoi? comment? ed. G. Calame-Griaule/V. Görög-Karady/M. Chiche. Paris 1984, 393–415.

Krikmann 1996 = Krikmann, A.: The Main Riddles, Questions, Allegories and Tasks in AT 875, 920, 921, 922 and 927. In: Valk, Ü. (ed.): Studies in Folklore and Popular Religion 1. Tartu 1996, 55–80.

Kriza 1995 = Kriza, I.: Ungarische Balladen vom Rätsellöser-Märchen. In: Medien populärer Kultur. Festschr. R. W. Brednich. Frankfurt am Main/New York 1995, 280–290.

Krüger 1914 = Krüger, K.: Die Märchen der Baronin Aulnoy. Diss. Leipzig 1914.

Krzyżanowski 1959 = Krzyżanowski, J.: Two Old-Polish Folktales (Types AaTh 450 and 1353). In: Fabula 2 (1959) 83–93.

Kügler 1989 = Kügler, H.: „Von dem Fischer und seiner Frau". Möglichkeiten analytischer Textarbeit in der Primarstufe. In: Praxis Deutsch 16 (1989) H. 98, 27–37.

Kühleborn 1982 = Kühleborn, H. E. [das ist Kurt Kehr]: Rotkäppchen und die Wölfe. Von Märchenfälschern und Landschaftszerstörern. Frankfurt am Main 1982.

Kuhn 1998 = Kuhn, H.: Sprache und Stil in den deutschen Märchen am Beispiel der Frau Holle. In: Märchenspiegel 9,1 (Febr. 1998) 10–13.

Künzig 1934 = Künzig, J.: Der im Fischbauch wiedergefundene Ring in Sage, Legende, Märchen und Lied. In: Volkskundliche Gaben. Festschr. J. Meier. Berlin/Leipzig 1934, 85–103.
Kuttner 1934 = Kuttner, G.: Wesen und Form der deutschen Schwankliteratur des 16. Jahrhunderts. Berlin 1934.
Kvideland 1987 = Kvideland, R.: Tradisjonelt forteljestoff i språklæsebøker. In: Schön, E. (ed.): Folklore och litteratur i norden. [Turku] 1987, 214–237.
Laeverenz 2001 = Laeverenz, J.: Märchen und Recht. Eine Darstellung verschiedener Ansätze zur Erfassung des rechtlichen Gehalts der Märchen. Frankfurt am Main u. a. 2001.
Laeverenz 2007 = Laeverenz, J.: Märchen als rechtsgeschichtliche Quellen. In: Lox, H./Lutkat, S./Kluge, D. (edd.): Dunkle Mächte und was sie bannt. Recht und Gerechtigkeit im Märchen. Krummwisch 2007, 254–295.
Lange 2013 = Lange, G.: Dornröschen war 15. Märchen, Adoleszenz und Literaturunterricht. In: Neumann, S./Schmitt, C. (edd.): Sichtweisen in der Märchenforschung. Baltmannsweiler 2013, 126–153.
Langer 1984 = Langer, H.: Grimmige Märchen. München 1984.
Langlois 1985 = Langlois, J. L.: Belle Guiness, the Lady Bluebeard. Bloomington 1985.
Langosch 1960 = Langosch, K.: Waltharius, Ruodlieb, Märchenepen. Lateinische Epik des Mittelalters mit deutschen Versen. Darmstadt ^{2}1960.
Lauer 1993 = Rapunzel. Traditionen eines europäischen Märchenstoffes in Dichtung und Kunst. ed. B. Lauer. Ausstellungskatalog Kassel 1993.
Lauer 2006 = Lauer, B.: Märchen, Sage, Mythos: Frau Holle. In: Brüder Grimm-Journal 1 (2006) 4–9.
Lauer 2008 = Lauer, G.: Die Brüder Grimm und ihre Folgen. In: Bendix, R./Marzolph, U. (edd.): Hören, Lesen, Sehen, Spüren. Märchenrezeption im europäischen Vergleich. Baltmannsweiler 2008, 5–19.
Lauer 2008/09 = Lauer, B.: Wem gehört „Sneewittchen"? Ein Beitrag zur Verortung von Märchenstoffen und zur Herausbildung von Stereotypen. In: Hessische Blätter für Volks- und Kulturforschung N. F. 44–45 (2008/09) 390–425.
Lauer 2009 = Lauer, B.: Die „Kinder- und Hausmärchen" der Brüder Grimm. Zwischen UNESCO-Welterbe und Verheimatung. In: Erb-Gut? Kulturelles Erbe in Wissenschaft und Gesellschaft. Referate der 25. Österreichischen Volkskundetagung vom 14.–17.11. 2007 in Innsbruck. ed. K. C. Berger/M. Schindler/I. Schneider. Wien 2009, 289–297.
Le Roy Ladurie 1980 = Le Roy Ladurie, E.: L'Argent, l'amour et la mort en pays d'oc. Paris 1980.
Lecouteux 1980 = Lecouteux, C.: Das Motiv der gestörten Mahrtenehe als Widerspiegelung der menschlichen Psyche. In: Vom Menschenbild im Märchen. ed. J. Janning u. a. Kassel 1980, 59–71, 147–151.
Lefebvre 1980 = Lefebvre, J.: Das Motiv der ungleichen Kinder Evas. Betrachtungen zur Funktion der Literatur im 16. Jahrhundert. In: Jahrbuch für internationale Germanistik A 8, 4 (1980) 12–18.
Legenda aurea = Die Legenda aurea des Jacobus de Voragine. Aus dem Lateinischen übersetzt von R. Benz. Heidelberg ^{8}1975.
Lehmann 1981 = Lehmann, J. M.: „Das Mädchen ohne Hände" in Kunst und Literatur. In: Brüder Grimm Gedenken 3. ed. L. Denecke. Marburg 1981, 149–153.
Lehmann-Scherf 2002 = Lehmann-Scherf, G. M.: Rotkäppchen in der Psychotherapie. In: Die Kunst des Erzählens. Festschrift W. Scherf. Potsdam 2002, 268–292.
Lehnert 1829 = Lehnert, J. H.: Mährchenkranz für Kinder. Berlin [1829].

Leidecker 1983 = Leidecker, K.: Zauberklänge der Phantasie. Musikalische Motive und gesungene Verse im europäischen Märchengut. Saarbrücken 1983.
Leingang 2019 = Leingang, O.: Aqua vitae, aqua mortis. Die (Nicht-)Thematisierung von Branntwein in den Kinder- und Hausmärchen der Brüder Grimm. In: Fabula 59 (2018) 265–273.
Lenz 1972 = Lenz, F.: Bildsprache der Märchen. Stuttgart ²1972.
Leyden 1801 = Complayant of Scotlande. ed. J. Leyden. Edinburgh 1801.
Leyen 1934 = Leyen, F. von der: Lesebuch des deutschen Volksmärchens. Berlin 1934.
L'Héritier 1705 = [L'Héritier de Villandon, M.-J.:] La Tour ténébreuse et les Jours lumineux. Contes anglois. Paris 1705.
Lieb 1996 = Lieb, L.: Erzählen an den Grenzen der Fabel. Studien zum Esopus des Burkard Waldis. Frankfurt am Main/Berlin u. a. 1996.
Liebs 1993 = Liebs, E.: „Spieglein, Spieglein an der Wand". Mutter-Mythen, Märchen-Mütter, Tochter-Märchen. In: Mütter – Töchter – Frauen. Weiblichkeitsbilder in der Literatur. ed. H. Kraft/E. Liebs. Stuttgart/Weimar 1993, 115–147.
Liedtke 1987 = Liedtke, J.: Zur Rekonstruktion und Repräsentation erzählter Ereignisse. In: Papiere zur Linguistik 37,2 (1987) 11–26.
Linnig 1883 = Linnig, F.: Deutsche Mythen-Märchen. Beitrag zur Erklärung der Grimmschen Kinder- und Hausmärchen. Paderborn 1883.
Liptay 2004 = Liptay, F.: Wunderwelten. Märchen im Film. Remscheid 2004.
Lixfeld 1971 = Lixfeld, H.: Gott und Teufel als Weltschöpfer. München 1971.
Lods 1951 = Lods, J.: Le Roman de Perceforest. Origine, composition, caractères, valeur et influence. Genf 1951.
Loeffler 1991 = Loeffler, R.: Alexius. Studien zur lateinischen Alexius-Legende und zu den mittelhochdeutschen Alexiusdichtungen. Freiburg (Breisgau) 1991.
Löhr 1819 = Löhr, J. A. C.: Buch der Maehrchen für Kindheit und Jugend, nebst etzlichen Schnaken und Schnurren, anmuthig und lehrhaftig [1–]2. Leipzig [1819].
Lontzen 1990 = Lontzen, G.: Die Erfindung des Blaubartmärchens durch Charles Perrault. Erkrath 1990.
Lotzer 1990 = Lotzer, E.: Die destruktive Macht der Familie in den Kinder- und Hausmärchen der Brüder Grimm. In: Tod und Wandel im Märchen. Nachmittagsvorträge und Seminare des Märchenkongresses der Europäischen Märchengesellschaft in Salzburg. ed. U. Kammerhofer. Salzburg 1990, 107–120.
Lovell-Smith 1999 = Lovell-Smith, R.: Feminism and Bluebeard. In: Estudos de literatura oral 5 (1999) 43–54.
Lox 1990 = Lox, H.: Der personifizierte Tod in den Volksmärchen unter besonderer Berücksichtigung des Erzählkomplexes ‚Schmied und Teufel' (AaTh 330). In: Tod und Wandel im Märchen. Nachmittagsvorträge und Seminare des Märchenkongresses der Europäischen Märchengesellschaft in Salzburg. ed. U. Kammerhofer. Salzburg 1990, 85–106.
Lundell 1990 = Lundell, T.: Fairy Tale Mothers. New York/Bern/Frankfurt/Paris 1990.
Lundt 1999 = Lundt, B.: Die „Prinzessin auf der Erbse" als Quelle historischer Sozialisationsforschung. In: Stationen einer Hochschullaufbahn. Festschrift A. Kuhn. Dortmund 1999, 247–260.
Luther 1535 = Der 101. Psalm durch Martin Luther ausgelegt. Wittenberg 1534 [recte 1535].
Luther 1883 ff. = D. M. Luthers Werke. Band 1–120. Weimar 1883–2009.
Lüthi 1962 = Lüthi, M.: Es war einmal... Vom Wesen des Volksmärchens. Göttingen 1962 (⁵1977).
Lüthi 1966 = Lüthi, M.: Volksmärchen und Volkssage. Bern/München ²1966.

Lüthi 1967 = Lüthi, M.: Deutung eines Märchens: Die weiße Schlange. In: Süddeutsche Zeitung Nr. 102 vom 29.4./1.5. 1967.
Lüthi 1969a = Lüthi, M.: So leben sie noch heute. Göttingen 1969 (^{2}1976).
Lüthi 1969b = Lüthi, M.: Das Paradox in der Volksdichtung. In: Typologia litterarum. Festschr. M. Wehrli. Zürich/Freiburg (Breisgau) 1969, 469–489.
Lüthi 1970 = Lüthi, M.: Volksliteratur und Hochliteratur. Menschenbild – Thematik – Formstreben. Bern/München 1970.
Lüthi 1971a = Lüthi, M.: Rumpelstilzchen. In: Antaios 12 (1971) 419–436.
Lüthi 1971b = Lüthi, M.: Von der Freiheit der Erzähler. In: Neue Zürcher Zeitung Nr. 256 (6.6.1971) 51 f.
Lüthi 1975a = Lüthi, M.: Das Volksmärchen als Dichtung. Köln 1975 (Göttingen ^{2}1990).
Lüthi 1975b = Lüthi, M.: Von der Freiheit der Erzähler. Anmerkungen zu einigen Versionen des „Treuen Johannes". In: Miscellanea K. C. Peeters. Antwerpen 1975, 458–472.
Lüthi 1980a = Lüthi, M.: Imitation and Anticipation in Folktales. In: Folklore on Two Continents. Festschr. L. Dégh. Bloomington 1980, 3–13.
Lüthi 1980b = Lüthi, M.: Aspekte der Blümlisalpsage. In: Schweizerisches Archiv für Volkskunde 76 (1980) 229–243.
Lutkat 2017 = Lutkat, S.: Von abgehackten Händen und steinernen Herzen. In: Lox, H./Lutkat, S. (edd.): Macht und Ohnmacht. Erfahrungen im Märchen und im Leben. Krummwisch 2017, 11–27.
Mackensen 1923 = Mackensen, L.: Der singende Knochen. Helsinki 1923 (FF Communications 49).
MAD 1988 = Das bunte Wunder. MAD 2 [Sonderband]. Berlin [1988].
Maennersdoerfer 2000 = Maennersdoerfer, M. C.: Von Elementargeistern, Dämonen und anderem alten Gelichter. In: Alter und Weisheit im Märchen. Forschungsberichte aus der Welt der Märchen. ed. U. und H.-A. Heindrichs. München 2000, 141–154.
Maennersdoerfer 2011 = Maennersdoerfer, M. C.: Das Exempel der obsessiven Trauer. Textzeugnisse und Lebenszusammenhänge. Duisburg 2011.
Mallet 1953 = Mallet, C.-H.: Analyse des Grimmschen Märchens „Der starke Hans" [1953]. In: Laiblin, W. (ed.): Märchenforschung und Tiefenpsychologie. Darmstadt 1969, 214–234.
Mallet 1982 = Mallet, C.-H.: Das Einhorn bin ich. Das Bild des Menschen im Märchen. Hamburg 1982.
Mamiya 1999 = Mamiya, F.: Textveränderungen der Kleinen Ausgabe der Kinder- und Hausmärchen (KHM) der Brüder Grimm. Rotkäppchen (KHM 26). In: Doitsu bungaku 102 (1999) 52–63.
Mamiya 2002 = Mamiya, F.: ‚Haikaburi' no tekusuto hensen. ‚Gurimudouwashuu' ‚Gurimudouwasenshuu' no tekusuto bunseki/Die Textveränderung des Märchens „Aschenputtel" (KHM 21). Textanalysen der Großen und der Kleinen Ausgaben der „Kinder- und Hausmärchen der Brüder Grimm". In: Shirayuri joshidaigaku jidōbunka kenkyū centā kenkyū ronbunshū 6 (2002) 29–43 (dt. Resümee 44–46).
Mamiya 2003 = Mamiya, F.: ‚Mazushii konaya no kozō to neko' no tekusuto hensen. ‚Grimmdōwashū Grimm-dōwasenshū' no tekusuto bunseki (Die Textveränderung des Märchens „Der arme Müllersbursch und das Kätzchen" [KHM 106]). Textanalysen der Großen und der Kleinen Ausgaben der „Kinder- und Hausmärchen der Brüder Grimm". In: Shirayuri joshidaigaku jidōbunka kenkyū centā kenkyū ronbunshū 7 (2003) 1–10 (dt. Resümee 127–129).

Mamiya 2007 = Mamiya, F.: Die Textveränderung von KHM 105 (I) in „Märchen von der Unke". Textanalysen der Großen und der Kleinen Ausgaben der „Kinder- und Hausmärchen" der Brüder Grimm. In: Mukashibanashi kenkyū no shosō. Ozawa Toshio kyōju kiju-kinenronbunshū (Aspects of Folklore Research. Festschrift in Honor of Professor Toshio Ozawa for his 77th Birthday). Tokio 2007, 351–362.

Mamiya 2012 = Mamiya, F.: Udekikiyoninkyodai no tekusuto hensen. Grimm dowashu Grimm dowasenshu no tekusuto bunseki. In: Shirayuri joshidaigaku jidobunka kenkyu senta kenkyuronbunshu (2012) 1–19.

Manlius 1565 = Manlius, J.: Locorum communium Der Erste Theil [Der Ander Theil]. Frankfurt a. M. 1565 (Erstdruck Basel 1563).

Märchenspiegel 22,3 = Märchenspiegel 22,3 (2011) (mit Beiträgen zu Aschenputtel: B. Gobrecht, W. Solms, A. Schmucker, B. Boothe, C. Altmann-Glaser, B. Rieken, H. Dickerhoff, S. Wienker-Piepho, C. Lötscher, K. Wardetzky, I. Tomkowiak).

Maringer 2007a = Maringer, M.: Die Bremer Stadtmusikanten. Märchen der Gebrüder Grimm. Hodenhagen 2007 (Arbeitshilfen für den Unterricht. Fach Deutsch: Märchen auf Briefmarken).

Maringer 2007b = Maringer, M.: Hänsel und Gretel. Märchen der Brüder Grimm. Hodenhagen 2007 (Arbeitshilfen für den Unterricht. Fach Deutsch: Märchen auf Briefmarken).

Maringer 2007c = Maringer, M.: Die Sterntaler. Märchen der Gebrüder Grimm. Hodenhagen 2007 (Arbeitshilfen für den Unterricht. Fach Deutsch: Märchen auf Briefmarken).

Marold 1968 = Marold, E.: Die Königstochter im Erdhügel. In: Festschrift für O. Höfler 2. Wien 1968, 351–361.

Martin 2006 = Martin, L.: The Jew in the Thorn Bush. German Fairy Tales and Anti-Semitism in the Late Eighteen and Nineteenth Centuries – Musäus, Naubert and the Grimms. In: Violence, Culture and Identity. Essay on German and Austrian Literature, Politics and Society. ed. H. Chambers. Frankfurt am Main u. a. 2006, 123–141.

Martin 2006 = Martin, L.: Benedikte Nauberts Neue Volksmärchen der Deutschen. Strukturen des Wandels. Würzburg 2006.

Martus 2009 = Martus, S.: Die Brüder Grimm. Eine Biographie. Berlin 2009.

Marzell 1953 = Marzell, H.: Hasel und Schlange. Ein Beitrag zur Volkskunde. In: Beiträge zur sprachlichen Überlieferung. Festschrift A. Spamer. Berlin 1953, 200–207.

Marzolph 1992 = Marzolph, U.: Arabia ridens. Die humoristische Kurzprosa der frühen adab-Literatur im internationalen Traditionsgeflecht 1–2. Frankfurt am Main 1992.

Marzolph/van Leeuwen 2004 = Marzolph, U./Leeuwen, R. van: The Arabian Nights Encyclopedia 1–2. Santa Barbara/Denver/Oxford 2004.

Matsumaru 2013 = Matsumura, K.: Chusei no Henreki-Sakka Dea Shutorikka no „Mittsu no Negai" (Das Motiv „Drei Wünsche" in den mittelalterlichen Werken von Der Stricker). In: Grimu to Minkan-Densho – Tozai Minwa-Kenkyu no Chihei [Die Brüder Grimm und die Volkserzählungen – Forschungen im Osten und Westen]. Festschrift T. Takehara. ed. Y. Mizoi. Tokio 2013, 113–132.

Mazenauer/Perrig 1998 = Mazenauer, B./Perrig, S.: Wie Dornröschen seine Unschuld gewann. Archäologie der Märchen. Leipzig 1995 (München ²1998).

McCarthy 1993 = McCarthy, W. B.: Sexual Symbol and Innuendo in „The Rabbit Herd" (AaTh 570). In: Southern Folklore Quarterly 50 (1993) 143–154.

McGlathery 1988 = McGlathery, J. M.: The Brothers Grimm and Folktale. ed. J. M. McGlathery u. a. Urbana/Chicago 1988.

McGlathery 1993 = McGlathery, J. M.: Grimm's Fairy Tales. A History of Criticism on a Popular Classic. Columbia 1993.
McNicholas 1991 = McNicholas, E.: The Four-Leafed Shamrock and the Cock. In: Arv 47 (1991) 209–216.
Meder 1988 = Meder, O.: „Wehe, du verläßt mich!" Sozial-geographische Anmerkungen zur Bedeutung des Waldes in den Märchen „Hänsel und Gretel" und „Rotkäppchen". In: Raum als Imagination und Realität. ed. P. Jüngst/O. Meder. Kassel 1988, 122–146.
Meder 1996 = Meder, T.: „Esmoreit". De dramatisering van een onttoverd sprookje. In: Queeste 3 (1996) 18–24.
Meder 1998 = Meder, T.: Een zoen voor Sneenwwitje. In: Volkskundig bulletin 24,2 (1998) 274–295.
Mehlem 1940 = Mehlem, R.: Niederdeutsche Quellen der Grimmschen KHM unter besonderer Berücksichtigung Niedersachsens. In: Archiv für Landes- und Volkskunde von Niedersachsen 1 (1940) 49–99.
Meinel 1993 = Meinel, G.: Rosenwunder. Legenden vom Geheimnis der Rose. Freiburg/Basel/ Wien 1993.
Meletinskij 1970 = Meletinskij, E.: Die Ehe im Zaubermärchen. In: Acta Ethnographica 19 (1970) 281–292.
Merkelbach 1964 = Merkelbach, V.: Der Grabhügel. Diss. Mainz 1964.
Messerli 2004 = Messerli, A.: Zur Raumrepräsentation im europäischen Zaubermärchen. In: Nagel, M. (ed.): Reisen – Erkunden – Erzählen. Bilder aus der europäischen Ethnologie und Literatur. Festschrift zum 65. Geburtstag von D. Richter. Bremen 2004, 93–104.
Messerli 2009 = Messerli, A.: Blaubarts Wiederkehr oder: (Weiter-)erzählen „ist" erklären. In: Erzählkultur. Beiträge zur kulturwissenschaftlichen Erzählforschung. Festschrift H.-J. Uther Berlin/New York 2009, 293–306.
Messerli 2019 = Messerli, A.: Zur narrativen Raumkonstruktion des Märchenschlosses. In: Fabula 60 (2019) 20–37.
Messerli 2020 = Messerli, A.: Das Märchen „Die Lebenszeit" aus den „Kinder- und Hausmärchen". In: Zimmermann, H.-P./Stiefbold, S. (edd.): Alter im Märchen. Volkach 2020, 277–298.
Messner 2001 = Messner, R.: Das Mädchen und der Wolf. Über die zivilisatorische Metamorphose des Grimmschen Märchens vom „Rotkäppchen". In: Erziehung & Unterricht 151 (2001) 225–242.
Meuli 1943 = Meuli, K.: Vom Tränenkrüglein, von Predigerbrüdern und vom Trösten. In: Romanica Helvetica 29 (1943) 763–807.
Meusebach/Grimm 1880 = Briefwechsel des Freiherrn Karl Hartwig Gregor von Meusebachs mit Jacob und Wilhelm Grimm. ed. C. Wendeler. Heilbronn 1880.
Meyer 1942 = Meyer, M. de: Vlaamsche sprookjesthema's in het licht der Romaansche en Germaansche kultuurstromingen. Leuven 1942.
Michaelis-Jena 1981 = Michaelis-Jena, R.: Die schottischen Beziehungen der Brüder Grimm. In: Brüder Grimm Gedenken 3. ed. L. Denecke. Marburg 1981, 334–342.
Mieder 1982 = Mieder, W.: Survival Forms of ‚Little Red Riding Hood' in Modern Societies. In: International Folklore Review 2 (1982) 23–41.
Mieder 1986 = Mieder, W. (ed.): Grimmige Märchen. Prosatexte von Ilse Aichinger bis Martin Walser. Frankfurt am Main 1986.
Mieder 1990 = Mieder, W.: Aphoristische Schwundstufen des Märchens. In: Dona Folcloristica. Festgabe für L. Röhrich. ed. L. Petzoldt/S. Top. Frankfurt am Main u. a. 1990, 159–171.

Mieder 1995 = Mieder, W. (ed.): Grimms Märchen – modern. Prosa, Gedichte, Karikaturen. Stuttgart (1979) ²1995.
Mieder 2007 = Mieder, W.: Hänsel und Gretel. Das Märchen in Kunst, Musik, Literatur, Medien und Karikaturen. Wien 2007.
Mieder 2009 = Mieder, W.: „Märchen haben kurze Beine". Moderne Märchenreminiszenzen in Literatur, Medien und Karikaturen. Wien 2009.
Mieder 2018 = Mieder, W.: „Entwirrte Wendungen". Modifizierte Redensarten in Literatur, Medien und Karikaturen. Wien 2018.
Mieder 2019 = Mieder, W.: Der Froschkönig. Das Märchen in Literatur, Medien und Karikaturen. Wien 2019.
Mieder 2020 = Mieder, W.: Schneewittchen. Das Märchen in Literatur, Medien und Karikaturen. Wien 2020.
Mieder 2021 = Mieder, W.: „Die Sonne bringt es an den Tag". In: Von Mund zu Ohr und via Archiv in die Welt. Festschr. C. Schmitt. Münster 2021, 149–169.
Miquel u. a. 1980 = Miquel, A./Brémond, C./Bencheikh, J. E.: Dossier d'un conte des Mille et une nuits. In: Critique 36 (1980) 247–277.
Misander 1695 = Misanders [das ist J. E. Adami] Theatrum Tragicum, Oder: Eröffnete Schau-Bühne. Dresden 1695.
Mittsu [...] 2006 = Mittsu no Shitsumon wo azukaru Tabi (Die Reise zur Beantwortung dreier Fragen. Fallstudien zu den Erzähltypen ATU 460A, B und 461). Tokio 2006.
Montanus/Bolte = Montanus, M.: Schwankbücher (1557–1566). ed. J. Bolte. Tübingen 1899 (Nachdr. Hildesheim/New York 1972).
Morlini/Wesselski = Die Novellen Girolamo Morlinis. ed. A. Wesselski. München [1908].
Moscherosch 1665 = Gesichte Philanders von Sittewalt [das ist J. M. Moscherosch] [...] Ander Theil. Straßburg 1665 [recte 1666].
Moser 1971 = Moser, D.-R.: König Drosselbart. In: Künzig, J./Werner, W.: Ungarndt. Märchenerzähler 2. Kommentare. Freiburg (Breisgau) 1971, 96–100.
Moser 1974 = Moser, D.-R.: Die Saat im Acker der Gerechten. Zur Vorgeschichte und Sinndeutung der Kornfeldlegende. In: Österreichische Zeitschrift für Volkskunde 77, N. F. 28 (1974) 131–142.
Moser 1977 = Moser, D.-R.: Die Tannhäuser-Legende. Eine Studie über Intentionalität und Rezeption katechetischer Volkserzählungen zum Buß-Sakrament. Berlin/New York 1977.
Moser 1979 = Moser, D.-R.: Veritas und fictio als Problem volkstümlicher Bibeldichtung. In: Zeitschrift für Volkskunde 75 (1979) 181–200.
Moser 1980 = Moser, D.-R.: Märchen, Märchenbearbeitung und Märchentheater aus der Sicht der gegenwärtigen Erzählforschung. In: Märchen und Märchentheater in unserer Zeit. Seminar Burg Rothenfels 25.–27.4.1980. Bonn 1980, 7–30.
Moser 1981 = Moser, D.-R.: Verkündigung durch Volksgesang. Studien zur Liedpropaganda und -katechese der Gegenreformation. Berlin 1981.
Moser 1982 = Moser, D.-R.: Christliche Märchen. Zur Geschichte, Sinngebung und Funktion einiger „Kinder- und Hausmärchen" der Brüder Grimm. In: Gott im Märchen. ed. J. Janning u. a. Kassel 1982, 92–113, 174–178.
Moser 2001 = Moser, D.-R.: „Wir müssen redlich älter werden...". Das Märchen vom junggeglühten Männlein und die Altweiber- resp. Altmännermühlen. In: „Daß gepfleget werde der feste Buchstab". Festschrift H. Rölleke zum 65. Geburtstag. Trier 2001, 265–287.
Moser 2003 = Moser, D.-R.: Die Bibel als Quelle des Erzählens. In: Literatur in Bayern 19. Jg., H. 71 (2003) 2–15, 73–81.

Moser-Rath 1964 = Moser-Rath, E.: Predigtmärlein der Barockzeit. Exempel, Sage, Schwank und Fabel in geistlichen Quellen des oberdeutschen Raumes. Berlin 1964.
Moser-Rath 1984 = Moser-Rath, E.: „Lustige Gesellschaft". Schwank und Witz des 17. und 18. Jahrhunderts in kultur- und sozialgeschichtlichem Kontext. Stuttgart 1984.
Moser-Rath 1994 = Moser-Rath, E.: Kleine Schriften zur populären Literatur des Barock. ed. U. Marzolph/I. Tomkowiak. Göttingen 1994.
Mot. = Thompson, S.: Motif-Index of Folk-Literature 1–6. Kopenhagen ²1955–58 (u. ö.).
Müllenhoff 1845 = Müllenhoff, K.: Sagen, Märchen und Lieder der Herzogthümer Schleswig, Holstein und Lauenburg. Kiel 1845 (Neue Ausg. ed. O. Mensing. Kiel 1921 [Nachdr. Kiel 1975]).
Müller 1784 f. = [Müller, C. H. (ed.)]: Sammlung deutscher Gedichte aus dem XII., XIII. und XIV. Jahrhundert 1–3. Berlin 1784/85/85.
Müller 1934 = Müller, J.: Das Märchen vom Unibos. Jena [1934].
Müller 1984 = Müller, M.: Das Schlaraffenland. Wien/München 1984.
Müller 1987 = Müller, L.: Das tapfere Schneiderlein. List als Lebenskunst. Zürich (1985) ²1987.
Müller 2002 = Müller, H.: Kampf der Geschlechter? Der Mädchenkönig im isländischen Märchen und in der isländischen Märchensaga. In: Mann und Frau im Märchen. ed. H. Lox/S. Früh/W. Schultze. Kreuzlingen/München 2002, 62–79.
Müller/Röhrich = Müller, I./Röhrich, L.: Deutscher Sagenkatalog. 10: Der Tod und die Toten. In: Deutsches Jahrbuch für Volkskunde 13 (1967) 346–397.
Müller/Wunderlich 2001 = Müller, U./Wunderlich, W. (edd.): Verführer, Schurken, Magier. St. Gallen 2001.
Müller/Wunderlich 2008 = Müller, U./Wunderlich, W. (edd.): Burgen, Länder, Orte. Konstanz 2008.
Münch 1799 = [Münch, J. G.:] Das Mährleinbuch für meine lieben Nachbarsleute 1–2. Leipzig 1799.
Murayama 2005 = Murayama, I.: Poesie – Natur – Kinder. Die Brüder Grimm und ihre Idee einer ‚natürlichen Bildung' in den „Kinder- und Hausmärchen". (Diss. Frankfurt am Main 2004) Heidelberg 2005.
Murayama 2015 = Murayama, I.: Zur Visualisierung einer Landschaft der Naturpoesie – die Brüder Grimm und Philipp Otto Runges Konzept einer neuen Landschaft. In: Brinker-von der Heyde, C./Ehrhardt, H./Ewers, H.-H./Inder, A. (edd.): Märchen, Mythen und Moderne. 200 Jahre „Kinder und Hausmärchen" der Brüder Grimm 1. Frankfurt am Main u. a. 2015, 65–81.
Murayama 2019 = Murayama, I.: Intermediale Wechselwirkung von Text und Bild zur Stilisierung einer idealen Märchenerzählerin. In: Fabula 60 (2019) 217–243.
Musäus 1782 ff. = [Musäus, J. K. A.:] Volksmährchen der Deutschen 1–5. Gotha 1782/83/84/86//87.
Mussäus 1840 = Mussäus, J.: Meklenburgische Volksmährchen. In: Jahrbücher des Vereins für meklenburgische Geschichte und Alterthumskunde 5 (1840) 74–100.
Naubert 1789 = [Naubert, B.:] Neue Volksmährchen der Deutschen. Bd. 1. Leipzig 1789.
Nehrlich 1798 = Nehrlich[, C.]: Schilly. Bd. 1. Jena 1798 [mehr nicht erschienen].
Neubauer-Petzoldt 2012 = Neubauer-Petzoldt, R.: Ritter, Sultan, Biedermann. Eine Ikonologie Blaubarts vom 17.–21. Jahrhundert. In: Fabula 53 (2012) 258–290.
Neubauer-Petzoldt = Neubauer-Petzoldt, R.: Blaubart als neuer Mythos. Von verbotener Neugier und grenzüberschreitendem Wissen. Würzburg 2015.
Neumann 1964 = Neumann, S.: Der mecklenburgische Volksschwank. Berlin 1964.

Neumann 1986 = Neumann, S.: Zur Entstehung und zum Charakter der Grimmschen „Kinder- und Hausmärchen". Bemerkungen aus volkskundlicher Sicht. In: Stiller, H. (ed.): Jacob und Wilhelm Grimm. Berlin 1986, 55–64.
Neumann 2006 = Neumann, S.: Beiträge zur Erzählforschung in Vorpommern. Studien. Rostock 2006.
Neumann 2011 = Neumann, S.: Könige in norddeutschen Märchen. Anonyme Monarchen und König Fritz. In: Bleckwenn, H. (ed.): Märchenfiguren in der Literatur des Nord- und Ostseeraumes. Baltmannsweiler 2011, 237–256.
Neumann 2018 = Neumann, S.: Philipp Otto Runge und seine Märchen. Mündliches Erzählen und literarische Formung. In: Neumann, S.: Erzählwelten. Fakten und Fiktionen im mündlichen und literarischen Erzählen. Münster/New York 2018, 175–187.
Ní Fhloinn = Ní Fhloinn, B.: From Medieval Literature to Missiles. Aspects of ATU 901 in the Twenty-first Century. In: Fabula 51 (2010) 187–200.
Nicolaisen 1995 = Nicolaisen, W. F. H.: Narrare necesse est: Gedanken über das Jenseits in den Raum- und Zeitvorstellungen von Volkserzählungen. In: Medien populärer Kultur. Festschrift R. W. Brednich. Frankfurt am Main/New York 1995, 149–169.
Nicolas de Troyes = Nicolas de Troyes: Der große Prüfstein der neuen Novellen. Übers. P. Hansmann. München 1913.
Niem 2021 = Niem, C.: „Neu verfönt" Rapunzel im Medienwandel. In: Von Mund zu Ohr via Archiv in die Welt. Festschr. C. Schmitt. Münszer 2021, 601–614.
Nitschke 1976 f. = Nitschke, A.: Soziale Ordnungen im Spiegel der Märchen. 1: Das frühe Europa; 2: Stabile Verhaltensweisen der Völker in unserer Zeit. Stuttgart-Bad Cannstatt 1976/77.
Noa 2013 = Noa, M.: Volkstümlichkeit und Nationbuilding. Zum Einfluss der Musik auf den Einigungsprozess der deutschen Nation im 19. Jahrhundert. (Diss. Berlin 2012) Münster 2013.
Nossag 1931 = Nossag, O.: Volksmärchen und Volksmärcheninteresse im 18. Jahrhundert <bis 1770>. Diss. Greifswald 1931.
Nungesser 2012 = Nungesser, V.-S.: Verfolgte Unschuld und Serienmörder. Strukturen, Funktionen und transmediale Transformationen des „Blaubart"-Märchens in angloamerikanischer Literatur und Film. (Diss. Gießen 2010) Berlin u. a. 2012.
Nygaard 1958 = Nygaard, O.: The Ballad of Heer Halewijn. Its Forms and Variations in Western Europe. Helsinki 1958 (FF Communications 169).
Oberfeld 1985 = Oberfeld, C.: Der Tod als Freund. „Der arme Junge im Grab" (KHM 185). Ludwig Aurbacher und die Brüder Grimm. in: Brüder Grimm Gedenken 5. ed. L. Denecke. Marburg 1985, 130–137.
Ohno 1993 = Ohno, C.: Der Krautesel. Eine Analyse der Motive und des Ursprungs dieses Märchens und des Märchentyps AaTh 567. In: Fabula 34 (1993) 24–44.
Ono 2007 = Ono, H.: Waldsymbolik bei den Brüdern Grimm. In: Fabula 48 (2007) 73–84.
Orenstein 2002 = Orenstein, C.: Little Red Riding Hood Uncloaked. Sex, Morality, and the Evolution of a Fairy Tale. New York 2002.
Oriol 2009 = Oriol, C.: Thumbling (ATU 700), a Folktale From Early Childhood. In: Erzählkultur. Beiträge zur kulturwissenschaftlichen Erzählforschung. Festschr. H.-J. Uther. Berlin/New York 2009, 223–244.
Otto 2020 = Otto, Welf-Gerrit: „Das junggeglühte Männlein". Anti-Aging in einem Märchen der Brüder Grimm und was uns das heute zu sagen hat. In: Zimmermann, H.-P./Stiefbold, S. (edd.): Alter im Märchen. Volkach 2020, 246–262.

Ozawa 1991 = Ozawa, T.: Die Bearbeitung der Brüder Grimm aus schriftlichen Quellen. In: Doitsu bungaku 86 (1991) 96–113 (in jap. Sprache; dt. Resümee 113).
Ozawa 1998 = Ozawa, T.: Mukashibanashi no higan imēji. Mukashibanashi ni okeru shigan to higan no kakawarikata (Jenseitsvorstellungen des Volksmärchens. Beziehungen zwischen dem Diesseits und dem Jenseits im Volksmärchen). In: Nihon mukashibanashi no imēji 1. ed. T. Ozawa. Hadano 1998, 1–55.
Panthel 1988 = Panthel, H. W.: From the „bluthrote" to the „blaue Blume"; in: Neophilologus 72 (1988) 582–587.
Papachristophorou 2002 = Papachristophorou, M.: Sommeils et vieilles dans le conte merveilleux grec. Helsinki 2002 (FF Communications 279).
Paris 1903 = Paris, G.: Die undankbare Gattin. In: Zeitschrift des Vereins für Volkskunde 13 (1903) 1–24, 129–150 (Nachträge J. Polívka ebda., 399–412).
Paukstadt 1980 = Paukstadt, B.: Paradigmen der Erzähltheorie. Ein methodengeschichtlicher Forschungsbericht mit einer Einführung in die Schemakonstitution und Moral des Märchenerzählens. Freiburg (Breisgau) 1980.
Pauli/Bolte = Pauli, Johannes: Schimpf und Ernst. Bd. 1–2. ed. J. Bolte. Berlin 1924.
Payrhuber 2001 = Payrhuber, F.-J.: Der Wolf und der Fuchs. Einige Beobachtungen zur Vermischung von Märchen und Fabel und ihren didaktischen Folgen. In: Märchenspiegel 11 (2001) 119–121.
Pecher 2003 = Pecher, C.: Sieben Schwaben bekriegen einen Hasen. In: Literatur in Bayern 73 (2003) 38–51.
Pecher 2012 = Pecher, C. M.: Die „Gattung Grimm" als Medium literarhistorischer Sozialisation. Zur Topographie in KHM 29 „Der Teufel mit den drei goldenen Haaren". In: Märchenspiegel 23,2 (2012) 19–24.
Perrault 1697 = [Perrault, C.:] Histoires ou contes du temps passé. Paris 1697.
Pesch u. a. 2013 = Pesch, D./Plößl, E./Spiegel, B. (edd.): Die Sieben Schwaben. Stereotypen, Ludwig Aurbacher und die Popularisierung eines Schwanks. Mit Beiträgen von A. Epple u. a. Ausstellungskatalog Oberschönenfeld 2013.
Petitat/Pahud 2003 = Petitat, A./Pahud, S.: Le Conte sériels ou la catégorisation des virtualités primaires de l'action. In: Poetique 133 (2003) 15–34.
Petzoldt 1986 = Petzoldt, L.: The Eternal Loser. In: International Folklore Review 4 (1986) 28–48.
Peuckert 1938 = Peuckert, W.-E.: Deutsches Volkstum in Märchen und Sage, Schwank und Rätsel. Berlin 1938.
Pfennig-Magazin 1834 ff. = Das Pfennig-Magazin für Kinder. Leipzig 1834 ff.
Philip 1989 = Philip, N.: The Cinderella Story. London 1989.
Philippson 1923 = Philippson, E.: Der Märchentypus von König. Greifswald 1923 Drosselbart (FF Communications 50).
Pleij 1997 = Pleij, H.: Dromen van Cocagne. Middeleeuwse fantasien over het volmaakte leven. Amsterdam 1997.
Pöge-Alder 1994 = Pöge-Alder, K.: Märchen als mündlich tradierte Erzählungen des Volkes? Zur Wissenschaftsgeschichte der Entstehungs- und Verbreitungstheorien von Volksmärchen von den Brüdern Grimm bis zur Märchenforschung in der DDR. Frankfurt am Main u. a. 1994.
Pöge-Alder 2008 = Pöge-Alder, K.: Brav und demütig oder die Verwandlung aus dem Bonbon. Zur Rezeption des Aschenputtel-Stoffs durch Jugendliche heute. In: Schmitt, C. (ed.): Erzählkulturen im Medienwandel. Münster/New York/München/Berlin 2008, 357–370.

Pöge-Alder 2016 = Pöge-Alder, K.: Märchenforschung. Theorien, Methoden, Interpretationen. Tübingen (2007) 3. Aufl. 2016.
Polívka 1898 = Polívka, J.: Magosnikăt i negovijat učenik (Der Zauberer und sein Schüler). In: Sbornik za narodní umotvorenija 15 (1898) 393–448.
Polívka 1899 = Polívka, J.: Le Chat botté. In: Sbornik za narodní umotvorenija 16–17 (1899) 782–841.
Polívka 1907 = Polívka, J.: Ali-Baba i četrdeset razbojnika (Ali Baba und die 40 Diebe). In: Zbornik za narodni život i običaje južnih Slavena 12 (1907) 1–48.
Poser 1980 = Poser, T.: Das Volksmärchen. Theorie, Analyse, Didaktik. München 1980.
Praetorius 1669 = Praetorius, J.: Der Abentheuerliche Glücks-Topf [...]. s. l. 1669.
Pröhle 1854 = Pröhle, H.: Märchen für die Jugend. Berlin 1854.
Rademann-Veith 2010 = Rademann-Veith, F.: Die skandinavischen Rätselbücher auf der Grundlage der deutschen Rätselbuch-Traditionen (1540–1805). Frankfurt am Main u. a. 2010.
Rank 1926 = Rank, O.: Das Inzest-Motiv in Dichtung und Sage. Leipzig/Wien ²1926.
Ranke 1934 = Ranke, K.: Die zwei Brüder. Helsinki 1934 (FF Communications 114).
Ranke 1955 ff. = Ranke, K.: Schleswig-holsteinische Volksmärchen. Bd. 1–3. Kiel 1955/58/62 [Bd. 4–6 s. Hubrich-Messow 2000 ff.].
Ranke 1978 = Ranke, K.: Die Welt der Einfachen Formen. Berlin/New York 1978.
Rapallo 1975–77 = Rapallo, C.: Saggio di edizione di tre testi narrativi sardi. In: Studi Sardi 24 (1975–77) 659–730.
Rätersch-Büchlein = Das Rätersch-Büchlein [...] Anjetzo auffs Neue, jungen Leuten zu gutem, in Druck gegeben. s. l. s. a.
Rehermann 1977 = Rehermann, E. H.: Das Predigtexempel bei protestantischen Theologen des 16. und 17. Jahrhunderts. Göttingen 1977.
Reichert 2009 = Reichert, G.: Das Geheimnis der Bremer Stadtmusikanten. Zauberspruch der Weihnachtszeit. Bremen 2009.
Reimer 1999 = Reimer, D.: Passion und Kalkül. Der Verleger Georg Andreas Reimer (1776–1842). Berlin/New York 1999.
Reimers 1985 = Reimers, E.: Albert Ludwig Grimm (1786–1872). Leben und Werk. Diss. Wuppertal 1985.
Reinhardt 2012 = Reinhardt, U.: Mythen, Sagen, Märchen. Eine Einführung mit exemplarischen Motivreihen. Freiburg (Breisgau) u. a. 2012.
Reinhardt 2019 = Reinhardt, U.: Definitive Nachträge (2018) zur Erstauflage von „Mythen – Sagen – Märchen" (2012). Mainz 2019.
Reynitzsch 1802 = Reynitzsch, W.: Uiber Truhten und Truhtensteine, Barden und Bardenlieder, Feste, Schmäuse &. und Gerichte der Teutschen. Gotha 1802.
Richter 1984 = Richter, D.: Schlaraffenland. Geschichte einer populären Phantasie. Köln 1984.
Richter 1986 = Richter, D.: Wie Kinder Schlachten miteinander gespielt haben (AaTh 2401). In: Fabula 27 (1986) 1–11.
Richter 1987 = Richter, D.: Das fremde Kind. Frankfurt am Main 1987.
Richter 1990 = Richter, D.: Die „Bremer Stadtmusikanten" in Bremen. In: Uther, H.-J. (ed.): Märchen in unserer Zeit. München 1990, 27–38.
Richter 1993 = Richter, D.: Märchen und Sparsamkeit, Märchen und Geld. In: Erziehung zur Sparsamkeit. In: Zeitschrift für bayerische Sparkassengeschichte 7 (1993) 173–184.
Richter 1994a = Richter, D.: Wie populär sind Märchen heute? In: Horizonte und Grenzen. Standortbestimmung in der Kinderliteraturforschung. Kolloquium 25 Jahre Schweizerisches Jugendbuch-Institut [...]. Zürich 1994, 106–120.

Richter 1994b = Richter, D.: Reisen ins Märchenland. Volkskulturelle Elemente im Tourismus und die Konstitution neuer Traditionen. In: Tourismus und Regionalkultur. ed. B. Pöttler. Wien 1994, 95–105.

Richter 1995 = Richter, D.: Multimedialità e multifunzionalità della fiaba attraverso la tradizione. „Il corvo" di Giambattista Basile tra Italia e Germania. In: ders.: La luce azurra. Saggi sulla fiaba. Milano 1995, 48–59.

Richter 1997 = Richter, D.: Das Märchen vom „Gevatter Tod". Ein Exemplum zum Wesen des Arztberufs. In: Jahrbuch der Brüder Grimm-Gesellschaft 7 (1997) 109–114.

Richter/Merkel 1974 = Richter, D./Merkel, J.: Märchen, Phantasie und soziales Lernen. Berlin 1974.

Riedel 1995 = Riedel, I.: Hans mein Igel. Wie ein abgelehntes Kind sein Glück findet. Zürich ^{7}1995.

Rinn 2013 = Rinn, L.: Die Bilder Otto Ubbelohdes zu den „Kinder- und Hausmärchen" der Brüder Grimm. In: Hedwig, A. (ed.): Die Brüder Grimm in Marburg. Marburg 2013, 125–152.

Rißmann 1981 = Rißmann, J.: Eine bisher unbekannte handschriftliche Fassung des Grimmschen Märchens KHM 71. In: Brüder Grimm Gedenken 3. ed. L. Denecke. Marburg 1981, 154–157.

Rist 1666 = [Rist, Johann:] Die Aller Edelste Belustigung Kunst- und Tugendlieben der Gemühter: Vermittelst eines anmuhtigen und erbaulichen Gespräches Welches ist dieser Ahrt, die Vierte, und zwahr Eine Aprilens Unterredung, beschrieben und fürgestellet von dem Rüstigen. Frankfurt am Main 1666.

Ritz 1986 = Ritz, H. [das ist U. Erckenbrecht]: Bilder vom Rotkäppchen. Das Märchen in 100 Illustrationen, Karikaturen und Cartoons. München 1986 (2. erw. Auflage Kassel [2007]).

Ritz 2013 = Ritz, H. [das ist U. Erckenbrecht]: Die Geschichte vom Rotkäppchen. Ursprünge, Analysen, Parodien eines Märchens. (Göttingen 1981) Kassel ^{15}2013.

Robert 1967 = Robert, R.: Le Conte de fées littéraire en France de la fin du XVIIe à la fin du XVIIIe siècle. Nancy 1982.

Roberts 1958 = Roberts, W. E.: The Tale of the Kind and the Unkind Girls. Berlin 1958.

Röhrich 1967a = Röhrich, L.: Einführung in den Themenkreis. In: Arbeit und Volksleben. ed. G. Heilfurth/I. Weber-Kellermann. Göttingen 1967, 254–261.

Röhrich 1967b = Röhrich, L.: Gebärde – Metapher – Parodie. Studien zur Sprache und Volksdichtung. Düsseldorf 1967.

Röhrich 1976 = Röhrich, L.: Sage und Märchen. Freiburg/Basel/Wien 1976.

Röhrich 1986 = Röhrich, L.: Flaschen. In: Volkskultur in der Moderne. Probleme und Perspektiven empirischer Kulturforschung. ed. U. Jeggle u. a. Reinbek 1986, 332–346.

Röhrich 1987a = Röhrich, L.: Wage es, den Frosch zu küssen! Das Grimmsche Märchen Nummer Eins in seinen Wandlungen. Köln 1987.

Röhrich 1987b = Röhrich, L.: Anfänge der Menschheit. In: Märchen in der Dritten Welt. ed. C. Oberfeld u. a. Kassel 1987, 7–28.

Röhrich 1990a = Röhrich, L.: Wandlungen des Märchens in den modernen Bildmedien. Comic und Cartoons. In: Uther 1990a, 11–26.

Röhrich 1990b = Röhrich, L.: Tiererzählungen und ihr Menschenbild. In: The Telling of Stories. Approaches to a Traditional Craft. ed. ed. M. Nøjgaard u. a. Odense 1990, 13–33.

Röhrich 1991 = Röhrich, L.: Die Todesauffassung in den Gattungen der Volksdichtung (Märchen, Sage, Exempel). In: Heindrichs, U. und H.-A./Kammerhofer, U. (edd.): Tod und Wandel im Märchen. Regensburg 1991, 57–78.

Röhrich 1992 = Röhrich, L.: In heller Freude. Lob und Mythos der Sonne. ed. G. Meinel. Freiburg/Basel/Wien 1992.
Röhrich 1993a = Röhrich, L.: Geschichte und Geschichten. Zur Historizität von Volksprosa. In: Das Bild der Welt in der Volkserzählung. ed. L. Petzoldt u. a. Frankfurt am Main u. a. 1993, 27–43.
Röhrich 1993b = Röhrich, L.: Das Märchen und das Lachen. In: Witz, Humor und Komik im Volksmärchen. ed. W. Kuhlmann/L. Röhrich. Regensburg 1993, 23–44.
Röhrich 1995a = Röhrich, L.: Homo homini daemon. Tragen und Ertragen. Zwischen Sage und Bildlore. In: Medien populärer Kultur. Festschr. R. W. Brednich. Frankfurt am Main/New York 1995, 346–361.
Röhrich 1995b = Röhrich, L.: Märchenspiegel – Spiegelmärchen. In: Märchenspiegel. Jubiläumsausg. 6. Jg. (1995) 5–8.
Röhrich 1999 = Röhrich, L.: Der Vogel Gryf. Ein alemannisches Märchen. In: Europäische Ethnologie und Folklore im internationalen Kontext. Festschr. L. Petzoldt. Frankfurt am Main u. a. 1999, 243–256.
Röhrich 2001 = Röhrich, L.: Märchen und Wirklichkeit. Baltmannsweiler ^{5}2001.
Röhrich 2004 = Röhrich, L.: Schneewittchen – ein Beitrag zur volkskundlichen und literaturwissenschaftlichen Erzählforschung. In: Franz, K. (ed.): Märchenwelten. Das Volksmärchen aus der Sicht verschiedener Fachdisziplinen. Baltmannsweiler 2004, 5–32.
Röhrich, Erzählungen = Röhrich, L.: Erzählungen des späten Mittelalters und ihr Weiterleben in Literatur und Volksdichtung bis zur Gegenwart 1–2. Bern/München 1962/67.
Röhrich/Lindig 1989 = Volksdichtung zwischen Mündlichkeit und Schriftlichkeit. ed. L. Röhrich/E. Lindig. Tübingen 1989.
Röhrich, Redensarten = Röhrich, L.: Das große Lexikon der sprichwörtlichen Redensarten 1–3. Freiburg u. a. 1991/92/92.
Rölleke 1973a = Rölleke, H.: Neuentdeckte Beiträge Clemens Brentanos zur „Badischen Wochenschrift" in den Jahren 1806 und 1807. In: Jahrbuch des Freien Deutschen Hochstifts (1973) 241–346.
Rölleke 1973b = Rölleke, H.: Die Volksballade von der Wiedervergeltung (DVldr Nr. 123) bei Hans Michael Moscherosch. In: Jahrbuch für Volksliedforschung 18 (1973) 71–75.
Rölleke 1978 = Rölleke, H.: Der wahre Butt. Die wundersamen Wandlungen des Märchens vom Fischer und seiner Frau. Düsseldorf/Köln 1978.
Rölleke 1985 = Rölleke, H.: „Wo das Wünschen noch geholfen hat". Gesammelte Aufsätze zu den „Kinder- und Hausmärchen" der Brüder Grimm. Bonn 1985.
Rölleke 1988 = Rölleke, H.: Märchen Albert Ludwig Grimms und der Brüder Grimm in zwei Lesebüchern des frühen 19. Jahrhunderts. In: Brüder Grimm Gedenken 8. ed. L. Denecke. Marburg 1988, 174–180.
Rölleke 1990a = Rölleke, H.: Eine bislang nicht verzeichnete Variante zum Märchen vom Fischer und seiner Frau (KHM 19). In: Brüder Grimm Gedenken 9. ed. L. Denecke. Marburg 1990, 107–110.
Rölleke 1990b = Rölleke, H.: Die „Kinder- und Hausmärchen" der Brüder Grimm. Einige neuere Forschungen und Erkenntnisse. In: Märchen in unserer Zeit. ed. H.-J. Uther. München 1990, 92–101.
Rölleke 1992 = Rölleke, H.: Die Märchen der Brüder Grimm. ^{3}1992.
Rölleke 1993 = Rölleke, H.: „Und lachte überlaut und sprach". Formen und Funktionen des Lachens in den Märchen der Brüder Grimm. In: Witz, Humor und Komik im Volksmärchen. ed. W. Kuhlmann/L. Röhrich. Regensburg 1993, 45–54.

Rölleke 1997 = Rölleke, H.: „Johannes war leblos herabgefallen und war ein Stein". Versteinerung und Wiederbelebung in der Volksliteratur. In: Mayer, M./Neumann, G. (edd.): Pygmalion. Die Geschichte des Mythos in der abendländischen Kultur. Freiburg 1997, 517–530.

Rölleke 1999 = Rölleke, H.: „Du bist mein, ich bin dein". Zu einer geprägten Redewendung in literarischer und volksläufiger Überlieferung. In: Europäische Ethnologie und Folklore im internationalen Kontext. Festschrift L. Petzoldt. Frankfurt am Main u. a. 1999.

Rölleke 2000 = Rölleke, H.: Die Märchen der Brüder Grimm. Quellen und Studien. Gesammelte Aufsätze. Trier 2000.

Rölleke 2002 = Rölleke, H.: Grimms Märchen „Die Bremer Stadtmusikanten". Herkunft und Textgenese. In: Fabula 43 (2002) 295–300.

Rölleke 2004a = Rölleke, H.: Die Märchen der Brüder Grimm. Eine Einführung. (München/Zürich 1985/Bonn ³1992). Stuttgart 2004.

Rölleke 2004b = Rölleke, H.: „So alt wie der Wald". Zur Verbreitung und Bedeutung eines Märchenverses. In: Wirkendes Wort 54,1 (2004) 1–6.

Rölleke 2005a = Rölleke, H.: Grimms Märchen von der Unke (KHM 105.I). Eine merkwürdige Textgenese. In: Fabula 45 (2004) 102–104.

Rölleke 2005b = Rölleke, H.: Grimms Märchen „Der Ranzen, das Hütlein und das Hörnlein". Biblische Motive in der Textentwicklung. In: Brüder Grimm Gedenken 16. ed. B. Friemel. Stuttgart 2005, 63–66.

Rölleke 2006a = Rölleke, H.: Der alte Krause und die junge Marie. Zwei Grimmsche Märchenbeiträger aus der Schauenburger Märchenwache. In: Volkacher Bote 84 (2006) 17–24.

Rölleke 2006b = Rölleke, H.: Grimms Märchen Jungfrau Maleen – Überlieferung und Bedeutung. In: Lox, H./Schmidt, W./Bücksteeg, T. (edd.): Stimme des Nordens in Märchen und Mythen. Märchen und Seele. Krummwisch 2006, 32–47.

Rölleke 2007 = Rölleke, H.: Die Brüder Grimm und das Recht. In: Lox, H./Lutkat, S./Kluge, D. (edd.): Dunkle Mächte und was sie bannt. Recht und Gerechtigkeit im Märchen. Krummwisch 2007, 109–127.

Rölleke 2008 = Rölleke, H. (ed.): „Von dem Machandelboom", „Von dem Fischer un syner Fru". Zwei Märchen. P. O. Runge/J. und W. Grimm. Trier 2008.

Rölleke 2012 = Rölleke, H.: Die „Kinder- und Hausmärchen". Entdeckungen zum Aufbau der Sammlung sowie zur Herkunft und Datierung einiger Beiträger. In: Brüder Grimm Gedenken 17. ed. B. Friemel. Stuttgart 2012, 247–253.

Rölleke 2013 = Rölleke, H.: Weiß – Rot – Schwarz: „Die drei Farben der Poesie". Zu Farbspielen in Grimms „Sneewittchen"-Märchen und anderwärts. In: Fabula 54 (2013) 214–234.

Rölleke 2014 = Rölleke, H.: „Ich bin alt und will mich hinter den Ofen setzen." Was alte Leute in Grimm'schen Märchen zu geben und vergeben haben. In: Lox, H./Lukas, R./Lutkat, S. (edd.): Vom Geben und Vergeben im Alter/Kinder brauchen Märchen. Krummwisch 2014, 167–183.

Rölleke 2015a = Rölleke, H.: Die „Kinder- und Hausmärchen" der Brüder Grimm und ihre Beiträger. In: Brinker-von der Heyde, C./Ehrhardt, H./Ewers, H.-H./Inder, A. (edd.): Märchen, Mythen und Moderne. 200 Jahre „Kinder und Hausmärchen" der Brüder Grimm 1. Frankfurt am Main u. a.: Peter Lang 2015, 17–28.

Rölleke 2015b = Rölleke, H.: Grimms Märchen von der Unke und eine Notiz aus dem Jahre 1626. In: Fabula 56 (2015) 109–114.

Rölleke 2020 = Rölleke, H.: „The Boy and the Snake". Eine schottische Parallele zu Grimms *Märchen von der Unke*. In: Fabula 61 (2020) 9–25.

Rollenhagen 1595 = [Rollenhagen, G.:] Froschmeuseler. Magdeburg 1595.

Romain 1933 = Romain, A.: Zur Gestalt des Grimmschen Dornröschenmärchens. In: Zeitschrift für Volkskunde 42 (1933) 84–116.
Roman de Renart/Martin = Le Roman de Renart 1–3. ed. E. Martin. Straßburg 1882–1887.
Rommel 1935 = Rommel, M.: Von dem Fischer un syner Fru. Eine vergleichende Märchenuntersuchung. Diss. Heidelberg 1935.
Rooth 1951 = Rooth, A. B.: The Cinderella Cycle. Lund 1951.
Röpcke/Hackel-Stehr 1993 = Die Stadtmusikanten in Bremen. Geschichte – Märchen – Wahrzeichen. ed. A. Röpcke/K. Hackel-Stehr. Bremen 1993.
Rösch 1928 = Rösch, E.: Der getreue Johannes. Eine vergleichende Märchenstudie. Helsinki 1928 (FF Communications 77).
Rosenman 1978 = Rosenman, S.: Cinderella: Family Pathology, Identity-Sculpting and Mate-Selection. In: American Imago 25 (1978) 375–396.
Röth 2012 = Röth, D.: Aschenputtels Vater. In: Märchenspiegel 23,2 (2012) 25–30.
Rubini 2003 = Rubini, L.: Fortunatus in Italy. A History between Translations, Chapbooks and Fairy Tales. In: Fabula 44 (2003) 25–54.
Rubini 2006 = Rubini, L.: Virginia Woolf and the Flounder. The Refashioning of Grimms „The Fisherman and His Wife" (KHM 19, AaTh/ATU 555) in „To the Lighthouse". In: Fabula 47 (2006) 289–306.
Rubini 2015 = Rubini Messerli, L.: Lolivetta, Straparola und die Brüder Grimm. In: Brinker-von der Heyde, C./Ehrhardt, H./Ewers, H.-H./Inder, A. (edd.): Märchen, Mythen und Moderne. 200 Jahre „Kinder und Hausmärchen" der Brüder Grimm 1. Frankfurt am Main u. a. 2015, 29–41.
Rubow 1984 = Rubow, M.: Un Essai d'interprétation du conte-type AaTh 303. Le Roi des poissons ou La Bête à sept têtes. In: Fabula 25 (1984) 18–34.
Ruckard 1736 = Ruckard, G.: Die Lachende Schule. Hall 1736.
Ruf 1995 = Ruf, T.: Die Schöne aus dem Glassarg. Schneewittchens märchenhaftes und wirkliches Leben. Würzburg 1995.
Rumpf 1951 = Rumpf, M.: Rotkäppchen. Diss. (masch.) Göttingen 1951 (Bern/Frankfurt/New York/Paris 1989).
Rumpf 1985 = Rumpf, M.: Spinnerinnen und Spinnen. Märchendeutung aus kulturhistorischer Sicht. In: Früh, S./Wehse,R. (edd.): Die Frau im Märchen. Kassel 1985, 59–72.
Runge 1840 = Runge, P. O.: Hinterlassene Schriften 1. Hrsg. von dessen ältestem Bruder [D. Runge]. Hamburg 1840.
Runge/Neumann 1984 = Runge, P. O.: Von den Fischer un syne Fru. Von dem Mahandel Bohm. Nachw. S. A. Neumann. Rostock 1984 (auch Hamburg 1984).
Rusch-Feja 1995 = Rusch-Feja, D.: The Portrayal of the Maturation Process of Girl Figures in Selected Tales of the Brothers Grimm. Frankfurt am Main u. a. 1995.
Sachs, Fabeln und Schwänke = Sämtliche Fabeln und Schwänke von Hans Sachs. Bd. 1–6. edd. E. Goetze/C. Drescher. Halle 1893–1913.
Sackmann 1994 = Sackmann, E.: Mecki. Einer für alle. Ausstellungskatalog Hamburg 1994.
Sagen der böhm. Vorzeit 1808 = Sagen der böhmischen Vorzeit aus einigen Gegenden alter Schlößer und Dörfer. Prag 1808.
Sahr 1980a = Sahr, M.: Zur experimentellen Erschließung von Lesewirkungen. Eine empirische Studie zum Märchen „Der alte Sultan". In: Zeitschrift für Pädagogik 3 (1980) 365–380.
Sahr 1980b = Sahr, M.: Wirkung von Märchen. In: Kinderliteratur und Rezeption. ed. B. Hurrelmann. Baltmannsweiler 1980, 335–365.

Sahr 1994 = Sahr, M.: Hänsel und Gretel – Hexel und Knödel. Vom unterrichtlichen Umgang mit dem Volksmärchen „Hänsel und Gretel" und einigen modernen Fassungen. In: *Praxis Spiel und Gruppe* 7,4 (1994) 170–175.
Sahr 1995 = Sahr, M.: Um der Kinder und Märchen willen! Analysen und didaktische Vorschläge zu acht Grimmschen Märchen in originaler und veränderter Form. Kallmünz 1995.
Sander 1994 = Sander, E.: Sneewittchen. Märchen oder Wahrheit? Eine örtliche Zuweisung in den Kellerwald. Gudensberg 1994.
Sander 2017 = Sander, H.-J.: Kontaktzone Märchen. Von den Metaphoriken souveräner Macht zu Metonymien geteilter Ohnmacht. In: Lox, H./Lutkat, S. (edd.): Macht und Ohnmacht. Erfahrungen im Märchen und im Leben. Krummwisch 2017, 29–47.
Sato 2013 = Sato, Y.: „Kurabato" Densetsu no Tokucho – ATU 325: „Mahotsukai to sono Deshi" Ruiwa Hikaku yori [Charakteristik der Sagen von Krabat – ein Vergleich der Variationen von ATU 325: „The Magician and His Pupil"]. In: Grimu to Minkan-Densho – Tozai Minwa-Kenkyu no Chihei [Die Brüder Grimm und die Volkserzählungen – Forschungen im Osten und Westen]. Festschrift T. Takehara. ed. Y. Mizoi. Tokio 2013, 366–389.
Schade 1966 = Schade, H.: Das Promptuarium exemplorum des Andreas Hondorff. Diss. Frankfurt am Main 1966.
Schäfer 2015 = Schäfer, I.: „Die kluge Else" und die moderne Hysterie. In: Brinker-von der Heyde, C./Ehrhardt, H./Ewers, H.-H./Inder, A. (edd.): Märchen, Mythen und Moderne. 200 Jahre „Kinder und Hausmärchen" der Brüder Grimm. Bd. 2. Frankfurt am Main u. a. 2015, 721–730.
Scharfe 2010 = Scharfe, M.: Erdbeeren im Winter. Die kulturelle Bedeutung des Unerwarteten und des Staunens, aufgezeigt an den Metamorphosen eines alten Wunschmotivs. In: Schweizerisches Archiv für Volkskunde 106 (2010) 29–46.
Schenda 1988 = Schenda, R. (unter Mitarbeit von H. ten Doornkaat): Sagenerzähler und Sagensammler der Schweiz. Bern/Stuttgart 1988.
Schenda 1989a = Schenda, R.: Volk ohne Buch. Frankfurt am Main ³1989.
Schenda 1989b = Schenda, R.: Fleißige Deutsche, fleißige Schweizer. Bemerkungen zur Produktion eines Tugendsyndroms seit der Aufklärung. In: Braun, H.-J. (ed.): Ethische Perspektiven: „Wandel der Tugenden". Zürich 1989, 189–209.
Schenda 1993 = Schenda, R.: Von Mund zu Ohr. Bausteine zu einer Kulturgeschichte volkstümlichen Erzählens in Europa. Göttingen 1993.
Schenda 1995 = Schenda, R.: Das ABC der Tiere. Märchen, Mythen und Geschichten. München 1995.
Scherb 1930 = Scherb, H.: Das Motiv vom starken Knaben [...]. Stuttgart 1930.
Scherer 2012 = Scherer, S.: Ursprung der Romantik. „Blaubart"-Konstellationen bei Tieck. In: Fabula 53 (2012) 205–222.
Scherf 1987 = Scherf, W.: Die Herausforderung des Dämons. Form und Funktion grausiger Kindermärchen. München u. a. 1987.
Scherf 1991 = Scherf, W.: Vom Einlaß heischenden Walddämon. In: Esterl, A./Solms, W. (edd.): Tiere und Tiergestaltige im Märchen. Regensburg 1991, 118–122, 128 f.
Scherf 1995 = Scherf, W.: Das Märchenlexikon 1–2. München 1995.
Schick 1932 = Schick, J.: Das Glückskind mit dem Todesbrief. Europäische Sagen des Mittelalters und ihr Verhältnis zum Orient. Leipzig 1932.
Schilling 1811 = Schilling, F. G.: Abendgenossen. 2 Theile. Dresden 1811 (²1814).
Schindler 1984 = Schindler, N.: Karneval, Kirche und verkehrte Welt. Zur Funktion der Lachkultur im 16. Jahrhundert. In: Jahrbuch für Volkskunde, N. F. 7 (1984) 9–58.

Schindler ²1993 = Schindler, M.: Blick in Buxtehudes Vergangenheit. Buxtehude ²1993.
Schittek 1999 = Schittek, C.: Der Herr Korbes. Die Sprache der Märchen in den Reimen und Sprüchen der Brüder Grimm. In: Aufmerksamkeit. K. Heinrich zum 50. Geburtstag. Frankfurt am Main 1979, 396–402.
Schmidt 1932 = Schmidt, K.: Die Entwicklung der KHM der Brüder Grimm seit der Urhandschrift. Halle 1932.
Schmidt 1938 = Schmidt, K.: Grimms Märchen ‚Von der Hochzeit der Frau Füchsin' […]. In: Zeitschrift für Volkskunde 48 (1938) 177–190.
Schmidt 1963a = Schmidt, L.: Die Volkserzählung. Berlin 1963.
Schmidt 1963b = Schmidt, L.: Die Brüder Grimm und der Entwicklungsgang der österreichischen Volkskunde. In: Brüder Grimm Gedenken [1]. ed. L. Denecke/G. Heilfurth/I.-M. Greverus. Marburg 1963, 309–332.
Schmidt 1974 = Schmidt, E.: Die deutsche Kinder- und Jugendliteratur von der Mitte des 18. Jahrhunderts bis zum Anfang des 19. Jahrhunderts. Berlin [1974].
Schmidt 2013 = Schmidt, H. J.: Der Tod im Märchen. In: Neumann, S./Schmitt, C. (edd.): Sichtweisen in der Märchenforschung. Baltmannsweiler 2013, 108–125.
Schmiele 2015 = Schmiele, C.: „Das tapfere Schneiderlein." Oder: Wie man wird, wie man ist. In: Brinker-von der Heyde, C./Ehrhardt, H./Ewers, H.-H./Inder, A. (edd.): Märchen, Mythen und Moderne. 200 Jahre „Kinder und Hausmärchen" der Brüder Grimm 1. Frankfurt am Main u. a. 2015, 259–268.
Schmiesing 2011 = Schmiesing, A.: Naming the Helper. Maternal Concerns and the Queen's Incorrect Guesses in the Grimms' „Rumpelstiltskin". In: Marvels & Tales 25,2 (2011) 298–315.
Schmitt 1993 = Schmitt, C.: Adaptionen klassischer Märchen im Kinder- und Familienfernsehen. Frankfurt am Main 1993.
Schmitt 2005 = Schmitt, C.: Die Märchenillustration – Bildnerische Reflexionen auf Märchen der Brüder Grimm. In: Franz, K./Lange, G. (edd.): Bilderbuch und Illustration in der Kinder- und Jugendliteratur. Baltmannsweiler 2005, 68–92.
Schmitz 1972 = Schmitz, N.: La Mensongère. T. 710 dans la tradition orale du Canada français et de l'Irlande. Quebec 1972.
Schneider 1980 = Schneider, R.-R.: Bechsteins „Deutsches Märchenbuch". Ein Beitrag zur Entstehungs- und Wirkungsgeschichte. Diss. Wuppertal 1980.
Schneider 1989 = Schneider, J.: Rumpelstiltskin's Bargain. Folklore and the Merchant Capitalist Intensification of Linen Manufacture in Early Modern Europe. In: Weiner, A. B./Schneider, J. (edd.): Cloth and Human Experience. Washington/London 1989, 177–213.
Schneider 1990 = Schneider, I.: Tot und doch nicht tot. Zur Überwindung des Todes im Märchen. In: Tod und Wandel im Märchen. Nachmittagsvorträge und Seminare des Märchenkongresses der Europäischen Märchengesellschaft in Salzburg. ed. U. Kammerhofer. Salzburg 1990, 151–166.
Schneider 1999 = Schneider, I.: Giftmord oder Unglücksfall. Zur Motivgeschichte von Erzählungen über vergiftete Kleider. In: Europäische Ethnologie und Folklore im internationalen Kontext. Festschrift L. Petzoldt. Frankfurt am Main u. a. 1999, 273–290.
Schnell 1989 = Schnell, R.: Die verkehrte Welt. Literarische Ironie im 19. Jahrhundert. Stuttgart 1989.
Schnürer/Ritz 1934 = Schnürer, G./Ritz, J. M.: St. Kümmernis und Volto Santo. Studien und Bilder. Düsseldorf 1934.

Schönste Kindermärchen 1837 = [Meyer, J.:] Die schönsten Kindermährchen 2 (Neueste Kinder-Bibliothek 2). Hildburghausen/New York 1837.
Schoof 1930 = Schoof, W.: Zur Entstehungsgeschichte der Grimm'schen Märchen. In: Hessische Blätter für Volkskunde 29 (1930) 1–118.
Schoof 1938 = Schoof, W. (ed.): Freundesbriefe der Familie von Haxthausen an die Brüder Grimm. In: Westfälische Zeitschrift 94 (1938) 57–142.
Schoof 1941 = Schoof, W.: Schneewittchen. Ein Beitrag zur deutschen Stilkunde. In: Germanisch-Romanische Monatsschrift 29 (1941) 190–201.
Schoof 1955a = Schoof, W.: Neue Beiträge zur Entstehungsgeschichte der Grimmschen Märchen. In: Zeitschrift für Volkskunde 52 (1955) 112–143.
Schoof 1955b = Schoof, W.: Zum Fundevogel. Beiträge zur Stilentwicklung der Grimmschen Märchen. In: Zeitschrift für deutsche Philologie 74 (1955) 424–433.
Schoof 1959 = Schoof, W.: Zur Entstehungsgeschichte der Grimmschen Märchen. Hamburg 1959.
Schröder 2013 = Schröder, F.: Die weiße Schlange. Annäherung an ein Ursymbol in einem Märchen der Brüder Grimm. Eine tiefenpsychologische Interpretation. Stuttgart 2013.
Schubart 1884 = Schubart, C. F. D.: Gedichte. ed. G. Hauff. Leipzig [1884].
Schulte Kemminghausen 1932 = Schulte Kemminghausen, K.: Die niederdeutschen Märchen der Brüder Grimm. Münster 1932.
Schulte Kemminghausen 1963 = Westfälische Märchen und Sagen aus dem Nachlaß der Brüder Grimm. ed. K. Schulte Kemminghausen. Münster ²1963.
Schulte Kemminghausen 1978 = [Schulte Kemminghausen, K.:] Briefwechsel zwischen Jenny von Droste-Hülshoff und Wilhelm Grimm. Münster 1978 (erw. Ausgabe von 1929).
Schulz 1788 ff. = Schulz, F.: Kleine Romane 1–5. Leipzig 1788–1790.
Schummel 1776 ff. = [Schummel, J. G.:] Kinderspiele und Gespräche 1–3. Leipzig 1778 [recte 1776]/77/78.
Schupp 1684 = Schupp, J. B.: Lehrreiche Schrifften. Frankfurt am Main 1684.
Schupp 1983 = Schupp, Volker: „Wollzeilergesellschaft" und „Kette". Impulse der frühen Volkskunde und Germanistik. Marburg 1983.
Schuster 2009 = Schuster, T.: Die Möwe mit der Pfeife. Seemannsgarn und andere Lügengeschichten von der Nordseeküste. Leer 2009.
Schwarz 1973 = Schwarz, P.: Die neue Eva. Der Sündenfall in Volksglaube und Volkserzählung. Göppingen 1973.
Schwarzbaum 1968 = Schwarzbaum, H.: Studies in Jewish and World Folklore. Berlin 1968.
Schwarzbaum 1979 = Schwarzbaum, H.: The Mishle Shu'alim (Fox Fables) of Rabbi Berechiah ha-Nakdan. Kiron (bei Tel-Aviv) 1979.
Schwibbe 2002 = Schwibbe, G.: Volkskundliche Erzählforschung und (Tiefen-)Psychologie. Ansätze, Methoden, Kontroversen. In: Fabula 43 (2002) 264–276.
Scobie 1977 = Scobie, A.: Some Folktales in Graeco-Roman and Far Eastern Sources. In: Philologus 121 (1977) 1–23.
Seemann 1932 = Seemann, E.: Newe Zeitung und Volkslied. In: Jahrbuch für Volksliedforschung 3 (1932) 87–119.
Seibert 2007 = Seibert, P.: Die Medien und die Märchen – „Katze und Maus in Gesellschaft"? In: Barsch, Achim/Seibert, Peter (edd.): Märchen und Medien. Baltmannsweiler 2007, 3–11.

Seidler 1990 = Seidler, G. H.: Rumpelstilzchen auf der Couch – ein Ensemble von Scham-, Identitäts- und Vaterthematik. In: Praxis der Kinderpsychologie und Kinderpsychiatrie 39,7 (1990) 261–266.
Seifert 1953 = Seifert, E.: Untersuchung zu Grimms Märchen „Das Marienkind". Diss. (masch.) München 1953.
Sennewald 2000 = Sennewald, J. E.: „Du bist mîn, ich bin dîn" – über einen Ursprungstext in KHM 67: „Die zwölf Jäger". In: Fabula 41 (2000) 119–124.
Sennewald 2004 = Sennewald, J. E.: Das Buch, das wir sind. Zur Poetik der „Kinder- und Hausmärchen, gesammelt durch die Brüder Grimm". Würzburg 2004.
Shojaei Kawan 2002 = Shojaei Kawan, C.: The Princess on the Pea. Tradition and Interpretation. In: A Century of Folklore/Sada aastap folkloori uurimist. ed. M. Kõiva. Tartu 2002, 55–71.
Shojaei Kawan 2004 = Shojaei Kawan, C.: „Li sette palommielle, Lo cuorvo, Le tre cetra". Drei Märchen von Basile und ihr Verhältnis zur mündlichen Überlieferung. In: Giovan Battista Basile e l'invenzione della fiaba. ed. M. Picone/A. Messerli. Ravenna 2004, 223–246.
Shojaei Kawan 2005 = Shojaei Kawan, C.: The Princess on the Pea. Andersen, Grimm and the Orient. In: Fabula 46 (2005) 89–115.
Shojaei Kawan 2007 = Shojaei Kawan, C.: Rechtsverwirklichung und Rechtsverdrehung im europäischen Volksmärchen. In: Lox, H./Lutkat, S./Kluge, D. (edd.): Dunkle Mächte und was sie bannt. Recht und Gerechtigkeit im Märchen. Krummwisch 2007, 168–199.
Shojaei Kawan 2008 = Shojaei Kawan, C.: A Brief Literary History of „Snow White". In: Fabula 49 (2008) 325–342.
Shojaei Kawan 2009 = Shojaei Kawan, C.: Grimms Verse. In: Erzählkultur. Beiträge zur kulturwissenschaftlichen Erzählforschung. Festschr. H.-J. Uther. Berlin/New York 2009, 423–442.
Shojaei 2010 = Shojaei Kawan, C.: Les multiples Interprétations du Petit Chaperon rouge: une diversité (in)compatible? In: Petitat, A. (ed.): La Pluralité interprétative. Aspects théoretiques et empiriques. Paris 2010, 63–78.
Shojaei 2012 = Shojaei Kawan, C.: „Je m'y en vais par ce chemin icy, & toy par ce chemin-là, & nous verrons qui plûtost y sera": Caperucita Roja y el lobo, un lugar de destino y dos caminos. In: Estudis de Literatura Oral Popular/Studies in Oral Folk Literature 1 (2012) 167–184.
Siegmund 2007 = Siegmund, W.: Dümmling. Eine Brücke vom Märchen zum Dasein. In: Märchenspiegel 18,3 (2007) 13–16.
Singer 2006 f. = Singer, E.: Die Geschichte vom Fischer und seinem Sohn. In: Bayerische Blätter für Volkskunde 33–34 (2006/07) 18–40.
Solms 1999 = Solms, W.: Die Moral von Grimms Märchen. Darmstadt 1999.
Solms 2003 = Solms, W.: Wozu drei Wünsche? In: Der Wunsch im Märchen/Heimat und Fremde im Märchen. ed. B. Gobrecht/H. Lox/T. Bücksteeg. Kreuzlingen/München 2003, 106–117.
Solms 2007 = Solms, W.: Angst weckende Situationen im Märchen. In: Märchenspiegel 18,3 (2007) 17–24.
Solms 2010a = Solms, W.: Die Begegnung mit dem Drachen als Märchen-, Sagen- und Legendenwunder. In: Lox, H./Solms, W./Heindrichs, H.-A. (edd.): Begegnung mit dem Wunder in Märchen, Sagen und Legenden/Märchen als Brücke für Menschen und Kulturen. Krummwisch 2010, 10–23.

Solms 2010b = Solms, W.: Auf einem Auge blind? Zur Parteilichkeit des Erzählers von Grimms Märchen. In: Marzolph, U. (ed.): Strategien des populären Erzählens. Münster 2010, 187–200.

Solms 2014 = Solms, W.: Die Wahrheit der Märchen und die moralischen Urteile des „Erzählers" Wilhelm Grimm. In: Johann Heinrich Christian Bang. Die Marburger Romantiker und die Märchen der Brüder Grimm. Lahntal-Goßfelden 2014, 33–47.

Sommer 1846 = Sommer, E.: Sagen, Märchen und Gebräuche aus Sachsen und Thüringen 1. Halle 1846 [mehr nicht erschienen].

Sorbonne 1811 = Thibaut, ou la naissance d'un comte de Champagne. Poëme en quatre chants. Traduit de la langue romance, sur l'original composé en 1250 par Robert de Sorbonne, clerc du diocèse de Rheims. Paris 1811.

Sorlin 1989 = Sorlin, E.: Le Thème de le tristesse dans les contes AaTh 514 et 550. In: Fabula 30 (1989) 279–294.

Spamer 1937 = Spamer, A.: Kinderfresser, Butzemann, Ruprecht. In: ders.: Weihnachten in alter und neuer Zeit. Jena 1937, 58–71.

Spies 1951 = Spies, O.: Das Grimm'sche Märchen Bruder Lustig in arabischer Überlieferung. In: Rheinisches Jahrbuch für Volkskunde 2 (1951) 48–60.

Spies 1961 = Spies, O.: Die orientalische Herkunft des Stoffes „Knoist un sine dre Sühne". In: Rheinisches Jahrbuch für Volkskunde 12 (1961) 47–52.

Spinner 2012 = Spinner, K. H.: Grimms „Kinder- und Hausmärchen" als romantische Dichtung. Gezeigt an „Brüderchen und Schwesterchen". In: Märchenspiegel 23,2 (2012) 3–9.

Spranger 1980 = Spranger, P.: Der Geiger von Gmünd. Justinus Kerner und die Geschichte einer Legende. Schwäbisch Gmünd 1980 (^{2}1991).

Stahl 1821 = Stahl, K.: Fabeln, Mährchen und Erzählungen für Kinder. Nürnberg ^{2}1821.

Stebbins 1973 = Stebbins, C. E.: Les Origines de la légende de saint Alexis. In: Revue belge de Philologie e d'Histoire 51 (1973) 497–507.

Steig 1901 = Steig, R.: Zur Entstehungsgeschichte der Märchen und Sagen der Brüder Grimm. In: Archiv für das Studium der neueren Sprachen und Litteraturen 107 (1901) 277–310.

Steig 1903 = Steig, R.: Literarische Umbildung des Märchens vom Fischer und siner Fru. In: Archiv für das Studium der neueren Sprachen und Literaturen 110 (1903) 8–19.

Steig 1912 = Steig, R.: Die Brüder Grimm und die Weimarische Bibliothek. In: Zeitschrift für Bücherfreunde 4,1 (1912) 25–30.

Stein 1975 = Stein, H.: Siebenbürger Forscher schreiben an die Brüder Grimm. In: Brüder Grimm Gedenken 2. ed. L. Denecke. Marburg 1975, 131–145.

Steinhöwel, Esopus = Steinhöwels Äsop. ed. H. Oesterley. Tübingen 1873.

Steinlein 1995 = Steinlein, R.: Märchen als poetische Erziehungsform. Zum kinderliterarischen Status der Grimmschen „Kinder- und Hausmärchen". In: Zeitschrift für Germanistik, N. F. 5 (1995) 301–316.

Stiefbold 2015 = Stiefbold, S.: Mit dem Wechselbalg denken. Menschen und Nicht-Menschen in lebensweltlichen Narrativen. Marburg 2015.

Stiefbold 2020 = Stiefbold, S.: Das Alte im Gewand des Jungen. Altersvers und Wechselbalg. In: Zimmermann, H.-P./Stiefbold, S. (edd.): Alter im Märchen. Volkach 2020, 93–106.

Stöber 1842 = Stöber, A.: Elsässisches Volksbüchlein. Kinder- und Volksliedchen, Spielreime, Sprüche und Mährchen. Straßburg 1842.

Stohlmann 1985 = Stohlmann, J.: Orient-Motive in der lateinischen Exempla-Literatur des 12. und 13. Jahrhunderts. In: Miscellanea mediaevalia 17 (1985) 123–150.

Stolleis 1980 = Stolleis, M.: Der Ranzen, das Hütlein und das Hörnlein. In: Brackert, H. (ed.): Und wenn sie nicht gestorben sind... Perspektiven auf das Märchen. Frankfurt am Main 1980, 153–164.
Stone 1983 = Stone, K. F.: Mißbrauchte Verzauberung. Aschenputtel als Weiblichkeitsideal in Nordamerika. In: Über Märchen für Kinder von heute. ed. K. Doderer. Weinheim/Basel 1983, 78–93.
Storck 1977 = Storck, E.: Alte und neue Schöpfung in den Märchen der Brüder Grimm. Bietigheim 1977.
Straparola = Die Ergötzlichen Nächte des Giovan Francesco Straparola 1–2. Übers. von H. Floerke. München 1908.
Straßburger Rätselbuch = Straßburger Räthselbuch. ed. A. F. Butsch. Straßburg 1876.
Strasser 1986 = Strasser, I.: Vornovellistisches Erzählen. Habil. Wien 1986.
Strasser 1993 = Strasser, P.: „Ein Sohn des Thales". Franz Josef Vonbun als Sammler und Editor Vorarlberger Volkserzählung. Frankfurt am Main u. a. 1993.
Straußfedern 1790 = Straußfedern. Berlin/Stettin 1790.
Strobach 1984 ff. = Strobach, H. (ed.): Deutsche Volkslieder 1–2. Rostock 1984/87.
Strobl 1700 = Strobl, A.: Ovum Paschale Novum Oder Neugefärbte Oster-Ayr [...]. Salzburg 1700.
Stückrath 2006 = Stückrath, J.: Wie den Deutschen ein Meisterstück unterhaltsamer Erzählkunst abhanden gekommen ist. Das Schicksal von Wilhelm Schröders „Dat Wettlopen twischen den Hasen un den Swinegel up de lütje Heide bi Buxtehude" (KHM 187). In: Faulstich, W./Knop, K. (edd.): Unterhaltungskultur. München 2006, 127–145.
Stummann-Bowert 2008 = Stummann-Bowert, R. (ed.): Philippine Engelhard, geb. Gatterer (1756–1831). „Laß die Dichtkunst mich begleiten bis zum letzten Lebensgang". Würzburg 2008.
Stumpfe 1978 = Stumpfe, O.: Die Symbolsprache der Märchen. Münster ^{4}1978.
Suchomski 1975 = Suchomski, J.: ‚Delectatio' und ‚Utilitas'. Bern/München 1975.
Suck 1998 = Suck, F.: Der Sterntaler Friedrichs II. und das Märchen. In: Heimatbrief des Heimatvereins Dorothea Viehmann 42 (1998) 43–45.
Suhrbier 1984 = Suhrbier, H.: Blaubarts Geheimnis. Düsseldorf/Köln 1984 (Frankfurt am Main 1987).
Suhrbier 1988 = Suhrbier, H. (ed.): Blaubarts Geheimnis. Märchen und Erzählungen, Gedichte und Stücke. Düsseldorf/Köln 1988.
Suva 2012 = Suva, L.: Wäre er nicht in der Hölle gewesen, hätte er sich wie im Himmel gefühlt. „Des Teufels rußiger Bruder" der Brüder Grimm und „Des Teufels Schwager" der Božena Němcová, auf Basis der Helden und ihrer Helfer verglichen. In: Lox, H./Lukas, R. (edd.): Heimliche Helfer – unheimliche Begleiter. Forschungsbeiträge aus der Welt der Märchen. Krummwisch 2012, 149–170.
Swahn 1955 = Swahn, J.-Ö.: The Tale of Cupid and Psyche. Lund 1955.
Sydow 1910 = Sydow, C. W. von: Två Spinnsagor. Stockholm ^{2}1910.
Sylvanus 1728 = Das verwöhnte Mutter-Söhngen, Oder: Polidors Gantz besonderer und überaus lustiger Lebens-Lauff [...] Mitgetheilet von Sylvano [Pseud.]. Freyberg [= Berlin] 1728.
Szczepaniak 2005 = Szczepaniak, M.: Zum Gewaltdiskurs in Blaubart-Texten des 20. Jahrhunderts aus der Sicht der Männlichkeitsforschung. In: Männer – Macht – Körper. Hegemoniale Männlichkeiten vom Mittelalter bis heute. ed. M. Dinges. Frankfurt am Main/New York 2005, 192–209.

Szczepaniak 2012 = Szczepaniak, M.: „Taktik, Taktik, wie kann man so rechnen?" Blaubarts Beziehungsphilosophie. In: Fabula 53 (2012) 223–236.
Szonn 1989 = Szonn, G.: Entwicklung und Reife im Märchen. Einige Märchen der Brüder Grimm tiefenpsychologisch gedeutet. Fellbach-Oeffingen 1989.
Szövérffy 1957 = Szövérffy, J.: Irisches Erzählgut im Abendland. Berlin 1957.
Tabbert 2002 = Tabbert, R.: Hänsel und Gretel anglo-visuell. Amerikanische und englische Illustrationen eines deutschen Kindermärchens. In: Die Kunst des Erzählens. Festschrift W. Scherf. Potsadam 2002, 301–317.
Takahashi 1999 = Takahashi, Y.: Die Wiederholung bei den Grimmschen Märchen als der in die tiefere Erzählschicht führende Hermes. In: Language and Culture 35 (1999) 27–45 (engl. Resümee 46 f.).
Takehara 2006 = Takehara, T.: Gurimu-Dōwa to Kindai-Meruhen (Grimms Märchen und das moderne Volksmärchen). Tokio 2006.
Takehara 2013 = Takehara, T.: Gurimu-Dowa to Karuvan-Ha to Kindai – „Shiawase Hansu" (KHM 83) to „Binbinin to Kanemochi" (KHM 87) wo megutte (Grimm Märchen, Kalvinismus und die moderne Zeit in Bezug auf „Hans im Glück" [KHM 83] und „Der Arme und der Reiche„ [KHM 87]). In: Grimu to Minkan-Densho – Tozai Minwa-Kenkyu no Chihei [Die Brüder Grimm und die Volkserzählungen – Forschungen im Osten und Westen]. Festschrift T. Takehara. ed. Y. Mizoi. Tokio 2013, 9–33.
Taschenbuch zum geselligen Vergnügen = Taschenbuch zum geselligen Vergnügen. ed. W. G. Becker. 1812.
Tatar 1990 = Tatar, M.: Von Blaubärten und Rotkäppchen. Grimms grimmige Märchen. Salzburg/Wien 1990 (Originalausg.: The Hard Facts of the Grimms' Fairy Tales, 1987).
Tatar 2004 = Tatar, M.: Secrets Beyond the Door. The Story of Bluebeard and His Wives. Princeton/Oxford 2004.
Tausendundeine Nacht = Die Erzählungen aus den Tausendundein Nächten 1–6 (nach der Calcuttaer Ausg. 1839 übertragen von E. Littmann). Leipzig 1921–28 (Wiesbaden 1953 u. ö.).
Taylor 1965 = Taylor, A.: The Peasant in Heaven. In: Laográphia 22 (1965) 557–568.
Textor 1965 = Textor, G.: Die Märchenfrau von Niederzwehren. In: Heimatbrief. Heimatverein Dorothea Viehmann 9,5 (1965) 4–19.
Thomas 1977 = Thomas, G.: The Tall Tale and Philippe d'Alcripe. St. John's 1977.
Tieck/Frank 1985 = Tieck, L.: Phantasus. ed. M. Frank. Frankfurt am Main 1985.
Tille 1919 = Tille, V.: Das Märchen vom Schicksalskind. Randglossen. In: Zeitschrift des Vereins für Volkskunde 29 (1919) 22–40.
Tismar 1977 = Tismar, J.: Kunstmärchen. Stuttgart 1977.
Tomkowiak 1993 = Tomkowiak, I.: Lesebuchgeschichten. Erzählstoffe in Schullesebüchern 1770–1920. Berlin/New York 1993.
Tomkowiak 2015 = Tomkowiak, I.: „In einem Schloss zu leben ist ganz herrlich." Aschenputtel im Film. In: Brinker-von der Heyde, C./Ehrhardt, H./Ewers, H.-H./Inder, A. (edd.): Märchen, Mythen und Moderne. 200 Jahre „Kinder und Hausmärchen" der Brüder Grimm 1. Frankfurt am Main u. a. 2015, 493–503.
Tomkowiak/Marzolph 1996 = Tomkowiak, I./Marzolph, U.: Grimms Märchen international. Zehn der bekanntesten Grimmschen Märchen und ihre europäischen und außereuropäischen Verwandten 1–2. Paderborn u. a. 1996.
Top 1992 = Top, S.: Literaire, kunsthistorische en volksculturele aspecten van de haan. Ausstellungskatalog Brüssel 1992.

Top 1993 = Top, S.: Sir Halewijn in the Flemish Oral and Printed Tradition. In: Arv 48 (1993) 105–118.
Top 2003 = Top, S.: Verbeelding van (Volks)verhalen. In: De Steen van Alciato. Literatuur en visuele cultuur in de Niederlanden. Festschrift K. Porteman. Leuven 2003, 515–534.
Top 2009 = Top, S.: Der Höllenwächter. In: Erzählkultur. Beiträge zur kulturwissenschaftlichen Erzählforschung. Festschrift H.-J. Uther. Berlin/New York 2009, 245–262.
TPMA = Thesaurus Proverbiorum Medii Aevi. Lexikon der Sprichwörter des romanisch-germanischen Mittelalters 1–13. Berlin/New York 1995–2002.
Tsuruta, R.: Doitsu-Bungaku no Naka no „Nezu no Ki no Hanashi" [„Von dem Machandelboom" in der deutschen Literatur]. In: Grimu to Minkan-Densho – Tozai Minwa-Kenkyu no Chihei [Die Brüder Grimm und die Volkserzählungen – Forschungen im Osten und Westen]. Festschrift T. Takehara. ed. Y. Mizoi. Tokio 2013, 266–301.
Tubach = Tubach, F. C.: Index Exemplorum. A Handbook of Medieval Religious Tales. Helsinki 1969 (FF Communications 204).
Tuczay 1999 = Tuczay, C.: Das Motiv der drei Wünsche in Schwank, Legendenmärchen und Witz. In: Fabula 40 (1999) 85–109.
Ullrich 1893 = Ullrich, H.: Des Schneiderleins Glück. In: Zeitschrift des Vereins für Volkskunde 3 (1893) 452–456.
Unterreitmeier 2006 = Unterreitmeier, H.: Die Märchensammlung der Brüder Grimm. In: Literatur in Bayern Jg. 22, H. 86 (2006) 43–49.
Uther 1981 = Uther, H.-J.: Behinderte in populären Erzählungen. Studien zur historischen und vergleichenden Erzählforschung. Berlin/New York 1981.
Uther 1986 = Uther, H.-J.: Schönheit im Märchen. Zur Ästhetik von Volkserzählungen. In: Lares 52, 1 (1986) 5–16.
Uther 1987 = Uther, H.-J.: Zur Bedeutung und Funktion dienstbarer Geister in Märchen und Sage. In: Fabula 29 (1987) 227–244.
Uther 1988 = Uther, H.-J.: Der Frauenmörder Blaubart und seine Artverwandten. In: Schweizerisches Archiv für Volkskunde 84 (1988) 35–54.
Uther 1989a = Uther, H.-J.: Die letzte Bitte Verurteilter. Zur Umsetzung von Rechtsvorstellungen in Volkserzählungen. In: Anales de la Universidad de Chile 5,17 (1989) (Festschr. Y. Pino Saavedra) 441–449.
Uther 1989b = Uther, H.-J.: Das sprechende und handelnde Heiligenbild. Ein Beitrag zum genrespezifischen Funktionswandel von Motiven. In: Der Dämon und sein Bild. Berichte und Referate des dritten und vierten Symposions [...]. ed. L. Petzoldt/S. de Rachewiltz. Frankfurt am Main u. a.: Lang 1989, 187–201.
Uther 1990a = Märchen in unserer Zeit. ed. H.-J. Uther. München 1990.
Uther 1990b = Uther, H.-J.: Märchen vor Grimm. München 1990.
Uther 1990c = Uther, H.-J.: Hans im Glück (KHM 83). Zur Entstehung, Verbreitung und bildlichen Darstellung eines populären Märchens. In: The Telling of Stories. Approaches to a Traditional Craft. ed. M. Nøjgaard u. a. Odense 1990, 119–164.
Uther 1991a = Uther, H.-J.: Der gestiefelte Kater. Ein Buchmärchen im Spiegel seiner Illustrationen. In: Contes & Merveilles 5,2 (1991) 321–371.
Uther 1991b = Uther, H.-J.: Machen Kleider Leute? Zur Funktion von Kleidung im Märchen. In: Jahrbuch für Volkskunde. Neue Folge 14 (1991) 24–44.
Uther 1993a = Uther, H.-J.: Die Bremer Stadtmusikanten. Ein Märchen und seine Interpreten. In: Telling Reality. Folklore Studies in Memory of B. Holbek. ed. M. Chesnutt. Kopenhagen/Turku 1993, 89–104.

Uther 1993b = Uther, H.-J.: [Die Stadtmusikanten in Bremen] Zur Entstehung, Bildgeschichte und Bedeutung des Märchens. In: Die Stadtmusikanten in Bremen. Geschichte – Märchen – Wahrzeichen. ed. A. Röpcke/K. Hackel-Stehr. Bremen 1993, 18–52.
Uther 1993c = Uther, H.-J.: Märchen vom Essen und Trinken. Frankfurt am Main 1993.
Uther 1993d = Uther, H.-J.: Uther, H.–J.: Der sympathische Betrüger. Das Beispiel des Gestiefelten Katers. In: Das Bild der Welt in der Volkserzählung. ed. L. Petzoldt/S. de Rachewiltz u. a. Frankfurt am Main u. a. 1993, 131–142.
Uther 1994a = Uther, H.-J.: Zur Ikonographie des Rapunzel-Märchens (KHM 12). In: Scritti in memoria di Sebastiano Lo Nigro. ed. M. Raciti Maugeri. Catania 1994, 291–319.
Uther 1994b = Sagen aus dem Rheinland. ed. H.-J. Uther. München 1994.
Uther 1995 = Uther, H.-J.: Volksliterarische Stoffe im „Rheinländischen Hausfreund". Der Schwank von der einbeinigen Gans. In: Umgang mit Kinderliteratur. Festschr. H. Göbels. Essen 1995, 130–141.
Uther 1998 = Uther, H.-J.: Zauberhafte Landschaften. Zur Bedeutung von Natur und Landschaft in Volkserzählungen. In: Zauber Märchen. Forschungsberichte aus der Welt des Märchens. ed. U. und H.-A. Heindrichs. München 1998, 69–97.
Uther 1999 = Literarische Bearbeitungen des Schneewittchen-Märchens auf Bilderbogen des 19. Jahrhunderts. In: Folklore in the Changing World. ed. J. Handoo/R. Kvideland. Mysore 1999, 157–178.
Uther 2001 = Uther, H.-J.: Auch Vögel brauchen einen Herrn. Von Tierkönigen und denkwürdigen Parlamentswahlen. In: Heindrichs, H.-A./Lox, H. (edd.): Als es noch Könige gab. Forschungsberichte aus der Welt der Märchen. Kreuzlingen/München 2001, 252–269.
Uther 2002a = Uther, H.-J.: Zur Überlieferung des Rotkäppchen-Märchens. In: Die Rotkäppchen-Sammlung von E. und R. Waldmann. Ausstellungskatalog Troisdorf 2002, 14–26.
Uther 2002b = Uther, H.-J.: Eine unbekannte Frühfassung des Aschenputtel-Märchens. In: Mukashibanashi kenkyuu no chihei. Ozawa Toshio kyouju koki kinenronbunshuu/Horizonte der Erzählforschung. Festschr. für Professor T. Ozawa zum 70. Geburtstag. Kawasaki 2002, 37–52.
Uther 2004a = Uther, H.-J.: Von der Vermessenheit des Wünschens. Zum Märchen „Von den Fischer un siine Fru". In: Arbeitskreis Bild Druck Papier. Tagungsband Ittingen 2004. Münster u. a. 2005, 48–70.
Uther 2004b = Uther, H.-J.: Die Brüder Grimm und Heinrich Jung-Stilling. Von Jorinde und Joringel und anderen Erzählungen. In: Paare und Paarungen. Festschrift W. Wunderlich. Stuttgart 2004, 294–305.
Uther 2005a = Uther, H.-J.: Glück im Unglück. Hans Christian Andersens Schwank „Was Vater tut, ist stets das Richtige" im Spiegel literarischer und mündlicher Überlieferungen. In: Fabula 46 (2005) 116–125.
Uther 2005b = Uther, H.-J.: Merkwürdige Literatur. CD-ROM Berlin 2005.
Uther 2006a = Uther, H.-J.: The Fox in World Literature. Reflections on a „Fictional Animal". In: Asian Folklore Studies 65 (2006) 133–160.
Uther 2006b = Uther, H.-J.: Die Kinderlegenden der Brüder Grimm. In: Toplore. Stories and Songs. Festschrift S. Top. Trier 2006, 209–226.
Uther 2007 = Uther, H.-J.: Der letzte Wunsch. Zu Rechtsvorstellungen in Volkserzählungen. In: Lox, H./Lutkat, S./Kluge, D. (edd.): Dunkle Mächte und was sie bannt. Recht und Gerechtigkeit im Märchen. Krummwisch 2007, 217–233.
Uther 2008a = Uther, H.-J.: Der gestiefelte Kater. Zu bildlichen Darstellungen eines Märchens. In: Literatur in Bayern 24 (2008) 27–39.

Uther 2008b = Uther, H.-J.: Illustrations to the Folktale „The Fisherman and his wife" (KHM 19, ATU 555). In: Folklore 40 (2008) 7–20.
Uther 2011a = Uther, H.-J.: Tod und Sterben. Vom Weltbild des erzählenden Menschen in Märchen, Sagen und anderen Volkserzählungen. In: Märchenspiegel 22,4 (2011) 2–18.
Uther 2011b = Uther, H.-J.: Vom Glück im Märchen. In: Holenstein, A. u. a. (edd.): Glück. Referate einer Vorlesungsreihe des Collegium generale der Universität Bern im Frühjahrssemester 2010. Bern/Stuttgart/Wien 2011, 143–165.
Uther 2012 = Uther, H.-J.: „Blaubart"-Märchen: Emotionen durch Bilder. In: Fabula 53 (2012) 237–257.
Uther 2013 = Uther, H.-J.: Von Hunger und Überfluss. Essen und Trinken im Märchen. In: Neumann, S./Schmitt, C. (edd.): Sichtweisen in der Märchenforschung. Baltmannsweiler 2013, 94–107.
Uther 2016 = Uther, H.-J.: Die Märchen der Brüder Grimm, Martin Luther und die Geschichte vom klugen Knecht. In: Aufs Maul geschaut. Luther und Grimm wortwörtlich. Ausstellungskatalog Kassel 2016, 69–73.
Uther 2020 = Uther, H.-J.: Alterstypologien in europäischen Volkserzählungen. In: Zimmermann, H.-P./Stiefbold, S. (edd.): Alter im Märchen. Volkach 2020, 14–28.
Valenta 1991 = Valenta, R.: Franz von Poccis Münchener Kulturrebellion. Alternatives Theater in der Zeit des bürgerlichen Realismus. München 1991.
Van Cleve 1995 = Van Cleve, J. W.: Two Lives, One Story. Andolosia and ‚Fortunatus' in the German Chapbook of 1509. In: Neophilologus 79 (1995) 107–117.
Velay-Vallantin 1989 = Velay-Vallantin, C.: Tales as a Mirror. Perrault in the Bibliothèque Bleue. In: The Culture of Print. ed. R. Chartier. Princeton 1989, 92–135.
Velay-Vallantin 1992 = Velay-Vallantin, C.: L'Histoire des contes. Saint-Armand-Montrond 1992.
Verflex. = Die deutsche Literatur des Mittelalters. Verfasserlexikon. Bd. 1–14. Berlin/New York 1978–2008.
Verweyen 1990 = Verweyen, A.: Vom Bilderbogen zum Comic. Rotkäppchen und seine Illustratoren. In: Märchen in unserer Zeit. ed. H.-J. Uther. München 1990, 56–74.
Vieth 1733 = Vieth, A.: Beschreibung und Geschichte des Landes Dithmarschen. Hamburg 1733.
Villeneuve 1765 = [Gabrielle-Suzanne Barbot, Dame de Villeneuve:] Die junge Amerikanerin, oder Verkürzung müßiger Stunden auf dem Meer. Ulm 1765 (Orig.: La jeune Ameriquaine et Les Contes marins. Paris 1740).
Volkmann 2002 = Volkmann, H.: Märchenpflanzen, Mythenfrüchte, Zauberkräuter. Grüne Wegbegleiter in Literatur und Kultur. Göttingen 2002.
Volkmann 2008 = Volkmann, H.: Purpurfäden und Zauberschiffchen. Spinnen und Weben in Märchen und Mythen. Göttingen 2008.
Vonbun 1847 = Vonbun, F. J.: Volkssagen aus Vorarlberg. Innsbruck 1847 (^{2}1850 u. ö.).
Vorwerk 2015 = Vorwerk, W: Das Lohrer Schneewittchen. Zur Fabulogie eines Märchens. In: „Bis dat, qui cito dat." Gegengabe in Paremiology, Folklore, Language, and Literature. Honoring W. Mieder on His Seventieth Birthday. Ed. C. Grandl/ K. J. McKenna. Frankfurt am Main u. a. 2015, 491–503.
Vries 1928 = Vries, J. de: Die Märchen von klugen Rätsellösern. Helsinki 1928 (FF Communications 73).
Waldis, Esopus = Waldis, B.: Esopus. 400 Fabeln und Erzählungen nach der Erstausgabe von 1548. ed. L. Lieb/J. Mohr/H. Vögel. Berlin/New York 2011.

Waldmann 1985 = Wo hinaus so früh, Rotkäppchen? Veränderungen eines europäischen Volksmärchens, dargestellt mit Bildern und Büchern aus der Sammlung Elisabeth und Richard Waldmann. Zürich 1985.
Walther 1987 = Walther, W.: Tausendundeine Nacht. München/Zürich 1987.
Wardetzky/Keller 1986 = Wardetzky, K./Keller, K.: Rezeptionspsychologische Untersuchungen zum „Tapferen Schneiderlein". In: Aufsätze zur Kinder- und Jugendliteratur und zu anderen Medienkünsten. Berlin 1986, 140–154.
Waugh 1960 = Waugh, B. H., jr.: The Child and the Snake. A-T 285, 672 C and Related Forms in Europe and America. Diss. Bloomington 1960.
Weinreich 1951 = Weinreich, O.: Zu antiken Epigrammen und einer Fabel des Syntipas. In: Annuaire de l'Institut de Philologie et d'Histoire Orientales et Slaves 11 (1951) 417–467.
Wenzel 1979 = Wenzel, S.: The Joyous Art of Preaching. In: Anglia 97 (1979) 304–325.
Wertheimer 1999 = Wertheimer, J.: Don Juan und Blaubart. Erotische Serientäter in der Literatur. München: Beck 1999.
Wesselski 1925 = Wesselski, A.: Märchen des Mittelalters. Berlin 1925.
Wesselski 1928 = Wesselski, A.: Das bestohlene Heiligenbild. In: Mitteilungen des Vereins für die Geschichte Berlins 45 (1928) 127–130.
Wesselski 1929a = Wesselski, A.: Der Gott außer Funktion. In: Archiv Orientální 1 (1929) 300–311.
Wesselski 1929b = Wesselski, A.: Ein amerikanisches Motiv in einem Grimmschen Märchen. In: Euphorion 30 (1929) 545–551.
Wesselski 1931 = Wesselski, A.: Versuch einer Theorie des Märchens. Reichenberg 1931.
Wesselski 1932a = Wesselski, A.: Alters-Sinnbilder und Alters-Wettstreit. Der Gott außer Funktion. In: Archiv Orientální 4 (1932) 1–22.
Wesselski 1932b = Wesselski, A.: Das Recht des Teufels auf Arbeit. In: Niederdeutsche Zeitschrift für Volkskunde 10 (1932) 1–16.
Wesselski 1933 = Wesselski, A.: Das Märlein vom Tode des Hühnchens und andere Kettenmärlein. In: Hessische Blätter für Volkskunde 32 (1933) 1–51.
Wesselski 1934 = Die Formen des volkstümlichen Erzählguts. In: Die deutsche Volkskunde 1. ed. A. Spamer. Leipzig/Berlin 1934, 216–248.
Wesselski 1935 = Wesselski, A.: Quellen und Nachwirkungen der Haft paikar. In: Der Islam 22 (1935) 106–119.
Wesselski 1937a = Wesselski, A.: Goethe und der Volksmund. In: Hessische Blätter für Volkskunde 36 (1937 [erschienen 1938]) 32–83.
Wesselski 1937b = Wesselski, A.: Die gelehrten Sklavinnen des Islams und ihre byzantinischen Vorbilder. In: Archiv Orientální 9 (1937) 353–378.
Wesselski 1938a = Wesselski, A.: Das Geschenk der Lebensjahre. In: Archiv Orientální 10 (1938) 79–114.
Wesselski 1938b = Wesselski, A.: Der Schmied von Jüterbog im Kiffhäuser. In: Zeitschrift für Volkskunde 46 (1938) 198–218.
Wesselski 1938c = Wesselski, A.: Ein deutsches Märchen des 18. Jahrhunderts und die Historie om Kong Edvard af Engelland. In: Acta Philologica Scandinavica 13 (1938/39) 129–200.
Wesselski 1942 = Wesselski, A.: Deutsche Märchen vor Grimm [1–2]. Brünn/München/Wien 1942.
Weydt 1979 = Weydt, G.: Vom wahren Ursprung des „Bärenhäuters". Zum Märchen-, Sagen- und Aberglaubenproblem bei Grimmelshausen. In: Schützeichel, R. (ed.): Studien zur deutschen Literatur des Mittelalters. Bonn 1979, 752–759.

Wickram/Bolte = Georg Wickrams Werke 3 (Rollwagenbüchlein. Die Sieben Hauptlaster). ed. J. Bolte. Tübingen 1903 (Nachdr. Hildesheim 1974).

Widman 1599 = Widman, G. R.: Erster Theil Der Warhafftigen Historien von den grewlichen vnd abschewlichen Sünden vnd Lastern [...] D. Iohannes Faustus [...]. Hamburg 1599.

Wienker-Piepho 1992 = Wienker-Piepho, S.: Frau Holle zum Beispiel. Ab- und Irrwege der Märchenforschung in Ost und West. In: Jahrbuch der Brüder Grimm-Gesellschaft 2 (1992) 115–136.

Wienker-Piepho 1993 = Wienker-Piepho, S.: „Homo narrans" und „Homo ridens". Das Märchen und die Geschichtlichkeit seines Humors. In: Witz, Humor und Komik im Volksmärchen. ed. W. Kuhlmann/L. Röhrich. Regensburg 1993, 57–73.

Wienker-Piepho 2000 = Wienker-Piepho, S.: „Je gelehrter, desto verkehrter?" Volkskundlich-Kulturgeschichtliches zur Schriftbeherrschung. Münster 2000.

Wienker-Piepho 2019 = Märchenschlösser – Dwelling an nicht verortbaren Orten? In: Fabula 60 (2019) 5–19.

Wienker-Piepho 2021 = Wienker, Piepho, S.: Tränenkrüglein – oder: Wenn Tränen die Ruhe stören. In: Von Mund zu Ohr via Archiv in die Welt. Festschr. C. Schmitt. Münster 2021, 193–206.

Wildhaber 1985 = Wildhaber, R.: Der Altersvers des Wechselbalges und die übrigen Altersverse. Helsinki 1985 (FF Communications 235).

Winzer 1908 = Winzer, J.: Die ungleichen Kinder Evas in der Literatur des 16. Jahrhunderts. Diss. Greifswald 1908.

Wisser 1913 = Wisser, W.: Das Märchen von einem, der auszog, das Fürchten zu lernen. In: Nordelbingen 3 (1924) 63–76.

Wittgenstein 1973 = Wittgenstein, O. Graf: Märchen, Träume, Schicksale. München 1973.

Witthöft 2006 = Witthöft, H.: Die Verbürgerlichung Sneewittchens. In: Fabula 47 (2006) 90–102.

Wöchentliche Nachrichten = Wöchentliche Nachrichten für Freunde der Geschichte, Kunst und Gelahrtheit des Mittelalters. ed. J. G. Büsching. Breslau 1816 ff.

Woeller 1961 = Woeller, W.: Der soziale Gehalt und die soziale Funktion der deutschen Volksmärchen. In: Wissenschaftliche Zeitschrift der Humboldt-Universität zu Berlin, Gesellschafts- und sprachwissenschaftliche Reihe 10 (1961) 395–459.

Woeller 1963 = Woeller, W.: Sozialer Protest in den Volksmärchens [!] Mecklenburgs und Pommerns. In: Lud 48 (1963) 367–386.

Woeller 1990 = Woeller, W. und M.: Es war einmal … Illustrierte Geschichte des Märchens. Leipzig 1990 (Freiburg/Basel/Wien 1994).

Woeller 1991 = Woeller, W. und M.: Sage und Weltgeschichte. Berlin/Leipzig 1991.

Wolf 2001 = Wolf, H.: Luthers Umgang mit Anthroponymen. In: Beiträge zu Linguistik und Phonetik. Festschrift für J. Göschel. Stuttgart 2001, 58–75.

Wolfzettel 1975 = Wolfzettel, F.: Die soziale Wirklichkeit im Märchen. Charles Perraults „Le Chat botté". In: lendemains. Zeitschrift für Frankreichforschung + Französischstudium 2 (1975) 99–112.

Wolfzettel 2005 = Wolfzettel, F.: Le Conte en palimpseste. Studien zur Funktion von Märchen und Mythos im französischen Mittelalter. Wiesbaden 2005.

Wolgemuth 1669 = 500 Frische und vergüldete Haupt-Pillen Oder Neugeflochtener Melancholie- Besem [...] von Ernst Wolgemuth. s. l. 1669.

Wollenweber 1974 = Wollenweber, B.: Märchen und Sprichwort. In: Projekt Deutschunterricht 6. ed. H. Ide. Stuttgart 1974, 12–92.

Wunderer 2002 = Wunderer, R.: Wertewandel und Führungsbeziehungen. Vom Schäferhund zum gestiefelten Kater. St. Gallen 2002.

Wunderer 2004 = Wunderer, R.: Vertrauen im Märchen und im Management. Aschenputtel – erlernte Hilflosigkeit oder entwickeltes Selbstvertrauen? St. Gallen 2004.

Wunderer 2007 = Wunderer, R.: Führung und Zusammenarbeit. Eine unternehmerische Führungslehre. Köln [7]2007.

Wunderer 2008 = Wunderer, R.: „Der gestiefelte Kater" als Unternehmer. Lehren aus Management und Märchen. Wiesbaden 2008.

Wunderer 2015 = Wunderer, R.: „Hans im Glück." Interpretationen aus Sicht von fünf Disziplinen – Philologie, Philosophie, Psychologie, Ökonomie, Managementlehre. In: Brinker-von der Heyde, C./Ehrhardt, H./Ewers, H.-H./Inder, A. (edd.): Märchen, Mythen und Moderne. 200 Jahre „Kinder und Hausmärchen" der Brüder Grimm 2. Frankfurt am Main u. a. 2015, 731–745.

Wunderlich 1989 = Wunderlich, W. (ed.): Literarische Symbolfiguren. Bern/Stuttgart 1989.

Wunderlich 2005 = Wunderlich, W.: „Geld in allen Taschen ist eine schöne Profession". Milchmädchenrechnung und Tauschgeschäfte des „homo oeconomicus stultus". In: Markt. Literarisch. ed. T. Wegmann. Bern u. a. 2005, 43–58.

Wünsche 1905a = Wünsche, A.: Der Sagenkreis vom geprellten Teufel. Wien 1905.

Wünsche 1905b = Wünsche, A.: Die Sagen vom Lebensbaum und Lebenswasser. Leipzig 1905.

Wünschelruthe = Wünschelruthe. Ein Zeitblatt. Göttingen 1818.

Wyl 1909 = Wyl, K. de: Rübezahl-Forschungen. Die Schriften des M. Johannes Praetorius. Breslau 1909.

Wyss 1815 ff. = Wyss, J. R.: Idyllen, Volkssagen, Legenden und Erzählungen aus der Schweiz 1–2. Bern/Leipzig 1815/1822.

Zachariae 1920 = Zachariae, T.: Kleinere Schriften [...]. Bonn/Leipzig 1920.

Zägel 1992 = Zägel, S.: Literaturvermittlung im frühen 19. Jahrhundert. Der neue Ansatz in den Lesebüchern von Heinrich Dittmar. Essen 1992.

Zeiller 1661 = Zeiller, M.: Miscellanea, Oder Allerley zusam[m]en getragene Politische/ Historische/ und andere denckwürdige Sachen (Ulm 1661).

Zeitschrift des Vereins für hessische Geschichte = Zeitschrift des Vereines [ab Bd. 2: Vereins] für hessische Geschichte und Landeskunde. Kassel 1837 ff.

Zeitung für Einsiedler = Zeitung für Einsiedler (= Trösteinsamkeit). ed. A. von Arnim. Heidelberg 1808.

ZfdA. = Zeitschrift für deutsches Alterthum und deutsche Literatur. ed. M. Haupt. 1841 ff.

ZfdMythol. = Zeitschrift für deutsche Mythologie und Sittenkunde. ed. J. W. Wolf. Göttingen 1853 ff.

Ziessow 2011 = Ziessow, K.-H.: Schreibende Leser und die Lektüre des protestantischen Landmanns. In: Bei der Wieden, H. (ed.): Die Ausstrahlung der Reformation. Göttingen 2011, 181–214.

Zillinger 1963 = Zillinger, G.: Zur Frage der Angst und der Darstellung psychosexueller Reifungsstufen im „Märchen vom Gruseln". In: Praxis der Kinderpsychologie und Kinderpsychiatrie 12 (1963) 33–41, 107–112, 134–143.

Zimmerische Chronik = Barack, A. (ed.): Froben Christoph von Zimmern: Die Zimmerische Chronik 1–4. Freiburg/Tübingen [2]1881–1882.

Zimmermann 2001 = Zimmermann, H.-P.: Die Sterntaler. Ein Märchen der Brüder Grimm, gelesen als handfestes Politikum in kontingenztheoretischer Rahmung. In: Zeitschrift für Volkskunde 97 (2001) 67–94.

Zimmermann 2005 = Zimmermann, H.-P.: Wenn einem etwas zufällt. Die Sterntaler. In: Ehlers, S. (ed.): Märchen-Glück. Glücksentwürfe im Märchen. Baltmannsweiler 2005, 36–53.
Zimmermann 2015 = Zimmermann, H.-P.: Leitlinien und Zuglüste des Erzählens. Hans im Glück, gelesen als Altersparabel. In: Fabula 56 (2015) 232–247.
Zimmermann 2020 = Zimmermann, H.-P.: Zur Anthropolgie, Ethik und Utopie des Alters. An drei Beispielen aus Grimms Märchen: KHM 27, 78 und 177. In: Zimmermann, H.-P./Stiefbold, S. (edd.): Alter im Märchen. Volkach 2020, 299–326.
Zimmermann 2021 = Zimmermann, H.-P.: Über eine märchenhafte Alters-Avantgarde. Zugleich eine Empfehlung für den Unruhestand. In: Von Mund zu Ohr via Archiv in die Welt. Festschr. C. Schmitt. Münster 2021, 15–24.
Zinke 1983 = Zinke, B.: Sozialisationsprozesse in Märchen und Epos. Am Beispiel des Zwei Brüder-Märchens. In: Dona Ethnologica Monacensia. Festschr. L. Kretzenbacher. München 1983, 289–308.
Ziolkowski 2007 = Ziolkowski, J. M.: Fairy Tales ‚from' Before Fairy Tales. The Medieval Latin Past of Wonderful Lies. Ann Arbor 2007.
Zipes 1982 = Zipes, J.: Rotkäppchens Lust und Leid. Biographie eines europäischen Märchens. Köln 1982.
Zipes 1988 = Zipes, J.: The Brothers Grimm. From Enchanted Forests to the Modern World. New York/London 1988.
Zipes 1993 = Zipes, J.: Fairy Tale as Myth, Myth as Fairy Tale. Lexington 1993.
Zipes 2000 = Zipes, J. (ed.): The Oxford Companion to Fairy Tales. Oxford 2000.
Zipes 2006 = Zipes, J.: Why Fairy Tales Stick. The Evolution and Relevance of a Genre. New York/London 2006.
Zipes 2011 = Zipes, J.: The Enchanted Screen. The Unknown History of Fairy-Tale Films. New York/London 2011.
Zipes 2012 = Zipes, J.: The Irresistible Fairy Tale. The Cultural and Social History of a Genre. Princeton/Oxford 2012.
Zirnbauer 1975 = Zirnbauer, H.: Grimms Märchen mit englischen Augen. Eine Studie zur Entwicklung der Illustration von Grimms Märchen in englischer Übersetzung von 1823–1970. In: Brüder Grimm Gedenken 2. ed. L. Denecke. Marburg 1975, 203–242.
Ziska 1822 = Ziska, F.: Oesterreichische Volksmährchen. Wien 1822.
Zitzlsperger 2007 = Zitzlsperger, H.: Über das Gerechtigkeitsempfinden von Kindern und Jugendlichen beim Hören von Märchen. In: Lox, H./Lutkat, S./Kluge, D. (edd.): Dunkle Mächte und was sie bannt. Recht und Gerechtigkeit im Märchen. Krummwisch 2007, 141–167.
Zobel/Eschweiler 1997 = Zobel, K./Eschweiler, C.: Vergleichende Analysen zu literarischer Kurzprosa. Northeim 1997.

Typen- und Motivkonkordanz

Die zu den internationalen Katalogen ATU und Mot. erschienenen Spezialverzeichnisse mit weiteren Hinweisen auf Varianten und Literatur (Tubach; Dicke/Grubmüller; Müller/Röhrich) sind ergänzend im Kommentar zu den jeweiligen Texten genannt. Die bei DMK/Uther und ATU angegebenen deutschen Bezeichnungen der Erzähltypen entsprechen den Stichwortbezeichnungen der *Enzyklopädie des Märchens* (EM). Nachgestellte Ziffern verweisen auf die Nummern der *Kinder- und Hausmärchen* von 1857 (KL = Kinderlegende). Bei den im Verlauf der Druckgeschichte ausgeschiedenen Stücken ist das Erscheinungsjahr ergänzt.

ATU 3*	The Wolf Supplies Food for the Fox 74	ATU 248	Hund und Sperling 58
ATU 4	Kranker trägt den Gesunden 74	ATU 250A	Flunder 172
ATU 15	Gevatter stehen 2	ATU 275C	Wettlauf der Tiere 187
ATU 41	Wolf im Keller 73	ATU 285	Kind und Schlange 105 (1)
ATU 47A	Fuchs am Pferdeschwanz 132	ATU 285A	Kind und Schlange 105 (1)
ATU 65	Freier der Frau Füchsin 38	ATU 288B*	Eile mit Weile 164
ATU 85	Mäuschen, Vögelchen und Bratwurst 23	ATU 295	Strohhalm, Kohle und Bohne 18
ATU 101	Hund: Der alte H. 48	ATU 300	Drachentöter 60
ATU 103	Krieg der Tiere 48	ATU 301	Prinzessinnen: Die drei geraubten P. 91, 166
ATU 104	Krieg der Tiere 48	ATU 302	Herz des Unholds im Ei 82 (1812), 197
ATU 105	Listensack des Fuchses 75	ATU 303	Brüder: Die zwei B. 60, 74 (1812), 85
ATU 106	Animals' Conversation 190	ATU 304	Jäger: Der gelernte J. 111
ATU 122	Wolf verliert seine Beute 73	ATU 306	Schuhe: Die zertanzten S. 133
ATU 123	Wolf und Geißlein 5	ATU 310	Jungfrau im Turm 12
ATU 130	Tiere auf Wanderschaft 27	ATU 311	Mädchenmörder 46, 66, 73 (1812)
ATU 157	Furcht: Tiere lernen F. vor den Menschen 72	ATU 312	Mädchenmörder 62 (1812)
ATU 157B	vgl. Furcht: Tiere lernen F. vor den Menschen 157	ATU 313	Magische Flucht 51, 56, 67, 70 (1812), 79, 113, 181, 186, 193
ATU 173	Lebenszeiten des Menschen 176	ATU 314	Goldener 136
ATU 210	Tiere auf Wanderschaft 10, 41	ATU 316	Nixe im Teich 181
ATU 212	(= 2015, 2030) Ziege: Die boshafte Z. 36	ATU 325	Zauberer und Schüler 68
ATU 221A	Königswahl der Tiere 171	ATU 326	Fürchten lernen 4
ATU 221B	Königswahl der Tiere 171	ATU 327A	Hänsel und Gretel 15
ATU 222	Krieg der Tiere 102	ATU 327B	Däumling und Menschenfresser 70 (1812)
ATU 223	Hund und Sperling 58	ATU 329	Versteckwette 191
ATU 227	Fuchs und Gänse 86	ATU 330	Schmied und Teufel 81, 81 (1812), 82
ATU 234	Blindschleiche und Nachtigall 6 (1812)	ATU 331	Geist im Glas 99
ATU 236*	Miscellaneous Tales with Imitation of Bird Sounds 173	ATU 332	Gevatter Tod 42, 44
		ATU 333	Rotkäppchen 26

ATU 334	Haushalt der Hexe 42, 43, 43 (1812, 1819)	ATU 513B	Schiff zu Wasser und zu Lande 64, 165
ATU 335	Boten des Todes 177	ATU 516	Johannes: Der treue J. 6
ATU 360	Handel mit dem Teufel 120	ATU 517	Prophezeiung künftiger Hoheit 33
ATU 361	Bärenhäuter 101		
ATU 400	Mann auf der Suche nach der verlorenen Frau 92, 93, 137, 193	ATU 518	Streit um Zaubergegenstände 92, 93, 193, 197
ATU 402	Maus als Braut 63, 106	ATU 530	Prinzessin auf dem Glasberg 196
ATU 403	Braut: Die schwarze und die weiße B. 13, 135	ATU 531	Ferdinand der treue und F. der ungetreue 126
ATU 405	Jorinde und Joringel 69		
ATU 410	Schlafende Schönheit 50, 84 (1812), 163	ATU 533	Pferdekopf: Der sprechende P. 89
ATU 410*	The Petrified Kingdom 44 (1815)	ATU 545B	Kater: Der gestiefelte K. 33 (1812)
ATU 425	Amor und Psyche 59 (1812), 127		
ATU 425A	Amor und Psyche 43 (1815), 59 (1812), 66 (1812), 88, 127	ATU 550	Vogel, Pferd und Königstochter 57, 64 (I) (1812)
ATU 425C	Amor und Psyche 68 (1812)	ATU 551	Wasser des Lebens 97
ATU 426	Mädchen und Bär 161	ATU 552	Tierschwäger 82 (1812), 163, 197
ATU 430	Asinarius 144		
ATU 431	Haus im Walde 169, KL 1	ATU 554	Dankbare (hilfreiche) Tiere 16 (1812), 17, 62, 104 (1815–50)
ATU 440	Froschkönig 1, 13 (1815)		
ATU 441	Hans mein Igel 108	ATU 555	Fischer und seine Frau 19
ATU 442	The Old Man in the Forest 123	ATU 560	Zauberring 104 (1815–50)
ATU 450	Brüderchen und Schwesterchen 11, 141	ATU 561	Alad(d)in 85(d) (1812)
		ATU 562	Geist im blauen Licht 116
ATU 451	Mädchen sucht seine Brüder 9, 25, 33 (1815), 49	ATU 563	Tischleindeckdich 36, 36 (II) (1812)
ATU 461	Haare: Drei Haare vom Bart des Teufels 29, 75 (1812), 165	ATU 565	Wundermühle 103
		ATU 566	Fortunatus 36 (1815), 122
ATU 475	Höllenheizer 100	ATU 567	Vogelherz: Das wunderbare V. 60, 60 (1812), 122
ATU 476**	Midwife in the Underworld 39 (2)		
		ATU 569	Ranzen, Hütlein und Hörnlein 54
ATU 480	Mädchen: Das gute und das schlechte M. 24, KL 1	ATU 570	Hasenhirt 165
ATU 500	Name des Unholds 55	ATU 571	Klebezauber 64
ATU 501	Spinnfrauen: Die drei S. 14	ATU 575	Flügel des Königssohnes 77 (1812)
ATU 502	Mann: Der wilde M. 136 (1815–43), 136	ATU 585	Spindle, Shuttle, and Needle 188
ATU 503	Gaben des kleinen Volkes 182		
ATU 510A	Cinderella 21	ATU 590	Mutter: Die treulose M. 121
ATU 510B	Cinderella 65, 71 (1812)	ATU 592	Tanz in der Dornhecke 110
ATU 511	Einäuglein, Zweiäuglein und Dreiäuglein 130	ATU 610	Früchte: Die heilenden F. 165
		ATU 612	Schlangenblätter: Die drei S. 16
ATU 513A	Sechse kommen durch die Welt 71, 134	ATU 613	Wanderer: Die beiden W. 33 (1815), 107
		ATU 650 A	Starker Hans 90, 166

ATU 652	Prinz, dessen Wünsche in Erfüllung gingen 76, 76 (1812)	ATU 812	Rätsel des Teufels 125
		ATU 815	Grabhügel 195
ATU 653	Brüder: Die vier kunstreichen B. 129	ATU 850	Rätselprinzessin 114
		ATU 851	Rätselprinzessin 22
ATU 654	Brüder: Die behenden B. 124	ATU 857	Lausfell erraten 85(b) (1812)
ATU 660	Doktoren: Die drei D. 118	ATU 859	Prahlerei des Freiers 84
ATU 671	Tiersprachenkundiger Mensch 33	ATU 870	Prinzessin in der Erdhöhle 198
		ATU 875	Bauerntochter: Die kluge B. 94
ATU 672 B	Schlangenkrone, -stein 105 (2)	ATU 884	Frau in Männerkleidung 67
ATU 673	Tiersprachenkundiger Mensch 17	ATU 900	König Drosselbart 52, 134
		ATU 922	Kaiser und Abt 152
ATU 675	Junge: Der faule J. 54 (1812)	ATU 923	Lieb wie das Salz 179
ATU 700	Däumling 37, 45	ATU 930	Uriasbrief 29, 31
ATU 704	Prinzessin auf der Erbse 182 (1843)	ATU 934C	Todesprophezeiungen KL 8
		ATU 947	Glück und Unglück (1840–50) 175
ATU 706	Mädchen ohne Hände 31		
ATU 706D	Kümmernis 66 (1815)	ATU 952	König und Soldat 199
ATU 707	Söhne: Die drei goldenen S. 96	ATU 953	Räuber und Söhne 191 (1843–50)
ATU 709	Schneewittchen 53		
ATU 710	Marienkind 3	ATU 954	Ali Baba und die vierzig Räuber 142
ATU 720	Totenvogel 47		
ATU 725	Prophezeiung künftiger Hoheit 33	ATU 955	Räuberbräutigam 40, 73 (1812)
		ATU 960	Sonne bringt es an den Tag 115
ATU 750A	Wünsche: Die drei W. 87	ATU 974	Heimkehr des Gatten 92
ATU 750E	Flucht nach Ägypten KL 10	ATU 980	Großvater und Enkel 78
ATU 753	Christus und der Schmied 147	ATU 980D	Sohn: Der undankbare S. 145
ATU 753A	Imitation: Fatale und närrische I. 81	ATU 987	Augenverblendung 149
		ATU 1030	Ernteteilung 189
ATU 756A	Eremit: Der selbstgerechte E. KL 6	ATU 1049	Wettstreit mit dem Unhold 183
		ATU 1051	Baum biegen, fällen, tragen 20, 183
ATU 758	Eva: Die ungleichen Kinders E.s 180		
		ATU 1052	Baum biegen, fällen, tragen 20
ATU 760**	The Obstinate Child 117	ATU 1053	Tausend mit einem Schuß 183
ATU 766	Siebenschläfer KL 2	ATU 1060	Wettstreit mit dem Unhold 20
ATU 767	Kruzifix gefüttert KL 9	ATU 1061	Wettstreit mit dem Unhold 114
ATU 769	Tränenkrüglein 109	ATU 1062	Wettstreit mit dem Unhold 20
DMK/Uther *769*	Der gestohlene Heller 154	ATU 1115	Mordversuch mit dem Beil 20
		ATU 1119	Bettplatztausch 56
ATU 773	Contest of Creation between God and the Devil 148	ATU 1130	Grabhügel 195
		ATU 1159	Einklemmen unholder Wesen 114
ATU 779G*	Ährenfrevel 194		
ATU 780	Singender Knochen 28	ATU 1160	Einklemmen unholder Wesen 196
ATU 785	Lammherz 81		
ATU 800	Schneider im Himmel 35	ATU 1174	Seil aus Sand 112
ATU 801	Meister Pfriem 178	ATU 1180	Danaiden 178
ATU 802	Bauer im Himmel 167	ATU 1184	Laub: Letztes L. 148
ATU 810	Fallstricke des Bösen 92	ATU 1189	Seil aus Sand 112

ATU 1202	Sichel: Die gefährliche S. 70		ATU 1642	Handel: Der gute H. 7
ATU 1231	Sieben Schwaben 119		ATU 1642A	The Borrowed Coat 7
ATU 1248	Kreuzweis statt längsseits 178		ATU 1650	Brüder: Die drei glücklichen B. 70
ATU 1281	Katze als unbekanntes Tier 70		ATU 1651	Katze als unbekanntes Tier 70
ATU 1282	House Burned Down to Rid it of Insects 70, 174		ATU 1653	Räuber unter dem Baum 59
ATU 1290	Schwimmen im Flachsfeld 149		ATU 1685	Bräutigam: Der dumme B. 32, 32 (II) (1812)
ATU 1291	Ausschicken von Gegenständen oder Tieren 59		ATU 1689A	Raparius 146
ATU 1291B	Ausschicken von Gegenständen oder Tieren 59		ATU 1696	„Was hätte ich sagen (tun) sollen?" 32, 32 (II) (1812), 59, 143
ATU 1296B	Tauben im Brief 185		ATU 1697	Handel mit dem Teufel 120
ATU 1297*	Jumping into the River after their Comrade 61, 61 (1812), 119		ATU 1737	Pfarrer im Sack 192
			ATU 1740	Lichterkrebse 192
ATU 1313	Mann glaubt sich tot 185		ATU 1741	Priesters Gäste 77
ATU 1321C	Fools are Frightened at the Humming of Bees 119		ATU 1791	Küster trägt den Pfarrer 59
			ATU 1882	Ausgraben: sich selbst a. 112
ATU 1343*	Kinder spielen Schweineschlachten 22 (I, II) (1812)		ATU 1930	Schlaraffenland 158, 159
			ATU 1935	Verkehrte Welt 158, 159
ATU 1348*	Der kluge Knecht 162		ATU 1940	Namen: Die sonderbaren N. 140
ATU 1358A	Ehebruch belauscht 61		ATU 1950	Faulheitswettbewerb 151, 151*
ATU 1358C	Ehebruch belauscht 61		ATU 1960A	Größe: Die ungewöhnliche G. 112
ATU 1360C	Hildebrand: Der alte H. 95		ATU 1960G	Baum: Der himmelhohe B. 112
ATU 1383	Teeren und federn 34, 59		ATU 1965	Gesellen: Die schadhaften G. 138
ATU 1384	Narrensuche 104			
ATU 1385	Pfand der klugen Frau 104		ATU 2015	Ziege will nicht heim 36
ATU 1385*	Learning about Money 59		ATU 2019	Pif Paf Poltrie! 131
ATU 1387	Kluge Else 59		ATU 2021	Tod des Hühnchens 80
ATU 1405	Spinnerin: Die faule S. 128		ATU 2022	Tod des Hühnchens 30
ATU 1408C	vgl. Gänse an der Leine 185		ATU 2030	Frau: Die alte F. und das Schwein 72 (1812)
ATU 1415	Hans im Glück 83		ATU 2039	Hufnagel 184
ATU 1430	Luftschlösser 164, 168		ATU 2260	The Golden Key 200
ATU 1430A	Luftschlösser 164, 168			
DMK/Uther	*1438 Gute Worte geben		Mot. A 755.2	Ursache für Mondphasen 175
ATU 1450	Kluge Else 34		Mot. A 755.4.2	Gestohlener Mond geviertelt 175
ATU 1451	Brautproben 156			
ATU 1452	Brautproben 155		Mot. A 758	Diebstahl des Mondes 175
ATU 1476A	Beter: Der gefoppte B. 139			
ATU 1525A	Meisterdieb 192		Mot. A 2332.6.6	Jagd- und Lebensgewohnheiten der Eule 171, 174
ATU 1535	Unibos 61, 61 (1812), 146			
ATU 1540	Student aus dem Paradies 104			
ATU 1541	Winter: Für den langen W. 59		Mot. A 2491.2	Jagd- und Lebensgewohnheiten der Eule 171
ATU 1610	Teilung von Geschenken und Schlägen 7			
ATU 1640	Tapferes Schneiderlein 20			
ATU 1641	Doktor Allwissend 98			

Mot. A 2494.13	Feindschaft der Eule zu anderen Vögeln 171, 174	Mot. F 333	Hilfreiche Hausgeister ausgelohnt 39(1)
Mot. A 2494.13.4	Feindschaft der Eule zu anderen Tieren 171	Mot. F 405.11	Hilfreiche Hausgeister ausgelohnt 39(1)
Mot. A 2571	Wie der Zaunkönig zu seinem Namen kam 171	Mot. F 451.5.10.9	Hilfreiche Hausgeister ausgelohnt 39(1)
Mot. A 2611.0.1	Grabpflanzen KL 4	Mot. F 451.5.17.1	Alter des Wechselbalgs 39(3)
Mot. A 2655	Ursprung der Ackerwinde KL 7	Mot. F 480	Hilfreiche Hausgeister ausgelohnt 39(1)
Mot. A 2711.4.3	Maria vergibt Pflanzennamen KL 7	Mot. F 481.4	Wasserkochen in Eierschalen 39(3)
Mot. A 2793	Erklärung für schwarze Naht der Bohne 18	Mot. H 36.1	Schuhprobe
Mot. B 211.7.1	Tier antwortet 105(3)	Mot. J 2129.4	Nadel im Heuhaufen 32
Mot. B 212	Tier versteht menschliche Sprache 105(3)	Mot. K 1815.1.1	Frommer stirbt unerkannt im Elternhaus KL 4
Mot. B 216	Verstehen der Tiersprache 105 (3)	Mot. N 300	Unglückliches Geschehen (Verbrennen) 150
Mot. B 391.1	Kind läßt Unke aus Milchschüssel trinken 105(1)	Mot. N 815	Fairy als Helfer 8 (1812)
		Mot. Q 451.1	Hand abgeschnitten zur Strafe 8 (1812)
Mot. B 765.6	Unke trinkt Milch 105(1)	Mot. Q 523.4	Frommer lebt unerkannt im Elternhaus KL 4
Mot. D 512.1	Wasserkochen in Eierschalen 39(3)	Mot. S 20	Junger Mann verweigert Beistand 150
Mot. D 2011	Relativität der Zeit 39(2)		
Mot. F 321.1	Wechselbalg untergeschoben 39(3)	Mot. V 232	Helfender Engel KL 2
		Mot. V 292	Herkommen der Apostel KL 2
Mot. F 321.1.1.1	Alter des Wechselbalgs 39(3)	Mot. Z 142.1	Weiße Rose als Todeszeichen KL 3
Mot. F 321.1.1.5	Alter des Wechselbalgs 39(3)		

Verzeichnis der Quellen, Beiträger und Vermittler

In alphabetischer Folge sind die hauptsächlichen Beiträger und Vermittler sowie benutzte literarische Quellen genannt. Vorlagen für kleinere textliche Ergänzungen sind den Kommentaren zu entnehmen. Dies gilt auch für die zahlreichen Stoff- und Motivparallelen zu anderen literarischen Quellen. Die Ziffern beziehen sich auf die betreffende Nummer der *Kinder- und Hausmärchen* von 1857 (KL = Kinderlegende); bei den im Verlauf der Editionsgeschichte ausgeschiedenen Stücken ist das Erscheinungsjahr ergänzt.

Agricola, Johannes (1499–1566) 180
Arnim, Achim von (1781–1831) 22(I) (1812)
Arnim, Friedmund von (1815–83) 136, 197, 199
Aurbacher, Ludwig (1784–1847) 152, 184, 185, 188, 189
Ayrer, Jacob (1544–1605) 110
Berlin 105(3)
Brentano, Clemens (1778–1842) 23, 80
Carové, Friedrich Wilhelm (1789–1852) 37, 75
Dietrich, Albrecht 110
Droste-Hülshoff, Jenny (Maria Anna) von (1795–1859) 68, 132, 133, 136 (1815–1843), 137, 143
Ehemant, Regine (geb. 1801) 136
Ehrentraut, Heinrich Georg 1798–1866) 196
Engelhard, Philippine (1756–1831) 4
Engelhardt, Wilhelm (1754–1818) 70 (1812), 80 (vermittelt)
Ey(e)ring, Eucharius (um 1520–97) 164
Falk, Johannes (1768–1826) 25
Fallenstein, Georg Friedrich (1790–1853) 66
Firnhaber, Carl Georg (1812–88) 187 (vermittelt)
Flugblatt aus Nürnberg (18. Jh.) 119
Frey, Jakob (um 1520–62) 32(II) (1812), 35
Goedeke, Karl (1814–87) 169, 171, 193
Goldmann, August Friedrich (1785–1855) 24, 90, 93, 120
Grant of Laggan, Anne (1755–1838) 8 (1812)
Graß, Carl (Gotthard) (1767–1814) 85(c) (1812)
Grimmelshausen, Johann Jakob Christoph von (1621/22–76) 101
Grimm, Albert Ludwig (1786–1872) 62

Grimm, Ferdinand Philipp (1788–1845) 53 (?), 109(?)
Grimm, Henriette Dorothea *siehe* Wild, Henriette Dorothea
Grimm, Herman (1828–1901) 182 (1843)
Grimm, Jacob (1785–1863) 38(1), 153, 180
Grimm, Wilhelm (1786–1859) 1, 4, 5, 79, 82 (1812), 153, 161, 177, 178, 197, 199
Hagenbach, Karl Rudolf (1801–74) 166
Haltrich, Joseph (1822–86) 191
Harsdörffer, Georg Philipp (1607–58) 27 (1812)
Hassenpflug, Amalie (1800–71) 13, 42, 43 (1812, 1819)(?)
Hassenpflug, Familie 5, 17, 20, 25, 32, 52, 54 (1812), 55, 61 (1812)(?), 62 (1812), 64, 76 (1812), 84 (1812), 85(d) (1812)(?)
Hassenpflug, Geschwister 54 (1812), 85(d) (1812)(?)
Hassenpflug, Johanna (Jeanette) (1791–1860) 14, 26, 33 (1812), 36, 41, 66 (1812), 67, 70 (1812), 71 (1812)
Hassenpflug, Marie (1788–1856) 11, 13 (1815), 26, 31, 40, 45, 50, 53(?), 75 (1812), 79, 81 (1812), 85(b) (1812), 97, 200
Haupt, Moriz (1808–74) 181, 186, 191 (1843–50) (vermittelt)
Haxthausen, August von (1792–1866) 10, 107 (1815–40) (vermittelt), 116 (vermittelt)
Haxthausen, Familie von 7, 27, 44 (1815), 45, 48, 60, 70, 72, 86, 97, 101, 112, 121, 123, 126, 129, 131, 134, 135, 139, 140, KL 1–7

Haxthausen, Fernandine von (verh. Heereman von Zuydtwyck, 1781–1851) 91
Haxthausen, Ludowine von (1795–1872) 52 (?), 113, 142
Haxthausen, Marianne von (1755–1829) 141
Haxthausen, Sophie von (1788–1862) 60
Herkunft unklar 22 (Dorothea Viehmann?), 77 (1812) (Friederike Mannel?), 92 (ein Soldat), 96 (ein Schäfer), 99 (ein Schneider)
Hessen 15, 20, 21, 40, 45, 54, 59, 73, 80, 97, 105(2), 117, 176, KL 8
Hoffmeister, Philipp (1808–74) 194, 195
Johannes de Alta Silva (12. Jh.) 191 (1843–50)
Jordis, Elisabeth Catharina Ludovica (Lulu) Magdalena (geb. Brentano; 1787–1854) 38(2), 43 (1815)
Jung-Stilling, Johann Heinrich (1740–1817) 69, 78, 150
Kind, Friedrich (1768–1843) 149
Kinsky, Anna Christina Francisca von 73 (1812)
Kirchhof, Hans Wilhelm (1525/28–1602) 119, 168, 174, 175 (1840–50), 177
Kletke, Hermann (1813–86) 179
Krause, Johann Friedrich (1747–1828) 16, 16 (1812), 37 (1812), 48
Légier, Thomas-Philippe 6 (1812)
Lorsch (b. Worms) 8
Luther, Martin (1483–1546) 162
Mannel, Friederike (1783–1833) 46, 51, 74 (1812), 77 (1812) (vermittelt?), 85
Mecklenburg 135, 156, KL 9
Meinert, Joseph Georg (1773–1844) 74, 122
Meusebach, Karl Hartwig Gregor von (1781–1847) 162, 163 (vermittelt)
Meyn, Ludwig (1820–78) 107
Montanus, Martin (vor 1537–nach 1566) 20
Moscherosch, Johann Michael (1601–69) 23
Müllenhoff, Karl Viktor (1818–84) 198
Münscher, Carl Friedrich (1808–73) 176 (vermittelt)
Musäus, Johann Karl August (1735–87) 82 (1812)

Mussäus, Johann Jakob Nathanael (1789–1839) 171–173
Österreich 25 (Wiener Erzählung), 95
Paderbörnisch (ein Schneider) 99
Passy, Georg (1784–1836) 81 (vermittelt)
Pauli, Johannes (um 1450/54 – nach 1519) 145, 151
Pescheck, Karl Theodor (1788–1856) 130
Praetorius, Johannes (das ist Hans Schultze, 1630–80) 57 (1815), 84
Pröhle, Heinrich (1822–95) 175
Ramus, Julia (1792–1862) und Charlotte (1793–1858) 9
Rätersch-Büchlein 160
Robertus de Sorbona (1201–74) 85(a) (1812)
Rollenhagen, Georg (1542–1609) 27
Runge, Daniel (1767–1856) 19
Runge, Philipp Otto (1777–1810) 19, 47
Sachs, Hans (1494–1576) 147, 148, 180
Schäfer, Unbekannter (Köterberg b. Corvey) 96
Schellenberg, Elisabeth (1746–1814) 21, 57
Schilling, Friedrich Gustav (1766–1839) 44
Schmid, Johann Jakob Friedrich (1812–63) 165, 167
Schneider, Unbekannter 99
Schönste Kindermährchen (J. Meyer?) 178
Schröder, Wilhelm Christian (1808–78) 187
Schulz, Friedrich (1762–98) 12
Schumacher, Andreas (1803–68) 179
Schupp, Johann Balthasar (1610–61) 157
Sechter, Simon (1788–1867) 82
Siebert, Ferdinand (1791–1847) 33(?) (1815), 68 (1812), 87, 88, 104(?) (1815–50), 114 (?), 124
Sô ist diz von lügenen (14. Jh.) 158
Soldat, Unbekannter 92, 107 (1815–40)
Sommer, Emil (1819–46) 182
Spil von den zwelf pfaffenknechten 151*
Stahl, Caroline (1776–1837) 161
Stertzing, Georg Friedrich (1817–84) 192
Stöber, August (1808–83) 5, 15
Storch, Eleonore /1750–1828) 36
Straßburger Hs. (14. Jh.) 144, 146
Strobl, Andreas (1641–1706) 66 (1815), 77
Sylvanus (Pseud.) 163 (1837)

Teddy, Meier (Pseud.?) 43 (1837)
Truffer, Hans (1774–1830) 33
Ulrich, Johann Caspar (1705–68) 72(?) (1812)
Viehmann, Dorothea (1755–1815) 6, 13, 21, 22, 29, 31, 34, 36 (1815), 57–59, 61, 63, 71, 76, 89, 94, 98, 100, 102, 106, 108, 111, 115, 118, 120, 125, 127, 128
Vieth, Anton 159
Vonbun, Franz Josef (1824–70) KL 10
Wackernagel, Wilhelm (1806–68) 190
Waldis, Burkard (1490–1556) 18, 80
Wernicke, Friedrich August Eduard (1794–1819) 83
Wickram, Georg (um 1505–vor 1562) 22(I) (1812), 35, 170
Widman, Georg Rudolf 180

Wild, Dorothea Catharina (1752–1813) 18, 30
Wild, Familie 1(?)
Wild, Margarete Marianne (Gretchen) (1787–1819) 2, 3, 58, 59(?) (1812), 64(I) (1812), 154
Wild, Henriette Dorothea (1793–1867, später vh. mit Wilhelm Grimm) 13, 24, 28 (vermittelt), 36(II) (1812), 39, 46, 49, 52, 55, 56 (vermittelt), 60(?) (1812), 65, 88, 103–105(1)
Wild, Lisette (1782–1858) 55, 105(1)
Wild, Marie Elisabeth (1794–1858) 44
Wyß, Johann Rudolf der Jüngere (1781–1830) 155
Zeiller, Martin (1589–1661) 22(II) (1812)
Ziska, Franz (1786–1855) 183

Titelverzeichnis

Die Ziffern verweisen auf die Nummern der „Kinder- und Hausmärchen" (KHM) der Ausgabe von 1857; bei den im Verlauf der Editionsgeschichte ausgeschiedenen Stücken ist das Erscheinungsjahr ergänzt.
KL = Kinderlegende

Allerleirauh 65
Armut und Demut führen zum Himmel KL 4
Aschenputtel 21
Blaubart 62 (1812)
Bruder Lustig 81
Brüderchen und Schwesterchen 11
Das alte Mütterchen KL 8
Das Birnli will nit fallen 72 (1812)
Das blaue Licht 116
Das Bürle 61
Das Bürle im Himmel 167
Das dithmarsische Lügenmärchen 159
Das eigensinnige Kind 117
Das Eselein 144
Das Goldei 60 (1812)
Das gute Pflaster 85(d)
Das Hausgesinde 140
Das Hirtenbüblein 152
Das junggeglühte Männlein 147
Das kluge Gretel 77
Das Lämmchen und Fischchen 141
Das Lumpengesindel 10
Das Mädchen ohne Hände 31
Das Märchen vom Schlauraffenland 158
Das Meerhäschen 191
Das Mordschloß 73 (1812)
Das Rätsel 22
Das singende springende Löweneckerchen 88
Das tapfere Schneiderlein 20
Das Totenhemdchen 109
Das Unglück 175 (1840–50)
Das Waldhaus 169
Das Wasser des Lebens 97
Dat Erdmänneken 91
Dat Mäken von Brakel 139
Daumerlings Wanderschaft 45
Daumesdick 37
De beiden Künigeskinner 113

De drei schwatten Prinzessinnen 137
De drei Vügelkens 96
De Gaudeif un sien Meester 68
De Spielhansl 82
De wilde Mann 136 (1815–43)
Der alte Großvater und der Enkel 78
Der alte Hildebrand 95
Der alte Sultan 48
Der arme Junge im Grab 185
Der arme Müllerbursch und das Kätzchen 106
Der Arme und der Reiche 87
Der Bärenhäuter 101
Der Bauer und der Teufel 189
Der Dreschflegel vom Himmel 112
Der Eisenhans 136
Der Eisenofen 127
Der faule Heinz 164
Der Faule und der Fleißige 33 (1815)
Der Frieder und das Katherlieschen 59
Der Froschkönig oder der eiserne Heinrich 1
Der Froschprinz 13 (1815)
Der Fuchs und das Pferd 132
Der Fuchs und die Frau Gevatterin 74
Der Fuchs und die Gänse 86
Der Fuchs und die Katze 75
Der Geist im Glas 99
Der gelernte Jäger 111
Der gescheite Hans 32, 32 (II) (1812)
Der gestiefelte Kater 33 (1812)
Der gestohlene Heller 154
Der Gevatter Tod 44
Der gläserne Sarg 163
Der goldene Schlüssel 200
Der goldene Vogel 57
Der Grabhügel 195
Der gute Handel 7
Der Hahnenbalken 149
Der Hase und der Igel 187

Titelverzeichnis — 567

Der heilige Joseph im Walde KL 1
Der Herr Gevatter 42
Der Hund und der Sperling 58
Der Jude im Dorn 110
Der junge Riese 90
Der kluge Knecht 162
Der König vom goldenen Berge 92
Der Königssohn, der sich vor nichts fürchtet 121
Der Krautesel 122
Der Liebste Roland 56
Der Löwe und der Frosch 43 (1815)
Der Meisterdieb 192
Der Mond 175
Der Nagel 184
Der Okerlo 70 (1812)
Der Ranzen, das Hütlein und das Hörnlein 54
Der Räuber und seine Söhne 191 (1843–50)
Der Räuberbräutigam 40
Der Riese und der Schneider 183
Der Schmidt und der Teufel 81 (1812)
Der Schneider im Himmel 35
Der singende Knochen 28
Der Soldat und der Schreiner 44 (1815)
Der Sperling und seine vier Kinder 157
Der starke Hans 166
Der Stiefel von Büffelleder 199
Der süße Brei 103
Der Teufel mit den drei goldenen Haaren 29
Der Teufel und seine Großmutter 125
Der Tod und der Gänshirt 27 (1812)
Der treue Johannes 6
Der Trommler 193
Der undankbare Sohn 145
Der Vogel Greif 165
Der Wolf und der Fuchs 73
Der Wolf und der Mensch 72
Der Wolf und die sieben jungen Geißlein 5
Der wunderliche Spielmann 8
Der Zaunkönig 171
Der Zaunkönig und der Bär 102
Des Herrn und des Teufels Getier 148
Des Teufels rußiger Bruder 100
Die alte Bettelfrau 150
Die Alte im Wald 123

Die beiden Wanderer 107
Die Bienenkönigin 62
Die Boten des Todes 177
Die Brautschau 155
Die Bremer Stadtmusikanten 27
Die Brosamen auf dem Tisch 190
Die drei Brüder 124
Die drei Faulen 151
Die drei Federn 63
Die drei Feldscherer 118
Die drei Glückskinder 70
Die drei grünen Zweige KL 6
Die drei Handwerksburschen 120
Die drei Männlein im Walde 13
Die drei Schlangenblätter 16
Die drei Schwestern 82 (1812)
Die drei Spinnerinnen 14
Die drei Sprachen 33
Die Erbsenprobe 182 (1843)
Die Eule 174
Die faule Spinnerin 128
Die Gänsehirtin am Brunnen 179
Die Gänsemagd 89
Die Geschenke des kleinen Volkes 182
Die goldene Gans 64
Die Goldkinder 85
Die hagere Liese 168
Die Hand mit dem Messer (1812) 8
Die Haselrute KL 10
Die heilige Frau Kummerniß 66 (1815)
Die himmlische Hochzeit KL 9
Die Hochzeit der Frau Füchsin 38
Die Kinder in Hungersnoth 57 (1815)
Die klare Sonne bringt's an den Tag 115
Die kluge Bauerntochter 94
Die kluge Else 34
Die klugen Leute 104
Die Kornähre 194
Die Krähen 107 (1815–40)
Die Kristallkugel 197
Die lange Nase 36 (1815)
Die Lebenszeit 176
Die Nelke 76
Die Nixe im Teich 181
Die Rabe 93
Die Rose KL 3

Die Rübe 146
Die Schlickerlinge 156
Die Schwiegermutter 84 (1812)
Die Scholle 172
Die schöne Katrinelje und Pif Paf Poltrie 131
Die sechs Diener 134
Die sechs Schwäne 49
Die sieben Raben 25
Die sieben Schwaben 119
Die Sterntaler 153
Die treuen Tiere 104 (1815–50)
Die ungleichen Kinder Evas 180
Die vier kunstreichen Brüder 129
Die wahre Braut 186
Die Wassernixe 79
Die weiße Schlange 17
Die weiße und die schwarze Braut 135
Die weiße Taube 64 (I) (1812)
Die Wichtelmänner 39
Die wunderliche Gasterei 43 (1812, 1819)
Die zertanzten Schuhe 133
Die zwei Brüder 60
Die zwölf Apostel KL 2
Die zwölf Brüder 9
Die zwölf faulen Knechte 151*
Die zwölf Jäger 67
Doktor Allwissend 98
Dornröschen 50
Einäuglein, Zweiäuglein und Dreiäuglein 130
Ferenand getrü un Ferenand ungetrü 126
Fitchers Vogel 46
Frau Holle 24
Frau Trude 43
Fundevogel 51
Gottes Speise KL 5
Hans Dumm 54 (1812)
Hans heiratet 84
Hans im Glück 83
Hans mein Igel 108
Hänsel und Gretel 15
Häsichenbraut 66
Herr Fix und Fertig 16 (1812)
Herr Korbes 41
Hurleburlebutz 66 (1812)
Jorinde und Joringel 69

Jungfrau Maleen 198
Katze und Maus in Gesellschaft 2
Knoist un sine dre Sühne 138
König Drosselbart 52
Läuschen und Flöhchen 30
Lieb und Leid teilen 170
Märchen von der Unke 105
Märchen von einem, der auszog, das Fürchten zu lernen 4
Marienkind 3
Meister Pfriem 178
Muttergottesgläschen KL 7
Oll Rinkrank 196
Prinz Schwan 59 (1812)
Prinzessin Mäusehaut 71 (1812)
Prinzessin mit der Laus 85(b) (1812)
Rapunzel 12
Rätselmärchen 160
Rohrdommel und Wiedehopf 173
Rotkäppchen 26
Rumpelstilzchen 55
Schneeblume 85(a) (1812)
Schneeweißchen und Rosenrot 161
Sechse kommen durch die ganze Welt 71
Simeliberg 142
Sneewittchen 53
Spindel, Weberschiffchen und Nadel 188
Strohhalm, Kohle und Bohne 18
Tischchendeckdich, Goldesel und Knüppel aus dem Sack 36
Up Reisen gohn 143
Vogel Phönix 75 (1812)
Vom klugen Schneiderlein 114
Vom Prinz Johannes 85(c) (1812)
Vom Schreiner und Drechsler 77 (1812)
Von der Nachtigall und der Blindschleiche 6 (1812)
Von dem Fischer un syner Fru 19
Von Johannes-Wassersprung und Caspar-Wassersprung 74 (1812)
Von dem Machandelboom 47
Von dem Mäuschen, Vögelchen und der Bratwurst 23
Von dem Schneider, der bald reich wurde 61 (1812)

Von dem Sommer- und Wintergarten 68 (1812)
Von dem Tischgen deck dich, dem Goldesel und dem Knüppel in dem Sack 36 (II) (1812)
Von dem Tode des Hühnchens 80

Von der Serviette, dem Tornister, dem Kanonenhütlein und dem Horn 37 (1812)
Von Johannes-Wassersprung und Caspar-Wassersprung 74 (1812)
Wie Kinder Schlachtens mit einander gespielt haben 22 (I, II) (1812)

Verzeichnis der Namen, Sachen, Werke und Örtlichkeiten

Die in Grundschrift angegebenen Zahlen beziehen sich auf die Nummer der KHM beziehungsweise der Kinderlegende. Kursivdruck verweist auf die Seitenzahlen des Vorworts beziehungsweise des Kapitels zur Geschichte der KHM. Hinweise auf einzelne Stücke der *Kinder- und Hausmärchen* (KHM) und der Kinderlegenden (KL) finden sich zusammenfassend unter dem Eintrag KHM + Nummer sowie KL + Nummer. Sofern Namen im Kommentartext vorkommen, sind diese im Register erfaßt. Da Jacob und Wilhelm Grimm in nahezu jedem Kommentar erwähnt sind, wurde von gesonderten Einträgen abgesehen.

Abdera 174
Abel 56
Abenteuer 10, 20, 24, 37, 41, 42, 45, 49, 50, 57, 62, 90, 92, 93, 106, 111, 119, 159, 169, 174, KL 1; 33 (1812), 72 (1812), 74 (1812), 77 (1812), 82 (1812), 191 (1843–50)
Abenteuerroman 125
Abgarbrief 104
Ablösung 9, 50, 65, 89
Abstraktheit 34, 59
Absurdität 34, 59, 162
    siehe auch Groteske Züge
Abwehrzauber 31, 39, 89, 92
Acht 50
Achtergewicht 151
Achtsam, Achtsamkeit 5, 17, 21, 27, 58, 62, 107, 169, 191, KL 1; 66 (1812); *495*
    siehe auch Allverbundenheit, Mensch und Tier
Ackerwinde *siehe* Muttergottesgläschen
Adami, Johann Samuel 53
Adamik, Lajos 85(a) 1812
Adaptation 1, 4, 19, 21, 24, 26, 34, 37, 49, 53, 120, 126, 136, 180, 197, 199; 33 (1812), 62 (1812), 70 (1812), 77 (1812); *503*
    siehe auch Bearbeitung, Struktur
Adelung, Johann Christoph 101
Adenet le Roi 77 (1812)
Adler 171, 172, 197
Adoption 3
Adventskalender *498*
Adynata 18, 112, 138, 158

Affe 147, 148
Affinität 53, 60, 87, 100, 109, 171, 193, KL 8; 68 (1812), 72 (1812), 84 (1812), 191 (1843–50)
Aggression, Aggressivität 151*, 164, 170
Agricola, Johannes 115, 162, 180
Ähre 194
Aladdin 116; 85(d) (1812)
Alberts, Trijntje 4, 58
Albertus Magnus 149
Albrecht, Dieterich 110
Albrecht, Sophie 55
Albrecht von Stade 70
Alexius KL 4
Ali Baba 116
Alkohol 185
Alle Arten von Scherz- und Pfänderspielen 140
Alle bis auf ein... 5, 18, 81, 106, 123; 62 (1812)
Allegorie 44, 176, 177; 27 (1812)
Allerleirauh 65
Allverbundenheit 17, 33, 57, 69, 161; *500*
    siehe auch Achtsam, Achtsamkeit; Mensch und Tier
Almosen 154
Almosen der Minne 85(d) (1812)
Alp 43
Altar 68, 139
Altdeutsche Wälder 47
Alte, Alter 9, 15, 27, 30, 39(3), 40, 48, 72, 78, 87, 89, 99, 132, 145, 147, 163

Alte Frau 93, 96, 103, 123, 125, 133, 150, 179, 181, 186, 192, 199, KL 8; 73 (1812), 84 (1812)
Alte Jungfer 14, 68, 139; 66 (1815)
Altersbestimmung 47, 55, 72
Altersgebrechen 177
Alterspyramide 176
Altersvers 39
Altes Testament 6, 19, 29, 31, 56, 76, 88, 89, 91–93, 117, 157, 162, KL 2; 85(a) (1812); *495*
Althaia 44
Altweibermühle 147
Ambivalenz 24, 39, 50, 82, 83, 116
Ambrosius, hl. 85(a) (1812)
Ameisen 17
Amicus und Amelius 6
Amor und Psyche 25, 88, 137; 13 (1815), 16 (1812), 43 (1815), 66 (1812), 68 (1812)
Amplifikation 24, 27, 50
Amtmann 90
Amulett 89, 149
Analogie 3, 27, 29
Anatomie, fatale 118
Andersen, Hans Christian 4, 6, 49, 61, 83, 116, 175
Andreas, hl. 125
Angangsmotiv *siehe* Eingangsmotivik
Angst 1, 4, 15, 18, 19, 20, 26, 27, 41, 42, 48, 53, 59, 69, 70, 77, 82, 98, 103, 108, 116, 122, 128, 136, 137, 157, 158, 161, 179, 182, 185, 191, 199; 44 (1815), 73 (1812)
Anna, hl. 139
Anno, hl. KL 1
Anrede 38, 90
Anschaulichkeit 13, 16, 24, 40, 44, 50, 77, 105, 136, 152, 161, 171, 174, 175, 177, 194, 197, 198, KL 2, KL 5; *482, 488*
siehe auch Stil
Anthropomorphisierung 38, 157, 187; 43 (1812/19)
Anthropophagie *siehe* Menschenfresser
Anthroposophie *VI*, 11, 15, 27; *504*
Antiheld 83
Antijüdisch 7, 110
Antiklerikal 95

Antimärchen 27, 83
Anton von Pforr 175 (1840–50)
Apfel, Apfelbaum 13, 24, 47, 53, 91, 121, 130, 136; 107 (1815–40)
Apfelprobe 155; 22 (1812)
Aphrodite 64
Apokryphen 6, 81, 99
Apolda 82
Apollodoros 16, 44
Apollonios Rhodios 64, 142
Apostel 39, KL 2
Apotropäismus 191
Apuleius 122; 68 (1812)
Arbeit, arbeiten 13, 14, 21, 24, 30, 35, 39, 55, 59, 75, 77, 91, 100, 116, 128, 136, 151, 155, 156, 159, 164, 168, 178, 158, 169, 185, 186; 33 (1815), 43 (1815), 44 (1815), 72 (1812); *493, 495*
Arbeitsamkeit *siehe* Fleiß
Arbeitserinnerung 151*
Archaische Züge 28, 47, 56, 88, 89, 126, 173, 197
siehe auch Pars pro toto
Archetypus *VII*, 12, 91
Arends, Gerrit A. 4, 58
Ares 64
Argonautensage 51, 71
Aristophanes 153
Aristoteles 78, 171
Arm, Arme(r), Armut 9, 19, 29, 44, 61, 77, 83, 103, 126, 133, 135, 153, 154, 170, 185, 188, KL 2, KL 4; 33 (1812), 175 (1840–50); *493 f.*
siehe auch Reich, Reichtum
Arm und reich 44, 60, 87, 142, 146, 167, 179, 180, 192, 195, KL 5; 62 (1812)
Arme Seelen-Glaube KL 8
Arnim, Achim von 4, 11, 19, 20, 38, 44, 45, 47, 58, 110, 119, 136, 140, 153, 157, 158; 22 (1812), 73 (1812), 82 (1812); *462–464, 471, 474, 487*
Arnim, Bettina von 136; *472, 479*
Arnim, Friedmund von 136, 197, 199; *489*
Arnim, Johannes Freimund von *479*
Arras, Jean d' 11
Arsch 165

Arsenius, hl. 178
Artustradition 57
Arzt 42, 44, 99, 108, 118
Asche 15, 21, 50
Aschenkuchen 64
Aschenputtel 21, 24, 136, 186, 198; *480, 492, 494, 496–498*
Asklepios/Äskulap 182
Aslaug-Sage 94, 161
Äsopische Fabel 72, 73, 86
Astralmythologie 26
Astrologe, Astronom 129; 85(a) (1812)
Athanasius von Dillingen 82
Ätiologie 18, 80, 103, 147, 148, 171–176, 180, 194, KL 2, KL 7, KL 10; 6 (1812); *480*
Atreusmahl 47
Aufforderung an die gesammten Freunde [...] 47
Aufgabe, schwierige oder unlösbar scheinende 13, 17, 21, 22, 24, 28, 29, 55, 57, 60, 62, 64, 71, 94, 106, 107, 113, 125, 126, 133, 134, 151, 186, 191, 193; 16 (1812), 43 (1815), 85(b) (1812), 104 (1815–50); *494*
Aufhockerin 179
Aufschneider, Aufschneiderei 20, 26, 72, 75, 84, 128, 151, 151*, 159, 183, 193
Auge, Augen 32, 33, 118, 148; 6 (1812)
Augenblick, letzter 3, 9, 120, 125; 62 (1812)
Augenverblendung 149
Augustinus, hl. 152, 164
Aulnoy, Baronin d' (um 1650–1705) 11, 15, 21, 50, 51, 56, 63, 96, 106, 108, 126, 135, 153; 70 (1812); *465, 474*
Aurbacher, Ludwig 42, 53, 119, 139, 152, 165, 171, 176, 178, 184, 185, 188, 189; 77 (1812)
Ausgang, schlechter *siehe* Schluß (schlechter Ausgang der Erzählung)
Ausgelohnt 39
Aussatz 6
Ausschicken von Gegenständen *siehe* Gegenstände handeln und sprechen
Ausschöpfen eines Teichs 186, 193
Außenseiter 34, 81, 146; 54 (1812), 64(I) (1812); *493*

Außenwelt 12, 50, KL 2
Aussetzung 15, 16, 21, 29, 60, 61, 92, 96; 54 (1812), 75 (1812)
Autobiographie 69, 78
Automaten *siehe* Gegenstände handeln und sprechen
Avenant 21
Avian 72
Axt 79
Ayrer, Jakob 44, 110
Babrios 72, 176
Babylonischer Talmud 44
Backofen 24
Bad, baden 6; 22 (1812), 33 (1812)
Badische Wochenschrift 23
Bahrrecht 28
Ball, Kugel 1, 60, 136, 197
Ballade 4, 28, 70, 76, 81, 90, 115, 191, KL 4; 62 (1812)
Bamberger, Karl 69
Bann, bannen 64, 66, 81, 99, 123, 163, 190, 193; 33 (1815)
Bär 72, 90, 102, 114, 161
Barbier 4
Bärenhäuter 100, 101, 136
Bärensohn 90
Barmherzigkeit, Mitleid 64, 81, 97, 110, 135, 153, 182, 187, KL 1, KL 5, KL 9; 33 (1815), 104 (1815–50)
 siehe auch Fürsorge, Selbstlosigkeit
Barock *464, 488*
Bart 4, 12, 29, 52, 100, 165, 182, 196; 62 (1812)
Bartels, Karlheinz 53
Basile, Giambattista 3, 6, 9, 12, 14–16, 21, 24, 31, 36, 50–53, 56, 60, 65, 69, 71, 89, 126, 129, 151*, 192, 197, 198; 33 (1812), 54 (1812), 82 (1812), 84 (1812), 85(b) (1812), 104 (1815–50); *462, 465, 468, 473 f.*
Bauch aufschlitzen 5, 26
Bauer, Bäuerin 7, 37, 61, 64, 70, 83, 94, 98, 104, 129, 143, 165, 167, 168, 185, 189, 191, KL 9; 32 (1812), 33 (1812)
 siehe auch Bürle
Bauernlatein 120

Verzeichnis der Namen, Sachen, Werke und Örtlichkeiten — 573

Baum 3, 20, 24, 59, 60, 65, 90, 99, 123, 130, 146
  siehe auch Apfel, Apfelbaum, Birnbaum, Eiche
Baumann, Hans-Heinrich 28
Bausinger, Hermann 21
Baum des Lebens 121
Baum zum Himmel 112
Baumerbe 124
Baumorakel 128, 139
Bearbeitung *VI*, 16, 26, 27, 28, 35, 38, 40, 42, 44, 45, 50, 52–55, 69, 77, 78, 83, 89, 99, 101, 104–106, 119, 130, 144, 151, 151*, 158, 161, 162, 163, 168, 170, 171, 177, 179, 182, 184, 185, 188, 189, 191–195, 197, 199; 6 (1812), 82 (1812), 85 (1812), 191 (1843–50); *465–469, 471, 476, 483–491*
Beaumont, Jeanne-Marie Le Prince de *siehe* Le Prince de Beaumont, Jeanne-Marie
Bebel, Heinrich 35, 98, 104; 32 (1812)
Becher 25, 53, 93; 54 (1812)
Bechstein, Ludwig 4, 5, 15, 19–21, 24, 26–28, 36, 40, 45, 46, 49, 50, 53, 64, 80, 82, 87, 88, 91, 96, 101, 107, 109, 115, 119, 154, 158, 165, 172, 173, 181, 187, 192, 194; 33 (1812); *467, 485, 501, 503*
Becker, Siegfried 173; *462*
Becker, Wilhelm Gottlieb 149
Bedienter *siehe* Diener
Beckmann, Johanna *498*
Bedürfnis *siehe* Hunger, Hungersnot; Speise und Trank
Begrüßungen: verkehrte B. 143
Behinderung 31, 59, 71, 100, 107, 121
Beischlaf mit Mutter 165
Beispielerzählung *siehe* Exemplum, Gleichnis
Beit, Hedwig von 197
Belauschen, lauschen 39, 55, 91, 107, 116, 125, 133; 33 (1815), 107 (1815–40)
Bellenden, John 1
Belmont, Nicole 47
Belohnung, Lohn 1, 6, 15, 22, 29, 24, 36, 39, 57, 61, 81, 87, 90, 99, 106, 110, 116, 153, 182, KL 1, KL 9; 33 (1812), 33 (1815)

Benecke, Georg Friedrich *467*
Benz, Michael Christoph 143
Berg 92, 137, 142
  siehe auch Glasberg
Berg-Lieder-Büchlein 72 (1812)
Berggeist 149
Bergmann, Benjamin Fürchtegott Balthasar 104
Berliner Abendblätter 22 (1812)
Bernhardin von Siena 78
Bertall (das ist Charles Albert d'Arnoux) 167, 179, KL 5, KL 6
Bertasage 89
Berthold von Regensburg 104
Bertoldino 7
Bertuch, Friedrich Justin 21, 50; 70 (1812); *481*
Beruf 58, 81, 99, 120, 131, 167, 170, 180; 44 (1815)
  siehe auch einzelne Berufe
Bescheidenheit 21, 75, 82, 87, 88, 110, 142, 157, 182, KL 1
  siehe auch Demut
Besenbinder 131; 60 (1812)
Besserwisser 178
Bestätigungswunder 59, KL 7
Bestrafung *siehe* Strafe
Beter, gefoppte 128, 139
Betrug, Betrüger 2, 7, 60, 61, 73, 74, 104, 110, 111, 142, 192, 195; 33 (1812), 85(d) (1812)
  siehe auch Täuschung
Bett 4, 24, 26, 44, 175, 192; 182 (1843)
Bettelheim, Bruno 15, 53, 60, 62, 63, 89
Bettler, Bettlerin 52, 54, 81, 126, 150, 199, KL 4
Bettplatztausch 56
Beute 59, 73, 86
Bewährungsprobe 3, 12, 20, 24, 28, 49, 62, 63, 68, 93, 100, 106, 114, 116, 169, 175, 191, 193, 197; 62 (1812), 77 (1812)
  siehe auch Apfelprobe, Brautprobe, Deszendenzprobe, Erbsenprobe, Freierprobe, Gehorsamsprobe, Geschicklichkeitsprobe, Kraftprobe, Mutprobe, Scharfsinnsprobe, Stärkeprobe

Bibel 54
Bibliothèque Bleue 50; 70 (1812)
Bidpai 175 (1840–50)
Biene, Bienenstock 36, 62, 107, 164; 85(a) (1812)
 siehe auch Hornisse
Bienenkönigin 62
Bier 30, 59, 64
Bierling, Friedrich Immanuel 12; 70 (1812)
Bilddominanz *497*
Bilderbogen 1, 4, 11, 15, 47, 53, 67, 71, 87, 110, 119, 124, 161, 182, KL 6
Bilderbuch 53, 81,103, 110, 153, 169, 187; 33 (1812); *497 f.*
Bildergeschichte 1, 109
Bildhaftigkeit *siehe* Anschaulichkeit
Bildpostkarte *494*, *498*
Bildquellen, -zeugnisse VII, 1, 3, 5, 9–15, 18–20, 24, 25, 27–29, 31, 34, 36–40, 44, 46, 47, 50–53, 55, 57, 58, 60, 61, 63, 64, 69, 71, 83, 87, 89, 94, 98, 100–102, 105,106, 109, 110, 114, 119, 122–125, 129, 130, 133, 134, 136, 146, 152, 158, 161, 165, 167, 171, 174, 178, 179, 181–183, 186, 189, 192, 193, 195, 198, KL 4, KL 5, KL 8; 62 (1812), 66 (1815); *496–500*
Bildwitz 1, 12, 15, 26, 36, 50, 53, 55, 87, 116
Bildwunder 66 (1815)
Bildzauber *siehe* Fernliebe
Bilz, Josephine 55
Binnenerzählung 69, 71, 163
Birnbaum 124; 64(I) (1812), 72 (1812)
Birne 72 (1812)
Bischof 125
Bitte 19, 57, 99, 106, 121
Bitte, letzte 86, 110, 116, 141; 66 (1815), 191 (1843–50)
 siehe auch Wunsch, letzter
Blasphemie 139
Blau 62 (1812)
Blaubart 40, 86; 62 (1812); *480*
Blécourt, Willem de 68; 44 (1815)
Blendung 21, 29, 107, 121; 107 (1815–40)
Blind, Blindheit 44, 97, 106, 138, 142, 159

Blindes Motiv 69, 94, 96, 106, 110, 141, 197; 82 (1812)
Blindschleiche 6 (1812)
Bluhm, Lothar 107, 180; *466*
Blume 56, 69, 76, 160
 siehe auch Einzeleinträge
Blut 6, 24, 26, 28, 47, 56, 69, 76, 88, 89, 187, KL 5; 62 (1812), 70 (1812)
Blutwurst 43 (1812/19)
Bly, Robert 136
Boccaccio, Giovanni 77
Bohne 18, 112
Bolte, Johannes 93, 110, 131, 137, 140, 161, 178; 59 (1812), 62 (1812), 66 (1812), 68 (1812), 74 (1812), 175 (1840–50)
Boner, Ulrich 5, 27
Bonhomme Misère 82
Borgen *siehe* Leihen
Bose, Caroline von 4
Bosheit, böse 15, 36, 39, 50, 53, 76, 92, 116, 135, 161, 185; *495*
 siehe auch Gut und böse
Boten des Todes 177
Botschaft 27, 53, 72, 87, 153, 185, 187, 200, KL 8; 33 (1815)
Botschaften aus dem (ins) Jenseits 104
Bottigheimer, Ruth B. 21, 24, 168; 54 (1812)
Brakel 139
Brant, Sebastian 5, 83, 143, 158
Bratwurst 23
Brauch 12, 21, 24, 191
Brauen von Wasser (Bier) 39
Bräuner, Johann Jacob 14
Braut, Bräutigam 6, 11, 13, 14, 21, 28, 32, 40, 46, 51, 56, 63, 67, 76, 79, 84, 88, 89, 105, 111, 113, 127, 131, 135, 144, 155, 156, 186, 188, 193, 198; 16 (1812), 32 (1812), 59 (1812), 77 (1812), 182 (1843); *478*, *480*, *490*
Braut, unterschobene 11, 13, 89, 127, 135, 198; 66 (1812)
Braut, vergessene 51, 56, 67, 79, 113, 127, 186, 193, 198; 59 (1812)
Brautprobe 155, 156
Brautraub 6, 46

Brautwerber, Brautwerbung *siehe* Freier, Freierprobe
Brednich, Rolf Wilhelm 44, 76, 102, 110
Brei 103
Bremen 27
Brentano, Clemens 19, 20, 23–25, 41, 47, 53, 62, 63, 81, 101, 119, 129, 140, 158, 159; 43 (1812/19); 73 (1812); *462–464, 468f., 474, 476*
Brief 93, KL 4
Briefmarken 12, 15, 27, 53, 153; *498*
Briefvertauschung 29, 31; 75 (1812)
Bromyard, John 120
Brot 15, 76, 91, 153, 190, 194, KL 5; *495*
Brückner, Wolfgang *492*
Bruder, Brüder 9, 11, 16, 25, 28, 91, 97, 101, 103, 107, 114, 124, 129, 138, 142, 146, 151, 191, 197; 8 (1812); 43 (1815), 60 (1812), 62 (1812), 64(I) (1812), 74 (1812)
Brüder Grimm-Museum *V*
Bruder Liederlich 33 (1815)
Bruder Lustig 81
Brüdermärchen: das ägyptische B. 197
Brüning, Barbara 83
Brunnen 1, 5, 24, 57, 79, 91, 116, 179; 107 (1815–40)
Buchmärchen 26, 47, 53; *503*
Büchner, Georg 43 (1812/19)
Buckel, bucklig 12, 123, 182; 54 (1812)
Bühler, Charlotte 55
Bürger, Gottfried August 73 (1812)
Bürgermeister 61, 137, 174, 175
Bürle 61
Bürste 79
Busch, Wilhelm 1, 109
Büsching, Johann Gustav Gottlieb 19, 21, 29, 44, 61, 63, 68, 110, 130, 142, 158, 165, 183; 70 (1812); *464, 470f., 473, 479, 502*
Buße 3, 4, 64, 100, 145, 154, KL 6
Butter 59
Butzemann 41, 90
Buxtehude 187
Cabinet des fées 70 (1812)
Cäcilia 66 (1815)
Campe, Johann Heinrich 141
Cante fable *siehe* Singemärchen

Carové, Friedrich Wilhelm 37, 75
Cartoon *siehe* Bildwitz
Caspar-Wassersprung 74 (1812)
Caspari, Gertrud *498*
Catechismus Romanus 3
CD-ROM *siehe* Compact Disc
Cento novelle antiche *462*
Chamisso, Adelbert von 115; *503*
Charaktereigenschaften 2, 14, 19, 21, 24, 39, 53, 64, 71, 89, 151, 164, 178
  siehe auch Einträge unter Barmherzigkeit, Habgier, Neid usw.
Charles (Prinz) 1
Chotjewitz, Peter O. 4
Christliche Züge *VI*, 3, 7, 13, 28, 31, 44, 52, 53, 62, 76, 78, 82, 87, 91, 100, 101, 107, 123, 128, 130, 135, 137, 141, 148, 153, 157, 162, KL 1, KL 5, KL 10; 27 (1812), 33 (1815); *482, 493–496*
Christophorus, hl. 113, 165
Christuskind 139
Chronikliteratur 94
Chrysostomus, hl. 85(a) (1812)
Chytraeus, Nathanael 162
Cid 47
Clárus saga 52
Claudius Aelianus 22 (1812)
Clausen-Stolzenburg, Maren *467, 488*
Codex syriaque 109
Cohen, Sir Francis 104 (1815–50)
Coker, Paul 12
Coleman, George d. J. 62 (1812)
Comic 1, 26
Compact Disc 26, 53; *495*
Compilatio singularis exemplorum 22
Computerspiel 26; 33 (1812); *498*
Contes des fées 21, 135
  siehe auch Feen-Mä(h)rchen, Feenmärchen
Conz, Carl Philipp 19
Croce, Giulio Cesare 7
Croker, Thomas Crofton 182
Cruikshank, George 27, 39, 53, 55, 57, 61, 69, 83, 89, 110, 146, 192; *496*
Dachs 158
Dähnert, Johann Karl 19

Dämon, Dämonin 14, 24, 29, 43, 46, 51, 55, 56, 66, 69, 79, 81, 93, 133, 166; 43 (1812/19), 62 (1812), 70 (1812)
  siehe auch Einträge unter Hexe, Riese, Teufel, usw.
Dämonologische Sage 149
Danae-Mythos 12
Danaidenmotiv 186, 195
Dankbare (hilfreiche) Tiere 17, 48, 57, 60, 62, 76, 105, 106, 107, 126, 132, 191; 16 (1812), 33 (1812), 104 (1815–50)
  siehe auch Tierhelfer, Tierhelferin
Dankbarkeit 19, 39, 121, 176, 199
  siehe auch Undankbarkeit
Daumerling 45
Daumesdick 37, 59
David-Goliath-Prinzip 20
De Gubernatis, Angelo 73
Debilität 185
Defekte, körperliche 14, 35, 39, 130, 136, 138, 182
  siehe auch Behinderung; Blind; Blindheit, Buckel, bucklig; Einäugigkeit; Einbeinigkeit
Deformität 14, 35, 108, 130, 182
Degen 92
Dekalog 117, 145
Dekorative Züge *VI*, 15, 107, 175, 185; 33 (1812)
Delilah 29
Demut 53, 87, 121, 157, 198, KL 4, KL 4; *402, 495*
  siehe auch Bescheidenheit
Demütigung 21, 52, 89, 111, 134, 198
Denecke, Ludwig 109
Denkmal 11, 27
Der Geist von Jan Tambaur 110
Des Périers, Bonaventure 120
Deserteure 120, 125
Deszendenzprobe 89, 136, 155; 54 (1812), 182 (1843)
Detektivisches Verhalten 116, 160
Detektivliteratur 67
Dialekt, Dialektmärchen 15, 19, 47, 66, 91, 95, 113, 126, 136, 137, 140, 143, 165,
 167, 171, 179, 183, 187, 190, 196, 198, KL 3; 136 (1815–43); *468, 483, 485, 501*
Dialog, Dialogisierung 12, 19, 23, 30, 32, 43, 51, 83, 107, 139, 143, 162, 187; 33 (1812), 182 (1843)
Dialogus creaturarum 164
Dicke, Gerd 16
Didaktische Prinzipien 5, 16, 27, 43, 52, 81, 115, 153, 184, 187, KL 5; 27 (1812), 175 (1840–50); *477*
Die undankbare Wiederentdeckte 16
Dieb, Diebstahl 2, 17, 35–37, 39, 59, 61, 64, 68, 77, 81, 91, 92, 98, 105, 110, 118, 121, 129, 154, 175, 185, 190, 192, 193; 54 (1812), 64(I) (1812), 107 (1815–40), 191 (1843–50); *478*
Diebssegen 199
Diener, Dienerin 1, 6, 16, 17, 55, 60, 88, 89, 134; 44 (1815)
Dienst bei Jenseitigen 24, 39, 53, 100, 101, 106, 116, 136, 169, 183
Dietrich, Albrecht 110
Diez, Wilhelm von 4
Dilemmageschichte 129
Diminutive 23, 25, 28, 109, 117, 141, 144, 190
Dingbeseelung *siehe* Gegenstände handeln und sprechen
Diskriminierung 7, 110, 130; 8 (1812)
Disney, Walt 20, 50, 53
Dittmar, Heinrich 19, 43 (1815); *493, 501*
Diu halbe bir 52
Dobeneck, Ferdinand von 464
Doktor Allwissend 98
Domino *498*
Doni, Francesco 63
Doré, Gustave 26
Dornhecke 12, 50, 56, 110
Dornröschen 50
Doyle, Richard 181
Drache, Drachenkampf, Drachentötung 16, 20, 60, 88, 91, 119, 125, 129
Dramatik 11, 12, 19, 22, 26, 28, 50, 53, 83, 87, 88, 101, 110, 178; 64(I) (1812), 175 (1840–50)
Drastik 3, 36, 107, 117, 119, 145, KL 1
  siehe auch Extreme

Drechsler 77 (1812)
Drei, Dreizahl 3, 13–16, 20, 25, 28, 29, 33, 36, 46, 49, 55, 57, 62–64, 70, 71, 76, 81, 82, 88, 91, 92, 96, 97, 101, 104, 106, 108, 110, 114, 116, 118, 120, 121, 124, 125, 129, 130, 134–138, 151, 153, 155, 160, 162, 186, 193, KL 1, KL 6; 44 (1815), 59 (1812), 64(I) (1812), 82 (1812), 191 (1843–50)
Dreiäuglein 130
Dreibeinig 71, 136
Dreigliedrigkeit 6, 110, 152, 171
Dreizehn 9, 50
Dreschflegel 112
Drewermann, Eugen 12, 34, 139, 178; *505*
Drohung 5, 7, 45, 46, 122, 165, 191, 199; 33 (1812), 57 (1815)
Drosselbart 52
Droste-Hülshoff, Anna Elisabeth (Annette) 137; 44 (1815)
Droste-Hülshoff, Maria Anna (Jenny) von 68, 82, 132, 133, 136, 137, 143; 136 (1815–43)
Droste-Kreis *467*
Drut *siehe* Frau Trude
Dualismus 148, 189
Dukas, Paul 62 (1812)
Dulac, Edouard 62 (1812)
Dumm, Dummheit 7, 32–34, 36, 59, 63, 71, 83, 104, 119, 143, 155, 165, 168, 174, 183, 185, 189, 195; 32 (1812), 33 (1812), 85(d) (1812)
Dummenschwank 7, 32, 34, 59, 104, 119, 143, 174, 185; 32(II) (1812)
Dümmling 36, 62–64, 83, 106, 165; 54 (1812), 64(I) (1812)
Duncker Verlag *477*
DVD 53, 187; 33 (1812); *500*
Dynamik *siehe* Spannung
Echedoros 182
Eckenstein, Johann 70
Eckstein, H. 90
Edda 64
Een Schoone Historie [...] Van den Ridder metter Zwane 49

Egoismus 21, 31, 87, 92, 117, 145, KL 1; 82 (1812)
Ehe 14, 38, 46, 47, 94, 104, 139, 155; 32 (1812), 62 (1812), 66 (1812), 66 (1815); *478*
Ehebruch 61, 95; *489*
Eheleute 16, 19, 20, 31, 34, 37, 39, 47, 52, 59, 61, 64, 76, 83, 87, 90, 92, 95, 104, 115, 128, 164, 168, 170, 191, 192; 22 (1812), 62 (1812); *491, 494*
siehe auch Mann-Frau-Beziehung
Ehemant, Regine 136
Ehrentraut, Heinrich Georg 196
Ehrhardt, Holger 21, 36, 57, 137; *466*
Ei, Eier 30, 197, 60 (1812)
Eiche 148
Eid 89
Eid aufs Eisen 8, 132
Eidechse KL 1
Eideslist 89
Eierbrüter 32 (1812)
Eierkuchenhäuslein 15
Eifersucht 12, 31, 53, 60
Eigennutz *siehe* Egoismus
Eigenschaften und Fähigkeiten, wunderbare 60, 64, 68, 71, 90, 111, 118, 129, 134; 85(b) (1812)
Eile mit Weile 164, 184
Einäugigkeit 11, 130
Einäuglein 130
Einbeinigkeit 71
Einblattdruck 7
Einfalt 70, 98, 104, 110, 143, KL 9
Eingangsmotivik 1, 29, 36, 37, 39, 41, 43, 58, 62, 69, 70, 78, 88, 99, 108, 110, 119, 122, 125, 126, 127, 130, 132, 134, 141, 147, 151, 162, 171, 174, 177, 180, 181, 194, 195, KL 2; 62 (1812), 64(I) (1812), 175 (1840–50); *489*
Einhorn 20
Einklemmen in der Kirchentür KL 8
Einklemmen der Tiere 8
Einklemmen unholder Wesen 4, 99, 161, 196
Einsamkeit 40, 69
Einsiedler 81, 178, KL 1, KL 4, KL 6
Eisenhans 136

Eisenofen 127
Ekel 108
Elf, Elfen 182; 8 (1812); *497*
Eliade, Mircea 197
Eligius, hl. 147
Else 34
Eltern und Kinder 5, 14, 15, 24, 26, 31, 33, 34, 37, 42, 43, 47, 50, 53, 78, 90, 91, 108, 111, 117, 137, 145, 154, 155, 185, 188, 192, 193, KL 4
    siehe auch Familie, Pflegeeltern
Empfängnis, wunderbare 85, 108
    siehe auch Geburt
Ende der Welt 1, 25
Endlose Erzählung 86
Engel 11, 31, 69, 76, KL 2, KL 3
Engelhard, Philippine 4
Engelhardt, Familie 70 (1812)
Engelhardt, Wilhelm 80
Enkel 78
Entdämonisierung 44, 82, 100, 120, 125, 189, 195
Ente 13, 15, 135
Entführung 6, 39, 46, 49, 55, 76, 108, 111, 116, 163, 197; 191 (1843–50)
    siehe auch Brautraub, Kinderraub
Enthauptung 6, 66, 92, 135, 191; 43 (1815), 66 (1812)
Entmythisierung 82, 99
    siehe auch Entdämonisierung
Entrückung 50, KL 2; 57 (1815)
Entsagung siehe Selbstlosigkeit
Entzauberung siehe Erlösung
Episode 2, 6, 7, 15, 20, 21, 37, 50, 59, 61, 81, 85, 88, 89, 94, 100, 104, 112, 119, 121, 122, 165, 166, 186, 199; 32 (1812), 59 (1812), 81 (1812)
Epos 90, 110
Erbauung, Erbauungsbuch 78, 175 (1840–50)
Erbe, Erbteilung 63, 70, 106, 124, 142, 151, 179
Erblindung siehe Blendung; Blind, Blindheit
Erbsen 15, 39, 67, 116
Erbsenprobe 182 (1843)
Erckenbrecht, Ulrich 26

Erde 112
Erdenwanderung 81, 87, 135, 147, 180
Erdmänneken 91
    siehe auch Männchen
Erhängen 22 (1812)
Erkennen 93, 54 (1812), 77 (1812)
    siehe auch Wiedererkennen
Erkennungszeichen 22, 31, 33, 53, 60, 66, 76, 101, 111, 133, 136, 192; 73 (1812)
    siehe auch Wegmarkierung
Erklärungssage siehe Ätiologie
Erlösung 1, 3, 6, 9, 11, 13, 20, 25, 50, 56, 57, 60, 69, 88, 92, 93, 96, 106, 108, 121–123, 127, 133, 136, 137, 141, 154, 160, 161, 163, 193, 198, KL 8; 33 (1815), 43 (1815), 44 (1815), 59 (1812), 60 (1812), 64(I) (1812), 66 (1812), 68 (1812), 82 (1812), 107 (1815–40); *477, 489*
Erlösung, mißglückende 19, 92, 137
Ermahnung 34, 99, 170
Erniedrigung siehe Demütigung
Ernst August von Hannover 116
Ernteteilung 189
Erotik, Sexualität VI, 1, 26, 67, 69, 93; *489 f.*
Erotisches Dreieck 95
Erpressung 118, 165
Erschrecken siehe Angst
Erstechen 62 (1812)
Erster, Erstes, Zuerst 31, 88, 181
Erstgeburtsrecht 151
Ersticken 11
Ertränken 96, 135
Ertrinken 119; 22 (1812)
Erwürgen 32 (1812)
Erzähler, Erzählerin 465–467, 494
Erzählerkommentar 5, 13, 37, 44, 51, 104, 106, 107, 128, 156, 162, 173, 179; 33 (1815); *462, 494*
    siehe auch Selbstgespräch
Erzieher (Fuchs) 74
Erziehung (in der Erzählung) VI, 5, 12, 15, 21, 24, 26, 43, 53, 69, 78, 87, 106, 137, 145, 154, 169, 185, 187, 192, KL 1; 27 (1812), 62 (1812); *474, 491–496*
    siehe auch Ethik, Moral
Erziehungsbuch VI, 36, 69; *488–492*

Erzzauberin 69
   siehe auch Zauberer, Zauberin
Esel 27, 36, 122, 132, 144
Eselmensch 122
Esmoreit 76
Eßlinger, Martin 43 (1815)
Ethik 6, 21, 69, 78, 83, 106, 128, 157, 162, 185, 200; 33 (1815); *491, 494 f.*
Étienne de Bourbon 136, 145, 149
Ettner, Johann Christoph 44
Etymachie-Traktat 101
Etymologie 171; 70 (1812)
Eule 69, 118, 171, 174
Eulenspiegel 42, 104, 192; 33 (1812)
Euphemismus 109, 186; 57 (1815); *489*
Eva 19
Evas ungleiche Kinder 180
Ewigkeit KL 2
Exempelsammlungen 136, 139, 154, 180, 184, KL 8, KL 9; 66 (1815); *464*
Exemplum 3, 5, 20, 44, 109, 115, 117, 124, 145, 156, 162, 184, 185, 188, KL 5; 175 (1840-50); *482*
Exkremente 2, 36
Exotik 60, 121; 62 (1812)
External soul 28, 197
Extreme 6, 13, 15, 19, 21, 22, 25, 29, 31, 33, 50, 53, 89, 96, 97, 107, 113, 116, 130, 154, 197
   siehe auch Drastik
Exzeptionsprinzip *siehe* Alle bis auf ...
Ey(e)ring, Eucharius 164
Fabel 23, 72, 73, 75, 102, 132, 162, 171, 175, 184, 187; *481, 503*
   siehe auch Äsopische Fabel, Tiermärchen, Tierschwank
Fabelwesen *siehe* Einzeleinträge unter Drache, Einhorn, usw.
Fabliau 78; 85(d) (1812)
Faden 126; 59 (1812)
Fähigkeiten *siehe* Eigenschaften und Fähigkeiten, wunderbare
Fahrender Schüler 146
Fährmann 29
Fairy 8 (1812)
Falk, Johannes 25

Fallenstein, Georg Friedrich 66
Falschheit 2
Familie 11, 13, 26, 34, 53, 78, 111, 131, 145, 154, 161, 181, 187; 22 (1812), 191 (1843-50)
   siehe auch Eltern und Kinder, Pflegeeltern
Fanatismus 6
Farbe 19, 26, 47, 53, 63, 108, 135; 85(a) (1812)
   siehe auch Einzeleinträge
Färöer 191
Faß, durchlöchertes 6
Faß mit Nägeln 135
Fasten 73
Fastnachtspiel 44, 110, 151*
Fatalismus 2, 5; 175 (1840-50)
Faulheit 1, 14, 24, 101, 120, 128, 151, 151*, 156, 162, 164; 33 (1815), 44 (1815); *495*
Faust 120
Feder 24, 57, 63, 88, 124, 126
Federnschleißen 186
Fee 12, 50, 128, 130; 85(a) (1812); *497*
   siehe auch Weise Frau, Zauberin
Feen-Mährchen 24, 49, 56, 63, 169; 59 (1812), 66 (1812), 70 (1812), 107 (1815-40)
Feenmärchen 50, 55, 57, 63, 68, 69, 130; 62 (1812), 70 (1812); *469, 478, 480*
Feigheit 199
Feindschaft 28
Feindschaft der Tiere 2, 171, 174
Fenster 12, 46, 141
Ferenand 126
Fernliebe 6, 57, 135; 182 (1843)
Fernsehen *siehe* Medien, audiovisuelle
Fest 21, 50, 186; 73 (1812), 85(a) (1812)
Festbannen *siehe* Bann, bannen
Fetscher, Iring 2, 83
Feuer 9, 44, 70, 147, 150; 43 (1815, 72 (1812)
Feuerzeug 116
Fiedel 110
Film 6, 20, 24, 26, 36, 37, 44, 50, 52, 53, 64, 71, 83, 88, 94, 109, 110, 122, 125, 161, 187; 33 (1812), 62 (1812); *498, 503*
   siehe auch Trickfilm

Finckenritter 138
Findelkind 29, 153, 185
Finger 25, 28, 37, 40, 45, 117, 136
Fingerhut 193
Fink, Louis-Gonthier 55
Firnhaber, Carl Georg 187
Fisch 17, 19, 85, 126, 141, 172, 191
Fischart, Johannes 72 (1812)
Fischer, Fischerin 19, 52, 96, 137
Fischer, Helmut 53, KL 1; *466*
Fitchers Vogel 46
Flaschengeist 116
Flateyjarbók 136
Fledermaus 102
Fleiß 14, 21, 24, 27, 53, 55, 91, 106, 110, 126, 128, 155, 156, 170, 179, 186, 188; 33 (1815); *478, 492, 495*
Flemming, Friederike 53
Floh 85(b) (1812)
Florian, hl. 139
Flöte 181
Fluch, fluchen 50, 178
    siehe auch Verwünschung
Flucht 3, 9, 11, 18, 27, 42, 56, 77, 79, 88, 116, 118–120, 123, 125, 136, 146, 192, 197; 70 (1812), 77 (1812), 191 (1843–50)
    siehe auch Magische Flucht
Flugblatt 78, 119; 57 (1815)
Fluggerät 77 (1812)
Flunder 172
Force, Mademoiselle de la 12
Formel, Formelhaftigkeit 1, 27, 30–32, 38, 47, 67, 76, 78, 84, 89, 108, 116, 127, 131, 135, 139, 143, 151, 152, 194; 59 (1812), 72 (1812); *488 f.*
Fortuna labilis 59, 83, 98
    siehe auch Glück
Fortunatus 54, 122, KL 1; 36 (1815)
Fouqué, Friedrich Baron de la Motte 43
Frage 22, 29, 32, 84, 88, 91, 119, 120, 125, 131, 139, 143, 152, 160, 178; 59 (1812), 107 (1815–40)
Fragespiel 140
Französismus 12, 26, 102; 70 (1812)
Fragment 11, 20, 40, 150, 153; 33 (1812), 77 (1812), 84 (1812), 85(a) (1812), 85(b)

(1812), 85(d) (1812), 175 (1840–50); *472 f., 485, 487*
Francisci, Erasmus 103
Franck, Sebastian 157
Franz, Marie-Louise von 27, 49, 57, 135, 161, 197
Frau 19, 31, 34, 46, 95, 118
    siehe auch Königin, Mutter
Frau Holle 24, 89; *505*
Frau in Männerkleidung 67
Frau Trude 43; 43 (1812/19)
Frau, unschuldig verfolgte 11, 13, 21, 50, 53, 55, 65, 89, 94, 125; *496*
Frauenbild 52, 153, 161, 198
Frauenfeindlichkeit 7, 34, 38, 77, 82, 87, 95, 114, 128, 147, 156, 168, 170, 180; 62 (1812), 182 (1843)
Frauenmord 40; 62 (1812)
Frayre de Joy e Sor de Plaser 50
Frazer, James George 197
Freidank 184
Freier, Freierprobe 12, 17, 20, 28, 29, 34, 38, 52, 53, 60, 63, 64, 84, 91, 114, 131, 133–136, 156, 191, 188, 196, 198; 16 (1812), 32 (1812), 54 (1812), 62 (1812), 85(b) (1812), 182 (1843)
Freigebigkeit 87, 103, 153, KL 1
Fremd, Fremde, Fremder 5, 24, 26, 31, 37, 40, 42, 55, 64, 70, 83, 87, 89, 95, 104, 108, 124, 143, 152, 163, 169, KL 3; 62 (1812), 77 (1812)
Fressermärchen 5, 26
Freud, Sigmund *504*
Freude 100, 147
    siehe auch Gefühl
Freund, Ulrich 34, 109
Freundlichkeit 53, 60
Freundschaft der Tiere 58; 6 (1812)
Freundschaftssage 6
Frevelhaftigkeit 75, 91, 194; *495*
Frey, Jakob 35; 32 (1812)
Frieder 59
Friedrich II, Landgraf 153
Frisch, Max 62 (1812)
Frist 100, 101, 106, 125
    siehe auch Zeit
Frivolität 38

Frömmigkeit 31, 53, 103, 153, 156, 188, KL 1, KL 4; *494*
Frosch, Frösche 1, 33, 119; 43 (1815)
Froschkönig 1, 172; 13 (1815)
Frucht, Früchte 13, 18, 63, 91, 112, 122, 146, 194, 64(I) (1812)
   siehe auch Einzeleinträge
Frühe Neuzeit *469, 478, 498, 501*
Fuchs 2, 4, 27, 37, 57, 72–75, 86, 102, 132, 191
Füchsin 38, 132
Fuetrer, Ulrich 8 (1812)
Fühmann, Franz 4
Fuhrmann 58, 64, 178, 184, KL 7
Fulda, Johanna Christiane (geb. Wild) 28, 56
Fülleborn, Georg Gustav 120
Fundevogel 51
Fünf 129
Funke, Carl Philipp 184
Furcht *siehe* Angst
Fürchtenlernen 4
Furchtlosigkeit 4, 20, 92, 199
Fürsorge 24, 78, 99, 162, 185
   siehe auch Barmherzigkeit
Fürstenspiegel 162; 175 (1840–50)
Fuß, Füße 14, 39
Gabalis 85(a) (1812)
Gabe, Gaben 13, 21, 22, 24, 39, 54, 55, 60, 76, 94, 99, 100, 104, 105, 131, 149, 154, 181, 182; 59 (1812), 85(a) (1812)
   siehe auch Belohnung, Zaubergabe
Galgen 33 (1815), 107 (1815–40)
Galgenfleisch kaufen 57
Galifron 21
Galland, Antoine 99
Gans 27, 64, 81, 86, 89, 179; 27 (1812), 32 (1812)
Gargantua 90
Garner, James Finn 21
Garten 12, 122
   siehe auch Wintergarten
Gärtner 52, 76, 136
Gast, Gastfreundschaft 33, 50, 61, 77, 87, 176, KL 5; 54 (1812); *494*
   siehe auch Ungastlichkeit
Gastwirt *siehe* Wirt

Gattungsproblematik *478–483*
Gaudeif 68
Gaukler 149
Gawein 4
Gebärdenzauber 199
Gebert, Helga 43 (1815)
Gebet 76, 86
Geburt 37, 50, 53, 90, 92, 108, 185, KL 2, KL 8; 85(a) (1812)
Gedicht 11, 39, 43, 50, 55, 61, 64, 78, 92, 115, 145, 146, 149, 158, 167, 178, KL 2; 66 (1815), 85(a) (1812), 85(c) (1812)
Geduld 3, 156
Gefahr 4–6, 11, 13, 15, 17, 26, 33, 37, 50, 53, 57, 62, 64, 65, 69, 73, 81, 86, 99, 92, 102, 105, 113, 133, 146, 197; 54 (1812), 77 (1812)
Gefangenenbefreiung 76, 86, 91, 129, 136, 166; 85(b) (1812)
Gefangenschaft 12, 22, 76, 94, 96, 99, 116, 136, 170, 198, 199; 191 (1843–50)
Gefühl 6, 25, 26, 27, 46, 53, 57, 69, 100, 107–109, 147, 179; 54 (1812), 85(a) (1812)
   siehe auch Einträge unter Angst, Barmherzigkeit, usw.
Gegenreformation 3, KL 1
Gegenspieler, Gegenspielerin 19, 20, 26, 28, 39, 46, 53, 72, 73, 76, 82, 86, 92, 95, 110, 126, 148, 161, 165, 187, 195, 197, 198; 54 (1812), 85(d) (1812), 191 (1843, 1850)
   siehe auch Schädiger, Schädigerin, Schädigung und Einträge unter Hexe, Teufel usw.
Gegenstände handeln und sprechen 4, 10, 18, 23, 28, 30, 36, 39, 41, 54, 56, 59, 76, 79, 81, 110, 113, 116, 188, KL 5; 43 (1812/19), 66 (1815), 72 (1812)
Geheimnis 6, 22, 29, 39, 55, 107, 115, 135; 85(b) (1812), 107 (1815–40)
Gehorsam 3, 5, 26, 31, 46, 52, 108, 136, 137, 145, 156, 162, 163, 179, 182, 186, 198; 43 (1815), 62 (1812); *494–496*
   siehe auch Ungehorsam
Geiger, Rudolf *505*

Geiler von Kaysersberg, Johann 5, 109; *493*
Geißlein *siehe* Ziege
Geißler, Carl Peter 53, 60
Geißler, Rudolf KL 6
Geist, Geister 1, 4, 27, 39, 55, 79, 99, 107, 110, 116, 136, 149, 181
    siehe auch Berggeist, Flaschengeist, Hausgeister, Klopfgeist, Waldgeist, Wassergeist
Geist im Glas 99
Geisterbeschwörung 149
Geistersichtigkeit 44, 149, 154, KL 8
Geiz 45, 90, 103, KL 5
Geld 7, 13, 54, 60, 61, 100, 104, 110, 118, 153, 154, 192, 195, K 1; 22 (1812), 107 (1815–40)
Gennep, Arnold van 24
Genovefa-Legende 31
Geoffrey of Monmouth 179
Geprellter Tod (Teufel, Riese) 20, 44, 82, 195
    siehe auch Teufel, Tod
Gerechtigkeit 21, 26, 27, 58, 69, 76, 87, 89, 96, 97, 100, 107, 115, 116, 153, 171, 172, 194, KL 8
Gerhardt, Corinna 107
Gericht *siehe* Prozeßmotive
Gerndt, Helge 21, 105
Geruch 29, 77, 81, 199
    siehe auch Menschenfleisch riechen
Gesang 8, 28, 47, 95–97, 181
Geschenk *siehe* Gabe
Geschicklichkeitsprobe 68, 118, 124, 129, 192
Geschlechtswechsel 67
Geschwätzigkeit *siehe* Redseligkeit
Geschwister 9, 11, 15, 21, 24, 25, 46, 47, 49, 51, 79, 88, 135, 141, 142; 8 (1812), 43 (1815), 60 1812); 62 (1812)
    siehe auch Bruder, Brüder; Schwester, Schwestern
Gesinde 34, 58, 118, 135
    siehe auch Herr und Knecht, Knecht, Magd
Gespenst, Gespenster 4
    siehe auch Geist, Geister

Gespenstergeschichte 4
Gesta Romanorum 105, 118, 122, 124, 151, 178, KL 4; *464*
Gestalttausch 69, 76
    siehe auch Tierverwandlung
Gestirne 112; 59 (1812), 85(a) (1812)
Gevatter, Gevatterin *siehe* Pate, Patin
Gevatter Tod 44
Gewährsleute *467*
Gier 5, 19, 81
Gift 53
Gilgamesch-Epos 89
Ginschel, Gudrun *485*
Glasberg 25, 79, 93, 127, 193, 196
Glassarg 53, 163
Glaubensvorstellung *siehe* Weltanschauung, Weltbild
Glaubwürdigkeit 22, 27, 163, KL 5; 182 (1843)
Gleichnis 67, 78, 148, 176, 177, KL 6; 27 (1812), 175 (1840–50); *481*
Gleim, Johann Wilhelm 168
Glocke der Gerechtigkeit 171
Glück 3, 20, 24, 34, 55, 59, 77, 83, 98, 100, 153, 162, 163, KL 3; 175 (1840–50); *494*
Glückselig, Gustav Thormod 53
Glückshaut 29, 83
Glückskind 29, 70
Gnade 6, 31, 177, 194; 62 (1812), 191 (1843–50)
Gnadenbild *siehe* Heiligenbild
Göbels, Hubert 162
Gobrecht, Barbara 50, 89, 108
Göckerliberg 95
Goedeke, Karl 169, 171, 193
Goethe 4, 47, 99
Gold, golden 11, 13, 36, 54, 55, 57, 59, 60, 64, 81, 88, 89, 94, 100, 122, 135, 136, 181, 182, 192, 200; 33 (1812), 54 (1812), 59 (1812), 60 (1812)
Goldberg, Christine 15, 114
Goldjungfrau 57
Goldkinder 85
Goldmann, Georg August Friedrich 24, 90, 93, 120; *472*
Goldschmied 182

Görres, Joseph (von) 43; *472*
Gorgulla, Anna 51, 153
Gott 16, 28, 31, 44, 50, 76, 82, 87, 88, 96, 99, 115, 117, 135, 147, 148, 157, 177–180, 189; KL 6, KL 8
Götterbote 16, 35
Gottesdienst KL 8
Gottesurteil 28, 33, 35
Gottschalck, Caspar Friedrich 470
Gozzi, Carlo 6, 96; *462*
Grab 28, 117, 124, 130, 185
Graben zum Stein, Otto von 4
Grabhügel 195
Grabpflanzen 21, 28, KL 4
Grabwache 195
Graf, Gräfin 179, 192; 73 (1812)
Graf von Champagne 85(a) (1812)
Grant of Laggan, Anne 8 (1812)
Grass, Günter 19
Graß, Carl Gotthard 85(c) (1812)
Gräter, Friedrich David 1, 159
Grätz, Manfred 4, 63, 87, 88, 136
Grausamkeit 11, 15, 40, 47, 147; *503*
Gregorius-Legende 33
Greif 165
Grenze 15, 29
Gretchen 47
Gretel 15, 32, 77
Grillenvertreiber 174
Grimm, Albert Ludwig 17, 19, 53, 60, 62, 65, 110, 164; *470 f., 479, 492, 501 f.*
Grimm, Charlotte 107; 73 (1812)
Grimm, Ferdinand Philipp 53, 109; *472*
Grimm, Henriette Dorothea *siehe* Wild, Henriette Dorothea
Grimm, Herman V, 107; 182 (1843); *479*
Grimm, Ludwig Emil 3, 11, 15, 21, 26, 89, 114; *496*
Grimmelshausen, Johann Jakob Christoph von 100, 101
Grímnismál 150
Grindköpfig 136
Griseldis 65
Gröchening, Hans 35
Größe, ungewöhnliche 99, 146, 152, 159; 36 (1815), 85(b) (1812)

Großmutter 26, 94
    siehe auch Teufelsgroßmutter
Großvater 78
Groteske Züge 1, 7, 10, 18, 23, 30–32, 41, 55, 58, 59, 64, 66, 70, 74, 83, 94, 105, 112, 118, 119, 138, 147, 151*, 152, 155, 168, 174, 175, 185; 32 (1812), 72 (1812)
Grotjohann, Philipp *498*
Grün KL 6
Gruselgeschichte 22, 28, 47, 118, 150
    siehe auch Schauergeschichte
Gruß, grüßen 89, 131, 143
Grützmann, Friedrich *492*
Gubitz, Friedrich Wilhelm 7, 11
Gunnlaugr 68
Günther, Christoph Wilhelm 57, 97, 122; *479*
Gut und böse 13, 15, 21, 24, 60, 87, 103, 107, 146; 8 (1812)
    siehe auch Bosheit, böse
Gutmütigkeit 2
Gyges 3
Haar, Haare 12, 28, 29, 57, 89, 100, 136, 165, 181, 182; 73 (1812)
Haas, Gerhard 52
Haavio, Martti 72 (1812)
Habgier 21, 36, 81, 87, 110, 135, 182, KL 1; 8 (1812), 175 (1840–50)
Habicht 32 (1812)
Hagen, Friedrich Heinrich von der 19
Hagenbach, Karl Rudolf 166
Hagenbuch, Hieronymus 165
Hager 168
Hahn 27, 70, 80, 108, 190
    siehe auch Huhn
Hahnenschrei 24, 27
Hahnrei 95
Haiding, Karl 25
Halbwesen 1, 108
Halévy, Ludovic 62 (1812)
Halewijn 62 (1812)
Halsband *siehe* Schmuck
Halslöserätsel 94, 152; 191 (1843–50)
Halstuch 111
Haltrich, Joseph 191
Hamann, Hermann 6 (1812), 32 (1812), 57 (1815), 82 (1812), 175 (1840–50)

Hamilton, Antoine, Comte d' 50; *481*
Hammer, Matthäus 43
Hand, Hände 31, 117; 8 (1812)
Handel, törichter 7, 104
    siehe auch Tauschgeschäfte, Verkauf
Handlung *siehe* Episode, Struktur
Handschuhe 32 (1812)
Handwerker 20, 107, 120, 124, 163, 167, 182; 33 (1815), 44 (1815), 60 (1812), 77 (1812), 191 (1843–50)
    siehe auch Einträge unter einzelnen Berufen
Hanf als Wegspur 15
Hanns Dudeldee 17, 19
Hans 32, 34, 83, 84, 106, 108, 165, 166, 178; 32 (1812), 54 (1812)
Hänsel 15
Happel, Eberhard Werner 129
Harmonie, Harmonisierung 6, 26, 39, 78, 122, 124, 130, 146, 161, 179, 182; 59 (1812); *489, 493*
Harnack, Gustav Adolf von 166
Harsdörffer, Georg Philipp 27 (1812)
Hartherzigkeit 130, 145, 185, 188, 195, KL 1, KL 5
Hartmann, Ingrid 191
Hartmann von Aue 1
Hase 60, 66, 69, 119, 165, 187
Hasel *siehe* Nuß, Nußbaum
Hasenhüter 165
Hasenjagd 138, 159
Häsichenbraut 66
Haß 11, 92, 130
Hassenpflug, Amalie 13, 29, 42; 43 (1812/19)
Hassenpflug, Familie 5, 11, 17, 20, 25, 32, 52, 55, 61, 64, 76; 61 (1812), 62 (1812), 84 (1812)
Hassenpflug, Geschwister 54 (1812), 85(d) (1812)
Hassenpflug, Johanna (Jeanette) 14, 26, 36, 41, 67; 33 (1812), 66 (1812), 70 (1812), 71 (1812)
Hassenpflug, Marie 11, 26, 31, 40, 45, 50, 53, 79, 97, 200; 13 (1815), 75 (1812), 81 (1812), 85(b) (1812)

Häßlichkeit 1, 12–15, 65, 108, 111, 147, 180, 197; 68 (1812)
Hätzlerin, Clara 176
Hauff, Wilhelm 161
Häufung des Schreckens 22 (1812)
Häufungsmärchen 30; 72 (1812)
Haug, Walter 57
Haulemännerchen 13
Haupt, Moriz 168, 181, 186, 191
Haus 15, 27, 53, 87, 169, 199, KL 1
    siehe auch Haushälterin geheimnisvoll 53
Hütte, Schloß, Spukhaus, Waldhaus
Hauser, Kaspar 185
Hausgeister 39
Haushalt der Tiere 2, 23, 30, 39
Haushälterin geheimnisvoll 39, 53
Hausmärchen *479, 493 f.*
Hausmärlein *492 f.*
Hausväterliteratur VI; *493*
Haut 29, 83, 118, 136, 147, 161, 195
Haxthausen (eine Schwester von August von H.) 138
Haxthausen, August von 4, 10, 35, 116; 107 (1815–40)
Haxthausen, Familie von 7, 16, 27, 45, 48, 60, 64, 70, 72, 86, 97, 101, 110, 112, 121, 123, 126, 129, 131–135, 138–140, 149, KL 1–7; 44 (1815), 66 (1815); *464, 467, 482 f.*
Haxthausen, Fernandine von 91
Haxthausen, Ludowine von 39, 52, 91, 96, 113, 142, KL 9
Haxthausen, Marianne von 141
Haxthausen, Sophie von 60
Hayneccius, Martin 178
Hebammendienst bei Unterirdischen 39
Hebel, Johann Peter 4, 87; *494*
Heidelbach, Nikolaus *500*
Heilen, Heilmittel 6, 16, 42, 44, 57, 81, 92, 97, 107, 121
    siehe auch Arzt, Wunderheilung
Heilige, Heiliger 13, 99, 139, KL 1, KL 2, KL 5; 66 (1815)
Heiligenbild 128, 139; 66 (1815)

Heimkehr, Heimkehrer 36, 38, 61, 83, 92, 93, 95
   siehe auch Rückkehr
Heindrichs, Ursula 24
Heine, Heinrich *503*
Heinrich 1
Heinrich III., Kaiser 29
Heinz 164
Heinzelmännchen 39; *497*
Held, Heldin *494, 501*
Heirat *siehe* Hochzeit
Heldensage 90, 92, 166; *462*
Helfer, Helferin 6, 9, 13, 14, 21, 31, 39, 44, 54, 55, 64, 71, 76, 86, 91, 92, 95, 99, 100, 103, 108, 110, 113, 116, 120, 121, 125, 134, 136, 152, 165, 166, 179, 181, 186, 195, 193, 197, KL 1, KL 2; 8 (1812), 85(b) (1812)
   siehe auch Dankbare (hilfreiche) Tiere; Tierhelfer, Tierhelferin
Hell und dunkel 137
   siehe auch Licht
Heller *siehe* Geld
Helmold von Bosau 109
Hemd 109, 111, 153, 193
Hephaistos 64
Herder, Johann Gottfried 21; *469f., 491*
Hering 172
Hermes 35
Herodot 6, 39, 157; 191 (1843–50); *462*
Herr der Tiere 60, 62, 172
Herr des Waldes 120
Herr Fix und Fertig 16 (1812)
Herr Hände 61
Herr Korbes 41
Herr und Knecht 90, 106, 110, 151*, 162, 174; 33 (1812), 72 (1812)
Herrscher 29, 171, 172, 199
   siehe auch Einträge unter König, usw.
Heruler 149
Herz 60, 76, 118, 122; 60 (1812)
Hesiod 85(a) (1812)
Heßelmann, Peter 4
Hexe 11, 15, 43, 51, 56, 60, 107, 116, 122, 141, 179, 193; 44 (1815)
   siehe auch Zauberin

Hexenkinder 122; 44 (1815)
Hey, Paul 52, 89, 198
Hildebrand 95
Himmel 3, 35, 81, 82, 104, 112, 153, 167, 175, 178, 192
Himmelsbrief 104
Hinrichtung 6, 91, 110
Hinterlist *siehe* Täuschung
Hirsch 11, 163
Hirsch, Angelika B. 55
Hirt, Hirtin 61, 89, 152, 165, 179; 27 (1812)
Historia de Liombruno 92
Hoche, Karl 4
Hochmut 19, 22, 52, 53, 75, 133, 134, 187
Hochzeit 7, 11, 34, 49, 53, 57, 60, 65, 66, 76, 84, 88, 89, 91–93, 96, 100, 106, 108, 111, 114, 121–123, 127, 131, 133, 134, 136, 144, 149, 163, 179, 187, 193; 43 (1815), 59 (1812), 64(I) (1812), 73 (1812), 77 (1812), 82 (1812), 182 (1843); *491*
Hochzeitsnacht 144; *491*
Hoffmann, E. T. A. 33 (1812)
Hoffmann, Gustav 53
Hoffmeister, Philipp 194, 195
Höfische Züge 144; 62 (1812)
Höhle 12, 36, 196; 43 (1815)
Hölle 81, 100, 104, 151
Höllenheizer 100
Holtorf, Arne 158
Holzfäller 142; 175 (1840–50)
Homer 92; 191 (1843–50)
Hondorff, Andreas KL 5
Honig 2, 158, 164; 85(a) (1812)
Hönir 191
Horn 54
Horn, Katalin 21, 36, 65; *504*
Hornisse 119
Horrorgeschichte *siehe* Gruselgeschichte
Hose, Susanne 66
Hosemann, Theodor 15, 178; 33 (1812)
Hostienwunder 107, KL 5; 85(a) (1812)
Hubrich-Messow, Gundula 181
Huhn 37, 77, 80, 88, 190
   siehe auch Hahn
Hummelnvertreiber 174

Humor *VI*, 4, 12, 27, 34, 48, 64, 77, 81, 102, 106, 146, 162, 166, 171, 174–177, 179, 183; 182 (1843)
Humperdinck, Engelbert 15
Hund 7, 27, 33, 48, 58, 59, 76, 85, 96, 115, 176, KL 8; 44 (1815)
Hunger, Hungersnot 15, 54, 76, 103, 118, 125, 153, 171, KL 2; 57 (1815)
Hünten, Emil 81
Hurleburlebutz 66 (1812)
Hut 54, 89, 119, 136, 197
Hütte 19, 85
Hybris 19, 52, 171
Hyginus 16
Ibykus 115
Ich-Erzähler 19, 191 (1843–50)
Ideal 53, KL 4
Idealisierung 61, 101, 199
Identifikation 1, 27, 55, 187; *504*
Identität, irrige 34, 59
Identitätsfindung 50, 55
Idylle 155, 187
Igel 75, 108, 187
Illustration *VI*; *472, 496–500*
 siehe auch Bildquellen, -zeugnisse sowie Einträge unter Bilderbogen, Bildergeschichte, Bildwitz, Comic, Film, Karikatur, usw.
Imitation, mißglückende *siehe* Nachahmung
Individuation 26, 49
Informanten *siehe* Gewährsleute
Initiation 12, 24, 26, 47, 191, 197
Innozenz III. 33, 171
Insekten *siehe* Einzeleinträge
Interpretation *VI*, 6, 12, 19–21, 26, 27, 29, 36, 45, 50, 52, 53, 55, 57, 63, 65, 69, 88, 89, 91, 96, 105, 114, 130, 135, 136, 139, 142, 153, 161, 163, 169, 181, 197; 33 (1812), 62 (1812); *499, 503–505*
Inzest 31, 34, 65
Ironie 7, 119, 162, 172; 54 (1812), 182 (1843)
Isidor von Sevilla 171; 85(a) (1812)
Isolation 12, 76, 91, 111, 198; 77 (1812)
Itys 47
Jacoby, Adolf 55

Jagd, jagen, Jäger 26, 28, 53, 60, 65, 67, 91, 97, 111, 119, 136, 138, 141, 159, 171, 199
Jahre 9, 76, 100, 106, 125, 126, 181,192
Jahreszeiten *siehe* Einzeleinträge
Jähzorn *siehe* Zorn
Janosch (das ist Horst Eckert) 69
Jason 51
Jenseits 15, 24, 25, 39, 42, 63, 96, 99, 103, 106, 110, 113, 136, 137, 165, 167, 169; 43 (1815), 44 (1815)
 siehe auch Unterwelt
Jenseitswesen 4, 13, 15, 16, 21, 39, 91, 92, 100, 110, 112, 116, 120, 123, 175, 181, 182, 193, 195; 8 (1812)
 siehe auch Einzeleinträge Hexe, Teufel, Unterirdische, usw.
Jephthamotiv 92, 108
Jeske, Hannelore 63
Jesuitische Literatur 64
Jesus 113, 147, 194; KL 2
Jesuslegende 81
Jockli 72 (1812)
Johann Friedrich I. 162
Johannes 6; 85(c) (1812)
Johannes de Alta Silva 49; 191 (1843–50)
Johannes Gobi Junior 13, 33, 124
Johannes von Nepomuk 47
Johannes-Wassersprung 74 (1812)
Jolles, André 22, 27
Jordis, Ludovica (geb. Brentano) 38; 43 (1815)
Jorinde 69
Joringel 69
Joseph, hl. KL 1
Josephsmotiv 91
Jothamfabel 157
Jude 7, 110, 115; 85(d) (1812)
Jung, Carl Gustav 49, 197; *503 f.*
Jung, Heinrich (genannt Jung-Stilling) 69, 78, 123, 150
Jüngste, Jüngster 15, 36, 46, 57, 62–64, 88, 91, 96, 97, 106, 130, 157, 165, 179, 191, 197; 64(I) (1812), 66 (1812), 71 (1812)
Jüngster Tag 192; 57 (1815)
Jungwirth, Andreas 26
Jupiter 176

Jüterbog 82
Kacmarek, Bernhard 69
Kahn, Otto 55
Kain 56
Kaiser 19
Kaiste, Jaana 43, 117
Kalb 186
Kalender 167
Kalevala 175
Kalila und Dimna 175 (1840–50)
Kamm, kämmen 53, 79, 89, 181
Kampf 20, 21,60, 68, 102, 113, 177; 85(d) (1812)
    siehe auch Drachenkampf, Wettkampf
Kaninchen 191
Kannibalismus *siehe* Menschenfresser
Karikatur 12, 26, 99, 187; *500*
Kartenspiel *498*
Kartenspieler 82
Kartoffeln 54 (1812)
Käse 59, 155
Kast, Verena 19, 65, 69, 88, 133, 181
Kasten 200
Kastendeckel-Motiv 47
Katastrophe *siehe* Schicksal
Katechese 75, 178, 180; *483, 495*
Kater 38, 116; 33 (1812)
Katherlieschen 59
Katrinelje 131
Katze 27, 38, 48, 69, 70, 75, 96, 106; 33 (1812), 44 (1815)
Kaufmannsbild *498*
Kaufmannsformel 6
Kausalität *siehe* Logik
Kecklein (Tiername) 27
Keller, Adelbert von 151*
Kerner, Andreas Justinus 136; 66 (1815)
Kerze 116, 137
Kessel 100
Kette 112
Kettenerzählung, Kettenmärchen 30, 131, 140, 143; 72 (1812); *482*
Kettenlied 131
Keuschheit 139, 66 (1815)
KHM 1 52, 88, 108, 127; 13 (1815), 33 (1815), 43 (1815), 59 (1812). − **2** 5 − **3** 31, 65, 87, 123; *492.* − **4** 8, 17, 90, 92, 99, 121; (1812) 4. − **5** 2, 26, 43, 73, 117. − **6** 21, 31, 107, 118, 125, 126, 135; 43 (1815), 182 (1843). − **6** (1812) 6; 8 (1812). − **7** 17, 34, 59, 64, 83, 119, 143, 164, 185; 32 (1812). − **8** (1812) 8; 6 (1812). − **9** 22, 25, 49, 93, 135, 142. − **10** 18, 27, 41, KL 18; 82 (1812). − **11** 7, 13, 28, 31, 56, 65, 135, 141; 43 (1850). − **12** 50, 63, 91, 111, 198. − **13** 11, 28, 56, 87, 89, 135, 145, 179. − **13** (1815) 1. − **14** 55, 128, 156; 57 (1815). − **15** 11, 21, 29, 37, 53, 158; 57 (1815). − **16** 42, 92, 95; (1812) 16, 62. − **17** 62, 126. − **18** 80, 147. − **19** 16, 19 47, 52, 62, 69, 82, 85, 87; *483, 501.* − **20** 17, 28, 52, 56, 64, 81, 114, 170, 183; 16 (1812), *480.* − **21** 27, 31, 53, 65, 89, 107, 123,130, 179, 186, 188; 33 (1812); *481.* − **21** (1815) 116. − **22** 5, 56, 94, 160. − **22** (1812) 22. − **23** 81. − **24** 1, 13, 21, 22, 39, 49, 79, 87, 91, 105, 128, 169; 107 (1815–40); *505.* − **25** 9, 29, 49, 93, 175, 196. − **26** 5, 27, 43, 89, 100, 117; 33 (1812). − **27** 10, 18, 48, 58, 108, 132, 144, 187. − **27** (1812) 27, 44, 177. − **28** 17, 56, 115. − **29** 20, 28, 52, 57, 64, 71, 75, 83, 93, 125, 169; 59 (1812), 75 (1812). − **30** 39, 80, 140, 143; 72 (1812). − **31** 21, 22, 65, 92, 108, 118. − **32** 34, 59, 83, 143, 162. − **32**(1) (1812) 32. − **33** 22. − **33** (1812) 26, 70, 84, 106, 142, 151; 6 (1812), 62 (1812); *499.* − **33** (1815) 151. − **34** 4, 35, 59, 81, 131, 155, 162, 164, 185; 32 (1812). − **35** 4, 81, 82, 87, 104, 167, 170, 178; 33 (1815). − **36** 37, 47, 54, 57, 60, 62–64, 70, 79, 110, 116, 142; 36 (1815). − **36**(II) 1812 36. − **37** 45, 47, 59; 33 (1812), 36 (1815). − **37** (1812) 54; *477.* − **38** 60, 90, 131; 6 (1812). − **39**(3) 55. − **40** 15, 28, 46, 55, 66; 62 (1812), 73 (1812). − **41** 10, 27, 42. − **42** 43 (1812/19). − **43** 31, 42, 117. − **43** (1812,1819) 43. − **43** (1815) 144; 66 (1812). − **44** 17, 42, 80, 126, 177; 27 (1812). − **44** (1815) 137 − **45** 3. − **46** 5, 66, 196; 62 (1812), 73 (1812). − **47** 19, 21, 28, 69, 90, 96, 115, 173, 197; *468.* − **48** 27, 58, 102,

132. – **49** 5, 9, 22, 25, 40, 65, 74, 93; 107 (1815–40). – **50** 5, 47, 128, 141, KL 2; 54 (1812), 84 (1812). – **51** 56, 79, 113. – **52** 19, 111, 134. – **53** 6, 15, 21, 25, 28, 47, 65, 89, 97, 109, 111, 155, 163; 54 (1812). – **54** 28, 81, 116; 36 (1815), 82 (1812). – **55** 14, 107, 125, 128. – **56** 6, 28, 49, 51, 67, 68, 76, 79, 113, 160, 181, 186, 193; 85(d) (1812), 107 (1815–40). – **57** 5, 17, 66, 97, 126; 82 (1812). – **57** (1815) KL 2, KL 5; 66 (1815). – **58** 10, 27, 102, 115. – **59** 34; 85(d) (1812). – **59** (1812) 64(I) (1812). – **60** 5, 17, 28, 56, 62, 65, 85, 93, 122, 141; 74 (1812). – **60** (1812) 60. – **61** 95, 119, 142, 146, 149, 192. – **62** 17, 28, 101, 107, 126, 165, 191; 16 (1812), 64(I) (1812), 104 (1815–50). – **62** (1812) 26, 46, 66; 33 (1812). – **63** 28, 62, 63, 101, 127, 165; 64(I) (1812), 107 (1815–40). – **64** 7, 28, 63, 87, 100, 101, 110, 165; 64(I) (1812). – **64**(I) (1812) 57. – **64**(III) (1812) 63. – **65** 21, 31, 60, 116, 130, 179, 186, 193; 71 (1812); *491*. – **66** 84, 113, 138; 13 (1815), 43 (1815), 59 (1812), 73 (1812). – **66** (1812) 50. – **66** (1815) 65. – **67** 29, 60, 71, 94, 127, 186, 193. – **68** 37; 85(d) (1812). – **68** (1812) 68, 88. – **69** 78, 96, 123, 150, 181. – **70** 29, 61, 62, 101, 174. – **70** (1812) 50, 56, 70, 84, 91. – **71** 64, 90, 134, 166; 85(b) (1812). – **71** (1812) 65. – **72** 152, 157. – **73** 75, 152. – **73** (1812) 46, 66; 62 (1812). – **74** 60, 73, 75. – **74** (1812) 60. – **75** 72. – **75** (1812) 29. – **76** 47, 56; 57 (1815). – **77** 66 (1815). – **78** 69, 145, KL 5. – **79** 51, 56, 181. – **80** 10, 30, 33, 60, 114, 131, 132, 143; 72 (1812). – **81** 4, 47, 77, 82, 116, 147, 189, 195. – **82** 81, 135; 81 (1812). – **82** (1812) 29, 144, 197. – **83** 4, 27, 87, 130, 162, 164. – **84** 91. – **84** (1812) 50. – **85** 60, 101; 74 (1812). – **86** *472*. – **87** 3, 19, 64, 82, 83, 135, KL 5; 33 (1815). – **88** 25, 51, 56, 60, 63, 67, 68, 92, 108, 113, 127, 165, 186, 193; 13 (1815), 43 (1815), 59 (1812), 66 (1812), 68 (1812), 85(d) (1812). – **89** 6, 11, 13, 21, 22, 56, 65, 91, 135, 198; *503*. – **90** 4, 38, 110, 166. – **91** 4, 8, 71, 84, 101, 110, 166. – **92** 4, 56, 95, 108, 137, 193, 197. – **93** 4, 25, 60, 92, 95, 101, 113, 193, 196, 197. – **94** 18, 22, 28, 67, 114, 127, 152. – **95** 38. – **96** 31, 85, 92, 197. – **97** 28, 57, 60, 91, 92, 200. – **99** 4, 8, 86, 116. – **100** 101, 106, 120, 199. – **101** 93, 100, 106, 120, 136, 199. – **102** 10, 25, 48. – **103** 36; 57 (1815). – **104** 143, 162; 32 (1812), 104 (1815–50). – **104** (1819–1850) 17, 126. – **105** 4, 197. – **106** 54, 62, 63, 108, 151. – **107** 87, 125; 33 (1815), 85(a) (1812), 107 (1815–40). – **108** 12, 144; 13 (1815), 59 (1812), 66 (1812), 68 (1812). – **109** 6, 104, 117. – **110** 7, 56, 101, 116, 135. – **111** 13, 22, 60, 89. – **112** 146, 158, 159. – **113** 51, 56, 67, 68, 84, 88, 186, 193; 85(d) (1812). – **114** 4, 8, 28, 84; 33 (1815). – **115** 28. – **116** 15, 91, 99, 110, 199. – **117** 154. – **118** 42, 148. – **119** 149, 168; 175 (1840–50). – **120** 100. – **121** 4, 60, 92, 132, 137. – **122** 36, 57, 60, 62, 69, 144; 36 (1815). – **124** 28, 151, 161; 33 (1815), 85(b) (1812). – **125** 107; 104 (1815–50). – **126** 17, 21, 57, 191. – **127** 1, 25, 59, 63, 66, 67, 88, 108, 196; 13 (1815), 59 (1812), 66 (1812), 68 (1812). – **129** 68, 71, 124, 156; 85(b) (1812). – **130** 21, 65, 179. – **131** 38, 48, 140, 143. – **132** 60. – **133** 116, 134, 199. – **134** 64, 71, 84, 135; 182 (1843). – **135** 11, 13, 89, 116; 43 (1815), 182 (1843). – **136** 3, 55, 56, 71, 197, 199; 136 (1815–43); *489*. – **137** 4, 19, 136; 136 (1815–43). – **138** 139, 158, 159. – **139** 68, KL 9; 66 (1815). – **141** 11. – **140** 89. – **142** 54. – **144** 100, 108, 122, 138, 146, 149; 66 (1812), 68 (1812). – **145** 13, 78, 151, KL 5. – **146** 61, 103, 112, 144, 149, 192. – **147** 81, 148. – **148** 18. – **150** 69, 78. – **151** 145, 151*, 164; 33 (1815). – **151*** 151, 158, 159, 164. – **152** 77 (1812); *477*. – **153** 103; 57 (1815). – **154** 7. – **155** 34, 185; 32 (1812). – **156** 128. – **157** 72. – **158** 4, 54, 60, 103, 159; 57 (1815). – **159** 4, 64, 138, 158, 165. – **160** 4, 22, 56, 76. – **161** 4, 8, 163, 187; *488 f., 501*. –

162 164, 170. – **163** 162; 175 (1840–50). – **164** 143, 162, 168, 184. – **165** 29, 60, 63, 64, 88; 64(I) (1812), 75 (1812). – **166** 6, 71, 90, 165. – **167** 35, 165, 175, 178. – **168** 164, 170. – **169** 85, 193, KL 1. – **170** 162. – **171** 18, 169, 172, 173, 174, 187, 193. – **172** 18, 171, 173. – **173** 18, 171, 172. – **174** 18, 70, 162, 168; 175 (1840–50). – **175** 18, 182. – **176** 18. – **177** 44, 168; 27 (1812), 175 (1840–50). – **178** 35, 167, 170, 175, 195, KL 6. – **179** 151, 180; 71 (1812). – **180** 179, KL 6; *493, 495*. – **181** 1, 51, 60, 93, 186; 175 (1840–50). – **182** (1843) 155. – **182** 39, 100, 175. – **184** 152, 164, 188, 189; 77 (1812). – **185** 152, 188, 189; 77 (1812). – **186** 56, 67, 181, 189, 193, 195. – **187** 181. – **188** 152, 185; 77 (1812). – **189** 148, 152, 195; 77 (1812). – **190** 165, 181. – **191** 17, 28, 141; 104 (1815–50). – **191** (1840, 1850) 191. – **192** 4, 68, 129. – **193** 25, 56, 67, 88, 93, 113, 169, 186, 195–197, 199. – **194** 18, 91, KL 5. – **195** 88, 100, 148, 194. – **196** 4, 8, 25. – **197** 136, 193, 199; 82 (1812). – **198** 12. – **199** 136, 197. – **200** 86. – KL **1** 85, 169. – KL **2** 50; 57 (1815). – KL **5** 91, 194; KL 6. – KL **6** 96, KL 8. – KL **7** KL 10. – KL **8** 96, KL 6. – KL **9** KL 6, KL 8

Kiebitz 171
Kiesel *siehe* Stein
Kind, Friedrich 149, 161
Kind, Kinder 6, 9, 12, 15, 22, 24–26, 30, 34, 36–39, 41, 42, 48, 49, 51, 53, 55, 56, 63, 68–70, 72, 76, 79, 83, 96, 105, 109, 113, 117, 130, 137, 145, 155, 161, 180, 186, 197, KL 1, KL 3, KL 5, KL 8, KL 9; 22 (1812), 32 (1812), 44 (1815), 54 (1812), 57 (1815), 62 (1812), 85(a) (1812), 191 (1843–50); *496*
Kind unwissentlich dem Teufel (Dämon) versprochen 31, 55, 88, 92, 181
    siehe auch Erster, Erstes, Zuerst; Jephthamotiv
Kinderblut 6
Kinderbuch 50, 69, 70; 62 (1812)

Kindergeschichte 10, 41; 72 (1812)
Kinderglauben *482*
Kinderlegende 2, 39, 169, KL 1–10; 27 (1812); *473, 476, 482f.*
Kinderlied 30, 63, 66, 80, 86; 8 (1812)
Kinderliteratur *470, 491*
Kinderlosigkeit 12, 37, 45, 47, 50, 76
Kindermagd *siehe* Magd
Kindermärchen 19, 21, 27, 37, 42, 109, 190; 43 (1812/19), 73 (1812); *463, 467, 471f., 475, 477–480, 482, 493*
Kinderpredigt 158
Kinderraub 3, 49, 55
Kinderreim 30, 84, 91, 131; 72 (1812); *489*
Kinderschreckfigur 43, 90
Kinderspiel 30, 63, 71, 140, 141; 22 (1812), 72 (1812); *489*
Kinderspielzeug *497f.*
Kindertümlichkeit 25, 119, 141, KL 2
Kinderzuchtgeschichte 43, 154; *478, 495*
Kindesvertauschung 39
Kindsmörderin 47
Kindstötung 6, 76
Kinsky, Anna Christina Francisca von 73 (1812)
Kirch, Rainer 4
Kirche 4, KL 8
Kirchhof, Hans Wilhelm 35, 73, 87, 119, 157, 168, 174, 177; 175 (1840–50)
Kirchner, Johann Jakob 43 (1815)
Klage 1, 68, 135
    siehe auch Trauer
Kläger 76, 94
Klappfelsen *siehe* Symplegaden
Klebezauber 64
Kleeblatt 149
Kleidertausch 34, 89, 97, 111, 135, 186
Kleidung 39, 59, 65, 67, 76, 88, 89, 106, 109, 135, 136, 186, 193; 33 (1812)
Kleiner Verlust 25, 108, 161, KL 8
Kleinheit 37, 45, 64, 91, 99, 106, 110; 54 (1812)
Kleist, Heinrich von 22 (1812)
Kletke, Hermann 178, 179; *503*
Klopfgeist 55

Klugheit 22, 28, 34, 51, 64, 72, 73, 75, 77, 94, 104, 114, 152, 165; 85(a) (1812), 85 (d) (1812); *495*
 siehe auch Scharfsinnsprobe
Kmölninger, Elisabeth 15
Knecht 82, 89, 90, 106, 110, 136, 147, 151*, 162, 174; 72 (1812)
 siehe auch Gesinde, Herr und Knecht
Knecht Ruprecht 41
Knechtsdienste des Helden *siehe* Dienst beim Dämon
Knochen 28, 42, 47, 81
Knoist 138
Knüppel 36; 72 (1812)
Kobold 55
Kobylieński, Christopher 11
Koch, Köchin 51, 76, 77, 136, 141
Kohle 18
Kohlen zu Gold 100, 182
Köhler 54, 169
Köhler-Zülch, Ines 50, 52, 133, 175
Koler, Johann KL 5
Köln 39
Köln-Mülheim 37
Kolonialerzählung 62 (1812)
Kolportageliteratur 185; 70 (1812)
Kolster, Wilhelm H. 198
Komik 7, 15, 32, 48, 59, 64, 95, 104, 118, 119, 124, 129, 138, 143, 147; *490, 499, 503*
Kommentar *siehe* Erzählerkommentar
Komödie 110, 178
Kompensation 110, 118, 178
Kompilationsliteratur 103
Konfessionspolemik 110
Konflikt *VII*, 2, 3, 5, 9, 13, 27, 33, 48, 53, 54, 60, 77, 78, 81, 89, 95, 97, 102, 107, 109, 110, 130, 132, 145, 146, 149, 151*, 162, 168, 183, 187, 195, KL 5; 8 (1812), 54 (1812), 62 (1812), 191 (1843–50); *503*
Konglomerat, Konglomeratmärchen 4, 143, 165, 197; 33 (1815); *469*
König 1, 6, 12, 16, 19, 20, 29, 44, 50, 52, 55, 57, 63, 64, 65, 67, 71, 76, 81, 89, 91, 92, 94, 97, 99, 100, 108, 115, 116, 126, 135, 136, 146, 151, 165, 179, 199, KL 8; 16 (1812), 33 (1812), 54 (1812), 82 (1812), 85(b) (1812), 182 (1843)
Königin 14, 49, 55, 76, 89, 96, 135, 188; 59 (1812), 70 (1812), 182 (1843), 191 (1843–50)
Königin Gansfuß 14
Königssohn, Königssöhne 1, 6, 11, 13, 14, 21, 49, 50, 57, 63, 76, 88, 89, 96, 97, 108, 123, 133, 134, 136, 151, 169, 186, 188; KL 4; 59 (1812), 77 (1812), 182 (1843)
 siehe auch Sohn, Söhne
Königstochter, Königstöchter 1, 7, 17, 20, 22, 29, 50, 52, 60, 64, 65, 71, 81, 89, 91, 92, 100, 106, 111, 113, 114, 116, 129, 133, 136, 137, 165, 166, 191, 193, 197; 54 (1812), 60 (1812), 64(I) (1812), 66 (1812), 70 (1812), 71 (1812), 77 (1812), 85(a) (1812), 85(b) (1812), 107 (1815–40), 182 (1843)
 siehe auch Tochter, Töchter
Königstochter als Preis 7, 17, 64, 91, 100, 108, 133, 196; 85(b) (1812)
Königswahl der Fische 172
Königswahl der Tiere 171
Konrad, Johann-Friedrich 12, 27, 181
Konrad von Würzburg 6
Konstantin d. Gr. 6, 29
Konstantinopel 148
Kontaktmagie 69
Kontamination 40, 42, 45, 46, 55, 64, 105, 119, 135, 136, 155, 165, 171; *485 f.*
Kontinuität 38
Konträrironie 29
Kontrast 1, 13, 15, 16, 24, 28, 50, 53, 76, 87, 91, 103, 142, 146, 161, 165, 187; 8 (1812), 33 (1812), 33 (1815), 62 (1812), 85 (d) (1812)
 siehe auch Extreme
Kooi, Jurjen van der 20, 44, 58, 92, 118, 138
Kopisch, August 39
Koran KL 2
Koser, Martin *498*
Koser-Michaels, Ruth *498 f.*
Kosmogonie *siehe* Schöpfungsgeschichten
Kosmos 89
Kraftprobe 90, 166

Krähen 107; 107 (1815–40)
Kraniche 115
Kraniche des Ibykus 28
Krankheit 14, 57, 97, 117, 165, 177
    siehe auch Heilen, Wunderheilung
Krause, Johann Friedrich (1747–1828) 16,
    48, 54; 16 (1812); *472*
Kraut *siehe* Pflanze
Krautesel 122
Kreativität 161, 162; 33 (182)
Kreide 5
Kreis *siehe* Zauberkreis
Kreuzigung 66 (1815)
Krieg 116, 125, 136
Krieg der Tiere 48, 102
Kriegslist 27
Kristallisationsgestalt 70, 99, 115
Kristallkugel 197
Krösus 3
Kröte 13, 63, 127, 145
Küchenjunge 135
Kuckart, Judith 62 (1812)
Kugel *siehe* Ball
Kugelfestigkeit 60, 163
Kuh 37, 61, 83, 104, 162, 169
    siehe auch Kalb
Kult KL 1; 66 (1815)
Kümmernis 139, 66 (1815)
Kunstmärchen 199; 182 (1843)
Kunze, Eberhard 66
Kuriositätenliteratur 57 (1815); *464*
Kurpfuscher *siehe* Scharlatan
Kurz, Gotthold 37
Kurzgeschichte 26, 34
Kuß 1, 67, 93, 113, 163, 186, 193; 33 (1815)
Küster 4, 64, 68, 139, 192
Kybler, Benignus 66 (1815)
Kyros 96
L'Héritier de Villandon, Marie-Jeanne 55
La Fontaine, Jean de 5, 168
Lachen 39, 49, 53
Lachen: zum L. bringen 7, 64
Lachmann, Karl *488*
Lahmheit 59, 106, 138, 159
Laiblin, Wilhelm *505*
Lalebuch 174

Lamm 81, 141
Landesverweis 192
Landschaft *siehe* Natur
Landsknecht 54, 81, 101, 199
Langer, Heinz 12
Langobarden 149
Lanzelot 22 (1812)
Laster *siehe* Einträge unter Bosheit, Eifer-
    sucht, Neid, usw.
Laterna magica *498*
Laterne 116
Lauremberg, Peter 124
Laus 85(b) (1812)
Laute 144
Lautmalerei 63, 140, 171, 190
Lazarillo de Tormes 33 (1812)
Le Prince de Beaumont, Jeanne-Marie *474*
Leben außerhalb *siehe* External soul
Lebender Leichnam 28
Lebensjahre verschenkt 16, 176
Lebenskraut 16, 60, 97
Lebenslicht 44
Lebenswasser 42, 92, 96, 97, 121; 107
    (1815–40)
Lebenszeichen *siehe* Erkennungszeichen
Leber 60
Leberecht, Peter (Pseud. für Ludwig
    Tieck) 62 (1812)
Legenda aurea 125, KL 4
Legende 103, 115; KL 2, KL 3, KL 5–7, KL 9,
    KL 10; 57 (1815), 66 (1815); *482*
Legendenmärchen 87, 153, 178, 180, KL 1,
    KL 4; *482*
Legendenschwank 167, 176, 177; *482*
Légier, Thomas-Philippe 6 (1812)
Lehnert, Johann Heinrich 53, 161; *501*
Leiche *siehe* Tote, Toter
Leichtgläubigkeit 84, 146; 33 (1812)
Leihen 39; 6 (1812)
Leingang, Oxane 185
Leinweber, Robert 123, 186; *498*
Leitmotiv 21, 50, 169, 170
Lémontey, Pierre-Édouard 85(a) (1812)
Lenchen 51
Lenore 73 (1812)
Lenz, Friedel 5, 27, 63, 103, 136, 153, 168

Lesage, Alain-Renè 99
Lesebuch 5, 18, 19, 24, 48, 50, 55, 72, 73, 75, 78, 98, 102, 103, 109, 124, 146, 152, 153, 168, 169, 171, 178, 184, 187, 43 (1815); *493f., 503*
Leser, Leserin *469f., 479, 485, 494, 496, 499f.*
Lessing, Gotthold Ephraim 175 (1840–50)
Letzter, Letztes, Zuletzt 3, 6, 9, 86, 110, 116, 120, 125, 141, 199; 62 (1812), 191 (1843–50)
Leupin, Herbert *499*
Licht 88, 116, 135
  siehe auch Hell und dunkel
Lichterkrebse 192
Liebe 6, 12, 25, 69, 76, 92, 127, 136, 150, 163, 179, 181, 186, 193; 8 (1812), 43 (1815), 59 (1812), 62 (1812), 70 (1812)
Liebe durch Bild *siehe* Fernliebe
Liebesgeschichte 69, 96, 198
Liebhaber 12, 55, 61, 95; 8 (1812)
Lieblinge des guten Geschmacks 21
Lieblingsmärchen 1, 12, 21, 26, 50, 53, 83, 136, 153, 161; 33 (1812); *500f.*
Liebrecht, Felix *469*
Lied 28, 47, 65, 76, 78, 81, 92, 96, 119, 158, 159, 181; 8 (1812); *462, 483, 492f.*
  siehe auch Meisterlied, Volkslied
Liese 168
Lilie 9, 85, 96, KL 4
Liombruno *siehe* Historia de Liombruno
List 2, 5, 7, 8, 20, 22, 26, 27, 48, 55, 61, 73, 74, 76, 77, 81, 86, 89, 91, 95, 102, 111, 114, 116, 125, 128, 132, 183, 187, 191, 192, 193, 195, 196
  siehe auch Täuschung
Littmann, Enno 96
Livius, Titus 19; *462*
Lods, Jeanne 50
Logik 5, 12, 41, 69, 72, 79, 91, 105, 116, 118, 135, 151, 161, 163, 186, 198; 8 (1812); *485, 489*
Lohengrin 49
Lohn *siehe* Belohnung, Lohn
Löhr, Johann Andreas Christian 53, 114, 184; 60 (1812), 82 (1812)

Lokalisierung 21, 27, 33, 53, 54, 82, 105, 117, 119, 138, 139, 184, 187; 22 (1812), 57 (1815), 66 (1815)
Loki 64, 191
Lokka táttur 191
Lolivetta, Caspar (Pseud.) 4
Losbitten 191 (1843–50)
Löwe 60, 72, 88, 121, 132, 172; 43 (1815)
Löweneckerchen 88
Lox, Harlinda 82, 177, 192; 191 (1843–50)
Luftreise 37, 92, 116, 122, 197; 77 (1812)
Luftschlösser 164, 168
Lüge 36, 81, KL 1
Lügengeschichte, Lügenmärchen 18, 112, 124, 138, 151, 151*, 152, 158, 159; 85(b) (1812); *481f.*
Lukian 35
Lustspiel 53, 62 (1812)
Luther, Martin 90, 162, 178; *488, 493*
Lüthi, Max 6, 12, 15, 17, 25, 28, 29, 34, 46, 47, 50, 57, 59, 91, 104, 117, 139, 143, 157, 192; 54 (1812), 64(I) (1812)
Luxuria 101
Luzifer 82
Lykkens flyvende Fane 54
Lyrik 24, 83
  siehe auch Gedicht, Kinderlied, Kinderreim, Lied, Vers
Lyser, Johann Peter Theodor 53, 60, 187; *503*
Machandelboom 47
Macklot, Philipp *502*
Macpherson, James 8 (1812)
Maennersdoerfer, Maria Christa 109
Maeterlinck, Maurice 62 (1812)
Magd 38, 39, 64, 74, 77, 85, 89, 123, 165
Magddienste 21, 65, 89, 116, 139, 169, 186, 196, 198; 43 (1815)
Magie *siehe* Abwehrzauber, Kontaktmagie, Schutzzauber, Zaubergabe, usw.
Magische Flucht 51, 56, 68, 76, 79, 113, 181; 70 (1812)
  siehe auch Flucht, Luftreise
Magisches Weltbild 25, 29
Mahnung *siehe* Ermahnung, Warnung
Mahrtenehe 92

Malbuch 498
Maleen 198
Malegys 68
Malspiel 498
Manga 67; 500
Mangel, Mangelsituation 15, 36, 97, 100, 103, 125, 153, KL 2; 54 (1812)
Manlius, Johannes 145
Mann aus dem Himmel 104
Mann-Frau-Beziehung 16, 19, 52; 62 (1812)
 siehe auch Eheleute
Männchen, Männlein 13, 64, 91, 110, 116, 163; 64(I) (1812), 66 (1812)
 siehe auch Haulemännerchen, Kobold, Zwerg, usw.
Mannel, Friederike 46, 51, 60, 85; 74 (1812)
Männermärchen 111; 54 (1812)
Mantel 7, 22, 92, 122; 33 (1815)
Märchen siehe Kettenmärchen, Legendenmärchen, Lügenmärchen, Rätselmärchen, Schreckmärchen, Schwankmärchen, Tiermärchen, Zaubermärchen, usw.
Märchenballett 20
Märchenlegende 3, 87
Märchenoper 15, 81, 94, 175; 62 (1812); 503
Märchenspiel 5, 15, 20, 36, 37, 44, 50, 52, 55, 110, 161, 169; 503
Märe 52, 77
Maria 3, KL 10; 482
Maria Magdalena 198
Maringer, Milan 27
Markierung siehe Wegmarkierung
Marschall 60
Martin, hl. 184
Martin, Ludwig 50
Martin von Cochem 31
Mathesius, Johannes 157
Mathilde (Tochter Heinrichs II.) 65
Matrone von Ephesus 38
Maus 2, 23, 58, 171
Medea 51
Meder, Theo 36
Medien, audiovisuelle VI, 5, 11, 15, 20, 21, 26, 36, 37, 44, 53, 55, 64, 83, 88, 99, 109, 136, 153, 187; 33 (1812); 496–500

 siehe auch Einträge unter Bilderbogen, Computerspiel, DVD, Film, usw.
Meer (verwandelt) 51
Meerhäschen 191
Meier Teddy (Pseud.) 43
Meilhac, Henri 62 (1812)
Meinert, Joseph Georg 74, 122
Meister Pfriem 178
Meister und Geselle 68
Meisterdieb 61, 68, 192; 33 (1812)
Meisterin 45
Meisterlied 27, 82, 117, 119, 138, 147
Meisterschütze 111
Melancholie 33 (1812)
Melanchthon, Philipp 27, 180
Meleager 44
Meletinskij, Eleasar 12
Melusine 11
Memorierfähigkeit 10, 30, 41; 72 (1812)
Mensch und Tier 17, 21, 27, 48, 57, 58, 62, 72, 102, 105, 107, 132, 147, 161, 169, 176, 191, KL 1; 16 (1812), 33 (1815); 495
 siehe auch Achtsam, Achtsamkeit; Allverbundenheit
Menschenfleisch riechen 29, 59 (1812)
Menschenfresser 29, 37, 47; 59 (1812), 70 (1812), 82 (1812), 85(b) (1812), 191 (1843–50)
Menschenopfer 60
Merkt, Andreas 19
Merkurius 99
Messer 60, 77, 85, 91; 8 (1812)
Messerschmidt, Georg 62
Metzger 72 (1812)
Meusebach, Karl Hartwig Gregor von 78, 162, 163, 180; 175 (1840–50)
Meyer, Joseph 178
Meyn, Ludwig 107
Michaelis-Jena, Ruth 8 (1812)
Mickey Mouse 20
Midas 89
Mieder, Wolfgang 15
Milch 105
Milchmädchenrechnung siehe Luftschlösser
Mirakel siehe Wunder
Mirakelbücher KL 9

Misander (das ist Johann Samuel Adami) 53
Mischwesen 108
Misogynie *siehe* Frauenfeindlichkeit
Missionserzählung 3
Mißtrauen 26; 191 (1843–50)
Mißverständnisse 7, 20, 27, 32, 33, 48, 59, 72, 77, 98, 102, 104, 119, 120, 143, 174, KL 9
Mitleid *siehe* Barmherzigkeit
Mittelalter 464, 469, 478, *501*
Moiren *siehe* Schicksalsfrauen
Moller, Johannes 115
Mönch 110, 142
Mönch Felix KL 2
Mönch und Vöglein 39
Mond 25, 112, 175
Mondmythologie 12
Montanus, Martin 15, 20, 32, 81, 130, 143
Moral 1, 5, 6, 24, 26, 50, 68, 73, 78, 82, 83, 117, 120, 147, 151, 153, 157, 161, 162, 168, 172, 173, 177, 180, 185, 192; 33 (1812), 33 (1815), 54 (1812), 62 (1812), 175 (1840–50); *491–496, 503*
Moralische Geschichte 83, 185; *491*
Mord 11, 28, 40, 47, 57, 60, 79, 115, 123; 33 (1812), 62 (1812)
Mordanklage 76, 120
Mordanschlag 53, 90, 91, 108, 116; 54 (1812)
Mörder 115, 146; 22 (1812)
 siehe auch Kindsmörderin
Mordgeschichte 22 (1812), 62 (1812)
Mordschloß 73 (1812)
Mörike, Eduard *503*
Morlini, Girolamo 98, 129
Mörser 94
Moscherosch, Johann Michael 23, 78
Moses 96
Mosel 119, 148
Moser, Dietz-Rüdiger 3, 101, 148, 178
Moser-Rath, Elfriede 20, 84
Mouřenín, Tobiáš 110
Mückenpastete 43 (1815)
Mühle 103, 106
Mühlmeister, Karl 186
Mühlradsprache 171
Mühlstein als Kragen 90

Müllenhoff, Karl Viktor 198
Müller, Müllerin 5, 31, 32, 35, 55, 106, 181; 33 (1812)
Müller, Johann Gottwerth 55
Müller, Wilhelm 176
Münch, Johann Gottlieb 88
Münchhausen, Hieronymus Karl Friedrich Freiherr von 112
Mundart *siehe* Dialekt
Mündlichkeit VI, 1, 2, 4, 9, 12, 20, 34, 35, 58, 74, 91, 107, 126, 136, 169, 171, 176, 182, 187, 199; 8 (1812), 72 (1812); *465–467, 479*
Münscher, Carl Friedrich 176
Murayama, Isamitsu *465*
Musäus, Johann Karl August 53, 65, 120, 165, 181, 197; 82 (1812); *478, 492*
Musik 8, 27, 91, 110, 144, 181
Musikinstrument 54, 110, 154
 siehe auch Einzeleinträge
Musikkassette 15, 26, 187
Mussäus, Johann Jakob Nathanael 171–173
Müßiggang *siehe* Faulheit
Mut, Mutprobe 4, 114, 166; 44 (1815)
Mutter 3, 11, 12, 14, 15, 26, 32, 42, 53, 66, 76, 83, 87, 89, 90, 93, 105, 109, 111, 113, 117, 130, 134, 135, 137, 155, 161, 180, 186, 197, KL 1, KL 5, KL 8; 8 (1812), 22 (1812), 32 (1812), 57 (1815), 85(a) (1812)
 siehe auch Eltern, Pflegeeltern, Stiefmutter
Muttergottes 139
Muttergottesgläschen KL 7
Mutter-Gottes-Pantöffelchen *483*
Muttermal 192
Mythologie 24, 26, 27, 29, 51, 64, 91, 150, 175, 180; 43 (1815); *469, 475, 502*
Mythos 57, 90, 112, 150; KL 9; *483, 502*
Nachahmung, mißglückende 13, 24, 81, 87, 119, 146–148, 182; 22 (1812)
Nachbarn 61, 110, 142; 44 (1815)
Nächstenliebe 26
Nacht 4, 22, 88, 92, 93, 121, 175; 64(I) (1812)
Nächte erkauft 88, 193; 59 (1812)

Nachtigall 6 (1812)
Nachwirkung VI, 4, 6, 16, 21, 26, 44, 45, 51, 52, 67, 79, 95, 109, 110, 115, 116, 119, 126, 132, 137, 145, 146, 166, 168, 171, 181, 195, 198, KL 4, KL 5; 27 (1812), 32II (1812), 33 (1812), 43 (1815), 175 (1840–50); *492, 501–505*
Nacktheit 135, 138, 153, 165; 33 (1812)
Nadel 10, 32, 128, 188
Nagel 184
Nagelfaß *siehe* Faß mit Nägeln
Naivität 12, 26, 34, 53, 59, 139; 66 (1815)
Name 21, 27, 51–53, 55, 61, 65, 69, 82, 99, 119, 122, 130, 131, 140, 153, 171, 181, 186, 196, 198, KL 7; 33 (1815), 54 (1812), 62 (1812), 66 (1815), 85(a) (1812); *468 siehe auch* Einzeleinträge
Narr 34, 36, 70, 119, 143, 174
Nase 12, KL 1; Nase 36 (1815)
Nation 21, 50, 65; ; *496, 498 f.*
Natur 89, 161, 181, 187
Naturmythologie 12
Natursage 194
Naubert, Benedikte 24; *492*
Nebelkappe 39
Neckerzählung 86, 200; *482*
Nehrlich, Carl 65
Neid 11, 21, 28, 31, 53, 141, 146, 172; 8 (1812)
   siehe auch Bosheit, böse
Nelke 76
Němcová, Božena 100
Neuber, Valentin 78
Neue Feen-Mährchen zur angenehmen Unterhaltung 21
Neues Testament 75, 81, 115, 135, 148, 152, 157, 162, 167, 177, 178, 180, 194, KL 2, KL 5, KL 6, KL 8, KL 9; 191 (1843–50); *495*
Neugeborenes *siehe* Säugling
Neugier 26, 39, 42, 43, 50, 99, 100, 200; 62 (1812)
Neumann, Siegfried 20, 22, 35
Nicolas de Troyes 70
Nitschke, August 21, 105
Nixe *siehe* Wassergeist

Nonsens 63, 84, 105(III), 131, 140; *482, 490*
Norm und Normverletzung VI, 21, 61, 82, 83, 87, 95, 100, 105, 107, 108, 115, 118, 129, 138, 145, 154, 162, 164, 185, KL 1; 33 (1815), 62 (1812); *491, 494–496*
Nornen *siehe* Schicksalsfrauen
Novelle, Novellistik 7, 19, 61, 63, 68, 71, 77, 78, 81, 136, 144, 192; 33 (1812)
Nuß, Nußbaum 21, KL 10
Oblate 11, 12, 15, 53, 119, 187
Ochse 27, 94
Odin 150, 191
Ofen 89, 127, 147
Ofenbeichte 89, 91
Offenbach, Jacques 62 (1812)
Oger *siehe* Menschenfresser
Okerlo 70 (1812)
Oll Rinkrank 196
Olrik, Axel 151
Oper *siehe* Märchenoper
Opfer 6, 26, 31
Optimismus 21, 26, 39, 164; 33 (1812)
Orff, Carl 94, 175
Orientalisches Erzählgut 12, 49, 99, 138, 142, 164, 165; 75 (1812), 77 (1812), 175 (1840–50)
Orientalisierung 50; 62 (1812)
Orléans, Elisabeth Charlotte von 164
Ornias 99
Orpheus 8, 27
Ostermärlein 20, 82, 178
Otmar (Pseud. für Johann Carl Christoph Nachtigal) 142
Ovid 82, 87
Palast 19
Pancakhyānaka 77 (1812)
Pandaros 182
Panzer, Friedrich 3, 87, 92, 94
Papiertheater *498*
Papst 19, 33, 171
Päpstin Johanna 19, 67
Parabel *siehe* Exemplum, Gleichnis, Predigtexempel
Paracelsus 99, 149
Paradies 3, 180
Paradox 22, 81, 94, 105, 167, 192

Parallelismus 170, 181; *483*
Paraphrase 18, 54, 148, 152, 157, 167, 180, KL 2, KL 6, KL 9
Parodie 1, 4, 5, 12, 15, 20, 21, 26, 36, 37, 42, 50, 53, 55, 69, 81, 95, 104, 118, 138, 139, 151, 172, 187, 192; 62 (1812); *485, 489*
  siehe auch Predigtparodie
Pars pro toto 28, 54, 56, 57, 60, 72, 88, 89, 96, 111, KL 5; 70 (1812)
Parzen *siehe* Schicksalsfrauen
Parzival 4, 47
Passy, Georg 81; 81 (1812)
Pate, Patin 15, 39, 44, 74, 126, 188, 192
Patriarchat 1, 5, 16, 133, 156, 180; 62 (1812)
Patriotismus *493*
Paul, Jean 153
Pauli, Johannes 104, 145, 151, 184, 187, 192
Paulus 135
Paulus Diaconus 149
Pausanias 117
Pech 24
Peine 174
Pelbárt von Temesvar 107
Pelopsmotiv 47
Perceforest 50
Percht 43
Perle 69, 179
Perrault, Charles 13, 15, 21, 26, 37, 45, 50, 65, 71, 87, 106; 33 (1812), 59 (1812), 62 (1812), 71 (1812), 84 (1812); *462, 465, 474, 480*
Personifikation 5, 42, 177; 27 (1812), 85(a) (1812)
Pescheck, Karl Theodor 130
Pessimismus 80, 137, 172; 8 (1812), 175 (1840–50)
  siehe auch Schluß (schlechter Ausgang der Erzählung)
Petit poucet 37, 45; 59 (1812), 62 (1812)
Petronius 33 (1812)
Petrus 35, 81, 82, 104, 147, 167, 175, 178, 192, KL 2
Petzold, Christian 109
Petzoldt, Leander 37
Peuckert, Will-Erich 12, 194

Pfaffe Amis 33 (1812)
Pfand 104
Pfarrer 59, 61, 64, 95, 192
  siehe auch Bischof, Priester
Pfeife 116
Pfeil 72
Pfennig-Magazin 163, 164
Pferd 27, 32, 37, 48, 57, 71, 83, 85, 89, 104, 106, 126, 132, 136, 146, 147, 158, 176, 178, 184, 188, 192; 32 (II) (1812), 64 (1812), 191 (1843–50)
Pflanze, Pflanzen 12, 13, 16, 60, 97, 122, 146, 149, KL 3; 85(a) (1812)
Pflanzensage KL 7, KL 10
Pflaster 85(d) (1812)
Pflegeeltern 60, 185, 188
Phallussymbol 50
Phantasie 15, 37, 40, 46, 60, 64, 77, 121, 131, 155, 158, 178, 187; 32 (1812); *470, 499, 504*
Philemon und Baucis 82, 87
Philippe de Vigneulles 120
Philippe le Picard 124
Philister 29
Philologische Methode *466*
Phönix 165; 75 (1812)
Pif Paf Poltrie 131
Pindar 85(a) (1812)
Pirat 92
Pißpott 19
Platon 85(a) (1812)
Plinius Secundus 171
Plutarch 115, 171
Pocci, Franz Graf von 15, 51, 53, 110, KL 4
Pointe 41, 139, 167
Polarisation, Polarisierung *siehe* Kontrast
Politischer Witz 36
Poliziano, Angelo 71
Polster, Dora 125, 167; *498 f.*
Polykrates 17
Polyphem 191 (1843–50)
Pornographie 26
Postkarte 11, 12, 53, 119, 161, 187
Praetorius, Johannes (Pseud.) *siehe* Schultze, Hans

Prahler, Prahlerei *siehe* Aufschneider, Aufschneiderei
Predigt 104, 157, 178
Predigtexemplum, Predigtmärlein 75, 77, 78, 109, 120, 178, KL 5
Predigtliteratur 82, 139, 143, 180; *464*, *495*
Predigtparodie 95, 192
Predigtsammlung 20, 184
Priester 167
 siehe auch Bischof, Pfarrer
Prinz Johannes 85(c) (1812)
Prinz *siehe* Königssohn
Prinz Schwan 59 (1812)
Prinz Schwein 108
Prinzessin Mäusehaut 71 (1812)
Prinzessin *siehe* Königstochter
Profanierung 107, 195, KL 1; 85(a) (1812)
Pröhle, Heinrich 175
Prokne 47
Prophezeiung 13, 17, 29, 33, 50, 61, 69, 76, 97, 126, 153, 163; 73 (1812), 85(a) (1812, 175 (1840–50), 182 (1843)
 siehe auch Geistersichtigkeit, Schicksal
Prophezeiungsliteratur 22 (1812)
Proportionsphantasie 37
Prozeßmotive 7, 36, 76, 94, 120, 170
 siehe auch Rechtsvorstellungen
Prüfung 3, 4, 12, 91, 100, 179; 16 (1812), 59 (1812)
 siehe auch Einträge unter Bewährungsprobe, Mutprobe, usw.
Prügel *siehe* Schlag
Pseudo-Lukian 122
Pseudo-Quintilian 175 (1840–50)
Psychiatrie *504*
Psychoanalyse *VI*, 1; *504*
Psychologie *VI*, 9, 11, 12, 15, 47, 53, 55, 57, 60, 62, 63, 69, 83, 89, 135, 136, 150, 161, 178, 181; 33 (1812), 62 (1812)
Psychotherapie *504*
Pudel 76
Pulgarcillo 37
Puppe 66
Puppenspiel 95
Puschkin, Alexander 53, 96
Puzzle 187; *498*

Quacksalber *siehe* Scharlatan
Qualnächte 4, 92, 93, 121
Quartett 187; 33 (1812); *498*
Rabe 17, 21, 25, 61, 93, 191; 16 (1812), 33 (1815)
Rache 13, 58, 92, 99, 115, 116, 149, 185
Rackham, Arthur 62 (1812)
Rahmenerzählung 36; 85(a) (1812), 191 (1843–50)
Ramberg, Johann Heinrich 36
Ramus, Charlotte 9
Ramus, Julia 9
Rangstreitfabel 171
Rank, Otto 12
Ranke, Kurt 26, 42, 60, 94, 118, 152
Ranzen 54, 81
Raparius 146
Rapunzel 12
Rat der Tiere 171
Ratgeber, Ratgeberin, Ratschlag 5, 12, 15, 26, 32, 57, 64, 65, 73, 78, 88, 94, 97, 99, 116, 125, 132, 134, 135, 137, 139, 155, 157, 191, KL 4; 59 (1812), 66 (1815), 107 (1815–40), 191 (1843–50)
Rationalismus 57 (1815)
Rationalisierung 1, 81, 82, 99
Rätsel 22, 94, 114, 138, 152, 160; 85(b) (1812), 191 (1843–50)
 siehe auch Halslöserätsel
Rätselbuch 152, 160; *464*
Rätselmärchen 22, 125, 160, 191; 85(b) (1812); *482*
Rätselschwank 22, 28, 94, 152; *482*
Raub *siehe* Dieb, Diebstahl
Räuber 27, 40, 59, 123, 142, 199; 191 (1843–50)
Raumvorstellung 15, 25, 152, KL 2
Realitätsbezüge 5, 78, 82, 83, 119, 143, 151*, 170, 188; 57 (1815); *503 f.*
Rebhühner 115; 33 (1812)
Rechtfertigung 180
Rechtsvorstellungen 6, 33, 58, 86, 95, 97, 107, 151, 120, 171, 172; 22 (1812), 191 (1843–50)
 siehe auch Prozeßmotive, Richter, Urteil

Redensart 4, 20, 27, 32, 36, 44, 52, 53, 55, 74, 83, 99, 113, 115, 158, 199, 200; 27 (1812), 33 (1812), 182 (1843); *488, 504*
Redseligkeit 115, 156
Reductio ad absurdum 94, 152, 155
Reich, Reichtum 13, 31, 39, 40, 42, 46, 54, 71, 76, 83, 84, 100, 101, 103, 105, 181, 182, 186, 192, 195; 32 (1812), 33 (1812), 61 (1812)
  siehe auch Arm und reich
Reifung 1, 5, 11, 12, 15, 26, 36, 50, 53, 55, 65, 89, 91, 181; 33 (1812)
Reim, Reime *siehe* Kinderreim; Vers, Verse
Reimer, Georg Andreas 19, 86; *471 f., 474 f., 496*
Reinald das Wunderkind 82 (1812)
Reinecke, Johann Christoph Matthias 181
Reineke (Reinhart) Fuchs 58, 72, 73, 75, 171; 33 (1812); *463, 481*
Reinhardt, Udo 3
Reiniger, Lotte *498*
Reinmar von Zweter 184
Reise 29, 41, 81, 88, 92, 107, 112, 120, 165, 196; 62 (1812)
  siehe auch Luftreise, Suchwanderung, Tiere auf Wanderschaft, Wanderschaft
Reiter 83, 184
Reklame 1, 26, 36, 53, 106, 153, 187; *500*
Reklamemarke 161; 33 (1812); *494*
Reklamesammelbild 4, 11, 12, 15, 119, 161, 187; 33 (1812); *498*
Relativität der Zeit 39, 50, 152, KL 2
  siehe auch Zeit
Religiosität *473, 483, 495*
Relikt 14, 21, 27, 50, 55, 57
Requisit 36, 141
Retardierende Züge 3, 6, 52, 56, 64, 67, 88, 89, 111, 113, 126, 151, 186, 193; 59 (1812)
Retter, Retterin, Rettung 3, 5, 6, 9, 18, 26, 29, 46, 48, 60, 62, 91, 93, 96, 110, 116, 125, 165, 166, 181; 59 (1812), 62 (1812), 66 (1815), 77 (1812), 175 (1840–50), 191 (1843–50)
Reue 3, 78, 107, 122, 130, 134, 154, 182; KL 1, KL 6; *492*
Reynitzsch, Johann Christian Wilhelm 24

Reynke de Vos 187
Rezeption *siehe* Nachwirkung
Rhampsinit-Märchen 116
Rheinsage 142
Rhode, Johann Gottlieb 21
Richter 6, 35, 94, 110, 116, 170, 185
Richter, Dieter 27, 158
Richter, Ludwig 5, 15, 64, 187, 192; *500*
Richtungssymbolik 97, 186
Riese, Riesen 20, 21, 90, 92, 111, 113, 121, 136, 165, 177, 183, 191, 193, 197; 191 (1843–50)
Ring 15, 17, 25, 55, 93, 101, 116, 192
  siehe auch Zauberring
Ringelnatter 105
Rist, Johann 53
Ritter 4, 22, 33, 130; 44 (1815)
Ritterroman 20, 136; *470*
Ritz, Hans (Pseud.) *siehe* Erckenbrecht, Ulrich
Rivalität 9, 28, 96, 97, 106
  siehe auch Gegenspieler, Gegenspielerin
Robert le dyable 136
Robertus de Sorbona 85(a) (1812)
Rochow, Friedrich Eberhard von *491*
Rodigast, Samuel 96
Rodulf 149
Rohrdommel 173
Röhrich, Lutz 1, 12, 21, 26, 46, 54, 55, 83, 92, 108, 125, 165, 187, 191; 43 (1815)
Roland 56
Rolandsdenkmal 27
Rölleke, Heinz 4, 42, 44, 65, 67, 97, 105, 153, 181; 43 (1812/19), 71 (1812), 85(d) (1812); *466*
Rollenhagen, Georg 27, 72, 75, 157; *471, 492*
Rollentausch 89, 125, 128, 135, 198
Roman 29, 53, 57, 60, 69, 136, 163, 185; 62 (1812), 68 (1812)
Roman de Renart 2, 8, 38, 132
Romantik 149; *470, 485, 489*
Romantisierung 3, 28, 69, 123, 181, 198
Romulus (5. Jh.) 5
Rose 13, KL 3, KL 4; 70 (1812)
Rosenrot 161

Rot 26, 38, 47, 53, 69, 77, 91, 126, 182
Rotkäppchen 26
Rübe 146
Rübezahl 149
Rubin, Eva Maria 26; *409*
Rückert, Friedrich 43; *494*
Rückkehr 15, 28, 50, 83, 108, 112, 120, KL 2; 73 (1812), 77 (1812)
 siehe auch Heimkehr, Heimkehrer
Rückverwandlung *siehe* Erlösung
Ruf, Theodor 53
Rührseligkeit 107, 161, 188, KL 1
Rullemann 62 (1812)
Rumetrud 149
Rumpelstilzchen 55
Rumpf, Marianne 24
Rundfunk 26
Rundzahl 151*, 176, KL 10; *472 f.*
Runge, Daniel 19, 47; *462*
Runge, Gustaf 19
Runge, Philipp Otto 19, 47, 69
Rüttner-Cova, Sonja *505*
Säbel 111, 117
Sachs, Hans 27, 54, 72, 75, 82, 103, 104, 117, 119, 132, 148, 158, 167, 180, 195; 175 (1840–50)
Sack 32, 36, 61, 100, 146, 192, KL 1
Sadismus 21, 107, 178
Saga 52, 68
Sage 92, 103, 105(II), 108, 115, 117, 149, 172, 173, 180, 182, 193, 194; KL 8, KL 9, KL 10; 22 (1812), 33 (1815), 57 (1815); *479 f., 482, 492*
 siehe auch Ätiologie, Dämonologische Sage, Freundschaftssage, Heldensage, Natursage, Pflanzensage, Rheinsage, Schatzsage, Tiersage, Totensage, Warnsage, Zeitungssage
Sägemehl als Wegspur 15
Sagen der böhmischen Vorzeit 15, 21, 135, 149
Sagenballade 167
Sagenkonkordanz *462 f.*
Sakrament 3, KL 6
 siehe auch Einzeleinträge
Salomon 99, 110

Salomon und Markolf 7, 110
Salz 103, 179; 71 (1812)
Samson *siehe* Simson
Sander, Eckhard 53
Sarg *siehe* Glassarg
Satire 23, 26, 27, 158, 187; 33 (1812), 62 (1812), 82 (1812); *500*
Säugen 11, 43, 90
Säugling 29, 31, 108; 22 (1812)
Savigny, Friedrich Carl 3, 38, 47, 53, 55; *475, 480*
Schachtelseele in einem Ei 197
Schadenfreude 20, 82
Schädiger, Schädigerin, Schädigung 4, 5, 13, 15, 21, 30, 31, 33, 46, 50, 53, 91, 99, 107, 122, 128, 130, 135
 siehe auch Gegenspieler, Gegenspielerin
Schäfer (Beiträger) 96
Schäfer, Schäferin *siehe* Hirt, Hirtin
Schallplatte 53, 187
Schamanismus 24, 197
Scharfsinnsprobe 22, 68, 94, 114, 160, 191
 siehe auch Klugheit
Scharlatan 42, 44, 118; 33 (1812)
Schatz 36, 59, 105
Schatzsage 135
Schauergeschichte 8, 69
 siehe auch Gruselgeschichte
Schauspiel *siehe* Volksschauspiel
Scheffelmaß geliehen 142
Scheintot 38, 163
Schellenberg, Elisabeth 21, 57
Schenda, Rudolf 6, 50; 54 (1812), 57 (1815)
Scherenschleifer 83
Scherenschnitt 498
Scherf, Walter 3, 9, 27, 42, 43, 55, 88, 123, 133, 179, 183, 191
Schicksal 5, 13, 17, 28, 29, 31, 33, 50, 69, 76, 90, 97, 115, 126, 135, 141, 153, 163, 167, 179, 185, 187, 197, KL 6; 22 (1812), 62 (1812), 73 (1812), 85(a) (1812, 175 (1840–50)
 siehe auch Prophezeiung, Todesprophezeiung
Schicksalsfrauen 3, 14, 44

Schicksalsmärchen 5, 29; 175 (1840–50)
Schicksalsroman 65
Schiff 6, 16
Schiff zu Wasser und zu Lande 64, 165
Schilda 174
Schildkröte 187
Schilling, Friedrich Gustav 44
Schiltbürger 174
Schimmel *siehe* Pferd
Schinden, Schinder 110, 195; 72 (1812)
Schittek, Claudia 41
Schlachter *siehe* Metzger
Schlaf, schlafen 4, 50, 53, 60, 111, 116, KL 2, KL 5; 85(a) (1812)
Schlaftrunk 88, 193
Schlag, schlagen 7, 54, 81, 91, 95, 104, 116, 117, 168
Schlagfertigkeit 7, 162, 170
Schlagstock *siehe* Knüppel
Schlange 16, 92, KL 1
Schlangenkönigin, -krone 105
Schla(u)raffenland 103, 158
Schlauheit *siehe* Klugheit
Schlegel, Friedrich 58
Schlickerlinge 156
Schloß 12, 19, 50, 69, 70, 76, 81, 91, 92, 106, 107, 121, 126, 137, 186, 197; 44 (1815), 54 (1812), 73 (1812)
Schluß 4, 20, 40, 42, 48, 52, 55, 57, 59, 67, 69, 70, 76, 78, 88, 91, 94, 97, 108, 118, 126, 127, 130, 134, 138, 141, 146, 149, 151, 158, 159, 161, 162, 164, 168, 170, 179, 191, 195, 200; 6 (1812), 33 (1815), 43 (1812/19), 54 (1812), 59 (1812), 60 (1812), 64(I) (1812), 70 (1812), 85(b) (1812); 175 (1840–50); *489*
Schluß (schlechter Ausgang der Erzählung) 26, 30, 35, 39, 41, 44, 80, 90, 92, 95, 117, 145, 150, 171, 185; 8 (1812), 175 (1840–50)
Schlüssel 135, 167, 200
Schlüssel, alter und neuer 67; (59 (1812)
Schmeichelei 5
Schmerz 107, 109, 121
Schmerzenreich 31
Schmid, Johann Jakob Friedrich 165, 167

Schmid, Josef Leonhard 110
Schmidt, Kathrin 1
Schmied, Schmieden 39, 81, 82, 90, 147, 171; 81 (1812)
Schmuck 22, 55
Schnecke 164
Schnee 24, 47, 53, 200
Schneeblume 85(a) (1812)
Schneeglöckchen 85(a) (1812)
Schneeweißchen 161
Schneewittchen 21, 53
Schneider, Schneiderin 18, 20, 35, 37, 39, 104, 107, 114, 163, 167, 170, 183; 61 (1812)
Schneider, Rolf-Rüdiger 194
Schnorrwitz 175
Schnürriemen 53
Scholle 172
Schönheit 13, 17, 21, 50, 53, 65, 76, 93, 108, 135, 144, 147, 163, 193; 85(a) (1812); *495, 500*
Schönheitsschock 6, 89, 111, 186
Schoof, Wilhelm 87; 73 (1812)
Schöpfungsgeschichte 148; *495*
Schreckmärchen 26, 40, 42, 43, 150; 43 (1812/19); *482*
siehe auch Warnerzählung
Schreiner *siehe* Tischler
Schröder, Binette 26
Schröder, Wilhelm Christian 187
Schubart, Christian Friedrich Daniel 167
Schubarth, Henriette 28
Schuh 21, 26, 28, 91, 111, 116, 117, 120, 133
siehe auch Stiefel
Schuld 98, 108, 117, 154
Schultze, Hans 14, 39, 44, 84, 149; 57 (1815), 66 (1815)
Schulwandbild *498*
Schulz, Friedrich 12
Schumacher, Andreas 25, 179
Schumann, Valentin 70
Schumann, Wilhelm 63, 136
Schummel, Johann Gottlieb 71
Schupp, Johannes Balthasar 157; *495*
Schuß auf den Toten 192
Schuster 18, 39, 107, 178

Schütte, Gudmund 151
Schutz KL 8, KL 10; 8 (1812)
Schutzengel 11, 161, 188, KL 1
Schutzlosigkeit 29, 39
Schutzzauber 89, 137, 181
    siehe auch Amulett
Schwaben 119
Schwan 49; 44 (1815), 59 (1812)
Schwanenritter 49
Schwangerschaft 12, 50, 147; 54 (1812)
Schwanjungfrau-Motiv 193
Schwank 7, 22, 32, 34, 35, 59, 61, 68, 77, 83, 84, 94, 95, 98, 104, 119, 120, 128, 131, 139, 143, 146, 148, 151, 151*, 155, 162, 164, 167, 168, 170, 174, 183; 32 (1812), 61 (1812); *477, 482, 496, 501*
    siehe auch Legendenschwank, Rätselschwank, Schwankmärchen, Tierschwank
Schwankbuch 71, 110, 139, 174; *464*
Schwankmärchen 4, 20, 36, 64, 66, 70, 71, 81, 82, 90, 99, 100, 101, 106, 110, 118, 124, 129, 134, 147, 166, 175, 189, 192, 195, 199; 33 (1812), 36 (1812), 81 (1812), 85(b) (1812), 85(d) (1812); *477, 482, 496*
Schwarz 18, 76, 108, 116, 135, 137
Schwarzbaum, Haim 167
Schweigen 3, 6, 9, 49, 89, 91, 123, 127, 128, 165
Schwein 48, 108
Schweineschlachten spielen 22 (1812)
Schwert 92, 111, 127; 43 (1815)
Schwertzell, Wilhelmine von 44
Schwester, Schwestern 1, 9, 11, 13, 15, 24, 25, 46, 47, 49, 79, 88, 91, 96, 130, 155, 161, 169, KL 5; 43 (1815), 60 (1812), 82 (1812), 85(d) (1812)
Schwiegermutter 9, 147; 84 (1812)
Schwiegersohn 54 (1812)
Schwiegertochter 147, KL 8
Schwimmen im Flachsfeld 149
Schwind, Moriz von 47
Schwundstufe 1, 26, 59
Scott, Walter 8 (1812)
Sechs 37, 49, 71, 134
Sechter, Simon 82

Seele 153
Seele außerhalb *siehe* External soul
Seelentier (Unke) 105
Seelenvogel 47, 96, 173, 197
Seelenwanderung KL 3
Seemann, Erich KL 5
Segen 50, 141, 153; 64(I) (1812)
Sehnsucht *siehe* Wunsch, Wünsche
Seibert, Peter 109
Seil 112
Selbstgespräch 12, 59, 83, 153; *494*
Selbstlosigkeit 6, 88, KL 4
Selbstmord 198; 22 (1812)
Selbstschädigung 6, 8, 13, 15, 21, 25, 26, 55, 118, 132, 156, 185; 191 (1843–50)
Seligkeit KL 9
Sensationsliteratur 185; 22 (1812), 62 (1812)
Sense 70
Sentenz *siehe* Spruchweisheit
Sequenz *siehe* Episode
Sercambi, Giovanni 71
Sexualität 26, 38, 50, 53, 65, 93, 111, 133, 163, 165; *490*
Shakespeare, William 179; 8 (1812)
Shojaei Kawan, Christine 9, 11, 25, 38, 39, 49, 53, 110; 182 (1843)
Siddhi-Kür 104; 104 (1815–50)
Sieb 178
Sieben 9, 15, 25, 30, 49, 76, 100, 106, 125
Sieben Schwaben 119
Sieben weise Meister 192
Siebenschläferlegende 57 (1815)
Siebert, Ferdinand 4, 87, 114, 124; 33 (1815), 68 (1812), 104 (1815–50)
Siegfried 4, 166
Siegfried, gehörnter 110
Siegmund, Wolfdietrich *504*
Silber und Gold 54
Silvester I. (Papst) 6
Silvester II. (Papst) 33, 171
Simeliberg 142
Similia similibus 58, 79
Simrock, Karl 182 (1843)
Simson 29
Simulation *siehe* Täuschung
Sindbad-Zyklus 49

Singemärchen 47, 95
Singspiel 87, 95; 62 (1812)
Sinnestäuschung *siehe* Täuschung
Sirene 181
Situationskomik *siehe* Komik
Skatologie 2, 151*
Sneewittchen *500*
Sô ist diz von lügenen 158
Soest 138
Sohn, Söhne 33, 36, 57, 60, 63, 69, 70, 76, 90, 92, 93, 97, 99, 104, 111, 117, 124, 129, 134, 136, 138, 145, 151, 166, 191, KL 2; 191 (1843–50); 33 (1812), 33 (1815), 36(II) (1812), 82 (1812)
  siehe auch Königssohn
Sohn der Sonne 85(a) (1812)
Solbrig, Friedrich 167
Soldaats, Trijntje *siehe* Alberts, Trijntje
Soldat (Beiträger) 92; 107 (1815–40)
Soldat 54, 71, 81, 100, 101, 116, 125, 133, 195, 199; 16 (1812), 44 (1815)
Solms, Wilhelm 21, 83, 87, 145, 191; 27 (1812), 32 (1812); 43 (1812/19)
Somadeva 6
Sommer, Emil 182
Sommergarten 68 (1812)
Sonne 25, 89; 85(a) (1812)
Sonne bringt es an den Tag 115
Sonne, Mond, Nachtwind 88
Sonne-, Mond- und Sterne-Motiv 65, 193
Sonnenkleid 88
Sonntagskind 83
Sorglosigkeit 5, 26, 72, 73, 75, 83, 95
Soziales Milieu 6, 11, 14, 15, 19–21, 36, 38, 42, 50, 52, 64, 71, 74, 81, 88, 90, 94, 99, 100, 106–108, 110, 111, 126, 130, 133, 135, 145, 155, 162, 165–168, 174, 179, 180, 185, 187–189, KL 1; 16 (1812), 175 (1840–50); *493–495*
Sozialkritik 27, 44, 87, 90, 95, 116, 162, 199; 33 (1812), 82 (1812); *489, 493f., 503f.*
Sozialutopie *siehe* Utopie
Spannung 4, 6, 17, 19, 25, 31, 46, 50, 56, 57, 60, 64, 67, 69, 82, 87–89, 91, 96, 106, 107, 110, 125, 126, 135, 141, 144, 146, 151, 184, 186, 193, 198; 70 (1812), 104 (1815–50)
Sparsamkeit 53, 155
Specht 23
Speck 32
Speckter, Otto 1, 11; 33 (1812)
Speculum exemplorum 154
Speichel 89
Speise und Trank 12, 25, 37, 54, 60, 61, 64, 73, 76, 77, 81, 85, 90, 91, 93, 103, 105, 122, 158, 185, 199, KL 5, KL 9; 36(II) (1812), 60 (1812)
Speisewunder 64, 103
Spenser, Edmund 8 (1812)
Sperling 58, 157
Sperr, Franziska 34
Spiegel 53
Spiegelnde Strafe *siehe* Talion
Spielen, Spieler 79, 82, 91
  siehe auch Kinderspiel
Spieleverzeichnis 72 (1812)
Spielhansl 82
Spielmann 8, 38, 52
Spielmannswunder 66 (1815)
Spil von den zwelf pfaffenknechten 151*
Spindel 50, 188; 59 (1812)
Spinnen, Spinnfrau 14, 50, 55, 128, 156, 188
Spinnrad 14, 67; 59 (1812)
Spinnstube 21
Spontaneität 12, 83, 87, 91, 162; 22 (1812)
Spott 20, 36, 38, 45, 61, 68, 83, 139, 147, 170, 192
Sprachlehrbuch *475*
Sprachmißverständnisse 7, 59, 98, 104, 120
  siehe auch Mißverständnisse
Spreu als Wegspur 15
Sprichwort 2, 5–7, 19, 27,75, 83, 98, 99, 106, 107, 115, 153, 158, 162, 164, 178, 184; 175 (1840–50), 191 (1843–50); *488*
Sprichwörtliche Redensart *siehe* Redensart
Spruch 39, 99, 117, 157; 59 (1812); *488*
  siehe auch Zauberspruch
Spruchweisheit 1, 96, 106, 107, 167, 184, KL 8; 27 (1812), 175 (1840–50)
Spukhaus 4, 81
Spule 24

Stadt 60, 61, 116, 174, 187, 199; 33 (1815), 182 (1843)
Stadtmüller, Klaus 12, 26
Stadtmusikanten 27
Stahl, Karoline 161
Ständeordnung 23, 29, 65, 162, 167, 180; *493*
Standesunterschiede *siehe* Soziales Milieu
Stark und schwach 2, 5, 20, 73, 86, 102, 158, 187
Stärke, außergewöhnliche 29, 90, 121, 166, 183, 187; 191 (1843, 1850)
Starker Hans 166
Statue 139, KL 9; 66 (1815)
Stecknadel 10
Steenbloch, Cornelius Enevold 161
Steffens, Heinrich *462*
Stehlen *siehe* Dieb, Diebstahl
Steig, Reinhold 22 (1812)
Steine als Wegspur 15, 63
Steiner, Rudolf (1861–1925) 27
Steinhöwel, Heinrich 5, 75, 132
Stellvertreter 89, 116, KL 2
Stenzler, Marie 107
Sterben 29, 31, 44, 105, KL 5
 siehe auch Tod
Stereotyp 7, 12, 20, 35, 46, 53, 59, 69, 108, 110, 123, 128, 143, 163, 170; 33 (1812), 62 (1812), 85(d) (1812)
Stern 25, 152, 153
Sterntaler 153
Stertzing, Friedrich 192
Stevenson, Robert L. 99
Stiefel 56, 92; 33 (1812)
 siehe auch Schuh, Zauberstiefel
Stiefkind, Stiefkinder 11, 13, 15, 47, 49, 53, 56, 135, 186
Stiefmutter 11, 13, 15, 21, 22, 24, 47, 49, 50, 53, 56, 141, 135, 186
Stiefschwester 11, 13, 21, 135
Stil *VI*, 5, 14, 15, 19, 27, 34, 38, 44, 59, 64, 69, 77, 83, 99, 102, 136, 153, 160, 170, 176, 181, 195, 198, KL 2; *466, 483–491, 504*
 siehe auch Bearbeitung; Dekorative Züge; Formel, Formelhaftigkeit; Retardierende Züge; Spannung, usw.

Stimme 5
Stöber, August 5, 15, 19; *485, 502*
Stoeterogge, Brandan Ludolph 188
Stolz 52, 53, 114, 191
Stölzle, Ignaz 15
Storch, Eleonore 36
Storck, Edzard 87
Strafe 3, 13, 15, 16, 21, 24, 26, 29, 33, 36, 39, 43, 46, 53, 56, 58, 69, 76, 86, 87, 89, 91, 95–97, 107, 108, 111, 117, 120, 122, 135, 145, 154, 170, 172, 185, 194, 197, KL 1, KL 5; 54 (1812), 66 (1815); *478*
 siehe auch Spiegelnde Strafe, Todesstrafe
Straparola, Giovan Francesco 4, 60, 65, 68, 96, 108, 126, 129, 136, 181, 192; 33 (1812), 54 (1812); *462, 465, 474*
Streit, Streitsucht 107, 128, 152, 168, 170, 172, 178
Streit der Vögel 102
Streit um Zaubergegenstände 92, 93, 193, 197; 36 (1815)
Stricker 152
Strobl, Andreas 77, 82, 139; 66 (1815)
Stroh zu Gold 55
Strohhalm 18
Struktur 1, 2, 5–7, 10, 11, 15, 19, 21, 22, 27, 30, 32, 35, 36, 40, 43, 48, 51, 53, 56, 60, 63, 65, 69, 71, 72, 76, 77, 79, 81, 88, 89, 91–95, 106, 107, 109, 110, 118, 121, 123, 125, 130, 132, 142, 151, 153, 162, 165, 170, 171, 175, 181, 184, 186, 189, KL 9; 33 (1815), 44 (1815), 59 (1812), 107 (1815–40), 175 (1840–50), 182 (1843); *466, 485, 487, 489*
Student 81, 120
Stummheit 159
Stumpfe, Ortrud 136
Sturz in den Brunnen 5, 24, 79, 116
Sublimierung 66, 93, 155; 33 (1812)
Subtypen 9, 25, 49
Suche, Suchwanderung 1, 4, 25, 49, 50, 57, 73, 88, 92, 93, 96, 97, 104, 106, 119, 126, 127, 135, 162, 179, 181, 186, 193, 197, 200; 43 (1815), 59 (1812), 82 (1812), 182 (1843); *490*

Sueton 164, 184
Sünde, Sünder 3, 13, 19, 35, 65, 100, 107, 147, 178, KL 5, KL 6; *491*
Süs, Gustav 187
Sutermeister, Otto 165; *502*
Svend Tombling 37
Sydow, Carl Wilhelm von 37
Sylvanus (Preud.) 163; *464*
Symbol, Symbolik *VII*, 1, 11, 12, 19, 20, 25–27, 47, 50, 52, 53, 60, 62, 63, 65, 67, 69, 76, 97–99, 108, 116, 126, 135, 137, 147, 167, 171, 186, 197, 200, KL 1, KL 3–KL 6; 62 (1812), 85(a) (1812); *473, 500, 503*
Symbolum castitatis 60
Symmetrie 15, 27, 171; *485*
Sympathie 73, 81, 83, 135, 162, 187
Sympathiezauber 60, 85, 105
Symplegaden 142
Syntagmatische Achse 60
Szonn, Gerhard 4, 5, 50
Tabu 3, 44, 92, 127, 136, 162, 164
    siehe auch Norm und Normverletzung
Tag, Tage 106, 152
Tale of the Basyn 64
Talion 58, 89, 107
    siehe auch Similia similibus
Talisman *siehe* Amulett
Talmud 167
Tanaquil 19
Tanz 5, 110, 133, 175, 182
Tapferkeit 20
Tatar, Maria 57 (1815), 84 (1812)
Tau 107 (1815–40)
Taube 33, 76, 88, 123, 171; 44 (1815), 64(I) (1812)
Taubheit 159
Tauschgeschäfte 7, 83, 99, 164, 165; 6 (1812)
Täuschung 2, 5, 11, 14, 20, 26, 34, 49, 61, 70, 74, 76, 77, 84, 86, 93, 95, 99, 116, 128, 132, 142, 149, 171, 187, 189, 192; 33 (1812), 66 (1812), 191 (1843–50)
    siehe auch Betrug, Betrüger; List
Tausendundeine Nacht 96, 99, 116, 142; 77 (1812), 85(d) (1812); *462*

Taylor, Archer 131, 200
Taylor, Edgar 41
Testamentum Salomonis 99
Teufel 29, 31, 44, 55, 65, 81, 90, 92, 100, 101, 120, 121, 125, 147, 148, 163, 189, 195; 81 (1812)
    siehe auch Geprellter Tod (Teufel)
Teufels (Ogers) Großmutter 29, 125; 59 (1812)
Teufelspakt 31, 100, 101, 120, 125, 189
Text *463–477, 483–491*
Text-Bild-Verhältnis *496 f.*
Theriomorph, Theriomorphisierung 9, 13, 49, 76, 108; 43 (1815), 66 (1812), 82 (1812)
    siehe auch Tierverwandlung
Thomas Cantipratanus 13, 109
Thüring von Ringoltingen 11
Tieck, Ludwig 26; 33 (1812), 62 (1812); *464*
Tier, Tiere 8, 30, 32, 58, 60, 70, 72, 73, 86, 102, 107, 157, 169, 171; 72 (1812), 104 (1815–50); *490, 495, 497 f.*
    siehe auch Dankbare (hilfreiche) Tiere sowie Einzeleinträge
Tierbraut, Tierbräutigam 1, 38, 88, 108, 127, 144, 161, 165; 13 (1815), 59 (1812), 66 (1812), 68 (1812)
Tiere auf Wanderschaft 10, 18, 27, 41, 80
Tierepos 1, 2, 8, 27, 38, 58, 73; *492*
Tiergeburt 96, 147
Tiergestaltig *siehe* Theriomorph, Tierverwandlung
Tierhaut 61, 108; 43 (1815), 71 (1812), 85(b) (1812)
Tierhelfer, Tierhelferin 15, 21, 48, 57, 76, 106, 107, 121, 123, 126, 127, 132, 136, 165, 191; 33 (1812), 43 (1815), 44 (1815), 104 (1815–50)
    siehe auch Dankbare (hilfreiche) Tiere
Tierherz 60, 81, 122; 73 (1812)
Tierhochzeit 38
Tierkinder 5, 157
Tierkönig 1, 171, 172; 82 (1812)
Tiermärchen 2, 5, 23, 30, 48, 58, 72, 80, 132, 171, 172, 190; 6 (1812), 104 (1815–50); *463 f., 482*

Tiermutter 5
Tierpyramide 27; *497*
Tiersage 171
Tierschwäger 197; 82 (1812)
Tierschwank 10, 18, 23, 27, 38, 41, 73–75, 86, 102, 174, 187; *482*
Tiersprache 10, 17, 23, 27, 33, 41, 57, 89, 106, 107, 135, 141, 169, 176; 33 (1815), 43 (1815), 107 (1815–40)
Tiersprachenkundiger Mensch 17, 33, 57, 89, 106, 107, 141, 169; 33 (1815), 43 (1815), 107 (1815–40)
Tierverwandlung 1, 9, 11–13, 19, 25, 47, 69, 76, 88, 92, 93, 108, 122, 123, 135, 191, 197
Tisch, schwimmender 77 (1812)
Tischleindeckdich 36, 54; 36(II) (1812)
Tischler 171; 44 (1815), 77 (1812)
Tobit 6
Tochter, Töchter 1, 3, 11, 12, 15, 31, 34, 52, 64, 65, 71, 88, 89, 94, 96, 108, 111, 116, 134, 135, 161, 181; 57 (1815), 62 (1812), 77 (1812), 82 (1812), 85(b) (1812)
 siehe auch Eltern und Kinder, Königstochter
Tochter als Preis 20, 116, 134
 siehe auch Königstochter als Preis
Tod 4, 9, 11, 13, 15, 25, 27, 28, 42–44, 46, 50, 51, 58, 61, 69, 72, 76, 79, 80, 94, 96, 105, 117, 150, 177, KL 1, KL 3, KL 9; 27 (1812), 73 (1812), 175 (1840–50)
Todesbrief 29
Todesdrohung 5, 91, 152, 191, 192, 199
Todesengel 44
Todesprophezeiung 13, 50
Todesstrafe 6, 33, 86, 89, 91, 116, 120
Todesurteil *siehe* Urteil
Tom Thumb 37
Topf 59, 64, 103, 164
Töpferwaren zerschlagen 52, 111
Topographie, fiktive 95, 142, 158, 175
Tornister *siehe* Ranzen
Tot: sich tot glauben 185
Tot: sich tot stellen 192

Tote, Toter 4, 46, 69, 104, 109, 115, 117, 154, 175, 187, 192, KL 8; 62 (1812), 191 (1843–50)
 siehe auch Wiedergänger
Totenbeschwörung 149
Totenerweckung *siehe* Wiedererweckung
Totenhemdchen 109
Totenkopf 46
Totenmesse KL 8
Totenreiterlied 73 (1812)
Totensage 154
Tottanzen 53, 56
Tötung 2, 6, 9, 26, 33, 56, 58, 60, 105, 111; 44 (1815)
 siehe auch Mord
Tötungsversuch *siehe* Mordanschlag
Tourismus 27, 53, 187
Tragica-Literatur 27 (1812)
Tragik 92; 22 (1812)
Traktat 109
Tränen 31, 44, 55, 109, 179
Tränenkrüglein 109
Trauer 44, 60, 76, 109, 181, KL 8
 siehe auch Klage
Traum 33, 69, 97, 181
Travestie 5
Traxler, Hans 15
Trennung 12, 60, 88, 93, 181; 68 (1812), 71 (1812)
Treue 2, 6, 16, 38, 48, 116, 121, 162
Treuebruch, Treulosigkeit *siehe* Untreue
Triade *siehe* Drei, Dreizahl
Trickfilm 20, 53
 siehe auch Film
Trickster 61, 68
 siehe auch Betrüger
Tridentinum 3
Trine 34
Trinität 81
Tristan *485*
Tristant *485*
Trommler 193
Trotz 117
Troylus und Zelandine 50
Truchseß 115
Truffer, Hans 33

Trugheilung 126
Trunkenheit 185, 192, 199
Trut 43
Tugend 21, 24, 53, 128, 153, 157, 188, KL 1; 33 (1815), 85(a) (1812), 104 (1815–50); *493–496*
    siehe auch Einträge unter Barmherzigkeit, Fleiß, usw.
Tumbeor Nostre Dame 66 (1815)
Tür, verbotene 46, 200; 62 (1812)
    siehe auch Zimmer, verbotenes
Turandot 22, 114, 152
Turm 12, 50, 76, 111, 198; 77 (1812)
Turnier 136
Tyrann 17
Ubbelohde, Otto 123, 125, 160, 165, 167, 172, 173, 186; *498*, *500*
Überempfindlichkeit 182 (1843)
Überheblichkeit 125, 172, 180
Überlistung *siehe* Täuschung
Übermut 110, 118, 194
Überredung 2, 37
Übersetzung, Übersetzer *V*, 4, 12, 21, 26, 28, 38, 41, 68, 110; 6 (1812), 8 (1812), 104 (1815–50); *468f.*, *480*, *501f.*
Übertreibung 30, 34, 37, 50, 59, 84, 124, 119, 129, 151*, 159, 174
Uhland, Ludwig *494*
Ulfilas 52
Ulinger 62 (1812)
Ulrich, Johann Caspar 72 (1812)
Umkehrung 1, 6, 24, 27, 34, 82, 83, 93, 110, 151; *503*
Umwelt 27, 34, 50, 60, 72, 83, 90, 106, 157, 161, 192; 33 (1812), 64(I) (1812)
Undankbarkeit 27, 48, 58, 78, 145, 161
Unehelich 54 (1812)
Unerkannt 76, 87, 100, 136, 192, KL 4
Unersättlichkeit 19
Unfruchtbarkeit 76
Ungastlichkeit 10, 41, 145
Ungeboren 34, 164
Ungeduld 184
Ungehorsam 3, 93, 99
Ungerer, Tomi 26; *499*
Unglück 153; 175 (1840–50)

Unhold 4, 20, 26, 29, 40; 70 (1812)
    siehe auch Dämon, Dämonin
Unibos 149
Universalismus 65, 109, 151, 193
Unke 105
Unscheinbar 21, 33, 36, 63, 64, 70, 91, 100, 106, 114, 116, 126, 130, 137; 54 (1812)
Unschuld, unschuldig 6, 11, 13, 16, 17, 21, 26, 28, 29, 31, 41, 50, 53, 55, 65, 76, 89, 91, 94, 96, 97, 107, 120, 121, 125, 179, KL 8, KL 9; 43 (1815)
    siehe auch Frau, unschuldig verfolgte
Unsichtbar 39, 64, 116
Unsterblichkeit 19, 44, 50, 82
Unterhaltung *VI*, 12, 21, 69, 73, 143, 163; 32 (1812), 175 (1840–50); *479*
Unterirdische 39, 55, 91, 116, 163; 8 (1812), 43 (1815)
Unterreitmeier, Hans 101
Unterwelt 43 (1815)
Unterschiebung *siehe* Braut, unterschobene
Untertreibung 37
Unterwasserwelt 79
Unterwelt 63, 79, 91, 133, 196
Untreue 2, 16, 94, 107, 162
Unverwundbarkeit 60
Unvorsichtigkeit *siehe* Sorglosigkeit
Unzählbarkeit 152
Unzufriedenheit 19, 180
Uriasbrief 93
Urinieren 36
Ursprungssage *siehe* Ätiologie
Urteil 9, 13, 76, 94, 89, 97, 115, 116, 120, 135, 178; 191 (1843–50)
Usurpator 89
Utopie 21, 27, 158; *493*, *503*
Vater 9, 12, 15, 21, 31, 33, 34, 36, 37, 49, 50, 52, 55, 57, 60, 63–65, 69–71, 88, 90, 92, 94, 96, 97, 99, 111, 116, 124, 129, 134, 136–138, 145, 151, 166, 179, 181, 191, 192, KL 4; 22 (1812), 33 (1815), 62 (1812), 66 (1815), 77 (1812), 82 (1812), 85(b) (1812), 182 (1843), 191 (1843–50)
    siehe auch Eltern und Kinder, Familie, Pflegeeltern
Vater-Sohn-Konflikt 33

Vater-Tochter-Verhältnis 34, 40, 55, 66 (1815)
Vaterwahl 54 (1812)
  siehe auch Apfel, Apfelprobe 54 (1812)
Vegetationsdämonin 24
Venusmirakel 66 (1815)
Verbot 43, 46, 49, 50, 91, 100; 62 (1812)
  siehe auch Tabu; Tür, verbotene; Zimmer, verbotenes
Verbrechen 28, 47, 91, 115
  siehe auch Ertränken, Erwürgen, Mord, usw.
Verbrennen 43, 44, 96, 108, 150, 174, 193; 43 (1815)
Verfolgung 11, 13, 21, 29, 31, 51, 53, 55, 56, 65, 79, 89, 181
  siehe auch Frau, unschuldig verfolgte
Verfremdung 12; *499 f.*, *503*
Verführer, Verführung 5, 26, 53, 125, 148
Vergebung 130, KL 6
Vergessen 51, 56, 67, 79, 83, 88, 113, 116, 127, 135, 186, 193, 198; 59 (1812)
  siehe auch Braut, vergessene
Vergiß das Beste nicht 116, 135
Vergleich 77, 192, 193
Verirren 108, 123, 127, 199; 54 (1812)
Verjüngung 147
Verkauf 37, 60, 61, 68, 70, 104, 111, 137
  siehe auch Tauschgeschäfte
Verkehrte Welt 138, 144, 158, 159
Verkleidung 26, 38, 52, 67, 152, 192
Verletzung *siehe* Verwundung
Verleumdung 49, 60, 65, 76, 96, 126
Verlobung 21, 127, 197
Verlobungsformel 67, l 94
Vermittlung *siehe* Medien, audiovisuelle; Nachwirkung
Vernaleken, Theodor *502*
Verrat 29, 48, 91; 8 (1812), 107 (1815–40)
Vers, Verse 5, 15, 18, 26, 30, 38, 39, 43, 45, 76, 84, 89, 96, 105, 108–110, 119, 131, 138, 139, 141, 167, 180, 182, 188, 198; 6 (1812), 43 (1812/19), 70 (1812)
  siehe auch Gedicht, Kinderreim, Lyrik
Verschlingen 26
Verschmelzung *siehe* Kontamination

Verschwendungssucht 82 (1812)
Verserzählung 19, 27, 37, 87, 117, 144, 147; 72 (1812), 77 (1812); *489*
Versprechen 1, 6, 12, 22, 31, 52, 55, 67, 88, 91, 92, 99, 108, 116, 127, 136, 181, 193, 195, 196; 33 (1815), 43 (1815)
Versteck, verstecken 3, 28, 40, 44, 65, 76, 128, 139, 154, 180, 191, 199; 73 (1812), 77 (1812)
Versteinerung 6, 60, 62, 113; 44 (1815)
Verstellung *siehe* Täuschung
Verstoßung *siehe* Vertreibung
Verstümmelung 31, 107
Versuchung 5, 77
Versus de Unibove 61
Vertreibung 3, 27, 49, 90, 111, 130, 179, 180; 71 (1812)
Verwandlung 1, 9, 13, 43, 51, 56, 57, 62, 64, 68, 69, 79, 88, 99, 100, 113, 123, 141, 144, 160, 169, 181, 182, 191, 193, KL 5; 33 (1815), 43 (1815), 44 (1815), 59 (1812), 70 (1812), 82 (1812), 85(d) (1812)
  siehe auch Tierverwandlung, Verzauberung
Verwundung 61, 74, 107, 116, 133
Verwünschung 1, 13, 19, 25, 50, 91, 93, 121, 122, 128, 133, 137, 141; 33 (1815), 43 (1815)
  siehe auch Verzauberung
Verzauberung 11, 50, 88, 92, 93, 121, 128, 133, 193, 197; 33 (1815), 44 (1815), 107 (1815–40)
Veterlein, Friedrich Rudolf 167
Vexiererzählung *siehe* Neckerzählung
Vicelinus (Wezelin) 109
Video 26, 53, 187
Viehmann, Dorothea 6, 13, 21, 22, 29, 31, 34, 57–59, 61, 63, 71, 76, 85, 89, 94, 98, 102, 106, 111, 115, 118, 120, 125, 127, 128, 195; 36 (1815); *465 f.*
Vier 27, 129, 157
Vierzehn 126
Vierzehn Nothelfer 113
Vieth, Anton 159
Villeneuve, Gabrielle-Suzanne Barbot, Dame de 24; 68 (1812)

Virgil 99, 149
Vision 69, 109, 178
Vogel 23, 26, 28, 33, 40, 47, 57, 58, 60, 61, 66, 69, 88, 96, 97, 102, 107, 115, 122, 123, 157, 171, 173, 197, KL 8; 33 (1815), 60 (1812), 107 (1815–40)
Vogel Greif 88, 165
Vogel Phönix 75 (1812)
Vogel Roc 165
Vogelhochzeit 66
Vogelrohr 110
Vogelsprache siehe Tiersprache
Vogel, Hermann 53
Volksbuch 11, 20, 37, 49, 54, 62, 68, 70, 81, 82, 92, 110, 115, 119, 122; *490 f.*
Volksdichtung *462, 464, 467, 469, 483*
Volkslied 93, 109, 117, 131, 140, 141, 145, KL 5; 72 (1812), 73 (1812); *491*
    siehe auch Lied, Meisterlied
Volksschauspiel 55, 70, 95
Völlinger, Leopold 51
Vonbun, Franz Josef 194, KL 10
Vorgeschichte 29, 61, 119, 152
Vorlesen 22 (1812)
Voß, Johann Heinrich 51; *473*
Vriolsheimer 77
Vulpius, Christian August 136; *468*
Wachstum, übernatürliches 112
Wächter 35, 81, 167, 171, 175, 192, 195
    siehe auch Grabwache
Wackernagel, Wilhelm 60, 160, 165–167, 190; *493 f.*
Waffe siehe Einträge unter Pfeil, Säbel, Schwert, usw.
Wagner, Siegfried 81
Wahl, kluge und törichte 22 (1812), 54 (1812)
Wahrheit 28, 33, 76, 89, 96, 107
Wahrzeichen siehe Erkennungszeichen
Waise 185, 188
Wal 197
Wald 9, 11, 13, 15, 31, 60, 65, 69, 116, 123, 127, 136, 169, KL 1; 62 (1812)
Waldgeist 136
Waldhaus 24, 27, 40
Waldis, Burkard 18, 27, 75, 80, 115
Walewein 57

Wallfahrt 119, 138
Walliser 120
Wanderer 107, 182
Wanderschaft 91; 33 (1815), 44 (1815)
    siehe auch Reise; Suche, Suchwanderung
Warnerzählung 26, 95, 156, 172; 22 (1812)
    siehe auch Schreckmärchen
Warnsage 117, 154, 194
Warnung 5, 15, 26, 36, 40, 43, 44, 65, 78, 81, 84, 104, 110, 116, 120, 148, 171, 177, 180, 184, 190, 192, 193, 199
Wasser 11, 29, 61, 121; 72 (1812)
    siehe auch Lebenswasser
Wasser in Sieb schütten 178
Wasser wird Wein-Motiv 64
Wassergeist 1, 39, 79, 181
Weben 14
Weber als Vischnu 77 (1812)
Weberschiffchen 188
Wechselbalg 30, 39, 55
Weg 81
Weg, gerader KL 9
Wegkreuzung 60
Wegmarkierung 15, 39, 63, 88, 116
Wegsperre 103
Wehnert, Edward H. 38, 63, 133, 169, 192
Weihnachtsteller *498*
Weil, Gustav 99
Weinen siehe Tränen
Weise Frau 50, 130, 141, 179
Weisheit 22, 27, 29, 83, 107, 157, 172
    siehe auch Ratschlag, Spruchweisheit
Weiß 28, 33, 53, 63, 69, 76, 108, 123, 135; 64(I) (1812), 85(a) (1812)
Weissagung siehe Prophezeiung
Weiße Frau 154
Weisung 33, 109, 139, 163, 181; 66 (1812)
    siehe auch Ratgeber, Ratgeberin, Ratschlag
Weltanschauung, Weltbild 1, 7, 24, 27, 29, 47, 50, 65, 72, 76, 82, 83, 85, 86, 100, 103–105, 109, 117, 137–139, 145, 149, 153, 158, 180, 197; KL 5, KL 6, KL 8, KL 10; 6 (1812), 8 (1812), 27 (1812), 32

(1812), 33 (1812), 62 (1812), 66 (1815);
505
siehe auch Magisches Weltbild; Rechtsvorstellungen
Weltdokumentenerbe V
Wenz, Dominicus 23
Werbung *siehe* Reklame
Werl 138
Werner, Zacharias 22 (1812)
Wernicke, Friedrich August Eduard 4, 83
Wertheimer, Jürgen 62 (1812)
Wesselski, Albert 57, 71; 57 (1815), 59 (1812), 66 (1812), 70 (1812)
Wettbewerb, -streit 106, 118, 148, 151, 151*, 183, 189, 195; 77 (1812)
siehe auch Rätsel; Rätselmärchen; Rätselschwank
Wette 60, 83, 107, 191
Wetter 19
Wettkampf 51, 171, 172, 187; 85(d) (1812)
Wezel, Karl Friedrich Gottlob 90
Wezelin *siehe* Vicelinus
Whittington, Richard 70
Wichtelmänner *siehe* Hausgeister
Wickram, Georg 35, 170; 22 (1812)
Wiedehopf 173
Wiederbelebung 6, 16, 28, 46, 47, 60, 81, 92, 115, 147; 107 (1815–40)
Wiedererkennen 11, 12, 60, 67, 88, 90, 93, 101, 108, 127, 179, 186, 193, 198; 71 (1812)
siehe auch Erkennen
Wiedererweckung 6, 50, 53, 81, 147; 57 (1815), 68 (1812)
Wiedergänger, Wiedergängerin 11, 13, 69, 109, 154
Wiedergeburt 29
Wiederholung 30, 53, 60, 143, 170; 72 (1812)
Wienker-Piepho, Sabine 24
Wiesel 73
Wigand, Paul 14; *470–472*
Wild, Dorothea Catharina 18, 30
Wild, Familie 1
Wild, Henriette Dorothea 13, 15, 23, 24, 28, 36, 39, 46, 49, 52, 55, 56, 65, 88, 103–105; 36(II) (1812), 60 (1812); *467*
Wild, Lisette 55, 105

Wild, Margarete Marianne 2, 3, 58, 154; 59 (1812), 64(I) (1812)
Wild, Marie Elisabeth 44
Wilde Jagd 182
Wildgeist 136; 136 (1815–43)
Wildschwein 20, 28
Wilgefortis 65; 66 (1815)
William 107 (1815–40)
Wintergarten 13; 68 (1812)
Wirt 10, 36, 41, 60, 64, 81, 100, 118
Wirtshaus 36
Wisser, Wilhelm 198
Wittgenstein, Ottokar Graf 4, 36, 45; 505
Witwe 21, 38, 139, 161
Witwer 13, 65
Witzzeichnung *siehe* Bildwitz
Wolf, Wölfin 2, 5, 26, 27, 37, 48, 74, 132; 175 (1840–50)
Wolf, Johann Wilhelm 107
Wolff, Johannes 22 (1812)
Wolff, Leo 20, 139
Wolff, Philipp 175 (1840–50)
Wolfram von Eschenbach 4, 47
Wolfzettel, Friedrich 33 (1812)
Wolgemuth, Ernst (Pseud.) 84
Wolke 122
Wollenweber, Bernd 146; 33 (1812)
Wollzeiler-Gesellschaft 74
Wörtlich nehmen 20, 32, KL 9
siehe auch Mißverständnisse, Sprachmißverständnisse
Wortspiel 35, 170
Wortzauber 64(I) (1812)
Wossidlo, Richard 22
Wotan 52
Wrba, Georg 187
Wunder 12, 17, 59, 64, 85, 103, 107, 108, 125, 147, KL 2, KL 5, KL 7, KL 8; 66 (1815), 85(a) (1812); *470, 477, 503*
Wunderer, Rolf 15, 20, 21, 24, 83, 119; 33 (1812)
Wunderheilung 6, 12, 42, 44, 81, 92, 99, 107, 126, 182; 107 (1815–40)
Wunsch, Wünsche 1, 6, 19, 53, 54, 64, 81, 82–88, 103, 108, 110, 116, 135, 168, 199; 54 (1812)

Wunsch, letzter 6, 116, 199
Wunschdichtung 103, 146, 158, 188; 62 (1812)
Wünschelruthe 4, 35, 83, KL 10
Würfeln 129
Würfelspiel, Würfelspieler 82; *498*
Wurst 59
Wut *siehe* Zorn
Wyß, Johann Rudolf 155
Zägel, Simone *494*
Zahl, Zahlen *siehe* Einzeleinträge
Zahl, Peter-Paul 192
Zähmung der Widerspenstigen 52
Zauberbuch 122
Zauberer, Zauberin 12, 51, 68, 69, 76, 79, 99, 134, 141, 149, 163, 197
Zaubergabe, Zaubergaben 21, 36, 54, 68, 69, 76, 81, 88, 89, 91–93, 103, 110, 111, 113, 116, 122, 123, 154; 36(II) (1812), 36 (1815), 44 (1815), 54 (1812), 59 (1812), 77 (1812)
  siehe auch Gabe, Gaben
Zauberkreis 31, 69, 92
Zauberlehrling 68, 99
Zaubermärchen 1, 3, 6, 8, 9, 11–17, 19, 21, 24–26, 28, 29, 31, 33, 37, 39, 44–47, 49–57, 60, 62, 63, 65–67, 69, 76, 79, 85, 88, 89, 91–93, 96, 97, 103, 105(I), 107, 108, 111, 113, 116, 121–123, 126, 127, 130, 133, 135, 136, 137, 141, 142, 144, 161, 163, 165, 169, 179, 181, 182, 186, 188, 193, 196–198; 8 (1812), 13 (1815), 16 (1812), 33 (1815), 36 (1815), 43 (1815), 44 (1815), 54 (1812), 59 (1812), 60 (1812), 62 (1812), 64(I) (1812), 66 (1812), 68 (1812), 70 (1812), 71 (1812), 73–77 (1812), 82 (1812), 84 (1812), 85 (a) (1812), 85 (c) (1812), 107 (1815–40), 191 (1843–50); *482, 494*
  siehe auch Kettenmärchen, Legendenmärchen, Lügenmärchen, Rätselmärchen, Schreckmärchen, Schwankmärchen, Tiermärchen, usw.
Zauberpferd 57, 126, 136; 77 (1812), 107 (1815–40)
  siehe auch Pferd
Zauberpflanze KL 10
Zauberring 92, 121, 123, 193
Zaubersalbe 81, 108
Zauberschlaf 50, 53; 82 (1812)
Zauberspiegel 53
Zauberspruch 69, 89, 103, 199
  siehe auch Spruch
Zauberstab 69
Zauberstiefel 56, 92
Zaubertrunk 122
Zaunkönig 102, 171
Zechpreller 10
Zehn Gebote *siehe* Dekalog
Zehn KL 10
Zeichen edler Herkunft *siehe* Deszendenzprobe
Zeiller, Martin 22 (1812), 27 (1812)
Zeit 1, 39, 50, 53, 69, 76, 96, 100, 106, 142, 152, 176, 181, 192, KL 2; 57 (1812)
Zeitalter: Goldenes Z. 194
Zeitschrift 4, 19, 47, 53, 58, 68, 83; 22 (1812), 85(c) (1812); *465, 467, 500*
Zeitschrift für Einsiedler 19, 47
Zeitungssage 22 (1812); *489*
Zensur 12, 31, 110, 163; 8 (1812)
Zerreißen 76
Zerstückelung 40
Ziege 5, 36, 130, 148, 164
Zimmer, Johann Georg 19
Zimmer, verbotenes 3, 46; 62 (1812)
  siehe auch Tür, verbotene
Zimmerische Chronik 39
Zimmermann, Harm-Peer 27, 83, 153
Zingerle, Ignaz Vincenz und Joseph *502*
Zipes, Jack 26, 50
Ziska, Franz 183
Zitrone 54 (1812)
Zorn 55, 58, 108, 149; 54 (1812), 66 (1815)
Zufall 34, 48, 55, 59, 82, 91, 106, 116, 118, 119, 121, 136, 146, 163, 181, 197; 33 (1815), 191 (1843–50); *494*
Zuflucht KL 1
Zufriedenheit 83, 87, 142
Zunge 33, 60, 76

Zwei 13, 16, 24, 28, 51, 60, 68, 107, 174, 182, 189, 193, 197; 60 (1812), 74 (1812), 85(d) (1812), 107 (1815–40)
Zweiäuglein 130
Zweigliedrigkeit 11, 13, 15–17, 27, 31, 48, 53–55, 65, 69, 81, 89, 92, 96, 103, 107, 111, 116, 121, 179, 186, KL 9; 62 (1812)
    siehe auch Struktur
Zwerg, Zwerge 20, 37, 39, 53, 55, 120, 161, 175, 182, 196; *497*
    siehe auch Erdmänneken, Haulemännerchen, Hausgeister, Heinzelmännchen, Kobold, Männchen
Zwerginnen 182
Zwillinge 12, 60
Zwillingsformel 27, 170
Zwölf 27, 39, 50, 67, 133, 151*, KL 2
Zyklus 174